[개정2판]

법인설립실무지침서

한권으로 끝내는

비영리사단법인, 재단법인, 공익법인, 지정기부금단체, 특수법인설립절차 실무총람

법학박사·법인설립 전문행정사 김동근

법률출판사

머리말

금번 개정판은 전편에 비하여 보다 더 실무적인 내용들을 중점적으로 보강하는 데 초점을 맞추었다.

이에 따라 내용면에서 공익법인 파트에서는 공익법인의 조세지원 관련 내용, 설립 시 주무관청, 재산출연시기 및 출연기한, 수혜자범위 한정합의, 법인설립신고 및 재산의 이전, 이사의 결원보충, 설립허가 취소 시 청문절차에 관한 사항, 수익사업의 승인 및 승인방법, 수익사업 개시신고 및 사업자등록, 법인해산허가신청, 해산등기 및 신고, 청산절차 등에 관한 내용들을 삽입하였고, 지정기부금 파트에서는 분기별 신청 접수기간, 법인명칭 변경 등의 내용을 추가적으로 삽입하였으며, 그 외 비영리사단법인 및 재단법인 관련 파트에서는 법인설립의 핵심적인 사항 중 하나인 정관 작성 기준표상에 각 항목별 관련 정관 작성 사례들을 삽입함으로써 다양한 형태의 정관 작성의 가능성을 높였고, 나아가 비영리사단법인, 재산법인, 공익법인 파트에서는 기존의 관련 핵심 판례에 더하여 다양한 분쟁 유형들에 대한 등기선례들까지 대폭 삽입함으로써 전편보다 더 실용적이고, 실무적인 지침서를 만드는 데 주안점을 두었다.

본서는 앞으로도 계속하여 독자분들의 요청 및 눈높이에 맞추어 비영리법인설립 관련 최적의 실무지침서의 역할을 수행할 수 있도록 각종 내용을 추가적으로 보완해 나가고자 하오니, 독자분들의 계속된 관심과 응원을 부탁하는 바이다.

끝으로 여러 어려운 여건 속에서도 본서의 출판을 위하여 불철주야 노력하신 법률출판사 김용성 사장님을 비롯하여 편집자 및 여러 임직원들께도 깊은 감사를 드리는 바이다.

2024. 1.

저자 김동근 씀

차 례

제1편 비영리 사단법인

제2편 비영리 재단법인

제3편 공익법인

제1편
비영리 사단법인

Ⅰ. 법인 일반

1. 법인의 개념

'법인'이란 자연인 이외에 법인격(권리능력)이 인정된 것, 즉 권리·의무의 주체가 되는 것을 말한다. 법인은 권리능력을 인정받아 그 구성원이나 관리자와는 별도로 권리를 취득하고 의무를 부담할 수 있다. 그 결과 법인은 법률관계의 권리·의무의 주체가 될 수 있고, 기관을 통하여 사회적으로 활동한다. 민법은 법인에 대하여 정관으로 정한 목적의 범위 내에서 자연인과 유사한 권리능력, 행위능력 및 불법행위능력 등을 인정하고 있다. 자연인이 생존기간 동안 권리와 의무의 주체가 되는 것과는 달리 법인은 법률의 규정과 설립등기에 의하여 성립하고(민법 제31조 및 제33조), 청산등기를 마침으로써 소멸된다(민법 제94조).

민법 제32조(비영리법인의 설립과 허가)
학술, 종교, 자선, 기예, 사교 기타 영리 아닌 사업을 목적으로 하는 사단 또는 재단은 주무관청의 허가를 얻어 이를 법인으로 할 수 있다.

〈법인의 분류〉

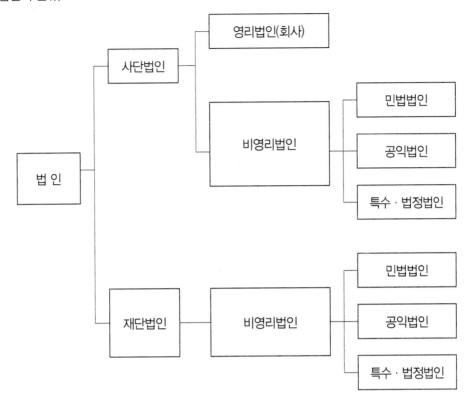

2. 법인의 종류

법인은 법인을 구성하는 요소가 사람을 중심으로 하는 회원(사원)이 중심인지, 아니면 특정한 목적을 위해 출연된 재산인지에 따라 크게 사단법인과 재단법인으로 분류되며, 그 외 공법인과 사법인, 영리법인과 비영리법인 등으로 구분된다.

분류기준			비고
영리성 여부	근거법	성격	
영리법인	상법	영리를 목적으로 하는 법인(회사)	- 모두 사단법인(학명회사 합자회사, 주식 회사, 유한회사) - 재단법인은 구성원이 없으므로 이윤이 귀 속될 자가없어 본질적으로 영리법인이 될 수 없음
비영리 법인	민법	공익목적 아닌 법인 (실무상「비영리법인」)	- 공익을 목적으로 하지 않 고 법인자체의 목적을 추 구
		공익목적이나 공익법미적용 법인 (실무상「비영리법인」)	- 공익을 목적으로 하나 공익 법이 적용되지 않는 법인 존재이유는 공익법의 적용 범위가 열거규정이기 때문
	민법 및 공익법	공익법인법 적용법인 (법률상, 실무상「공익법인」)	- 학술, 장학, 자선 법인 - 공익법이 보완적으로 적용 되나 광으로는 민법법인에 속함
	특수법인	특별법에 근거하여 설립허가 되는 법인	- 사회복지법인 　(사회복지사업법) - 학교법인(사립학교법) - 의료법인(의료법) - 기타(각 근거법)
		특별법으로 국가 등이 직접 설립하는 법인 (좁은 의미의「특수법인」)	- 학교안전공제회(학교안전사고 예방 및 보상에 관한 법률) 한국은행(한국은행법) 등 - 국가의 특별행정목적 수행을 위해 법률로 설립

(비고란 우측: 대부분 상중세법상 공익법인으로 인정)

가. 사단법인과 재단법인

(1) 사단법인

(가) 개념

사단법인이란 일정한 목적을 위해 결합한 사람의 단체(사단)에 권리주체가 되는 자격을 인정한 것을 말한다. 이러한 사단법인은 설립된 경우 구성원의 증감변동에 관계없이 존속하고, 하나의 단일체로서 구성원으로부터 독립하여 존재하는 단체이다. 사단법인은 일정한 목적을 위하여 결합한 사람의 집단에 법인격을 부여한 것으로 재산을 본체로 하는 재단법인과 다르다.

(나) 구성 등

사단법인에 가입된 구성원을 사원이라고 하는데, 사단법인은 표현 그대로 사람의 집단이기 때문에 이러한 구성요소인 사원이 필요하다. 다만, 사원은 반드시 자연인일 필요는 없고 단체 자체가 사원으로 될 수도 있다.

(다) 성립

사단법인은 통상 정관을 작성하여 주무관청의 허가를 받아 주된 사무소소재지에 등기를 마침으로써 성립되지만, 회사와 같은 영리법인의 경우에는 주무관청의 허가절차가 없이 법이 정한 설립요건을 갖춰 등기를 마침으로써 성립되기도 한다.

(2) 재단법인

(가) 개념

재단법인은 특정한 목적에 바쳐진 재산을 중심으로 한 재단에 권리주체가 되는 자격을 인정한 것을 말한다.

(나) 사단법인과의 차이점

재단법인은 일정한 목적을 위하여 모은 재산이나 출연한 재산을 개인의 권리에 귀속시키지 않고 별개의 실체로 운영하기 위해 재산을 구성요소로 성립된 법인격체라는 점에서 사단법인과 차이가 있다. 또한, 재산이 의사를 표시할 수는 없으므로 (이사가 법인을 대표하여 법률행위를 하지만 인적 단체는 아니다) 사단법인과 같은 사원총회(또는 주주총회)가 없으며, 영리를 목적으로 한 재단법인의 설립은 허용되지 않는다(민법 제49조 제1항).

(다) 정관변경 등 제한

재단법인은 재산출연자의 의사를 존중하기 위한 취지에서 설립목적을 비롯한 정관변경에 특별히 많은 제약을 두고 있다(민법 제46조).

[사단법인과 재단법인의 비교]

구분	사단법인	재단법인
설립의 구성	일정 목적 사람의 집단	일정 목적 출연한 재산
사원의 필요성	구성원의 사람 필요	구성원인 사원 부존재
법인의 기관	최고 의사결정은 사원총회에서 자주적으로 결정됨	출연자의 의사가 존중됨
정관변경 등	단체의 설립, 법인의 형태, 정관의 작성 변경 등 폭넓은 자율성 인정	출연자의 의사를 존중하기 위해 정관변경 등에 많은 제약이 가해지는 타율적 조직체
법인의 행태	영리 형태 및 비영리 형태 모두 가능	비영리 목적으로 하는 법인만 인정
설립행위	2인 이상의 설립자가 정관을 작성하여 주무관청의 허가를 받아야 함	설립자가 재산을 출연하고 정관을 작성하여 주무관청의 허가를 받아야 함
법인의 해산	임의해산 가능	임의해산 불가능

나. 공법인과 사법인

공법인이란 그 활동목적이 국가로부터 부여된 법인인데 대하여, 사법인은 그 목적이 사인으로부터 부여된 법인, 즉 사적 목적을 위하여 존재하는 법인을 말한다. 이러한 의미의 공법인은 광의로는 국가 · 지방자치단체를 포함하여 공사 · 공단 등의 공공단체를 의미하나, 협의로는 국가 · 지방자치단체를 제외한 개념으로 사용된다. 이들 양자를 구별하는 표준에 대해서는 수많은 견해가 제기되었는바, 가령 몇 가지의 예를 들자면, 법인의 준거법이 공법이냐 사법이냐, 법인의 설립방법이 강제적이냐 임의적이냐, 향유하는 권리가 공권이냐 사권이냐, 법인의 목적이 공익추구에 있느냐 사익추구에 있느냐 등이 그것이다.

다. 영리법인, 비영리법인

(1) 영리법인

당해 법인의 사업목적이 영리적인 것이냐의 여부에 의한 구별이다. 우리 민법은 구성원의 사익을 도모하고 구성원 개인에게 분배하여 경제적 이익을 주는 것을 목적으로 하는 영리 '사단'법인만을 인정하고 있다. 이에 해당하는 것으로는 상행위를 행하는 것을 업으로 하는 상법상의 각종의 「회사」(동법 제169조)가 있다.

구분	비영리법인	영리법인
근거	민법 제32조	민법 제39조, 상법 제169조
목적	학술, 종교, 자선, 기예, 사교 등	경제적 이익
수익사업	제한적으로 허용	허용
수익배분	구성원이나 사원에게 배분불가	구성원이나 사원에게 배분

(2) 비영리법인

(가) 개념

비영리법인이란 「학술, 종교, 자선, 기예, 사교 기타 영리 아닌 사업을 목적으로 하는 사단 또는 재단」(민법 제32조)을 말한다. 우리민법의 법인에 관한 규정은 주로 비영리법인이 그 적용대상이 된다. 그러나 그밖에도 각 개별법에 의해서 설립되는 특수비영리법인이 있다.

구분		설립근거	법인성격
민법·공익법인	사단	• '민법' 제32조 및 '환경부 및 기상청 소관 비영리법인의 설립과 감독에 관한 규칙' • '공익법인의 설립·운영에 관한 법률'	• 회원을 기초로 하는 회원단체로서 회원의 권익보호 및 자질향상 등 도모 • 총회 및 이사회로 구성
	재단	• '민법' 제32조 및 '환경부 및 기상청 소관 비영리법인의 설립과 감독에 관한 규칙' • '공익법인의 설립·운영에 관한 법률'	• 출연재산을 기초로 하는 지원단체 성격이 강하며 주로 연구사업, 지원사업 수행 • 이사회 구성
특수법인		• '한국환경공단법'과 같이 개별법률에 따라 설립된 법인	• 개별법률에서 정하고 있는 목적사업을 수행
법정법인		• '환경정책기본법' 등 개별법률에서 법인의 설립을 규정	• 개별법률 및 정관에서 정하고 있는 목적사업을 수행

(나) 사업목적의 비영리성

비영리법인에서 말하는 '영리 아닌 사업'의 핵심은 법인사업에서 발생한 이익이 구성원에게 분배되지 않는다는 것이다. 따라서 구조적으로 이익을 분배할 구성원이 없는 재단법인에 있어서는 언제나 비영리재단법인만 인정되고, 사단법인의 경우 이익분배 유무에 따라 영리사단법인과 비영리사단법인으로 나누어지는 바, 민법을 설립근거 법률로 하여 법인을 설립하기 위해서는 반드시 '사업목적의 비영리성'이 인정되어야 한다.

(다) 수익사업의 가능성

1) 수익사업의 가능성

비영리법인은 비영리사업의 목적을 달성하는데 필요하며 법인의 설립목적과 본질에 위배되지 아니하는 범위 내에서 수익활동을 할 수 있다(예: 비영리사단법인인 학술단체가 전시회를 개최하면서 입장료를 징수하거나 운영경비를 마련하기 위하여 간행된 잡지를 일반인에게 유상으로 판매하는 행위 등).

2) 수익사업의 범위

다만 이러한 수익을 구성원들에게 분배하여서는 아니 된다. 수익사업을 하더라도 그 이익을 구성원에게 분배하는 것을 목적으로 하지 않는다면 비영리법인이 된다. 따라서 이 경우 창출된 이익은 법인의 구성원들에게 분배되지 아니하고 법인 고유의 재산으로 적립될 뿐이다. 만약 구성원에게 법인 활동을 통해 벌어들인 수익을 분배하게 되면 영리목적의 법인이 되어 상사회사에 관한 규정이 준용된다(민법 제39조).

법인세의 부과대상이 되는 수익사업은 다음과 같다(법인세법 제4조 제3항).
- 이자소득
- 배당소득
- 주식·신주인수권 또는 출자지분의 양도로 인한 수입
- 유형자산 및 무형자산의 처분으로 인한 수입. 다만, 고유목적사업에 직접 사용하는 자산의 처분으로 인한 대통령령으로 정하는 수입은 제외한다.
- 「소득세법」 제94조 제1항 제2호 및 제4호에 따른 자산의 양도로 인한 수입

소득세법 제94조(양도소득의 범위)

① 양도소득은 해당 과세기간에 발생한 다음 각 호의 소득으로 한다.

1. 토지[「공간정보의 구축 및 관리 등에 관한 법률」에 따라 지적공부(地籍公簿)에 등록하여야 할 지목에 해당하는 것을 말한다] 또는 건물(건물에 부속된 시설물과 구축물을 포함한다)의 양도로 발생하는 소득

4. 다음 각 목의 어느 하나에 해당하는 자산(이하 이 장에서 '기타자산'이라 한다)의 양도로 발생하는 소득

   가. 사업에 사용하는 제1호 및 제2호의 자산과 함께 양도하는 영업권(영업권을 별도로 평가하지 아니하였으나 사회통념상 자산에 포함되어 함께 양도된 것으로 인정되는 영업권과 행정관청으로부터 인가·허가·면허 등을 받음으로써 얻는 경제적 이익을 포함한다)

   나. 이용권·회원권, 그 밖에 그 명칭과 관계없이 시설물을 배타적으로 이용하거나 일반이용자보다 유리한 조건으로 이용할 수 있도록 약정한 단체의 구성원이 된 자에게 부여되는 시설물 이용권(법인의 주식 등을 소유하는 것만으로 시설물을 배타적으로 이용하거나 일반이용자보다 유리한 조건으로 시설물 이용권을 부여받게 되는 경우 그 주식 등을 포함한다)

   다. 법인의 자산총액 중 다음의 합계액이 차지하는 비율이 100분의 50 이상인 법인의 과점주주(소유 주식 등의 비율을 고려하여 대통령령으로 정하는 주주를 말하며, 이하 이 장에서 '과점주주'라 한다)가 그 법인의 주식 등의 100분의 50 이상을 해당 과점주주 외의 자에게 양도하는 경우(과점주주가 다른 과점주주에게 양도한 후 양수한 과점주주가 과점주주 외의 자에게 다시 양도하는 경우로서 대통령령으로 정하는 경우를 포함한다)에 해당 주식 등

      1) 제1호 및 제2호에 따른 자산(이하 이 조에서 '부동산등'이라 한다)의 가액

      2) 해당 법인이 직접 또는 간접으로 보유한 다른 법인의 주식가액에 그 다른 법인의 부동산등 보유비율을 곱하여 산출한 가액. 이 경우 다른 법인의 범위 및 부동산등 보유비율의 계산방법 등은 대통령령으로 정한다.

   라. 대통령령으로 정하는 사업을 하는 법인으로서 자산총액 중 다목 1) 및 2)의 합계액이 차지하는 비율이 100분의 80 이상인 법인의 주식 등

   마. 제1호의 자산과 함께 양도하는 「개발제한구역의 지정 및 관리에 관한 특별조치법」 제12조 제1항 제2호 및 제3호의2에 따른 이축을 할 수 있는 권리(이하 '이축권'이라 한다). 다만, 해당 이축권 가액을 대통령령으로 정하는 방법에 따라 별도로 평가하여 신고하는 경우는 제외한다.

• 그 밖에 대가(對價)를 얻는 계속적 행위로 인한 수입으로서 대통령령으로 정하는 수입

(라) 수익사업에 대한 규율

수익사업에 관하여는 영리법인과 동일하게 세법의 규정을 적용받는다. 즉 필요한 자금 확보를 위해 수익사업을 했을 경우 그 사업경영 범위 내에서 법인세를 납부할 의무를 지게 된다. 그렇지만 이러한 영리행위를 하였을 경우에도 그 수익은 법인의 비영리목적사업에 사용되어야 하고 어떠한 형식으로든지 구성원에게 분배하는 것은 허용되지 않는다.

(마) 사업신고

비영리법인이라도 수익사업에 관하여는 영리법인과 동일한 세법규정을 적용받는다. 따라서 필요한 자금의 확보를 위해 수익사업을 영위하였을 경우 그 사업경영 범위 내에서 법인세 납부의무를 진다. 한편 수익사업을 영위하려는 법인은 정관이 정하는 바에 따라 수익사업을 운영하여야 하기 때문에 정관에 수익사업의 근거조항 및 구체적인 사업의 종목의 등재가 없는 경우에는 정관을 변경하여 수익사업의 근거조항을 신설하여야 한다.

또한, 비영리사단법인이 수익사업을 개시한 때에는 그 사업의 개시일로부터 2개월 이내에 수익사업 개시신고서와 함께 수익사업과 관련된 대차대조표 등을 납세지 세무서장에게 신고하여야 한다.

라. 공익법인

(1) 개념

비영리법인 중 일정한 공익사업을 목적으로 하는 법인을 특히 「공익법인」이라고 하는 경우가 있다. 즉, 「공익법인의 설립·운영에 관한 법률」에서는 「재단법인이나 사단법인으로서 사회 일반의 이익에 이바지하기 위하여 학자금·장학금 또는 연구비의 보조나 지급, 학술, 자선(慈善)에 관한 사업을 목적으로 하는 법인」(동법 제2조)을 「공익법인」이라고 한다.

> **Q** 이미 설립된 비영리 재단법인을 공익법인의 설립·운영에 관한 법률의 적용을 받는 공익법인으로 전환할 수 있는지 여부 및 그 절차
>
> **A** 주무관청은 기존의 재단법인이 공익법인으로서의 요건을 갖추고 있다면 기존의 설립허가를 변경하는 방법으로 공익법인으로의 전환을 허가할 수 있을 것이다. 현재 설립되어 있는 재단법인을 공익법인으로 전환하기 위해서는 우선 재단법인의 목적이 동법 제2조에 규정되어 있는 목적사업에 해당하여야 하고, 동법 제4조와 동법 시행령 제5조에 규정되어 있는 공익법인의 설립허가기준을 충족시켜야 한다.

(2) 세제혜택 및 규제

(가) 세제혜택

공익법인의 경우 일반 비영리법인과 비교하여 출연자에 대한 상속세면제(상증법 제16조 제1항), 공익법인에 대한 증여세면제(상증법 제48조 제2항), 고유목적준비금의 손금삽입(법인세법 제29조), 재화 및 용역에 대한 부가가치세 면제(부가가치세법 제12조 제1항) 등의 세제혜택을 받는다.

(나) 규제

공익법인의 경우 일반 비영리법인과 비교하여 사업범위가 「공익법인법」 시행령 제2조의 규정범위 내로 제한되며 '이사회' 설치가 의무(제6조), 임원 관련 요건이 강화(제5조), 주무관청의 승인을 받아 상근 임직원 수를 정하고(제5조 제9항), 수익사업을 하려면 주무관청의 승인이 필요하며(제4조 제3항, 기본재산 처분에 주무관청의 허가 필요(제11조 제2항), 잔여재산 귀속이 제한(제13조)되고, 주무관청의 관리감독권이 구체화(제14조 제2항, 제3항), 징역·벌금 등의 형사처벌 제재도 존재(제19조)한다는 점에서 규제가 강한 편이다.

(다) 민법과 공익법인과의 관계

민법과 공익법인법은 일반법과 특별법의 관계로써, 비영리법인 중에서 공익법인의 설립에 관해서는 특별법 우선적용의 원칙에 따라 공익법인법 제4조이하의 규정이 민법에 우선해서 적용되고, 해산에 관한 규정 등 공익법에 규정되지 않은 부분은 민법의 규정이 적용된다(공익법인법 제1조 참조).

3. 비영리법인과 구분되는 유사단체

가. 법인 아닌 사단

법인 아닌 사단이란 사단법인의 실체가 되는 사단의 실질을 가지고 있으나, 법인으로 되지 않은 것을 지칭한다. 특징 '법인 아닌 사단'이 발생하는 이유는 주무관청의 허가를 받지 못하였거나 행정관청의 감독 기타규제 받기를 원하지 않기 때문에 처음부터 법인으로 만들고 싶지 않거나, 법인이 설립도중에 있기 때문이다.

법인 아닌 사단의 예로 종중, 교회, 아파트입주자대표회의(대법원 2007. 6. 15. 선고 2007다6307판결), 아파트부녀회(대법원 2006. 12. 21. 선고 2006다52723 판결) 등이 있으며, 법인 아닌 사단도 사단으로서의 조직을 갖추고, 사단법인의 정관과 유사한 규칙을 마련하여 대표의 방법 · 총회의 운영 · 재산 관리 등이 정해져 있어야 한다. 법인 아닌 사단의 행위능력 · 대표기관의 권한과 그 대표의 형식 · 대표기관의 불법행위로 인한 사단의 배상책임 등에 대해서는 「민법」의 '사단법인'에 관한 규정이 적용된다.

나. 법인 아닌 재단

법인 아닌 재단이란 재단법인의 실체가 되는 재단으로서의 실질은 가지고 있으나 법인으로 되지 않은 것을 지칭한다. 특징 '법인 아닌 재단'이 발생하는 이유는 주무관청의 허가를 받지 못하였거나, 행정관청의 감독 기타규제 받기를 원하지 않기 때문에 처음부터 법인으로 만들고 싶지 않거나, 법인이 설립도중에 있기 때문이다.

법인 아닌 재단의 예로 자선기금, 장학재단 등을 들 수 있으며, 법인 아닌 재단의 사회적 활동에 따른 법률관계 등은 「민법」의 '재단법인'에 관한 규정 중 권리능력을 전제로 하는 것을 제외한 나머지 규정이 적용된다.

다. 조합

(1) 개념

'조합'이란 단체로서의 단일성보다 구성원의 개성이 강하게 나타나는 단체로서, 단체의 행동은 구성원 전원 또는 전원으로부터 대리권이 주어진 자에 의해 행해지고 그 법률효과도 단체가 아닌 구성원 모두에게 귀속하는 등 사단의 실질을 가지고 있지 않은 단체를 말한다.

(2) 특징

「민법」은 이러한 조합을 법인으로 하지 않고 구성원 사이의 계약관계로 규율하고 있다(민법 제703조, 제704조 및 제706조). 이때 조합은 2인 이상이 상호 출자하여 공동사업을 경영할 것을 약정함으로써 그 효력이 생긴다(민법 제703조 및 대법원 2007. 6. 14. 선고 2005다5140 판결).

또한 조합은 공동사업을 경영해야 하며, 그 사업이 영리적이든 비영리적이든 상관이 없고, 사회적 활동은 전체 조합원의 이름으로 해야 한다.

> **민법 제703조(조합의 의의)** ① 조합은 2인 이상이 상호출자하여 공동사업을 경영할 것을 약정함으로써 그 효력이 생긴다.
> ② 전항의 출자는 금전 기타 재산 또는 노무로 할 수 있다.
>
> **제704조(조합재산의 합유)** 조합원의 출자 기타 조합재산은 조합원의 합유로 한다.
>
> **제706조(사무집행의 방법)** ① 조합계약으로 업무집행자를 정하지 아니한 경우에는 조합원의 3분의 2이상의 찬성으로써 이를 선임한다.
> ② 조합의 업무집행은 조합원의 과반수로써 결정한다. 업무집행자 수인인 때에는 그 과반수로써 결정한다.
> ③ 조합의 통상 사무는 전항의 규정에 불구하고 각 조합원 또는 각 업무집행자가 전행할 수 있다. 그러나 그 사무의 완료 전에 다른 조합원 또는 다른 업무집행자의 이의가 있는 때에는 즉시 중지하여야 한다.

라. 비영리 내국법인 및 비영리민간단체

(1) 비영리내국법인(법인세법)

법인세법 제1조는 비영리법인을 내국법인(內國法人)과 외국법인(外國法人)으로 구분하면서 비영리내국법인을 아래와 같이 민법에 의한 법인 등으로 정의하고 있다. 다만, 법인세법의 경우 법인격이 없는 사단이나 재단 기타 단체에 대하여도 비영리법인이라는 용어를 사용하고 있으므로 유의할 필요가 있다.

(2) 비영리민간단체(비영리민간단체지원법)

(가) 개념

'비영리민간단체지원법' 제2조는 '비영리민간단체'를 영리가 아닌 공익활동을 수행하는 것을 주된 목적으로 하는 민간단체로서 다음의 요건을 갖춘 단체로 정의하고 있다. 따라서 이 법에서 규정하고 있는 '비영리민간단체'란 민법에 규정된 '비영리법인'과는 개념상 큰 차이가 있으며, 법인 여부에 불문하고 적극적인 공익활동을 수행할 것을 요건으로 하고 있다.

구분	비영리법인	비영리민간단체
근거	• 민법 제32조 • 비영리법인의설립및감독에관한규칙	비영리민간단체지원법
등록기관 허가권자	• 주무장관 ※ 개별적 위임근거가 있는 경우에 한하여 시·도에서 비영리법인 설립허가 가능 ⇒ 행정권한의 위임및위탁에 관한규정 사전 확인	• 주무장관, 시·도지사 - 사업범위가 2개 이상 시·도에 걸쳐있고 시·도 사무소를 설치·운영하는 단체는 주무장관에 등록신청 - 회칙(정관)의 목적 및 사업내용에 따라 등록기관(부서)를 판단
요건,기준	• 민법 제32조 - 학술, 종교, 자선, 기예, 사교 기타 영리 아닌 사업을 목적으로 할 것 • 비영리법인감독규칙 제4조 - 법인목적과 사업이 실현가능할 것 - 목적사업 수행을 위한 재정적 기초가 확립되어 있을 것 - 다른 법인과 동일한 명칭이 아닐 것	• 비영리민간단체지원법 제2조 - 사업의 직접수혜자가 불특정다수일 것 - 구성원상호간에 이익분배를 하지 않을 것 - 특정 정당 또는 종교적 목적이 아닐 것 - 상시구성원수가 100인 이상일 것- 최근 1년 이상 공익활동실적이 있을 것 - 대표자 또는 관리인이 있을 것
사전준비	① 발기인 구성 ② 창립총회 개최 ③ 설립취	① 단체구성 ② 1년 이상 공익활동 ③ 100인

사항	지문 및 정관채택 ④ 이사장 및 임원선출 ⑤ 사업계획서 및 예산서 작성 등	이상 회원확보 ④ 등록기관 검토, 신청서류 작성 등
신청서류	• 설립취지서 • 발기인명부, 약력 • 정관 • 재산목록, 증빙서 • 사업계획서, 수지계산서 • 임원이력서, 취임승락서 • 창립총회 회의록 • 사원명부 ※ 주무부서에 따라 제출서류 다소 다름	• 등록신청서 • 단체의 회칙(또는 정관) • 당해연도 및 전년도 총회회의록 각 1부 • 당해년도 및 전년도 사업계획수지예산서 각 1부 • 전년도 결산서 1부 • 회원명부 1부 • 단체소개서※ 법인이 신청하는 경우 ⇒ 등록신청서, 회원명부 1부, 단체소개서
절차	• 허가기준에 따른 적정여부 검토 – 사업의 실현가능성, 재정적 기초의 확립, 법인명칭중복여부 조사 • 허가증교부(20일 이내) • 설립등기 및 보고(등기 후 10일 이내)	• 등록요건 검토 • 현지 확인, 단체 실사 • 등록번호부여 및 단체등록대장 등재 • 등록증 교부(접수 후 30일 이내) • 시보게재, 행정자치부 통보
관리, 감독	• 허가사항 – 정관변경, 재단법인의 목적변경, 잔여재산의 처분 • 보고사항 – 법인설립등기, 사업실적, 사업계획서 및 재산의 변동– 신고사항 : 법인해산, 청산종결 등 – 자료제출 및 방문검사 – 허가취소 : 목적 이외의 사업을 한 때, 설립허가 조건에 위반한 때, 기타 공익 저해 행위를 한 때	• 등록 변경 – 명칭, 대표자(관리인), 소재지, 목적사업 등 • 등록말소 – 등록요건을 갖추지 못하게 된 때 – 등록신청서류를 허위로 작성한 때 – 등록된 단체의 소재지를 알 수 없을 때 – 단체의 말소신청이 있을 때 – 등록요건 확인을 위한 현지확인 등
법률효과	• 법인격 부여 ※비영리법인에 대하여 구체적 지원사항은 없으며 공익법인의 경우는 세제혜택 있음	• 보조금 지원을 위한 공모사업신청 가능 • 우편요금 감액 • 개별 세법에 따른 조세감면 등

(나) 비영리민간단체의 요건 : 비영리민간단체지원법 제2조

• 사업의 직접 수혜자가 불특정 다수일 것

• 구성원 상호간에 이익분배를 하지 아니할 것

• 사실상 특정정당 또는 선출직 후보를 지지·지원할 것을 주된 목적으로 하거나, 특정 종교의 교리전

파를 주된 목적으로 하여 설립·운영되지 아니할 것

• 상시 구성원수가 100인 이상일 것

• 최근 1년 이상 공익활동실적이 있을 것

• 법인이 아닌 단체일 경우에는 대표자 또는 관리인이 있을 것

(다) 단체 설립 후 가능한 일

단체 설립 시에는 비영리민간단체 공익활동 지원사업 참여가 가능하며, 공인단체(구 지정기부금단체) 신청도 가능하고(개인회비, 기부금에 대한 기부금 영수증 발급가능), 그 외 우편요금 감액(25%), 조세혜택 등 간접 지원을 받을 수 있다. 그러나 공익단체(구 기부금대상민간단체)는 법인에 대한 기부금영수증의 발급이 불가하다(개인에게는 발급 가능).

4. 법인의 능력

가. 의 의

법인도 자연인과 같이 권리능력, 행위능력, 불법행위능력이 인정된다. 법인의 의사능력의 문제는 발생하지 않으며, 법인의 행위능력은 누구의 행위를 법인의 행위로 볼 것인가의 문제인 점에서 자연인과 구별된다.

나. 법인의 권리능력

(1) 의 의

법인도 권리주체이며 따라서 권리능력을 가진다. 그런데 법인이 권리주체라고 하여 그 성질상 자연인과 완전히 동일시 될 수 없다. 가령 자연인의 천연적 성질을 전제로 하는 권리나 의무를 누릴 수 없음은 당연하다. 나아가 법인은 법률의 규정에 좇아 정관으로 정한 목적의 범위 내에서 권리와 의무의 주체가 된다고 규정하는 민법 제34조에 비추어 보면 자연인의 그것과 달리 법인의 권리능력은 일단 법률의 규정과 정관의 목적에 의하여 제한된다고 할 수 있다.

(2) 권리능력의 범위

(가) 성질에 의한 제한

법인은 성이나 친족관계와 같은 자연인의 천연적 성질을 전제로 하는 권리, 의무의 주체가 될 수

없다. 따라서 친권, 생명권, 육체상의 자유권, 상속권 등을 누릴 수 없다.

(나) 법률에 의한 제한

법인은 법률에 의하여 제한될 수 있다. 이러한 제한의 예로 흔히 드는 것은 민법 제81조(해산한 법인은 청산의 목적 범위내에서만 권리가 있고 의무를 부담한다)와 상법 제173조(회사는 다른 회사의 무한책임사원이 되지 못한다)이다.

(다) 목적에 의한 제한

법인은 정관에 목적을 기재하여야 하고 이를 등기하여야 한다. 그런데 법인이 정관에 기재된 목적의 범위 내에서만 권리능력을 가지는가 하는 점이 문제된다. 학설은 대체로 민법 제34조를 근거로 정관으로 정한 목적의 범위내에서만 권리능력을 가진다고 한다.

다. 법인의 행위능력

(1) 의 의

관념상의 법인이 실제로 권리를 취득하거나 의무를 부담하는 것은 일정한 자연인의 행위에 의할 수밖에 없다. 그렇다면 누구의 행위가 법인의 행위로 되는가 하는 문제가 발생하는데 이것이 바로 법인의 행위능력의 문제이다. 예를 들어 의사능력을 전제로 하는 자연인과 달리 법인의 행위능력은 요컨대 대표기관내지 대표권의 문제이다.

(2) 법인의 대표기관의 행위

(가) 대표기관

법인을 대표할 수 있는 지위에서 법인을 위하여 권리를 취득하고 의무를 부담할 수 있는 자연인을 대표기관이라고 한다. 즉 대표기관의 행위만이 법인의 행위로 된다. 누가 법인의 대표기관이 되는지는 법인의 내부조직에 의하지만 민법상의 비영리법인에서는 이사, 이사의 직무대행자, 임시이사, 특별대리인, 청산인이 대표기관이다.

(나) 행위능력의 제한

1) 목적법위에 의한 제한

민법 제34조(법인의 권리능력)는 '법인은 법률의 규정에 좇아 정관으로 정한 목적의 범위 내에서 권리와 의무의 주체가 된다.'라고 규정하고 있어 법인의 권리능력에 속하는 권리를 취득하거나 의무를 부담하기 위하여 행한 행위만이 법인의 행위로 된다.

2) 강행규정에 의한 제한

공익법인의 설립운영에 관한 법률 11조 3항과 같이 법인의 행위를 제한하는 강행규정이 있는 경우에 대표기관인 이사의 대표행위가 그것을 위반하였다면 그 행위가 법인의 권리능력범위 및 대표권의 범위 내에 속하는 것이라도 무효여서 그 효과가 법인에 미치지 않는다(대결 1984. 12. 1. 84마591).

Ⅱ. 민법상 비영리법인 설립절차

1. 법인의 설립

가. 개관

민법 제31조는 '법인의 성립은 법률의 규정에 의함이 아니면 성립하지 못한다.'라고 규정하여 법률의 규정에 벗어난 법인의 설립을 인정하지 않으며, 법인의 설립을 위해서는 법률이 인정하는 법정의 요건을 구비하여야 하는데, 통상 비영리 사단법인의 경우에는 ⅰ) 정관의 작성과 사원들의 뜻을 묻는 창립총회 개최 등의 '사단법인 설립준비', ⅱ) 주무관청의 '사단법인 설립허가', ⅲ)법원에의 '사단법인 설립등기' 단계를 거쳐 설립된다.

구분	비영리법인	공익법인
설립 근거	• 민법 • 여성가족부 소관 비영리법인의 설립 및 감독에 관한 규칙	• 민법 • 공익법인의 설립 · 운영에 관한 법률, 공익 법인의 설립 · 운영에 관한 법률 시행령
종류	• 사단법인, 재단법인	• 사단법인, 재단법인
목적 사업	• 영리가 아닌 사업(반드시 공익을 필요로 하는 것은 아님)	• 학자금 · 장학금 · 연구비 보조 · 지급, 학술, 자선 등 사회 일반을 위한 공익사업
허가 기준	• 사업의 실현가능성과 능력 • 재정적 기초 확립 여부 • 타 법인과 동일 명칭 사용금지	• 사업의 구체성, 실현 가능성 • 재정의 안정성 • 공익의 적극적 유지 · 증진 가능성
감독 사항	• 사업계획, 수지예산 · 결산서 제출 • 필요시 사무 · 재산상황 검사 및 자료제출 요구 등	• 임원 취임 및 재산변경, 수익사업 승인 • 장기차입 사전 허가 • 사업계획, 예산 · 결산서 제출• 상근직원 정수 승인 등
지원 사항	※법령에 예외를 둔 경우를 제외하고 특별한 지원사항 없음	• 지원사항 없음 • 수익사업 영위 시 사전승인 필요 • 기부금 법인세 · 소득세 감면 • 출연자의 상속세, 증여세 면제 • 법인이 공급하는 재화 · 용역의 부가가치세 면제 등

나. 주무관청

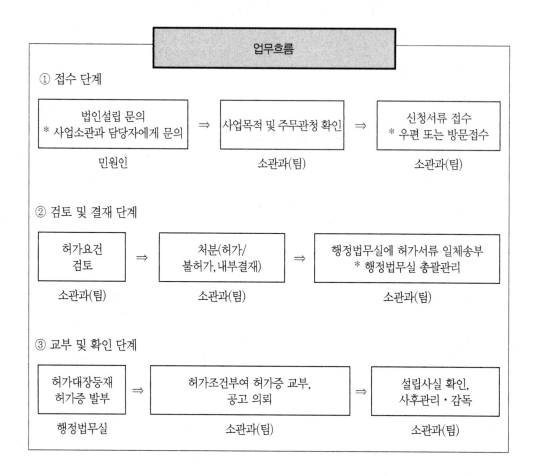

① 접수 단계

법인설립 문의 * 사업소관과 담당자에게 문의	⇒	사업목적 및 주무관청 확인	⇒	신청서류 접수 * 우편 또는 방문접수
민원인		소관과(팀)		소관과(팀)

② 검토 및 결재 단계

허가요건 검토	⇒	처분(허가/ 불허가, 내부결재)	⇒	행정법무실에 허가서류 일체송부 * 행정법무실 총괄관리
소관과(팀)		소관과(팀)		소관과(팀)

③ 교부 및 확인 단계

허가대장등재 허가증 발부	⇒	허가조건부여 허가증 교부, 공고 의뢰	⇒	설립사실 확인, 사후관리·감독
행정법무실		소관과(팀)		소관과(팀)

(1) 주무관청 확인

설립준비를 마친 후 설립하고자 하는 사단법인이 목적으로 하는 사업을 관리하는 행정관청 즉, 주무관청을 확인하고 설립허가신청서를 제출하여야 하는데, 주무관청을 확인하기 위해 「정부조직법」과 각 부·처·청의 직제 및 직제시행규칙 등을 살펴 업무소관을 검토한 후 「행정권한의 위임 및 위탁에 관한 규정」 등을 검토하여 그 업무의 위임여부를 따져 주무관청을 확인해야 한다. 다만, 법인이 목적으로 하는 사업을 관할하는 행정관청이 둘 이상인 때에는 두 곳 모두 주무관청이 된다.

Q 해외 이주민의 국내 정착 등을 지원하는 사회복지사업을 목적 사업으로 하는 법인의 설립허가를 담당할 주무관청에 관한 질의

A 설립하려고 하는 안산이주민센터는 이주노동자, 결혼이민자 등의 국내에 거주하는 이주민들의 국내 정착을 돕기 위한 보호지원을 목적으로 하는 법인으로서 그 주된 목적이 사회복지사업이므로 이를 주관하는 보건복지부가 주무관청이 됨. 그런데 행정권한의 위임 및 위탁에 관한 규정은 사회복지사업을 목적으로 하는 사단법인의의 설립허가 등에 관한 보건복지부장관의 사무를 시도지사에게 위임하였고, 당해 법인의 활동범위가 경기도에 속하므로 이 법인의 설립허가권자는 경기도 지사이다.

(2) 주무관청의 허가 여부

주무관청의 허가 여부는 주무관청의 자유재량에 속하며, 따라서 비록 법인설립을 목적으로 하는 단체가 법인설립허가신청을 하였으나 주무관청으로부터 허가를 받지 못하였더라도 행정소송으로 이를 다툴 수 없다는 것이 판례의 입장이다(대법원 1996. 9. 10. 선고 95누18437 판결 등)

(3) 권한의 위임

행정권한의 위임 및 위탁에 관한 규정 에 근거하여 비영리법인에 관한 업무의 일부를 시 · 도지사 등에게 위임하고 있으며, 그 범위 내에서 특별시장 · 광역시장 · 특별자치시장 · 도지사 또는 특별자치도지사가 법인설립을 허가하거나 업무를 감독하고 있다

[행정권한의 위임 및 위탁에 관한 법률]

제40조(여성가족부 소관) ① 여성가족부장관은 「민법」 제32조에 따라 설립하였거나 설립하려는 여성가족부장관 소관의 비영리법인(법인의 활동범위가 특별시장·광역시장·특별자치시장·도지사 또는 특별자치도지사의 관할구역에 한정되는 경우만 해당한다)의 설립허가 및 그 취소, 정관변경허가, 해산신고의 수리, 그 밖의 지도·감독에 관한 권한을 특별시장·광역시장·특별자치시장·도지사 또는 특별자치도지사에게 각각 위임한다. ② 여성가족부장관은 「민법」 제32조에 따라 설립된 비영리법인인 한국스카우트연맹, 한국걸스카우트연맹 및 한국청소년연맹의 특별시·광역시·특별자치시·도 또는 특별자치도 지부(支部)에 대한 지도·감독 권한을 특별시·광역시·특별자치시·도 또는 특별자치도의 교육감에게 각각 위임

[활동범위의 확대]

▷ 활동범위가 1개 특별시·광역시·도 또는 특별자치시·도의 관할구역에서 2개 이상 시·도에 걸치는 사업으로 활동범위를 확장하는 경우

- 이는 정관 변경 사유에 해당되므로 정관 변경 허가를 받을 경우 활동범위가 2개 이상의 시·도에 이르는 법인으로 새로이 설립허가를 받은 것과 동일한 효과가 발생하게 됨
- 이 경우 정관변경 신청은 해당 시·도에서 접수하여, 정관변경의 허가권은 여성가족부장관에게 있음― 여성가족부장관이 의뢰받은 정관에 대해 심사를 진행한 후, 그 변경을 불허하는 경우에는 시·도가 여성가족부장관으로부터 통보받은 불허처분의 내용을 해당 법인에 통보
- 변경을 허가하는 경우에는 그 허가에 따라 주무관청이 여성가족부장관으로 변경되므로 여성가족부장관이시도와 해당 법인에 대해서 직접 정관 변경허가를 통보

소관	위임규정
국가보훈처	국가보훈처장은 국가보훈처장 소관의 비영리법인(법인의 활동범위가 해당 특별시장·광역시장·특별자치시장·도지사 또는 특별자치도지사의 관할구역에 한정되는 경우만 해당함)의 설립허가 및 그 취소, 정관변경허가, 해산신고의 수리, 그 밖의 지도·감독에 관한 권한을 특별시장·광역시장·특별자치시장·도지사 또는 특별자치도지사에게 각각 위임한다(「행정권한의 위임 및 위탁에 관한 규정」 제17조의2).
식품의약품안전처	식품의약품안전처장은 식품의약품안전처장 소관의 비영리법인(비영리법인의 활동범위가 인접한 2개 이하의 특별시장·광역시장·특별자치시장·도지사 또는 특별자치도지사의 관할구역에 한정되는 경우만 해당하며, 식품의약품안전처장이 정하여 고시하는 비영리법인은 제외함)의 설립허가 및 그 취소, 정관변경허가, 해산신고의 수리, 그 밖의 지도·감독에 관한 권한을 특별시장·광역시장·특별자치시장·도지사 또는 특별자치도지사에게 각각 위임한다. 다만, 비영리법인의 활동범위가 인접한

	2개의 특별시 · 광역시 · 특별자치시 · 도 또는 특별자치도에 걸치는 경우에는 해당 법인의 주된 사무소가 소재하는 지역을 관할하는 특별시장 · 광역시장 · 특별자치시장 · 도지사 또는 특별자치도지사에게 각각 위임한다(「행정권한의 위임 및 위탁에 관한 규정」 제18조 제6항).
과학기술정보통신부	1. 과학기술정보통신부장관은 우정사업 관련 비영리법인(과학기술정보통신부장관이 정하여 고시하는 비영리법인은 제외함)의 설립허가 및 그 취소, 정관변경허가, 해산신고의 수리, 그 밖의 지도 · 감독에 관한 권한을 우정사업본부장에게 위임한다(「행정권한의 위임 및 위탁에 관한 규정」 제21조의2제1항제15호).
	2. 과학기술정보통신부장관은 과학기술정보통신부장관 소관의 비영리법인(과학기술정보통신부장관이 정하여 고시하는 비영리법인, 우정사업 관련 비영리법인 및 과학기술 관련 비영리법인은 제외함)의 설립허가 및 그 취소, 정관변경허가, 해산신고의 수리, 그 밖의 지도 · 감독에 관한 권한을 그 소관에 따라 국립전파연구원장 및 중앙전파관리소장에게 각각 위임한다(「행정권한의 위임 및 위탁에 관한 규정」 제21조의2제2항제2호).
	3. 과학기술정보통신부장관은 과학기술 관련 비영리법인(과학기술정보통신부장관이 정하여 고시하는 비영리법인은 제외함)의 설립허가 및 그 취소, 정관변경허가, 해산신고의 수리, 그 밖의 지도 · 감독에 관한 권한을 해당 비영리법인의 소재지에 따라 다음과 같이 위임한다(「행정권한의 위임 및 위탁에 관한 규정」 제21조의2제3항).
	① 국립과천과학관장: 소재지가 서울특별시, 경기도 및 강원도인 비영리법인
	② 국립중앙과학관장: 소재지가 위 ① 외의 지역인 비영리법인
교육부	교육부장관은 교육부장관 소관의 비영리법인(교육부장관이 정하여 고시하는 비영리법인은 제외함)의 설립허가 및 그 취소, 정관변경허가, 해산신고의 수리, 그 밖의 지도 · 감독에 관한 권한을 교육감에게 위임한다(「행정권한의 위임 및 위탁에 관한 규정」 제22조 제1항 제1호)
외교부	외교부장관은 외교부장관 소관의 비영리법인(외교부장관이 정하여 고시하는 비영리법인은 제외함)의 설립허가 및 그 취소, 정관변경허가, 해산신고의 수리, 그 밖의 지도 · 감독에 관한 권한을 특별시장 · 광역시장 · 특별자치시장 · 도지사 또는 특별자치도지사(법인의 활동범위가 2개 이상의 특별시 · 광역시 · 특별자치시 · 도 또는 특별자치도에 걸치는 비영리법인의 경우에는 해당 법인의 주된 사무소가 소재하는 지역을 관할하는 특별시장 · 광역시장 · 특별자치시장 · 도지사 또는 특별자치도지사를 말함)에게 각각 위임한다(「행정권한의 위임 및 위탁에 관한 규정」 제22조의2).
소방청	소방청장은 소방청장 소관의 비영리법인(법인의 활동범위가 해당 특별시장 · 광역시장 · 특별자치시장 · 도지사 또는 특별자치도지사의 관할구역에 한정되는 경우만 해당함)의 설립허가 및 그 취소, 정관변경허가, 해산신고의 수리, 그 밖의 지도 · 감독에 관한 권한을 특별시장 · 광역시장 · 특별자치시장 · 도지사 또는 특별자치도지사에게 각각 위임한다(「행정권한의 위임 및 위탁에 관한 규정」 제29조 제4호).
문화체육관광부	문화체육관광부장관은 문화체육관광부장관 소관의 비영리법인의 설립허가 및 그 취소, 정관변경허가, 해산신고의 수리, 그 밖의 지도 · 감독에 관한 권한을 특별시장 · 광역시장 · 특별자치시장 · 도지사 또는 특별자치도지사(법인의 활동범위가 2개 이상의 특별시 · 광역시 · 특별자치시 · 도 또는 특별자치도에 걸치는 비영리법인의 경우

	에는 해당 법인의 주된 사무소가 소재하는 지역을 관할하는 특별시장·광역시장·특별자치시장·도지사 또는 특별자치도지사를 말함)에게 각각 위임한다. 다만, 문화체육관광부장관이 정하여 고시하는 비영리법인 또는 체육, 미디어 또는 종교 분야가 아닌 법인으로서 활동범위가 3개 이상의 특별시·광역시·특별자치시·도 또는 특별자치도에 걸치는 비영리법인의 경우에는 문화체육관광부가 주무관청이 된다(「행정권한의 위임 및 위탁에 관한 규정」 제30조 제1항).
문화재청	문화재청장은 문화재청장 소관의 비영리법인(법인의 활동범위가 해당 특별시장·광역시장·특별자치시장·도지사 또는 특별자치도지사의 관할구역에 한정되는 경우만 해당함)의 설립허가 및 그 취소, 정관변경허가, 해산신고의 수리, 그 밖의 지도·감독에 관한 권한을 특별시장·광역시장·특별자치시장·도지사 또는 특별자치도지사에게 각각 위임한다(「행정권한의 위임 및 위탁에 관한 규정」 제31조).
농림축산식품부	농림축산식품부장관은 농림축산식품부장관 소관의 비영리법인(법인의 활동범위가 해당 특별시장·광역시장·특별자치시장·도지사 또는 특별자치도지사의 관할구역에 한정되는 경우만 해당함)의 설립허가 및 그 취소, 정관변경허가, 해산신고의 수리, 그 밖의 지도·감독을 특별시장·광역시장·특별자치시장·도지사 또는 특별자치도지사에게 각각 위임한다(「행정권한의 위임 및 위탁에 관한 규정」 제32조 제1항 제7호).
농촌진흥청	농촌진흥청장은 농촌진흥청장 소관의 비영리법인(법인의 활동범위가 해당 특별시장·광역시장·특별자치시장·도지사 또는 특별자치도지사의 관할구역에 한정되는 경우만 해당함)의 설립허가 및 그 취소, 정관변경허가, 해산신고의 수리, 그 밖의 지도·감독에 관한 권한을 특별시농업기술센터소장, 광역시농업기술센터소장, 특별자치시농업기술센터소장, 도 농업기술원장 및 특별자치도농업기술원장에게 각각 위임한다(「행정권한의 위임 및 위탁에 관한 규정」 제33조 제2항).
산림청	산림청장은 산림청장 소관의 비영리법인(비영리법인의 활동범위가 해당 특별시장·광역시장·특별자치시장·도지사 또는 특별자치도지사의 관할구역에 한정되는 경우만 해당함)의 설립허가 및 그 취소, 정관변경허가, 해산신고의 수리, 그 밖의 지도·감독의 권한을 특별시장·광역시장·특별자치시장·도지사 또는 특별자치도지사에게 각각 위임한다(「행정권한의 위임 및 위탁에 관한 규정」 제34조 제2항).
산업통상자원부	산업통상자원부장관은 산업통상자원부장관 소관의 비영리법인(비영리법인의 활동범위가 해당 특별시장·광역시장·특별자치시장·도지사 또는 특별자치도지사의 관할구역에 한정되는 경우만 해당하며, 중앙행정기관으로부터 재정지원을 받거나 사무를 위탁받은 법인은 제외함)의 설립허가 및 그 취소, 정관변경허가, 해산신고의 수리, 그 밖의 지도·감독에 관한 권한을 특별시장·광역시장·특별자치시장·도지사 또는 특별자치도지사에게 각각 위임한다(「행정권한의 위임 및 위탁에 관한 규정」 제35조 제1항 제2호).
보건복지부	보건복지부장관은 보건복지부장관 소관의 다음 중 어느 하나에 해당하는 비영리법인의 설립허가 및 그 취소, 정관변경허가, 해산신고의 수리, 그 밖의 지도·감독에 관한 권한을 4급 이상 공무원을 장으로 하는 소속기관의 장에게 위임한다(「행정권한의 위임 및 위탁에 관한 규정」 제36조 제3항 제4호). 1. 장사시설 설치 또는 한센인 정착사업을 목적으로 하는 재단법인

	2. 위 1. 외의 법인 중 활동범위가 해당 특별시장·광역시장·특별자치시장·도지사 또는 특별자치도지사의 관할구역에 한정되는 법인(다만, 특별시·광역시·특별자치시·도 또는 특별자치도가 출연하여 설립한 법인은 제외함)
환경부	환경부장관은 환경부장관 소관의 비영리법인의 설립허가 및 그 취소, 정관변경허가, 해산신고의 수리, 그 밖의 지도·감독에 관한 권한을 특별시장·광역시장·특별자치시장·도지사 또는 특별자치도지사에게 각각 위임한다. 다만, 법인의 활동범위가 인접한 2개 이하의 특별시장·광역시장·특별자치시장·도지사 또는 특별자치도지사의 관할구역에 한정되는 경우만 해당하며, 법인의 활동범위가 인접한 2개의 특별시·광역시·특별자치시·도 또는 특별자치도에 걸치는 경우에는 해당 법인의 주된 사무소가 소재하는 지역을 관할하는 특별시장·광역시장·특별자치시장·도지사 또는 특별자치도지사에게 각각 위임한다(「행정권한의 위임 및 위탁에 관한 규정」 제38조 제2항).
고용노동부	고용노동부장관은 고용노동부장관 소관의 노사관계 관련 비영리법인(다만, 법인의 활동범위가 2개 이상의 지방고용노동청장의 관할구역에 걸치는 경우는 제외함)의 설립허가 및 그 취소, 정관변경허가, 해산신고의 수리, 그 밖의 지도·감독에 관한 권한을 지방고용노동청장에게 위임한다(「행정권한의 위임 및 위탁에 관한 규정」 제39조단서 및 제4호).
여성가족부	여성가족부장관은 여성가족부장관 소관의 비영리법인(법인의 활동범위가 특별시장·광역시장·특별자치시장·도지사 또는 특별자치도지사의 관할구역에 한정되는 경우만 해당함)의 설립허가 및 그 취소, 정관변경허가, 해산신고의 수리, 그 밖의 지도·감독에 관한 권한을 특별시장·광역시장·특별자치시장·도지사 또는 특별자치도지사에게 각각 위임한다(「행정권한의 위임 및 위탁에 관한 규정」 제40조 제1항).
국토교통부	국토교통부장관은 국토교통부장관 소관의 비영리법인(비영리법인의 활동범위가 해당 특별시장·광역시장·특별자치시장·도지사 또는 특별자치도지사의 관할구역에 한정되는 경우만 해당함)의 설립허가 및 그 취소, 정관변경허가, 해산신고의 수리, 그 밖의 지도·감독에 관한 권한을 특별시장·광역시장·특별자치시장·도지사 또는 특별자치도지사에게 각각 위임한다(「행정권한의 위임 및 위탁에 관한 규정」 제41조 제3항).
해양수산부	해양수산부장관은 해양수산부장관 소관 중 수산 및 해양레저스포츠 분야 비영리법인(법인의 활동범위가 해당 특별시장·광역시장·특별자치시장·도지사 또는 특별자치도지사의 관할구역에 한정되는 경우만 해당함)의 설립허가 및 그 취소, 정관변경허가, 해산신고의 수리, 그 밖의 지도·감독에 관한 권한을 특별시장·광역시장·특별자치시장·도지사 또는 특별자치도지사에게 각각 위임한다(「행정권한의 위임 및 위탁에 관한 규정」 제41조의2제6항제1호).
중소벤처기업부	중소벤처기업부장관은 중소벤처기업부장관 소관의 비영리법인(법인의 활동범위가 해당 지방중소벤처기업청장의 관할구역에 한정되는 경우만 해당함)의 설립허가 및 그 취소, 정관변경허가, 해산신고의 수리, 그 밖의 지도·감독에 관한 권한을 관할 지방중소벤처기업청장에게 위임한다. 다만, 법인의 활동범위가 제주특별자치도지사의 관할구역에 한정되는 경우에는 제주특별자치도지사에게 위임한다(「행정권한의 위임 및 위탁에 관한 규정」 제41조의3).

상기의 정부조직상 주무관청의 업무는 「행정권한의 위임 및 위탁에 관한규정」에 의거하여, 비영리법인의 설립허가 및 취소, 정관변경허가, 해산신고의 수리, 그 밖의 지도·감독 업무가 지방자치단체의 장이나 하급행정기관의 장에게 위임되어 있는 경우가 많으므로, 정확한 설립허가 업무 처리 관청을 확인하기 위해서는 동 규정을 확인할 필요가 있다.

다. 구비서류

법제처 국가법령정보 사이트(http://www.law.go.kr)에서 '법인'이라는 키워드를 검색하면, 법무부 소관 비영리법인의 설립 및 감독에 관한 규칙을 비롯하여, 국방부 및 그 소속청 소관 비영리법인의 설립 및 감독에 관한 규칙, 국토교통부 및 그 소속청 소관 비영리법인의 설립 및 감독에 관한 규칙, 금융위원회 소관 비영리법인의 설립 및 감독에 관한 규칙, 기획재정부 및 그 소속청 소관 비영리법인의 설립 및 감독에 관한 규칙, 농림축산식품부장관 및 그 소속 청장소관 비영리법인의 설립 및 감독에 관한 규칙, 문화체육관광부 및 문화재청 소관 비영리법인의 설립 및 감독에 관한 규칙 등을 열람할 수 있으며, 각 규칙의 하단에 첨부된 서류를 활용할 수 있다.

구비서류 \ 법인별		근거법령	비영리법인 (민법 제32조)		공익법인 (공익법)		비고
			사단	재단	사단	재단	
1	법인설립허가신청서 (비영리법인용, 공익법인용 구분)	부령 별지1호	○	○	○	○	
2	설립취지서 (임의서식으로 작성)	공익령4-① -2	△	△	○	○	공익법인
3	발기인의 인적사항 (성명·주민등록번호·주소·약력) ※ 설립발기인이 법인인 경우에는 그 명칭, 주된 사무소의 소재지, 대표자의 성명·주민등록번호·주소와 정관, 최근의 사업활동을 기재한 서류)	부령 3-1 공익령4-① -1	○	×	○	×	사단법인
4	임원취임예정자 인적사항 (성명·주민등록번호·주소·약력)	부령 3-5	○	○	○	○	공통
5	임원취임승락서, (필요시 겸직동의서)	부령 3-5	○	○	○	○	공통
6	특수관계 부존재 확인서 (※ 사후 발견시 임원취임 취소)	공익령12	×	×	○	○	공익법인
7	창립(발기인) 총회 회의록 (회의록 내용상 별첨서류 첨부·간인) ※ 설립발기인이 법인인 경우에는 법인의 설립에 관한 의사의 결정을 증명하는 서류	부령 3-6 공익령4-① -8	○	×	○	×	사단법인
8	출연자 확인서 (※ 정관을 첨부하여 간인)	민법 43	×	○	×	○	재단법인

9	정관 (정관작성기준 준수) (※ 재단법인의 경우 8호 첨부물로 갈음 가능)	부령 3-2 공익령4-① -3	○	○	○	○	공통
10	법인조직 및 상근임직원 정수표	공익령14	×	×	○	○	공익법인
11	재산출연증서(기부승락서) : 공익법인의 경우 기부승락서에 해당 ※ 인감증명서, 잔고증명 등 출연재산의 소유증명서 첨부	부령 3-3 공익령4-① -4	○	○	○	○	공통
12	재산총괄표와 그 입증서류 (특히 공익법인의 경우, 부동산 · 예금 · 유가증권 등 주된 재산에 관한 등기소 · 금융기관 등의 증명서)	부령 3-3 공익령4-① -4 공익령4-① -6	○	○	○	○	공통
13	기본재산 목록	부령 3-3 공익령4-① -4	○	○	○	○	공통
14	(보통 · 운영)재산 목록 ※ 비영리법인은 '운영재산', 공익법인은 '보통재산'에 해당	부령 3-3 공익령4-① -4	○	○	○	○	공통
15	회비징수 예정증명서 또는 기부신청서	공익령4-① -4	×	×	○	×	공익사단
16	사원명부 (성명 · 주소 · **연락처**) ※ 100명이 넘을 경우 '이상 100명외 ○○명'으로 총수 기재서류	공익령4-① -8	△	×	○	×	공익사단
17	당해연도 사업계획서 및 수지예산서	부령 3-4	○	○	×	×	비영리법인
18	사업개시**예정일** 및 사업개시이후 2 사업년도분의 사업계획서 및 수지예산서	공익령4-1-7	×	×	○	○	공익법인
19	사무실 확보증명서 ※ 건물사용승락서 또는 임대차계약서, 건물소유권 입증서류, 인감증명서	민법33, 36	○	○	○	○	공통

허가신청 시 필요서류

▶ 법인의 사업목적을 주관하는 주무관청 확인
▶ 주무관청에 법인설립허가 신청

사단법인	재단법인
• 비영리법인 설립허가 신청서	• 비영리법인 설립허가 신청서
• 설립발기인 명단 발기인 인감증명서 각 1부	• 발기인 명단
• 정관	• 정관
• 창립총회 회의록	• 재산목과 그 입증서류 각 1부
• 임원취임예정자 명단 및 취임승 낙서, 특수관계인 부존재 각서, 임원인감증명서 각 1부	• 임원취임예정자 명단 및 취임승낙서, 특수관계인 부존재 각서, 임원인감증명서 각 1부
• 사업계획서, 수지예산서 각 1부	• 사업계획서, 수지예산서 각 1부

• 회원명부	• 사무소 증빙서류(임대차계약서 사본 또는 사용승낙서)
• 사무소 증빙서류(임대차계약서 사본 또는 사용승낙서)	• 법인소개서
• 법인소개서	• 법인이 사용할 인장
• 법인이 사용할 인장	

2. 비영리사단법인 설립절차

사단법인의 설립절차는 설립자(발기인)에 의한 단체의 설립준비단계와 그 단체에 대한 설립허가 및 등기를 통하여 법인격을 부여받는 단계로 구분할 수 있다. 이러한 사단법인의 설립허가를 받고자 하는 자는 법인설립허가 신청서와 허가절차에 따른 첨부서류를 주무관청에 제출하는 방법으로 허가를 받는 후 관할등기소에 등기를 마치면 된다. 한편, 민법에 의한 비영리법인을 설립하는 경우에는 허가신청에 앞서 요건구비를 위한 일련의 절차를 거쳐야 하는 데 일반적으로 ①발기인 구성, ②창립총회 개최, ③설립취지문 및 정관 채택, ④이사장 및 임원 선출, ⑤사업계획서 및 예산서 작성 순서로 진행되며, 재단법인의 경우에는 법인의 성립요건인 재산출연이 전제되어야 한다.

사단법인 설립 절차 한 눈에 보기

사단법인 설립준비
❶ 사단법인 목적 및 명칭 정하기
❷ 정관 작성
❸ 창립총회 개최

사단법인 설립허가
❶ 설립대상 사단법인의 주무관청 확인
❷ 주무관청에 설립허가 신청
❸ 주무관청으로부터 설립허가

사단법인 설립등기
❶ 관할법원(등기소)에 설립등기
❷ 등기 후 주무관청에 설립등기 완료 보고

재단법인 설립 절차 한 눈에 보기

재단법인 설립준비
❶ 재단법인 재산 출연
❷ 재단법인 목적 및 명칭 정하기
❸ 정관 작성

재단법인 설립허가
❶ 설립대상 재단법인의 주무관청 확인
❷ 주무관청에 설립허가 신청
❸ 주무관청으로부터 설립허가

재단법인 설립등기
❶ 관할 법원(등기소)에 설립등기
❷ 등기 후 주무관청에 설립등기 완료 보고

- **1단계 : 설립준비**
- 법인의 명칭과 목적 설정, 정관 · 사업계획서 · 예산서 작성 및 창립총회 개최
  1) 법인의 목적 설정
  2) 설립발기인 구성 : (사단법인) 최소 2인 이상
  3) 법인의 명칭 설정
  4) 기관 구성 : 회원, 총회, 임원 등을 규정
  5) 정관 작성 : 법인의 기본규범이며 준수해야 할 사항
  6) 창립총회 개최 : 정관 심의 및 채택 → 이사장(대표이사 등) 및 임원 선출 → 사업계획 및 예산 승인

- **2단계 : 비영리법인 설립허가**
- 설립 법인의 목적사업 관할 행정관청(주무관청) 확인
- 주무관청 확인 후 해당 주무관청에 신청서류를 갖추어 제출

- 담당부서 지정 기준
- 정관의 명칭, 목적과 사업, 사업계획, 예산 비중 순서로 종합 검토
- 설립 배경 및 대표자 등 발기인과 임원 이력 검토

- 주무관청은 설립허가 신청이 적절하면 설립허가 처분을, 설립허가 신청이 부적절하면 설립불 허가 처분을 그 신청인에게 통지
  1) 설립허가 규정 법령의 확인
  2) 주무관청 확인 및 설립허가 신청서 제출
  3) 주무관청의 허가 시 주된 검토사항
  - 신청서의 검토 / 법인설립의 필요성/ 법인의 목적과 사업의 실현가능성/ 법인 명칭의 유사 성/ 재정적 기초의 확보가능성
  4) 허가여부의 결정 및 통지
  - 설립 허가할 경우 설립허가 알림 공문과 함께 설립허가증 발급

- **3단계 : 사단법인 설립등기**

○ 설립허가 받은 비영리법인이 주된 사무소의 소재지를 관할하는 법원등기소에 설립등기를 마치면 법인으로 성립(「민법」 제33조)

   1) 비영리 사단법인 설립등기(관할 등기소) 및 설립신고(관할 세무서)

   2) 재산이전 및 법인 설립등기 보고 (주무관청)

○ 공익활동 목적의 비영리법인일 경우 지정기부금단체로 신청하여 기부자에게 세제혜택 부여

   1) 지정기부금단체 추천 신청(주무관청)

   2) 지정기부금단체 지정(기획재정부)

가. 설립준비

(1) 목적 정하기

비영리사단법인은 민법 제32조 규정에 의거하여 학술, 종교, 자선, 기예, 사교 기타 영리아닌 사업을 목적으로 설립하여야 한다. 여기서 영리 아닌 사업이란 주식회사의 경우 법인의 이익이 발생할 경우 주주에게 배당금을 배당하는 반면 비영리 법인의 경우에는 그 사업을 통해 이익을 발생한 경우라도 그 구성원에 분배되지 않는 것을 말한다. 즉 개개의 구성원의 이익을 목적으로 하지 않는 사업을 말하며, 반드시 공익을 목적으로 하는 사업을 의미하는 것은 아니다.

(2) 설립자 구성하기

비영리사단법인을 설립하고자 하는 경우 적어도 '2인 이상'의 설립자가 필요하며, 2인 이상으로 구성된 설립발기인은 정관을 작성해 그 정관에 기명날인하고 법인의 구성원을 확정하는 등의 일을 하게 된다. 따라서 비영리사단법인을 설립하기 위해서는 먼저 사업목적이 동일한 사람들을 모집해야 한다.

한편, 발기인 란에는 발기인의 성명, 주민등록번호, 주소, 연락처 및 주요약력(3~4가지)등을 기재하며, 약력은 가급적 법인의 목적사업과 관련된 것을 중심으로 3~4개 정도를 적고 전·현직 여부를 표시하면 좋다. 다만, 이미 설립된 법인이 다른 법인을 설립하고자 신청하는 경우에는 법인의 명칭, 주된 사무소의 소재지, 대표자의 성명·주민등록번호·주소를 기재한 서류와 법인의 정관을 함께 제출하여야 한다.

Q 법인이 사단법인의 설립발기인이 될 수 있는지 여부

A 사단법인에 있어서 사원은 자연인뿐 아니라 법인도 될 수 있다고 보고 있다. 따라서 법인도 사단법인의 설립발기인이나 설립 후 사원자격을 취득할 수 있다고 할 것이다.

[발기인 인적사항 기재 서식]

발 기 인 인 적 사 항

성 명 (한 자)	주민등록 번 호	주 소 (우편번호)	주 요 약 력	연락처(☎)
홍길동 (洪吉東)		서울 종로구 계동 123번지 (123~456)	○(현) ○(전) ○(전)	
			○ ○ ○	
			○ ○ ○	
			○ ○ ○	
			○ ○ ○	
			○ ○ ○	

작성자 : 사단법인 ○○○○ 발기인 대표 ○○○ (날인 또는 서명)

주) 약력은 가급적 법인의 목적사업과 관련된 것을 중심으로 3~4개 정도를 적고 전·현직 여부를 표시

(3) 명칭 정하기

비영리사단법인의 사업목적을 정한 후에는 설립할 법인의 명칭을 정해야 하는데, 법인의 명칭은 사업목적을 나타낼 수 있는 명칭을 정해야 하고, 설립할 법인의 명칭이 기존의 법인의 명칭과 동일한지 여부도 확인해야 한다.

> ▶ 참고 - 동일명칭의 확인 방법
> 1. 대법원 인터넷등기소(http://www.iros.go.kr)에 접속한다.
> 2. '법인등기' → '열람' 선택 → '상호로 검색'에서 '전체등기소' 선택 → 법인종류에서 설립할 법인의 종류로 검색→'상호' 검색

주식회사의 상호와 동일한 명칭의 사단법인 설립등기 가부 :
제정 2022. 6. 7. [상업등기선례 제202206-1호, 시행]

1. "동일한 특별시, 광역시, 특별자치시, 시 또는 군에서 동종의 영업을 위하여 다른 상인이 등기한 상호와 동일한 상호를 등기할 수 없다"는 동일상호 금지에 관한 규정(「상업등기법」 제29조)은 민법법인(민법에 의하여 설립된 비영리 사단법인과 재단법인)의 명칭에는 적용되지 않는다. 따라서 다른 법령에 특별한 규정이 없는 한 민법법인은 이미 설립된 영리법인의 상호와 동일한 명칭을 사용할 수 있다.
2. 가칭 '사단법인 OOO자산공제회'와 'OOO자산공제회 주식회사'는 다른 특별한 사정이 없는 한 동일상호 금지에 관한 규정(「상업등기법」 제29조)이 적용되지 않는다(2022.06.07. 사법등기심의관-2863 질의회답).

참조조문 : 상법 제22조, 상업등기법 제29조, 법무부 소관 비영리법인의 설립 및 감독에 관한 규칙 제4조

---

(4) 사단법인의 정관작성

'정관'이란, 민법 제40조 및 제43조 규정에 따라 사단법인의 조직형태, 운영방법 및 사업 활동 등에 관한 기본적인 사항을 규정한 최고의 자치법규를 말한다. '정관'은 단체의 기본규범에 해당하는 것으로 단체활동의 근거가 되므로 반드시 구비되어야 한다. 한편, 사단법인에 있어서 설립행위는 곧 법인의 정관작성을 일컫는 것이지만, 재단법인에 있어서 설립행위란 법인의 정관의 작성과 함께 재산의 출연을 의미한다. 설립자가 정관을 작성할 경우 그 곳에 기명날인을 하여야

하며, 이는 요식행위이기 때문에 만일 설립자의 기명날인이 없는 정관의 경우에는 그 효력이 없다. 특히 재단법인은 설립자의 의사가 존중될 수 있도록 법인의 목적, 명칭, 자산에 관한 사항 등을 규정한 정관에 설립자가 기명 · 날인하여(민법 제43조) 법인이 출연자의 설립목적과 다르게 운영되는 일이 없도록 해야 한다.

사단법인의 존립시기 등 :
제정 2004. 10. 12. [등기선례 제200410-11호, 시행]

1. 사단법인이 존립시기를 정한 경우에는 민법 제40조 제7호, 제49조 제2항 제5호에 따라 이를 정관에 기재하고 등기하여야 하나, 정관에서 존립시기를 정하지 아니하였음에도 불구하고 등기원인 없이 등기되었다면 이는 유효한 등기사항이 아니라 할 것이다.
2. 정관에서 존립시기에 관하여 정한 바 없으나 등기되어 있다면 사단법인을 대표할 자는 정관 등 소명자료를 첨부하여 존립시기의 말소를 신청할 수 있으며, 위 존립시기가 도래한 경우에도 해산등기 없이 이사변경등기 · 주된 사무소 이전등기 등 다른 등기를 신청할 수 있다 (2004. 10. 12. 공탁법인 3402-220 질의회답).

참조조문 : 민법 제40조 제7호, 제49조 제2항 제5호

(가) 설립행위

사단법인의 설립행위란 설립자(발기인)가 장차 성립될 사단법인의 근본규칙인 정관을 작성하는 행위를 말한다. 민법은 설립자가 정관을 서면에 작성하여 기명날인 할 것을 요구하고 있다(민법 제40조). 따라서 설립자의 기명날인이 없는 정관은 효력이 없다. 한편, 설립자의 수에 대해서는 민법에 언급이 없지만 사단의 성질상 2인 이상은 필요하다고 해석된다.[1] 비영리사단법인은 정관에 기재된 내용에 따라 법인을 구성 · 운영해야 하며, 법인설립허가를 신청할 때에 정관을 주무관청에 제출해야 한다.

(나) 정관의 기재사항

정관에는 반드시 기재하여야 하는 사항인 '필수적 기재사항'과 그렇지 않은 '임의적 기재사항'이 있다. 필수적 기재사항 중 한 가지라도 누락되면 정관 전체가 무효가 되며 임의적 기재사항은 기재하

---

[1] 참고로 2011년 국회 제출되었던 민법 개정안은 사단법인의 구성원을 5인 이상으로 규정하고 있었다.

지 않아도 정관 자체의 효력에는 영향이 없지만 기재하지 않으면 그 사항에 대해서 법률상의 효력이 발생하지 않게 된다.

1) 필요적 기재사항

비영리사단법인의 경우 아래 소정의 필요적 기재사항은 정관에 반드시 기재되어야만 하고(민법 제40조), 그 중 하나라도 빠지면 정관으로서의 효력이 생기지 않아 주무관청으로부터 법인설립의 허가를 받을 수 없게 된다.

① 목적 : 법인의 사업목적을 기재하여야 하며, 목적사업은 영리 아닌 사업이어야 하며, 사업목적을 구체적으로 기재하여야 한다. 여기서의 목적사업은 법인설립허가 신청 시 제출한 사업계획서 등에 기재된 목적사업을 의미한다. 다만, 비영리사단법인이 비영리사업의 목적 달성에 필요한 수익사업을 영위하는 경우에는 관할세무서에 사업자등록 및 수익사업 개시신고 등을 해야 한다.

② 명칭 : 법인의 명칭을 기재한다. 여기서 명칭은 사단법인의 경우 사단법인이라는 단어 앞이나 뒷부분에 '0000 사단법인 또는 사단법인 0000'과는 것을 말한다. 이는 되도록 목적사업을 특정될 수 있는 단어를 사용하는 것이 좋고, 명칭을 정할 때에는 반드시 기존 법인의 명칭과 동일한지 여부를 확인하여야 한다.

> - 명칭사용에 특별한 제한은 없고, 「사단법인」이라는 명칭을 쓰지 않아도 무방하다.
> - 다만 실무적으로 기존 법인과 동일한 명칭을 사용하는 것은 허용되지 아니한다. 개정 「법무부 소관 비영리법인의 설립 및 감독에 관한 규칙」에서도 명시적으로 '다른 법인과 동일한 명칭이 아닐 것'을 설립허가 요건으로 규정하고 있다.

③ 사무소의 소재지 : 법인의 사무소가 두개 이상인 때에는 모두 기재하고 주된 사무소를 정해야 한다.

> 사무소 소재지 기재 시에는 실무적으로 도로명과 건물번호, 건물명, 호수까지 모두 기재함이 타당하다.

④ 자산에 관한 규정 : 자산의 종류 · 구성 · 관리 · 운용방법 · 회비 등에 관한 사항을 기재한다. 기본재산의 규모에 관하여는 지역마다 다소 차이가 있지만 사단법인의 경우 기본재산이 5,000만원 정도(서울 2,500만원)를 요구하며, 재단법인의 경우 기본재산이 5억원 이상을 출연하여야 한다. 다만, 서울시의 경우 기본재산 대신 최소 10% 이상의 운영자금 확보를 요구하고 있는 점에 유의하여야 한다.

> • 민법에는 어느 정도까지 자산에 관한 규정을 표시하여야 하는 지에 대한 규정이 없으나, 통상적으로 주무관청 및 일반의 제3자에게 비영리법인의 견실한 재정적 기초를 알리는 데 필요한 정도라고 해석된다.
> • 구체적으로 자산의 종류 · 구성 · 관리 · 운용방법 · 각 사원의 출자액 · 출자의무(회비)에 관한 것이 그 기재사항이 된다.
> • 개정「법무부 소관 비영리법인의 설립 및 감독에 관한 규칙」에서는 '목적하는 사업을 수행할 수 있는 충분한 능력이 있고 재정적 기초가 확립되어 있거나 확립될 수 있을 것'을 법인 설립허가 요건으로 규정(제4조 제1항 제2호)하고 있다.

⑤ 이사의 임면에 관한 규정 : 이사의 임면의 방법을 정하여 기재하되, 그 방법에는 제한이 없다. 총회의 의결에 의하지 않는 선임방법을 정하거나 구성원이 아닌 사람을 이사에 임면할 것을 기재하여도 상관없다.

> • 이사의 임면방법에 관한 규정, 즉 이사의 수, 자격, 임기, 선임과 해임의 방법등에 관한 사항이 여기에 해당된다.
> • 이사 및 감사의 수를 정관에서 확정할 필요는 없고, 'ㅇ명 이상의 이사', 'ㅇ명이하의 감사' 식으로 규정하는 것도 가능하다.

⑥ 사원자격의 득실에 관한 규정 : 사원의 입사 · 퇴사 및 제명 등에 관한 것을 기재한다.

> 절대로 퇴사를 인정하지 않는다거나 퇴사의 조건으로 부당한 위약금을 정하는 것과 같은 정관규정은 사회질서에 반하는 규정으로 무효일 수 있다.

⑦ 존립시기나 해산사유를 정하는 때에는 그 시기 또는 사유 : 법인의 존립시기 또는 해산사유를 기재한다.

> 존립시기나 해산사유를 정하는 때에는 그 시기 또는 사유 • 이에 관한 사항은 반드시 정하여야 하는 것은 아니므로, 특히 이를 정하고 있는 때에만 기재하면 된다.

⑧ 정관의 붙임서류
㉠ 법인 설립당시의 재산 목록
㉡ 법인이 사용할 인장
- 법인 설립당시 사용 중인 인장이 없는 경우 설립허가 등기 후 주무관청에 보고 시 제출해도 된다.
- 기본재산의 처분에 관한 사항은 주무관청의 허가대상은 아니나 기본재산이 정관의 별지로 구성되어 있으므로 기본재산 변동은 별지개정사항이 되어 정관의 변경절차를 따른다.
- 법인이 계약 등 법률 행위 시에는 반드시 법원에 등기한 대표이사의 인감을 사용하여야 하고 법인의 직인은 공시된 것이 아닌 임의의 것임에 유의해야 한다.

⑨ 기타
정관은 법인의 유지운영을 위하여 준수하여야 할 기본이 되는 규칙이므로 향후 법인운영에 필요한 사항을 망라하고 관계법규에 어긋남이 없도록 작성하여야 하며, 발기인 전원이 기명날인하고 정관의 면과 면 사이에 발기인 전원의 간인을 하여야 한다(인감증명서 첨부).

2) 임의적 기재사항
정관에는 기재되어 있으나, 필요적 기재사항에 해당하지 않는 사항을 말한다. 임의적 기재사항에는 특별한 제한이 없다. 임의적 기재사항이라도 일단 정관에 기재되면 필요적 기재사항과 마찬가지의 효력을 가지게 되므로, 이를 변경하려면 정관변경의 절차(즉 주무관청의 허가와 정관변경등기)가 필요하다.

항목	작성기준	검토의견
제1장 총칙	**1. 법인의 명칭을 정하되, 명칭 앞에 '사단법인'이라는 문구를 넣어야한다.**	
	2. 법인의 목적을 정한다. [사례] 본회는 ———————————— 함을 목적으로 한다.	

	3. 법인의 사무소의 위치를 정한다.
	
	[사례 1]
	① 본회의 사무소는 서울특별시 00구 00동 00번지에 둔다.
	② 분사무소(지부)가 설치되어 있지 않거나 앞으로 설치할 계획이 없는 경우에도 해당한다.
	
	[사례2]
	본회의 사무소는 서울특별시에 두며 필요한 곳에 분사무소(지부)를 설치할 수 있다.
	▶ 법인을 설립하고 나서 앞으로 분사무소(지부)를 설치하고자 하는 경우에 해당한다. 이 경우 분사무소(지부)를 설치한 후에는 아래 사례 3, 4와 같이 소재지를 명기한 정관변경을 하여야 한다.
	
	[사례3]
	① 본회의 사무소는 서울특별시 00구 00동 00번지에 둔다.
	② 본회의 분사무소(지부)는 다음 지역에 둔다.
	   1. 서울지부 : 서울특별시 00구 00동 00번지
	   2. 광주지부 : 광주광역시 00구 00동 00번지
	
	[사례4]
	본회의 주된 사무소는 서울특별시에 두고, 서울특별시, 부산광역시, 대구광역시, 광주광역시, 강원도, 제주도에 분사무소(지부)를 설치한다.
	▶ 사례 3, 4는 법인을 설립할 당시 이미 분사무소(지부)까지 설치한 법인과 기존 법인 중에서 분사무소(지부)가 설치된 법인의 경우에 해당한다.	

	4. 법인의 목적을 달성하기 위한 사업을 종목별로 구체적으로 정한다.
	
	[사례]
	제4조(사업) 본회는 제2조의 목적을 달성하기 위하여 다음의 사업을 한다.
	   1.
	   2.	

	3. 4. 기타 본회의 목적달성에 필요한 사업	
제2장 회원	1. 회원의 종류와 자격을 정하고 회원이 되는 절차를 정한다.	
	2. 회원의 권리 · 의무에 관한 사항을 정한다. [회원의 권리 사례 1] 회원은 총회를 통하여 본회의 운영에 참여할 권리를 가진다. [사례2] 회원은 총회를 통하여 본회의 운영에 참여할 권리를 가진다. 다만 준회원, 특별회원, 명예회원은 총회에 출석하여 발언할 수 있으나 의결권은 없다. [사례3] 회원은 총회를 통하여 본회의 운영에 참여할 권리를 가진다. 다만 단체회원은 대표자 1인을 선출하여 그 대표자를 통하여 권리를 행사한다. [회원의 의무 사례] 1. 본회의 정관 및 제 규약의 준수 2. 총회 및 이사회의 결의사항 이행 3. 회비 및 제 부담금의 납부.	
	3. 회원은 임의로 탈퇴할 수 있게 정한다. [사례] 회원은 회장에게 탈퇴서를 제출함으로써 자유롭게 탈퇴할 수 있다. [사례 - 회원의 상벌] ① 본회의 회원으로서 본회의 발전에 기여한 자에 대하여는 이사회의 의결을 거쳐 포상할 수 있다. ② 본회의 회원으로서 본회의 목적에 위배되는 행위 또는 명예와 위신에 손상을 가져오는 행위를 하거나 제0조의 의무를 이행하지 아니한 자에 대하여는 이사회 또는 총회의 의결을 거쳐 회장이 제명, 견책 등의 징계를 할 수 있다.	
	4. 회원의제명 등의 징계는 총회 또는 이사회의 의결을 거치도록 정한다.	
제3장 임원	1. 임원의 종류와 수를 정하되, 특별한 사유가 없는 한 이사는 5인 이상, 감사는 2인 이하로 정하고, 상임이사의 수를 정한다. [사례] 회상 1인, 이사 0명(회장을 포함한다), 감사 0명 이하로 정한다.	

[사례 - 상임이사]
① 본회의 목적사업을 전담하게 하기 위하여 상임이사를 둘 수 있다.
② 상임이사는 이사회의 의결을 거쳐 회장이 이사 중에서 선임한다.
※상임이사를 두지 않는 경우에는 이 규정은 필요 없다

[사례 - 선임제한]
① 임원의 선임에 있어서 이사는 이사 상호간에 민법 제777조에 규정된 친족관계에 있는 자가 이사정수의 1/5을 초과할 수 없다. ② 감사는 감사 상호간 또는 이사와 민법 제777조에 규정된 친족관계가 없어야 한다.

---

2. 임원의 임기는 3년으로 정함을 원칙으로 한다.

[사례]
① 임원의 임기는 3년으로 한다.
② 보선에 의하여 취임한 임원의 임기는 전임자의 잔여기간으로 한다.

---

3. 임원의 임기 중 궐위될 경우의 그 보충방법을 정한다.

---

4. 임원은 총회에서 선출하도록 정한다.
   (다만, 상임임원은 이사회에서 선출하도록 정할 수 있다)

[사례]
① 임원은 총회에서 선출하고, 그 취임에 관하여 지체없이 주무관청에 보고하여야 한다.
② 임원의 보선은 결원이 발생한 날로부터 2월 이내에 하여야 한다
③ 새로운 임원의 선출은 임기만료 2월전까지 하여야 한다.

[사례 - 임원의 해임]
임원이 다음 각 호의 1에 해당하는 행위를 한 때에는 총회의 의결을 거쳐 해임할 수 있다.
   1. 본회의 목적에 위배되는 행위
   2. 임원간의 분쟁·회계부정 또는 현저한 부당행위
   3. 본회의 업무를 방해하는 행위

---

5. 임원의 결격사유와 상임임원의 겸직금지에 관한 사항을 정한다.

---

6. 법인이 특별한 사유로 인하여 총회를 개최하지 못함으로써 차기 임원을 선출하기 전에 임원의 임기가 만료된 경우의 총회 소집권자 또는 업무의 계속성에 관한 사항을 정한다.

---

7. 대표자의 직무는 법인을 대표하고 법인의 업무를 총괄하는 것으로 정한다.

[사례]

① 회장은 본회를 대표하고 본회의 업무를 통할하며, 총회 및 이사회의 의장이 된다.
② 이사는 이사회에 출석하여 본회의 업무에 관한 사항을 의결하며 이사회 또는 회장으로부터 위임받은 사항을 처리한다.
③ 감사는 다음의 직무를 행한다.
　　1. 본회의 재산상황을 감사하는 일
　　2. 총회 및 이사회의 운영과 그 업무에 관한 사항을 감사하는 일
　　3. 제1호 및 제2호의 감사결과 부정 또는 부당한 점이 있음을 발견한 때에는 이사회 또는 총회에 그 시정을 요구하고 주무관청에 보고하는 일
　　4. 제3호의 시정요구 및 보고를 하기 위하여 필요한 때에는 총회 또는 이사회의 소집을 요구하는 일
　　5. 본회의 재산상황과 업무에 관하여 총회 및 이사회 또는 회장에게 의견을 진술하는 일

---

8. 이사의 직무는 이사회에 출석하여 법인의 업무에 관한 사항을 심의, 의결하며 이사회 또는 대표자로부터 위임받은 사항을 처리하는 것으로 한다.

---

9. 대표자의 유고시 또는 궐위 시의 직무대행에 관한 사항을 정한다.

[사례1]
① 회장이 사고가 있을 때에는 회장이 지명하는 이사가 회장의 직무를 대행한다.
② 회장이 궐위되었을 때에는 이사회에서 선출된 이사가 회장의 직무를 대행한다.
③ 제2항의 규정에 의한 이사회는 재적이사 과반수가 소집하고 출석이사 중 최연장자의 사회아래 출석이사 과반수의 찬성으로 회장의 직무대행자를 선출한다.
④ 제2항의 규정에 의하여 회장의 직무를 대행하는 이사는 지체 없이 회장 선출의 절차를 밟아야 한다.

[사례2]
① 회장이 사고가 있을 때에는 회장이 지명하는 이사가 회장의 직무를 대행한다.
② 회장이 궐위되었을 때에는 이사 중에서 연장자 순으로 회장의 직무를 대행한다.
③ 제2항의 규정에 의하여 회장의 직무를 대행하는 이사는 지체없이 회장 선출의 절차를 밟아야 한다.
④ 제2항의 규정에 의하여 회장의 직무를 대행하는 이사는 지체없이 회장 선출의 절차를 밟아야 한다.

---

10. 감사의 직무는 다음의 것으로 정한다.
　가. 법인의 재산상황을 감사하는 일
　나. 이사회의 운영 및 업무에 관한 사항을 감사하는 일
　다. 가목 및 나목의 감사결과 부정 또는 부당한 점이 있음을 발견한 때에는 이사회·총회에 그 시정을 요구하고 주무관청에 보고하는 일

	라. 다목의 시정요구 및 보고를 하기 위하여 필요한 때에는 총회·이사회의 　　소집을 요구하는 일 마. 법인의 재산상황과 업무에 관하여 이사회 및 총회 또는 대표자에게 의견을 　　진술하는 일
	1. 총회의 구성 총회는 본회의 최고의결기관이며 회원으로 구성한다.
	2. 총회의 의결사항은 다음의 것으로 한다. 　가. 임원선출 및 해임에 관한 사항 　나. 정관변경에 관한 사항 　다. 사업계획 예산 및 결산에 관한 사항 　라. 기타 정관의 변경, 법인의 해산 등 중요한 사항
제4장 총회	**3. 총회는 정기총회와 임시총회로 하고 그 소집일자·소집방법·의결정족수 기타 　필요한 사항을 정한다.** [사례] ① 총회는 정기총회와 임시총회로 구분하며, 회장이 이를 소집한다. ② 정기총회는 매 회계연도 개시 1월 전까지 소집하며, 임시총회는 회장이 필요하 　다고 인정할 때에 소집한다. ③ 총회의 소집은 회장이 회의 안건·일시·장소 등을 명기하여 회의 개시 7일전 　까지 문서로 각 회원에게 통지하여야 한다. [사례 – 총회소집 특례] ① 회장은 다음 각 호의 1에 해당하는 소집요구가 있을 때에는 그 소집 요구일로부 　터 14일 이내에 총회를 소집하여야 한다. 　1. 재적이사 과반수가 회의의 목적을 제시하여 소집을 요구한 때 　2. 제16조 제3항 제4호의 규정에 의하여 감사가 소집을 요구한 때 　3. 재적회원 5분의 1이상이 회의의 목적을 제시하여 소집을 요구한 때 ② 총회 소집권자가 궐위되거나 이를 기피함으로써 7일 이상 총회소집이 불가능 　한 때에는 재적이사 과반수 또는 재적회원 3분의 1이상의 찬성으로 총회를 　소집할 수 있다. ③ 제2항의 규정에 의한 총회는 출석이사 중 최연장자의 사회 아래 그 의장을 　선출한다.
	4. 의장 또는 사원의 의결권 없는 경우를 다음과 같이 정한다. 　가. 법인과 의장 또는 사원간의 법률상의 소송의 개시 및 해결에 관한 사항 　나. 금전 및 재산의 수수를 수반하는 사항으로서 의장 또는 사원 자신과 법인의 　　이해가 상반되는 사항
	5. 의결정족수

	① 총회는 재적회원 과반수의 출석으로 개의하고 출석회원 과반수의 찬성으로 의결한다. ② 회원의 의결권은 총회에 참석하는 다른 회원에게 서면으로 위임할 수 있다. 이 경우 위임장은 총회 개시 전까지 의장에게 제출하여야 한다.

	6. 총회의결 제척사유
	회원이 다음 각 호의 1에 해당하는 때에는 그 의결에 참여하지 못한다.
	   1. 임원의 선출 및 해임에 있어 자신에 관한 사항을 의결할 때
	   2. 금전 및 재산의 수수 또는 소송 등에 관련되는 사항으로서 자신과 본회의 이해가 상반될 때

	1. 이사회의 구성 이사회는 회장과 이사로 구성한다.

	2. 이사회의 기능은 다음과 같이 정한다.
	  가. 업무의 집행에 관한 사항
	  나. 사업계획의 운영에 관한 사항
	  다. 예산 · 결산서 작성에 관한 사항
	  라. 총회에서 위임받은 사항
	  마. 정관에 의하여 그 권한에 속하는 사항
	  바. 상임임원 선출 및 해임에 관한 사항(이사회에서 선출하도록 정하는 경우에 한하며, 대표자는 제외한다.)
	  사. 기타 주요사항

제5장 이사회	**3. 이사회의 소집 · 의결정족수 · 결의 · 의결권 없는 경우, 기타사항에 관하여 정한다.** [사례1 - 구분 및 소집] ① 이사회는 정기이사회와 임시이사회로 구분하며, 회장이 이를 소집한다. ② 정기이사회는 매회계년도 개시 1월전까지 소집하며, 임시이사회는 회장이 필요하다고 인정할 때에 소집한다. ③ 이사회의 소집은 회장이 회의 안건 · 일시 · 장소 등을 명기하여 회의개시 7일전까지 문서로 각 이사 및 감사에게 통지하여야 한다. [사례2] ① 이사회는 회장이 필요하다고 인정할 때에 회장이 소집한다. ② 이사회의 소집은 회장이 회의 안건 · 일시 · 장소 등을 명기하여 회의개시 7일전까지 문서로 각 이사 및 감사에게 통지하여야 한다. ③ 이사회는 제2항의 통지사항에 한해서만 의결할 수 있다. 다만, 재적이사 전원이 출석하고 출석이사 전원이 찬성할 때에는 통지하지 아니한 사항이라도 이를 부의하고 의결할 수 있다.

	[사례 - 소집특례] ① 회장은 다음 각 호의 1에 해당하는 소집요구가 있는 때에는 그 소집 요구일로부터 20일 이내에 이사회를 소집하여야 한다. 　1. 재적이사 과반수가 회의의 목적을 제시하여 소집을 요구한 때 　2. 제16조 제3항 제4호의 규정에 의하여 감사가 소집을 요구한 때 ② 이사회 소집권자가 궐위되거나 이를 기피함으로써 7일 이상 이사회 소집이 불가능할 때에는 재적이사 과반수의 찬성으로 이사회를 소집할 수 있다. ③ 제2항의 규정에 의한 이사회는 출석이사 중 최연장자의 사회 아래 그 의장을 선출한다. [사례 - 의결정족수] ① 이사회는 재적이사 과반수의 출석으로 개의하고 출석이사 과반수의 찬성으로 의결한다. 다만, 가부동수인 경우에는 의장이 결정한다. ② 이사회의 의결권은 위임할 수 없다.	
제6장 재산 회계	**1. 법인의 수익금은 사원의 회비 기타의 재원으로 하도록 정한다.** [사례 - 재산의 구분] ① 본회의 재산은 다음과 같이 기본재산과 보통재산으로 구분한다. 　1. 기본재산은 본회 설립 시 그 설립자가 출연한 재산과 이사회에서 기본재산으로 정한 재산으로 하며, 그 목록은 "별지 1"과 같다. 　2. 보통재산은 기본재산 이외의 재산으로 한다. [사례 - 기본재산처분] 본회의 기본재산을 처분(매도·증여·교환을 포함한다)하고자 할 때에는 제40조의 규정에 의한 정관변경 허가의 절차를 거쳐야 한다.	
	2. 법인의 회계는 정부 회계연도에 따르도록 정한다.	
	3. 법인의 사업계획 및 세입세출예산은 매회계연도 개시 후 2월 이내에 수립·편성하고, 당해 연도의 사업실적서 및 수지결산서는 매회계연도 종료 후 2월 이내에 작성하도록 정한다.	
	4. 임원의 보수에 관하여 정하되 상임임원을 제외한 임원에 대하여는 보수를 지급하지 아니함을 원칙으로 정한다.	
	5. 회계감사 감사는 회계감사를 연 2회 이상 실시하여야 한다.	

제7장 보칙	1. 법인을 해산하고자 할 때에는 총회에서 사원 3분의 2이상의 찬성으로 의결하도록 정한다.
	2. 법인이 해산할 경우의 잔여재산 처분방법에 관하여 정한다.
	3. 법인이 정관을 개정하고자 할 때에는 이사 3분의 2이상의 찬성과 총회의 결의를 거쳐 주무관청의 허가를 받도록 정한다.
	4. 서면결의에 관하여 규정한다. [사례 - 서면결의] ① 회장은 이사회에 부의할 사항중 경미한 사항 또는 긴급을 요하는 사항에 관하여는 이를 서면으로 의결할 수 있다. 이 경우에 회장은 그 결과를 차기 이사회에 보고하여야 한다. ② 제1항의 서면결의 사항에 대하여 재적이사 과반수가 이사회에 부의할 것을 요구하는 때에는 회장은 이에 따라야 한다. [사례- 서면결의 금지] 제27조(서면결의 금지) 이사회의 의결은 서면결의에 의할 수 없다.

권장표준문안(사단법인)	심사요령
제1장 총 칙 **제1조(목적)** 이 법인은 ○○○○○사업을 수행함으로써 ○○○○○ 증진에 기여함을 목적으로 한다. **제2조(명칭)** 이 법인의 명칭은 '사단법인 ○○○○○" (이하 '법인" 이라 한다)이라 칭한다. **제3조(사무소의 소재지)** 이 법인의 주사무소는 ○○시 ○○구 ○○동 ○○○번지에 두며, 필요한 곳에 분사무소(지부)를 둘 수 있다. **제4조(사업)** 이 법인은 제1조의 목적을 달성하기 위하여 다음 각호의 사업을 수행한다. 　　1. (구체적인 사업종류 기재)　　2.…………………… 　　3.……………………　　　　　4.…………………… **제5조(이익공여 무상 원칙)** ① 제4조 각호의 목적사업으로 제공하는 이익은 원칙적으로 무상으로 한다. 다만, 그 실비 등을 수혜자에게 부담시키는 경우에는 이사회 의결과 노동부장관의 사전 승인을 얻어야 한다. ② 제4조의 사업수행으로 제공되는 이익은 그 목적을 한정한 경우를 제외하고는 수혜자의 출생지, 출신학교, 직업, 기타 사회적 신분 등에 의하여 부당하게 차별하지 않는다. **제6조(수익사업)** 이 법인은 제4조 각호에 규정된 목적사업의 경비를 충당하기 위하여 필요한 때에는 그 본질에 반하지 아니하는 범위 안에서 수익사업을 할 수 있으며, 수익사업을 하고자 할 때에는 이사회 의결과 노동부장관의 사전 승인을 얻어야 한다. **제2장 사 원(또는 회원)** **제7조(사원의 구분)** 이 법인의 사원은 특별사원과 보통사원(이하 '사원'이라 한다)으로 구분한다. 　1. 특별사원(회원)은 …………………… 　2. 보통사원(회원)은 …………………… **제8조(사원의 자격)** 이 법인의 사원은 이 법인의 설립목적에 동의하면서 가입신청서를 제출하고 소정의 입회비를 납입한 자(이사회의 승인을 얻은 자)로 한다. **제9조(사원의 권리)** 이 법인의 사원은 총회에서 선거권과 피선거권을 가지	○ 총칙에는 법인의 명칭, 소재지, 목적, 사업내용 등을 정함 – 명칭 앞에는 '사단법인'이라는 문구를 삽입하고 – 사업내용은 법인의 목적을 달성하기 위한 사업을 종목별로 구체적으로 적시 – 목적사업의 무상성 및 수혜자의 범위제한 금지(공평대우)에 관한 사항을 포함하도록 하고 – 수혜자에게 비용을 부담하게 하거나, 수익사업시 주무관청의 승인을 받도록 함 ♣ 사단법인이란 사람의 집합체인 단체에 법적인 격을 부여한 것으로, 그 구성원인 사원이 있고, 단체의 의사결정기관으로 사원총회가 있는 법인을 말함. ♣ 비영리사단법인정관 기재사항(민법40조) : ① 목적, ② 명칭, ③ 사무소의 소재지, ④ 자산에 관한 규정, ⑤ 이사의 임면에 관한 규정, ⑥ 사원자격의 득실에 관한 규정 ⑦ 존립시기·해산사유를 정하는 경우 그 시기 및 사유

며 이 법인의 모든 업무에 참여할 권리를 가진다.

제10조(사원의 의무) 이 법인의 사원은 다음과 같은 의무를 가진다.
 1. 정관 및 제규정의 준수
 2. 총회 및 이사회의 결의사항 이행
 3. 회비 및 제부담금의 납부

제11조(탈퇴) 이 법인의 사원이 탈퇴를 하고자 할 때는 법인의 이사장에게 탈퇴서를 제출함으로써 자유롭게 탈퇴할 수 있다.

제12조(사원의 상벌) ① 이 법인의 사원으로서 법인의 발전에 기여한 자에 대해서는 이사회의 의결을 거쳐 포상할 수 있다.
② 이 법인의 사원이 목적에 위배되는 행위 또는 명예와 위신에 손상을 가져오는 행위를 하거나 제10조의 의무를 이행하지 아니한 경우에는 이사회의 의결을 거쳐 이사장이 제명·견책 등의 징계를 할 수 있다.

제3장 임　원

제13조(임원의 구분과 정수) 이 법인에 다음의 임원을 둔다.
 1. 이사장 1명
 2. 이사 ○○명(대표이사를 포함하여 5인이상 15인이내의 확정인원수 기재)
 3. 감　사 ○명

제14조(임원의 선출) ① 임원은 총회에서 선출한다.
② 임원이 임기중 궐위된 경우에는 2개월이내에 총회에서 그 후임자를 선출하여야 한다.

제15조(임기) ① 이 법인의 이사의 임기는 3년으로 하고 감사는 2년으로 한다.
② 보궐임원의 임기는 제 1항과 같다.
③ 부득이한 사유로 차기 임원을 선출하지 못한 채 임원의 임기가 만료된

♣ 공익법인의설립운영에관한법률(제4조3항) : 수익사업 시 주무관청의 승인

○ 사원의 종류와 자격, 사원의 권리와 의무를 정함
- 사원의 탈퇴는 임의로 할 수 있도록 하고
- 제명 등 징계시 사유 및 절차(총회 또는 이사회의 의결) 등을 규정함.

○ 자유의사에 따라 탈퇴할 수 있도록 함

○ 임원의 종류와 수 등을 정함
- 특별한 사유가 없는 한 이사는 5~15인 사이에서 정함.
· 이사의 수는 제한이 없으나 정관에서 그 수를 임의로 정할 수 있음 (민법40조, 43조)
· 공익법인설립운영에관한법률제5조는 이사 5~15인, 감사2인

경우에는 전임 임원은 차기 임원이 선출될 때까지 그 직무를 수행할 수 있다.

제16조(임원의 결격사유) ① 다음 각호의 1에 해당하는 자는 임원이 될 수 없다.
1. 미성년자
2. 금치산자 또는 한정치산자
3. 파산자로서 복권되지 아니한 자
4. 금고이상의 형을 받고 집행이 종료되거나 집행을 받지 아니하기로 확정된 후 3년이 경과되지 아니한 자
5. 주무관청으로부터 임원의 취임이 취소된 후 2년이 경과되지 아니한 자
6. 특정경제범죄가중처벌등에관한법률제14조2항의 규정에 해당되는 자
② 임원이 제1항 각호의 1에 해당하게 된 때에는 그 자격을 상실한다.

제17조(임원의 직무) 이 법인의 임원의 직무는 다음과 같다.
① 이사장은 이 법인을 대표하고 이 법인의 업무를 총괄하며 총회와 이사회의 의장이 된다.
② 이사장 유고시에는 이사장이 지명하는 이사가, 이사장 궐위시에는 이사 중 최연장자가 그 업무를 대행한다.
③ 이사는 이사회에 출석하여 이 법인의 업무에 관한 사항을 심의ㆍ의결하며 이사회 또는 이사장으로부터 위임받은 사항을 처리한다.
④ 감사의 직무는 다음과 같다.
1. 법인의 재산상황을 감사하는 일
2. 이사회 운영과 그 업무에 관한 사항을 감사하는 일
3. 제1호 및 제2호의 감사결과 부정 또는 부당한 점이 있음을 발견한 때에는 이사회 및 총회에 그 시정을 요구하고 주무관청에 보고하는 일
4. 제3호의 보고를 하기 위하여 필요한 때에는 총회 및 이사회의 소집을

요구하는 일 5. 법인의 재산상황 또는 총회 및 이사회의 운영과 그 업무에 관한 사항에 　　대하여 총회 및 이사회에서 의견을 진술하는 일	○ 감사의 직무(민법67 조)
제18조(상근 임·직원) ① 이 법인은 이사회(또는 총회)의 의결을 거쳐 상근 임·직원을 둘 수 있다. ② 상근 임·직원의 임용·복무·보수 등에 관하여는 관계법령에 적합하 도록 별도의 규정으로 정한다.	

제4장 총 회

제19조(총회의 의결사항) 총회의 의결사항은 다음과 같다. 1. 임원선출 및 해임에 관한 사항 2. 정관의 변경에 관한 사항 3. 법인 해산에 관한 사항 4. 예산 및 결산의 승인 5. 사업계획의 승인 6. 기타 이사회가 부의하거나 이 법인 운영에 필요한 중요사항	○ 필요시 규정 ○ 총회에 관한 사항을 정 함 – 총회의 의결사항 – 총회의 종류, 소집일 자, 소집절차 및 방법, 의 결정족수 등 – 의결권 제한에 관한 사 항 ♣ 총회는 사단법인의 최 고의사결정기관이며 필 수기관임.
제20조(소집 및 통지) ① 총회는 정기총회와 임시총회로 한다. ② 정기총회는 매년 1회 소집하며, 임시총회는 이사장이 필요하다고 인정 하는 경우, 재적사원 5분의 1이상 또는 재적이사 3분의 1이상이 회의안건 을 명시하여 소집을 요구한 경우, 제17조 제4항 제4호의 규정에 의해 감사 가 요구한 경우에 소집할 수 있다. ③ 총회를 소집하고자 할 때에는 회의개최일 7일전에 회의안건, 시간, 장소 등을 각 사원에게 통지하여야 한다.	♣ 통상(정기)총회는 1년 에 1회이상(민법69조), 임시총회(민법70조), 총 회의 소집(민법71조)
제21조(개회 및 의결정족수) 법인의 총회는 이 정관에서 따로 정한 사항을 제외하고는 재적사원 과반수의 출석과 출석사원의 결의권의 과반수로 의 결한다. 다만, 가부 동수인 경우에는 부결된 것으로 본다. **제22조(의결권의 제한)** 임원 또는 사원은 다음 각호의 경우에 의결권을 행사하지 못한다.	♣ 총회의 의결정족수 : 사원과반수의 출석과 출 석사원의 결의권의 과반 수에 의하여 결의하고(민 법75조1항), 예외적으로 정관의 변경은 총사원의 2/3, 임의해산은 총사원

본문	주석
1. 임원의 취임 및 해임에 있어 자신에 관한 사항 2. 금전 및 재산의 수수를 수반하는 사항으로서 임원 또는 사원 자신과 법인의 이해가 상반되는 사항	의 3/4이상의 동의 필요 (민법42조1항, 78조)

제5장 이 사 회

제23조(이사회의 기능) 이사회는 다음 사항을 심의 의결한다.
 1. 업무집행에 관한 사항
 2. 사업계획 운영에 관한 사항
 3. 예산·결산서 작성에 관한 사항
 4. 총회에서 위임받은 사항
 5. 기타 이사장이 법인의 운영상 중요하다고 부의하는 사항

제24조(이사회의 소집)
① 이사회는 정기 이사회와 임시이사회로 구분하며, 의장이 이를 소집한다.
② 정기 이사회는 매년 1회 개최하고 임시이사회는 감사 또는 재적이사 3분의 1이상의 요청이 있거나 이사장이 필요하다고 인정할 때 소집한다.
③ 이사회를 소집하고자 할 때에는 회의목적과 안건, 시간, 장소를 문서로 명시하여 이사회 개최 7일전까지 이사 및 감사에게 서면으로 통지하여야 한다.

제25조(개회 및 의결정족수) ① 이 법인의 이사회는 이 정관에서 따로 정한 사항을 제외하고는 재적이사 과반수의 출석으로 개회한다.
② 이사회의 의결은 이 정관에서 따로 정한 사항을 제외하고는 출석이사 과반수의 찬성으로 의결한다. 다만 가부동수인 경우에는 부결된 것으로 본다.

제26조(의결권의 제한) 이사는 다음 각호의 경우에 의결권을 행사하지 못한다.
 1. 이사의 선임 또는 해임에 있어 자신에 관한 사항
 2. 금전 및 재산의 수수를 수반하는 사항으로서 이사 자신과 법인의 이해가 상반되는 사항

(우측 주석)
○ 이사회에 관한 사항을 정함
- 이사회의 심의·의결 사항
- 이사회 종류, 소집절차, 개회 및 의결정족수, 의결권 제한 등에 관한 사항 등

제6장 재산 및 회계

제27조(재산) ① 이 법인의 재산은 기본재산과 보통재산으로 구분하여 관리한다
② 기본재산은 다음 각호의 재산으로 하며 그 밖의 재산은 보통재산으로 한다.
 1. 표1의 기본재산 목록에 기재된 재산
 2. 부동산
 3. 이사회의 결의에 의하여 기본재산에 편입된 재산

(우측 주석)
○ 재산 및 회계에 관한 사항을 정함.
- 법인 자산의 구분 및 관리
- 법인의 재원(사원의 회비 또는 기타 재원)
- 법인의 회계는 정부의 회계연도에 따름
- 사업계획, 예산, 결산 등의 보고

제28조(재산의 관리) ① 이 법인의 기본재산을 매매 · 증여 · 임대 · 교환 또는 용도변경하거나 담보를 제공하고자 할 때와 기본재산에 관한 의무의 부담 및 권리의 포기(이하'처분'이라 한다)를 하고자 하는 때에는 이사회의 의결을 거쳐 총회의 승인을 얻은 후 제33조에 의한 정관변경 절차를 거쳐야 한다. ② 이 법인이 기본재산 총액에서 부채 총액을 공제한 금액의 100분의 ○○ 이상에 상당하는 금액을 1년 이상 장기 차입하는 경우에는 이사회의 의결을 거쳐 노동부장관의 승인을 받아야 한다.	○ 공익법인의설립운영에관한법률시행령제17조
제29조(재원조달) 이 법인의 운영에 필요한 경비는 다음 각호의 재원으로 충당한다. 　1. 사원의 회비 　2. 기본재산으로부터 생기는 과실 　3. 후원금 　4. 기타 수입금	○ 공익법인의설립운영에관한법률시행령제18조
제30조(재무 · 회계운영의 기본원칙) 법인의 재무 · 회계는 설립목적에 따라 건전하게 운영하여야 한다.	
제31조(사업계획 및 예산 · 결산 등의 보고) ① 이 법인의 매년도 사업계획과 세입 · 세출 예산은 매회계연도 개시 전에 편성하되 이사회의 의결을 거쳐 총회의 승인을 얻은 후 다음 연도 2월말까지 주무관청에 제출하여야 한다. ② 이 법인의 매년도 사업실적과 수지결산서는 회계연도 종료후 작성하되 이사회의 의결을 거쳐 총회의 승인을 얻은 후 다음 연도 2월말까지 주무관청에 제출하여야 한다. ③ 이 법인의 매년도말 현재의 재산목록은 다음 연도 2월말까지 주무관청에 제출하여야 한다	○ 공익법인의설립운영에관한법률제12조2항
제32조(회계년도) 이 법인의 회계연도는 매년 1월1일부터 12월31일까지로 한다.	

제7장 정관의 변경 및 해산 등

제33조(정관변경) 이 법인의 정관을 변경하고자 할 때에는 재적이사 3분의 2이상의 찬성과 총회의 의결을 거쳐 노동부장관의 허가를 받아야한다.	○ 정관변경 및 법인의 해산에 관한사항을 정함 - 정관변경에 관한 사항(민법42조)
제34조(법인의 해산) 이 법인을 해산하고자 할 때에는 총회에서 재적사원 3분의 2이상의 찬성으로 의결하여 해산등기를 완료한 후 지체없이 주무관청에 신고하여야 한다.	- 법인 해산결의(민법78조) 및 해산시 잔여재산 처분방법(민법80조)
제35조(청산 및 잔여재산의 처분) ① 이 법인이 해산할 때에는 해산 당시의 이사가 청산인이 된다. ② 청산후의 잔여재산은 총회의 의결을 거친 후 주무관청의 허가를 받아	♣ 사단법인의 정관변경 (민법42조) : 총사원의 3분의 2이상의 동의, 단 정

이 법인과 유사한 목적을 가진 비영리법인 또는 국가·지방자치단체에 기증한다.

제36조(준용규정) 이 정관에서 규정하지 아니한 사항에 대하여는 '민법' 중 사단법인에 관한 규정과 '노동부소관비영리법인의설립및감독에관한규칙'을 준용한다.

제37조(규칙제정) 이 법인의 운영 및 이 정관의 시행에 관하여 필요한 세부사항은 이사회 의결을 거쳐 별도의 규칙으로 정한다.

부 칙

① (시행일) 이 정관은 주무관청의 허가를 받은 날부터 시행한다.
② (설립 당시의 기본재산 등) 이 법인 설립당시의 재산목록은 표1과 같다.

관에 다른 규정이 있으면 그 규정에 의함.

♣ 사단법인의 해산사유 (민법77조)
·공통사유 : ① 존립기간 만료, 기타 정관에서 정한 사유 발생 ② 목적의 달성 또는 달성 불능 ③ 파산, ④ 설립허가 취소
·특별사유 : ① 사원이 없게 된 경우, ② 사원총회의결

♣ 사단법인의 해산결의 (민법78조) : 사단법인의 해산은 총사원 4분의3이상의 동의가 없으면 해산을 결의하지 못함. 그러나 정관에 다른 규정이 있는 때에는 그 규정에 의함.

(5) 기관의 구성

[사단법인의 기구]

(가) 기관의 개념

1) 기관의 개념

법인이 의사를 결정하고, 그 의사에 의거하여 외부에 대하여 행동하며, 내부의 사무를 처리하기 위해서는 일정한 조직이 필요한데, 이 조직을 이루는 것이 법인의 「기관」이다. 여기에는 의사결정기관, 의사집행기관, 감독기관 등이 존재한다. 기관은 법률상 반드시 두어야 하는 필요기관과 둘 수도 있는 임의기관으로 나뉜다. 대표기관이자 집행기관인 「이사」는 모든 법인이 두어야 하는 필요기관이지만, 이사의 감독기관인 「감사」는 민법상 법인에는 임의기관이다(다만, 공익법인법상 공익법인에는 필요기관이다). 법인의 최고의사결정기관인 「사원총회」는 사단법인에게는 필요기관이지만, 재단법인에는 성질상 존재하지 아니한다.

> **Q** 감사가 이사를 겸직할 수 있게 되어 있는 정관의 타당성
>
> **A** 민법에는 감사와 이사의 겸직금지 규정은 없으나, 주무관청은 이사·감사 겸직의 정관을 이유로 설립을 불허하거나 정관시정을 조건으로 설립허가 할 수 있다.

2) 기관구성을 위한 임원의 선임 등

'임원'이란, 어떤 단체에 소속하며 그 단체의 중요한 일을 맡는 사람으로서 비영리사단법인의 경우 임원은 이사와 감사를 말한다.

Q 법인정관에 기재되어 등기된 이사 수와 현재 이사 수가 다를 경우, 이사회의결 시의 재적이사 수는 어느 것이 기준인지 여부

A 재적이사 수는 정관상의 이사 수를 기준으로 함. 따라서 의사정족수 및 의결정족수의 흠결이 있을 경우, 해당 결의는 절차상 흠결로서 원칙적으로 효력이 없다.

가) 임원의 선임

임원은 법인의 재산을 관리하고 설립취지에 따라 계획된 비영리사업 수행에 최선을 다하는 사람으로 비영리사업을 객관적이고 공정하게 수행할 수 있는 사람을 선임한다. 이러한 임원 선임 또는 해임은 정관이 정한 바에 따른다.

법인 임원의 등기될 수 있는 명칭 :
제정 2006. 1. 31. [상업등기선례 제2-145호, 시행]

전국화물자동차운송주선사업연합회가 정관에 의하여 회장·부회장 등의 명칭을 사용하는 임원을 두고 있다 하더라도, 그 설립의 근거 법률인 화물자동차운수사업법에서 임원에 관한 별도의 규정을 두지 않고 민법 중 사단법인에 관한 규정을 준용(동법 제35조, 제33조 제9항)하고 있으며 민법은 등기될 수 있는 임원으로서 이사를 규정할 뿐(제49조 제2항)이므로, 본 연합회의 임원은 이사로서 등기될 수 있을 뿐 회장·부회장 등의 기타 명칭으로는 등기될 수 없다 (2006. 1. 31. 공탁상업등기과-94 질의회답).

나) 결격사유

공익법인과 사회복지법인 등의 경우에는 임원선임과 관련해 결격사유를 규정하고 있다(「공익법인의 설립·운영에 관한 법률」 제5조 제6항 및 「사회복지사업법」 제19조).

• 미성년자, 금치산자 또는 한정치산자

• 금고 이상의 형을 선고받고 집행이 종료되거나 집행 받지 않기로 확정된 후 3년이 경과되지 않은 사람 등

다) 임원의 선출 및 임기

이사와 감사는 이사회에서 선출하며, 임기 종료 전에 임원을 해임하고자 하는 경우 이사회의 의결을 거쳐야 하며 정관이 정하는 바에 따라 새로 선임된 임원의 임기는 전임자의 잔여기간으로 한다. 한편, 임원의 임기와 중임 또는 연임 여부는 정관이 정한 바에 따른다.

사단법인 이사의 연임 제한에 관한 정관 규정의 해석 :
제정 2006. 10. 18. [상업등기선례 제2-104호, 시행]

1. 어느 법인이 임원의 연임 제한에 관한 정관 규정을 둔 경우, 그 규정의 의미와 임원의 취임이 그 정관 규정에 위반되는지 여부는 구체적인 등기신청사건을 담당하는 등기관이 판단하여야 할 것이다.

2. 일반적으로, 어느 법인의 정관에「임원의 임기는 3년으로 하고 2회에 한해서 연임할 수 있다.」는 규정을 두었다면 그 법인의 임원은 연속하여 최장 9년 동안 재임(재임)할 수 있다고 해석된다. 한편, 일단 퇴임한 다음 시간적 간격을 두고 재취임하는 것은 연임에 해당하지 않으므로, 연속으로 재임(재임)하지 아니한 경우에는 취임 회수가 3회를 초과하거나 총 재임(재임) 기간이 9년을 초과하더라도 위 정관 규정에 위반되지는 아니한다(2006. 10. 18. 공탁상업등기과-1155 질의회답).

참조결정례 : 헌법재판소 2006. 2. 23. 자 2005헌마403 전원재판부 결정

〈서울고법 990119 98나21603공2001. 1. 15〉
사단법인의 정관에 회장의 중임을 금지하는 규정만 두고 있을 뿐 전임자의 궐위로 인하여 선임된 이른바 보선회장을 특별히 중임제한 대상에서 제외한다는 규정을 두고 있지 않는 경우, 중임이 제한되는 회장에는 보선회장도 포함되는 것으로 해석함이 상당함

Q 비영리재단법인이 이사회를 개최하여 이사를 선임 후 관할관청의 취임승인을 신청한 경우, 관할관청에서는 임원의 임기개시일을 이사회 의결일로 소급하여 승인하는 것인지 아니면 관할청의 승인을 얻은 날인지의 여부

A 임원선임에 주무관청의 승인을 요하는 경우, 그 임기개시일은 승인을 얻은 날부터라고 할 수 있다(대법원 2001. 5. 29. 선고 99두7432 판결 참조).

【판시사항】
학교법인이 감독청에 이사취임승인을 신청하면서 그 이사의 임기를 정관이 정한 바와 달리 기재하고 감독청이 그대로 이사취임승인을 한 경우, 그 이사취임승인의 효력(=임기의 지정이 없는 이사취임승인) 및 그 이사의 임기(=이사회의 선임결의와 정관이 정한 임기)(대법원 2001. 5. 29. 선고 99두7432 판결)

【판결요지】
사립학교법 제20조 제1항은 "임원은 정관이 정하는 바에 의하여 이사회에서 선임한다."고 규정하고, 같은 조 제3항은 "이사장·이사 및 감사의 임기는 정관으로 정하되, 이사는 5년, 감사는 2년을 초과할 수 없다."고 규정하고 있으므로, 감독청은 이사취임승인을 함에 있어서 학교법인 이사회의 이사선임결의 자체를 승인할 수 있을 뿐이지 그 이사의 임기를 정할 수는 없으며, 설령 학교법인이 감독청에 이사취임승인을 신청하면서 그 이사의 임기를 정관이 정한 바와 달리 기재하고 감독청이 그대로 이사취임승인을 하였다 하더라도 그러한 임기의 지정은 아무런 구속력이 없고, 따라서 그 이사취임승인은 임기의 지정이 없는 취임승인으로서의 효력이 있을 뿐이며, 그 이사의 임기는 이사회의 선임결의와 정관이 정한 바에 따라 정하여진다.

라) 임원의 변경과 등기

임원 중 이사의 변경 등이 있는 경우에는 정관의 규정에 따라 이사회의 의결을 거쳐 변경할 수 있는데, 이러한 이사의 변경이 있는 경우 그 변경사항을 등기해야 한다(민법 제52조). 한편, 주무관청에 따라서는 임원을 교체하여 선임(選任)한 경우에 임원 선임보고를 의무화하는 규정을 두는 경우도 있으니(예, 「감사원 소관 비영리법인의 설립 및 감독에 관한 규칙」 제8조) 그에 대한 면밀한 확인이 요구된다.

> 감사원 소관 비영리법인의 설립 및 감독에 관한 규칙 제8조(임원선임의 보고 및 승인 등)
> 법인이 임원을 교체하여 선임(選任)한 때에는 지체 없이 제3조 제6호의 서류와 임원 교체선임
> 을 결의한 총회 또는 이사회의 회의록을 첨부하여 감사원에 보고하고 승인을 받아야 한다. 다
> 만, 재선임된 임원에 대해서는 제3조 제6호의 서류를 제출하지 아니한다.

이렇듯 임원 중 이사에 관한 변경사항이 있는 경우 그 변경사항에 대하여 등기해야만 제3자에 주장할 수 있다. 즉 대항력이 생기는 것이다(민법 제52조). 즉, 임원에 관한 개선(改選)으로 i) 기존의 임원이 퇴임, ii) 새로운 임원의 취임, iii) 임원의중임, iv) 임원 대표권의 제한 등의 임원에 관한 변경사항이 있는 경우에는 그 변경사항에 대해 등기를 해야 제3자에게 주장할 수 있는 것이다. 또한, 임원변경으로 이사의 정수에 변동이 발생하는 경우가 많으므로, 임원변경을 이유로 변경등기를 하는 경우에는 이사의 정수를 확인하기 위해 정관을 제출하여야 한다.

마) 임원의 퇴임

임원의 퇴임 등기는 이사가 사임하거나 이사의 해임, 이사의 사망 또는 그 밖의 결격사유가 발생하는 경우에 퇴임한 이사의 성명과 퇴임사유 등을 기재하여 임원의 퇴임등기를 한다.

① 이사 사임의 경우

이사의 사임으로 임원의 퇴임등기를 하는 경우에는 사임의 의사를 확인하는 사임서 및 인감증명서등을 첨부하여 법인 변경등기 신청서를 법원에 제출하여야 한다.

[사임서]

사 임 서

사단(재단)법인 ○○○○ 귀하

본인은 사단(재단)법인 ○○○○에 20 년 월 일부터 20 년 월 일까지 이사로 있었으며, ○○○○를 사유로 사단(재단)법인 ○○○○ 이사직을 사임합니다.

또한, 사단(재단)법인 ○○○○의 모든 권리와 책임을 포기합니다.

20 년 월 일

주 소 :

성 명 :   (인)

주민등록번호 :

[법인 변경등기 신청서]

사단(재단)법인변경등기신청

접수	년 월 일		처리인	접 수	조 사	기 입	교 합	각종통지
	제 호							

명 칭		등기번호	
주사무소			
등 기 의 목 적	이사 등의 변경등기		
등 기 의 사 유	20○○년 ○월 ○일 이사(감사) ○○○이 사임하고 20○○년 ○월 ○일 주주총회에서 다음 사람이 이사(감사)로 선임되어 같은 날 취임을 승낙하여 취임하였으므로 다음사항의 등기를 구함		
등기연월일	20 년 월 일		

등 기 할 사 항	
대표이사 · 이사 등의 퇴임 · 취임 · 대표권 등과 그 연월일	이사 ○○○ 취임(기재예) 주민등록번호 : 주소 : 이사 ○○○ 퇴임(기재예) 주민등록번호 : 주소 : 이사 ○○○외에는 대표권 없음(기재예) 주민등록번호 : 주소 :
기 타	

등록세/수수료			
과세표준액	금 원	등록세	금 원
교육세	금 원	농어촌특별세	금 원
세액합계	금 원	등기신청수수료	금 원

첨 부 서 면			
1. 사원총회의사록(해임, 선임 등의 경우)	통	1. 취임승낙서(인감증명서 포함)	통
1. 사임서(인감증명서포함)	통	1. 주민등록표등(초)본(선임한 경우)	통
1. 가족관계 등록사항별 증명서(사망한 경우)	통	1. 정관(필요한 경우)	통
1. 판결 또는 결정등본 및 확정증명원 (파산, 금치산선고 등)	통	1. 등록세영수필확인서	통
		1. 위임장(대리인이 신청할 경우)	통
		〈기 타〉	

년 월 일

신청인 상 호

	본 점		
대표자	성 명	(인)	(전화 :)
	주 소		
대리인	성 명	(인)	(전화 :)
	주 소		

지방법원   등기소 귀중

– 신청서 작성요령 및 등기수입증지 첨부란 –

1. 해당란이 부족할 때에는 별지를 이용합니다.

2. 해당 등기신청과 관계없는 사항에 대하여는 '해당없음'으로 기재하거나 삭제하고, 필요한 사항은 추가 기재합니다.

3. 등기신청수수료 상당의 대법원등기수입증지를 이 난에 붙입니다.

(용지규격 21cm × 29.7cm)

② 이사 해임의 경우

이사의 해임으로 임원의 퇴임등기를 하는 경우에는 법인 변경등기 신청서와 함께 해임을 증명하는 서면을 제출해야 하며, 이때 해임을 증명하는 사원총회의사록을 첨부해야 되고 그 의사록은 공증을 받아야 한다(「공증인법」 제66조의2제1항).

〈대법원 1995.7.25 선고 95누2883 판결〉

민법 제32조, 제37조, 제40조 제5호, 제42조 제2항, 제43조, 제45조 제3항 규정들을 종합하여 보면, 비영리법인인 재단법인의 이사 임면에 관한 규정을 주무관청이 검토하여 법인설립 또는 정관변경을 허가할 것인지 여부를 결정하도록 하여 재단법인에 대한 주무관청의 감독의 실효를 올리도록 한 법의를 찾아볼 수 있고, 따라서 법인의 이사와 감사의 임면에 있어 주무관청의 인가 또는 승인을 요한다는 취지의 정관의 규정이 있을 때에는 주무관청은 민법의 이사 임면에 관한 정관규정의 당·부당을 검토하므로, 재단법인을 일반적으로 감독하는 권한을 정관의 규정에 의하여 구체적인 이사와 감사의 임면에 대하여 확장하였다고 보는 것이 타당하다.

사원총회(이사회)의사록

1. 개최일시 20○○년 ○월 ○일 ○○시
2. 개최장소 ○○시 ○○구 ○○동 ○○번지 회의실
3. 총 사원(이사)수 ○○○명
4. 출석사원(이사)수 ○○명
      본인출석 ○○명
      위임출석 ○명

의장인 이사 ○○○는 정관규정에 따라 의장석에 등단하여 위와 같이 법정수에 달하는 사원(이사)이/가 출석하였으므로 본 총회(이사회)가 적법하게 성립되었음을 알리고 개회를 선언한 후, 사전에 통지한 의안이 다음 의안을 부의하고 심의를 구하다.

제1호 의안 ○○○○건

의장은 ○○○○○○○○○○○○○○○를 이유로 할 필요가 있음을 설명하고 그 찬·반여부를 물으니 전원이 이의 없이 찬성하여 만장일치로 그에 대해 승인을 가결하다.

20○○년 ○월 ○일

사단(재단)법인 ○○○○○
○○시 ○○구 ○○동 ○○번지

의장이사 ○○○ (인)
이사   ○○○ (인)
이사   ○○○ (인)

③ 이사 사망의 경우

이사의 사망으로 퇴임하는 경우에는 사망사실을 기재한 가족관계 등록사항별 증명서와 법인변경등기신청서를 법원에 제출해야 한다.

④ 이사의 파산 등의 경우

이사가 파산, 금치산선고 또는 형의 선고 등으로 퇴임하는 경우에는 그 결격사유를 증명하는 판결 및 결정등본 등을 법인 변경등기 신청서와 함께 법원에 제출해야 한다.

바) 임원의 취임

기존 이사의 임기 만료 등으로 새로이 이사를 선임하는 경우 취임한 이사의 성명, 주민등록번호와 취임취지 및 등기연월일을 기재하여 임원취임등기를 한다. 이사의 취임등기를 위해 서는 다음과 같은 서류를 준비하여 제출하여야 한다.

• 법인의 변경등기 신청서
• 이사를 선임한 공증 받은 사원총회의사록
• 취임승낙서(사원총회의사록에 취임을 승낙한 취지가 기재되어 있고 취임예정자가 그 의사록에 날인한 경우에는 취임승낙서를 별도로 첨부하지 않아도 됨)
• 취임승낙자의 인감증명서 및 인감 제출
• 주민등록번호 또는 생년월일을 증명하는 서면

등을 함께 제출한다.

사원총회(이사회)의사록

1. 개최일시 20○○년 ○월 ○일 ○○시
2. 개최장소 ○○시 ○○구 ○○동 ○○번지 회의실
3. 총 사원(이사)수 ○○○명
4. 출석사원(이사)수 ○○명
   본인출석 ○○명
   위임출석 ○명

의장인 이사 ○○○는 정관규정에 따라 의장석에 등단하여 위와 같이 법정수에 달하는 사원(이사)이/가 출석하였으므로 본 총회(이사회)가 적법하게 성립되었음을 알리고 개회를 선언한 후, 사전에 통지한 의안이 다음 의안을 부의하고 심의를 구하다.

제1호 의안 ○○○○건

의장은 ○○○○○○○○○○○○○○○를 이유로 할 필요가 있음을 설명하고 그 찬 · 반 여부를 물으니 전원이 이의 없이 찬성하여 만장일치로 그에 대해 승인을 가결하다.

20○○년 ○월 ○일

사단(재단)법인 ○○○○○
○○시 ○○구 ○○동 ○○번지

의장이사 ○○○ (인)
이사　　○○○ (인)
이사　　○○○ (인)

취 임 승 낙 서

사단(재단)법인 ○○○○ 이사장 (인)

설립자 ○○○ 귀하

본인은 금번 설립하는 사단(재단)법인 ○○○○의 이사(임기 ○년)에 취임할 것을 승낙합니다.

20 년   월   일

주소 :

주민등록번호 :

성명 :   (인)

사) 임원의 중임

① 중임등기

㉮ 원칙

이사의 임기가 만료된 후 재선되어 다시 이사로 취임하는 경우에도 법인 변경등기를 해야 한다. 다시 말해 동일인이 다시 취임하여 전임 임기만료일과 후임 임기개시일이 동일한 경우에도 이사의 임기가 연장되는 것이 아니라 이사의 지위가 새로 시작되기 때문에 취임등기와 퇴임등기를 해야 하는 것이다. 그러나 등기실무상 퇴임취지와 재취임취지를 중복기재하지 않고 중임의 취지를 기재하는 중임등기로 취임등기와 퇴임등기를 대신한다.

> 【대법원 2000.11.24. 선고, 99다12437. 판결】
> 사단법인의 정관에 회장의 중임을 금지하는 규정만 두고 있을 뿐 전임자의 궐위로 인하여 선임된 이른바 보선회장을 특별히 중임제한 대상에서 제외한다는 규정을 두고 있지 않은 경우, 중임이 제한되는 회장에는 보선회장도 포함되는 것으로 해석함이 상당하다고 한 사례.

㉯ 예외

다만, 등기선례에 따르면, 임기 만료된 이사가 정관에 따라 후임자가 취임할 때까지 권리·의무를 행사하던 중에 재선되어 전임 임기만료일과 후임이사의 임기개시일이 서로 다른 경우에는 중임등기가 아닌 퇴임등기와 취임등기를 해야 한다.

② 이사의 임기만료 전 중임의 경우

이사의 임기만료 전에 중임되는 임기를 새로 시작해야 하는 경우에는 이사의 사임서를 받아 사임으로 인한 퇴임과 취임 등기를 하면 된다. 이 경우 다음과 같은 서류를 법원에 제출하여야 한다.

• 중임등기를 신청하기 위해서는 공증 받은 사원총회의사록

• 주민등록등본

• 인감 및 인감증명서

• 법인의 변경등기 신청서 등을 법원에 제출해야 한다.

아) 임원 대표권 제한 신설 등

이사의 대표권과 관련하여 그 제한규정을 신설하는 때에는 다음을 사항을 기재하여야 한다.

- 대표권 제한규정을 신설하는 취지
- 그 등기연월일
- 대표권 있는 이사의 성명과 주소

또한 대표권 제한 규정을 변경하는 때에는 다음의 사항을 기재하여야 한다.
- 변경된 대표권 있는 이사의 성명·주소
- 변경취지 및 그 연월일

그리고 대표권 제한규정을 폐지하는 때에는 다음의 사항을 기재해야 한다.
- 대표권 제한규정 폐지의 취지
- 그 등기연월일

따라서 대표권 제한규정의 신설, 변경 또는 폐지 등을 이유로 법인등기를 변경하는 경우에는 다음의 서류를 첨부하여 등기하여야 한다.
- 법인변경등기 신청서
- 공증 받은 사원총회의사록
- 정관변경에 따른 주무관청의 허가서

(나) 이사

1) 법인의 대표

이사는 대외적으로 법인을 대표하고(대표기관), 대내적으로 법인의 업무를 집행하는(업무집행기관), 상설적인 필요기관이다. 사단법인이든 재단법인이든 법인에는 반드시 이사를 두어야 한다(민법 제57조). 이사의 수에는 제한이 없으며, 정관에서 임의로 정할 수 있다. 또한 이사가 수인인 경우에는 정관에 다른 규정이 없으면 법인의 사무집행은 이사의 과반수로써 결정하며, 이사는 선량한 관리자의 주의로 그 직무를 행하여야 한다.

임원취임 예정자 인적사항

직위	성 명 (한 자)	주민등록 번 호	본 적 (호주성명 :)	주 소 (우편번호)	주요약력	임기	연락처 (☎)
이사장	홍길동 (洪吉東)		서울 종로구 명륜동 2가 123번지 (호주 : 홍길동)	서울 중구 계동 123번지 (123~456)	○(현) ○(전) ○(전)	4년	
					○ ○ ○		
					○ ○ ○		
					○ ○ ○		
					○ ○ ○		
					○ ○ ○		

작성자 : 사단법인 ○○○○ 발기인 대표 ○○○ (서명 또는 날인)

　　　　　재단법인 ○○○○ 출연자 ○○○ (서명 또는 날인)

주) 1. 본적과 호주는 공익법 제5조 제6항에서 규정하고 있는 임원의 결격여부를 본적지에 조회하기 위한 것이며, 이
　　　난의 기록이 없을 경우 호적등본 제출로 갈음할 수 있다.
　　2. 약력은 가급적 법인의 목적사업과 관련된 것을 중심으로 3~4개 정도를 적고, 전·현직 여부를 표시한다.

2) 이사의 집행권원

이사는 법인의 모든 내부적 사무를 집행한다(민법 제58조 제1항). 이사가 수인인 경우에는 정관에 다른 규정이 없으면 법인의 사무집행은 이사의 과반수로써 결정한다. 이사로 선임된 경우 이사는 다음과 같은 업무를 집행하여야 한다.

• 법인설립 허가 이후, 법인설립등기(「민법」 제33조),
• 재산목록의 작성 · 비치(「민법」 제55조 제1항)
• 법인이 채무를 완제하지 못한 경우에는 파산 신청(「민법」 제79조)
• 법인이 해산하는 때에는 청산인의 역할을 수행(「민법」 제82조)
• 사원명부 작성 · 비치(「민법」 제55조 제2항)
• 사원총회의 소집(「민법」 제69조 및 제70조)
• 사원총회의 의사록 작성(「민법」 제76조)

【판시사항】
법인의 대표이사가 그 법인을 대표하여 자기의 개인 채무를 법인으로 하여금 인수케 한 경우의 효력(서울고법 1965.4.7, 64나1106, 제1민사부판결 : 상고)

【판결요지】
재단법인의 대표이사인 사람이 그 법인을 대표하여 자기의 개인 채무를 법인으로 하여금 인수케 하는 행위를 함은 민법 제64조의 이른바 법인과 이사의 이익이 상반하는 사항이라 할 것이므로 그 대표권이 없어 그 행위는 재단에 대하여 효력이 없다.

3) 이사의 자격

이사가 될 수 있는 것은 자연인에 한하는 것으로 해석함이 통설이다. 그러나 자격상실 또는 자격정지의 형을 받은 자는 이사가 될 수 없다(형법 제43조 · 제44조).

Q 법인이 다른 법인의 이사, 이사장으로 활동할 수 있는지 여부

A 법인의 이사는 법인의 업무집행을 하거나 그 업무집행을 감독하여야 하고, 대표이사가 되기 위한 전제에 있는 자들이므로 자연인만이 될 수 있다고 하는 것이 다수의 견해이다.

> **Q** 비영리사단법인의 등기이사로 있던 중, 해당 법인을 탈퇴할 경우 등기이사직도 당연 소멸되는지의 여부
>
> **A** 사단법인의 이사는 「민법」상 특별한 자격제한이 없으므로, 사원이 아니어도 이사직은 담임할 수 있음. 만약 해당 법인의 정관에서 사원만이 이사가 될 수 있도록 규정하고 있다면, 사원의 탈퇴로서 이사직위도 같이 해소될 것이지만, 그런 규정이 없다면 사원탈퇴와 이사직의해소 문제는 별개로 처리하여야 할 것이다.

4) 이사의 등기사항

이사의 임면방법은 정관에 반드시 기재되어야 하는 필요적 기재사항이다. 이사의 성명 · 주소는 등기사항이며(민법 제49조 제2항), 이를 등기하지 않으면 이사의 선임 · 해임 · 퇴임을 가지고서 제3자에게 대항할 수 없다(민법 제54조 제1항).

> **Q** 재단법인의 정관상 이사로 선임된 당연직 이사가 등기부상 등록 되지 않은 경우 이사로서의 권한과 직무를 수행할 수 있는지 여부
>
> **A** 이사에 관한 등기사항을 누락하거나 변경등기를 하지 않았다고 하여 정관에서 정한 이사의 권한 및 직무 수행이 무효로 되는 것은 아님. 그러나 이사로 등기되지 아니한 이사는 다른 이사나 감사 등 법인에 관여하는 법인 내부 기관이 아닌 법인 외부의 제3자와의 관계에 있어서 자신이 이사로서 행한 법률행위의 효력을 주장하여 대항할 수 없다.

사단법인 이사 당선 무효 판결에 따른 등기
- 제정 2009. 3. 25. [상업등기선례 제2-91호, 시행]

사단법인의 이사와 대표권 있는 이사가 총회에서 선임되어 등기되었으나 그 이사와 대표권 있는 이사에 대하여 당선무효판결이 확정된 경우에는 그 등기는 법원의 촉탁에 의하여 말소할 수 있으며, 이때에 그 이사 또는 대표권 있는 이사에 대한 직무집행정지 및 직무대행자 선임 등기는 직권으로 말소하여야 한다(2009. 3. 25. 사법등기심의관-713 질의회답).

참조조문 : 비송사건절차법 제98조, 제107조, 제108조, 상업등기법 제27조, 상업등기규칙 제69조, 제99조

참조판례 : 1973. 6. 12. 선고 71다1915 판결, 1989. 9. 12. 선고 87다카2691 판결

참조선례 : 상업등기선례 1-378

5) 이사의 직무권한 및 이사의 임무해태나 위반 시 제재

가) 선량한 관리자로서의 주의의무

법인과 이사의 관계는 특수한 위임관계라고 할 수 있으므로, 이사는 선량한 관리자의 주의로써 충실하게 그 직무를 수행할 법적 의무가 있다(민법 제61조).

나) 손해배상책임

이사가 그 임무를 해태한 때에는 그 이사는 법인에 대하여 연대하여 손해배상의 책임을 부담하여야 한다.

다) 과태료

또한 이사가 각종의 법인등기를 게을리 하거나, 재산목록의 작성 및 비치의무를 위반 또는 부정기재를 한 경우, 사원명부의 작성 및 비치의무를 위반 또는 부정기재한 경우, 사원총회의사록의 작성 및 비치에 관한 의무를 위반한 경우 및 파산선고의 신청을 게을리 한 경우에는 500만원 이하의 과태료 처분을 받게 된다(민법 제97조 제1호·제2호·제5호 및 제6호).

6) 이사의 대표권 제한

가) 이사의 대표권

이사는 법인의 사무에 관하여 각자 법인을 대표한다(민법 제59조 제1항). 대표하는 사무는 법인의 모든 사무로 제한이 없다. 각자 대표하므로 이사가 수인이어도 각 이사는 단독으로 대표할 수 있는 단독대표가 원칙이다.

나) 이사의 대표권 제한

이사의 대표권은 ⅰ) 정관에 의한 제한, ⅱ) 이익상반에 따른 제한, ⅲ) 복임권의 제한 등과 같은 제한이 있다.

> 〈서울고법 1965.4.7 고집1965민,219〉
> 재단법인의 대표이사인 사람이 그 법인을 대표하여 자기의 개인채무를 법인으로 하여금 인수케 하는 행위를 함은 민법 제64조의 이른바 법인과 이사의 이익이 상반하는 사항이라 할 것이므로 그 대표권이 없어 그 행위는 재단에 대하여 효력이 없다.

다) 정관에 의한 제한

이사의 대표권을 제한하기 위해서는 정관에 기재해야 하며, 정관에 기재되지 않은 대표권의 제한은 무효이다(민법 제41조).

만일 정관에 이사의 대표권을 제한한 규정을 기재한 때에는 등기를 해야만 제3자에게 주장할 수 있으며(민법 제60조, 대법원 1992. 2. 14. 선고, 91다24564 판결), 이사의 대표권제한 규정을 정관에는 기재하였으나 등기를 하지 않았다면, 법인은 이사와 거래한 제3자에게 대표권의 제한을 주장할 수 없고 또한 그 제한을 위반하여 대표권을 행사한 이사의 행위의 효과는 법인에게 귀속된다.

사단법인의 경우 사원총회에서 이사의 대표권제한을 의결할 수 있는데(민법 제59조 제1항 단서), 사원총회에서 이사의 대표권제한을 의결한 경우에도 등기를 해야만 제3자에게 주장할 수 있다(민법 제60조).

【판시사항】

이사의 대표권 제한 등기의 대항력(대법원 1992. 2. 14. 선고 91다24564 판결)

【판결요지】

재단법인의 대표자가 그 법인의 채무를 부담하는 계약을 함에 있어서 이사회의 결의를 거쳐 노회와 설립자의 승인을 얻고 주무관청의 인가를 받도록 정관에 규정되어 있다면 그와 같은 규정은 법인 대표권의 제한에 관한 규정으로서 이러한 제한은 등기하지 아니하면 제3자에게 대항할 수 없다. 또한, 법인의 정관에 법인 대표권의 제한에 관한 규정이 있으나 그와 같은 취지가 등기되어 있지 않다면 법인은 그와 같은 정관의 규정에 대하여 선의냐 악의냐에 관계없이 제3자에 대하여 대항할 수 없다.

라) 이익상반에 따른 행위

이사가 법인의 재산을 넘겨받은 경우 등 이사의 이익과 법인의 이익이 상반되는 때에는 이사에게는 대표권이 없다(민법 제64조 전단). 이 경우 이해관계인 또는 검사의 청구에 의해 법원이 선임한 특별대리인이 법인을 대표하며(민법 제64조 후단), 이때의 특별대리인은 법인의 일시적인 대표기관으로 해당 사항에 대해서만 법인을 대표한다.

다만, 이사의 이익과 법인의 이익이 충돌하더라도 다른 이사가 있으면 그 다른 이사가 법인을 대표하면 되므로 다른 이사도 없는 경우에만 특별대리인을 선임하며, 이사가 법인의 이익과 상반되게 자신의 이익을 위해 법인을 대표한 경우에는 그 행위는 권한 없는 대표행위로서 법인에게는 효력이 없다.

마) 복임권이 제한

이사는 원칙적으로 자신의 대표권을 행사해야 하지만, 이사가 직접 법인을 대표하는 것이 불가능하거나 부적당한 경우에 대리인을 선임할 수 있다(민법 제62조). 다만, 정관 또는 총회의 결의로 금지하지 않은 사항에 대해서만 이사는 대리인을 선임할 수 있으며, 이사에 의해 선임된 대리인은 법인의 기관이 아니고, 법인의 대리인이며, 이사는 본인이 선임한 대리인의 선임 · 감독에 대하여 책임을 부담한다(민법 제121조 제1항).

바) 총회의 결의에 의한 제한

이사가 사단법인을 대표하는 데에는 총회의 의결에 의하여야 한다고 규정하고 있으므로 사단법인의 이사의 대표권은 회원총회의 의결로써 제한할 수도 있다(민법 제59조 제1항 단서).

7) 이사의 임명, 퇴임 또는 해임

가) 이사의 임명

이사의 임명과 해임에 관한 규정은 정관에서 정한다. 이에 관한 사항은 정관의 필요적 기재사항이다. 이사의 선임행위에 관해서는 유임 내지 중임금지의 규정이 없으므로, 임기만료 후에 이사의 개임(改任)이 없었다면 묵시적으로 다시 선임하였다고 해석할 수 있다.

나) 퇴임 또는 해임

이사의 퇴임과 해임은 정관에 규정된 바에 따른다. 임기 만료, 해임 또는 자의로 퇴임한 이사는 그 후임자가 정해질 때까지 계속하여 법인의 사무를 수행하며, 아직 임기가 남아 있는 다른 이사가 법인의 정상적인 활동을 계속할 수 있는 경우에는 퇴임한 이사가 계속하여 법인의 사무를 수행하지 않아도 된다.

【판시사항】
이사 퇴임 후 종전 직무를 계속 수행할 수 있는지 여부(대법원 2006. 4. 27. 선고 2005도8875 판결)

【판결요지】
민법상 법인의 이사나 감사 전원 또는 그 일부의 임기가 만료되었음에도 불구하고 그 후임 이사나 감사의 선임이 없거나 또는 그 후임 이사나 감사의 선임이 있었다고 하더라도 그 선임결의가 무효이고, 임기가 만료되지 아니한 다른 이사나 감사만으로는 정상적인 법인의 활동을 할 수 없는 경우, 임기가 만료된 구 이사나 감사로 하여금 법인의 업무를 수행케 함이 부적당하다고 인정할 만한 특별한 사정이 없는 한, 구 이사나 감사는 후임 이사나 감사가 선임될 때까지 종전의 직무를 수행할 수 있다. 또한, 후임 이사가 유효히 선임되었는데도 그 선임의 효력을 둘러싼 다툼이 있다고 하여 그 다툼이 해결되기 전까지는 후임 이사에게는 직무수행권한이 없고 임기가 만료된 구 이사만이 직무수행권한을 가진다고 할 수는 없다.

민법상 사단법인의 회장 직무대행자 등기 가부 : 제정 1998. 10. 1. [상업등기선례 제1-325호, 시행]

민법상 사단법인의 회장 직무대행자는 민법에 등기사항으로 규정되어 있지 아니하고 주식회사의 이사 직무대행자에 관한 규정은 민법상의 사단법인 회장 직무대행자에 준용되지 아니하므로, 법원의 민법상 사단법인의 회장 직무정지 및 직무대행자 선임 가처분결정이 있다고 하더라도, 민법상 사단법인의 회장 직무대행자에 관한 등기는 이를 할 수 없다 (1998. 10. 1. 등기 3402-954 질의회답).
주) 2001. 12. 29. 민법 제52조의2 신설로 민법상 이사의 직무집행을 정지하거나 직무대행자를 선임하거나 그 가처분을 변경·취소하는 경우에는 주사무소와 분사무소가 있는 곳의 등기소에서 이를 등기할 수 있게됨.

(다) 이사회

1) 개념

이사가 수인 있는 경우 이사들로 구성된 회의체인 이사회를 둘 수 있다. 그러나 현행 민법은 이사회에 관한 규정을 두고 있지 아니하여, 이사회는 필요기관이 아니라 정관의 규정에 의하여 설치할 수 있는 임의기관이며, 총회에서 의결된 사항을 집행함에 필요한 세부사항을 의결한다.

2) 의결정족수

이사가 여러 명이 있는 경우, 정관에 다른 특별한 규정이 없으면 법인의 사무집행은 이사의 과반수의 의결로 결정할 수 있다.

민법상 사단법인설립 시 설립당시의 이사를 기재한 정관을 설립허가신청서에 첨부하여 주무관청으로부터 설립허가를 받았으나 설립등기를 경료하기 전에 이사가 될 사람 중 일부 또는 전부에 변동이 있어서 정관에서 정한 이사의 정수에 결원이 발생한 경우 :
제정 2004. 7. 22. [등기선례 제200407-9호, 시행]

민법상 사단법인을 설립할 경우, 설립 당시의 이사를 기재한 정관을 설립허가신청서에 첨부하여 주무관청으로부터 설립허가를 받았으나 설립등기를 경료하기 전에 이사가 될 사람 중 일부 또는 전부에 변동이 있어서 정관에서 정한 이사의 정수에 결원이 발생하였다면, 법령 및 정관이 정한 바에 따라 결원을 충족시킬 수 있는 수의 이사를 새로 선임하여 그 자격을 증명하는 서면(예: 사원총회의사록 · 취임승낙서 등)을 첨부하거나, 정관변경절차에 따라 정관을 변경한 뒤 민법 제42조 제2항에 따라 변경된 정관에 대하여 주무관청의 허가를 받아 이를 첨부하여 설립등기신청을 하여야 할 것이다(2004. 7. 22. 공탁법인 3402-159 질의회답).

참조조문 : 민법 제32조, 제40조, 제42조, 제68조, 비송사건절차법 제63조 제2항

참조선례 : 2001. 3. 28. 등기 3402-222 질의회답, 2001. 3. 30. 등기 3402-229 질의회답, 2003. 11. 14. 공탁법인 3402-269 질의회답

Q 비영리 재단법인의 이사가 다른 이사를 대리인으로 선임하여 표결권을 행사할 수 있는지 여부

A 임의기관인 「민법」상 법인 이사회의 의결에 대해서 법률상 필수기관인 주식회사의 이사회나 공익법인 이사회의 의결과 같이 엄격히 해석할 것은 아니라고 보이며, 따라서 이사회 의사(議事)의 대리의결은 정관에 특별한 제한이 없다면 가능하다고 판단된다.

Q ○○법인은 이사의 정수는 10인, 재적이사는 5인으로 정관상 의결정족수가 이사정수의 과반수로 규정되어 있어 의결이 불가능할 때 처리방법은

A 이사회에서 안건을 의결하기 위해서 이사 6인 이상의 찬성이 필요하나, 동 법인은 이사의 정원이 부족하여 결의가 불가능함. 이러한 경우에는 민법 제63조의 규정에 의하여 임시이사를 선임한 후, 다시 이사회를 개최하여 안건을 의결하여야 할 것이다.

Q 비영리사단법인의 정관변경으로 총회 의사정족수를 완화하는 것이 위법 또는 무효인지, 주무관청 직권으로 정관변경이 가능 한지 여부

A 총회 의사정족수를 완화하는 정관변경이 위법 또는 당연무효라고 할 수 없고, 주무관청이 직권으로 정관을 변경할 사항은 아니다.

3) 이사회의 기능

정관에 이사회를 두도록 규정한 경우, 이사회는 아래와 같은 기능을 수행한다.

- 법인의 예산, 결산
- 차입금 및 재산의 취득·처분의 관리에 관한 사항
- 정관변경에 관한 사항
- 법인의 해산에 관한 사항, 임원의 임명과 해임에 관한 사항
- 그 밖에 법령이나 정관에 의해 그 권한에 속하는 사항

(라) 사원총회

사원총회는 비영리사단법인의 최고 의사결정기관이며, 사원총회는 사단법인의 필수기관으로 정관의 규정으로 폐지할 수 없는 기관으로, 그 구성원인 사원은 평등한 지위에서 법인의 운영에 관한 의사결정권을 가진다.

> 〈서울고법990119 98나21603공2001.1.15〉
>
> 사단법인의 정관은 이를 작성한 사원뿐만 아니라 그 후에 가입한 사원이나 사단법인의 기관등도 구속하는 점에 비추어보면 그 법적성질은 계약이 아니라 자치법규로 보는 것이 타당하므로, 이는 어디까지나 객관적인 기준에 따라 그 규범적인 의미내용을 확정하는 법규해석의 방법으로 해석되어야 하는 것이지, 작성자의 주관이나 해석 당시의 사원의 다수결에 의한 방법으로 자의적으로 해석될 수는 없다 할 것이어서, 어느 시점의 사단법인의 사원들이 정관의 규범적인 의미내용과 다른 해석을 사원총회의 결의라는 방법으로 표명하였다 하더라도 그 결의에 의한 해석은 그 사단법인의 구성원인 사원들이나 법원을 구속하는 효력이 없다.

> 사단법인의 사원총회를 사원 전원이 아닌 대의원으로 구성할 수 있는지 여부 : 제정 1987. 10. 15.
> [등기선례 제2-716호, 시행]
>
> 민법상 사단법인의 사원총회는 사원 전원으로 구성되는 최고의 의사 결정기관으로서 반드시 두어야 하는 필요기관이므로 정관의 규정에 의하여서도 이를 폐지할 수는 없고, 다만 정관에 의하여 사원총회의 고유권한을 해하지 않는 범위 내의 일정한 사항을 의결하게 하기 위하여 별도로 대의원으로 구성되는 대의원총회를 둘 수는 있을 것이다(87.10.15 등기 제597호).
> 참조조문 : 민법 제68조, 제72조, 제73조, 제75조

1) 총회의 설치

총회는 재단법인에는 없고 사단법인에만 있는 최고의 필수 의사결정기관으로 정관에 의하여 이를 폐지할 수 없으며, 그 구성원인 회원은 누구나 평등한 지위에서 사단법인의 운영에 관한 최고의사 결정권을 가진다. 사원총회에는 통상회의와 임시 총회가 있으며, 사단법인의 이사는 매년 1회 이상 통상회의를 소집해야 하고, 임시총회는 ① 이사가 필요하다고 인정한 때 ② 총사원의 5분의 1이상으로부터 회의의 목적사항을 제시하여 청구한 때(이 정수는 정관으로 증감할 수 있음) ③ 감사가 필요하다고 인정하는 때에 임시총회를 소집할 수 있다. 총회의 소집은 1주일 전에 그 회의의 목적사항을 기재하여 통지하고 기타 정관에 정한 방법에 의하여야 한다.

【판시사항】

사단법인의 정관의 법적 성질(=자치법규) 및 정관의 규범적인 의미 내용과는 다른 해석이 사원총회의 결의에 의하여 표명된 경우, 그 결의에 의한 해석이 구속력을 갖는지 여부(대법원 2000.11.24, 선고, 99다12437, 판결)

【판결요지】

사단법인의 정관은 이를 작성한 사원뿐만 아니라 그 후에 가입한 사원이나 사단법인의 기관 등도 구속하는 점에 비추어 보면 그 법적 성질은 계약이 아니라 자치법규로 보는 것이 타당하므로, 이는 어디까지나 객관적인 기준에 따라 그 규범적인 의미 내용을 확정하는 법규해석의 방법으로 해석되어야 하는 것이지, 작성자의 주관이나 해석 당시의 사원의 다수결에 의한 방법으로 자의적으로 해석될 수는 없다 할 것이어서, 어느 시점의 사단법인의 사원들이 정관의 규범적인 의미 내용과 다른 해석을 사원총회의 결의라는 방법으로 표명하였다 하더라도 그 결의에 의한 해석은 그 사단법인의 구성원인 사원들이나 법원을 구속하는 효력이 없다.

---

2) 총회의 권한

사단법인의 사무는 정관으로 이사 또는 기타 임원에게 위임한 사항 외에는 총회의 결의에 의하여야 한다.

3) 사원총회의 종류

사원총회에는 통상총회와 임시총회가 있다.

가) 통상총회

통상총회는 적어도 1년에 1회 이상 정관이 정한 시기에 소집되는 총회를 말하며(「민법」 제69조), 소집시기를 정하지 않은 경우에는 이사가 정하면 된다.

【판시사항】
서면에 의하지 아니하고 전화에 의한 총회소집통지에 의하여 소집된 총회 결의의 효력(대법원 1987. 5. 12 선고 86다카2705 판결)

【판결요지】
사단법인의 신임회장을 조속히 선임하여 실추된 명예를 회복하고 업무의 공백을 메워야 할 형편에 있는 정관소정의 기한 내에 전화로 안건을 명시하여 총회소집통보를 하였으며 또한 구성원들 모두가 총회결의 등에 관하여 아무런 이의를 제기하지 아니한다면 총회 소집통지를 서면에 의하지 아니하고 전화로 하였다는 경미한 하자만으로는 총회의 결의를 무효라고 할 수 없다.

【판시사항】
소집절차의 하자와 비영리법인 이사회 결의의 효력(대법원 1988. 3. 22 선고 85누884 판결)

【판결요지】
민법상 비영리법인의 이사회 결의가 법령 또는 정관이 정하는 바에 따라 정당한 소집권자가 아닌 자에 의하여 소집되고 적법한 소집절차도 없이 개최되어 한 것이라면 그 이사회결의는 당연 무효이다.

나) 임시총회

사단법인의 이사나 감사가 필요하다고 인정한 때에는 임시총회를 소집할 수 있으며, 총사원의 5분의 1이상으로부터 회의의 목적사항을 제시하여 청구한 때에는 이사는 임시총회를 소집하여야 한다. 이 정수는 정관으로 증감할 수 있다. 이의 청구가 있는 후 2주간 내에 이사가 총회소집의 절차를 밟지 아니한 때에는 청구한 사원은 법원의 허가를 얻어 이를 소집할 수 있다.

다) 사원총회의 소집절차

총회의 소집은 1주간 전에 그 회의의 목적사항을 기재한 통지를 발하고 기타 정관에 정한 방법에 의하여야 하며, 총회는 통지한 사항에 관하여서만 결의할 수 있다. 그러나 정관에 다른 규정이 있는 때에는 그 규정에 의한다. 만일, 정관에 소집통지에 관한 규정이 없으면 개별적 통지, 신문광고 등으로 사원 전원에게 알릴 수 있는 적절한 방법을 이용하여 통지하면 된다.

> ■ 비영리 사단법인의 사원총회 소집통지는 언제, 어떻게 발송해야 하나요?
>
> **질문** A는 비영리 사단법인의 이사로서 임시총회를 소집하려고 합니다. 5월 15일 오전 10시에 사원총회가 개최되는 경우 A는 최소한 언제까지 사원총회의 소집통지를 발송해야 하나요, 그리고 소집통지의 방법은 특정되어야 하나요?
>
> **답변** A는 비영리 사단법인의 이사로서 임시총회를 소집할 수 있습니다. 이때 사원총회의 소집통지는 사원총회 개최일 1주간 전에 그 회의의 목적을 적시하여 통지해야 합니다. 사원총회가 5월 15일 오전 10시에 개최되는 경우 소집통지는 5월 15일의 전일인 5월 14일부터 1주간 전에 발송되어야 하므로, 5월 7일 24시까지는 각 사원들에게 소집통지를 발송해야 합니다(「민법」 제70조 및 제71조). 사원총회의 소집통지를 발송하는 경우 그 방법은 정관의 규정을 따르면 됩니다. 다만, 정관에 규정이 없으면 개별적 통지, 신문광고 등 적절한 방법을 통해 사원 전원에게 알릴 수 있으면 됩니다(「민법」 제71조).

라) 총회의 결의방법 및 의사록 작성

총회의 결의에 있어서는 정족수사원들은 평등한 결의권을 가지며(「민법」 제73조 제1항), 결의에 필요한 정수는 정관에 따로 규정할 수 있다. 그러나 정관에 규정이 없으면, 결의에 필요한 정수는 사원 과반수의 출석과 출석사원의 결의권의 과반수로 결의하면 된다(「민법」 제75조 제1항). 또한 총회의 의사에 관하여는 의사록을 작성하여야 하는데, 의사록에는 의사의 경과, 요령 및 결과를 기재하고 의장 및 출석한 이사가 기명날인하여야 한다. 이사는 이렇게 작성된 의사록을 주된 사무소에 비치하여야 한다.

마) 결정사항

사원총회에서는 다음과 같은 사항을 결정할 수 있다.

- 이사 또는 그 밖의 임원에게 위임한 사항 외의 사항(「민법」 제68조)
- 정관을 변경하거나 법인을 임의 해산하는 경우에는 반드시 사원총회의 결의로 결정해야 한다.

(마) 감사

정관 또는 총회의 의결로 감사를 둘 수 있으며, 감사의 직무는 ① 재산상황을 감사하는 일 ② 이사의 업무집행을 감사하는 일 ③ 재산상황 또는 업무집행에 관하여 부정, 불비한 것이 있음을 발견한 때에는 이를 총회 또는 주무관청에 보고하는 일 ④ 부정 또는 불비한 것을 보고하기 위하여 필요한 때에 이사회 또는 총회를 소집 요구하는 일로 정하고 있다.

1) 임의기관

사단법인 또는 재단법인은 정관 또는 총회의 결의로 감사를 둘 수 있다(민법 제66조). 즉 현행 민법상 감사는 필요기관이 아닌 임의기관이다.

2) 감사에 대한 등기

감사는 법인 내부의 사무집행에 대한 감독권한을 가지고 있으나, 법인을 대표하는 기관이 아니므로 감사의 성명, 주소는 이사와는 달리 등기사항이 아니다.

3) 감사의 직무

감사의 직무는 다음과 같다.
- 법인의 재산상황을 감사하는 일
- 이사의 업무집행의 상황을 감사하는 일
- 재산상황 또는 업무집행에 관하여 부정, 불비한 것이 있음을 발견한 때에는 이를 총회 또는 주무관 청에 보고하는 일
- 위 각 사항의 보고를 위하여 필요 있는 때에는 총회를 소집하는 일

4) 위반 시 제재

가) 손해배상책임

감사는 이사와 마찬가지로 선량한 관리자의 주의로 직무를 수행해야 하며, 이를 위반한 경우에는 손해배상의 책임을 부담한다.

나) 과태료

또한 감사가 법인의 사무 검사·감독에 대한 주무관청의 검사·감독을 방해하거나, 주무관청 또는 사원총회에 대하여 사실 아닌 신고를 하거나 사실을 은폐한 경우에는 500만원 이하의 과태료 처분을 받는다(민법 제97조 제3호 및 제4호).

(6) 창립총회개최

(가) 개념

'창립총회'란, 단체를 구성하기 위한 목적으로 단체를 구성하는 일에 대한 경과를 보고하고, 임원 선임, 정관의 채택 등과 같은 의사결정을 위한 모임이다. 비영리사단법인은 설립자가 작성한 정관의 확정 및 정관규정에 따른 임원 선임 등을 창립총회에서 결정하며, 단체구성원인 사원이 발기인과 동일한 경우에는 발기인총회가 창립총회로 된다.

(나) 개최공고

창립총회를 개최하기 위해서는 창립총회 일시, 장소, 조합원의 자격요건, 의결사항을 포함하여 7일 이상 창립총회 개최를 공고해야 한다. 7일에는 공휴일과 일요일이 포함되며, 공고일과 개최일은 포함되지 않지만 말일이 토요일이나 공휴일인 경우에는 그 익일에 만료된다. 개최 공고를 게시하였다는 증빙은 주사무소에 게시한 경우 사진, 신문 등에 공고한 경우 해당 신문, 우편, 전자우편 등으로 발송한 경우 그 발송내역 등을 함께 제출하여야 한다.

공고 제2018-01-01호

담당 : 사단법인 설립 발기인

사단법인 설립을 위한 창립총회 소집 통보

사단법인 한국00협회(가칭)을 설립하기 위한 회원 창립총회를 개최하고자 다음과 같이 통보합니다.

– 다 음 –

1. 대상 : 전체 회원

2. 회의 일시 : 2000년 00월 00일, 18:00~20:00까지

3. 장소 : 0000

4. 목적 : 사단법인 설립

5. 회의내용

　① 비영리사단법인 한국00협회 설립 건

　② 설립취지 채택의 건

　③ 정관 승인의 건

　④ 임원 선임의 건

　⑤ 사업계획 및 예산의 건

　⑥ 재산 승인의 건

　⑦ 사무실 설치장소 결정의 건

※ 회원 여러분의 의견을 수렴하여 사단법인을 설립하기 위해 위와 같은 사항을 결정하고자 하오니 회원 여러분의 많은 참여 부탁드립니다. 감사합니다.

2000년 00월 00일

사단법인 한국00협회 발기인 대표 : 000 (인)

(다) 의결사항

창립총회에서는 다음과 같은 사항들을 의결한다.

- 임시의장의 선출
- 정관심의
- 출연내용 채택
- 이사장 선임
- 임원선임 및 임기결정
- 사업계획 및 예산심의
- 사무소설치

(라) 작성방법

창립총회 회의록은 법인설립이 적법한 절차를 거쳐 성립되었느냐를 판단하는 중요한 기준이 되므로 육하원칙에 따라 작성하되, 회의 일시와 장소, 참석대상 및 참석인원(또는 참석작 명단), 회의안건, 진행자 등이 누락되지 않도록 하여야 할 뿐만 아니라 설립취지, 정관의 심의·의결, 임원 선출, 재산출연 및 수증에 관한 사항 의결, 사업계획서 및 수입·지출 예산 의결에 관한 사항이 모두 포함되도록 하여야 한다. 특히 회의진행과 관련하여 정관 심의과정 및 임원선출의 표결사항, 찬·반 토론내용 등을 상세히 기재하고 회의록 작성이 끝나면 참석한 서명위원들이 기록내용을 확인하고 연명으로 날인하여야 한다. 또한, 회의록의 내용 중 별첨 유인물로 설명(진행)된 것은 회의록에 첨부하여 서명위원들이 간인하여야 한다(설립발기인이 법인인 경우에는 회의록 대신 설립에 관한 의사결정을 증명하는 서류를 제출한다).

사단법인 ○○○○ 창립(발기인) 총회 회의록

(아래는 예시문입니다)

1. 회의일시 : 2002년 ○○월 ○○일 (15:00~17:00)
2. 회의장소 : 서울특별시 ○○구 ○○동 ○○번지 ○○호실
3. 회의안건 : ① 의장선출 ② 설립취지 채택 ③ 정관심의 ④ 출연내용 ⑤ 이사장 선임 ⑥ 임원선임 및 임기결정 ⑦ 사업계획 및 예산심의 ⑧ 사무소 설치 ⑨ 법인조직 및 상근임직원 정수 책정
4. 회원총수 : ○○명 ('회원 명부' 참조)
5. 출석회원(발기인 포함) : ○○명
6. 결석회원(발기인 포함) : ○○명
7. 회의내용

임시 사회자 ○○○은 본 총회가 적법하게 성립되었음을 성원 보고한 후 '임시의장 선출' 안건을 상정하다.

[제1의안 상정] : 임시의장 선출

사회자 :   − '임시의장 선출(안)'을 상정하겠습니다.

　　　　　 − 추천하여 주시기 바랍니다.

○○○ :   ○○○를 임시의장으로 선출할 것을 제안합니다.

사회자 :   − 다른 분 추천 있습니까? (더 이상의 추천이 없다.)

사회자 :   − ○○○께서 추천한 ○○○을 임시의장으로 선출하겠습니다. 이의 있으시면 말씀해 주시고, 찬성하시면 박수로 의결하여 주시기 바랍니다.

　　　　　　　(만장일치로 전원 박수)

사회자 :   − 임시의장에 ○○○가 선출되었음을 선포합니다.

　　　　　　　(의사봉 3타)

　　　　　(이후의 의사진행은 임시의장 ○○○에게 인계하고 사회자는 물러나다.)

[제2의안 상정] 설립취지 채택

의 장 : (간단하게 임시의장 취임 인사를 한다.)
　　　　 – 우리 법인의 '설립취지 채택' 안건을 상정합니다.
　　　　 – ○○○ 발기인께서 설립취지(안)을 낭독해 주시기 바랍니다.
○○○ : (유인물로 작성되어 배포된 설립 취지 문안을 낭독한다)
의 장 : – ○○○께서 낭독하신 설립취지에 대하여 의견이 있으시면 말씀해 주십시오
○○○ : – 이미 준비된 설립취지문에 찬성하며 원안 의결할 것을 제안합니다.
(회원전원) : (○○○의 제안에 찬성하며 모두 박수치다.)
의 장 : – 본 설립취지(안)에 이의 없으신 것으로 알고 원안대로 가결되었음을 선포합니다.
　　　　 (의사봉 3타)

[제3의안 상정] 정관심의의 건

의 장 : – 이어서 '정관심의'에 들어가겠습니다.
　　　　 (○○○ 발기인에게 준비된 정관(안) 낭독을 요청하다.)
○○○ : (정관 초안을 낭독하다.)
○○○ : – 정관의 내용이 무리없이 잘 구성되었다고 생각합니다.
　　　　 – 본 정관이 어떠한 과정으로 작성되었는지 의장님께서 부연설명 해 주시면 고맙겠
　　　　　 습니다.
의 장 : – 본 정관은 우리 법인의 주무관청인 지식경제부에서 만든 정관예문(준칙)을 기초로
　　　　　 하여 작성하였습니다.
　　　　 – 본 정관에 추가 또는 삭제할 내용이 있으시면 말씀해 주십시오.
○○○ : – 본 정관에 특별히 추가 또는 삭제할 내용은 없는 것 같습니다.
　　　　 – 원안대로 의결할 것을 제안합니다. (전원 박수)
의 장 : – 그러면 본 정관도 초안에 이의 없으신 것으로 보고 원안대로 가결되었음을 선포합
　　　　　 니다. (의사봉 3타)

[제4의안 상정] 출연내용 채택의 건

의 장 : – 다음은 '출연재산 채택(안)'을 상정합니다.

- 우리 법인의 출발을 위하여 ○○○께서 현금 0000원을 출연하시겠다는 의사를 밝혔고, ○○○께서 현금 000원을 출연하시겠다는 의사를 밝혔습니다. 본 출연이 채택될 경우 ○○○의 출연금 0000원은 기본재산으로, ○○○의 출연금 000원은 설립 당해 연도의 설립 제비용 등의 경비로 사용하기 위하여 보통재산으로 구분 채택하고자 합니다.
- 출연내용에 대하여 의견 나누어 주시기 바랍니다.

○○○ : - 의장께서 설명하신 출연내용과 의견에 대하여 적극 찬성하며 출연하신 분의 뜻을 따라 원안대로 채택할 것을 제안합니다.

○○○ : - ○○○의 제안에 찬성합니다. (회원 모두 박수)

의 장 : - 출연재산을 원안대로 모두 채택합니다.
- 출연재산 채택 의결내용
  ▷ 000님 출연금 : 현금 0000원 → 기본재산
  ▷ 000님 출연금 : 현금 0000원 → 보통재산

　

[제5의안 상정] 이사장 선임의 건

　

의 장 : - 우리 법인을 이끌어 나갈 '이사장 선임(안)'을 상정합니다.
- 회원님들께서 덕망 있고 훌륭하신 분을 추천하여 주시기 바랍니다.

○○○ : - 이사장에는 현재 임시의장으로 사회를 보시는 ○○○께서 맡아 주실 것을 제안합니다. (전원 박수)

의 장 : - 부족한 저를 추천해 주셔서 감사합니다. 그러나 저보다 더 훌륭하신 분들이 더 많으신 줄 아니 다른 분을 더 추천해 주시면 좋겠습니다.

○○○ : - ○○○의 제안에 회원 모두 찬성하는 것 같습니다. 다시 한 번 의장님을 이사장에 추천합니다. (전원 박수)

의 장 : - 그러면 여러분의 뜻에 따라 당분간 우리 법인의 이사장직을 맡아보겠습니다.
- 이사장 선임 건에 본인 000가 선출되었음을 선포합니다. (의사봉 3타)

　

[제6의안] 임원선임 및 임기결정의 건

　

의 장 : - 이어서 '임원선임 및 임기결정'에 관한 안건을 상정합니다.
- 우선 임원의 수는 정관심의에서 기 결정되었듯이 00명으로 되어 있으니, 이에 대

한 임원 후보자들을 추천하여 주시기 바랍니다.

　　　　－ 아울러 임원의 임기 문제도 함께 제시하여 주시기 바랍니다.

　　　　(회원들의 추천과 논의 끝에 다음과 같이 뜻이 모아지다.)

　　　　　▷ 이사(00명) : 0000, 0000, 0000, 0000, 이상 00명 → 임기 4년

　　　　　　　　　　　　0000, 0000, 0000, 0000, 이상 00명 → 임기 2년

　　　　　▷ 감사(2명) : 0000 → 임기 2년

　　　　　　　　　　　0000 → 임기 1년

의 장 : － 임원의 선출 및 임기의 내용이 결정된 것 같습니다.

　　　　－ 본 내용에 다른 의견이 있으시면 말씀해 주십시오.

　　　　　(회중에서 이의 없음을 말하고 박수치다)

의 장 : － 임원의 선출 및 임기를 여러분의 결정대로 가결되었음을 선포합니다.

　　　　　(전원박수 － 의사봉 3타)

의 장 : － 이어서 우리 법인설립 최초의 회원을 채택하고 회원의 회비 징수액을 결정하고자

　　　　하는데, 현재의 회원은 회원명부와 같이 총 00명이며 회비는 년 000원으로 하고자

　　　　하는 바, 여러분의 의견을 말씀해 주시고, 이의가 없이 찬성하신다면 박수로 의결

　　　　하여 주시기 바랍니다.

(회 중) : (전원 찬성하며 박수)

의 장 : 설립최초의 회원 및 회비징수액을 원안대로 가결되었음을 선포합니다.

　　　　　(의사봉 3타)

　　　　▷ 회원수 : 총 00명

　　　　▷ 회비징수액 : 년 000원

[제7의안 상정] 사업계획 및 예산심의의 건

의 장 : － 향후 '3개년간의 사업계획 및 수지예산(안)'을 상정합니다.

　　　　－ ○○○께서 본 안에 대하여 설명하여 주시기 바랍니다.

○○○ : (유인물을 통하여 '3개년간의 사업계획 및 수지예산' 사항을 설명하다)

○○○ : － 상정(안)에 찬성합니다. 원안의결을 제안합니다 (전원 동의 － 박수)

의 장 : － 전원 찬성으로 향후 3개년간의 사업계획 및 예산(안)을 원안대로 가결 선포합니다

　　　　　(의사봉 3타)

[제8의안 상정] 사무소 설치의 건

의 장 : – 다음은 본 법인의 '사무소 설치(안)'을 상정합니다.

– (사무소는 ○○○가 ○○○○○○소재 건물을 법인 사무실로 무상 사용할 것을 허락하였다는 내용을 설명하고 이에 대한 동의 여부를 묻다)

○○○ : 사무실을 무상으로 내어 주신 ○○○께 감사 드리며 원안의결을 제안합니다.(전원 박수)

의 장 : 우리 법인의 사무소를 '서울특별시 ○○구 ○○동 ○○ – ○○'로 결정되었음을 선포합니다 (의사봉 3타)

[제9의안] 법인조직 및 상근 임직원 정수 책정

의 장 : – 마지막으로 '법인의 조직 및 상근임직원의 정수 책정(안)'을 상정합니다.

– 유인물을 보시고 의견을 말씀해 주시고, 이의 없으시면 원안대로 통과하겠습니다 (전원 이의없음을 표시하다)

의 장 : – 이 안건도 전원 찬성으로 원안 가결되었음을 선포합니다 (의사봉 3타)

8. 폐   회

의 장 : – 마지막으로 회의록 서명위원으로 참석회원 중 「○○○, ○○○, 홍길동, ○○○」의 ○명을 지정하여 서명·날인토록 하겠습니다. 이견이 있으면 말씀해 주시기 바랍니다.(전원 이의 없음을 표시하다). 지정받은 서명위원들께선 폐회후 남아서 작성된 회의록 내용의 사실여부를 확인하고 서명하여 주시기 바랍니다.

– 이상으로 모든 회의를 마치겠습니다. 감사합니다.

200○년 ○월 ○일

덧붙임   1. 설립취지문 1부.

2. 정관 1부.

3. 사업계획서 및 수지예산서(비영리법인은 1년, 공익법인은 3년) 1부.

4. 법인 조직 및 상근임직원 정수표 1부.

회원 대표 ○○○ (인)

회원 　　○○○ (인)

'　　　○○○ (인)

'　　　○○○ (인)

'　　　○○○ (인)

'　　　○○○ (인)

주) 1. 창립총회 회의록은 법인설립이 적법한 절차를 거쳐 성립되었느냐를 판단하는 중요한 기준이 되므로 육하원칙에 따라 작성하되, 진행자 등이 누락되지 않도록 한다.

2. 특히 회의진행과 관련하여 정관 심의과정 및 임원선출의 표결사항, 찬·반 토론내용 등을 상세히 기재하고 회의록 작성이 끝나면 참석한 서명위원들이 기록내용을 확인하고 연명으로 날인하여야 한다.

3. 회의록의 내용 중 별첨 유인물로 설명(진행)된 것은 회의록에 첨부하여 서명위원들이 간인하여야 한다.

4. 본 회의록에 첨부된 문서들은 첨부한 것으로 갈음한다. (별도로 첨부할 필요 없음)

나. 사단법인 설립허가절차

(1) 개관

민법 제31조는 '법인의 성립은 법률의 규정에 의함이 아니면 성립하지 못한다.'라고 적시하여 법률의 규정에서 벗어난 법인의 설립을 인정하지 않으며, 법인의 설립을 위해서는 법률이 인정하는 법정의 요건을 구비하여야 한다. 따라서 비영리사단법인을 설립하기 위해서는 먼저 설립하려는 법인의 목적사업을 관할하는 행정관청을 확인한 후 해당 행정관청에 법인설립허가 신청서와 관련 서류들을 제출하는데, 법인의 설립절차는 크게 ⅰ) 발기인 또는 설립자에 의한 「단체의 설립단계」와 ⅱ) 그 설립된 단체에 국가기관의 행정행위에 의한 「법인격부여단계」로 구분된다. 이때 설립되는 법인의 종류는 현행 민법상 사단법인 혹은 재단법인 중의 하나여야 한다. 민법에 근거하여 설립되는 법인은 '비영리' 사업을 추구하는 것을 전제로 한다. 단체의 설립단계는 설립발기인들에 의한 ⅰ) 정관의 작성 및 ⅱ) 기관의 구성으로 이루어진다. 기관의 구성은 대개 정관 작성 시에 함께 이루어지게 되므로, 특히 ⅰ)을 강학상 '설립행위'라고 부른다. 한편, 법인의 목적사업을 관할하는 행정관청이 둘 이상인 때에는 각각의 행정관청으로부터 허가를 얻어야 한다.

(2) 주무관청 확인

설립준비를 마치고 설립하고자 하는 사단법인이 목적으로 하는 사업의 주무관청(주무관청은 법인의 활동영역에 따라 중앙행정기관, 시·도지사 또는 시장·군수·구청장이 됨)에 따라 설립허가 신청서 및 첨부서류 등도 주무관청에 따라 다르다.

(가) 관련법령 확인

민법 제32조는 학술, 종교, 자선, 기예, 사교 기타 영리 아닌 사업을 목적으로 하는 사단 또는 재단은 주무관청의 허가를 얻어 이를 법인으로 할 수 있도록 되어 있다. 따라서 비영리사단법인을 설립하고자 하는 경우에는 그 주무관청인 기타 중앙행정기관의 소관 비영리 법인의 설립 및 감독에 관한 규칙(부령 또는 총리령)에서 규정한 설립허가에 관한 사항을 확인하여야 한다.

참고로, 사회일반의 이익에 이바지하기 위하여 학자금·장학금 또는 연구비의 보조나 지급, 자선에 관한 사업을 목적으로 하는 공익법인을 설립하고자 하는 경우에는 「공익법인의 설립·운영에 관한 법률」을, 「국민기초생활보장법」 등에 의한 보호·선도 또는 복지에 관한 사업 등을 목적으로 하는 사회복지법인을 설립하고자 하는 경우에는 「사회복지사업법」을 확인한다.

(나) 주무관청 확인

주무관청의 확인이 중요한 이유는 설립하고자 하는 신청서를 그곳에 제출하여야 하기 때문이다. 즉, 설립준비를 마친 후 설립하고자 하는 사단법인이 목적으로 하는 사업을 관리하는 행정관청 즉, 주무관청을 확인하고 설립허가신청서를 제출하는 것이 법인설립의 시작이다. 따라서 성공적인 법인설립을 위해서는 이를 확인하는 것이 매우 중요한 일인데, 그러한 주무관청을 확인하기 위해서는 우선 본서 'Ⅱ. 민법상 비영리법인 설립절차, 2. 주무관서'의 확인 및 「정부조직법」과 각 부·처·청의 직제 및 직제시행규칙 등을 살펴 업무 소관을 검토한 후 「행정권한의 위임 및 위탁에 관한 규정」 등을 검토하여 그 업무의 위임여부를 따져 주무관청을 확인하여야 한다. 다만, 법인이 목적으로 하는 사업을 관할하는 행정관청이 둘 이상인 때에는 그들 모두가 주무관청이 되며, 법인의 활동영역이 특정 지방자치단체의 관할 구역 내에 있으면 해당 시·도지사 또는 시장·군수·구청장이 주무관청이 되는 점에 유의하여야 한다.

예컨대, 법인의 사업이 법률문화의 진흥을 위한 목적이라면 법무부장관, 장학사업을 목적으로 한다면 교육부장관 또는 시 · 도교육청장, 자선 · 보건 · 위생사업이 목적인 경우는 보건복지부장관, 종교 · 예술 · 문화사업 등의 목적이라면 문화관광부장관이 주무관청이 된다.

법인의 목적이 두 개 이상의 행정관청의 소관사항인 때에는 해당 행정관청으로부터 모두 허가를 받아야 하는지 아니면 그중 하나의 행정관청으로부터 허가를 받으면 충분한 것인지에 대해서는 다툼의 여지가 있다.

예컨대 법인이 문화 · 체육 관련 내용(문화체육부)을 교육 · 연구(교육부 또는 교육감)하는 사업을 할 때, 법인이 2가지 이상 복수의 사업을 동시에 목적 사업으로 하려고 할 때 어디가 주무관청인지가 문제된다.

- 민법에는 이에 관한 해당규정이 없으며, 현재 이에 관한 명확한 판례도 없는 상태이다. 학계에서는 해당 행정관청이 모두 주무관청이므로 해당 행정관청의 허가를 모두 받아야한다는 복수설과 그 중의 어느 한 관청으로부터 허가로 족하다는 단수설이 대립하고 있다(제3판 주석 민법 총칙 1권 599면에서는 양 주무관청의 허가가 필요한 것으로 서술하고 있다).

- 민법이 법인설립 허가주의를 취하는 이유는 무분별한 법인 난립을 방지하고 법인을 관리 · 감독하기 위해서인데, 업무 소관 행정관청이 아니면 업무를 실질적으로 관리를 할수 없는 점 등을 고려하면 현재로서는 학설상 다수설과 같이 각각 설립허가를 받는 것이 상당하다고 판단된다.

- 하나의 주무관청 허가만으로 충분하다고 해석한다면, A사업을 관장하는 주무관청이 그 구체적인 사업내용을 잘 알지 못하는 B사업에 관한 부분까지 허가 및 관리 · 감독하여야한다는 문제가 발생하기 때문이다.

- 그런데 참고로, 공익법인법이 적용되는 공익법인의 경우에는 공익법인법 시행령 제4조 제2항, 제5조 제2항에서 주된 사업을 주관하는 주무관청이 설립허가의 주체가 되고, 다른 행정관청과 '협의'가 필요한 것으로 명시적으로 규정하고 있다.

- 따라서 예를 들어 설립허가 신청을 하는 법인이 A, B 2가지 목적사업을 수행하려고 하는데, B 사업이 극히 부수적인 내용이고 A 사업 주무관청에서 전체적인 관리 · 감독이 가능한 정도라면 A 사업 주무관청에서 단독 설립허가도 가능할 것이지만, B 사업이 일정 정도 비중이 있고 B 사업 주무관청의 의견을 들어볼 필요가 있는 경우에는 A사업 주무관청에서 B 사업 주무

관청과 협의하여 설립허가 여부를 정하고, A와 B 사업의 비중이 상당정도 대등한 경우에는 양 주무관청 모두의 설립허가가 필요하다고 해석함이 관련 법령 해석에도 크게 어긋나지 않으면서 실무적인 문제도 발생시키지 않을 수 있는 방안이라고 판단된다.

▶ 참고 : 각 부처의 직제에 대한 정보는 법제처 국가법령정보센터에서 확인할 수 있다.

(3) 주무관청의 설립허가 시 검토사항

주무관청에 법인설립허가 신청을 하면 주무관청에서는 어떠한 기준으로 설립허가 여부에 대한 판단을 하고 있는지 명확한 검토가 필요하다. 만일 그러한 기준을 명확히 알고 있다면 처음부터 그에 맞춘 준비를 할 수 있고 그 만큼 원하는 법인설립절차가 편안히 진행될 수 있기 때문이다. 다음의 사항이 법인설립신청 시 주무관청의 검토사항이니, 이에 대한 면밀한 사전 검토는 필수적이다.

(가) 재량에 의한 판단사항

1) 법인설립의 필요성

법인의 설립 목적과 목적사업의 비영리성, 법인의 목적사업이 공익을 해하지는 않는 것인지 등을 종합적으로 고려하여 법인설립의 필요성 여부를 검토한다. 또한, 법인의 명칭, 목적사업 등이 법무부 관련 법인의 범위와 소관 업무 범위 내에 해당하는지를 검토한다.

2) 법인의 독자성과 전문성

법인의 목적사업이 막연하고 추상적이어서는 아니 되고, 구체적이고 실현가능한 것이어야 하며, 과거활동실적과 인적 구성·물적 설비 등을 종합적으로 고려하여 실현가능성을 판단한다.

3) 재정적 기초의 확보가능성

법인이 건전하게 유지·운영되기 위해서는 무엇보다도 재정적 기반을 확립하는 일이 중요하다. 사단법인은 대부분 회비나 임원의 출연금, 기부금 등이 재정의 기초가 되므로 기본재산 규모와 조성방법, 수입규모, 주요 재원, 수입의 안정성·지속성, 개인별 부담정도 및 회비납부율 등이 판단기준이 될 것이며, 재단법인은 출연한 재산의 과실로 목적사업을 이행할 수 있느냐를 기준으로 검토한다.

특히, 일부 단체들이 정부나 지방자치단체의 출연금, 보조금 등을 주된 수입원으로 상정하는 경우가 있으나 법적 근거가 없고, 지원여부가 불투명한 만큼 재원검토 시 수입에서 제외하고 심사하는 것이 바람직하다. 법인의 기본재산 규모는 우리 부는 물론 대부분의 부처가 기준액을 정하고 있지 않으므로 법인의 설립목적과 사업범위, 사업내용, 지역의 특성 등을 고려하여 허가권자가 재량판단을 해야 할 것이다.

【판시사항】

[1] 재단법인 설립을 위하여 서면에 의한 증여(출연)를 한 경우, 출연자가 착오에 기한 의사표시를 이유로 출연의 의사표시를 취소할 수 있는지 여부

[2] 재단법인의 출연자가 착오를 이유로 출연의 의사표시를 취소하는 경우, 재단법인의 성립여부나 출연된 재산이 기본재산인지 여부와 관계없이 취소권을 행사할 수 있는지 여부(대법원 1999.7.9. 선고, 98다9045 판결)

【판결요지】

[1] 민법 제47조 제1항에 의하여 생전처분으로 재단법인을 설립하는 때에 준용되는 민법 제555조는 "증여의 의사가 서면으로 표시되지 아니한 경우에는 각 당사자는 이를 해제할 수 있다"고 함으로써 서면에 의한 증여(출연)의 해제를 제한하고 있으나, 그 해제는 민법총칙상의 취소와는 요건과 효과가 다르므로 서면에 의한 출연이더라도 민법 총칙규정에 따라 출연자가 착오에 기한 의사표시라는 이유로 출연의 의사표시를 취소할 수 있고 상대방 없는 단독행위인 재단법인에 대한 출연행위라고 하여 달리 볼 것은 아니다.

[2] 재단법인에 대한 출연자와 법인과의 관계에 있어서 그 출연행위에 터잡아 법인이 성립되면 그로써 출연재산은 민법 제48조에 의하여 법인 성립시에 법인에게 귀속되어 법인의 재산이 되는 것이고, 출연재산이 부동산인 경우에 있어서도 위 양당사자 간의 관계에 있어서는 법인의 성립 외에 등기를 필요로 하는 것은 아니라 할지라도 재단법인의 출연자가 착오를 원인으로 취소를 한 경우에는 출연자는 재단법인의 성립여부나 출연된 재산의 기본재산인 여부와 관계없이 그 의사표시를 취소할 수 있다.

【판시사항】

[1] 출연재산의 재단법인에의 귀속과 등기

[2] 유언에 의한 재단법인 설립의 경우 출연재산의 귀속과 등기(대법원 1993. 9. 14. 선고, 93다 8054 판결)

【판결요지】

[1] 민법 제48조는 재단법인 성립에 있어서 재산출연자와 법인과의 관계에 있어서의 출연재산의 귀속에 관한 규정이고, 이 규정은 그 기능에 있어서 출연재산의 귀속에 관하여 출연자와 법인과의 관계를 상대적으로 결정함에 있어서의 기준이 되는 것에 불과하여, 출연재산은 출연자와 법인과의 관계에 있어서 그 출연행위에 터잡아 법인이 성립되면 그로써 출연재산은 민법의 위 조항에 의하여 법인 성립시에 법인에게 귀속되어 법인의 재산이 되는 것이고 출연재산이 부동산인 경우에 있어서도 위 양당사자간의 관계에 있어서는 위 요건(법인의 성립)외에 등기를 필요로 하는 것이 아니나, 제3자에 대한 관계에 있어서는 출연행위가 법률행위이므로 출연재산의 법인에의 귀속에는 부동산의 권리에 관해서는 법인성립 외에 등기를 필요로 한다.

[2] 유언으로 재단법인을 설립하는 경우에도 제3자에 대한 관계에서는 출연재산이 부동산인 경우는 그 법인에의 귀속에는 법인의 설립 외에 등기를 필요로 하는 것이므로 재단법인이 그와 같은 등기를 마치지 아니하였다면 유언장이 상속인의 한사람으로부터 부동산의 지분을 취득하여 이전등기를 마친 선의의 제3자에 대하여 대항할 수 없다.

4) 법인명칭의 유사성

'법인의 명칭이 동일해서는 안 된다.'는 것은 법인이 권리·의무의 주체라는 점에서 당연하다. 따라서 허가권자는 동일한 명칭은 물론 혼란을 줄 수 있는 유사명칭의 허가를 제한하되, 다른 부처나 다른 시·도에 같은 명칭을 사용하는 단체가 있는지를 확인하고 처리하는 것이 좋다. 다만, 중앙조직이 따로 있는 단체나 연합체인 경우에는 동일한 명칭을 사용할 수 있겠으나 이러한 경우에도 가급적 지역이름을 법인명칭에 포함하도록 하여 중앙조직과 구별할 수 있도록 한다.

5) 신청서 검토

비영리사단법인 설립허가신청이 들어오면 각 주무관청은 다음 사항을 검토한 후 허가여부를 결정한다(「공익법인의 설립 · 운영에 관한 법률 시행령」 제4조 제1항).

공익법인의 설립운영에 관한 법률 시행령 제4조 (설립허가신청)

① 공익법인의 설립허가를 받으려는 자(이하 '설립발기인'이라 한다)는 법인설립허가신청서에 다음 각 호의 서류를 첨부하여 주무관청에 제출해야 한다.

1. 설립발기인의 성명 · 주소 · 약력(설립발기인이 법인인 경우에는 그 명칭, 주된 사무소의 소재지, 대표자의 성명 · 주소 · 정관 및 최근의 사업활동)을 기재한 서류 1부

2. 설립취지서 1부

3. 정관 1부

4. 재단법인인 경우에는 출연재산의 종류 · 수량 · 금액 및 권리관계를 명확하게 기재한 재산목록(기본재산과 보통재산으로 구분하여 기재하여야 한다) 및 기부신청서 1부, 사단법인인 경우에는 회비징수예정명세서 또는 기부신청서 1부

5. 삭제 [91 · 5 · 31]

6. 부동산 · 예금 · 유가증권 등 주된 재산에 관한 등기소 · 금융기관 등의 증명서 1부

7. 사업개시예정일 및 사업개시이후 2 사업연도분의 사업계획서 및 수입 · 지출예산서 1부

8. 사단법인인 경우에는 창립총회회의록 및 사원이 될 자의 성명 및 주소를 기재한 사원명부(사원명부를 작성하기 곤란한 때에는 사원의 총수를 기재한 서류) 각 1부

9. 삭제 [91 · 5 · 31]

② 공익법인의 사업이 2이상의 주무관청의 소관에 속하는 경우에는 그 주된 사업을 주관하는 주무관청에 법인설립허가를 신청하여야 한다.

이때 법인의 명칭과 설립목적, 사업 등이 각 주무관청의 업무 범위 내에 해당하는지를 먼저 검토하며, 주무관청에 따라 허가요건이 다를 수 있으나, 대체로 법인설립의 필요성, 법인의 목적과 사업의 실현가능성, 법인 명칭의 유사성, 재정적 기초의 확보가능성 등을 허가요건으로 판단한다.

(나) 기속적 검토사항

정관의 필수적 기재사항의 누락여부를 검토하고, 보완 불능시 설립을 불허한다. 그 외 설립발기인의 날인, 임원취임예정자의 취임승낙서의 날인과 인감대조 등 및 각종 증명서의 유효기간 경과 여부 등 구비서류의 누락여부 검토하고, 누락 시 보완을 요청한다.

(4) 비영리사단법인 설립허가 신청

(가) 설립허가 신청

비영리사단법인 설립허가를 신청하면, 해당 주무관청은 각 허가요건의 적합여부에 따라 법인설립 허가여부를 결정한다.

(나) 허가신청시 제출서류

1) 신청서 제출

가) 신청서 제출

비영리사단법인 설립준비를 끝마친 설립자 또는 설립발기인들은 설립하려는 법인의 주무관청에 설립허가 신청서와 정관 등을 함께 제출한다(「공익법인의 설립·운영에 관한 법률 시행령」 제4조 제1항 참조).

법인설립허가신청서				처리기간	
				○○일	
신청인	주소		전화번호		
	성명		주민등록번호		
법인명	명칭				
	소재지		전화번호		
	대표자성명		주민등록번호		

민법 제32조 및 ○○○소관비영리법인의설립및감독에관한규칙 제○조의 규정에 의하여 위와 같이 법인설립허가를 신청합니다.

20 .   .   .   .

신청인   (서명 또는 인)

○○○ 귀하

첨부서류

1. 설립발기인의 성명·주민등록번호·주소 및 약력을 기재한 서류(설립발기인이 법인인 경우에는 그 명칭, 주된 사무소의 소재지, 대표자의 성명·주민등록번호·주소와 정관을 기재한 서류) 1부
2. 정관 1부
3. 재산목록(재단법인에 있어서는 기본재산과 운영재산으로 구분하여 기재하여야 한다) 및 그 입증서류와 출연의 신청이 있는 경우에는 그 사실을 증명하는 서류 각 1부
4. 당해 사업연도분의 사업계획 및 수지예산을 기재한 서류 1부
5. 임원 취임예정자의 성명·주민등록번호·주소 및 약력을 기재한 이력서(명함판 사진 첨부)와 취임승낙서 각 1부
6. 창립총회회의록(설립발기인이 법인인 경우에는 법인설립에 관한 의사의 결정을 증명하는 서류) 1부

나) 신청서 기재방법

법인설립허가신청서의 신청인란에는 설립하고자 하는 법인의 대표자 또는 실무책임자(사무총장 등)를 기재하고 서명을 하거나 날인하여야 하며, 법인란에는 설립하고자 하는 법인의 명칭과 소재지 등을 기재하면 된다.

또한, 소재지는 주소, 건물명 등을 구체적으로 기재하여야 하고, 이때 기재된 소재지는 정관에 기재된 사무소 소재지와 일치해야 하며, 대표자는 창립(발기인)총회에서 선임된 대표자의 인적사항을 그대로 기재하면 된다.

2) 신청서와 함께 제출할 서류

• 설립발기인의 인적사항을 적은 서류

비영리사단법인의 경우에는 정관에 기명날인한 사람의 인적사항을 기재하면 된다.

[서식 _ 발기인 명단]

발기인 명단

성명	주민등록번호	주소	약력	비고

- 정관 1부
- 재산목록 및 그 입증서류 1부(재산출연의 신청이 있는 경우에는 그 사실을 증명하는 서류 1부)

법인 설립 시 기본재산으로 출연한 재산, 무상으로 취득한 재산, 회계연도 세계잉여금으로 기본재산에 편입된 재산과 이사회에서 기본재산으로 정한 재산을 기본재산으로 하고, 그 밖의 재산을 운영재산으로 한다.

한편, 재산목록은 기본재산과 운영재산으로 명확하게 구분하고, 금액은 감정평가액을 기재한다. 이중 기본재산은 소재지, 지번, 지목, 면적, 평가가액 등을 기재하며, 운영재산은 재산의 종류, 수량 및 금액 등을 기재하면 된다. 또한 법인이 출연하는 재산 중 법인의 목적사업 수행에 관계되는 부동산 또는 동산으로서 법인 설립 시 기본재산으로 출연한 재산, 기부에 의하거나 기타 무상으로 취득한 재산, 회계연도 세계잉여금으로 기본재산에 편입된 재산과 이사회에서 기본재산으로 정한 재산은 이를 기본재산으로 하고 그 이외의 재산은 운영재산으로 한다. 그 외 재산기증(출연)승낙서에 재산목록, 출연인 인적사항, 출연일자를 기재 후 인감날인(출연자의 인감증명서 첨부)을 하면 되고, 주식, 예금 등의 출연행위에 대하여는 공증인의 공증을 받도록 한다. 그리고 기본재산이 수익발생을 할 수 있는 경우에는 수익을 파악할 수 있도록 작성하고 수익산출 근거를 명시하여야 하며, 수익을 증명할 수 있는 기관이 발행하는 증빙서류를 첨부(수익확인서, 배당이익증명서, 이자수익확인서, 납세필증 등)하여야 한다.

[서식 _ 재산목록]

재산목록

구분	재산명	수량	금액(원)	비고
기본재산				
운영재산				
합계				

20 년   월   일

위 사실을 확인함

사단(재단)법인 ○○○○ 이사장 (인)

기본재산						
재산명	종별 (소재지, 지번, 지목)	수량 (지적 : ㎡)	단가(원)	금액(원)	취득원인	비고
합계						

운영재산					
구분	품명	수량	단가(원)	금액(원)	비고
장비	업무용차량 컴퓨터 . .				
합계					

부동산(건물) 사용승낙서

1. 소 재 지 :

2. 소 유 자 :

3. 사용면적 :

위 부동산에 대하여 아래와 같이 재단 (사단)법인 ○○○○이 사용토록 승낙하였음을 확인합니다.

　가. 사용기간 :

　나. 사용조건 :

　　　　　년　월　일

　　　　소 유 자 :　　　　(인)

　00도지사 귀하

부동산 임대계약서 사본

임대인과 임차인의 주민등록번호 뒷자리를 가리고 복사

원본대조필 날인 : 대표자 인감 날인

• 사업계획서 및 수지예산을 기재한 서류 1부

사업의 기본방향, 추진사업, 주요사업별 추진일정 및 소요예산, 수지예산서를 기재한다.

사업계획서는 단체가 수행하고자 하는 사업목적과 내용을 명확하게 정리할 필요가 있다. 사업의 방향이 결정되고 그 목적이 결정되었다면 사업계획서는 법인 정관에 명시된 법인설립 취지와 부합하도록 그 목적사업을 분명하게 그리고 일관성 있게 작성하여야 한다. 그 외 당연히 사업계획서는 설립허가를 담당하는 주무관서의 내부심사지침에 적합하도록 적성하여야 함은 물론이다. 따라서 사업계획서를 작성할 때에는 우선 주무관서의 내부심사지침을 명확히 확인한 후 구체적으로 사단법인의 기본자산, 임원 또는 회원의 회비, 기부금 등 법인이 확보할 수 있는 예산 범위를 사전에 파악하여 예산 내에서 목적사업별로 기능한 세부 사업내용을 설정하여야 하고 그에 따라 구체적인 항목을 구성하여 지출 계획을 세워야 한다.

사업계획서의 정해진 형식은 없다. 따라서 자유롭게 작성할 수는 있지만 기본적으로 정관에 기재된 주요사업목표와 그에 따른 세부사업내용, 각 사업별 구체적인 사업목적과 시기, 장소, 내용, 시행방법, 소요예산, 기타 향후 계획 등이 포함되어야 한다. 또한 사업계획서는 사업수지예산서와도 밀접하게 연결됨으로 각 사업 예산의 수입과 지출항목의 수치가 서로 일치하도록 작성하여야 한다. 이러한 사업계획서는 신청 당해 연도 분을 제출하는 것이 원칙이지만 하반기에 설립허가를 신청하는 경우에는 차기 연도의 사업계획서를 함께 제출하여야 한다.

사업계획서 및 수지예산서

1. 사업계획서
　　- 사업계획의 목적과 연도별 계획 기재

2. 수지예산서

　　- 예산총괄표

사업명	예산액	산출근거

　　- 수지예산서(수입지부)

연예산액	월예산액	사업내역	비고

　　- 수지예산서(지출지부)

내역	금액	비고

또한 수지예산서는 비영리법인 설립 서류 중 사업예산에 관한 사항을 기재한 서류이다. 활동이력이 있는 단체라면 지난 수입과 지출을 기재할 수 있지만 신규로 설립하는 비영리단체의 경우라면 사업수지예산서 작성이 어려울 수 있다. 사업수지예산서는 크게 두 부분으로 나두어 기재하여야 하는데 그 하나는 수입부분이고 또 하나는 지출부분이다.

수입부분에는 회비, 출연금, 과실소득, 전기이월금, 법인세 환급금 등이 기재되어야 하는데 이중 회비란은 회원들로부터 정기적으로 받을 회비수입액을 기재하면 되고, 출연금 중 목적사업기부란은 목적사업에 사용하기 위하여 받을 기부금액을 기재하며, 재산증자기부란은 기본재산 증자를 위하여 받은 기부금액을 기재한다. 그 외 과실소득란은 법인 소유 기본재산 운영으로 발생될 과실(이자, 임대료 등) 금액을 기재하며, 전기이월액란 중 고유목적 사업 준비금은 고유목적사업 준비금으로 설정한 금액을 기재하고, 이월 잉여금란은 전년도 이월액 중 고유목적사업 준비금을 제외한 금액을 기재하며, 기타란은 이월잉여금을 세부항목으로 구분할 경우 순수 이월잉여금 외에 별도 항목으로 구분하면 된다. 그리고 법인세 환급액은 전년도 법인세 환급액을 기재하면 된다.

지출부분에는 경상비, 퇴직 적립금, 목적사업비, 기본재산 편입액 등이 기재되어야 하는데, 이중 경상비란 중 인건비는 상근직원에게 지급할 인건비를 기재하고 운영비는 경상비 중 인건비를 제외한 금액을 기재한다. 또한 퇴직 적립금은 상근 직원에 대한 퇴직 적립(예정)액을 기재하면 되고 법인세란은 출연재산 운영소득을 근거로 지출될 법인세액을 기재하면 된다. 그 외 목적사업비란은 정관에 명시된 목적사업 수행에 소요되는 경비를 사업별로 기재하되 직접 목적사업비가 아닌 부대경비는 제외한다. 그리고 기본재산 편입액란은 전년도 이월액 중 당해 연도 기본재산 편입예정액을 기재하면 된다.

[서식 _ 수지계산서]

지출			
구분			금액
① 경상비		인건비	
		운영비	
		소계	
② 퇴직적립금			
③ 법인세			
④ 목적사업비		* 사업계획별로 작성	
		소계	
⑤ 기본재산 편입액			
⑥ 이월잉영금	목적사업 준비금	전기	
		당기	
	이월잉여금		
	소계		
⑦			
⑧			
합 계			

[작 성 요 령]

〈수 입〉

① 회비(사단법인의 경우) : 회원들로부터 정기적으로 받을 회비수입액 기재

② 출연금

 - 목적사업기부 : 목적사업에 사용하기 위하여 받을 기부금액 기재

 - 재산증자기부 : 기본재산 증자를 위하여 받을 기부금액 기재

③ 과실소득 : 법인 소유 기본재산 운영으로 발생될 과실금액 기재

④ 수익사업(「법인세법」 제4조 제3항)

 - 부동산 · 임대수익, 이자 · 배당소득, 주식 · 신주인수권 또는 출자지분의 양도로 생기는 수입 등

⑤ 전기 이월액

 - 고유목적사업준비금 : 고유목적사업준비금으로 설정한 금액 기재

 - 이월 잉여금 : 전년도 이월액 중 고유목적사업준비금을 제외한 금액 기재

 - 기타 : 이월잉여금을 세부항목으로 구분할 경우 순수 이월잉여금 외에 별도 항목으로 구분

⑥ 법인세 환급액 : 전년도 법인세환급액 기재

〈지 출〉

① 경상비

 - 인건비 : 상근직원에게 지급할 인건비 기재

 - 운영비 : 경상비 중 인건비를 제외한 금액 기재

② 퇴직 적립금 : 상근직원에 대한 퇴직적립(예정)액 기재

③ 법인세 : 출연재산 운영소득을 근거로 지출될 법인세액 기재

④ 목적 사업비 : 정관에 명시된 목적사업 수행에 소요되는 경비를 사업별로 기재하되, 직접목적사업비가 아닌 부대경비는 제외

⑤ 기본재산 편입액 : 전년도 이월액 중 당해연도의 기본재산 편입 예정액 기재

• 임원취임 예정자의 인정사항을 적은 서류 1부 및 취임승낙서 1부

비영리사단법인은 정관이 정한 절차에 따라 임원을 선임하며, 임원취임자의 취임승낙의사와 인적사항, 직위와 취임기간을 기재한다.

[서식 _ 임원조서]

임 원 조 서							
번호	직위	성명(한자)	주민등록번호	임기	학력	주소	현직

사단(재단)법인 ○○○○ 이사장 (인)

취 임 승 낙 서

사단(재단)법인 ○○○○ 이사장 (인)

설립자 ○○○ 귀하

본인은 금번 설립하는 사단(재단)법인 ○○○○의 이사(임기 ○년)에 취임할 것을 승낙합니다.

20 년   월   일

주소 :

주민등록번호 :

성명 :   (인)

• 창립(발기인) 총회 회의록 1부

법인설립이 적법한 절차를 거쳐 성립되었는가에 대한 중요한 판단자료이므로, 육하원칙에 따라 작성한다. 따라서 회의록에는 설립취지, 정관의 심의 · 의결, 임원선출, 재산출연 및 수증에 관한 사항, 사업계획서 및 수지예산서 등의 의결에 관한 사항이 포함되고, 발기인 전원이 기명날인하여야 하며, 회의록 각 면과 면 사이에 발기인 전원이 간인을 하여야 한다.

사단(재단)법인 ○○○○ 창립(발기인) 총회 회의록

1. 일시 : 20 년   월   일
2. 장소 :
3. 출석위원 : ○○○, ○○○, ○○○, ○○○, ○○○, ...(성명기재)
4. 결석위원 : ○○○, ○○○, ○○○, ...(성명기재)
5. 안건
   - 제1호 의안 : 설립취지선택(안)
   - 제2호 의안 : ○○법인 명칭제정(안)
   - 제3호 의안 : 정관(안)
   - 제4호 의안 : 임원선임(안)
   - 제5호 의안 : 법인사업계획서(안)
   - 기타 안건(있는 경우 상정)
6. 회의내용

발언자	회의진행사항
사회자 ○○○	발기인 ○명 중 ○명이 참석하여 성원이 되었으므로 개회를 선언합니다. 어느 분이 임시의장을 맡으시면 좋으실지 말씀하여 주시기 바랍니다. ○○○을 임시의장으로 선출할 것을 제의합니다.
발기인(가) ○○○	제청합니다.
발기인(나) ○○○	(의안별로 구체적인 토의사항을 발표자 순서대로 기록하여 정리)

20 년   월   일

사단(재단)법인 ○○○○

발기인 ○○○ (인)

발기인 ○○○ (인)

발기인 ○○○ (인)

2013년도 사 업 계 획 서

사단법인 한국OO협회

2014년도 사업계획서

〈2014년 사업계획(안) 총괄〉

	사 업 명	일 자	인 원	장 소

1	사회공헌활동
	    서울시교육감배 OO스포츠클럽대회
	    화성오산교육장배 OO스포츠클럽대회
		6월
		11월
			80명
			150명
				OO중학교 체육관
				능동고등학교 체육관

2	국내 대회 개최 제7회 코리아컵OO대회	9	300	OO대학교 체육관

3	국제 대회 참가
	    제4회 아시아OO대회
	    제8회 월드컵OO대회
		12월
		10월
			20명
			10명
				일본
				벨기에

4	강습회
	    국제강사초청 OO 강습회
	    OO지도자 2급 강습회
	    OO심판 C급 강습회
		7
		10
		10
			200
			100
			100
				전국 4개 도시
				서울
				대전

5	학술대회 OO학술대회	11	100	상명대학교 강당

2014년 사업계획 내용

1. 사회공헌활동 (대회 지원)

1) 목적	협동, 존중 및 참여 가치 실현을 위한 스포츠 "00" 지원을 통해 청소년들이 신체를 단련하면서 스포츠생활화를 실천하고 스포츠를 통해 학교폭력 및 왕따 등의 사회 문제를 해결할 수 있도록 지원하는 사회공헌활동을 수행한다.
2) 사업방향	– 여학생 스포츠 활성화를 위한 서울시교육감배 여학생 00스포츠클럽 대회 지원 – 화성오산 지역의 장점인 초등학생부터 고등학생까지 다양한 연령대의 학생들이 참가하는 00대회 지원
3) 개요	– 대회명 : 서울시교육감배 　　　　　00스포츠클럽대회 – 일　시 : 2014년 6월 21일 (토) – 장　소 : 영림중학교 체육관 – 인　원 : 선수 80명 – 지원 내용 : 운영 요원 및 공인 심판　　　　– 대회명 : 화성오산교육장배 　　　　　00스포츠클럽대회 – 일　시 : 2014년 11월 15일 (토) – 장　소 : 능동고등학교 체육관 – 인　원 : 선수 150명 – 지원 내용 : 운영 요원 및 공인 심판
4) 기대효과	– 여학생 스포츠 활동 활성화 – 왕따 및 학교 폭력 예방을 위한 공동체 의식을 함양 – 여학생 여가 활동 지원 – 다양한 연령대별 청소년 스포츠 활동 지원 – 사단법인의 사회공헌활동 지원
5) 세부계획	– 대회 홍보물 지원(현수막, 베너 등) – 대회 공인 용품(공, 유니폼, 스코어보드 등) 지원 – 대회 진행에 필요한 진행요원 지원 – 공인 00 C급 심판 지원 – 진행요원 및 심판진의 재능기부 차원에서 무료로 지원

2. 국내 대회 개최 : 제6회 코리아컵OO대회

1) 목적	학생들의 건강증진을 위한 새로운 생활체육운동의 활성화를 도모하고자 학생들을 지도하는 교사 및 사회체육 지도자들의 차별적인 스포츠대회를 통해 여러 교사 및 지도자들에게 OO 클럽문화 정착과 건전한 체육교육 문화 발전에 기여하는데 있다. 또한 이 대회는 단순한 승패의 경쟁에서 벗어나 OO을 사랑하는 동호인들 모두가 재미 있게 참여하는 OO 한마당 축제의 장을 마련하는데 그 목적이 있다.
2) 사업방향	- 중등부, 고등부 및 일반부 남·녀 최고 OO팀 선발 - 같은 해 열리는 아시아OO대회 파견 국가대표 선발
3) 개요	- 대회명 : 제7회 코리아컵OO대회 - 일 시 : 2014년 9월 15일 (토) - 대 상 : 중학교, 고등학교 및 일반부 - 장 소 : 한국교원대학교 체육관 - 인 원 : 선수 300명
4) 기대효과	- 각급 학교 단위 OO 스포츠클럽 활성화 - 각 팀별 OO 기량 향상 - 페어플레이 정신을 토대로 OO 가치 실현 - 국가대표 선발
5) 세부계획	- 체육관 대여 - 후원기관 및 협찬 기업 선정 - 대회 홍보(온·오프라인 홍보) - 대회 일정 계획 수립(대진표 등) - 운영 요원 사전 교육 및 심판 섭외 - 상장 및 트로피 제작 - 팜플렛, 현수막 및 베너 제작 - 대회 진행 - 국가대표 선발

6) 소요예산

수입			(단위 : 원)
항 목	산출내역	금 액	비 고
참가비	중등부 25팀 × 50,000원 고등부 20팀 × 50,000원 일반부 12팀 × 50,000원	1,250,000원 1,000,000원 600,000원	

협찬금	5,000,000원 × 1개 1,000,000원 × 1개	5,000,000원 1,000,000원	
총 액	8,850,000원		

지출			(단위 : 원)
항 목	산출내역	금 액	비 고
장소 대관료		1,000,000원	
홍보비	팜플렛 500,000원 현수막(4) 200,000원 베너 광고(4) 200,000원	500,000원 200,000원 200,000원	
운영비	선발대 숙박비 방 2개 × 50,000원 식사비 (선발대 및 내빈 식사) 교통비(화물, 통행료, 주유비 등)	100,000원 300,000원 200,000원	
부상 및 제공 품목	트로피 및 메달 선수 도시락 기념품 티셔츠	1,500,000원 1,500,000원 1,500,000원	
보험료	선수 상해보험료 300명 × 3,000원	900,000원	
예비비		800,000원	
총 계	8,700,000원		

7) 순수입

수입예산 : 8,850,000원	지출예산 : 8,700,000원	순수입 : 150,000원

3. 국제 대회 참가 : 제4회 아시아○○대회, 제8회 월드컵○○대회

1) 목적	세계대회 및 아시아대회 참가를 통해 청년간의 국제교류를 활성화하여 국제 평화와 국위 선양에 이바지 한다.
2) 사업방향	- 아시아○○대회 : 아시아의 중심인 한 · 중 · 일 중심의 ○○대회 - 월드컵○○대회 : 국제○○연맹 가맹 국가들이 참여하는 명실상부한 최고 권위의 대회 참가
3) 개요	□ 대회명 : 제4회 아시아○○대회 □ 일 시 : 201년 12월 13일 - 16일 □ 장 소 : 일본 오사카 □ 주 최 : 일본○○연맹 □ 참가단 : 임원 및 감독 4명 　　　　　남자 선수　6명 　　　　　여자 선수　6명 □ 대회명 : 제8회 월드컵○○대회 □ 일 시 : 2013년 10월 29일 - 11월 3일 □ 장 소 : 벨기에 □ 주 최 : 국제○○연맹 □ 참가단 : 임원 및 감독 4명 　　　　　남자 선수　6명
4) 기대효과	- ○○ 국제 교류 활성화 - 국위 선양 - ○○ 경기력 향상
5) 세부계획	□ 국가대표 선발 □ 국가대표 감독 선발 □ 국가대표 훈련 일정 수립 □ 국가대표 유니폼 및 단복 결정 □ 항공 및 숙박 예약 □ 임원진 및 선수 국제 교류

6) 소요예산

수입		(단위 : 원)	
항 목	산출내역	금 액	비 고
참가비 아시아○○대회 월드컵○○대회	12명 × 500,000원 6명 × 2,000,000원	6,000,000원 12,000,000원	
협찬금	국가대표 유니폼 및 단복 국가대표 후원금	10,000,000원	
총 액	28,000,000원		

지출			(단위 : 원)
항 목	산출내역	금 액	비 고
참가비 아시아00대회 월드컵00대회	2팀(남·녀) × 300,000원 1팀 × 500,000원	600,000원 500,000원	
항공료 아시아00대회 월드컵00대회	16명 × 350,000원 10명 × 1,500,000원	5,600,000원 15,000,000원	
숙박료 아시아00대회 월드컵00대회	16명 × 3박 × 50,000원 10명 × 6박 × 50,000원	2,400,000원 3,000,000원	
식사비 아시아00대회 월드컵00대회	16명 × 11식 × 15,000원 10명 × 20식 × 15,000원	2,640,000원 3,000,000원	
예비비 아시아00대회 월드컵00대회		1,000,000원 2,000,000원	
총 계	35,740,000원		

7) 순수입

수입예산 : 28,000,000원	지출예산 : 35,740,000원	순수입 : −7,740,000원

4. 강습회 :

1) 목적	각급 학교 또는 00 동호회에서 안전하게 00을 지도할 수 있는 지도자 양성을 목적으로 하는 지도자 강습회와 각종 대회에서 대회 운영 및 심판을 담당할 수 있는 심판 양성을 목적으로 한다.
2) 사업방향	– 체육교사, 스포츠강사 등을 대상으로 초등학생부터 대학생까지 전문적 지도 능력 향상을 목적으로 단계적 연수 진행 – 국제00연맹의 후원을 받아 국제강사 초청 강습회 진행 – 심판 능력 향상을 위한 전문 심판 강습회 실시

3) 개요

☐ 행사명 : 국제강사 초청 강습회
☐ 일 시 : 2014. 7. 19~22
☐ 장 소 : 전국 4개 도시
☐ 인 원 : 200명
☐ 참가비 : 30,000원

☐ 행사명 : 00지도자2급 강습회
☐ 일 시 : 2014. 10. 19
☐ 장 소 : 서울
☐ 인 원 : 100명
☐ 참가비 : 30,000원

☐ 행사명 : 00심판C급 강습회
☐ 일 시 : 2014. 10. 20
☐ 장 소 : 서울
☐ 인 원 : 100명
☐ 참가비 : 30,000원

4) 기대효과	– 우수 지도자 및 심판 양성 – 새로운 지도 방법 습득 – 변경된 국제 규칙 습득 – 국제 교류 촉진
5) 세부계획	☐ 국제강사 초청 강습회 – 1일차 : 서울잠실학생체육관 – 2일차 : 인천 연수중학교 체육관 – 3일차 : 서울잠실학생체육관 – 4일차 : 대구계명대학교 체육관 ☐ 00지도자2급 강습회 ☐ 00심판C급 강습회

6) 소요예산

수입			(단위 : 원)
항 목	산출내역	금 액	비 고
연수비 국제강사초청강습회 지도자2급 강습회 심판 C급 강습회	200명 × 30,000원 100명 × 30,000원 100명 × 30,000원	6,000,000원 3,000,000원 3,000,000원	
총 액	12,000,000원		

지출			(단위 : 원)
항 목	산출내역	금 액	비 고
장소 대관비 국제강사초청강습회 지도자2급 강습회 심판 C급 강습회	4일 × 700,000원 1일 × 500,000원 1일 × 500,000원	2,800,000원 500,000원 500,000원	
강사비 국제강사초청강습회 지도자2급 강습회 심판 C급 강습회	국제00연맹 지원 1명 × 200,000원 1명 × 200,000원	200,000원 200,000원	국제00연맹
숙박비 국제강사초청강습회	6박 × 100,000원	600,000원	
식사비 국제강사초청강습회	20식 × 20,000원	400,000원	
예비비 국제강사초청강습회 지도자2급 강습회 심판 C급 강습회		1,000,000원 500,000원 500,000원	
총 계	7,200,000원		

7) 순수입

수입예산 : 12,000,000원	지출예산 : 7,200,000원	순수입 : 4,800,000원

5. 00학술대회

1) 목적	00 정신인 협동, 참여 및 존중을 구현하기 위한 00의 방향에 대한 현장 지도자와 학계 전문가가 참여하는 학술대회를 개최한다. 각종 스포츠클럽 및 지역별 동호회 활성화를 위한 방안에 대한 토론을 겸한다.
2) 사업방향	– 00의 운동적, 교육적, 사회적 측면의 장점 – 학교 폭력 및 왕따 예방을 위한 00의 역할 – 지역별 활성화를 위한 동호회 결성 방안

3) 개요

☐ 행사명 : 00학술대회
☐ 일　시 : 2014. 11. 29(토)
☐ 장　소 : 00대학교 강당
☐ 인　원 : 100명
☐ 참가비 : 30,000원

4) 기대효과	– 00의 학문적 비견 제안 – 운동학적, 교육학적 및 사회학적 가치 학문 정립 – 학교 폭력 및 왕따 예방의 구체적 방안 제시 – 00 지역 확대를 통한 동호인 확대
5) 세부계획	☐ 학술대회 장소 섭외 및 학술대회 주제 설정 ☐ 발표자 및 토론자 섭외 ☐ 학술자료집 발간 ☐ 학술대회 홍보 및 참가자 접수 ☐ 학술대회 진행

6) 소요예산

수입			(단위 : 원)
항 목	산출내역	금 액	비 고
참가비 00학술대회	100명 × 30,000원	3,000,000원	
광고 협찬금	2,000,000원 × 1개 1,000,000원 × 2개	2,000,000원 2,000,000원	
총 액	7,000,000원		

지출			(단위 : 원)
항 목	산출내역	금 액	비 고
장소 대관비	1일 × 500,000원	500,000원	
홍보비 　현수막 　베너 　팜플렛 학술대회 자료집	2개 × 100,000원 2개 × 50,000원	200,000원 100,000원 300,000원 700,000원	
식사비	100명 × 8,500원	850,000원	
예비비		500,000원	
총 계	3,150,000원		

7) 순수입

수입예산 : 7,000,000원	지출예산 : 3,150,000원	순수입 : 3,850,000원

* 협회 사무국운영 건

○ 소 요 예 산

(1) 수 입

항 목	산출내역	금 액	비 고
정회원 연회비	130명 × 50,000원	6,500,000원	
임원 특별회비	7명 × 600,000원	4,200,000원	
총 액	10,700,000원		

(2) 지 출

항 목	산출내역	금 액	비 고
인 건 비	12개월 × 800,000원*1명	9,600,000원	
통신비 및 잡비	12개월 × 180,000원	2,160,000원	사무실 운영비 등
총 계	11,760,000원		

(3) 합 계

수입예산	지출예산	총계
10,700,000원	11,760,000원	−1,060,000원

사업수지예산서

회계연도: 2014년도   (단위: 원)

수 입			지 출		
구 분		금 액	구 분		금 액
① 회 비	1인	50,000	① 경상비	인건비	9,600,000
	인원수	130		각종 공과금	2,160,000
	소 계	6,500,000		소 계	11,760,000
② 출연금	기본재산	30,000,000	②퇴직 적립금		
	임대보증금		③법인세		
	소 계	30,000,000	④ 목 적 사업비	제7회코리아컵	8,700,000
③과실소득				국제대회	35,740,000
④ 참가비	제7회코리아컵	2,850,000		강습회	7,200,000
	국제대회	18,000,000		학술대회	3,150,000
	강습회	12,000,000		소 계	54,790,000
	학술대회	3,000,000	⑤기본재산 편입액		30,000,000
	소 계	35,850,000	⑥ 차 기 이월액	목적사업 준비금 전기	
⑤ 전 기 이월액				목적사업 준비금 당기	
				이월잉여금	
	소 계			소 계	
⑥ 법인세 환급액			⑦ 임대보증금		
⑦ 찬조금,임원 회비 등		24,200,000	⑧		
합 계		96,550,000	합 계		96,550,000

작성자 : 사단법인 한국00협회 발기인 대표 박 희 근 (날인 또는 서명)

주) 1. 법인의 설립목적과 정관에 따른 사업내용을 판단할 수 있도록 작성하되, 사업의 목적범위 내에서 실현 가능한 사업을
   구체적으로 기재하며, 사업계획과 예산 내역서는 반드시 상호 연계(連繫)되도록 작성
   2. 설립허가 신청시기가 하반기(下半期)인 경우에는 익년도를 설립연도로 간주하여 작성
   3. 사업의 제1차년도: 수입의 ② 출연금란 중 기본재산 금액과, 지출의 ⑤ 기본재산 편입액은 일치하여야 함.

지출예산서

회계연도: 2014년도 (단위: 원)

구 분		금액	기간	총금액
①경상비	인건비	800,000	12	9,600,000
	각종 공과금	100,000	12	1,200,000
	통신료	80,000	12	960,000
	소 계			11,760,000
②퇴직 적립금				
③법인세				
④목 적 사업비	제7회코리아컵00대회			8,700,000
	국제대회(2개 대회) 참가			35,740,000
	지도자 및 심판 강습회			7,200,000
	00학술대회			3,150,000
	소 계			54,790,000
⑤기본재산 편입액 및 임대보증금				30,000,000
⑥차 기 이월액	목적사업준비금	전기		
		당기		
	이월잉여금			
	소 계			
합 계				96,550,000

작성자 : 사단법인 한국00협회 발기인 대표 박 희 근 (날인 또는 서명)

(5) 주무관청의 법인설립허가

> 법인설립허가 → 3주 내 법원등기 → 2개월 내 세무서신고(법인설립신고) : 수익사업 × –
> 고유번호증 / 수익사업 0 – 수익사업개시신고 → 2개월 내 사업자등록증)
>
> → 위 절차 종료 후 지정기부금단체[2] 등록 可

(가) 처리기간

주무관청은 특별한 사유가 없는 한 20일 이내에 설립신청사항을 심사하여 허가 또는 불허가 처분을 하여야 한다(법인규칙 제4조 제2항). 이때 주무관청은 필요하다고 인정할 때에는 신청인에게 기간을 정하여 필요한 자료를 제출하게 하거나 설명을 요구할 수 있다.

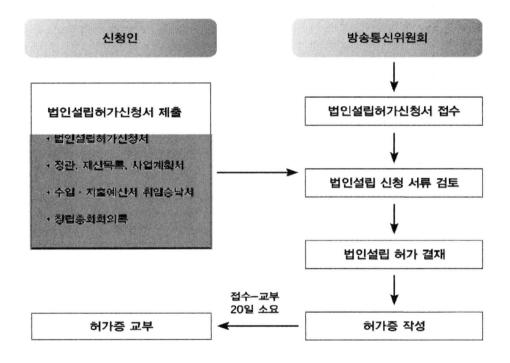

---

2) 공익법인 등 지정은(=구 지정기부금단체 지정) 사단법인의 설립과정에서 의무적으로 요구되는 절차는 아니다. 그런데 사단법인이 사업을 수행하기 위한 필수 재원인 기부금과 관련하여 세제혜택을 받기 위해서는 반드시 공익법인 등 지정절차를 거쳐야 한다. 즉, 사단법인이 과세관청으로부터 공익법인 등으로 지정받는 경우 출연자 또는 기부자들에게 기부금영수증을 발급할 수 있고, 기부 받는 금액에 대해서 증여세 납부의무를 피할 수 있는바, 기부금을 기반으로 하여 운영되는 사단법인의 입장에서 공익법인 등의 지정은 사실상 필수적 절차라고 보면 된다.

> **주무관청의 허가 없이 설립등기가 경료된 사단법인 법인등기의 효력**
> **- 제정 1996. 8. 7. [상업등기선례 제1-319호, 시행]**
>
> 사단법인이 주무관청의 허가를 득하지 아니한 채 설립등기가 경료되었다면, 그 법인등기는 법인의 성립요건을 결한 무효의 등기로써 비송사건절차법 제159조 제2호의 사유에 해당되어 같은 법 제235조 내지 제237조 및 제66조에 의하여 직권으로 말소하여야 한다(1996. 8. 7. 등기 3402-626 질의회답).

(나) 처리방법

허가 또는 불허가 처분은 서면으로 신청인에게 통지하며, 허가하는 경우에는 법인설립허가증을 발급한다. 한편, 법인의 사업이 2 이상의 주무관청의 소관에 속하는 경우에는 법인설립허가신청을 받은 주무관청은 다른 주무관청과 그 설립허가에 관한 협의 후 이를 허가하여야 한다.

> ○ 설립허가 후 아래와 같은 사항이 발생할 경우 그 적정성을 검토하여 허가증을 재발급하거나 발급된 허가증 뒷면의 변경사항 란에 변경내역을 기재하여 통보
> ① 법인 명칭 변경(정관변경허가 신청 필요)
> ② 사업내용 변경(정관변경허가 신청 필요)
> ③ 허가조건 변경
> ④ 소재지 변경(정관변경허가 신청 필요)
> ⑤ 대표자 변경
> * 허가번호는 최초 허가 당시의 허가번호를 계속 사용하며, 허가증 재발급 시에는 재발급일자 하단에 '(최초발급일자)'를 병기함

(다) 설립허가 조건

비영리법인의 설립허가 여부는 주무관청의 재량이다. 따라서 이러한 재량행위의 결정을 위해서 관계 법령에 명시적인 금지규정이 없는 한 설립허가를 함에 있어 필요한 조건을 붙일 수 있다.

> ▶ 허가조건의 예
> • 법인설립 허가일로부터 1년 이내에 목적사업을 실시할 것
> • 목적사업을 계속하여 2년 이상 중단하지 말 것
> • 법인의 목적과 관련이 없는 수익사업을 하지 아니할 것 등

> ▶ 권고사항
> - 매년 가시적인 활동실적이 있을 것
> - 주무관청 시정요구에 정당한 사유 없이 불응하지 않을 것
> - 목적사업을 위한 부대사업을 주된 사업으로 운영하거나 그 수익금을 목적사업 이외의용도로 사용하지 않을 것

(6) 설립허가 후 변경사항의 처리

설립허가 후 다음과 같은 사항이 발생할 경우 허가 관청은 그 적정성을 검토하여 허가증을 재발급하거나 발급된 허가증(앞면 또는 뒷면)에 변경사항을 기재하여 통보한다.

- 법인의 명칭 변경 (정관변경허가 신청 필요)
- 사업내용 변경 (정관변경허가 신청 필요)
- 허가조건 변경
- 소재지 변경 (정관변경허가 신청 필요)
- 대표자 변경

다. 설립등기

설립등기는 설립허가절차를 통해 득한 설립허가증 및 기타 서류를 등기소에 제출하는 절차이며, 위 절차를 통한 설립등기를 마무리 해야만 비로써 법인으로 성립된다(「민법」 제33조 및 「비송사건절차법」 제60조 제1항). 만일 설립등기를 하지 아니할 경우 법인으로 성립되지 아니할 뿐만 아니라 이를 해태할 경우 과태료가 부과될 수 있기 때문에 설립허가를 득한 때에는 반드시 3주 이내에 법인의 주된 사무소 소재지 관할 법원에 설립등기를 경료하여야 한다.

비영리법인의 설립에 관한 주무관청의 허가 – 제정 1998. 7. 20. [등기선례 제5-860호, 시행
비영리 사단법인은 주무관청의 허가를 얻어야 이를 법인으로 할 수 있는 것이며, 이에 따라 법인설립등기 신청서에는 주무관청의 허가서 또는 그 인증이 있는 등본을 첨부하도록 규정되어 있는 것이므로, 주무관청의 허가가 없는 경우에는 법인설립등기를 경료할 수 없다(1998. 7. 20. 등기 3402-669 질의회답). 참조조문 : 민법 제32조, 비송사건절차법 제63조 제2항 제3호

설립등기 신청

- 설립허가를 받은 후 사단법인의 사무소 소재지의 관할 법원등기소에 등기 신청
- 허가 후 3주 내 등기해야 함
- 등기 완료 후 비로소 법인으로 성립

등기 시 구비 서류(공통)	
❶ 법인 설립등기 신청서	
❷ 정관	
❸ 이사자격증명서	정관 또는 총회 회의록 제출
❹ 취임승낙서 및 인감증명서	취임승낙서는 인감으로 날인
❺ 주민등록 등(초)본 – 이사	
❻ 법인 설립허가서	주무관청 발급
❼ 자산총액 증명서	재산목록
❽ 법인 인감신고서	
❾ 등록면허세 영수필확인서	
❿ 위임장	대리인이 신청할 때
⓫ 공증 받은 창립총회(발기인) 의사록	

비영리사단법인이 설립등기를 신청하는 경우, 총회의사록에 공증인의 인증을 받아야 하는지 여부 [등기선례 제6-690호, 시행]
법인등기를 신청할 때에 첨부하는 총회의 의사록은 당해 법인이 공증인법 시행령 별표 1의 의사록인증제외 대상법인에 해당하지 않는 한 공증인의 인증을 받아야 하는 바, 이는 비영리사단법인이 설립등기를 신청하는 경우에도 마찬가지이다(2001. 6. 9. 등기 3402-393 질의회답).

> **민법 제31조, 제32조에 의하지 아니한 사단법인의 설립등기 가부 :**
> **제정 1997. 1. 31. [등기선례 제5-857호, 시행]**

민법상 비영리법인인 사단법인은 민법 제31조(법인은 법률의 규정에 의함이 아니면 성립하지 못한다.) 및 제32조(학술, 종교, 자선, 기예, 사교 기타 영리아닌 사업을 목적으로 하는 사단 또는 재단은 주무관청의 허가를 얻어 이를 법인으로 할 수 있다.)의 규정에 의하여 영리 아닌 사업을 목적으로 하여 주무관청의 허가를 얻어야 법인의 주된 사무소 소재지에서 설립등기를 할 수 있는 것이므로, 위 규정에 의하지 아니한 사단법인의 설립등기신청은 수리될 수 없으며, 착오로 위 규정에 의하지 아니하고 설립등기된 법인등기는 비송사건절차법 제159조 제2호 소정의 '사건이 등기할 사항이 아닌 때'에 해당하여 동법 제234조 내지 제237조 및 제66조의 규정에 의하여 직권 말소된다(1997. 1. 31. 등기 3402-79 질의회답)

참조예규 : 제836호

> **민법상 사단법인설립등기를 신청하는 경우, 설립당시의 이사를 기재한 정관이 비송사건절차법 제63조**
> **제2항 제2호에서 규정하는 이사의 자격을 증명하는 서면이 될 수 있는지 여부 :**
> **제정 2004. 7. 21. [등기선례 제200407-8호, 시행]**

민법상 사단법인설립등기를 신청하는 경우, 비송사건절차법 제63조 제2항에 따라 설립등기 신청서에 정관·이사의 자격을 증명하는 서면·주무관청의 허가서 등을 첨부하여야 하는바, 설립 당시의 이사를 기재한 정관을 설립허가신청서에 첨부하여 주무관청으로부터 설립허가를 받았다면 이사의 자격을 증명하는 서면으로 인가를 받은 정관 및 해당 이사의 취임승낙서를 첨부하면 되고, 그밖에 별도로 창립총회의사록 등을 첨부할 필요는 없을 것이다(2004. 7. 21. 공탁법인 3402-156 질의회답).

참조조문 : 민법 제32조, 제40조, 제68조, 비송사건절차법 제63조 제2항

(1) 관할등기소에 등기

사단이든 재단이든 법인성립이 인정되기 위해서는, 법인설립의 허가가 있은 때로부터 3주간 내에 주된 사무소의 소재지에서 설립등기를 하여야 한다(민법 제49조 제1항). 이때 등기기간은 주무관청의 「설립허가서」가 도착한 날로부터 기산한다(민법 제53조). 「주된 사무소」란 사무소가 둘 이상 있는 경우에 법인활동의 중심을 이루는 사무소를 말하지만, 설립등기를 함에 있어서는 형식적으로 정관과 등기부에 주된 사무소로 기재된 사무소를 의미한다. 등기를 해태하는 경우 과태료가 부과될 수 있다(민법 제97조).

법인설립허가를 받고 장기간이 경과한 다음에 하는 설립등기 신청의 수리 여부
-제정 1987. 4. 21. [상업등기선례 제1-299호, 시행]
법인설립허가서에 설립기한이 허가의 조건으로 명시되어 있지 아니하다면 다른 하자가 없는 한 설립허가 후 장기간이 경과하였다 하더라도 그 허가서를 첨부하여 법인설립등기를 할 수 있다(1987. 4. 21. 등기 제250호 환경청장 대 법원행정처장).

(2) 설립등기 신청인

법인을 대표할 사람이 등기신청인이 되며, 법인의 이사들은 각자 대표권이 있으므로 등기신청을 할 수 있으나, 대표권을 제한 받는 이사의 경우에는 등기를 신청할 수 없다(비송사건절차법 제63조). 또한, 설립등기신청서에 인감을 날인하기 위해서는 그 인감을 미리 관할 등기소에 제출해야 한다(비송사건절차법 제66조 제1항 및 상업등기법 제25조 제1항).

(3) 설립등기사항

(가) 등기신청서 제출

1) 신청서 제출

설립등기를 하기 위해서는 설립등기신청서에 아래 (나) 사항을 기재하여 신청인이 기명날인해야 한다(「민법」 제49조 제2항, 「비송사건절차법」 제66조 제1항 및 「상업등기법」 제24조 제3항).

사단(재단)법인설립등기신청

접 수	년 월 일	처 리 인	접 수	조 사	기 입	교 합	각종통지
	제 호						

등 기 의 목 적	사단(재단)법인의 설립
등 기 의 사 유	사단(재단)법인을 설립하기 위하여 정관을 작성하고200○년○월○일 주무관청의 허가를 얻었으므로 다음 사항의 등기를 구함
허가서 도착연월일	20 년 월 일
등 기 할 사 항	
명 칭	
주사무소	
목 적	본 법인은 ○○○○함을 목적으로 한다. 위 목적을 달성하기 위하여 다음 사업을 행한다. 1. ○○○의 설치 · 운영 2. ○○○○○○의 연구 및 조사 3. · · · · · 4. · · · · · ※ 사업내용은 정관에 기재한 목적 및 구체적인 사업조항도 기재
이사, 감사의 성명, 주민 등록번호 및 주소	이사 ○○○(－) 　○○시○○구○○동○ 이사 ○○○(－) 　○○시○○구○○동○ 이사 ○○○(－) 　○○시○○구○○동○ 감사 ○○○(－) 　○○시○○구○○동○
이사장의 성명과 주소	이사장 ○○○(－) 　○○시○○구○○동○

이사의 대표권에 대한 제한	이사 ○○○ 이외에는 대표권이 없음		
분사무소	○○시○○구○○동○ ※ 설립시에 분사무소가 있는 경우 기재		
설립허가연월일	20 년 월 일 ※ 주무관청의 설립허가서에 기재된 허가일자 기재		
존립기간 또는 해산사유	법인성립일로부터 만○○년 ※ 정관에 존립기간 또는 해산사유가 있는 경우 기재		
자산의 총액	금○○○○○○○○○○원 ※ 적극재산에서 소극재산을 공제한 금액 기재하며, 사단법인이 자산이 없는 때에는 금액을 '0'으로 하여 기재		
출자의 방법	1. 회비 1. 정부, 지방자치단체의 보조금 및 지원금 1. · · · · · 1. · · · · · ※ 정관에 출자에 대한 규정 중 그에 대한 사항 기재		
기타			
과세표준액	금 원	등록세	금 원
교육세	금 원	농어촌특별세	금 원
세액합계	금 원	등기신청수수료	금 원

첨 부 서 면

1. 정 관	통	1. 등록세영수필확인서	통
1. 재산목록	통	1. 위임장(대리인이 신청할 경우)	통
1. 설립허가서	통	1. 주민등록등본	통
1. 창립총회의사록(임원선임서)	통	1. 법인인감카드발급신청서	통
1. 취임승낙서	통	1. 인감증명서	통
1. 인감신고서	통	〈기타〉	

년 월 일

신청인　　　명 칭
　　　　　　주사무소
대표사원　　성 명 이사장　　　　　(인)　(전화 :　　　)
　　　　　　주 소
대리인　　　성 명 법무사　　　　　(인)　(전화 :　　　)
　　　　　　주 소

지방법원　　등기소 귀중

```
─ 신청서 작성요령 및 등기수입증지 첩부란 ─

1. 해당란이 부족할 때에는 별지를 이용합니다.
1. 해당 등기신청과 관계없는 사항에 대하여는 '해당 없음'으로 기재하거나 삭제하고, 필요한
   사항은 추가 기재합니다.
1. 등기신청수수료 상당의 대법원등기수입증지를 이 난에 붙입니다.
```

2) 신청서 작성방법

신청서는 원칙적으로 한글과 아라비아 숫자로 기재하며(다만 법인의 명칭과 외국인의 성명은 먼저 한글과 아라비아숫자로 기재한 후, 로마자 등의 표기를 병기할 수 있다). 신청서의 기재사항 난이 부족할 경우 별지를 사용하고 신청서와 별지의 각 장 사이에 간인을 하여야 한다.

① 등기의 목적

등기신청서 등기의 목적란에 '사단법인 설립'으로 기재한다.

② 등기의 사유

등기를 신청하는 이유를 기재하는 항목으로, 일반적으로 '사단법인을 설립하기 위하여 정관을 작성하고(20○○년 ○월 ○일 창립총회를 마치고) 20○○년 ○월 ○일 주무관청의 허가를 얻었으므로 다음 사항의 등기를 구함'으로 기재한다.

③ 설립허가서 도착연월일

주무관청으로부터 허가서가 도달한 다음날부터 등기기간을 기산하므로 이를 확인하기 위하여 기재한다(교부받은 경우는 교부일자임).

④ 주사무소/분사무소 신청 구분

주사무소에서의 등기신청(주사무소신청 선택), 분사무소에서의 등기신청(분사무소신청 선택), 또는 주사무소 및 분사무소에 관한 등기를 주사무소에서 일괄하여 신청하는지 여부를 표시하는 항목이다. 법인 설립과 동시에 분사무소를 설치(주사무소와 다른 관할)하여 주사무소 관할 등기소에서 설립등기와 분사무소 설치등기를 일괄하여 동시에 신청하는 경우 주·분사무소 일괄신청임을 표시하면 된다.

⑤ 명칭

정관에 기재된 명칭을 기재하며, 민법법인의 명칭을 등기하는 때에는 사단법인 또는 재단법인임을 표시하여야 한다. 등기부상 로마자 등의 표기를 병기하고자 할 경우(대법원 등기예규 제1455호 참조)는 명칭 오른쪽에 괄호를 사용하여 병기할 수 있으며, 병기되는 로마자 등의 표기는 반드시 정관에 기재되어 있어야 한다.

⑥ 주사무소

창립총회 등에서 정한 주된 사무소 소재지를 기재하며, 정관에는 소재지의 최소행정구역을 표시함으로써 족하지만 신청서에는 그 소재 지번까지 모두 기재하여야 한다.

⑦ 이사의 성명 및 주민등록번호

정관에서 정한 또는 창립총회에서 선출된 이사의 성명·주민등록번호를 기재하고, 주민등록번호가 없는 재외국민 또는 외국인의 경우에는 주민등록번호 대신 생년월일을 기재하여야 한다. 대표권이 있는 이사는 그 주소도 기재하여야 한다. 외국인의 성명은 국적과 원지음을 한글 등으로 기재한 후, 괄호를 사용하여 로마자 등의 표기를 병기할 수 있다(예 : 이사 미합중국인 존에프케네디(John. F. Kennedy)). 이사의 수와 임기는 제한이 없으며 정관으로 정한 바에 따른다.

⑧ 이사의 대표권에 대한 제한

이사는 법인의 사무에 관하여 각자 법인을 대표함이 원칙이나 정관이나 창립총회에서 제한할 수 있다. 실무상 특정 이사에게만 대표권을 주거나 수인으로 하여금 공동으로 대표를 정하는 것으로 대표권을 제한하고 있으며 이에 관한 사항을 기재한다.

⑨ 목적

목적은 법인이 영위하고자 하는 사업 또는 그 사업을 통하여 법인이 추구하고자 하는 목표를 말한다. 정관에서 정한 목적을 기재하며 목적의 기재는 사회 관념상 일반인이 어떤 종류의 사업을 영위하고자 하는지 알 수 있도록 구체적으로 특정하여 기재하여야 한다.

⑩ 분사무소

정관에 분사무소를 정한 경우 또는 창립총회에서 분사무소 설치를 결의하였을 때 기재하며, 주사무소와 동일하게 소재 지번까지 기재하여야 한다. 설립등기 시 본·지점 일괄신청을 하지 않았을 경우, 설립등기 후 3주 이내에 분사무소 소재지 관할등기소에서 분사무소설치 등기신청을 하여야 한다.

⑪ 설립허가 연월일

주무관청의 설립허가 연월일을 기재하며, 주무관청으로부터 교부받은 허가서에 기재된 설립허가일 자를 의미한다.

⑫ 존립기간 또는 해산사유

법인이 정관으로 존속기간이나 해산사유를 정한 경우에는 이를 기재한다. 정관의 필수적 기재사항 은 아니나 정한 경우에는 이를 등기하여야 한다.

사단법인의 정관에 정함이 없는 존립기간이 등기된 경우 그 처리방안 : 제정 2001. 10. 31. [등기선례 제6-693호, 시행]
사단법인의 존립시기나 해산사유는 정관에 그 정함이 있을 경우에 등기하는 것인바, 정관에서 존립시기에 관한 규정이 없음에도 등기가 된 경우에는 유효한 등기사항이 아니므로 사단법인 은 존립시기의 도래여부와는 상관없이 소명자료를 첨부하여 존립시기의 말소를 신청할 수 있 으며, 위의 존립시기가 도래한 경우에도 해산등기 없이 다른 등기를 신청할 수 있다(2001. 10. 31. 등기 3402-737 질의회답). 참조조문 : 민법 제40조, 제49조, 비송사건절차법 제234호

⑬ 자산의 총액

법인이 보유하고 있는 정관상의 기본재산은 물론 기타 부동산, 동산 및 채권 등을 포함하는 적극재산의 총액에서 채무 등의 소극재산을 공제한 순재산액을 의미한다.

비영리 사단법인의 설립등기사항 중 자산의 총액의 개념[등기선례 제5-859호, 시행]
비영리 사단법인의 설립등기사항 중 "자산의 총액"이란 비영리 사단법인이 보유하고 있는 정 관상의 기본재산은 물론 기타 부동산, 동산 및 채권 등을 포함하는 적극재산의 총액에서 채무 등의 소극재산을 공제한 순재산액을 의미한다 할 것이다(1998. 3. 9. 등기 3402-194 질의회 답).

⑭ 출자방법

출자방법은 자산에 관한 규정의 내용으로 정관에서 정한 경우에 한하여 등기한다.

⑮ 신청등기소 및 등록면허세 · 수수료

신청하는 등기소별로 기재하여야 하며 납부한 등록면허세영수필확인서에 기재된 등록면허세 및 지방교육세 금액을 기재한다. 등기신청수수료는 등기사항증명서 등 수수료규칙 제5조의4 및 제5조의3에서 정한 금액을 기재한다. 설립과 동시에 분사무소를 설치하고 주 · 분사무소 일괄신청을 하는 경우 분사무소 등기신청과 관련된 등록면허세 등을 별도로 납부하여야 한다.

⑯ 과세표준액

과세표준은 자산의 총액을 기재한다.

⑰ 첨부서면

등기신청서에 첨부하는 서면을 기재한다.

⑱ 신청인 등

설립등기를 신청하는 법인의 명칭과 주사무소 대표자의 성명과 주소를 기재하며, 위임받은 대리인이 신청할 경우 대리인의 성명과 주소를 기재한다. 대표자는 등기신청과 동시에 제출하는 법인인감도장을 날인하여야 하며 대리인의 경우는 날인할 도장에 대한 제한은 없다.

(나) 등기사항(민법 제39조 제2항)

등기신청 시 등기사항은 다음과 같다.

• 목적

법인이 영위 또는 추구하고자 하는 사업이 무엇인지 제3자가 알 수 있을 정도로 표시하여야 하며, 사업의 종류도 구체적으로 표시해야 한다.

• 명칭

법인의 명칭은 법령상 사용이 제한되는 명칭을 제외하고는(은행법 제14조, 보험법 제8조 제2항 등) 자유롭게 정할 수 있다. 다만, 법인명칭의 등기 시에 법인의 종류(즉 사단법인 또는 재단법인)를 부기하여야 한다(민법법인 및 특수법인 등기규칙 제4조).

• 사무소

법인의 사무소의 소재지를 등기하여야 한다. 사무소가 수개인 때에는 그 중 1곳을 주된 사무소로, 나머지를 분사무소로 등기한다. 또한, 정관에 사무소의 소재지를 기재할 때에는 최소행정구역까지만 기재하여도 무방하지만, 등기상에는 소재지의 구체적인 지번까지 등기하여야 한다.

• 설립허가의 연월일

주무관청으로부터 교부받은 「설립허가서」에 기재된 일자를 등기한다.

• 존립시기나 해산사유

법인이 존속하기로 하는 기간을 미리 정하여 놓거나, 법정해산사유 이외에 일정한 사유가 발생하면 법인이 해산하기로 정한 사유가 있으면 이를 등기하여야 한다.

• 자산의 총액

자산의 총액이란 정관상의 기본재산은 물론 기타 법인이 보유하는 일체의 적극재산의 총액에서 채무 등의 소극재산을 공제한 순재산액을 의미한다. 사단법인의 경우에는 설립시에 자산총액이 전혀 없어도 상관이 없지만, 재단법인에 있어서는 자산총액이 반드시 있어야 하고 이를 등기하여야 한다. 다만 사단법인의 경우에도 자산총액이 0원으로 기재할 수는 있지만, 자산총액을 미정 혹은 공란으로 하여 등기할 수는 없다.

• 출자의 방법을 정한 때에는 그 방법

가령 사단법인의 정관에 발기인이나 사원들의 출자의무에 관한 규정이 있거나, 재단법인의 정관에 설립자가 정기적으로 출연하기로 하는 규정이 있을 때에는 그러한 사항은 등기하여야 한다.

• 이사의 성명 · 주소

법인의 이사의 성명과 주소를 등기하여야 한다. 이사의 등기 시에 주민등록번호도 등기하여야 한다(비송사건절차법 제62조).

• 이사의 대표권을 제한한 때에는 그 제한

이사는 법인의 사무에 관하여 각자 법인을 대표하는 것을 원칙으로 하지만, 정관이나 사원총회의 결의에 의해서 이사의 대표권을 제한할 수 있다(민법 제59조 제1항). 그러한 이사의 대표권의 제한에 관한 사항은 등기하여야 하며, 이를 등기하지 않으면 대표권이 제한되어 있음을 이유로 제3자에게 대항하지 못한다(민법 제60조).

• 등기의 목적

어떠한 종류의 법인을 설립할 것인지를 정확하게 기재해야 한다. 따라서 사단법인을 설립하기 위해서는 '사단법인의 설립'이라고 기재한다. 법원 또는 행정기관 등의 허가가 필요한 사항의 등기를 신청하는 경우에는 허가서의 도달 연월일을 기재하면 된다.

(다) 등기신청 시 첨부서류

법인을 대표하는 사람은 아래의 서류를 첨부하여 설립등기를 신청한다(「비송사건절차법」 제63조).

• 법인의 정관

• 창립총회의사록(이사의 자격증명서)

  법인설립 시 선임되는 이사는 정관에 정해져 있기 때문에 별도의 이사의 자격증명서를 제출하지 않아도 되지만, 정관에서 정해지지 않은 경우에는 창립총회의사록 및 취임승낙서 등을 제출해야 한다. 또한 창립총회의사록을 제출하는 경우에는 공증인의 인증을 받아서 제출해야 한다(「공증인법」 제66조의2제1항).

• 주무관청의 설립허가서 또는 인증이 있는 허가서 등본

  민법상의 법인은 반드시 주무관청의 허가를 받아야 하며 설립등기 시 첨부서면으로 허가서 또는 허가기관이 인증한 등본을 첨부하여야 하며, 허가서 원본을 제출한 경우에는 허가서 사본에 대하여 등기관이 원본대조필을 한 후 원본을 반환받을 수 있다.

제○○○호

법인설립 허가증

1. 법인 명칭 :

2. 소재지 :

3. 대표자 :

      ○성명 :

      ○주민등록번호 :

      ○주소 :

4. 사업내용

민법 제32조 및 ○○○소관 비영리법인의 설립 및 감독에 관한 규칙 제○조의 규정에 의하여 위와 같이 허가합니다.

20   년   월   일

○○○장   [인]

• 인감신고서

등기신청서에 기명날인할 사람(법인의 대표자 등)은 미리(설립등기와 동시에) 등기소에 인감을 제출하여야 한다. 인감신고서에는 인감증명법에 의하여 신고한 인감을 날인하고 발행일로부터 3개월 이내의 인감증명서를 첨부하여야 하며, 또한 인감신고서와 함께 인감대지(인감의 제출·관리 및 인감증명서 발급에 관한 업무처리지침 별지 제2호 양식)도 함께 제출하여야 한다.

[서식] 인감신고서

인감 · 개인(改印) 신고서

(신고하는 인감날인란)

(인감제출자에 관한 사항)

상호(명칭)		등기번호	
본점(주사무소)			
인감제출자	자격/성명		
	주민등록번호		
	주 소		

ㄴ 위와 같이 인감을 신고합니다.
ㄴ 위와 같이 개인(改印)하였음을 신고합니다.

년 월 일   (개인인감 날인란)

신고인 본 인 성 명   (인)
　　　 대리인 성 명   (인)

지방법원   등기소 귀중

주 1. 개인인감 날인란에는 「인감증명법」에 의하여 신고한 인감을 날인하고 그 인감증명서(발행일로부터 3개월 이내의 것)를 첨부하여야 합니다. 개인(改印)신고의 경우, 개인인감을 날인하는 대신에 등기소에 신고한 유효한 종전 인감을 날인하여도 됩니다.

2. 인감ㆍ개인신고서에는 신고하는 인감을 날인한 인감대지를 첨부하여야 합니다.

3. 지배인이 인감을 신고하는 경우에는 인감제출자의 주소란에 지배인을 둔 장소를 기재하고, 「상업등기규칙」 제36조 제4항의 보증서면(영업주가 등기소에 신고한 인감 날인)을 첨부하여야 합니다.

위 임 장

성 명 :   주민등록번호(–   )

주 소 :

　　위의 사람에게, 위 인감신고 또는 개인신고에 관한 일체의 권한을 위임함.

200　년　　월　　일

인감(개인) 신고인 성 명　　　　　　(인)

• 위임장

등기신청권자 이외의 대리인에 의하여 등기신청을 하는 때에는 그 권한을 증명하는 서면으로 위임장을 첨부하여야 하는데, 실무상 수임자, 위임자, 위임내용을 기재하고 등기소에 제출하는 인감을 날인하여 작성한다.

위 임 장	
법인의 표시	상호 : 사단(재단)법인 ○○○ 본점 : 서울특별시 ○○구 ○○동 ○○번지
등기의 목적	
등기의 사유	
대리인	법무사 ○○○ 서울특별시 ○○구 ○○동 ○○번지

위 대리인에게 위 등기의 신청 및 취하, 그리고 원본 환부청구 및 수령에 관한 모든 권한을 위임한다. 또한 복대리인 선임을 허락한다.

년 월 일

위임인	사단(재단)법인 ○○○ 서울특별시 ○○구 ○○동 ○○번지	
		인감
	대표이사 ○○○ 서울특별시 ○○구 ○○동 ○○번지	
		인감
		인감

※ 날인된 인감은 인영대조 전산시스템에 의하여 등기관이 조사를 한다. 따라서 인감을 날인할 때에는 인영이 인감날인란의 선내를 벗어나지 않도록 각별히 주의하시기 바랍니다.

※ 이 양식은 주식회사뿐 아니라 모든 종류의 법인에 관하여 적용된다. 주식회사 이외의 다른 법인은 양식의 해당 문구를 적절히 수정하여 사용하시기 바랍니다.

• 등록면허세영수필확인서

주사무소 소재지 관할 시·군·구청장으로부터 등록면허세납부서를 발부받아 납부한 후 등록면허세영수필확인서를 첨부하여야 한다. 법인설립과 동시에 분사무소를 설치하여 주·분사무소 일괄신청을 하는 경우는 분사무소 소재지 관할 시·군·구청장으로부터 별도의 등록면허세납부서를 발부받아 납부한 후 등록면허세영수필확인서를 첨부하여야 하며, 대통령령으로 정하는 대도시 내에서의 설립등기시에는 당해 세율의 3배의 등록면허세를 납부하여야 한다. 여기서 대도시라 함은 수도권정비계획법 시행령 제9조 별표1에 지정되어 있는 권역을 의미한다.

• 이사회 의사록

사단법인 설립등기시 이사회의사록은 필요적 첨부서면은 아니나 정관에서 이사회의 권한으로 정하고 그 사항을 이사회에서 결의한 경우 이사회의사록을 첨부해야 한다.

[서식 _ 이사회 의사록]

이사회 의사록

○○○○년 ○월 ○○일 ○○시 본점 회의실에서 다음과 같이 이사회를 개최하다.

이사 총수 　　　○명, 　　감사 총수 　　　○명
출석이사수 　　　○명, 　　출석감사수 　　　○명

의안 ： 대표이사 보선의 건

의장 ○○○은 본 회사 대표이사 ○○○이 ○○○○년 ○월 ○○일 사임하였으므로 이를 보선하기 위하여 그 선출방법을 물은 바, 무기명비밀투표로 선출하기로 전원일치 합의하여 즉시 투표한 결과 다음과 같이 선출하다.

대표이사 ○ ○ ○

위 선출된 대표이사는 즉석에서 취임을 승낙하다.

의장은 이상으로서 의안 전부의 심의를 종료하였으므로 폐회한다고 선언하다(회의 종료시각 ○○시 ○○분).

위 의사의 안건, 경과요령, 그 결과, 반대하는 자와 그 반대이유를 명백히 하기 위하여 이 의사록을 작성하고 출석한 이사 및 감사가 기명날인 또는 서명하다.

○○○○년 ○월 ○○일

주식회사 ○○○○
　　○○시 ○○구 ○○동 ○○번지

　　　　의장　대표이사　　　　○ ○ ○ (인)
　　　　　　　사 내 이 사　　　　○ ○ ○ (인)
　　　　　　　사 외 이 사　　　　○ ○ ○ (인)
　　　　　　　기타비상무이사　　○ ○ ○ (인)
　　　　　　　감　　사　　　　　○ ○ ○ (인)

• 의사록 공증

등기신청시 첨부되는 총회 등의 의사록은 공증인의 인증을 받아야 한다(다만, 「공증인법 시행령」 제37조의3에 따라 법무부장관이 지정고시한 인증 제외대상 법인은 공증인의 인증이 면제됨).

> **Q** 비영리법인의 주사무소 이전 변경등기시, 의사록의 공증을 받아야 하는지 여부
>
> **A** 법인이 관련 등기를 할 때, 의사록의 공증은 모든 법인에 필요한 것이 아니며, 비영리법인 등은 제외된다(「공증인법」 제66조의 2 제1항 참조).

• 번역문

등기신청 서류 중 외국어로 작성된 문서는 이를 번역하여 번역문을 첨부해야 하며, 번역인의 자격에는 제한이 없으나 번역인의 성명 주소를 기재하고 기명날인 또는 서명해야 한다(번역문을 공증받을 필요는 없음).

• 법인인감카드발급 신청서

법인인감증명서는 설립등기 완료 후 법인인감도장을 지참하여 법인인감 카드 또는 전자증명서(HSM USB)를 발급받을 수 있다.

인감카드 (재)발급신청서

(인감제출자에 관한 사항)

상호(명칭)		등기번호	
본점(주사무소)			
인감 제출자	자격 / 성명		
	주민등록번호		

인감카드 비밀번호		발급사유	⎁ 최초발급 ⎁ 카드분실 ⎁ 카드훼손 ⎁ 기타( )

위와 같이 인감카드의 (재)발급을 신청합니다.

년   월   일

신청인 인감제출자   (본 인) 성 명   (인) (전화 :   )
                 (대리인) 성 명   (인) (전화 :   )

지방법원   등기소 귀중

접수번호		인감카드번호	

- 대법원수입증지를 붙이는 란 -

주 1. 인감카드 비밀번호란에는 (재)발급받아 사용할 인감카드의 비밀번호를 기재하며, 아라비아숫자 6자릿수를 기재하여야 한다. 비밀번호는 인감카드와 함께 인감증명서의 발급을 신청할 권한이 있는 것으로 보게 되는 중요한 자료이므로 권한이 없는 사람이 알지 못하도록 주의하시기 바랍니다.

2. 인감카드의 재발급을 신청할 때에는 「등기부 등·초본 등 수수료규칙」 제5조의7에 의하여 5,000원 상당의 대법원수입증지를 이 난에 붙여야 한다. 다만, 인감카드를 반납할 때에는 붙일 필요가 없다.

```
┌─────────────────────────────────────────────────────────────┐
│                                                             │
│                     위  임  장                               │
│                                                             │
│   성 명 :    주민등록번호(          -          )            │
│   주 소 :                                                   │
│  위의 사람에게, 위 (재)발급신청서에 기재된 인감카드 발급신청과 그 수령 등에 관한  │
│  일체의 권한을 위임함.                                        │
│                   200  년   월  일                          │
│                                                             │
│               인감신고인  성 명           (인)              │
│                                                             │
└─────────────────────────────────────────────────────────────┘
```

라. 비영리사단법인의 설립신고

(1) 설립신고

법인은 설립등기일(사업의 실질적 관리장소를 두게 되는 경우에는 그 실질적 관리장소를 두게 된 날)부터 2개월 이내에 아래의 사항을 기재한 법인설립신고서(「법인세법 시행규칙」 별지 제73호 서식) 및 정관 등을 납세지 관할세무서장에게 신고해야 한다(「법인세법」 제109조 제1항).

(2) 설립신고서 기재사항

- 법인의 명칭과 대표자의 성명
- 본점이나 주사무소 또는 사업의 실질적 관리장소의 소재지
- 사업 목적
- 설립일

■ 법인세법 시행규칙 [별지 제73호 서식] 〈개정 2019. 3. 20.〉 홈택스(www.hometax.go.kr)에서도 신고할 수 있습니다. (앞쪽)

접수번호	[ ] 법인설립신고 및 사업자등록신청서 [ ] 국내사업장설치신고서(외국법인)	처리기간 3일 (보정기간은 불산입)

귀 법인의 사업자등록신청서상의 내용은 사업내용을 정확하게 파악하여 근거과세의 실현 및 사업자등록 관리업무의 효율화를 위한 자료로 활용됩니다. 아래의 사항에 대하여 사실대로 작성하시기 바라며 신청서에 서명 또는 인감(직인)날인하시기 바랍니다

1. 인적사항

법 인 명(단체명)		승인법인고유번호 (폐업당시 사업자등록번호)	
대 표 자		주민등록번호	–
사업장(단체)소재지		층 호	
전 화 번 호	(사업장)	(휴대전화)	

2. 법인현황

법인등록번호	–	자본금	원	사업연도	월 일 ~ 월 일

법 인 성 격 (해당란에 ○표)

내 국 법 인						외 국 법 인			지점(내국법인의 경우)		분할신설법인		
영리 일반	영리 외투	비영리	국 가 지방자치	법인으로보는 단체		지점 (국내사업장)	연락 사무소	기타	여	부	본점 사업자 등록번호	분할전 사 업자등록 번호	분할연월 일
				승인법인	기타								

조합법인 해당 여부		사업자 단위 과세 여부		공 익 법 인				외국 · 외투 법인	국 적	투자비율
여	부	여	부	해당여부	사업유형	주무부처명	출연자산여 부			
				여 부			여 부			

3. 외국법인 내용 및 관리책임자 (외국법인에 한함)

외 국 법 인 내 용

본점	상 호	대 표 자	설치년월일	소 재 지

관 리 책 임 자

성 명 (상 호)	주민등록번호 (사업자등록번호)	주 소 (사업장소재지)	전 화 번 호

4. 사업장현황

사 업 의 종 류						사업(수익사업)
주업태	주 종 목	주업종코드	부업태	부 종 목	부업종코드	개 시 일
						년 월 일

사이버몰 명칭				사이버몰 도메인			

사업장 구분 및 면적		도면첨부		사업장을 빌려준 사람(임대인)			
자가	타가	여	부	성 명(법인명)	사업자등록번호	주민(법인)등록번호	전화번호
㎡	㎡						

임 대 차 계 약 기 간		(전세)보증금	월 세(부가세 포함)
20 . . . ~ 20 . . .		원	원

개 별 소 비 세				주 류 면 허		부가가치세 과세사업		인·허가 사업 여부			
제조	판매	장소	유흥	면허번호	면허신청	여	부	신고	등록	인·허가	기타
					여 부						

설립등기일 현재 기본 재무상황 등						
자산 계	유동자산	비유동자산	부채 계	유동부채	비유동부채	종업원수
천원	천원	천원	천원	천원	천원	명

전자우편주소		국세청이 제공하는 국세정보 수신동의 여부	[　] 문자(SMS) 수신에 동의함(선택) [　] 이메일 수신에 동의함(선택)

210mm×297mm[백상지 80g/㎡ 또는 중질지 80g/㎡]

(뒤쪽)

5. 사업자등록신청 및 사업시 유의사항(아래 사항을 반드시 읽고 확인하시기 바랍니다)

가. 사업자등록 상에 자신의 **명의를 빌려주는 경우 해당** 법인에게 부과되는 각종 세금과 과세자료에 대하여 소명 등을 해야 하며, 부과된 세금의 체납 시 **소유재산의 압류·공매처분, 체납내역 금융회사 통보, 여권발급제한, 출국규제 등**의 불이익을 받을 수 있습니다.

나. 내국법인은 주주(사원)명부를 작성하여 비치해야 합니다. 주주(사원)명부는 사업자등록신청 및 법인세 신고 시 제출되어 지속적으로 관리되므로 사실대로 작성해야 하며, 주주명의 대여 시는 **양도소득세 또는 증여세**가 과세될 수 있습니다.

다. 사업자등록 후 정당한 사유 없이 **6개월이 경과할 때까지 사업을 개시**하지 아니하거나 **부가가치세 및 법인세를 신고하지 아니하거나 사업장을 무단 이전**하여 실지사업여부의 확인이 어려울 경우에는 **사업자등록이 직권으로 말소**될 수 있습니다.

라. 실물거래 없이 세금계산서 또는 계산서를 발급하거나 수취하는 경우 「조세범처벌법」 제10조 제3항 또는 제4항에 따라 해당 법인 및 대표자 또는 관련인은 **3년 이하의 징역 또는 공급가액 및 그 부가가치세액의 3배 이하에 상당하는 벌금에 처하는 처벌**을 받을 수 있습니다.

마. 신용카드 가맹 및 이용은 반드시 사업자 본인 명의로 해야 하며 **사업상 결제목적 이외의 용도로 신용카드를 이용할 경우** 「여신전문금융업법」 제70조 제2항에 따라 **3년 이하의 징역 또는 2천만원 이하의 벌금에 처하는 처벌**을 받을 수 있습니다.

바. 공익법인의 경우 공익법인에 해당하게 된 날부터 **3개월 이내에 전용계좌를 개설**하여 신고해야 하며, **공익목적사업과 관련한 수입과 지출금액**은 반드시 신고한 **전용계좌를 사용**해야 합니다.(미이행 시 가산세가 부과될 수 있습니다.)

신청인의 위임을 받아 대리인이 사업자등록신청을 하는 경우 아래 사항을 적어 주시기 바랍니다.

대 리 인	성　명		주민등록번호	

인적사항	주 소 지			
	전화 번호		신청인과의 관계	

신청 구분	[ ] 사업자등록만 신청　　[ ] 사업자등록신청과 확정일자를 동시에 신청 [ ] 확정일자를 이미 받은 자로서 사업자등록신청 (확정일자 번호:　　　　　　)

신청서에 적은 내용과 실제 사업내용이 일치함을 확인하고, 「법인세법」 제109조ㆍ제111조, 같은 법 시행령 제152조부터 제154조까지, 같은 법 시행규칙 제82조 제3항 제11호 및 「상가건물 임대차보호법」 제5조 제2항에 따라 법인설립 및 국내사업장설치 신고와 사업자등록 및 확정일자를 신청합니다.

년　　월　　일

신 청 인　　　　　　　　　　(인)

위 대리인　　　　　　(서명 또는 인)

세무서장 귀하

붙임 서류	1. 정관 1부(외국법인만 해당합니다) 2. 임대차계약서 사본(사업장을 임차한 경우만 해당합니다) 1부 3. 「상가건물 임대차보호법」의 적용을 받는 상가건물의 일부를 임차한 경우에는 해당 부분의 도면 1부 4. 주주 또는 출자자명세서 1부 5. 사업허가ㆍ등록ㆍ신고필증 사본(해당 법인만 해당합니다) 또는 설립허가증사본(비영리법인만 해당합니다) 1부 6. 현물출자명세서(현물출자법인의 경우만 해당합니다) 1부 7. 자금출처명세서(금지금 도ㆍ소매업, 액체ㆍ기체연료 도ㆍ소매업, 재생용 재료 수집 및 판매업, 과세유흥장소에서 영업을 하려는 경우에만 제출합니다) 1부 8. 본점 등의 등기에 관한 서류(외국법인만 해당합니다) 1부 9. 국내사업장의 사업영위내용을 입증할 수 있는 서류(외국법인만 해당하며, 담당 공무원 확인사항에 의하여 확인할 수 없는 경우만 해당합니다) 1부 10.사업자단위과세 적용 신고자의 종된 사업장 명세서(법인사업자용)(사업자단위과세 적용을 신청한 경우만 해당합니다) 1부

작 성 방 법

사업장을 임차한 경우 「상가건물 임대차보호법」의 적용을 받기 위하여서는 사업장 소재지를 임대차계약서 및 건축물관리대장 등 공부상의 소재지와 일치되도록 구체적으로 적어야 합니다.

(작성 예) ○○동 ○○○○번지 ○○호 ○○상가(빌딩) ○○동 ○○층 ○○○○호

210mm×297mm[백상지 80g/㎡ 또는 중질지 80g/㎡]

마. 재산이전 및 재산이전 보고

설립허가를 받은 법인은 법인설립허가 신청할 때 제출했던 재산목록에 따른 재산을 법인에게 이전하고 일정 기간 내에 그 이전을 증명하는 등기소 또는 금융기관의 증명서를 주무관청에 제출해야 한다(예, 「국방부 및 그 소속청 소관 비영리법인의 설립 및 감독에 관한 규칙」 제5조 제1항). 이때 부동산의 소유권 이전등기, 예금 등의 법인 명의로의 금융기관예치, 주식의 명의개서, 각종 재산권의 권리이전 등 적절한 방법으로 법인소유로 이전하였음을 증명하는 서류를 갖추어야 한다.

실무적으로 출연하기로 한 보통재산이 설립등기 비용 등으로 차액이 발생한 경우 증빙자료를 제출하도록 하고, 기본재산으로 출연된 재산 중 유동성이 심한 예금 등은 법인재산에서 손실 또는 유출되는 경우가 없도록 수시로 재산변동 상황을 파악할 필요가 있다.

바. 법인설립등기 완료사실 및 법인에게로 재산이전 완료사실을 주무관청에 보고

주무관청으로부터 허가를 받은 법인은 법인 설립등기를 하였을 때에는 10일 이내에 그 사실을 주무관청에 보고하거나 법인 등기사항증명서 1부를 제출해야 한다(국방부 및 그 소속청 소관비영리법인의 설립 및 감독에 관한 규칙 제5조 제2항). 보고를 받은 주무관청은 전자정부법 제36조 제1항의 규정에 따른 행정정보의 공동이용을 통해 법인등기사항증명서를 확인해야 한다(국방부 및 그 소속청 소관 비영리법인의 설립 및 감독에 관한규칙 제5조 제2항).

사. 주무관청의 지도 감독 및 법인 설립허가사실 통보(주무관청 ▶ 세무서)

(1) 지도 감독

설립허가 후부터 주무관청은 다음의 사항을 지도 · 감독하여야 한다.

• 재산이전 및 등기 보고
• 설립허가 취소 등 제재사항
• 임원 결원방지
• 사전허가(승인) 및 보고사항 적기 수행

i) 기본재산 처분 허가
ii) 기본재산편입예외 기부금 사용승인(공익법인)
iii) 예산 및 결산 보고
iv) 수익사업 : 정관변경 허가 및 사업별 승인(공익법인)
v) 상근임직원 정수 승인(공익법인) 등

(2) 세무서 통보

비영리법인도 상증법상의 공익법인에 해당할 수 있으므로 세무서에 통보함이 타당하다(상증법 제48조 제7항).

아. 사업자등록신청

법인이 영리이든 비영리이든 관계없이 사업상 독립적으로 재화 또는 용역을 공급하는 경우에는 사업자등록을 하여야 한다.

사업자는 사업장마다 대통령령으로 정하는 바에 따라 사업 개시일부터 20일 이내에 사업장 관할 세무서장에게 사업자등록을 신청하여야 한다. 다만, 신규로 사업을 시작하려는 자는 사업 개시일 이전이라도 사업자등록을 신청할 수 있다(부가가치세법 제8조 제1항). 사업자는 상기 사업자등록의 신청을 사업장 관할 세무서장이 아닌 다른 세무서장에게도 할 수 있으며, 이 경우 사업장 관할 세무서장에게 사업자등록을 신청한 것으로 보게 된다(부가가치세법 제8조 제2항).

자. 장부 및 서류의 비치

(1) 재산목록의 작성(민법 제55조 제1항)

법인은 성립한 때 및 매년 3월내 재산목록을 작성하여 사무소에 비치한다. 참고로 사업연도를 정한 법인은 성립한 때 및 그 연도 말에 이를 작성한다.

(2) 사원명부의 비치(민법 제55조 제2항)

사단법인은 사원명부를 비치하고 회원의 변경이 있는 때에는 이를 기재하여야 한다.

(3) 기타 장부 및 서류의 비치

법인은 다음의 장부 및 서류를 사무실에 비치하여야 한다.

번호	서류 및 장부명	보존기간	근거
1	재산목록	10년 이상	해석상
2	장부와 중요증빙서류	10년	상법 제33조, 국세기본법 제85조의3,
3	전표	5년~10년	법인세법 제112조, 상증법 제51조, 상증령 제44조, 소득세법 제160조
4	근로자명부, 근로계약서, 임금대장 등 근로계약에 관한 중요서류	3년	근로기준법 제41조·제42조동법 시행령 제21조·제22조
5	사원(회원)명부(사단법인)	영구	해석상
6	회의록	10년 이상	해석상
7	설립허가서(정관포함), 정관변경허가서(정관포함)	영구	해석상
8	임원취임(해임) 승인 문서	영구	해석상
9	기타 허가·승인·보고 문서	10년	소관부처 규칙에 따름 해당규칙없으면 중요증비서류에 준함

다. 설립허가 취소

(1) 설립허가 취소요건

민법은 다음 3가지를 법인설립허가의 취소사유로 들고 있다(제38조). 주무관청이 법인의 설립허가를 취소하고자 하는 때에는 청문을 실시하여야 하며, 청문절차는 행정절차법 에 규정된 절차에 의한다(공익법인의 설립·운영에 관한 법률 제16조의2, 여성가족부 소관 비영리법인의 설립 및 감독에 관한 규칙 제9조).

비영리법인 (민법 제38조)	① 목적 이외의 사업을 한 때 ② 설립허가조건에 위반한 때 ③ 기타 공익을 저하는 행위를 한 때
공익법인(공익법인의 설립·운영 에 관한 법률 제16조)	① 거짓이나 그 밖의 부정한 방법으로 설립허가를 받은 경우 ② 설립허가 조건을 위반한 경우 ③ 목적 달성이 불가능하게 된 경우 ④ 목적사업 외의 사업을 한 경우 ⑤ 공익법 또는 공익법에 의한 명령이나 정관을 위반한 경우 ⑥ 공익을 해치는 행위를 한 경우 ⑦ 정당한 사유 없이 설립허가를 받은 날부터 6개월 이내에 목적사업을 시작하지 아니하거나 1년 이상 사업실적이 없을 때

● 법인이 목적 이외의 사업을 한 경우

- 법인의 목적이란 법인정관에 정하여진 목적을 뜻하므로, 법인이 목적 이외의 사업을 한다는 것은 법인정관에 기재된 목적 이외의 사업을 하는 것을 의미한다. 따라서 민법에 의거하여 설립된 법인은 비영리를 목적으로 하는 법인이므로 만약 영리를 목적으로 하는 사업을 하는 경우에는 설립허가 취소사유에 해당하게 된다.
- 다만 비영리를 목적으로 하는 법인이 비영리사업의 목적을 달성하는데 필요하여 그 본질에 반하지 않을 정도의 영리사업을 하는 것은 법인의 목적을 벗어난 것으로 볼 수 없다.
- 예컨대 암예방 홍보를 목적으로 하는 사단법인이 학술대회를 개최하면서 참가비를 징수하거나 관련서적을 판매하는 등의 행위는 가능하다.
- 특정한 비영리목적의 법인이 다른 비영리목적의 사업을 하는 것을 목적 외의 사업이라 하여 설립허가를 취소할 수 있는지가 문제된다(예컨대 자선사업을 목적으로 하는 법인이 학술사업을 하는 경우). 이러한 경우는 설립허가취소에 해당하지 않는다고 본다. 설립허가취소의 근거가 민법의 규정임에도 불구하고 그 실질은 기본권제한에 관한 행정법적 규정이기 때문에 엄격하게 판단할 필요가 있는 것이다.
- 예컨대 실질은 영리사업을 하면서도 회사법이나 조세법 규정을 회피하기 위하여 민법상 비영리법인으로 설립하는 경우 등에 국한하여 적용하는 것이 타당하다.
- 만약 그러한 정관목적과 부합하지 않는 다른 비영리사업이 지속된다면 주무관청은 법인사무의 검사·감독권(민법 제37조)의 일환으로 법인의 정관변경을 명할 수 있을 것이다.

● 설립허가의 조건에 위반한 경우

- 주무관청은 일정한 조건의 성취를 전제로 하여 법인설립을 허가할 수 있다. 그러한 조건을 전제로 법인이 설립되었음에도 법인이 그러한 조건을 충족시키지 못하게 되면 주무관청은 설립허가를 취소할 수 있다.
- 예컨대 일정한 인적·물적 시설을 갖출 것을 조건으로 하여 자선사업을 목적으로 하는 법인설립이 허가된 경우에 그 조건으로 정한 시설이 갖추어지지 못하였다면 법인설립조건을 위반한 것이 되고 이때 주무관청은 그 법인의 설립허가를 취소할 수 있다.
- 다만 그 조건이 법인의 설립허가조건인지 혹은 주무관청의 단순한 희망사항에 불과한 것인지를 실제로 판별하기 곤란한 경우도 있지만, 그것이 후자에 해당하는 경우에는 이를 위반하였다고 하여 설립허가를 취소할 수는 없다.

● 기타 공익을 해하는 행위를 한 경우

> • 무엇이 공익을 해하는 행위인지에 대해 판단하는 것이 문제된다. 이에 대해서는 명확한 기준이 없는바, 대법원은 '민법 제38조에서 말하는 비영리법인이 공익을 해하는 행위를 한 때라 함은 법인의 기관이 공익을 침해하는 행위를 하거나 그 사원총회가 그러한 결의를 한 경우를 의미 한다'고 판시하고 있다(大判 1982. 10. 26. 81누363). 그러나 법인의 기관이 한 행위가 공익을 해하는 행위라고 하더라도 그것이 개인의 행위로써 한 것일 때에는 이를 이유로 법인의 설립허가를 취소할 수 없다(大判 1966. 6.21. 66누21)
> • 공익을 해하는 지의 여부는 주무관청이 자의적으로 판단해서는 안 될 것이고 법인의 기관이 한 행위 혹은 사원총회의 결의내용이 구체적으로 형법 또는 행정법상 규정에 위반하거나 전체 법질서에 반하는 지에 따라 판단되어야 할 것이다.

다만, 판례는 설립허가 취소요건을 엄격하게 판단하며, '비영리법인 설립 후에 있어서의 허가취소는 본조에 해당되는 경우에 국한되는 것으로서 그 목적달성이 불능하게 되었다는 것으로는 본법 제77조 소정 당연해산사유에 해당될지 몰라도 그 사유만으로 설립허가를 취소할 사유에 해당된다 할 수 없다.'고 판시하고 있다(대법원 1968. 5. 28. 선고 67누55 판결).

> [법인설립허가 취소에 따른 등기사무 처리요령(예규)]
> ○ 사단법인이나 재단법인은 주무관청의 설립허가 취소에 의하여 당연히 해산되고 또한 법인이 해산되면 그 이사가 법정 청산인이 되는 것은 별론으로 하더라도 이사의 자격은 자동 상실되는 것이나, 청산인이 해산등기 및 청산인 선임등기를 하지 않는 경우에 등기공무원으로서는 직권에 의하여 위 등기를 할 수는 없는 것이므로 우선 아래 요령에 의하여 처리한다.
> 가. 당해 법인의 등기카드 제1면 등기사항란 여백에 설립허가 취소연월일, 취소기관, 문서번호 또는 관보번호 등을 기재한 부전을 첨부하여 해산된 법인임을 알 수 있도록 할 것.
> 나. 인감부 해당란에도 위 사항을 기재한 부전을 첨부하고 인감증명신청이 있더라도 인감증명을 발행하여서는 아니 된다.
> 다. 설립허가 취소된 법인에 대하여는 해산 및 청산인 선임등기 이외의 등기를 수리할 것이 아님.
> – 대법원 등기예규 제351호, '79. 8. 23 –

(2) 취소절차와 효과

민법은 설립허가를 해준 주무관청이 설립허가의 취소권한을 갖는다는 것 외에, 그 취소절차에 관하여는 아무런 규정을 두고 있지 않다. 따라서 주무관청은 민법 제37조에 의거하여 법인에 대한 검사·감독권을 행사한 다음 설립허가를 취소하든지 또는 검사·감독권을 행사하지 않고 곧바로 설립허가를 취소할 수 있다. 다만 어느 경우에나 설립허가를 취소하는 경우에는 청문을 실시할 것이 요구된다(법인규칙 제9조).

【판시사항】

비영리 법인의 설립허가 취소사유 및 비영리 법인이 공익을 해하는 행위를 한 때의 의미(대법원 1982.10.26. 선고, 81누363, 판결)

【판결요지】

비영리 법인이 설립된 이후에 있어서의 그 법인에 대한 설립허가의 취소는 민법 제38조에 해당하는 경우에 한하여 가능하다. 또한, 원심이 민법 제38조에서 말하는 비영리 법인이 공익을 해하는 행위를 한 때라 함은 법인의 기관이 공익을 침해하는 행위를 하거나 그 사원총회가 그러한 결의를 한 경우를 의미한다고 전제한 후 원고 법인 설립후 그 회장선거 및 운영을 둘러싸고 일부 회원 사이에 불미한 사실이 있었으나 그것이 원고법인의 기관의 행위이었거나 사원총회의 결의 내용이었다고 볼 증거가 없고, 달리 원고법인에 설립허가 취소사유 및 해산명령 사유가 없으므로 피고의 이 사건 설립허가취소 및 해산 명령은 취소되어야 할 것이라고 판시하였는 바 원심의 위와 같은 조치는 기록에 비추어 적법히 수긍된다.

---

(3) 구제절차

주무관청에 의한 설립허가의 취소는 공권력의 행사에 해당된다. 따라서 이에 불복이 있는 법인은 행정심판법에 기하여 심판청구를 할 수 있고 다시 행정소송법에 의하여 행정소송을 제기할 수 있다. 설립허가취소처분으로 인해 법인은 청산법인으로 되어 청산목적의 범위 내에서 존속하게 되지만, 만약 설립허가의 취소처분이 법원의 판결에 의하여 취소되면 취소처분의 효과는 소급해서 상실되므로 취소처분 이후에 청산목적을 넘어 행해졌던 법인의 행위도 모두 유효로 인정된다.

차. 해산 및 청산

(1) 법인해산사유

해산이란 법인이 그 본래의 목적수행을 위한 적극적인 활동을 정지하고 청산절차에 들어가는 것을 의미하는 것으로서 해산으로 법인의 권리능력이 완전히 소멸되는 것은 아니며 청산에 필요한 정도로 제한된다.

(가) 법인공통해산사유

법인은 민법 제77조의 규정에 따라 ① 존립기간 만료 ②목적의 달성 또는 목적 달성이 불가능하게 된 때 ③ 정관이 정한 해산사유가 발생한 때 ④ 파산한 때 ⑤ 설립허가가 취소된 때 ⑥ 사단법인이 사원이 없게 되거나 총회에서 해산을 의결한 때에 해산한다. 다만, 사단법인의 해산의결은 정관에 달리 규정이 없으면 총사원 4분의3 이상의 동의를 얻어야 한다

1) 존립기간 만료

존립기간은 사단법인에서는 정관의 필요적 기재사항이고, 재단법인에서는 임의적 기재사항이다. 또는 존립기간은 법인의 등기사항이다(민법 제49조 제2항).

2) 법인의 목적 달성 또는 달성의 불능

목적을 달성했는지 또는 달성이 불능한지는 사회관념에 따라서 결정한다. 목적의 달성불능은 법률상 또는 사실상으로 목적을 완료할 수 없게 되었음이 확정적인 것을 의미하므로, 설사 일시적으로 그 목적 달성이 불능일지라도 그 달성이 가능한 것으로 보일 경우에는 여기에 해당되지 아니한다.

3) 기타 정관에서 정한 해산사유발생

해산사유는 사단법인에서는 정관의 필요적 기재사항이고, 재단법인에서는 임의적 기재사항이다. 또한 해산사유는 법인의 등기사항이다(민법 제49조 제2항). 법인이 채무를 완전히 변제할 수 없는 상태, 즉 채무초과가 된 상태를 의미한다. 법인의 파산원인은 자연인과 달리 지급불능에 이를 필요가 없이 단순한 채무초과로써 충분하다.

4) 법인의 파산

법인이 채무를 완제하지 못하게 된 때에는 이사는 지체없이 파산신청을 하여야 한다(민법 제79조). 이사가 파산의 신청을 게을리 하면 과태료의 처분을 받게 된다 (민법 제97조 6호).

5) 설립허가의 취소

민법은 다음 3가지를 법인설립허가의 취소사유로 들고 있다(제38조).

- 법인이 목적 이외의 사업을 한 경우
- 설립허가의 조건에 위반한 경우
- 기타 공익을 해하는 행위를 한 경우

위의 각 경우에 해당하면 주무관청은 법인설립허가를 취소할 수 있다. 그렇지만 이외의 사유로 법인의 설립허가를 취소할 수는 없다. 대법원도 '비영리법인의 설립허가의 취소는 민법 제38조의 규정에 해당하는 경우에만 가능하다'판시하였다(大判 1977. 8. 23. 76누145). 따라서 이를테면 법인의 목적달성이 불능하게 된 경우에는 법인의 해산사유에 해당될 수 있어도 주무관청이 법인의 설립허가를 취소할 수 있는 사유는 아니다.

(나) 사단법인에 특유한 해산사유

민법은 그 외 사단법인에 특유한 해산사유로 다음 2가지를 명시하고 있다(제77조 제2항).

1) 사원이 없게 된 경우

사단법인의 구성원인 사원이 모두 사망하거나 퇴사, 기타의 사유로 한 사람도 없게 된 경우를 말한다. 사원이 한 명이라도 남아 있게 되면 그 남은 사원이 설립목적을 달성시킬 수도 있으며, 또한 사원이 증가될 가능성이 있기 때문에 해산사유로 보지 아니한다. 다만, 사원이 한 사람도 없게 되어 사단법인이 해산된 경우라도 즉시 해당법인이 그 권리능력을 상실하는 것은 아니고 통상적인 해산의 경우와 마찬가지로 청산절차에 거쳐 법인이 소멸한다.

2) 사원총회의 해산결의

사원총회의 결의에 의한 해산을 「임의해산」이라고 한다. 이는 총회의 전권사항이므로 총회 이외의 다른 기관이 해산결의를 할 수 있도록 하는 정관규정은 효력이 없다. 이때 해산결의의 정족수는 정관이 달리 규정한 바가 없으면, 총사원 4분의 3 이상의 동의를 요한다. 한편, 해산결의를 함에 있어서 조건부나 기한부로 할 수 없다고 보는 것이 통설의 태도이다.

(다) 취소절차와 효력

민법은 설립허가를 해준 주무관청이 설립허가의 취소권한을 갖는다는 것 외에, 그 취소절차에 관하여는 아무런 규정을 두고 있지 않다. 따라서 주무관청은 민법 제37조에 의거하여 법인에 대한 검사 · 감독권을 행사한 다음 설립허가를 취소하든지 또는 검사·감독권을 행사하지 않고 곧바로 설립허가를 취소할 수 있다. 다만, 어느 경우에나 설립허가를 취소하는 경우에는 청문을 실시할 것이 요구된다.

(라) 구체절차

주무관청에 의한 설립허가의 취소는 공권력의 행사에 해당된다. 따라서 이에 불복이 있는 법인은 행정심판법에 기하여 심판청구를 할 수 있고 다시 행정소송법에 의하여 행정소송을 제기할 수 있다. 설립허가취소처분으로 인해 법인은 청산법인으로 되어 청산목적의 범위 내에서 존속하게 되지만, 만약 설립허가의 취소처분이 법원의 판결에 의하여 취소되면 취소처분의 효과는 소급해서 상실되므로, 취소처분 이후에 청산목적을 넘어 행하여진 법인의 행위도 모두 유효로 인정된다.

(2) 해산등기

(가) 해산등기

청산인은 민법 제85조에 따라 파산의 경우를 제외하고 취임 후 3주간 내에 해산의사유 및 연월일, 청산인의 성명 및 주소, 청산인의 대표권을 제한한 내용을 주된 사무소 및 분사무소 소재지에 등기하여야 한다. 해산등기를 하기 전에는 제3자에게 해산사실을 가지고 대항할 수 없다(민법 제54조 제1항).

설립허가 취소된 민법법인에 대하여 해산등기신청을 하지 아니하는 경우의 조치
– 제정 1992. 8. 31. [등기선례 제3–981호, 시행]

설립허가가 취소된 민법법인이 스스로 해산등기를 신청하지 아니하는 경우 법원의 직권이나 주무관청의 촉탁으로 해산등기를 할 수 있는 법적근거는 없다. 다만 민법 제97조의 규정에 의한 과태료에 처함으로써 그 등기신청을 간접적으로 강제할 수는 있을 것이다(92.8.31. 등기 제1879호 산림청장 대 질의회답).

(나) 해산에 따른 효과

법인은 해산사유의 발생에 의하여 해산등기의 경료여부와 관계없이 해산하게 되고 그에 따라 청산절차가 개시된다. 다만, 파산의 경우에는 파산절차에 들어간다. 해산한 법인은 청산의 목적범위 내에서만 권리·의무의 주체가 된다. 즉 해산한 법인은 청산업무수행을 위한 청산법인으로 전환된다.

(3) 청산

(가) 청산의 개념

청산이란 해산한 법인이 남아 있는 사무를 처리하고 재산을 정리하여 완전히 소멸할 때까지의 절차를 말한다. 청산에는 두 가지 절차가 존재한다. ① 파산으로 해산하는 경우 : 이 경우에는 「채무자회생 및 파산에 관한 법률」에서 정한 파산절차에 따라 청산된다. ② 그 밖의 원인에 의하여 해산하는 경우 : 이 경우에는 민법이 규정하는 청산절차에 의한다. 민법상의 청산절차에 관한 규정은 모두 제3자의 이해관계에 중대한 영향을 미치기 때문에 이른바 강행규정이다(대법원 1995. 2. 10. 선고 94다13473 판결). 해산한 법인은 청산법인으로 전환되고, 청산법인은 청산의 목적범위 내에서만 권리가 있고 의무를 부담하게 된다(민법 제81조). 따라서 해산한 법인이 해산전과 같이 적극적인 의사를 가지고 사업을 행하는 것은 청산법인의 권리능력 범위를 벗어난 것이라고 할 수 있다.

(나) 청산법인의 기관

1) 청산인

법인이 해산하면 이사에 갈음하여 청산인이 청산법인의 집행기관이 된다. 단, 파산에 의한 해산의 경우에는 파산재단 관련 업무에 대해서는 파산관재인이, 파산재단과 관련되지 아니한 그 밖의 업무에 대해서는 청산인이 집행기관이 된다.

청산인의 직무는 ① 현존사무의 종결 ② 채권의 추심(推尋) 및 채무의 변제 ③ 잔여재산의 인도 등으로 이를 시간 순서에 따라 정리해 보면 다음과 같다.

[청산인의 업무처리순서]
① 해산의 등기와 신고
② 현존 사무의 종결
③ 채권의 추심(推尋)
④ 채무의 변제
⑤ 잔여재산의 인도
⑥ 파산선고 신청(청산법인의 재산이 채무를 완제하기에 부족한 때)
⑦ 청산종결 등기 및 신고

---

2) 청산인의 범위

청산인이 되는 자는 다음과 같다.

가) 원칙: 이사(민법 제82조)

이사가 공익을 해하는 행위를 하였음을 이유로 법인의 설립허가 취소되어 법인이 해산되는 경우에도 그 이사가 청산인이 되는 것은 불합리하다. 따라서 이러한 경우에는 민법 제84조에 의거하여 법원이 직권 또는 이해관계인이나 검사의 청구에 의하여 '중요한 사유'가 있는 때에 해당됨을 이유로 하여 그 청산인을 해임시키고 새로운 청산인을 선임하는 것이 타당하다.

나) 정관 또는 사원총회의 결의에 의하여 정한 자(민법 제82조)

정관 또는 사원총회의 결의로써 이사 이외의 자가 청산인이 된다는 뜻을 정한 경우에는, 그 자만이 청산인이 되고 종래의 이사는 그 지위를 상실한다.

다) 법원에 의해 선임된 자(민법 제83조)

다음의 경우에 법원은 직권 또는 이해관계인이나 검사의 청구에 의하여 청산인을 선임할 수 있다.

- 해산당시 이사가 사망·사임 등의 이유로 존재하지 아니한데, 정관이나 사원총회의 결의에 의하여 이사 이외의 청산인이 될 자를 정하지 아니한 경우
- 이사 기타의 자가 청산인이 된 경우라도 그가 사망·사임·해임 등 이유로 청산인의 정원에 모자라 법인에 손해가 생길 염려가 있는 경우

3) 청산인 결격사유

청산인의 결격사유는 다음과 같다(비송사건절차법 제36조, 제121조).

- 미성년자
- 피성년후견인 또는 피한정후견인
- 자격이 정지되거나 상실된 자
- 법원에서 해임된 청산인
- 파산선고를 받은 자

다만, 중요한 사유가 있는 때에는 법원은 직권 또는 이해관계인이나 검사의 청구에 의하여 청산인을 해임할 수 있다(민법 제84조).

(4) 청산사무

(가) 해산등기와 해산신고

청산인은 파산의 경우를 제하고는 그 취임 후 3주간 내에 다음 사항을 주된 사무소 및 분사무소소소재지에서 등기하여야 한다(민법 제85조 제1항).

- 해산의 사유 및 연월일
- 청산인의 성명 및 주소
- 청산인의 대표권을 제한한 때에는 그 제한

또한 청산인은 그 취임 후 3주간 내에 같은 사항을 주무관청에 신고하여야 한다(민법 제86조 제1항). 청산 중에 해산등기사항에 변경이 생기면, 3주간 내에 변경등기를 하여야 한다(민법 제85조 제2항 및 제52조). 청산인이 위의 등기를 게을리 하거나, 주무관청에 사실 아닌 신고를 하거나 사실을 은폐한 때에는 과태료의 처분을 받게 된다(민법 제97조 1호, 4호).

(나) 현존사무의 종결

(다) 채권의 추심 및 채무의 변제

(라) 잔여재산의 인도

채권추심 및 채무변제 절차를 밟은 후에 잔여재산이 있는 경우에는 다음의 순서로 잔여재산이 귀속된다(민법 제80조). ① 정관에서 지정한 자 ② 정관으로 귀속 권리자를 지정하지 아니하거나 이를 지정하는 방법을 정하지 아니한 때에는 이사 또는 청산인은 주무관청의 허가를 얻어 그 법인의 목적에 유사한 목적을 위하여 그 재산을 처분할 수 있다. 단, 사단법인에 있어서는 총회의 결의가 있어야 한다. ③ 위의 어느 방법으로도 처분할 수 없는 경우에는 잔여재산은 국고에 귀속된다.

한편, 비영리법인의 이사 또는 청산인은 「민법」 제80조 제2항에 따라 잔여재산의 처분에 대한 허가를 받으려면 그 처분 사유, 처분하려는 재산의 종류·수량·금액 및 처분 방법을 적은 별지 제6호 서식의 잔여재산 처분허가 신청서에 다음 각 호의 서류를 첨부하여 주무관청에 제출하여야 한다(법인규칙 제11조).

- 해산 당시의 정관 1부 (해산 신고 시의 정관을 확인할 필요가 있는 경우에만 제출한다)
- 사단법인의 경우에는 총회의 회의록 1부 (해산신고 시에 제출한 서류 등으로 민법 제80조에 따른

재산처분에 대한 총회의 결의가 확인되지 않는 경우에만 제출한다)

> **Q** 민법상 사단법인을 해산하면서 잔여재산을 설립예정인 사회복지 사업법상의 사회복지법인에게 귀속하는 것이 가능한지 여부
>
> **A** 해산할 법인의 잔여재산은 정관 규정에 따라 다른 비영리법인인 사회 복지법인에게 귀속할 수 있다.

(5) 청산종결 등기와 신고

청산이 종결한 때에는 청산인은 3주간 내에 이를 등기하고 주무관청에 신고하여야 하며(민법 제94조), 이때 청산인은 제7호 서식의 청산종결 신고서(전자문서로 된 신고서를 포함한다)를 주무관청에 제출하여야 한다. 한편, 청산종결등기가 경료된 경우에도 청산사무가 종료되었다 할 수 없는 경우에는 청산법인으로 존속한다(대법원 1980. 4. 8. 선고 79다2036 판결).

【판시사항】
재단법인이 해산하여 그 청산종료 등기가 되었더라도 아직 그 청산이 종료되지 않았다고 보아야 할 경우(대구고법 1969.7.10. 선고, 68난644, 제1민사부 판결)

【판결요지】
재단법인이 해산하여 그 청산종료 등기를 하였다 하더라도 그 소유명의로 있던 부동산에 대한 분쟁이 소송으로 계속되고 있는 이상 그 범위 내에서는 아직 그 청산이 종료되었다고 할 수 없다.

사단법인의 청산종결등기신청시 채권신고의 공고를 증명하는 서면의 첨부 여부 등
: 제정 1993. 2. 9. [등기선례 제3-982호, 시행]

사단법인이 청산종결등기신청을 할 경우에 민법 제88조의 규정에 의한 채권신고의 공고를 증명하는 서면은 이를 첨부할 필요는 없으나, 그 법인의 청산인은 적어도 취임 후 2월 이내에는 청산종결등기를 신청할 수는 없으며, 청산인이 채권신고의 공고를 해태한 때에는 과태료처분을 받게 된다(93.2.9. 등기 제321호).
참조조문 : 민법 제94조, 제97조 제7호

(6) 파산신청

청산 중 법인의 재산이 그 채무를 완제하기에 부족한 것이 분명하게 된 때에는 청산인은 지체없이 파산선고를 신청하고 이를 공고하여야 한다. 이 공고에는 법원의 등기사항의 공고방법이 준용된다. 청산인이 이 파산신청을 게을리 하거나 공고해태 또는 부정공고를 하면 과태료의 처분을 받게 된다 (민법 제97조 6호, 7호). 또한 청산인은 파산관재인에게 그 사무를 인계함으로써 그 임무가 종료된다.

Ⅲ. 등기 및 정관변경

1. 법인이 해야 할 등기

(1) 설립등기

해당 주무관청으로부터 설립허가를 받은 법인은 그 설립허가서를 받은 날부터 3주 이내에 주된 사무소소재지를 관할하는 법원에 설립등기를 해야 한다(「민법」제49조 제1항 및 「민법」제53조).

(2) 사무소 이전 및 분사무소 설치 등의 등기

(가) 등기기간

법인이 주된 사무소를 이전하거나 분사무소를 설치하는 경우, 법인은 해당 주무관청의 허가를 받은 날부터 3주 이내에 이전 및 설치등기를 해야 한다(「민법」제50조, 제51조 및 제53조).

> **〈대구지법 1988.12.19 선고88카12711제1민사부판결〉**
>
> 대구중구지회가 비록 독자적인 정관을 갖지 않고 사단법인 한국이용사회의 산하단체로서 임원 선출에 대한 인준을 받고 수입금의 일부를 중앙회에 납부하며 업무상 지도 감독을 받는 점 등은 인정되나, 그 지회자신이 회원다수로 구성된 임의적 단체로서 지회장, 부지회장, 상임위원, 감사 등의 기관과 정기총회라는 의결기관을 갖추고 독자적인 예산을 편성하여 집행하는 등 독자적인 사회적 활동을 하고 있다면, 그 나름대로 권리 능력 없는 사단이라고 못 볼 바 아니다.

> **Q** 서울특별시에서 설립허가 받은 사회복지법인이 경상남도 분사무소 설치에 관한 정관변경 인가 승인을 받지 않고 경상남도 에서 장애인직업재활사업을 할 수 있는지 여부
>
> **A** 사회복지법인 정관 제3조 제2항에서 분사무소를 둘 수 있다고 규정하고 있을 뿐, 분사무소 위치 등에 대한 정관 규정이 없으므로 경상남도 분사무소 설치 및 활동이 정관 위반도 아니고, 이 때 정관의 목적 범위 내의 행위라 함은 법률이나 정관에 정한 목적 자체에 국한되는 것이 아니라 그 목적을 수행하는 데 있어 직접, 간접으로 필요한 행위는 모두 포함되는 것이므로 본건 사회복지법인은 경상남도 관내 사업인 본건 장애인재활직업사업을 수행할 권리능력을 보유하고 있다고 판단된다.

(나) 첨부서류

1) 주된 사무소 관할 등기소에 하는 분사무소(지회) 설치등기

주된 사무소 관할 등기소에 하는 분사무소(지회) 설치등기를 하는 경우 분사무소 설치등기 신청서와 다음과 같은 사류들을 첨부하여야 한다. 다만, ① 설립 목적 및 수행 사무가 공익적이고, ② 주무관청의 감독으로 법인 총회 등의 결의절차와 내용의 진실성에 대한 분쟁의 소지가 없는 법인으로서 주무관청의 추천을 받아 법무부장관이 지정ㆍ고시하는 법인의 경우 공증인의 인증을 받지 않아도 된다(「공증인법」 제66조의2제1항 단서 및 「공증인법 시행령」 제37조의3).

• 설치하는 '분사무소(지회)의 소재지와 설치연월일'을 기재한 분사무소 설치등기 신청서

• 공증 받은 사원총회의사록(「공증인법」 제66조의2제1항 본문)

• 주무관청의 허가서 및 분사무소(지회) 설치를 결정한 이사회회의록 또는 이사과반수결의서 등을 제출하여야 한다.

정관변경이 없이 경료된 주사무소 이전등기의 효력
- 제정 2006. 11. 17. [상업등기선례 제2-105호, 시행]

1. 민법상의 사단법인이 정관에 기재된 사무소의 소재지(민법 제40조 제3호) 이외의 장소로 주사무소를 이전할 경우에는 정관을 변경하여야 하는데, 정관 변경은 주무관청의 허가를 얻지 아니하면 그 효력이 없다(민법 제42조). 따라서, 정관 변경에 대해 주무관청의 허가를 얻지 않은 채 변경 전 정관에 기재된 사무소의 소재지 이외의 장소로 주사무소를 이전한 것과 그 이전 등기는 정관에 위반되어 효력이 없다. 이 경우, 주사무소를 이전한 후에 주무관청의 허가를 얻는다 해도 이미 이루어진 이전 등기가 유효한 것으로 되지는 않는다.

2. 신·구 소재지를 관할하는 등기소(이하, '신등기소', '구등기소'라 하는데, 주사무소이전등기 시의 신·구 등기소를 말한다)가 다른 경우, 주사무소이전등기 말소 신청의 절차와 방법, 그 처리는 주사무소이전등기의 경우(비송사건절차법 제66조 제2항, 제184조, 제185조)에 준한다.

① 신·구 등기소에서 할 주사무소이전등기 말소의 신청서와 구등기소에 제출할 인감은 신등기소에 동시에 제출하여야 한다.

② 신등기소에서 할 주사무소이전등기 말소의 신청서에는 주사무소이전등기에 무효의 원인이 있음을 증명하는 서면을 첨부하여야 한다(비송사건절차법 제66조 제1항, 제234조 제1항 제2호, 제2항). 예를 들어, 정관 변경에 대해 주무관청의 허가를 얻지 않은 채 정관을 위반하여 주사무소를 이전하였음을 증명하는 서면이 이에 해당할 것이다.

③ 신등기소의 등기관은 각하사유가 있는 경우를 제외하고는 지체 없이 구등기소에서 할 주사무소이전등기 말소의 신청서 및 그 첨부서면과 인감을 구등기소에 송부하여야 한다.

④ 구등기소의 등기관은 등기용지를 부활하여 주사무소이전등기를 말소한 때 또는 신청을 각하한 때에는 지체 없이 그 뜻을 신등기소에 통지하여야 한다. 신등기소의 등기관은 구등기소의 등기관으로부터 주사무소이전등기를 말소한 뜻의 통지를 받을 때까지는 신등기소 등기용지의 주사무소이전등기를 말소하고 그 등기용지를 폐쇄하여서는 안 된다.

(2006. 11. 17. 공탁상업등기과-1292 질의회답)

참조판례 : 대법원 1985. 3. 26. 선고 84누181 판결

참조예규 : 등기예규 제751호

참조선례 : 상업등기선례요지집 제132항

사단(재단)법인 분사무소 설치등기신청

접수	년 월 일	처리인	접 수	조 사	기 입	교 합	각종통지
	제 호						

명 칭	사단(재단)법인○○○○	등기번호	
주사무소	○○시○○구○○동		
등 기 의 목 적	분사무소 설치등기		
등 기 의 사 유	20○○년 ○월 ○일 사원총회(또는 이사회)에서 정관변경을 결의하고 20○○년 ○월 ○일 주무관청의 허가를 받아 20○○년 ○월 ○일 분사무소를 다음 장소로 설치하였으므로 그 등기를 구함		
허가서도착연월일	20○○년 ○월 ○일		
분사무소	○○시○○구○○동○○번지		
등 기 할 사 항			
분사무소 소재지 및 설치연월일	분사무소 ○○시○○구○○동○○번지 설치연월일 20○○년 ○월 ○일		
기 타			
신청등기소 및 등록세/수수료			

과세표준액	금	원	등 록 세	금	원
교 육 세	금	원	농어촌특별세	금	원
세 액 합 계	금	원	등기신청수수료	금	원

<table>
<tr><td colspan="6" align="center">첨 부 서 면</td></tr>
</table>

1. 사원총회(이사회)의사록 통	1. 등록세영수필확인서 통
1. 주무관청의 허가서 통	1. 위임장(대리인이 신청할 경우) 통
1. 사회의사록 또는 이사과반수 결의서 통	기 타〉

년 월 일

신청인   명 칭
            주사무소
대표자   성 명   (인) (전화 :   )
            주 소
대리인   성 명   (인) (전화 :   )
            주 소

지방법원   등기소 귀중

- 신청서 작성요령 및 등기수입증지 첩부란 -

1. 해당란이 부족할 때에는 별지를 이용합니다.

1. 해당 등기신청과 관계없는 사항에 대하여는 '해당없음'으로 기재하거나 삭제하고, 필요한 사항은 추가 기재합니다.

1. 등기신청수수료 상당의 대법원등기수입증지를 이 난에 붙입니다.

(용지규격 21cm × 29.7cm)

사원총회(이사회) 의사록

1. 개최일시   20○○년 ○월 ○일 ○○시
2. 개최장소   ○○시 ○○구 ○○동 ○○번지 회의실
3. 총 사원(이사)수 ○○○명
4. 출석사원(이사)수 ○○명
  본인출석   ○○명
  위임출석   ○명

의장인 이사 ○○○는 정관규정에 따라 의장석에 등단하여 위와 같이 법정수에 달하는 사원(이사)이/가 출석하였으므로 본 총회(이사회)가 적법하게 성립되었음을 알리고 개회를 선언한 후, 사전에 통지한 의안이 다음 의안을 부의하고 심의를 구하다.

제1호 의안 ○○○○건

의장은 ○○○○○○○○○○○○○○○를 이유로 할 필요가 있음을 설명하고 그 찬·반 여부를 물으니 전원이 이의 없이 찬성하여 만장일치로 그에 대해 승인을 가결하다.

20○○년 ○월 ○일

사단(재단)법인 ○○○○○
○○시 ○○구 ○○동 ○○번지

의장이사 ○○○ (인)
이사 ○○○ (인)
이사 ○○○ (인)

이사과반수결의서

20○○년 ○월 ○일 이사 전원의 일치(또는 이사과반수의 일치)로서 다음 사항을 결의함.

결의사항

1. 본 법인의 ○○○○○○○○○○○○○를 ○○○○○하도록 함
   ○○○○○○○○○○○○○○○○○○
   ○○○○○○○○○○○○○○○○○○

2. 법인의 ○○○○○○○○를 함
   ○○○○○○○○○○○○
   ··················

위의 결의사실을 명확히 하기 위하여 이 결의서를 작성하고 이에 기명날인 함

20○○년 ○월 ○일

사단(재단)법인 ○○○○
이사 ○○○(인)
이사 ○○○(인)

2) 설치되는 분사무소(지회) 관할 등기소에 하는 분사무소 설치등기

설치할 분사무소(지회) 소재지에서 주된 사무소의 설립등기사항과 '법인성립연월일 및 분사무소(지회) 설치연월일'을 기재한 분사무소 설치등기 신청서와 법인등기사항증명서, 공증 받은 사원총회의 사록(「공증인법」 제66조의2제1항) 및 주무관청의 허가서 등을 제출하여야 한다.

(다) 분사무소 이전 및 등기

1) 분사무소(지회) 이전을 위한 허가

법인이 설립등기한 분사무소(지회)를 이전하는 경우에는 주무관청의 이전허가를 받아야 한다.

2) 이전등기

분사무소의 구 소재지에서 이전허가서를 받은 날부터 3주 이내에 이전등기를 하고 새로운 소재지에서는 같은 기간 내에 설립등기사항을 등기하여야 한다(「민법」 제51조 제1항, 제52조 및 제53조). 다만, 동일한 등기소의 관할구역 내에서 사무소를 이전한 때에는 그 이전사실만 등기하면 된다(「민법」 제51조 제2항).

3) 주된 사무소 관할 등기소에 분사무소(지회) 이전등기를 신청하는 경우

'분사무소 이전소재지와 이전연월일을 기재'한 분사무소(지회) 이전등기 신청서, 주무관청의 허가서, 공증 받은 사원총회의사록(「공증인법」 제66조의2 제1항), 이전일자결정 등 이전업무집행을 결정한 이사회의사록 또는 이사과반수결의서 등을 제출하여야 한다.

4) 기존 분사무소(지회) 관할 등기소에 하는 분사무소(지회) 이전등기

기존 분사무소(지회) 소재지 관할 등기소에 '분사무소 이전소재지와 이전연월일을 기재'한 분사무소 이전등기 신청서와 법인등기사항증명서 및 주무관청의 허가서 등을 제출하여야 한다.

5) 새로운 분사무소(지회) 관할 등기소에 하는 분사무소(지회) 이전등기

새로운 분사무소(지회) 소재지 관할 등기소에 새로운 주소지에서 주된 사무소의 설립등기사항과 '분사무소 이전연월일 및 법인성립연월일을 기재'한 분사무소 이전등기 신청서와 법인등기사항증명서 및 주무관청의 허가서 등을 제출하여야 한다.

(라) 분사무소 폐지 및 등기

1) 분사무소(지회) 폐지를 위한 허가

설립등기한 분사무소(지회)를 폐지하는 경우에는 주무관청의 허가를 받아야 한다.

2) 폐지등기

주무관청으로부터 폐지허가서를 받은 날부터 3주 이내에 분사무소(지회) 폐지등기를 신청해야 한다.

사단법인의 분사무소 폐지등기
: 제정 1989. 2. 9. [등기선례 제2-717호, 시행]

사단법인의 분사무소 관할등기소에 주사무소 관할등기소에 등기된 변경등기사항의 일부가 등기되지 아니한 경우에도, 당해 분사무소가 폐지된 경우 그 분사무소 관할등기소에 위 변경등기사항의 등기를 하지 않고 막바로 그 폐지등기를 신청할 수는 있겠지만(이 경우 주사무소 관할등기소에 먼저 폐지등기를 한 후 그 등기부등본을 첨부하여야 한다). 분사무소 관할등기소에서는 위 변경등기신청의 해태에 따른 과태료 통지를 하게 될 것이다(89. 2. 9 등기 제285호).

참조조문 : 비송사건절차법 제135조, 제203조, 민법 제50조, 상업등기처리규칙 105조, 법인과부재산약정등기처리규칙 제13조

---

3) 제출서류

법인의 주된 사무소 소재지 관할 등기소에 '분사무소(지회) 폐지의 취지와 그 연월일을 기재'한 분사무소(지회) 폐지등기 신청서, 주무관청의 허가서, 공증 받은 사원총회의사록(「공증인법」 제66조의2 제1항) 및 폐지업무집행사항을 결정한 이사회회의록 또는 이사과반수결의서 등을 제출해야 한다.

분사무소(지회) 소재지 관할 등기소에 '분사무소 폐지취지와 그 연월일을 기재'한 분사무소(지회) 폐지등기 신청서와 주무관청의 허가서와 법인등기사항증명서 등을 제출해야 한다.

비영리법인인 사단법인의 분사무소 대리인 선임등기 가부 [상업등기선례 제201902-1호, 시행]

민법에 의하여 설립된 비영리법인인 사단법인의 분사무소 대리인 선임등기는 관련 법령에 의한 등기사항이 아니므로 등기능력이 없어, 그 등기신청은 각하사유(비송사건절차법 제66조 제1항, 상업등기법 제26조 제2호)에 해당한다(2019. 2. 27. 사법등기심의관－760 질의회답)

참조조문 : 법인의 등기사항에 관한 특례법 제3조, 법인 등의 등기사항에 관한 특례규칙 제3조, 비송사건절차법 제66조 제1항, 상업등기법 제26조 제2호

사단(재단)법인 분사무소 폐지등기신청

접 수	년 월 일	처 리 인	접 수	조 사	기 입	교 합	각종통지
	제 호						

명 칭	사단(재단)법인○○○○		등기번호	
주사무소	○○시○○구○○동			
등 기 의 목 적	분사무소 폐지등기			
등 기 의 사 유	20○○년 ○월 ○일 사원총회(또는 이사회)에서 정관변경을 결의하고 20○○년 ○월 ○일 주무관청의 허가를 받아 20○○년 ○월 ○일 분사무소를 폐지하였으므로 그 등기를 구함			
허가서도착연월일	20○○년 ○월 ○일			
분사무소	○○시○○구○○동 ○○번지			
등 기 할 사 항				
20○○년 ○월 ○일 ○○시○○구○○동 ○○번지의 분사무소 폐지				
기 타				

과세표준액	금 원	등 록 세	금 원
교 육 세	금 원	농어촌특별세	금 원
세 액 합 계	금 원	등기신청수수료	금 원

첨 부 서 면

1. 사원총회(이사회)의사록	통	1. 등록세영수필확인서	통
1. 주무관청의 허가서	통	1. 위임장(대리인이 신청할 경우)	통
1. 이사회의사록 또는 이사과반수 결의서	통	〈기 타〉	

년 월 일

신청인   명 칭
        주사무소
대표자   성 명   (인) (전화 :   )
        주 소
대리인   성 명   (인) (전화 :   )
        주 소

지방법원   등기소 귀중

(용지규격 21cm × 29.7cm)

[서식 _ 이사회 과반수 결의서]

이사과반수결의서

20○○년 ○월 ○일 이사 전원의 일치(또는 이사과반수의 일치)로서 다음 사항을 결의함.

결의사항

1. 본 법인의 ○○○○○○○○○○○○○○를 ○○○○○하도록 함
   ○○○○○○○○○○○○○○○○○○○○
   ○○○○○○○○○○○○○○○○○○○

2. 법인의 ○○○○○○○○를 함
   ○○○○○○○○○○○○○

   ‥‥‥‥‥‥‥‥

위의 결의사실을 명확히 하기 위하여 이 결의서를 작성하고 이에 기명날인 함

20○○년 ○월 ○일

사단(재단)법인 ○○○○
이사 ○○○(인)
이사 ○○○(인)

---

(3) 변경등기

(가) 변경등기 사유

법인설립등기사항(목적, 명칭, 사무소, 설립허가의 연월일, 존립 시기나 해산사유를 정한 때에는 그 시기 또는 사유, 자산의 총액, 출자의 방법을 정한 때에는 그 방법, 이사의 성명 및 주소, 이사의 대표권을 제한한 때에는 그 제한 등)에 변경이 있는 경우에는 주무관청으로부터 변경허가를 받은 날부터 3주 이내에 변경등기를 해야 한다(「민법」 제52조 및 「민법」 제53조).

공익법인의 임원변경등기 절차 등
― 제정 2002. 11. 14. [상업등기선례 제1-336호, 시행]

공익법인의설립·운영에관한법률에 의하여 설립된 공익법인의 임원은 주무관청의 승인을 받아 취임하므로(같은 법 제5조 제2항), 주무관청의 취임승인을 받아 임원변경등기를 신청해야 하며, 위 경우에 주무관청의 취임승인이 없이 경료된 변경등기는 비송사건절차법 제234조 제1항 제2호 소정의 '등기된 사항에 관하여 무효의 원인이 있는 때'에 해당하므로 당사자는 이를 증명하여 비송사건절차법 제234조 및 제66조의 규정에 의하여 그 등기의 말소를 신청할 수 있다(2002. 11. 14. 등기 3402-620 질의회답).

　　참조예규 : 제836호
　　참조선례 : 제319항, 제321항

(나) 임원의 변경등기

1) 임원의 변경

임원 중 이사의 변경 등이 있는 경우에는 정관의 규정에 따라 이사회의 의결을 거쳐 변경할 수 있는데, 이러한 이사의 변경이 있는 경우 그 변경사항을 등기해야 한다(「민법」 제52조). 한편, 주무관청에 따라 임원을 교체하여 선임(選任)한 경우에 임원 선임보고를 의무화하는 규정을 두는 경우도 있다(예, 「감사원 소관 비영리법인의 설립 및 감독에 관한 규칙」 제8조).

2) 임원변경에 따른 법인등기

임원 중 이사에 관한 변경사항이 있는 경우에는 그 변경사항에 대해 등기를 해야만 제3자에게 주장할 수 있다(「민법」 제54조). 따라서 임원에 관한 개선(改選)으로 ⅰ) 기존의 임원이 퇴임, ⅱ) 새로운 임원의 취임, ⅲ) 임원의 중임, ⅳ) 임원 대표권의 제한 등의 임원에 관한 변경사항이 있는 경우에는 그 변경사항에 대해 등기를 해야 제3자에게 주장할 수 있다. 한편, 임원변경으로 이사의 정수에 변동이 발생하는 경우가 많으므로, 임원변경을 이유로 변경등기를 하는 경우에는 이사의 정수를 확인하기 위해 정관을 제출하도록 하고 있음에 유의하여야 한다.

가) 임원의 퇴임

① 임원의 퇴임

임원의 퇴임 등기는 이사가 사임하거나 이사의 해임, 이사의 사망 또는 그 밖의 결격사유가 발생하는 경우에 퇴임한 이사의 성명과 퇴임사유 등을 기재하여 임원의 퇴임등기를 한다.

사 임 서

사단(재단)법인 ○○○○ 귀하

본인은 사단(재단)법인 ○○○○에 20 년 월 일부터 20 년 월 일까지 이사로 있었으며, ○○○○를 사유로 사단(재단)법인 ○○○○ 이사직을 사임합니다.

또한, 사단(재단)법인 ○○○○의 모든 권리와 책임을 포기합니다.

20 년 월 일

주 소 :

성 명 : (인)

주민등록번호 :

사단(재단)법인 변경등기신청

접 수	년 월 일	처 리 인	등기관 확인	각종 통지
	제 호			

명 칭		등기번호	
주 사 무 소			
등 기 의 목 적	이사 변경, 대표권제한규정 변경		
등 기 의 사 유			
허가서 도착연월일			
주사무소/분사무소 신청구분	1. 주사무소 신청 ☐　　　　2. 분사무소 신청 ☐　　　　3. 주사무소 · 분사무소 일 괄신청 ☐		

등 기 할 사 항

이사의 성명, 주민등록번호 및 변경연월일	
대표권제한규정 및 변경연월일	
기 타	

신청등기소 및 등록면허세/수수료

순번	신청등기소	구분	등록면허세 / 지방교육세	농어촌특별세	세액합계	등기신청수수료
			금 원	금 원	금 원	금 원

		금 원			
합 계					
등기신청수수료 납부번호					
첨 부 서 면					

1. 사원총회 또는 이사회 의사록   통
   * 해임, 선임 등의 경우
   * 이사결정서(이사회가 없는 경우)
1. 사임서(인감증명서나 본인서명사실
   확인서 또는 전자본인서명확인서의
   발급증 포함)   통
1. 가족관계 등록사항별 증명서   통
   * 사망, 개명의 경우
1. 취임승낙서(인감증명서나 본인서명사실
   확인서 또는 전자본인서명확인서의
   발급증 포함)   통

1. 주민등록표등(초)본(선임한 경우)   통
1. 정관   통
   주무관청의 허가서(허가가 필요한 경우)
1. 인감신고서   통
1. 등록면허세영수필확인서   통
1. 등기신청수수료영수필확인서   통
1. 위임장(대리인이 신청할 경우)   통
〈기 타〉

년 월 일

신청인   명 칭
         주사무소
이 사   성 명   (인) (전화 :   )
         주 소
대리인   성 명   (인) (전화 :   )
         주 소

지방법원   등기소 귀중

(용지규격 21㎝ × 29.7㎝)

② 이사의 해임

'이사의 해임'으로 임원의 퇴임등기를 하는 경우에는 법인 변경등기 신청서와 함께 해임을 증명하는 서면을 제출해야 한다. 이때 해임을 증명하는 사원총회(이사회)의사록을 첨부해야 되고 그 의사록은 공증을 받아야 한다(「공증인법」 제66조의2제1항 본문). 다만, ⅰ) 설립 목적 및 수행 사무가 공익적이고, ⅱ) 주무관청의 감독으로 법인 총회 등의 결의절차와 내용의 진실성에 대한 분쟁의 소지가 없는 법인으로서 주무관청의 추천을 받아 법무부장관이 지정·고시하는 법인의 경우 공증인의 인증을 받지 않아도 된다(「공증인법」 제66조의2 제1항 단서 및 「공증인법 시행령」 제37조의3).

③ 이사의 사망, 파산, 금치산선고 등

'이사의 사망'으로 퇴임하는 경우에는 사망사실을 기재한 가족관계 등록사항별 증명서와 법인 변경등기신청서를 법원에 제출해야 하며, '이사가 파산, 금치산선고 또는 형의 선고 등으로 퇴임' 하는 경우에는 그 결격사유를 증명하는 판결 및 결정등본 등을 법인 변경등기 신청서와 함께 법원에 제출해야 한다.

나) 임원의 취임

기존 이사의 임기 만료 등으로 새로이 이사를 선임하는 경우 취임한 이사의 성명, 주민등록번호와 취임취지 및 등기연월일을 기재하여 임원취임등기를 하며, 이사의 취임등기를 위해 법인의 변경등기 신청서와 이사를 선임한 공증 받은 사원총회(이사회)의사록, 취임승낙서(사원총회의사록에 취임을 승낙한 취지가 기재되어 있고 취임예정자가 그 의사록에 날인한 경우에는 취임승낙서를 별도로 첨부하지 않아도 됨), 취임승낙자의 인감증명서 및 인감 제출, 주민등록번호 또는 생년월일을 증명하는 서면 등을 함께 제출한다.

[서식 _ 취임승낙서]

취 임 승 낙 서

사단(재단)법인 ○○○○ 이사장 (인)

설립자 ○○○ 귀하

본인은 금번 설립하는 사단(재단)법인 ○○○○의 이사(임기 ○년)에 취임할 것을 승낙합니다.

20 년 월 일

주소 :

주민등록번호 :

성명 : (인)

다) 임원의 중임

이사의 임기가 만료된 후 재선되어 다시 이사로 취임하는 경우에도 법인 변경등기를 해야 한다. 즉 동일인이 다시 취임하여 전임 임기만료일과 후임 임기개시일이 동일한 경우에도 이사의 임기가 연장되는 것이 아니라 이사의 지위가 새로 시작되기 때문에 취임등기와 퇴임등기를 해야 하는 것이다. 그러나 등기실무상 퇴임취지와 재취임취지를 중복기재하지 않고 중임의 취지를 기재하는 중임등기로 취임등기와 퇴임등기를 대신한다.

다만, 등기선례에 따르면, 임기 만료된 이사가 정관에 따라 후임자가 취임할 때까지 권리·의무를 행사하던 중에 재선되어 전임 임기만료일과 후임이사의 임기개시일이 서로 다른 경우에는 중임등기가 아닌 퇴임등기와 취임등기를 해야 한다. 한편, 이사의 임기만료 전에 중임되는 임기를 새로 시작해야 하는 경우에는 이사의 사임서를 받아 사임으로 인한 퇴임과 취임 등기를 하면 된다. 따라서 중임등기를 신청하기 위해서는 공증 받은 사원총회의사록, 주민등록등본, 인감 및 인감증명서, 법인의 변경등기 신청서 등을 법원에 제출해야 한다.

라) 임원 대표권의 제한 신설 등

이사의 대표권과 관련하여 그 제한규정을 신설하는 때에는 '대표권 제한규정을 신설하는 취지와 그 등기연월일 및 대표권 있는 이사의 성명과 주소'를 기재하고, 대표권 제한규정을 변경하는 때에는 '변경된 대표권 있는 이사의 성명·주소와 변경취지 및 그 연월일'을 기재하며, 대표권 제한규정을 폐지하는 때에는 '대표권 제한규정 폐지의 취지와 그 등기연월일'을 기재하여야 한다. 한편, 대표권 제한규정의 신설, 변경 또는 폐지는 정관에 기재된 대표권 제한규정을 변경해야 하기 때문에 정관변경에 대해 주무관청의 허가를 받아야 한다. 따라서 대표권 제한규정의 신설, 변경 또는 폐지 등을 이유로 법인등기를 변경하는 경우에는 법인 변경등기 신청서와 공증 받은 사원총회(이사회)의사록 및 정관변경에 따른 주무관청의 허가서를 첨부하여 등기해야 한다.

(4) 해산 및 청산종결등기

청산인은 해산사유와 연월일, 청산인의 성명과 주소, 청산인의 대표권을 제한한 때에는 그 제한을 취임 후 3주 이내에 주된 사무소와 분사무소(지회)의 소재지를 관할하는 법원에 등기해야 하며(「민법」 제85조 제1항), 청산종결등기는 청산종결 내용에 대해 청산종결일부터 3주 이내에 주된 사무소와 분사무소(지회)를 관할하는 법원에 등기해야 한다.

〈설립허가가 취소된 민법법인에 대한 해산등기 등을 직권으로 할 수 있는지 여부 등〉
* 대법원 상업등기선례200812-1 2008.12.19
1. 법인설립허가가 취소되어 '주무관청의 설립허가취소에 따른 법인등기 사무처리요령(등기예규 제351호)'에 따라 등기기록에 설립허가취소에 관한 내용이 기록된 경우라도 청산절차가 종결되지 않는 한 법인이 소멸된 것으로 볼 수는 없다.
2. 설립허가가 취소된 법인이 스스로 해산등기와 청산종결등기를 하지 않는 경우 법원이 직권으로 해산등기 및 청산종결등기를 할 수 있는 법적 근거가 없으므로 직권에 의한 해산등기와 청산종결등기 및 이에 따른 등기부폐쇄는 불가능하다.

〈설립허가 취소된 민법법인에 대하여 해산등기신청을 하지 아니하는 경우의 조치〉
* 대법원 등기선례3-981 1992.08.31
설립허가가 취소된 민법법인이 스스로 해산등기를 신청하지 아니하는 경우 법원의 직권이나 주무관청의 촉탁으로 해산등기를 할 수 있는 법적근거는 없다. 다만 민법 제97조의 규정에 의한 과태료에 처함으로써 그 등기신청을 간접적으로 강제할 수는 있을 것이다.

(가) 해산 및 청산인 취임등기

청산인은 해산사유와 연월일, 청산인의 성명과 주소, 청산인의 대표권을 제한한 때에는 그 제한을 취임 후 3주 이내에 주된 사무소와 분사무소(지회)의 소재지를 관할하는 법원에 등기해야 하며(「민법」 제85조 제1항), 청산종결등기는 청산종결 내용에 대해 청산종결일부터 3주 이내에 주된 사무소와 분사무소(지회)를 관할하는 법원에 등기해야 한다.

1) 해산등기, 청산인 취임등기

법인이 해산되면 청산인은 취임 후 3주 이내에 해산사유(파산 제외) 및 연월일, 청산인의 성명 및 주소 등을 주된 사무소와 분사무소 소재지 관할 등기소에 등기해야 한다(「민법」 제85조 제1항). 해산등기와 청산인 취임등기는 실무상 1건으로 신청하는 것이 일반적이나, 각각 별도의 건으로 신청하는 것도 가능하다. 다만, 해산등기 전에 청산인 취임등기를 먼저 등기할 수는 없다. 한편, 법인이 파산으로 해산하는 경우에는 청산인이 법인해산등기 및 청산인 선임등기를 할 필요가 없으며, 이때에는 법원 등이 직권으로 촉탁서에 파산결정등(초)본 등 관련서류를 첨부하여 각 사무소 소재지의 관할등기소에 파산등기를 촉탁하여, 파산종결의 등기를 하면 법인의 등기는 폐쇄된다.

2) 해산등기의 기재사항 및 첨부서류

해산등기에는 해산사유 및 취지, 해산연월일을 기재하고, 청산인 취임등기에는 청산인의 성명 및 주민등록번호 등을 기재해야 하며, 법인의 해산등기 및 청산인 취임등기에는 해산을 증명하는 서면, 청산인의 자격을 증명하는 서면(이사가 청산인이 되는 경우는 제외), 정관, 청산인의 취임승낙서와 주민등록등본, 청산인의 인감신고서 등을 첨부해야 한다(「비송사건절차법」 제65조).

3) 법인의 해산을 증명하는 서면

법인의 존립기간 만료로 법인이 해산하는 경우에는 그 시기가 법인 등기부에 기재되어 있으므로 따로 서면을 준비할 필요는 없다. 다만,

- 정관에 정한 해산사유가 발생한 경우에는 그 사유발생을 증명하는 서면
- 법인의 목적달성 또는 달성 불능으로 해산하는 경우에는 그 달성 또는 달성불능을 확인하는 공증 받은 사원총회의사록
- 설립허가 취소로 해산하는 경우에는 해당 주무관청의 설립허가 취소서 또는 설립허가 취소통지서
- 비영리사단법인의 특별 해산사유로 해산하는 경우
- 사원이 없어 해산하는 경우에는 청산인도 선임할 수 없기 때문에 법원이 청산인을 선임한 결정서의 등본
- 사원총회 결의로 해산하는 경우에는 공증 받은 사원총회의사록. 다만, 주무관청의 허가를 조건으로 해산을 결의한 때에는 주무관청의 허가서도 첨부하여야 한다.

4) 청산인의 취임을 증명하는 서면(이사가 청산인이 되는 경우는 제외)

정관으로 청산인을 정한 경우에는 정관, 사원총회에서 청산인을 선임한 경우에는 그 사실을 증명하는 공증 받은 사원총회의사록(「공증인법」 제66조의2제1항 본문), 법원이 청산인을 선임한 경우에는 법원의 청산인 선임결정서등본 등을 첨부한다. 다만, ⅰ) 설립 목적 및 수행 사무가 공익적이고, ⅱ) 주무관청의 감독으로 법인 총회 등의 결의절차와 내용의 진실성에 대한 분쟁의 소지가 없는 법인으로서 주무관청의 추천을 받아 법무부장관이 지정·고시하는 법인의 경우 공증인의 인증을 받지 않아도 된다(「공증인법」 제66조의2제1항 단서 및 「공증인법 시행령」 제37조의3).

한편, 청산인의 대표권제한이 있는 경우에는 그 제한규정을 증명하는 정관, 사원총회의사록 또는 청산인회의사록, 여러 명의 청산인이 공동으로 법인을 대표할 것을 정한 경우에는 그 사항을 증명하는 정관, 사원총회의사록 또는 청산인회의사록 등을 첨부하여야 한다.

5) 등기서류의 제출

해산법인은 위의 법인의 해산을 증명하는 서면 및 청산인의 취임을 증명하는 서면(분사무소에 해산등기 및 청산인 취임등기를 신청하는 경우에는 법인등기사항증명서와 주무관청의 허가서 등만 제출하면 됨)과 해산등기 및 청산인 취임등기 신청서를 주된 사무소 및 분사무소 소재지를 관할하는 등기소에 제출한다.

사단(재단)법인 해산 및 청산인 취임등기신청

접 수	년 월 일 제 호	처리인	접 수	조 사	기 입	교 합	각종통지

명 칭	사단(재단)법인○○○○	등기번호	
주사무소	○○시○○구○○동		
등 기 의 목 적	해산 및 청산인 취임등기		
등 기 의 사 유	20○○년 ○월 ○일 사원총회(또는 이사회)에서 해산을 결의하고 20○○년 ○월 ○일 주무관청의 허가를 받아 해산하였으므로 다음 사항의 등기를 구함. 20○○년 ○월 ○일 사원총회(또는 이사회)에서 다음 사람이 청산인으로 선임되어 같은 날 취임하고 20○○년 ○월 ○일 청산인회에서 청산인 ○○○가 대표권 있는 청산인으로 선임되어 같은 날 취임하였으므로 그 등기를 구함.		
허가서도착연월일	20○○년 ○월 ○일		

등 기 할 사 항

20○○년 ○월 ○일 사원총회(또는 이사회)에서 해산결의
20○○년 ○월 ○일 사원총회(또는 이사회)에서 다음 사람이 청산인으로 선임

청산인 　○○○
　　　　주소
청산인 　○○○
　　　　주소
청산인 ○○○ 외에는 대표권 없음

기 타					
과세표준액	금	원	등 록 세	금	원
교 육 세	금	원	농어촌특별세	금	원
세 액 합 계	금	원	등기신청수수료	금	원

첨 부 서 면

1. 사원총회(이사회)의사록	통	1. 청산인회의사록	통
1. 주무관청의 허가서	통	1. 법인등기부등(초)본	통
1. 주무관청의 설립허가취소서	통	1. 취임승낙서 및 주민등록등본	통
1. 청산인인감신고서와 인감증명	통	1. 등록세영수필확인서	통
1. 정관	통	1. 위임장(대리인이 신청할 경우)	통
1. 청산인선임결정서	통	〈기 타〉	

년 　월 　일

신청인 　명 칭
　　　　주사무소
대표자 　성 명　　　　(인) 　(전화 : 　　　)
　　　　주 소
대리인 　성 명　　　　(인) 　(전화 : 　　　)
　　　　주 소

지방법원 　등기소 귀중

(용지규격 21cm × 29.7cm)

(나) 청산종결 등기

1) 청산의 종결

청산이 종결되면 청산인은 3주 이내에 등기하고 주무관청에 신고해야 한다(「민법」 제94조).

2) 제출서류

청산종결의 취지와 연월일을 기재한 청산종결등기 신청서와 공증 받은 사원총회의사록(「공증인법」 제66조의2제1항) 등을 첨부해야 한다.

[서식 _ 청산종결등기 신청서]

사단(재단)법인 청산종결등기신청						
접수	년 월 일	처리인	접 수	조 사	기 입	교 합 / 각종통지
	제　　　　호					

(표의 상단: 접수 / 년 월 일 / 제 호 / 처리인 / 접수 / 조사 / 기입 / 교합 / 각종통지)

명　　칭	사단(재단)법인○○○○	등기번호	
주사무소	○○시○○구○○동		
등 기 의 목 적	청산종결등기		
등 기 의 사 유	20○○년 ○월 ○일 청산을 종결하고 사원총회(청산인회)에서 그 결산보고서의 승인을 받았으므로 다음사항의 등기를 구함.		
허가서도착연월일	20○○년 ○월 ○일		

등 기 할 사 항					
20○○년 ○월 ○일 법인 청산종결					
기 타					
과세표준액	금	원	등 록 세	금	원
교 육 세	금	원	농어촌특별세	금	원
세 액 합 계	금	원	등기신청수수료	금	원
첨 부 서 면					
1. 사원총회(청산인회)의사록(결산보고서 포함) 통 1. 주무관청의 허가서 통 1. 주무관청의 설립허가취소서 통 1. 청산인인감신고서와 인감증명 통 1. 정관 통 1. 청산인선임결정서 통			1. 청산인회의사록 통 1. 법인등기부등(초)본 통 1. 취임승낙서 및 주민등록등본 통 1. 등록세영수필확인서 통 1. 위임장(대리인이 신청할 경우) 통 〈기 타〉		
년 월 일 신청인　명 칭 　　　　주사무소 대표자　성 명　　　　(인)　(전화 :　　　) 　　　　주 소 대리인　성 명　　　　(인)　(전화 :　　　) 　　　　주 소 　　　　　　　　지방법원　　등기소　귀중					

　　　　　－ 신청서 작성요령 및 등기수입증지 첨부란 －

1. 해당란이 부족할 때에는 별지를 이용합니다.

1. 해당 등기신청과 관계없는 사항에 대하여는 '해당없음'으로 기재하거나 삭제하고, 필요한 사항은 추가 기재합니다.

1. 등기신청수수료 상당의 대법원등기수입증지를 이 난에 붙입니다.

(용지규격 21cm × 29.7cm)

2. 등기의 효력

가. 효력

비영리사단법인의 설립등기는 법인의 성립요건이다. 따라서 해당 주무관청의 허가로 법인은 설립되고, 설립등기를 하여야 법인으로서 성립된다(「민법」 제33조 및 제49조). 설립등기 이외의 등기(사무소 이전 및 분사무소 설치등기, 변경등기, 해산 및 청산종결등기)는 그 등기할 사항들을 등기해야 제3자에게 주장할 수 있다(「민법」 제54조).

주무관청 허가 없이 설립등기가 경료된 사단법인 법인등기 효력 : 제정 1996. 8. 7. [등기선례 제5-853호, 시행]
사단법인이 주무관청의 허가를 득하지 아니한 채 설립등기가 경료되었다면, 그 법인등기는 법인의 성립요건을 결한 무효의 등기로써 비송사건절차법 제159조 제2호의 사유에 해당되어 같은 법 제235조 내지 제237조 및 제66조에 의하여 직권으로 말소하여야 한다. (1996. 8. 7. 등기 3402-626 질의회답)

나. 위반 시 제재

위반 시 법인의 대표기관이 해야 할 등기를 해태하는 경우에는 500만 원 이하의 과태료가 부과된다(「민법」 제97조 제1호).

3. 정관변경

가. 정관변경의 의미

정관변경은 법인이 그의 동일성을 유지하면서 그 조직을 변경하는 것으로써, 정관에 규정된 기존사항을 변경하는 경우뿐만 아니라, 새로운 사항의 신설이나 기존사항의 폐지, 자구수정이나 보완에 그치는 형식적인 변경도 모두 포함된다. 사단법인에서는 원칙적으로 정관을 변경할 수 있으나, 재단법인은 정관을 변경할 수 없음이 원칙이다.

나. 정관변경의 요건

사단법인의 정관은 총 사원 3분의 2 이상의 동의가 있는 때에 한하여 이를 변경할 수 있다. 그러나 정관변경을 위한 결의의 정수에 관하여 정관에 다른 규정이 있는 때에는 그 규정에 의한다(민법 제42조 제1항). 정관의 변경이 유효하기 위해서는 주무관청의 허가를 얻어야 한다(민법 제42조 제2항). 정관의 변경사항이 등기사항인 경우에는 그 변경을 등기하여야 제3자에게 대항할 수 있다(민법 제54조 제1항).

> 〈대법원 1985. 8. 20 선고 84누509판결〉
> 비영리 재단법인의 설립이나 정관변경에 관하여 허가주의를 채용하고 있는 제도 아래에서는 비영리법인의 설립이나 정관변경에 관한 주무관청의 허가는 그 본질상 주무관청의 자유재량에 속하는 행위로서 그 허가여부에 대하여 다툴 수 없는 법리이므로 비영리 재단법인의 정관변경을 불허가한 처분은 행정소송의 대상이 되는 행정처분이 아니다.

다. 정관변경과 관련된 제문제

(1) 사단법인의 경우 사원총회가 아닌 다른 기관(예, 이사회)에서 정관 변경결의를 한 경우의 유효여부
정관변경은 사원총회의 전권사항이므로, 정관에서 사원총회의 결의에 의하지 않고서 변경할 수 있다고 규정하여도, 그 규정은 무효이다.

(2) 사단법인의 정관에서 그 정관을 변경할 수 없다고 규정하는 경우에 정관변경 가능 여부
이 경우에도 모든 사원의 동의가 있으면 변경할 수 있다고 해석된다.

(3) 사단법인의 정관에서 정하고 있는 목적을 다른 것으로 변경할 수 있는지의 여부
목적의 변경도 보통의 정관변경절차에 따라 가능하다고 해석된다. 다만 비영리법인이 그의 목적을 변경하는 경우에는 변경된 목적도 비영리성을 가져야 한다.

(4) 정관목적을 추가함에 따라 다른 주무관청의 허가를 필요로 하는지의 여부
추가된 정관목적이 종전의 정관목적과 비교해서 종된 것이면 종전의 주무관청으로부터 정관변경허가를 받으면 될 것이지만, 종전의 정관목적과 비교하여 대등한 정도의 목적이라면 다른 주무관청의 허가를 받아야 한다고 해석된다.

라. 정관변경 허가신청

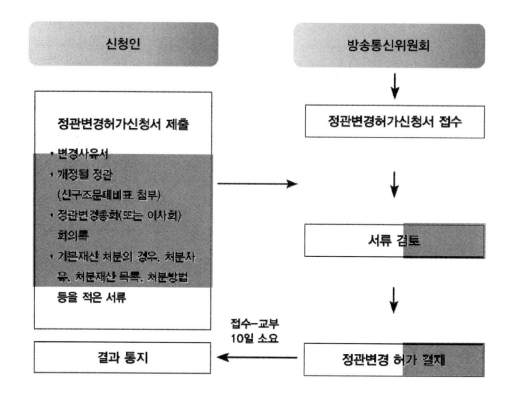

(1) 허가신청

법인이 정관을 변경하고자 할 때에는 주무관청의 허가를 얻어야 효력이 있다(민법 제42조 제2항,
제45조 제3항, 제46조).

(2) 첨부서류

법인의 정관변경을 위하여 정관변경의 허가를 신청하는 경우에 다음의 서류를 구비하여야 한다(법
인규칙 제6조)

• 정관 변경허가 신청서 1부[별지 제4호 서식]

• 정관 변경 사유서 1부

• 개정될 정관(신·구대비표를 첨부한다) 1부

• 정관 변경과 관계있는 총회(사단법인) 또는 이사회(재단법인)의 회의록 1부

• 기본재산의 처분에 따른 정관 변경의 경우에는 처분 사유, 처분재산의 목록, 처분 방법 등을 적은
  서류 1부

정관변경허가신청서

명칭			
소재지		전화번호	
대표자성명		주민등록번호	
주소		전화번호	
설립허가일자		설립허가번호	
변경내용			

민법 제45조 · 제46조 및 ○○○소관 비영리법인의 설립 및 감독에 관한 규칙 제○조의 규정에 의하여 위와 같이 정관변경허가를 신청합니다.

년   월   일

신청인   (서명 또는 인)

○○○○장관 귀하

※구비서류

1. 정관변경사유서 1부
2. 정관변경 신 · 구 대비표(신 정관 첨부) 1부
3. 정관의 변경에 관한 총회 또는 이사회의 회의록 1부
4. 기본재산의 처분에 따른 정관변경의 경우에는 처분의 사유, 처분재산의 목록, 처분의 방법, 처분후의 재산목록 등을 기재한 서류 1부

정관변경사유서

본 법인의 임원 중 이사 정수가 7인으로 구성되었으나 … … … … … … … … … …
… … … … … … … … … ..를 위하여 정관 제○조 중 '이사 7인'을 '이사 9인'으로 증원하고
자 합니다.

년   월   일

○○법인 ○○○이사장 (인)

○○○장관 귀하

정관 변경 신·구 대비표

현 행(구)	개 정(신)
제○조 ※ 개정조문만 발췌 대비	제○조

마. 정관변경의 등기

허가받은 변경사항이 등기해야 할 사항인 경우에는 그 변경사항을 등기해야 제3자에게 주장할 수 있다(「민법」 제49조 제2항 및 제52조).

목적, 명칭, 사무소, 설립허가의 연월일, 존립 시기나 해산사유를 정한 때에는 그 시기 또는 사유, 자산의 총액, 출자의 방법을 정한 때에는 그 방법, 이사의 성명, 주소 등의 정관기재사항을 변경한 경우에는 그 변경사항을 등기해야 한다. 이러한 정관변경사항이 있는 때에는 주무관청의 허가서를 받은 날부터 3주 이내에 변경등기를 해야 한다(「민법」 제52조 및 제53조).

Ⅳ 기본재산의 처분

비영리사단법인의 재산은 기본재산과 운영재산으로 구분하여 운영해야 한다.

1. 재산의 구분

가. 기본재산

기본재산은 ⅰ) 법인설립 당시 기본재산으로 출연한 재산, ⅱ) 기부 또는 무상으로 취득한 재산, ⅲ) 회계연도 세계잉여금으로 기본재산에 편입된 재산과 이사회에서 기본재산으로 정한 재산을 말한다.

나. 운영재산

운영재산은 기본재산 이외의 모든 재산으로 목적사업비와 그 운영경비에 사용될 수 있는 재산을 말한다. 일반적으로 운영재산에는 기본재산으로부터 발생되는 일체의 이익금(① 예금 또는 채권 등에서 발생한 수입이자, ② 주식의 배당금 및 무형자산으로부터 발생한 사용료, ③ 영업권이나 특허권 등 무형자산으로부터 발생한 사용료, ④ 법인 소유의 영리사업소득 중 경비 및 제세공과금 일체를 차감하고 목적사업비로 기부된 사업소득),

전년도 예산 중 사용 잔액이 해당연도로 이월된 전기이월금, 일체의 환급금이나 회수금(① 전년도 납입 법인세 중 환급금, ② 지출된 사업비 중 사용 잔액 환불금, ③ 지출된 사업비 중 사용 포기된 회수금), 기타 물품의 매각처리대금과 같은 잡수입금 등이 해당된다고 볼 수 있다.

2. 기본재산의 처분 등

가. 기본재산처분의 의미

법인의 존립기초가 되는 재산을 기본재산이라고 하고, 그러한 재산을 처분 하는 것을 기본재산 처분(기본재산을 매매, 증여, 임대, 교환, 담보제공 또는 권리의 포기와 증감 등기본재산에 관한 권리의 득실변경을 가져오는 일체의 행위를 말함)이라고 한다. 민법에는 이에 관한 규정이 없다.

> **〈대법원 1978. 7. 25 선고 78다783판결〉**
>
> 기본재산을 감소시키는 경우는 물론, 이를 증가시키는 경우에도 반드시 그 정관의 기재사항에 변경을 초래한다 할 것이므로, 이 두 경우에는 모두 정관의 변경이라 할 것이고, 따라서 이러한 변경에는 주무부처의 허가를 받아야만 효력이 발생하며 주무부처의 허가가 없으면 무효임

〈예 : 기본재산의 매도·증여 또는 교환에 관한 허가신청 시〉
- 처분이유서
- 처분재산의 목록 및 감정평가서
- 총회 또는 이사회 회의록
- 처분의 목적, 용도, 예정금액, 방법과 그로 인하여 소실될 재산의 보충방법 등을 기재한 서류
- 처분재산과 전체재산의 대비표
- 처분할 재산의 등기부등본 또는 금융기관의 증명서

〈예 : 기본재산 취득에 따른 허가신청 시〉
- 취득사유서
- 취득한 재산의 종류, 수량, 및 금액을 기재한 서류
- 취득한 재산의 등기부등본 또는 금융기관의 증명서
- 총회 또는 이사회 회의록

민법상 법인의 부동산 취득과 처분 등에 따른 등기예규
– 제정 1997. 9. 11. [등기예규 제886호, 시행]

1) 사단법인 또는 재단법인이 부동산에 관하여 법인 명의로의 소유권이전등기를 신청하는 경우

민법상 사단법인 또는 재단법인이 부동산을 매매, 증여, 유증, 그 밖의 원인으로 취득하고 법인 명의로의 소유권이전등기를 신청하는 경우에는 그 등기신청서에 주무관청의 허가를 증명하는 서면을 첨부할 필요가 없다.

2) 재단법인 소유 명의의 부동산에 관하여 등기신청이 있는 경우

가. 재단법인 소유 명의의 부동산에 관하여 매매, 증여, 교환, 신탁해지, 공유물분할, 그 밖의 처분행위를 원인으로 한 소유권이전등기를 신청하는 경우에는 그 등기신청서에 주무관청의 허가를 증명하는 서면을 첨부하여야 한다. 그러나 당해 부동산이 재단법인의 기본재산이 아님을 소명하는 경우에는 위 허가를 증명하는 서면을 첨부할 필요가 없다.

나. 다만, 재단법인 소유 명의의 부동산에 관하여 취득시효를 원인으로 한 소유권이전등기신청 또는 매각을 원인으로 한 소유권이전등기촉탁의 경우에는 주무관청의 허가를 증명하는 서

면을 첨부할 필요가 없다.

다. 재단법인 소유 명의의 부동산에 관하여 원인무효, 계약의 취소 또는 해제(단, 합의해제의 경우는 제외)를 원인으로 한 소유권이전등기말소등기신청 또는 진정한 등기명의의 회복을 원인으로 한 소유권이전등기신청의 경우와 소유권이전청구권 보전의 가등기신청의 경우에도 주무관청의 허가를 증명하는 서면을 첨부할 필요가 없다.

3. 공익법인의 설립 · 운영에 관한 법률의 적용을 받는 사단법인 또는 재단법인 소유 명의의 부동산에 관하여 등기신청이 있는 경우

공익법인의 설립 · 운영에 관한 법률 제2조 및 동법 시행령 제2조에 해당하는 사단법인과 재단법인 소유 명의의 부동산에 관하여는 제2항의 규정에 의한 매매, 증여, 교환, 신탁해지, 공유물분할, 그 밖의 처분행위를 원인으로 한 소유권이전등기신청 이외에 근저당권 등의 제한물권 또는 임차권의 설정등기를 신청함에 있어서도 그 등기신청서에 주무관청의 허가를 증명하는 서면을 첨부하여야 한다.

그러나 당해 부동산이 법인의 기본재산이 아님을 소명하는 경우에는 위 허가를 증명하는 서면을 첨부할 필요가 없다.

부 칙

(다른 예규의 폐지)기본재산의 경매와 주무관청의 허가(등기예규 제104호, 예규집 93항), 재단법인의 기본재산처분 등과 주무관청의 허가(등기예규 제780호, 예규집 94항)는 이를 폐지한다.

나. 정관변경 등

비영리사단법인이 기본재산을 처분해 정관에 기재된 자산에 관한 규정이 변경된다면 정관을 변경해야 하고, 정관은 총 사원 3분의 2이상의 동의(정수에 관해 정관에 다른 규정이 있으면 그에 따름)가 있어야 변경할 수 있다(「민법」 제40조 제4호 및 제42조 제1항). 또한 정관을 변경할 경우에는 주무관청의 허가를 받아야 한다(「민법」 제42조 제2항 참조).

다. 구비서류

기본재산의 처분과 취득은 정관변경을 초래하므로, 주무관청의 허가를 위해 제출하는 서류는 정관변경절차에 준한다(법인규칙 제6조 참고).

(1) 공통서류

- 정관 변경허가 신청서 1부[별지 제4호 서식]
- 정관 변경 사유서 1부
- 개정될 정관(신·구대비표를 첨부한다) 1부
- 정관 변경과 관계있는 총회(사단법인) 또는 이사회(재단법인)의 회의록 1부
- 기본재산의 처분에 따른 정관 변경의 경우에는 처분 사유, 처분재산의 목록, 처분 방법 등을 적은 서류 1부

<table>
<tr><td>민법상 사단법인의 재산처분에 따른 등기신청서에 주무관청의 허가서 첨부 여부 등
: 제정 1991. 4. 19. [등기선례 제3-35호, 시행]</td></tr>
<tr><td>민법상 사단법인의 재산처분에 따른 등기신청에는 주무관청의 허가서를 첨부할 필요가 없으며, 위 재산의 처분에 관하여 정관에 대의원회(또는 사원총회)의 결의가 있어야 한다는 취지의 기재가 있다고 하여도 그것은 법인의 내부관계에서 효력을 가지는데 불과하고 이를 대외적으로 주장하려면 법인대표자의 대표권제한(대의원회의 결의를 필요하는 취지)을 등기함으로서만 가능하다(91. 3. 8. 등기 제514호, 91. 4.19. 등기 제879호).

　참조예규 : 112항</td></tr>
</table>

(2) 그 외

- 재산처분시 : 처분재산명세서(처분의 사유, 처분재산목록, 처분의 방법 등을 기재) 1부
- 재산취득시 : 취득재산명세서(취득의 사유, 취득재산목록, 취득의 방법 등을 기재, 취득한 재산의 등기부등본 또는 금융기관의 증명서 등을 첨부) 1부

<table>
<tr><td>사단법인의 재산취득에 따른 소유권이전등기신청과 주무관청의 허가서 첨부 여부
: 제정 1985. 6. 27. [등기선례 제1-76호, 시행]</td></tr>
<tr><td>사단법인의 정관의 변경은 주무관청의 허가를 얻지 아니하면 그 효력이 없는 바(민법 제42조 제2항), 사단법인의 부동산 취득이 정관변경 사항이 아니라면 그 소유권이전등기신청서에 주무관청의 허가서를 첨부할 필요가 없다(85. 6. 27 등기 제312호).

　참조예규 : 147항</td></tr>
</table>

Ⅴ. 비영리민간단체지원

공익활동을 수행하는 비영리사단법인으로서 「비영리민간단체 지원법」에 의한 행정지원 또는 재정지원을 받고자 하는 경우 주무관청에 등록을 해야 한다.

1. 비영리민간단체 지원이란

'비영리민간단체 지원'이란 영리활동이 아닌 공익활동 수행을 주된 목적으로 하는 단체(법인도 포함)에게 행정지원 또는 재정지원을 해주는 것을 말한다(「비영리민간단체 지원법」 제2조).

2. 비영리민간단체의 범위

'비영리민간단체'란 영리가 아닌 공익활동을 수행하는 것을 주된 목적으로 하는 민간단체로서 다음의 요건을 갖춘 단체를 말한다(「비영리민간단체 지원법」 제2조).
- 사업의 직접 수혜자가 불특정 다수일 것
- 구성원 상호간에 이익분배를 하지 아니할 것
- 사실상 특정 정당 또는 선출직 후보를 지지·지원 또는 반대할 것을 주된 목적으로 하거나, 특정 종교의 교리전파를 주된 목적으로 설립·운영되지 않을 것
- 상시 구성원수가 100인 이상일 것
- 최근 1년 이상 공익활동실적이 있을 것
- 법인이 아닌 단체일 경우에는 대표자 또는 관리인이 있을 것

3. 비영리민간단체의 등록

가. 지원신청방법

비영리민간단체에 대한 지원을 받기 위해서는 주무관청의 허가를 받아 등기한 법인이라도 중앙행정기관의 장이나 특별시장·광역시장·특별자치시장·도지사 또는 특별자치도지사(이하 '시·도지사'라 함)에게 등록을 신청해야 한다(「비영리민간단체 지원법」 제4조 제1항 및 「비영리민간단체 지원법 시행령」 제3조 제1항 참조). 등록하고자 하는 민간단체의 사업범위가 2개 이상의 특별시·광역시·특별자치시·도 또는 특별자치도에 걸쳐 있고, 2개 이상의 시·도에 사무소를 설치·운영하

고 있는 단체인 경우에는 그 주된 공익활동을 주관하는 중앙행정기관의장에게 신청해야 한다(「비영리민간단체 지원법 시행령」 제3조 제1항). 그 외의 단체인 경우에는 해당 단체의 사무소가 소재하는 시·도의 특별시장·광역시장 또는 도지사에게 신청하면 된다(「비영리민간단체 지원법 시행령」 제3조 제1항).

나. 제출서류

지원을 받기 위해서는 등록신청서(「비영리민간단체 지원법 시행령」 별지 제1호 서식)와 함께 아래의 서류를 첨부해야 하는데, 법인의 경우는 이미 주무관청에서 필요한 서류를 받은 상태이므로 구비서류 중 '회원명부'만 제출해도 된다(「비영리민간단체 지원법 시행령」 제3조 제1항).

- 회칙 1부
- 해당 연도 및 전년도의 총회회의록 각 1부
- 해당 연도 및 전년도의 사업계획·수지예산서, 전년도의 결산서 각 1부
- 회원명부 1부

■ 비영리민간단체지원법 시행령 [별지 제1호 서식] 〈개정 2016. 8. 29.〉

비영리민간단체 등록(변경)신청서

(앞쪽)

접수번호		접수일자	처리기간	20일(변경 시 10일)

신청인	성명(한글)		생년월일	
	(한자)			
	대표자와의 관계		연락처	
	주소			

단체	명칭		연락처	
	소재지			
	대표자 성명		대표자 생년월일	
	대표자 주소		대표자 연락처	
	주된 사업			

「비영리민간단체 지원법」 제4조 제1항, 같은 법 시행령 제3조 제1항 및 제4항에 따라 위와 같이 등록(변경)을 신청합니다.

년   월   일

신청인   (서명 또는 인)

귀하

첨부서류	〈등록 신청 시〉 1. 회칙 1부 2. 당해 연도 및 전년도의 총회 회의록 각 1부 3. 당해 연도 및 전년도의 사업계획·수지예산서, 전년도의 결산서 각 1부 4. 회원명부(회원의 주소와 연락처가 작성되어야 하며, 회원이 100인 이상인 경우에는 100인까지 작성 후 '외 ○○인'으로 표기하여야 합니다) 1부 ※ 법인의 경우에는 제출서류 중 회원명부만 제출 5. 최근 1년 이상의 공익활동실적을 증명할 수 있는 자료 1부 〈등록변경 신청 시〉 1. 단체의 명칭 변경 또는 주된 사업을 변경한 경우에는 등록변경신청서 및 회칙 각 1부 2. 대표자·관리인 또는 주된 사무소의 소재지를 변경한 경우에는 등록변경신청서 1부	수수료 없음

210mm×297mm[백상지 80g/㎡]

회원명부

연번	성 명	주 소	직 업	전화번호	비고
1					
2					
3					
·					
·					
·					
·					
·					
·					
100					
		이상 100명 외 00명			

※ 회원명부에는 설립발기인을 포함하여 기재

※ 외국회원의 경우 외국인등록번호 기재(외교부소관)

작성자 : 사단법인 OOOO 발기인 대표 OOO (날인 또는 서명)

4. 비영리민간단체에 대한 지원

가. 지원내용

공익활동에 참여하는 비영리민간단체는 행정자치부장관 또는 시·도지사로부터 필요한 행정지원 및 재정지원을 받을 수 있다(「비영리민간단체 지원법」 제5조 제2항). 특히, 다른 법률에 의하여 보조금을 교부하는 사업 외의 사업으로서 공익활동을 추진하기 위한 사업에 대하여 소요경비를 행정자치부장관 또는 시·도지사로부터 지원받을 수 있다.

나. 행정지원

비영리민간단체가 수행하는 사업수행을 위하여 필요한 경우에는 해당사업과 관련이 있는 공공기관 등에 대하여 업무와 관련한 사항 등에 대한 협조를 요청할 수 있다(「비영리민간단체 지원법 시행령」 제13조 제2항).

다. 재정지원

공모방식으로 사업신청을 제출받아 민간인 전문가로 구성된 공익사업선정위원회의의 심사 선정을 거쳐, 비영리민간단체는 공익사업을 추진하는데 필요한 사업비의 일부를 지원받을 수 있다(「비영리민간단체 지원법」 제7조).

라. 우편요금 지원

비영리민간단체가 공익활동을 위하여 사용하는 우편물 중 우편요금 별·후납 우편물에 대하여는 일반 우편요금의 100분의 25를 감액 받을 수 있다(「비영리민간단체 지원법 시행령」 제14조).

제2편 비영리 재단법인

Ⅰ. 재단법인 설립절차

1. 법인의 설립

가. 개관

민법 제31조는 '법인의 성립은 법률의 규정에 의함이 아니면 성립하지 못한다.'라고 규정하여 법률의 규정에 벗어난 법인의 설립을 인정하지 않으며, 법인의 설립을 위해서는 법률이 인정하는 법정의 요건을 구비하여야 하는데, 통상 비영리 재단법인의 경우에는 ⅰ) 정관의 작성과 사원들의 뜻을 묻는 창립총회 개최 등의 '재단법인 설립준비' ⅱ) 주무관청의 '재단법인 설립허가' ⅲ) 법원에의 '재단법인 설립등기'단계를 거쳐 설립된다.

나. 주무관청

(1) 주무관청 확인

설립준비를 마친 후 설립하고자 하는 재단법인이 목적으로 하는 사업을 관리하는 행정관청 즉, 주무관청을 확인하고 설립허가신청서를 제출하여야 하는데, 주무관청을 확인하기 위해「정부조직법」과 각 부·처·청의 직제 및 직제시행규칙 등을 살펴 업무소관을 검토한 후「행정권한의 위임 및 위탁에 관한 규정」등을 검토하여 그 업무의 위임여부를 따져 주무관청을 확인해야 한다. 다만, 법인이 목적으로 하는 사업을 관할하는 행정관청이 둘 이상인 때에는 두 곳 모두 주무관청이 된다.

(2) 주무관청의 허가 여부

주무관청의 허가 여부는 주무관청의 자유재량에 속하며, 따라서 비록 법인설립을 목적으로 하는 단체가 법인설립허가신청을 하였으나 주무관청으로부터 허가를 받지 못하였더라도 행정소송으로 이를 다툴 수 없다는 것이 판례의 입장이다(대법원 1996. 9. 10. 선고 95누18437 판결 등)

(3) 권한의 위임

비영리 재단법인의 설립허가 및 취소, 정관변경허가, 해산신고의 수리, 그 밖의 지도·감독 등 행정기관의 장의 권한 중 일부는 다음과 같이 위임될 수 있다.

소관	위임규정
국가보훈처	국가보훈처장은 국가보훈처장 소관의 비영리법인(법인의 활동범위가 해당 특별시장·광역시장·특별자치시장·도지사 또는 특별자치도지사의 관할구역에 한정되는 경우만 해당함)의 설립허가 및 그 취소, 정관변경허가, 해산신고의 수리, 그 밖의 지도·감독에 관한 권한을 특별시장·광역시장·특별자치시장·도지사 또는 특별자치도지사에게 각각 위임한다(「행정권한의 위임 및 위탁에 관한 규정」 제17조의2).
식품의약품안전처	식품의약품안전처장은 식품의약품안전처장 소관의 비영리법인(비영리법인의 활동범위가 인접한 2개 이하의 특별시장·광역시장·특별자치시장·도지사 또는 특별자치도지사의 관할구역에 한정되는 경우만 해당하며, 식품의약품안전처장이 정하여 고시하는 비영리법인은 제외함)의 설립허가 및 그 취소, 정관변경허가, 해산신고의 수리, 그 밖의 지도·감독에 관한 권한을 특별시장·광역시장·특별자치시장·도지사 또는 특별자치도지사에게 각각 위임한다. 다만, 비영리법인의 활동범위가 인접한 2개의 특별시·광역시·특별자치시·도 또는 특별자치도에 걸치는 경우에는 해당 법인의 주된 사무소가 소재하는 지역을 관할하는 특별시장·광역시장·특별자치시장·도지사 또는 특별자치도지사에게 각각 위임한다(「행정권한의 위임 및 위탁에 관한 규정」 제18조 제6항).
과학기술정보통신부	1. 과학기술정보통신부장관은 우정사업 관련 비영리법인(과학기술정보통신부장관이 정하여 고시하는 비영리법인은 제외함)의 설립허가 및 그 취소, 정관변경허가, 해산신고의 수리, 그 밖의 지도·감독에 관한 권한을 우정사업본부장에게 위임한다(「행정권한의 위임 및 위탁에 관한 규정」 제21조의2제1항제15호). 2. 과학기술정보통신부장관은 과학기술정보통신부장관 소관의 비영리법인(과학기술정보통신부장관이 정하여 고시하는 비영리법인, 우정사업 관련 비영리법인 및 과학기술 관련 비영리법인은 제외함)의 설립허가 및 그 취소, 정관변경허가, 해산신고의 수리, 그 밖의 지도·감독에 관한 권한을 그 소관에 따라 국립전파연구원장 및 중앙전파관리소장에게 각각 위임한다(「행정권한의 위임 및 위탁에 관한 규정」 제21조의2제2항제2호). 3. 과학기술정보통신부장관은 과학기술 관련 비영리법인(과학기술정보통신부장관이 정하여 고시하는 비영리법인은 제외함)의 설립허가 및 그 취소, 정관변경허가, 해산신고의 수리, 그 밖의 지도·감독에 관한 권한을 해당 비영리법인의 소재지에 따라 다음과 같이 위임한다(「행정권한의 위임 및 위탁에 관한 규정」 제21조의2제3항). ① 국립과천과학관장: 소재지가 서울특별시, 경기도 및 강원도인 비영리법인 ② 국립중앙과학관장: 소재지가 위 ① 외의 지역인 비영리법인
교육부	교육부장관은 교육부장관 소관의 비영리법인(교육부장관이 정하여 고시하는 비영리법인은 제외함)의 설립허가 및 그 취소, 정관변경허가, 해산신고의 수리, 그 밖의 지도·감독에 관한 권한을 교육감에게 위임한다(「행정권한의 위임 및 위탁에 관한 규정」 제22조 제1항 제1호).

외교부	외교부장관은 외교부장관 소관의 비영리법인(외교부장관이 정하여 고시하는 비영리법인은 제외함)의 설립허가 및 그 취소, 정관변경허가, 해산신고의 수리, 그 밖의 지도·감독에 관한 권한을 특별시장·광역시장·특별자치시장·도지사 또는 특별자치도지사(법인의 활동범위가 2개 이상의 특별시·광역시·특별자치시·도 또는 특별자치도에 걸치는 비영리법인의 경우에는 해당 법인의 주된 사무소가 소재하는 지역을 관할하는 특별시장·광역시장·특별자치시장·도지사 또는 특별자치도지사를 말함)에게 각각 위임한다(「행정권한의 위임 및 위탁에 관한 규정」 제22조의2).
소방청	소방청장은 소방청장 소관의 비영리법인(법인의 활동범위가 해당 특별시장·광역시장·특별자치시장·도지사 또는 특별자치도지사의 관할구역에 한정되는 경우만 해당함)의 설립허가 및 그 취소, 정관변경허가, 해산신고의 수리, 그 밖의 지도·감독에 관한 권한을 특별시장·광역시장·특별자치시장·도지사 또는 특별자치도지사에게 각각 위임한다(「행정권한의 위임 및 위탁에 관한 규정」 제29조 제4호).
문화체육관광부	문화체육관광부장관은 문화체육관광부장관 소관의 비영리법인의 설립허가 및 그 취소, 정관변경허가, 해산신고의 수리, 그 밖의 지도·감독에 관한 권한을 특별시장·광역시장·특별자치시장·도지사 또는 특별자치도지사(법인의 활동범위가 2개 이상의 특별시·광역시·특별자치시·도 또는 특별자치도에 걸치는 비영리법인의 경우에는 해당 법인의 주된 사무소가 소재하는 지역을 관할하는 특별시장·광역시장·특별자치시장·도지사 또는 특별자치도지사를 말함)에게 각각 위임한다. 다만, 문화체육관광부장관이 정하여 고시하는 비영리법인 또는 체육, 미디어 또는 종교 분야가 아닌 법인으로서 활동범위가 3개 이상의 특별시·광역시·특별자치시·도 또는 특별자치도에 걸치는 비영리법인의 경우에는 문화체육관광부가 주무관청이 된다(「행정권한의 위임 및 위탁에 관한 규정」 제30조 제1항).
문화재청	문화재청장은 문화재청장 소관의 비영리법인(법인의 활동범위가 해당 특별시장·광역시장·특별자치시장·도지사 또는 특별자치도지사의 관할구역에 한정되는 경우만 해당함)의 설립허가 및 그 취소, 정관변경허가, 해산신고의 수리, 그 밖의 지도·감독에 관한 권한을 특별시장·광역시장·특별자치시장·도지사 또는 특별자치도지사에게 각각 위임한다(「행정권한의 위임 및 위탁에 관한 규정」 제31조).
농림축산식품부	농림축산식품부장관은 농림축산식품부장관 소관의 비영리법인(법인의 활동범위가 해당 특별시장·광역시장·특별자치시장·도지사 또는 특별자치도지사의 관할구역에 한정되는 경우만 해당함)의 설립허가 및 그 취소, 정관변경허가, 해산신고의 수리, 그 밖의 지도·감독을 특별시장·광역시장·특별자치시장·도지사 또는 특별자치도지사에게 각각 위임한다(「행정권한의 위임 및 위탁에 관한 규정」 제32조 제1항 제7호).
농촌진흥청	농촌진흥청장은 농촌진흥청장 소관의 비영리법인(법인의 활동범위가 해당 특별시장·광역시장·특별자치시장·도지사 또는 특별자치도지사의 관할구역에 한정되는 경우만 해당함)의 설립허가 및 그 취소, 정관변경허가, 해산신고의 수리, 그 밖의 지도·감독에 관한 권한을 특별시농업기술센터소장, 광역시농업기술센터소장, 특별자치시농업기술센터소장, 도 농업기술원장 및 특별자치도농업기술원장에게 각각 위임한다(「행정권한의 위임 및 위탁에 관한 규정」 제33조 제2항).

산림청	산림청장은 산림청장 소관의 비영리법인(비영리법인의 활동범위가 해당 특별시장·광역시장·특별자치시장·도지사 또는 특별자치도지사의 관할구역에 한정되는 경우만 해당함)의 설립허가 및 그 취소, 정관변경허가, 해산신고의 수리, 그 밖의 지도·감독의 권한을 특별시장·광역시장·특별자치시장·도지사 또는 특별자치도지사에게 각각 위임한다(「행정권한의 위임 및 위탁에 관한 규정」 제34조 제2항).
산업통상 자원부	산업통상자원부장관은 산업통상자원부장관 소관의 비영리법인(비영리법인의 활동범위가 해당 특별시장·광역시장·특별자치시장·도지사 또는 특별자치도지사의 관할구역에 한정되는 경우만 해당하며, 중앙행정기관으로부터 재정지원을 받거나 사무를 위탁받은 법인은 제외함)의 설립허가 및 그 취소, 정관변경허가, 해산신고의 수리, 그 밖의 지도·감독에 관한 권한을 특별시장·광역시장·특별자치시장·도지사 또는 특별자치도지사에게 각각 위임한다(「행정권한의 위임 및 위탁에 관한 규정」 제35조 제1항 제2호).
보건복지부	보건복지부장관은 보건복지부장관 소관의 다음 중 어느 하나에 해당하는 비영리법인의 설립허가 및 그 취소, 정관변경허가, 해산신고의 수리, 그 밖의 지도·감독에 관한 권한을 4급 이상 공무원을 장으로 하는 소속기관의 장에게 위임한다(「행정권한의 위임 및 위탁에 관한 규정」 제36조 제3항 제4호). 1. 장사시설 설치 또는 한센인 정착사업을 목적으로 하는 재단법인 2. 위 1. 외의 법인 중 활동범위가 해당 특별시장·광역시장·특별자치시장·도지사 또는 특별자치도지사의 관할구역에 한정되는 법인(다만, 특별시·광역시·특별자치시·도 또는 특별자치도가 출연하여 설립한 법인은 제외함)
환경부	환경부장관은 환경부장관 소관의 비영리법인의 설립허가 및 그 취소, 정관변경허가, 해산신고의 수리, 그 밖의 지도·감독에 관한 권한을 특별시장·광역시장·특별자치시장·도지사 또는 특별자치도지사에게 각각 위임한다. 다만, 법인의 활동범위가 인접한 2개 이하의 특별시장·광역시장·특별자치시장·도지사 또는 특별자치도지사의 관할구역에 한정되는 경우만 해당하며, 법인의 활동범위가 인접한 2개의 특별시·광역시·특별자치시·도 또는 특별자치도에 걸치는 경우에는 해당 법인의 주된 사무소가 소재하는 지역을 관할하는 특별시장·광역시장·특별자치시장·도지사 또는 특별자치도지사에게 각각 위임한다(「행정권한의 위임 및 위탁에 관한 규정」 제38조 제2항).
교용노동부	고용노동부장관은 고용노동부장관 소관의 노사관계 관련 비영리법인(다만, 법인의 활동범위가 2개 이상의 지방고용노동청장의 관할구역에 걸치는 경우는 제외함)의 설립허가 및 그 취소, 정관변경허가, 해산신고의 수리, 그 밖의 지도·감독에 관한 권한을 지방고용노동청장에게 위임한다(「행정권한의 위임 및 위탁에 관한 규정」 제39조단서 및 제4호).
여성가족부	여성가족부장관은 여성가족부장관 소관의 비영리법인(법인의 활동범위가 특별시장·광역시장·특별자치시장·도지사 또는 특별자치도지사의 관할구역에 한정되는 경우만 해당함)의 설립허가 및 그 취소, 정관변경허가, 해산신고의 수리, 그 밖의 지도·감독에 관한 권한을 특별시장·광역시장·특별자치시장·도지사 또는 특별자치도지사에게 각각 위임한다(「행정권한의 위임 및 위탁에 관한 규정」 제40조 제1항).

국토교통부	국토교통부장관은 국토교통부장관 소관의 비영리법인(비영리법인의 활동범위가 해당 특별시장·광역시장·특별자치시장·도지사 또는 특별자치도지사의 관할구역에 한정되는 경우만 해당함)의 설립허가 및 그 취소, 정관변경허가, 해산신고의 수리, 그 밖의 지도·감독에 관한 권한을 특별시장·광역시장·특별자치시장·도지사 또는 특별자치도지사에게 각각 위임한다(「행정권한의 위임 및 위탁에 관한 규정」 제41조 제3항).
해양수산부	해양수산부장관은 해양수산부장관 소관 중 수산 및 해양레저스포츠 분야 비영리법인(법인의 활동범위가 해당 특별시장·광역시장·특별자치시장·도지사 또는 특별자치도지사의 관할구역에 한정되는 경우만 해당함)의 설립허가 및 그 취소, 정관변경허가, 해산신고의 수리, 그 밖의 지도·감독에 관한 권한을 특별시장·광역시장·특별자치시장·도지사 또는 특별자치도지사에게 각각 위임한다(「행정권한의 위임 및 위탁에 관한 규정」 제41조의2제6항제1호).
중소벤처기업부	중소벤처기업부장관은 중소벤처기업부장관 소관의 비영리법인(법인의 활동범위가 해당 지방중소벤처기업청장의 관할구역에 한정되는 경우만 해당함)의 설립허가 및 그 취소, 정관변경허가, 해산신고의 수리, 그 밖의 지도·감독에 관한 권한을 관할 지방중소벤처기업청장에게 위임한다. 다만, 법인의 활동범위가 제주특별자치도지사의 관할구역에 한정되는 경우에는 제주특별자치도지사에게 위임한다(「행정권한의 위임 및 위탁에 관한 규정」 제41조의3).

상기의 정부조직상 주무관청의 업무는 「행정권한의 위임 및 위탁에 관한규정」에 의거하여, 비영리법인의 설립허가 및 취소, 정관변경허가, 해산신고의 수리, 그 밖의 지도·감독 업무가 지방자치단체의 장이나 하급행정기관의장에게 위임되어 있는 경우가 많으므로, 정확한 설립허가 업무 처리 관청을 확인하기 위해서는 동 규정을 확인할 필요가 있다.

다. 구비서류

법 제처 국가법령정보 사이트(http://www.law.go.kr)에서 '법인'이라는 키워드를 검색하면, 법무부 소관 비영리법인의 설립 및 감독에 관한 규칙을 비롯하여, 국방부 및 그 소속청 소관비영리법인의 설립 및 감독에 관한 규칙, 국토교통부 및 그 소속청 소관 비영리법인의 설립 및 감독에 관한 규칙, 금융위원회 소관 비영리법인의 설립 및 감독에 관한 규칙, 기획재정부 및 그 소속청 소관 비영리법인의 설립 및 감독에 관한 규칙, 농림축산식품부장관 및 그 소속 청장소관 비영리법인의 설립 및 감독에 관한 규칙, 문화체육관광부 및 문화재청 소관 비영리법인의 설립 및 감독에 관한 규칙 등을 열람할 수 있으며, 각 규칙의 하단에 첨부된 서류를 활용할 수 있다.

구비서류 \ 법인별	근거법령	비영리법인(민법 제32조) 사단	재단	공익법인(공익법) 사단	재단	비 고
1 법인설립허가신청서 (비영리법인용, 공익법인용 구분)	부령 별지1호	○	○	○	○	
2 설립취지서 (임의서식으로 작성)	공익령4-①-2	△	△	○	○	공익법인
3 발기인의 인적사항 (성명·주민등록번호·주소·약력) ※ 설립발기인이 법인인 경우에는 그 명칭, 주된 사무소의 소재지, 대표자의 성명·주민등록번호·주소와 정관, 최근의 사업활동을 기재한 서류)	부령 3-1 공익령4-①-1	○	×	○	×	재단법인
4 임원취임예정자 인적사항 (성명·주민등록번호·주소·약력)	부령 3-5	○	○	○	○	공통
5 임원취임승락서, (필요시 겸직동의서)	부령 3-5	○	○	○	○	공통
6 특수관계 부존재 확인서 (※ 사후 발견시 임원취임 취소)	공익령12	×	×	○	○	공익법인
7 창립(발기인) 총회 회의록 (회의록 내용상 별첨서류 첨부·간인) ※ 설립발기인이 법인인 경우에는 법인의 설립에 관한 의사의 결정을 증명하는 서류	부령 3-6 공익령4-①-8	○	×	○	×	재단법인
8 출연자 확인서 (※ 정관을 첨부하여 간인)	민법 43	×	○	×	○	재단법인
9 정관 (정관작성기준 준수) (※ 재단법인의 경우 8호 첨부물로 갈음 가능)	부령 3-2 공익령4-①-3	○	○	○	○	공통
10 법인조직 및 상근임직원 정수표	공익령14	×	×	○	○	공익법인
11 재산출연증서(기부승락서) : 공익법인의 경우 기부승락서에 해당 ※ 인감증명서, 잔고증명 등 출연재산의 소유증명서 첨부	부령 3-3 공익령4-①-4	○	○	○	○	공통
12 재산총괄표와 그 입증서류 (특히 공익법인의 경우, 부동산·예금·유가증권 등 주된 재산에 관한 등기소·금융기관 등의 증명서)	부령 3-3 공익령4-①-4 공익령4-①-6	○	○	○	○	공통
13 기본재산 목록	부령 3-3 공익령4-①-4	○	○	○	○	공통
14 (보통·운영)재산 목록 ※ 비영리법인은 '운영재산', 공익법인은 '보통재산'에 해당	부령 3-3 공익령4-①-4	○	○	○	○	공통
15 회비징수 예정증명서 또는 기부신청서	공익령4-①-4	×	×	○	×	공익사단
16 사원명부 (성명·주소·**연락처**) ※ 100명이 넘을 경우 '이상 100명외 ○○명'으로 총수 기재서류	공익령4-①-8	△	×	○	×	공익사단

17	당해연도 사업계획서 및 수지예산서	부령 3-4	○	○	×	×	비영리법인
18	사업개시예정일 및 사업개시이후 2 사업년도분의 사업계획서 및 수지예산서	공익령4-1-7	×	×	○	○	공익법인
19	사무실 확보증명서 ※ 건물사용승락서 또는 임대차계약서, 건물소유권 입증서류, 인감증명서	민법33, 36	○	○	○	○	공통

2. 비영리재단법인 설립절차

재단법인의 설립절차는 설립자(발기인)에 의한 단체의 설립준비단계와 그 단체에 대한 설립허가 및 등기를 통하여 법인격을 부여받는 단계로 구분할 수 있다. 이러한 재단법인의 설립허가를 받고자 하는 자는 법인설립허가 신청서와 허가절차에 따른 첨부서류를 주무관청에 제출하는 방법으로 허가를 받은 후 관할등기소에 등기를 마치면 된다.

[비영리재단법인 단계별 설립절차 개요]

재단법인 설립	내용
재단법인 설립준비	① 설립자 재산 출연
	② 재단법인 목적 및 명칭 정하기
	③ 정관작성
재단법인 설립허가	④ 설립대상 재단법인의 주무관청 확인
	⑤ 주무관청에 설립허가 신청
	⑥ 주무관청으로부터 설립허가
재단법인 설립등기	⑦ 관할법원에 설립등기

가. 설립준비

「사회복지사업법」에 의한 사회복지법인, 「공익법인의 설립 · 운영에 관한법률」에 의한 공익법인, 「의료법」에 의한 의료법인, 「사립학교법」에 의한 학교법인 등은 각각 개별법에 규정된 설립절차를 확인한 후 법인설립을 준비한다.

(1) 목적 정하기

비영리재단법인은 민법 제32조 규정에 의거하여 학술, 종교, 자선, 기예, 사교 기타 영리아닌 사업을 목적으로 설립하여야 한다. 여기서 영리 아닌 사업이란 주식회사의 경우 법인의 이익이 발생할 경우 주주에게 배당금을 배당하는 반면 비영리 법인의 경우에는 그 사업을 통해 이익을 발생한 경우라도 그 구성원에 분배되지 않는 것을 말한다. 즉 개개의 구성원의 이익을 목적으로 하지 않는 사업을 말하며, 반드시 공익을 목적으로 하는 사업을 의미하는 것은 아니다.

(2) 설립자 구성하기 및 재산의 출연

(가) 설립자 구성

재단법인을 설립하고자 하는 사람은 재산을 법인에 출연해야 하는데 출연자는 1인이어도 상관없다. 따라서 비영리재단법인을 설립하려는 설립자는 법인에 출연할 재산을 마련해야 하고, 그 재산의 종류에는 제한이 없다.

한편, 발기인 란에는 발기인의 성명, 주민등록번호, 주소, 연락처 및 주요약력(3~4가지)등을 기재하며, 약력은 가급적 법인의 목적사업과 관련된 것을 중심으로 3~4개 정도를 적고 전·현직 여부를 표시하면 좋다. 다만, 이미 설립된 법인이 다른 법인을 설립하고자 신청하는 경우에는 법인의 명칭, 주된 사무소의 소재지, 대표자의 성명·주민등록번호·주소를 기재한 서류와 법인의 정관을 함께 제출하여야 한다.

(나) 재산의 출연

1) 재산출연자의 생전처분(生前處分)으로 재산을 출연하는 경우

재산출연자가 살아있는 동안 비영리재단법인을 설립에 재산을 출연하는 경우 그 재산은 법인의 설립등기 시부터 법인의 재산으로 된다(「민법」 제33조, 「민법」 제47조 제1항 및 「민법」 제48조 제1항). 다만, 출연재산이 부동산인 경우에는 법인설립등기 이외에 '비영리재단법인 명의로 부동산이전등기'를 해야 제3자에게 재산을 비영리재단법인에 출연하였음을 주장할 수 있으며(「민법」 제186조, 대법원1993. 9. 14. 선고 93다8054 판결), 재산출연자와 비영리재단법인의 관계에서 부동산이전등기 없이 부동산에 대한 소유권을 법인이 주장할 수 있다(「민법」 제187조).

Q 사단법인의 해산으로 주무관청에 귀속된 재산을 동일한 목적으로 설립되는 재단법인이 증여받는 것을 조건으로 기본재산이 확보되지 않은 재단법인의 설립을 허가할 수 있는지 여부

A 기본재산이 명확하게 확보되지 않은 재단법인에 대하여 기본재산 확보를 조건으로 설립허가를 할 수 없고, 사단법인 해산으로 주무관청에 귀속되는 재산에 향후 동일 목적으로 갖고 설립되는 재단법인에 증여한다는 필수적 조건을 부가할 수도 없다.

2) 재산출연자의 유언(遺言)으로 재산을 출연하는 경우

재산출연자가 유언으로 비영리재단법인을 설립하는 경우 그 재산은 재산출연자의 사망으로 유언의 효력이 발생하는 때부터 법인의 재산으로 된다(「민법」 제47조 제2항 및 「민법」 제48조 제2항). 다만, 출연재산이 부동산인 경우에는 법인설립등기 이외에 '비영리재단법인 명의로 부동산이전등기'를 해야 제3자에게 재산을 비영리재단법인에 출연하였음을 주장할 수 있으며(「민법」 제186조, 대법원 1993. 9. 14. 선고 93다8054 판결), 재산출연자와 비영리재단법인의 관계에서 부동산이전등기 없이 부동산에 대한 소유권을 법인이 주장할 수 있다(「민법」 제187조).

[발기인 인적사항 기재 서식]

발 기 인 인 적 사 항

성 명 (한 자)	주민등록 번 호	주 소 (우편번호)	주 요 약 력	연락처(☎)
홍길동 (洪吉東)		서울 종로구 계동 123번지 (123~456)	○(현) ○(전) ○(전)	
			○ ○ ○	
			○ ○ ○	
			○ ○ ○	
			○ ○ ○	
			○ ○ ○	

작성자 : 재단법인 ○○○○ 발기인 대표 ○○○ (날인 또는 서명)

주) 약력은 가급적 법인의 목적사업과 관련된 것을 중심으로 3~4개 정도를 적고 전 · 현직 여부를 표시

(3) 명칭 정하기

비영리재단법인의 사업목적을 정한 후에는 설립할 법인의 명칭을 정해야 하는데, 법인의 명칭은 사업목적을 나타낼 수 있는 명칭을 정해야 하고, 설립할 법인의 명칭이 기존의 법인의 명칭과 동일한지 여부도 확인해야 한다.

> ▶ 참고 - 동일명칭의 확인 방법
> 1. 대법원 인터넷등기소(http://www.iros.go.kr)에 접속한다.
> 2. '법인등기' → '열람' 선택 → '상호로 검색'에서 '전체등기소' 선택 → 법인종류에서 설립할 법인의 종류로 검색→ '상호' 검색

(4) 재단법인의 정관작성

'정관'이란, 민법 제40조 및 제43조 규정에 따라 재단법인의 조직형태, 운영방법 및 사업 활동 등에 관한 기본적인 사항을 규정한 최고의 자치법규를 말한다. '정관'은 단체의 기본규범에 해당하는 것으로 단체활동의 근거가 되므로 반드시 구비되어야 한다. 한편, 재단법인에 있어서 설립행위는 곧 법인의 정관의 작성을 일컫는 것이지만, 재단법인에 있어서 설립행위란 법인의 정관의 작성과 함께 재산의 출연을 의미한다. 설립자가 정관을 작성할 경우 그 곳에 기명날인을 하여야 하며, 이는 요식행위이기 때문에 만일 설립자의 기명날인이 없는 정관의 경우에는 그 효력이 없다.

(가) 정관의 기재사항

정관에는 반드시 기재하여야 하는 사항인 '필수적 기재사항'과 그렇지 않은 '임의적 기재사항'이 있다. 필수적 기재사항 중 한 가지라도 누락되면 정관 전체가 무효가 되며 임의적 기재사항은 기재하지 않아도 정관 자체의 효력에는 영향이 없지만 기재하지 않으면 그 사항에 대해서 법률상의 효력이 발생하지 않게 된다.

1) 필요적 기재사항

비영리재단법인의 경우 아래 소정의 필요적 기재사항은 정관에 반드시 기재되어야만 하고(민법 제40조), 그 중 하나라도 빠지면 정관으로서의 효력이 생기지 않아 주무관청으로부터 법인설립의 허가를 받을 수 없게 된다.

① 목적 : 법인의 사업목적을 기재하여야 하며, 목적사업은 영리 아닌 사업이어야 하며, 사업목적을 구체적으로 기재하여야 한다. 여기서의 목적사업은 법인설립허가 신청 시 제출한 사업계획서 등에 기재된 목적사업을 의미한다. 다만, 비영리재단법인이 비영리사업의 목적 달성에 필요한 수익사업을 영위하는 경우에는 관할세무서에 사업자등록 및 수익사업 개시신고 등을 해야 한다.

② 명칭 : 법인의 명칭을 기재한다. 여기서 명칭은 재단법인의 경우 재단법인이라는 단어 앞이나 뒷부분에 '0000 재단법인 또는 재단법인 0000'과 같은 것을 말한다. 이는 되도록 목적사업을 특정될 수 있는 단어를 사용하는 것이 좋고, 명칭을 정할 때에는 반드시 기존 법인의 명칭과 동일한지 여부를 확인하여야 한다.

③ 사무소의 소재지 : 법인의 사무소가 두개 이상인 때에는 모두 기재하고 주된 사무소를 정해야 한다.

> 사무소 소재지 기재 시에는 실무적으로 도로명과 건물번호, 건물명, 호수까지 모두 기재함이 타당하다.

④ 자산에 관한 규정 : 자산의 종류 · 구성 · 관리 · 운용방법 · 회비 등에 관한 사항을 기재한다.

⑤ 이사의 임면에 관한 규정 : 이사의 임면의 방법을 정하여 기재하되, 그 방법에는 제한이 없다. 총회의 의결에 의하지 않는 선임방법을 정하거나 구성원이 아닌 사람을 이사에 임면할 것을 기재하여도 상관없다.

2) 임의적 기재사항

위의 사항 이외의 사항도 정관에 기재할 수 있고, 정관에 기재된 사항들 모두는 법인이 지켜야 할 사항이며, 설립자가 그 명칭, 사무소 소재지 또는 이사 임면의 방법을 정하지 않고 사망한 때에는 이해관계인 또는 검사의 청구에 의하여 법원이 이 사항들을 정한다(「민법」 제44조). 비영리재단법인은 설립자(재산출연자)가 정관을 작성하여 기명날인하면 정관은 확정된다.

표준 정관 (재단법인)

제1장 총칙

제1조 (명칭) 이 법인의 명칭은 '재단법인 ○○○○'라 한다.

제2조 (목적) 이 법인은 공익적 사회서비스 확충 및 취약계층의 삶의 질 향상과 사회통합에 기여함을 목적으로 한다.

제3조 (사업) 이 법인은 제2조의 목적을 달성하기 위하여 다음 각 호의 사업을 수행한다.

1. 취약계층 및 일반환자, 노인, 장애인을 대상으로 한 간병서비스 제공사업
2. 간병인 양성을 위한 교육 및 지원사업
3. 노인요양과 관련한 시설 운영 및 보조기구 제공사업
4. 홍보, 모금, 조사연구사업
5. 요양용품 대여 및 유통판매사업
6. 기타 재단의 목적당성을 위하여 이사회에서 필요하다고 의결하는 사업

제4조 (사무소의 소재지) 이 법인의 주된 사무소는 ○○시에 두며, 필요에 따라 국내,외에 분사무소를 둘 수 있다.

[사례1]	① 본회의 사무소는 서울특별시 ○○구 ○○동 ○○로에 둔다. ※ 분사무소(지부)가 설치되어 있지 않거나 앞으로 설치할 계획이 없는 경우에 해당한다.
[사례2]	본회의 사무소는 서울특별시에 두며 필요한 곳에 분사무소(지부)를 설치할 수 있다. ※ 법인을 설립하고 나서 앞으로 분사무소(지부)를 설치하고자 하는 경우에 해당한다. 이 경우 분사무소(지부)를 설치한 후에는[사례3]또는[사례4]와 같이 소재지를 명기한 정관변경을 하여야 한다.
[사례3]	① 본회의 사무소는 서울특별시 ○○구 ○○동 ○○로에 둔다. ② 본회의 분사무소(지부)는 다음 지역에 둔다. 　1. 서울지부 : 서울특별시 ○○구 ○○동 ○○로 　2. 부산지부 : 부산광역시 ○○구 ○○동 ○○로 ※ 주된 사무소의 소재지와 분사무소의 명칭 및 소재지를 정확하게 명기할 필요가 있는 법인의 경우에 해당한다.

[사례4]	본회의 주된 사무소는 서울특별시에 두고 서울특별시, 부산광역시, 대구광역시, 경기도, 강원도, 전라남도, 경상북도에 분사무소(지부)를 설치한다. ※ [사례3], [사례4]는 법인을 설립할 당시 이미 분사무소(지부)까지 설치한 법인과 기존 법인 중에서 분사무소(지부)가 설치된 법인의 경우에 해당한다.

제5조 (법인의 이익) 이 법인은 목적사업과 수익사업에서 얻은 이익을 이사나 출연자, 연계기업 등 특정인에게 귀속시킬 수 없다.

제6조 (차별대우의 금지) 이 법인은 목적사업을 수행함에 있어서 특별한 사정이 없는 한 수혜자의 출생지, 출신학교, 직업, 기타 사회적 신분 등에 의하여 부당하게 차별하여서는 아니 된다.

제2장 임원

제7조 (임원의 종류와 정수)

① 이 법인은 다음 각 호의 임원을 둔다.

  1. 이사장 1인

  2. 이사 5인 (이사장 포함)이상 10인 이내

  3. 감사 1인 이상 2인 이내

② 근로자 대표 1인과 관련단체에서 추천하는 전문가 1인 이상을 반드시 이사로 선임한다.

註) 근로자 대표(또는 서비스수혜자)등 이해관계자가 반드시 법인의 의사결정에 참여하는 구조를 두어야 하는데 단순히 자문역할을 하는 수준보다는 이사로 참여하여 직접적인 의사결정에 관여하도록 하는 것이 바람직함

[사례 - 상임이사를 두는 경우]	① 법인의 목적사업을 전담하게 하기 위하여 상임이사를 둘 수 있다. ② 상임이사는 이사회의 의결을 거쳐 이사장이 이사 중에서 선임한다. ※상임이사를 두지 않는 경우에는 이 규정은 필요 없음

제8조 (임원의 임기)

① 임원의 임기는 다음 각 호와 같다.

  1. 이사의 임기는 3년으로 하되, 연임할 수 있다.

  2. 이사장의 임기는 이사 재임기간으로 하되, 연임할 수 있다.

  3. 감사의 임기는 2년으로 하되 연임할 수 있다.

② 임원의 임기 중 결원이 생긴 때에는 2월 이내에 이사회에서 보선하고, 보선에 의하여 취임한 임원의 임기는 전임자의 잔여기간으로 한다.

제9조 (임원의 선임방법)

① 이사 및 감사는 이사회의 의결로 선임한다.

② 이사장은 이사 중에서 호선한다.

③ 임원의 선임은 임기만료 2개월 전까지에 하여야 하며, 늦어도 임기개시 1개월 전까지 노동부장관에게 취임승인을 신청하여야 한다.

제10조 (임원의 직무)

① 이사장은 법인을 대표하고 이사회의 의장이 된다.

② 이사는 이사회에 출석하여 법인의 업무에 관한 사항을 심의, 의결한다.

③ 감사는 다음 각 호의 업무를 집행한다.

  1. 법인의 재산상황의 감사 및 이사의 업무집행의 상황에 대한 감사

  2. 재산상황 또는 업무집행에 관하여 부정 또는 불비한 사항이 있음을 발견한 때에는 이사회에 그 시정을 요구하거나 주무관청에 보고 하여야 한다.

  3. 제2호의 이사회에의 시정요구나 주무관청에 보고를 위하여 필요한 경우 이사회 소집을 요구할 수 있다.

제11조 (이사장의 직무대행) 이사장이 부득이한 사유로 직무를 수행할 수 없는 때에는 재적이사 중 이사장이 지명한 이사가 이사장의 직무를 대행한다.

[사례 1]	① 이사장이 사고가 있을 때에는 이사장이 지명하는 이사가 이사장의 직무를 대행한다. ② 이사장이 궐위되었을 때에는 이사회에서 선출된 이사가 이사장의 직무를 대행한다. ③ 제2항의 규정에 의한 이사회는 재적이사 과반수의 이사가 소집하고 출석이사 중 최연장자의 사회아래 출석이사 과반수의 찬성으로 이사장의 직무대행자를 선출한다. ④ 제2항의 규정에 의하여 이사장의 직무를 대행하는 이사는 지체 없이 이사장 선출의 절차를 밟아야 한다.
[사례2]	① 이사장이 사고가 있을 때에는 이사장이 지명하는 이사가 이사장의 직무를 대행한다. ② 이사장이 궐위되었을 때에는 이사 중에서 연장자 순으로 이사장의 직무를 대행한다. ③ 제2항의 규정에 의하여 이사장의 직무를 대행하는 이사는 지체 없이 이사장 선출의 절차를 밟아야 한다.

제12조 (임원의 대우 및 보수) 비상임 임원에게는 보수를 지급하지 아니한다. 다만, 업무수행에 필요한 회의수당, 여비 등 실비에 대하여는 예산의 범위 안에서 이를 지급할 수 있다.

제13조 (임원선임의 제한)

① 재적이사의 과반수 이상은 대한민국 국민으로 한다.

② 다음 각 호의 1에 해당하는 자는 임원이 될 수 없다.

  1. 미성년자

  2. 금치산자 또는 한정치산자

  3. 파산선고를 받고 복권되지 아니한 자

  4. 금고이상의 형의 선고를 받고 그 집행이 종료되거나 집행을 받지 아니하기로 확정된 날로부터 3년이 경과하지 아니한 자

  5. 설립허가가 취소된 법인의 임원으로서 법인의 설립허가가 취소된 날로부터 2년이 경과하지 아니한 법인의 임원

  6. 기타 관계 법령에 의하여 법인의 임원이 될 자격이 없는 자

③ 이사회의 구성에 있어서 각 이사 상호간에 민법 제777조에 규정된 친족관계나 처의 3촌 이내의 혈족관계가 있는 자가 이사 정수의 과반수를 초과하여서는 아니 된다.

④ 감사는 감사상호간 또는 이사와 민법 제777조에 규정된 친족관계나 처의 3촌 이내의 혈족관계가 있는 자가 아니어야 하며, 법률 및 재무회계 관련 경력이 있는 자로 선임한다.

제14조 (임원의 퇴임 및 해임)

① 임원이 제8조에 의해 연임되지 않았을 때에는 당연히 퇴임한다.

② 임원이 다음 각 호에 해당하게 된 때에는 임기 중이라도 재적이사 과반수 찬성에 의한 이사회의 의결로 해임할 수 있다.

  1. 법령, 정관 또는 규정을 위반하여 법인의 업무에 중대한 지장을 초래한 때

  2. 고의 또는 중대한 과실로 법인에 중대한 손실을 초래하였거나 직무상의 의무를 위반한 때

  3. 신체 또는 정신상의 장애로 임원으로서의 직무를 수행할 수 없게 되었을 때

제3장 이사회

제15조 (설치 및 구성)

① 법인의 중요사항을 심의·의결하기 위하여 이사회를 둔다.

② 이사회는 이사장 및 이사로 구성한다.

제16조 (이사회의 소집)

① 이사장은 이사회를 소집하고, 그 의장이 된다.

② 이사회는 정기이사회와 임시이사회로 나눈다.

③ 정기이사회는 매 사업연도 개시 후 2개월 이내에 소집하며 임시이사회는 다음 각 호의 1에 해당하는 경우에 소집한다.

  1. 이사장이 필요하다고 인정할 때

  2. 재적이사 3분의 1이상이 회의목적을 명시하여 서면으로 요구한 때

  3. 제10조 제3항 제3호의 규정에 의하여 감사가 소집을 요구한 때

④ 본 조 제3항 제2호 또는 제3호의 규정에 의한 소집요구가 있을 때에는 이사장은 그 요구가 있는 날로부터 20일 이내에 이사회를 소집하여야 한다.

⑤ 이사회를 소집할 때에는 적어도 소집 5일전까지 회의 개최 목적 사항을 명시하여 그 뜻을 이사 및 감사에게 통지하여야 한다. 다만, 이사 전원의 사전 동의가 있을 때에는 본 조의 규정에 의한 절차 없이 이사회를 소집할 수 있다.

[사례1]	① 이사회는 정기이사회와 임시이사회로 구분하며, 이사장이 이를 소집한다. ② 정기이사회는 매 회계연도 개시 1월전까지 소집하며, 임시이사회는 이사장이 필요하다고 인정할 때에 소집한다. ③ 이사회의 소집은 이사장이 회의 안건 · 일시 · 장소 등을 명기하여 회의 개시 7일전까지 문서로 각 이사 및 감사에게 통지하여야 한다. ④ 이사회는 제3항의 통지사항에 한해서만 의결할 수 있다. 다만, 재적이사 전원이출석하고 출석이사 전원이 찬성할 때에는 통지하지 아니한 사항이라도 이를 부의하고 의결할 수 있다.
[사례2]	① 이사회는 이사장이 필요하다고 인정할 때에 이사장이 소집한다. ② 이사회의 소집은 이사장이 회의 안건 · 일시 · 장소 등을 명기하여 회의 개시 7일전까지 문서로 각 이사 및 감사에게 통지하여야 한다. ③ 이사회는 제2항의 통지사항에 한해서만 의결할 수 있다. 다만, 재적이사 전원이 출석하고 출석이사 전원이 찬성할 때에는 통지하지 아니한 사항이라도 이를 부의하고 의결할 수 있다.

[사례 - 이사회 소집의 특례]	① 이사장은 다음 각 호의 1에 해당하는 소집 요구가 있을 때에는 그 소집요구일로부터 20일 이내에 이사회를 소집하여야 한다.
	  1. 재적이사 과반수가 회의의 목적을 제시하여 소집을 요구한 때
	  2. 제11조 제3항 제4호의 규정에 의하여 감사가 소집을 요구한 때
	② 이사회 소집권자가 궐위되거나 이를 기피함으로써 7일 이상 이사회 소집이 불가능할 때에는 재적이사 과반수의 찬성으로 소집할 수 있다.

제17조 (감사의 의견진술) 감사는 이사회에 출석하여 의견을 진술할 수 있다.

제18조 (심의·의결사항) 이사회는 다음 각 호의 사항을 심의 · 의결한다.

1. 법인의 예산, 결산, 차입금 및 자신의 취득 · 처분과 관리에 관한 사항

2. 정관의 변경에 관한 사항

3. 법인의 합병, 해산 및 잔여재산 처분에 관한 사항

4. 임원의 임면에 관한 사항

5. 주요사업계획 수립 및 변경에 관한 사항 등 법인의 기본운영방침에 관한 사항

6. 직제규정, 인사규정, 복무규정, 보수규정, 회계규정 등 제 규정의 제정과 개정에 관한 사항

7. 제4조 제2항의 규정 외 신규 수익사업에 관한 사항

8. 분사무소 설치 · 운영 등에 관한 사항

9. 기타 이사장 또는 이사 3분의 1이상이 필요하다고 인정하여 부의하는 안건

제19조 (이사회의 개회와 의결정족수) 이사회는 이 정관에서 따로 정하는 사항을 제외하고는 재적이사 과반수의 출석으로 개회하고 출석이사 과반수의 찬성으로 의결한다. 다만, 가부동수인 경우에는 이사장이 결정한다.

[사례]	① 이사회는 재적이사 과반수의 출석으로 개의하고 출석이사 과반수의 찬성으로 의결한다. 다만, 가부동수인 경우에는 의장이 결정한다. ② 이사회의 의결권은 위임할 수 없다.
[사례 – 이사회의결 제척사유]	임원이 다음 각 호의 1에 해당하는 때에는 그 의결에 참여하지 못한다. 1. 임원의 선출 및 해임에 있어 자신에 관한 사항을 의결할 때 2. 금전 및 재산의 수수 또는 소송 등에 관련되는 사항으로서 자신과 법인의 이해가 상반될 때

제20조 (의결제척사유) 이사가 다음 각 호의 1에 해당하는 때에는 그 의결에 참여하지 못한다.

1. 임원의 선임 및 해임에 있어 자신에 관한 사항을 의결할 때

2. 금전 및 재산의 수수를 수반하는 사항으로서 법인과 당해 임원의 이해가 관계될 때

제21조 (회의록의 작성·비치 등)

① 이사장은 이사회의 회의에 관하여 회의록을 작성 · 비치하여야 한다.

② 회의록에는 회의일시, 회의장소, 토의내용 및 의결사항을 기재하고 출석한 이사가 각 서명 또는 기명날인하여야 한다.

제22조 (자문위원회)

① 이 법인의 사업과 운영에 관하여 자문을 하기 위해 자문위원회를 둘 수 있다.

② 자문위원은 법인의 사업과 관련한 이해관계자(피고용인, 서비스 수혜자, 공익분야 대표 등) 및 전문가로 구성한다.

③ 자문위원회는 연 2회 이상 개최하며, 위원장은 이사 중에서 이사장이 지명한다.

④ 자문위원회는 이 법인의 사업계획 및 집행사항에 대한 자문의견을 심의, 의결하며 이사회는 자문위원회의 의결사항을 반영하도록 노력하여야 한다.

제4장 사무국 및 직원

제23조 (사무국)

① 이 법인에 그 직무를 집행하기 위하여 사무국을 둔다.

② 사무국에는 사무국장이 집행업무를 총괄하고 기타 필요한 부서 및 직원을 둔다.

③ 사무국의 조직과 운영에 관한 세부사항은 이사회의 의결을 거쳐 별도의 규정으로 정한다.

제24조 (종사자의 구성 및 임면)

① 법인의 직원은 이사회의 의결을 거친 인사규정이 정하는 바에 따라 이사장이 임면한다.

② 법인 직원의 인사, 보수 및 복무에 관한 세부사항은 이사회의 의결을 거쳐 별도의 규정으로 한다.

제5장 재산 및 회계

제25조 (재산의 구분)

① 법인의 재산은 기본재산과 보통재산으로 구분한다.

② 기본재산은 법인의 목적사업 수행에 관계되는 재산으로서 다음 각 호의 1에 해당하는 재산을 한다. 설립 당시의 기본재산은 별지목록 1과 같다.

  1. 설립시 기본재산으로 출연한 재산

  2. 정부 국내외의 단체 또는 개인으로부터 무상으로 양여 또는 기부 받은 현금, 토지, 건물 등. 다만, 이사회에서 기본재산으로 편입하기가 부적당하다고 의결한 재산은 예외로 한다.

  3. 보통재산 중 이사회에서 기본재산으로 편입할 것을 의결한 재산

  4. 세계(歲計) 잉여금 중 적립금

③ 보통재산은 법인이 출연한 기본재산 중 제2항의 규정에 의한 기본재산 이외의 일체의 재산을

말한다.

제26조 (재산의 관리)

① 법인은 재산의 증감내역을 기본재산과 보통재산으로 구분하여 관리하여야 한다.

② 기본재산을 매도, 증여, 임대, 담보, 교환하거나 의무부담 또는 권리의 포기를 하고자 할 때에는 이사회의 의결을 거쳐 주무장관의 허가를 받아야 한다.

③ 법인이 매수, 기부체납, 기타 방법으로 재산을 취득할 때에는 지체 없이 이를 법인의 재산으로 편입하여야 한다.

④ 기본재산 및 보통재산의 유지보존 및 기타 관리에 관하여 기타 필요한 사항은 본 조에서 규정한 사항을 준수하는 범위 내에서 이사회의 의결을 거쳐 이사장이 정하는 바에 의한다.

제27조 (경비의 조달방법 등)

① 법인의 설립, 운영에 필요한 경비는 다음 각 호의 재원으로 충당한다.

  1. 기부자에 의한 출연금, 기부금

  2. 재산에서 발생하는 과실

  3. 사업수익금

  4. 전년도 이월금

  5. 기타 수익금

② 이 법인의 목적사업을 위해 이사회 의결을 거쳐 외부단체의 출자나 융자를 받을 수 있다.

제28조 (회계의 구분)

① 법인의 회계는 목적사업 회계와 수익사업 회계로 구분한다.

② 수익사업 회계는 기업회계방식에 의하여 처리함을 원칙으로 한다.

③ 법인의 회계에 관한 세부사항은 별도의 규정으로 정한다.

제29조 (회계연도) 법인의 회계연도는 정부의 회계연도에 따른다.

제30조 (수익금의 처리) 수익금은 출연자에게 배분하지 않으며 목적사업에 재투자하거나 사업확대, 안정화를 위해 별도로 적립할 수 있다.

제31조 (사업계획 및 수지예산서 등 제출)

① 법인의 다음 사업연도의 사업계획 및 수지예산서를 이사회의 의결을 거쳐 매 사업연도 종료 후 2월 이내에 주무장관에게 제출하여야 한다.

② 법인의 당해 사업연도의 사업실적, 수지결산서 및 당해 사업연도 말 현재의 재산목록을 이사회의 의결을 거쳐 매 사업연도 종료 후 2월 이내에 주무장관에게 제출하여야 한다.

제32조 (회계 및 업무감사) 감사는 연1회 이상 회계 및 업무감사를 실시하고, 감사결과를 이사회에 보고하여야 한다.

제6장 보칙

제33조 (정관의 변경) 이 정관을 변경하고자 할 때에는 재적이사 3분의 2 이상의 찬성으로 의결하여 주무장관의 허가를 받아야 한다.

제34조 (예규 · 규칙 등의 제정) 제21조 제6호의 제 규정의 시행에 필요한 사항이나 기타 법인의 운영상 필요한 경미한 사항은 이사회의 결의에 의하여 내부 예규나 규칙 등으로 정할 수 있다.

제35조 (해산)
① 법인을 해산하고자 할 때에는 재적이사 3분의 2 이상의 찬성으로 의결하고 주무장관에게 신고하여야 한다.
② 청산의 경우 청산인은 이사 중에서 이사회에서 선출하여 주무장관의 승인을 받아야 한다.

제36조 (잔여재산의 귀속) 이 법인이 해산하였을 때의 잔여재산은 이사회의 의결을 거쳐 주무장관의 허가를 얻어 귀속대상을 결정하되, 국가, 지방자치단체 또는 유사한 목적을 수행하는 비영리법인으로 귀속시킨다.

제37조 (공고 및 그 방법) 법령의 규정에 의한 사항과 법인의 명칭 또는 사무소 소재지 변경에 대하여는 한국경제신문 등에 공고한다.

부칙

제1조 (시행일) 이 정관은 주무장관의 허가를 받은 날부터 시행한다.

제2조 (사업연도) 법인의 설립 후 최초로 개시되는 사업연도는 설립 등기일부터 당해연도 말까지

로 한다.

위 재단법인 ○○○○을 설립하기 위하여 본 정관을 작성하고 설립위원 전원이 이에 기명날인 또는 서명한다.

년　월　일

설립위원장　○　○　○
설립위원　○　○　○
○　○　○
○　○　○
○　○　○
○　○　○

(별지)　　기본재산 목록

(5) 기관의 구성

[재단법인의 기구]

(가) 기관의 개념

1) 기관의 개념

법인이 의사를 결정하고, 그 의사에 의거하여 외부에 대하여 행동하며, 내부의 사무를 처리하기 위해서는 일정한 조직이 필요한데, 이 조직을 이루는 것이 법인의 「기관」이다. 여기에는 의사결정기관, 의사집행기관, 감독기관 등이 존재한다. 기관은 법률상 반드시 두어야 하는 필요기관과 둘 수도 있는 임의기관으로 나뉜다. 대표기관이자 집행기관인 「이사」는 모든 법인이 두어야 하는 필요기관이지만, 이사의 감독기관인 「감사」는 민법상 법인에는 임의기관이다(다만, 공익법인법상 공익법인에는 필요기관이다). 법인의 최고의사결정기관인 「사원총회」는 재단법인에게는 필요기관이지만, 재단법인에는 성질상 존재하지 아니한다.

2) 기관구성을 위한 임원의 선임 등

'임원'이란, 어떤 단체에 소속하며 그 단체의 중요한 일을 맡는 사람으로서 비영리재단법인의 경우 임원은 이사와 감사를 말한다.

가) 임원의 선임

임원은 법인의 재산을 관리하고 설립취지에 따라 계획된 비영리사업 수행에 최선을 다하는 사람으로 비영리사업을 객관적이고 공정하게 수행할 수 있는 사람을 선임한다. 이러한 임원 선임 또는 해임은 정관이 정한 바에 따른다.

나) 결격사유

공익법인과 사회복지법인 등의 경우에는 임원선임과 관련해 결격사유를 규정하고 있다(「공익법인의 설립·운영에 관한 법률」 제5조 제6항 및 「사회복지사업법」 제19조).

- 미성년자, 금치산자 또는 한정치산자
- 금고 이상의 형을 선고받고 집행이 종료되거나 집행 받지 않기로 확정된 후 3년이 경과되지 않은 사람 등

다) 임원의 선출 및 임기

이사와 감사는 이사회에서 선출하며, 임기 종료 전에 임원을 해임하고자 하는 경우 이사회의 의결을 거쳐야 하며 정관이 정하는 바에 따라 새로 선임된 임원의 임기는 전임자의 잔여기간으로 한다. 한편, 임원의 임기와 중임 또는 연임 여부는 정관이 정한 바에 따른다.

> 〈서울고법 990119 98나21603공2001. 1. 15[122],113〉
> 재단법인의 정관에 회장의 중임을 금지하는 규정만 두고 있을 뿐 전임자의 궐위로 인하여 선임된 이른바 보선회장을 특별히 중임제한 대상에서 제외한다는 규정을 두고 있지 않는 경우, 중임이 제한되는 회장에는 보선회장도 포함되는 것으로 해석함이 상당함

라) 임원의 변경과 등기

임원 중 이사의 변경 등이 있는 경우에는 정관의 규정에 따라 이사회의 의결을 거쳐 변경할 수 있는데, 이러한 이사의 변경이 있는 경우 그 변경사항을 등기해야 한다(민법 제52조). 한편, 주무관청에 따라서는 임원을 교체하여 선임(選任)한 경우에 임원 선임보고를 의무화하는 규정을 두는 경우도 있으니 (예, 「감사원 소관 비영리법인의 설립 및 감독에 관한 규칙」 제8조) 그에 면밀한 확인이 요구된다.

> 감사원 소관 비영리법인의 설립 및 감독에 관한 규칙 제8조(임원선임의 보고 및 승인 등)
> 법인이 임원을 교체하여 선임(選任)한 때에는 지체 없이 제3조 제6호의 서류와 임원 교체선임을 결의한 총회 또는 이사회의 회의록을 첨부하여 감사원에 보고하고 승인을 받아야 한다. 다만, 재선임된 임원에 대해서는 제3조 제6호의 서류를 제출하지 아니한다.

이렇듯 임원 중 이사에 관한 변경사항이 있는 경우 그 변경사항에 대하여 등기해야만 제3자에 주장할 수 있다. 즉 대항력이 생기는 것이다(민법 제52조). 즉, 임원에 관한 개선(改選)으로 i) 기존의 임원이 퇴임, ii) 새로운 임원의 취임, iii) 임원의중임, iv) 임원 대표권의 제한 등의 임원에 관한 변경사항이 있는 경우에는 그 변경사항에 대해 등기를 해야 제3자에게 주장할 수 있는 것이다. 또한, 임원변경으로 이사의 정수에 변동이 발생하는 경우가 많으므로, 임원변경을 이유로 변경등기를 하는 경우에는 이사의 정수를 확인하기 위해 정관을 제출하여야 한다.

마) 임원의 퇴임

임원의 퇴임 등기는 이사가 사임하거나 이사의 해임, 이사의 사망 또는 그 밖의 결격사유가 발생하는 경우에 퇴임한 이사의 성명과 퇴임사유 등을 기재하여 임원의 퇴임등기를 한다.

① 이사 사임의 경우

이사의 사임으로 임원의 퇴임등기를 하는 경우에는 사임의 의사를 확인하는 사임서 및 인감증명서등을 첨부하여 법인 변경등기 신청서를 법원에 제출하여야 한다.

사 임 서

사단(재단)법인 ○○○○ 귀하

본인은 사단(재단)법인 ○○○○에 20 년   월   일부터 20 년   월   일까지 이사로 있었으며, ○○○○를 사유로 사단(재단)법인 ○○○○ 이사직을 사임합니다.

또한, 사단(재단)법인 ○○○○의 모든 권리와 책임을 포기합니다.

20 년   월   일

주 소 :

성 명 :   (인)

주민등록번호 :

[법인 변경등기 신청서]

사단(재단)법인변경등기신청

접수	년 월 일 제 호	처리인	접 수	조 사	기 입	교 합	각종통지

명 칭		등기번호	

주사무소	
등 기 의 목 적	이사 등의 변경등기
등 기 의 사 유	20○○년 ○월 ○일 이사(감사) ○○○이 사임하고 20○○년 ○월 ○일 주주총회에서 다음 사람이 이사(감사)로 선임되어 같은 날 취임을 승낙하여 취임하였으므로 다음사항의 등기를 구함
등기연월일	20 년 월 일

등 기 할 사 항	
대표이사 · 이사 등의 퇴임 · 취임 · 대표권 등과 그 연월일	이사 ○○○ 취임(기재예) 주민등록번호 : 주소 : 이사 ○○○ 퇴임(기재예) 주민등록번호 : 주소 : 이사 ○○○외에는 대표권 없음(기재예) 주민등록번호 : 주소 :
기 타	

등록세/수수료				
과세표준액	금 원	등록세	금	원
교육세	금 원	농어촌특별세	금	원
세액합계	금 원	등기신청수수료	금	원

첨 부 서 면			
1. 사원총회의사록(해임, 선임 등의 경우)	통	1. 취임승낙서(인감증명서 포함)	통
1. 사임서(인감증명서포함)	통	1. 주민등록표등(초)본(선임한 경우)	통
1. 가족관계 등록사항별 증명서(사망한 경우)	통	1. 정관(필요한 경우)	통
1. 판결 또는 결정등본 및 확정증명원 (파산, 금치산선고 등)	통	1. 등록세영수필확인서	통
		1. 위임장(대리인이 신청할 경우)	통
		〈기 타〉	

년 월 일

신청인 상 호

(용지규격 21㎝× 29.7㎝)

② 이사 해임의 경우

이사의 해임으로 임원의 퇴임등기를 하는 경우에는 법인 변경등기 신청서와 함께 해임을 증명하는 서면을 제출해야 하며, 이때 해임을 증명하는 사원총회의사록을 첨부해야 되고 그 의사록은 공증을 받아야 한다(「공증인법」 제66조의2제1항).

〈대법원 1995.7.25 선고 95누2883 판결〉
민법 제32조, 제37조, 제40조 제5호, 제42조 제2항, 제43조, 제45조 제3항 규정들을 종합하여 보면, 비영리법인인 재단법인의 이사 임면에 관한 규정을 주무관청이 검토하여 법인설립 또는 정관변경을 허가할 것인지 여부를 결정하도록 하여 재단법인에 대한 주무관청의 감독의 실효를 올리도록 한 법의를 찾아볼 수 있고, 따라서 법인의 이사와 감사의 임면에 있어 주무관청의 인가 또는 승인을 요한다는 취지의 정관의 규정이 있을 때에는 주무관청은 민법의 이사 임면에 관한 정관규정의 당·부당을 검토하므로, 재단법인을 일반적으로 감독하는 권한을 정관의 규정에 의하여 구체적인 이사와 감사의 임면에 대하여 확장하였다고 보는 것이 타당하다.

사원총회(이사회)의사록

1. 개최일시 20○○년 ○월 ○일 ○○시
2. 개최장소 ○○시 ○○구 ○○동 ○○번지 회의실
3. 총 사원(이사)수 ○○○명
4. 출석사원(이사)수 ○○명

    본인출석 ○○명

    위임출석 ○명

의장인 이사 ○○○는 정관규정에 따라 의장석에 등단하여 위와 같이 법정수에 달하는 사원(이사)이/가 출석하였으므로 본 총회(이사회)가 적법하게 성립되었음을 알리고 개회를 선언한 후, 사전에 통지한 의안이 다음 의안을 부의하고 심의를 구하다.

제1호 의안 ○○○○건

의장은 ○○○○○○○○○○○○○○○를 이유로 할 필요가 있음을 설명하고 그 찬·반여부를 물으니 전원이 이의 없이 찬성하여 만장일치로 그에 대해 승인을 가결하다.

20○○년 ○월 ○일

사단(재단)법인 ○○○○○

○○시 ○○구 ○○동 ○○번지

의장이사 ○○○ (인)

이사　　○○○ (인)

이사　　○○○ (인)

③ 이사 사망의 경우

이사의 사망으로 퇴임하는 경우에는 사망사실을 기재한 가족관계 등록사항별 증명서와 법인변경등기신청서를 법원에 제출해야 한다.

④ 이사의 파산 등의 경우

이사가 파산, 금치산선고 또는 형의 선고 등으로 퇴임하는 경우에는 그 결격사유를 증명하는 판결 및 결정등본 등을 법인 변경등기 신청서와 함께 법원에 제출해야 한다.

바) 임원의 취임

기존 이사의 임기 만료 등으로 새로이 이사를 선임하는 경우 취임한 이사의 성명, 주민등록번호와 취임취지 및 등기연월일을 기재하여 임원취임등기를 한다. 이사의 취임등기를 위해 서는 다음과 같은 서류를 준비하여 제출하여야 한다.

• 법인의 변경등기 신청서
• 이사를 선임한 공증 받은 사원총회의사록
• 취임승낙서(사원총회의사록에 취임을 승낙한 취지가 기재되어 있고 취임예정자가 그 의사록에 날인한 경우에는 취임승낙서를 별도로 첨부하지 않아도 됨)
• 취임승낙자의 인감증명서 및 인감 제출
• 주민등록번호 또는 생년월일을 증명하는 서면

등을 함께 제출한다.

재단법인 이사의 임기 기산일
– 제정 1993. 11. 29. [등기선례 제4-881호, 시행]

재단법인의 이사의 임기 기산일은 그 취임일자로 부터 기산하여야 하며 재단법인은 설립등기를 함으로써 설립하는 것으로(법인의 설립요건)되어 있으므로(민법 제33조) 설립당시의 이사의 임기는 설립등기일로 부터 기산하여야 한다(1993. 11. 29. 등기 제2989호 질의회답).

참조조문 : 민법 제49조, 공익법인의설립·운영에관한법률 제3조, 제5조

사원총회(이사회)의사록

1. 개최일시 20○○년 ○월 ○일 ○○시
2. 개최장소 ○○시 ○○구 ○○동 ○○번지 회의실
3. 총 사원(이사)수 ○○○명
4. 출석사원(이사)수 ○○명
     본인출석 ○○명
     위임출석 ○명

의장인 이사 ○○○는 정관규정에 따라 의장석에 등단하여 위와 같이 법정수에 달하는 사원(이사)이/가 출석하였으므로 본 총회(이사회)가 적법하게 성립되었음을 알리고 개회를 선언한 후, 사전에 통지한 의안이 다음 의안을 부의하고 심의를 구하다.

제1호 의안 ○○○○건

의장은 ○○○○○○○○○○○○○○○를 이유로 할 필요가 있음을 설명하고 그 찬·반 여부를 물으니 전원이 이의 없이 찬성하여 만장일치로 그에 대해 승인을 가결하다.

20○○년 ○월 ○일

사단(재단)법인 ○○○○○

○○시 ○○구 ○○동 ○○번지

의장이사 ○○○ (인)

이사　　○○○ (인)

이사　　○○○ (인)

[취임승낙서]

취 임 승 낙 서

사단(재단)법인 ○○○○ 이사장 (인)

설립자 ○○○ 귀하

본인은 금번 설립하는 사단(재단)법인 ○○○○의 이사(임기 ○년)에 취임할 것을 승낙합니다.

20 년   월   일

주소 :

주민등록번호 :

성명 :   (인)

사) 임원의 중임

① 중임등기

㉮ 원칙

이사의 임기가 만료된 후 재선되어 다시 이사로 취임하는 경우에도 법인 변경등기를 해야 한다. 다시 말해 동일인이 다시 취임하여 전임 임기만료일과 후임 임기개시일이 동일한 경우에도 이사의 임기가 연장되는 것이 아니라 이사의 지위가 새로 시작되기 때문에 취임등기와 퇴임등기를 해야 하는 것이다. 그러나 등기실무상 퇴임취지와 재취임취지를 중복기재하지 않고 중임의 취지를 기재하는 중임등기로 취임등기와 퇴임등기를 대신한다.

㉯ 예외

다만, 등기선례에 따르면, 임기 만료된 이사가 정관에 따라 후임자가 취임할 때까지 권리·의무를 행사하던 중에 재선되어 전임 임기만료일과 후임이사의 임기개시일이 서로 다른 경우에는 중임등기가 아닌 퇴임등기와 취임등기를 해야 한다.

② 이사의 임기만료 전 중임의 경우

이사의 임기만료 전에 중임되는 임기를 새로 시작해야 하는 경우에는 이사의 사임서를 받아 사임으로 인한 퇴임과 취임 등기를 하면 된다. 이 경우 다음과 같은 서류를 법원에 제출하여야 한다.

• 중임등기를 신청하기 위해서는 공증 받은 사원총회의사록
• 주민등록등본
• 인감 및 인감증명서
• 법인의 변경등기 신청서

등을 법원에 제출해야 한다.

아) 임원 대표권 제한 신설 등

이사의 대표권과 관련하여 그 제한규정을 신설하는 때에는 다음을 사항을 기재하여야 한다.

• 대표권 제한규정을 신설하는 취지
• 그 등기연월일
• 대표권 있는 이사의 성명과 주소

또한 대표권 제한 규정을 변경하는 때에는 다음의 사항을 기재하여야 한다.

- 변경된 대표권 있는 이사의 성명 · 주소
- 변경취지 및 그 연월일

그리고 대표권 제한규정을 폐지하는 때에는 다음의 사항을 기재해야 한다.

- 대표권 제한규정 폐지의 취지
- 그 등기연월일

따라서 대표권 제한규정의 신설, 변경 또는 폐지 등을 이유로 법인등기를 변경하는 경우에는 다음의 서류를 첨부하여 등기하여야 한다.

- 법인변경등기 신청서
- 공증 받은 사원총회의사록
- 정관변경에 따른 주무관청의 허가서

(나) 이사

1) 법인의 대표

이사는 대외적으로 법인을 대표하고(대표기관), 대내적으로 법인의 업무를 집행하는(업무집행기관), 상설적인 필요기관이다. 사단법인이든 재단법인이든 법인에는 반드시 이사를 두어야 한다(민법 제57조). 이사의 수에는 제한이 없으며, 정관에서 임의로 정할 수 있다. 또한 이사가 수인인 경우에는 정관에 다른 규정이 없으면 법인의 사무집행은 이사의 과반수로써 결정하며, 이사는 선량한 관리자의 주의로 그 직무를 행하여야 한다.

[서식 _ 임원취임 예정자 인적사항]

임원취임 예정자 인적사항

직위	성 명 (한 자)	주민등록 번 호	본 적 (호주성명 :)	주 소 (우편번호)	주요약력	임기	연락처 (☎)
이사장	홍길동 (洪吉東)		서울 종로구 명륜동 2가 123번지 (호주 : 홍길동)	서울 중구 계동 123번지 (123~456)	ㅇ(현) ㅇ(전) ㅇ(전)	4년	
					ㅇ ㅇ ㅇ		
					ㅇ ㅇ ㅇ		
					ㅇ ㅇ ㅇ		
					ㅇ ㅇ ㅇ		
					ㅇ ㅇ ㅇ		

작성자 : 재단법인 ㅇㅇㅇㅇ 발기인 대표 ㅇㅇㅇ (서명 또는 날인)

　　　　　재단법인 ㅇㅇㅇㅇ 출연자 ㅇㅇㅇ (서명 또는 날인)

주) 1. 본적과 호주는 공익법 제5조 제6항에서 규정하고 있는 임원의 결격여부를 본적지에 조회하기 위한 것이며, 이
　　　난의 기록이 없을 경우 호적등본 제출로 갈음할 수 있다.
　　2. 약력은 가급적 법인의 목적사업과 관련된 것을 중심으로 3~4개 정도를 적고, 전ㆍ현직 여부를 표시한다.

2) 이사의 집행권원

이사는 법인의 모든 내부적 사무를 집행한다(민법 제58조 제1항). 이사가 수인인 경우에는 정관에 다른 규정이 없으면 법인의 사무집행은 이사의 과반수로써 결정한다. 이사로 선임된 경우 이사는 다음과 같은 업무를 집행하여야 한다.

• 법인설립 허가 이후, 법인설립등기(「민법」 제33조),

• 재산목록의 작성 · 비치(「민법」 제55조 제1항)

• 법인이 채무를 완제하지 못한 경우에는 파산 신청(「민법」 제79조)

• 법인이 해산하는 때에는 청산인의 역할을 수행(「민법」 제82조)

• 사원명부 작성 · 비치(「민법」 제55조 제2항)

• 사원총회의 소집(「민법」 제69조 및 제70조)

• 사원총회의 의사록 작성(「민법」 제76조)

3) 이사의 자격

이사가 될 수 있는 것은 자연인에 한하는 것으로 해석함이 통설이다. 그러나 자격상실 또는 자격정지의 형을 받은 자는 이사가 될 수 없다(형법 제43조 · 제44조).

민법상 사단법인의 이사의 임기 등 : 제정 1992. 6. 17. [등기선례 제3-980호, 시행]

민법상 사단법인인 택시운송사업조합의 정관상 전무이사의 임기는 2년이며, 보결(보결) 임원의 임기는 전임자의 잔임기간으로 하고, 임기만료 후라도 후임자가 취임할 때까지는 그 직무를 행할 수 있고 또 연임할 수 있다고 규정되어 있는 경우, 전임 전무이사가 89.5.1. 에 취임하였다가 90.5.3. 사임하고 후임자가 90.5.4. 취임하였다면 후임자의 임기는 91.4.30. 까지이며, 임기만료 후에도 임기산정에 대한 업무착오로 개입 없이 그 전무이사가 계속 근무하고 있다가 다시 이사회에서 전무이사로 선임 되었다면 그 전무이사의 임기는 취임일(선임결의일 또는 취임승낙일 중 늦은 날)부터 개시되는 것이다(92.6.17. 등기 제1288호).

---

4) 이사의 등기사항

이사의 임면방법은 정관에 반드시 기재되어야 하는 필요적 기재사항이다. 이사의 성명 · 주소는 등기사항이며(민법 제49조 제2항), 이를 등기하지 않으면 이사의 선임 · 해임 · 퇴임을 가지고서 제3자에게 대항할 수 없다(민법 제54조 제1항).

5) 이사의 직무권한 및 이사의 임무해태나 위반 시 제재

가) 선량한 관리자로서의 주의의무

법인과 이사의 관계는 특수한 위임관계라고 할 수 있으므로, 이사는 선량한 관리자의 주의로써 충실하게 그 직무를 수행할 법적 의무가 있다(민법 제61조 참조).

나) 손해배상책임

이사가 그 임무를 해태한 때에는 그 이사는 법인에 대하여 연대하여 손해배상의 책임을 부담하여야 한다.

다) 과태료

또한 이사가 각종의 법인등기를 게을리 하거나, 재산목록의 작성 및 비치의무를 위반 또는 부정기재를 한 경우, 사원명부의 작성 및 비치의무를 위반 또는 부정기재한 경우, 사원총회의사록의 작성 및 비치에 관한 의무를 위반한 경우 및 파산선고의 신청을 게을리 한 경우에는 500만원 이하의 과태료 처분을 받게 된다(민법 제97조 제1호·제2호·제5호 및 제6호).

6) 이사의 대표권 제한

가) 이사의 대표권

이사는 법인의 사무에 관하여 각자 법인을 대표한다(민법 제59조 제1항). 대표하는 사무는 법인의 모든 사무로 제한이 없다. 각자 대표하므로 이사가 수인이어도 각 이사는 단독으로 대표할 수 있는 단독대표가 원칙이다.

재단법인 이사의 대표권 제한 – 제정 2016. 11. 17. [상업등기선례 제201611-1호, 시행]

1. 민법법인의 이사는 법인의 사무에 관하여 각자 법인을 대표하므로, 재단법인의 이사가 수인인 경우에도 이사 각자가 법인을 대표하는 것이 원칙이다.

2. 이사가 9명인 재단법인의 등기기록에 "이사 갑, 을, 병 외에는 대표권이 없음"으로만 기록되어 있고 공동으로 대표권을 행사한다는 취지가 없는 경우, 특단의 사정이 없는 한 이사 갑, 을, 병은 각자 대표로 추정된다(2016. 11. 17. 사법등기심의관-4395 질의회답).

   참조조문 : 상법 제208조, 제265조, 제287조의19, 제317조, 제389조, 제562조, 민법 제41조 내지 제45조, 제58조, 제59조, 제64조

   참조판례 : 대법원 1983. 12. 27. 선고 83다카331 판결

나) 이사의 대표권 제한

이사의 대표권은 ⅰ) 정관에 의한 제한, ⅱ) 이익상반에 따른 제한, ⅲ) 복임권의 제한 등과 같은 제한이 있다.

〈서울고법 1965.4.7 고집1965민.219〉

재단법인의 대표이사인 사람이 그 법인을 대표하여 자기의 개인채무를 법인으로 하여금 인수케 하는 행위를 함은 민법 제64조의 이른바 법인과 이사의 이익이 상반하는 사항이라 할 것이므로 그 대표권이 없어 그 행위는 재단에 대하여 효력이 없다.

가) 정관에 의한 제한

이사의 대표권을 제한하기 위해서는 정관에 기재해야 하며, 정관에 기재되지 않은 대표권의 제한은 무효이다(민법 제41조).

만일 정관에 이사의 대표권을 제한한 규정을 기재한 때에는 등기를 해야만 제3자에게 주장할 수 있으며(민법 제60조, 대법원 1992. 2. 14. 선고, 91다24564 판결), 이사의 대표권제한 규정을 정관에는 기재하였으나 등기를 하지 않았다면, 법인은 이사와 거래한 제3자에게 대표권의 제한을 주장할 수 없고 또한 그 제한을 위반하여 대표권을 행사한 이사의 행위의 효과는 법인에게 귀속된다.

재단법인의 경우 사원총회에서 이사의 대표권제한을 의결할 수 있는데(민법 제59조 제1항 단서), 사원총회에서 이사의 대표권제한을 의결한 경우에도 등기를 해야만 제3자에게 주장할 수 있다(민법 제60조).

【판시사항】

이사의 대표권 제한 등기의 대항력(대법원 1992. 2. 14. 선고 91다24564 판결)

【판결요지】

재단법인의 대표자가 그 법인의 채무를 부담하는 계약을 함에 있어서 이사회의 결의를 거쳐 노회와 설립자의 승인을 얻고 주무관청의 인가를 받도록 정관에 규정되어 있다면 그와 같은 규정은 법인 대표권의 제한에 관한 규정으로서 이러한 제한은 등기하지 아니하면 제3자에게 대항할 수 없다. 또한, 법인의 정관에 법인 대표권의 제한에 관한 규정이 있으나 그와 같은 취지가 등기되어 있지 않다면 법인은 그와 같은 정관의 규정에 대하여 선의냐 악의냐에 관계없이 제3자에 대하여 대항할 수 없다.

비송사건절차법 제135조 에서 준용되는 동법 제200조 제3항의 규정에 의하여 법인등기신청
서에 날인할 자(등기신청인)는 미리 그 인감을 등기소에 제출하여야 하는바, 동법 제130조 제1
항의 규정에 의하면 법인 설립의 등기는 이사 전원의 신청에 의하여야 하므로 대표권이 제한된
재단법인의 이사라 할지라도 그 인감을 제출하여야 하나, 등기신청인이, 될 수 없는 재단법인
의 감사는 그 인감을 제출할 수 없다89. 3. 6 등기 제436호).

주 : 등기선례요지집 제1권 885항은 위 내용과 상반되므로 동 선례는 변경된 것으로 보아야 할
것이다.

나) 이익상반에 따른 행위

이사가 법인의 재산을 넘겨받은 경우 등 이사의 이익과 법인의 이익이 상반되는 때에는 이사에게는
대표권이 없다(민법 제64조 전단). 이 경우 이해관계인 또는 검사의 청구에 의해 법원이 선임한 특별대
리인이 법인을 대표하며(민법 제64조 후단), 이때의 특별대리인은 법인의 일시적인 대표기관으로
해당 사항에 대해서만 법인을 대표한다.

다만, 이사의 이익과 법인의 이익이 충돌하더라도 다른 이사가 있으면 그 다른 이사가 법인을 대표하
면 되므로 다른 이사도 없는 경우에만 특별대리인을 선임하며, 이사가 법인의 이익과 상반되게 자신의
이익을 위해 법인을 대표한 경우에는 그 행위는 권한 없는 대표행위로서 법인에게는 효력이 없다.

다) 복임권의 제한

이사는 원칙적으로 자신의 대표권을 행사해야 하지만, 이사가 직접 법인을 대표하는 것이 불가능하
거나 부적당한 경우에 대리인을 선임할 수 있다(민법 제62조). 다만, 정관 또는 총회의 결의로 금지하
지 않은 사항에 대해서만 이사는 대리인을 선임할 수 있으며, 이사에 의해 선임된 대리인은 법인의
기관이 아니고, 법인의 대리인이며, 이사는 본인이 선임한 대리인의 선임·감독에 대하여 책임을
부담한다(민법 제121조 제1항).

라) 총회의 결의에 의한 제한

이사가 재단법인을 대표하는 데에는 총회의 의결에 의하여야 한다고 규정하고 있으므로 재단법인의
이사의 대표권은 회원총회의 의결로써 제한할 수도 있다(민법 제59조 제1항 단서).

7) 이사의 임명, 퇴임 또는 해임

가) 이사의 임명

이사의 임명과 해임에 관한 규정은 정관에서 정한다. 이에 관한 사항은 정관의 필요적 기재사항이다. 이사의 선임행위에 관해서는 유임 내지 중임금지의 규정이 없으므로, 임기만료 후에 이사의 개임(改任)이 없었다면 묵시적으로 다시 선임하였다고 해석할 수 있다.

나) 퇴임 또는 해임

이사의 퇴임과 해임은 정관에 규정된 바에 따른다. 임기 만료, 해임 또는 자의로 퇴임한 이사는 그 후임자가 정해질 때까지 계속하여 법인의 사무를 수행하며, 아직 임기가 남아 있는 다른 이사가 법인의 정상적인 활동을 계속할 수 있는 경우에는 퇴임한 이사가 계속하여 법인의 사무를 수행하지 않아도 된다.

【판시사항】

이사 퇴임 후 종전 직무를 계속 수행할 수 있는지 여부(대법원 2006. 4. 27. 선고 2005도8875 판결)

【판결요지】

민법상 법인의 이사나 감사 전원 또는 그 일부의 임기가 만료되었음에도 불구하고 그 후임 이사나 감사의 선임이 없거나 또는 그 후임 이사나 감사의 선임이 있었다고 하더라도 그 선임결의가 무효이고, 임기가 만료되지 아니한 다른 이사나 감사만으로는 정상적인 법인의 활동을 할 수 없는 경우, 임기가 만료된 구 이사나 감사로 하여금 법인의 업무를 수행케 함이 부적당하다고 인정할 만한 특별한 사정이 없는 한, 구 이사나 감사는 후임 이사나 감사가 선임될 때까지 종전의 직무를 수행할 수 있다. 또한, 후임 이사가 유효히 선임되었는데도 그 선임의 효력을 둘러싼 다툼이 있다고 하여 그 다툼이 해결되기 전까지는 후임 이사에게는 직무수행권한이 없고 임기가 만료된 구 이사만이 직무수행권한을 가진다고 할 수는 없다.

(다) 이사회

1) 개념

이사가 수인 있는 경우 이사들로 구성된 회의체인 이사회를 둘 수 있다. 그러나 현행 민법은 이사회에 관한 규정을 두고 있지 아니하여, 이사회는 필요기관이 아니라 정관의 규정에 의하여 설치할 수 있는 임의기관이며, 총회에서 의결된 사항을 집행함에 필요한 세부사항을 의결한다.

2) 의결정족수

이사가 여러 명이 있는 경우, 정관에 다른 특별한 규정이 없으면 법인의 사무집행은 이사의 과반수의 의결로 결정할 수 있다.

3) 이사회의 기능

정관에 이사회를 두도록 규정한 경우, 이사회는 아래와 같은 기능을 수행한다.
• 법인의 예산, 결산
• 차입금 및 재산의 취득, 처분의 관리에 관한 사항
• 정관변경에 관한 사항
• 법인의 해산에 관한 사항임원의 임명과 해임에 관한 사항
• 그 밖에 법령이나 정관에 의해 그 권한에 속하는 사항

(라) 감사

1) 임의기관

재단법인 또는 재단법인은 정관 또는 총회의 결의로 감사를 둘 수 있다(민법 제66조). 즉 현행 민법상 감사는 필요기관이 아닌 임의기관이다.

2) 감사에 대한 등기

감사는 법인 내부의 사무집행에 대한 감독권한을 가지고 있으나, 법인을 대표하는 기관이 아니므로 감사의 성명, 주소는 이사와는 달리 등기사항이 아니다.

3) 감사의 직무

감사의 직무는 다음과 같다.
• 법인의 재산상황을 감사하는 일
• 이사의 업무집행의 상황을 감사하는 일

- 재산상황 또는 업무집행에 관하여 부정, 불비한 것이 있음을 발견한 때에는 이를 총회 또는 주무관청에 보고하는 일
- 위 각 사항의 보고를 위하여 필요 있는 때에는 총회를 소집하는 일

4) 위반 시 제재

가) 손해배상책임

감사는 이사와 마찬가지로 선량한 관리자의 주의로 직무를 수행해야 하며, 이를 위반한 경우에는 손해배상의 책임을 부담한다.

나) 과태료

또한 감사가 법인의 사무 검사 · 감독에 대한 주무관청의 검사 · 감독을 방해하거나, 주무관청 또는 사원총회에 대하여 사실 아닌 신고를 하거나 사실을 은폐한 경우에는 500만원 이하의 과태료 처분을 받는다(민법 제97조 제3호 및 제4호).

(마) 창립총회개최

'창립총회'란, 단체를 구성하기 위해 단체를 구성하는 일에 대한 경과를 보고하고, 임원 선임, 정관의 채택 등과 같은 의사결정을 위한 모임이다. 비영리재단법인은 설립자가 다수인 경우 창립총회에서 정관을 만들거나 임원선임에 대한 재산출연자들의 의사를 결정하여야 하지만, 재산출연자가 1인인 경우 창립총회는 개최하지 않아도 된다.

재단법인 ○○○○ 창립(발기인) 총회 회의록

(아래는 예시문입니다)

1. 회의일시 : 2002년 ○○월 ○○일 (15:00∼17:00)
2. 회의장소 : 서울특별시 ○○구 ○○동 ○○번지 ○○호실
3. 회의안건 : ① 의장선출 ② 설립취지 채택 ③ 정관심의 ④ 출연내용 ⑤ 이사장 선임 ⑥ 임원선임
   및 임기결정 ⑦ 사업계획 및 예산심의 ⑧ 사무소 설치 ⑨ 법인조직 및 상근임직원 정
   수 책정
4. 회원총수 : ○○명 ("회원 명부" 참조)
5. 출석회원(발기인 포함) : ○○명
6. 결석회원(발기인 포함) : ○○명
7. 회의내용

임시 사회자 ○○○은 본 총회가 적법하게 성립되었음을 성원 보고한 후 "임시의장 선출" 안건을
상정하다.

　　[제1의안 상정] : 임시의장 선출

사회자 : － "임시의장 선출(안)"을 상정하겠습니다.
　　　　 － 추천하여 주시기 바랍니다.
○○○ : － ○○○를 임시의장으로 선출할 것을 제안합니다.
사회자 : － 다른 분 추천 있습니까? (더 이상의 추천이 없다)
사회자 : － ○○○께서 추천한 ○○○을 임시의장으로 선출하겠습니다. 이의 있으시면 말씀해
　　　　　　주시고, 찬성하시면 박수로 의결하여 주시기 바랍니다.
　　　　 (만장일치로 전원 박수)
사회자 : － 임시의장에 ○○○가 선출되었음을 선포합니다.
　　　　 (의사봉 3타)
　　　　 (이후의 의사진행은 임시의장 ○○○에게 인계하고 사회자는 물러나다)

[제2의안 상정] 설립취지 채택

의 장 : (간단하게 임시의장 취임 인사를 하다)
　　　　 – 우리 법인의 "설립취지 채택" 안건을 상정합니다.
　　　　 – ○○○ 발기인께서 설립취지(안)을 낭독해 주시기 바랍니다.
○○○ : (유인물로 작성되어 배포된 설립취지문안을 낭독하다)
의 장 : – ○○○께서 낭독하신 설립취지에 대하여 의견이 있으시면 말씀해 주십시오.
○○○ : – 이미 준비된 설립취지문에 찬성하며 원안 의결할 것을 제안합니다.
(회원전원) : (○○○의 제안에 찬성하며 모두 박수치다)
의 장 : – 본 설립취지(안)에 이의 없으신 것으로 알고 원안대로 가결되었음을 선포합니다. (의
　　　　 사봉 3타)

[제3의안 상정] 정관심의의 건

의 장 : – 이어서 "정관심의"에 들어가겠습니다.
　　　　 (○○○ 발기인에게 준비된 정관(안) 낭독을 요청하다)
○○○ : (정관 초안을 낭독하다)
○○○ : – 정관의 내용이 무리 없이 잘 구성되었다고 생각합니다.
　　　　 – 본 정관이 어떠한 과정으로 작성되었는지 의장님께서 부연설명 해 주시면 고맙겠습
　　　　 니다.
의 장 : – 본 정관은 우리 법인의 주무관청인 지식경제부에서 만든 정관예문(준칙)을 기초로 하
　　　　 여 작성하였습니다.
　　　　 – 본 정관에 추가 또는 삭제할 내용이 있으시면 말씀해 주십시오.
○○○ : – 본 정관에 특별히 추가 또는 삭제할 내용은 없는 것 같습니다.
　　　　 – 원안대로 의결할 것을 제안합니다. (전원 박수)
의 장 : – 그러면 본 정관도 초안에 이의 없으신 것으로 보고 원안대로 가결되었음을 선포합니
　　　　 다. (의사봉 3타)

[제4의안 상정] 출연내용 채택의 건

의 장 :　－ 다음은 "출연재산 채택(안)"을 상정합니다.

　　　　　－ 우리 법인의 출발을 위하여 ○○○께서 현금 0000원을 출연하시겠다는 의사를 밝혔
　　　　　　고, ○○○께서 현금 000원을 출연하시겠다는 의사를 밝혔습니다. 본 출연이 채택될
　　　　　　경우 ○○○의 출연금 0000원은 기본재산으로, ○○○의 출연금 000원은 설립 당해
　　　　　　연도의 설립 제비용 등의 경비로 사용하기 위하여 보통재산으로 구분 채택하고자 합
　　　　　　니다.

　　　　　－ 출연내용에 대하여 의견 나누어 주시기 바랍니다.

○○○ :　－ 의장께서 설명하신 출연내용과 의견에 대하여 적극 찬성하며 출연하신 분의 뜻을 따라
　　　　　　원안대로 채택할 것을 제안합니다.

○○○ :　－ ○○○의 제안에 찬성합니다. (회원 모두 박수)

의 장 :　－ 출연재산을 원안대로 모두 채택합니다.

　　　　　－ 출연재산 채택 의결내용

　　　▷ 000님 출연금 : 현금 0000원 → 기본재산

　　　▷ 000님 출연금 : 현금 0000원 → 보통재산

[제5의안 상정] 이사장 선임의 건

의 장 :　－ 우리 법인을 이끌어 나갈 "이사장 선임(안)"을 상정합니다.

　　　　　－ 회원님들께서 덕망 있고 훌륭하신 분을 추천하여 주시기 바랍니다.

○○○ :　－ 이사장에는 현재 임시의장으로 사회를 보시는 ○○○께서 맡아 주실 것을 제안합니
　　　　　　다. (전원 박수)

의 장 :　－ 부족한 저를 추천해 주셔서 감사합니다. 그러나 저보다 더 훌륭하신 분들이 더 많으
　　　　　　신 줄 아니 다른 분을 더 추천해 주시면 좋겠습니다.

○○○ :　－ ○○○의 제안에 회원 모두 찬성하는 것 같습니다. 다시 한 번 의장님을 이사장에 추
　　　　　　천합니다. (전원 박수)

의 장 :　－ 그러면 여러분의 뜻에 따라 당분간 우리 법인의 이사장직을 맡아보겠습니다.

　　　　　－ 이사장 선임 건에 본인 000가 선출되었음을 선포합니다. (의사봉 3타)

[제6의안] 임원선임 및 임기결정의 건

의 장 :　－ 이어서 "임원선임 및 임기결정"에 관한 안건을 상정합니다.

－ 우선 임원의 수는 정관심의에서 기 결정되었듯이 00명으로 되어 있으니, 이에 대한 임원 후보자들을 추천하여 주시기 바랍니다.

－ 아울러 임원의 임기 문제도 함께 제시하여 주시기 바랍니다.

(회원들의 추천과 논의 끝에 다음과 같이 뜻이 모아지다)

▷ 이사(00명)　　　　: 0000, 0000, 0000, 0000, 이상 00명 → 임기 4년
　　　　　　　　　　　 0000, 0000, 0000, 0000, 이상 00명 → 임기 2년

▷ 감사(2명)　　　　: 0000 → 임기 2년
　　　　　　　　　　 0000 → 임기 1년

의　장 : － 임원의 선출 및 임기의 내용이 결정된 것 같습니다.

－ 본 내용에 다른 의견이 있으시면 말씀해 주십시오.

(회중에서 이의 없음을 말하고 박수치다)

의　장 : － 임원의 선출 및 임기를 여러분의 결정대로 가결되었음을 선포합니다.

(전원박수 － 의사봉 3타)

의　장 : － 이어서 우리 법인설립 최초의 회원을 채택하고 회원의 회비 징수액을 결정하고자 하는데, 현재의 회원은 회원명부와 같이 총 00명이며 회비는 년 000원으로 하고자 하는 바, 여러분의 의견을 말씀해 주시고, 이의가 없이 찬성하신다면 박수로 의결하여 주시기 바랍니다.

(회 중) : (전원 찬성하며 박수)

의　장 : － 설립최초의 회원 및 회비징수액을 원안대로 가결되었음을 선포합니다.

(의사봉 3타)

▷ 회원수 : 총 00명

▷ 회비징수액 : 년 000원

[제7의안 상정] 사업계획 및 예산심의의 건

의　장 : － 향후 "3개년간의 사업계획 및 수지예산(안)"을 상정합니다.

－ ○○○께서 본안에 대하여 설명하여 주시기 바랍니다.

○○○ : (유인물을 통하여 "3개년간의 사업계획 및 수지예산" 사항을 설명하다)

○○○ : － 상정(안)에 찬성합니다. 원안의결을 제안합니다. (전원 동의 － 박수)

의　장 : － 전원 찬성으로 향후 3개년간의 사업계획 및 예산(안)을 원안대로 가결 선포합니다.

(의사봉 3타)

[제8의안 상정] 사무소 설치의 건

의　장 : 　－ 다음은 본 법인의 "사무소 설치(안)"을 상정합니다.

　　　　　(사무소는 ○○○가 ○○○○○○소재 건물을 법인 사무실로 무상 사용할 것을 허락하

　　　　　였다는 내용을 설명하고 이에 대한 동의 여부를 묻다)

○○○ : 　－ 사무실을 무상으로 내어 주신 ○○○께 감사드리며 원안의결을 제안합니다.(전원 박

　　　　　수)

의　장 : 　－ 우리 법인의 사무소를 "서울특별시 ○○구 ○○동 ○○－○○"로 결정되었음을 선포

　　　　　합니다. (의사봉 3타)

[제9의안] 법인조직 및 상근 임직원 정수 책정

의　장 : 　－ 마지막으로 "법인의 조직 및 상근임직원의 정수 책정(안)"을 상정합니다.

　　　　　－ 유인물을 보시고 의견을 말씀해 주시고, 이의 없으시면 원안대로 통과하겠습니다.

　　　　　(전원 이의 없음을 표시하다)

의　장 : 　－ 이 안건도 전원 찬성으로 원안 가결되었음을 선포합니다. (의사봉 3타)

8. 폐　　회

의　장 : 　－ 마지막으로 회의록 서명위원으로 참석회원 중「○○○, ○○○, 홍길동, ○○○」의 ○

　　　　　명을 지정하여 서명·날인토록 하겠습니다. 이견이 있으면 말씀해 주시기 바랍니

　　　　　다.(전원 이의 없음을 표시하다). 지정받은 서명위원들께선 폐회 후 남아서 작성된 회

　　　　　의록 내용의 사실여부를 확인하고 서명하여 주시기 바랍니다.

　　　　　－ 이상으로 모든 회의를 마치겠습니다. 감사합니다.

200○년 ○월 ○일

덧붙임　　1. 설립취지문 1부.

　　　　　2. 정관 1부.

3. 사업계획서 및 수지예산서(비영리법인은 1년, 공익법인은 3년) 1부.

4. 법인 조직 및 상근임직원 정수표 1부.

(※ 덧붙인 문서는 서명위원들이 본 회의록과 함께 간인하여야 함)

회원 대표 ○ ○ ○ (인)

회원　　　○ ○ ○ (인)

"　　　　○ ○ ○ (인)

"　　　　○ ○ ○ (인)

"　　　　○ ○ ○ (인)

"　　　　○ ○ ○ (인)

주) 1. 창립총회 회의록은 법인설립이 적법한 절차를 거쳐 성립되었느냐를 판단하는 중요한 기준이 되므로 육하원칙에 따라 작성하되, 진행자 등이 누락되지 않도록 한다.

2. 특히 회의진행과 관련하여 정관 심의과정 및 임원선출의 표결사항, 찬·반 토론내용 등을 상세히 기재하고 회의록 작성이 끝나면 참석한 서명위원들이 기록내용을 확인하고 연명으로 날인하여야 한다.

3. 회의록의 내용 중 별첨 유인물로 설명(진행)된 것은 회의록에 첨부하여 서명위원들이 간인하여야 한다.

4. 본 회의록에 첨부된 문서들은 첨부한 것으로 갈음한다. (별도로 첨부할 필요 없음)

나. 재단법인 설립허가절차

(1) 개관

민법 제31조는 '법인의 성립은 법률의 규정에 의함이 아니면 성립하지 못한다.'라고 하여 법률의 규정에 벗어난 법인의 설립을 인정하지 않으며, 법인의 설립을 위해서는 법률이 인정하는 법정의 요건을 구비하여야 한다. 따라서 비영리재단법인을 설립하기 위해서는 먼저 설립하려는 법인의 목적사업을 관할하는 행정관청을 확인한 후 해당 행정관청에 법인설립허가 신청서와 관련 서류들을 제출하는데, 법인의 설립절차는 크게 ⅰ) 발기인 또는 설립자에 의한 「단체의 설립단계」와 ⅱ) 그 설립된 단체에 국가기관의 행정행위에 의한 「법인격부여단계」로 구분된다. 이때 설립되는 법인의 종류는 현행 민법상 사단법인 혹은 재단법인 중의 하나여야 한다. 민법에 근거하여 설립되는 법인은 '비영리' 사업을 추구하는 것을 전제로 한다. 단체의 설립단계는 설립발기인들에 의한 ⅰ) 정관의 작성 및 ⅱ) 기관의 구성으로 이루어진다. 기관의 구성은 대개 정관 작성 시에 함께 이루어지게 되므로, 특히 ⅰ)을 강학상 '설립행위'라고 부른다. 한편, 법인의 목적사업을 관할하는 행정관청이 둘 이상인 때에는 각각의 행정관청으로부터 허가를 얻어야 한다.

(2) 주무관청 확인

설립준비를 마치고 설립하고자 하는 재단법인이 목적으로 하는 사업의 주무관청(주무관청은 법인의 활동영역에 따라 중앙행정기관, 시·도지사 또는 시장·군수·구청장이 됨)에 따라 설립허가 신청서 및 첨부서류 등도 주무관청에 따라 다르다.

(가) 관련 법령확인

민법 제32조는 학술, 종교, 자선, 기예, 사교 기타 영리 아닌 사업을 목적으로 하는 사단 또는 재단은 주무관청의 허가를 얻어 이를 법인으로 할 수 있도록 되어 있다. 따라서 비영리재단법인을 설립하고 자 하는 경우에는 그 주무관청인 기타 중앙행정기관의 소관 비영리 법인의 설립 및 감독에 관한 규칙(부령 또는 총리령)에서 규정한 설립허가에 관한 사항을 확인하여야 한다.

참고로, 사회일반의 이익에 이바지하기 위하여 학자금·장학금 또는 연구비의 보조나 지급, 자선에 관한 사업을 목적으로 하는 공익법인을 설립하고자 하는 경우에는 「공익법인의 설립·운영에 관한 법률」을, 「국민기초생활보장법」 등에 의한 보호·선도 또는 복지에 관한 사업 등을 목적으로 하는 사회복지법인을 설립하고자 하는 경우에는 「사회복지사업법」을 확인한다.

(나) 주무관청 확인

주무관청의 확인이 중요한 이유는 설립하고자 하는 신청서를 그곳에 제출하여야 하기 때문이다. 즉, 설립준비를 마친 후 설립하고자 하는 재단법인이 목적으로 하는 사업을 관리하는 행정관청 즉, 주무관청을 확인하고 설립허가신청서를 제출하는 것이 법인설립의 시작이다. 따라서 성공적인 법인설립을 위해서는 이를 확인하는 것이 매우 중요한 일인데, 그러한 주무관청을 확인하기 위해서 는 우선 본서 'Ⅱ. 민법상 비영리법인 설립절차, 2. 주무관서'의 확인 및 「정부조직법」과 각 부·처· 청의 직제 및 직제시행규칙 등을 살펴 업무 소관을 검토한 후 「행정권한의 위임 및 위탁에 관한 규정」 등을 검토하여 그 업무의 위임여부를 따져 주무관청을 확인하여야 한다. 다만, 법인이 목적으 로 하는 사업을 관할하는 행정관청이 둘 이상인 때에는 그들 모두가 주무관청이 되며, 법인의 활동영 역이 특정 지방자치단체의 관할 구역 내에 있으면 해당 시·도지사 또는 시장·군수·구청장이 주무관청이 되는 점에 유의하여야 한다.

예컨대, 법인의 사업이 법률문화의 진흥을 위한 목적이라면 법무부장관, 장학사업을 목적으로 한다면 교육부장관 또는 시·도교육청장, 자선·보건·위생사업이 목적인 경우는 보건복지부장관, 종교·예술·문화사업 등의 목적이라면 문화관광부장관이 주무관청이 된다.

법인의 목적이 두 개 이상의 행정관청의 소관사항인 때에는 해당 행정관청으로부터 모두 허가를 받아야 하는지 아니면 그중 하나의 행정관청으로부터 허가를 받으면 충분한 것인지에 대해서는 다툼의 여지가 있다.

예컨대 법인이 문화·체육 관련 내용(문화체육부)을 교육·연구(교육부 또는 교육감)하는 사업을 할 때, 법인이 2가지 이상 복수의 사업을 동시에 목적 사업으로 하려고 할 때 어디가 주무관청인지가 문제된다.

- 민법에는 이에 관한 해당규정이 없으며, 현재 이에 관한 명확한 판례도 없는 상태이다. 학계에서는 해당 행정관청이 모두 주무관청이므로 해당 행정관청의 허가를 모두 받아야한다는 복수설과 그 중의 어느 한 관청으로부터 허가로 족하다는 단수설이 대립하고 있다(제3판 주석민법 총칙 1권 599면에서는 양 주무관청의 허가가 필요한 것으로 서술하고 있다).

- 민법이 법인설립 허가주의를 취하는 이유는 무분별한 법인 난립을 방지하고 법인을 관리·감독하기 위해서인데, 업무 소관 행정관청이 아니면 업무를 실질적으로 관리를 할수 없는 점 등을 고려하면 현재로서는 학설상 다수설과 같이 각각 설립허가를 받는 것이 상당하다고 판단된다.

- 하나의 주무관청 허가만으로 충분하다고 해석한다면, A사업을 관장하는 주무관청이 그 구체적인 사업내용을 잘 알지 못하는 B사업에 관한 부분까지 허가 및 관리·감독하여야한다는 문제가 발생하기 때문이다.

- 그런데 참고로, 공익법익법이 적용되는 공익법인의 경우에는 공익법인법 시행령 제4조 제2항, 제5조 제2항에서 주된 사업을 주관하는 주무관청이 설립허가의 주체가 되고, 다른 행정관청과 '협의'가 필요한 것으로 명시적으로 규정하고 있다.

- 따라서 예를 들어 설립허가 신청을 하는 법인이 A, B 2가지 목적사업을 수행하려고 하는데, B 사업이 극히 부수적인 내용이고 A 사업 주무관청에서 전체적인 관리·감독이 가능한 정도라면 A 사업 주무관청에서 단독 설립허가도 가능할 것이지만, B 사업이 일정 정도 비중이 있고 B 사업 주무관청의 의견을 들어볼 필요가 있는 경우에는 A사업 주무관청에서 B 사업 주무

관청과 협의하여 설립허가 여부를 정하고, A와 B 사업의 비중이 상당정도 대등한 경우에는 양 주무관청 모두의 설립허가가 필요하다고 해석함이 관련 법령 해석에도 크게 어긋나지 않으면서 실무적인 문제도 발생시키지 않을 수 있는 방안이라고 판단된다.

▶ 참고 : 각 부처의 직제에 대한 정보는 법제처 국가법령정보센터에서 확인할 수 있다.

(3) 비영리재단법인 설립허가 신청

(가) 설립허가 신청

비영리재단법인 설립허가를 신청하면, 해당 주무관청은 각 허가요건의 적합여부에 따라 법인설립 허가여부를 결정한다.

(나) 허가신청시 서출서류

1) 신청서 제출

가) 신청서 제출

비영리재단법인 설립준비를 끝마친 설립자 또는 설립발기인들은 설립하려는 법인의 주무관청에 설립허가 신청서와 정관 등을 함께 제출한다(「공익법인의 설립·운영에 관한 법률 시행령」 제4조 제1항 참조).

법인설립허가신청서			처리기간	
			○○일	
신청인	주소		전화번호	
	성명		주민등록번호	
법인명	명칭			
	소재지		전화번호	
	대표자성명		주민등록번호	

민법 제32조 및 ○○○소관비영리법인의설립및감독에관한규칙 제○조의 규정에 의하여 위와 같이 법인설립허가를 신청합니다.

20 .   .   .   .

신청인   (서명 또는 인)

○ ○ ○ 귀하

첨부서류

1. 설립발기인의 성명 · 주민등록번호 · 주소 및 약력을 기재한 서류(설립발기인이 법인인 경우에는 그 명칭, 주된 사무소의 소재지, 대표자의 성명 · 주민등록번호 · 주소와 정관을 기재한 서류) 1부
2. 정관 1부
3. 재산목록(재단법인에 있어서는 기본재산과 운영재산으로 구분하여 기재하여야 한다) 및 그 입증서류와 출연의 신청이 있는 경우에는 그 사실을 증명하는 서류 각 1부
4. 당해 사업연도분의 사업계획 및 수지예산을 기재한 서류 1부
5. 임원 취임예정자의 성명 · 주민등록번호 · 주소 및 약력을 기재한 이력서(명함판 사진 첨부)와 취임승낙서 각 1부
6. 창립총회회의록(설립발기인이 법인인 경우에는 법인설립에 관한 의사의 결정을 증명하는 서류) 1부

나) 신청서 기재방법

법인설립허가신청서의 신청인 란에는 설립하고자 하는 법인의 대표자 또는 실무책임자(사무총장 등)를 기재하고 서명을 하거나 날인하여야 하며, 법인 란에는 설립하고자 하는 법인의 명칭과 소재지 등을 기재하면 된다.

또한, 소재지는 주소, 건물명 등을 구체적으로 기재하여야 하고, 이때 기재된 소재지는 정관에 기재된 사무소 소재지와 일치해야 하며, 대표자는 창립(발기인)총회에서 선임된 대표자의 인적사항을 그대로 기재하면 된다.

2) 신청서와 함께 제출할 서류

• 설립발기인의 인적사항을 적은 서류

비영리재단법인의 경우에는 정관에 기명날인한 사람의 인적사항을 기재하면 된다.

발기인 명단

성명	주민등록번호	주소	약력	비고

• 정관 1부

• 재산목록 및 그 입증서류 1부(재산출연의 신청이 있는 경우에는 그 사실을 증명하는 서류 1부)
법인 설립 시 기본재산으로 출연한 재산, 무상으로 취득한 재산, 회계연도 세계잉여금으로 기본재산
에 편입된 재산과 이사회에서 기본재산으로 정한 재산을 기본재산으로 하고, 그 밖의 재산을 운영재
산으로 한다.

[서식 _ 재산목록]

재산목록

구분	재산명	수량	금액(원)	비고
기본재산				
운영재산				
합계				

20 년   월   일

위 사실을 확인함

사단(재단)법인 ○○○○ 이사장 (인)

[서식 _ 재산출연의 신청이 있는 경우에는 그 사실을 증명하는 서류]

기본재산						
재산명	종별 (소재지, 지번, 지목)	수량 (지적 : ㎡)	단가(원)	금액(원)	취득원인	비고
합계						

운영재산					
구분	품명	수량	단가(원)	금액(원)	비고
장비	업무용차량 컴퓨터 . .				
합계					

• 사업계획서 및 수지예산을 기재한 서류 1부

사업의 기본방향, 추진사업, 주요사업별 추진일정 및 소요예산, 수지예산서를 기재한다.

사업계획서는 단체가 수행하고자 하는 사업목적과 내용을 명확하게 정리할 필요가 있다. 사업의 방향이 결정되고 그 목적이 결정되었다면 사업계획서는 법인 정관에 명시된 법인설립 취지와 부합하도록 그 목적사업을 분명하게 그리고 일관성 있게 작성하여야 한다. 그 외 당연히 사업계획서는 설립허가를 담당하는 주무관서의 내부심사지침에 적합하도록 적성하여야 함은 물론이다. 따라서 사업계획서를 작성할 때에는 우선 주무관서의 내부심사지침을 명확히 확인한 후 구체적으로 재단법인의 기본자산, 임원 또는 회원의 회비, 기부금 등 법인이 확보할 수 있는 예산 범위를 사전에 파악하여 예산 내에서 목적사업별로 기능한 세부 사업내용을 설정하여야 하고 그에 따라 구체적인 항목을 구성하여 지출 계획을 세워야 한다.

사업계획서의 정해진 형식은 없다. 따라서 자유롭게 작성할 수는 있지만 기본적으로 정관에 기재된 주요사업목표와 그에 따른 세부사업내용, 각 사업별 구체적인 사업목적과 시기, 장소, 내용, 시행방법, 소요예산, 기타 향후 계획 등이 포함되어야 한다. 또한 사업계획서는 사업수지예산서와도 밀접하게 연결됨으로 각 사업 예산의 수입과 지출항목의 수치가 서로 일치하도록 작성하여야 한다. 이러한 사업계획서는 신청 당해 연도 분을 제출하는 것이 원칙이지만 하반기에 설립허가를 신청하는 경우에는 차기 연도의 사업계획서를 함께 제출하여야 한다.

사업계획서 및 수지예산서

1. 사업계획서
  - 사업계획의 목적과 연도별 계획 기재

2. 수지예산서

  - 예산총괄표

사업명	예산액	산출근거

  - 수지예산서(수입지부)

연예산액	월예산액	사업내역	비고

  - 수지예산서(지출지부)

내역	금액	비고

또한 수지예산서는 비영리법인 설립 서류 중 사업예산에 관한 사항을 기재한 서류이다. 활동이력이 있는 단체라면 지난 수입과 지출을 기재할 수 있지만 신규로 설립하는 비영리단체의 경우라면 사업수지예산서 작성이 어려울 수 있다. 사업수지예산서는 크게 두 부분으로 나두어 기재하여야 하는데 그 하나는 수입부분이고 또 하나는 지출부분이다.

수입부분에는 회비, 출연금, 과실소득, 전기이월금, 법인세 환급금 등이 기재되어야 하는데 이중 회비 란은 회원들로부터 정기적으로 받을 회비수입액을 기재하면 되고, 출연금 중 목적사업기부란은 목적사업에 사용하기 위하여 받을 기부금액을 기재하며, 재산증자기부 란은 기본재산 증자를 위하여 받은 기부금액을 기재한다. 그 외 과실소득 란은 법인 소유 기본재산 운영으로 발생될 과실(이자, 임대료 등) 금액을 기재하며, 전기이월액란 중 고유목적 사업 준비금은 고유목적사업 준비금으로 설정한 금액을 기재하고, 이월 잉여금란은 전년도 이월액 중 고유목적사업 준비금을 제외한 금액을 기재하며, 기타 란은 이월잉여금을 세부항목으로 구분할 경우 순수 이월잉여금 외에 별도 항목으로 구분하면 된다. 그리고 법인세 환급액은 전년도 법인세 환급액을 기재하면 된다.

지출부분에는 경상비, 퇴직 적립금, 목적사업비, 기본재산 편입액 등이 기재되어야 하는데, 이중 경상비란 중 인건비는 상근직원에게 지급할 인건비를 기재하고 운영비는 경상비 중 인건비를 제외한 금액을 기재한다. 또한 퇴직 적립금은 상근 직원에 대한 퇴직 적립(예정)액을 기재하면 되고 법인세 란은 출연재산 운영소득을 근거로 지출될 법인세액을 기재하면 된다. 그 외 목적사업비 란은 정관에 명시된 목적사업 수행에 소요되는 경비를 사업별로 기재하되 직접 목적사업비가 아닌 부대경비는 제외한다. 그리고 기본재산 편입액란은 전년도 이월액 중 당해 연도 기본재산 편입예정액을 기재하면 된다.

[서식 _ 수지계산서]

지출			
구분			금액
① 경상비		인건비	
		운영비	
		소계	
② 퇴직적립금			
③ 법인세			
④ 목적사업비		* 사업계획별로 작성	
		소계	
⑤ 기본재산 편입액			
⑥ 이월잉영금	목적사업 준비금	전기	
		당기	
	이월잉여금		
	소계		
⑦			
⑧			
합 계			

• 임원취임 예정자의 인정사항을 적은 서류 1부 및 취임승낙서 1부

비영리재단법인은 정관이 정한 절차에 따라 임원을 선임하며, 임원취임자의 취임승낙의사와 인적사항, 직위와 취임기간을 기재한다.

[서식 _ 임원조서]

임 원 조 서							
번호	직위	성명(한자)	주민등록번호	임기	학력	주소	현직

사단(재단)법인 ○○○○ 이사장 (인)

취 임 승 낙 서

사단(재단)법인 ○○○○ 이사장 (인)

설립자 ○○○ 귀하

본인은 금번 설립하는 사단(재단)법인 ○○○○의 이사(임기 ○년)에 취임할 것을 승낙합니다.

20 년   월   일

주소 :

주민등록번호 :

성명 :　　　　　(인)

• 창립(발기인) 총회 회의록 1부

법인설립이 적법한 절차를 거쳐 성립되었는가에 대한 중요한 판단자료이므로, 육하원칙에 따라 작성한다. 따라서 회의록에는 설립취지, 정관의 심의 · 의결, 임원선출, 재산출연 및 수증에 관한 사항, 사업계획서 및 수지예산서 등의 의결에 관한 사항이 포함되고, 발기인 전원이 기명날인하여여 하며, 회의록 각 면과 면 사이에 발기인 전원이 간인을 하여야 한다.

사단(재단)법인 ○○○○ 창립(발기인) 총회 회의록

1. 일시 : 20 년   월   일
2. 장소 :
3. 출석위원 : ○○○, ○○○, ○○○, ○○○, ○○○, ...(성명기재)
4. 결석위원 : ○○○, ○○○, ○○○, ...(성명기재)
5. 안건
　– 제1호 의안 : 설립취지선택(안)
　– 제2호 의안 : ○○법인 명칭제정(안)
　– 제3호 의안 : 정관(안)
　– 제4호 의안 : 임원선임(안)
　– 제5호 의안 : 법인사업계획서(안)
　– 기타 안건(있는 경우 상정)
6. 회의내용

발언자	회의진행사항
사회자 ○○○	발기인 ○명 중 ○명이 참석하여 성원이 되었으므로 개회를 선언합니다. 어느 분이 임시의장을 맡으시면 좋으실지 말씀하여 주시기 바랍니다. ○○○을 임시의장으로 선출할 것을 제의합니다.
발기인(가) ○○○	제청합니다.
발기인(나) ○○○	(의안별로 구체적인 토의사항을 발표자 순서대로 기록하여 정리)

20 년   월   일

사단(재단)법인 ○○○○

발기인 ○○○ (인)

발기인 ○○○ (인)

발기인 ○○○ (인)

(5) 주무관청의 법인설립허가

(가) 처리기간

주무관청은 특별한 사유가 없는 한 20일 이내에 설립신청사항을 심사하여 허가 또는 불허가 처분을 하여야 한다(법인규칙 제4조 제2항). 이때 주무관청은 필요하다고 인정할 때에는 신청인에게 기간을 정하여 필요한 자료를 제출하게 하거나 설명을 요구할 수 있다.

(나) 처리방법

허가 또는 불허가 처분은 서면으로 신청인에게 통지하며, 허가하는 경우에는 법인설립허가증을 발급한다. 한편, 법인의 사업이 2 이상의 주무관청의 소관에 속하는 경우에는 법인설립허가신청을 받은 주무관청은 다른 주무관청과 그 설립허가에 관한 협의 후 이를 허가하여야 한다.

> ○ 설립허가 후 아래와 같은 사항이 발생할 경우 그 적정성을 검토하여 허가증을 재발급하거나 발급된 허가증 뒷면의 변경사항 란에 변경내역을 기재하여 통보
> ① 법인 명칭 변경(정관변경허가 신청 필요)
> ② 사업내용 변경(정관변경허가 신청 필요)
> ③ 허가조건 변경
> ④ 소재지 변경(정관변경허가 신청 필요)
> ⑤ 대표자 변경
> * 허가번호는 최초 허가 당시의 허가번호를 계속 사용하며, 허가증 재발급 시에는 재발급일자 하단에 '(최초발급일자)'를 병기함

(다) 설립허가 조건

비영리법인의 설립허가 여부는 주무관청의 재량이다. 따라서 이러한 재량행위의 결정을 위해서 관계 법령에 명시적인 금지규정이 없는 한 설립허가를 함에 있어 필요한 조건을 붙일 수 있다.

> ▶ 허가조건의 예
> - 법인설립 허가일로부터 1년 이내에 목적사업을 실시할 것
> - 목적사업을 계속하여 2년 이상 중단하지 말 것
> - 법인의 목적과 관련이 없는 수익사업을 하지 아니할 것 등
>
> ▶ 권고사항
> - 매년 가시적인 활동실적이 있을 것
> - 주무관청 시정요구에 정당한 사유 없이 불응하지 않을 것
> - 목적사업을 위한 부대사업을 주된 사업으로 운영하거나 그 수익금을 목적사업 이외의 용도로 사용하지 않을 것

(6) 설립허가 후 변경사항의 처리

설립허가 후 다음과 같은 사항이 발생할 경우 허가 관청은 그 적정성을 검토하여 허가증을 재발급하거나 발급된 허가증(앞면 또는 뒷면)에 변경사항을 기재하여 통보한다.
- 법인의 명칭 변경 (정관변경허가 신청 필요)
- 사업내용 변경 (정관변경허가 신청 필요)
- 허가조건 변경
- 소재지 변경 (정관변경허가 신청 필요)
- 대표자 변경

다. 설립등기

비영리재단법인은 주무관청으로부터 허가를 받은 후 설립등기를 해야 법인으로 성립된다(「민법」 제33조 및 「비송사건절차법」 제60조 제1항).

(1) 관할등기소에 등기

사단이든 재단이든 법인성립이 인정되기 위해서는, 법인설립의 허가가 있은 때로부터 3주간 내에 주된 사무소의 소재지에서 설립등기를 하여야 한다(민법 제49조 제1항). 이때 등기기간은 주무관청의 「설립허가서」가 도착한 날로부터 기산한다(민법 제53조). 「주된 사무소」란 사무소가 둘 이상 있는 경우에 법인활동의 중심을 이루는 사무소를 말하지만, 설립등기를 함에 있어서는 형식적으로 정관과

등기부에 주된 사무소로 기재된 사무소를 의미한다. 등기를 해태하는 경우 과태료가 부과될 수 있다(민법 제97조).

(2) 설립등기 신청인

법인을 대표할 사람이 등기신청인이 되며, 법인의 이사들은 각자 대표권이 있으므로 등기신청을 할 수 있으나, 대표권을 제한 받는 이사의 경우에는 등기를 신청할 수 없다(비송사건절차법 제63조). 또한, 설립등기신청서에 인감을 날인하기 위해서는 그 인감을 미리 관할 등기소에 제출해야 한다(비송사건절차법 제66조 제1항 및 상업등기법 제25조 제1항).

(3) 설립등기사항

(가) 등기신청서 제출

1) 신청서 제출

설립등기를 하기 위해서는 설립등기신청서에 아래 (나) 사항을 기재하여 신청인이 기명날인해야 한다(「민법」 제49조 제2항, 「비송사건절차법」 제66조 제1항 및 「상업등기법」 제24조 제3항).

사단(재단)법인설립등기신청

접 수	년 월 일		처 리 인	접 수	조 사	기 입	교 합	각종통지
	제 호							

등 기 의 목 적	사단(재단)법인의 설립
등 기 의 사 유	사단(재단)법인을 설립하기 위하여 정관을 작성하고200○년○월○일 주무관청의 허가를 얻었으므로 다음 사항의 등기를 구함
허가서 도착연월일	20 년 월 일
등 기 할 사 항	
명 칭	
주사무소	
목 적	본 법인은 ○○○○함을 목적으로 한다. 위 목적을 달성하기 위하여 다음 사업을 행한다. 1. ○○○의 설치 · 운영 2. ○○○○○○의 연구 및 조사 3. · · · · · 4. · · · · · ※ 사업내용은 정관에 기재한 목적 및 구체적인 사업조항도 기재
이사, 감사의 성명, 주민 등록번호 및 주소	이사 ○○○(－) ○○시○○구○○동○ 이사 ○○○(－) ○○시○○구○○동○ 이사 ○○○(－) ○○시○○구○○동○ 감사 ○○○(－) ○○시○○구○○동○
이사장의 성명과 주소	이사장 ○○○(－) ○○시○○구○○동○
이사의 대표권에 대한 제	이사 ○○○ 이외에는 대표권이 없음

한	
분사무소	○○시○○구○○동○　　※ 설립시에 분사무소가 있는 경우 기재
설립허가연월일	20 년 월 일　　※ 주무관청의 설립허가서에 기재된 허가일자 기재
존립기간 또는 해산사유	법인성립일로부터 만○○년 ※ 정관에 존립기간 또는 해산사유가 있는 경우 기재
자산의 총액	금○○○○○○○○○○원 ※ 적극재산에서 소극재산을 공제한 금액 기재하며, 재단법인이 자산이 없는 때에는 　금액을 '0'으로 하여 기재
출자의 방법	1. 회비 1. 정부, 지방자치단체의 보조금 및 지원금 1. ····· 1. ····· ※ 정관에 출자에 대한 규정 중 그에 대한 사항 기재
기타	

과세표준액	금　　　　원	등록세	금　　　　원
교육세	금　　　　원	농어촌특별세	금　　　　원
세액합계	금　　　　원	등기신청수수료	금　　　　원

첨　부　서　면

1. 정 관	통	1. 등록세영수필확인서	통
1. 재산목록	통	1. 위임장(대리인이 신청할 경우)	통
1. 설립허가서	통	1. 주민등록등본	통
1. 창립총회의사록(임원선임서)	통	1. 법인인감카드발급신청서	통
1. 취임승낙서	통	1. 인감증명서	통
1. 인감신고서	통	〈기타〉	

년　월　일

신청인　　　명 칭
　　　　　　주사무소
대표사원　　성 명 이사장　　　　　(인)　(전화 :　　　　)
　　　　　　주 소
대리인　　　성 명 법무사　　　　　(인)　(전화 :　　　　)
　　　　　　주 소

지방법원　　등기소 귀중

2) 신청서 작성방법

신청서는 원칙적으로 한글과 아라비아 숫자로 기재하며(다만 법인의 명칭과 외국인의 성명은 먼저 한글과 아라비아숫자로 기재한 후, 로마자 등의 표기를 병기할 수 있다). 신청서의 기재사항 난이 부족할 경우 별지를 사용하고 신청서와 별지의 각 장 사이에 간인을 하여야 한다.

① 등기의 목적

등기신청서 등기의 목적란에 '재단법인 설립'으로 기재한다.

② 등기의 사유

등기를 신청하는 이유를 기재하는 항목으로, 일반적으로 '재단법인을 설립하기 위하여 정관을 작성하고(20○○년 ○월 ○일 창립총회를 마치고) 20○○년 ○월 ○일 주무관청의 허가를 얻었으므로 다음 사항의 등기를 구함'으로 기재한다.

③ 설립허가서 도착연월일

주무관청으로부터 허가서가 도달한 다음날부터 등기기간을 기산하므로 이를 확인하기 위하여 기재한다(교부받은 경우는 교부일자임).

④ 주사무소/분사무소 신청 구분

주사무소에서의 등기신청(주사무소신청 선택), 분사무소에서의 등기신청(분사무소신청 선택), 또는 주사무소 및 분사무소에 관한 등기를 주사무소에서 일괄하여 신청하는지 여부를 표시하는 항목이다. 법인 설립과 동시에 분사무소를 설치(주사무소와 다른 관할)하여 주사무소 관할 등기소에서 설립등기와 분사무소 설치등기를 일괄하여 동시에 신청하는 경우 주·분사무소 일괄신청임을 표시하면 된다.

⑤ 명칭

정관에 기재된 명칭을 기재하며, 민법법인의 명칭을 등기하는 때에는 사단법인 또는 재단법인임을 표시하여야 한다. 등기부상 로마자 등의 표기를 병기하고자 할 경우(대법원 등기예규 제1455호 참조)는 명칭 오른쪽에 괄호를 사용하여 병기할 수 있으며, 병기되는 로마자 등의 표기는 반드시 정관에 기재되어 있어야 한다.

⑥ 주사무소

창립총회 등에서 정한 주된 사무소 소재지를 기재하며, 정관에는 소재지의 최소행정구역을 표시함으로써 족하지만 신청서에는 그 소재 지번까지 모두 기재하여야 한다.

⑦ 이사의 성명 및 주민등록번호

정관에서 정한 또는 창립총회에서 선출된 이사의 성명·주민등록번호를 기재하고, 주민등록번호가 없는 재외국민 또는 외국인의 경우에는 주민등록번호 대신 생년월일을 기재하여야 한다. 대표권이 있는 이사는 그 주소도 기재하여야 한다. 외국인의 성명은 국적과 원지음을 한글 등으로 기재한 후, 괄호를 사용하여 로마자 등의 표기를 병기할 수 있다(예 : 이사 미합중국인 존에프케네디(John. F. Kennedy)). 이사의 수와 임기는 제한이 없으며 정관으로 정한 바에 따른다.

⑧ 이사의 대표권에 대한 제한

이사는 법인의 사무에 관하여 각자 법인을 대표함이 원칙이나 정관이나 창립총회에서 제한할 수 있다. 실무상 특정 이사에게만 대표권을 주거나 수인으로 하여금 공동으로 대표를 정하는 것으로 대표권을 제한하고 있으며 이에 관한 사항을 기재한다.

⑨ 목적

목적은 법인이 영위하고자 하는 사업 또는 그 사업을 통하여 법인이 추구하고자 하는 목표를 말한다. 정관에서 정한 목적을 기재하며 목적의 기재는 사회 관념상 일반인이 어떤 종류의 사업을 영위하고자 하는지 알 수 있도록 구체적으로 특정하여 기재하여야 한다.

⑩ 분사무소

정관에 분사무소를 정한 경우 또는 창립총회에서 분사무소 설치를 결의하였을 때 기재하며, 주사무소와 동일하게 소재 지번까지 기재하여야 한다. 설립등기시 본·지점 일괄신청을 하지 않았을 경우, 설립등기 후 3주 이내에 분사무소 소재지 관할등기소에서 분사무소설치 등기신청을 하여야 한다.

⑪ 설립허가 연월일

주무관청의 설립허가 연월일을 기재하며, 주무관청으로부터 교부받은 허가서에 기재된 설립허가일 자를 의미한다.

⑫ 존립기간 또는 해산사유

법인이 정관으로 존속기간이나 해산사유를 정한 경우에는 이를 기재한다. 정관의 필수적 기재사항 은 아니나 정한 경우에는 이를 등기하여야 한다.

⑬ 자산의 총액

법인이 보유하고 있는 정관상의 기본재산은 물론 기타 부동산, 동산 및 채권 등을 포함하는 적극재산 의 총액에서 채무 등의 소극재산을 공제한 순재산액을 의미한다.

⑭ 출자방법

출자방법은 자산에 관한 규정의 내용으로 정관에서 정한 경우에 한하여 등기한다.

⑮ 신청등기소 및 등록면허세·수수료

신청하는 등기소별로 기재하여야 하며 납부한 등록면허세영수필확인서에 기재된 등록면허세 및 지방교육세 금액을 기재한다. 등기신청수수료는 등기사항증명서 등 수수료규칙 제5조의4 및 제5조 의3에서 정한 금액을 기재한다. 설립과 동시에 분사무소를 설치하고 주·분사무소 일괄신청을 하는 경우 분사무소 등기신청과 관련된 등록면허세 등을 별도로 납부하여야 한다.

⑯ 과세표준액

과세표준은 자산의 총액을 기재한다.

⑰ 첨부서면

등기신청서에 첨부하는 서면을 기재한다.

⑱ 신청인 등

설립등기를 신청하는 법인의 명칭과 주사무소 대표자의 성명과 주소를 기재하며, 위임받은 대리인
이 신청할 경우 대리인의 성명과 주소를 기재한다. 대표자는 등기신청과 동시에 제출하는 법인
인감도장을 날인하여야 하며 대리인의 경우는 날인할 도장에 대한 제한은 없다.

(나) 등기사항(민법 제39조 제2항)

등기신청 시 등기사항은 다음과 같다.

• 목적

법인이 영위 또는 추구하고자 하는 사업이 무엇인지 제3자가 알 수 있을 정도로 표시하여야 하며,
사업의 종류도 구체적으로 표시해야 한다.

• 명칭

법인의 명칭은 법령상 사용이 제한되는 명칭을 제외하고는(은행법 제14조, 보험법 제8조 제2항
등) 자유롭게 정할 수 있다. 다만, 법인명칭의 등기 시에 법인의 종류(즉 사단법인 또는 재단법인)를
부기하여야 한다(민법법인 및 특수법인 등기규칙 제4조).

• 사무소

법인의 사무소의 소재지를 등기하여야 한다. 사무소가 수개인 때에는 그 중 1곳을 주된 사무소로,
나머지를 분사무소로 등기한다. 또한, 정관에 사무소의 소재지를 기재할 때에는 최소행정구역까지
만 기재하여도 무방하지만, 등기상에는 소재지의 구체적인 지번까지 등기하여야 한다.

• 설립허가의 연월일

주무관청으로부터 교부받은 「설립허가서」에 기재된 일자를 등기한다.

• 존립 시기나 해산사유

법인이 존속하기로 하는 기간을 미리 정하여 놓거나, 법정해산사유 이외에 일정한 사유가 발생하면
법인이 해산하기로 정한 사유가 있으면 이를 등기하여야 한다.

• 자산의 총액

자산의 총액이란 정관상의 기본재산은 물론 기타 법인이 보유하는 일체의 적극재산의 총액에서 채무 등의 소극재산을 공제한 순재산액을 의미한다. 재단법인의 경우에는 설립 시에 자산총액이 전혀 없어도 상관이 없지만, 재단법인에 있어서는 자산총액이 반드시 있어야 하고 이를 등기하여야 한다. 다만 재단법인의 경우에도 자산총액이 0원으로 기재할 수는 있지만, 자산총액을 미정 혹은 공란으로 하여 등기할 수는 없다.

• 출자의 방법을 정한 때에는 그 방법

가령 재단법인의 정관에 발기인이나 사원들의 출자의무에 관한 규정이 있거나, 재단법인의 정관에 설립자가 정기적으로 출연하기로 하는 규정이 있을 때에는 그러한 사항은 등기하여야 한다.

• 이사의 성명·주소

법인의 이사의 성명과 주소를 등기하여야 한다. 이사의 등기 시에 주민등록번호도 등기하여야 한다 (비송사건절차법 제62조).

• 이사의 대표권을 제한한 때에는 그 제한

이사는 법인의 사무에 관하여 각자 법인을 대표하는 것을 원칙으로 하지만, 정관이나 사원총회의 결의에 의해서 이사의 대표권을 제한할 수 있다(민법 제59조 제1항). 그러한 이사의 대표권의 제한에 관한 사항은 등기하여야 하며, 이를 등기하지 않으면 대표권이 제한되어 있음을 이유로 제3자에게 대항하지 못한다(민법 제60조).

• 등기의 목적

어떠한 종류의 법인을 설립할 것인지를 정확하게 기재해야 한다. 따라서 재단법인을 설립하기 위해서는 '사단법인의 설립'이라고 기재한다. 법원 또는 행정기관 등의 허가가 필요한 사항의 등기를 신청하는 경우에는 허가서의 도달 연월일을 기재하면 된다.

(다) 등기신청 시 첨부서류

법인을 대표하는 사람은 아래의 서류를 첨부하여 설립등기를 신청한다(「비송사건절차법」 제63조).
• 법인의 정관

• 창립총회의사록(이사의 자격증명서)

법인설립 시 선임되는 이사는 정관에 정해져 있기 때문에 별도의 이사의 자격증명서를 제출하지 않아도 되지만, 정관에서 정해지지 않은 경우에는 창립총회의사록 및 취임승낙서 등을 제출해야 한다. 또한 창립총회의사록을 제출하는 경우에는 공증인의 인증을 받아서 제출해야 한다(「공증인법」제66조의2제1항).

• 주무관청의 설립허가서 또는 인증이 있는 허가서 등본

민법상의 법인은 반드시 주무관청의 허가를 받아야 하며 설립등기 시 첨부서면으로 허가서 또는 허가기관이 인증한 등본을 첨부하여야 하며, 허가서 원본을 제출한 경우에는 허가서 사본에 대하여 등기관이 원본대조필을 한 후 원본을 반환받을 수 있다.

제○○○호

법인설립 허가증

1. 법인 명칭 :

2. 소재지 :

3. 대표자 :
      ○성명 :
      ○주민등록번호 :
      ○주소 :

4. 사업내용

민법 제32조 및 ○○○소관 비영리법인의 설립 및 감독에 관한 규칙 제○조의 규정에 의하여 위와 같이 허가합니다.

20 년 월 일

○○○장   [인]

• 인감신고서

등기신청서에 기명날인할 사람(법인의 대표자 등)은 미리(설립등기와 동시에) 등기소에 인감을 제출하여야 한다. 인감신고서에는 인감증명법에 의하여 신고한 인감을 날인하고 발행일로부터 3개월 이내의 인감증명서를 첨부하여야 하며, 또한 인감신고서와 함께 인감대지(인감의 제출·관리 및 인감증명서 발급에 관한 업무처리지침 별지 제2호 양식)도 함께 제출하여야 한다.

[서식] 인감신고서

인감 · 개인(改印) 신고서

(신고하는 인감날인란)　　　　　　　(인감제출자에 관한 사항)

상호(명칭)		등기번호	
본점(주사무소)			
인감제출자 자격/성명			
주민등록번호			
주 소			

ㄴ 위와 같이 인감을 신고합니다.
ㄴ 위와 같이 개인(改印)하였음을 신고합니다.

　　　년　　월　　일　　　　　(개인인감 날인란)

　　신고인 본 인 성 명　　　(인)
　　　　　대리인 성 명　　　(인)

　　　　지방법원　　등기소 귀중

주 1. 개인인감 날인란에는 「인감증명법」에 의하여 신고한 인감을 날인하고 그 인
      감증명서(발행일로부터 3개월 이내의 것)를 첨부하여야 합니다. 개인(改印)신
      고의 경우, 개인인감을 날인하는 대신에 등기소에 신고한 유효한 종전 인감을
      날인하여도 됩니다.
   2. 인감·개인신고서에는 신고하는 인감을 날인한 인감대지를 첨부하여야 합니
      다.
   3. 지배인이 인감을 신고하는 경우에는 인감제출자의 주소란에 지배인을 둔 장
      소를 기재하고, 「상업등기규칙」 제36조 제4항의 보증서면(영업주가 등기소
      에 신고한 인감 날인)을 첨부하여야 합니다.

위 임 장

성 명 :   주민등록번호(–   )

주 소 :

   위의 사람에게, 위 인감신고 또는 개인신고에 관한 일체의 권한을 위임함.

              200 년   월   일

         인감(개인) 신고인 성 명   (인)

• 위임장

등기신청권자 이외의 대리인에 의하여 등기신청을 하는 때에는 그 권한을 증명하는 서면으로 위임장
을 첨부하여야 하는데, 실무상 수임자, 위임자, 위임내용을 기재하고 등기소에 제출하는 인감을
날인하여 작성한다.

위 임 장	
법인의 표시	상호 : 사단(재단)법인 ○○○ 본점 : 서울특별시 ○○구 ○○동 ○○번지
등기의 목적	
등기의 사유	
대리인	법무사 ○○○ 서울특별시 ○○구 ○○동 ○○번지

위 대리인에게 위 등기의 신청 및 취하, 그리고 원본 환부청구 및 수령에 관한 모든 권한을 위임한다. 또한 복대리인 선임을 허락한다.

년 월 일

위임인	사단(재단)법인 ○○○ 서울특별시 ○○구 ○○동 ○○번지	
	대표이사 ○○○ 서울특별시 ○○구 ○○동 ○○번지	인감
		인감
		인감

※ 날인된 인감은 인영대조 전산시스템에 의하여 등기관이 조사를 한다. 따라서 인감을 날인할 때에는 인영이 인감날인란의 선내를 벗어나지 않도록 각별히 주의하여야 한다.

※ 이 양식은 주식회사뿐 아니라 모든 종류의 법인에 관하여 적용된다. 주식회사 이외의 다른 법인은 양식의 해당 문구를 적절히 수정하여 사용하여야 한다.

• 등록면허세영수필확인서

주사무소 소재지 관할 시·군·구청장으로부터 등록면허세납부서를 발부받아 납부한 후 등록면허세영수필확인서를 첨부하여야 한다. 법인설립과 동시에 분사무소를 설치하여 주·분사무소 일괄신청을 하는 경우는 분사무소 소재지 관할 시·군·구청장으로부터 별도의 등록면허세납부서를 발부받아 납부한 후 등록면허세영수필확인서를 첨부하여야 하며, 대통령령으로 정하는 대도시 내에서의 설립등기시에는 당해 세율의 3배의 등록면허세를 납부하여야 한다. 여기서 대도시라 함은 수도권정비계획법 시행령 제9조 별표1에 지정되어 있는 권역을 의미한다.

• 이사회 의사록

재단법인 설립등기시 이사회의사록은 필요적 첨부서면은 아니나 정관에서 이사회의 권한으로 정하고 그 사항을 이사회에서 결의한 경우 이사회의사록을 첨부해야 한다.

[서식 _ 이사회 의사록]

이사회 의사록

○○○○년 ○월 ○○일 ○○시 본점 회의실에서 다음과 같이 이사회를 개최하다.

| 이사 총수 | ○명, | 감사 총수 | ○명 |
| 출석이사수 | ○명, | 출석감사수 | ○명 |

의안 : 대표이사 보선의 건

의장 ○○○은 본 회사 대표이사 ○○○이 ○○○○년 ○월 ○○일 사임하였으므로 이를 보선하기 위하여 그 선출방법을 물은 바, 무기명비밀투표로 선출하기로 전원일치 합의하여 즉시 투표한 결과 다음과 같이 선출하다.

대표이사 ○ ○ ○

위 선출된 대표이사는 즉석에서 취임을 승낙하다.

의장은 이상으로서 의안 전부의 심의를 종료하였으므로 폐회한다고 선언하다(회의 종료시각 ○○시 ○○분).

위 의사의 안건, 경과요령, 그 결과, 반대하는 자와 그 반대이유를 명백히 하기 위하여 이 의사록을 작성하고 출석한 이사 및 감사가 기명날인 또는 서명하다.

○○○○년 ○월 ○○일

주식회사 ○○○○
○○시 ○○구 ○○동 ○○번지

의장	대표이사	○ ○ ○ (인)
	사 내 이 사	○ ○ ○ (인)
	사 외 이 사	○ ○ ○ (인)
	기타비상무이사	○ ○ ○ (인)
	감 사	○ ○ ○ (인)

• 의사록 공증

등기신청시 첨부되는 총회 등의 의사록은 공증인의 인증을 받아야 한다(다만,「공증인법 시행령」제37조의3에 따라 법무부장관이 지정고시한 인증 제외대상 법인은 공증인의 인증이 면제됨).

• 번역문

등기신청 서류 중 외국어로 작성된 문서는 이를 번역하여 번역문을 첨부해야 하며, 번역인의 자격에는 제한이 없으나 번역인의 성명 주소를 기재하고 기명날인 또는 서명해야 한다(번역문을 공증받을 필요는 없음).

• 법인인감카드발급 신청서

법인인감증명서는 설립등기 완료 후 법인인감도장을 지참하여 법인인감 카드 또는 전자증명서 (HSM USB)를 발급받을 수 있다.

[서식 _ 인감카드발급 신청서]

인감카드 (재)발급신청서

(인감제출자에 관한 사항)

상호(명칭)		등기번호	
본점(주사무소)			
인감 제출자	자격 / 성명		
	주민등록번호		

인감카드 비밀번호		발급사유	⌐ 최초발급
			⌐ 카드분실 ⌐ 카드훼손 ⌐ 기타( )

위와 같이 인감카드의 (재)발급을 신청합니다.

년   월   일

신청인 인감제출자   (본 인) 성 명   (인) (전화 :   )

　　　　　　　　　(대리인) 성 명   (인) (전화 :   )

지방법원   등기소 귀중

접수번호		인감카드번호	

－ 대법원수입증지를 붙이는 란 －

주 1. 인감카드 비밀번호란에는 (재)발급받아 사용할 인감카드의 비밀번호를 기재하며, 아라비아숫자 6자릿수를 기재하여야 합니다. 비밀번호는 인감카드와 함께 인감증명서의 발급을 신청할 권한이 있는 것으로 보게 되는 중요한 자료이므로 권한이 없는 사람이 알지 못하도록 주의하시기 바랍니다.

　　2. 인감카드의 재발급을 신청할 때에는 「등기부 등·초본 등 수수료규칙」 제5조의7에 의하여 5,000원 상당의 대법원수입증지를 이 난에 붙여야 합니다. 다만, 인감카드를 반납할 때에는 붙일 필요가 없습니다.

위 임 장

　　성 명 :   주민등록번호(－   )

　　주 소 :

위의 사람에게, 위 (재)발급신청서에 기재된 인감카드 발급신청과 그 수령 등에 관한 일체의 권한을 위임함.

200 년   월   일

인감신고인 성 명   (인)

라. 비영리재단법인의 설립신고

(1) 설립신고

법인은 설립등기일(사업의 실질적 관리장소를 두게 되는 경우에는 그 실질적 관리장소를 두게 된 날)부터 2개월 이내에 아래의 사항을 기재한 법인설립신고서(「법인세법 시행규칙」 별지 제73호 서식) 및 정관 등을 납세지 관할세무서장에게 신고해야 한다(「법인세법」 제109조 제1항).

Q 「민법」상 비영리재단법인의 경우 법인분할이 가능한지 여부

A 「민법」에는 법인의 합병, 분할 등에 관한 규정이 없다. 따라서 현행법상 불가능하다.

Q 비영리재단법인을 상법상 유한회사·주식회사로 전환하거나 상법상 회사와 합병할 수 있는 지 여부

A 현재 법인의 합병제도는 「상법」상 회사에 대해서만 가능하며, 「민법」상의 비영리법인은 합병을 하는 것이 불가능하다. 또한 비영리법인이 회사로 전환되거나 합병하는 것은 현행 민법상 불가능하다.

---

(2) 설립신고서 기재사항

- 법인의 명칭과 대표자의 성명
- 본점이나 주사무소 또는 사업의 실질적 관리장소의 소재지
- 사업 목적
- 설립일

■ 법인세법 시행규칙 [별지 제73호 서식] 〈개정 2019. 3. 20.〉   홈택스(www.hometax.go.kr)에서도 신고할 수 있습니다.   (앞쪽)

접수번호	[ ] 법인설립신고 및 사업자등록신청서 [ ] 국내사업장설치신고서(외국법인)	처리기간
		3일 (보정기간은 불산입)

귀 법인의 사업자등록신청서상의 내용은 사업내용을 정확하게 파악하여 근거과세의 실현 및 사업자등록 관리업무의 효율화를 위한 자료로 활용됩니다. 아래의 사항에 대하여 사실대로 작성하시기 바라며 신청서에 서명 또는 인감(직인)날인하시기 바랍니다

1. 인적사항

법 인 명(단체명)		승인법인고유번호 (폐업당시 사업자등록번호)	
대 표 자		주민등록번호	–
사업장(단체)소재지		층 호	
전 화 번 호	(사업장)	(휴대전화)	

2. 법인현황

법인등록번호	–	자본금	원	사업연도	월 일 ~ 월 일

법 인 성 격 (해당란에 ○표)

내 국 법 인						외 국 법 인			지점(내국법인의 경우)		분할신설법인		
영리 일반	영리 외투	비영리	국 가 지방자치	법인으로 보는 단체		지점 (국내사업장)	연 락 사무소	기타	여	부	본점 사업자 등록번호	분할전 사 업자등록 번호	분할연월 일
				승인법인	기타								

조합법인 해당 여부		사업자 단위 과세 여부		공 익 법 인				외국 · 외투 법인	국 적	투자비율
여	부	여	부	해당여부	사업유형	주무부처명	출연자산여 부			
		여	부				여 부			

3. 외국법인 내용 및 관리책임자 (외국법인에 한함)

외 국 법 인 내 용

본점	상 호	대 표 자	설치년월일	소 재 지

관 리 책 임 자

성 명 (상 호)	주민등록번호 (사업자등록번호)	주 소 (사업장소재지)	전 화 번 호

4. 사업장현황

사 업 의 종 류						사업(수익사업) 개 시 일
주업태	주 종 목	주업종코드	부업태	부 종 목	부업종코드	
						년 월 일

사이버몰 명칭					사이버몰 도메인			

사업장 구분 및 면적		도면첨부		사업장을 빌려준 사람(임대인)				
자가	타가	여	부	성 명(법인명)	사업자등록번호	주민(법인)등록번호	전화번호	
㎡	㎡							

임 대 차 계 약 기 간		(전세)보증금	월 세(부가세 포함)
20 . . . ~ 20 . . .		원	원

개 별 소 비 세				주 류 면 허		부가가치세 과세사업		인 · 허 가 사업 여부				
제조	판매	장소	유흥	면허번호	면허신청	여	부	신고	등록	인·허가	기타	
					여 부							

설립등기일 현재 기본 재무상황 등							
자산 계	유동자산	비유동자산	부채 계	유동부채	비유동부채	종업원수	
천원	천원	천원	천원	천원	천원	명	

전자우편주소	국세청이 제공하는 국세정보 수신동의 여부	[ ] 문자(SMS) 수신에 동의함(선택) [ ] 이메일 수신에 동의함(선택)

210mm×297mm[백상지 80g/㎡ 또는 중질지 80g/㎡]

(뒤쪽)

5. 사업자등록신청 및 사업시 유의사항(아래 사항을 반드시 읽고 확인하시기 바랍니다)

가. 사업자등록 상에 자신의 **명의를 빌려주는 경우** 해당 법인에게 부과되는 각종 세금과 과세자료에 대하여 소명 등을 해야 하며, 부과된 세금의 체납시 **소유재산의 압류 · 공매처분, 체납내역 금융회사 통보, 여권발급제한, 출국규제 등**의 불이익을 받을 수 있습니다.

나. 내국법인은 주주(사원)명부를 작성하여 비치해야 합니다. 주주(사원)명부는 사업자등록신청 및 법인세 신고시 제출되어 지속적으로 관리되므로 사실대로 작성해야 하며, 주주명의 대여시는 **양도소득세 또는 증여세**가 과세될 수 있습니다.

다. 사업자등록 후 정당한 사유 없이 **6개월이 경과할 때까지 사업을 개시**하지 아니하거나 **부가가치세 및 법인세를 신고하지 아니하거나 사업장을 무단 이전**하여 실지사업여부의 확인이 어려울 경우에는 **사업자등록이 직권으로 말소**될 수 있습니다.

라. **실물거래 없이 세금계산서 또는 계산서를 발급하거나 수취하는 경우** 「조세범처벌법」 제10조 제3항 또는 제4항에 따라 해당 법인 및 대표자 또는 관련인은 **3년 이하의 징역 또는 공급가액 및 그 부가가치세액의 3배 이하에 상당하는 벌금에 처하는 처벌**을 받을 수 있습니다.

마. 신용카드 가맹 및 이용은 반드시 사업자 본인 명의로 해야하며 **사업상 결제목적 이외의 용도로 신용카드를 이용할 경우** 「여신전문금융업법」 제70조 제2항에 따라 **3년 이하의 징역 또는 2천만원 이하의 벌금에 처하는 처벌**을 받을 수 있습니다.

바. 공익법인의 경우 공익법인에 해당하게 된 날부터 **3개월 이내에 전용계좌를 개설**하여 **신고**해야 하며, **공익목적사업과 관련한 수입과 지출금액은 반드시 신고한 전용계좌를 사용**해야 합니다.(미이행시 가산세가 부과될 수 있습니다.)

신청인의 위임을 받아 대리인이 사업자등록신청을 하는 경우 아래 사항을 적어 주시기 바랍니다.

대 리 인	성 명		주민등록번호	

인적사항	주 소 지			
	전화 번호		신청인과의 관계	

신청 구분	[ ] 사업자등록만 신청　　[ ] 사업자등록신청과 확정일자를 동시에 신청 [ ] 확정일자를 이미 받은 자로서 사업자등록신청 (확정일자 번호:　　　　　)

신청서에 적은 내용과 실제 사업내용이 일치함을 확인하고, 「법인세법」 제109조·제111조, 같은 법 시행령 제152조부터 제154조까지, 같은 법 시행규칙 제82조 제3항제11호 및 「상가건물 임대차보호법」 제5조 제2항에 따라 법인설립 및 국내사업장설치 신고와 사업자등록 및 확정일자를 신청합니다.

년　　월　　일

신 청 인　　　　　　　　　　(인)

위 대리인　　　　　　　(서명 또는 인)

세무서장 귀하

붙임 서류	1. 정관 1부(외국법인만 해당합니다) 2. 임대차계약서 사본(사업장을 임차한 경우만 해당합니다) 1부 3. 「상가건물 임대차보호법」의 적용을 받는 상가건물의 일부를 임차한 경우에는 해당 부분의 도면 1부 4. 주주 또는 출자자명세서 1부 5. 사업허가·등록·신고필증 사본(해당 법인만 해당합니다) 또는 설립허가증사본(비영리법인만 해당합니다) 1부 6. 현물출자명세서(현물출자법인의 경우만 해당합니다) 1부 7. 자금출처명세서(금지금 도·소매업, 액체·기체연료 도·소매업, 재생용 재료 수집 및 판매업, 과세유흥장소에서 영업을 하려는 경우에만 제출합니다) 1부 8. 본점 등의 등기에 관한 서류(외국법인만 해당합니다) 1부 9. 국내사업장의 사업영위내용을 입증할 수 있는 서류(외국법인만 해당하며, 담당 공무원 확인사항에 의하여 확인할 수 없는 경우만 해당합니다) 1부 10. 사업자단위과세 적용 신고자의 종된 사업장 명세서(법인사업자용)(사업자단위과세 적용을 신청한 경우만 해당합니다) 1부

작성방법

사업장을 임차한 경우 「상가건물 임대차보호법」의 적용을 받기 위하여서는 사업장 소재지를 임대차계약서 및 건축물관리대장 등 공부상의 소재지와 일치되도록 구체적으로 적어야 합니다.

(작성 예) ○○동 ○○○○번지 ○○호 ○○상가(빌딩) ○○동 ○○층 ○○○○호

210mm×297mm[백상지 80g/㎡ 또는 중질지 80g/㎡]

마. 재산이전 및 재산이전 보고

설립허가를 받은 법인은 법인설립허가 신청할 때 제출했던 재산목록에 따른 재산을 법인에게 이전하고 일정 기간 내에 그 이전을 증명하는 등기소 또는 금융기관의 증명서를 주무관청에 제출해야 한다(예, 「국방부 및 그 소속청 소관 비영리법인의 설립 및 감독에 관한 규칙」 제5조제1항). 이때 부동산의 소유권 이전등기, 예금 등의 법인 명의로의 금융기관예치, 주식의 명의개서, 각종 재산권

의 권리이전 등 적절한 방법으로 법인소유로 이전하였음을 증명하는 서류를 갖추어야 한다.

실무적으로 출연하기로 한 보통재산이 설립등기 비용 등으로 차액이 발생한 경우 증빙자료를 제출하도록 하고, 기본재산으로 출연된 재산 중 유동성이 심한 예금 등은 법인재산에서 손실 또는 유출되는 경우가 없도록 수시로 재산변동 상황을 파악할 필요가 있다.

바. 법인설립등기 완료사실 및 법인에게로 재산이전 완료사실을 주무관청에 보고

주무관청으로부터 허가를 받은 법인은 법인 설립등기를 하였을 때에는 10일 이내에 그 사실을 주무관청에 보고하거나 법인 등기사항증명서 1부를 제출해야 한다(국방부 및 그 소속청 소관비영리법인의 설립 및 감독에 관한 규칙 제5조 제2항). 보고를 받은 주무관청은 전자정부법 제36조 제1항의 규정에 따른 행정정보의 공동이용을 통해 법인등기사항증명서를 확인해야 한다(국방부 및 그 소속청 소관 비영리법인의 설립 및 감독에 관한규칙 제5조 제2항).

사. 주무관청의 지도 감독 및 법인 설립허가사실 통보(주무관청 ▶ 세무서)

(1) 지도 감독

설립허가 후부터 주무관청은 다음의 사항을 지도 · 감독하여야 한다.

• 재산이전 및 등기 보고

• 설립허가 취소 등 제재사항

• 임원 결원방지

• 사전허가(승인) 및 보고사항 적기 수행

　i) 기본재산 처분 허가

　ii) 기본재산편입예외 기부금 사용승인(공익법인)

　iii) 예산 및 결산 보고

　iv) 수익사업 : 정관변경 허가 및 사업별 승인(공익법인)

　v) 상근임직원 정수 승인(공익법인) 등

(2) 세무서 통보

비영리법인도 상증법상의 공익법인에 해당할 수 있으므로 세무서에 통보함이 타당하다(상증법 제 48조 제7항).

아. 사업자등록신청

법인이 영리이든 비영리이든 관계없이 사업상 독립적으로 재화 또는 용역을 공급하는 경우에는 사업자등록을 하여야 한다.

사업자는 사업장마다 대통령령으로 정하는 바에 따라 사업 개시일부터 20일 이내에 사업장 관할 세무서장에게 사업자등록을 신청하여야 한다. 다만, 신규로 사업을 시작하려는 자는 사업 개시일 이전이라도 사업자등록을 신청할 수 있다(부가가치세법 제8조 제1항). 사업자는 상기 사업자등록의 신청을 사업장 관할 세무서장이 아닌 다른 세무서장에게도 할 수 있으며, 이 경우 사업장 관할 세무서 장에게 사업자등록을 신청한 것으로 보게 된다(부가가치세법 제8조 제2항).

자. 장부 및 서류의 비치

(1) 재산목록의 작성(민법 제55조 제1항)

법인은 성립한 때 및 매년 3월내 재산목록을 작성하여 사무소에 비치한다. 참고로 사업연도를 정한 법인은 성립한 때 및 그 연도 말에 이를 작성한다.

(2) 사원명부의 비치(민법 제55조 제2항)

재단법인은 사원명부를 비치하고 회원의 변경이 있는 때에는 이를 기재하여야 한다.

(3) 기타 장부 및 서류의 비치

법인은 다음의 장부 및 서류를 사무실에 비치하여야 한다.

번호	서류 및 장부명	보존기간	근거
1	재산목록	10년 이상	해석상
2	장부와 중요증빙서류	10년	상법 제33조, 국세기본법 제85조의3,
3	전표	5년~10년	법인세법 제112조, 상증법 제51조, 상증령 제44조, 소득세법 제160조
4	근로자명부, 근로계약서, 임금대장 등 근로계약에 관한 중요서류	3년	근로기준법 제41조 · 제42조동법 시행령 제21조 · 제22조
5	사원(회원)명부(재단법인)	영구	해석상
6	회의록	10년 이상	해석상
7	설립허가서(정관포함), 정관변경허가서(정관포함)	영구	해석상
8	임원취임(해임) 승인 문서	영구	해석상
9	기타 허가 · 승인 · 보고 문서	10년	소관부처 규칙에 따름 해당규칙 없으면 중요증비서류에 준함

다. 설립허가 취소

(1) 설립허가 취소요건

민법은 다음 3가지를 법인설립허가의 취소사유로 들고 있다(제38조).

● 법인이 목적 이외의 사업을 한 경우

- 법인의 목적이란 법인정관에 정하여진 목적을 뜻하므로, 법인이 목적 이외의 사업을 한다는 것은 법인정관에 기재된 목적 이외의 사업을 하는 것을 의미한다. 따라서 민법에 의거하여 설립된 법인은 비영리를 목적으로 하는 법인이므로 만약 영리를 목적으로 하는 사업을 하는 경우에는 설립허가 취소사유에 해당하게 된다.
- 다만 비영리를 목적으로 하는 법인이 비영리사업의 목적을 달성하는데 필요하여 그 본질에 반하지 않을 정도의 영리사업을 하는 것은 법인의 목적을 벗어난 것으로 볼 수 없다.
- 예컨대 암예방 홍보를 목적으로 하는 재단법인이 학술대회를 개최하면서 참가비를 징수하거나 관련서적을 판매하는 등의 행위는 가능하다.

- 특정한 비영리목적의 법인이 다른 비영리목적의 사업을 하는 것을 목적 외의 사업이라 하여 설립허가를 취소할 수 있는지가 문제된다(예컨대 자선사업을 목적으로 하는 법인이 학술사업을 하는 경우). 이러한 경우는 설립허가취소에 해당하지 않는다고 본다. 설립허가취소의 근거가 민법의 규정임에도 불구하고 그 실질은 기본권제한에 관한 행정법적 규정이기 때문에 엄격하게 판단할 필요가 있는 것이다.
- 예컨대 실질은 영리사업을 하면서도 회사법이나 조세법 규정을 회피하기 위하여 민법상 비영리법인으로 설립하는 경우 등에 국한하여 적용하는 것이 타당하다. • 만약 그러한 정관목적과 부합하지 않는 다른 비영리사업이 지속된다면 주무관청은 법인사무의 검사·감독권(민법 제37조)의 일환으로 법인의 정관변경을 명할 수 있을 것이다.

● 설립허가의 조건에 위반한 경우

- 주무관청은 일정한 조건의 성취를 전제로 하여 법인설립을 허가할 수 있다. 그러한 조건을 전제로 법인이 설립되었음에도 법인이 그러한 조건을 충족시키지 못하게 되면 주무관청은 설립허가를 취소할 수 있다.
- 예컨대 일정한 인적·물적 시설을 갖출 것을 조건으로 하여 자선사업을 목적으로 하는 법인설립이 허가된 경우에 그 조건으로 정한 시설이 갖추어지지 못하였다면 법인설립조건을 위반한 것이 되고 이때 주무관청은 그 법인의 설립허가를 취소할 수 있다.
- 다만 그 조건이 법인의 설립허가조건인지 혹은 주무관청의 단순한 희망사항에 불과한 것인지를 실제로 판별하기 곤란한 경우도 있지만, 그것이 후자에 해당하는 경우에는 이를 위반하였다고 하여 설립허가를 취소할 수는없다.

● 기타 공익을 해하는 행위를 한 경우

- 무엇이 공익을 해하는 행위인지에 대해 판단하는 것이 문제된다. 이에 대해서는 명확한 기준이 없는바, 대법원은 '민법 제38조에서 말하는 비영리법인이 공익을 해하는 행위를 한 때라 함은 법인의 기관이 공익을 침해하는 행위를 하거나 그 사원총회가 그러한 결의를 한 경우를 의미 한다'고 판시하고 있다(大判 1982. 10. 26. 81누363). 그러나 법인의 기관이 한 행위가 공익을 해하는 행위라고 하더라도 그것이 개인의 행위로써 한 것일 때에는 이를 이유로 법인의 설립허가를 취소할 수 없다(大判 1966. 6.21. 66누21)
- 공익을 해하는 지의 여부는 주무관청이 자의적으로 판단해서는 안 될 것이고 법인의 기관이

다만, 판례는 설립허가 취소요건을 엄격하게 판단하며, '비영리법인 설립 후에 있어서의 허가취소는 본조에 해당되는 경우에 국한되는 것으로서 그 목적달성이 불능하게 되었다는 것으로는 본법 제77조 소정 당연해산사유에 해당될지 몰라도 그 사유만으로 설립허가를 취소할 사유에 해당된다 할 수 없다.'고 판시하고 있다(대법원 1968. 5. 28. 선고 67누55 판결).

(2) 취소절차와 효과

민법은 설립허가를 해준 주무관청이 설립허가의 취소권한을 갖는다는 것 외에, 그 취소절차에 관하여는 아무런 규정을 두고 있지 않다. 따라서 주무관청은 민법 제37조에 의거하여 법인에 대한 검사·감독권을 행사한 다음 설립허가를 취소하든지 또는 검사·감독권을 행사하지 않고 곧바로 설립허가를 취소할 수 있다. 다만 어느 경우에나 설립허가를 취소하는 경우에는 청문을 실시할 것이 요구된다(법인규칙 제9조).

(3) 구제절차

주무관청에 의한 설립허가의 취소는 공권력의 행사에 해당된다. 따라서 이에 불복이 있는 법인은 행정심판법에 기하여 심판청구를 할 수 있고 다시 행정소송법에 의하여 행정소송을 제기할 수 있다. 설립허가취소처분으로 인해 법인은 청산법인으로 되어 청산목적의 범위 내에서 존속하게 되지만, 만약 설립허가의 취소처분이 법원의 판결에 의하여 취소되면 취소처분의 효과는 소급해서 상실되므로 취소처분 이후에 청산목적을 넘어 행해졌던 법인의 행위도 모두 유효로 인정된다.

> **주무관청의 설립허가취소 등에 따른 법인등기 사무처리요령**
> **– 개정 2018. 6. 28. [등기예규 제1650호, 시행 2018. 6. 28.]**
>
> 제1조 (목적)
> 이 예규는 주무관청으로부터 사단법인이나 재단법인의 설립허가 취소 통보를 받은 경우(사단법인이나 재단법인에 관한 규정을 준용하는 경우를 포함한다) 등기관의 법인등기 사무처리절차를 정함을 목적으로 한다.

제2조 (직권해산등기 여부)

사단법인 또는 재단법인은 주무관청의 설립허가 취소에 의해 당연히 해산되고, 이사 등이 「민법」 제82조 등에 따라 청산인이 되지만 그 법인에 대한 해산등기 및 청산인 선임등기는 청산인이 신청하여야 하므로 이러한 등기를 등기관이 직권으로 하여서는 아니 된다.

제3조 (등기관의 처리)

① 주무관청으로부터 설립허가 취소 통보를 받은 경우 등기관은 전산시스템의 부전지 기능을 이용하여 설립허가취소 사실, 설립허가취소 연월일, 취소기관, 문서번호 또는 관보번호 등을 입력하여 해산된 법인임을 알 수 있도록 하여야 한다.

② 설립허가가 취소된 법인에 대하여는 인감증명서를 발급하여서는 아니 된다.

제4조 (등기의 제한)

설립허가가 취소된 법인에 대하여는 해산등기 및 청산인 선임등기 이외의 등기는 수리하여서는 아니 된다.

제5조 (해산명령 등에의 준용)

민법 및 상법 외의 법령에 따라 설립된 법인에 대하여 주무관청의 해산명령이 있는 경우(주무관청의 인가를 받아 해산하는 경우를 포함한다)에는 제2조부터 제4조까지의 규정을 준용한다.

[해산명령 등의 예시]

1. 사립학교법에 따라 설립된 학교법인에 대하여 같은 법에 따른 해산명령이나 해산인가가 있는 경우

2. 엽업조합법에 따라 설립된 엽업조합에 대하여 같은 법에 따른 해산명령이 있는 경우

부 칙(2013.12.24 제1506호)

이 예규는 2014년 1월 1일부터 시행한다.

부 칙(2018.06.28 제1650호)

이 예규는 2018년 6월 28일부터 시행한다.

차. 해산 및 청산

(1) 법인해산사유

(가) 법인공통해산사유

민법 제77조 제1항의 법인의 해산사유는 다음과 같다.

1) 존립기간 만료

존립기간은 재단법인에서는 정관의 필요적 기재사항이고, 재단법인에서는 임의적 기재사항이다. 또는 존립기간은 법인의 등기사항이다(민법 제49조 제2항).

2) 법인의 목적 달성 또는 달성의 불능

목적을 달성했는지 또는 달성이 불능한지는 사회관념에 따라서 결정한다. 목적의 달성불능은 법률상 또는 사실상으로 목적을 완료할 수 없게 되었음이 확정적인 것을 의미하므로, 설사 일시적으로 그 목적 달성이 불능일지라도 그 달성이 가능한 것으로 보일 경우에는 여기에 해당되지 아니한다.

3) 기타 정관에서 정한 해산사유발생

해산사유는 재단법인에서는 정관의 필요적 기재사항이고, 재단법인에서는 임의적 기재사항이다. 또한 해산사유는 법인의 등기사항이다(민법 제49조 제2항). 법인이 채무를 완전히 변제할 수 없는 상태, 즉 채무초과가 된 상태를 의미한다. 법인의 파산원인은 자연인과 달리 지급불능에 이를 필요가 없이 단순한 채무초과로써 충분하다.

4) 법인의 파산

법인이 채무를 완제하지 못하게 된 때에는 이사는 지체없이 파산신청을 하여야 한다(민법 제79조). 이사가 파산의 신청을 게을리 하면 과태료의 처분을 받게 된다 (민법 제97조 6호).

5) 설립허가의 취소

민법은 다음 3가지를 법인설립허가의 취소사유로 들고 있다(제38조).

• 법인이 목적 이외의 사업을 한 경우
• 설립허가의 조건에 위반한 경우
• 기타 공익을 해하는 행위를 한 경우

위의 각 경우에 해당하면 주무관청은 법인설립허가를 취소할 수 있다. 그렇지만 이외의 사유로 법인의 설립허가를 취소할 수는 없다. 대법원도 '비영리법인의 설립허가의 취소는 민법 제38조의 규정에 해당하는 경우에만 가능하다'판시하였다(大判 1977. 8. 23. 76누145). 따라서 이를테면 법인의 목적달성이 불능하게 된 경우에는 법인의 해산사유에 해당될 수 있어도 주무관청이 법인의 설립허가를 취소할 수 있는 사유는 아니다.

(나) 재단법인에 특유한 해산사유
민법은 그 외 재단법인에 특유한 해산사유로 다음 2가지를 명시하고 있다(제77조 제2항).

1) 사원이 없게 된 경우
재단법인의 구성원인 사원이 모두 사망하거나 퇴사, 기타의 사유로 한 사람도 없게 된 경우를 말한다. 사원이 한 명이라도 남아 있게 되면 그 남은 사원이 설립목적을 달성시킬 수도 있으며, 또한 사원이 증가될 가능성이 있기 때문에 해산사유로 보지 아니한다. 다만, 사원이 한 사람도 없게 되어 재단법인이 해산된 경우라도 즉시 해당법인이 그 권리능력을 상실하는 것은 아니고 통상적인 해산의 경우와 마찬가지로 청산절차에 거쳐 법인이 소멸한다.

2) 사원총회의 해산결의
사원총회의 결의에 의한 해산을 「임의해산」이라고 한다. 이는 총회의 전권사항이므로 총회 이외의 다른 기관이 해산결의를 할 수 있도록 하는 정관규정은 효력이 없다. 이때 해산결의의 정족수는 정관이 달리 규정한 바가 없으면, 총사원 4분의 3 이상의 동의를 요한다. 한편, 해산결의를 함에 있어서 조건부나 기한부로 할 수 없다고 보는 것이 통설의 태도이다.

(다) 취소절차와 효력
민법은 설립허가를 해준 주무관청이 설립허가의 취소권한을 갖는다는 것 외에, 그 취소절차에 관하여는 아무런 규정을 두고 있지 않다. 따라서 주무관청은 민법 제37조에 의거하여 법인에 대한 검사·감독권을 행사한 다음 설립허가를 취소하든지 또는 검사·감독권을 행사하지 않고 곧바로 설립허가를 취소할 수 있다. 다만, 어느 경우에나 설립허가를 취소하는 경우에는 청문을 실시할 것이 요구된다.

(라) 구체절차

주무관청에 의한 설립허가의 취소는 공권력의 행사에 해당된다. 따라서 이에 불복이 있는 법인은 행정심판법에 기하여 심판청구를 할 수 있고 다시 행정소송법에 의하여 행정소송을 제기할 수 있다. 설립허가취소처분으로 인해 법인은 청산법인으로 되어 청산목적의 범위 내에서 존속하게 되지만, 만약 설립허가의 취소처분이 법원의 판결에 의하여 취소되면 취소처분의 효과는 소급해서 상실되므로, 취소처분 이후에 청산목적을 넘어 행하여진 법인의 행위도 모두 유효로 인정된다.

(2) 해산등기

(가) 해산등기

청산인은 파산의 경우를 제하고는 그 취임 후 3주간 내에 관할등기소에 해산등기를 하여야 한다. 해산등기를 하기 전에는 제3자에게 해산사실을 가지고 대항할 수 없다(민법 제54조 제1항).

(나) 해산에 따른 효과

법인은 해산사유의 발생에 의하여 해산등기의 경료여부와 관계없이 해산하게 되고 그에 따라 청산절차가 개시된다. 다만, 파산의 경우에는 파산절차에 들어간다. 해산한 법인은 청산의 목적범위 내에서만 권리·의무의 주체가 된다. 즉 해산한 법인은 청산업무수행을 위한 청산법인으로 전환된다.

(3) 청산

(가) 청산의 개념

청산이란 해산한 법인이 남아 있는 사무를 처리하고 재산을 정리하여 완전히 소멸할 때까지의 절차를 말한다. 청산에는 두 가지 절차가 존재한다. ① 파산으로 해산하는 경우 : 이 경우에는 「채무자 회생 및 파산에 관한 법률」에서 정한 파산절차에 따라 청산된다. ② 그 밖의 원인에 의하여 해산하는 경우 : 이 경우에는 민법이 규정하는 청산절차에 의한다. 민법상의 청산절차에 관한 규정은 모두 제3자의 이해관계에 중대한 영향을 미치기 때문에 이른바 강행규정이다(대법원 1995. 2. 10. 선고 94다13473 판결). 해산한 법인은 청산법인으로 전환되고, 청산법인은 청산의 목적범위 내에서만 권리가 있고 의무를 부담하게 된다(민법 제81조).

(나) 청산법인의 기관

1) 청산인

법인이 해산하면 이사에 갈음하여 청산인이 청산법인의 집행기관이 된다. 단, 파산에 의한 해산의 경우에는 파산재단 관련 업무에 대해서는 파산관재인이, 파산재단과 관련되지 아니한 그 밖의 업무에 대해서는 청산인이 집행기관이 된다.

2) 청산인의 범위

청산인이 되는 자는 다음과 같다.

가) 원칙: 이사(민법 제82조)

이사가 공익을 해하는 행위를 하였음을 이유로 법인의 설립허가 취소되어 법인이 해산되는 경우에도 그 이사가 청산인이 되는 것은 불합리하다. 따라서 이러한 경우에는 민법 제84조에 의거하여 법원이 직권 또는 이해관계인이나 검사의 청구에 의하여 '중요한 사유'가 있는 때에 해당됨을 이유로 하여 그 청산인을 해임시키고 새로운 청산인을 선임하는 것이 타당하다.

나) 정관 또는 사원총회의 결의에 의하여 정한 자(민법 제82조)

정관 또는 사원총회의 결의로써 이사 이외의 자가 청산인이 된다는 뜻을 정한 경우에는, 그 자만이 청산인이 되고 종래의 이사는 그 지위를 상실한다.

다) 법원에 의해 선임된 자(민법 제83조)

다음의 경우에 법원은 직권 또는 이해관계인이나 검사의 청구에 의하여 청산인을 선임할 수 있다.

• 해산당시 이사가 사망·사임 등의 이유로 존재하지 아니한데, 정관이나 사원총회의 결의에 의하여 이사 이외의 청산인이 될 자를 정하지 아니한 경우
• 이사 기타의 자가 청산인이 된 경우라도 그가 사망·사임·해임 등 이유로 청산인의 정원에 모자라 법인에 손해가 생길 염려가 있는 경우

3) 청산인 결격사유

청산인의 결격사유는 다음과 같다(비송사건절차법 제36조, 제121조).

• 미성년자
• 피성년후견인 또는 피한정후견인

- 자격이 정지되거나 상실된 자

- 법원에서 해임된 청산인

- 파산선고를 받은 자

다만, 중요한 사유가 있는 때에는 법원은 직권 또는 이해관계인이나 검사의 청구에 의하여 청산인을 해임할 수 있다(민법 제84조).

(4) 청산사무

(가) 해산등기와 해산신고

청산인은 파산의 경우를 제하고는 그 취임 후 3주간 내에 다음 사항을 주된 사무소 및 분사무소소재지에서 등기하여야 한다(민법 제85조 제1항).

- 해산의 사유 및 연월일

- 청산인의 성명 및 주소

- 청산인의 대표권을 제한한 때에는 그 제한

또한 청산인은 그 취임 후 3주간 내에 같은 사항을 주무관청에 신고하여야 한다(민법 제86조 제1항). 청산 중에 해산등기사항에 변경이 생기면, 3주간 내에 변경등기를 하여야 한다(민법 제85조 제2항 및 제52조). 청산인이 위의 등기를 게을리 하거나, 주무관청에 사실 아닌 신고를 하거나 사실을 은폐한 때에는 과태료의 처분을 받게 된다(민법 제97조 1호, 4호).

(나) 현존사무의 종결

(다) 채권의 추심 및 채무의 변제

(라) 잔여재산의 인도

채권추심 및 채무변제 절차를 밟은 후에 잔여재산이 있는 경우에는 다음의 순서로 잔여재산이 귀속된다(민법 제80조). ① 정관에서 지정한 자 ② 정관으로 귀속 권리자를 지정하지 아니하거나 이를 지정하는 방법을 정하지 아니한 때에는 이사 또는 청산인은 주무관청의 허가를 얻어 그 법인의 목적에 유사한 목적을 위하여 그 재산을 처분할 수 있다. 단, 재단법인에 있어서는 총회의 결의가 있어야 한다. ③ 위의 어느 방법으로도 처분할 수 없는 경우에는 잔여재산은 국고에 귀속된다.

한편, 비영리법인의 이사 또는 청산인은「민법」제80조 제2항에 따라 잔여재산의 처분에 대한 허가를 받으려면 그 처분 사유, 처분하려는 재산의 종류 · 수량 · 금액 및 처분 방법을 적은 별지 제6호 서식의 잔여재산 처분허가 신청서에 다음 각 호의 서류를 첨부하여 주무관청에 제출하여야 한다(법인규칙 제11조).

- 해산 당시의 정관 1부 (해산 신고 시의 정관을 확인할 필요가 있는 경우에만 제출한다)
- 재단법인의 경우에는 총회의 회의록 1부 (해산신고 시에 제출한 서류 등으로 민법 제80조에 따른 재산처분에 대한 총회의 결의가 확인되지 않는 경우에만 제출한다)

(5) 청산종결 등기와 신고

청산이 종결한 때에는 청산인은 3주간 내에 이를 등기하고 주무관청에 신고하여야 하며(민법 제94조), 이때 청산인은 제7호 서식의 청산종결 신고서(전자문서로 된 신고서를 포함한다)를 주무관청에 제출하여야 한다. 한편, 청산종결등기가 경료된 경우에도 청산사무가 종료되었다 할 수 없는 경우에는 청산법인으로 존속한다(대법원 1980. 4. 8. 선고 79다2036 판결).

(6) 파산신청

청산 중 법인의 재산이 그 채무를 완제하기에 부족한 것이 분명하게 된 때에는 청산인은 지체 없이 파산선고를 신청하고 이를 공고하여야 한다. 이 공고에는 법원의 등기사항의 공고방법이 준용된다. 청산인이 이 파산신청을 게을리 하거나 공고해태 또는 부정공고를 하면 과태료의 처분을 받게 된다(민법 제97조 6호, 7호). 또한 청산인은 파산관재인에게 그 사무를 인계함으로써 그 임무가 종료된다.

Ⅱ. 등기 및 정관변경

1. 법인이 해야 할 등기

(1) 설립등기

해당 주무관청으로부터 설립허가를 받은 법인은 그 설립허가서를 받은 날부터 3주 이내에 주된 사무소소재지를 관할하는 법원에 설립등기를 해야 한다(「민법」 제49조 제1항 및 「민법」 제53조).

(2) 사무소 이전 및 분사무소 설치 등의 등기

(가) 등기기간

법인이 주된 사무소를 이전하거나 분사무소를 설치하는 경우, 법인은 해당 주무관청의 허가를 받은 날부터 3주 이내에 이전 및 설치등기를 해야 한다(「민법」 제50조, 제51조 및 제53조).

> 〈대구지법 1988.12.19 선고88카11271제1민사부판결〉
> 대구중구지회가 비록 독자적인 정관을 갖지 않고 재단법인 한국이용사회의 산하단체로서 임원선출에 대한 인준을 받고 수입금의 일부를 중앙회에 납부하며 업무상 지도 감독을 받는 점 등은 인정되나, 그 지회자신이 회원다수로 구성된 임의적 단체로서 지회장, 부지회장, 상임위원, 감사 등의 기관과 정기총회라는 의결기관을 갖추고 독자적인 예산을 편성하여 집행하는 등 독자적인 사회적 활동을 하고 있다면, 그 나름대로 권리능력없는 사단이라고 못 볼 바 아니다.

(나) 첨부서류

1) 주된 사무소 관할 등기소에 하는 분사무소(지회) 설치등기

주된 사무소 관할 등기소에 하는 분사무소(지회) 설치등기를 하는 경우 분사무소 설치등기 신청서와 다음과 같은 서류들을 첨부하여야 한다. 다만, ① 설립 목적 및 수행 사무가 공익적이고, ② 주무관청의 감독으로 법인 총회 등의 결의절차와 내용의 진실성에 대한 분쟁의 소지가 없는 법인으로서 주무관청의 추천을 받아 법무부장관이 지정·고시하는 법인의 경우 공증인의 인증을 받지 않아도 된다(「공증인법」 제66조의2제1항 단서 및 「공증인법 시행령」 제37조의3).

• 설치하는 '분사무소(지회)의 소재지와 설치연월일'을 기재한 분사무소 설치등기 신청서

• 공증 받은 사원총회의사록(「공증인법」 제66조의2제1항 본문)

• 주무관청의 허가서 및 분사무소(지회) 설치를 결정한 이사회회의록 또는 이사과반수결의서 등을 제출하여야 한다.

사단법인 분사무소 설치 등기의 신청서에 주무관청의 허가서를 첨부하여야 하는지 여부
: 제정 2007. 7. 2. [상업등기선례 제2-106호, 시행]

1. 민법상 사단법인(이하 '사단법인'이라 한다)이 분사무소를 설치하려면 정관에 분사무소의 소재지가 기재되어 있어야 한다(민법 제40조 제3호). 이 때, 분사무소의 소재지로서는 최소 행정구역이 기재되어 있으면 되고, 소재지번까지 기재되어 있을 필요는 없다(등기예규 제604호 참조).

2. 정관에 분사무소의 소재지가 기재되어 있지 않은 경우, 사단법인이 분사무소를 설치하려면 정관을 변경하여 분사무소의 소재지를 기재하고 그에 대한 주무관청의 허가를 얻어야 한다(민법 제42조). 그러나, 정관에 분사무소의 소재지로서 최소 행정구역이 기재되어 있고 그 행정구역 내에서 분사무소를 설치하는 경우에는 정관을 변경할 필요가 없으므로, 그 등기신청서에 정관 변경에 대한 주무관청의 허가서 또는 그 인증이 있는 등본을 첨부하지 않아도 된다(2007. 7. 2. 공탁상업등기과-725 질의회답).

　　참조조문 : 민법 제40조 제3호, 민법 제42조

　　참조예규 : 등기예규 제604호

사단(재단)법인 분사무소 설치등기신청

접 수	년 월 일	처 리 인	접 수	조 사	기 입	교 합	각종통지
	제 호						

명 칭	사단(재단)법인○○○○	등기번호	
주사무소	○○시○○구○○동		
등 기 의 목 적	분사무소 설치등기		
등 기 의 사 유	20○○년 ○월 ○일 사원총회(또는 이사회)에서 정관변경을 결의하고 20○○년 ○월 ○일 주무관청의 허가를 받아 20○○년 ○월 ○일 분사무소를 다음 장소로 설치하였으므로 그 등기를 구함		
허가서도착연월일	20○○년 ○월 ○일		
분사무소	○○시○○구○○동○○번지		
등 기 할 사 항			
분사무소 소재지 및 설치연월일	분사무소 ○○시○○구○○동○○번지 설치연월일 20○○년 ○월 ○일		
기 타			
신청등기소 및 등록세/수수료			

과세표준액	금 원	등 록 세	금 원
교 육 세	금 원	농어촌특별세	금 원
세 액 합 계	금 원	등기신청수수료	금 원

<table>
<tr><td colspan="2" align="center">첨 부 서 면</td></tr>
</table>

1. 사원총회(이사회)의사록 　　　통	1. 등록세영수필확인서 　　　통
1. 주무관청의 허가서 　　　통	1. 위임장(대리인이 신청할 경우) 　　　통
1. 사회의사록 또는 이사과반수 결의서 　　　통	기 타〉

년　월　일

신청인　　　　명 칭

　　　　　　　주사무소

대표자　　　　성 명　　　　　　　　(인)　(전화 :　　　　)

　　　　　　　주 소

대리인　　　　성 명　　　　　　　　(인)　(전화 :　　　　)

　　　　　　　주 소

지방법원　　등기소　귀중

– 신청서 작성요령 및 등기수입증지 첩부란 –

1. 해당란이 부족할 때에는 별지를 이용합니다.

1. 해당 등기신청과 관계없는 사항에 대하여는 '해당없음'으로 기재하거나 삭제하고, 필요한 사항은 추가 기재합니다.

1. 등기신청수수료 상당의 대법원등기수입증지를 이 난에 붙입니다.

(용지규격 21cm× 29.7cm)

사원총회(이사회) 의사록

1. 개최일시   20○○년 ○월 ○일 ○○시
2. 개최장소   ○○시 ○○구 ○○동 ○○번지 회의실
3. 총 사원(이사)수   ○○○명
4. 출석사원(이사)수   ○○명
     본인출석   ○○명
     위임출석   ○명

의장인 이사 ○○○는 정관규정에 따라 의장석에 등단하여 위와 같이 법정수에 달하는 사원(이사)이/가 출석하였으므로 본 총회(이사회)가 적법하게 성립되었음을 알리고 개회를 선언한 후, 사전에 통지한 의안이 다음 의안을 부의하고 심의를 구하다.

제1호 의안 ○○○○건

의장은 ○○○○○○○○○○○○○○○를 이유로 할 필요가 있음을 설명하고 그 찬·반 여부를 물으니 전원이 이의 없이 찬성하여 만장일치로 그에 대해 승인을 가결하다.

20○○년 ○월 ○일

사단(재단)법인 ○○○○○
○○시 ○○구 ○○동 ○○번지

의장이사 ○○○ (인)
이사   ○○○ (인)
이사   ○○○ (인)

이사과반수결의서

20○○년 ○월 ○일 이사 전원의 일치(또는 이사과반수의 일치)로서 다음 사항을 결의함.

결의사항

1. 본 법인의 ○○○○○○○○○○○○○를 ○○○○○하도록 함
   ○○○○○○○○○○○○○○○○○○
   ○○○○○○○○○○○○○○○○○○

2. 법인의 ○○○○○○○를 함
   ○○○○○○○○○○○○
   ·················

위의 결의사실을 명확히 하기 위하여 이 결의서를 작성하고 이에 기명날인 함

20○○년 ○월 ○일

사단(재단)법인 ○○○○
이사 ○○○(인)
이사 ○○○(인)

2) 설치되는 분사무소(지회) 관할 등기소에 하는 분사무소 설치등기

설치할 분사무소(지회) 소재지에서 주된 사무소의 설립등기사항과 '법인성립연월일 및 분사무소(지회) 설치연월일'을 기재한 분사무소 설치등기 신청서와 법인등기사항증명서, 공증 받은 사원총회의 사록(「공증인법」 제66조의2제1항) 및 주무관청의 허가서 등을 제출하여야 한다.

(다) 분사무소 이전 및 등기

1) 분사무소(지회) 이전을 위한 허가

법인이 설립등기한 분사무소(지회)를 이전하는 경우에는 주무관청의 이전허가를 받아야 한다.

2) 이전등기

분사무소의 구 소재지에서 이전허가서를 받은 날부터 3주 이내에 이전등기를 하고 새로운 소재지에서는 같은 기간 내에 설립등기사항을 등기하여야 한다(「민법」 제51조 제1항, 제52조 및 제53조). 다만, 동일한 등기소의 관할구역 내에서 사무소를 이전한 때에는 그 이전사실만 등기하면 된다(「민법」 제51조 제2항).

3) 주된 사무소 관할 등기소에 분사무소(지회) 이전등기를 신청하는 경우

'분사무소 이전소재지와 이전연월일을 기재'한 분사무소(지회) 이전등기 신청서, 주무관청의 허가서, 공증 받은 사원총회의사록(「공증인법」 제66조의2제1항), 이전일자결정 등 이전업무집행을 결정한 이사회의사록또는 이사과반수결의서 등을 제출하여야 한다.

4) 기존 분사무소(지회) 관할 등기소에 하는 분사무소(지회) 이전등기

기존 분사무소(지회) 소재지 관할 등기소에 '분사무소 이전소재지와 이전연월일을 기재'한 분사무소 이전등기 신청서와 법인등기사항증명서 및 주무관청의 허가서 등을 제출하여야 한다.

5) 새로운 분사무소(지회) 관할 등기소에 하는 분사무소(지회) 이전등기

새로운 분사무소(지회) 소재지 관할 등기소에 새로운 주소지에서 주된 사무소의 설립등기사항과 '분사무소 이전연월일 및 법인성립연월일을 기재'한 분사무소 이전등기 신청서와 법인등기사항증명서 및 주무관청의 허가서 등을 제출하여야 한다.

(라) 분사무소 폐지 및 등기

1) 분사무소(지회) 폐지를 위한 허가

설립등기한 분사무소(지회)를 폐지하는 경우에는 주무관청의 허가를 받아야 한다.

2) 폐지등기

주무관청으로부터 폐지허가서를 받은 날부터 3주 이내에 분사무소(지회) 폐지등기를 신청해야 한다.

3) 제출서류

법인의 주된 사무소 소재지 관할 등기소에 '분사무소(지회) 폐지의 취지와 그 연월일을 기재'한 분사무소(지회) 폐지등기 신청서, 주무관청의 허가서, 공증 받은 사원총회의사록(「공증인법」 제66조의2제1항) 및 폐지업무집행사항을 결정한 이사회회의록 또는 이사과반수결의서 등을 제출해야 한다. 분사무소(지회) 소재지 관할 등기소에 '분사무소 폐지취지와 그 연월일을 기재'한 분사무소(지회) 폐지등기 신청서와 주무관청의 허가서와 법인등기사항증명서 등을 제출해야 한다.

[서식 _ 분사무소(지회) 폐지등기 신청서]

사단(재단)법인 분사무소 폐지등기신청

접수	년 월 일	처리인	접 수	조 사	기 입	교 합	각종통지
	제 호						

명 칭	사단(재단)법인○○○○		등기번호	
주사무소	○○시○○구○○동			
등 기 의 목 적	분사무소 폐지등기			
등 기 의 사 유	20○○년 ○월 ○일 사원총회(또는 이사회)에서 정관변경을 결의하고 20○○년 ○월 ○일 주무관청의 허가를 받아 20○○년 ○월 ○일 분사무소를 폐지하였으므로 그 등기를 구함			
허가서도착연월일	20○○년 ○월 ○일			
분사무소	○○시○○구○○동 ○○번지			
등 기 할 사 항				

20○○년 ○월 ○일 ○○시○○구○○동 ○○번지의 분사무소 폐지					
기 타					
과세표준액	금	원	등 록 세	금	원
교 육 세	금	원	농어촌특별세	금	원
세 액 합 계	금	원	등기신청수수료	금	원
첨 부 서 면					
1. 사원총회(이사회)의사록 통 1. 주무관청의 허가서 통 1. 이사회의사록 또는 이사과반수 결의서 통			1. 등록세영수필확인서 통 1. 위임장(대리인이 신청할 경우) 통 〈기 타〉		

년 월 일
 	
신청인   명 칭
            주사무소
대표자   성 명   (인) (전화:)
            주 소
대리인   성 명   (인) (전화:)
            주 소
 	
            지방법원 등기소 귀중					

– 신청서 작성요령 및 등기수입증지 첩부란 –

1. 해당란이 부족할 때에는 별지를 이용합니다.

1. 해당 등기신청과 관계없는 사항에 대하여는 '해당없음'으로 기재하거나 삭제하고, 필요한 사항은 추가 기재합니다.

1. 등기신청수수료 상당의 대법원등기수입증지를 이 난에 붙입니다.

(용지규격 21cm × 29.7cm)

사원총회(이사회)의사록

1. 개최일시 20○○년 ○월 ○일 ○○시
2. 개최장소 ○○시 ○○구 ○○동 ○○번지 회의실
3. 총 사원(이사)수 ○○○명
4. 출석사원(이사)수 ○○명
　　　본인출석 ○○명
　　　위임출석 ○명

의장인 이사 ○○○는 정관규정에 따라 의장석에 등단하여 위와 같이 법정수에 달하는 사원(이사)이/가 출석하였으므로 본 총회(이사회)가 적법하게 성립되었음을 알리고 개회를 선언한 후, 사전에 통지한 의안이 다음 의안을 부의하고 심의를 구하다.

제1호 의안 ○○○○건

의장은 ○○○○○○○○○○○○○○○를 이유로 할 필요가 있음을 설명하고 그 찬·반 여부를 물으니 전원이 이의 없이 찬성하여 만장일치로 그에 대해 승인을 가결하다.

..

20○○년 ○월 ○일

사단(재단)법인 ○○○○○

○○시 ○○구 ○○동 ○○번지

의장이사 ○○○ (인)

이사　　○○○ (인)

이사　　○○○ (인)

이사 과반수 결의서

20○○년 ○월 ○일 이사 전원의 일치(또는 이사과반수의 일치)로서 다음 사항을 결의함.

결의사항

1. 본 법인의 ○○○○○○○○○○○○○를 ○○○○○하도록 함
   ○○○○○○○○○○○○○○○○○○○○○
   ○○○○○○○○○○○○○○○○○○○

2. 법인의 ○○○○○○○를 함
   ○○○○○○○○○○○○
   ·················

위의 결의사실을 명확히 하기 위하여 이 결의서를 작성하고 이에 기명날인 함

20○○년 ○월 ○일

사단(재단)법인 ○○○○
이사 ○○○(인)
이사 ○○○(인)

(3) 변경등기

(가) 변경등기 사유

법인설립등기사항(목적, 명칭, 사무소, 설립허가의 연월일, 존립 시기나 해산사유를 정한 때에는 그 시기 또는 사유, 자산의 총액, 출자의 방법을 정한 때에는 그 방법, 이사의 성명 및 주소, 이사의 대표권을 제한한 때에는 그 제한 등)에 변경이 있는 경우에는 주무관청으로부터 변경허가를 받은 날부터 3주 이내에 변경등기를 해야 한다(「민법」 제52조 및 「민법」 제53조).

(나) 임원의 변경등기

1) 임원의 변경

임원 중 이사의 변경 등이 있는 경우에는 정관의 규정에 따라 이사회의 의결을 거쳐 변경할 수 있는데, 이러한 이사의 변경이 있는 경우 그 변경사항을 등기해야 한다(「민법」 제52조). 한편, 주무관청에 따라 임원을 교체하여 선임(選任)한 경우에 임원 선임보고를 의무화하는 규정을 두는 경우도 있다 (예, 「감사원 소관 비영리법인의 설립 및 감독에 관한 규칙」 제8조).

2) 임원변경에 따른 법인등기

임원 중 이사에 관한 변경사항이 있는 경우에는 그 변경사항에 대해 등기를 해야만 제3자에게 주장할 수 있다(「민법」 제54조). 따라서 임원에 관한 개선(改選)으로 ⅰ) 기존의 임원이 퇴임, ⅱ) 새로운 임원의 취임, ⅲ) 임원의 중임, ⅳ) 임원 대표권의 제한 등의 임원에 관한 변경사항이 있는 경우에는 그 변경사항에 대해 등기를 해야 제3자에게 주장할 수 있다. 한편, 임원변경으로 이사의 정수에 변동이 발생하는 경우가 많으므로, 임원변경을 이유로 변경등기를 하는 경우에는 이사의 정수를 확인하기 위해 정관을 제출하도록 하고 있음에 유의하여야 한다.

가) 임원의 퇴임

① 임원의 퇴임

임원의 퇴임 등기는 이사가 사임하거나 이사의 해임, 이사의 사망 또는 그 밖의 결격사유가 발생하는 경우에 퇴임한 이사의 성명과 퇴임사유 등을 기재하여 임원의 퇴임등기를 한다.

사 임 서

사단(재단)법인 ○○○○ 귀하

본인은 사단(재단)법인 ○○○○에 20 년 월 일부터 20 년 월 일까지 이사로 있었으며, ○○○○를 사유로 사단(재단)법인 ○○○○ 이사직을 사임합니다.

또한, 사단(재단)법인 ○○○○의 모든 권리와 책임을 포기합니다.

20 년 월 일

주 소 :

성 명 :   (인)

주민등록번호 :

사단(재단)법인 변경등기신청

접 수	년 월 일	처 리 인	등기관 확인	각종 통지
	제 호			

명 칭		등기번호	
주 사 무 소			
등 기 의 목 적	이사 변경, 대표권제한규정 변경		
등 기 의 사 유			
허가서 도착연월일			
주사무소/분사무소 신청구분	1. 주사무소 신청 ☐ 2. 분사무소 신청 ☐ 3. 주사무소 · 분사무소 일괄신청 ☐		
등 기 할 사 항			
이사의 성명, 주민등록번호 및 변경연월일			
대표권제한규정 및 변경연월일			
기 타			

신청등기소 및 등록면허세/수수료						
순번	신청등기소	구분	등록면허세	농어촌특별세	세액합계	등기신청수수료

		지방교육세				
		금 원	금 원	금 원	금 원	
		금 원				
합 계						
등기신청수수료 납부번호						

<table>
<tr><td colspan="2" align="center">첨 부 서 면</td></tr>
</table>

첨 부 서 면

1. 사원총회 또는 이사회 의사록   통
  * 해임, 선임 등의 경우
  * 이사결정서(이사회가 없는 경우)
1. 사임서(인감증명서나 본인서명사실
   확인서 또는 전자본인서명확인서의
   발급증 포함)   통
1. 가족관계 등록사항별 증명서   통
  * 사망, 개명의 경우
1. 취임승낙서(인감증명서나 본인서명사실
   확인서 또는 전자본인서명확인서의
   발급증 포함)   통

1. 주민등록표등(초)본(선임한 경우)   통
1. 정관   통
   주무관청의 허가서(허가가 필요한 경우)   통
1. 인감신고서   통
1. 등록면허세영수필확인서   통
1. 등기신청수수료영수필확인서   통
1. 위임장(대리인이 신청할 경우)   통
〈기 타〉

년 월 일

신청인   명 칭
         주사무소
이 사   성 명   (인) (전화 :   )
         주 소
대리인   성 명   (인) (전화 :   )
         주 소

지방법원   등기소 귀중

(용지규격 21㎝ × 29.7㎝)

② 이사의 해임

'이사의 해임'으로 임원의 퇴임등기를 하는 경우에는 법인 변경등기 신청서와 함께 해임을 증명하는 서면을 제출해야 한다. 이때 해임을 증명하는 사원총회(이사회)의사록을 첨부해야 되고 그 의사록은 공증을 받아야 한다(「공증인법」 제66조의2제1항 본문). 다만, ⅰ) 설립 목적 및 수행 사무가 공익적이고, ⅱ) 주무관청의 감독으로 법인 총회 등의 결의절차와 내용의 진실성에 대한 분쟁의 소지가 없는 법인으로서 주무관청의 추천을 받아 법무부장관이 지정·고시하는 법인의 경우 공증인의 인증을 받지 않아도 된다(「공증인법」 제66조의2 제1항 단서 및 「공증인법 시행령」 제37조의3).

③ 이사의 사망, 파산, 금치산선고 등

'이사의 사망'으로 퇴임하는 경우에는 사망사실을 기재한 가족관계 등록사항별 증명서와 법인 변경등기신청서를 법원에 제출해야 하며, '이사가 파산, 금치산선고 또는 형의 선고 등으로 퇴임'하는 경우에는 그 결격사유를 증명하는 판결 및 결정등본 등을 법인 변경등기 신청서와 함께 법원에 제출해야 한다.

재단법인 이사에 대하여 당연퇴직사유가 발생한 경우
– 제정 2005. 2. 14. [등기선례 제200502–10호, 시행]

1. 이사의 임면에 관한 규정은 민법 제40조, 제43조에 의하여 재단법인 정관의 필요적 기재 사항으로 규정되어 있는바, 일반적으로 정관에 이사의 당연퇴직사유를 명시하고 있다면 당연퇴직사유가 발생한 이사에 대한 별도의 해임절차는 필요 없다고 할 것이다.

2. 당연퇴직을 등기원인으로 하는 임원변경등기 신청서에는 당연퇴직사유의 발생을 증명하는 서면을 첨부하여야 하는바, '정관에 근거한 교헌에 의한 최종임면권자의 인증받은 사실증명서'가 이에 해당하는 서면으로 볼 수 있을지 여부는 등기관이 구체적으로 판단하여야 할 사항이라 할 것이다(2005. 2. 14. 공탁법인 3402–38 질의회답).

나) 임원의 취임

기존 이사의 임기 만료 등으로 새로이 이사를 선임하는 경우 취임한 이사의 성명, 주민등록번호와 취임취지 및 등기연월일을 기재하여 임원취임등기를 하며, 이사의 취임등기를 위해 법인의 변경등기 신청서와 이사를 선임한 공증 받은 사원총회(이사회)의사록, 취임승낙서(사원총회의사록에 취임을 승낙한 취지가 기재되어 있고 취임예정자가 그 의사록에 날인한 경우에는 취임승낙서를 별도로 첨부하지 않아도 됨), 취임승낙자의 인감증명서 및 인감 제출, 주민등록번호 또는 생년월일을 증명하는 서면 등을 함께 제출한다.

취 임 승 낙 서

사단(재단)법인 ○○○○ 이사장 (인)

설립자 ○○○ 귀하

본인은 금번 설립하는 사단(재단)법인 ○○○○의 이사(임기 ○년)에 취임할 것을 승낙합니다.

20 년   월   일

주소 :

주민등록번호 :

성명 :   (인)

다) 임원의 중임

이사의 임기가 만료된 후 재선되어 다시 이사로 취임하는 경우에도 법인 변경등기를 해야 한다. 즉 동일인이 다시 취임하여 전임 임기만료일과 후임 임기개시일이 동일한 경우에도 이사의 임기가 연장되는 것이 아니라 이사의 지위가 새로 시작되기 때문에 취임등기와 퇴임등기를 해야 하는 것이다. 그러나 등기실무상 퇴임취지와 재취임취지를 중복기재하지 않고 중임의 취지를 기재하는 중임등기로 취임등기와 퇴임등기를 대신한다.

다만, 등기선례에 따르면, 임기 만료된 이사가 정관에 따라 후임자가 취임할 때까지 권리·의무를 행사하던 중에 재선되어 전임 임기만료일과 후임이사의 임기개시일이 서로 다른 경우에는 중임등기가 아닌 퇴임등기와 취임등기를 해야 한다. 한편, 이사의 임기만료 전에 중임되는 임기를 새로 시작해야 하는 경우에는 이사의 사임서를 받아 사임으로 인한 퇴임과 취임 등기를 하면 된다. 따라서 중임등기를 신청하기 위해서는 공증 받은 사원총회의사록, 주민등록등본, 인감 및 인감증명서, 법인의 변경등기 신청서 등을 법원에 제출해야 한다.

라) 임원 대표권의 제한 신설 등

이사의 대표권과 관련하여 그 제한규정을 신설하는 때에는 '대표권 제한규정을 신설하는 취지와 그 등기연월일 및 대표권 있는 이사의 성명과 주소'를 기재하고, 대표권 제한규정을 변경하는 때에는 '변경된 대표권 있는 이사의 성명·주소와 변경취지 및 그 연월일'을 기재하며, 대표권 제한규정을 폐지하는 때에는 '대표권 제한규정 폐지의 취지와 그 등기연월일'을 기재하여야 한다. 한편, 대표권 제한규정의 신설, 변경 또는 폐지는 정관에 기재된 대표권 제한규정을 변경해야 하기 때문에 정관변경에 대해 주무관청의 허가를 받아야 한다. 따라서 대표권 제한규정의 신설, 변경 또는 폐지 등을 이유로 법인등기를 변경하는 경우에는 법인 변경등기 신청서와 공증 받은 사원총회(이사회)의사록 및 정관변경에 따른 주무관청의 허가서를 첨부하여 등기해야 한다.

(4) 해산 및 청산종결등기

청산인은 해산사유와 연월일, 청산인의 성명과 주소, 청산인의 대표권을 제한한 때에는 그 제한을 취임 후 3주 이내에 주된 사무소와 분사무소(지회)의 소재지를 관할하는 법원에 등기해야 하며(「민법」 제85조 제1항), 청산종결등기는 청산종결 내용에 대해 청산종결일부터 3주 이내에 주된 사무소와 분사무소(지회)를 관할하는 법원에 등기해야 한다.

(가) 해산 및 청산인 취임등기

청산인은 해산사유와 연월일, 청산인의 성명과 주소, 청산인의 대표권을 제한한 때에는 그 제한을 취임 후 3주 이내에 주된 사무소와 분사무소(지회)의 소재지를 관할하는 법원에 등기해야 하며(「민법」 제85조 제1항), 청산종결등기는 청산종결 내용에 대해 청산종결일부터 3주 이내에 주된 사무소와 분사무소(지회)를 관할하는 법원에 등기해야 한다.

1) 해산등기, 청산인 취임등기

법인이 해산되면 청산인은 취임 후 3주 이내에 해산사유(파산 제외) 및 연월일, 청산인의 성명 및 주소 등을 주된 사무소와 분사무소 소재지 관할 등기소에 등기해야 한다(「민법」 제85조 제1항). 해산등기와 청산인 취임등기는 실무상 1건으로 신청하는 것이 일반적이나, 각각 별도의 건으로 신청하는 것도 가능하다. 다만, 해산등기 전에 청산인 취임등기를 먼저 등기할 수는 없다. 한편, 법인이 파산으로 해산하는 경우에는 청산인이 법인해산등기 및 청산인 선임등기를 할 필요가 없으며, 이때에는 법원 등이 직권으로 촉탁서에 파산결정등(초)본 등 관련서류를 첨부하여 각 사무소 소재지의 관할등기소에 파산등기를 촉탁하여, 파산종결의 등기를 하면 법인의 등기는 폐쇄된다.

2) 해산등기의 기재사항 및 첨부서류

해산등기에는 해산사유 및 취지, 해산연월일을 기재하고, 청산인 취임등기에는 청산인의 성명 및 주민등록번호 등을 기재해야 하며, 법인의 해산등기 및 청산인 취임등기에는 해산을 증명하는 서면, 청산인의 자격을 증명하는 서면(이사가 청산인이 되는 경우는 제외), 정관, 청산인의 취임승낙서와 주민등록등본, 청산인의 인감신고서 등을 첨부해야 한다(「비송사건절차법」 제65조).

3) 법인의 해산을 증명하는 서면

법인의 존립기간 만료로 법인이 해산하는 경우에는 그 시기가 법인 등기부에 기재되어 있으므로 따로 서면을 준비할 필요는 없다. 다만,
- 정관에 정한 해산사유가 발생한 경우에는 그 사유발생을 증명하는 서면
- 법인의 목적달성 또는 달성 불능으로 해산하는 경우에는 그 달성 또는 달성불능을 확인하는 공증 받은 사원총회의사록
- 설립허가 취소로 해산하는 경우에는 해당 주무관청의 설립허가 취소서 또는 설립허가 취소통지서
- 비영리재단법인의 특별 해산사유로 해산하는 경우
- 사원이 없어 해산하는 경우에는 청산인도 선임할 수 없기 때문에 법원이 청산인을 선임한 결정서의 등본
- 사원총회 결의로 해산하는 경우에는 공증 받은 사원총회의사록. 다만, 주무관청의 허가를 조건으로 해산을 결의한 때에는 주무관청의 허가서도 첨부하여야 한다.

4) 청산인의 취임을 증명하는 서면(이사가 청산인이 되는 경우는 제외)

정관으로 청산인을 정한 경우에는 정관, 사원총회에서 청산인을 선임한 경우에는 그 사실을 증명하는 공증 받은 사원총회의사록(「공증인법」 제66조의2제1항 본문), 법원이 청산인을 선임한 경우에는 법원의 청산인 선임결정서등본 등을 첨부한다. 다만, ⅰ) 설립 목적 및 수행 사무가 공익적이고, ⅱ) 주무관청의 감독으로 법인 총회 등의 결의절차와 내용의 진실성에 대한 분쟁의 소지가 없는 법인으로서 주무관청의 추천을 받아 법무부장관이 지정·고시하는 법인의 경우 공증인의 인증을 받지 않아도 된다(「공증인법」 제66조의2제1항 단서 및 「공증인법 시행령」 제37조의3).

한편, 청산인의 대표권제한이 있는 경우에는 그 제한규정을 증명하는 정관, 사원총회의사록 또는 청산인회의사록, 여러 명의 청산인이 공동으로 법인을 대표할 것을 정한 경우에는 그 사항을 증명하는 정관, 사원총회의사록 또는 청산인회의사록 등을 첨부하여야 한다.

5) 등기서류의 제출

해산법인은 위의 법인의 해산을 증명하는 서면 및 청산인의 취임을 증명하는 서면(분사무소에 해산 등기 및 청산인 취임등기를 신청하는 경우에는 법인등기사항증명서와 주무관청의 허가서 등만 제출하면 됨)과 해산등기 및 청산인 취임등기 신청서를 주된 사무소 및 분사무소 소재지를 관할하는 등기소에 제출한다.

[서식 _ 해산등기 및 청산인 취임등기신청서]

사단(재단)법인 해산 및 청산인 취임등기신청

접 수	년 월 일		처리인	접 수	조 사	기 입	교 합	각종통지
	제	호						

명 칭	사단(재단)법인○○○		등기번호	
주사무소	○○시○○구○○동			
등 기 의 목 적	해산 및 청산인 취임등기			
등 기 의 사 유	20○○년 ○월 ○일 사원총회(또는 이사회)에서 해산을 결의하고 20○○년 ○월 ○일 주무관청의 허가를 받아 해산하였으므로 다음 사항의 등기를 구함. 20○○년 ○월 ○일 사원총회(또는 이사회)에서 다음 사람이 청산인으로 선임되어 같은 날 취임하고 20○○년 ○월 ○일 청산인회에서 청산인 ○○○가 대표권 있는 청산인으로 선임되어 같은 날 취임하였으므로 그 등기를 구함.			
허가서도착연월일	20○○년 ○월 ○일			

등 기 할 사 항

20○○년 ○월 ○일 사원총회(또는 이사회)에서 해산결의
20○○년 ○월 ○일 사원총회(또는 이사회)에서 다음 사람이 청산인으로 선임

청산인 　○○○
　　　　주소
청산인 　○○○
　　　　주소
청산인 ○○○ 외에는 대표권 없음

기 타	

과세표준액	금　　　　원	등 록 세	금　　　　원
교 육 세	금　　　　원	농어촌특별세	금　　　　원
세 액 합 계	금　　　　원	등기신청수수료	금　　　　원

첨 부 서 면

1. 사원총회(이사회)의사록	통	1. 청산인회의사록	통
1. 주무관청의 허가서	통	1. 법인등기부등(초)본	통
1. 주무관청의 설립허가취소서	통	1. 취임승낙서 및 주민등록등본	통

1. 청산인인감신고서와 인감증명	통	1. 등록세영수필확인서	통
1. 정관	통	1. 위임장(대리인이 신청할 경우)	통
1. 청산인선임결정서	통	〈기 타〉	

<table>
<tr><td colspan="3"></td><td>년   월   일</td></tr>
<tr><td>신청인</td><td>명 칭
주사무소</td><td></td><td></td></tr>
<tr><td>대표자</td><td>성 명
주 소</td><td>(인)   (전화 :   )</td><td></td></tr>
<tr><td>대리인</td><td>성 명
주 소</td><td>(인)   (전화 :   )</td><td></td></tr>
<tr><td colspan="4" align="center">지방법원   등기소   귀중</td></tr>
</table>

– 신청서 작성요령 및 등기수입증지 첩부란 –

1. 해당란이 부족할 때에는 별지를 이용합니다.
1. 해당 등기신청과 관계없는 사항에 대하여는 '해당없음'으로 기재하거나 삭제하고, 필요한 사항은 추가 기재합니다.
1. 등기신청수수료 상당의 대법원등기수입증지를 이 난에 붙입니다.

(용지규격 21cm × 29.7cm)

(나) 청산종결 등기

1) 청산의 종결

청산이 종결되면 청산인은 3주 이내에 등기하고 주무관청에 신고해야 한다(「민법」 제94조).

2) 제출서류

청산종결의 취지와 연월일을 기재한 청산종결등기 신청서와 공증 받은 사원총회의사록(「공증인법」 제66조의2제1항) 등을 첨부해야 한다.

<table>
<tr><td colspan="2" align="center">사단(재단)법인 청산종결등기신청</td></tr>
</table>

접수	년 월 일 제 호	처리인	접 수	조 사	기 입	교 합	각종통지

명 칭	사단(재단)법인○○○○	등기번호	
주사무소	○○시○○구○○동		
등 기 의 목 적	청산종결등기		
등 기 의 사 유	20○○년 ○월 ○일 청산을 종결하고 사원총회(청산인회)에서 그 결산보고서의 승인을 받았으므로 다음사항의 등기를 구함.		
허가서도착연월일	20○○년 ○월 ○일		

등 기 할 사 항
20○○년 ○월 ○일 법인 청산종결

기 타	

과세표준액	금 원	등 록 세	금 원
교 육 세	금 원	농어촌특별세	금 원
세 액 합 계	금 원	등기신청수수료	금 원

첨 부 서 면			
1. 사원총회(청산인회)의사록(결산보고서 포함) 통		1. 청산인회의사록 통	
1. 주무관청의 허가서 통		1. 법인등기부등(초)본 통	
1. 주무관청의 설립허가취소서 통		1. 취임승낙서 및 주민등록등본 통	

1. 청산인인감신고서와 인감증명	통	1. 등록세영수필확인서	통
1. 정관	통	1. 위임장(대리인이 신청할 경우)	통
1. 청산인선임결정서	통	〈기 타〉	

년 월 일

신청인　명 칭
　　　　주사무소
대표자　성 명　　　　(인)　(전화 :　　　)
　　　　주 소
대리인　성 명　　　　(인)　(전화 :　　　)
　　　　주 소

지방법원　　등기소　귀중

───────────────────

- 신청서 작성요령 및 등기수입증지 첩부란 -

1. 해당란이 부족할 때에는 별지를 이용합니다.
1. 해당 등기신청과 관계없는 사항에 대하여는 '해당없음'으로 기재하거나 삭제하고, 필요한 사
   항은 추가 기재합니다.
1. 등기신청수수료 상당의 대법원등기수입증지를 이 난에 붙입니다.

(용지규격 21cm × 29.7cm)

2. 등기의 효력

가. 효력

비영리재단법인의 설립등기는 법인의 성립요건이다. 따라서 해당 주무관청의 허가로 법인은 설립되고, 설립등기를 하여야 법인으로서 성립된다(「민법」 제33조 및 제49조). 설립등기 이외의 등기(사무소 이전 및 분사무소 설치등기, 변경등기, 해산 및 청산종결등기)는 그 등기할 사항들을 등기해야 제3자에게 주장할 수 있다(「민법」 제54조).

나. 위반 시 제재

위반 시 법인의 대표기관이 해야 할 등기를 해태하는 경우에는 500만 원 이하의 과태료가 부과된다(「민법」 제97조 제1호).

3. 정관변경

가. 정관변경의 의미

정관변경은 법인이 그의 동일성을 유지하면서 그 조직을 변경하는 것으로써, 정관에 규정된 기존사항을 변경하는 경우뿐만 아니라, 새로운 사항의 신설이나 기존사항의 폐지, 자구수정이나 보완에 그치는 형식적인 변경도 모두 포함된다. 재단법인에서는 원칙적으로 정관을 변경할 수 있으나, 재단법인은 정관을 변경할 수 없음이 원칙이다.

나. 정관변경의 요건

재단법인의 정관은 총 사원 3분의 2 이상의 동의가 있는 때에 한하여 이를 변경할 수 있다. 그러나 정관변경을 위한 결의의 정수에 관하여 정관에 다른 규정이 있는 때에는 그 규정에 의한다(민법 제42조 제1항). 정관의 변경이 유효하기 위해서는 주무관청의 허가를 얻어야 한다(민법 제42조 제2항). 정관의 변경사항이 등기사항인 경우에는 그 변경을 등기하여야 제3자에게 대항할 수 있다(민법 제54조 제1항).

> 〈대법원 1985. 8. 20 선고 84누509판결〉
> 비영리 재단법인의 설립이나 정관변경에 관하여 허가주의를 채용하고 있는 제도 아래에서는 비영리법인의 설립이나 정관변경에 관한 주무관청의 허가는 그 본질상 주무관청의 자유재량에 속하는 행위로서 그 허가여부에 대하여 다툴 수 없는 법리이므로 비영리 재단법인의 정관변경을 불허가한 처분은 행정소송의 대상이 되는 행정처분이 아니다.

다. 정관변경과 관련된 제문제

(1) 재단법인의 경우 사원총회가 아닌 다른 기관(예, 이사회)에서 정관 변경결의를 한 경우의 유효여부

정관변경은 사원총회의 전권사항이므로, 정관에서 사원총회의 결의에 의하지 않고서 변경할 수 있다고 규정하여도, 그 규정은 무효이다.

(2) 재단법인의 정관에서 그 정관을 변경할 수 없다고 규정하는 경우에 정관변경 가능 여부

이 경우에도 모든 사원의 동의가 있으면 변경할 수 있다고 해석된다.

(3) 재단법인의 정관에서 정하고 있는 목적을 다른 것으로 변경할 수 있는지의 여부

목적의 변경도 보통의 정관변경절차에 따라 가능하다고 해석된다. 다만 비영리법인이 그의 목적을 변경하는 경우에는 변경된 목적도 비영리성을 가져야 한다.

(4) 정관목적을 추가함에 따라 다른 주무관청의 허가를 필요로 하는지의 여부

추가된 정관목적이 종전의 정관목적과 비교해서 종된 것이면 종전의 주무관청으로부터 정관변경허가를 받으면 될 것이지만, 종전의 정관목적과 비교하여 대등한 정도의 목적이라면 다른 주무관청의 허가를 받아야 한다고 해석된다.

라. 정관변경 허가신청

(1) 허가신청

법인이 정관을 변경하고자 할 때에는 주무관청의 허가를 얻어야 효력이 있다(민법 제42조 제2항, 제45조 제3항, 제46조).

(2) 첨부서류

법인의 정관변경을 위하여 정관변경의 허가를 신청하는 경우에 다음의 서류를 구비하여야 한다(법인규칙 제6조)

- 정관 변경허가 신청서 1부[별지 제4호 서식]
- 정관 변경 사유서 1부
- 개정될 정관(신·구대비표를 첨부한다) 1부
- 정관 변경과 관계있는 총회(재단법인) 또는 이사회(재단법인)의 회의록 1부
- 기본재산의 처분에 따른 정관 변경의 경우에는 처분 사유, 처분재산의 목록, 처분 방법 등을 적은 서류 1부

구비서류	제출여부	비고
□ 공통서류		
1. 정관 변경허가 신청서	□ 제출 □ 미제출	
2. 정관 변경 사유서	□ 제출 □ 미제출	
3. 정관 변경 신·구 대비표	□ 제출 □ 미제출	
4. 개정될 정관	□ 제출 □ 미제출	
5. 정관 변경 관련 총회 또는 이사회 회의록	□ 제출 □ 미제출	
6. 법인 설립허가증 원본 (허가증 내용 변경이 필요한 경우)	□ 제출 □ 미제출	
□ 추가서류		
7. [기본재산의 처분]에 따른 정관 변경의 경우 처분 사유, 처분재산의 목록, 처분 방법 등을 적은 서류	□ 제출 □ 미제출	
8. [목적사업 변경]에 따른 정관 변경의 경우 해당 사업계획서, 수입·지출 예산(재정확보 방안)을 기재한 서류 등	□ 제출 □ 미제출	
9. [사무실(주소) 변경]에 따른 정관 변경의 경우 임대차계약서, 부동산사용승낙서 등	□ 제출 □ 미제출	

※ 비영리법인 설립 관련 구비 서류 및 검토 기준은 소관 부서별로 추가될 수 있음

　변경허가를 받은 법인은 변경등기 후 등기완료한 날부터 10일 이내에 허가부서에 보고하여야 함

정관변경허가신청서			
명칭			
소재지		전화번호	
대표자성명		주민등록번호	
주소		전화번호	
설립허가일자		설립허가번호	
변경내용			

민법 제45조·제46조 및 ○○○소관 비영리법인의 설립 및 감독에 관한 규칙 제○조의 규정에 의하여 위와 같이 정관변경허가를 신청합니다.

년   월   일

신청인   (서명 또는 인)

○○○○장관 귀하

※구비서류

1. 정관변경사유서 1부

2. 정관변경 신·구 대비표(신 정관 첨부) 1부

3. 정관의 변경에 관한 총회 또는 이사회의 회의록 1부

4. 기본재산의 처분에 따른 정관변경의 경우에는 처분의 사유, 처분재산의 목록, 처분의 방법, 처분 후의 재산목록 등을 기재한 서류 1부

정관변경사유서

본 법인의 임원 중 이사 정수가 7인으로 구성되었으나 ………………………………………………………를 위하여 정관 제○조 중 '이사 7인'을 '이사 9인'으로 증원하고자 합니다.

년   월   일

○○법인 ○○○이사장 (인)

○○○장관 귀하

정관 변경 신·구 대비표

현 행(구)	개 정(신)
제○조 ※ 개정조문만 발췌 대비	제○조

마. 정관변경의 등기

허가받은 변경사항이 등기해야 할 사항인 경우에는 그 변경사항을 등기해야 제3자에게 주장할 수 있다(「민법」 제49조 제2항 및 제52조).

목적, 명칭, 사무소, 설립허가의 연월일, 존립 시기나 해산사유를 정한 때에는 그 시기 또는 사유, 자산의 총액, 출자의 방법을 정한 때에는 그 방법, 이사의 성명, 주소 등의 정관기재사항을 변경한 경우에는 그 변경사항을 등기해야 한다. 이러한 정관변경사항이 있는 때에는 주무관청의 허가서를 받은 날부터 3주 이내에 변경등기를 해야 한다(「민법」 제52조 및 제53조).

Ⅲ. 기본재산의 처분

비영리재단법인의 재산은 기본재산과 운영재산으로 구분하여 운영해야 한다.

1. 재산의 구분

가. 기본재산

기본재산은 ⅰ) 법인설립 당시 기본재산으로 출연한 재산, ⅱ) 기부 또는 무상으로 취득한 재산, ⅲ) 회계연도 세계잉여금으로 기본재산에 편입된 재산과 이사회에서 기본재산으로 정한 재산을 말한다.

나. 운영재산

운영재산은 기본재산 이외의 모든 재산으로 목적사업비와 그 운영경비에 사용될 수 있는 재산을 말한다. 일반적으로 운영재산에는 기본재산으로부터 발생되는 일체의 이익금(① 예금 또는 채권 등에서 발생한 수입이자, ② 주식의 배당금 및 무형자산으로부터 발생한 사용료, ③ 영업권이나 특허권 등 무형자산으로부터 발생한 사용료, ④ 법인 소유의 영리사업소득 중 경비 및 제세공과금 일체를 차감하고 목적사업비로 기부된 사업소득), 전년도 예산 중 사용 잔액이 해당연도로 이월된 전기이월금, 일체의 환급금이나 회수금(① 전년도 납입 법인세 중 환급금, ② 지출된 사업비 중 사용 잔액 환불금, ③ 지출된 사업비 중 사용 포기된 회수금), 기타 물품의 매각처리대금과 같은 잡수입금 등이 해당된다고 볼 수 있다.

2. 기본재산의 처분 등

가. 기본재산처분의 의미

법인의 존립기초가 되는 재산을 기본재산이라고 하고, 그러한 재산을 처분 하는 것을 기본재산 처분(기본재산을 매매, 증여, 임대, 교환, 담보제공 또는 권리의 포기와 증감 등 기본재산에 관한 권리의 득실변경을 가져오는 일체의 행위를 말함)이라고 한다. 민법에는 이에 관한 규정이 없다.

〈대법원 1978. 7. 25 선고 78다783판결〉

기본재산을 감소시키는 경우는 물론, 이를 증가시키는 경우에도 반드시 그 정관의 기재사항에 변경을 초래한다 할 것이므로, 이 두 경우에는 모두 정관의 변경이라 할 것이고, 따라서 이러한 변경에는 주무부처의 허가를 받아야만 효력이 발생하며 주무부처의 허가가 없으면 무효임

예 : 기본재산의 매도 · 증여 또는 교환에 관한 허가신청 시
- 처분이유서
- 처분재산의 목록 및 감정평가서
- 총회 또는 이사회 회의록
- 처분의 목적, 용도, 예정금액, 방법과 그로 인하여 소실될 재산의 보충방법 등을 기재한 서류
- 처분재산과 전체재산의 대비표
- 처분할 재산의 등기부등본 또는 금융기관의 증명서

예 : 기본재산 취득에 따른 허가신청 시
- 취득사유서
- 취득한 재산의 종류, 수량, 및 금액을 기재한 서류
- 취득한 재산의 등기부등본 또는 금융기관의 증명서
- 총회 또는 이사회 회의록

Q 재단법인의 기본재산으로 담보설정을 할 경우 주무관청의 허가가 필요한 것인지 여부

A 재단법인 기본재산으로 저당권설정을 하는 경우, 저당권의 설정 역시 처분행위로서 기본재산의 증감을 초래하는 것이라고 본다면 역시 주무관청의 허가를 받아야 한다.

Q 비영리재단법인이 주무관청의 허가없이 임의로 기본재산을 사용 · 처분하였을 경우 주무관청에서 취할 수 있는 조치

A 비영리재단법인의 재산처분사실은 정관 변경 사항으로 주무관청의 허가를 받아야 하나, 이러한 절차를 거치지 않는다면 주무관청에 대하여 사실을 은폐한 것으로 보아 주무관청은 법인의 이사, 감사 또는 청산인에 대하여 500만원 이하의 과태료를 부과할 수 있다(민법 제97조 제4호).

나. 정관변경 등

비영리재단법인이 기본재산을 처분해 정관에 기재된 자산에 관한 규정이 변경된다면 정관을 변경해야 하고, 정관은 총 사원 3분의 2 이상의 동의(정수에 관해 정관에 다른 규정이 있으면 그에 따름)가 있어야 변경할 수 있다(「민법」 제40조 제4호 및 제42조 제1항). 또한 정관을 변경할 경우에는 주무관청의 허가를 받아야 한다(「민법」 제42조 제2항 참조).

다. 구비서류

기본재산의 처분과 취득은 정관변경을 초래하므로, 주무관청의 허가를 위해 제출하는 서류는 정관변경절차에 준한다(법인규칙 제6조 참고).

(1) 공통서류

- 정관 변경허가 신청서 1부[별지 제4호 서식]
- 정관 변경 사유서 1부
- 개정될 정관(신 · 구대비표를 첨부한다) 1부
- 정관 변경과 관계있는 총회(재단법인) 또는 이사회(재단법인)의 회의록 1부
- 기본재산의 처분에 따른 정관 변경의 경우에는 처분 사유, 처분재산의 목록, 처분 방법 등을 적은 서류 1부

재단법인 기본재산 처분에 따른 등기신청 시 주무관청의 허가서 첨부 요부
- 2007. 2. 14. [등기선례 제200702-2호, 시행]

재단법인이 그 기본재산 처분에 대하여 주무관청의 보고사항으로 하는 정관변경을 하였고 주무관청이 그러한 정관변경을 허가하였더라도, 그 재단법인이 공익법인인 경우에는 기본재산의 처분에 대한 주무관청의 허가서를, 공익법인이 아닌 재단법인인 경우에는 기본재산이 정관기재사항이어서 기본재산의 처분은 필연적으로 정관의 변경을 초래하고 정관의 변경은 주무관청의 허가를 받아야 그 효력이 있으므로 기본재산의 변동으로 인한 정관변경에 대한 주무관청의 허가서를 각 첨부하여 등기신청을 하여야 한다(2007. 2. 14. 부동산등기과-613 질의회답).

　　참조조문 : 부동산등기법 제40조 제1항 제4호, 민법 제40조 제4호, 제42조 제2항, 제45
　　　　　　　조 제3항, 공익법인의설립 · 운영에관한법률 제2조, 제11조, 공익법인의설
　　　　　　　립 · 운영에관한법률시행령 제10조, 16조, 제17조

참조예규 : 등기예규 제886호

참조선례 : 2006. 04. 07. 부동산등기과-786 질의회답

(2) 그 외

- 재산처분시 : 처분재산명세서(처분의 사유, 처분재산목록, 처분의 방법 등을 기재) 1부
- 재산취득시 : 취득재산명세서(취득의 사유, 취득재산목록, 취득의 방법 등을 기재, 취득한 재산의 등기부등본 또는 금융기관의 증명서 등을 첨부) 1부

재단법인 소유 명의의 부동산에 관하여 수용으로 인한 소유권이전등기를 촉탁하는 경우 주무관청의 허가를 증명하는 서면의 첨부 여부 등

– 제정 2004. 1. 2. [등기선례 제7-57호, 시행]

재단법인 소유 명의의 부동산에 관하여 수용으로 인한 소유권이전등기를 촉탁하는 경우에는 그 등기촉탁서에 주무관청의 허가를 증명하는 서면을 첨부할 필요가 없다.

보상을 증명하는 서면으로서 피수용자의 보상금계좌입금청구서와 사업시행자의 계좌입금증을 등기촉탁서에 함께 첨부한 경우에는 별도의 보상금수령증원본을 첨부할 필요가 없다(2004. 1. 2. 부등 3402-2 질의회답).

참조판례 : 대법원 2000. 10. 13. 선고 99두653 판결

참조예규 : 등기예규 제886호, 제1067호

참조선례 : 등기선례요지집 Ⅵ 제50항

Q 공익법인의 기본재산으로 부동산을 매수하여 공익사업을 할 수 있는지 여부 및 이 경우 장기차입할 수 있는지 여부

A 목적사업을 영위하기 위하여 부동산을 매수하는 경우라고 하더라도 이는 기본재산이 아닌 보통재산으로 충당하여야 함. 법인이 장기차입을 하고자 하는 경우 기본재산 총액에서 차입당시의 부채총액을 공제한 금액의 5/100에 상당하는 금액 이상인 때에는 주무관청의 허가를 받아야 한다.

Q 공익법인의 기본재산인 정기예금(3억원)으로 유가증권(채권, 주식)을 구입하여 운용하거나 금융펀드에 가입하여 운용하고자 할 때에 주무관청의 허가가 필요한지 여부

A 공익법인법 제11조 제2항은 "기본재산은 그 목록과 평가가액을 정관에 기재하여야 하며, 평가가액에 변동이 있을 때에는 지체없이 정관변경 절차를 밟아야 한다"고 규정하고, 민법 제42조 제2항, 제45조 제3항은 "정관의 변경은 주무관청의 허가를 얻지 않으면 그 효력이 없다"고 규정하고 있는 점에 비추어, 기본재산인 정기예금을 주식, 채권, 펀드로 변경하여 운용하고자 할 때에는 주무관청의 허가를 받아야 할 것이다.

Q 공익법인의 기본재산을 처분하여 기본재산에 대한 세금을 납부하는 것이 기본재산을 감축하는 것에 해당하는지 여부

A 보통재산으로 조세를 부담할 수 없는 사정이 있는 경우에 공익법인법상 기본재산을 처분할 수 있는 방법으로는 기본재산을 매도 · 증여 · 임대 · 교환 또는 사용변경을 하거나 담보로 제공하거나 일정금액을 장기차입하여야 하는 방법만이 규정되어 있음(공익법인법 제11조 제3항, 동법 시행령 제17조 내지 제18조). 이 경우 의사결정기관인 이사회의 결의를 통하여야 하고, 주무관청의 허가를 받아야 한다.

제3편 공익법인

제1장 공인법인법의 목적 및 적용범위

1. 공익법인법의 개념 및 목적

가. 개념

공익법인이란 공익법인의 설립·운영에 관한 법률의 규정에 의거 설립된 재단 또는 사단으로서 사회 일반의 이익에 공여하기 위하여 학자금, 장학금, 연구비의 보조나 지급 또는 학술·자선에 관한 사업을 목적으로 설립된 법인으로서 영리 아닌 사업을 목적으로 하는 비영리법인을 말한다.

이러한 공익법인은 "상증세법에 열거된 공익사업을 운영하는 법인만"을 말하므로 공익사업이 아닌 다른 비영리사업까지 포함하는 모든 비영리법인 중에서 일부에 해당된다. 따라서 공익법인은 비영리법인 중의 일부이기는 하나 비영리법인이라고 하여 반드시 상증세법상의 공익법인은 아니다.

나. 목적

공익법인 설립운영에 관한 법률(이하 '공익법인법'이라 한다)은 '법인의 설립·운영 등에 관한 「민법」의 규정을 보완하여 법인으로 하여금 그 공익성을 유지하며 건전한 활동을 할 수 있도록 함을 목적'으로 한다(공익법인법 제1조). 따라서 공익법인법은 '민법'에 따라 설립되는 비영리법인 중에서 '공익성'을 가진 법인에 대해 조세감면 등의 일정한 혜택을 부여하여(동법 제15조) 공익성을 유지하고 건전한 활동을 할 수 있도록 한다. 따라서 공익법인법의 적용을 받는 공익법인은 민법의 적용을 받으면서도 설립과 운영에 있어서 특별법우선의 원칙에 따라 특별법에 해당하는 공익법인법의 규정을 준수하여야 한다. 공익법인법에서 위임한 사항과 그 시행에 필요한 사항은 공익법인법 시행령에서 규정하고, 동 시행령에 규정된 사항 이외에 법의 시행을 위하여 필요한 사항은 주무관청이 정하되, 따로 정한 사항이 없는 때에는 성질에 반하지 아니하는 한 공익법인 이외의 비영리법인에 관한 규정을 준용한다(공익법인법 시행령 제28조).

2. 적용범위

공익사업이라 함은 「상속세 및 증여세법 시행령」 제12조의 공익법인 등의 범위에 열거된 사업을 말하며, 동 사업 중 제5호의 「공익법인의 설립·운영에 관한 법률」의 적용을 받는 공익법인이 운영하는 사업이라 함은 다음의 어느 하나에 해당하는 사업을 말한다(공익법인법 시행령 제2조).

- 학자금·장학금 기타 명칭에 관계없이 학생 등의 장학을 목적으로 금전을 지급하거나 지원하는 사업(금전에 갈음한 물건·용역 또는 시설을 설치·운영 또는 제공하거나 지원하는 사업을 포함)
- 연구비·연구조성비·장려금 기타 명칭에 관계없이 학문·과학기술의 연구·조사·개발·보급을 목적으로 금전을 지급하거나 지원하는 사업(금전에 갈음한 물건·용역 또는 시설을 제공하는 사업을 포함)
- 학문 또는 과학기술의 연구·조사·개발·보급을 목적으로 하는 사업 및 이들 사업을 지원하는 도서관·박물관·과학관 기타 이와 유사한 시설을 설치·운영하는 사업
- 불행·재해 기타 사정으로 자활할 수 없는 자를 돕기 위한 모든 자선사업
- 이상에 해당하는 사업의 유공자에 대한 시상을 행하는 사업

그 외 공익법인에는 이상의 사업과 그 이외의 사업을 함께 수행하는 법인이 포함된다.

> **Q** 장학사업을 주 내용으로 하는 법인을 공익법인이 아닌 민법상 재단법인으로 설립가능한지 여부
>
> **A** 민법의 적용을 받는 비영리법인으로 설립할지 아니면 공익법인의 설립운영에 관한 법률의 적용을 받는 공익법인으로 설립할지 여부는 법인 설립자의 자유라 할 것이며, 장학사업을 한다고 하여 반드시 공익법인법상의 공익법인으로 설립하여야 하는 것은 아니다.

3. 공익법인의 조세지원

공익법인의 조세지원과 관련하여 ⅰ) 공익법인 등의 출연재산에 대한 상속세과세가액 불 산입(상증세법 제16조·제48조)하고, ⅱ) 고유목적사업 준비금의 손금산입(법인세법 제29조)하며, ⅲ) 비영리내국법인의 과세표준(이자소득의 분리과세)신고 특례(법인세법 제62조)가 적용되고, ⅳ) 비영리내국법인의 자산양도소득에 대한 과세특례(법인세법 제62조②)가 적용되며, ⅴ) 용도구분(취득세·면허세·재산세·등록세·종합토지세)에 의한 비과세(지방세법 제107조·제127조·163조·186조·제245조②·제288조)가 적용되고, ⅵ) 법인 등기의 세율(지방세법 제137조) 등이 적용된다.

> ▶ 교육과학기술부를 주무관청으로 하는 학술(學術)에 관한 사업을 목적으로 하는 법인을 설립
> 하고자 하는 자는 민법상 비영리법인이 아닌 공익법인의 설립·운영에 관한법률(이하"공익
> 법")에 의한 공익법인으로만 설립 허가 신청이 가능하다.
> ▶ 공익법인법 제2조에 정하는 사업(학자금, 장학금 또는 연구비의 보조나 지급, 학술, 자선)을
> 포함하는 법인의 설립은"민법상 비영리 법인이 아니라 공익법에 의한 공익법인으로 설립해야
> 한다."는 법무부의 법률 유권해석에 의한다.

4. 주무관청

현행 민법에서 비영리법인의 설립은 허가주의를 채택하고 있고, 허가권자는「주무관청」으로 규정하고 있다(민법 제32조, 공익법 제4조).

가. 주무관청의 범위

주무관청을 문리적으로 해석한다면 법인의 활동목적과 관련이 있는 행정기관은 모두 허가권자가 된다고 볼 수 있으나, 민법의 소관부처인 법무부의 해석에 의하면 "민법 제32조의 주무관청은 중앙행정기관만을 지칭한다."고 해석하고 있다. 따라서 비영리법인의 허가 주무관청은 중앙행정기관이나 「행정권한의 위임 및 위탁에 관한 규정」에 의거 중앙행정기관으로부터 위임 받은 시·도지사(교육감) 등이라고 할 수 있다.

나. 주무관청의 판단

정부조직법·(행정각부와) 소속기관직제·(행정각부와) 소속기관직제 시행 규칙에 의거 설립하고자 하는 법인의 설립취지, 목적, 목적사업과 관련된 사무를 관장하는 부처를 주무관청으로 하여 설립허가를 신청하여야 할 것이다.

한편, 공익법인의 경우 사업이 2개 이상 주무관청에 속하는 경우에는 그 주된 사업[3]을 주관하는 관청이 다른 주무관청과 협의하여 설립 허가 한다.

> ▶ 각 부처의 직제에 대한 정보는 인터넷 검색엔진 『법제처/종합법령정보/법령찾기』
> (http://www.law.go.kr)에서 검색가능

---

3) 사업계획서, 수지예산서에서 목적사업비 총액의 70%이상 집행하는 사업을 주된 사업으로 본다.

제2장 설립절차

공익법인의 설립절차도 비영리법인과 유사하다. 다만, 공익법인은 비영리법인과는 달리 사업의 목적이나 활동, 임원의 취임 등에 대한 규제가 엄격하여 이에 대한 충분한 검토가 선행되어야 한다. 법인설립 시 정관에 기재해야 할 사항은 공익법인의 설립·운영에 관한 법률 제3조에 구체적으로 규정하고 있으며, 시행령 제3조에서도 ① 사업에 관한 사항 ② 사단법인인 경우에는 사원 및 사원총회에 관한 사항 ③ 기타 공익법인의 운영에 관한 기본적인 사항을 구체적이고 명확하게 정하도록 보완적으로 요구하고 있다

1. 정관의 적성

정관이란 설립자(사단법인 2인 이상)가 법인의 근본규칙을 정하여 이를 서면으로 기재하고 기명·날인한 서면을 말하는데, 공익법인의 정관에 기재되어야 하는 필요적 기재사항은 다음과 같다(공익법인법 제3조).

- 목적
- 명칭
- 사무소의 소재지
- 설립 당시의 자산의 종류·상태 및 평가액
- 자산의 관리방법과 회계에 관한 사항
- 이사 및 감사의 정수(定數)·임기 및 그 임면(任免)에 관한 사항
- 이사의 결의권 행사 및 대표권에 관한 사항
- 정관의 변경에 관한 사항
- 공고 및 공고 방법에 관한 사항
- 존립시기와 해산사유를 정한 경우에는 그 시기와 사유 및 잔여재산의 처리방법
- 업무감사와 회계검사에 관한 사항

기타 정관에 기재할 사항은 다음과 같다(공익법인법 시행령 제3조).

- 사업에 관한 사항 : 사업은 구체적으로 명확하게 정하여야 함
- 사단법인인 경우에는 사원 및 사원총회에 관한 사항
- 기타 공익법인의 운영에 관한 기본적 사항

제1장 총 칙

제 1 조 (명칭)

이 법인은 그 명칭을 '아름다운 재단'(영문표기 THE BEAUTIFUL FOUNDATION)이라 칭한다.

제 2 조 (사무소)

본 재단은 주사무소를 서울특별시에 두며 국내, 국외의 필요한 지역에 분사무소를 둘 수 있다.

제 3 조 (목적)

① 본 재단은 우리사회에 올바른 기부문화를 확산시키고, 이를 통해 도움이 필요한 소외계층 및 공익활동을 지원하는데 목적을 둔다.

② 본 재단은 우리사회의 시민의식의 성장과 공동체 발전을 위해 기여하는 개인 및 단체를 지원하는 데 목적을 둔다.

③ 본 재단은 정당을 비롯한 모든 정치적 단체에 대하여 중립적 입장을 견지한다.

제 4 조 (사업)

① 본 재단은 제3조의 목적을 달성하기 위하여 다음과 같은 사업을 전개한다.

1. 올바른 기부문화 확산을 위한 대국민 캠페인 사업 전개
2. 개인 및 단체의 지정기탁에 따른 공익기금 및 특정주제를 갖는 목적형 기금 조성
3. 기업과 사회의 상생적 발전을 위한 기업 사회공헌 프로그램 전개
4. 지속가능한 공동체의 발전과 소외계층의 삶의 질 향상을 위한 공익사업 지원
5. 기부문화 발전을 위한 정책적 연구 및 제도개선 사업 전개
6. 저소득층의 자활과 자립을 위한 무담보 무보증 대출사업 전개
7. 이주아동의 보육시설 등 사회적 약자 지원 및 공익단체 활동지원을 위한 부동산 무상 대여
8. 기타 재단의 목적사업 달성에 필요한 사업

② 재단은 제 4 조의 목적사업의 경비를 충당하기 위해 필요한 때에는 수익사업을 할 수 있다.

1. 부동산임대사업 및 전대사업

2. 도서 출판사업

3. 홍보제작물의 판매사업

4. 기타 필요한 수익사업으로서 이사회 의결이 있는 경우

제 5 조 (수혜자)

① 재단의 목적사업으로 제공하는 이익은 이를 무상으로 함을 원칙으로 한다.

② 재단의 목적사업으로 제공하는 이익은 특별히 그 목적을 지정한 경우를 제외하고는 수혜자의 출생지, 출신학교, 직업, 성별, 기타 사회적 신분에 따라 부당하게 차별하여서는 안 된다.

제 6 조 (후원회)

① 이 법인의 목적사업과 운영을 위하여 기부금을 내는 자들로 후원회를 구성한다.

② 후원회의 회원은 제3조, 제4조에 규정된 재단의 활동목적 및 사업에 찬성, 동의하고 회원약관에 규정된 가입절차를 마친 개인 및 법인, 단체로 한다.

③ 대한민국 국민과 외국인 등 모든 개인과 법인 및 단체는 재단이 정한 회원가입 절차에 따라 개인정보 및 기부금입출금정보를 제공하고 반대급부 없이 공익적 목적과 공공의 사회적 이익을 위해 자발적으로 기부금품을 출연함으로써 회원으로 가입할 수 있다.

④ 아름다운재단은 회원에게 가져야 할 책임과 의무, 회원이 가질 수 있는 권리를 회원 약관으로서 공개하여야 한다.

제 2 장   임 원

제 7 조 (임원의 구성)

본 재단의 임원은 다음과 같다.

　　가. 이사장 1인

　　나. 이사 5인 이상 15인 이내 (이사장을 포함한다)

　　다. 감사 2명

제 8 조 (이사의 직무)

이사는 이사회에 출석하여 재단법인의 업무에 관한 사항을 심의 · 의결하며 이사회 또는 이사장으로부터 위임받은 사항을 처리한다.

제 9 조 (임원의 선임자격과 제한)

① 임원은 정당에 속하지 않은 자라야 한다.

② 이사회의 구성에 있어서 공익법인의설립및운영에관한법률시행령 제12조에 규정된 특별한 관계가 있는 자의 수는 이사 현원의 5분의 1을 초과하지 않아야 한다.

③ 감사는 감사 상호간 또는 이사와 공익법인의설립및운영에관한법률시행령 제12조의 특별한 관계가 있는 자가 아니어야 한다.

제 10 조 (임원의 임기)

① 이사의 임기는 4년으로 하되, 연임할 수 있다.

② 감사의 임기는 2년으로 하되, 연임할 수 있다.

③ 보선된 임원의 임기는 전임자의 잔여기간으로 한다.

제 11 조 (임원의 선임)

① 임원은 이사회에서 선출해 취임한다.

② 임원은 임기중 궐위된 때에는 궐위된 날로부터 2개월 이내에 보선하여야 한다.

③ 새로운 임원의 선출은 임기만료 1개월 전까지 하여야 한다.

④ 재단법인이 임원을 선출한 때에는 임원선임보고서에 다음 각호의 서류를 첨부하여 주무관청에 제출하여야 한다. 다만 연임의 경우에는 제 1 호 및 제 3 호의 서류만을 첨부한다.

  1. 임원의 선출을 결의한 이사회의 회의록 사본 1부

  2. 이력서(사진 첨부) 1부

  3. 취임승락서 1부

⑤ 이사회의 권한을 위임하거나, 결정한 사항을 일상적으로 집행하기 위하여 임원 중 일부를 상근임원으로 선임할 수 있다.

제 12 조 (임원의 해임)

임원이 다음 각호의 1에 해당하는 행위를 한 때는 이사회의 의결을 거쳐 해임할 수 있다.

  1. 재단의 목적에 위배되는 행위

  2. 임원간의 분쟁, 회계부정 또는 현저한 부당행위

  3. 재단의 업무를 방해하는 행위

제 13 조 (이사장의 선출)

이사장은 이사회에서 호선한다.

제 14 조 (이사장의 직무)

① 이사장은 재단을 대표하고 재단의 사무를 총괄한다.

② 이사장의 유고시에는 이사 중 최고령자가 그 직무를 대행한다.

제 15 조 (상근임원의 직무)

① 상근임원은 총괄상임이사 1인 및 상임이사 1인으로 구성된다. ② 상근임원은 이사회의 의결을 거쳐 이사장이 임명한다. ③ 상근임원은 이사장 및 이사회의 위임을 받아, 재단 사무 전반의 주요사항 집행에 대해 의사결정권을 행사할 수 있다.

제 16 조 (감사의 임무)

감사의 직무는 다음의 임무를 행한다.

1. 재단의 업무와 재산상황을 감사하는 일 및 이사에 대하여 이에 필요한 자료의 제출 또는 의견을 요구하고 이사회에서 발언하는 일
2. 이사회의 회의록에 기명 · 날인하는 일
3. 공익법인의 업무와 재산상황에 대하여 이사에게 의견을 진술하는 일
4. 공익법인의 업무와 재산상황을 감사한 결과 불법 또는 부당한 점이 있음을 발견한 때 이를 이사회에 보고하는 일
5. 제4호의 보고를 하기 위하여 필요한 때에는 이사회의 소집을 요구하는 일

제 3 장   고 문

제 17 조 (고문)

① 재단은 필요한 경우 재단의 목적에 찬동하는 인사를 이사회 의결을 거쳐 고문으로 추대할 수 있다.

② 고문의 임기는 4년으로 하되 연임할 수 있다.

③ 고문은 다음과 같은 재단 이사회 운영에 대해 이사장의 요청이 있을 경우 고문에 응하거나 건의할 수 있으며, 이사장이 위촉하는 특별 업무를 수행할 수 있다.

1. 재단 기본방침에 관한 사항
2. 시민사회 발전과 기부문화 증대에 관한 사항

3. 재단 연례 행사에 관한 사항

4. 재단 임원 추천에 관한 사항

5. 연1회 정례 고문단 회의

제 4 장   이 사 회

제 18 조 (구성)
이사회는 이사로써 구성한다.

제 19 조 (소집과 의결)
① 정기 이사회는 이사장이 3개월마다 소집한다.

② 임시 이사회는 이사장 또는 감사가 필요하다고 인정할 때와 이사의 3분의 1 이상의 요구가 있을 때 이사장이 소집한다.

③ 이사회를 소집코자 할 때는 회의 7일전에 회의안건을 명시하여 각 이사 및 감사에게 통지하여야 한다. 다만 이사전원이 집회하고 또 그 전원이 이사회 소집을 요구 할 때에는 그러하지 아니하다.

④ 이사회는 재적이사 과반수의 출석으로 개의하며 출석이사의 과반수 찬성으로 의결한다.

제 20 조 (기능)
이사회는 다음 사항을 심의 · 의결한다.
1. 재단의 예산, 결산, 차입금 및 자산의 취득 · 처분과 관리에 관한 사항
2. 정관의 변경에 관한 사항
3. 재단의 해산에 관한 사항
4. 임원의 임면에 관한 사항
5. 수익사업에 관한 사항
6. 기타 이 정관이 정하거나 재단법인의 운영상 중요하다고 판단하여 이사장이 부의하는 사항

제 21 조 (의결배제사유)
이사장 또는 이사가 재단과 이해관계가 상반하는 때 또는 자신의 취임 및 해임이 안건으로 상정된 때에는 당해 사항에 관한 의결에 참여하지 못한다.

제 22 조 (의사록) 〈제목개정 2017.7.4〉

① 이사회의 의사에 관하여는 의사록을 작성하여야 한다. 〈개정 2017.7.4〉 ② 의사록에는 이사회 경과 및 결과를 기재하고, 이사회에 참석한 이사 및 감사의 기명 날인을 받아야 한다. 〈개정 2017.7.4〉 ③ 의사록은 재단 사무국 내 보존한다. 〈항 신설 2017.7.4〉

제 23 조 〈삭제 2017.7.4〉

제 5 장   재 정 (재산 및 회계)

제 24 조 (재산의 구분)

① 재단의 재산 중 다음 각호 1에 해당하는 재산은 기본재산으로 하고 그 목록을 정관의 별지에 구체적으로 열거하도록 한다. 〈개정 2017.7.4〉

  1. 설립 시 기본재산으로 출연한 재산

  2. 보통재산 중 총회 또는 이사회에서 기본재산으로 편입할 것을 의결한 재산

② 보통재산은 기본재산 이외의 모든 재산으로 한다.

③ 〈삭제 2017.7.4〉

제 25 조 (재산의 관리)

① 기본재산은 그 목록과 평가가액을 정관에 기재하여야 하며, 사업년도 중 평가가액 변동이 있을 때에는 사업년도 종료 후 2개월 이내에 정관변경절차를 밟아야 한다.

② 재단이 기본재산을 매도, 증여, 임대, 교환 또는 용도변경을 하거나 담보로 제공하거나 기본재산 총액에서 차입당시의 부채총액을 공제한 금액의 100분의5 이상에 상당하는 장기차입을 하고자 할 때에는 이사회의 의결을 거쳐 주무관청의 허가를 받아야한다.

③ 재단은 목적사항의 달성을 위하여 그 재산을 선량한 관리자의 주의를 다하여 관리하여야 한다.

제 26 조 (예산과 결산)

① 이사장은 다음 회계연도의 사업계획 및 예산안을 매 회계연도 개시 1월전까지 작성하여 이사회의 의결을 거쳐야 한다.

② 재단은 홈페이지를 통해 매년 연간 기부금 모금액 및 활용 실적을 다음 연도 3월 31일까지 공

개한다.

제 27 조 (회계구분)

① 재단의 회계는 목적사업 회계와 수익사업 회계로 구분 관리한다.

② 제1항의 경우에는 법인세의 규정에 의한 법인과세대상이 되는 수익과 이에 대응하는 비용은 수익사업 회계로 계리하고, 기타의 수익과 비용은 목적사업 회계로 계리 한다.

③ 제2항의 경우에 목적사업 회계와 수익사업 회계로 구분하기 곤란한 비용은 공통비용의 배분 계산에 관한 법인세에 관한 법령의 규정을 준용하여 배분한다.

제 28 조 (임원의 보수 등)

상근하는 임원에 대해 이사회 의결을 통해 임원보수를 지급할 수 있다. 상근하지 아니하는 임원 에 대해서는 업무수행에 필요한 실비를 지급할 수 있다.

제 29 조 (회계연도)

회계연도는 매년 1월 1일부터 12월 31일까지로 한다.

제 30 조 (회계감사 및 업무감사)

회계감사 및 업무감사는 연 1 회 이상 실시한다.

제 6 장   사 무 국

제 31 조 (설치와 구성)

① 본 재단의 사업 및 업무의 효율적 추진과 실무적 집행을 위하여, 또한 모든 문서의 기록과 보 존관리를 위하여 사무국을 둔다.

② 사무국에는 사무총장과 필요한 사무요원을 둘 수 있다.

③ 사무국의 편제, 임무, 사무용원의 자격, 근로조건은 이사회에서 정한다.

제 7 장   보 칙

제 32 조 (재단 정관의 변경)

재단의 정관을 개정하고자 할 때에는 이사회에서 재적이사 3분의2 이상의 찬성으로 의결하여 주무관청의 허가를 받아야 한다.

제 33 조 (재단의 해산)
본 재단을 해산하고자 할 때에는 이사 정수의 3분의 2 이상의 찬성으로 의결하고 민법에서 정한 청산절차를 거쳐야 하며 법인해산신고서를 주무관청에 제출하여야 한다. 〈개정 2017.7.4〉

제 34 조 (해산시 잔여재산의 귀속)
재단이 해산할 때에는 잔여재산은 국가, 지방자치단체 또는 유사한 목적을 가진 다른 비영리법인에게 귀속되도록 한다.

제 35 조 (사업계획서 및 수지결산서 등)
익 년도의 사업계획서 및 예산서와 당해 연도의 사업실적서 및 수지결산서는 회계연도 종료 후 2개월 이내에 주무관청에 제출하여야 하며, 이 경우 재산목록과 업무현황 및 감사결과보고서도 함께 제출하여야 한다.

제 36 조 (규칙 제정)
재단 운영에 관하여 필요한 규칙은 이사회의 의결을 거쳐 정한다.

제 37 조 (준용)
이 정관에서 정하지 아니한 사항에 대해서는 민법 제32조, 행정자치부 및 그 소속청 소관 비영리법인의 설립 및 감독에 관한 규칙 및 일반적으로 승인된 사회의 관례에 의한다. 〈개정 2017.7.4〉

제 38 조 (경과조치)
이 정관이 효력을 발생하기 이전에 행한 재단 설립준비행위는 이 재단이 행한 것으로 간주한다.

제 8 장   부 칙

제 1 조 (시행시기)
본 재단 정관은 법인설립등기일로부터 시행한다.

제 2 조 (설립당시의 기본재산 등)

본 법인의 설립 당시의 기본재산, 임원명단 및 법인이 사용할 인장은 별지와 같다.

제 3 조 (아름다운가게와의 관계)

본 정관 중 전문, 제3조(목적), 제4조(사업)에 대한 개정은 아름다운가게 이사회의 동의를 요한다.

2. 재산의 출연

"재산의 출연"이란 공익사업에 재산적 가치가 있는 것을 무상으로 제공하는 것을 말하며, 대가를 수반하여 제공받는 재산은 출연재산으로 볼 수 없다.

가. 재산의 출연

공익법인이 설립되기 위해서는 일차적으로 재원이 필요하다. 공익법인법 제4조제1항은 재단법인은 출연재산의 수입, 사단법인은 회비·기부금 등으로 조성되는 재원(財源)의 수입으로 목적사업을 원활히 수행할 수 있어야 한다고 규정하고 있다. 이렇게 출연된 재산 또는 재원을 기본재산이라고 한다. 한편, 공익재단법인의 경우 출연된 재산에서 창출되는 과실로 그리고 공익사단법인의 경우에는 회비나 기부금 등의 재원으로 사업목적을 달성할 수 있어야 허가를 취득할 수 있기 때문에, 이와 같은 '출연재산에 의한 사업목적달성'요건은 '사업의 목적'과 함께 중요한 공익재단법인의 설립요건이다.

나. 출연시기

재산의 출연시기는 그 날로부터 3년 내에 출연목적에 전부 사용하였는지의 여부를 판정하는 기준이 된다.

1) 최초 재산을 출연하여 공익법인을 설립하는 경우에는 귀속시기를 출연시기로 본다.

가) 생전처분으로 재단법인을 설립할 때 : 법인설립 등기를 한 때

나) 유언으로 재단법인을 설립할 때 : 유언의 효력이 발생하는 때(사망한 때)

2) 이미 설립된 법인에 출연하는 경우에는 그 법인이 출연재산을 취득하는 때를 출연시기로 본다.

다. 출연시한

출연자가 공익사업에 출연(권리이전, 소유권이전을 이행하여야 한다.)할 의사를 표시한 후 상속세 과세표준 신고기한(6월 이내)까지 출연하여야 세제혜택을 받을 수 있다. 그러나 다음과 같은 부득이한 사유가 있는 경우에는 그 사유가 종료된 날부터 6월 이내에 출연하여야 한다.

- 재산의 출연에 있어서 법령상 또는 행정상의 사유로 출연재산의 소유권 이전이 지연되는 경우
- 상속받은 재산을 출연하여 공익법인 등을 설립하는 경우로서 법령상 또는 행정상의 사유로 공익법인 등의 설립허가 등이 지연되는 경우(공익법인은 비영리법인 중 일부가 이에 해당된다. 따라서 모든 공익법인은 비영리법인이기는 하나 비영리법인이라고 하여 모두 공익법인에 해당되는 것은 아니다.

출 연 자 확 인 서

본인은 민법 제32조 및 공익법인의 설립·운영에 관한 법률의 규정에 의거 신규 설립되는 재단법인에 대하여, 민법 제43조의 규정에 따라 다음의 사항을 정관으로 정함을 확인한다.

1. 목적 : 이 법인은 사회일반의 이익에 공여하기 위하여 민법 제32조 및 공익법인의 설립·운영에 관한 법률의 규정에 따라 ○○○…함을 목적으로 한다.

2. 명칭 : 사단(재단)법인 ○○○○

3. 사무소의 소재지 : 충청남도 ○○시 ○○동 ○○○~○○번지

4. 자산에 관한 사항

　가. 기본재산 금○○○원(동산 금○○○원, 부동산 금○○○원)

　나. 보통재산 금○○○원(동산 금○○○원)

5. 이사의 임면에 관한 사항

　가. 임　　원 : 이사 ○○인(이사장 포함), 감사 2인

　나. 상임이사 : 목적사업을 전담하게 하기 위하여 이사장은 이사회의 의결을 거쳐 이사 중 1인을 상임이사로 임명한다.(생략 가능)

　다. 임　　기 : 이사 4년, 감사 2년(단, 최초의 임원 반수의 임기는 이사 2년, 감사 1년으로 정한다.)

6. 기타의 사항 : 별첨 정관과 같다.

20 년　　월　　일

출연자　○ ○ ○ (인)

충청남도교육감 귀하

주) 1. 출연자 날인과 별첨 정관 간인은 출연증서에 첨부된 인감(인감증명서상의 등록된 도장)으로 날인한다.

　　2. 출연자가 2인 이상일 경우 : 「4. 자산에 관한 사항」에서 도표(출연자 성명, 주민등록번호, 기본재산 및 보통재산 출연금액, 비고 등)으로 표시하고, 하단에 출연자 연명으로 날인, 출연자 전체가 별첨 정관에 간인한다.

　　3. 출연자가 상사법인일 경우 : 출연자 도장은 상사법인 등기부 첨부(대표자 확인), 대표자 인감증명서 첨부, 등록인감으로 출연자 확인 및 별첨 정관에 간인한다.

3. 설립허가 기준

(1) 허가기준

주무 관청은 「민법」 제32조에 따라 공익법인의 설립허가신청을 받으면 관계 사실을 조사하여 재단법인은 출연재산의 수입, 사단법인은 회비·기부금 등으로 조성되는 재원(財源)의 수입(이하 각 '기본재산'이라 한다)으로 목적사업을 원활히 수행할 수 있다고 인정되는 경우에만 설립허가를 한다(공익법인법 제4조).[4]

구분		
민법	목적기준 (제32조)	○ 학술, 종교, 자선, 기예, 사교 기타 영리 아닌 사업을 목적으로 할 것
공익법인의 설립운영에 관한 법률	목적기준 (제2조)	○ 사회일반의 이익에 이바지할 것 ○ 학자금, 장학금 또는 연구비의 보조나 지급, 학술, 자선에 관한 사업을 목적으로 할 것
공익법인의 설립운영에 관한 법률 시행령	허가기준 (제5조)	○ 목적사업이 구체적이며 실현가능하다고 인정되는 경우 ○ 재단법인에 있어서는 출연재산의 수입, 사단법인에 있어서는 회비·기부금 등으로 조성하는 재원의 수입으로 목적사업을 원활히 달성할 수 있다고 인정되는 경우 ○ 목적사업이 적극적으로 공익을 유지·증진하는 것이라고 인정되는 경우

Q 주 목적사업의 변경으로 주무관청을 변경하는 것이 가능한지

A 공익법인도 주무관청의 허가를 얻어 정관을 변경할 수 있는데, 주된 사무를 주관하는 행정관청이 주무관청이 되므로, 결국 정관 변경으로 주된 사무가 변경되는 경우 주무관청도 변경될 수 있다.

(가) 목적사업에 대한 판단

공익법인의 설립·운영에 관한 법률 제2조는 '공익법인'을 '재단법인이나 사단법인으로서 사회 일반의 이익에 이바지하기 위하여 장학금·학자금 또는 연구비의 보조나 지급, 학술, 자선에 관한 사업을

---

4) 설립발기인이 법인인 경우에는 그 명칭, 주된 사무소의 소재지, 대표자의 성명·주소·정관 및 최근의 사업활동 등을 기재함)

목적으로 하는 법인'이라고 정의하고 있다. 따라서 공익법인이 되기 위해서는 ①먼저 사회일반의 이익을 위하고 ②학자금 · 장학금 · 연구비의 보조 · 지급, 학술, 자선에 관한 사업을 주된 목적으로 해야 한다. 이러한 공익사업의 내용은 시행령 제2조에서 구체적으로 설명하고 있는 데 그 내용은 다음과 같다.

- 학자금 · 장학금 기타 명칭에 관계없이 학생 등의 장학을 목적으로 금전을 지급하거나 지원하는 사업 · 금전에 갈음한 물건 · 용역 또는 시설을 설치 · 운영 또는 제공하거나 지원하는 사업
- 연구비 · 연구조성비 · 장려금 기타 명칭에 관계없이 학문 · 과학기술의 연구 · 조사 · 개발 · 보급을 목적으로 금전을 지급하거나 지원하는 사업 · 금전에 갈음한 물건 · 용역 또는 시설을 제공하는 사업
- 학문 또는 과학기술의 연구 · 조사 · 개발 · 보급을 목적으로 하는 사업 및 이들 사업을 지원하는 도서관 · 박물관 · 과학관 기타 이와 유사한 시설을 설치 · 운영하는 사업
- 불행 · 재해 기타 사정으로 자활할 수 없는 자를 돕기 위한 모든 자선사업
- 위에 해당하는 사업의 유공자에 대한 시상을 행하는 사업

(나) 허가기준에 의한 판단

공익법인의 설립 · 운영에 관한 법률 제4조 및 공익법인의 설립 · 운영에 관한 법률시행령 제5조는 공익법인의 허가기준을 다음과 같이 세 가지로 규정하고 있다.

1) 목적사업의 구체성 · 실현가능성

　　법인의 목적사업은 위에서 설명한 공익사업이어야 하며, 이를 실현하기 위한 방법이 구체적으로 제시되어 있어야 한다. 목적사업의 구체성과 실현가능성을 판단하기 위한 자료로는 참여자의 경력과 사회활동, 사업의 양과 질에 맞는 인적 구성, 전담인력의 확보, 사업계획의 구체성 및 관련예산의 안정적 · 장기적 확보 가능성 등을 종합적으로 검토하여 판단한다.

2) 재정의 안정성 공익법인을 설립하는 경우 재단법인은 출연재산의 수입, 사단법인에 있어서는 회비 · 기부금 등으로 조성되는 재원의 수입으로 목적사업을 원활히 달성할 수 있다고 인정되는 경우에 법인설립을 허가하도록 제한하고 있다. 따라서 제출된 사업계획서와 수지예산서를 토대로 검토하되 재단법인은 출연당시 기본재산과 과실금의 규모에 따라, 사단법인은 기본재산과 회비 또는 기부금 등으로 조성되는 수입액에 따라 판단한다. 다만, 재정적인 부분은 단체의 규모와

사업내용, 지역적 여건 등에 따라 소요예산이 달라지므로 획일적으로 규정할 수 없을 뿐만 아니라 현행 공익법인 관련 법령에서도 이러한 기준은 제시하고 있지 않으므로 허가권자가 주변상황을 종합적으로 판단하여 결정해야 한다. 또한 재정의 건전성은 법인의 예산서를 기본으로 하되 운영비와 사업비를 구분하여 검토한다. 운영비는 사무실 유지비와 상근 임직원에 대한 인건비 등 필수적 경비를 감안하고, 사업비는 설립목적 구현을 위한 집행경비를 추산·산출하되, 사단법인의 경우에 있어서는 특정인에게 재정의존율이 높거나 주체나 대상이 불투명한 기부금, 사업수익금에 의존하고 있지 않은가를 검토한다.

3) 목적사업의 공익성

비영리법인은 공익을 저해하지 않는 정도로 족하지만 공익법인은 적극적으로 공익을 유지·증진시키는 데 기여할 수 있어야 하며, 사업의 내용도 법령에 규정된 공익사업에 속하는 것으로서 적극적인 의사를 가지고 구체적으로 추진할 수 있어야 한

4) 설립허가 신청서류 주요 검토사항

구분	검토사항	비고
명칭	■ 다른 법인과 동일명칭 사용 불가	
재산 관리	■ 목적하는 사업을 수행할 수 있는 충분한 재정도– 수익이 발생하지 않는 재산은 출연 불가능	
	– 설립이후 2년간 사업계획서 및 수지예산서에 목적사업비 편성비율이 당해 연도 운용소득의 70%이상 편성	
	– 예금을 제외한 부동산등 기본재산의 수익이 1년만기 정기예금 이율 이상의 수익여부	비영리법인 제외
임원	■ 이사 – 5~15의 범위 내에서 정함 – 특수관계자는 1/5 초과 불가 – 외국인 이사는 과반수 초과 불가	비영리법인 제외
	■ 감사 – 2인으로 정함 – 특수관계자는 감사로 취임 불가	
	■ 임원은 결격사유가 없을 것	
	■ 공무원, 사립학교 교원의 경우 겸직허가서 확인	
회원 명부	■ 사단법인의 경우 회원수와 명부 확인 (무작위 표본추출로 회원 가입 여부와 회비 납부 의사 확인)	
창립총회 회의	■ 설립취지 채택, 출연재산 내용, 이사장 선임, 임원선임 및 임기,	

록	정관심의, 사업계획 및 수지예산서 등의 주요내용 의결 여부 확인	
정관	■ 제1조(목적) – 학자금 · 장학금 또는 연구비의 보조나 지급, 학술에 관한 사업을 목적으로 하는지 여부 – 비영리법인은 공익법에 규정된 사업(장학)을 목적으로 하여서는 아니 됨	▶정관예문에 따라 확인 ▶설립자(발기인)는 정관을 작성하고 반드시 기명·날인(매장 간인 처리)
	■ 제4조(사업) – 목적사업이 설립 목적과 부합되는지 여부(주된 사업이 문화·자선 등 타기관의 소관 업무는 제외) – 목적과 사업은 구체적이고 실현 가능해야 함 – 목적사업에 '기타','등'의 용어 사용은 배제 – 설립취지서, 정관상 목적과 사업, 사업계획서, 수지예산서는 연동되어야 함 – 부동산 임대 등의 수익을 목적으로 하는 사업은 제2항에 수익사업명을 기재 ■ 제5조(법인 공여 이익의 수혜자) 제2항 – 제1조의 목적에 수혜대상을 정한 경우에 출신지역이나 출신학교 등으로 수혜범위를 한정 할 수 있으며, 이 경우 관할 세무서장과 수혜범위 한정에 관한 합의를 하여야 함(비영리법인은 제외	
	■ 제16조(임원의 종류와 정수) – 임원의 수는 반드시 정수로 하여야 함 – 정수 뒤에 '이내','이하' 등의 용어 표기 불가	
	■ 제31조(정관의 변경), 제32조(해산) – 의결정족수가 이사정수의 2/3 이상인지 여부(사단법인의 해산은 총회원 3/4 이상)	
	■ 제33조(잔여재산의 귀속)	
	■ 제36조(설립당초의 임원 및 임기) – 이사 반수의 임기는 4년, 반수는 2년 – 감사 1명은 2년, 1명은 1년	

(2) 구비서류

공익법인의 설립허가를 받고자 하는 자는 「법인설립허가신청서」와 함께 다음의 서류를 첨부하여 주무관청에 제출하여야 한다(공익법인법 시행령 제4조 제1항).

• 설립취지서 1부

• 정관 1부

• 재단법인인 경우에는 출연재산의 종류·수량·금액 및 권리관계를 명확하게 기재한 재산목록 및 기부신청서 1부(재산목록은 기본재산과 보통재산으로 구분하여 기재하여야 함)

• 사단법인인 경우에는 회비징수예정명세서 또는 기부신청서 1부

- 부동산 · 예금 · 유가증권 등 주된 재산에 관한 등기소 · 금융기관 등의 증명서1부
- 사업개시예정일 및 사업개시이후 2 사업연도분의 사업계획서 및 수지예산서1부
- 사단법인인 경우에는 창립총회회의록 및 사원이 될 자의 성명 및 주소를 기재한 사원명부 각 1부(사원명부를 작성하기 곤란한 때에는 사원의 총수를 기재한 서류로 대체)

[서식 _ 설립취지서]

설립취지서

현대사회의 급격한 발전과 변화는, 우리 인간들에게 가히 상상할 수 없는 편리함과, 편안함을 가져다주었지만, 반면에 기회의 불균등으로 인해, 사회의 변화와 발전에 적응하지 못하는 각종 소외계층이 발생하게 된 것은 주지의 사실이다.

이러한 가운데 그 동안 원불교 교단에서는, '사회복지법인 △△△'와 함께 ○○지역 사회발전과 주민들의 정신 · 육신의 빈곤과 무지, 각종 소외로부터 와지는 문제들을 예방하고 또한 극복하기 위하여, 여러 방면으로 종교인의 사명을 다해 왔다.

이제 각 교구별로 법인분리 작업에 원불교 교단과 '△△△'가 뜻을 같이하고, 그 동안 '△△△'를 통하여 복지사업을 펼쳐왔던 시설들 중, 우선적으로 '○○효도의 집', '○○어린이집', 등을, 새로이 설립하고자 하는 원불교 법인시설로 무상 출연 받아, 지역사회에서 좀 더 내실 있는 가정복지사업을 펼쳐나가고자 한다.

이에 원불교 전북교구에서는 어린이보육, 모자보호, 노인복지 사업 등과 같은 가정복지사업에 전임하여 복지사업을 벌여나가기 위하여 '사회복지법인 ○○○'을 설립하고자 한다.

○○년도 사업계획 총괄표

1. 법 인 명 : 홍길동재단   (印) (설립일 : 1999년 3월 15일)

2. 목적사업

   1) 장학사업

   2) 학술연구사업

3. 수익사업 : 부동산 임대

4. 일반현황

설립자	홍길동	소재지					전화	
대표자	홍길동						팩스	
회원총수	명	임원현황	정수	이사 명, 감사 명		상근임직원정수	임원 유급 명, 무급 명 직원 유급 명, 무급 명 (승인일 . .)	
			현원	이사 명, 감사 명				
기본재산 (단위:천원)	현금	주식	채권	부동산	계	보통재산 (단위:천원)		61,057
	1,500,000				1,500,000			

5. 수입·지출현황

수 입				지 출			
구 분		수입액		구 분		지출액	
		전년도	현년도			전년도	현년도
① 회 비		0	0	경상비	① 인건비	2,000,000	2,000,000
출연금	② 재산증자기부	500,000,00	500,000,000		② 운영비	600,000	800,000
	③ 목적사업기부	0	0		소계	2,600,000	2,800,000
	소 계	500,000,000	500,000,000	③ 퇴직적립금		0	0
④ 수익사업전입금		0	8,000	④ 법인세		0	0
⑤ 과실소득		45,000,000	51,600,000	목적 사업비	⑤ 장학금	30,000,000	40,000,000
기타수입	⑥ 특별이익	0	0		⑥ 기타목적사업		0
	⑦ 기타	0	1,00,000		소 계	30,000,000	40,000,000
	소 계	0	1,000,000	⑦ 기본재산편입액		500,000,000	500,000,000
전기 이월액	⑧ 목적사업지급 준비금	14,00,000	15,000,000	⑧ 기타지출		0	4,200,000
	⑨ 이월잉여금	0	0	차기 이월액	⑨ 목적사업지급 준비금	15,000,000	36,028,000
	⑩ 기 타	600,000	15,000,000		⑩ 이월잉여금	0	0
	소 계	14,600,000	30,000,000		⑪기타	15,000,000	12,572,000
⑪ 법인세환급금		3,000,000	5,000,000		소 계	30,000,000	48,600,000
합 계		562,600,000	595,600,000	합 계		562,600,000	595,600,000

※ 수입과 지출의 합계는 반드시 맞아야 함

[서식 _ 사업계획 및 예산서 제출 - 예산총괄표]

예 산 총 괄 표

법인명 :

(단위:천원)

세 입					세 출				
과 목	예산액 (A)	전년도 예산액 (B)	비 교 증(△)감 (A-B)	구성 비율 (A/C)	과 목	예산액 (A)	전년도 예산액 (B)	비 교 증(△)감 (A-B)	구성 비율 (A/C)
계	(C)				계	(C)			

세입(세출)예산서

법인명 :

(단위:천원)

과 목			예 산 액	전 년 도 예 산 액	비 교 증(△)감	산 출 기 초
관	항	목				

☞ - 추가경정예산 편성시에는 예산액을 추가경정예산액으로, 전년도 예산액을 기정예산액으로 수정하여 작성한다.

　 - 총예산액의 70% 이상을 순수목적사업비로 계상할 것.

추정대차대조표

법인명 :

(단위:천원)

자 산			부 채 및 자 본		
과 목	금 액		과 목	금 액	
	금년도	전년도		금년도	전년도

목적 · 수익 추정손익계산서

제23기 20××년 ×월 ×일부터 20××년 ×월 ×일까지

법인명 :

(단위:천원)

과목	목적사업	수익사업	합계
수 익	88,000,000	102,000,000	190,000,000
목적사업준비금수입	88,000,000		88,000,000
임대수익		12,000,000	12,000,000
이자수익		90,000,000	90,000,000
비 용	88,000,000	97,500,000	185,500,000
목적사업비	70,000,000		70,000,000
장학사업비	70,000,000		70,000,000
목적사업수행비용	18,000,000		18,000,000
급여	12,000,000		12,000,000
복리후생비	2,000,000		2,000,000
회의비	2,000,000		2,000,000
통신비	1,000,000		1,000,000
퇴직급여충당금전입	1,000,000		1,000,000
빌딩관리비		3,000,000	3,000,000
지급준비금전입액		94,500,000	94,500,000
법인세차감전당기순이익	0	4,500,000	4,500,000
법인세비용	0	643,000	643,000
법인세차감후당기순이익	0	3,857,000	3,857,000

○○년도 사업실적 총괄표

1. 법 인 명 : 홍길동재단 　 (印) 　 (설립일 : 1999년 3월 15일)

2. 목적사업
 1) 장학사업
 2) 학술연구사업

3. 수익사업 : 부동산 임대

4. 일반현황

설립자	홍길동	소재지					전화	
대표자	홍길동						팩스	
회원총수	명	임원 현황	정수	이사 명, 감사 명		상근 임직원 정수	임원 유급 명, 무급 명 직원 유급 명, 무급 명 (승인일 . .)	
			현원	이사 명, 감사 명				
기본재산 (단위:천원)	현 금	주식	채권	부동산	계	보통재산 (단위:천원)		57,200
	1,500,000				1,500,000			

5. 수입·지출현황

수 입				지 출			
구 분		수입액		구 분		지출액	
		전년도	현년도			전년도	현년도
① 회 비		0	0	경상비	① 인건비	2,000,000	2,000,000
출연금	② 재산증자기부	500,000,00	500,000,000		② 운영비	600,000	800,000
	③ 목적사업기부	0	0		소계	2,600,000	2,800,000
	소 계	500,000,000	500,000,000	③ 퇴직적립금		0	0
④ 수익사업전입금		0	8,000	④ 법인세		0	0
⑤ 과실소득		45,000,000	51,600,000	목적사업비	⑤ 장학금	30,000,000	40,000,000
기타수입	⑥ 특별이익	0	0		⑥ 기타목적사업		0
	⑦ 기타	0	1,00,000		소 계	30,000,000	40,000,000
	소 계	0	1,000,000	⑦ 기본재산편입액		500,000,000	500,000,000
전기이월액	⑧ 목적사업지급준비금	14,00,000	15,000,000	⑧ 기타지출		0	4,200,000
	⑨ 이월잉여금	0	0	차기이월액	⑨ 목적사업지급준비금	15,000,000	36,028,000
	⑩ 기 타	600,000	15,000,000		⑩ 이월잉여금	0	0
	소 계	14,600,000	30,000,000		⑪ 기타	15,000,000	12,572,000
⑪ 법인세환급금		3,000,000	5,000,000		소 계	30,000,000	48,600,000
합 계		562,600,000	595,600,000	합 계		562,600,000	595,600,000

※ 수입과 지출의 합계는 반드시 맞아야 함

결 산 총 괄 표

법인명 :

(단위:천원)

세	입				세	출			
과목	예산액 (A)	결산액 (B)	비교 증감 (A-B)	구성 비율 (B/C)	과목	예산액 (A)	결산액 (B)	비교 증감 (A-B)	구성 비율 (B/C)
계		(C)					(C)		

세입(세출)결산서

법인명 :

(단위:천원)

과 목			예산액 (A)	결산액 (B)	비교 증감 (A–B)	산 출 기 초
관	항	목				

대 차 대 조 표

법인명 :

(단위:천원)

자 산			부 채 및 자 본		
과 목	금 액		과 목	금 액	
	금년도	전년도		금년도	전년도

손 익 계 산 서

법인명 :

(단위:천원)

비 용			수 익		
과 목	금 액		과 목	금 액	
	금년도	전년도		금년도	전년도

감사보고서(예시)

○ 감사일자: 20 . . .
○ 감사장소: ○○법인 ○○장학회 사무실
○ 감사해당기간: 20 . . . ~ 20 . . .
■ 감사 착안사항
1. 기금관리 상태 확인 조사
　1) 기본재산은 적정하게 관리 되었는가?
　2) 보통재산은 적정하게 관리 되었는가?
　3) 보통재산이 과다하지 않는가?
　4) 재산현황과 통장잔액 등이 차이는 없는가?
2. 예산집행관계 타당성 조사
　1) 예산집행은 정당하게 집행되었는가?
　2) 일상경비성 예산의 낭비요인은 없었는가?
　3) 목적사업에 적정하게 집행되었는가?
3. 출연금 조성에 대하여
　1) 출연금은 적정하게 관리되고 있으며 출연금에 대한 관리청 승인은 적정한가?
4. 예탁기관의 안정성과 수익성에 대하여
　1) 재산은 안전한 금융기관에 관리되고 있는가?
　2) 수익성은 적정하게 관리되고 있는가?
　3) 재산 예치 금융기관 및 관리방법이 너무 복잡하지 않는가?
■ 건의 및 시정을 요하는 사항은

1. 장학생 선발 방법에 대하여

2. 기타 지원방법에 대하여

3. 기타 법인 운영에 대하여
　　　　　　　20 . . .
　　　상기와 같이 ○○재단 ○○장학회에 대한 감사를 실시하였습니다.
　　　　　　감사　　○ ○ ○ (인)
　　　　　　감사　　○ ○ ○ (인)

경기도 ○ ○ 교육지원청교육장 귀하

재 산 현 황

법인명 :

(단위:천원)

구 분	종 별	금 액	비 고
기본재산			
보통재산			
계			

☞ – 종별란에는 현금, 부동산으로 분류

　– 재산이 부동산일 때에는 비고란에 건물, 임야 등으로 구분하여 면적 기재

　– 기본재산이 현금일 경우는 잔액증명서, 부동산일 경우에는 등기사항전부증명서 제출

기 본 재 산 현 황

1. 총 괄

(. 12. 31현재)

구 분	수 량	평 가 액	비 고
예 금			
주 식			
채 권			
부 동 산			
기 타			
총 계			

2. 분류별 세부내역

재 산 명	종 류	수 량	평가액(원)	비 고
총 계				

※ 1) 보통재산 현황에는 기본재산 이외의 모든 재산을 기재

2) 분류별 세부내역에는 총괄에서 분류된 재산 순서에 따라 구체적으로 기재

3) 분류별 세부내역의 비고에는 발생 또는 보유사유와 집행계획을 간략히 개재하되 내용이 많을 경우 별지 작성 첨부

기본재산 증감보고서

재 산 명	재 산 변 동 내 역		변 경 사 유	변 경 년월일	비 고
	변동전	변동후			

(3) 주무관청의 허가

(가) 허가

법인의 설립 및 임원의 취임승인 등에 대한 검토가 끝나면 허가여부를 결정하고 이를 신청인에게 통보한다. 이 때 허가증은 현행 법령상 달리 서식을 정하고 있지 않으므로 여성가족부 소관 비영리법인의 설립 및 감독에 관한 규칙의 허가증을 준용하여 교부한다.

한편, 설립허가를 함에 있어서 주무관청은 법인설립허가신청의 내용이 다음의 기준에 적합한 경우에 한하여 이를 허가한다(공익법인법 시행령 제5조).

• 목적사업이 구체적이며 실현가능하다고 인정되는 경우
• 재단법인에 있어서는 출연재산의 수입, 사단법인에 있어서는 회비·기부금 등으로 조성하는 재원의 수입으로 목적사업을 원활히 달성할 수 있다고 인정되는 경우
• 목적사업이 적극적으로 공익을 유지·증진하는 것이라고 인정되는 경우

(나) 부처 간 협의

다만, 공익법인의 사업이 2이상의 주무관청의 소관에 속하는 경우에는 그 주된 사업을 주관하는 주무관청에 법인설립허가를 신청하여야 한다(공익법인법시행령 제4조 제2항). 이 경우 설립허가를 하는 주무관청은 다른 주무 관청과 협의하여 허가업무를 처리하여야 한다(공익법인법 시행령 제5조 제2항).

(다) 수혜자범위 한정 합의

공익법인의 설립허가를 함에 있어 수혜자의 범위를 특히 한정할 필요가 있다고 인정되는 때에는 미리 그 한정할 범위에 관하여 설립 신청한 공익법인의 주된 사무소를 관할하는 세무서장과 합의(조세감면 혜택)하여야 한다.(공익법인 시행령 제6조제2항, 상증세령 제38조제8항).

(4) 조건부허가

주무관청이 공익법인의 설립허가를 함에 있어서는 다음과 같은 조건을 붙일 수 있다(공익법인법 제4조 제2항, 공익법인법 시행령 제6조 제1항). 이는 공익법인의 설립·운영에 관한 법률 시행령 제6조에 규정되어 있으나 이를 조건으로 부여하거나 다른 조건을 추가로 부여하는 것 등은 허가권자가 법인의 활동내용이나 규모, 구성원, 지역적 특성 등을 고려하여 결정할 사항이지만 타법에 저촉될

소지가 있거나 과도한 조건을 부여하는 일이 없도록 유의한다.

• 사단법인의 경우에 회비에 의하여 경비에 충당할 비율과 회비 징수 방법 기타회비 징수에 관하여 필요한 사항

• 수혜자의 출생지 · 출신학교 · 직업 · 근무처 기타 사회적 지위나 당해 법인과의 특수관계 등에 의하여 수혜자의 범위를 제한 할 수 없다는 뜻

> 주무관청은 공익법인의 설립허가(정관상의 목적사업을 효율적으로 수행하기 위하여 또는 정관상의 목적사업에 새로운 사업을 추가하기 위하여 재산을 추가 출연하고자 하는 경우의 정관변경허가를 포함함)를 함에 있어서 상기 조건을 반드시 붙이되, 주무관청이 수혜자의 범위를 특히 한정할 필요가 있다고 인정되는 때에는 그 한정할 범위에 관하여 미리 기획재정부장관(「행정권한의 위임 및 위탁에 관한규정」에 의하여 공익법인의 설립허가에 관한 권한이 지방자치단체의 장 등에게 위임된 경우에는 설립이 허가되는 공익법인의 주된 사무소의 소재지를 관할하는 세무서장을 의미)과 합의하여야함(공익법인법 시행령 제6조 제2항).

• 목적사업의 무상성 기타 목적사업의 운영에 관한 사항
• 기타 목적사업의 원활한 달성을 위하여 필요한 사항

(5) 설립등기 및 보고

(가) 설립등기

1) 법인 설립등기 - 관할법원

공익법인의 등기는 주무관청으로부터 법인설립의 허가를 받은 때에는 3주 내에 주된 사무소소재지 관할법원에 설립등기를 하여야 한다(민법 제49조 제1항). 다만, 공익법인의 설립 · 운영에 관한 법률 시행령 제8조 및 제9조의 규정에 따라 재단법인에 재산을 출연하는 경우에는 3개월 이내에 출연을 증명하는 등기부등본 또는 금융기관의 증명서(부동산등기부 등본으로 확인할 수 없는 경우로 한정)를 재산이전보고서에 첨부하여 주무관청에 제출하여야 한다.

법인 (이행사항)	설립등기(관할등기소에 등기)
	설립신고 및 사업자등록(관할세무소에 신고)
	재산이전(출연재산 법인명의로 이전)
	설립등기 및 재산이전 보고(관할 지역교육지원청에 제출)

2) 구비서류

법인의 설립허가를 받은 자는 다음의 서류를 갖추어 소재지 관할 법원에 설립등기 및 대표자 인감등록을 하여야 한다(민법 제33조. 제49조 내지 제52조)

- 법인설립 허가서
- 정관
- 이사취임승낙서, 인감증명서 및 위임장
- 창립총회(발기인) 회의록
- 법인대표자 인감

(나) 설립보고

1) 설립보고 - 주무관청

공익법인은 법인설립등기를 완료한 날로부터 7일 이내에 등기보고서를 주무관청에 제출하여야 한다. 이 경우 주무관청은 「전자정부법」 제36조 제1항에 따른 행정정보의 공동이용을 통하여 법인 등기사항증명서를 확인하여야 한다(공익법인법 시행령 제9조). 이 경우 주무관청은 행정정보의 공동이용을 통하여 법인 등기사항증명서를 확인하여야 한다(전자정부법 제36조 제1항, 공익법인법 시행령 제9조).

2) 구비서류

법인의 설립허가를 받은 자는 설립등기 및 세무서 신고를 이행한 후 다음의 서류를 갖추어 주무관청에 이행결과를 보고하여야 한다.

- 법인등기부등본(완료한 날로 7일 이내)
- 법인대표자 인감증명
- 재산이전 보고서[5](재산 이전 후 3개월 이내)

---

[5] "재산이전보고서"에는 법인 명의로 이전된 권리증명(예금잔고 증명, 부동산등기부 등본, 주식소유증명서, 기타 권리증명 증빙서류)을 첨부하여 3월내에 제출하여야 한다(공익법인법 시행령 제8조).

등기소 등기 및 세무서 신고 구비서류

등기소 등기	세무서 신고
1. 등기신청서 2. 법인설립허가서 3. 정관 4. 이사 취임승낙서 5. 주민등록등본(이사) 6. 인감증명서(2통, 이사) 7. 위임장(이사) 8. 법인인감신고서 9. 창립총회(발기인) 회의록	1. 법인설립신고 및 사업등록신청서 2. 법인등기부등본 3. 정관 사본 4. 법인설립 허가서 사본 5. 임대계약서 사본

(다) 법인설립 신고 - 관할세무서

법인의 설립허가를 받은 자는 설립등기를 한 날로부터 2개월 이내에 소재지 관할 세무서에 법인설립 신고와 출연재산 신고를 하여야 한다(법인세법 제109조 제1조, 같은 법 시행령 제152조 제1조).

(라) 재산의 이전

법인의 설립허가를 받은 자는 그 허가를 받은 후 지체 없이 출연재산을 법인에 이전하고 3월내 그 이전결과를 주무관청에 제출하여야 한다(공익법인 시행령 제8조).

제3장 법인의 운영과 관리

1. 임원의 구성

가. 임원

공익법인의 임원은 법인의 재산을 성실히 관리하고 당해법인의 설립취지에 따라 공익사업 수행에 최선을 다하는 사람이다. 그러므로 이들은 공익사업의 객관적 공정성을 유지할 수 있는 자가 선임되어야 할 뿐만 아니라 자연인으로서도 사회적 덕망이 있는 인사들로 구성되어지는 것이 바람직하다.

나. 임원의 구성

공익법인에는 5명 이상 15명 이하의 이사와 2명의 감사를 두어야 하고, 주무관청의 승인을 받아 그 수를 증감할 수 있다. 임원은 주무관청의 승인을 받아 취임한다. 이사의 과반수는 대한민국국민이어야 한다. 이사회를 구성할 때 대통령령으로 정하는 '특별한 관계가 있는 자'의 수는 이사현원(現員)의 5분의 1을 초과할 수 없다. 또한 임원은 법상 결격사유가 없어야 하며, 이사나 감사 중에 결원이 생기면 2개월 내에 보충하여야 한다.

> **공익법인에서 이사변경등기의 기산일과 등기기간**
> **– 제정 2003. 4. 4. [등기선례 제200304-23호, 시행]**
>
> 공익법인의설립·운영에관한법률의 적용을 받는 공익법인의 이사변경등기의 기산일은 같은 법 제5조 제2항의 규정에 의한 주무관청의 승인서가 도착한 날로부터 기산하며(민법 제53조), 그 등기기간은 민법 제52조의 규정에 의하여 등기사항에 변경이 있는 때로부터 3주내에 변경등기를 신청하여야 한다(2003. 4. 4. 공탁법인 3402-83 질의회답).

2. 임원의 자격제한

가. 임원의 될 수 없는 자

법 제5조제6항은 공익법인의 임원이 될 수 없는 경우를 다음과 같이 규정하고 있다. 따라서 임원취임 예정자가 자격제한 요건에 해당되는지 여부를 확인해야 한다(공익법인법 제5조 제6항).

• 미성년자

- 피성년후견인 또는 피한정후견인
- 파산선고를 받은 자로서 복권되지 아니한 자
- 금고 이상의 형을 받고 집행이 종료되거나 집행을 받지 아니하기로 확정된 후 3년이 지나지 아니한 자
- 임원 취임승인이 취소된 후 2년이 지나지 아니한 자

나. 특수관계자에 대한 제한

공익법인은 사회일반의 공익을 위하여 설립·운영되는 만큼 세제 등 다양한 특례를 두고 있으나 이들 법인이 가족들에 의해 폐쇄적으로 운영될 경우 특혜소지와 공익사업의 시행에도 지장을 줄 수 있으므로 법 제5조제5항에서 특별한 관계가 있는 이사의 수가 이사 현원의 5분의1을 초과할 수 없도록 제한하고 시행령 제12조에서 특수관계자의 범위를 구체적으로 정하고 있다. 이러한 특수관계는 제출된 문서로 확인할 수 없으므로 신청인이 「특수관계자 부존재 확인서」를 제출하도록 하여 사후에 발견되는 경우 임원 취임을 취소하는 등 보충적인 방법으로 운영한다(공익법 제5조 제5항 및 제8항, 공익법인령 제12조).

[특수관계자 범위]

출연자	출연자가 자연인	출연자
	출연자가 민법 제32조의 법인	
	출연자가 기타의 법인	
	※이하에서 「출연자」는 위의 모든 자를 포함함	
	6촌 이내의 혈족	
	4촌 이내의 인척	
	배우자(사실상 혼인관계자 포함)	
	친생자(親生子)로서 다른 사람에게 친양자(親養子)로 입양된 사람과 그 배우자 · 직계비속	
사용인	출연자 또는 이사의 사용인 기타 고용관계자	
	출연자 또는 이사가 출자에 의하여 사실상 지배하고 있는 법인의 사용인기타 고용관계자	
생계의존	출연자 또는 이사의 금전 기타의 재산에 의하여 생계를 유지하는 자	
	출연자 또는 이사와 생계를 함께하는 자	
기타	당해 출연자가 재산을 출연한 다른 공익사업을 영위하는 법인의 이사	

다. 임원취임승인 신청

공익법인이 임원취임승인을 신청할 때에는 임원취임승인신청서(전자문서로 된 신청서를 포함)에 다음의 서류(전자문서를 포함)를 첨부하여 주무관청에 제출하여야 한다(공익법인법 시행령 제7조).

• 임원의 선임을 결의한 총회 또는 이사회의 회의록 사본 1부

• 이력서 1부 (연임되는 임원에 대한 취임승인 신청시 불요)

• 임원으로 취임하려는 사람의 가족관계기록사항에 관한 증명서 (주무관청이 보안상 필요하다고 인정하는 경우에 한하여 제출) (연임되는 임원에 대한 취임승인 신청시 불요)

• 취임승낙서 1부

• 민간인 신원진술서 4부(주무관청이 보안상 필요하다고 인정하는 경우에 한하여 제출, 연임되는 임원에 대한 취임승인 신청시 불요)

• 당해 임원의 특수관계 부존재각서(연임되는 임원에 대한 취임승인 신청시 불요)

> **Q** 공익법인의 이사가 5인인 경우 이사와 특별한 관계에 있는 1인이 임원이 될 수 있는지 여부
>
> **A** 「공익법인의 설립 및 운영에 관한 법률」 제5조 제5항은 "이사회의 구성에 있어서 대통령령으로 정하는 특별한 관계가 있는 자의 수는 이사현원의 5분의 1을 초과할 수 없다"고 규정하고 있음. 5인의 이사로 이사회가 구성되는 경우라면 특수관계자에 해당하는 1인만이 이사로활동할 수 있을 것이다.

[서식 _ 법인임원 취임승인 신청서]

법인임원 취임승인 신청서

				처리기간
				5 일

신청 법인	명 칭			전 화	
	소 재 지			대 표 자	
	설립허가 연 월 일			설립허가 번 호	제 호

	직위	임 기	성명	주민등록번호	주 소
임원 선임 내용	이사장	2013.10.1 ~ 2017.9.30	홍길동	–	경기도 ○○시 ○○동

「공익법인의 설립·운영에 관한 법률」 제5조제2항 및 「공익법인의 설립·운영에 관한 법률 시행령」 제7조의 규정에 따라 위와 같이 임원 취임 승인을 신청합니다.

년   월   일

재단(사단)법인 ○○○ 장학회 이사장○○○ (인)

경기도○○교육지원청교육장 귀하

※ 구비서류

1. 임원의 선임을 결의한 총회(사단) 또는 이사회 회의록(재단) 사본 1부
2. 임원의 이력서 1부
3. 취임승낙서 1부
4. 특수관계부존재각서 또는 특수관계자 확인서 1부
5. 임원 신·구대비표 1부
6. 해당 임원의 기본증명서 또는 가족관계등록부
　※ 연임하는 임원의 경우에는 제2호·제4호 서류의 제출을 생략 함

재(사)단법인 ○○장학회 제○회 이사회(총회)회의록

1. 회의소집통지일 : ※회의개최 7일전에 통지하여야 함

2. 회의일시 : 20○○년 ○○월 ○○일 ○○ : ○○

3. 회의장소 : ○○시 ○○동 소재 ○○○

4. 이사정수 : ○○인

5. 재적이사 : ○○인

6. 출석이사(회원) : 출석이사 모두 성명 기재(총회는 출석회원수 기재)

7. 결석이사(회원) : 결석이사 모두 성명 기재(총회는 결석회원수 기재)

8. 회의안건

　　　　– 제1의안 : 임원 취·해임의 건

　　　　– 제2의안 : 정관변경의 건

9. 회의 내용

　○ 이사장 : 바쁘신데도 불구하고 이렇게 이사회에 참석하여 주신데 대하여 감사를 드립니다. 이사 정수 ○○명중 ○○명이 참석하여 성원이 되었으므로 본 장학회 제○회 이사회의 개회를 선언합니다. 오늘 심의할 안건은 ○건으로 먼저 제1호 안건인 임원 취·해임의 건을 상정합니다. 임원 선출에 앞서 금년도 ○월 ○일자 임기가 만료되는 ○○○이사, ○○○이사님은 후임 선출을 위하여 잠시 퇴장하여 주시기 바랍니다.

　(별실로 퇴장함)

　　그럼 두 분 이사님의 후임자로 좋은 분이 있으면 의견을 말씀하여 주시기 바랍니다.

　○ ○○○이사 : ○○○이사, ○○○이사 두 분은 본 법인을 설립할 때부터 많은 도움을 주었을 뿐만 아니라 지금도 본 법인의 발전을 위해 많은 노력을 하고 있으므로 유임토록 하는 것이 좋겠습니다.

　○ ○○○이사 : ○○○이사님의 제의에 동의합니다.

　○ ○○○이사 : 재청입니다.

○ 이 사 장 : 이의나 다른 의견은 없습니까?

○ 이사전원 : (이의 없음을 표시하다)

○ 이 사 장 : 이사님들의 이의가 없으므로 ○○○이사, ○○○이사는 유임되었음을 선포합니다.

☞ 이하생략

년 월 일

참석자 : 이사장 ○○○ (인)

이 사 ○○○ (인)

이 사 ○○○ (인)

이 사 ○○○ (인)

이 사 ○○○ (인)

이 사 ○○○ (인)

이 사 ○○○ (인)

감 사 ○○○ (인)

감 사 ○○○ (인)

※ 총회 및 이사회 회의록의 날인은 의장과 참석이사 전원이 하고 매장 간인을 하여야 하며, 감사도 기명・날인을 하여야 함

취 임 승 낙 서

성   명 :
주   소 :
주민등록번호 :

본인은 재단(사단)법인 ○○○○장학회의 이사(감사)에 취임하는 것을 승낙 합니다.

년   월   일

이사(감사)   ○ ○ ○ (날인)

재단(사단)법인 ○○○○장학회 이사장 귀하

특수관계 부존재 확인서

본인은 재단(사단)법인○○○○장학회의 이사(감사)에 취임함에 있어 「공익법인의 설립·운영에 관한 법률 시행령」 제12조 각 항의 규정에 의한 특수관계자의 범위에 해당되지 아니하며, 이후 해당됨이 발견될 때에는 임원취임 승인취소 등 어떠한 행정조치에도 이의를 제기하지 아니할 것을 이에 각서 합니다.

년   월   일

재단(사단)법인 ○○○장학회
이사 ○ ○ ○ (날인)

※ 특수관계자가 아닌 이사와 감사는 연명으로 기명·날인 하여도 됨

재단(사단)법인 ○○○○장학회 이사장 귀하

특수관계자 확인서

본인은 재단(사단)법인○○○○장학회의 이사에 취임함에 있어 「공익법인의 설립·운영에 관한 법률 시행령」 제12조의 규정에 의한 특수관계자의 범위에 해당하는 자임을 확인 합니다.

○ 특수관계의 내용 : 출연자 (특수관계가 출연자의 배우자일 경우 '출연자의 배우자'로 기재)

년 월 일

재단(사단)법인 ○○○장학회

이사 ○ ○ ○ (날인)

※ 특수관계에 해당하는 자는 감사에 취임할 수 없음
※ 특수관계에 해당하는 이사는 개인별로 작성하여야 함

재단(사단)법인 ○○○○장학회 이사장 귀하

사 임 서

주　소:
성　명:
주민등록번호:

　　본인은 ○○○○○○○○ 사유로 인하여 이사(감사)의 직을 면하고자 사임서를 제출합니다.

년　월　일

이사(감사) ○ ○ ○ (날인 또는 서명)

재단(사단)법인 ○○○○장학회 이사장 귀하

임원신 · 구대비표							
법인명 : 재단법인 ○○○○○							
구				신			
직 명	성 명	임 기	비고	직 명	성 명	임 기	비고
							신임
							중임
							잔여 기간

라. 이사취임의 승인취소

주무 관청은 다음의 어느 하나에 해당하는 사유가 있으면 그 사유의 시정을 요구한 날부터 1개월이 지나도 이에 응하지 아니한 경우에 이사의 취임승인을 취소할 수 있다(공익법인법 제14조 제2항).

• 공익법인법 또는 정관을 위반한 경우
• 임원 간의 분쟁, 회계부정, 재산의 부당한 손실, 현저한 부당행위 등으로 해당공익법인의 설립목적을 달성하지 못할 우려를 발생시킨 경우
• 목적사업 외의 사업을 수행하거나 수행하려 한 경우

마. 결원의 보충

임원의 결원이 생긴 때에는 2개월 내에 보충하되 그 임기는 전임자의 잔여기간으로 한다.(공익법인법 제5조제7항).

3. 이사회

법인의 업무집행에 관한 의사를 결정하기 위하여 이사 전원으로써 이사회를 구성하고, 정관에 다른 규정이 없으면 법인의 사무집행은 이사의 과반수로써 결정한다(민법 제59조. 공익법인법 제6조 내지 제9조).

가. 이사회의 구성

공익법인에는 이사회를 두어야 한다. 즉 필수기관이다(공익법인법 제6조). 이사회는 이사로 구성하고, 이사장은 정관으로 정하는 바에 따라 이사 중에서 호선(互選)한다. 이사장은 이사회를 소집하며, 이사회의 의장이 된다.

나. 이사회의 기능

이사회는 다음 사항을 심의 결정한다. 다만, 이사장이나 이사가 공익법인과 이해관계가 상반될 때에는 그 사항에 관한 의결에 참여하지 못한다(공익법인법 제7조).

• 공익법인의 예산, 결산, 차입금 및 재산의 취득·처분과 관리에 관한 사항
• 정관의 변경에 관한 사항
• 공익법인의 해산에 관한 사항
• 임원의 임면에 관한 사항

- 수익사업에 관한 사항
- 그 밖에 법령이나 정관에 따라 그 권한에 속하는 사항

다. 이사회의 소집

(1) 이사회 소집 요건

이사회는 다음의 경우에 소집될 수 있으며(공익법인법 제8조). 이사회를 소집할 때에는 적어도 회의 7일 전에 회의의 목적을 구체적으로 밝혀 각 이사에게 알려야 한다(이사 전원이 모여 그 전원이 이사회의 소집을 요구할 때에는 그러하지 아니하다.).

- 이사장이 필요하다고 인정할 때
- 재적이사의 과반수가 회의의 목적을 제시하여 소집을 요구할 때
- 감사가 공익법인의 업무와 재산상황을 감사한 결과 불법 또는 부당한 점이 있음을 발견한 때에 이를 이사회에 보고하기 위해 소집을 요구할 때(재적이사의 과반수 또는 감사의 이사회 소집요구시 이사장은 그 소집요구 일부터 20일 이내에 이사회를 소집하여야 한다.)

한편, 공익법인에 다음의 사유가 있는 때에는 재적이사 과반수의 찬동으로 감독청의 승인을 받아 이사회를 소집할 수 있다(공익법인법 제8조 제4항).

- 이사회의 소집권자가 궐위된 때
- 소집권자가 이사회 소집을 기피하여 7일 이상 이사회 소집이 불가능한 때(이 경우 정관으로 정하는 이사가 이사회를 주재한다)

(2) 소집승인 신청서 첨부서류

이사회의 소집승인을 얻고자 할 때에는 그 이사회 소집승인 신청서에 다음 서류를 첨부하여 주무관청에 제출하여야 한다(공익법인법 시행령 제15조).

- 이사회의 소집이 불가능한 사유와 이를 증명하는 서류
- 재적이사 과반수의 찬동을 증명하는 서류
- 이사회를 소집하지 못함으로 인하여 예상되는 손해의 구체적인 사실을 증명하는 서류

공익법인 이사회 소집승인 신청서				처리기간	
				5일	
신청인	성 명		주민등록번호 (외국인등록번호)		–
	주 소				
신 청 법 인	법인 명칭				
	법인 소재지		(전화번호 :)		
	설립허가년월일	년 월 일	설립허가번호	제 호	
	대 표 자				
이사회 소집 내용					

「공익법인의 설립·운영에 관한 법률」제8조 제4항 및
「공익법인의 설립·운영에 관한 법률 시행령」제15조의 규정에 의하여
상기와 같이 이사회 소집 승인을 신청합니다.

년 월 일

신청인 : (서명 또는 인)

경기도교육감 귀하

※ 구비 서류	수수료
1. 이사회의 소집이 불가능한 사유와 이를 증명하는 서류 1부 2. 재적이사 과반수의 찬동을 증명하는 서류 1부 3. 이사회를 소집하지 못함으로 인하여 예상되는 손해의 구체적인 사실을 증명하는 서류 　1부.	없 음

210mm×297mm[일반용지 60g/㎡(재활용품)]

사 유 서

이사회 소집승인권자인 재단이사장 ○○○님이 2013년 0월 0일 지병으로 별세하심에 따라 재단 정관 제00조 제0항에 의거 재적이사의 이사회 찬동결의서와 함께 후임이사장을 선출하는 안건으로 이사회를 소집하고자 사유서를 제출하오니 승인하여 주시기 바랍니다.

2013년 00월 00일

재단법인 000장학재단 (인)

경기도○○교육지원청교육장 귀하

210mm×297mm[일반용지 60g/㎡(재활용품)]

이사회소집 찬동결의서

이사회 소집권자인 재단이사장 ○○○님이 2013년 0월 0일 지병으로 별세하셨습니다. 따라서 이사회 소집이 불가능하여 법인의 원활한 목적사업 수행을 위해 이사회의 소집을 아래 임원들이 찬동하여 요구하오니 승인하여 주시기 바랍니다.

- ▫ 이사회의 개회 예정일시 : 2013년 00월 00일
- ▫ 장소 : ○○건물 2층 회의실
- ▫ 안건 :

2013년 0월 0일

재단법인 ○○○장학재단   이사   (인)

이사   (인)

이사   (인)

이사   (인)

이사   (인)

이사   (인)

경기도○○교육지원청교육장   귀하

210mm×297mm[일반용지 60g/㎡(재활용품)]

이 사 회 소 집 통 지 서

제   차 이 사 회

귀 하

　　　　다음과 같이 이사회를 소집하고자 이사회 규정 제 조에 의하여 통지합니다.

1. 일 시 :　　년　월　일　시　　분

2. 장 소 :

3. 의 안 :

의 안 번 호	제　　　　　　　　　　목
제　　　호	
제　　　호	
제　　　호	

　첨 부 : 1. 제   차 이사회 부의안   부

　20 년　월　일

　이사장의 명에 의하여

　이사회 사무국장　　　　　　　⑩

라. 이사회 결의 정족수

이사회는 다음과 같은 원칙에 따라 의결된다(공익법인법 제9조).

이사는 평등한 의결권을 가지며, 이사회의 의사(議事)는 정관에 특별한 규정이 없으면 재적이사 과반수의 찬성으로 의결한다. 서면결의는 불가하며(이사회의 의사는 서면결의에 의하여 처리할 수 없다), 대한민국 국민인 이사가 출석이사의 과반수가 되어야 한다.

> **Q** 공익법인의 이사가 대리인을 선임하여 이사회에 출석하여 의결권을 행사할 수 있는지의 여부
>
> **A** 「공익법인의 설립·운영에 관한 법률」 제9조 제2항은 이사회의 의사는 서면결의에 의할 수 없다고 규정함. 따라서 이사 본인이 직접 서면결의를 하는 것도 금지하는 취지에 비추어 보면, 이사 대리인의 선임을 통하여 의사를 표시하는 방법으로 결의하는 것은 더욱 허용되기 어려울 것이므로 대리인을 선임하여 표결권을 행사하는 것은 허용되지 않는다.

4. 감사

법인은 이사에 대한 감독기관으로서 정관 또는 총회의 결의로 감사를 둘 수 있다(민법 제66조)감사는 법인 내부의 사무집행에 대한 감독권한만 있고 외부에 대하여 법인을 대표하는 기관이 아니므로 감사의 성명, 주소는 등기사항이 아니다.

가. 감사의 구성

감사는 이사와 특별한 관계에 있는 자가 아니어야 하며, 감사 중 1명은 공익법인법 시행령에서 정하는 바에 따라 법률과 회계에 관한 지식과 경험이 있는 자 중에서 주무관청이 추천할 수 있다(공익법인법 제5조).

> **제13조(주무관청의 감사추천)** ① 주무관청은 법 제5조제8항의 규정에 의하여 공익법인의 감사 1인을 추천하고자 할 때에는 설립허가 시에 그 뜻을 통지하여야 한다.
> ② 주무관청이 제1항의 규정에 의한 감사의 추천을 행함에 있어서는 공익법인에게 후보를 선정하여 추천을 의뢰하게 할 수 있다. 이 경우 주무관청은 추천의뢰 된 자 중에 적격자가 없다고 인정되는 때에는 재추천 의뢰를 요구하거나 직권에 의하여 추천할 수 있다.
> ③ 주무관청으로부터 감사 1인을 추천한다는 뜻을 통지받은 날로부터 2월내에 추천의뢰가 없는

경우 또는 주무관청의 추천에 의하여 임명된 감사가 임기만료 기타의 사유로 결원이 된 때에도 제2항과 같다. ④ 주무관청은 공익법인의 업무와 재산상황을 감사한 결과 불법 또는 부당한 점이 발견된 때에는 종전에 그 법인의 감사 중 1인을 주무관청이 추천하지 아니한 경우에도 새로이 법 제5조제8항의 규정에 의하여 감사 1인을 추천할 수 있다. 이 경우에는 당해 공익법인의 감사중 이사회에서 지명한 자 1인은 주무관청에서 추천한 감사에 대한 취임승인이 있는 날의 전일에 퇴직된 것으로 본다.

Q 공익법 제5조①에 의하면 "공익법인에는 5인 이상 15인 이하의 이사와 2인의 감사를 두되, 주무관청의 승인을 얻어 그 수를 증감할 수 있다"고 규정하고 있는 바, 주무관청이 승인할 수 있는 이사와 감사의 수 한계여

A 공익법 제5조①에 의하여 주무관청의 승인만 얻는다면 법인의 이사 및 감사의 수에는 제한이 없다. 다만, 주무관청이 승인시 이사 및 감사의 수를 적당한 범위내로 제한할 것을 요구하는 것은 무방하다.

나. 감사의 직무

(1) 감사의 직무

감사는 다음과 같은 직무를 수행한다(공익법인법 제10조).

• 공익법인의 업무와 재산상황을 감사하는 일 및 이사에 대하여 감사에 필요한 자료의 제출 또는 의견을 요구하고 이사회에서 발언하는 일

• 이사회의 회의록에 기명날인하는 일

• 공익법인의 업무와 재산상황에 대하여 이사에게 의견을 진술하는 일

• 공익법인의 업무와 재산상황을 감사한 결과 불법 또는 부당한 점이 있음을 발견한 때에 이를 이사회에 보고하는 일

• 위의 보고를 하기 위하여 필요하면 이사회의 소집을 요구하는 일

(2) 보고의무

감사는 공익법인의 업무와 재산상황을 감사한 결과 불법 또는 부당한 점이 있음을 발견한 때에는 지체 없이 주무 관청에 보고하여야 한다.

(3) 이사의 직무집행 유지청구

감사는 이사가 공익법인의 목적범위 외의 행위를 하거나 그 밖에 공익법인법 또는 공익법인법 시행령이나 정관을 위반하는 행위를 하여 공익법인에 현저한 손해를 발생하게 할 우려가 있을 때에는, 그 이사에 대하여 직무집행을 유지(留止)할 것을 법원에 청구할 수 있다.

5. 상근임원직

공익법인은 주무관청의 승인을 받아 상근임직원의 수를 정하고 상근임직원에게는 보수를 지급한다 (공익법인법 제5조 제9항). 한편, 공익법인이 상근직원의 정수에 대한 승인을 얻고자 할 때에는 「승인신청서」에「기구도표」와 부문별 또는 「개인별 관장업무를 명시한 설명서」를 첨부하여 주무관청에 제출하여야 한다(공익법인법 시행령 제14조). 한편, 임ㆍ직원의 상근여부는 기본적으로 신청단체가 판단할 사항이나 주무관청에서는 제출된 기구표와 분담사무를 자료로 업무의 양과 재정적 부담능력을 고려하여 상호 균형이 유지되도록 하는 차원에서 검토한다.

상근임직원 정수승인 사유서

   본 법인은 2000년 설립 이후 장학사업을 꾸준히 수행해 왔으나 연간 예금이자 수입 4,000만원으로는 목적사업을 원활히 수행할 수 없어 최근 기부받아 기본재산으로 보유 중인 ○○시 ○○구 ○○동 ○○번지 소재 ○○상가 건물을 수익사업으로 운영하고자 합니다.

   이에 따라 현재 상근임직원으로 승인받은 사무국장 1명으로는 수익사업을 운영할 수 없어 추가로 직원 4명(사무직 1명, 기계장 1명, 건물경비원 2명)을 채용하여 건물유지, 보수 및 장학회 일반 사무를 전임 하게 하고자 합니다.

2013년 00월 00일

재단(사단)법인 ○○○ 장학회 이사장 ○○○ (인)

경기도○○교육지원청교육장 귀하

법인조직 및 관장업무

1. 기구

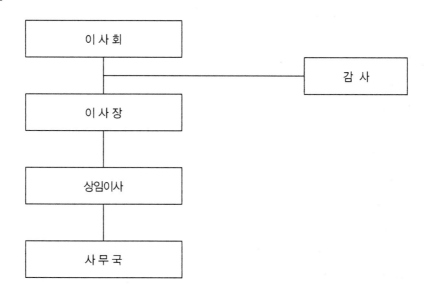

2. 정수 및 담당업무

직위	정수	보수지급	담 당 업 무
사무국장	1명	유・무급	이사회에서 결의된 사항의 처리와 정관 또는 이사장이 위임한 법인의 제반업무 처리
사무직원	1명	유・무급	사무국장을 보좌하고 법인의 회계, 문서관리 등 실무에 관한 제반 업무 처리

※ 사단법인의 경우에는 이사회 위에 총회를 두고 감사는 총회 아래에 둔다.

재(사)단법인 ○○장학회 제○회 이사회(총회)회의록

1. 회의소집통지일 : ※회의개최 7일전에 통지하여야 함

2. 회의일시 : 20○○년 ○○월 ○○일 ○○ : ○○

3. 회의장소 : ○○시 ○○동 소재 ○○○

4. 이사정수 : ○○인

5. 재적이사 : ○○인

6. 출석이사(회원) : 출석이사 모두 성명 기재(총회는 출석회원수 기재)

7. 결석이사(회원) : 결석이사 모두 성명 기재(총회는 결석회원수 기재)

8. 회의안건

　　○ 제 1호 의안 : 상근임직원 정수 승인의 건

9. 회의내용

　○ 사무국장 : 재적이사 7명중 과반수이상인 6명이 참석하셨기에 성원이 되었습니다.

　○ 이 사 장 : 20○○년도 제○회 이사회를 개최하도록 하겠습니다. 제1안 '상근임직원 정수승인의 건(안)'을 상정합니다. 안건에 대해 사무국장의 설명이 있겠습니다.

　○ 사무국장 : 현재 우리 재단에서 승인받은 상근임직원 정수는 사무국장 1명뿐입니다. 수익사업 실시에 따라 추가로 직원 4명(사무직 1명, 기계장1명, 건물경비원 2명)을 채용하여 건물유지, 보수 및 장학회 일반 사무를 전임 하고자 상근직원 정수승인을 유급 5명으로 신청하고자 합니다. 인건비는 약 월700만원 정도 소요됩니다.

　○ 을 이사 : 성실한 직원을 채용하여 건물유지 및 관리에 차질이 없도록 하기 바랍니다. 사무국장 업무도 늘어난 만큼 그 책임을 다할 수 있도록 유급화 하는 것이니 원안대로 확정하는 게 좋겠습니다.

　○ 이사전원 : 을이사 의견에 이의 없이 찬성하다.

　○ 이사장 : 제1안 상근직원 정수 승인 건은 원안대로 가결되었습니다.

☞ 이하생략

6. 법인 사무의 감사

가. 주무관청의 감사

주무관청은 감독상 필요하면 공익법인에 대하여 그 업무보고서의 제출을 명하거나 업무재산관리 및 회계를 감사하여 그 적정을 기하고, 목적사업을 원활히 수행하도록 지도하여야 하며(공익법인법 제17조 제1항), 공익법인의 효율적 감독을 위하여 필요하면 공인회계사나 그 밖에 관계 전문기관으로 하여금 상기의 감사를 하게할 수 있다(공익법인법 제17조 제2항).

나. 감사방법

(1) 자료제출 및 검사

주무관청이 감사를 행함에 있어서는 공익법인에게 관계서류·장부 기타 참고자료의 제출을 명하거나 소속공무원으로 하여금 법인의 사무 및 재산상황을 검사하게 할 수 있다(공익법인법 시행령 제27조 제1항). 이 때 법인사무를 감사하는 공무원은 그 자격을 증명하는 증서를 휴대하고 이를 관계인에게 제시하여야 한다(공익법인법 시행령 제27조 제2항).

(2) 회계감사 명령

주무관청은 직전 회계연도 종료일을 기준으로 대차대조표상 총자산가액의 합계액이 100억원 이상인 공익법인에 대하여 「주식회사의 외부감사에 관한법률」 제3조에 따른 감사인의 회계감사를 받게 할 수 있다(공익법인법 시행령제27조 제3항).

(3) 감사결과 보고

감사를 실시한 감사인은 감사를 종료한 후 지체 없이 감사결과에 대한 보고서를 작성하여 주무관청에 제출하여야 한다(공익법인법 시행령제27조 제5항).

(4) 감사 갈음

주무관청은 「상속세 및 증여세법」 제50조 제3항에 따른 감사인의 회계 감사와 별도로 회계감사를 받게 할 필요가 없다고 인정되는 경우에는 그 회계감사로 상기의 감사를 갈음할 수 있다(공익법인법 시행령 제27조 제4항).

7. 이사취임 승인취소

주무관청은 다음의 어느 하나에 해당하는 사유가 있으면 그 사유의 시정을 요구한 날부터 1개월이 지나도 이에 응하지 아니한 경우에 이사의 취임승인을 취소할 수 있다(공익법인법 제14조 제2항).

- 공익법인법 또는 정관을 위반한 경우
- 임원 간의 분쟁, 회계부정, 재산의 부당한 손실, 현저한 부당행위 등으로 해당공익법인의 설립목적을 달성하지 못할 우려를 발생시킨 경우
- 목적사업 외의 사업을 수행하거나 수행하려 한 경우

8. 수익사업의 시정 또는 정지

주무 관청은 수익사업을 하는 공익법인에 다음의 사유가 있다고 인정되면 그 공익법인에 대하여 그 사업의 시정이나 정지를 명할 수 있다(공익법인법 제14조제3항).

- 수익을 목적사업 외의 용도에 사용할 때
- 해당 사업을 계속하는 것이 공익법인의 목적에 위배된다고 인정될 때

제4장 설립허가의 취소 및 벌칙

1. 설립허가의 취소

공익법인법은 다음과 같은 사유의 어느 하나에 해당될 때에 주무관청이 공익법인에 대한 설립허가를 취소할 수 있도록 정하고 있으며, 공익법인의 목적사업이 둘 이상인 경우에는 그 일부의 목적사업에 해당 사유가 있을 때도 설립허가가 취소될 수 있다(공익법인법 제16조 제1항). 단 이 취소의 처분을 하고자 할 때에는 미치 청문을 하여야 한다(민법 제38조, 공익법인법 제16조).

- 거짓이나 그 밖의 부정한 방법으로 설립허가를 받은 경우
- 설립허가 조건을 위반한 경우
- 목적 달성이 불가능하게 된 경우
- 목적사업 외의 사업을 한 경우
- 이 법 또는 이 법에 따른 명령이나 정관을 위반한 경우
- 공익을 해치는 행위를 한 경우
- 정당한 사유 없이 설립허가를 받은 날부터 6개월 이내에 목적사업을 시작하지 아니하거나 1년 이상 사업실적이 없을 때

이상의 사유에 따른 공익법인의 설립허가취소는 다른 방법으로는 감독목적을 달성할 수 없거나, 감독청이 시정을 명령한 후 1년이 지나도 이에 응하지 아니한 경우에 한하여 실시된다(공익법인법 제16조 제2항).

법인허가의 취소요건

비영리법인 (민법 제38조)	① 목적 이외의 사업을 한 때 ② 설립허가조건에 위반한 때 ③ 기타 공익을 저하는 행위를 한 때
공익법인 (공익법인의 설 립·운영에 관한 법률 제16조)	① 거짓이나 그 밖의 부정한 방법으로 설립허가를 받은 경우 ② 설립허가 조건을 위반한 경우 ③ 목적 달성이 불가능하게 된 경우 ④ 목적사업 외의 사업을 한 경우 ⑤ 공익법 또는 공익법에 의한 명령이나 정관을 위반한 경우 ⑥ 공익을 해치는 행위를 한 경우 ⑦ 정당한 사유 없이 설립허가를 받은 날부터 6개월 이내에 목적사업을 시작하지 아니하 거나 1년 이상 사업실적이 없을 때

법인설립허가 취소에 따른 등기사무 처리요령(예규)

○ 사단법인이나 재단법인은 주무관청의 설립허가 취소에 의하여 당연히 해산되고 또한 법인이 해산되면 그 이사가 법정 청산인이 되는 것은 별론으로 하더라도 이사의 자격은 자동 상실되는 것이나, 청산인이 해산등기 및 청산인 선임등기를 하지 않는 경우에 등기공무원으로서는 직권에 의하여 위 등기를 할 수는 없는 것이므로 우선 아래 요령에 의하여 처리한다.

  가. 당해 법인의 등기카드 제1면 등기사항란 여백에 설립허가 취소연월일, 취소기관, 문서번호 또는 관보번호 등을 기재한 부전을 첨부하여 해산된 법인임을 알 수 있도록 할 것.

  나. 인감부 해당란에도 위 사항을 기재한 부전을 첨부하고 인감증명신청이 있더라도 인감증명을 발행하여서는 아니된다.

  다. 설립허가 취소된 법인에 대하여는 해산 및 청산인 선임등기 이외의 등기를 수리할 것이 아님.

– 대법원 등기예규 제351호, '79. 8. 23 –

○ 설립허가를 얻어 일단 설립된 비영리법인은 그 허가자체에 위법이 있으므로 말미암아 허가가 취소되는 경우를 제외하고, 그 설립 후에 있어서의 허가취소는 민법 제38조에 해당되는 경우에 국한된다 할 것이며, 그 취소의 효력은 장래에 대하여서만 발생할 것인 바, 그 설립허가의 취소사유는 법인이 목적이외의 사업을 하거나, 설립허가의 조건에 위반하거나, 기타 공익을 해하는 행위를 한 때에 국한된다 할 것으로서, 본건에 있어서 위 법인의 설립목적달성불인인

지의 여부는 별문제로 하고, 원판결 인정과 같이 그렇다 하여도 이는 민법 제77조 소정당연 해산사유에는 해당될지 몰라도 그 목적달성 불능이란 사유의 발생자체만 가지고서는 위의 설립허가 취소사유에 해당된다고 할 수 없다.

– 대법원 1968. 5. 28. 선고, 67누55 판결 –

【 판시사항 】

가. 비영리 법인의 설립허가 취소사유

나. 비영리 법인이 공익을 해하는 행위를 한 때의 의미

【 판결요지 】

가. 비영리 법인이 설립된 이후에 있어서의 그 법인에 대한 설립허가의 취소는 민법 제38조에 해당하는 경우에 한하여 가능하다.

나. 원심이 민법 제38조에서 말하는 비영리 법인이 공익을 해하는 행위를 한 때라 함은 법인의 기관이 공익을 침해하는 행위를 하거나 그 사원총회가 그러한 결의를 한 경우를 의미한다고 전제한 후 원고 법인 설립후 그 회장선거 및 운영을 둘러싸고 일부 회원 사이에 불미한 사실이 있었으나 그것이 원고법인의 기관의 행위이었거나 사원총회의 결의 내용이었다고 볼 증거가 없고, 달리 원고법인에 설립허가 취소사유 및 해산명령 사유가 없으므로 피고의 이 사건 설립허가취소 및 해산 명령은 취소되어야 할 것이라고 판시하였는 바 원심의 위와 같은 조치는 기록에 비추어 적법히 수긍된다.

– 대법원 1982.10.26. 선고, 81누363. 판결 –

설립허가취소 사실 등기소 통보
– (대법원 질의응답 : 등지 제1879호, '92.08.31)

법인 설립허가의 취소에 있어 유의할 점은 허가가 취소되었다고 하더라도 법인이 스스로 해산등기를 하지 않은 경우 법원의 직원이나 주무관청의 촉탁으로 해산 등기를 할 수 없으며, 법원에서는 민법 제97조의 규정에 의한 과태료를 부과함으로써 등기신청을 간접적으로 강제할 수밖에 없다.

따라서 주무관청이 법인의 설립허가를 취소한 때에는 선의의 피해자가 발생하지 않도록 관할 등기소에 취소사실을 통보하여 허가취소사항이 등기부에 기재될 수 있도록 해야 한다.

2. 벌칙

구 분	벌 칙 대 상	벌칙내용
비영리법인 (민법 제97조)	① 등기를 해태한 때 ② 재산목록 또는 사원명부를 비치하지 않거나 부정기재한 때 ③ 주무관청 또는 법원의 검사, 감독을 방해한 때 ④ 주무관청 또는 총회에 대하여 사실아닌 신고를 하거나 사실을 은폐한 때 ⑤ 총회의 의사록 작성·비치 및 채권신고기간 내에는 채권자에게 변제를 금지한 규정을 위반한 때 ⑥ 파산신청 또는 청산중 파산선고의 신청을 해태한 때 ⑦ 채권신고 공고 또는 파산선고신청 공고를 해태하거나 부정한 공고를 한 때	500만원 이하의 과태료
공익법인 (공익법인의 설립·운영에 관한 법률 제19조)	① 주무관청의 승인없이 수익사업을 한 때 ② 주무관청의 허가없이 기본재산을 매도·증여·인대·교환·용도변경·담보제공 또는 일정액 이상을 장기차입한 때 ③ 결산 잉여금을 기본재산에 전입하거나 다음 해에 이월하여 목적사업에 사용하지 아니한 때	3년 이하의 징역 또는 3,000만원 이하의 벌금
	① 주무관청의 시정·정지명령에 위반한 때 ② 사업계획·실적 및 예산·결산을 보고하지 않거나 거짓으로 보고한 때 ③ 주무관청의 감사를 거부 또는 기피한 때 ④ 감사가 정당한 사유없이 직무수행을 거부하거나 직무를 유기(遺棄)한 때	1년 이하의 징역 또는 1,000만원 이하의 벌금

(가) 3년 이하의 징역 또는 1,000만원 이하의 벌금 (공익법인법 제19조 제1항)

• 주무관청의 승인 없이 수익사업을 하거나 승인내용을 변경하여 수익사업을 한 경우

• 주무관청의 허가 없이 기본재산을 매도, 증여, 임대, 교환, 용도변경, 담보제공한 경우

• 차입하고자 하는 금액을 포함한 장기차입금의 총액이 기본재산 총액에서 차입 당시의 부채 총액을 공제한 금액의 100분의 5에 상당하는 금액 이상임에도 주무관청의 허가 없이 장기차입 한 경우

• 결산상 잉여금을 기본재산에 전입하지도 않고, 익년도에 이월하여 목적사업에 사용하지도 않는 경우

(2) 1년 이하의 징역 또는 300만원 이하의 벌금 (공익법인법 제19조 제2항)

아래와 같은 사항을 위반하면, 그러한 사항을 위반한 이사나 감사뿐만 아니라, 그 공익법인에도 상기의 벌금형을 부과한다. 다만, 법인이 그 위반행위를 방지하기 위하여 해당 업무에 관하여 상당한 주의와 감독을 게을리 하지 아니한 때와 주무관청이 추천한 감사의 행위에 대하여는 그러하지 아니하다(공익법인법 제19조 제3항).

- 수익사업의 시정 또는 정지 명령을 위반한 경우
- 회계연도 개시 1개월 전까지 사업계획 및 예산을 첨부서류와 함께 제출하지 아니하거나, 회계연도 종료 후 2개월 이내에 사업실적 및 결산을 첨부서류와 함께 보고하지 아니하거나, 거짓으로 제출·보고한 경우
- 주무관청의 감사를 거부하거나 기피한 경우
- 감사가 정당한 사유 없이 직무수행을 거부하거나 직무를 유기한 경우

2. 청문의 실시

주무관청이 공익법인의 설립허가를 취소하고자 하는 경우에는 사전에 당해 처분 상대방 또는 대리인에게 의견을 진술할 기회를 주어야 한다(공익법인법 제16조의2, 행정절차법 제22조).

3. 법인설립 허가취소 통보 – 관할세무서

주무관청은 법인을 취소한 날이 속하는 다음 달 말일까지 납세지 관할세무서장에게 허가취소 사실을 통보하여야 한다(상증세법 제48조제7항).

제5장 정관변경

1. 법인등기의 양태

법인은 사회거래의 안전을 꾀하기 위하여 그의 조직이나 내용을 등기하여 일반인에게 공시하는 것이 필요한 바, 현행 민법에서는 법인이 해야 할 등기를 강제하고, 이를 해태할 경우 강제의 수단을 강구하고 있다.

한편, 공익법인이 민법 제42조제2항(사단법인의 정관의 변경), 동법 제45조제3항(재단법인의 정관변경), 동법 제46조(사단법인의 목적 기타의 변경)의 규정에 의하여 정관변경의 허가를 받고자 할 때에는 정관변경허가신청서, 개정될 정관(신·구조문대비표 포함), 정관변경과 관계있는 총회 또는 이사회의 회의록 사본, 기본재산의 처분에 따라 정관이 변경된 경우에는 처분 사유, 처분재산목록, 처분 방법 등을 적은 서류 등 다음의 서류를 첨부하여 주무관청에 제출하여야 한다(공익법인법 시행령제10조).[6][7]

특히 정관변경의 경우는 당해 법인의 총회나 이사회에서 의결을 거쳤다고 하더라도 주무관청의 허가를 얻지 못하면 효력이 없으며 등기를 마치지 않으면 제3자에게 대항할 수 없다(민법 제42조제2항)

- 정관변경이유서 1부
- 정관개정안 1부
- 정관변경에 관한 총회 또는 이사회 회의록
- 정관변경의 원인이 되는 사실을 증명할 수 있는 서류

---

6) 기본재산의 증가 및 처분에 관한 사항 자체가 주무관청의 허가대상은 아니나 기본재산이 정관의 별지로 구성되어 있으므로 기본재산 변동은 별지개정사항이 되어 정관변경절차가 필요하다.
7) ※ 법인이 계약 등 법률 행위 시에는 반드시 법원에 등기한 대표이사의 인감을 사용하여야 하고, 법인의 직인은 공시된 것이 아닌 임의의 것임에 유의를 요한다.

[1] 민법 제45조, 제46조 소정의 재단법인의 정관변경 허가의 법적 성질

[2] 재단법인의 정관변경 결의의 하자를 이유로 정관변경 인가처분의 취소·무효 확인
    을 소구할 수 있는지 여부(대법원 1996. 5.16. 선고, 95누4810, 전원합의체 판결)

【판결요지】

[1] 민법 제45조와 제46조에서 말하는 재단법인의 정관변경 "허가"는 법률상의 표현이
    허가로 되어 있기는 하나, 그 성질에 있어 법률행위의 효력을 보충해 주는 것이지
    일반적 금지를 해제하는 것이 아니므로, 그 법적 성격은 인가라고 보아야 한다.

[2] 인가는 기본행위인 재단법인의 정관변경에 대한 법률상의 효력을 완성시키는 보충
    행위로서, 그 기본이 되는 정관변경 결의에 하자가 있을 때에는 그에 대한 인가가
    있었다 하여도 기본행위인 정관변경 결의가 유효한 것으로 될 수 없으므로 기본행
    위인 정관변경 결의가 적법 유효하고 보충행위인 인가처분 자체에만 하자가 있다
    면 그 인가처분의 무효나 취소를 주장할 수 있지만, 인가처분에 하자가 없다면 기
    본행위에 하자가 있다 하더라도 따로 그 기본행위의 하자를 다투는 것은 별론으로
    하고 기본행위의 무효를 내세워 바로 그에 대한 행정청의 인가처분의 취소 또는 무
    효확인을 소구할 법률상의 이익이 없다.

법인정관 변경허가 신청서				처리기간
				7일
신청인	성명		주민등록번호 (외국인등록번호)	
	주소		(전화 :)	
법인	법인명칭			
	법인소재지		(전화 :)	
	대표자성명		대표자주민등록번호 (외국인등록번호)	
	대표자주소		대표자전화번호	
	설립허가일자		설립허가번호	

「공익법인의 설립·운영에 관한 법률 시행령」제10조의 규정에 의하여
위와 같이 정관 변경 허가를 신청합니다.

년   월   일

신청인   (서명 또는 인)

경기도교육감 귀하

	수수료
※ 구비서류 1. 변경사유서 1부 2. 정관개정안(신·구주문대비표를 포함 한다) 1부 3. 정관의 변경에 관한 총회 또는 이사회의 회의록 등 관련서류 1부 4. 기본재산의 처분에 따른 정관변경의 경우에는 처분의 사유, 처분재산의 목록, 처분의 방법 등을 기재한 서류 1부	없 음

정관 변경 사유서

〔① 기부금 편입에 따른 기본재산 증자〕

본 재단법인의 기부금 금000,000원(기부자 : ○○○)을 기본재산에 편입하고 기본재산 증자에 따른 정관변경을 하고자 합니다.

〔② 기존사업을 더 확대하는 사업변경인 경우〕

현행 정관에서는 장학금 수혜대상자를 '대학생 및 대학원생'으로 정하고 있으나, 우리나라의 경우 고등학교부터 유상교육을 실시하고 있으므로 장학금 수혜대상자를 '고등학생'까지 확대하고자 함.

〔③ 설립취지를 더욱 명확히 드러내는 명칭 변경의 경우〕

본 재단(사단)은 설립자 홍길동의 이름을 따서 재단명칭을 '홍길동장학재단'으로 붙였으나, 설립자의 호와 이름이 함께 들어 있는 재단 명칭을 사용함으로써 재단 설립자의 사후라도 설립취지 및 장학이념이 명확히 드러날 수 있도록 하고자 재단명칭을 '**활빈 홍길동 장학재단**'으로 변경하고자 합니다.

〔④ 소재지 변경인 경우〕

본 재단(사단) 법인의 소재지가 ○○○구 ○○○동 ○○번지에서 ○○○구 ○○○동 ○○로 이전하게 됨에 따라 소재지 변경에 따른 정관변경을 하고자 합니다.

2013년 00월 00일

재단법인 홍길동장학재단 이사장 ○○○ (인)

경기도○○교육지원청교육장 귀하

정관 신·구 대비표

현 행 (구)	개 정 (신)
제16조(임원의 종류와 정수) ① 이 법인에 두는 임원의 종류와 정수는 다음과 같다. 1. 이사 5명 2. 감사 2명	제16조(임원의 종류와 정수) ① 이 법인에 두는 임원의 종류와 정수는 다음과 같다. 1. 이사 7명 2. 감사 2명

2. 등기강제 수단

전설한 바와 같이 등기를 하지 않으면 제3자에게 대항하지 못하므로 실체법상의 불이익을 받을 뿐만 아니라, 등기의무가 있는 이사·청산인 등이 등기를 해태할 경우 500만원 이하의 과태료에 처한다(민법 제97조).

제6장 공익법인의 재산

1. 재산구분

공익법인은 목적사업을 수행할 수 있는 충분한 능력이 있고, 재정적 기반이 확립되어 있어야 한다.

구분	재원
재단법인	출연재산의 수입 (이자수익, 배당수익, 임대수익 등)
사단법인	회비, 기부금 등 수입 (회원회비, 특별회비, 기부금 등)

* 법적 근거가 없고 지원여부가 불투명한 재원은 수입으로 인정하지 않음

가. 재산구분

공익법인의 재산은 기본재산과 보통재산으로 구분된다(공익법인법 제11조제1항). 이중 기본재산은 설립 시 기본재산으로 출연한 재산 및 기부에 의하거나 기타 무상으로 취득한 재산(단, 기부목적에 비추어 기본재산으로 하기 곤란하여 주무관청의 승인을 얻은 것은 예외), 보통재산 중 총회 또는 이사회에서 기본재산으로 편입할 것을 의결한 재산 그리고 세계잉여금 중 적립금 등을 지칭하며, 보통재산은 기본재산 이외의 모든 재산을 지칭한다. 특히, 재산법인의 경우 당해연도 목적사업을 수행할 수 있는 경비가 포함되어야 한다.

[기본재산과 보통재산 구분]

기본재산	보통재산
· 법인의 재정적 기반이 되는 재산 · 정관과 법인등기부에 등재되는 재산 · 주무관청의 허가없이 처분 · 사용 불가(허가없이 처분시 형사처벌 대상)	· 기본재산이외의 모든 재산 · 기본재산의 과실소득, 회비수입을 말함 · 목적사업 수행 및 운영비로 사용 (공익법인-보통재산, 비영리법인-운영재산이라고 함)

나. 기본재산 편입

주무관청은 공익법인의 보통재산이 과다하다고 인정할 때에는 그 일부를 기본재산으로 편입하게 할 수 있다(공익법인법 시행령 제16조 제3항).

다. 보통재산

(1) 보통재산의 유형

(가) 기본재산으로부터 발생되는 일체의 이익금

• 예금 또는 채권 등에서 발생한 이자수입

• 부동산을 임대하여 발생한 수입

• 주식의 배당금

• 승인받은 수익사업의 수입 중 경비 및 제세공과금 일체를 차감하고 목적사업비로 전입된 이익금

(나) 전년도 예산 중 사용잔액이 당해 연도로 이월된 전기이월금

(다) 일체의 환급금이나 회수금

• 전년도 납입 법인세 중 환급금

• 지출된 사업비 중 사용 포기된 회수금

(라) 기타 기본재산이 아닌 물품의 매각처리대금과 같은 잡수입금

2. 기본재산의 관리 등

공익법인의 목적사업비는 대부분 기본재산에서 얻어지는 수익으로 충당된다. 그러므로 기본재산의 성실한 관리야말로 목적사업 달성에 중요한 역할을 할 뿐만 아니라 법인의 존·폐에도 많은 영향을 줄 수 있다. 따라서 법인은 목적사업의 달성을 위하여 그 재산을 선량한 관리자의 주의를 다하여 성실히 관리하여야 한다. 이러한 재산의 관리에는 매도·교환·양도·임대·기부·담보 등의 처분과 매수·신축·기부채납 및 기채 등을 포함한다(공익법인법 제11조, 공익법인법 시행령 제17조).

가. 기본재산의 관리

기본재산은 그 목록과 평가액을 정관에 적어야 하며, 평가액에 변동이 있을 때에는 지체 없이 정관변경 절차를 밟아야 한다(공익법인법 제11조 제2항). 또한 공익법인의 모든 재산의 평가는 취득당시의 시가에 의한다(다만, 재평가를 실시한재산은 재평가액으로 한다(공익법인법 시행령 제24조). 한편, 기본재산의 변동에 따른 각종 허가 시, 주무관청은 기본재산의 보존여부를 확인할 수 있는 증빙자료

를 제출하도록 하여 점검한다. 예를 들어, 현금(예금)의 경우에 잔액증명서와 통장원본을 제출토록
하여 무단인출 여부를 확인한다.

나. 기본재산의 변동에 따른 허가

(1) 주무관청의 허가 등

공익법인은 기본재산을 매도·증여·임대·교환 또는 용도변경하거나 담보로 제공하거나 일정금
액 이상을 장기차입(長期借入)하려면 주무 관청의 허가를 받아야 한다(공익법인법 제11조
제3항 제1호, 제2호). 다만, 「상속세 및 증여세법」 제16조제2항에 따른 성실공익법인이
기본재산의 100분의 20 범위 이내에서 기본재산의 증식을 목적으로 하는 매도·교환 또는 용도
변경 등 대통령령으로 정하는 경우에는 주무관청에 대한 신고로 허가를 갈음할 수 있다(공익법
인법 제11조 제4항 제1호). 이러한 허가사항을 위반한 경우 3년 이하의 징역 또는 1천만원 이하의
벌금에 처한다(공익법인법 제19조).

> ▶ 매도 및 교환
> 예시) 현금 ↔ 주식·부동산·채권 등, 주식·부동산·채권 등 ↔ 주식·부동산·채권 등
> 단, 계약기간·금리·기타조건 등을 약정하여 계약기간이 만료되면 원금이 회수 되는 채권 등
> 의 경우 계약기간 완료로 현금화하는 것은 별도의 허가를 요하지 아니한다. 그러나 원금손실형
> 금융상품 가입은 처분 허가를 받아야 한다(편의상 채권으로 구분)
> ▶ 증여
> 재산을 무상으로 상대편에게 줄 의사를 표시하고 상대편이 이를 승낙함으로써 성립하는 계약
> ▶ 임대
> 임대업과 관련된 사항이므로 기본재산 처분이전에 정관변경 (수익사업 추가) 허가

(2) 기본재산의 처분

(가) 기본재산 처분허가

공익법인이 기본재산을 처분할 때에는 반드시 주무관청의 허가를 받아야 한다. 기본재산처분의
유형으로는 매도, 증여, 임대, 교환 등이 있으며, 공익법인이 기본재산의 처분허가를 받기 위해서는
다음의 서류를 첨부하여 주무관청에 제출하여야 한다(공익법인법 시행령 제17조).

• 기본재산처분허가신청서

- 기본재산처분사유서
- 처분재산명세서
- 「부동산 가격공시 및 감정평가에 관한 법률」제28조에 따른 감정평가법인이 작성한 감정평가서 또는 시장·군수 또는 구청장(자치구의 구청장에 한함)이 같은 법 제9조에 따라 표준지의 공시지가를 기준으로 하여 산정한 개별필지에 대한 지가확인서(교환의 경우에는 쌍방의 재산에 관한 것이어야 함)
- 총회 또는 이사회 회의록 사본
- 교환재산 또는 처분대금의 처리에 관한 사항을 기재한 서류(교환 또는 매도의 경우에 한함)

매도·증여·임대·교환시 제출서류

① 처분재산명세서
② 감정평가법인이 작성한 감정평가서 또는 시장·군수·구청장이 표준지의 공시지가를 기준으로 하여 산정한 개별필지에 대한 지가확인서(교환의 경우에는 쌍방의 재산에 관한 것이어야 함)
③ 이사회 회의록 사본
④ 교환재산 또는 처분대금의 처리에 관한 사항을 기재한 서류(교환 또는 매도의 경우에 한함)

판결에 의한 공익법인의 기본재산 처분 시 주무관청에서 발급한 허가서를 첨부하지 않아도 되는지 여부 – 제정 2012. 5. 30. [등기선례 제201205-5호, 시행]

공익법인이 기본재산을 처분할 때는 등기원인을 증명하는 서면이 소유권이전등기절차를 이행하라는 확정판결이라고 할지라도 주무관청이 발급한 허가서를 첨부하여 등기신청을 하여야 한다(2012. 05. 30. 부동산등기과-1085 질의회답).

참조조문 : 공익법인의 설립·운영에 관한 법률 제11조, 부동산등기특별조치법 제5조, 부동산등기규칙 제46조

참조판례 : 대법원 2005. 09. 28. 선고 2004다50044 판결

참조예규 : 등기예규 제886호, 제1383호

참조선례 : 부동산등기선례요지집 Ⅷ 제19항, 제61항

공익법인의 기본재산 처분시 유효기간이 경과한 허가서를 첨부한 경우
- 제정 2005. 8. 31. [등기선례 제200508-12호, 시행]

주무관청이 공익법인의 기본재산인 특정부동산의 처분을 허가하면서 매도에 관한 유효기간을 지정하여 허가서를 발부하였다면 지정된 기간내에 해당 부동산을 매도하고 그에 관한 소유권이 매수인에게 이전되어야 한다는 취지로 해석되므로 비록 매도인이나 매수인의 귀책사유없이 그 기간이 도과하였다하더라도 실체관계에 관한 심사권한이 없는 등기관으로서는 유효기간이 경과한 허가서를 첨부한 등기신청을 수리할 수 없을 것이다(2005. 8. 31. 부동산등기과-1321 질의회답).

참조예규 : 등기예규 제1095호

참조선례 : 등기선례요지집 V 제98항

Q 공익법인이 수익사업으로 기본재산인 부동산을 임대하는 경우, '기본재산 처분허가'와 '수익사업 승인'을 각각 받아야 하는지 여부

A 공익법 제11조는 기본재산을 임대 등 처분하는 경우 주무관청의 허가를 받도록 규정하고 있으며, 동법 제4조③은 수익사업을 하고자 할 때에는 사업마다 주무관청의 승인을 받도록 규정하고 있으므로 공익법인의 기본재산을 임대하려면 기본재산 처분의 허가와 수익사업 승인을 각각 받아야 할 것이다.

재단(사단)법인 기본재산 처분허가 신청서				처리기간	
				8 일	
신청 법인	명 칭		전 화		
	소 재 지		대 표 자		
	설립허가 연 월 일		설립허가 번 호	제 호	
처 분 사 유					

「공익법인의 설립·운영에 관한 법률」 제11조제3항의 규정에 따라 기본재산 처분(매도·교환 등)허가를 신청합니다.

년 월 일

재단(사단)법인 ○○○ 장학회 이사장○○○ (인)

경기도○○교육지원청교육장 귀하

※ 구비서류

1. 처분 사유서 1부
2. 기본재산 처분 허가 신청내역서 1부
3. 감정평가서 1부
4. 이사회(재단·사단) 및 총회(사단)회의록 사본 1부
5. 교환재산 또는 처분대금의 처리계획에 관한서류 1부

기본재산 처분 사유서

〔① 부동산을 매각하여 현금으로 전환 할 때〕

본 법인의 기본재산인 경기도 ○○군 ○○면 ○○리 ○○○번지 소재 임야 3,000㎡는 무수익 부동산으로 이를 120,000천원에 매각하고 제세공과금(10,000천원)을 제외한 110,000천원을 정기예금으로 예치하여 이자소득으로 장학사업을 성실히 수행하고자 합니다.

〔② 현금으로 채권을 매입할 때〕

본 법인은 기본재산 현금 3억원으로 정기예금에 예치하고 있어 이자소득으로 장학사업을 수행(2011년 18,000천원, 2012년 10,000천원 목적사업 수행)하였으나, 최근 금리의 하락(3%)이 장기화 되어 목적사업 수행이 어려워짐에 따라 안전성과 수익률이 높은 국공채를 매입하여 장학사업을 성실히 수행하고자 합니다.

〔③ 채권에서 채권으로 전환할 때〕

본 법인이 기본재산으로 보유하고 있는 ○○채권(100,000구좌 100,000천원)이 2012년 12월 20일자로 기간이 만기됨에 따라 이를 처분하여 ○○○채권(100,000구좌 100,000천원)을 매입하고 나머지는 보통재산으로 2013년도 목적사업으로 집행하고자 합니다.

2000년 00월 00일

재단(사단)법인 ○○○ 장학회 이사장 ○○○ (인)

경기도교육감 귀하

[서식 기본재산처분허가 신청내역서]

〔① 부동산을 매각하여 현금으로 전환할 때〕

기본재산 처분 허가 신청내역서

■ 법인명 : 재단(사단)법인 ○○○장학회   (단위 : 원)

기본재산구분			④ 처분전 기본재산 ('12년 12월 1일 현재의 기본재산) 【(수량)금액】	기본재산 처분허가(변동)내역 【(수량)금액】			⑧ 처 분 후 기본재산 예정액 【(수량)금액】
① 구분	② 종목	③ 종별 또는 소재지		⑤ 처분예정재산 (減)	취득예정재산(增)		
					⑥ 감정평가 (공시지가)	⑦ 취득예정 (제세공과금)	
동산	예금	현금	100,000,000			110,000,000 (10,000,000)	210,000,000
	소 계		**100,000,000**			**110,000,000**	**210,000,000**
부동산	임야	경기도 ○○시 ○○동 ○○번지	(3,000㎡) 9,687,350	(3,000㎡) 9,687,350	100,000,000 (93,424,049)		(0㎡) 0
	소 계		**(3,000㎡) 9,687,350**	**(3,000㎡) 9,687,350**	**100,000,000 (93,424,049)**		**(0㎡) 0**
합 계			109,687,350	(3,000㎡) 9,687,350	100,000,000 (93,424,049)	110,000,000	210,000,000

《작성방법》

① 구분 : 동산 - 부동산

② 종목 : 예금-주식-채권(동산), 전-답-대지-임야-잡종지-건물(부동산)

③ 종별 또는 소재지

  – 동산인 경우 정기예금-주식명(보통주, 우선주 구분)-채권명

  – 부동산인 경우 소재지 번지까지 구분하여 작성

④ 처분 전 기본재산 : 처분허가 신청 시 정관의 재산내역과 반드시 일치

⑤ 처분예정재산 : 수량과 금액 구분

⑥ 감정평가(공시지가)

  – 감정평가서와 공시지가확인서 금액 작성

  – 주식인 경우 2개월간 최종시세가액의 평균액

  – 매각금액의 판단자료임

  – 주식이나 채권 매각 시 처분예정금액을 작성

⑦ 취득예정(제세공과금)

  – 매각금액에서 제세공과금을 구분하여 실제 기본재산으로 편입할 금액 작성

  – 제세공과금에 대한 산출내역서 첨부해야 함.

⑧ 처분 후 기본재산 예정액 = ④처분 전 기본재산 – ⑤처분예정재산 + ⑦취득예정

[② 현금으로 채권을 매입할 때]

기본재산 처분 허가 신청내역서

■ 법인명 : 재단(사단)법인 ○○○장학회 　　　　　　　　　　　(단위 : 원)

기본재산구분			④ 처분전 기본재산 ('12년 12월 1일 현재의 기본재산) 【(수량)금액】	기본재산 처분허가(변동)내역 【(수량)금액】			⑧ 처 분 후 기본재산 예정액 【(수량)금액】
① 구분	② 종목	③ 종별 또는 소재지		⑤ 처분예정재산 (減)	취득예정재산(增)		
					⑥ 감정평가 (공시지가)	⑦ 취득예정 (제세공과금)	
동산	예금	현금	300,000,000	300,000,000			
	채권	○○				(300,000구좌) 300,000,000	(300,000구좌) 300,000,000
	소 계		**300,000,000**	**300,000,000**		**(300,000구좌) 300,000,000**	**(300,000구좌) 300,000,000**
부동산	임야	경기도 ○○시 ○○동 ○○번지	(3,000㎡) 9,687,350				(3,000㎡) 9,687,350
	소 계		**(3,000㎡) 9,687,350**				**(3,000㎡) 9,687,350**
합 계			309,687,350	300,000,000		(300,000구좌) 300,000,000	309,687,350

〔③ 채권으로 채권을 매입할 때〕

기본재산 처분 허가 신청내역서

■ 법인명 : 재단(사단)법인 ○○○장학회　　　　　　　　　　(단위 : 원))

기본재산구분			④ 처분전 기본재산 ('08년 12월 1일 현재의 기본재산) 【(수량)금액】	기본재산 처분허가(변동)내역 【(수량)금액】			⑧ 처 분 후 기본재산 예정액 【(수량)금액】
① 구분	② 종목	③ 종별 또는 소재지		⑤ 처분예정재산 (減)	취득예정재산(增)		
					⑥ 감정평가 (공시지가)	⑦ 취득예정 (제세공과금)	
동산	예금	현금	100,000,000				100,000,000
	채권	○○	(100,000구좌) 100,000,000	(100,000구좌) 100,000,000	110,000,000		0
		○○○				(100,000구좌) 100,000,000	(100,000구좌) 100,000,000
	임야	○○○ (보통주)	(12,000주) 60,000,000				(12,000주) 60,000,000
		○○○ (우선주)	(800주) 8,000,000				(800주) 8,000,000
소　계			268,000,000	(100,000구좌) 100,000,000	110,000,000	(100,000구좌) 100,000,000	268,000,000
합　계			268,000,000	300,000,000	110,000,000	(100,000구좌) 100,000,000	268,000,000

(나) 승인기준

구분	매입시	매각시	비고(필수첨부서류)
주식	2개월간 최종시세가액의 평균액 이하	의 평균액 이하2개월간 최종시세가액의 평균액 이상	3개년 배당실적
부동산	감정평가액 이하	감정평가액 이상	−수익률 분석표 −임대보증금 확보 −제세공과금 등 비용계산
채권	시가	시가	2개 이상 신용정보기관의 신용평가자료 (BBB⁺이상, 회사채)

> ▶ 모든 매각금액은 특별한 사유가 없는 한 장부가액이상이어야 한다.
> ▶ 단, 부동산 매각시 감정평가액이 개별공시지가보다 낮은 경우 공시지가이상으로 매각한다.
> ▶ 부동산 매입의 경우 장부가격 (법인세법 제41조, 법인세법시행령 제72조 : 매입가액 + 취득세, 등록세, 기타 부대비용을 가산한 금액(부가가치세 포함 안함)
>
> ※ 처분허가 시 유의사항
> ▶ 허가사항에는 처분재산의 내역(재산명 · 소재지 · 지번 · 지목 · 금액 등)과 처분대금의 처리방법, 기간 등을 허가조건으로 붙여 허가한다.
> ▶ 처분허가 후 계약서 사본 1부를 제출토록 하고, 기본재산 변동에 따른 정관변경 절차를 이행하도록 한다.

(다) 승인사항

기본재산을 임대하는 경우에는 기본재산처분에 관한 주무관청의 허가 이외에 임대에 따른 수익사업의 승인을 받아야 한다(공익법인법 제4조 제3항, 공익법인법 시행령 제11조 참조).

(라) 기본재산 처분신고

1) 신고갈음

공익법인 중에서 상증법 제16조 제2항에 따른 성실공익법인은 기본재산의 100분의 20 범위 이내에서 기본재산의 증식을 목적으로 하는 매도 · 교환 또는 용도변경 및 담보제공 등의 경우에는 주무관청의 신고로 갈음할 수 있다(공익법인법 제11조 제4항 제1호).

2) 신고 및 첨부서류

성실공익법인이 기본재산처분의 신고를 하는 경우에는 그 처분한 날부터 3주일 이내에 그 신고서에 다음의 서류를 주무관청에 제출하여야 하며, 같은 기간 내에 주무관청에 정관변경 허가를 신청하여야 한다(공익법인법 시행령 제18조의3 제3항).

- 기본재산처분신고서
- 기본재산처분사유서
- 기본재산명세서 및 매도 등을 한 재산의 명세서(기본재산평가액을 소명할 수 있는 자료를 각각 포함)
- 총회 또는 이사회 회의록 사본
- 성실공익법인에 해당함을 소명할 수 있는 자료

3) 확인 및 보완요구

기본재산처분신고서를 제출받은 주무관청은 지체 없이 제출된 서류를 검토하여야 하며, 필요한 경우 공익법인에게 보정(補正)을 요구할 수 있다. 이 경우 성실공익법인은 보정을 요구받은 날부터 1주일 이내에 이를 보정하여야 한다.

다. 기본재산의 담보제공 등

(1) 담보제공 및 신고갈음

공익법인이 기본재산을 담보로 제공하거나 일정금액 이상을 장기차입(長期借入)하려면 주무관청의 허가를 받아야 한다(공익법인법 제11조 제3항 제1호, 제2호). 다만 성실공익법인의 경우에는 기본재산의 100분의 20 범위 이내에서 기본재산의 증식을 목적으로 기본재산을 담보제공하는 경우에 주무관청의 신고로 갈음할 수 있다(공익법인법 제11조제4항 제1호).

(2) 장기차입의 범위

주무관청의 허가를 요하는 장기차입의 범위는 차입하고자 하는 금액을 포함한 장기차입금의 총액이 기본재산 총액에서 차입당시의 부채 총액을 공제한 금액의 100분의 5에 상당하는 금액 이상인 경우에 한한다(공익법인법 시행령 제18조 제1항).

(3) 단기차입을 행한 경우

공익법인이 당해연도의 예산으로 상환할 단기차입을 행한 경우에는 예산수지를 명확히 하여 당해연도 내에 반드시 상환할 수 있도록 하여야 한다(공익법인법시행령 제18조 제2항).

(4) 담보제공 허가시 첨부서류

공익법인이 기본재산의 담보에 관한 허가를 받고자 할 때에는 다음의 서류를 갖추어 주무관청에 제출하여야 한다(공익법인법 제17조 제3항).

한편, 공익법인법에는 '담보'의 허가신청시 필요한 서류만 규정하고 있으나, '장기차입'에 관해서도 담보에 준해서 서류를 갖추어야 할 것이다.

(가) 담보허가신청

- 기본재산 담보 허가신청서
- 기본재산 담보 사유서
- 담보 내역서– 담보에 제공할 재산목록
- – 피담보채권액
- – 담보권자
- 상환방법 및 상환계획서
- 총회 또는 이사회 회의록 사본(해석상 사단법인의 경우에는 총회의사록)

담보제공시 제출서류

① 담보에 제공할 재산목록   ② 피담보채권액

③ 담보권자   ④ 상환방법 및 상환계획

⑤ 이사회의 회의록 사본

(나) 장기차입허가신청

- 장기차입 허가신청서
- 장기차입 사유서
- 장기차입 내역서
  - – 장기차입 재산목록
  - – 장기차입금
  - – 장기차입처
- 상환방법 및 상환계획서
- 총회 또는 이사회 회의록 사본(해석상 사단법인의 경우에는 총회의사록)

기본재산 담보제공(장기차입) 사유서

〔① 담보와 장기차입이 동시에 이루어지는 경우〕

　본 법인은 기본재산인 경기도 ○○군 ○○면 ○○리 ○○○번지 소재 임야 1,000㎡는 무수익 부동산으로 취득후 10여년 동안 매각하고자 했으나 매수인이 없어 방치되어 있던 중, 이를 해결하기 위해 이사회에서 다방면으로 조사한　결과 서울과 거리가 멀지 않아 창고를 지어 임대할 경우 임대수익이 발생 할 수 있다고 판단되었습니다. 그러나 창고를 지을 재원을 마련하기 어려워 불가피하게 동 부동산을 담보로 1억원을 대출받아 창고건축 및 부대비용으로 처리　하고자 합니다.

〔② 장기차입만 이루어지는 경우 〕

　본 법인은 기본재산 10억원의 예금이자로 최근 3년 평균 3천만원 정도　목적을 수행하고 있으나 금리의 하락으로 향후 목적사업의 규모가 줄어들 수 밖에 없는 실정입니다. 이를 해결하기 위해 이사회에서 논의한 결과 수익성이 있는 부동산(최저 15억원)을 매입하여 연간 발생하는 임대수익으로 목적사업을 활성화하고자 결정하였고, 부동산을 매입하기 위해 모기업인 (주)홍길동에서 10억원을 추가 출연하기로 했으나 부족분 5억원은 홍길동 이사장의 소유 부동산인 담보로 불가피하게 은행에서 대출을 받아 처리하되 차입금은 법인에서 부담　하고자 합니다.

2013년 00월 00일

재단법인 홍길동장학재단 이사장 ○○○ (인)

경기도교육감 귀하

기본재산 담보제공(장기차입) 허가 신청내역서

법인명 : 재단법인 ○○○장학재단

1. 담보 내역서

담보할 재산목록		피담보채권액 (단위 : 천원)	담보권자	비고
소재지	수량			
경기도 ○○군 ○○면 ○○리 ○○○ 번지	1,000㎡	100,000	○○○은행	

2. 차입금 이용명세서

(단위:천원)

차입금액	차입금사용계획			비고
	일자	내용	금액	
100,000	2012.12.10	창고설계	10,000	
	2013.03.03	창고건축	85,000	
	2013.07.01	부대비용	5,000	
	계		100,000	

※ 장기차입 해당 여부(2012.10.30기준)

　장기차입금 총액(100,000천원) 〉 장기차입기준액(39,600원)으로 장기차입 해당함.

(단위:천원)

기본재산총액 ①	부채총액 ②	장기차입 기준액 {(①－②)X5/100}	장기차입금		
			총액	기존 장기차입액	신규 장기차입액
800,000	8,000	39,600	100,000	0	100,000

상 환 계 획 서

법인명 : 재단법인 ○○○장학재단

(단위 : 천원)

차입금액	상환계획			비고
	일자	상환재원	금액	
100,000	2014.01	2013 결산잉여금	20,000	
	2015.01	2014 결산잉여금	30,000	
	2016.01	2015 결산잉여금	50,000	
	계		100,000	

라. 기본재산의 용도변경 등

기본재산의 용도를 변경하는 경우에도 주무관청의 허가를 요하며, 허가신청시 관련서류도 처분에 준해서 제출하여야 한다(공익법인법 제11조 제3항, 공익법인법 시행령 제17조 제4항).

• 기본재산 용도변경 등 허가신청서

• 용도변경 등 사유서

• 용도변경 등 내역서

• 이사회 회의록 및 총회 회의록

• 기타 용도변경 등에 필요한 부속서류

마. 기본재산의 보통재산으로의 편입사유

(1) 편입사유

기본재산의 보통재산으로의 편입 사유는 아래와 같다(공익법인법 시행령 제18조의2 제1항).

• 기본재산의 운용수익이 감소한 경우

- 기부금 등 무상으로 취득한 재산이 감소한 경우

- 회비수입이 감소한 경우

- 법 제4조제3항에 따른 수익사업의 수익이 감소한 경우

- 그 밖에 제1호부터 제4호까지에 준하는 사유로 보통재산이 고갈된 경우

(2) 편입허가

기본재산을 보통재산으로 편입하고자 할 경우에는 주무관청의 허가를 요하며, 그 허가신청서에 관련 서류도 제출하여야 한다(공익법인법 제11조 제3항 제3호, 공익법인법 시행령 제18조의2 제2항).

- 기본재산의 보통재산으로의 편입 허가신청서

- 기본재산명세서 및 편입재산명세서

- 기본재산의 평가액을 소명할 수 있는 자료(기본재산이 부동산인 경우에는「감정평가 및 감정평가 사에 관한 법률」제29조에 따른 감정평가법인이 작성한 감정평가서 또는 시장ㆍ군수 또는 구청장 이「부동산 가격공시에 관한법률」제8조에 따라 표준지의 공시지가를 기준으로 하여 산정한 개별필 지에 대한 지가확인서를 포함한다)

- 보통재산 편입 이후 2 사업연도분의 사업계획서 및 수지예산서

- 제1항 각 호의 사유로 정관에서 정한 목적사업의 수행이 현저히 곤란함을 소명할 수 있는 자료

- (첨부) 총회 또는 이사회 회의록 사본

바. 기본재산의 보통재산으로의 편입신고

(1) 신고갈음

상속세 및 증여세법 제16조 제2항에 따른 성실공익법인이 기본재산에 관하여 공익법인법 제3항제3 호에 해당하여 기본재산을 100분의 10 범위에서 보통재산으로 편입하려는 경우(이 경우 직전 편입이 있은 날부터 최소 3년이 경과하여야 한다)에는 주무 관청에 대한 신고로 갈음할 수 있다(공익법인법 제11조 제4항).

- 기본재산의 보통재산으로의 편입신고서

- 기본재산명세서 및 편입재산명세서(공익법인법 시행령 제18조의3제2항에 따른 평가액을 소명할 수 있는 자료를 각각 포함한다)

- 보통재산편입 이후 2 사업연도분의 사업계획서 및 수지예산서

- 제18조의2제1항 각 호의 사유로 정관에서 정한 목적사업의 수행이 현저히 곤란함을 소명할 수

있는 자료
- 총회 또는 이사회 회의록 사본
- 직전 편입이 있는 날부터 최소 3년이 경과하였음을 소명할 수 있는 자료(다만, 최초 편입인 경우는 제외한다)
- 성실공익법인에 해당함을 소명할 수 있는 자료

사. 기본재산의 증가

기본재산의 처분으로 기본재산이 감소하는 경우뿐만 아니라 기본재산이 증가하는 경우에도 정관에 기재된 기본재산에 관한 사항의 변경이 있게 되므로 정관변경에 준해서 아래 서류를 제출하여 주무관청의 허가를 요한다. 따라서 법인이 매수·기부채납·신축 등 기타의 방법으로 재산을 취득하였을 때에는 이를 지체 없이 법인명의로 이전 등기하고 기본재산 증자를 위한 정관변경허가 신청을 하여야 한다(전년도 이월금을 기본재산에 포함할 경우에도 같다.).

- 기본재산 증자에 따른 정관변경 허가신청서
- 정관변경사유서
- 정관(신·구 대비표 포함)
- 증자재산 목록 및 증빙서류
- 명의 이전된 증빙서(예금잔액증명서, 등기부등본, 주식소유증명서, 매매계약서 사본 등)
- 이사회 회의록 및 총회 회의록
- 기부증서 사본(기부에 의한 증자시)
- 인감증명서(부동산, 주식을 기부하는 경우)

아. 기부금 사용

(1) 기부금 사용

공익법인에 대한 기부금은 원칙적으로 기본재산에 편입되어야 한다(공익법인법시행령 제16조 제1항 제2호 본문). 그렇지만 예외적으로 기부목적에 비추어 기본재산으로 하기 곤란하여 주무관청의 승인을 얻은 것은 기본재산에 편입되지 아니하고 공익법인이 용도에 맞게 사용할 수 있다(동조 단서).

(2) 신청시 첨부서류

기부금사용신청을 하는 경우 아래와 같은 서류를 첨부하여야 한다.

- 기본재산편입예외 기부금사용승인 신청 공문
- 사유서
- 기부증서 사본
- 기부금 사용계획서
- 재산의 권리증명서
- 이사회 회의록 및 총회 회의록

[서식 _ 기본재산 편입예외 기부금사용 승인 신청 – 사유서]

기본재산 편입예외 기부금 사용 사유서

○○○이사장이 장학금 및 연구비 지원을 목적으로 6억원을 기부 하여 온 바, 6억원 중 기본재산으로 5억원을 편입하고 나머지 1억원은 기본재산의 이자소득이 줄어 목적사업 수행에 어려움이 있기에 기본 재산에 편입하지 않고 2013년도 하반기 장학금 및 연구비 지원으로 사용하고자 합니다.

2013년 00월 00일

재단(사단)법인 ○○○장학회 이사장   ○○○ (인)

경기도○○○교육지원청교육장 귀하

기부금 사용계획서

법인명 : 재단(사단)법인 ㅇㅇㅇ장학회

사용내역	지급시기	지급액	내 역
장학금	2014년 3월	70,000,000원	– 대상 : 고등학교 및 대학생 70명 – 1인평균지급액 : 1,000,000원
학술연구비	2014년 5월	30,000,000원	ㅇㅇㅇ연구비 : 30,000,000원
합 계		100,000,000원	

기부승낙서

재(사)단법인 ○○○장학회 이사장 귀하

본인 소유의 다음 재산을 재단(사단)법인 ○○○장학회에 무상으로 기부(출연) 합니다.

□ 사용목적 : 장학금 지급 (또는 연구비 지원 등)

년　월　일

기부(출연)자 : ○ ○(주)대표 ○ ○ ○ (인감날인)

□ 기부(출연)재산

재산명	소 재 지	수 량	기부금액	비 고
현 금	○○은행 ○○지점	○구좌	원	법인통장으로 이체 또는 현금으로 전달

※ 금융기관에 예치되어 있는 경우 이를 입증하는 서류 원본(잔고증명 등), 기타 부동산 등 출연재산의 소유증명서
와 인감증명서를 함께 첨부.

기부금 사용 계획서

사업명	사용내역	지급시기	지급액	세부내역	비고
장학사업	장학금 지급	20 . .	○○○원	대상 : 초 ○명 1인평균 지급액 : ○원	
장학사업	장학금 지급	20 . .	○○○원	대상 : 중 ○명 1인평균 지급액 : ○원	
장학사업	장학금 지급	20 . .	○○○원	대상 : 고 ○명 1인평균 지급액 : ○원	

3. 수익사업의 승인

수익사업은 법인의 설립목적과 본질에 반하지 아니하는 정도의 것으로 목적사업의 경비충당에 필요한 범위 내에서만 인정된다. 목적달성을 위하여 수익사업을 하고자 할 때에는 정관이 정하는 바에 따라 사업마다 주무관청의 승인을 받아야 한다(공익법인법 제4조).

가. 수익사업의 범위 및 승인방법

(1) 수익사업의 범위

수익사업의 범위는 법인세법 제3조제2항 및 같은 법 시행령 제2조제1항에 규정하고 있는 사업들이다.

[비영리 법인의 경우]

▶ 목적사업

○ 법인의 사업은 실현가능 하여야 한다.

○ 특히 목적사업은 비영리법인의 설립취지에 맞게 비영리로 운영되어야 한다.

○ 자격증 발급 사업으로 민원이 발생하는 사례가 없도록 지도하여야 한다

▶ 수익사업

수익사업에 대한 근거규정이 없으며, 법인의 서립취지에 따라 수익사업을 인정하지 않고 있다. 그러나 「법인세법」에서는 비영리법인의"수익사업 개시신고"를 의무 규정으로 두고 있는 점으로 볼 때 감독청이 비영리법인의 설립취지나 사업의 성질 등을 판단하여 본질에 반하지 아니하는 정도의 수익사업 인정은 가능 할 것으로 본다.

---

(2) 승인방법

공익법인은 목적 달성을 위하여 수익사업을 하려면 정관으로 정하는 바에 따라 사업마다 주무관청의 승인을 받아야 한다(공익법인법 제4조 제3항). 이에 따라 공익법인이 수익사업경영의 승인을 신청하는 경우에는 다음의 서류를 구비하여 주무관청에 제출하여 승인신청을 하여야 한다(공익법인법 시행령 제11조).

• 수익사업승인신청서

• 사업계획서 1부 (첨부)

• 추정손익계산서 및 부속명세서 1부 (첨부)

• 사업에 종사할 임원명부 1부 (첨부)

- 행정관청의 허가를 요하는 사업인 경우에는 당해 사업에 대하여 허가를 받은 사실을 증명하는 서류 1부
- 총회회의록 사본(사단) 또는 이사회회의록 1부

한편, 수익사업을 하고자 할 때에는 정관에 수익사업의 구체적인 사업명(종목)이 있어야 되며 없을 경우에는 정관변경이 선행되어야 한다. 또한 수익사업에 소용되는 비용을 제외한 수익은 반드시 목적사업에만 사용되어야 한다.

[수익사업 승인시 주요 검토사항]
○ 정관에 해당 수익사업명이 있는지 여부
○ 행정기관의 허가(등록 · 신고 등)를 요하는 경우 이를 증명하는 서류
○ 수익사업에 투자하는 총재산가액에서 얻어지는 수익이 1년 만기 정기예금 이자 수익률 이상이 되는지 여부
○ 이사회회의록 내용 검토(이사정수의 과반수 출석과 출석이사 과반수 찬성 여부, 수익사업에 대한 의결내용 유무, 참석자 기명 · 날인 여부)
○ 사단법인은 총회회의록 첨부(정관에 의결정족수 확인)
○ 수익사업에 대한 정관 규정이 없는 경우에 정관변경이 선행되어야 한다.
○ 임대에 따른 수익사업 승인시 기본재산 처분(임대) 허가에 대한 신청이 선행되어야 한다.
○ 수익사업 승인시 기존 직원이외에 추가로 채용하여 보수를 지급할 경우 상근임직원 정수 승인도 신청되어야 한다(기본재산 처분허가(임대), 수익사업승인, 상근임직원 정수 승인 동시 신청 가능)
○ 수익사업 승인을 받은 후 수익사업회계와 목적사업회계를 구분하여 관리하고 수익사업회계의 이익금은 목적사업회계로 전입하여 목적사업에 사용하여야 한다.
○ 매년 결산서 제출시 수익사업회계의 전입금액을 반드시 확인한다.

법인수익사업승인신청서				처리기간
				10일

신청 내용	명 칭	(전화번호:)		
	소 재 지		대 표 자	
	설립허가 년월일		설립허가번 호	제 호
	수익사업 내용			

교육부소관 비영리법인의 설립 및 감독에 관한 규칙 제13조의 규정에 의하여 수익사업의 승인을 신청합니다.

년   월   일

신청인   (서명 또는 인)

교육청교육장 귀하

	수수료 없음

※구비서류
1. 공익법인.
가. 사업계획서 1부. 나. 추정손익계산서 및 부속명세서.
다. 사업에 종사할 임원명부 1부.
라. 행정관청의 허가를 요하는 사업의 경우에는 당해사업에 대하여 허가를 받은 사실을 증명하는
서류 1부.
2. 비영리법인
가. 사업계획서 1부.

사 업 계 획 서

I. 사업 개요

본 재단법인의 목적사업인 ○○○○○ 사업을 안정적이고 지속적으로 수행하기 위하여 ○○○○○ 수익사업을 수행하고자 함

II. 사업 내용

1. 사업명

가. 목   적 :

나. 사업내용 :

　　○ 시행시기 :

　　○ 장   소 :

　　○ 내   용 :

　　○ 예상수입 :

다. 소요예산(인건비, 운영비 등)

　　○ 인건비 :

　　○ 운영비 :

　　○ 기   타 :

라. 예상 순수익금(수익 – 소요예산) :

마. 향후계획 :

　　※ 사업내용은 구체적이고 명확하게 작성하여야 하며, 사업수행을 위한 별도의 인원이 필요할 시 사무직원 정수승인을 별도로 신청하여야 함.

작성자 : 사(재)단법인 ○○○○ 장학회이사장 ○○○ (날인 또는 서명)

수 지 예 산 서

1. 수입

구 분	2014년도	2015년도	2016년도
○○ 수입	원	원	원
○○ 수입	원	원	원
○○ 수입	원	원	원
:			
합 계	원	원	원

2. 지출

구 분	2014년도	2015년도	2016년도
인건비	원	원	원
운영비	원	원	원
기타경비	원	원	원
:			
합 계	원	원	원

3. 순수익(목적사업 전입금)

구 분	2014년도	2015년도	2016년도
전입금 (수입 – 지출)	원	원	원

1. 2014년

　가. 인원 : 0명

　　○ 사무국장 : 000원 × 12월 = 0000000원

　　○ 사무직원 : 000원 × 12월 = 0000000원

　　○ 사무직원 : 000원 × 12월 = 0000000원

　　○ 퇴직금 : 000000원

　　○ 기타 : 000000원

　나. 인건비 총액 : 00000000원

2. 2015년

　가. 인원 : 0명

　　○ 사무국장 : 000원 × 12월 = 0000000원

　　○ 사무직원 : 000원 × 12월 = 0000000원

　　○ 사무직원 : 000원 × 12월 = 0000000원

　　○ 퇴직금 : 000000원

　　○ 기타 : 000000원

　나. 인건비 총액 : 00000000원

3. 2016년

　가. 인원 : 0명

　　○ 사무국장 : 000원 × 12월 = 0000000원

　　○ 사무직원 : 000원 × 12월 = 0000000원

　　○ 사무직원 : 000원 × 12월 = 0000000원

　　○ 퇴직금 : 000000원

　　○ 기타 : 000000원

　나. 인건비 총액 : 00000000원

재(사)단법인 ○○장학회 제○회 이사회(총회)회의록

1. 회의소집통지일 : ※회의개최 7일전에 통지하여야 함

2. 회의일시 : 20○○년 ○○월 ○○일 ○○ : ○○

3. 회의장소 : ○○시 ○○로 ○○○ 소재

4. 이사정수 : ○○인

5. 재적이사 : ○○인

6. 출석이사(회원) : 출석이사 모두 성명 기재(총회는 출석회원수 기재)

7. 결석이사(회원) : 결석이사 모두 성명 기재(총회는 결석회원수 기재)

8. 회의안건

　○ 제 1호 의안 : 수익사업 승인 신청의 건

　○ 제 2호 의안 : 상근임직원 정수 승인의 건

9. 회의내용

　○ 사무국장 : 재적이사 7명중 과반수이상인 6명이 참석하셨기에 성원이 되었습니다.

　○ 이 사 장 : 20○○년도 제○회 이사회를 개최하도록 하겠습니다. 제1안 '수익사업 승인 신청 건(안)'을 상정합니다. 안건에 대해 사무국장의 설명이 있겠습니다.

　○ 사무국장 : 현재 우리 재단의 기본재산은 예금 00억원과 최근 기증받은 임대 가능한 ○○빌딩(000㎡, 지하0층, 지상0층)이 있습니다. 금리 하락으로 연간이자수익금으로는 우리 재단의 목적사업인 ○○○○사업을 활성화 할 수 없는 실정입니다. ○○빌딩을 수익사업(임대사업)으로 운영할 경우 연간 000원 이상의 순이익이 발생할 것으로 예산되며, 이 수익으로 목적사업을 더욱 활성화 할 수 있을 것으로 생각되어 수익사업에 대한 승인을 받고자 합니다.

　○ 이 사 장 : 목적사업 활성화를 위하여 수익사업을 할 필요가 있습니다. 본건에 대한 의견을 말씀해 주십시오.

　○ ○○○ 이사 : 이사장의 의견에 적극 동의합니다. 수익사업을 승인받아 목적사업을 활성화 하는 것이 좋다고 생각됩니다. 다만, 성실한 직원을 채용하여 건물유지 및 관리에 차질이 없도록 하고, 과다한 인건비 지출을 막아 수익금이 목적사업에 효과적으로 쓰일 수 있도록 하는 것이 좋겠습니다.

○ 이 사 장 : 다른 의견 없으십니까?

○ 이사전원 : ○○○이사 의견에 이의 없이 찬성하다.

○ 이사장 : 제1안 수익사업 승인 건은 원안대로 가결되었습니다.

☞ 이하생략

년 월 일

참석자 : 이사장 ○ ○ ○ (인)

이 사 ○ ○ ○ (인)

이 사 ○ ○ ○ (인)

이 사 ○ ○ ○ (인)

이 사 ○ ○ ○ (인)

이 사 ○ ○ ○ (인)

감 사 ○ ○ ○ (인)

감 사 ○ ○ ○ (인)

※ 총회 및 이사회 회의록의 날인은 의장과 참석이사 전원이 하고 매장 간인을 하여야 하며, 감사도 기명·날인을 하여야 함

나. 수익사업 변경시

공익법인이 승인을 받은 수익사업을 변경하고자 할 때에는 위에 준하여 주무관청의 승인을 얻어야 한다.

다. 확인 및 보정요구

기본재산의 보통재산으로의 편입신고서를 제출받은 주무관청은 지체 없이 제출된 서류를 검토하여야 하며, 필요한 경우 공익법인에게 보정(補正)을 요구할 수 있다. 이 경우 성실공익법인은 보정을 요구받은 날부터 1주일 이내에 이를 보정하여야 한다.

라. 수익사업 개시신고 및 사업자등록

(1) 개시신고

수익사업 개시일부터 2월 이내 관할세무서에 신고(법인세법 제110조).

(2) 사업자 등록

수익사업 개시일부터 20일 내 관할세무서에 등록(법인세법 제111조, 법인세법 시행령 제154조)하여야 된다. 다만, 법인설립 신고를 한 경우에는 사업자등록 신청을 한 것으로 본다.

제7장 법인의 해산 및 청산

법인의 소멸은 자연인의 사망에 해당하는 것으로 그 권리능력을 상실하는 것이며, 자연인과 달리 "상속"제도가 없으므로 재산관계를 정립하기 위하여 일정한 단계(해산→청산)를 거쳐야 한다.

1. 해산사유

가. 해산의 개념 등

법인의 해산이란 법인이 본래의 적극적 활동을 정지하고 청산절차에 들어가는 것을 말하며, 해산으로 법인의 권리능력이 완전히 소멸되는 것이 아니고 청산에 필요한 정도로 제한되는데, 공익법인에도 민법상 비영리법인의 해산사유가 적용된다.

나. 해산사유

그 외 공익법인법은 다음과 같은 사유의 어느 하나에 해당될 때에 주무관청이 공익법인에 대한 설립허가를 취소할 수 있도록 정하고 있다. 공익법인의 목적사업이 둘 이상인 경우에는 그 일부의 목적사업에 해당 사유가 있을 때도 설립허가가 취소될 수 있다(공익법인법 제16조 제1항).

- 거짓이나 그 밖의 부정한 방법으로 설립허가를 받은 경우
- 설립허가 조건을 위반한 경우
- 목적 달성이 불가능하게 된 경우
- 목적사업 외의 사업을 한 경우
- 이 법 또는 이 법에 따른 명령이나 정관을 위반한 경우
- 공익을 해치는 행위를 한 경우
- 정당한 사유 없이 설립허가를 받은 날부터 6개월 이내에 목적사업을 시작하지 아니하거나 1년 이상 사업실적이 없을 때
- 이상의 사유에 따른 공익법인의 설립허가취소는 다른 방법으로는 감독목적을 달성할 수 없거나, 감독청이 시정을 명령한 후 1년이 지나도 이에 응하지 아니한 경우 등에 한하여 실시된다.

다. 해산허가신청

법인이 해산(파산의 경우는 제외) 하고자 할 때에는 다음의 서류를 갖추어 주무관청에 제출하여야 한다.

- 법인해산허가 신청서 1부
- 해산사유서
- 해산당시 재산목록 1부(예금잔고증명, 부동산등기부등본, 주식소유증명서, 기타 권리증　명 증빙서류를 첨부)
- 잔여재산 처분 방법의 개요를 기재한 서류 1부(재산청산조서, 잔여재산처리에 관한 의견서)
- 해산당시의 정관 1부
- 이사회회의록 또는 총회회의록 1부(법인이 해산을 결의할 때에는 정관에 정한 의결정족　수를 지켜야 함은 물론 해산의 사유가 구체적으로 명시되어야 한다.)
- 법인등기부등본

라. 해산등기 및 신고

(1) 해산등기(민법 제85조)

청산인은 파산의 경우를 제하고는 취임 후 3주간 내에 해산등기를 하여야 한다(등기사항 중에 변경이 있는 경우에는 3주간 내에 변경등기).

(2) 해산 신고(민법 제86조, 교육규칙 제10조) – 청산인은 파산의 경우를 제하고는 취임 후 3주간 내에 해산등기사항을 주무관청에 신고하여야 한다(청산중에 청산인이 바뀐 경우에는 그 성명 및 주소를 변경 등기한 법인등기부등본을 첨부하여 취임 후 3주간 내에 주무관청에 신고).

자진해산	
법인 (법인해산신청서류 제출)	▷ 해산사유 발생(「민법」 제77조) ▷ 신청서 접수(관할 지역교육지원청에 접수)
↓	
지역교육지원청 (1차 검토)	▷ 검토기간 : 3일 ▷ 이사회 및 총회 회의록 확인

	• 해산결의에 따른 의결정족수
	• 해산사유의 구체적 명시
	▷ 기본 재산 확인
	  • 기본재산 임의처분 여부
	▷ 잔여재산의 처리방법 및 타당성 확인
	  • 정관이 정한 자에게 귀속여부
	▷ "검토의견서" 작성하여 상신

	↓
도교육청 (2차 검토 및 허가 · 수리)	▷ 검토기간: 4일 ▷ 해산사유의 타당성 확인 ▷ 잔여재산 처리방법의 타당성확인 ▷ 해산 허가 처리, "허가서" 교부 • 지역교육지원청을 통하여 교부

2. 잔여재산의 귀속

해산한 법인의 재산은 원칙적으로 정관이 지정한 자에게 귀속된다. 다만, 정관으로 귀속권리자를 지정하지 않거나 지정하는 방법을 정하지 않은 때에는 이사나 청산인이 주무관청의 허가를 얻어 처분할 수 있다(민법 제80조 제2항, 여성가족부 소관 비영리법인의 설립 및 감독에 관한 규칙 제11조). 이 때 주무관청에 제출하는 서류는 처분사유와 처분하려는 재산의 종류 · 수량 · 금액 및 처분방법 등을 기재한 허가신청서 해산 당시의 정관, 총회의 회의록(사단법인만 해당) 사본을 첨부하여 제출한다.

가. 귀속주체

해산한 공익법인의 남은 재산은 정관으로 정하는 바에 따라 국가나 지방자치단체에 귀속된다(공익법인법 제13조). 따라서 공익법인은 그 정관에 당해 공익법인이 해산한 경우에 잔여재산이 귀속될 주체를 국가 또는 지방자치단체로 명시하여야 한다(공익법인법 시행령 제25조 제1항).

나. 귀속절차

공익법인의 청산인은 해산 후 청산종결의 신고(민법 제94조)와 함께 잔여재산이 귀속할 국가 또는 지방자치단체에 잔여재산의 목록을 제출하고, 지체 없이 권리 이전절차를 취한 후 재산을 인도하여야 한다(공익법인법 시행령 제25조 제21항).

다. 귀속결과

국가나 지방자치단체에 귀속된 재산은 주무관청 또는 지방자치 단체의장(당해 법인의 주무관청이 교육부장관인 경우에는 교육감)이 관리하되, 공익사업에 사용하거나 이를 유사한 목적을 가진 공익법인에게 증여하거나 무상대부 한다. 이 경우 주무관청은 기획재정부장관과 협의하여야 한다(공익법인법 제13조 제2항, 공익법인법 시행령 제25조 제3항).

3. 청산

가. 청산의 개념

청산이라 함은 해산한 법인이 잔무를 처리하고 재산을 정리하여 완전히 소멸할 때까지의 절차를 말하는 것으로써, 이는 관할 법원의 검사감독을 받아 이루어진다. 청산절차는 민법의 규정에 따르며, 제3자의 이해관계에 중대한 영향을 미치기 때문에 강행규정으로, 해산절차의 마지막 단계와 연결되어 진행된다.

나. 청산법인의 능력

해산법인은 청산의 목적 범위 내에서만 권리가 있고 의무를 부담하며(「민법」제81조,) 해산 전의 본래의 적극적인 사업을 해하는 것은 청산법인의 권리능력의 범위를 벗어나는 것이 된다. 또한, 청산은 파산의 경우는 파산법의 규정에 따라, 기타의 경우는 민법의 규정에 따르며, 모두 제3자의 이해관계에 중대한 영향을 미치기 때문에 이에 관한 규정은 강행규정이다(정관으로 달리 정할 수 없음).

다. 청산절차

(1) 청산인

법인이 해산하면 이사에 갈음하여 청산인이 청산법인의 집행기관이 되며(「민법」제82조), 청산인은 청산법인의 능력의 범위 안에서 내부의 사무를 집행하고 외부에 대하여 청산법인을 대표한다.

(2) 해산등기

가) 주무관청신고

청산인은 그 취임 후 3주간 내에 해산등기를 하고 그 사항을 주무관청에 신고 (「민법」제85조. 제86조)한다. 다만, 파산에 의한 청산의 경우에는 법원이 직권으로 등기소에 등기촉탁하고 주무관청에 통지 (파산법 제110조. 제115조)한다.

나) 해산등기 사항

해산등기 사항은 해산사유 및 연월일, 청산인의 성명 및 주소와 청산인의 대표권 제한 사항 등이다.

다) 해산등기 신청 서류

- 해산 사유 및 해산일자
- 청산인의 주민등록등본
- 공증된 총회나 이사회 회의록

라. 청산사무 집행

(1) 현존사무의 종결 (「민법」제87조①-1호)

(2) 채권의 추심 (「민법」제87조①-2호)

변제기가 도래하지 않은 채권이나 조건부 채권과 같이 즉시로 추심할 수 없는 채권은 양도, 기타 환가처분 등의 적당한 방법으로 환가 할 수 있다(민소법 제574조).

(3) 채무의 변제 (「민법」제87조①-2호)

채권신고의 최고(催告)를 공고 : 청산인 취임 날로부터 2개월 내 3회 이상 실시한다.[8]

(4) 잔여재산의 인도

채무를 완제한 후 잔여재산이 있을 경우에는 정관이 정하는 바에 의하여 주무관청에 인도하여야 한다(공익법인법 제13조 제1항).[9]

---

8) 해산허가를 득하고 채권신고의 공고 후 최고기간의 종료(2개월 이상)까지 채무의 변제를 금지함- 법인세 신고·납부 : 해산등기일로부터 90일 이내- 공익법인 세무확인서 등 신고·납부 : 해산등기일로부터 90일 이내
9) 비영리법인("공익법인"포함)에 있어서의 잔여재산은 그 어떠한 경우에도 구성원에게 분배될 수 없다.

마. 청산종결의 등기와 신고

(1) 등기 및 신고

청산이 종결되면 청산인은 3주간 내에 이를 등기하고, 주무관청에 신고하여야 한다. (민법 제94조)

(2) 구비서류

- 청산종결 신고서
- 청산종결 등기 후 발급된 법인등기부등본
- 잔여재산목록

제4편
유형별 비영리사단법인
설립절차

제1장 식품의약품안전처 소관 비영리법인 설립

1. 개관

식품의약품안전처 소관 비영리법인의 설립 및 감독에 관한 규칙(이하 규칙이라고만 함)은 「민법」에 따라 식품의약품안전처장이 주무관청이 되는 비영리법인의 설립 및 감독에 필요한 사항을 규정함을 목적으로 하며, 이에 따른 비영리법인(이하 '법인'이라 한다)의 설립허가, 법인 사무의 검사 및 감독 등에 관하여는 다른 법령에 특별한 규정이 있는 경우를 제외하고는 이 규칙에서 정하는 바에 따른다. 본장은 식품의약품안전처 소관 비영리법인의 설립과 관련한 일반절차인 설립허가신청 및 관련 첨부 서류 그리고 정관변경허가신청, 사업계획보고 등에 관한 내용들을 정리하였다. 그 외 관련서류들은 제1편 비영리사단법인 및 제2편 비영리재단법인 관련 내용부분을 참고하기 바란다.

2. 설립허가절차

가. 설립허가의 신청

「민법」 제32조에 따라 법인의 설립허가를 받으려는 자(이하 '설립발기인'이라 한다)는 별지 제1호 서식의 법인 설립허가 신청서에 다음의 서류를 첨부하여 식품의약품안전처장에게 제출하여야 한다 (규칙 제3조).

- 설립발기인의 성명 · 생년월일 · 주소 · 약력을 적은 서류(설립발기인이 법인인 경우에는 그 명칭, 주된 사무소의 소재지, 대표자의 성명 · 생년월일 · 주소와 정관을 적은 서류) 1부
- 정관 1부
- 재산목록(재단법인의 경우에는 기본재산과 운영재산으로 구분하여 적어야 한다) 및 그 증명서류와 출연(出捐) 신청이 있는 경우에는 그 사실을 증명하는 서류 각 1부
- 해당 사업연도분의 사업계획 및 수입 · 지출 예산을 적은 서류 1부
- 임원 취임 예정자의 성명 · 생년월일 · 주소 · 약력을 적은 서류 및 취임승낙서 각 1부
- 창립총회 회의록(설립발기인이 법인인 경우에는 법인 설립에 관한 의사 결정을 증명하는 서류) 1부

■ 식품의약품안전처 소관 비영리법인의 설립 및 감독에 관한 규칙 [별지 제1호 서식] 〈개정 2015.8.5.〉

법인 설립허가 신청서

접수번호		접수일	처리일	처리기간	**20일**

신청인	성명		생년월일	
	주소		전화번호	

법 인	명칭		전화번호	
	소재지			
대표자	성명		생년월일	
	주소		전화번호	

「민법」 제32조 및 「식품의약품안전처 소관 비영리법인의 설립 및 감독에 관한 규칙」 제3조에 따라 위와 같이 법인 설립허가를 신청합니다.

년   월   일

신청인
(서명 또는 인)

식 품 의 약 품 안 전 처 장 귀하

신청인 제출서류	1. 설립발기인의 성명·생년월일·주소·약력을 적은 서류(설립발기인이 법인인 경우에는 그 명칭, 주된 사무소의 소재지, 대표자의 성명·생년월일·주소와 정관을 적은 서류) 1부 2. 정관 1부 3. 재산목록(재단법인의 경우에는 기본재산과 운영재산으로 구분하여 적어야 합니다) 및 그 증명서류와 출연 신청이 있는 경우에는 그 사실을 증명하는 서류 각 1부 4. 해당 사업연도분의 사업계획 및 수입·지출 예산을 적은 서류 1부 5. 임원 취임 예정자의 성명·생년월일·주소·약력을 적은 서류 및 취임승낙서 각 1부 6. 창립총회 회의록(설립발기인이 법인인 경우에는 법인 설립에 관한 의사 결정을 증명하는 서류) 1부 ※ 제3호의 서류 중 담당 공무원 확인사항인 증명서류는 제출하지 않아도 됩니다.	수수료 없 음
담당 공무원 확인사항	재산목록에 적힌 재산의 토지(건물) 등기사항	

처리절차

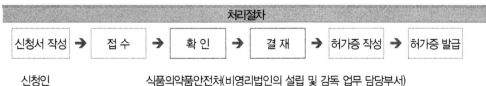

신청인   식품의약품안전처(비영리법인의 설립 및 감독 업무 담당부서)

210mm×297mm[일반용지 60g/㎡(재활용품)]

제1장 총칙

제1조 (명칭) 이 법인의 명칭은 사단법인 대한항암요법연구회 (이하 '본 법인')이라 하며, 영문 명칭은 'Korean Cancer Study Group (약칭 KCSG)'로 표기한다.

제2조 (목적) 본 법인은 암에 관한 국내외 다기관 임상시험 수행 및 지원, 회원 간 교류 및 협력, 관련 제도 개선을 통하여 안전하고 효과적인 새로운 암 치료법의 개발에 힘쓰며, 암 임상시험에 종사하는 전문인력을 양성하고 임상시험에 대한 올바른 정보를 국민에게 전달하여 궁극적으로 국민 보건 향상에 기여함을 목적으로 한다.

제3조(사무소의 소재지)
① 본 법인의 사무소는 서울특별시 강남구 테헤란로84길 15, 4층에 둔다.
② 본 법인은 필요에 따라 지부 및 분사무소를 둘 수 있다.

제4조 (사업) 본 법인은 제2조의 목적을 달성하기 위하여 다음과 같은 사업을 수행한다.
1. 암에 관한 다기관 임상시험 수행 및 지원 사업
2. 암 임상시험에 관한 회원 상호간 기술 · 정보 교류 및 협력 사업
3. 암 임상시험과 관련된 국내외 단체와의 교류 및 협력 사업
4. 암 임상시험에 관련된 전문 인력 교육 및 양성 사업
5. 암 임상시험 관련 제도 및 정책 연구 사업
6. 암 임상시험에 관한 대국민 홍보 사업
7. 기타 법인의 목적달성에 필요한 사업

제2장 회원

제5조 (회원의 자격) 본 법인의 회원은 정회원과 준회원으로 구성한다
① 정회원은 다음 각 호의 중 하나에 해당하는 자로서 제6조의 입회 절차를 마친 자로 한다.
1. 제2조의 목적에 찬동하는 혈액종양내과 분과 전문의

2. 제2조의 목적에 찬동하는 임상시험 관련 분야 전문가로서, 본 법인의 발전에 기여한 공로가 인정되어 정회원 3인 이상의 추천을 받아 이사회에서 승인한 자

② 준회원은 제2조의 목적에 찬동하며, 정회원 1인 이상의 추천을 받은 자로서 제6조의 입회 절차를 마친 자로 한다.

제6조 (회원의 가입) 본 법인의 회원이 되고자 하는 자는 소정의 회원가입 신청서를 제출한 뒤 이사회의 승인을 거쳐 회원으로 가입한다.

제7조 (회원의 권리)

① 회원은 본 정관에서 정하는 바에 따라 회원의 권리를 갖는다.

② 정회원은 총회에 출석하여 본 법인에 관한 의견을 제안하고 의결에 참여할 권리를 가지며, 선거권과 피선거권을 가진다.

③ 회원은 법인에서 시행하는 사업에 참여할 수 있으며 교육, 출판물, 기타 자료를 이용할 권리를 가진다.

제8조 (회원의 의무) 회원은 다음의 의무를 가진다.

① 본 법인의 정관 및 규정의 준수

② 총회 및 이사회 의결사항의 이행

③ 회비 납부 (단, 만 65세 이상 회원은 회비가 면제된다.)

제9조 (회원의 탈퇴와 제명)

① 회원은 본인의 의사에 따라 자유롭게 탈퇴할 수 있다.

② 정당한 사유 없이 2년 이상 회비를 미납하였을 경우, 체납된 회비를 납부할 때까지 회원자격은 정지된다.

③ 회원이 법인의 명예를 손상시키거나 목적 수행에 지장을 초래한 경우 이사회의 의결을 거쳐 제명할 수 있다.

④ 탈퇴 및 제명으로 인하여 회원의 자격을 상실한 경우 이미 납부한 회비 등에 대한 권리를 요구할 수 없다.

제10조 (회원의 상벌)

① 본 법인의 회원으로서 법인의 발전에 기여한 자에 대하여는 이사회의 의결을 거쳐 포상할 수

있다.

② 본 법인의 회원으로서 법인의 목적에 위배되는 행위 또는 명예와 위신에 손상을 가져오는 행위를 하거나 제8조의 의무를 이행하지 아니한 자에 대하여는 이사회의 의결을 거쳐 일시 회원자격 정지 등의 징계를 할 수 있다.

제3장 임원 및 직원

제11조 (임원)

① 본 법인은 다음의 임원을 둔다.

1. 회장 1인

2. 이사 5인 이상 20인 이내 (회장 포함)

3. 감사 2인

② 모든 임원은 비상임으로 한다.

제12조 (임원의 선임)

① 이사는 정회원 중에서 이사회가 추천하여 총회의 승인을 받아 선임한다.

② 회장은 선출된 이사 중에서 이사회에서 선출하여 총회의 승인을 받아 선임한다.

③ 감사는 정회원 중에서 이사회가 추천하여 총회의 승인을 받아 선임한다.

④ 임원 선임에 있어서 이사 상호간에 민법 제777조에 규정된 친족관계에 있는 자가 이사정수의 1/5을 초과할 수 없다.

⑤ 감사는 감사 상호간 또는 이사와 민법 제777조에 규정된 친족관계가 없어야 한다.

⑥ 새로운 임원의 선출은 임기만료 2개월 이내에 해야 한다. 단, 새로운 회장은 임기만료 2개월 이전이라도 할 수 있다.

⑦ 임원의 보선은 결원이 발생한 날로부터 2개월 이내에 하여야 한다.

⑧ 새로운 임원의 선출이 있을 때에는 지체없이 식품의약품안전처장에게 보고한다.

제13조 (임원의 임기)

① 회장의 임기는 2년으로 하고 1회에 한해 연임할 수 있다.

② 이사의 임기는 2년으로 하되 연임할 수 있다.

③ 보선된 임원의 임기는 전임자의 잔여기간으로 한다.

④ 임원은 임기만료 후라도 후임자가 취임할 때까지는 임원으로 직무를 수행한다.

⑤ 이 정관 시행당시의 임원은 정관의 시행일부터 차기년도 2월 마지막 날까지로 한다.

제14조 (임원의 직무)

① 회장은 본 법인을 대표하고 법인의 업무를 총괄하며, 총회 및 이사회의 의장이 된다.

② 이사는 이사회에 출석하여 본 법인의 업무에 관한 사항을 의결하며 총회 또는 이사회로부터 위임받은 사항을 처리한다.

③ 감사는 다음의 직무를 행한다.

1. 본 법인의 재산상황을 감사하는 일

2. 총회 및 이사회의 운영과 그 업무에 관한 사항을 감사하는 일

3. 제1호 및 제2호의 감사결과 부정 또는 부당한 점이 있음을 발견한 때에는 이사회 또는 총회에 그 시정을 요구하고 그래도 시정 하지 않는 경우 식품의약품안전처장에게 보고하는 일

4. 제3호의 보고를 하기 위하여 필요한 때에는 총회 또는 이사회의 소집을 요구하는 일

5. 본 법인의 재산상황과 업무에 관하여 총회 및 이사회 또는 회장에게 의견을 진술하는 일

제15조 (회장의 직무대행)

① 회장이 궐위되었을 때에는 출석 이사 중 연장자의 사회아래 이사회의 의결을 거쳐 선임된 이사가 회장의 직무를 대행한다.

② 제1항의 규정에 의하여 회장의 직무를 대행하는 이사는 지체없이 회장 선출의 절차를 밟아야 한다.

제16조 (임원의 해임) 이사회는 임원이 다음 각 호의 어느 하나에 해당하는 경우에는 총회의 의결을 거쳐 해임할 수 있다.

1. 법령이나 정관을 위반하는 행위를 하거나 그 직무상 의무를 게을리 하는 등 임원으로서의 직무수행에 현저한 지장이 있다고 판단되는 경우

2. 임원간의 분쟁, 회계부정 또는 현저한 부당행위 등으로 법인에 중대한 손실을 발생하게 하거나 법인의 명예를 훼손한 때

3. 심신장애 등 그 밖의 사유로 업무를 수행할 수 없게 되었을 때

제17조 (직원)

① 법인에 필요한 직원을 두되 직원은 회장이 임면한다.

② 직원의 임용, 보수 및 복무규정에 관한 사항은 이사회의 의결을 거쳐 별도의 규정으로 정한

다.

③ 회장은 필요한 때에 예산의 범위 안에서 정원 외에 계약 또는 임시로 직원을 채용할 수 있으며, 계약내용과 기간 등에 관하여 필요한 사항은 회장이 따로 정한다.

제4장 총회

제18조 (총회의 구성)
총회는 본 법인의 최고의결기관이며 정회원으로 구성한다. 다만, 준회원은 총회에 출석하여 발언할 수 있다.

제19조 (구분 및 소집)
① 총회는 정기총회와 임시총회로 구분하며, 회장이 소집한다.
② 정기총회는 매 회계연도 종료 후 2개월 이내에 소집하며, 임시총회는 회장이 필요하다고 인정할 때에 소집한다.
③ 총회의 소집은 회장이 회의 안건, 일시, 장소 등을 명기하여 회의 개시 7일전까지 각 회원에게 서면(전자문서를 포함한다, 이하 같다)으로 통지하여야 한다. 다만, 회장이 긴급히 소집할 필요가 있다고 인정하는 경우에는 이 기간을 단축할 수 있다.

제20조 (총회소집의 특례)
① 회장은 다음 각 호의 1에 해당하는 소집요구가 있을 때에는 그 소집요구일로부터 30일 이내에 총회를 소집하여야 한다.
1. 재적이사 과반수가 회의의 목적을 제시하여 소집을 요구한 때
2. 제14조제3항제4조의 규정에 의해 감사의 요구가 있을 때
3. 재적 정회원 3분의 1이상이 회의의 목적을 제시하여 소집을 요구한 때
② 총회 소집권자가 궐위되거나 이를 기피함으로써 7일 이상 총회소집이 불가능한 때에는 재적이사 과반수 또는 재적 정회원 3분의 1이상의 찬성으로 총회를 소집할 수 있다.
③ 제2항의 규정에 의한 총회는 출석 이사 중 연장자의 사회아래 이사회의 의결을 거쳐 선임된 이사가 의장이 된다.

제21조 (의결정족수)
① 총회는 재적 정회원 과반수의 출석으로 개의하고 출석 정회원 과반수의 찬성으로 의결한다.

② 단, 정관개정의 경우 재적 정회원의 3분의 2 이상, 법인 해산의 경우 재적 정회원 4분의 3 이상의 찬성으로 의결한다.

③ 정회원은 대리인 또는 서면으로 의결권을 행사할 수 있다. 이 경우 그 회원은 출석한 것으로 보고, 대리인은 대리권을 증명하는 서류를 총회 개최 전까지 의장에게 제출해야 한다.

④ 총회의 의장은 표결권이 없다.

제22조 (총회의 기능) 총회는 다음의 사항을 의결한다.

1. 임원의 선출 및 해임에 관한 사항

2. 본 법인의 해산 및 정관변경에 관한 사항

3. 기본재산의 처분 및 취득에 관한 사항

4. 예산 및 결산에 관한 사항

5. 사업계획에 관한 사항

6. 기타 이사회에서 필요하다고 인정하는 사항

제23조 (의결제척사유) 회원은 다음 각 호의 1에 해당하는 때에는 그 의결에 참여하지 못한다.

1. 임원의 선출 및 해임에 있어 자신에 관한 사항을 의결할 때

2. 금전 및 재산의 수수 또는 소송 등에 관련되는 사항으로서 자신과 본 법인의 이해가 상충될 때

제5장 이사회

제24조 (이사회의 구성)

① 이사회는 이사 전원으로 구성한다.

② 감사는 이사회에 출석하여 발언할 수 있다.

제25조 (이사회의 소집)

① 이사회는 정기이사회와 임시이사회로 구분한다.

② 정기이사회는 연 1회 개최하고, 임시이사회는 제26조 각 호의 1에 해당하는 소집요구가 있는 때에 소집한다.

③ 이사회의 소집은 회장이 회의안건, 일시, 장소 등을 명기하여 회의 개시 7일전까지 문서로 각 이사 및 감사에게 통지하여야 한다. 다만, 긴급하다고 인정되는 정당한 사유가 있을 때에는

그러하지 아니한다.

제26조 (이사회 소집의 특례)

① 회장은 다음 각 호의 1에 해당하는 소집요구가 있는 때에는 그 소집요구일로부터 30일 이내에 이사회를 소집하여야 한다.

1. 이사 과반수가 회의의 목적을 제시하여 소집을 요구한 때
2. 제14조 제3항 제4조의 규정에 의해 감사의 요구가 있을 때

② 이사회 소집권자가 궐위되거나 이를 기피함으로써 7일 이상 이사회 소집이 불가능할 때에는 재적이사 과반수의 찬성으로 이사회를 소집할 수 있다.

③ 제 2항의 규정에 의한 이사회는 출석 이사 중 연장자의 사회아래 이사회의 의결을 거쳐 선임된 이사가 의장이 된다.

제27조 (서면결의)

① 회장은 이사회에 부의할 사항 중 식품의약품안전처장의 승인 · 허가를 요하지 아니하는 사항으로서 경미한 사항 또는 긴급을 요하는 사항에 관하여는 이를 서면 · 통신으로 의결할 수 있다. 이 경우에 회장은 그 결과를 차기 이사회에 보고하여야 한다.

② 제1항의 서면결의 사항에 대하여 재적이사 과반수가 이사회에 부의할 것을 요구하는 때에는 회장은 이에 따라야 한다.

제28조 (의결정족수)

① 이사회는 재적이사 과반수의 출석으로 개의하고 출석이사 과반수의 찬성으로 의결한다.

② 제30조에 따라 의결제척사유에 해당되는 이사는 그 안건의 의결에 참여할 수 없다. 이 경우 의결에 참여하지 못하는 이사는 제1항에 따른 재적이사 수에 포함되지 아니한다.

③ 부득이한 사유로 회의에 직접 참석할 수 없는 이사는 대리인 또는 서면으로 의결권을 행사할 수 있다. 대리인은 대리권을 증명하는 서류를 총회 개최 전까지 의장에게 제출해야 한다.

제29조 (이사회의 의결사항) 이사회는 다음의 사항을 심의. 의결한다.

1. 사업계획 수립에 관한 사항
2. 사업 결과 및 성과에 관한 사항
3. 예산, 결산서의 작성에 관한 사항
4. 정관변경에 관한 사항

5. 재산관리에 관한 사항

6. 회원의 가입과 탈퇴, 상벌에 관한 사항

7. 총회에 부의할 안건의 작성

8. 총회에서 위임받은 사항

9. 정관에서 이사회의 의결을 요하는 사항

10. 기타 본 법인의 운영상 중요하다고 회장이 부의하는 사항

제30조(의결제척사유) 이사는 다음 각 호의 1에 해당하는 때에는 그 의결에 참여하지 못한다.

1. 임원의 선출 및 해임에 있어 자신에 관한 사항을 의결할 때

2. 금전 및 재산의 수수 또는 소송 등에 관련되는 사항으로서 자신과 본 법인의 이해가 상충될 때

제6장 위원회

제31조(위원회)

① 법인의 업무 집행을 위해 업무 분야에 따른 각종 위원회를 둘 수 있다.

② 위원장은 회장이 임면한다.

③ 각 위원회의 운영에 관해서는 별도의 규정으로 정한다.

제7장 재산과 회계

제32조 (재산의 구분)

① 본 법인의 재산은 다음과 같이 기본재산과 보통재산을 구분한다.

1. 기본재산은 본 법인 설립시 그 설립자가 출연한 재산과 이사회에서 기본재산으로 정한 재산으로 하며, 그 목록은 '별지 1'과 같다.

2. 보통재산은 기본재산 이외의 재산으로 한다.

제33조 (재산의 관리)

① 본 법인은 그 목적사업을 달성하기 위하여 그 재산을 성실히 관리하여야 한다.

② 본 법인의 기본재산을 처분(매도, 증여, 교환을 포함한다)하고자 할 때에는 이사회의 의결과

총회의 의결을 거쳐야 한다.

③ 기본재산의 변경에 관하여는 정관변경에 관한 규정을 준용한다.

제34조 (수입금) 본 법인의 재정은 다음의 수입금으로 충당한다.

1. 회원의 회비

2. 재산으로 생기는 과실

3. 각종 출연금, 보조금, 기부금, 연구용역 수입금

4. 그 밖의 수입금

제35조 (회계연도) 법인의 회계연도는 정부의 회계연도에 따른다.

제36조 (예산편성 및 결산)

① 본 법인은 회계연도 개시 전 사업계획 및 예산을 이사회의 승인을 받아 회계연도 개시 후 집행할 수 있으며, 정기 총회의 승인을 받아야 한다. 단, 국고부담이 수반되는 사업은 사전에 식품의약품안전처의 승인을 받아야 한다.

② 본 법인은 사업실적 및 결산내용을 당해 회계연도 종료 후 2월 이내에 이사회의 의결을 거쳐 총회의 승인을 받아야 한다.

③ 익년도의 사업계획서 및 예산서와 당해연도 사업실적서 및 수기결산서를 회계연도 종료 후 2월 이내에 식품의약품안전처장에게 보고하여야 한다. 이 경우 재산목록과 업무현황, 감사결과 보고서도 함께 제출하여야 한다.

④ 새로운 회계연도 개시 전까지 사업계획서 및 예산안을 승인받지 못한 경우라도 인건비 및 임차료 등 필요경비는 전년도 예산을 준하여 집행할 수 있다.

제37조 (회계감사) 감사는 회계감사를 연 1회 이상 실시하여야 한다.

제38조 (임원의 보수) 임원에 대하여는 보수를 지급하지 아니한다. 다만, 업무수행에 필요한 출석수당 및 회의수당과 그 업무수행에 필요한 실비는 지급할 수 있다.

제8장 보 칙

제39조 (법인해산 및 잔여재산의 처리 등)

① 본 법인이 해산하고자 할 때에는 총회에서 재적 정회원 4분의 3이상의 찬성으로 의결하여 식품의약품안전처장에게 신고하여야 한다.

② 본 법인이 해산한 때의 잔여재산은 총회의 의결을 거쳐 식품의약품안전처장의 허가를 얻어 국가·지방자치단체 또는 유사한 목적을 가진 다른 비영리법인에게 귀속되도록 한다.

③ 청산인은 법인의 청산을 종결한 때에는 「민법」제94조에 따라 그 취지를 등기하고 청산종결 신고서를 식품의약품안전처장에게 제출한다.

제40조 (정관변경) 이 정관을 변경하고자 할 때에는 총회에서 재적 정회원 3분의 2이상의 찬성으로 의결하여 식품의약품안전처장의 허가를 받아야 한다.

제41조 (기부금 사용의 공개) 본 법인은 기부금 사용에 있어 법인의 홈페이지를 통해 연간 기부금 모금액 및 활용실적을 매년 3월말까지 공개하여야 한다.

제42조 (규칙제정) 이 정관에 정한 것 외에 본 법인의 운영에 관하여 필요한 사항은 이사회의 의결을 거쳐 규칙으로 정한다.

부칙

제1조 (시행일) 이 정관은 식품의약품안전처의 허가를 받은 날로부터 시행한다.

[서식 _ 재산목록]

재산목록

구분	재산명	수량	금액(원)	비고
기본재산				
운영재산				
합계				

20 년   월   일

위 사실을 확인함

사단(재단)법인 ○○○○ 이사장 (인)

사업계획서 및 수지예산서

1. 사업계획서

　- 사업계획의 목적과 연도별 계획 기재

2. 수지예산서

　- 예산총괄표

사업명	예산액	산출근거

　- 수지예산서(수입지부)

연예산액	월예산액	사업내역	비고

　- 수지예산서(지출지부)

내역	금액	비고

[서식 _ 임원취임 예정자의 인적사항을 적은 서류]

임 원 조 서							
번호	직위	성명(한자)	주민등록번호	임기	학력	주소	현직

사단(재단)법인 ○○○○ 이사장 (인)

취 임 승 낙 서

사단(재단)법인 ○○○○ 이사장 (인)

설립자 ○○○ 귀하

본인은 금번 설립하는 사단(재단)법인 ○○○○의 이사(임기 ○년)에 취임할 것을 승낙합니다.

20 년   월   일

주소 :

주민등록번호 :

성명 :   (인)

사단(재단)법인 ○○○○ 창립(발기인) 총회 회의록

1. 일시 : 20   년   월   일

2. 장소 :

3. 출석위원 : ○○○, ○○○, ○○○, ○○○, ○○○, ...(성명기재)

4. 결석위원 : ○○○, ○○○, ○○○, ...(성명기재)

5. 안건

　– 제1호 의안 : 설립취지선택(안)

　– 제2호 의안 : ○○법인 명칭제정(안)

　– 제3호 의안 : 정관(안)

　– 제4호 의안 : 임원선임(안)

　– 제5호 의안 : 법인사업계획서(안)

　– 기타 안건(있는 경우 상정)

6. 회의내용

발언자	회의진행사항
사회자 ○○○	발기인 ○명 중 ○명이 참석하여 성원이 되었으므로 개회를 선언합니다. 어느 분이 임시의장을 맡으시면 좋으실지 말씀하여 주시기 바랍니다. ○○○을 임시의장으로 선출할 것을 제의합니다.
발기인(가) ○○○	제청합니다.
발기인(나) ○○○	(의안별로 구체적인 토의사항을 발표자 순서대로 기록하여 정리)

20   년   월   일

사단(재단)법인 ○○○○

발기인 ○○○ (인)

발기인 ○○○ (인)

발기인 ○○○

나. 설립허가

(1) 설립허가

식품의약품안전처장은 법인 설립허가 신청의 내용이 다음의 기준에 맞는 경우에만 그 설립을 허가할 수 있다(규칙 제4조).

• 법인의 목적과 사업이 실현 가능할 것
• 목적으로 하는 사업을 할 수 있는 충분한 능력이 있고, 재정적 기초가 확립되어 있거나 확립될 수 있을 것
• 다른 법인과 같은 명칭이 아닐 것

(2) 심사 및 허가기간

식품의약품안전처장은 법인 설립허가 신청을 받았을 때에는 특별한 사유가 없으면 20일 이내에 심사하여 허가 또는 불허가 처분을 하고, 그 결과를 서면으로 신청인에게 통지하여야 한다. 이 경우 허가를 할 때에는 별지 제2호 서식의 법인 설립허가증을 신청인에게 발급하고, 법인 설립허가대장에 필요한 사항을 적어야 하며, 법인의 설립허가를 할 때에는 필요한 조건을 붙일 수 있다.

■ 식품의약품안전처 소관 비영리법인의 설립 및 감독에 관한 규칙[별지 제2호 서식]　　　　　　(앞쪽)

제　호

법인 설립허가증

1. 법인 명칭:

2. 소 재 지:

3. 대 표 자
　가. 성　　명:
　나. 생년월일:
　다. 주　　소:

4. 사업 내용:

5. 허가 조건:

「민법」 제32조 및 「식품의약품안전처 소관 비영리법인의 설립 및 감독에 관한 규칙」 제4조에 따라 위와 같이 법인 설립을 허가합니다.

년　　　월　　　일

식품의약품안전처장　　　　[　직인　]

210mm×297mm[일반용지 60g/㎡(재활용품)]

준수사항

1. 「민법」및 「식품의약품안전처 소관 비영리법인의 설립 및 감독에 관한 규칙」등 관련 법령과 정관에서 정한 내용을 준수해야 합니다.
2. 정관에서 정하는 목적사업 중 다른 법률에 따른 허가·인가·등록·신고의 대상이 되는 사업을 하려는 경우에는 관련 법령에 따른 절차를 거쳐야 합니다.
3. 매 사업연도 종료 후 2개월 이내에 다음의 서류를 식품의약품안전처의 소관 부서에 제출해야 합니다.
   가. 다음 사업연도의 사업계획 및 수입·지출 예산서 1부
   나. 해당 사업연도의 사업실적 및 수입·지출 결산서 1부
   다. 해당 사업연도 말 현재의 재산목록 1부
4. 다음의 어느 하나에 해당되는 경우에는 「민법」제38조에 따라 법인의 설립허가를 취소할 수 있습니다.
   가. 설립 목적 외의 사업을 하였을 때
   나. 설립허가의 조건을 위반하였을 때
   다. 공익을 해치는 행위를 하였을 때
5. 법인이 해산(파산으로 인한 해산은 제외합니다)하였을 때에는 해산등기를 마친 후 지체 없이 식품의약품안전처장에게 해산 신고를 해야 합니다.
6. 법인의 청산이 종결되었을 때에는 등기를 한 후 식품의약품안전처의 소관 부서에 신고해야 합니다.

〈 변 경 사 항 〉

변경일	내 용	확인

210mm×297mm[일반용지 60g/㎡(재활용품)]

다. 설립 관련 보고

(1) 법인자산 이전

법인의 설립허가를 받은 자는 허가를 받은 후 지체 없이 기본재산과 운영재산을 법인에 이전(移轉)하고 1개월 이내에 이전을 증명하는 등기소 또는 금융회사 등의 증명서를 식품의약품안전처장에게 제출하여야 한다(규칙 제5조).

(2) 설립관련 보고

법인은 「민법」 제49조부터 제52조까지 또는 제52조의2에 따라 법인 설립 등의 등기를 하였을 때에는 10일 이내에 식품의약품안전처장에게 등기 사실을 서면으로 보고하거나 법인 등기사항증명서 1부를 제출하여야 한다. 이 경우 서면 보고를 받은 식품의약품안전처장은 「전자정부법」 제36조 제1항에 따른 행정정보의 공동이용을 통하여 법인 등기사항증명서를 확인하여야 한다.

3. 설립허가 이후의 절차

가. 정관 변경의 허가 신청

「민법」 제42조 제2항, 제45조 제3항 또는 제46조에 따른 정관 변경의 허가를 받으려는 법인은 별지 제3호 서식의 법인 정관 변경허가 신청서에 다음의 서류를 첨부하여 식품의약품안전처장에게 제출하여야 한다(규칙 제6조). 정관변경신청서는 첨부서식과 같고 그 외 관련 서면을 제1편 정관변경란의 첨부서류를 참고 바란다.

- 정관 변경 사유서 1부
- 개정될 정관(신ㆍ구조문대비표를 첨부한다) 1부
- 정관 변경과 관계있는 총회 또는 이사회의 회의록 사본 1부
- 기본재산 처분에 따른 정관 변경인 경우에는 처분 사유, 처분재산의 목록, 처분 방법 등을 적은 서류 1부

■ 식품의약품안전처 소관 비영리법인의 설립 및 감독에 관한 규칙 [별지 제3호 서식]

법인 정관 변경허가 신청서

접수번호	접수일	처리일	처리기간	7일

신청인	성명		생년월일 (외국인등록번호)	
	주소		전화번호	

법 인	명칭	전화번호
	소재지	
	설립허가일	설립허가번호

대표자	성명	생년월일 (외국인등록번호)
	주소	전화번호

「민법」제42조 제2항 · 제45조 제3항 · 제46조 및 「식품의약품안전처 소관 비영리법인의 설립 및 감독에 관한 규칙」제6조에 따라 위와 같이 정관의 변경허가를 신청합니다.

년   월   일

신청인   (서명 또는 인)

식 품 의 약 품 안 전 처 장 귀하

신청인 제출서류	1. 정관 변경 사유서 1부 2. 개정될 정관(신 · 구조문대비표를 첨부합니다) 1부 3. 정관 변경과 관계있는 총회 또는 이사회의 회의록 1부 4. 기본재산 처분에 따른 정관 변경인 경우에는 처분 사유, 처분재산의 목록, 처분 방법 등을 적은 서류 1부	수수료 없 음

처리절차

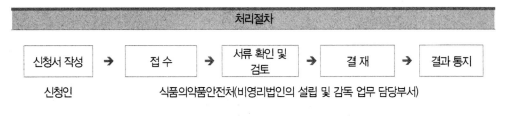

신청서 작성	→	접 수	→	서류 확인 및 검토	→	결 재	→	결과 통지
신청인		식품의약품안전처(비영리법인의 설립 및 감독 업무 담당부서)						

210mm×297mm[일반용지 60g/㎡(재활용품)]

정 관 변 경 사 유 서

법 인 명		
변경 사항	변경일자	
	변경내용	
주 요 골 자		
변 경 사 유	(구체적으로 기재)	

정관 변경 신 · 구 대비표

변 경 전	변 경 후	비 고 (구체적 사유)

나. 사업실적 및 사업계획 등의 보고

법인은 매 사업연도가 끝난 후 2개월 이내에 다음 각 호의 서류를 식품의약품안전처장에게 제출하여야 한다(규칙 제7조).

- 다음 사업연도의 사업계획 및 수입 · 지출 예산서 1부
- 해당 사업연도의 사업실적 및 수입 · 지출 결산서
- 해당 사업연도 말 현재의 재산목록 1부

다. 법인 사무의 검사 · 감독

식품의약품안전처장은 「민법」 제37조에 따른 법인 사무의 검사 및 감독을 위하여 불가피한 경우에는 법인에 관계 서류 · 장부 또는 그 밖의 참고자료 제출을 명하거나 소속 공무원으로 하여금 법인의 사무 및 재산 상황을 검사하게 할 수 있으며(규칙 제8조), 이에 따라 법인 사무를 검사하는 공무원은 그 자격을 증명하는 증표를 관계인에게 보여 주어야 한다.

4. 설립허가 취소 등

가. 설립허가의 취소

주무관청은 법인이 목적이외의 사업을 하거나 설립허가의 조건에 위반하거나 기타 공익을 해하는 행위를 한때에는 그 허가를 취소할 수 있는데, 이에 따라 비영리법인의 설립허가를 취소하려면 청문을 하여야 한다(규칙 제9조).

나. 해산신고

법인이 해산(파산으로 인한 해산은 제외한다)하였을 때에는 그 청산인은 「민법」 제85조 제1항에 따라 해산등기를 마친 후 지체 없이 별지 제4호 서식의 법인 해산 신고서에 다음 각 호의 서류를 첨부하여 식품의약품안전처장에게 제출하여야 한다(규칙 제10조).

- 해산 당시의 재산목록 1부
- 잔여재산 처분방법의 개요를 적은 서류 1부
- 해산 당시의 정관 1부
- 사단법인이 총회의 결의에 의하여 해산하였을 때에는 해산 결의를 한 총회의 회의록 사본 1부
- 재단법인의 해산 시 이사회가 해산을 결의하였을 때에는 해산 결의를 한 이사회의 회의록 사본 1부

구비서류	제출여부	비고
1. 비영리법인 **해산 신고서**	☐ 제출 ☐ 미제출	
2. 해산 당시의 **재산목록** 1부	☐ 제출 ☐ 미제출	
3. 잔여재산 **처분방법**의 개요를 적은 서류	☐ 제출 ☐ 미제출	
4. 해산 당시의 **정관**	☐ 제출 ☐ 미제출	
5-1. **사단법인**이 총회의 결의에 따라 해산하였을 때에는 그 결의를 한 **총회**의 **회의록**	☐ 제출 ☐ 미제출	
5-2. **재단법인**의 이사회의 결의에 따라 해산하였을 때에는 그 결의를 한 **이사회**의 **회의록**	☐ 제출 ☐ 미제출	

※ 비영리법인 설립 관련 구비 서류 및 검토 기준은 소관 부서별로 추가될 수 있음

■ 식품의약품안전처 소관 비영리법인의 설립 및 감독에 관한 규칙[별지 제4호 서식]

법인 해산 신고서

접수번호	접수일	처리일	처리기간	10일

청산인	성명		생년월일 (외국인등록번호)	
	주소		전화번호	

청산법인	명칭		전화번호	
	소재지			

해산 연월일	
해산 사유	

「민법」 제86조 제1항 및 「식품의약품안전처 소관 비영리법인의 설립 및 감독에 관한 규칙」 제10조에 따라 위와 같이 법인 해산을 신고합니다.

년   월   일

신고인   (서명 또는 인)

식 품 의 약 품 안 전 처 장 귀하

신고인 제출서류	1. 해산 당시의 재산목록 1부 2. 잔여재산 처분방법의 개요를 적은 서류 1부 3. 해산 당시의 정관 1부 4. 사단법인이 총회 결의에 의하여 해산하였을 때에는 해산 결의를 한 총회의 회의록 사본 1부 5. 재단법인의 해산 시 이사회가 해산을 결의하였을 때에는 해산 결의를 한 이사회의 회의록 사본 1부	수수료 없 음
담당 공무원 확인사항	법인 등기사항증명서	

처리절차

신고서 작성	→	접 수	→	검토 및 확인	→	결 재
신고인		식품의약품안전처(비영리법인의 설립 및 감독 업무 담당부서)				

210mm×297mm[일반용지 60g/㎡(재활용품)]

다. 잔여재산 처분의 허가

법인의 이사 또는 청산인은 「민법」 제80조 제2항에 따라 잔여재산의 처분에 대한 허가를 받으려면 별지 제5호 서식의 잔여재산 처분허가 신청서에 다음 각 호의 서류를 첨부하여 식품의약품안전처장에게 제출하여야 한다(규칙 제11조).

• 해산 당시의 정관 1부(해산 신고 시 제출한 정관과의 대조 확인이 필요한 경우만 해당한다)
• 총회의 회의록 1부(사단법인의 해산 신고 시에 제출한 서류만으로 확인이 되지 않을 경우만 해당한다)

[서식 _ 잔여재산처분허가신청서]

■ 식품의약품안전처 소관 비영리법인의 설립 및 감독에 관한 규칙 [별지 제5호 서식]

잔여재산 처분허가 신청서

접수번호		접수일		처리일		처리기간	10일

신청법인	명칭		전화번호	
	소재지			

대 표 자 (이사 · 청산인)	성명		생년월일 (외국인등록번호)	
	주소		전화번호	

처분재산	종류 및 수량	
	금액	
	처분방법	

처분사유	

「민법」제80조 제2항 및 「식품의약품안전처 소관 비영리법인의 설립 및 감독에 관한 규칙」제11조에 따라 위와 같이 잔여재산 처분허가를 신청합니다.

년   월   일

신청인   (서명 또는 인)

식품의약품안전처장   귀하

신청인 제출서류	1. 해산 당시의 정관 1부(해산 신고 시 제출한 정관과의 대조 확인이 필요한 경우에만 제출합니다) 2. 총회의 회의록 1부(사단법인의 해산 신고 시에 제출한 서류만으로 확인이 되지 않을 경우에만 제출합니다)	수수료 없음

처리절차

신청서 작성	→	접 수	→	확 인	→	결 재	→	결과 통지

신청인   식품의약품안전처(비영리법인의 설립 및 감독 업무 담당부서)

210mm×297mm[일반용지 60g/㎡(재활용품)]

라. 청산 종결의 신고

청산인은 법인의 청산이 종결되었을 때에는 「민법」 제94조에 따라 등기를 한 후 별지 제6호 서식의 청산종결 신고서를 식품의약품안전처장에게 제출하여야 한다. 이 경우 식품의약품안전처장은 「전자정부법」 제36조 제1항에 따른 행정정보의 공동이용을 통하여 법인 등기사항증명서를 확인하여야 한다(규칙 제12조).

■ 식품의약품안전처 소관 비영리법인의 설립 및 감독에 관한 규칙 [별지 제6호 서식]

청산종결 신고서

접수번호		접수일	처리일	처리기간	즉시

청 산 인	성명		생년월일 (외국인등록번호)		
	주소		전화번호		

청산법인	명칭		전화번호		
	소재지				

청산 연월일

청산 취지

「민법」 제94조 및 「식품의약품안전처 소관 비영리법인의 설립 및 감독에 관한 규칙」 제12조에 따라 위와 같이 청산 종결을 신고합니다.

년 　 월 　 일

신고인(청산인) (서명 또는 인)

식 품 의 약 품 안 전 처 장 귀하

신고인 (청산인) 제출서류	없 음	수수료 없 음
담당 공무원 확인사항	법인 등기사항증명서	

210mm×297mm[일반용지 60g/㎡(재활용품)]

제2장 환경부 및 기상청 소관 비영리법인 설립

1. 개관

환경부 및 기상청 소관 비영리법인 설립 및 감독에 관한 규칙(이하 규칙이라고만 함)은 「민법」에 따라 환경부장관 또는 기상청장이 주무관청이 되는 비영리법인의 설립과 감독에 필요한 사항을 규정함을 목적으로 하며, 이에 따른 비영리법인(이하 '법인'이라 한다)의 설립허가와 법인사무의 검사 및 감독 등에 관하여는 다른 법령에 특별히 규정된 것 외에는 이 규칙에서 정하는 바에 따른다. 본장은 환경부 및 기상청 소관 비영리법인 설립과 관련한 일반절차인 설립허가신청 및 관련 첨부서류 그리고 정관변경허가신청, 사업계획보고 등에 관한 내용들을 정리하였다. 그 외 관련서류들은 제1편 관련 내용부분을 참고하기 바란다.

2. 설립허가절차

가. 설립허가의 신청

「민법」 제32조에 따라 법인의 설립허가를 받으려는 자(이하 '설립발기인'이라 한다)는 별지 제1호 서식의 법인설립 허가신청서(전자문서로 된 신청서를 포함한다)에 다음 각 호의 서류(전자문서로 된 서류를 포함한다)를 첨부하여 환경부장관 또는 기상청장(권한이 위임된 경우에는 그 위임을 받은 행정청을 말한다. 이하 '주무관청'이라 한다)에게 제출하여야 한다. 이 경우 주무관청은 제3호의 재산목록에 기재된 재산의 토지 및 건물등기부는 「전자정부법」 제36조 제1항에 따른 행정정보의 공동이용을 통하여 확인하여야 한다(규칙 제3조).

- 설립발기인의 성명·생년월일·주소 및 약력을 적은 서류(설립발기인이 법인인 경우에는 그 명칭, 주된 사무소의 소재지, 대표자의 성명·생년월일·주소와 정관을 적은 서류) 1부
- 정관 1부
- 재산목록(재단법인은 기본재산과 운영재산으로 구분하여 적어야 한다) 및 그 증명서류와 재산을 출연하는 경우에는 그 사실을 증명하는 서류 각 1부
- 해당 사업연도의 사업계획과 수입·지출 예산을 적은 서류 1부
- 임원 취임예정자의 성명·생년월일·주소 및 약력을 적은 서류와 취임승낙서 각 1부
- 창립총회 회의록(설립발기인이 법인인 경우에는 법인 설립에 관한 의사 결정을 증명하는 서류) 1부

■ 환경부 및 기상청 소관 비영리법인의 설립과 감독에 관한 규칙 [별지 제1호 서식] 〈개정 2017. 3. 15.〉

법인설립 허가신청서

접수번호		접수일	처리일	처리기간 : 14일
신청인	성명			생년월일(외국인등록번호)
	주소			전화번호
법인	법인 명칭			
	법인 소재지			법인 전화번호
	대표자 성명			대표자 생년월일
	주소			대표자 전화번호

「민법」 제32조와 「환경부 및 기상청 소관 비영리법인의 설립과 감독에 관한 규칙」 제3조에 따라 위와 같이 법인설립을 신청하오니 허가하여 주시기 바랍니다.

년   월   일

신청인

(서명 또는 인)

환경부장관(기상청장) 귀하

첨부서류	1. 설립발기인의 성명·생년월일·주소 및 약력을 기재한 서류 1부(설립발기인이 법인인 경우에는 그 명칭, 주된 사무소의 소재지, 대표자의 성명·생년월일·주소와 정관을 기재한 서류) 2. 정관 1부 3. 재산목록(재단법인은 기본재산과 운영재산으로 구분하여 적어야 합니다) 및 그 입증서류와 출연의 신청이 있는 경우에는 그 사실을 증명하는 서류 각 1부 4. 해당 사업연도의 사업계획과 수입·지출예산을 적은 서류 1부 5. 임원 취임예정자의 성명·생년월일·주소 및 약력을 적은 서류와 취임 승낙서 각 1부 6. 창립총회 회의록(설립발기인이 법인인 경우에는 법인 설립에 관한 의사 결정을 증명하는 서류) 1부 ※ 제3호의 서류 중 재산목록에 기재된 재산의 토지(건물)등기부등본은 제출하지 않아도 됩니다.
담당공무원 확인 사항	재산목록에 기재된 재산의 토지(건물)등기사항 증명서

수수료 없음

처리절차

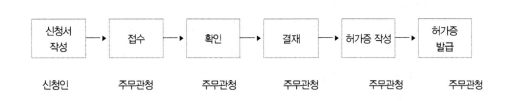

신청서 작성	→	접수	→	확인	→	결재	→	허가증 작성	→	허가증 발급
신청인		주무관청		주무관청		주무관청		주무관청		주무관청

210mm×297mm[백상지 | 80g/㎡]

한반도환경운동연합본부 정관

제1장 총칙

제1조 (명칭)

이 법인은 '사단법인 한반도환경운동연합본부' (이하 '법인'이라 한다)라 한다.

제2조 (목적)

1. 본 법인은 후손에게 깨끗한 물, 맑은 공기, 푸른 강산을 물려주자는 일념으로 모인 환경보호를 위한 순수 봉사 단체로 산업화로 인한 환경오염 및 오염의 원천적 문제들을 살피고 체계적으로 관리 및 홍보를 하여 환경보호 및 살아가는데 필요한 적절한 정보를 제공하여 더불어 살아가는 터전을 만들고자 한다.
2. 주된 사업으로는 환경정화 활동, 환경교육, 계몽, 계도활동 및 일반 봉사활동으로 지금 살고 있는 터전 및 나아가서는 한반도 전역으로 환경 보호 의식을 기르고 상부상조하는 봉사활동으로 사회의 연대를 이루어 아름다운 강산을 만드는데 목적이 있다.

제3조 (사무소 소재지)

법인의 소재지는 부산광역시에 두고, 필요에 따라 시·도에 지역본부, 시·군·구에 지부를 둔다.

제4조 (사업)

법인은 제2조의 목적을 달성하기 위하여 다음 각 호의 사업을 수행한다.

1. 전국 산림, 강, 해양 보호 및 정화 활동
2. 환경 보전을 위한 환경교육 및 환경 보호 캠페인
3. 환경운동 필요성 및 본 단체 홍보를 위한 일반봉사활동
4. 환경 보전을 위한 환경오염 감시, 신고 활동
5. 국가 또는 지방자치단체가 위탁하는 환경보전 관련 업무

6. 기타 법인 목적달성에 필요한 환경보호, 보전에 필요한 사항

제2장 회 원

제5조 (회원)
법인 회원의 종류는 정회원, 준회원, 명예회원, 특별회원으로 한다.
1. 정회원은 법인에서 정한 금액을 월 회비로 납부하는 자
2. 준회원은 법인에서 정한 금액을 자유롭게 납부하는 자
3. 명예회원은 법인에서 정한자로 한다.
4. 특별회원은 환경봉사활동을 위해 홈페이지, 이메일, 방문을 통해 자유롭게 가입하는 자

제6조 (자격)
1. 법인의 회원은 제2조의 목적과 설립 취지에 찬동하여 소정의 가입절차를 마친자로 한다.
2. 법인의 회원이 되고자 하는 자는 소정의 회원가입 신고서를 법인에 제출하여야한다. 부득이한 경우 구두로 신청하고 추후에 신청서류를 제출 할수 있다.
3. 법인의 회원의 가입회비 등에 관한 세부사항은 각 본부, 지역본부, 지부에서 운영사항을 고려하여 그에 맞게 별도의 규정으로 한다.

제7조 (권리)
1. 법인의 회원 중 정회원은 법인의 임원 선거권 및 피선거권을 가지며 총회를 통하여 법인의 운영에 참여할 권리와 의결사항에 대한 의결권을 가진다.
2. 준회원, 명예회원, 특별회원은 총회에 출석하여 발언할 수 있으나 의결권은 없다.
3. 정회원은 법인의 자료 및 출판물을 제공받으며, 법인운영에 관한 자료를 열람 할 수 있다.

제8조 (의무)
법인 회원은 다음 각 호의 의무를 진다.
1. 본회의 정관 및 제규정의 준수
2. 총회 및 이사회의 결의 사항 이행
3. 회비 납부
4. 법인이 정한 각종 행사에 참여할 의무

제9조 (탈퇴 및 제명, 포상)

1. 법인회원은 본인의 의사에 따라 회원 탈퇴서를 제출함으로써 자유롭게 탈퇴할 수 있다.

2. 법인 회원이 법인의 명예를 손상시키거나 목적 수행에 지장을 초래할 경우 또는 6개월 이상 회원의 의무를 준수 하지 않은 경우에는 총회의 의결을 거쳐 제명할 수 있다.

3. 법인의 탈퇴 및 제명으로 인하여 회원의 자격을 상실한 경우에는 납부한 회비등에 대한 권리를 요구 할 수 없다.

4. 본 법인의 발전에 공로가 있는 회원에 대해서는 각 운영본부의 규정에 따라 포상한다. (단, 상패를 제외한 금전적 보상은 제외한다.)

제3장 임원

제10조 (임원)

법인은 다음 각 호의 임원을 둔다.

1. 연합본부 회장 : 1인

2. 연합본부 부회장 : 10인 이내

3. 후원회장 : 5인 이내 (후원부회장 포함)

4. 상임 이사 : 1인

5. 이사 : 30인 이내 (연합본부 회장, 연합본부 부회장, 각 지역본부 회장 포함)

6. 운영위원 : 10인 이내

7. 자문위원, 고문 : 10인 이내

8. 감사 2인

9. 지역본부 회장 : 각 지역별 1인

제11조 (선출)

법인은 다음 각 호의 임원을 둔다.

1. 법인의 임원은 총회에서 선출한다.

2. 임기가 만료된 임원은 임기만료 2개월 이내에 후임자를 선출하여야 하며, 임원이 궐위된 경우에는 궐위된 날부터 2개월 이내에 후임자를 선출해야한다.

3. 임원선출이 있을 때에는 임원선출이 있는 날부터 3주 이내에 관할 법원에 등기를 마친 후 주무관청에 통보하여야 한다.

제12조 (해임)

법인 임원이 다음 각 호의 어느 하나에 해당하는 행위를 한 때에는 총회의 의결을 거쳐 해임 할 수 있다.

1. 법인의 목적에 위배되는 행위
2. 법인 임원간의 분쟁, 회계부정, 현저한 부당행위
3. 법인의 업무를 방해하는 행위

제13조 (결격사유)

법인 임원은 다음 각 호의 어느 하나에 해당하는 자는 임원이 될 수 없다.

1. 피성년 후견인 또는 피한정 후견인
2. 법원의 판결 또는 다른 것에 의하여 자격이 상실 또는 정지된 자
3. 금고 이상의 실형의 선고를 받고 그 집행이 종료(집행이 종료된 것으로 보는 경우를 포함한다.)되거나 집행이 면제된 날부터 3년이 지나지 아니한 자

제14조 (상임이사)

1. 본 법인의 목적사업을 전담하게 하기 위하여 상임이사를 둘 수 있다.
2. 상임이사는 이사회 의결을 거쳐 이사 중에서 연합본부 회장이 선임한다.

제15조 (임기)

1. 법인의 임원 임기는 3년, 감사의 임기는 2년으로 하며, 감사를 포함한 임원은 연임할 수 있다. 다만 보선된 임원의 임기는 전임자의 남은 임기로 한다.
2. 법인의 임원은 임기만료 후 라도 후임자가 취임할 때까지 임원으로 직무를 수행한다.

제16조 (임원의 직무)

1. 연합본부 회장은 중앙본부를 대표하고 법인의 업무를 통할하며, 총회 및 이사회의 의장이 된다.
2. 연합본부 부회장은 연합본부 회장을 보좌하며 연합본부 회장 유고시 연장자 순으로 직무를 대행한다.
3. 이사는 이사회에 출석하여 법인의 업무에 관한 사항을 의결하며 이사회 또는 총회로부터 위임받은 사항을 처리한다.

제17조 (감사의 직무)

1. 법인의 재산 상황을 감사하는 일

2. 총회 및 이사회의 운영과 그 업무에 관한 사항을 감사하는 일

3. 제1호 및 제 2호의 감사결과 부정 또는 부당한 점이 있음을 발견한 때에는 이사회 또는 총회에 그 시정을 요구하고 주무관청에 보고하는 일

4. 제 3호의 시정요구 및 보고를 하기 위하여 필요한 때에는 총회 또는 이사회의 소집을 요구하는 일

5. 법인의 재산상황과 업무에 관하여 총회 및 이사회 또는 연합본부회장에게 의견을 진술하는 일

제4장 총회

제18조 (구성)

총회는 법인의 최고의결기관이며 회원으로 구성한다.

제19조 (회의 소집)

1. 총회는 정기총회와 임시총회로 구분하며, 연합본부회장이 소집한다.

2. 정기총회는 매년 5월에 소집하며 임시의장은 연합본부회장이 된다.

3. 임시총회는 연합본부회장이 필요하다고 인정할 때에 소집한다.

4. 총회의 소집은 연합본부회장이 회의안건, 일시, 장소 등을 명기하여 회의 개시 7일전까지 문서로 각 회원에게 통지 하여야 한다.

제20조 (소집의 특례)

1. 연합본부회장은 다음 각 호의 어느 하나에 해당하는 소집 요구가 있을 때에는 그 소집 요구일로부터 20일 이내에 총회를 소집하여야 한다.

   ① 재적이사 과반수가 회의의 목적을 제시하여 소집을 요구한 때

   ② 제17조 제 4호의 규정에 따라 감사가 소집을 요구한 때

   ③ 재적회원 3분의 2이상의 회의목적을 제시하여 소집을 요구한때

2. 총회 소집권자가 궐위되거나 이를 기피함으로써 7일 이상 총회소집이 불가능한 때에는 재적이사 과반수 또는 재적 회원 3분의 2이상의 찬성으로 총회를 소집 할 수 있다.

3. 제2항의 규정에 따른 총회는 출석한 연합본부부회장 중 최연장자가 연합본부회장의 직무를

대행한다.

제21조 (기능)

총회는 다음 각 호의 사항을 의결한다.

1. 임원의 선출 및 해임에 관한 사항

2. 법인의 해산 및 정관변경에 관한 사항

3. 기본재산의 처분 및 취득에 관한 사항

4. 예산 및 결산의 승인

5. 사업 계획의 승인

6. 기타 중요사항 (단, 본 정관상 별도의 규정이 없는 경우는 일반 규칙을 따른다.)

제22조 (정족수)

총회는 정관에서 따로 정하는 사항을 제외하고는 회원의 재적과반수 출석으로 개회하고 출석인
원 과반수의 찬성으로 의결한다.

단, 본 정관상 별도의 규정이 없는 경우는 일반규칙을 따른다.

제23조 (제척사유)

1. 임원의 선출 및 해임에 있어 자신에 관한 사항을 의결 할 때

2. 금전 및 재산의 수수 또는 소송 등에 관련 되는 사항으로서 자신과 본회의 이해가 상반 될 때

제5장 이사회

제24조 (구성)

법인의 이사회는 연합본부회장, 연합본부부회장, 이사(상임이사 포함)로 구성한다.

제25조 (회의소집)

1. 법인의 이사회는 정기이사회와 임시이사회로 구분한다.

2. 정기이사회는 연1회 개최하고 임시이사회는 감사 또는 이사의 3분의 2이상의 요청이 있거나
   연합본부회장이 필요하다고 인정하는 때에 소집한다.

3. 연합본부회장이 이사회를 소집하고자 할 때에는 회의개최 7일전까지 이사 및 감사에게 회의
   의 목적과 안건, 개최일시 및 장소를 통지하여야 한다.

다만, 긴급하다고 인정되는 정당한 사유가 있을 때에는 그러하지 아니한다.

제26조 (기능)

법인의 이사회는 다음 각호의 사항을 심의, 의결한다.

1. 업무집행에 관한 사항
2. 사업계획의 운영에 관한 사항
3. 예산, 결산서의 작성에 관한 사항
4. 재산관리에 관한 사항
5. 총회에 부칠 안건에 관한 사항
6. 총회에서 위임받은 사항
7. 정관의 규정에 따라 그 권한에 속하는 사항
8. 기타 본회의 운영상 중요하다고 연합본부회장이 부의 하는 사항(단, 정관상의 별도의 규정이 없는 경우는 일반 규칙을 따른다.)

제27조 (정족수)

법인의 이사회는 재적이사 과반수의 출석으로 개회하고 출석이사 과반수의 찬성으로 의결한다.

제28조 (서면결의)

1. 연합본부회장은 이사회에 부의할 사항 중 경미한 사항 또는 긴급을 요하는 사항에 관하여는 이를 서면으로 의결하도록 할 수 있다.

   이 경우 연합본부회장은 그 결과를 차기 이사회에 보고하여야 한다.
2. 제1항의 서면결의 사항에 대하여 재적이사 과반수가 이사회에 부칠 것을 요구하는 때에는 연합본부회장은 이에 따라야 한다.

제6장 재산과 회계

제29조 (재산의 구분)

1. 법인의 재산은 다음과 같이 기본재산과 운영재산으로 구분한다.
2. 기본재산은 법인의 목적사업 수행에 관계 되는 부동산 또는 동산으로 법인설립 시 그 설립자가 출연한 재산과 이사회에서 기본재산으로 정한 재산으로 하며 그 목록은 붙임과 같다.
3. 운영재산은 기본재산 이외의 재산으로 한다.

제30조 (관리)

1. 법인의 기본재산을 매도, 증여, 임대, 교환하거나 담보제공 또는 용도 등을 변경하고자 할 때 또는 의무의 부담이나 권리를 포기하고자 할 때에는 총회의 의결을 거쳐야한다.

2. 기본재산의 변경에 관하여는 정관 변경에 관한 규정을 준용한다.

제31조 (재원)

법인의 유지 및 운영에 필요한 경비의 재원은 다음 각 호와 같다.

1. 회비

2. 찬조금 및 기타 수익금

3. 기부금 및 후원금 협찬 지원금

4. 정부 또는 각종 단체에서의 보조금

5. 기타

제32조 (회계연도)

법인의 회계연도는 정부의 회계 연도를 따른다.

제33조 (예산편성 및 결산)

1. 법인의 회계연도 1개월 전에 사업계획 및 예산안을 이사회의 의결을 거쳐 총회의 승인을 얻는다.

2. 법인은 사업실적 및 결산내용을 당해 회계연도 종료 후 2개월 이내에 이사회의 의결을 거쳐 총회의 승인을 얻는다.

제34조 (회계 감사)

법인의 감사는 회계 감사를 연 1회 이상 실시하고 총회에 보고 하여야 한다.

제35조 (임원의 보수)

법인의 임원에 대하여는 보수를 지급하지 아니한다. 다만, 업무 수행에 필요한 실비는 지급 할 수 있다.

제36조 (차입금)

법인은 예산외의 의무부담이나 자금의 차입을 하고자 할 때에는 이사회의 의결을 거쳐야 한다.

제7장 사무처

제37조 (사무처)

1. 연합본부회장의 지시를 받아 업무를 지휘, 감독하고 총회 및 이사회 결의사항을 처리하기 위하여 사무처를 둔다.
2. 사무처에는 사무총장과 필요한 직원을 둘 수 있다.
3. 사무총장은 총회의 의결을 거쳐 연합본부회장이 임명하거나 해임한다.
4. 사무처의 조직 및 운영에 관한 사항은 이사회의 의결을 거쳐 별도 운영규정을 정한다.
5. 사무처의 직원 보수 규정은 따로 정한다.

제8장 보칙

제38조 (법인해산 및 잔여재산의 처분)

법인을 해산하고자 할 때에는 총회에서 재적회원 4분의 3이상의 찬성으로 의결하여 주무관청에 신고하여야 한다.

1. 해산 당시 재산목록 1부
2. 해산 당시 총회 회의록 1부
3. 해산 당시 정관 1부
4. 법인 해산 시 잔여재산은 국자, 지방자치단체 또는 유사한 목적을 가진 다른 비영리법인에게 귀속 하도록 한다.

제39조 (기부금 공개)

법인의 총회때 기부금 모금액 및 활용 실적을 공개하여야한다.

제40조 (정관개정)

이 정관을 개정하고자 할 때에는 총회에서 재적회원 3분의 2이상 참석하고 참석회원 2분의 1이상의 찬성으로 의결하여 환경부장관의 허가를 받아야 한다.

제41조 (업무보고)

다음 연도의 사업계획서 및 예산서와 해당연도 사업실적서 및 수지결산서는 회계 연도 종료 후 2개월 이내에 주무관청에 보고 하여야 한다.

이 경우 재산목록과 업무현황 및 감사결과 보고서도 함께 제출하여야 한다.

제42조 (준용규정)

이 정관에 규정 되지 아니한 사항은 민법 중 사단법인에 관한 규정과 환경부 및 기상청 소관 비영리법인의 설립과 감독에 관한 규칙을 준용한다.

제43조 (시행세칙 등)

이 정관이 정한 것 외에 본부의 시행세칙 및 제 규정은 이사회에서 정한다.

부칙

제1조 (시행일)

이 정관은 환경부장관의 허가를 받은 날부터 시행한다.

제2조 (경과조치)

이 정관은 시행 당시 법인 설립을 위하여 발기인 등이 행한 행위는 이 정관에 따라 행한 것으로 본다.

제3조 (최초 임원의 임기)

이 정관의 임원의 선임 및 임원의 임기 규정에도 불구하고 발기인 총회에서 선출한 최초 임원의 임기는 발기일로 한다.

제4조 (설립자의 기명 날인)

법인을 설립하기 위하여 이 정관을 작성하고 다음과 같이 발기인(설립자) 전원이 기명날인한다.

2017년 07월 21일

사단법인 한반도환경운동연합본부

설립발기인 인적사항

연번	직위	성 명	생년월일	주소	연락처
				주요 약력	임 기
	대표 이사				

작성자 : 사단법인 ○○○○ 발기인 대표 ○○○ (날인 또는 서명)

[서식 _ 임원 취임 예정자 명단]

임원 취임 예정자 명단

연번	직위	성 명	생년월일	주소	연락처
		주요 약력			임 기
	대표 이사				

작성자 : 사단법인 ○○○○ 발기인 대표 ○○○ (날인 또는 서명)

사단법인 ○○○○ 창립(발기인) 총회 회의록

(아래는 예시문입니다)

1. 회의일시 : 2002년 ○○월 ○○일 (15:00~17:00)

2. 회의장소 : 서울특별시 ○○구 ○○동 ○○번지 ○○호실

3. 회의안건 : ① 의장선출 ② 설립취지 채택 ③ 정관심의 ④ 출연내용 ⑤ 이사장 선임 ⑥ 임원선임 및 임기결정 ⑦ 사업계획 및 예산심의 ⑧ 사무소 설치 ⑨ 법인조직 및 상근임직원 정수 책정

4. 회원총수 : ○○명 ('회원 명부' 참조)

5. 출석회원(발기인 포함) : ○○명

6. 결석회원(발기인 포함) : ○○명

7. 회의내용

임시 사회자 ○○○은 본 총회가 적법하게 성립되었음을 성원보고한 후 '임시의장 선출' 안건을 상정하다.

[제1의안 상정] : 임시의장 선출

사회자 : – '임시의장 선출(안)'을 상정하겠습니다.

　　　　 – 추천하여 주시기 바랍니다.

○○○ : ○○○를 임시의장으로 선출할 것을 제안합니다.

사회자 : – 다른 분 추천 있습니까? (더 이상의 추천이 없다)

사회자 : – ○○○께서 추천한 ○○○을 임시의장으로 선출하겠습니다. 이의 있으시면 말씀해 주시고, 찬성하시면 박수로 의결하여 주시기 바랍니다.

　　　　 (만장일치로 전원 박수)

사회자 : – 임시의장에 ○○○가 선출되었음을 선포합니다.

　　　　 (의사봉 3타)

(이후의 의사진행은 임시의장 ○○○에게 인계하고 사회자는 물러나다)

[제2의안 상정] 설립취지 채택

의 장 : (간단하게 임시의장 취임 인사를 하다)

    – 우리 법인의 '설립취지 채택' 안건을 상정합니다.

    – ○○○ 발기인께서 설립취지(안)을 낭독해 주시기 바랍니다.

○○○ : (유인물로 작성되어 배포된 설립취지문안을 낭독하다)

의 장 : – ○○○께서 낭독하신 설립취지에 대하여 의견이 있으시면 말씀해 주십시오.

○○○ : – 이미 준비된 설립취지문에 찬성하며 원안 의결할 것을 제안합니다.

(회원전원) : (○○○의 제안에 찬성하며 모두 박수치다)

의 장 : – 본 설립취지(안)에 이의 없으신 것으로 알고 원안대로 가결되었음을 선포합니다. (의사봉 3타)

[제3의안 상정] 정관심의의 건

의 장 : – 이어서 '정관심의'에 들어가겠습니다.

    (○○○ 발기인에게 준비된 정관(안) 낭독을 요청하다)

○○○ : (정관 초안을 낭독하다)

○○○ : – 정관의 내용이 무리없이 잘 구성되었다고 생각합니다.

    – 본 정관이 어떠한 과정으로 작성되었는지 의장님께서 부연설명 해 주시면 고맙겠습니다.

의 장 : – 본 정관은 우리 법인의 주무관청인 지식경제부에서 만든 정관예문(준칙)을 기초로 하여 작성하였습니다.

    – 본 정관에 추가 또는 삭제할 내용이 있으시면 말씀해 주십시오.

○○○ : – 본 정관에 특별히 추가 또는 삭제할 내용은 없는 것 같습니다.

    – 원안대로 의결할 것을 제안합니다. (전원 박수)

의 장 : – 그러면 본 정관도 초안에 이의 없으신 것으로 보고 원안대로 가결되었

음을 선포합니다. (의사봉 3타)

[제4의안 상정] 출연내용 채택의 건

의　장 :　－ 다음은 '출연재산 채택(안)'을 상정합니다.

　　　　　－ 우리 법인의 출발을 위하여 ○○○께서 현금 0000원을 출연하시겠다는 의사
　　　　　　를 밝혔고, ○○○께서 현금 000원을 출연하시겠다는 의사를 밝혔습니
　　　　　　다. 본 출연이 채택될 경우 ○○○의 출연금 0000원은 기본재산으로, ○○○
　　　　　　의 출연금 000원은 설립 당해연도의 설립 제비용 등의 경비로 사용하기 위하
　　　　　　여 보통재산으로 구분 채택하고자 합니다.

　　　　　－ 출연내용에 대하여 의견 나누어 주시기 바랍니다.

○○○ :　－ 의장께서 설명하신 출연내용과 의견에 대하여 적극 찬성하며 출연하신 분의
　　　　　　뜻을 따라 원안대로 채택할 것을 제안합니다.

○○○ :　－ ○○○의 제안에 찬성합니다. (회원 모두 박수)

의　장 :　－ 출연재산을 원안대로 모두 채택합니다.

　　　　　－ 출연재산 채택 의결내용

　　　　　▷ 000님 출연금 : 현금 0000원 → 기본재산

　　　　　▷ 000님 출연금 : 현금 0000원 → 보통재산

[제5의안 상정] 이사장 선임의 건

의　장 :　－ 우리 법인을 이끌어 나갈 '이사장 선임(안)'을 상정합니다.

　　　　　－ 회원님들께서 덕망 있고 훌륭하신 분을 추천하여 주시기 바랍니다.

○○○ :　－ 이사장에는 현재 임시의장으로 사회를 보시는 ○○○께서 맡아 주실 것을 제안
　　　　　　합니다. (전원 박수)

의　장 : 부족한 저를 추천해 주셔서 감사합니다. 그러나 저보다 더 훌륭하신 분들이 더 많
　　　　　으신 줄 아니 다른 분을 더 추천해 주시면 좋겠습니다.

○○○ :　－ ○○○의 제안에 회원 모두 찬성하는 것 같습니다. 다시 한 번 의장님을
　　　　　　이사장에 추천합니다. (전원 박수)

의 장 : – 그러면 여러분의 뜻에 따라 당분간 우리 법인의 이사장직을 맡아보겠습니다.

– 이사장 선임 건에 본인 000가 선출되었음을 선포합니다. (의사봉 3타)

[제6의안] 임원선임 및 임기결정의 건

의 장 : – 이어서 '임원선임 및 임기결정'에 관한 안건을 상정합니다.

– 우선 임원의 수는 정관심의에서 기 결정되었듯이 00명으로 되어 있으니, 이에 대한 임원 후보자들을 추천하여 주시기 바랍니다.

– 아울러 임원의 임기 문제도 함께 제시하여 주시기 바랍니다.

(회원들의 추천과 논의 끝에 다음과 같이 뜻이 모아지다)

▷ 이사(00명) : 0000, 0000, 0000, 0000, 이상 00명 → 임기 4년

0000, 0000, 0000, 0000, 이상 00명 → 임기 2년

▷감사(2명) : 0000 → 임기 2년

0000 → 임기 1년

의 장 : – 임원의 선출 및 임기의 내용이 결정된 것 같습니다.

– 본 내용에 다른 의견이 있으시면 말씀해 주십시오.

(회중에서 이의 없음을 말하고 박수치다)

의 장 : – 임원의 선출 및 임기를 여러분의 결정대로 가결되었음을 선포합니다.

(전원박수 – 의사봉 3타)

의 장 : – 이어서 우리 법인설립 최초의 회원을 채택하고 회원의 회비 징수액을 결정하고자 하는데, 현재의 회원은 회원명부와 같이 총 00명이며 회비는 년 000원으로 하고자 하는 바, 여러분의 의견을 말씀해 주시고, 이의가 없이 찬성하신다면 박수로 의결하여 주시기 바랍니다.

(회 중) : (전원 찬성하며 박수)

의 장 : 설립최초의 회원 및 회비징수액을 원안대로 가결되었음을 선포합니다.

(의사봉 3타)

▷ 회원수 : 총 00명

▷ 회비징수액 : 년 000원

[제7의안 상정] 사업계획 및 예산심의의 건

의 장 : ― 향후 '3개년간의 사업계획 및 수지예산(안)'을 상정합니다.

― ○○○께서 본 안에 대하여 설명하여 주시기 바랍니다.

○○○ : (유인물을 통하여 '3개년간의 사업계획 및 수지예산' 사항을 설명하다)

○○○ : ― 상정(안)에 찬성합니다. 원안의결을 제안합니다. (전원 동의 ― 박수)

의 장 : ― 전원 찬성으로 향후 3개년간의 사업계획 및 예산(안)을 원안대로 가결 선포합니다. (의사봉 3타)

[제8의안 상정] 사무소 설치의 건

의 장 : ― 다음은 본 법인의 '사무소 설치(안)'을 상정합니다.

― (사무소는 ○○○가 ○○○○○소재 건물을 법인 사무실로 무상 사용할 것을 허락하였다는 내용을 설명하고 이에 대한 동의 여부를 묻다)

○○○ : 사무실을 무상으로 내어 주신 ○○○께 감사드리며 원안의결을 제안합니다.(전원 박수)

의 장 : 우리 법인의 사무소를 '서울특별시 ○○구 ○○동 ○○-○○'로 결정되었음을 선포합니다. (의사봉 3타)

[제9의안] 법인조직 및 상근 임직원 정수 책정

의 장 : ― 마지막으로 '법인의 조직 및 상근임직원의 정수 책정(안)'을 상정합니다.

― 유인물을 보시고 의견을 말씀해 주시고, 이의 없으시면 원안대로 통과하겠습니다 (전원 이의 없음을 표시하다)

의 장 : ― 이 안건도 전원 찬성으로 원안 가결되었음을 선포합니다. (의사봉 3타)

8. 폐 회

의 장 : − 마지막으로 회의록 서명위원으로 참석회원 중「ㅇㅇㅇ. ㅇㅇㅇ. 홍길동. ㅇㅇㅇ」의 ㅇ명을 지정하여 서명·날인토록 하겠습니다. 이견이 있으면 말씀해 주시기 바랍니다.(전원 이의없음을 표시하다). 지정받은 서명위원들께선 폐회후 남아서 작성된 회의록 내용의 사실여부를 확인하고 서명하여 주시기 바랍니다.

− 이상으로 모든 회의를 마치겠습니다. 감사합니다.

200ㅇ년 ㅇ월 ㅇ일

덧붙임 1. 설립취지문 1부.

2. 정관 1부.

3. 사업계획서 및 수지예산서(비영리법인은 1년. 공익법인은 3년) 1부.

4. 법인 조직 및 상근임직원 정수표 1부.

(※ 덧붙인 문서는 서명위원들이 본 회의록과 함께 간인하여야 함)

회원 대표 ㅇㅇㅇ (인)

회원　　 ㅇㅇㅇ (인)

〃　　 ㅇㅇㅇ (인)

〃　　 ㅇㅇㅇ (인)

〃　　 ㅇㅇㅇ (인)

〃　　 ㅇㅇㅇ (인)

주) 1. 창립총회 회의록은 법인설립이 적법한 절차를 거쳐 성립되었느냐를 판단하는 중요한 기준이 되므로 육하원칙에 따라 작성하되. 진행자 등이 누락되지 않도록 한다.

2. 특히 회의진행과 관련하여 정관 심의과정 및 임원선출의 표결사항, 찬·반 토론내

용 등을 상세히 기재하고 회의록 작성이 끝나면 참석한 서명위원들이 기록내용을 확인하고 연명으로 날인하여야 한다.

3. 회의록의 내용 중 별첨 유인물로 설명(진행)된 것은 회의록에 첨부하여 서명위원들이 간인하여야 한다.

4. 본 회의록에 첨부된 문서들은 첨부한 것으로 갈음한다. (별도로 첨부할 필요 없음)

창 립 (발 기 인)총 회 회 의 록

재 산 목 록

재 산 구 분		수량	소재지	평가액	취득원인	비고
총 계						
기 본 재 산	합계					
	동산 소계					
	현금					예치금
	주식					
	채권					기업 (회사채 포함)
	부동산 소계					
	건물					
	전					
	답					
	대지					
	임야					
	기타					
보 통 재 산	합계					
	현금					

작성자 : 사단법인 ○○○○○ 대표 ○ ○ ○ (날인 또는 서명)

사 업 계 획 서

Ⅰ. 주요사업 목표

　1. 제1사업명

　2. 제2사업명

　3. 제3사업명

Ⅱ. (사업별) 세부사업 내용

1. (제1사업명)

　　가. 목적 :

　　나. 사업내용 : 시행시기, 장소, 사업내용

　　다. 시행방법 :

　　라. 소요예산 : 인건비, 운영비, 기타

　　마. 기타사항 :

　　바. 향후계획 :

2. (제2사업명)

3. (제3사업명)

※ 과거 사업 운영 실적 첨부

※ 외교부소관 법인의 경우 1년이상 사업실적 및 사업계획서 필수

(외교부 소관 비영리 법인의 주요사업이 해외에서 추진되는 점을 고려, 사업 대상국의 법률 및 문화
에 대한 이해 등 관련 기술적 비결을 증명할 수 있는 최소한의 실적 필요)

　　　　　　　　　　作성자 : 사단법인 ○○○○ 발기인 대표 ○○○ (날인 또는 서명)

수지 예산서(○○년도)

1. 총괄표

수입 예산 총액	지출 예산 총액	비고

2. 수입 예산서

(단위:원)

수입 항목	예상 수입액	산출근거
① 회 비		
② 출연금		
③ 과실소득		
④ 수익사업		
⑤ 전기 이월액		
⑥ 법인세 환급액		
합계		

3. 지출 예산서

(단위:원)

지출 항목	예상 지출액	산출근거
① 경상비(인건비, 운영비)		
② 퇴직 적립금		
③ 법인세		
④ 목적 사업비		
⑤기본재산 편입액		
합계		

작 성 요 령

수 입

① 회비(사단법인의 경우) : 회원들로부터 정기적으로 받을 회비수입액 기재

② 출연금

  - 목적사업기부 : 목적사업에 사용하기 위하여 받을 기부금액 기재

  - 재산증자기부 : 기본재산 증자를 위하여 받을 기부금액 기재

③ 과실소득 : 법인 소유 기본재산 운영으로 발생될 과실금액 기재

④ 수익사업(「법인세법」 제4조 제3항)

  - 부동산·임대수익, 이자·배당소득, 주식·신주인수권 또는 출자지분의 양도로 생기는 수입 등

⑤ 전기 이월액

  - 고유목적사업준비금 : 고유목적사업준비금으로 설정한 금액 기재

  - 이월 잉여금 : 전년도 이월액 중 고유목적사업준비금을 제외한 금액 기재

  - 기타 : 이월잉여금을 세부항목으로 구분할 경우 순수 이월잉여금 외에 별도 항목으로 구분

⑥ 법인세 환급액 : 전년도 법인세환급액 기재

지 출

① 경상비

 - 인건비 : 상근직원에게 지급할 인건비 기재

 - 운영비 : 경상비 중 인건비를 제외한 금액 기재

② 퇴직 적립금 : 상근직원에 대한 퇴직적립(예정)액 기재

③ 법인세 : 출연재산 운영소득을 근거로 지출될 법인세액 기재

④ 목적 사업비 : 정관에 명시된 목적사업 수행에 소요되는 경비를 사업별로 기재하되, 직접목적사업비가 아닌 부대경비는 제외

⑤ 기본재산 편입액 : 전년도 이월액 중 당해연도의 기본재산 편입 예정액 기재

나. 설립 허가

(1) 허가기준

주무관청은 법인설립 허가신청의 내용이 다음의 기준에 맞는 경우에만 이를 허가한다(규칙 제4조). 이에 따른 법인의 설립허가를 하기 위하여 필요하면 신청인에게 기간을 정하여 필요한 서류를 제출하게 하거나 설명을 요구할 수 있다. 이 경우 그에 걸리는 기간은 14일의 기간에 넣어 계산하지 아니한다.

- 법인의 목적과 사업이 실현 가능할 것
- 목적하는 사업을 수행할 수 있는 충분한 능력이 있고, 재정적 기초가 확립되어 있거나 확립될 수 있을 것
- 다른 법인과 같은 이름이 아닐 것

(2) 심사 및 허가기간

주무관청이 법인설립 허가신청을 받았을 때에는 특별한 사유가 없으면 14일 이내에 이를 심사하여 허가 또는 불허가의 처분을 하고, 이를 서면으로 신청인에게 통지하여야 한다. 이 경우 허가를 할 때에는 별지 제2호 서식의 법인설립 허가증을 신청인에게 발급하고 별지 제3호 서식의 법인설립허가 대장에 필요한 사항을 적어야 한다.

■ 환경부 및 기상청 소관 비영리법인의 설립과 감독에 관한 규칙 [별지 제2호 서식] 〈개정 2012.7.4〉

(앞쪽)

제 호

법인설립 허가증

1. 법인명칭:

2. 소재지:

3. 대표자
   ○ 성 명:
   ○ 생년월일:
   ○ 주 소:

4. 사업내용:

5. 허가조건: 뒷면에 기재

「민법」 제32조와 「환경부 및 기상청 소관 비영리법인의 설립과 감독에 관한 규칙」 제4조에 따라 위 법인의 설립을 허가합니다.

년 월 일

환경부장관

(기상청장)

직인

210mm × 297mm [백상지(150g/㎡)]

〈허가조건〉

〈변경사항〉

연월일	내용	확인

[서식 _ 법인설립허가대장]

[별지 제3호 서식]

법인설립허가대장

허가번호	법인명칭	사무소의 소재지	대표자 성 명	허 가 연월일	기능 및 목적	담당과	비 고

297㎜×210㎜[(보존용지(1종)70g/㎡)]

(2) 조건부허가

주무관청이 법인의 설립허가를 하는 경우에는 필요한 조건을 붙일 수 있다.

다. 설립관련 보고

(1) 기본재산 등 이전

법인의 설립허가를 받은 자는 그 허가를 받은 후 지체 없이 기본재산 및 운영재산을 법인에 이전(移轉)하고 1개월 이내에 그 이전을 증명하는 등기소 또는 금융회사 등의 증명서(전자문서로 된 증명서를 포함한다)를 주무관청에 제출하여야 한다(규칙 제5조).

(2) 설립관련 보고

법인은 「민법」 제49조부터 제52조까지의 규정에 따라 법인설립 등의 등기를 하였을 때에는 10일 이내에 주무관청에 보고하거나 등기사항전부증명서 1부를 제출하여야 한다. 다만, 보고를 받은 경우에는 주무관청은 「전자정부법」 제36조 제1항에 따른 행정정보의 공동이용을 통하여 법인등기부를 확인하여야 한다.

3. 허가 후 절차

가. 정관 변경의 허가신청

「민법」 제42조 제2항, 제45조 제3항 및 제46조에 따른 정관 변경의 허가를 받으려는 법인은 별지 제4호 서식의 법인정관변경 허가신청서(전자문서로 된 신청서를 포함한다)에 다음의 서류(전자문서로 된 서류를 포함한다)를 첨부하여 주무관청에 제출하여야 한다(규칙 제6조).

• 변경 사유서 1부
• 개정될 정관(신·구조문대비표를 첨부한다) 1부
• 정관의 변경에 관한 총회 또는 이사회의 회의록 사본 1부
• 기본재산의 처분에 따른 정관 변경의 경우에는 처분의 목적, 처분재산의 목록, 처분의 방법 등을 적은 서류 1부

■ 통일부 소관 비영리법인의 설립 및 감독에 관한 규칙 [별지 제3호 서식] 〈개정 2012.6.13〉

정관변경허가 신청서

접수번호		접수일	처리일		처리기간	10일
신청인	성명			생년월일		
	주소			전화번호		
법인	명칭			전화번호		
	소재지					
	설립허가일			설립허가번호		
대표자	성명			생년월일		
	주소			전화번호		

「민법」 제42조 제2항, 제45조 제3항 및 제46조와 「통일부 소관 비영리법인의 설립 및 감독에 관한 규칙」 제6조에 따라 위와 같이 정관의 변경허가를 신청합니다.

년   월   일

신청인   (서명 또는 인)

통일부장관   귀하

신청인 제출서류	1. 정관의 변경 사유서 1부 2. 신 · 구조문대비표를 포함한 정관개정안 1부 3. 정관의 변경과 관계가 있는 총회 또는 이사회의 회의록 1부 4. 기본재산의 처분의 사유, 처분 재산의 목록, 처분의 방법 등을 적은 서류(기본재산의 처분에 따른 정관변경이 있는 경우만 해당됩니다) 1부	수수료 없음

처리절차

신청서 작성	→	접수	→	서류 확인 및 검토	→	결재	→	결과 통지
신청인				처리기관: 통일부				

210mm×297mm[백상지 80g/㎡]

[서식 _ 정관 변경 사유서]

정 관 변 경 사 유 서

법 인 명		
변경 사항	변경일자	
	변경내용	
주 요 골 자		
변 경 사 유	(구체적으로 기재)	

정관 변경 신·구 대비표

변 경 전	변 경 후	비 고 (구체적 사유)

나. 사업실적과 사업계획 등의 보고

법인은 매 사업연도가 끝난 후 2개월 이내에 다음의 서류를 주무관청에 제출하여야 한다(규칙 제7조).

• 다음 사업연도의 사업계획 및 수입·지출 예산서 1부

• 해당 사업연도의 사업실적 및 수입·지출 결산서 1부

• 해당 사업연도 말 현재의 재산목록 1부

다. 법인사무의 검사와 감독 등

주무관청은 「민법」 제37조에 따른 법인사무의 검사와 감독 등을 위하여 필요하다고 인정하는 경우에는 법인에 관계 서류·장부, 그 밖의 참고자료를 제출하도록 명하거나 소속 공무원이 법인의 사무와 재산상황을 검사하게 할 수 있으며, 이에 따라 법인 사무를 검사하는 공무원은 그 자격을 증명하는 증표를 관계인에게 내보여야 한다.

4. 해산 등

가. 설립허가의 취소

주무관청은 법인이 목적이외의 사업을 하거나 설립허가의 조건에 위반하거나 기타 공익을 해하는 행위를 한때에는 그 허가를 취소할 수 있는데, 이에 따라 비영리법인의 설립허가를 취소하려면 청문을 하여야 한다(규칙 제9조).

나. 해산신고

법인이 해산한 경우(파산으로 인하여 해산한 경우는 제외한다)에는 그 법인의 청산인은 「민법」 제85조 제1항에 따라 해산등기를 마친 후 지체 없이 별지 제5호 서식의 법인해산신고서(전자문서로 된 신고서를 포함한다)에 다음 각 호의 서류(전자문서로 된 서류를 포함한다)를 첨부하여 주무관청에 제출하여야 한다. 이 경우 주무관청은 「전자정부법」 제36조 제1항에 따른 행정정보의 공동이용을 통하여 법인등기부를 확인하여야 한다(규칙 제10조).

- 해산 당시의 재산목록 1부
- 잔여재산의 처분 방법의 대강을 적은 서류 1부
- 해산 당시의 정관 1부
- 사단법인이 총회의 결의에 따라 해산한 경우에는 그 결의를 한 총회의 회의록 사본 1부
- 재단법인이 정관에 따라 해산한 경우에 이사회의 해산 결의가 있으면 그 결의를 한 이사회의 회의록 사본 1부

■ 환경부 및 기상청 소관 비영리법인의 설립과 감독에 관한 규칙 [별지 제5호 서식] 〈개정 2012.7.4〉

법인해산 신고서

접수번호		접수일	처리일	처리기간 : 7일
청산법인	법인 명칭			
	법인 소재지		법인 전화번호	
	청산인 성명		청산인 생년월일(외국인등록번호)	
	청산인 주소		청산인 전화번호	

해산 연월일	
해산사유	

「민법」 제86조와 「환경부 및 기상청 소관 비영리법인의 설립과 감독에 관한 규칙」 제10조에 따라 위와 같이 법인해산을 신고합니다.

　　　　　　　　　　　　　　　　　　　　　　　년　　　월　　　일

　　　　　　　　　　　신청인　　　　　　　　　(서명 또는 인)

환경부장관(기상청장) 귀하

첨부서류	1. 해산 당시의 재산목록 1부 2. 잔여재산의 처분방법의 대강을 적은 서류 1부 3. 해산당시의 정관 1부 4. 사단법인이 총회의 결의에 따라 해산한 경우에는 그 결의를 한 총회의 회의록 사본 1부 5. 재단법인이 정관에 따라 해산한 경우에 이사회의 해산 결의가 있으면 그 결의를 한 이사회의 회의록 사본 1부	수수료 없음
담당공무원 확인사항	법인등기사항증명서 1부.	

처리절차

신고서작성	→	접수	→	확인	→	결재
신고인		주무관청		주무관청		주무관청

210mm×297mm [백상지 80g/㎡]

다. 잔여재산 처분의 허가

법인의 이사나 청산인이 「민법」 제80조 제2항에 따라 잔여재산의 처분에 대한 허가를 받으려면 그 처분 목적, 처분하려는 재산의 종류·수량·금액 및 처분 방법을 적은 별지 제6호 서식의 잔여재산처분 허가신청서(전자문서로 된 신청서를 포함한다)를 주무관청에 제출하여야 한다(규칙 제11조).

■ 환경부 및 기상청 소관 비영리법인의 설립과 감독에 관한 규칙 [별지 제6호 서식] 〈개정 2012.7.4〉

잔여재산처분 허가신청서

접수번호	접수일	처리일	처리기간 : 10일

신청인	법인 명칭		
	법인 소재지	법인 전화번호	
	대표자(이사 · 청산인) 성명	대표자 생년월일	
	대표자 주소	대표자 전화번호	

처분재산	종류 및 수량	
	금액	
	처분방법	
처분사유		

「민법」 제80조 제2항과 「환경부 및 기상청 소관 비영리법인의 설립과 감독에 관한 규칙」 제11조에 따라 위와 같이 잔여재산 처분허가를 신청합니다.

년   월   일

신청인   (서명 또는 인)

환경부장관(기상청장) 귀하

첨부서류	1. 해산당시의 정관 1부(해산신고시 정관과의 확인이 필요한 경우에 한하여 제출한다) 2. 총회의 회의록(사단법인의 경우) 1부(해산신고시에 제출한 서류로서 확인이 되지 않을 경우에 한하여 제출한다)	수수료 없음

처리절차

신청서작성	→	접수	→	확인	→	결재
신청인		주무관청		주무관청		주무관청

210mm×297mm[백상지 80g/㎡]

라. 청산 종결의 신고

청산인은 법인의 청산이 종결된 경우에는 「민법」 제94조에 따라 그 취지를 등기하고, 별지 제7호 서식의 법인청산 종결신고서(전자문서로 된 신청서를 포함한다)를 주무관청에 제출하여야 하며(규칙 제12조), 주무관청은 이에 따라 법인청산 종결의 신고를 받으면 「전자정부법」 제21조 제1항에 따른 행정정보의 공동이용을 통하여 법인의 등기부 등본을 확인하여야 한다. 다만, 신고인이 그 확인에 동의하지 아니하는 경우에는 신고일부터 10일 이내에 등기부 등본 1부를 주무관청에 제출하도록 하여야 한다.

■ 환경부 및 기상청 소관 비영리법인의 설립과 감독에 관한 규칙 [별지 제7호 서식] 〈개정 2012.7.4〉

법인청산 종결신고서

접수번호	접수일	처리일	처리기간 : 즉시

청산법인	법인 명칭	
	법인 소재지	법인 전화번호
	청산인 성명	청산인 생년월일(외국인등록번호)
	청산인 주소	청산인 전화번호

청산 연월일	
청산 취지	

「민법」제94조와「환경부 및 기상청 소관 비영리법인의 설립과 감독에 관한 규칙」제12조에 따라 위와 같이 청산 종결을 신고합니다.

년   월   일

신청인   (서명 또는 인)

환경부장관(기상청장) 귀하

첨부서류	없음	수수료 없음

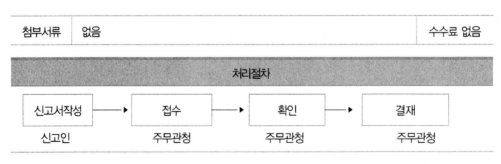

처리절차

신고서작성	→	접수	→	확인	→	결재
신고인		주무관청		주무관청		주무관청

210mm×297mm[백상지 80g/㎡]

제3장 과학기술정보통신부 소관 비영리법인 설립

1. 개관

과학기술정보통신부 소관 비영리법인의 설립 및 감독에 관한 규칙(이하 규칙이라고만 함)은 「민법」
에 따라 과학기술부정보통신부장관이 주무관청이 되는 비영리법인의 설립 및 감독에 필요한 사항을
규정함을 목적으로 하며, 이에 따른 비영리법인(이하 '법인'이라 한다)의 설립허가, 법인 사무의
검사 및 감독 등에 관하여는 다른 법령에 특별한 규정이 있는 경우를 제외하고는 이 규칙에서 정하는
바에 따른다.

본장은 과학기술정보통신부 소관 비영리법인의 설립과 관련한 일반절차인 설립허가신청 및 관련
첨부서류 그리고 정관변경허가신청, 사업계획보고 등에 관한 내용들을 정리하였다. 그 외 관련서류
들은 제1편 비영리사단법인 및 제2편 비영리재단법인 관련 내용부분을 참고하기 바란다.

2. 설립허가절차

가. 설립허가의 신청

「민법」 제32조에 따라 비영리법인의 설립허가를 받으려는 자(이하 '설립발기인'이라 한다)는 별지
제1호 서식의 비영리법인 설립허가 신청서에 다음의 서류를 첨부하여 과학기술정보통신부장관(이
하 '주무관청'이라 한다)에게 제출하여야 한다. 이 경우 주무관청은 「전자정부법」 제36조 제1항에
따른 행정정보의 공동이용을 통하여 제3호의 재산목록에 적힌 재산 중 토지 또는 건물의 등기사항증
명서를 확인하여야 한다(규칙 제3조).

- 설립발기인의 성명 · 생년월일 · 주소 및 약력을 적은 서류(설립발기인이 법인인 경우에는 그 명칭,
  주된 사무소의 소재지, 대표자의 성명 · 생년월일 · 주소와 정관을 적은 서류) 1부
- 설립하려는 법인의 정관 1부
- 재산목록(재단법인의 경우에는 기본재산과 운영재산을 구분하여 적어야 한다) 및 그 증명서류와
  출연(出捐) 신청이 있는 경우에는 그 사실을 증명하는 서류 각 1부
- 해당 사업연도분의 사업계획 및 수입 · 지출 예산을 적은 서류 1부
- 임원 취임 예정자의 성명 · 생년월일 · 주소 및 약력을 적은 서류와 임원 취임승낙서 각 1부
- 창립총회 회의록(설립발기인이 법인인 경우에는 법인 설립에 관한 의사 결정을 증명하는 서류) 1부

■ 과학기술정보통신부 소관 비영리법인의 설립 및 감독에 관한 규칙 [별지 제1호 서식] 〈개정 2017. 7. 26.〉

비영리법인 설립허가 신청서

접수번호		접수일	처리일	처리기간	20일

신청인	성명		생년월일	
	주소		전화번호	

법 인	명칭		전화번호	
	소재지			

대표자	성명		생년월일	
	주소		전화번호	

「민법」 제32조 및 「과학기술정보통신부 소관 비영리법인의 설립 및 감독에 관한 규칙」 제3조에 따라 위와 같이 비영리법인 설립허가를 신청합니다.

년   월   일

신청인   (서명 또는 인)

과학기술정보통신부장관   귀하

첨부서류	1. 설립발기인의 성명 · 생년월일 · 주소 및 약력을 적은 서류 1부(설립발기인이 법인인 경우에는 그 명칭, 주된 사무소의 소재지, 대표자의 성명 · 생년월일 · 주소와 정관을 적은 서류) 2. 설립하려는 법인의 정관 1부 3. 재산목록(재단법인의 경우 기본재산과 운영재산으로 구분하여 적어야 합니다) 및 그 증명 서류와 출연(出捐) 신청이 있는 경우에는 그 사실을 증명하는 서류 각 1부 4. 해당 사업연도분의 사업계획 및 수입 · 지출 예산을 적은 서류 1부 5. 임원 취임 예정자의 성명 · 생년월일 · 주소 및 약력을 적은 서류와 임원 취임승낙서 각 1부 6. 창립총회 회의록(설립발기인이 법인인 경우에는 법인 설립에 관한 의사 결정을 증명하는 서류) 1부 ※ 제3호의 서류 중 과학기술정보통신부장관 확인사항인 서류는 제출하지 않습니다.	수수료 없 음

과학기술정보 통신부장관 확인사항	재산목록에 적힌 재산 중 토지 또는 건물의 등기사항증명서

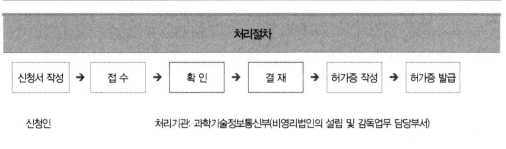

210mm×297mm[백상지 80g/㎡(재활용품)]

제1장 총칙

제1조(명칭)

이 법인은 '사단법인 한국천문우주과학관협회'(이하 '이 법인'이라 칭한다)라 칭하고 영문 명칭은 '(KASMA : The Korea Astronomy & Space science Museum Association)'이라 칭한다.

제2조(목적)

이 법인은 사회 일반의 이익에 공여하기 위하여 민법 제32조 및 주무관청소관 비영리법인의 설립 및 감독에 관한 규칙에 따라 건전한 천문우주과학관 및 유사기관 간의 천문우주과학기술에 관한 정보교환과 상호 관심사항에 대한 협의를 통하여 천문우주과학 관련기관의 발전과 상호간의 교류를 증진하고, 사회 일반의 천문우주과학기술의 관심 증대와 천문우주과학 교육을 통한 미래 천문우주과학인 양성 및 회원 상호간에 친목 등을 목적으로 한다.

제3조(사무소의 소재지)

1. 이 법인의 사무소는 대전광역시 유성구에 둔다.
2. 이 법인은 이사회의 결의에 따라 지부를 설치할 수 있다.

제4조(사업)

1. 이 법인은 제2조의 목적을 달성하기 위해 다음의 사업을 한다.
2. 천문우주과학기술인 세미나 및 워크숍 개최
3. 천문우주과학기술에 관한 프로그램 및 콘텐츠 개발 · 보급
4. 천문우주과학기술 관련 인력 양성 및 천문업무 종사자 등의 교육훈련 [전면개정 2015. 02. 17]
5. 천문우주과학기술에 관한 협회지 발행 등 제 홍보 활동
6. 국내외 천문우주과학기술 관련 행사 개최 등 대중화 사업
7. 천문우주과학기술에 관한 국제교류협력사업
8. 정부, 지방자치단체, 민간단체에서 지정 또는 위탁받은 사업 [본조신설 2015. 02. 17]
9. . 기타 이 법인의 목적 달성을 위한 사업 [본조신설 2015. 02. 17]
10. 전항의 목적사업의 경비충당을 위하여 수익사업을 할 수 있다.

11. 제② 항의 수익사업을 하고자 하는 경우에는 주무관청의 사전 승인을 받아 시행한다.

제5조(법인 공여이익의 수혜자)

1. 이 법인은 제4조 1항에 규정한 목적사업을 수행함에 있어 공공성에 반하지 않아야 하며, 수요자 최소부담 원칙에 입각하여 수행하여야 한다.
2. 이 법인은 목적사업의 수혜자를 출생지, 출신학교, 근무처, 직업 또는 사회적 지위 등에 의하여 차별하지 아니한다.

제6조(위원회)

이 법인은 목적사업의 일부를 수행하기 위하여 위원회를 둘 수 있다.

제2장 회원

제7조(회원의 구분과 자격)

이 법인 회원의 구분과 자격은 다음 각호와 같다.

1. 정회원은 천문우주관련 과학관, 천체투영실 또는 천체관측실등을 운영하는 시설 및 기관으로 하되, 해당 기관의 장이 대표하며 실무 책임자가 기관장을 대리 할 수 있다. 단, 기관의 직제에 따라 기관의 장이 없거나, 부속시설 등으로 분류되는 기관은 해당 시설의 관리 책임자가 대표할 수 있다.
2. 특별회원은 협의회 취지에 찬동하는 기관 또는 인사로서, 총회에서 출석인원 과반수이상의 찬성으로 가입 승인을 얻은 자로 한다.
3. 준회원은 협의회 취지에 찬동하는 천문우주과학관련 기관 또는 인사로서, 총회에서 출석인원 과반수이상의 찬성으로 가입승인을 얻은 자로 한다.
4. 고문은 전임 임원과 천문우주과학정책·교육·문화·언론전문가로서 상임고문 1인을 포함하여 6인 이내로 회장이 추천하고 이사회의결을 거쳐 추대한다.

제8조(회원의 권리와 의무)

이 법인의 회원은 정관 및 결의사항을 준수 하여야 하며 다음 각 항의 의무와 권리를 가진다.

1. 정회원은 이 법인의 운영에 참여할 권리(의결권, 피선거권, 발언권 등)를 가지며 소정의 회비를 납입해야 한다.
2. 특별회원, 준회원, 고문은 총회에 참석하여 의견을 개진할 수 있으며 본인의 의사에 따라 기

여금을 납부할 수 있다.

제9조(회원의 탈퇴)

이 법인의 회원은 임의로 이 법인을 탈퇴할 수 있다.

제10조(회원의 제명)

이 법인의 회원으로서 이 법인의 취지에 배치되는 행위를 하였거나 소정의 의무를 수행하지 않았을 때에는 이사회의 의결을 거쳐 제명 할 수 있다.

제3장 임원

제11조(임원의 종류와 정수 및 자격)

이 법인에 다음 각호의 임원을 둔다.

1. 회장 1명
2. 부회장 2명 이내
3. 이사 11명 이내(회장, 부회장을 포함) [당연직 2명(국립중앙과학관 1명, 한국천문연구원 1명) / 선임직 6명 이내]
4. 감사 1명

다음 각 1에 해당하는 자는 이 법인의 임원이 될 수 없다.

1. 미성년자
2. 금치산자 또는 한정치산자
3. 파산자로서 복권되지 아니한 자
4. 금고 이상의 형을 받고 집행이 종료되거나 집행을 받지 아니하기로 확정된 후 3년이 경과되지 아니한 자
5. 주무관청장관으로부터 임원취임승인이 취소된 후 2년이 경과되지 아니한 자

제12조(임원의 임기)

1. 이사의 임기는 3년으로 하고 연임할 수 있다.
2. 감사의 임기는 2년으로 하고 연임할 수 있다.

제13조(임원의 선임방법)

1. 임원은 총회에서 선임하여 주무관청의 승인을 받아 취임한다.

2. 임기전의 임원의 해임은 이사회의 의결을 거쳐 주무관청의 승인을 받아야 한다.

3. 임기 중 결원이 생긴 때에는 회장은 총회에서 보선하고 부회장과 이사는 후임자가 그 직을 승계하며 감사는 새로이 총회에서 선임한다. 그리고 새로이 선임 및 승계한 임원의 임기는 전임자의 잔여기간으로 한다.

제14조(임원 선임의 제한)

1. 이사회의 구성에 있어서 이사 상호간에 공익법인의 설립·운영에 관한법률시행령 제12조의 규정에 의한 특수 관계에 해당하는 이사의 수는 이사 현원의 5분의 1을 초과하지 못한다.

2. 감사는 감사 상호간 또는 이사와 제1항에 규정한 특수 관계에 해당하는 자가 아니어야 한다.

제15조(회장의 선출방법과 그 임기)

1. 회장은 이사의 추천을 받아 총회의 의결로 선출하고 주무관청장관의 승인을 받아 취임한다. 다만, 회장이 궐위되었을 때에는 지체 없이 후임 회장을 선출하여 주무관청장관의 승인을 받아야 한다.

2. 회장의 임기는 이사로 재임하는 기간으로 한다.

제16조(회장 및 이사의 직무)

1. 회장은 이 법인을 대표하여 회무를 총괄하고 총회, 이사회의 의장이 되며 법인의 업무를 통리한다.

2. 부회장은 회장을 보좌하며 회장 유고시에는 연장자순으로 그 직무를 대행한다.

3. 이사는 이사회에 출석하여 이 법인의 업무에 관한 사항을 심의, 의결하며, 이사회 또는 회장으로 위임받은 사항을 처리한다.

제17조(회장의 직무대행)

회장의 사고가 있을 때에는 이사(부회장)중 최연장자인 이사가 회장의 직무를 대행한다.

제18조(감사의 직무)

이 법인의 감사는 다음 각호의 직무를 행한다.

1. 이 법인의 업무와 재산상황을 감사하는 일 및 이사에 대하여 이에 필요한 자료의 제출 또는 의

견을 요구하고 이사회에서 발언하는 일

2. 이사회의 회의록에 기명·날인하는 일

3. 이 법인의 업무와 재산상황에 대하여 이사회에 출석하여 의견을 진술하는 일

4. 이 법인의 업무와 재산상황을 감사한 결과 불법 또는 부당한 점이 발견한 때 이를 이사회 또는 총회에 보고하는 일

5. 제4호의 보고를 하기 위하여 필요한 때에는 이사회 또는 총회의 소집을 요구하는 일

6. 이 법인의 업무, 재산상황을 감사한 결과 불법 또는 부당한 점이 있음을 발견한 때에는 지체 없이 주무관청에 이를 보고하는 일

7. 이사가 이 법인의 목적범위 외의 행위를 하거나, 기타 관계법령이나 정관에 위배한 행위를 하여 법인에게 현저한 손해를 발생하게 할 우려가 있을 때에는 그 이사에 대하여 직무집행을 유지(留止)할 것을 법원에 청구하는 일

제4장 총회

제19조(총회의 기능)

총회는 다음 각호의 사항을 의결한다.

1. 임원의 선출에 관한 사항

2. 정관변경에 관한 사항

3. 법인의 해산에 관한 사항

4. 기본재산의 처분에 관한 사항

5. 예산 및 결산의 승인

6. 사업계획의 승인

7. 기타 중요한 사항

제20조(총회의 소집)

1. 총회는 정기총회와 임시 총회로 나누되 정기총회는 연 1회, 임시총회는 필요에 따라 회장 또는 회원 1/3 이상의 요구로 회장이 소집한다.

2. 회장은 회의안건을 명기하여 7일전에 각 회원에게 통지하여야 한다.

3. 총회는 제2항의 통지 사항에 한하여만 의결할 수 있다.

제21조(총회의 의결정족수)

1. 총회는 재적회원 과반수의 출석으로 개회한다.

2. 총회의 의사는 출석한 회원 과반수의 찬성으로 의결한다. 다만 가부 동수인 경우에는 의장이 결정한다.

제22조(총회소집의 특례)

회장은 다음 각 호의 1에 해당하는 소집 요구가 있을 때에는 그 소집 일로부터 20일 이내에 총회를 소집하여야 한다.

1. 재적이사 과반수가 회의의 목적을 제시하여 소집을 요구 할 때

2. 제17조 제5항의 규정에 의하여 감사가 소집을 요구한 때

3. 회원 3분의 1이상이 회의의 목적을 제시하여 소집을 요구한 때

4. 총회 소집권자가 궐위되거나 또는 이를 기피함으로써 총회소집이 불가능할 때에는 재적이사 과반수 또는 회원의 3분의 1이상의 찬성으로 총회를 소집할 수 있다.

5. 제2항에 의한 총회는 출석이사 중 연장자의 사회아래 그 의장을 지명한다.

제23조(총회의결 제척사유)

의장 또는 회원이 다음의 각 호의 1에 해당하는 때에는 그 의결에 참석하지 못한다.

1. 임원취임 및 해임에 있어 자신에 관한 사항

2. 금전 및 재산의 수수를 수반하는 사항 등 회원 자신과 이 법인과의 이해가 상반되는 사항

제23조2(총회회의록)

1. 총회의 의사에 관하여는 의사록을 작성하여야 한다.

2. 의사록에는 의사의 경과, 요령 및 결과를 기재하고 회장 및 출석한 이사가 기명날인하여야 한다.

제5장 이사회

제24조(이사회의 기능)

이사회는 다음 각호의 사항을 심의 · 의결한다.

1. 정관변경, 임원선임에 관한 사항 심의

2. 사업계획운영에 관한 사항

3. 예산 및 결산서 작성에 관한 사항

4. 총회에서 위임받은 사항

5. 이 정관에 의하여 그 권한에 속하는 사항

6. 사무국 및 간사에 관한 사항

7. 기타 중요한 사항

제25조(의결정족수)

1. 이사회는 이사정수의 과반수가 출석하지 아니하면 개최하지 못한다.

2. 이사회의 의사는 출석이사 과반수의 찬성으로 의결한다. 다만 가부동수인 경우에는 의장이 결정한다.

제26조(의결제척 사유)

회장 또는 이사가 다음 각 호의 1에 해당하는 때에는 그 의결에 참석하지 못한다

1. 임원의 취임 및 해임에 있어 자신에 관한 사항을 의결할 때

2. 금전 및 재산의 수수를 수반하는 사항 등 자신과 법인의 이해 상반 될 때

제27조(이사회의 소집)

1. 이사회는 회장이 소집하고 그 의장이 된다.

2. 이사회를 소집하고자 할 때에는 적어도 회의 7일전에 목적사항을 명시하여 각 이사에게 통지하여야 한다.

3. 이사회는 제2항의 통지사항에 한하여만 의결할 수 있다. 다만, 재적이사 전원이 출석하고 출석이사 전원의 찬성이 있을 때에는 통지하지 아니한 사항이라도 이를 부의하고 의결할 수 있다.

제28조(이사회소집의 특례)

1. 이사장은 다음 각 호의 1에 해당하는 소집 요구가 있을 때에는 그 소집요구일로부터 20일 이내에 이사회를 소집 하여야 한다.

2. 재적이사 과반수로부터 회의의 목적사항을 제시하여 소집을 요구한때

3. 제17조 제5항의 규정에 의하여 감사가 소집을 요구한 때

4. 이사회 소집권자가 궐위되거나 또는 이를 기피함으로써 7일 이상 이사회 소집이 불가능할 때에는 재적이사 과반수의 찬성으로 주무관청의 승인을 받아 소집할 수 있다.

5. 제2항에 의한 이사회의 운영은 출석이사 중 연장자의 사회아래 그 회의의 의장을 선출하여야 한다.

제29조(서면결의 금지)

1. 이사회의 의사는 서면결의에 의할 수 없다. 다만, 경미한 사항 또는 긴급을 요하는 사항에 관하여는 이를 서면으로 의결할 수 있으며, 이 경우 의장은 그 결과를 차기 이사회에 보고하여

야 한다.

2. 제1항의 서면결의 사항에 대하여 재적이사 과반수가 이사회에 부의할 것을 요구하는 때에는
이에 따라야 한다.

제6장 재산 및 회계

제30조(재산의 구분)

1. 이 법인의 재산은 기본재산과 운영재산으로 구분한다.

2. 다음 각 호의 1에 해당하는 재산은 이를 기본재산으로 하고, 기본재산 이외의 재산은 운영재
산으로 한다.

3. 설립시 기본재산으로 출연한 재산

4. 기부에 의하거나 기타 무상으로 취득한 재산. 다만, 기부목적에 비추어 기본재산으로 하기 곤
란하여 주무관청의 승인을 얻은 것은 예외로 한다.

5. 보통재산 중 총회에서 기본재산으로 편입할 것을 의결한 재산.

6. 세계(歲計)잉여금 중 적립금

제31조(재산의 관리)

1. 제30조 제2항의 기본재산을 매도, 증여, 임대, 교환하거나, 담보에 제공하거나, 의무부담 또
는 권리의 포기를 하고자 할 때에는 이사회의 의결과 총회의 승인을 거쳐 주무관청의 허가를
받아야 한다.

2. 이 법인이 매수, 기부체납, 기타의 방법으로 재산을 취득할 때에는 지체 없이 이를 이 법인의
재산으로 편입조치 하여야 한다.

3. 기본재산 및 운영재산의 유지, 보존 및 기타 관리(제1항 및 제2항의 경우를 제외한다)에 관하
여는 이사장이 정하는 바에 따른다.

4. 기본재산의 목록이나 평가액에 변동이 있을 때에는 지체 없이 기본재산목록을 변경하여 정관
변경 절차를 밟아야 한다.

제32조(재산의 평가)

이 법인의 모든 재산의 평가는 취득당시의 시가에 의한다. 다만, 재평가를 실시한 재산은 재평가
액으로 한다.

제33조(경비의 조달 방법 등)

이 법인의 유지 및 운영에 필요한 경비는 기본자산의 과실, 사업수익, 회원의 회비 및 기타의 수입으로 조달한다.

제34조(회계의 구분)

1. 이 법인의 회계는 목적사업회계와 수익사업회계로 구분한다.
2. 제1항의 경우에 법인세법의 규정에 의한 법인세 과세대상이 되는 수익과 이에 대응하는 비용은 수익사업회계로 계리하고, 기타의 수익과 비용은 목적사업회계로 계리한다.
3. 제2항의 경우에 목적사업회계와 수익사업회계로 구분하기 곤란한 비용은 법인세에 관한 법령의 규정을 준용하여 배분한다.

제35조(회계원칙)

이 법인의 회계는 사업의 경영성과와 수지 상태를 정확하게 파악하기 위하여 모든 회계거래를 발생의 사실에 의하여 기업회계의 원칙에 따라 처리한다.

제36조(회계연도)

이 법인의 회계연도는 정부의 회계연도에 따른다.

제37조(예산외의 채무부담 등)

이 법인의 예산외의 채무의 부담 또는 채권의 포기는 이사회의 의결과 총회의 승인을 받아야 한다. 다만, 당해 회계연도의 수입으로 상환할 수 없는 자금을 차입(이하'장기차입금'이라 한다)하는 경우 차입하고자 하는 장기차입금액이 기본재산 총액에서 차입당시의 부채총액을 공제한 금액의 100분의 5에 상당하는 금액 이상인 경우로 한다.

제38조(임원 등의 보수 제한)

1. 총회에서 의결한 정수 범위 내에서 상근 임직원을 둘 수 있다. 상근 임직원에게는는 보수를 지급한다.
2. 상근임원외의 임원에게는 업무에 필요한 실비(출장비 등)를 예산범위내에서 지급할 수 있다.

제39조(임원 등에 대한 재산대여 금지)

이 법인의 재산은 이 법인과 다음 각 호의 1에 해당하는 관계가 있는 자에 대하여는 정당한 대가 없이 이를 대여하거나 사용하게 할 수 없다.

1. 이 법인의 설립자

2. 이 법인의 임원

3. 제1호 및 2호에 해당하는 자와 민법 제777조의 규정에 의한 친족관계에 있는 자 또는 이에 해당하는 자가 임원으로 있는 다른 법인.

4. 이 법인의 재산상 긴밀한 관계가 있는 자

5. 제1항 각호의 규정에 해당되지 아니하는 자의 경우에도 이 법인의 목적에 비추어 정당한 사유가 없는 한 정당한 대가 없이 대여하거나 사용하게 할 수 없다.

제40조(예산서 및 결산서 제출)

법인은 매 사업연도 종료후 2월이내에 다음 각호의 서류를 주무관청장관에게 제출하여야 한다.

1. 다음 사업년도의 사업계획 및 수지예산서 1부

2. 당해사업연도의 사업실적 및 수지결산서 1부

3. 당해사업연도말 현재의 재산목록 1부

보 칙

제41조(정관변경)

이 법인의 정관을 변경하고자 할 때에는 총회에서 재적회원 과반수이상의 출석과 출석회원 3분의 2이상의 찬성으로 의결하여 주무관청의 허가를 받아야 한다.

제42조(해산)

1. 제1조의 규정에 의한 목적의 달성 또는 그 목적의 달성 불능으로 이 법인을 해산하고자 할 때에는 총회에서 재적회원 3분의 2이상의 찬성을 얻어야 하며 그 결과를 주무관청장관에 신고하여야 한다. 다만, 회원이 없게 된 경우에는 총회의 결의 없이 해산한다.

2. 청산인은 파산의 경우를 제외하고는 그 취임 후 3주간 내에 해산 등기를 하고 등기부등본을 첨부하여 주무관청장관에게 해산신고를 하여야 한다.

제43조(해산법인의 재산귀속)

이 법인이 해산 할 때에는 잔여재산을 국가, 지방자치단체 또는 유사한 목적을 가진 다른 비영리법인에게 귀속한다.

제44조(기부금 공개)

이 법인의 연간 기부금 모금액 및 활용실적은 홈페이지를 통해 공개한다.

제45조(시행세칙)

이 법인의 회비징수에 관한 사항 등 이 정관에 관하여 필요한 사항은 이사회에서 정하여 총회의 승인을 얻어야 한다.

제46조(설립당초의 임원 및 임기)

본 정관 제12조의 규정에도 불구하고 이 법인의 설립 최초의 임원 및 임기는 [별지]와 같다.

부 칙

제1조(시행일) [2016. 12. 31개정]

이 정관은 주무관청장관의 허가를 받아 법원에 등기한 날(20 . .)로부터 시행한다.

제1조(시행일) [2015. 07. 31개정]

이 정관은 주무관청장관의 허가를 받아 법원에 등기한 날(20 . .)로부터 시행한다.

제1조(시행일) [2014. 12. 31개정]

이 정관은 주무관청장관의 허가를 받아 법원에 등기한 날(20 . .)로부터 시행한다.

제1조(시행일) [2013. 12. 31개정]

이 정관은 주무관청장관의 허가를 받아 법원에 등기한 날(20 . .)로부터 시행한다.

제1조(시행일) [2012. 12. 10개정]

이 정관은 교육과학기술부장관의 허가를 받아 법원에 등기한 날(20 . .)로부터 시행한다.

제1조(시행일) [2011. 12. 15개정]

이 정관은 교육과학기술부장관의 허가를 받아 법원에 등기한 날(20 . .)로부터 시행한다.

제1조(시행일) [2009. 07. 01제정]

이 정관은 교육과학기술부장관의 허가를 받아 법원에 등기한 날(200 . .)로부터 시행한다.

제2조(최초 임원 선출)

이 법인의 최초 임원 선출은 발기인 대표 회의에서 호선하여 과반수 찬성으로 선임하고 최초 총회에 보고하여 승인을 받아 선출한다.

제3조(경과조치)

이 법인 설립을 위하여 발기인 등이 행한 행위는 이 정관에 의하여 행한 것으로 본다.

제4조(창립회원)

이 법인의 창립회원은 발기인 대표회의에서 본인이 입회원서를 작성하여 이 법인에 제출하고 제8조1항에 의해 소정의 회비를 납입한 날로부터 정회원에 가입한 것으로 본다.

제5조(이 법인 주최, 주관, 후원 명칭 및 로고 기준)

이 법인 관련 주최·주관·후원 등 행사

설립발기인 인적사항

연번	직위	성 명	생년월일	주소	연락처
		주요 약력			임 기
	대표 이사				

작성자 : 사단법인 ○○○○ 발기인 대표 ○○○ (날인 또는 서명)

임원 취임 예정자 명단

연번	직위	성 명	생년월일	주소	연락처
		주요 약력			임 기
	대표 이사				

작성자 : 사단법인 ○○○○ 발기인 대표 ○○○ (날인 또는 서명)

사단법인 ○○○○ 창립(발기인) 총회 회의록

(아래는 예시문입니다.)

1. 회의일시 : 2002년 ○○월 ○○일 (15:00~17:00)
2. 회의장소 : 서울특별시 ○○구 ○○동 ○○번지 ○○호실
3. 회의안건 : ① 의장선출 ② 설립취지 채택 ③ 정관심의 ④ 출연내용 ⑤ 이사장 선임 ⑥ 임원선임 및 임기결정 ⑦ 사업계획 및 예산심의 ⑧ 사무소 설치 ⑨ 법인조직 및 상근임직원 정수 책정
4. 회원총수 : ○○명 ("회원 명부" 참조)
5. 출석회원(발기인 포함) : ○○명
6. 결석회원(발기인 포함) : ○○명
7. 회의내용

임시 사회자 ○○○은 본 총회가 적법하게 성립되었음을 성원보고한 후 "임시의장 선출" 안건을 상정하다.

　　　[제1의안 상정] : 임시의장 선출

사회자 : 　－ "임시의장 선출(안)"을 상정하겠습니다.
　　　　　－ 추천하여 주시기 바랍니다.
○○○ : 　－ ○○○를 임시의장으로 선출할 것을 제안합니다.
사회자 : 　－ 다른 분 추천 있습니까? (더 이상의 추천이 없다)
사회자 : 　－ ○○○께서 추천한 ○○○을 임시의장으로 선출하겠습니다. 이의 있으시면 말씀해 주시고, 찬성하시면 박수로 의결하여 주시기 바랍니다.
　　　　　(만장일치로 전원 박수)
사회자 : 　－ 임시의장에 ○○○가 선출되었음을 선포합니다.
　　　　　(의사봉 3타)
　　　　　(이후의 의사진행은 임시의장 ○○○에게 인계하고 사회자는 물러나다)

[제2의안 상정] 설립취지 채택

의　장：　(간단하게 임시의장 취임 인사를 하다)

－ 우리 법인의 "설립취지 채택" 안건을 상정합니다.

－ ○○○ 발기인께서 설립취지(안)을 낭독해 주시기 바랍니다.

○○○：　－ (유인물로 작성되어 배포된 설립취지문안을 낭독하다)

의　장：　－ ○○○께서 낭독하신 설립취지에 대하여 의견이 있으시면 말씀해 주십시오.

○○○：　－ 이미 준비된 설립취지문에 찬성하며 원안 의결할 것을 제안합니다.

(회원전원)：　(○○○의 제안에 찬성하며 모두 박수치다)

의　장：　－ 본 설립취지(안)에 이의 없으신 것으로 알고 원안대로 가결되었음을 선포합니다. (의사봉 3타)

[제3의안 상정] 정관심의 건

의　장：　－ 이어서 "정관심의"에 들어가겠습니다.

(○○○ 발기인에게 준비된 정관(안) 낭독을 요청하다)

○○○：　(정관 초안을 낭독하다)

○○○：　－ 정관의 내용이 무리 없이 잘 구성되었다고 생각합니다.

－ 본 정관이 어떠한 과정으로 작성되었는지 의장님께서 부연설명 해 주시면 고맙겠습니다.

의　장：　－ 본 정관은 우리 법인의 주무관청인 지식경제부에서 만든 정관예문(준칙)을 기초로 하여 작성하였습니다.

－ 본 정관에 추가 또는 삭제할 내용이 있으시면 말씀해 주십시오.

○○○：　－ 본 정관에 특별히 추가 또는 삭제할 내용은 없는 것 같습니다.

－ 원안대로 의결할 것을 제안합니다. (전원 박수)

의　장：　－ 그러면 본 정관도 초안에 이의 없으신 것으로 보고 원안대로 가결되었음을 선포합니다. (의사봉 3타)

[제4의안 상정] 출연내용 채택의 건

의　장：　－ 다음은 "출연재산 채택(안)"을 상정합니다.

－ 우리 법인의 출발을 위하여 ○○○께서 현금 0000원을 출연하시겠다는 의사를 밝혔

고, ○○○께서 현금 000원을 출연하시겠다는 의사를 밝혔습니다. 본 출연이 채택될 경우 ○○○의 출연금 0000원은 기본재산으로, ○○○의 출연금 000원은 설립 당해 연도의 설립 제비용 등의 경비로 사용하기 위하여 보통재산으로 구분 채택하고자 합니다.

- 출연내용에 대하여 의견 나누어 주시기 바랍니다.

○○○ : - 의장께서 설명하신 출연내용과 의견에 대하여 적극 찬성하며 출연하신 분의 뜻을 따라 원안대로 채택할 것을 제안합니다.

○○○ : - ○○○의 제안에 찬성합니다. (회원 모두 박수)

의 장 : - 출연재산을 원안대로 모두 채택합니다.

- 출연재산 채택 의결내용

▷ 000님 출연금 : 현금 0000원 → 기본재산

▷ 000님 출연금 : 현금 0000원 → 보통재산

[제5의안 상정] 이사장 선임의 건

의 장 : - 우리 법인을 이끌어 나갈 "이사장 선임(안)"을 상정합니다.

- 회원님들께서 덕망 있고 훌륭하신 분을 추천하여 주시기 바랍니다.

○○○ : - 이사장에는 현재 임시의장으로 사회를 보시는 ○○○께서 맡아 주실 것을 제안합니다. (전원 박수)

의 장 : - 부족한 저를 추천해 주셔서 감사합니다. 그러나 저보다 더 훌륭하신 분들이 더 많으신 줄 아니 다른 분을 더 추천해 주시면 좋겠습니다.

○○○ : - ○○○의 제안에 회원 모두 찬성하는 것 같습니다. 다시 한 번 의장님을 이사장에 추천합니다. (전원 박수)

의 장 : - 그러면 여러분의 뜻에 따라 당분간 우리 법인의 이사장직을 맡아보겠습니다.

- 이사장 선임 건에 본인 000가 선출되었음을 선포합니다. (의사봉 3타)

[제6의안] 임원선임 및 임기결정의 건

의 장 : - 이어서 "임원선임 및 임기결정"에 관한 안건을 상정합니다.

- 우선 임원의 수는 정관심의에서 기 결정되었듯이 00명으로 되어 있으니, 이에 대한 임원 후보자들을 추천하여 주시기 바랍니다.

- 아울러 임원의 임기 문제도 함께 제시하여 주시기 바랍니다.

(회원들의 추천과 논의 끝에 다음과 같이 뜻이 모아지다)

　　▷ 이사(00명)　　: 0000, 0000, 0000, 0000, 이상 00명 → 임기 4년

　　　　　　　　　　 0000, 0000, 0000, 0000, 이상 00명 → 임기 2년

　　▷ 감사(2명)　　 : 0000 → 임기 2년

　　　　　　　　　　 0000 → 임기 1년

의　장 : － 임원의 선출 및 임기의 내용이 결정된 것 같습니다.

　　　　 － 본 내용에 다른 의견이 있으시면 말씀해 주십시오.

　　　　 (회중에서 이의 없음을 말하고 박수치다)

의　장 : － 임원의 선출 및 임기를 여러분의 결정대로 가결되었음을 선포합니다.

　　　　 (전원박수 － 의사봉 3타)

의　장 : － 이어서 우리 법인설립 최초의 회원을 채택하고 회원의 회비 징수액을 결정하고자 하

　　　　 는데, 현재의 회원은 회원명부와 같이 총 00명이며 회비는 년 000원으로 하고자 하

　　　　 는 바, 여러분의 의견을 말씀해 주시고, 이의가 없이 찬성하신다면 박수로 의결하여

　　　　 주시기 바랍니다.

(회　중) : (전원 찬성하며 박수)

의　장 : 설립최초의 회원 및 회비징수액을 원안대로 가결되었음을 선포합니다.

　　　　 (의사봉 3타)

　　　　 ▷ 회원수 : 총 00명

　　　　 ▷ 회비징수액 : 년 000원

　[제7의안 상정] 사업계획 및 예산심의의 건

의　장 : － 향후 "3개년간의 사업계획 및 수지예산(안)"을 상정합니다.

　　　　 － ○○○께서 본안에 대하여 설명하여 주시기 바랍니다.

○○○ : (유인물을 통하여 "3개년간의 사업계획 및 수지예산" 사항을 설명하다)

○○○ : － 상정(안)에 찬성합니다. 원안의결을 제안합니다. (전원 동의 － 박수)

의　장 : － 전원 찬성으로 향후 3개년간의 사업계획 및 예산(안)을 원안대로 가결 선포합니다.

　　　　 (의사봉 3타)

　[제8의안 상정] 사무소 설치의 건

의 장 : - 다음은 본 법인의 "사무소 설치(안)"을 상정합니다.

- (사무소는 ○○○가 ○○○○○○소재 건물을 법인 사무실로 무상 사용할 것을 허락하였다는 내용을 설명하고 이에 대한 동의 여부를 묻다)

○○○ : - 사무실을 무상으로 내어 주신 ○○○께 감사드리며 원안의결을 제안합니다.(전원 박수)

의 장 : - 우리 법인의 사무소를 "서울특별시 ○○구 ○○동 ○○ - ○○"로 결정되었음을 선포합니다. (의사봉 3타)

[제9의안] 법인조직 및 상근 임직원 정수 책정

의 장 : - 마지막으로 "법인의 조직 및 상근임직원의 정수 책정(안)"을 상정합니다.

- 유인물을 보시고 의견을 말씀해 주시고, 이의 없으시면 원안대로 통과하겠습니다. (전원 이의 없음을 표시하다)

의 장 : - 이 안건도 전원 찬성으로 원안 가결되었음을 선포합니다. (의사봉 3타)

8. 폐   회

의 장 : - 마지막으로 회의록 서명위원으로 참석회원 중 「○○○, ○○○, 홍길동, ○○○」의 ○명을 지정하여 서명·날인토록 하겠습니다. 이견이 있으면 말씀해 주시기 바랍니다.(전원 이의 없음을 표시하다). 지정받은 서명위원들께선 폐회 후 남아서 작성된 회의록 내용의 사실여부를 확인하고 서명하여 주시기 바랍니다.

- 이상으로 모든 회의를 마치겠습니다. 감사합니다.

200○년 ○월 ○일

덧붙임   1. 설립취지문 1부.

2. 정관 1부.

3. 사업계획서 및 수지예산서(비영리법인은 1년, 공익법인은 3년) 1부.

4. 법인 조직 및 상근임직원 정수표 1부.

(※ 덧붙인 문서는 서명위원들이 본 회의록과 함께 간인하여야 함)

회원 대표 ○ ○ ○ (인)

회원   ○ ○ ○ (인)

〃   ○ ○ ○ (인)

〃   ○ ○ ○ (인)

〃   ○ ○ ○ (인)

〃   ○ ○ ○ (인)

주) 　1. 창립총회 회의록은 법인설립이 적법한 절차를 거쳐 성립되었느냐를 판단하는 중요한 기준이 되므로 육하원칙에 따라 작성하되, 진행자 등이 누락되지 않도록 한다.

　　　2. 특히 회의진행과 관련하여 정관 심의과정 및 임원선출의 표결사항, 찬·반 토론내용 등을 상세히 기재하고 회의록 작성이 끝나면 참석한 서명위원들이 기록내용을 확인하고 연명으로 날인하여야 한다.

　　　3. 회의록의 내용 중 별첨 유인물로 설명(진행)된 것은 회의록에 첨부하여 서명위원들이 간인하여야 한다.

　　　4. 본 회의록에 첨부된 문서들은 첨부한 것으로 갈음한다. (별도로 첨부할 필요 없음)

창립(발기인)총회 회의록

재 산 목 록

재 산 구 분		수량	소재지	평가액	취득원인	비고
총 계						
기본재산	합계					
	동산 소계					
	현금					예치금
	주식					
	채권					기업(회사채 포함)
	부동산 소계					
	건물					
	전					
	답					
	대지					
	임야					
	기타					
보통재산	합계					
	현금					

작성자 : 사단법인 OOOOO 대표 O O O (날인 또는 서명)

사 업 계 획 서

Ⅰ. 주요사업 목표

  1. 제1사업명

  2. 제2사업명

  3. 제3사업명

Ⅱ. (사업별) 세부사업 내용

 1. (제1사업명)

   가. 목적 :

   나. 사업내용 : 시행시기, 장소, 사업내용

   다. 시행방법 :

   라. 소요예산 : 인건비, 운영비, 기타

   마. 기타사항 :

   바. 향후계획 :

 2. (제2사업명)

 3. (제3사업명)

   ※ 과거 사업 운영 실적 첨부

   ※ 외교부소관 법인의 경우 1년이상 사업실적 및 사업계획서 필수

    (외교부 소관 비영리 법인의 주요사업이 해외에서 추진되는 점을 고려, 사업 대상국의 법률 및 문화에 대한

    이해 등 관련 기술적 비결을 증명할 수 있는 최소한의 실적 필요)

   작성자 : 사단법인 ○○○○ 발기인 대표 ○○○ (날인 또는 서명)

수지 예산서(○○ 년도)

1. 총괄표

수입 예산 총액	지출 예산 총액	비고

2. 수입 예산서

(단위 : 원)

수입 항목	예상 수입액	산출근거
① 회 비		
② 출연금		
③ 과실소득		
④ 수익사업		
⑤ 전기 이월액		
⑥ 법인세 환급액		
합계		

3. 지출 예산서

(단위 : 원)

지출 항목	예상 지출액	산출근거
① 경상비(인건비, 운영비)		
② 퇴직 적립금		
③ 법인세		
④ 목적 사업비		
⑤ 기본재산 편입액		
합계		

[작성요령]

〈수 입〉

① 회비(사단법인의 경우) : 회원들로부터 정기적으로 받을 회비수입액 기재

② 출연금

 - 목적사업기부 : 목적사업에 사용하기 위하여 받을 기부금액 기재

 - 재산증자기부 : 기본재산 증자를 위하여 받을 기부금액 기재

③ 과실소득 : 법인 소유 기본재산 운영으로 발생될 과실금액 기재

④ 수익사업(「법인세법」 제4조제3항)

 - 부동산 · 임대수익, 이자 · 배당소득, 주식 · 신주인수권 또는 출자지분의 양도로 생기는 수입 등

⑤ 전기 이월액

 - 고유목적사업준비금 : 고유목적사업준비금으로 설정한 금액 기재

 - 이월 잉여금 : 전년도 이월액 중 고유목적사업준비금을 제외한 금액 기재

 - 기타 : 이월잉여금을 세부항목으로 구분할 경우 순수 이월잉여금 외에 별도 항목으로 구분

⑥ 법인세 환급액 : 전년도 법인세환급액 기재

〈지 출〉

① 경상비

 - 인건비 : 상근직원에게 지급할 인건비 기재

 - 운영비 : 경상비 중 인건비를 제외한 금액 기재

② 퇴직 적립금 : 상근직원에 대한 퇴직적립(예정)액 기재

③ 법인세 : 출연재산 운영소득을 근거로 지출될 법인세액 기재

④ 목적 사업비 : 정관에 명시된 목적사업 수행에 소요되는 경비를 사업별로 기재하되, 직접목적사업비가 아닌 부대경비는 제외

⑤ 기본재산 편입액 : 전년도 이월액 중 당해연도의 기본재산 편입 예정액 기재

나. 설립허가

(1) 허가기준

주무관청은 비영리법인 설립허가 신청의 내용이 다음의 기준에 맞는 경우에만 그 설립을 허가할 수 있다(규칙 제4조)

• 비영리법인의 설립목적과 사업이 실현 가능할 것
• 목적사업을 할 수 있는 충분한 능력이 있고, 재정적 기초가 확립되어 있거나 확립될 수 있을 것
• 다른 법인과 같은 명칭이 아닐 것

(2) 심사 및 허가기간

주무관청은 비영리법인 설립허가 신청을 받았을 때에는 특별한 사유가 없으면 20일 이내에 심사하여 허가 또는 불허가 처분을 하고, 신청인에게 그 결과를 서면으로 알려야 한다. 이 경우 허가를 할 때에는 별지 제2호 서식의 비영리법인 설립허가증을 발급하고, 별지 제3호 서식의 비영리법인 설립허가 대장에 필요한 사항을 적어야 한다.

■ 과학기술정보통신부 소관 비영리법인의 설립 및 감독에 관한 규칙 [별지 제2호 서식] 〈개정 2017. 7. 26.〉

제   호

비영리법인 설립허가증

1. 법인 명칭:

2. 소 재 지:

3. 대 표 자

　　　　　성   명:
　　　　　생년월일:
　　　　　주   소:

4. 사업 내용:

5. 허가 조건:

「민법」 제32조 및 「과학기술정보통신부 소관 비영리법인의 설립 및 감독에 관한

규칙」 제4조에 따라 위와 같이 법인 설립을 허가합니다.

　　　　　　　　　　　　　　　　　　　　　　　년　　　　월　　　　일

　　　　과학기술정보통신부장관　　　　　　　　　| 직인 |

210mm×297mm[백상지 120g/㎡ (재활용품)]

준수사항

1. 「민법」 및 「과학기술정보통신부 소관 비영리법인의 설립 및 감독에 관한 규칙」 등 관련 법령과 정관에서 정한 내용을 준수해야 합니다.
2. 정관에서 정하는 목적사업 중 다른 법률에 따른 허가·인가·등록·신고의 대상이 되는 사업을 하려는 경우에는 관련 법령에 따른 절차를 거쳐야 합니다.
3. 매 사업연도 종료 후 2개월 이내에 다음의 서류를 주무관청의 소관 부서에 제출해야 합니다.
   가. 다음 사업연도의 사업계획 및 수입·지출 예산서 1부
   나. 해당 사업연도의 사업실적 및 수입·지출 결산서 1부
   다. 해당 사업연도 말 현재의 재산목록 1부
4. 다음 각 호의 어느 하나에 해당하는 경우에는 「민법」 제38조에 따라 법인의 설립허가를 취소할 수 있습니다.
   가. 설립 목적 외의 사업을 한 경우
   나. 공익을 해치는 행위를 한 경우
   다. 설립허가의 조건을 위반한 경우
5. 법인이 해산(파산으로 인한 해산은 제외합니다)하였을 때에는 해산등기를 마친 후 지체 없이 주무관청에 해산신고를 해야 합니다.
6. 법인의 청산이 종결되었을 때에는 청산종결 등기를 한 후 주무관청의 소관부서에 신고해야 합니다.

〈 변 경 사 항 〉

연월일	내 용	확인

■ 과학기술정보통신부 소관 비영리법인의 설립 및 감독에 관한 규칙 [별지 제3호 서식] 〈개정 2017. 7. 26.〉

비영리법인 설립허가 대장

허가번호	법인명칭	사무소		대표자				허가연월일	기능 및 목적	주관부서 (전화번호)	담당자 (전화번호)	변경사항
		소재지	전화번호	성명	생년월일	주 소	전화번호					

297mm×210mm[백상지 80g/㎡(재활용품)]

(3) 조건부 허가

주무관청은 비영리법인의 설립허가를 할 때에는 필요한 조건을 붙일 수 있다.

다. 설립 관련 보고

(1) 재산이전

비영리법인의 설립허가를 받은 자는 그 허가를 받은 후 지체 없이 기본재산 및 운영재산을 비영리법인에 이전하고, 허가를 받은 날부터 1개월 이내에 재산의 이전을 증명하는 등기소 또는 금융회사 등의 증명서를 주무관청에 제출하여야 한다(규칙 제5조).

(2) 설립관련 보고

비영리법인은 「민법」 제49조부터 제52조까지의 규정에 따라 비영리법인 설립 등의 등기를 하였을 때에는 10일 이내에 그 사실을 주무관청에 서면으로 보고하여야 한다. 이 경우 주무관청은 「전자정부법」 제36조 제1항에 따른 행정정보의 공동이용을 통하여 법인 등기사항증명서를 확인하여야 한다.

3. 허가 후 절차

가. 정관 변경의 허가 신청

(1) 신청서 및 첨부서류

「민법」 제42조 제2항, 제45조 제3항 또는 제46조에 따른 정관 변경의 허가를 받으려는 비영리법인은 별지 제4호 서식의 비영리법인 정관 변경허가 신청서에 다음의 서류를 첨부하여 주무관청에 제출하여야 한다(규칙 제6조).

- 정관 변경 사유서 1부
- 개정될 정관(신 · 구조문대비표를 첨부한다) 1부
- 정관 변경과 관계있는 총회 또는 이사회의 회의록 사본 1부
- 기본재산 처분에 따른 정관 변경인 경우에는 처분 사유, 처분재산의 목록, 처분 방법 등을 적은 서류 1부

■ 과학기술정보통신부 소관 비영리법인의 설립 및 감독에 관한 규칙 [별지 제4호 서식] 〈개정 2017. 7. 26.〉

비영리법인 정관 변경허가 신청서

접수번호	접수일	처리일	처리기간	10일

신청인	성명		생년월일	
	주소		전화번호	

법 인	명칭	전화번호
	소재지	
	설립허가일	설립허가번호
대표자	성명	생년월일
	주소	전화번호

「민법」 제42조 제2항, 제45조 제3항 또는 제46조 및 「과학기술정보통신부 소관 비영리법인의 설립 및 감독에 관한 규칙」 제6조에 따라 위와 같이 정관의 변경허가를 신청합니다.

년   월   일

신청인   (서명 또는 인)

과학기술정보통신부장관   귀하

첨부서류	1. 정관 변경 사유서 1부 2. 개정될 정관(신·구대비표를 첨부합니다) 1부 3. 정관 변경과 관계있는 총회 또는 이사회의 회의록 사본 1부 4. 기본재산 처분에 따른 정관 변경인 경우에는 처분 사유, 처분재산의 목록, 처분 방법 등을 적은 서류 1부	수수료 없 음

처리절차

신청서 작성	→	접 수	→	서류 확인 및 검토	→	결 재	→	결과 통지

신청인   처리기관: 과학기술정보통신부(비영리법인의 설립 및 감독업무 담당부서)

210mm×297mm[백상지 80g/㎡(재활용품)]

정 관 변 경 사 유 서

법 인 명		
변경사항	변경일자	
	변경내용	
주 요 골 자		
변 경 사 유		(구체적으로 기재)

정관 변경 신 · 구 대비표

변 경 전	변 경 후	비 고 (구체적 사유)

(2) 심사 및 심사기간

주무관청은 정관 변경의 허가 신청을 받았을 때에는 특별한 사유가 없으면 10일 이내에 심사하여 허가 또는 불허가 처분을 하고, 신청인에게 그 결과를 서면으로 알려야 한다.

나. 사업실적 및 사업계획 등의 보고

비영리법인은 매 사업연도가 끝난 후 2개월 이내에 다음의 서류를 주무관청에 제출하여야 한다(규칙 제7조).

• 다음 사업연도의 사업계획 및 수입 · 지출 예산서 1부
• 해당 사업연도의 사업실적 및 수입 · 지출 결산서 1부
• 해당 사업연도 말 현재의 재산목록 1부

다. 비영리법인 사무의 검사 · 감독

주무관청은 「민법」 제37조에 따른 비영리법인 사무의 검사 및 감독을 위하여 불가피한 경우에는 비영리법인에 관계 서류 · 장부 또는 그 밖의 참고자료 제출을 명하거나 소속 공무원으로 하여금 비영리법인의 사무 및 재산 상황을 검사하게 할 수 있으며(규칙 제8조), 이에 따라 비영리법인의 사무를 검사하는 공무원은 그 자격을 증명하는 증표를 관계인에게 보여 주어야 한다.

4. 해산 등

가. 설립허가의 취소

주무관청은 법인이 목적이외의 사업을 하거나 설립허가의 조건에 위반하거나 기타 공익을 해하는 행위를 한때에는 그 허가를 취소할 수 있는데, 이에 따라 비영리법인의 설립허가를 취소하려면 청문을 하여야 한다(규칙 제9조).

나. 해산신고

비영리법인이 해산(파산으로 인한 해산은 제외한다)하였을 때에는 그 청산인은 「민법」 제85조 제1항에 따라 해산등기를 마친 후 지체 없이 별지 제5호 서식의 비영리법인 해산 신고서(전자문서로 된 신고서를 포함한다)에 다음의 서류를 첨부하여 주무관청에 제출하여야 한다. 이 경우 주무관청은 「전자정부법」 제36조 제1항에 따른 행정정보의 공동이용을 통하여 법인 등기사항증명서를 확인하여야 한다(규칙 제10조).

- 해산 당시의 재산목록 1부
- 잔여재산 처분방법의 개요를 적은 서류 1부
- 해산 당시의 정관 1부
- 사단법인이 총회의 결의에 따라 해산하였을 때에는 해산 결의를 한 총회의 회의록 사본 1부
- 재단법인이 이사회의 해산 결의에 따라 해산하였을 때에는 해산 결의를 한 이사회의 회의록 사본 1부

[서식 _ 비영리법인 해산 신고서]

■ 과학기술정보통신부 소관 비영리법인의 설립 및 감독에 관한 규칙 [별지 제5호 서식] 〈개정 2017. 7. 26.〉

비영리법인 해산 신고서

접수번호		접수일	처리일	처리기간	7일

청산인	성명		생년월일	
	주소		전화번호	

청산법인	명칭		전화번호	
	소재지			

해산연월일

해산사유

「민법」 제86조 제1항 및 「과학기술정보통신부 소관 비영리법인의 설립 및 감독에 관한 규칙」 제10조에 따라 위와 같이 비영리법인 해산을 신고합니다.

　　　　　　　　　　　　　　　　　　　　　　　　　　　　　　　년　　　　월　　　　일

　　　　　　　　　　　　신고인　　　　　　　　　　　　　　　　　　　　(서명 또는 인)

　　　과학기술정보통신부장관　　　　귀하

첨부서류	1. 해산 당시의 재산목록 1부 2. 잔여재산 처분방법의 개요를 적은 서류 1부 3. 해산 당시의 정관 1부 4. 사단법인이 총회의 결의에 따라 해산하였을 때에는 해산 결의를 한 총회의 회의록 사본 1부 5. 재단법인이 이사회가 해산 결의에 따라 해산하였을 때에는 해산 결의를 한 이사회의 회의록 사본 1부	수수료 없 음
과학기술정보통신부장관 확인사항	법인 등기사항증명서	

처리절차			

신고서 작성	→	접　수	→	검토 · 확인	→	결재
신고인		처리기관: 과학기술정보통신부(비영리법인의 설립 및 감독업무 담당부서)				

210mm×297mm [백상지 80g/㎡ (재활용품)]

다. 잔여재산 처분의 허가

(1) 신청서 제출

비영리법인의 이사 또는 청산인은 「민법」 제80조 제2항에 따라 잔여재산의 처분에 대한 허가를 받으려면 그 처분 사유, 처분하려는 재산의 종류·수량·금액 및 처분 방법을 적은 별지 제6호 서식의 잔여재산 처분 허가 신청서(전자문서로 된 신청서를 포함한다)에 다음의 서류를 첨부하여 주무관청에 제출하여야 한다(규칙 제11조).

• 해산 당시의 성관 1부(해산 신고 시 제출한 정관과의 확인이 필요한 경우만 해당한다)
• 총회의 회의록 사본 1부(사단법인의 해산 신고 시에 제출한 서류만으로 확인이 되지 아니할 경우만 해당한다)

(2) 심사 및 허가기간

주무관청은 잔여재산 처분 허가 신청을 받았을 때에는 특별한 사유가 없으면 14일 이내에 심사하여 허가 또는 불허가 처분을 하고, 그 결과를 서면으로 신청인에게 알려야 한다.

■ 과학기술정보통신부 소관 비영리법인의 설립 및 감독에 관한 규칙 [별지 제6호 서식] 〈개정 2017. 7. 26.〉

잔여재산 처분 허가 신청서

접수번호		접수일	처리일	처리기간	14일

신청법인	명칭		전화번호	
	소재지			

대 표 자 (이사 · 청산인)	성명		생년월일	
	주소		전화번호	

처분재산	종류 및 수량
	금액
	처분방법

처분사유

「민법」 제80조 제2항 및 「과학기술정보통신부 소관 비영리법인의 설립 및 감독에 관한 규칙」 제11조에 따라 위와 같이 잔여재산 처분 허가를 신청합니다.

년   월   일

신청인   (서명 또는 인)

과학기술정보통신부장관   귀하

첨부서류	1. 해산 당시의 정관 1부(해산 신고 시 제출한 정관과의 확인이 필요한 경우에만 제출합니다) 2. 총회의 회의록 사본 1부(사단법인의 해산 신고 시에 제출한 서류만으로 확인이 되지 않을 경우에만 제출합니다)	수수료 없음

처리절차

신청서 작성	→	접 수	→	확 인	→	결 재	→	결과 통지
신청인		처리기관: 과학기술정보통신부(비영리법인의 설립 및 감독업무 담당부서)						

210mm×297mm[백상지 80g/㎡ (재활용품)]

라. 청산종결의 신고

청산인은 비영리법인의 청산이 종결되었을 때에는 「민법」 제94조에 따라 등기를 한 후 별지 제7호 서식의 청산종결 신고서(전자문서로 된 신고서를 포함한다)를 주무관청에 제출하여야 한다. 이 경우 주무관청은 「전자정부법」 제36조 제1항에 따른 행정정보의 공동이용을 통하여 법인 등기사항 증명서를 확인하여야 한다(규칙 제12조).

■ 과학기술정보통신부 소관 비영리법인의 설립 및 감독에 관한 규칙 [별지 제7호 서식] 〈개정 2017. 7. 26.〉

청산종결 신고서

접수번호		접수일	처리일		처리기간	즉시

청산인	성명		생년월일	
	주소		전화번호	

청산법인	명칭		전화번호	
	소재지			

청산 연월일

청산 취지

「민법」 제94조 및 「과학기술정보통신부 소관 비영리법인의 설립 및 감독에 관한 규칙」 제12조에 따라 위와 같이 청산 종결을 신고합니다.

년   월   일

신고인(청산인)   (서명 또는 인)

과학기술정보통신부장관   귀하

첨부서류	없 음	수수료
과학기술정보통신부장관 확인사항	법인 등기사항증명서	없 음

210mm×297mm[백상지 80g/㎡(재활용품)]

제4장 보건복지부 및 질병관리청 소관 비영리법인 설립

1. 개관

보건복지부 및 질병관리청 소관 비영리법인의 설립 및 감독에 관한 규칙(이하 '규칙'이라고만 함)은 「민법」에 따라 보건복지부장관 또는 질병관리청장이 주무관청이 되는 비영리법인의 설립 및 감독에 필요한 사항을 규정함을 목적으로 하며, 이에 따른 비영리법인(이하 '법인'이라 한다)의 설립허가, 법인 사무의 검사 및 감독 등에 관하여는 다른 법령에 특별한 규정이 있는 경우를 제외하고는 이 규칙에서 정하는 바에 따른다.

본장은 보건복지부 및 질병관리청 소관 비영리법인의 설립과 관련한 일반절차인 설립허가신청 및 관련 첨부서류 그리고 정관변경허가신청, 사업계획보고 등에 관한 내용들을 정리하였다. 그 외 관련서류들은 제1편 관련 내용부분을 참고하기 바란다.

2. 설립허가절차

가. 설립허가의 신청

「민법」 제32조에 따라 법인의 설립허가를 받으려는 자(이하 '설립발기인'이라 한다)는 별지 제1호 서식의 법인 설립허가 신청서(전자문서를 포함한다)에 다음 각 호의 서류(전자문서를 포함한다)를 첨부하여 보건복지부장관 또는 질병관리청장(이하 '주무관청'이라 한다)에게 제출해야 한다(규칙 제3조).

- 설립발기인의 성명 · 생년월일 · 주소 · 약력을 적은 서류(설립발기인이 법인인 경우에는 그 명칭, 주된 사무소의 소재지, 대표자의 성명 · 생년월일 · 주소와 정관을 적은 서류) 1부
- 정관 1부
- 재산목록(재단법인의 경우에는 기본재산과 운영재산으로 구분하여 적어야 한다) 및 그 증명서류와 출연(出捐) 신청이 있는 경우에는 그 사실을 증명하는 서류 각 1부
- 해당 사업연도분의 사업계획 및 수입 · 지출 예산을 적은 서류 1부
- 임원 취임 예정자의 성명 · 생년월일 · 주소 · 약력을 적은 서류 및 취임승낙서 각 1부
- 창립총회 회의록(설립발기인이 법인인 경우에는 법인 설립에 관한 의사 결정을 증명하는 서류) 1부

[서식 _ 법인설립허가신청서]

■ 보건복지부 및 질병관리청 소관 비영리법인의 설립 및 감독에 관한 규칙 [별지 제1호 서식] 〈개정 2020. 12. 28.〉

법인 설립허가 신청서

접수번호	접수일	처리일	처리기간	20일

신청인	성명		생년월일 (외국인등록번호)	
	주소		전화번호	

법 인	명칭		전화번호	
	소재지			
대표자	성명		생년월일 (외국인등록번호)	
	주소		전화번호	

「민법」 제32조 및 「보건복지부 및 질병관리청 소관 비영리법인의 설립 및 감독에 관한 규칙」 제3조에 따라 위와 같이 법인 설립허가를 신청합니다.

년   월   일

신청인   (서명 또는 인)

보 건 복 지 부 장 관
질 병 관 리 청 장   귀하

신청(신고)인 제출서류	1. 설립발기인의 성명·생년월일·주소·약력을 적은 서류(설립발기인이 법인인 경우에는 그 명칭, 주된 사무소의 소재지, 대표자의 성명·생년월일·주소와 정관을 적은 서류) 1부 2. 정관 1부 3. 재산목록(재단법인의 경우에는 기본재산과 운영재산으로 구분하여 적어야 합니다) 및 그 증명서류와 출연 신청이 있는 경우에는 그 사실을 증명하는 서류 각 1부 4. 해당 사업연도분의 사업계획 및 수입·지출 예산을 적은 서류 1부 5. 임원 취임 예정자의 성명·생년월일·주소·약력을 적은 서류 및 취임승낙서 각 1부 6. 창립총회 회의록(설립발기인이 법인인 경우에는 법인 설립에 관한 의사 결정을 증명하는 서류) 1부 ※ 제3호의 서류 중 담당 공무원 확인사항인 증명 서류는 제출하지 않아도 됩니다.	수수료 없 음
담당 공무원 확인사항	재산목록에 적힌 재산의 토지(건물) 등기부	

처리절차

신청서 작성 → 접 수 → 확 인 → 결 재 → 허가증 작성 → 허가증 발급

신청인   보건복지부·질병관리청(비영리법인의 설립 및 감독 업무 담당부서)

210mm×297mm[일반용지 60g/㎡(재활용품)]

제1장 총칙

제1조(목적)

본 회는 회원 상호간의 협력을 통하여 의료기관에서의 보건의료정보관리 업무의 향상 발전과 보급 및 의료정보체계 발전에 기여하여 국민보건 향상에 이바지함을 목적으로 한다.

제2조(명칭)

본회는 의료기사등에관한법률 제16조에 의하여 설립된 중앙회로서 사단법인 대한보건의료정보관리사협회(이하 '본회'라 한다)라 칭하며, 영문으로는 The Korean Health Information Management Association(약칭 KHIMA)으로 표기한다.

제3조(사무소)

본 회의 주된 사무소는 서울특별시 송파구 송파대로48길 2에 두고 각 시 · 도 단위로 시 · 도회(이하 '시 · 도회'라 한다)를 두며 필요한 경우 각 시 · 도회에 시 · 군 · 구 단위로 분회를 설치할 수 있다.

제4조(사업)

① 본회는 제1조의 목적을 달성하기 위하여 다음 각 호의 사업을 행한다.

 1. 보건의료정보관리 행정업무의 개선 및 기술보급
 2. 의무기록 및 보건의료정보관리에 관한 연구, 개선 및 기술보급
 3. 회원의 친목도모 및 복지증진
 4. 보건의료정보관리사의 보수교육 및 교육
 5. 협회보, 학술지 및 간행물 발간
 6. 보건의료정보관리에 관한 국내 · 외 정보 및 기술교류
 7. 각종 전문심화교육과정을 통한 전문보건의료정보관리사 양성
 8. 개인건강정보보호 관리 및 보안에 관한 기술연구 및 교육
 9. 정부로부터 위탁받은 사업
 10. 기타 본 회 목적 달성에 필요한 사항

② 본회는 제1항에서 규정한 목적사업의 수행에 필요한 경비를 충당하기 위하여 필요한 때에는 법인 설립취지에 반하지 아니하는 범위내에서 대의원 총회의 의결을 거쳐 다음 각 호의 수익사업을 할 수 있다.

   1. 도서출판사업

   2. 광고사업

   3. 임대사업

③ 본 조 제2항의 수익사업에 관하여 필요한 사항은 정관세칙 및 규정으로 정한다.

제2장 회원

제5조(자격 및 입회)

본 회 회원은 대한민국 보건의료정보관리사(의무기록사)로서 협회에 가입한 자로 한다.

제6조(권리 및 의무)

① 회원은 정관 또는 각종 규정이 정하는 바에 따라 선거권, 피선거권 및 기타 본회에 대한 모든 권리를 갖는다. 단, 제2항 및 제3항에서 정한 의무를 이행하지 않을 때는 회원으로서의 권리행사를 할 수 없다.

② 회원은 정관 및 제 규정과 대의원총회 및 이사회의 의결사항을 준수하여야 한다.

③ 회원은 입회금, 회비 및 기타 부담금을 본 회에 납부 하여야 하며, 회비에 관한 사항은 정관세칙 및 규정으로 정한다. 단, 부담금을 징수할 때는 대의원총회의 의결을 거쳐야 한다.

④ 회원은 매년 그 실태와 취업상황을 협회에 신고하여야 한다.

제7조(명예회원)

명예회원은 본 회의 발전에 공헌이 현저한 자로서 이사회의 의결을 얻어야 한다.

제8조(포상 및 징계)

본 회의 목적달성에 현저한 공로가 있는 자는 포상을 하거나 본 회 회원으로서 다음 각 호의 1에 해당하는 사유가 발생한 때에는 이사회의 결 의로 이를 징계할 수 있다.

   1. 의료관계법규를 위반하여 형이 확정된 때

   2. 본 회 정관을 위배한 때

   3. 본 회 또는 회원의 명예를 훼손시킨 때

4. 본 회 사업을 방해하거나 기타 회원으로서 의무사항을 태만히 하는 때

제3장 임원 및 감사

제9조(임원)

① 본 회에 다음의 임원을 둔다.

  1. 회 장 1명

  2. 부회장 4명(상근 부회장 1명 포함)

  3. 〈삭제〉

  4. 이사 35명 이내 (회장, 부회장 및 당연직 이사 포함) 가. 〈삭제〉 나. 〈삭제〉

  5. 감 사 2명

② 각 시·도회장, 직전 회장, 연구소장 및 교육센터장은 당연직 이사가 된다.

③ 효율적인 회무처리를 위하여 회장이 필요하다고 인정하는 경우 상근부회장 1명 및 상근 이사 1명을 둘 수 있다. 단, 상근 이사를 둘 경우는 이사 중에서 선임하여야 한다.

④ 〈삭제〉

⑤ 상근부회장 및 상근이사에 관하여 필요한 사항은 정관세칙 및 규정으로 정한다.

제10조(임원의 임기)

① 임원의 임기는 3년으로 한다. 단, 회장은 1회에 한하여 연임할 수 있다.

② 당연직 이사의 임기는 그 직위의 재임기간으로 한다.

③ 제① 항의 규정에도 불구하고 감사의 임기는 2년으로 한다.

제11조(임원선출)

① 회장, 부회장, 감사 및 이사는 대의원총회에서 선출 한다.

② 상근부회장 및 상근 이사는 회장이 임명하고 대의원총회 인준을 받아야 한다.

③ 임원 선출에 관한 사항은 정관세칙 및 규정으로 정한다.

제12조(임원보선)

① 회장, 부회장 및 감사가 궐위된 때에는 대의원총회에서 보선한다.

② 이사가 궐위되어 보선하는 경우에는 회장이 제청하여 이사회의 의결을 받아 선임하고 차기 대의원총회의 인준을 받아야 한다.

③ 보선된 임원의 임기는 전임자의 잔임기간으로 한다.

제13조(임원의 임무)

① 회장은 본 회를 대표하고 회무를 총괄한다.

② 부회장은 회장을 보좌하며 회장 유고시에는 회장이 지명하거나 이사회에서 지명하는 부회장이 회장 직무를 대행한다.

③ 이사는 이사회를 구성하며 회무를 처리한다.

④ 학회장은 학회를 대표하고, 학회 총회 및 학회 임원회의 의장이 된다.

⑤ 감사는 민법 제67조의 규정에 의하여 회무를 감사하고 그 결과를 대의원총회에 보고한다.

제14조(명예회장)

① 본회에 명예회장을 둘 수 있다.

② 명예회장은 본 회 회장을 역임한 자 중에서 이사회의 추천으로 대의원총회에서 추대한다.

③ 명예회장의 임기는 임원의 임기와 같다.

④ 명예회장의 활동지원 등에 관한 사항은 별도의 규정으로 정하고, 필요시 활동비를 지원할 수 있다.

제15조(고문)

① 본회에 약간 명의 고문을 둘 수 있으며, 상근직 고문을 둘 수 있다.

② 고문은 이사회의 의결을 거쳐 회장이 위촉한다.

③ 고문의 임기는 임원의 임기와 같다.

④ 상근직 고문의 임기 및 기타 필요한 사항은 별도의 규정에 따른다.

제15조 2(정책자문위원단)

① 본회의 정책 및 사업 등에 관한 문제를 자문하기 위하여 회장 직속으로 정책자문위원단을 둔다.

② 정책자문위원단은 회장단, 역대 회장(이상 당연직) 및 회장이 위촉하는 5인 이내의 자로 구성한다.

③ 정책자문위원단의 임기는 임원의 임기와 같다.

④ 정책자문위원단의 운영에 관하여 필요한 사항은 별도의 규정으로 정한다.

제4장 대의원총회

제16조(구성 및 소집)

① 대의원총회(이하 '총회'라 한다)는 대의원으로 구성하되, 정기총회와 임시총회로 구분한다.

② 정기총회는 매년 2월중에, 임시총회는 재적 대의원 3분의 1이상 또는 이사회 의 요구에 의하여 의장이 소집하며, 임시총회 소집 요구가 있을 때에는 의장은 지체없이 이를 소집하여야 한다.

③ 총회의 소집은 정기총회는 20일전, 임시총회는 10일전에 회의의 목적 및 부의 안건, 일시 및 장소를 공고하고 각 시·도회에 통보하여야 한다. 다만, 긴급을 요할 때에는 일자의 제한을 받지 아니한다.

④ 임시총회에서는 부의안건 이외의 사항을 처리하지 못한다.

제17조(대의원 선출 및 임기)

① 대의원의 자격은 본 회 정관 제6조의 의무를 필하고, 회원등록 후 3년이 경과된 회원이라야 한다.

② 대의원수는 당해년도 6월말에 확인된 전전년도 회비를 납부한 회원 수에 비례하여 다음과 같이 각 시·도회 별로 선출한다.

  1. 100명 이하 : 1명

  2. 101명이상 300명 이하 : 2명

  3. 301명이상은 200명마다 : 1명 증원

③ 본 회의 임원은 당연직 대의원으로 한다.

④ 대의원의 임기는 3년으로 한다. 임기의 기준은 정기총회 개최일로부터 3년 후의 정기총회일 전일까지로 하며, 보선된 대의원의 임기는 전임자 임기의 잔임기간으로 한다.

제18조(총회 임원선출)

① 대의원 선출 후 최초로 소집되는 총회에서 임원(의장 1인, 부의장 2인)을 선출한다. 다만, 임원 선출 때에는 임시의장 및 부의장을 대의원 중에서 선출하여야 한다.

② 임원의 임기는 3년으로 한다. 단, 보선된 임원은 전임자의 잔임기간으로 한다.

③ 의장은 총회를 주재하고 회의 질서를 유지한다.

④ 부의장은 의장을 보좌하며 의장 유고 시에는 그 직무를 대행한다.

제19조

〈삭제〉

제20조(총회의 의결)

① 총회는 재적대의원 과반수 출석으로 성립하고 출석 대의원 과반수 찬성으로 의결하며, 가부동수일 때에는 부결된 것으로 본다.

② 의사에 관한 의사록을 작성하고, 의장 및 출석한 대의원이 기명날인 하여야 한다. 단, 의사록의 간인은 의장과 의장이 지명한 5명이상의 이사가 날인 한다.

제21조(의결사항)

총회에서는 다음 사항을 심의 의결한다.

1. 예산 및 결산에 관한 사항
2. 사업계획에 관한 사항
3. 정관변경에 관한 사항
4. 법인해산에 관한 사항
5. 임시의장 및 부의장 선출에 관한 사항
6. 회장, 부회장, 감사 선출 및 이사 인준에 관한 사항
7. 입회비 및 회비에 관한 사항
8. 자산의 처분 또는 채무부담 행위에 관한 사항
9. 기타 각 시 · 도회와 이사회 및 상임이사회에서 부의된 사항

제22조(의안)

각 시 · 도회는 정기총회에 제출할 의안은 매년 11월 20일까지 이를 본 회에 제출하여야 한다.

제5장 이사회

제23조(이사회 구성 및 소집)

① 이사회는 회장, 부회장 및 이사로 구성하며 회장이 이를 소집하며 그 의장이 된다.

② 이사회는 재적이사 과반수의 출석으로 성립하고 출석이사 과반수의 찬성으로 의결하며 가부동수일 때에는 의장이 결정한다.

③ 의사에 관한 의사록을 작성하고 의장 및 출석한 이사가 기명날인 하여야 한다.

제24조(이사회의 소집)

① 이사회는 정기이사회와 임시이사회로 한다.

② 정기이사회는 매반기 1회, 임시이사회는 회장이 필요하다고 인정할 때 또는 재적이사 3분의 1이상의 요구가 있을 때 이를 소집한다.

제25조(이사회의 임무)

이사회의 임무는 다음과 같다.

　　1. 본 회 사업수행에 관한 사항

　　2. 대의원총회에서 위임된 사항

　　3. 이사보선에 관한 사항

　　4. 사업계획안과 예산안에 관한 사항

　　5. 정관세칙 개정에 관한 사항

　　6. 명예회장 및 고문추대에 관한 사항

　　7. 시 · 도회 회칙 인준 및 운영에 관한 지도, 감독에 관한 사항

　　8. 자산관리 및 운영에 관한 사항

　　9. 상임이사회에서 부의된 사항

　　10. 회원의 포상 및 징계에 관한 사항

　　11. 기타 본 회의 목적 달성을 위하여 필요한 사항

제26조(상임이사회)

이사회에 회무의 조속한 집행을 위하여 상임이사회를 두며, 상임이사는 비상근을 원칙으로 하되, 상근부회장 및 상근이사를 각 1인 이내에서 둘 수 있다.

제27조(상임이사회 구성 및 의결)

① 상임이사회는 회장, 부회장 및 상임이사로 구 성하며 회장이 이를 소집하고 그 의장이 된다.

② 상임이사는 8명이상 14명 이하로 하되 회장이 이사 중에서 임명한다.

③ 상임이사회는 본 회의 운영 및 발전을 위한 제반시책과 사업을 연구 계획하며, 회장은 그 업무를 상임이사에게 분담 처리케 할 수 있으며, 그 구성은 다음과 같다.

　　1. 총무, 정책, 학술, 교육, 재무, 홍보, 국제, 법제, 회원관리 등

④ 상임이사회는 이사회 권한 범위 내에서 긴급을 요하는 사항을 처리할 수 있다. 이 경우에는 차기이사회의 승인을 받아야 한다.

⑤ 상임이사회는 재적이사 과반수의 출석으로 성립하고 출석이사 과반수의 찬성으로 의결하며 가부동수일 때는 부결된 것으로 본다.

⑥ 상임이사회는 필요시 서면으로 의결 할 수 있다.

⑦ 상임이사의 업무분담에 관한 사항은 별도의 규정으로 정한다.

제28조(상임이사회의 임무)

상임이사회의 임무는 다음과 같다.

1. 대의원총회에서 위임된 사항
2. 이사회에서 위임된 사항
3. 연구소장, 교육센터장, 위원회 위원장 선임에 관한 사항
4. 제 규정의 개정 및 제정에 관한 사항
5. 사무국 운영 및 직원의 임면에 관한 사항
6. 연구소, 교육센터, 학회 및 위원회 운영에 관한 사항
7. 서무 및 회계에 관한 사항
8. 기타 회무 운영에 관한 사항

제28조 2(위원회)

① 상임이사회는 협회의 사업 수행을 위하여 위원회를 둘 수 있다.

② 위원회 위원의 임기는 임원의 임기와 같다.

③ 위원회의 구성, 위원회별 각 소관업무 등 운영사항은 별도 규정으로 정한다.

제6장 시 · 도회

제29조(시 · 도회 등의 명칭 및 사무소)

① 시 · 도회의 명칭은 대한보건의료정보관리사협회 서울특별시회, 각 광역시회 또는 각 도회라 칭하며 분회의 명칭은 대한보건의료정보관리사협회 각 시 · 군 · 구 분회라 칭한다.

② 시 · 도회의 사무소는 각 시 · 도청 소재지에 둠을 원칙으로 한다.

제30조(시 · 도회 회칙 등)

① 시 · 도회는 본 정관 범위 내에서 회칙을 제정하여 이사회의 인준을 받아야 한다. 시 · 도회 회칙을 개정할 때에도 또한 같다.

② 시 · 도회가 분회를 설치하고자 할 때에는 본 회의 승인을 받아야 한다.

제31조(시 · 도회 등의 임원)

① 시 · 도회와 분회에는 각각 다음의 임원을 둔다.

  1. 시 · 도회

    가. 시 · 도회장 1명

    나. 시 · 도회 부회장 2명이내

    다. 감사 1명

  2. 분 회

    가. 분회장 1명

    나. 부분회장 2명 이내

② 시 · 도회장 및 분회장은 각각 본 회 회장 및 시 · 도회장의 인준을 받아야 한다.

제32조(시 · 도회총회)

① 시 · 도회총회는 정기총회와 임시총회로 구분하되 정기총회는 매년 12월까지 개최하여야 한다.

② 시 · 도회 분규 등을 조정하기 위하여 필요하다고 인정될 때에는 본 회 회장이 임시총회를 소집할 수 있다.

제33조(보고임무)

① 시 · 도회는 시 · 도회의 임원선임, 회원의 소원 및 징계사항을 지체 없이 본 회에 보고하여야 한다.

② 시 · 도회는 임원명단과 예산서, 결산서, 사업계획서, 감사보고서 및 총회 회의록을 총회 종료 20일 이내에 본 회에 제출하여야 한다.

③ 시 · 도회는 중앙회 감사로부터 매년 서면 감사를 받고, 필요시 현지 감사를 받을 수 있다.

제34조(부담금의 송금)

시 · 도회는 회원으로부터 징수한 기타 부담금을 그 증빙자료와 같이 징수일로부터 1개월 이내에 본 회에 송금하여야 한다.

제7장 학회 · 전문보건의료정보관리사회 및 연구소

제35조(학회)

① 본 회는 보건정보관리분야의 연구 및 발전을 위하여 학회를 둘 수 있다.

② 학회를 설립코자 할 때에는 이사회의 심의를 거쳐 총회의 승인을 받아야 한다.

③ 학회장은 회원 중에서 선출하되 이사회의 승인을 받아야 한다.

④ 학회는 년1회 중앙회와 공동으로 학술대회를 개최할 수 있으며, 매년 학회지를 발행한다.

⑤ 학회의 필요한 세부사항은 별도의 규정으로 정한다.

제35조의2(전문보건의료정보관리사회)

① 본 회 산하에 각 전문분야의 연구 및 발전을 위하여 전문의무기록사회를 둘 수 있다.

② 전문보건의료정보관리사회를 설치코자 할 때에는 이사회의 심의를 거쳐 총회의 승인을 받아야 한다.

③ 전문보건의료정보관리사회 회장은 가입된 회원 중에서 선출하여 이사회의 승인을 받아야 한다.

④ 전문보건의료정보관리사회의 필요한 세부사항은 별도의 규정으로 정한다.

제35조의3(연구소)

① 본 회 산하에 보건의료정보관리분야의 연구를 목적으로 연구소를 둘 수 있다.

② 연구소를 설치하고자 하는 때에는 상임이사회의 심의를 거쳐 총회의 승인을 얻어야 한다.

③ 연구소장은 공모를 하여 공모자 중 상임이사회의 심의를 거쳐 이사회의 승인을 받아야 한다.

④ 연구소장의 임기는 3년으로 선임된 해의 5월 1일부터 3년 후 4월 30일까지로 한다.

⑤ 연구소의 운영에 필요한 세부사항은 별도 규정으로 정한다.

제35조의4(교육센터)

① 본 회 산하에 보건의료정보관리사 보수교육 활성화 및 질 향상을 위해서 교육센터를 둘 수 있다.

② 교육센터를 설치하고자 하는 때에는 상임이사회의 심의를 거쳐 총회의 승인을 얻어야 한다.

③ 교육센터장은 공모를 하여 공모자 중 상임이사회의 심의를 거쳐 이사회의 승인을 받아야 한다.

④ 교육센터장의 임기는 3년으로 선임된 해의 5월 1일부터 3년 후 4월 30일까지로 한다.

⑤ 교육센터의 운영에 필요한 세부사항은 별도 규정으로 정한다.

제35조의5(출연기구)

본회는 정기 대의원총회의 결의에 의하여 협회의 설립취지에 합당한 출연기관을 둘 수 있으며, 세부사항은 별도의 규정으로 정한다.

제8장 자산 및 회계

제36조(자산)

① 본 회의 자산은 기본재산과 보통재산으로 구분한다.

② 기본재산은 본회의 목적사업 수행에 관계되는 부동산 또는 동산으로서 본회 설립 시 회원들이 출연한 재산과 총회에서 기본재산으로 정한 재산으로 하며 그 목록은 별지 1과 같다.

③ 보통재산은 기본재산 이외의 재산으로 총회에서 결정하는 입회금, 회비 및 기타 수입금으로 한다.

④ 법인이 재산을 처분하거나 채무부담 행위를 할 때는 총회에서 의결한다.

⑤ 기본재산의 변경에 관하여는 정관 변경에 관한 규정을 준용한다.

⑥ 본 회의 경비는 회원의 입회금, 회비, 부담금, 기부금 및 기타 수입금으로 충당한다.

⑦ 제6항의 기부금을 모금할 때는 기부금의 용도, 모금기간 등을 명시하여 대의원총회 의결을 받아야 하며, 명시한 기부금의 용도 외에 사용할 수 없으며, 기타 기부금 모금과 운영에 관한 사항을 별도의 규정으로 정한다.

제37조(예산 및 결산)

① 다음 사업연도의 사업계획 및 수지예산은 총회의 의결을 거쳐야 한다.

② 당해 사업연도의 사업실적 및 수지결산은 감사의 감사를 거쳐 총회의 승인을 받아야 한다.

③ 사업연도 종료 후 다음 사업연도의 사업계획 및 수지 예산서와 당해 사업 연도의 사업실적 및 수지결산서를 보건복지부장관에게 제출하여야 한다.

④ 보수교육 및 기부금은 회계를 분리하여 처리하여야 한다.

⑤ 연간 기부금의 모금액 및 활용실적은 본회의 인터넷 홈페이지를 통하여 다음 연도 3월 31일까지 공개한다.

제38조(회계연도)

본 회의 회계연도는 1월 1일에 시작하여 12월 31일에 종료한다.

제39조(운용제한)

본 회의 재정은 은행이나 우편예금 이외의 투기 또는 투자에 사용하지 못한다.

제9장 학술대회 및 보수교육

제40조(학술대회)

① 본 회는 회원의 학술연구 활동과 기술교육을 위하여 연 2회 이상 전국 규모의 학술대회를 개최한다.

② 학술대회는 시·도회나 전문학회에 위임하여 실시 할 수 있다.

③ 학술대회를 실시하는 단체는 본 회의 지시에 따라야 하며 그 결과를 즉시 본 회에 보고 한다.

제41조(보수교육)

① 모든 회원은 법령 및 규정이 정하는 바에 따라 소정의 보수교육을 받아야 한다.

② 보수교육은 시·도회나 전문학회에 위임하여 실시할 수 있다.

③ 보수교육을 실시한 단체는 그 결과를 즉시 본 회에 보고한다.

④ 보수교육에 관하여 필요한 사항은 별도의 규정으로 정한다.

제10장 사무국

제42조(사무국의 설치와 기구)

① 본 회는 사무를 집행하기 위하여 사무국을 둔다.

② 사무국은 기관지, 학술지를 발행하기 위하여 필요한 부서를 둘 수 있다.

③ 사무국에 사무총장 1인과 필요한 인원을 둔다.

제43조(사무총장)

① 사무총장은 회장의 제청으로 상임이사회의 인준을 받아 회장이 임명한다.

② 사무총장은 회장의 명을 받아 본 회의 일반 사무를 관장하고 사무국 직원을 지휘 감독한다.

③ 사무총장은 필요한 경우 회장의 허가를 받아 총회, 이사회, 상임이사회 및 각종 회의에 참석하여 의견을 진술할 수 있다.

제44조(직제, 복무, 인사, 급여 등 규정)

사무국의 직제, 문서, 직원의 인사, 복무, 급여 등 사무국 운영에 관하여 필요한 사항은 별도의 규정으로 정한다.

제11장 보칙

제45조(해산)

① 본회는 총회에서 재적대의원 3분의 2이상의 찬성으로 해산할 수 있다.

② 본회 해산 시 해산등기를 완료한 후 지체없이 법인해산신고서에 해산 당시의 재산목록을 첨부하여 보건복지부에 신고하여야 한다.

제46조(잔여재산의 처분)

본 회 해산시 청산 후의 잔여재산은 총회의 의결을 거친 후 보건복지부장관의 허가를 얻어 국가, 지방자치단체 또는 유사한 목적을 가진 다른 비영리법인에게 귀속되도록 한다.

제47조(정관변경)

본 회 정관을 변경하고자 할 때에는 총회에서 재적대의원 3분의 2 출석과 출석 대의원 3분의 2이상의 찬성을 얻은 후 보건복지부장관의 인가를 받아야 한다.

제48조(시행세칙)

본 정관 시행 및 본 회 운영에 관하여 필요한 사항은 세칙으로 정한다.

제49조(준용규정)

본 정관에 규정되지 아니한 사항에 대하여는 「민법」 중 사단법인에 관한 규정과 「보건복지부 소관 비영리법인의 설립 및 감독에 관한 규칙」 등을 준용하며, 달리 특별히 정한 사항이 없을 때에는 이사회에서 결정한다.

부칙(2013.6.21)

제1조(시행일) 본 정관은 보건복지부장관이 허가한 날부터 시행한다. 제2조(경과조치) 본 정관 시행 당시 종전의 정관에 의하여 시행된 사항에 관하여는 본 정관에 의하여 시행된 것으로 본다.

부칙(2015.5.12)

제1조(시행일) 본 정관은 보건복지부장관이 허가한 날부터 시행한다. 제2조(경과조치) 생략

부칙(2018.8.16)

본 정관은 보건복지부장관이 허가한 날부터 시행한다.

부칙(2018.12.18)

제1조(시행일) 본 정관은 2018년 12월 20일부터 시행한다.

설립발기인 인적사항

연번	직위	성 명	생년월일	주소	연락처
		주요 약력			임 기
	대표 이사				

작성자 : 사단법인 ○○○○ 발기인 대표 ○○○ (날인 또는 서명)

임원 취임 예정자 명단

연번	직위	성 명	생년월일	주소	연락처
		주요 약력			임 기
	대표 이사				

작성자 : 사단법인 ○○○○ 발기인 대표 ○○○ (날인 또는 서명)

사단법인 ○○○○ 창립(발기인) 총회 회의록

(아래는 예시문입니다)

1. 회의일시 : 2002년 ○○월 ○○일 (15:00~17:00)
2. 회의장소 : 서울특별시 ○○구 ○○동 ○○번지 ○○호실
3. 회의안건 : ① 의장선출 ② 설립취지 채택 ③ 정관심의 ④ 출연내용 ⑤ 이사장 선임 ⑥ 임원선임 및 임기결정 ⑦ 사업계획 및 예산심의 ⑧ 사무소 설치 ⑨법인조직 및 상근임직원 정수 책정
4. 회원총수 : ○○명 ('회원 명부' 참조)
5. 출석회원(발기인 포함) : ○○명
6. 결석회원(발기인 포함) : ○○명
7. 회의내용

임시 사회자 ○○○은 본 총회가 적법하게 성립되었음을 성원보고한 후 '임시의장 선출' 안건을 상정하다.

   [제1의안 상정] : 임시의장 선출

사회자 : – '임시의장 선출(안)'을 상정하겠습니다.

        – 추천하여 주시기 바랍니다.

○○○ : ○○○를 임시의장으로 선출할 것을 제안합니다.

사회자 : – 다른 분 추천 있습니까? (더 이상의 추천이 없다)

사회자 : – ○○○께서 추천한 ○○○을 임시의장으로 선출하겠습니다. 이의 있으시면 말씀해 주시고, 찬성하시면 박수로 의결하여 주시기 바랍니다.

    (만장일치로 전원 박수)

사회자 : – 임시의장에 ○○○가 선출되었음을 선포합니다.

    (의사봉 3타)

    (이후의 의사진행은 임시의장 ○○○에게 인계하고 사회자는 물러나다)

[제2의안 상정] 설립취지 채택

의 장 : (간단하게 임시의장 취임 인사를 하다)

　　　　　－ 우리 법인의 '설립취지 채택' 안건을 상정합니다.

　　　　　－ ○○○ 발기인께서 설립취지(안)을 낭독해 주시기 바랍니다.

○○○ : (유인물로 작성되어 배포된 설립취지문안을 낭독하다)

의 장 : － ○○○께서 낭독하신 설립취지에 대하여 의견이 있으시면 말씀해 주십시오.

○○○ : － 이미 준비된 설립취지문에 찬성하며 원안 의결할 것을 제안합니다.

(회원전원) : (○○○의 제안에 찬성하며 모두 박수치다)

의 장 : － 본 설립취지(안)에 이의 없으신 것으로 알고 원안대로 가결되었음을 선포합니다.

　　　　　(의사봉 3타)

[제3의안 상정] 정관심의의 건

의 장 : － 이어서 '정관심의'에 들어가겠습니다.

　　　　　(○○○ 발기인에게 준비된 정관(안) 낭독을 요청하다)

○○○ : (정관 초안을 낭독하다)

○○○ : － 정관의 내용이 무리 없이 잘 구성되었다고 생각합니다.

　　　　　－ 본 정관이 어떠한 과정으로 작성되었는지 의장님께서 부연설명 해 주시면 고맙겠
　　　　　　습니다.

의 장 : － 본 정관은 우리 법인의 주무관청인 지식경제부에서 만든 정관예문(준칙)을 기초로
　　　　　　하여 작성하였습니다.

　　　　　－ 본 정관에 추가 또는 삭제할 내용이 있으시면 말씀해 주십시오.

○○○ : － 본 정관에 특별히 추가 또는 삭제할 내용은 없는 것 같습니다.

　　　　　－ 원안대로 의결할 것을 제안합니다. (전원 박수)

의 장 : － 그러면 본 정관도 초안에 이의 없으신 것으로 보고 원안대로 가결되었음을 선포합
　　　　　　니다. (의사봉 3타)

[제4의안 상정] 출연내용 채택의 건

의 장 : － 다음은 '출연재산 채택(안)'을 상정합니다.

　　　　　－ 우리 법인의 출발을 위하여 ○○○께서 현금 0000원을 출연하시겠다는 의사를 밝
　　　　　　혔고, ○○○께서 현금 000원을 출연하시겠다는 의사를 밝혔습니다. 본 출연이 채
　　　　　　택될 경우 ○○○의 출연금 0000원은 기본재산으로, ○○○의 출연금 000원은 설

립 당해연도의 설립 제비용 등의 경비로 사용하기 위하여 보통재산으로 구분 채택
하고자 합니다.

　　　　－ 출연내용에 대하여 의견 나누어 주시기 바랍니다.

○○○ : － 의장께서 설명하신 출연내용과 의견에 대하여 적극 찬성하며 출연하신 분의 뜻을
따라 원안대로 채택할 것을 제안합니다.

○○○ : － ○○○의 제안에 찬성합니다. (회원 모두 박수)

의　장 : － 출연재산을 원안대로 모두 채택합니다.

　　　　－ 출연재산 채택 의결내용

　　　▷000님 출연금 : 현금 0000원 → 기본재산

　　　▷000님 출연금 : 현금 0000원 → 보통재산

[제5의안 상정] 이사장 선임의 건

의　장 : － 우리 법인을 이끌어 나갈 '이사장 선임(안)'을 상정합니다.

　　　　－ 회원님들께서 덕망 있고 훌륭하신 분을 추천하여 주시기 바랍니다.

○○○ : － 이사장에는 현재 임시의장으로 사회를 보시는 ○○○께서 맡아 주실 것을 제안합
니다. (전원 박수)

의　장 : － 부족한 저를 추천해 주셔서 감사합니다. 그러나 저보다 더 훌륭하신 분들이 더 많
으신 줄 아니 다른 분을 더 추천해 주시면 좋겠습니다.

○○○ : － ○○○의 제안에 회원 모두 찬성하는 것 같습니다. 다시 한 번 의장님을 이사장에
추천합니다. (전원 박수)

의　장 : － 그러면 여러분의 뜻에 따라 당분간 우리 법인의 이사장직을 맡아보겠습니다.

　　　　－ 이사장 선임 건에 본인 000가 선출되었음을 선포합니다. (의사봉 3타)

[제6의안] 임원선임 및 임기결정의 건

의　장 : － 이어서 '임원선임 및 임기결정'에 관한 안건을 상정합니다.

　　　　－ 우선 임원의 수는 정관심의에서 기 결정되었듯이 00명으로 되어 있으니, 이에 대
한 임원 후보자들을 추천하여 주시기 바랍니다.

　　　　－ 아울러 임원의 임기 문제도 함께 제시하여 주시기 바랍니다.

(회원들의 추천과 논의 끝에 다음과 같이 뜻이 모아지다)

▷ 이사(00명) : 0000, 0000, 0000, 0000, 이상 00명 → 임기 4년

　　　　　　　　0000, 0000, 0000, 0000, 이상 00명 → 임기 2년

▷감사(2명) : 0000 → 임기 2년

0000 → 임기 1년

의 장 : – 임원의 선출 및 임기의 내용이 결정된 것 같습니다.

– 본 내용에 다른 의견이 있으시면 말씀해 주십시오.

(회중에서 이의 없음을 말하고 박수치다)

의 장 : – 임원의 선출 및 임기를 여러분의 결정대로 가결되었음을 선포합니다.

(전원박수 – 의사봉 3타)

의 장 : – 이어서 우리 법인설립 최초의 회원을 채택하고 회원의 회비 징수액을 결정하고자
하는데, 현재의 회원은 회원명부와 같이 총 00명이며 회비는 년 000원으로 하고자
하는 바, 여러분의 의견을 말씀해 주시고, 이의가 없이 찬성하신다면 박수로 의결
하여 주시기 바랍니다.

(회 중) : (전원 찬성하며 박수)

의 장 : 설립최초의 회원 및 회비징수액을 원안대로 가결되었음을 선포합니다.

(의사봉 3타)

▷ 회원수 : 총 00명

▷ 회비징수액 : 년 000원

[제7의안 상정] 사업계획 및 예산심의의 건

의 장 : – 향후 '3개년간의 사업계획 및 수지예산(안)'을 상정합니다.

– ○○○께서 본안에 대하여 설명하여 주시기 바랍니다.

○○○ : (유인물을 통하여 '3개년간의 사업계획 및 수지예산' 사항을 설명하다)

○○○ : – 상정(안)에 찬성합니다. 원안의결을 제안합니다. (전원 동의 – 박수)

의 장 : – 전원 찬성으로 향후 3개년간의 사업계획 및 예산(안)을 원안대로 가결 선포합니다.

(의사봉 3타)

[제8의안 상정] 사무소 설치의 건

의 장 : – 다음은 본 법인의 '사무소 설치(안)'을 상정합니다.

– (사무소는 ○○○가 ○○○○○○소재 건물을 법인 사무실로 무상 사용할 것을 허
락하였다는 내용을 설명하고 이에 대한 동의 여부를 묻다)

○○○ : – 사무실을 무상으로 내어 주신 ○○○께 감사드리며 원안의결을 제안합니다. (전원
박수)

의 장 : － 우리 법인의 사무소를 '서울특별시 ○○구 ○○동 ○○－○○'로 결정되었음을 선
포합니다. (의사봉 3타)

　　　[제9의안] 법인조직 및 상근 임직원 정수 책정

의 장 : － 마지막으로 '법인의 조직 및 상근임직원의 정수 책정(안)'을 상정합니다.

　　　　 － 유인물을 보시고 의견을 말씀해 주시고, 이의 없으시면 원안대로 통과하겠습니다.
(전원 이의 없음을 표시하다)

의 장 : － 이 안건도 전원 찬성으로 원안 가결되었음을 선포합니다. (의사봉 3타)

8. 폐　　회

의 장 : － 마지막으로 회의록 서명위원으로 참석회원 중「○○○, ○○○, 홍길동, ○○○」의
○명을 지정하여 서명·날인토록 하겠습니다. 이견이 있으면 말씀해 주시기 바랍
니다.(전원 이의 없음을 표시하다). 지정받은 서명위원들께선 폐회 후 남아서 작성
된 회의록 내용의 사실여부를 확인하고 서명하여 주시기 바랍니다.

　　　　 － 이상으로 모든 회의를 마치겠습니다. 감사합니다.

　　　　　　　　　　　　　　　　200○년 ○월 ○일

덧붙임　1. 설립취지문 1부.

　　　　2. 정관 1부.

　　　　3. 사업계획서 및 수지예산서(비영리법인은 1년, 공익법인은 3년) 1부.

　　　　4. 법인 조직 및 상근임직원 정수표 1부.

(※ 덧붙인 문서는 서명위원들이 본 회의록과 함께 간인하여야 함)

　　　　　　　　　　　　　　　　　　　　　　　회원 대표 ○○○ (인)

　　　　　　　　　　　　　　　　　　　　　　　회원　　 ○○○ (인)

　　　　　　　　　　　　　　　　　　　　　　　　 ˮ 　 ○○○ (인)

　　　　　　　　　　　　　　　　　　　　　　　　 ˮ 　 ○○○ (인)

　　　　　　　　　　　　　　　　　　　　　　　　 ˮ 　 ○○○ (인)

　　　　　　　　　　　　　　　　　　　　　　　　 ˮ 　 ○○○ (인)

주) 1. 창립총회 회의록은 법인설립이 적법한 절차를 거쳐 성립되었느냐를 판단하는 중요한 기준이 되므로 육하원칙에 따라 작성하되, 진행자 등이 누락되지 않도록 한다.

2. 특히 회의진행과 관련하여 정관 심의과정 및 임원선출의 표결사항, 찬ㆍ반 토론내용 등을 상세히 기재하고 회의록 작성이 끝나면 참석한 서명위원들이 기록내용을 확인하고 연명으로 날인하여야 한다.

3. 회의록의 내용 중 별첨 유인물로 설명(진행)된 것은 회의록에 첨부하여 서명위원들이 간인하여야 한다.

4. 본 회의록에 첨부된 문서들은 첨부한 것으로 갈음한다. (별도로 첨부할 필요 없음)

창립(발기인)총회 회의록

재 산 목 록

재 산 구 분		수량	소재지	평가액	취득원인	비고
총 계						
기본재산	합계					
	동산 소계					
	현금					예치금
	주식					
	채권					기업 (회사채 포함)
	부동산 소계					
	건물					
	전					
	답					
	대지					
	임야					
	기타					
보통재산	합계					
	현금					
작성자 : 사단법인 ○○○○○ 대표 ○ ○ ○ (날인 또는 서명)						

사 업 계 획 서

Ⅰ. 주요사업 목표

　1. 제1사업명

　2. 제2사업명

　3. 제3사업명

Ⅱ. (사업별) 세부사업 내용

　1. (제1사업명)

　　가. 목적 :

　　나. 사업내용 : 시행시기, 장소, 사업내용

　　다. 시행방법 :

　　라. 소요예산 : 인건비, 운영비, 기타

　　마. 기타사항 :

　　바. 향후계획 :

　2. (제2사업명)

　3. (제3사업명)

　※ 과거 사업 운영 실적 첨부

　※ 외교부소관 법인의 경우 1년 이상 사업실적 및 사업계획서 필수

　　(외교부 소관 비영리 법인의 주요사업이 해외에서 추진되는 점을 고려, 사업 대상국의 법률 및 문화에 대한 이해 등 관련 기술적 비결을 증명할 수 있는 최소한의 실적 필요)

　　　작성자 : 사단법인 ○○○○ 발기인 대표 ○○○ (날인 또는 서명)

수지 예산서(○○년도)

1. 총괄표

수입 예산 총액	지출 예산 총액	비고

2. 수입 예산서

(단위:원)

수입 항목	예상 수입액	산출근거
① 회 비		
② 출연금		
③ 과실소득		
④ 수익사업		
⑤ 전기 이월액		
⑥ 법인세 환급액		
합계		

3. 지출 예산서

(단위:원)

지출 항목	예상 지출액	산출근거
① 경상비(인건비, 운영비)		
② 퇴직 적립금		
③ 법인세		
④ 목적 사업비		
⑤ 기본재산 편입액		
합계		

[작 성 요 령]

〈수 입〉

① 회비(사단법인의 경우) : 회원들로부터 정기적으로 받을 회비수입액 기재

② 출연금

 – 목적사업기부 : 목적사업에 사용하기 위하여 받을 기부금액 기재

 – 재산증자기부 : 기본재산 증자를 위하여 받을 기부금액 기재

③ 과실소득 : 법인 소유 기본재산 운영으로 발생될 과실금액 기재

④ 수익사업(「법인세법」 제4조 제3항)

 – 부동산 · 임대수익, 이자 · 배당소득, 주식 · 신주인수권 또는 출자지분의 양도로 생기는
   수입 등

⑤ 전기 이월액

 – 고유목적사업준비금 : 고유목적사업준비금으로 설정한 금액 기재

 – 이월 잉여금 : 전년도 이월액 중 고유목적사업준비금을 제외한 금액 기재

 – 기타 : 이월잉여금을 세부항목으로 구분할 경우 순수 이월잉여금 외에 별도 항목으로
   구분

⑥ 법인세 환급액 : 전년도 법인세환급액 기재

〈지 출〉

① 경상비

 – 인건비 : 상근직원에게 지급할 인건비 기재

 – 운영비 : 경상비 중 인건비를 제외한 금액 기재

② 퇴직 적립금 : 상근직원에 대한 퇴직적립(예정)액 기재

③ 법인세 : 출연재산 운영소득을 근거로 지출될 법인세액 기재

④ 목적 사업비 : 정관에 명시된 목적사업 수행에 소요되는 경비를 사업별로 기재하되,
   직접목적사업비가 아닌 부대경비는 제외

⑤ 기본재산 편입액 : 전년도 이월액 중 당해연도의 기본재산 편입 예정액 기재

나. 설립허가

(1) 설립허가 기준

주무관청은 법인 설립허가 신청의 내용이 다음 각 호의 기준에 맞는 경우에만 그 설립을 허가할 수 있다(규칙 제4조).

- 법인의 목적과 사업이 실현 가능할 것
- 목적하는 사업을 할 수 있는 충분한 능력이 있고, 재정적 기초가 확립되어 있거나 확립될 수 있을 것
- 다른 법인과 같은 명칭이 아닐 것

(2) 심사 및 허가기간

주무관청은 법인 설립허가 신청을 받았을 때에는 특별한 사유가 없으면 20일 이내에 심사하여 허가 또는 불허가 처분을 하고, 그 결과를 서면으로 신청인에게 통지하여야 한다. 이 경우 허가를 할 때에는 별지 제2호 서식의 법인 설립허가증을 신청인에게 발급하고, 법인 설립허가대장에 필요한 사항을 적어야 한다.

■ 보건복지부 및 질병관리청 소관 비영리법인의 설립 및 감독에 관한 규칙[별지 제2호 서식] 〈개정 2020. 12. 28.〉

(앞쪽)

제   호

법인 설립허가증

1. 법인명칭:

2. 소 재 지:

3. 대 표 자
　　가. 성   명:
　　나. 생년월일:
　　다. 주   소:

4. 사업 내용:

5. 허가 조건:

「민법」 제32조 및 「보건복지부 및 질병관리청 소관 비영리법인의 설립 및 감독에 관한 규칙」 제4조
　에 따라 위와 같이 법인 설립을 허가합니다.

년   월   일

보 건 복 지 부 장 관
질 병 관 리 청 장

직인

210mm×297mm[일반용지 60g/㎡(재활용품)]

준수사항

1. 「민법」 및 「보건복지부 및 질병관리청 소관 비영리법인의 설립 및 감독에 관한 규칙」 등 관련 법령과 정관에서 정한 내용을 준수해야 합니다.
2. 정관에서 정하는 목적사업 중 다른 법률에 따른 허가 · 인가 · 등록 · 신고의 대상이 되는 사업을 하려는 경우에는 관련 법령에 따른 절차를 거쳐야 합니다.
3. 매 사업연도 종료 후 2개월 이내에 다음의 서류를 주무관청의 소관 부서에 제출해야 합니다.
  가. 다음 사업연도의 사업계획 및 수입 · 지출 예산서 1부
  나. 해당 사업연도의 사업실적 및 수입 · 지출 결산서 1부
  다. 해당 사업연도 말 현재의 재산목록 1부
4. 다음의 어느 하나에 해당되는 경우에는 「민법」 제38조에 따라 법인의 설립허가를 취소할 수 있습니다.
  가. 설립 목적 외의 사업을 하였을 때
  나. 설립허가의 조건을 위반하였을 때
  다. 공익을 해치는 행위를 하였을 때
5. 법인이 해산(파산으로 인한 해산은 제외합니다)하였을 때에는 해산등기를 마친 후 지체 없이 주무관청에 해산신고를 해야 합니다.
6. 법인의 청산이 종결되었을 때에는 등기를 한 후 주무관청의 소관 부서에 신고해야 합니다.

〈 변 경 사 항 〉

변경일	내　용	확인

210mm×297mm[일반용지 60g/㎡(재활용품)]

(3) 조건부 허가

주무관청은 법인의 설립허가를 할 때에는 필요한 조건을 붙일 수 있다.

다. 설립 관련 보고

(1) 재산이전

법인의 설립허가를 받은 자는 그 허가를 받은 후 지체 없이 기본재산 및 운영재산을 법인에 이전(移轉)하고 1개월 이내에 그 이전을 증명하는 등기소 또는 금융회사 등의 증명서를 주무관청에 제출하여야 한다(규칙 제5조).

(2) 설립관련 보고

법인은 「민법」 제49조부터 제52조까지의 규정에 따라 법인 설립 등의 등기를 하였을 때에는 10일 이내에 그 등기 사실을 주무관청에 서면으로 보고하거나 법인 등기사항증명서 1부를 제출하여야 한다. 이 경우 서면 보고를 받은 주무관청은 「전자정부법」 제36조 제1항에 따른 행정정보의 공동이용을 통하여 법인 등기사항증명서를 확인하여야 한다.

3. 허가 후 절차

가. 정관 변경의 허가 신청

「민법」 제42조 제2항, 제45조 제3항 또는 제46조에 따른 정관 변경의 허가를 받으려는 법인은 별지 제3호 서식의 법인 정관 변경허가 신청서에 다음 각 호의 서류를 첨부하여 주무관청에 제출하여야 한다(규칙 제6조).

• 정관 변경 사유서 1부

• 개정될 정관(신·구조문대비표를 첨부한다) 1부

• 정관 변경과 관계있는 총회 또는 이사회의 회의록 사본 1부

• 기본재산의 처분에 따른 정관 변경의 경우에는 처분 사유, 처분재산의 목록, 처분 방법 등을 적은 서류 1부

[서식 _ 법인 정관변경허가신청서]

■ 보건복지부 및 질병관리청 소관 비영리법인의 설립 및 감독에 관한 규칙 [별지 제3호 서식] 〈개정 2020. 12. 28.〉

정관 변경허가 신청서

접수번호		접수일	처리일	처리기간	**7일**

신청인	성명		생년월일 (외국인등록번호)	
	주소		전화번호	

법 인	명칭		전화번호	
	소재지			
	설립허가일		설립허가번호	

대표자	성명		생년월일 (외국인등록번호)	
	주소		전화번호	

「민법」제42조 제2항·제45조 제3항·제46조 및 「보건복지부 및 질병관리청 소관 비영리법인의 설립 및 감독에 관한 규칙」제6조에 따라 위와 같이 정관의 변경허가를 신청합니다.

년   월   일

신청인   (서명 또는 인)

보 건 복 지 부 장 관
                        귀하
질 병 관 리 청 장

신청인 제출서류	1. 정관 변경 사유서 1부 2. 개정될 정관(신·구조문대비표를 첨부합니다) 1부 3. 정관 변경과 관계있는 총회 또는 이사회의 회의록 1부 4. 기본재산의 처분에 따른 정관 변경의 경우에는 처분 사유, 처분재산의 목록, 처분 방법 등을 적은 서류 1부	수수료 없 음

처리절차

신청서 작성	→	접 수	→	서류 확인 및 검토	→	결 재	→	결과 통지
신청인		보건복지부·질병관리청(비영리법인의 설립 및 감독 업무 담당부서)						

210mm×297mm[일반용지 60g/㎡(재활용품)]

정 관 변 경 사 유 서

법 인 명		
변경 사항	변경일자	
	변경내용	
주 요 골 자		
변 경 사 유	(구체적으로 기재)	

정관 변경 신·구 대비표

변 경 전	변 경 후	비 고 (구체적 사유)

나. 사업실적 및 사업계획 등의 보고

법인은 매 사업연도가 끝난 후 2개월 이내에 다음의 서류를 주무관청에 제출하여야 한다(규칙 제7조).

- 다음 사업연도의 사업계획 및 수입 · 지출 예산서 1부
- 해당 사업연도의 사업실적 및 수입 · 지출 결산서 1부
- 해당 사업연도 말 현재의 재산목록 1부

다. 법인 사무의 검사 · 감독

주무관청은 「민법」 제37조에 따른 법인 사무의 검사 및 감독을 위하여 불가피한 경우에는 법인에 관계 서류 · 장부 또는 그 밖의 참고자료 제출을 명하거나 소속 공무원으로 하여금 법인의 사무 및 재산 상황을 검사하게 할 수 있으며, 이에 따라 법인 사무를 검사하는 공무원은 그 자격을 증명하는 증표를 관계인에게 보여 주어야 한다(규칙 제8조).

4. 해산 등

가. 설립허가의 취소

주무관청은 법인이 목적이외의 사업을 하거나 설립허가의 조건에 위반하거나 기타 공익을 해하는 행위를 한때에는 그 허가를 취소할 수 있는데, 이에 따라 비영리법인의 설립허가를 취소하려면 청문을 하여야 한다(규칙 제9조).

나. 해산신고

법인이 해산(파산으로 인한 해산은 제외한다)하였을 때에는 그 청산인은 「민법」 제85조 제1항에 따라 해산등기를 마친 후 지체 없이 별지 제4호 서식의 법인 해산 신고서에 다음의 서류를 첨부하여 주무관청에 제출하여야 한다(규칙 제10조).

- 해산 당시의 재산목록 1부
- 잔여재산 처분방법의 개요를 적은 서류 1부
- 해산 당시의 정관 1부
- 사단법인이 총회의 결의에 의하여 해산한 경우에는 그 결의를 한 총회의 회의록 사본 1부
- 재단법인의 해산 시 이사회가 해산을 결의하였을 때에는 그 결의를 한 이사회의 회의록 사본 1부

■ 보건복지부 및 질병관리청 소관 비영리법인의 설립 및 감독에 관한 규칙 [별지 제4호 서식] 〈개정 2020. 12. 28.〉

법인 해산 신고서

접수번호		접수일		처리일		처리기간	10일

청산인	성명		생년월일 (외국인등록번호)	
	주소		전화번호	

청산법인	명칭		전화번호	
	소재지			

해산 연월일	

해산 사유	

「민법」 제86조 제1항 및 「보건복지부 및 질병관리청 소관 비영리법인의 설립 및 감독에 관한 규칙」 제10조에 따라 위와 같이 법인 해산을 신고합니다.

년   월   일

신고인   (서명 또는 인)

보 건 복 지 부 장 관   귀하
질 병 관 리 청 장

신고인 제출서류	1. 해산 당시의 재산목록 1부 2. 잔여재산 처분방법의 개요를 적은 서류 1부 3. 해산 당시의 정관 1부 4. 사단법인이 총회 결의에 의하여 해산하였을 때에는 그 결의를 한 총회의 회의록 사본 1부 5. 재단법인의 해산 시 이사회가 해산을 결의하였을 때에는 그 결의를 한 이사회의 회의록 사본 1부	수수료 없음
담당 공무원 확인사항	법인 등기사항증명서	

처리절차

신고서 작성	→	접 수	→	검토 및 확인	→	결재
신고인		보건복지부 · 질병관리청(비영리법인의 설립 및 감독 업무 담당부서)				

210mm×297mm[일반용지 60g/㎡(재활용품)]

다. 잔여재산 처분의 허가

법인의 이사 또는 청산인은 「민법」 제80조 제2항에 따라 잔여재산의 처분에 대한 허가를 받으려면 별지 제5호 서식의 잔여재산 처분허가 신청서에 다음 각 호의 서류를 첨부하여 주무관청에 제출하여야 한다(규칙 제11조).

• 해산 당시의 정관 1부(해산신고 시 제출한 정관과의 확인이 필요한 경우만 해당한다)
• 총회의 회의록 1부(사단법인으로서 해산신고 시에 제출한 서류로써 확인이 되지 않을 경우만 해당한다)

■ 보건복지부 및 질병관리청 소관 비영리법인의 설립 및 감독에 관한 규칙 [별지 제5호 서식] 〈개정 2020. 12. 28.〉

잔여재산 처분허가 신청서

접수번호	접수일	처리일	처리기간	10일

신청법인	명칭		전화번호	
	소재지			

대 표 자 (이사· 청산인)	성명		생년월일 (외국인등록번호)	
	주소		전화번호	

처분재산	종류 및 수량
	금액
	처분방법

처분사유

「민법」 제80조 제2항 및 「보건복지부 및 질병관리청 소관 비영리법인의 설립 및 감독에 관한 규칙」 제11조에 따라 위와 같이 잔여재산 처분허가를 신청합니다.

년   월   일

신청인   (서명 또는 인)

보 건 복 지 부 장 관
질 병 관 리 청 장   귀하

신청인 제출서류	1. 해산 당시의 정관 1부(해산신고 시 제출한 정관과의 확인이 필요한 경우에만 제출합니다) 2. 총회의 회의록 1부(사단법인으로서 해산신고 시에 제출한 서류로써 확인이 되지 않을 경우에만 제출합니다)	수수료 없음

처리절차

신청서 작성	→	접 수	→	확 인	→	결 재	→	결과 통지
신청인		보건복지부·질병관리청(비영리법인의 설립 및 감독 업무 담당부서)						

210mm×297mm[일반용지 60g/㎡(재활용품)]

라. 청산 종결의 신고

청산인은 법인의 청산이 종결되었을 때에는 「민법」 제94조에 따라 등기를 한 후, 별지 제6호 서식의 청산종결 신고서를 주무관청에 제출하여야 한다. 이 경우 주무관청은 「전자정부법」 제36조 제1항에 따른 행정정보의 공동이용을 통하여 법인 등기사항증명서를 확인하여야 한다(규칙 제12조).

■ 보건복지부 및 질병관리청 소관 비영리법인의 설립 및 감독에 관한 규칙[별지 제6호 서식] 〈개정 2020. 12. 28.〉

청산종결 신고서

접수번호	접수일		처리일	처리기간	즉시
청 산 인	성명			생년월일 (외국인등록번호)	
	주소			전화번호	
청산법인	명칭			전화번호	
	소재지				
청산 연월일					
청산 취지					

「민법」 제94조 및 「보건복지부 및 질병관리청 소관 비영리법인의 설립 및 감독에 관한 규칙」 제12조에 따라 위와 같이 청산 종결을 신고합니다.

년   월   일

신고인(청산인)

(서명 또는 인)

보 건 복 지 부 장 관
질 병 관 리 청 장   귀하

신고인 (청산인) 제출서류	없 음	수수료 없 음
담당 공무원 확인사항	법인 등기사항증명서	

210mm×297mm[일반용지 60g/㎡ (재활용품)]

제5장 문화체육관광부 및 문화재청 소관 비영리법인 설립

1. 개관

문화체육관광부 및 문화재청 소관 비영리법인의 설립 및 감독에 관한 규칙(이하 '규칙'이라고만 함)은 「민법」에 따라 문화체육관관부 및 문화재청이 주무관청이 되는 비영리법인의 설립 및 감독에 필요한 사항을 규정함을 목적으로 하며, 이에 따른 비영리법인(이하 '법인'이라 한다)의 설립허가, 법인 사무의 검사 및 감독 등에 관하여는 다른 법령에 특별한 규정이 있는 경우를 제외하고는 이 규칙에서 정하는 바에 따른다.

본장은 문화체육부 및 문화재청 소관 비영리법인의 설립과 관련한 일반절차인 설립허가신청 및 관련 첨부서류 그리고 정관변경허가신청, 사업계획보고 등에 관한 내용들을 정리하였다. 그 외 관련서류들은 제1편 관련 내용부분을 참고하기 바란다.

2. 설립허가절차

가. 설립허가의 신청

「민법」 제32조의 규정에 의하여 법인의 설립허가를 받고자하는 자(이하 '설립발기인'이라 한다)는 별지 제1호 서식에 의한 법인설립허가신청서(전자문서로 된 신청서를 포함한다)에 다음의 서류(전자문서를 포함한다)를 첨부하여 문화체육관광부장관 또는 문화재청장(권한의 위임이 있는 경우에는 그 위임을 받은 특별시장·광역시장·특별자치시장·도지사 및 특별자치도지사를 말한다. 이하 '주무관청'이라 한다)에게 제출하여야 한다. 이 경우 주무관청은 「전자정부법」 제21조 제1항에 따른 행정정보의 공동이용을 통하여 재산목록에 기재된 재산 중 토지 또는 건물의 등기부 등본을 확인하여야 한다(규칙 제3조).

- 설립발기인의 성명·생년월일·주소·약력을 적은 서류(설립발기인이 법인인 경우에는 그 명칭, 주된 사무소의 소재지, 대표자의 성명·생년월일·주소와 정관을 적은 서류) 1부
- 설립하려는 법인의 정관 1부
- 재산목록(재단법인의 경우에는 기본재산과 운영재산으로 구분하여 적어야 한다) 및 그 증명서류와 출연의 신청이 있는 경우에는 그 사실을 증명하는 서류 각 1부
- 해당 사업연도분의 사업계획 및 수입·지출 예산을 적은 서류 1부

- 임원 취임 예정자의 성명 · 생년월일 · 주소 · 약력을 적은 서류 및 취임승낙서 각 1부
- 창립총회 회의록(설립발기인이 법인인 경우에는 법인 설립에 관한 의사 결정을 증명하는 서류) 1부

[서식 _ 법인설립허가신청서]

■ 문화체육관광부 및 문화재청 소관 비영리법인의 설립 및 감독에 관한 규칙 [별지 제1호 서식] 〈개정 2015.7.16.〉

법인 설립허가 신청서

접수번호		접수일		처리기간	20일

신청인	성명		생년월일	
	주소		전화번호	

법 인	명칭		전화번호	
	소재지			
대표자	성명		생년월일	
	주소		전화번호	

「민법」제32조 및 「문화체육관광부 및 문화재청 소관 비영리법인의 설립 및 감독에 관한 규칙」제3조에 따라 위와 같이 법인 설립허가를 신청합니다.

년   월   일

신청인   (서명 또는 인)

문화체육관광부장관
문화재청장   귀하
특별시장 · 광역시장 · 특별자치시장 · 도지사 및 특별자치도지사

신청인 제출서류	1. 설립발기인의 성명 · 생년월일 · 주소 · 약력을 적은 서류(설립발기인이 법인인 경우에는 그 명칭, 주된 사무소의 소재지, 대표자의 성명 · 생년월일 · 주소와 정관을 적은 서류) 1부 2. 설립하려는 법인의 정관 1부 3. 재산목록(재단법인의 경우에는 기본재산과 운영재산으로 구분하여 적어야 합니다) 및 그 증명서류와 출연의 신청이 있는 경우에는 그 사실을 증명하는 서류 각 1부 4. 해당 사업연도분의 사업계획 및 수입 · 지출 예산을 적은 서류 1부 5. 임원 취임 예정자의 성명 · 생년월일 · 주소 · 약력을 적은 서류 및 취임승낙서 각 1부 6. 창립총회 회의록(설립발기인이 법인인 경우에는 법인 설립에 관한 의사 결정을 증명하는 서류) 1부 ※ 제3호의 서류 중 담당 공무원 확인사항인 증명서류는 제출하지 않아도 됩니다.	수수료 없 음
담당공무원 확인사항	재산목록에 있는 재산의 토지(건물) 등기사항증명서	

처리절차

신청서 작성 → 접 수 → 확 인 → 결 재 → 허가증 작성 → 허가증 발급

신청인   처리기관 : 문화체육관광부, 문화재청, 시 · 도(비영리법인의 설립 및 감독 업무 담당부서)

210mm×297mm[백상지 80g/㎡(재활용품)]

정 관

제1장 총칙

제1조 (명칭)
본회는 '사단법인 대한무에타이협회(The Korea Muay Thai Association)'라 칭한다.(이하 '본회'라 한다)

제2조 (소재지)
본회의 사무소는 서울특별시 종로구 혜화동 126-3 6층에 둔다. 필요에 따라 지부를 둘 수 있다.

제2장 사업

제3조 (목적)
1) 본회는 무에타이를 통해 국민체력과 정신력 향상은 물론 스포츠 선진화를 위하여 학교, 국방, 경찰, 기타 단체에 적극 참여하며 국내 기술보급 및 국내, 외 경기를 통해 국위선양을 도모하고 지역 사회 체육 활성화에 기여하는 것을 그 목적으로 한다.
2) 본회는 무에타이를 소관하는 세계아마추어무에타이연맹 등 국제 체육기구에 대하여 교섭권을 갖는 당해종목의 유일한 단체로서 대한민국을 대표한다.

제4조 (사업)
1) 본회는 제3조의 목적을 달성하기 위하여 다음의 사업을 수행한다.
    1. 무에타이 경기에 관한 기본 방침 심의 · 결정
    2. 무에타이 경기에 관한 자문 및 건의
    3. 무에타이 국제 경기대회의 개최 및 참가
    4. 당해 전국규모 연맹체와 지부의 지원 및 육성
    5. 무에타이 경기대회의 개최 및 주관
    6. 무에타이 경기기술의 연구 및 향상
    7. 무에타이 선수 및 심판, 운영요원 등의 양성
    8. 무에타이 경기시설에 관한 연구와 설치 및 관리

9. 무에타이 경기에 관한 자료 모집 및 조사통계

10. 무에타이 경기종목에 관한 홍보 및 간행물 발간

11. 무에타이 단 부여 및 승단심사에 관한 심의 및 총괄

12. 기타 본회의 목적달성에 필요한 사업

2) 제1)항의 목적사업의 경비를 충당하기 위하여 필요한 때에는 그 본질에 반하지 아니하는 범위 안에서 수익사업을 할 수 있다.

3) 제2)항의 규정에 의한 수익사업을 하고자 할 때에는 사전에 이사회의 승인을 받아야 한다.

제3장 권리와 의무

제5조 (대한체육회와의 권리와 의무)

본회는 대한체육회 정관 제11조에 따라 다음의 권리를 가지며, 대한체육회 정관 및 제규정을 준수할 의무를 진다.

1) 권리사항

  1. 대한체육회에 대한 건의 및 소청권

  2. 대한체육회의 사업에 대한 참가권

  3. 대한체육회의 사업에 대한 주최, 주관 및 후원권

  4. 목적사업 수행에 필요한 재정지원 요청권

2) 의무사항

  1. 대한체육회의 정관, 제규정 및 지시사항 준수의무

  2. 국제경기연맹의 제반규정 준수의무

  3. 본회는 사업계획서, 예산서, 사업보고서 및 결산서를 총회 종료 후 10일 이내에 대한체육회에 제출하여야 한다.

제6조 (이익의 제공)

1) 본회는 제4조에서 규정한 목적사업을 수행함에 있어서 그 수혜자에게 제공하는 이익은 무상으로 제공한다. 다만, 부득이한 경우에는 이사회의 의결을 거쳐 그 대가의 일부를 수혜자에게 부담시킬 수 있다.

2) 본회의 목적사업 수행으로 제공되는 이익은 특별히 그 목적을 한정한 경우를 제외하고는 수혜자의 출생지, 성, 출신학교, 직업, 사회적 신분 등에 의하여 부당하게 차별을 하여서는 안 된다.

제7조 (지부)

1) 본회는 당해 대의원총회의 승인으로 목적사업 수행을 위하여 서울특별시, 각 광역시 · 도, 특별자치도에 지부를 둔다. (이하 '시 · 도 무에타이협회'라 한다.)

2) 본회는 재외한인 무에타이협회를 인정할 수 있으며, 지정 및 운영에 관한 필요한 사항은 별도로 정한다.

3) 본회는 지부 및 재외한인 무에타이협회와의 권리 및 의무사항을 본규정 제5조에 준하여 정한다.

제8조 (전국규모 연맹체)

1) 본회는 당해 대의원 총회의 승인으로 목적사업 수행을 위하여 전국규모 연맹체를 설치할 수 있다.

2) 전국규모 연맹체의 조직 및 운영과 권리 및 의무에 관한 필요한 사항은 별도로 정한다.

3) 본회는 전국규모 연맹체에게 전국규모의 선수권대회를 제외한 소관 범위 내의 경기대회 개최권을 줄 수 있으며, 본회로부터 개최권을 부여받은 전국규모 연맹체는 해당 대회에 대한 관리 책임도 함께 부여된다.

제4장 임원

제9조 (임원)

본회는 다음의 임원을 둔다.

1) 회장 1인

2) 부회장 약간 인을 포함한 이사 5인 이상 27인 이내 (수정안 : 14인 이상 27인 이내)

3) 감사 2인

4) 임원은 무보수 명예직으로 한다.

제10조 (임원의 임기)

1) 회장을 포함한 이사의 임기는 4년으로 하고, 감사의 임기는 2년으로 하며, 연임할 수 있다.

2) 임기의 기산은 일수를 기준으로 하지 않고 임원을 선출한 정기총회를 기준으로 한다.

3) 보선된 임원의 임기는 전임자의 잔여기간으로 한다.

제11조 (회장의 선출)

1) 회장은 총회에서 선출한다.

2) 회장의 선출 방법은 다음 각 호에 따른다.

1. 회장 선거는 무기명 비밀투표로 하며, 출석 대의원 과반수 득표로 당선된다.

2. 1차 투표에서 출석 대의원 과반수 득표자가 없을 경우에는 상위 득표자 2인에 대하여 결선투표를 하여 다수 득표자를 당선자로 결정한다.

3. 제2호의 결선투표 결과 득표수가 동수인 경우에는 재투표를 하여 다수 득표자를 당선인으로 결정하며, 재투표 결과 득표수가 동수인 경우에는 연장자를 당선인으로 한다.

4. 제1차 투표 결과 1위, 2위가 3인 이상일 경우에는 1위, 2위 득표자 전원에 대하여 결선투표를 한다. 결선투표는 제3호에 따른다.

5. 후보자가 1인일 때에는 그 득표수가 출석 대의원 과반수 득표를 얻어야만 당선된다.

3) 이 규정에 정한것 외에 회장 선출에 관한 필요한 사항은 본회가 별도로 정한다.

4) 회장이 결위된 경우에 잔여 임기가 1년 미만인 경우에는 제17조 제2항에 정한 순서에 따라 부회장이 직무를 대행하고, 잔여임기가 1년 이상인 경우에는 60일 이내에 총회를 개최하여 회장을 선출해야 한다.

제12조 (임원선임)

1) 부회장 및 이사는 회장이 추천한 자 중에서 총회에서 선임한다. 다만, 회장은 제10조 제1항 제2호에서 정한 27인 이내의 이사 범위 내에서 1회(선임권한 위임의 경우 당해 집행부 제1차 이사회의까지로 한다.)에 한하여 추천 권한을 행사한다.

2) 상임이사는 회장이 추천한 자 중에서 이사회에서 선임하고, 상임이사회 조직 및 운영에 관한 필요한 사항은 별도로 정한다.

3) 감사는 총회에서 선임하되, 대의원 중에서 1인, 공인회계사 자격을 가진자 중에서 1인을 선임하여야 한다.

4) 부회장과 이사의 결원이 있을 때에는 회장이 추천한 자를 이사회에서 보선하되, 차기 총회에 이를 보고하여야 한다.

5) 대의원은 감사 이외의 선임임원에 피선될 수 없고, 회장을 선출한 총회에 참석한 대의원은 당해 집행부 선임임원에 피선될 수 없으며, 회장을 선출하지 않은 총회에 참석한 대의원은 총회 개최 익일로부터 만 1년이 경과하여야 선임임원에 피선될 수 있다.

6) 감사를 제외한 선임임원은 사임 또는 임기만료 후 1년이 경과하여야 대의원으로 총회에 참석할 수 있다.

7) 임원 중 회장, 부회장, 전무이사의 취임은 체육회의 인준을 받아야 하며, 필요한 경우 관계기관에 신원사항을 조회할 수 있다. 인준 후에 임원의 결격 및 기타 사유가 드러나 인준에 하자

가 있는 경우 체육회는 인준을 취소 또는 철회할 수 있다.

8) 제16조 제2항에 따라 부회장이 직무를 대행하고자 할 때에는 즉시 체육회에 그 사실을 보고하여 승인을 받아야 한다.

제13조 (임원의 결격사유)

1) 대한민국 국적을 갖지 아니한 자 및 국가공무원법 제33조 각호의 어느 하나에 해당하는 자는 경기단체의 임원이 될 수 없다.

2) 1년 이상 자격정지 이상의 징계처분을 받고 징계가 만료된 날로부터 3년이 경과하지 아니한 자는 경기단체의 임원이 될 수 없다.

3) 임원이 제1항에 해당하게 되거나 선임 당시 그에 해당한자로 밝혀졌을 때에는 당연히 퇴임한다.

제14조 (명예회장 및 고문)

본회는 다음 각 호에 정하는바에 따라 명예회장 1인 및 약간인의 고문을 둘 수 있다.

1) 명예회장은 총회에서 추대하며, 이사회 및 총회에 참석하여 자문할 수 있다.

2) 고문은 이사회의 동의를 얻어 회장이 위촉한다.

제15조 (동일인의 겸직 제한)

1) 동일인이 다른 경기단체의 대의원 또는 선임임원을 겸할 수 없다. 다만, 근대5종, 바이애슬론, 트라이애슬론, 루지, 봅슬레이스켈레톤 및 수중의 경우 해당종목의 육성에 필요하다고 대의원총회가 의결한 경우에 해당종목 다른 경기단체의 임원을 선임할 수 있다.

2) 동일인이 다른 경기단체의 회장 선출에 후보자가 되려는 경우에는 후보자 등록신청 전까지 현재 소속 경기단체의 임원직을 사임하여야 한다.

3) 선임임원 중 회계전문가로서 감사로 선임 된 자는 타 경기단체의 감사를 겸임할 수 있다.

제16조 (임원의 직무)

1) 회장은 본회를 대표하고 그 업무를 총괄한다.

2) 부회장은 회장을 보좌하고, 회장이 궐위되었거나, 또는 사고로 인하여 직무수행이 곤란한 경우에는 회장이 부회장 선임 시 정한 순서에 따라 회장의 직무를 대행한다.

3) 이사는 이사회를 구성하고 이사회에 출석하여 그 직무에 관한 사항을 의결한다.

4) 감사는 본회의 회계 및 업무를 매년 1회 이상 감사하고, 이를 대의원 총회에 보고한다. 필요한

경우 이사회에 출석하여 사전에 이를 진술할 수 있다.

제17조 (임원의 사임 및 해임)

1) 이사 및 감사가 사임 할 경우에는 회장 또는 그 직무대행자에게 사직서를 제출하여야 하며, 회장이 사임할 경우에는 사무처에 사직서를 제출해야 한다. 이사, 감사 또는 회장이 사직서를 제출한 경우에는 제출과 동시에 사임한 것으로 본다.

2) 임원이 다음 각 호의 어느 하나에 해당하는 경우에는 당연히 퇴임한 것으로 본다.

1. 제12조 제7항에 따라 체육회로부터 인준이 취소 또는 철회된 자

2. 시·도 경기단체 및 전국규모연맹체의 임원 또는 경기단체를 대표하는 자가 해당 단체에서 해임되거나 사임하는 경우

제5장 대의원

제18조 (대의원)

1) 본 회의 대의원은 다음과 같다.

1. 시·도 경기단체의 장

2. 전국규모 연맹체의 장

2) 시·도 경기단체의 장 및 전국규모연맹체의 장이 부득이한 사유로 총회에 출석 할 수 없는 경우에는 부회장 중 대리인을 지명하여 출석하게 할 수 있다. 이 경우 대리인의 권한은 해당 총회에서만 대의원과 동일한 권한을 가진다.

3) 시·도 경기단체의 장 및 전국규모 연맹체의 장은 제2항에 따라 대리인을 지명하는 경우에는 총회 5일 전에 경기단체에 서면으로 그 사실을 통보하여야 한다.

제6장 대의원 총회

제19조 (총회의 구성 및 기능)

1) 총회는 제18조 제1항 각호의 대의원 또는 그 대리인으로 구성한다.

2) 총회는 다음 사항을 의결한다.

1. 당해 단체의 해산 및 정관(규약) 변경에 관한 사항

2. 시·도 경기단체 및 전국규모 연맹체의 설치 및 제명

3. 임원의 선출 및 해임에 관한 사항

4. 사업 결과 및 결산에 관한 사항

5. 기타 중요사항

제20조 (정기총회와 임시총회)

1) 정기총회는 매 회계연도 종료 후 1개월 이내에 회장이 소집한다.

2) 임시총회는 다음 각 호의 어느 하나에 해당하는 경우에 15일 이내에 회장이 소집한다.

   1. 회장이 필요하다고 인정하는 경우

   2. 재적 이사 과반수의 소집 요구가 있는 경우

   3. 재적 대의원 3분의 1 이상의 요구가 있는 경우

3) 제2항의 제2 내지 3호의 경우에 회장이 정당한 사유 없이 총회를 소집하지 아니한 때에는 소집 요구를 한 이사나 대의원이 회의 안건, 일시, 장소를 명기하여 체육회의 승인을 받아 총회를 소집할 수 있다.

4) 총회의 소집은 늦어도 개최 7일 전에 안건·일시 및 장소를 명기하여 서면(전자문서를 포함한다)으로 대의원에게 통지하여야 한다. 다만, 긴급한 사유가 있을 때에는 그 기간을 단축할 수 있으며, 회장을 선출하는 총회는 후보자를 확정한 후 14일 전에 통지하여야 한다.

5) 총회는 통지된 안건에 한하여서만 의결할 수 있다. 다만, 출석 대의원 전원의 찬성이 있는 경우에는 그 외의 안건에 대하여도 상정하여 의결할 수 있다.

제21조 (의장)

1) 총회의 의장은 회장이 된다. 다만, 회장이 부득이한 사유로 직무를 수행할 수 없는 때에는 회장이 부회장 선임 시 정한 순서에 따라 부회장이 의장이 된다.

2) 제20조 제3항에 따라 이사나 대의원이 소집한 총회의 경우에는 출석 대의원 중 연장자가 임시 의장이 된다.

제22조 (의결정족수)

총회는 이 규정에 특별히 규정한 것을 제외하고는 재적 대의원의 과반수 출석으로 개회하고, 출석 대의원 과반수 찬성으로 의결한다.

제23조 (임원의 불신임)

1) 총회는 임원에 대하여 부분적 또는 전체적으로 해임을 의결할 수 있다.

2) 제1항에 따라 임원 전원을 해임할 경우에는 임원의 임기 경과와 관계없이 해임할 수 있으며, 일부 임원을 해임할 경우에는 해당 임원이 선출된 날부터 만 1년이 경과해야 한다.

3) 해임안은 재적 대의원 과반수의 찬성으로 제의되고, 재적 대의원 3분의 2 이상의 찬성으로

의결한다.

4) 해임안이 의결되었을 때에는 해당임원은 즉시 해임된다.

제24조 (총회의결 제척사유)

의장 또는 대의원이 다음 각 호의 어느 하나에 해당하는 때에는 그 의결에 참여하지 못한다.

1) 임원 선출 및 해임에 있어 자신에 관한 사항을 의결할 때

2) 금전 및 재산의 수수를 수반하는 사항으로써 자신과 당해 단체의 이해가 상반될 때

제7장 이사회

제25조 (이사회의 구성 및 기능)

1) 이사회는 회장, 부회장 및 이사로 구성된다.

2) 이사회는 다음 사항을 심의 의결한다.

  1. 사업 계획 및 예산에 관한 사항

  2. 사업 결과 및 결산에 관한 사항 심의

  3. 각종 위원회 운영에 관한 사항

  4. 기본자산의 편입 및 처분에 관한 사항

  5. 상임이사의 선임에 관한 사항

  6. 제 규정의 제정 및 개정

  7. 총회에서 위임받은 사항

  8. 총회 안건 상정에 관한 사항

  9. 기타 중요사항

제26조 (의결정족수)

이사회는 이 규정에 특별히 규정한 것을 제외하고는 재적 이사 과반수의 출석으로 개회하고 출석 이사의 과반수 찬성으로 의결한다.

제27조 (이사회의 소집)

1) 회장은 필요에 따라 이사회를 소집하고 그 의장이 된다. 다만, 회장이 부득이한 사유로 직무를 수행할 수 없는 때에는 회장이 부회장 선임 시 정한 순서에 따라 부회장이 의장이 된다.

2) 이사회를 소집하고자 할 때에는 회의 3일 전까지 안건, 일시, 장소를 명기하여 서면(전자문서를 포함한다)으로 각 이사에게 통지하여야 한다. 다만, 긴급한 사유가 있을 때에는 그 기간을

단축할 수 있다.

3) 이사회 소집권자가 이사회의 소집을 기피하는 경우에는 재적 이사 3분의 2 이상의 찬성으로 회의 안건, 일시, 장소 등을 명기하여 체육회의 승인을 받아 이사가 이사회를 소집할 수 있다.

4) 이사회는 미리 통지된 안건에 대하여서만 의결할 수 있다. 다만, 출석 이사 전원의 찬성이 있는 경우에는 그 외의 안건을 상정하여 의결할 수 있다.

제28조 (긴급한 업무의 처리)

1) 회장은 그 내용이 긴급하다고 인정될 때에는 이를 집행할 수 있다. 다만, 차기 이사회에 이를 승인 받아야 한다.

2) 회장은 부의사항의 내용이 경미하다고 인정될 때에는 서면 결의로써 이사회의 의결을 대신할 수 있다. 다만, 과반수 이사가 정식으로 회부할 것을 요구할 때에는 이에 따라야 한다.

제8장 각종 위원회

제29조 (각종 위원회의 설치)

1) 본회의 사업수행과 목적달성을 위하여 이사회의 자문기구로서 경기분과위원회, 심판분과위회, 상벌의원회 등등의 각종 위원회를 이사회의 의결로써 설치한다. (경기, 심판, 상벌, 심의, 여성, 홍보, 국제, 교육, 선수분과 위원회 구성)

2) 제1항의 각종 위원회의 구성 및 운영에 필요한 사항은 별도로 정한다.

제9장 시 · 도 무에타이협회

제30조 (지위 및 명칭)

1) 시 · 도 무에타이협회는 본회의 시 · 도 지부이며, 각 시 · 도 단위를 표시하는 독자적인 명칭을 가진다.

2) 시 · 도 무에타이협회는 시 · 도 체육회에 가맹할 수 있으며, 그 사무소를 시 · 도체육회 소재지에 둔다. 다만, 부득이한 경우에는 예외로 한다.

제31조 (임원 인준)

1) 시 · 도 무에타이 협회의 선임 임원은 시 · 도 체육회 인준을 받아야 한다.

2) 시 · 도 체육회는 이사회의 위임을 받아 임원 인준을 사무처장이 우선 승인할 수 있으며, 차기 이사회에 이를 보고하여야 한다.

제32조 (규정승인)

1) 시·도 체육회는 이 규정을 준용하여 당해 가맹 경기단체의 조직 및 운영에 관한 규정을 제정하여야 한다.

2) 시·도 무에타이협회는 제1항의 당해 시·도 체육회 가맹경기단체 규정에 의거하되 본회의 규약(정관)에 부합하는 규정을 제정하여 시·도 체육회의 승인을 받아야 하며, 동 규정 개정 시마다 승인을 받아야 한다.

3) 당해 경기종목 대회 운영규정 등 종목 관련 전문규정은 본회의 지도·감독을 받는다.

제33조 (이의신청 및 감사)

1) 시·도 무에타이협회는 본회에 시·도 체육회의 규약 승인 및 임원 인준사항을 즉시 보고하여야 하며, 본회는 시정사항이 있으면 2주일 이내에 사실을 적시하여 해당 시·도 체육회에 시정을 요청할 수 있다.

2) 시·도 체육회는 시정 요청을 받은 날로부터 2주일 이내에 이를 처리하여야 하며, 불분명한 경우에는 대한체육회의 결정에 따라야 한다.

3) 본회는 시·도 무에타이협회에 위임한 사업 및 예산을 직접 지원한 사업에 대하여 시·도 무에타이협회를 감사할 수 있다.

제10장 시·도 무에타이협회 총회

제34조 (시·도 무에타이협회의 총회)

1) 시·도 무에타이협회의 대의원은 다음과 같다.

1. 시·도 무에타이협회가 시·군·구 지부로 승인한 시·군·구 무에타이협회의 장

2. 시·도 무에타이협회의 등록 팀 대표자회의에서 선출한 단체 군별 1인(학생부와 일반부로 구분하고, 학생부는 초등부, 중등부, 고등부, 대학부를 일괄대표하며, 이하 같다.)

2) 시·도 무에타이협회는 제1항 제1 내지 제2호의 대의원 또는 그 대리인으로 총회를 구성한다. 다만, 단체 군별 대의원은 대리인을 지명할 수 없고, 당사자만이 총회에 참석한다.

3) 시·도 경기단체가 제2항에 의한 총회 구성이 곤란한 사유가 있을 때에는 시·도 체육회의 승인을 받아 등록 팀 전체회의에서 선출한 대의원으로 총회를 구성한다.

4) 시·도 무에타이협회의 장은 등록 팀의 장 또는 그 대리인(교사 및 지도자 등, 이하 같다) 의 회의를 단체 군별로 각각 소집하여 제1항 제2호의 대의원을 선출한다.

5) 시·도 무에타이협회 의장은 등록 팀 의장 또는 그 대리인 회의를 단체 군별로 각 각 소집하여 제3항의 대의원을 선출하며, 단체 군별 대의원의 수는 등록선수의 비율에 따라 정원을 정하

되 당해 시·도 체육회의 사전 승인을 얻어야 한다.

6) 시·도 무에타이협회 의장이 제4항 내지 제5항의 회의 소집을 기피 할 때에는 등록 팀 의장 또는 그 대리인이 당해 시·도 체육회의 승인을 받아 회의를 개최하고 대의원을 선출 할 수 있다.

제35조 (단체군 대의원의 정수 및 임기)

1) 시·도 체육회는 제34조 5항에 따른 단체군 별 대의원수를 실정에 따라 사전에 정하여야 한다.

2) 단체군 별 대의원은 당해 총회일로 부터 차기 총회 개최 전 일 까지 대의원 지위를 가진다.

제36조 (총회 구성 불가 시 대체기관)

1) 시·도 무에타이협회는 시·군·구 지부의 수 및 단체군 별 등록 팀 수가 적어 총회 구성이 어려울 경우에는 시·도 체육회의 승인을 받아 이사회가 총회 기능을 대체하게 할 수 있다.

2) 제1항의 경우 시·군·구 지부의 장 1인 이상 및 등록 팀의 장 또는 그 대리인 1인 이상을 이사에 포함하여야 한다.

제37조 (개최 기한 및 규정 준용)

1) 시·도 무에타이협회는 매 회계연도 종료 후 20일 이내에 정기총회를 회장이 소집한다.

2) 시·도 무에타이협회 총회에 관한 필요한 사항은 체육회 정관 및 본 규정 중 대의원 총회에 관한 규정을 준용 한다.

제11장 자산 및 회계

제38조 (자산)

본 회의 자산은 다음과 같다.

1) 소유의 동산 및 부동산

2) 기금

3) 자산으로부터 생기는 과실

4) 회비

5) 체육회 지원금(국고 및 국민체육 진흥 기금)

6) 사업 수입금

7) 기부금 및 찬조금

8) 기타 수익금

제39조 (자산의 구분)

1) 본회의 자산 중 다음 각 호에 해당하는 재산은 기본 재산으로 한다.

　1. 부동산

　2. 기금

　3. 이사회의 결의에 의하여 기본 재산에 편입되는 자산

2) 본회의 자산 중 전항 각 호 이외의 재산은 보통재산으로 한다.

3) 기부금품은 그 기부자의 지정에 따른다.

제40조 (재산관리)

본회의 기본재산을 양도, 증여, 교환 또는 용도 변경하거나 담보에 제공하고자 할 때, 또는본회가 업무의 부담이나 권리의 포기를 할 때에는 이사회 및 총회의 결의를 거쳐 체육회 또는 주무부처 장관의 승인을 받아야 한다. 차입금(해당 회계 연도내의 수입으로 상환하는 일시차 입금은 제외)에 대하여도 같다.

제41조 (예산 편성 및 결산)

1) 본회는 매년 회계연도 시작 전 사업계획과 예산안을 편성하여 이사회의 승인을 받아야하며, 중요 사업계획 및 예산을 변경하고자 할 때에도 이사회의 승인을 받아야 한다.

2) 매년 회계연도 종료 후 1월 이내에 결산서를 작성하여 이사회 의결을 거쳐 총회의 승인을 얻어야 한다.

제42조 (회계 연도)

본 회의 회계 연도는 정부의 회계 연도에 따른다.

제43조 (회계 처리)

본회의 재산 및 회계에 관한 필요한 사항은 별도로 정한다.

제44조 (올림픽 등에 대한 권리보호)

본회는 체육회 정관 제43조에 의한 체육회의 올림픽 등에 대한 권리를 보호하고, 가맹단체로서 동 권리를 보장받을 수 있도록 제반 노력과 협조를 다하여야 한다.

제12장 사무국

제45조 (사무국)

1) 본회는 사무집행을 위하여 사무국을 둔다.

2) 사무국에 사무국장 1인과 기타 필요한 직원을 둘 수 있으며, 사무국장은 회장이 임명하고 경기단체 사무를 관장 한다.

제46조 (사무국 규정)

사무국 직원은 법령 및 이사회에서 정한 인사에 관한 규정에 의하지 아니하고는 본인의 의사에 반하여 면직되지 아니하며, 기타 사무국직원의 신분보장을 포함 한 사무국 운영에 관한 필요한 사항은 별도로 정한다.

제13장 보칙

제47조 (해산)

1) 본회는 재적 대의원 3분의 2 이상의 찬성으로 해산 한다.

2) 본회가 해산하였을 때에는 잔여 재산을 문화체육관광부장관의 승인을 얻어 국가 또는 본회의 목적과 유사한 공공단체에 기부 한다.

제48조 (규약변경)

본회의 규약(정관)을 변경 할 때에는 이사회 의결 또는 재적 대의원 3분의 1 이상의 찬성으로 발의하여 출석 대의원 3분의 2이상의 찬성으로 의결하여 문화체육관광부장관의 승인을 받아 체육회에 보고하여야 한다.

제49조 (규정제정)

이 규정에 의한 당 해 단체규약(정관) 이외에 본회의 운영 등에 관한 필요한 사항은 이사회의 의결을 거쳐 규정으로 정한다.

제14장 부칙

1) 본 규약(또는 정관으로 이하 같다)은 체육회에 보고 한 날로부터 유효하며, 수정이 있을 때 마다 체육회에 보고하여야 한다. 보고 된 규약에 대하여 개/수정 및 삽입이 필요한 때에는 체육회의결정한 바에 따라 시행 하여야 한다.

2) 체육회 규정과 본회의 규약이 상이 할 경우에는 반드시 체육회 규정에 따라야 한다. 체육회 정관에 규정한 조항을 준용 할 수 없는 것으로서 이 규정에 규정되지 아니한 사항 및 본회 규약의 해석상 불분명 한 사항은 체육회가 정한 바에 따른다.

[서식 – 실사례 사업계획서]

2021년 사업계획서

Ⅰ. 주요사업 목표
1. 리듬댄스 애호가들의 인적 네트워크 구성 지원 사업
2. 리듬댄스 전문가 육성·양성 지원 사업
3. 리듬댄스 공연 기획 및 운영 지원 사업
4. (회원확대) 본 협회를 알리는 홍보사업
5. (수익사업) 본 협회를 알리기 위한 책 편찬 사업

Ⅱ. 세부사업 내용

1. 리듬댄스 애호가들의 인적네트워크 구성 지원 사업
가. 목   적 : 본 사업은 리듬댄스 전문가 및 리듬댄스에 관심 있는 자를 위하여 한국리듬댄스 엑스포를 개최하거나, 리듬댄스 관련 행사지원을 그 목적으로 한다.

나. 사업내용 :
1) 시기 : 2021. 11. 15 ~ 2021. 11. 30. (행사기간)
2) 장소 : 서울시 협회 사무실 또는 서울시 소재 공연장
3) 내용 : 제1회 한국리듬댄스연합회 주관 리듬댄스 엑스포 개최

다. 시행방법 :
1) 관련사항
① 리듬댄스 애호가들의 인적네트워크 활성화를 위한 정기적인 리듬댄스 엑스포 개최

② 리듬댄스 관련 국내외 우수공연 및 리듬댄스 명인 소개

③ 리듬댄스 엑스포를 기획, 운영하고 결과물을 보관함

④ 리듬댄스 관련 기타 축제를 지원함

2) 소요예산 : **총 3,000,000원**

박람회준비 2,000,000원, 홍보비 1,000,000원

라. 기타사항 :

① 기획 및 운영비 부족분 경비는 리듬댄스 관련 기업들에 협조를 요청함

② 국내외 우수사례를 수집하여 공유함으로써 리듬댄스의 저변을 확보함

마. 향후계획 : 사업시행 후 나타난 문제점 보완 및 개선 조치

2. 리듬댄스 전문가 육성 · 양성 및 지원 사업

가. 목   적 : 본 사업은 리듬댄스 전문가를 육성 · 양성하기 위해 리듬댄서가 되려는 자를 모집하고 지원하는 것을 목적으로 한다.

나. 사업내용 :

1) **시기 : 2021. 11. 01 ~ 2021. 12. 31.**

2) 장소 : 협회사무실

3) 내용 : 리듬댄서 희망자를 모집하여 전문인력으로 육성 · 양성 지원

다. 시행방법 :

1) 관련사항

① 리듬댄서가 되려는 자를 모집

② 리듬댄스 전문가로서 자질과 열정을 테스트함

③ 선발인원을 리듬댄스 전문가로 양성하기 위한 프로그램 개발 및 지원

2) 소요예산 : **총 3,000,000원**

양성을 위한 지원비 2,500,000원, 모집비 500,000원

라. 기타사항 :

① 자질과 열정 테스트 과정에서는 테스트 전문가에 조언을 구하고자 함

② 프로그램 개발과정에서는 리듬댄스 전문가의 자원봉사를 적극 활용하고자 함

마. 향후계획 :

① 행사의 주기 및 내용에 대한 보완을 지속적으로 추진함

② 공정하고 객관적인 행사로 자리매김할 수 있도록 홍보를 다각화 함

③ 사업시행 후 나타난 문제점 보완 및 개선 조치

3. 리듬댄스 공연기획 및 운영 지원 사업

가. 목 적 : 본 사업은 한국리듬댄스에 대한 경쟁력을 강화하기 위하여 리듬댄스 공연을 기획하고 운영하는 과정을 지원하여 리듬댄스의 동호인들의 저변을 확보하는 것으로 목적으로 한다.

나. 사업내용 :

1) 시기 : 2021. 11. 01 ~ 2021. 12. 31.

2) 장소 : 서울시 소재 리듬댄스 공연장

3) 내용 : 제1회 한국리듬댄스연합회 주관 리듬댄스 발표회

다. 시행방법 :

1) 관련사항

① 한국리듬댄스산업에 대한 경쟁력을 강화하고 그 산업을 활성화하기 위한 공연기획

② 공연을 운영하고 우수 공연자를 포상함

2) 소요예산 : **총 2,000,000원**

공연기획 1,000,000원, 우수공연자 포상 1,000,000원

라. 기타사항 :

① 관련자를 통하여 우수 공연기획자를 섭외함

② 공연장은 관련 동호인들에게 사전협조를 구하여 확보함

③ 공연결과물을 홈페이지에 게재하여 대외 홍보에 적극 활용

마. 향후계획 : 사업시행 후 나타난 문제점 보완 및 개선 조치

4. 본 협회를 알리는 홍보사업

가. 목   적 : 본 사업은 한국리듬댄스연합회의 활동을 홍보하여 리듬댄스에 관심 있는 자들이 적극적으로 참여할 수 있도록 하는 것을 목적으로 한다.

나. 사업내용 :

1) <u>시기 : 2021. 11. 1 ~ 2021. 12. 31.</u>

2) 장소 : 온라인 홈페이지

3) 내용 : 협회 및 협회원들의 홍보지원 및 쌍방향 커뮤니케이션

다. 시행방법 :

1) 관련사항

① 본회의 홈페이지를 구축

② 협회와 협회원들의 활동내용을 홍보함

③ 비회원들의 관심을 유도 회원가입을 유도함

④ 쌍방향 커뮤니케이션으로 회원들의 댓글 및 사진 수집

⑤ 문화체육관광부 유관 게시판, 홍보자료를 활용함

2) 소요예산 : **총 2,000,000원**

홈페이지구축비: 1,500,000원, 관련 홈페이지 홍보: 500,000원

라. 기타사항 :

① 일반인들의 접근성을 높이기 위한 우수활동 내용을 등을 집중 홍보함

② 홈페이지 접근시 애로사항 및 어려움을 파악함

③ 홈페이지 운영 목적에 적합한 자료 업로드 여부 정기적 확인

마. 향후계획 :

① 시기별 홈페이지 회원 유치 목표를 정함 (2021년 200명)

② 회원유치 및 협회 지명도 제고를 위한 홈페이지 노출수 및 접근 경로를 분석함

③ 유입경로 및 동선을 파악하여 UX개선자료로 활용함

5. 본 협회를 알리기 위한 책 편찬 사업

가. 목　적 : 본 사업은 한국리듬댄스연합회를 홍보하기 위한 홍보물로 협회 및 회원들의 활동을 영상물, 도서 및 정기간행물 형태로 발행 및 지원하는 것을 목적으로 한다.

나. 사업내용 :

<u>1) 시기 : 2021. 11. 1 ~ 2021. 12. 31.</u>

2) 장소 : 온라인 홈페이지

3) 내용 : 협회 및 회원들의 활동자료를 수집 · 보관하여 향후 홍보물로 제작한다.

다. 시행방법 :

1) 관련사항

① 본회의 홈페이지에 협회 및 회원들의 활동과 관련된 글 또는 사진을 게재

② 쌍방향 커뮤니케이션으로 회원 및 비회원들의 자료(댓글, 사진 등) 수집 · 보관

③ 일반인들도 손쉽게 접근할 수 있도록 접근성을 우선적으로 고려함

2) 소요예산 : **총 0원**

① **운영비 :　0원 (홈페이지 구축 또는 운영비에 포함)**

라. 기타사항 :

① 향후 홍보물간행에 필요한 자료를 수집하기 위한 기획이 필요함

② 수집된 자료를 목적에 적합하도록 유목화 함

③ 목적에 적합한 사진 및 댓글 업로드 여부 정기적 확인

마. 향후계획 :

① 충분한 자료가 수집되었을 때, 다음 단계를 진행함

② 자료 부족시 활성화를 위한 이벤트를 기획함

수입 · 지출 예산서(2021년도)

1. 총괄표

회계연도 : 2021년도   (단위 : 원)

수 입		금 액	지 출		금 액
① 회비	연회비	10,000,000	① 인건비		0
			② 임대료		0
			③ 기타운영비		0
② 출연금	기본재산	50,000,000	④ 퇴직 적립금		0
	운영재산		⑤ 리듬댄스 네트워크지원		3,000,000
③ 기부금			⑥ 신인댄서 육성,지원		3,000,000
			⑦ 공연기획 및 지원		2,000,000
④ 목적 사업 수입			⑧		0
			⑨ 회원확대	홍보 사업	2,000,000
⑤ 수익 사업 수입			⑩ 수익사업	출판업	0
⑥ 과실소득					
⑦ 법인세 환급액			⑪ 법인세		
⑧ 기타수입			⑫ 기타지출		
⑨ 전기이월액			⑬ 차기이월액		50,000,000
합 계		60,000,000	합 계		60,000,000

2. 수입 예산서

(단위 : 원)

수입 항목	예상 수입액	산출근거
① 회 비	10,000,000	100명 * 100,000원 / 1인 (연회비)
② 출연금	50,000,000	기본재산 포함
③ 기부금		
④ 목적사업 수입		
⑤ 수익사업 수입		
⑥ 과실소득		
⑦ 법인세 환급액		
⑧ 기타수입		
⑨ 전기 이월액		
합계	60,000,000	

3. 지출 예산서

(단위 : 원)

지출 항목	예상 지출액	산출근거
① 인건비	0	
② 임대료	0	
③ 기타 운영비	0	
④ 퇴직 적립금	0	
⑤ 리듬댄스 네트워크	3,000,000	엑스포 진행 : 2,000,000원, 홍보준비 : 1,000,000원

지원		
⑥ 신인발굴 육성 및 지원	3,000,000	육성 및 지원비 : 2,500,000원, 모집비 : 500,000원
⑦ 행사 참여 및 지원	2,000,000	공연기획 : 1,000,000원, 포상비 : 1,000,000원
⑧ 회원확대 사업(홍보)	2,000,000	홈페이지구축비: 1,500,000원, 홍보비 : 500,000원
⑨	0	
⑩ 수익사업	0	
⑪ 법인세	0	
⑫ 기타지출	0	
⑬ 차기이월액	50,000,000	기본재산 포함
합계	60,000,000	

설립발기인 인적사항

연번	직위	성 명	생년월일	주소	연락처
		주요 약력			임 기
	대표 이사				

작성자 : 사단법인 ○○○○ 발기인 대표 ○○○ (날인 또는 서명)

임원 취임 예정자 명단

연번	직위	성 명	생년월일	주소		연락처
		주요 약력				임 기
	대표 이사					

작성자 : 사단법인 ○○○○ 발기인 대표 ○○○ (날인 또는 서명)

사단법인 ○○○○ 창립(발기인) 총회 회의록

(아래는 예시문입니다)

1. 회의일시 : 2002년 ○○월 ○○일 (15:00∼17:00)
2. 회의장소 : 서울특별시 ○○구 ○○동 ○○번지 ○○호실
3. 회의안건 : ① 의장선출 ② 설립취지 채택 ③ 정관심의 ④ 출연내용 ⑤ 이사장 선임 ⑥ 임원선임 및 임기결정 ⑦ 사업계획 및 예산심의 ⑧ 사무소 설치 ⑨ 법인조직 및 상근임직원 정수 책정
4. 회원총수 : ○○명 ('회원 명부' 참조)
5. 출석회원(발기인 포함) : ○○명
6. 결석회원(발기인 포함) : ○○명
7. 회의내용

임시 사회자 ○○○은 본 총회가 적법하게 성립되었음을 성원보고한 후 '임시의장 선출' 안건을 상정하다.

　　[제1의안 상정] : 임시의장 선출

사회자 : － '임시의장 선출(안)'을 상정하겠습니다.
　　　　　－ 추천하여 주시기 바랍니다.
○○○ : ○○○를 임시의장으로 선출할 것을 제안합니다.
사회자 : － 다른 분 추천 있습니까? (더 이상의 추천이 없다)
사회자 : － ○○○께서 추천한 ○○○을 임시의장으로 선출하겠습니다. 이의 있으시면 말씀해 주시고, 찬성하시면 박수로 의결하여 주시기 바랍니다.
　　　　(만장일치로 전원 박수)
사회자 : － 임시의장에 ○○○가 선출되었음을 선포합니다.
　　　　(의사봉 3타)
　　　　(이후의 의사진행은 임시의장 ○○○에게 인계하고 사회자는 물러나다)

[제2의안 상정] 설립취지 채택

의 장 : (간단하게 임시의장 취임 인사를 하다)

　　　　　 － 우리 법인의 '설립취지 채택' 안건을 상정합니다.

　　　　　 － ○○○ 발기인께서 설립취지(안)을 낭독해 주시기 바랍니다.

○○○ : (유인물로 작성되어 배포된 설립취지문안을 낭독하다)

의 장 :　 － ○○○께서 낭독하신 설립취지에 대하여 의견이 있으시면 말씀해 주십시오.

○○○ :　 － 이미 준비된 설립취지문에 찬성하며 원안 의결할 것을 제안합니다.

(회원전원) : (○○○의 제안에 찬성하며 모두 박수치다)

의 장 :　 － 본 설립취지(안)에 이의 없으신 것으로 알고 원안대로 가결되었음을 선포합니다.

　　　　　 (의사봉 3타)

[제3의안 상정] 정관심의 건

의 장 :　 － 이어서 '정관심의'에 들어가겠습니다.

　　　　　 (○○○ 발기인에게 준비된 정관(안) 낭독을 요청하다)

○○○ : (정관 초안을 낭독하다)

○○○ :　 － 정관의 내용이 무리 없이 잘 구성되었다고 생각합니다.

　　　　　 － 본 정관이 어떠한 과정으로 작성되었는지 의장님께서 부연설명 해 주시면 고맙겠습니다.

의 장 :　 － 본 정관은 우리 법인의 주무관청인 지식경제부에서 만든 정관예문(준칙)을 기초로 하여 작성하였습니다.

　　　　　 － 본 정관에 추가 또는 삭제할 내용이 있으시면 말씀해 주십시오.

○○○ : － 본 정관에 특별히 추가 또는 삭제할 내용은 없는 것 같습니다.

　　　　　 － 원안대로 의결할 것을 제안합니다. (전원 박수)

의 장 :　 － 그러면 본 정관도 초안에 이의 없으신 것으로 보고 원안대로 가결되었음을 선포합니다. (의사봉 3타)

[제4의안 상정] 출연내용 채택의 건

의 장 :　 － 다음은 '출연재산 채택(안)'을 상정합니다.

- 우리 법인의 출발을 위하여 ○○○께서 현금 0000원을 출연하시겠다는 의사를 밝혔고, ○○○께서 현금 000원을 출연하시겠다는 의사를 밝혔습니다. 본 출연이 채택될 경우 ○○○의 출연금 0000원은 기본재산으로, ○○○의 출연금 000원은 설립 당해 연도의 설립 제비용 등의 경비로 사용하기 위하여 보통재산으로 구분 채택하고자 합니다.
- 출연내용에 대하여 의견 나누어 주시기 바랍니다.

○○○ : - 의장께서 설명하신 출연내용과 의견에 대하여 적극 찬성하며 출연하신 분의 뜻을 따라 원안대로 채택할 것을 제안합니다.

○○○ : - ○○○의 제안에 찬성합니다. (회원 모두 박수)

의 장 : - 출연재산을 원안대로 모두 채택합니다.
- 출연재산 채택 의결내용
  ▷000님 출연금 : 현금 0000원 → 기본재산
  ▷000님 출연금 : 현금 0000원 → 보통재산

[제5의안 상정] 이사장 선임의 건

의 장 : - 우리 법인을 이끌어 나갈 '이사장 선임(안)'을 상정합니다.
- 회원님들께서 덕망 있고 훌륭하신 분을 추천하여 주시기 바랍니다.

○○○ : - 이사장에는 현재 임시의장으로 사회를 보시는 ○○○께서 맡아 주실 것을 제안합니다. (전원 박수)

의 장 : - 부족한 저를 추천해 주셔서 감사합니다. 그러나 저보다 더 훌륭하신 분들이 더 많으신 줄 아니 다른 분을 더 추천해 주시면 좋겠습니다.

○○○ : - ○○○의 제안에 회원 모두 찬성하는 것 같습니다. 다시 한 번 의장님을 이사장에 추천합니다. (전원 박수)

의 장 : - 그러면 여러분의 뜻에 따라 당분간 우리 법인의 이사장직을 맡아보겠습니다.
- 이사장 선임 건에 본인 000가 선출되었음을 선포합니다. (의사봉 3타)

[제6의안] 임원선임 및 임기결정의 건

의 장 : - 이어서 '임원선임 및 임기결정'에 관한 안건을 상정합니다.
- 우선 임원의 수는 정관심의에서 기 결정되었듯이 00명으로 되어 있으니, 이에 대

한 임원 후보자들을 추천하여 주시기 바랍니다.

　　　　－ 아울러 임원의 임기 문제도 함께 제시하여 주시기 바랍니다.

　　　(회원들의 추천과 논의 끝에 다음과 같이 뜻이 모아지다)

　　　▷ 이사(00명) : 0000, 0000, 0000, 0000, 이상 00명 → 임기 4년

　　　　　　　　　0000, 0000, 0000, 0000, 이상 00명 → 임기 2년

　　　▷감사(2명) : 0000 → 임기 2년

　　　　　　　　0000 → 임기 1년

의　장 :　－ 임원의 선출 및 임기의 내용이 결정된 것 같습니다.

　　　　　－ 본 내용에 다른 의견이 있으시면 말씀해 주십시오.

　　　(회중에서 이의 없음을 말하고 박수치다)

의　장 :　－ 임원의 선출 및 임기를 여러분의 결정대로 가결되었음을 선포합니다.

　　　(전원박수 － 의사봉 3타)

의　장 :　－ 이어서 우리 법인설립 최초의 회원을 채택하고 회원의 회비 징수액을 결정하고자

　　　　　하는데, 현재의 회원은 회원명부와 같이 총 00명이며 회비는 년 000원으로 하고자

　　　　　하는 바, 여러분의 의견을 말씀해 주시고, 이의가 없이 찬성하신다면 박수로 의결

　　　　　하여 주시기 바랍니다.

(회 중) : (전원 찬성하며 박수)

의　장 :　－ 설립최초의 회원 및 회비징수액을 원안대로 가결되었음을 선포합니다.

　　　(의사봉 3타)

　　　▷ 회원수 : 총 00명

　　　▷ 회비징수액 : 년 000원

　　[제7의안 상정] 사업계획 및 예산심의의 건

의　장 :　－ 향후 '3개년간의 사업계획 및 수지예산(안)'을 상정합니다.

　　　　　－ ○○○께서 본안에 대하여 설명하여 주시기 바랍니다.

○○○ : (유인물을 통하여 '3개년간의 사업계획 및 수지예산' 사항을 설명하다)

○○○ :　－ 상정(안)에 찬성합니다. 원안의결을 제안합니다. (전원 동의 － 박수)

의　장 :　－ 전원 찬성으로 향후 3개년간의 사업계획 및 예산(안)을 원안대로 가결 선포합니다.

　　　　　(의사봉 3타)

[제8의안 상정] 사무소 설치의 건

의　장 :　- 다음은 본 법인의 '사무소 설치(안)'을 상정합니다.

　　　　　(사무소는 ○○○가 ○○○○○소재 건물을 법인 사무실로 무상 사용할 것을 허락
　　　　　하였다는 내용을 설명하고 이에 대한 동의 여부를 묻다)

○○○ :　- 사무실을 무상으로 내어 주신 ○○○께 감사드리며 원안의결을 제안합니다.(전원
　　　　　박수)

의　장 :　- 우리 법인의 사무소를 '서울특별시 ○○구 ○○동 ○○ - ○○'로 결정되었음을 선
　　　　　포합니다. (의사봉 3타)

[제9의안] 법인조직 및 상근 임직원 정수 책정

의　장 :　- 마지막으로 '법인의 조직 및 상근임직원의 정수 책정(안)'을 상정합니다.

　　　　　- 유인물을 보시고 의견을 말씀해 주시고, 이의 없으시면 원안대로 통과하겠습니다.
　　　　　(전원 이의 없음을 표시하다)

의　장 :　- 이 안건도 전원 찬성으로 원안 가결되었음을 선포합니다. (의사봉 3타)

8. 폐　　회

의　장 :　- 마지막으로 회의록 서명위원으로 참석회원 중「○○○, ○○○, 홍길동, ○○○」의
　　　　　○명을 지정하여 서명 · 날인토록 하겠습니다. 이견이 있으면 말씀해 주시기 바랍
　　　　　니다.(전원 이의 없음을 표시하다). 지정받은 서명위원들께선 폐회 후 남아서 작성
　　　　　된 회의록 내용의 사실여부를 확인하고 서명하여 주시기 바랍니다.

　　　　　- 이상으로 모든 회의를 마치겠습니다. 감사합니다.

200○년 ○월 ○일

덧붙임　1. 설립취지문 1부.

　　　　2. 정관 1부.

3. 사업계획서 및 수지예산서(비영리법인은 1년, 공익법인은 3년) 1부.

4. 법인 조직 및 상근임직원 정수표 1부.

(※ 덧붙인 문서는 서명위원들이 본 회의록과 함께 간인하여야 함)

회원 대표 ○ ○ ○ (인)

회원   ○ ○ ○ (인)

'   ○ ○ ○ (인)

'   ○ ○ ○ (인)

'   ○ ○ ○ (인)

'   ○ ○ ○ (인)

주) 1. 창립총회 회의록은 법인설립이 적법한 절차를 거쳐 성립되었느냐를 판단하는 중요한 기준이 되므로 육하원칙에 따라 작성하되, 진행자 등이 누락되지 않도록 한다.

2. 특히 회의진행과 관련하여 정관 심의과정 및 임원선출의 표결사항, 찬·반 토론내용 등을 상세히 기재하고 회의록 작성이 끝나면 참석한 서명위원들이 기록내용을 확인하고 연명으로 날인하여야 한다.

3. 회의록의 내용 중 별첨 유인물로 설명(진행)된 것은 회의록에 첨부하여 서명위원들이 간인하여야 한다.

4. 본 회의록에 첨부된 문서들은 첨부한 것으로 갈음한다. (별도로 첨부할 필요 없음)

창립(발기인)총회 회의록

재 산 목 록

재 산 구 분		수량	소재지	평가액	취득원인	비고
총 계						
기본재산	합계					
	동산 소계					
	현금					예치금
	주식					
	채권					기업 (회사채 포함)
	부동산 소계					
	건물					
	전					
	답					
	대지					
	임야					
	기타					
보통재산	합계					
	현금					
작성자 : 사단법인 ○○○○○ 대표 ○ ○ ○ (날인 또는 서명)						

사 업 계 획 서

Ⅰ. 주요사업 목표

  1. 제1사업명

  2. 제2사업명

  3. 제3사업명

Ⅱ. (사업별) 세부사업 내용

  1. (제1사업명)

   가. 목적 :

   나. 사업내용 : 시행시기, 장소, 사업내용

   다. 시행방법 :

   라. 소요예산 : 인건비, 운영비, 기타

   마. 기타사항 :

   바. 향후계획 :

  2. (제2사업명)

  3. (제3사업명)

  ※ 과거 사업 운영 실적 첨부

  ※ 외교부소관 법인의 경우 1년이상 사업실적 및 사업계획서 필수

(외교부 소관 비영리 법인의 주요사업이 해외에서 추진되는 점을 고려, 사업 대상국의 법률 및 문화에 대한 이해 등 관련 기술적 비결을 증명할 수 있는 최소한의 실적 필요)

작성자 : 사단법인 ○○○○ 발기인 대표 ○○○ (날인 또는 서명)

수지 예산서(○○년도)

1. 총괄표

수입 예산 총액	지출 예산 총액	비고

2. 수입 예산서

(단위:원)

수입 항목	예상 수입액	산출근거
① 회 비		
② 출연금		
③ 과실소득		
④ 수익사업		
⑤ 전기 이월액		
⑥ 법인세 환급액		
합계		

3. 지출 예산서

(단위:원)

지출 항목	예상 지출액	산출근거
① 경상비(인건비, 운영비)		
② 퇴직 적립금		
③ 법인세		
④ 목적 사업비		
⑤ 기본재산 편입액		
합계		

[작 성 요 령]

〈수 입〉

① 회비(사단법인의 경우) : 회원들로부터 정기적으로 받을 회비수입액 기재

② 출연금

  – 목적사업기부 : 목적사업에 사용하기 위하여 받을 기부금액 기재

  – 재산증자기부 : 기본재산 증자를 위하여 받을 기부금액 기재

③ 과실소득 : 법인 소유 기본재산 운영으로 발생될 과실금액 기재

④ 수익사업(「법인세법」 제4조 제3항)

  – 부동산·임대수익, 이자·배당소득, 주식·신주인수권 또는 출자지분의 양도로 생기는 수입
    등

⑤ 전기 이월액

  – 고유목적사업준비금 : 고유목적사업준비금으로 설정한 금액 기재

  – 이월 잉여금 : 전년도 이월액 중 고유목적사업준비금을 제외한 금액 기재

  – 기타 : 이월잉여금을 세부항목으로 구분할 경우 순수 이월잉여금 외에 별도 항목으로 구분

⑥ 법인세 환급액 : 전년도 법인세환급액 기재

〈지 출〉

① 경상비

  – 인건비 : 상근직원에게 지급할 인건비 기재

  – 운영비 : 경상비 중 인건비를 제외한 금액 기재

② 퇴직 적립금 : 상근직원에 대한 퇴직적립(예정)액 기재

③ 법인세 : 출연재산 운영소득을 근거로 지출될 법인세액 기재

④ 목적 사업비 : 정관에 명시된 목적사업 수행에 소요되는 경비를 사업별로 기재하되, 직접목적사업
  비가 아닌 부대경비는 제외

⑤ 기본재산 편입액 : 전년도 이월액 중 당해연도의 기본재산 편입 예정액 기재

나. 설립허가

(1) 허가기준

주무관청은 법인설립허가신청의 내용이 다음의 기준에 적합한 경우에 한하여 이를 허가한다(규칙 제4조).

- 법인의 목적과 사업이 실현 가능할 것
- 목적하는 사업을 수행할 수 있는 충분한 능력이 있고, 재정적 기초가 확립되어있거나 확립될 수 있을 것
- 다른 법인과 동일한 명칭이 아닐 것

(2) 심사 및 허가기간

주무관청은 법인설립허가신청을 받은 때에는 특별한 사유가 없는 한 20일 이내에 이를 심사하여 허가 또는 불허가의 처분을 하고, 이를 서면으로 신청인에게 통지하여야 한다. 이 경우 허가를 하는 때에는 별지 제2호 서식에 의한 법인설립허가증을 신청인에게 교부하고, 법인설립허가대장에 필요한 사항을 기재하여야 한다.

■ 문화체육관광부 및 문화재청 소관 비영리법인의 설립 및 감독에 관한 규칙 [별지 제2호 서식] 〈개정 2014.6.19〉　　　　　　　　　　（앞쪽）

제　　호

비영리법인 설립허가증

1. 법인 명칭:

2. 소 재 지:

3. 대 표 자
　○ 성　　명:
　○ 생년월일:
　○ 주　　소:

4. 사업 내용:

5. 허가 조건:

「민법」제32조 및「문화체육관광부 및 문화재청 소관 비영리법인의 설립 및 감독에 관한 규칙」제4조에 따라
위와 같이 법인 설립을 허가합니다.

년　　　　월　　　　일

문화체육관광부장관
문화재청장
○○시 · 도지사

인

210mm×297mm[백상지　120g/㎡]

준수사항

1. 「민법」 및 「문화체육관광부 및 문화재청 소관 비영리법인의 설립 및 감독에 관한 규칙」 등 관련 법령과 정관에서 정한 내용을 준수해야 합니다.
2. 정관에서 정하는 목적사업 중 다른 법률에 따른 허가 · 인가 · 등록 · 신고의 대상이 되는 사업을 하려는 경우에는 관련 법령에 따른 절차를 거쳐야 합니다.
3. 주무관청이 법인사무의 검사 및 감독을 위하여 법인의 관계서류, 회계장부 및 기타 참고자료의 제출을 명하는 경우 법인은 이에 응해야 합니다.
4. 다음의 어느 하나에 해당되는 경우에는 「민법」 제38조에 따라 법인의 설립허가가 취소될 수 있습니다.
   가. 설립 목적 외의 사업을 하였을 때
   나. 공익을 해치는 행위를 하였을 때
   다. 설립허가의 조건을 위반하였을 때
   라. 법령에 따른 의무를 위반하였을 때
5. 법인이 해산(파산으로 인한 해산은 제외합니다)하였을 때에는 해산등기를 마친 후 지체 없이 주무관청에 해산신고를 해야 합니다.
6. 법인의 청산이 종결되었을 때에는 등기를 한 후 주무관청의 소관부서에 신고해야 합니다.

〈 변경사항 〉		
변경일	내 용	확 인

(3) 조건부허가

주무관청은 법인의 설립허가를 하는 때에는 필요한 조건을 붙일 수 있다.

다. 설립관련 보고

(1) 재산이전

법인의 설립허가를 받은 자는 그 허가를 받은 후 지체없이 기본재산 및 운영재산을 법인에 이전하고 1월 이내에 그 이전을 증명하는 등기소 또는 금융회사 등의 증명서를 주무관청에 제출하여야 한다(규칙 제5조).

(2) 설립등기부등본 제출

법인은 「민법」 제49조 내지 제52조의 규정에 의하여 법인설립 등의 등기를 한 때에는 10일 이내에 등기부등본 1부를 주무관청에 제출하여야 한다.

3. 허가 후 절차

가. 정관변경의 허가 신청

「민법」 제42조 제2항·동법 제45조 제3항 또는 동법 제46조의 규정에 의한 정관변경의 허가를 받고자 하는 법인은 별지 제3호 서식에 의한 법인정관변경허가신청서(전자문서로 된 신청서를 포함한다)에 다음 각호의 서류(전자문서를 포함한다)를 첨부하여 주무관청에 제출하여야 한다(규칙 제6조). 〈개정 2005. 6. 4.〉

- 변경사유서 1부
- 개정될 정관(신·구조문대비표를 첨부한다) 1부
- 정관의 변경에 관계되는 총회 또는 이사회의 회의록 사본 1부
- 기본재산의 처분에 따른 정관변경의 경우에는 처분의 사유, 처분재산의 목록, 처분의 방법 등을 기재한 서류 1부

■ 문화체육관광부 및 문화재청 소관 비영리법인의 설립 및 감독에 관한 규칙 [별지 제3호 서식] 〈개정 2014.6.19〉

정관 변경허가 신청서

접수번호	접수일		처리기간	**10일**

신청인	성명		생년월일 (외국인등록번호)	
	주소		전화번호	

법 인	명칭		전화번호	
	소재지			
	설립허가일		설립허가번호	

대표자	성명		생년월일 (외국인등록번호)	
	주소		전화번호	

「민법」 제42조 제2항 · 제45조 제3항 · 제46조 및 「문화체육관광부 및 문화재청 소관 비영리법인의

설립 및 감독에 관한 규칙」 제6조에 따라 위와 같이 정관의 변경허가를 신청합니다.

년   월   일

신청인 (서명 또는 인)

문화체육관광부장관
문화재청장   귀하
○○시 · 도지사

첨부서류	1. 정관 변경 사유서 1부 2. 개정될 정관(신 · 구대비표를 첨부합니다) 1부 3. 정관 변경과 관계있는 총회 또는 이사회의 회의록 1부 4. 기본재산의 처분에 따른 정관 변경의 경우에는 처분 사유, 처분재산의 목록, 처분 방법 등을 적은 서류 1부	수수료 없음

처리절차

신청서 작성	→	접 수	→	서류 확인 및 검토	→	결 재	→	결과 통지

신청인   처리기관: 문화체육관광부, 문화재청, 시 · 도(비영리법인의 설립 및 감독 업무 담당부서)

210mm×297mm[일반용지 60g/ m²(재활용품)]

정 관 변 경 사 유 서

법 인 명		
변경 사항	변경일자	
	변경내용	
주 요 골 자		
변 경 사 유		(구체적으로 기재)

정관 변경 신 · 구 대비표

변 경 전	변 경 후	비 고 (구체적 사유)

나. 법인사무의 검사 · 감독

주무관청은 「민법」 제37조의 규정에 의한 법인사무의 검사 및 감독을 위하여 불가피한 경우에는 법인에게 관계서류 · 장부기타 참고자료의 제출을 명하거나 소속공무원으로 하여금 법인의 사무 및 재산상황을 검사하게 할 수 있으며, 이에 의하여 법인사무를 검사하는 공무원은 그 자격을 증명하는 증표를 관계인에게 제시하여야 한다.

4. 해산 등

가. 설립허가의 취소

주무관청은 법인이 목적이외의 사업을 하거나 설립허가의 조건에 위반하거나 기타 공익을 해하는 행위를 한때에는 그 허가를 취소할 수 있는데, 이에 따라 비영리법인의 설립허가를 취소하려면 청문을 하여야 한다(규칙 제9조).

나. 해산신고

법인이 해산한 때(파산에 의한 해산의 경우를 제외한다)에는 그 청산인은 「민법」 제85조 제1항의 규정에 의하여 해산등기를 완료한 후 지체없이 별지 제4호 서식에 의한 법인해산신고서(전자문서로 된 신고서를 포함한다)에 다음 각호의 서류(전자문서를 포함한다)를 첨부하여 주무관청에 제출하여야 한다. 이 경우 주무관청은 「전자정부법」 제21조 제1항에 따른 행정정보의 공동이용을 통하여 법인등기부 등본을 확인하여야 한다(규칙 제10조).

- 해산당시의 재산목록 1부
- 잔여재산의 처분방법의 개요를 기재한 서류 1부
- 해산당시의 정관 1부
- 사단법인이 총회의 결의에 의하여 해산한 때에는 당해 결의를 한 총회의 회의록 사본 1부
- 재단법인의 해산시 이사회의 해산결의가 있는 때에는 당해 결의를 한 이사회의 회의록 사본 1부

■ 문화체육관광부 및 문화재청 소관 비영리법인의 설립 및 감독에 관한 규칙 [별지 제4호 서식] 〈개정 2014.6.19〉

비영리법인 해산 신고서

접수번호		접수일	처리일	처리기간	7일
청산인	성명		생년월일 (외국인등록번호)		
	주소		전화번호		
청산법인	명칭		전화번호		
	소재지				

해산 연월일	
해산사유	

「민법」 제86조 제1항 및 「문화체육관광부 및 문화재청 소관 비영리법인의 설립 및 감독에 관한 규칙」 제10조에 따라 위와 같이 법인 해산을 신고합니다.

년   월   일

신고인

(서명 또는 인)

문화체육관광부장관
문화재청장   귀하
○○시 · 도지사

신고인 제출서류	1. 해산 당시의 재산목록 1부 2. 잔여재산 처분방법의 개요를 적은 서류 1부 3. 해산 당시의 정관 1부 4. 사단법인이 총회 결의에 따라 해산하였을 때에는 그 결의를 한 총회의 회의록 1부 5. 재단법인의 해산 시 이사회가 해산을 결의하였을 때에는 그 결의를 한 이사회의 회의록 1부	수수료 없음
담당공무원 확인사항	법인 등기사항증명서	

처리절차

신고서 작성	→	접수	→	검토 · 확인	→	결재
신고인		처리기관: 문화체육관광부, 문화재청, 시 · 도(비영리법인의 설립 및 감독업무 담당부서)				

210mm×297mm[백상지 80g/㎡(재활용품)]

다. 잔여재산처분의 허가

법인의 이사 또는 청산인이 「민법」 제80조 제2항의 규정에 의하여 잔여재산의 처분에 대한 허가를 받고자 하는 때에는 그 처분사유, 처분하고자 하는 재산의 종류·수량·금액 및 처분방법을 기재한 별지 제5호 서식의 잔여재산처분허가신청서(전자문서로 된 신청서를 포함한다)를 주무관청에 제출하여야 한다(규칙 제11조).

■ 문화체육관광부 및 문화재정 소관 비영리법인의 설립 및 감독에 관한 규칙 [별지 제5호 서식] 〈개정 2014.6.19〉

잔여재산 처분허가 신청서

접수번호		접수일	처리일	처리기간	10일

신청법인	명칭		전화번호	
	소재지			

대 표 자 (이사·청산인)	성명		생년월일 (외국인등록번호)	
	주소		전화번호	

처분재산	종류 및 수량
	금액
	처분 방법

처분 사유	

「민법」 제80조 제2항 및 「문화체육관광부 및 문화재청 소관 비영리법인의 설립 및 감독에 관한 규칙」 제11조에 따라 위와 같이 잔여재산 처분허가를 신청합니다.

년   월   일

신청인

(서명 또는 인)

문화체육관광부장관
문화재청장   귀하
○○시·도지사

신청(신고)인 제출서류	1.해산당시의 정관 1부(해산신고 시의 정관을 확인할 필요가 있는 경우에만 제출합니다) 2.총회의 회의록(사단법인의 경우만 제출합니다) 1부 (해산신고 시에 제출한 서류만으로 확인이 되지 않을 경우에만 제출합니다)	수수료 없음

처리절차

신청서 작성	→	접수	→	확인	→	결재	→	결과 통지

신청인   처리기관: 문화체육관광부, 문화재청, 시·도(비영리법인의 설립 및 감독 업무 담당부서)

210mm×297mm[백상지 80g/㎡(재활용품)]

라. 청산종결의 신고

청산인은 법인의 청산이 종료된 때에는 「민법」 제94조의 규정에 의하여 이를 등기한 후, 별지 제6호 서식의 청산종결신고서를 주무관청에 제출하여야 한다(규칙 제12조)

■ 문화체육관광부 및 문화재청 소관 비영리법인의 설립 및 감독에 관한 규칙 [별지 제6호 서식] 〈개정 2014.6.19〉

청산종결 신고서

접수번호	접수일	처리일	처리기간	즉시

청산인	성명		생년월일 (외국인등록번호)	
	주소		전화번호	

청산법인	명칭		전화번호	
	소재지			

청산 연월일
청산 취지

「민법」 제94조 및 「문화체육관광부 및 문화재청 소관 비영리법인의 설립 및 감독에 관한 규칙」 제12조에 따라 위와 같이 청산 종결을 신고합니다.

년　　　월　　　일

신고인(청산인)

(서명 또는 인)

문화체육관광부장관
문화재청장　　　　귀하
○○시 · 도지사

신고인(청산인) 제출서류	없 음	수수료
담당 공무원 확인사항	법인 등기사항증명서	없 음

210mm×297mm[백상지 80g/㎡(재활용품)]

제6장 외교부 소관 비영리법인 설립

1. 개관

외교부 소관 비영리법인의 설립 및 감독에 관한 규칙(이하 '규칙'이라고만 함)은 「민법」에 따라 외교부장관이 주무관청이 되는 비영리법인의 설립 및 감독에 필요한 사항을 규정함을 목적으로 하며, 이에 따른 비영리법인(이하 '법인'이라 한다)의 설립허가, 법인 사무의 검사 및 감독 등에 관하여는 다른 법령에 특별한 규정이 있는 경우를 제외하고는 이 규칙에서 정하는 바에 따른다.

본장은 외교부 소관 비영리법인의 설립과 관련한 일반절차인 설립허가신청 및 관련 첨부서류 그리고 정관변경허가신청, 사업계획보고 등에 관한 내용들을 정리하였다. 그 외 관련서류들은 제1편 비영리사단법인 및 제2편 비영리재단법인 관련 내용부분을 참고하기 바란다.

2. 설립허가절차

가. 설립허가의 신청

(1) 설립허가신청

「민법」 제32조에 따라 비영리법인의 설립허가를 받으려는 자(이하 '설립발기인'이라 한다)는 별지 제1호 서식의 비영리법인 설립허가 신청서에 다음 각 호의 서류를 첨부하여 외교부장관에게 제출하여야 한다(규칙 제3조).

- 설립발기인의 성명·생년월일·주소 및 약력을 적은 서류(설립발기인이 법인인 경우에는 그 명칭, 주된 사무소의 소재지, 대표자의 성명·생년월일·주소와 정관을 적은 서류) 1부
- 정관 1부
- 재산목록(재단법인의 경우에는 기본재산과 운영재산으로 구분하여 적어야 한다) 및 그 증명서류와 출연(出捐) 신청이 있는 경우에는 그 사실을 증명하는 서류 각 1부
- 해당 사업연도분의 사업계획 및 수입·지출 예산을 적은 서류 1부
- 임원 취임 예정자의 성명·생년월일·주소 및 약력을 적은 서류와 취임승낙서 각 1부
- 창립총회 회의록(설립발기인이 법인인 경우에는 비영리법인 설립에 관한 의사 결정을 증명하는 서류) 1부

■ 외교부 소관 비영리법인의 설립 및 감독에 관한 규칙 [별지 제1호 서식] 〈개정 2015.12.15.〉

비영리법인 설립허가 신청서

접수번호		접수일자	처리일자	처리기간	**20일**
신청인	성명			생년월일	
	주소			전화번호	
법 인	명칭			전화번호	
	소재지				
	대표자 성명			생년월일	
	주소			전화번호	

「민법」제32조 및「외교부 소관 비영리법인의 설립 및 감독에 관한 규칙」제3조에 따라 위와 같이 법인 설립허가를 신청합니다.

년   월   일

신청인

(서명 또는 인)

외교부장관 귀하

신청인 제출서류	1. 설립발기인의 성명 · 생년월일 · 주소 및 약력을 적은 서류 (설립발기인이 법인인 경우에는 그 명칭, 주된 사무소의 소재지, 대표자의 성명 · 생년월일 · 주소와 정관을 적은 서류) 1부 2. 정관 1부 3. 재산목록(재단법인의 경우에는 기본재산과 운영재산으로 구분하여 적어야 합니다) 및 그 증명서류와 출연(出捐) 신청이 있는 경우에는 그 사실을 증명하는 서류 각 1부 4. 해당 사업연도분의 사업계획 및 수입 · 지출 예산을 적은 서류 1부 5. 임원 취임 예정자의 성명 · 생년월일 · 주소 및 약력을 적은 서류와 취임승낙서 각 1부 6. 창립총회 회의록(설립발기인이 법인인 경우에는 비영리법인 설립에 관한 의사 결정을 증명하는 서류) 1부 ※ 제3호의 서류 중 담당 공무원 확인사항인 증명서류는 제출하지 않아도 됩니다.	수수료 없음
담당공무원 확인사항	재산목록에 적힌 재산 중 토지 또는 건물의 등기사항증명서	

처 리 절 차

신청서 작성 (신청인) → 접 수 → 확 인 → 결 재 → 허가증 작성 → 허가증 발급

처 리 기 관: 외교부

210mm×297mm(백상지 80g/㎡ 또는 중질지 80g/㎡)

제 1 장 총 칙

제1조 (명칭) 이 법인은 사단법인 부산글로벌포럼이라 한다.

제2조 (사무소의 소재지) 법인의 사무소는 부산광역시에 둔다.

제3조 (목적) 법인은 부산도시사회의 경제적 문화적 발전에 기여하고자 한다.

제4조 (사업) 법인은 제3조의 목적을 달성하기 위하여 다음의 사업을 한다.
(1) 세미나·토론회·강연 등 각종 경제적 관련행사
(2) 부산도시 발전과 비전을 제시하는 각종 계획서 발행
(3) 주르카네스포츠의 보급을 위한 조사, 연구 및 관련사업일체
(4) 기타본법인의 목적 달성을 위한 사업일체

제2장 회 원

제5조 (회원의 자격) 회원의 자격은 법인의 목적에 찬동하는 사람으로 한다.

제6조 (회원의 권리와 의무) 회원은 소정의 회비를 납부하여야 하며 법인이 정한 사업에 참여하여야 한다.

제7조 (회원의 탈퇴와 제명)
1. 회원은 임의로 탈퇴할 수 있으며 정당한 이유없이 본회의 모임 및 행사에 2년 이상 불참하거나 소정의 회비를 2년 이상 납부하지 아니 할 경우에는 이사회의 의결을 거쳐 탈퇴로 처리한다.
2. 회원으로서의 법인의 목적에 배치되는 행위, 또는 명예에 손상을 가져오는 행위를 하였을 때에는 이사회의 결의로 제명할 수 있다.

제3장 임 원

제8조 (임원의 종류와 정수)

법인에 두는 임원의 종류는 다음과 같다.

(1) 공동 회장 2인

(2) 부회장 2인

(3) 이사 9인 (회장, 부회장 포함)

(4) 감사 1인

기타 상기 임원 외 명예이사 또는 고문을 둘 수 있다.

제9조 (임원의 임기)

1. 이사는 4년, 감사의 임기는 2년으로 한다. 단, 최초의 이사 반수의 임기는 그 임기의 2분의 1 에 해당하는 기간으로 한다.

2. 임기 중 결원이 생길 때는 이사회에서 보선하고 보선에 의하여 취임한 임원의 임기는 전임자 의 잔여기간으로 한다.

제10조 (임원의 선임)

1. 임원은 총회에서 선출한다.

2. 임기전의 임원의 해임은 이사회의 의결을 거쳐야 한다.

제11조 (임원의 직무)

1. 회장은 법인을 대표하고 법인의 업무를 통리한다.

2. 부회장은 회장의 직무를 보좌하고 회장 유고시 회장이 정한 순서에 따라 직무를 대행한다.

제12조 (감사의 직무) 감사는 다음의 직무를 행한다.

1. 법인의 재산상황을 감사하는 일

2. 이사회의 운영과 그 업무에 관한 사항을 감사하는 일

3. 제 1호 및 제 2호의 감사결과를 부정 또는 불법상황을 발견한 때에는 이를 이사회 또는 총회 에 그 시정을 요구하고 부산광역시장에 보고하는 일

4. 제 3호의 보고를 하기 위하여 필요한 때에는 총회 또는 이사회의 소집을 요구하는 일

5. 법인의 재산상황 또는 총회, 이사회의 운영과 그 업무에 관한 사항에 대하여 총회, 이사회에 서 의견을 진술하는 일

6. 총회 및 이사회의 회의록에 기명날인 하는 일

제13조 (임원상호간의 제한)

1. 임원은 임원상호간에 민법 제 777조의 규정된 친족관계나 처의 삼촌이내의 혈족관계가 있는 자는 임원정수의 반을 초과할 수 없다.
2. 감사는 감사 상호간 또는 이사와 감사 간에 전호에 규정한 관계가 없는 자로 하여야 한다.

제4장 총 회

제14조 (총회의 기능) 총회는 다음사항을 의결한다.

1. 임원선출 및 해임에 관한 사항
2. 법인의 해산 및 정관변경
3. 재산의 처분. 매도. 증여. 담보. 대여. 취득. 기채
4. 예산 및 결산의 승인
5. 사업계획의 승인
6. 기타 중요한 사항

제15조 (총회의 소집)

1. 총회는 정기총회와 임시총회로 나누되 정기총회는 연 1회 회계 연도 마감 후 2월내에 소집하며 임시총회는 회장이 필요에 따라 소집
2. 회장은 회의 안건을 명기하여 7일전에 각 회원들에게 통지하여야 한다.

제16조 (총회의 의결 정족수)

1. 총회는 재적회원 출석으로 개회하고 출석회원 과반수 찬성으로 의결한다. 다만, 가부동수일 경우에는 의장이 결정한다.
2. 제 1항의 의결권은 총회에 출석하는 다른 사람에게 위임할 수 있다. 이 경우 위임장을 작성, 회의 전에 제출하여야 한다.

제17조 (총회소집의 특례)

1. 회장은 다음 각 호에 해당하는 소집요구가 있을 때에는 그 소집요구일로부터 20일 이내에 총회를 소집하여야 한다.

(1) 재적이사 과반수가 회의의 목적을 제시하여 소집을 요구할 때

(2) 제 12조 제 4호의 규정에 의하여 감사가 소집을 요구할 때

(3) 회원 3분의 1 이상이 회의의 목적을 제시하여 소집을 요구할 때

2. 총회 소집권자가 궐위되거나 또는 이를 기피함으로서 총회소집이 불가능할 때는 재적이사 과 반수 또는 회원 3분의 1 이상의 찬성으로 총회를 소집할 수 있다.

제18조 (총회의 제척사유) 회원의 취임 및 해임에 있어 그 자신에 관한 사항에 대하여는 그 의결 에 참여하지 못한다.

제5장 이 사 회

제19조 (이사회의 구성) 이사회는 이사로 구성한다.

제20조 (이사회의 기능) 이사회는 다음의 사항을 심의 의결한다.

1. 업무집행에 관한 사항

2. 사업계획 및 운영에 관한 사항

3. 예산, 결산서 작성에 관한 사항

4. 총회에서 위임받은 사항

5. 정관 개정안의 작성 및 심의에 관한 사항

6. 재산관리

7. 이 정관에 의하여 그 권한에 속하는 사항

8. 총회에 부의할 안건의 작성

9. 기타 회장이 부의하는 사항

제21조 (정족수)

1. 이사회는 재적이사의 과반수가 출석하지 아니하면 개회하지 못한다.

2. 이사회의 의사는 출석이사 과반수의 찬성으로 의결한다. 다만 가부동수일 경우에는 의장이 결정한다.

제22조 (이사회의 소집)

1. 이사회는 회장이 소집하고 그 의장이 된다.

2. 이사회를 소집하고자 할 때는 적어도 회의 7일 전에 그 목적을 명시하여 각 이사에게 통지하여야 한다.

3. 이사회는 제 2항의 통지사항에 한하여서만 의결 할 수 있다. 다만 재적이사 전원이 출석하고 출석이사 전원의 찬성이 있을 때에는 통지하지 아니한 사항이라도 이를 부의하고 의결할 수 있다.

제23조 (이사회 소집의 특례)

1. 회장은 다음 각 호의 1에 해당하는 소집요구가 있을 때에는 그 소집요구일로 부터 20일 이내에 이사회를 소집하여야 한다.

(1) 재적이사 과반수로부터 회의의 목적을 제시하여 소집을 요구한 때

(2) 제 12조 제 4호의 규정에 의하여 감사가 소집을 요구한 때

2. 이사회의 소집권자가 궐위되거나 또는 이를 기피함으로써 7일 이상 이사회 소집이 불가능할 때에는 재적이사 과반수의 찬성으로 소집할 수 있다.

3. 제 2항에 의한 의사회는 출석이사 중 연장자의 사회로 그 의장을 지명한다.

제24조 (서면의결 금지) 이사회의 의사는 서면결의에 의할 수 없다.

제6장 재산 및 회계

제25조 (재산의 구분)

1. 법인의 재산은 기본재산과 보통재산으로 구분한다.

2. 다음 각 호의 1에 해당하는 재산은 이를 기본재산으로 하고 기본재산 이외의 재산은 보통재산으로 한다.

(1) 설립시 기본재산으로 출연한 재산

(2) 기부에 의하거나 기타 무상으로 취득한 재산, 단 기부목적에 비추어 기본재산으로 하기 곤란하여 문화관광부장관의 승인을 얻은 것은 예외로 한다.

(3) 보통재산 중 이사회 또는 총회에서 기본재산으로 편입할 것을 의결한 재산

(4) 세계(歲計) 잉여금 중 적립금

제26조 (재산의 관리)

1. 기본재산을 매도, 증여, 임대, 교환, 담보 제공하거나 의무부담 또는 권리 의 포기 및 기채를

하고자 할 때에는 이사회 및 총회의 의결을 거쳐 부산광역시장의 허가를 받아야 한다.

2. 법인이 매수 기부체납 기타 방법으로 재산을 취득할 때는 지체없이 리를 법인의 재산으로 편입 조치하여야 한다.

3. 기본재산 및 보통재산의 유지보존 및 기타 관리(제1항 및 제2항의 경우를 제외한다)에 관하여서는 회장이 정하는 바에 의한다.

4. 기본재산은 연 1회 그 목록을 작성하여 부산광역시장에 보고한다.

제27조 (재산의 평가) 이 법인의 모든 재산의 평가는 취득 당시의 싯가에 의한다. 다만 재평가를 실시한 재산은 재평가액으로 한다.

제28조 (경비의 조달 방법) 이 법인은 다음의 세입으로써 운영한다.

① 이 법인은 다음의 세입으로 운영한다.

1. 회비

2. 기본재산의 순익금

3. 찬조금(기부금)

4. 기타 수익금

② 법인은 불특정 다수인으로부터 기부금을 모금할 수 있다.

　　　(개정 2014. 2. 21)

③ 전항의 기부금에 대하여는 연간 기부금 모금액 및 활용 실적을 매년 인터넷 홈페이지를 통하여 다음 연도 3월말까지 공개하여야 한다.

　　　(개정 2014. 2. 21)

제29조 (회계년도) 이 법인의 회계연도는 정부의 회계연도에 따른다.

제30조 (예산편성) 법인의 세입 세출 예산은 매회계년도 개시 1개월 전까지 사업계획서와 함께 이사회의 의결과 총회의 승인을 얻어야 한다.

제31조 (회계감사) 감사는 법인의 회계에 관한 사항을 연 2회 이상 감사를 하여야 한다.

제32조 (임원의 보수) 이 법인의 임원은 보수를 지급하지 아니함을 원칙으로 한다.

제7장 사 무 처

제33조 (사무처의 설치) 법인의 사무를 원만히 처리하기 위하여 사무처를 둔다. 사무처에는 처장 1인과 약간 명의 직원을 둘 수 있다.

제34조 (임용 및 직무)
1. 사무처장은 이사회의 동의를 얻어 회장이 임명한다.
2. 사무처장은 회장을 보좌하고 제반업무를 담당한다.
3. 사무처 직원은 회장이 임명한다.
4. 직원은 사무처장을 보좌하여 일상업무에 종사한다.

제8장 보 칙

제35조 (해산) 법인을 해산하고자 할 때에는 총회에서 재적 회원 3분의 2 이상의 찬성으로 의결한다.

제36조 (해산법인의 재산귀속) 해산 시 잔여재산을 국가, 지방자치단체 또는 유사한 목적을 가진 다른 비영리법인에게 귀속하도록 한다.

제37조 (정관의 변경) 정관을 변경하고자 할 때에는 재적이사 3분의 2 이상의 찬성과 총회에서 재적회원 3분의 2 이상의 찬성으로써 의결하고 부산광역시장의 허가를 받아야 한다.

제38조 (사업결산보고)
1. 익년도의 사업계획서, 예산계획서, 당해 연도의 사업실적서, 수지결산서는 매 회계연도 종료 후 2월 이내에 부산광역시장에게 제출한다.
2. 전 항의 보고를 할 때에는 재산목록과 업무현황 및 감사결과 보고서를 함께 제출한다.

제39조 (시행세칙) 정관의 시행에 필요한 사항은 이사회에서 정하고 총회의 승인을 얻어 제정한다.

[서식 – 그 외 관련 서식은 서식 중복기재 회피를 위하여 제1편 비영리사단법인 해당 서식을 참고하기 바란다]

2019년 사업계획서

Ⅰ. 주요사업 목표

1. 아프리카의 빈곤층과 소외계층에 대한 구제사업
2. 아프리카를 위한 우물 파기, 집보수, 집짓기 사업
3. 아프리카에 대한 교육 및 장학사업 (기술교육, 직업교육)
4. 아프리카를 위한 학용품과 생필품, 의약품 기증사업
5. (회원확대) 아프리카를 알리는 홍보사업
6. (수익사업) 아프리카를 알리기 위한 책 편찬 사업

Ⅱ. 세부사업 내용

1. 아프리카의 빈곤층과 소외계층에 대한 구제사업

가. 목   적 : 아프리카의 빈곤층과 소외계층을 위하여 본회와 현지 민간단체와의 교류를 확대
하고, 최혜대상이 빈곤층과 소외계층이 받을 수 있도록 도모하고자 한다.

나. 사업내용 :
1) 시기 : 2019. 11. 01 ～ 2019. 12. 31.
2) 장소 : 대한민국 서울 본사 / 아프리카별 각 지부
3) 내용 : 해외지부 설치사업

다. 시행방법 :
1) 관련사항
① 아프리카별로 해외지부 설치

2) 소요예산
① 운영비 : 1,500,000원 (지부설치: 1,500,000원)

라. 기타사항 : 합동으로 현지 민간단체와 함께 지역별, 마을별로 방문함.

마. 향후계획 : 사업시행 후 나타난 문제점 보완 및 개선 조치

2. 아프리카를 위한 우물 파기, 집보수, 집짓기 사업

가. 목 적 : 아프리카의 빈곤층과 소외계층을 위하여 필요한 수로 및 물을 확보하고, 안전하게
생활할 수 있는 공간을 마련할 수 있도록 환경개선사업을 적극적으로 실시하고자 한다.

나. 사업내용 :

1) 시기 : 2019. 11. 01 ~ 2019. 12. 31.

2) 장소 : 각 아프리카 지역 또는 마을

3) 내용 : 우물파기 사업, 집보수, 집짓기 사업

다. 시행방법 :

1) 관련사항

① 첫해에는 아프리카내 현지 민간단체와의 교류사업

2) 소요예산

① 운영비 : 3,200,000원 (보수장비구입: 3,200,000원)

라. 기타사항 : 합동으로 현지 민간단체와 함께 지역별, 마을별로 방문함.

마. 향후계획 : 첫 해에는 현지 민간단체와의 교류사업을 통해, 물이 부족한 마을과 집부수가
필요한 대상지를 확보후 우선적으로 시행할 곳을 선별한다.

3. 아프리카에 대한 교육 및 장학사업 (기술교육, 직업교육)

가. 목 적 : 아프리카의 재건 및 재활을 위하여 기술 또는 직업교육을 실시하여 삶을 개척해
나갈 수 있또록 도모하고자 한다.

나. 사업내용 :

1) 시기 : 2019. 11. 01 ~ 2019. 12. 31.

2) 장소 : 아프리카별 각 지부

3) 내용 : 빈곤층과 소외계층을 위한 기술교육 등 재활사업

다. 시행방법 :

1) 관련사항

① 아프리카별로 지역별, 마을별 빈곤층과 소외계층 정기방문

② 10대 후반 및 20대 청년층을 대상으로 문맹퇴치 및 기술교육

2) 소요예산

① 운영비 : 800,000원 (교재비 : 800,000원)

라. 기타사항 : 합동으로 현지 민간단체와 함께 지역별, 마을별로 방문함.

마. 향후계획 : 사업시행 후 나타난 문제점 보완 및 개선 조치

4. 아프리카를 위한 학용품과 생필품, 의약품 기증사업

가. 목 적 : 아프리카 빈곤층과 소외계층을 위하여 회원이 기증하고자 하는 물품을 모아 각 아프리카로 전달하고자 함을 목적으로 한다.

나. 사업내용 :

1) 시기 : 2019. 12. 특정일

2) 장소 : 대한민국 서울 본사 / 기증 행사장

3) 내용 : 아프리카 빈곤층과 소외계층을 위한 필수용품 원조사업

다. 시행방법 :

1) 관련사항

① 아프리카별로 요청하는 필요한 물품목록을 수집

② 국내에서 아프리카를 위한 기증행사

③ 요청물품과 기증물품에 따른 분류작업

④ 아프리카별로 분류된 물품을 전달 및 발송

2) 소요예산

① 운영비 : 1,500,000 (기증행사: 500,000/ 발송비: 1,000,000)

라. 기타사항 : 분류 작업시 자원봉사자를 적극 활용하고자 함.

마. 향후계획 : 해외파병자 외에 참여를 원하는 일반 대중들도 참여할 수 있는 기회를 제공하고
자 함.

5. (회원확대) 아프리카를 알리는 홍보사업

가. 목   적 : 아프리카의 빈곤층과 소외계층을 알리는 홍보를 하여 보다 많은 사람들이 본회에
참여할 수 있도록 한다.

나. 사업내용 :

1) 시기 : 2019. 11. 01 ~ 2019. 12. 31.

2) 장소 : 온라인 홈페이지 / 제대군인 지원센터 / 병무청

3) 내용 : 아프리카에서의 빈곤층과 소외계층의 실상을 알리고자 함.

다. 시행방법 :

1) 관련사항

① 본회의 홈페이지를 구축

② 제대군인 지원센터 또는 병무청에 홍보

2) 소요예산

① 운영비 : 500,000 (홈페이지구축비: 500,000/ 관련 홈페이지 홍보)

라. 기타사항 : 목적에 맞게 사진 및 글 내용이 업로드 되는 지 수시 체크

마. 향후계획 : 향후 파병2세대의 참여를 통해 **해외파병자 3만명의 회원유치를 목표**로 꾸준하
게 홍보활동을 펼치고자 함.

6. (수익사업) 아프리카를 알리기 위한 책 편찬 사업

가. 목   적 : 아프리카의 빈곤층과 소외계층을 알리기 위한 홍보를 하고, 이를 책으로 편찬하여
보다 더 많은 사람들에게 알리고자 한다.

나. 사업내용 :

1) 시기 : 2019. 11. 01 ~ 2019. 12. 31.

2) 장소 : 온라인 홈페이지

3) 내용 : 아프리카에서의 기억과 경험들에 대한 자료를 홈페이지에 게재하도록 한다.

다. 시행방법 : (별지 '책 편찬사업'참조)

1) 관련사항

① 본회의 홈페이지에 글 또는 사진을 게재

② 각 해외지부에서도 손쉽게 홍보할 수 있도록 접근성을 우선시 함

2) 소요예산

① 운영비 :   0원 (홈페이지 구축 또는 운영비에 포함)

라. 기타사항 : 목적에 맞게 사진 및 글 내용이 업로드 되는 지 수시 체크

마. 향후계획 : 충분한 자료가 모였을 때, 2단계 책편찬 준비단계로 진행함.

수입 · 지출 예산서(2019년도)

1. 총괄표

회계연도 : 2019년도   (단위 : 원)

수 입		금 액	지 출		금 액
구 분		금 액	구 분		금 액
① 회비	연회비	14,400,000	① 인건비		
			② 임대료		0
			③ 기타운영비		
② 출연금	기본재산	50,000,000	④ 퇴직 적립금		
	보통재산				
③ 기부금			⑤ 구제사업	지부설치	1,500,000
				교류사업	
			⑥ 우물사업	장비구입	3,200,000
				재료구입	
④ 목적 사업 수입			⑦ 교육사업	교재비	800,000
			⑧ 기증사업	기증행사	500,000
				발송비	1,000,000
⑤ 수익 사업 수입			⑨ 회원확대	구축비	500,000
			⑩ 수익사업	책 편찬	
⑥ 과실소득			⑪ 법인세		
⑦ 법인세 환급액			⑫ 기타지출		
⑧ 기타수입			⑬ 차기이월액		56,900,000

⑨ 전기이월액		⑭ 기본재산 편입액	
합 계	64,400,000	합 계	64,400,000

2. 수입 예산서

(단위 : 원)

수입 항목	예상 수입액	산출근거
① 회 비	14,400,000	120명 * 120,000원/1인 (연회비)
② 출연금	50,000,000	기본재산 : 50,000,000
③ 기부금	0	
④ 목적사업 수입	0	
⑤ 수익사업 수입	0	
⑥ 과실소득	0	
⑦ 법인세 환급액	0	
⑧ 기타수입	0	
⑨ 전기 이월액	0	
합계	64,400,000	

3. 지출 예산서

(단위 : 원)

지출 항목	예상 지출액	산출근거
① 인건비	0	
② 임대료	0	무상
③ 기타 운영비	0	
④ 퇴직 적립금	0	
⑤ 구제사업	1,500,000	지부설치 1,500,000원
⑥ 우물사업	3,200,000	장비구입 3,200,000원
⑦ 교육사업	800,000	교재비 800,000원
⑧ 기증사업	1,500,000	기증행사 500,000원 + 발송비 1,000,000원
⑨ 회원확대	500,000	구축비 500,000원

⑩ 수익사업	0	
⑪ 법인세	0	
⑫ 기타지출	0	
⑬ 차기이월액	56,900,000	기본재산 50,000,000원을 포함
⑭ 기본재산편입액	0	
	0	
합계	64,400,000	

(2) 등기사항증명서 확인

외교부장관은 제1항에 따른 신청서를 받은 경우 기본재산 및 운영재산 중 토지 또는 건물의 등기사항증명서를 「전자정부법」 제36조 제1항에 따른 행정정보의 공동이용을 통하여 확인하여야 한다.

나. 설립허가

(1) 허가기준

외교부장관은 비영리법인 설립허가 신청의 내용이 다음의 기준에 맞는 경우에만 그 설립을 허가한다 (규칙 제4조).

• 비영리법인의 목적과 사업이 실현 가능할 것

• 목적하는 사업을 수행할 수 있는 충분한 능력이 있고, 재정적 기초가 확립되어 있거나 확립될 수 있을 것

• 다른 법인과 같은 명칭이 아닐 것

(2) 심사 및 허가기준

외교부장관은 특별한 사유가 없으면 제3조 제1항에 따른 비영리법인 설립허가 신청서를 받은 날부터 20일 이내에 비영리법인 설립허가 여부를 심사하여 그 결과를 서면으로 신청인에게 통지하여야 하며, 이에 따라 비영리법인의 설립을 허가하였을 때에는 별지 제2호 서식의 비영리법인 설립허가증을 설립발기인에게 발급하고, 별지 제3호 서식의 비영리법인 설립허가대장에 필요한 사항을 적어야 한다.

■ 외교부 소관 비영리법인의 설립 및 감독에 관한 규칙 [별지 제2호 서식] 〈개정 2015.12.15.〉

(앞쪽)

제   호

비영리법인 설립허가증

1. 법인 명칭: 사단(재단)법인 ○○○○○(영문명: ○○○○○)

2. 소 재 지:

3. 대 표 자
   ○ 성   명:
   ○ 생년월일:
   ○ 주   소:

4. 사업 내용:

5. 허가 조건:

「민법」 제32조 및 「외교부 소관 비영리법인의 설립 및 감독에 관한 규칙」 제4조에 따라 위 법인의 설립을 허가합니다.

년   월   일

외 교 부 장 관   직인

210mm×297mm(백상지 150g/㎡)

(뒤 쪽)

준수사항

1. 「민법」 및 「외교부 소관 비영리법인의 설립 및 감독에 관한 규칙」 등 관련 법령과 정관에서 정한 내용을 준수해야 합니다.
2. 정관에서 정하는 목적사업 중 다른 법률에 따른 허가 · 인가 · 등록 · 신고의 대상이 되는 사업을 하려는 경우에는 관련 법령에 따른 절차를 거쳐야 합니다.
3. 매 사업연도가 끝난 후 2개월 이내에 다음의 서류를 외교부장관에게 제출해야 합니다.
   가. 다음 사업연도의 사업계획 및 수입 · 지출 예산서 1부
   나. 해당 사업연도의 사업실적 및 수입 · 지출 결산서 1부
   다. 해당 사업연도 말 현재의 재산목록 1부
4. 다음의 어느 하나에 해당되는 경우에는 「민법」 제38조에 따라 비영리법인의 설립허가를 취소할 수 있습니다.
   가. 설립 목적 외의 사업을 하였을 때
   나. 공익을 해치는 행위를 하였을 때
   다. 설립허가의 조건을 위반하였을 때
   라. 법령에 따른 의무를 위반하였을 때
5. 비영리법인이 해산(파산으로 인한 해산은 제외합니다)하였을 때에는 해산 등기를 마친 후 지체 없이 외교부장관에게 해산신고를 해야 합니다.
6. 비영리법인의 청산이 종결되었을 때에는 등기를 한 후 외교부장관에게 신고해야 합니다.

〈 변 경 사 항 〉

날 짜	내 용	확인

■ 외교부 소관 비영리법인의 설립 및 감독에 관한 규칙 [별지 제3호 서식] 〈개정 2015.12.15.〉

비영리법인 설립허가대장

허가 번호	법인 명칭	사무소		대표자 성명	허 가 연월일	기능 및 목적	담당부서	담당자
		소재지	전화 번호					

297mm×210mm(백상지 80g/㎡ 또는 중질지 80g/㎡)

(3) 조건부허가

외교부장관은 비영리법인의 설립허가를 할 때에는 필요한 조건을 붙일 수 있다.

다. 설립 관련 보고

(1) 재산이전

비영리법인의 설립허가를 받은 자는 그 허가를 받은 후 지체 없이 기본재산 및 운영재산을 비영리법인에 이전하고, 허가를 받은 날부터 1개월 이내에 재산의 이전을 증명하는 서류로서 등기소 또는 금융회사 등이 발급한 증명서를 외교부장관에게 제출하여야 한다(규칙 제5조).

(2) 설립관련 보고

비영리법인은 「민법」 제49조부터 제52조까지의 규정에 따라 법인 설립 등의 등기를 하였을 때에는 10일 이내에 그 사실을 외교부장관에게 서면으로 보고하여야 하며, 외교부장관은 이에 따른 보고를 받은 경우 「전자정부법」 제36조 제1항에 따른 행정정보의 공동이용을 통하여 법인 등기사항증명서를 확인하여야 한다.

3. 허가 후 절차

가. 정관 변경의 허가 신청

(1) 신청서 및 첨부서류

「민법」 제42조 제2항, 제45조 제3항 또는 제46조에 따른 정관 변경의 허가를 받으려는 비영리법인은 별지 제4호 서식의 비영리법인 정관 변경허가 신청서에 다음의 서류를 첨부하여 외교부장관에게 제출하여야 한다(규칙 제6조).

- 정관 변경 사유서 1부
- 신·구조문대비표를 첨부한 정관 개정안 1부
- 정관 변경과 관련된 총회 또는 이사회의 회의록 1부
- 기본재산의 처분에 따른 정관변경의 경우에는 처분 사유, 처분재산의 목록, 처분 방법 등을 적은 서류 1부

(2) 심사 및 결과통지

외교부장관은 특별한 사유가 없으면 정관 변경허가 신청서를 받은 날부터 10일 이내에 정관 변경허가 여부를 심사하여 그 결과를 신청인에게 서면으로 통지하여야 한다.

■ 외교부 소관 비영리법인의 설립 및 감독에 관한 규칙 [별지 제4호 서식] 〈개정 2015.12.15.〉

비영리법인 정관 변경허가 신청서

접수번호	접수일	처리일	처리기간	10일

신청인	성명		생년월일	
	주소		전화번호	

법인	명칭		전화번호	
	소재지			
	설립 허가일		설립허가번호	
	대표자 성명		생년월일	
	주소			

「민법」 제42조 제2항, 제45조 제3항 또는 제46조와 「외교부 소관 비영리법인의 설립 및 감독에 관한 규칙」 제6조에 따라 위와 같이 정관변경허가를 신청합니다.

년   월   일

신청인

(서명 또는 인)

외교부장관 귀하

첨부서류	1. 정관 변경 사유서 1부 2. 신·구조문대비표를 첨부한 정관 개정안 1부 3. 정관 변경과 관련된 총회 또는 이사회의 회의록 1부 4. 기본재산의 처분에 따른 정관변경의 경우에는 처분 사유, 처분재산의 목록, 처분 방법 등을 적은 서류 1부	수수료 없음

처 리 절 차

신청서 작성	→	접 수	→	서류 확인 및 검토	→	결 재	→	결과 통지
신청인			처리 기관 외교부					

210mm×297mm(백상지 80g/㎡ 또는 중질지 80g/㎡)

[서식 – 그 외 관련 서식은 서식 중복기재 회피를 위하여 제1편 비영리사단법인 및 제2편 비영리재단법인 해당 서식을 참고하기 바란다]

나. 사업실적 및 사업계획 등의 보고

비영리법인은 매 사업연도가 끝난 후 2개월 이내에 다음의 서류를 외교부장관에게 제출하여야 한다 (규칙 제7조).

- 다음 사업연도의 사업계획 및 수입ㆍ지출 예산서 1부
- 해당 사업연도의 사업실적 및 수입ㆍ지출 결산서 1부
- 해당 사업연도 말 현재의 재산목록 1부

다. 비영리법인 사무의 검사ㆍ감독

외교부장관은 「민법」 제37조에 따른 법인 사무의 검사 및 감독을 위하여 불가피한 경우에는 비영리 법인에 관계 서류ㆍ장부 또는 그 밖의 참고자료의 제출을 명하거나, 소속공무원으로 하여금 비영리 법인의 사무 및 재산 상황을 검사하게 할 수 있으며(규칙 제8조), 이에 따라 비영리법인의 사무를 검사하는 공무원은 그 자격을 증명하는 증표를 관계인에게 보여 주어야 한다.

4. 해산 등

가. 설립허가의 취소

주무관청은 법인이 목적이외의 사업을 하거나 설립허가의 조건에 위반하거나 기타 공익을 해하는 행위를 한때에는 그 허가를 취소할 수 있는데, 이에 따라 비영리법인의 설립허가를 취소하려면 청문을 하여야 한다(규칙 제9조).

나. 해산신고

(1) 해산신고 및 첨부서류

비영리법인이 해산(파산으로 인한 해산은 제외한다)하였을 때에는 그 청산인은 「민법」 제85조 제1 항에 따라 해산등기를 마친 후 지체 없이 별지 제5호 서식의 비영리법인 해산 신고서에 다음의 서류를 첨부하여 외교부장관에게 제출하여야 한다(규칙 제10조).

- 해산 당시의 재산목록 1부
- 잔여재산 처분방법의 개요를 적은 서류 1부
- 해산 당시의 정관 1부

- 사단법인이 총회의 결의에 의하여 해산하였을 때에는 그 결의를 한 총회의 회의록 1부
- 재단법인이 정관에 따라 해산한 경우로서 이사회가 해산을 결의하였을 때에는 그 결의를 한 이사회의 회의록 1부

(2) 등기사항증명서 확인

외교부장관은 신고서를 받은 경우 「전자정부법」 제36조 제1항에 따른 행정정보의 공동이용을 통하여 법인 등기사항증명서를 확인하여야 한다.

■ 외교부 소관 비영리법인의 설립 및 감독에 관한 규칙 [별지 제5호 서식] 〈개정 2015.12.15.〉

비영리법인 해산 신고서

접수번호		접수일	처리일	처 리 기 간	즉시
청산인	성명		생년월일		
	주소		전화번호		
청산법인	명칭		전화번호		
	소재지				
해산 연월일					
해산 사유					
청산인 대표권의 제한 내용(대표권이 제한되는 경우에만 적습니다.)					

「민법」 제86조 제1항 및 「외교부 소관 비영리법인의 설립 및 감독에 관한 규칙」 제10조에 따라 위와 같이 법인 해산을 신고합니다.

년   월   일

신고인

(서명 또는 인)

외교부장관 귀하

신고인 제출서류	1. 해산 당시의 재산목록 1부 2. 잔여재산 처분방법의 개요를 적은 서류 1부 3. 해산 당시의 정관 1부 4. 사단법인이 총회의 결의에 의하여 해산하였을 때에는 그 결의를 한 총회의 회의록 1부 5. 재단법인이 정관에 따라 해산한 경우로서 이사회가 해산을 결의하였을 때에는 그 결의를 한 이사회의 회의록 1부	수수료 없 음
담당공무원 확인사항	법인 등기사항증명서	

처 리 절 차

신청서 작성	→	접 수	→	서류확인 및 검토	→	결 재
신청인		처 리 기 관 : 외교부				

210mm×297mm(백상지 80g/㎡ 또는 중질지 80g/㎡)

다. 잔여재산 처분의 허가

(1) 잔여재산처분허가신청

해산한 비영리법인의 이사 또는 청산인은 「민법」 제80조 제2항에 따라 잔여재산의 처분에 대한 허가를 받으려면 별지 제6호 서식의 잔여재산 처분허가 신청서에 다음의 서류를 첨부하여 외교부장관에게 제출하여야 한다(규칙 제11조).

• 해산 당시의 정관 1부(해산신고 시의 정관을 확인할 필요가 있는 경우에만 제출한다)
• 총회의 회의록 1부(사단법인의 해산신고 시에 제출한 서류로는 확인이 되지 않을 경우에만 제출한다.)

(2) 심사 및 처분결과 통지

외교부장관은 특별한 사유가 없으면 제1항에 따른 신청서를 받은 날부터 7일 이내에 잔여재산 처분허가 여부를 심사하여 그 결과를 서면으로 신청인에게 통지하여야 한다.

■ 외교부 소관 비영리법인의 설립 및 감독에 관한 규칙 [별지 제6호 서식] 〈개정 2015.12.15.〉

잔여재산 처분허가 신청서

접수번호	접수일	처리일	처리기간 **7일**

신청법인	명칭		전화번호	
	소재지			
대 표 자 (이사 · 청산인)	성명		생년월일	
	주소		전화번호	
처분재산	종류 및 수량			
	금액			
	처분방법			
처분사유				

「민법」 제80조 제2항 및 「외교부 소관 비영리법인의 설립 및 감독에 관한 규칙」 제11조에 따라 위와 같이 잔여재산 처분허가를 신청합니다.

년   월   일

신청인   (서명 또는 인)

외교부장관 귀하

첨부서류	1.해산 당시의 정관 1부(해산신고 시의 정관을 확인할 필요가 있는 경우에만 제출합니다) 2.총회의 회의록 1부(사단법인의 해산신고 시에 제출한 서류로는 확인이 되지 않을 경우에만 제출합니다)	수수료 없음

처 리 절 차

신청서 작성	→	접 수	→	서류 확인 및 검토	→	결 재	→	결과 통지
신청인					처 리 기 관 외교부			

210mm×297mm(백상지 80g/㎡ 또는 중질지 80g/㎡)

라. 청산 종결의 신고

청산인은 비영리법인의 청산이 종결되었을 때에는 「민법」 제94조에 따라 등기한 후, 별지 제7호 서식의 청산종결 신고서를 외교부장관에게 제출하여야 하며(규칙 제12조), 외교부장관은 이에 따른 신고서를 받은 경우 「전자정부법」 제36조 제1항에 따른 행정정보의 공동이용을 통하여 법인의 등기 사항증명서를 확인하여야 한다.

■ 외교부 소관 비영리법인의 설립 및 감독에 관한 규칙 [별지 제7호 서식] 〈개정 2015.12.15.〉

청산종결 신고서

접수번호	접수일	처리일	처리기간 **즉시**

청산인	성명		생년월일	
	주소		전화번호	
청산법인	명칭		전화번호	
	소재지			

청산 연월일

청산 취지

「민법」 제94조 및 「외교부 소관 비영리법인의 설립 및 감독에 관한 규칙」 제12조에 따라 위와 같이 청산 종결을 신고합니다.

년   월   일

신고인   (서명 또는 인)

외교부장관 귀하

담당공무원 확인사항	법인 등기사항증명서	수수료 없음

처 리 절 차

신고서 작성	→	접 수	→	서류 확인 및 검토	→	결 재
신고인				처 리 기 관 외교부		

210mm×297mm(백상지 80g/㎡ 또는 중질지 80g/㎡)

5. 고유식별정보의 처리

외교부장관은 다음 각 호의 사무를 수행하기 위하여 불가피한 경우 「개인정보 보호법 시행령」 제19조 제4호에 따른 외국인등록번호가 포함된 자료를 제출받아 처리할 수 있다(규칙 제13조).

• 제3조에 따른 비영리법인 설립허가 신청에 관한 사무

• 제6조에 따른 비영리법인 정관 변경허가 신청에 관한 사무

• 제10조에 따른 비영리법인 해산신고에 관한 사무

• 제11조에 따른 잔여재산 처분허가 신청에 관한 사무

• 제12조에 따른 청산종결 신고에 관한 사무

제7장 금융위원회 소관 비영리법인 설립

1. 개관

금융위원회 소관 비영리법인의 설립 및 감독에 관한 규칙(이하 '규칙'이라고만 함)은 「민법」에 따라 금융위원회가 주무관청이 되는 비영리법인의 설립 및 감독에 필요한 사항을 규정함을 목적으로 하며, 이에 따른 비영리법인(이하 '법인'이라 한다)의 설립허가, 법인 사무의 검사 및 감독 등에 관하여는 다른 법령에 특별한 규정이 있는 경우를 제외하고는 이 규칙에서 정하는 바에 따른다. 본장은 금융위원회 소관 비영리법인의 설립과 관련한 일반절차인 설립허가신청 및 관련 첨부서류 그리고 정관변경허가신청, 사업계획보고 등에 관한 내용들을 정리하였다. 그 외 관련서류들은 제1편 관련 내용부분을 참고하기 바란다.

2. 설립허가절차

가. 설립허가의 신청

(1) 설립허가신청 및 첨부서류

「민법」 제32조에 따라 비영리법인의 설립허가를 받으려는 자(이하 '설립발기인'이라 한다)는 별지 제1호 서식의 비영리법인 설립허가 신청서에 다음 각 호의 서류를 첨부하여 금융위원회에 제출하여야 한다(규칙 제3조).

- 설립발기인의 성명, 생년월일, 주소 및 약력을 적은 서류(설립발기인이 법인 또는 조합인 경우에는 그 명칭, 주된 사무소의 소재지, 대표자의 성명, 생년월일, 주소와 정관 또는 조합계약을 적은 서류) 1부
- 정관 1부
- 재산목록(재단법인의 경우에는 기본재산과 운영재산으로 구분하여 적어야 한다) 및 그 증명서류 [출연(出捐) 신청이 있는 경우에는 그 사실을 증명하는 서류] 각 1부
- 해당 사업연도분의 사업계획 및 수입ㆍ지출 예산을 적은 서류 1부
- 임원 취임 예정자의 성명ㆍ생년월일ㆍ주소ㆍ약력을 적은 서류 및 취임승낙서 각 1부
- 창립총회 회의록(설립발기인이 법인 또는 조합인 경우에는 법인 설립에 관한 의사 결정을 증명하는 서류) 1부

(2) 등기사항전부증명서 확인

신청서를 제출받은 금융위원회는 「전자정부법」 제36조 제1항에 따른 행정정보의 공동이용을 통하여 건물등기사항증명서 또는 토지등기사항증명서를 확인하여야 한다.

[서식 _ 비영리법인설립허가신청서]
- 금융위원회 소관 비영리법인의 설립 및 감독에 관한 규칙 [별지 제1호 서식] 〈개정 2015.12.15.〉

비영리법인 설립허가 신청서

접수번호	접수일자	처리일자	처리기간	20일

신청인	성명		생년월일	
	주소		전화번호	

법 인	명칭		전화번호	
	소재지			

대표자	성명		생년월일	
	주소		전화번호	

「민법」 제32조 및 「금융위원회 소관 비영리법인의 설립 및 감독에 관한 규칙」 제3조에 따라 비영리법인 설립허가를 신청합니다.

년   월   일

신청인   (서명 또는 인)

금융위원회   귀하

첨부서류	1. 설립발기인의 성명, 생년월일, 주소 및 약력을 적은 서류(설립발기인이 법인 또는 조합인 경우에는 그 명칭, 주된 사무소의 소재지, 대표자의 성명, 생년월일, 주소와 정관 또는 조합계약을 적은 서류) 1부 2. 정관 1부 3. 재산목록(재단법인의 경우에는 기본재산과 운영재산으로 구분하여 적어야 합니다) 및 그 증명서류(출연 신청이 있는 경우에는 그 사실을 증명하는 서류) 각 1부 4. 해당 사업연도분의 사업계획 및 수입·지출 예산을 적은 서류 1부 5. 임원 취임 예정자의 성명·생년월일·주소·약력을 적은 서류 및 취임승낙서 각 1부 6. 창립총회 회의록(설립발기인이 법인 또는 조합인 경우에는 법인 설립에 관한 의사결정을 증명하는 서류) 1부	수수료 없 음
담당공무원 확인사항	재산목록에 적힌 재산의 건물등기사항증명서 또는 토지등기사항증명서	

처리절차

신청서 작성 → 접 수 → 확인·심사 (첨부서류) → 결 재 → 허가대장 작성 → 허가증 발급

신청인   처리기관: 금융위원회(비영리법인의 설립 및 감독 업무 담당 부서)

210mm×297mm[백상지 80g/㎡ 또는 중질지 80g/㎡]

제1장 총칙

제1조(명칭)

이 협회는 신용정보협회(이하 '협회'라 한다)라 한다. 영문으로는 Credit Information Companies Association(약칭 CICA)이라 표기한다.

제2조 (목적)

협회는 회원 간 업무질서를 유지하고 신용정보업 이용자의 권익을 보호하며 신용정보업의 건전한 발전에 기여함을 목적으로 한다.

제3조 (성격)

협회는「신용정보의 이용 및 보호에 관한 법률」(이하 '법'이라 한다) 제44조제1항에 따라 설립된 회원 조직으로서「민법」제32조에 따른 비영리법인으로 한다.

제4조(사무소)

① 협회의 주된 사무소는 서울특별시에 둔다.

② 협회는 회원 총회(이하 '총회'라 한다)의 결의로 국내외에 지회 등을 둘 수 있다.

제5조(업무)

협회는 제2조의 목적을 달성하기 위하여 다음 각 호의 업무를 행한다.

1. 회원 간 건전한 업무질서를 유지하기 위한 업무

2. 신용정보업의 발전을 위한 조사 · 연구 업무

3. 신용정보업 관련 교육업무(평생교육시설 운영 등) 및 출판업무

4. 회원의 경영과 관련된 정보의 수집 및 통계의 작성업무

5. 법 또는 다른 법령에서 신용정보협회에 위임 · 위탁한 업무

6. 금융위원회가 정하는 업무

7. 신용정보업 이용자 민원의 상담 · 처리 업무

8. 신용정보업의 홍보에 관한 업무

9. 회원 간 업무와 관련된 정보교환 및 의견조정에 관한 업무

10. 회원 간 공통업무의 협의 또는 지원에 관한 업무

11. 회원 공동이익의 증진과 이를 위한 사업의 영위

12. 신용정보업에 관련된 공인자격제도의 관리에 관한 업무

13. 「신용정보의 이용 및 보호에 관한 법률」에 근거하여 관할 감독기관이 행하는 감독 및 검사, 지도, 조사 업무 등에 대한 협력

14. 그 밖에 제1호부터 제13호까지의 업무에 딸린 업무 및 협회의 목적을 달성하기 위하여 필요한 업무

제6조(정관의 변경)

① 협회는 이 정관을 변경하고자 하는 경우에는 총회의 결의를 거쳐 금융위원회의 허가를 받아야 한다.

② 제1항의 결의는 재적정회원 3분의 2 이상의 출석과 출석정회원 3분의 2 이상의 찬성으로 한다.

제7조(준용규정)

이 정관이 정하지 아니한 사항은 「민법」중 사단법인에 관한 규정 및 「금융위원회의 소관에 속하는 비영리법인의 설립 및 감독에 관한 규칙」에서 정한 기준을 준용한다.

제8조(공고)

협회의 공고는 협회 홈페이지 또는 서울특별시에서 발행되는 1개 이상의 일간신문에 게재한다.

제2장 회원
제1절 회원의 종류 및 자격

제9조(회원의 종류)

협회의 회원은 정회원, 준회원과 특별회원으로 구분한다.

제10조(회원의 자격요건)

① 정회원은 법 제4조 제2항에 따른 허가를 받아 신용정보업을 주된 사업으로 영위하는 자로 한다.

② 준회원은 법 제4조 제2항에 따른 허가를 받아 신용정보업을 영위하는 자 중에서 제1항에 해당하지 아니하는 자로 한다.

③ 특별회원은 신용정보업 발전에 기여할 수 있는 단체, 업체 또는 개인으로 한다.

제11조(회원종류의 전환)

협회는 제10조에 따른 정회원 또는 준회원의 자격요건이 변동된 경우로서 당해 회원의 신청이 있는 때에는 이사회의 결의를 거쳐 회원의 종류를 변경한다.

제12조(회원지위의 승계)

회원이 합병·분할되거나 회원의 사업이 양도되는 경우에는 그 합병·분할로 존속하거나 신설되는 법인 또는 해당 사업을 양수하는 법인이 그 회원의 지위를 승계한다. 이 경우 이사회의 승인을 얻어야 한다.

제2절 회원의 입회 및 자격상실

제13조(회원의 입회)

회원이 되고자 하는 자는 협회가 정하는 협회입회신청서를 제출하여 이사회의 승인을 얻어야 한다.

제14조(회원자격의 상실)

회원이 다음 각 호의 어느 하나에 해당하는 때에는 그 자격을 상실한다.

1. 회원이 협회에 서면으로 탈퇴를 통지한 때
2. 제10조에 따른 회원의 자격요건을 상실한 때
3. 회원이 해산 또는 파산한 때
4. 제21조 제2항에 따라 총회에서 회원의 제명결의를 한 때

제3절 회원의 권리 및 의무 등

제15조(회원의 권리)

① 정회원은 총회에 출석하여 의결권을 행사하고 발언할 수 있다.

② 준회원 및 특별회원은 총회에 출석하여 발언할 수 있다.

제16조(회비의 종류 및 납부기준)

① 정회원의 회비는 그 종류, 용도 등에 따라 다음 각 호와 같이 구분한다.

1. 자본회비 : 기본재산의 취득 등에 충당하기 위하여 입회할 때 납부하는 회비

2. 연회비 : 매 회계연도의 통상적인 사업에 소요되는 비용에 충당하기 위한 회비

3. 특별회비 : 특별한 사업 또는 목적을 수행하기 위하여 소요되는 비용에 충당하기 위한 회비

② 제1항 각 호의 회비의 납부기준은 총회에서 정한다. 이 경우 같은 항 제2호 및 제3호의 회비의 납부기준은 회원이 영위하는 사업의 종류, 회비의 종류 및 그 용도, 사업실적 및 규모 등을 고려하여 정한다.

③ 준회원 및 특별회원의 회비는 총회에서 정한다.

제17조(회비의 납부 절차 등)

① 제13조에 따라 입회승인을 받은 자는 회원의 종류별로 다음 각 호의 회비를 납부통지를 받은 날부터 2주간 내에 납부하여야 한다.

1. 정회원 입회자 : 자본회비, 연회비 및 특별회비

2. 준회원 및 특별회원 입회자 : 제16조 제3항에 따른 회비

② 제1항에 따라 회비를 해당 기한까지 납부하지 아니한 때에는 이사회의 입회승인은 그 효력을 상실한다.

③ 회원은 제16조 제2항 및 제3항에 따라 산정·통보된 회비를 기일 내에 납부하여야 한다.

④ 회원이 기일 내에 회비를 납부하지 아니한 경우에는 회비징수규정에서 정하는 연체이자를 가산하여 납부하여야 한다.

⑤ 법 또는 이 정관에 따라 회원자격이 정지된 회원은 그 정지기간에 해당하는 기간에 대하여도 회비를 납부하여야 한다.

제18조(회비의 반환청구 제한 등)

① 회원은 제11조에 따라 정회원에서 준회원으로 전환되거나 제14조에 따라 회원자격을 상실한 때에도 회비의 반환을 청구할 수 없다. 다만, 자본회비에 대하여는 그러하지 아니하다.

② 회원은 제11조에 따라 준회원에서 정회원으로 전환된 때에는 제16조 제1항 제1호 및 제2호에 따른 자본회비 및 연회비를 납부하여야 한다.

③ 제1항 단서에 따른 자본회비의 반환기준과 제2항에 따른 회비의 납부기준은 이사회에서 정한다.

제19조(정관 등의 준수의무)

회원은 이 정관, 총회 또는 이사회의 결의사항과 상호협정 등을 준수하여야 한다.

제20조(보고 및 자료제출)

협회는 업무수행을 위하여 필요한 경우에는 회원에게 해당 사안에 관한 보고 또는 자료의 제출을 요구할 수 있다.

제21조 (회원에 대한 제재)

① 회원에 대한 제재의 종류는 다음 각 호와 같다.

1. 제명

2. 회원자격의 정지

3. 회원에게 제공하는 업무서비스의 전부 또는 일부의 정지

4. 경고

5. 주의

② 제1항의 제재는 회원이 다음 각 호의 어느 하나에 해당하는 경우에 할 수 있다.

1. 법 및 그 명령·규칙이나 금융위원회 또는 금융감독원장의 처분 등을 위반하거나 그 이행을 게을리 하여 신용정보업의 허가취소, 영업정지 등의 제재조치를 받은 때

2. 이 정관 또는 협회에서 정한 회원 간의 업무에 관한 규정을 위반하거나 그 이행을 게을리 한 때

3. 총회 또는 이사회의 결의사항, 협정 등을 이행하지 아니하거나 그 이행을 게을리 한 때

4. 협회의 명예를 훼손한 때

5. 그 밖에 제1호부터 제4호까지에 준하는 경우로서 신용정보업의 공정한 거래질서를 위반하거나 신용정보업 이용자의 보호에 반하는 불법·부당한 영업 또는 업무처리를 한 때

③ 제1항 및 제2항에 따른 제재기준은 총회에서 정한다.

④ 제1항의 제재는 총회에서 재적정회원 3분의 2 이상의 출석과 출석정회원 3분의 2 이상의 찬성으로 결의한다.

⑤ 제1항에 따라 제재대상이 된 회원은 당해 제재를 하려는 총회에 출석하여 그에 관한 소명을 할 수 있다. 다만, 의결권은 행사할 수 없다.

제3장 기관

제1절 총회

제22조(총회의 종류 및 소집시기)

① 총회는 정기총회와 임시총회로 구분한다.

② 정기총회는 매 회계연도 개시 전 1개월 이내에 개최한다.

③ 임시총회는 다음 각 호의 어느 하나에 해당하는 경우에 소집한다.

1. 회장이 필요하다고 인정할 때

2. 이사회가 총회의 소집을 요구한 때

3. 재적정회원 5분의 1 이상이 회의의 목적사항과 소집의 이유를 기재한 서면을 제출하여 총회의 소집을 요구한 때

④ 회장은 제3항제2호 또는 제3호에 해당하는 경우에는 그 요구를 받은 날부터 15일 이내에 총회를 소집하여야 한다.

⑤ 회장이 필요하다고 인정하는 경우에는 총회를 소집하지 않고 서면으로 결의할 수 있다.

제23조(총회의 소집권자)

총회는 회장이 소집한다. 다만, 관계 법령에 다른 규정이 있는 경우에는 그에 따른다.

제24조 (총회의 소집방법)

총회를 소집할 때에는 회의의 일시, 장소, 목적사항 및 소집의 이유를 기재하여 총회일 1주간 전까지 회원에게 서면 또는 전자문서로 통지하여야 한다. 다만, 회장이 긴급히 소집할 필요가 있다고 인정하는 경우에는 그 기간을 단축할 수 있다.

제25조(총회의 의장)

① 총회의 의장(이하 이 절에서 '의장'이라 한다)은 회장이 된다.

② 의장의 유고 시에는 제35조 제2항에 따른 회장의 직무대행자가 의장이 된다.

제26조(총회의 의결권)

① 총회의 의결권은 하나의 정회원에 대하여 1개로 한다.

② 준회원 및 특별회원은 의결권이 없다.

③ 다음 각 호의 경우에는 정회원은 총회에서 의결권을 행사할 수 없다.

1. 협회와 회원간의 법률상의 소송의 개시 및 해결에 관한 사항인 경우

2. 금전 및 재산의 수수를 수반하는 사항으로서 협회와 회원의 이해가 상반되는 경우

3. 이 정관에 따라 의결권이 제한되는 경우

4. 그 밖에 총회의 의안에 대하여 특별한 이해관계가 있는 경우. 다만, 당해 의안에 대한 의결권만 해당한다.

④ 정회원의 대표이사가 총회에 출석할 수 없는 때에는 대표이사의 위임을 받은 임직원이 대리하여 총회에 출석할 수 있다. 이 경우 협회에 위임장을 제출하여야 한다.

제27조(총회의 결의사항)

총회는 다음 각 호의 사항을 의결한다.

1. 정관의 변경에 관한 사항

2. 협회의 해산에 관한 사항

3. 회원의 제재에 관한 사항

4. 사업계획, 예산 및 결산의 승인에 관한 사항

5. 회장, 임원 및 감사의 선임과 해임에 관한 사항

6. 회비에 관한 사항

7. 그 밖에 이사회 또는 회장이 필요하다고 인정하는 사항

제28조 (총회의 성립 및 결의방법)

총회는 재적정회원 과반수의 출석으로 성립하며, 출석정회원 과반수의 찬성으로 결의한다. 다만, 이 정관에 이와 다르게 정한 경우에는 그에 따른다.

제29조(총회 의사록)

① 의장은 총회의 의사진행에 관한 경과요령과 그 결과를 기재한 의사록을 작성하여야 한다.

② 제1항의 의사록은 의장과 출석한 이사가 기명날인 또는 서명하여 원본은 주된 사무소에 비치하고, 사본은 각 회원에게 송부한다.

제2절 임원

제30조(임원의 수)

① 협회에 다음 각 호의 임원을 둔다.

1. 회장 1인

2. 다음 각 목의 이사 11인

　가. 채권추심업을 영위하는 정회원의 대표이사 중에서 선임한 이사 9인

　나. 신용조회업을 영위하는 정회원의 대표이사 중에서 선임한 이사 2인

3. 감사 1인

② 회장 및 이사는 「민법」제57조에 따른 이사로 한다.

제30조의 2 (부회장)

① 협회는 이사 중에서 다음 각 호의 부회장을 둘 수 있다.

1. 수석부회장 1인

2. 부회장 4인(수석부회장 포함)

　가. 채권추심업 : 3인

　나. 신용조회업 : 1인

3. 감사 1인

② 제1항의 수석부회장 및 부회장은 이사회의 의결로 선임하며, 임기는 본인의 이사 임기로 한다.

제31조(임원의 자격)

다음 각 호의 어느 하나에 해당하는 자는 협회의 임원이 될 수 없다.

1. 피성년후견인 또는 피한정후견인

2. 파산선고를 받고 복권되지 아니한 자

3. 금고 이상의 실형을 선고받고 그 집행이 끝나거나(집행이 끝난 것으로 보는 경우를 포함한다) 집행이 면제된 날부터 3년이 지나지 아니한 자

4. 금고 이상의 형의 집행유예를 선고받고 그 유예기간 중에 있는 자

5. 금융 관련 법령을 위반하여 벌금형의 선고를 받고 5년이 지나지 아니한 자

6. 금융 관련 법령을 위반하여 해임되거나 면직된 후 5년이 지나지 아니한 자

제32조(임원의 선임 및 임기)

① 회장은 후보추천위원회에서 추천한 후보자를 대상으로 총회에서 선임한다.

② 이사 및 감사는 정회원의 대표이사 중에서 이사회의 추천을 받아 총회에서 선임하며, 비상임으로 한다.

③ 임원의 임기는 3년으로 하고, 연임할 수 있다.

④ 제3항에도 불구하고 차기 임원을 선임하기 전에 임기가 만료된 경우 차기 임원 선임시까지 현 임원의 임기를 연장한다.

⑤ 후보추천위원회의 구성 및 운영, 회장선출에 관한 절차 및 방법 등 세부사항은 이사회에서 정하는 규정에 따른다.

제33조(임원 결원 시의 선임)

① 임원에 결원이 생긴 때에는 총회에서 임원을 보결선임한다. 다만, 재적임원 총수가 7인 이상이고 제30조 제2항 각 호의 임원 수가 각 각 1인 이상인 경우에는 다음 정기총회 시까지 궐위된 임원의 보결선임을 하지 아니할 수 있다.

② 보결임원의 임기는 전임자의 잔여기간으로 한다.

제34조(임원의 의무)

① 임원은 관계 법령 및 이 정관에 따라 협회를 위하여 그 직무를 충실하게 수행하여야 한다.

② 임원은 재임 시뿐만 아니라 퇴임 후에도 직무상 알게 된 비밀을 누설하여서는 아니 된다.

③ 임원은 협회에 현저한 손해를 끼칠 우려가 있는 사실 등을 알게 된 때에는 지체 없이 이를 감사에게 알려야 한다.

제35조(임원의 직무)

① 회장은 협회를 대표하고 그 업무를 총괄한다.

② 회장의 유고 시에는 다음 각 호의 순으로 그 직무를 대행한다.

1. 수석부회장
2. 부회장 중 그 직위에 먼저 선임된 자, 연장자
3. 이사 중 그 직위에 먼저 선임된 자, 연장자

③ 회장을 제외한 임원의 직무는 이사회가 정한다.

제36조(임원의 보수와 퇴직금)

① 상임임원의 보수한도 및 퇴직금 지급기준은 총회에서 정한다.

② 상임임원의 보수는 제1항의 보수한도에서 이사회에서 정한다.

③ 비상임임원에게는 보수를 지급하지 아니한다.

제3절 감사

제37조 (감사의 수와 선임) 〈삭제〉 2015.5.27.

제38조(감사의 직무 등)

① 감사는 감사에 관하여 감사록을 작성하여야 한다.

② 감사록에는 감사의 실시요령과 그 결과를 기재하고 감사가 기명날인 또는 서명하여야 한다.

제39조(감사록의 작성)

① 감사는 감사에 관하여 감사록을 작성하여야 한다.

② 감사록에는 감사의 실시요령과 그 결과를 기재하고 감사가 기명날인 또는 서명하여야 한다.

제4절 이사회

제40조 (이사회의 구성)

이사회는 제30조 제1항제1호 및 제2호의 임원(이하 이 절에서 '이사'라 한다)으로 구성한다.

제41조(이사회의 의장)

① 이사회의 의장(이하 이 절에서 '의장'이라 한다)은 회장이 된다.

② 회장의 유고 시에는 제35조 제2항에 따른 회장의 직무대행자가 의장이 된다.

제42조(이사회의 소집)

① 이사회는 다음 각 호의 어느 하나에 해당하는 경우에 회장이 소집한다.

1. 회장이 필요하다고 인정할 때

2. 재적이사 5분의 1 이상이 이사회의 소집을 요구한 때

3. 감사가 회의의 목적사항과 그 소집의 이유를 기재한 서면을 제출하여 이사회의 소집을 요구
   한 때

② 이사회를 소집하고자 할 때에는 회의의 일시, 장소, 목적사항과 소집이유를 기재하여 회의
일 3일 전까지 각 이사 및 감사에게 서면 또는 전자문서로 통지하여야 한다. 다만, 회장이 긴급
히 소집할 필요가 있다고 인정하는 경우 또는 이사 전원 및 감사의 동의가 있는 경우에는 그 기
간을 단축할 수 있다.

③ 회장이 필요하다고 인정하는 경우에는 이사회를 소집하지 않고 서면으로 결의할 수 있다.

제43조(이사회의 결의사항)

① 이사회는 다음 각 호의 사항을 의결한다.

1. 총회에 상정할 의안에 관한 사항

2. 사업계획, 예산 및 결산에 관한 사항

3. 이 정관에서 이사회의 의결사항으로 정한 사항

4. 총회에서 위임한 사항

5. 회원의 입회 및 그 종류의 전환에 관한 사항

6. 업무에 관한 규정 등 내규의 제정, 개정 및 폐지에 관한 사항

7. 그 밖에 이사회 또는 회장이 필요하다고 인정하는 사항

② 이사회는 필요하다고 인정하는 경우에는 제1항 각 호의 사항에 대한 결정권을 구체적인 기준과 범위를 정하여 회장에게 위임할 수 있다.

제44조(이사회의 결의방법)

① 이사회는 재적이사 과반수의 출석으로 성립하며, 출석이사 과반수의 찬성으로 결의한다.

② 제1항에도 불구하고 정관의 변경, 회원에 대한 제재, 해산은 재적이사 3분의 2 이상의 찬성으로 결의한다.

③ 제46조 제1항 및 제2항에 따라 사업권역별 위원회가 결의한 사항은 이사회에 보고하여 추인을 받으면 이사회의 결의사항으로 인정한다.

④ 제3항의 경우에 사업권역별 위원회의 의결사항을 이사회가 추인하지 아니하면 총회의 결의에 따라 결정한다.

⑤ 제26조 제3항은 이사의 의결권 제한에 관하여 이를 준용한다.

제45조(이사회 의사록)

① 의장은 이사회의 의사록을 작성하여 의장과 출석한 이사 및 감사가 기명날인 또는 서명하여 주된 사무소에 비치하여야 한다.

② 제1항의 의사록에는 의사의 안건, 경과요령, 그 결과, 반대하는 자와 그 반대이유를 기재하여야 한다.

제5절 위원회

제46조(사업권역별 위원회)

① 협회는 회원이 영위하는 사업의 권역별로 그 고유한 업무에 관한 협의 · 조정 · 결정 등을 위하여 총회의 결의로 다음 각 호의 위원회를 둔다.

1. 채권추심업위원회

2. 신용조회업위원회

② 제1항 각 호의 위원회는 해당 사업을 영위하는 정회원으로 구성하며, 그 운영에 관하여 필요한 사항은 이사회에서 정한다.

③ 업권별 고유한 업무에 대하여 이해상충 또는 분쟁이 발생한 경우에는 제1항 각 호의 사업권역별 위원회의 위원장과 회장이 합의하여 처리한다.

제47조(이사회내 위원회)

① 협회는 제5조 각 호의 업무를 행하기 위하여 필요한 경우에는 총회의 결의로 각 종의 위원회를 둘 수 있다.

② 제1항에 따른 위원회의 구성 및 운영에 관하여 필요한 사항은 이사회에서 정한다.

제6절 사무조직 및 직원 등

제48조(사무조직 및 직원)

① 협회는 그 업무처리를 위하여 필요한 조직과 직원을 둔다.

② 협회에 두는 조직, 직원의 정원, 직원의 보수 및 퇴직금 지급기준 등에 관한 사항은 이사회에서 정한다.

③ 직원은 회장이 임면한다.

제49조(고문)

① 협회에 약간 명의 고문을 둘 수 있다.

② 고문은 신용정보업에 관한 식견과 경험이 풍부한 자 중에서 이사회의 동의를 얻어 회장이 위촉한다.

③ 고문은 회장의 자문에 응하고 회장의 요구가 있을 때에는 이사회, 그 밖의 회의에 출석하여 의견을 진술하여야 한다.

④ 고문에게는 이사회에서 정하는 바에 따라 보수를 지급할 수 있다.

제4장 자산 및 회계

제50조(자산)
협회의 자산은 적립금, 회비, 기부금 등으로 구성한다.

제51조(적립금)
① 협회는 설립목적을 달성하기 위하여 적립금을 축적할 수 있다.
② 제1항의 적립금의 운용에 관한 사항은 이사회에서 정한다.

제52조 (기금의 조성)
협회는 설립목적을 달성하기 위하여 필요한 경우에는 회원의 출연으로 협회의 고유사업에 관한 회계(이하 '고유회계'라 한다)의 자산과 구분되는 별도의 기금을 조성할 수 있다.

제53조 (회계연도)
협회의 회계연도는 매년 1월 1일부터 12월 31일까지로 한다.

제54조 (구분 계리의 원칙)
협회는 제5조 각 호의 업무 중 고유업무와 구분하여 계리할 필요가 있는 업무에 대하여는 이사회에서 정하는 바에 따라 업무별로 회계를 구분하여 계리하여야 한다.

제55조(예산)
① 회장은 매 회계연도의 예산안을 편성하여 회계연도 개시 전까지 총회의 승인을 얻어야 한다.
② 회장은 예산이 회계연도 개시 전에 확정되지 아니한 때에는 당해 회계연도에 계상된 금액으로서 지출이 불가피한 금액은 이를 집행할 수 있다. 이 경우 직전회계연도 예산의 집행액을 초과할 수 없다.
③ 회장은 예산 외의 지출이 필요하거나 예산의 부족이 예상되는 경우에는 추가경정예산안을 편성하여 총회의 승인을 얻어야 한다.
④ 제1항의 예산안 중 공통비를 제외한 업권별 직접예산은 제46조 제1항의 사업권역별 위원회 의결안으로 편성한다.

제56조(수입)

협회의 업무수행을 위하여 필요한 경비는 적립금, 회비, 기부금과 그 밖의 수입으로 충당한다.

제57조(결산)

① 회장은 매 회계연도 종료일에 제계정을 결산한 후 다음 각 호의 서류(이하 '재무제표'라 한다) 및 사업보고서를 작성하여 이사회의 승인을 얻은 후 정기총회일의 2주간 전까지 이를 감사에게 제출하여야 한다.

1. 대차대조표 및 부속명세서

2. 수지계산서 및 부속명세서

3. 수지차익처분안 또는 수지차손처리안

② 감사는 제1항에 따른 서류를 제출받은 날부터 1주간 내에 감사보고서를 작성하여 회장에게 제출하여야 한다.

③ 회장은 매 회계연도의 재무제표를 정기총회에 제출하여 그 승인을 요구하여야 한다.

④ 회장은 매 회계연도의 사업보고서를 정기총회에 제출하여 그 내용을 보고하여야 한다.

제5장 보칙

제58조(협회의 해산)

① 협회는 총회가 해산을 결의한 때에 해산한다.

② 제1항의 결의는 재적정회원 3분의 2 이상의 찬성으로 결정한다.

③ 제1항에 따라 협회가 해산하는 경우 잔여재산의 처분 등에 관하여는 총회에서 정한다.

제59조(업무규정)

① 협회는 제2조의 목적을 달성하기 위하여 필요한 사항을 이사회의 결의를 거쳐 회원의 업무규정으로 정할 수 있다.

② 회장은 정관 및 제 규정을 시행하기 위하여 필요한 세부적인 사항을 따로 정할 수 있다.

부 칙

제1조(시행일) 이 정관은 금융위원회의 허가를 받은 날부터 시행한다.

제2조 (임원 및 집행임원에 대한 경과조치) 이 정관 시행일 이전에 임원 또는 집행임원으로 선임된 자는 이 정관에 의하여 선임된 것으로 본다.

제3조 (금치산자 등에 대한 경과조치) 제31조 제1호의 개정 규정에 따른 피성년후견인 및 피한정

후견인에는 금치산 또는 한정치산 선고를 받고 그 효력이 유지되고 있는 자를 포함하는 것으로 본다.

[서식 – 그 외 관련 서식은 서식 중복기재 회피를 위하여 제1편 비영리사단법인 및 제2편 비영리재단법인 해당 서식을 참고하기 바란다]

나. 설립허가

(1) 허가기준

금융위원회는 비영리법인 설립허가 신청의 내용이 다음의 기준에 맞는 경우에는 그 설립을 허가하여야 한다(규칙 제5조).

• 법인의 목적과 사업이 실현가능할 것
• 목적사업을 할 수 있는 충분한 능력이 있고 재정적 기초가 확립되어 있거나 확립될 수 있을 것
• 다른 법인과 같은 명칭이 아닐 것

(2) 심사 및 허가기간

(가) 심사 등

금융위원회는 비영리법인 설립허가 신청을 받았을 때에는 특별한 사유가 없으면 20일 이내에 심사하여 허가 또는 불허가 처분을 하고 서면으로 신청인에게 그 결과를 통지하여야 한다. 이 경우 허가를 할 때에는 별지 제2호 서식의 비영리법인 설립허가증을 발급하고, 별지 제3호 서식의 비영리법인 설립허가대장에 필요한 사항을 적어야 한다.

(나) 자료제출 요구

금융위원회는 허가 또는 불허가 처분을 하기 위하여 필요하다고 인정되면 신청인에게 기간을 정하여 필요한 자료의 제출 또는 설명을 요구할 수 있다. 이 경우 그에 걸리는 기간은 제2항 전단의 기간에 산입(算入)하지 아니한다.

(다) 조건부허가

금융위원회는 비영리법인의 설립허가를 할 때에는 필요한 조건을 붙일 수 있다.

■ 금융위원회 소관 비영리법인의 설립 및 감독에 관한 규칙 [별지 제2호 서식] 〈개정 2015.12.15.〉

(앞쪽)

제   호

비영리법인 설립허가증

1. 법인 명칭:

2. 소 재 지:

3. 대 표 자
   ○ 성   명:
   ○ 생년월일:
   ○ 주   소:

4. 사업 내용:

5. 허가 조건:

「민법」 제32조 및 「금융위원회 소관 비영리법인의 설립 및 감독에 관한 규칙」 제5조에 따라 위 법인의 설립을 허가합니다.

년   월   일

금융위원회   직인

210mm×297mm[백상지 150g/㎡]

준 수 사 항

1. 「민법」 및 「금융위원회 소관 비영리법인의 설립 및 감독에 관한 규칙」 등 관련 법령과 정관에서 정한 내용을 준수하여야 합니다.

2. 정관에서 정하는 목적사업 중 다른 법률에 따른 허가·인가·등록·신고의 대상이 되는 사업을 하려는 경우에는 관련 법령에 따른 절차를 거쳐야 합니다.

3. 매 사업연도 종료 후 2개월 내에 다음의 서류를 금융위원회에 제출하여야 합니다.
   가. 해당 사업연도의 사업실적 및 수입·지출 결산서 1부
   나. 해당 사업연도 말 현재의 재산목록 1부
   다. 다음 사업연도의 사업계획 및 수입·지출 예산서 1부

4. 다음의 어느 하나에 해당되는 경우에는 「민법」 제38조에 따라 법인의 설립허가를 취소할 수 있습니다.
   가. 설립 목적 외의 사업을 하였을 경우
   나. 설립허가의 조건을 위반하였을 경우
   다. 그 밖에 공익을 해치는 행위를 하였을 경우

5. 법인이 해산(파산으로 인한 해산은 제외합니다)하였을 때에는 해산 등기를 마친 후 지체 없이 금융위원회에 해산신고를 하여야 합니다.

6. 법인의 청산이 종결되었을 때에는 등기한 후 금융위원회에 신고하여야 합니다.

210mm×297mm[백상지 150g/㎡]

[서식 _ 비영리법인 설립허가대장]

■ 금융위원회 소관 비영리법인의 설립 및 감독에 관한 규칙 [별지 제3호 서식] 〈개정 2015.12.15.〉

비영리법인 설립허가대장

허가 번호	법인 명칭	사무소		대표 자 성 명	허 가 연월 일	기능 및 목적	주관부서	담당자
		소재지	전화번호					

210mm×297mm[백상지 80g/㎡]

다. 설립 관련 보고

(1) 재산이전

비영리법인의 설립허가를 받은 자는 그 허가를 받은 후 지체 없이 기본재산 및 운영재산을 비영리법인에 이전(移轉)하고 허가를 받은 날부터 1개월 이내에 그 이전을 증명하는 서류(등기소 또는 금융회사 등의 증명서를 말한다)를 금융위원회에 제출하여야 한다(규칙 제6조).

(2) 병인등기사항증명서 확인

비영리법인은 「민법」 제49조부터 제52조까지의 규정에 따라 비영리법인 설립 등의 등기를 하였을 때에는 10일 이내에 그 사실을 금융위원회에 보고하여야 한다. 이 경우 금융위원회는 「전자정부법」 제36조 제1항에 따른 행정정보의 공동이용을 통하여 법인등기사항증명서를 확인하여야 한다.

3. 허가 후 절차

가. 정관 변경의 허가 신청

「민법」 제42조 제2항, 제45조 제3항 또는 제46조에 따른 정관 변경의 허가를 받으려는 비영리법인은 별지 제4호 서식의 비영리법인 정관 변경허가 신청서에 다음 각 호의 서류를 첨부하여 금융위원회에 제출하여야 한다(규칙 제7조).

- 정관 변경 사유서 1부
- 개정될 정관(신·구조문대비표를 첨부한다) 1부
- 정관 변경과 관계되는 총회 또는 이사회의 회의록 등의 서류 1부
- 기본재산의 처분에 따른 정관 변경인 경우에는 처분 목적, 처분재산의 목록, 처분방법 등을 적은 서류 1부

■ 금융위원회 소관 비영리법인의 설립 및 감독에 관한 규칙 [별지 제4호 서식] 〈개정 2015.12.15.〉

비영리법인 정관 변경허가 신청서

접수번호	접수일자	처리일자	처리기간	**20일**

신청인	성명		생년월일	
	주소		전화번호	

법 인	명칭		전화번호	
	소재지			
	설립허가 연월일		설립허가번호	

대표자	성명		생년월일	
	주소		전화번호	

「민법」 제42 조제2항, 제45조 제3항 또는 제46조 및 「금융위원회 소관 비영리법인의 설립 및 감독에 관한 규칙」 제7조에 따라 위와 같이 정관 변경허가를 신청합니다.

년   월   일

신청인   (서명 또는 인)

금융위원회   귀하

첨부서류	1. 정관 변경 사유서 1부 2. 개정될 정관(신ㆍ구조문대비표를 첨부합니다) 1부 3. 정관 변경과 관계되는 총회 또는 이사회의 회의록 등의 서류 1부 4. 기본재산의 처분에 따른 정관 변경인 경우에는 처분 목적, 처분재산의 목록, 처분 방법 등을 적은 서류 1부	수수료 없음

처리절차

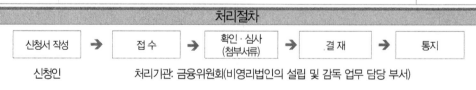

신청서 작성 → 접 수 → 확인ㆍ심사(첨부서류) → 결 재 → 통 지

신청인   처리기관: 금융위원회(비영리법인의 설립 및 감독 업무 담당 부서)

210mm×297mm[백상지 80g/㎡ 또는 중질지 80g/㎡]

[서식 - 그 외 관련 서식은 서식 중복기재 회피를 위하여 제1편 비영리사단법인 및 제2편 비영리재단법인 해당 서식을 참고하기 바란다]

나. 사업실적 및 사업계획 등의 보고

비영리법인은 매 사업연도가 끝난 후 2개월 이내에 다음의 서류를 금융위원회에 제출하여야 한다(규칙 제8조).

• 해당 사업연도의 사업실적 및 수입·지출 결산서 1부
• 해당 사업연도 말 현재의 재산목록 1부
• 다음 사업연도의 사업계획 및 수입·지출 예산서 1부

다. 법인 사무의 검사·감독

(1) 검사 및 감독

금융위원회는 「민법」 제37조에 따른 비영리법인 사무의 검사 및 감독을 위하여 필요하다고 인정되는 경우에는 비영리법인에 관계 서류·장부 또는 그 밖의 참고자료의 제출을 명하거나, 소속 공무원에게 비영리법인의 사무 및 재산 상황을 검사하게 할 수 있으며(규칙 제9조), 이에 따라 비영리법인의 사무 및 재산 상황을 검사하는 공무원은 그 자격을 증명하는 증표를 관계인에게 보여 주어야 한다.

(2) 시정명령

금융위원회는 「민법」 제38조에 규정된 사유가 발생하거나 발생할 우려가 있다고 인정되는 경우에는 시정명령을 할 수 있다.

[전문개정 2012. 4. 12.]

4. 해산 등

가. 설립허가의 취소

주무관청은 법인이 목적이외의 사업을 하거나 설립허가의 조건에 위반하거나 기타 공익을 해하는 행위를 한때에는 그 허가를 취소할 수 있는데, 이에 따라 비영리법인의 설립허가를 취소하려면 청문을 하여야 한다(규칙 제10조).

나. 해산신고

(1) 해산신고 및 첨부서류

비영리법인이 해산(파산으로 인한 해산은 제외한다)한 경우 그 비영리법인의 청산인은 「민법」 제85

조 제1항에 따라 해산등기를 마친 후 지체 없이 별지 제5호 서식의 비영리법인 해산 신고서에 다음 각 호의 서류를 첨부하여 금융위원회에 제출하여야 한다(규칙 제11조). 〈개정 2015. 12. 15.〉

- 해산 당시의 재산목록 1부
- 잔여재산 처분방법의 개요를 적은 서류 1부
- 해산 당시의 정관 1부
- 사단법인이 총회의 결의에 의하여 해산하였을 때에는 그 결의를 한 총회의 회의록 1부
- 재단법인이 정관에 따라 이사회의 결의에 의하여 해산하였을 때에는 그 결의를 한 이사회의 회의록 1부

(2) 법인등기사항증명서 확인

신청서를 제출받은 금융위원회는 「전자정부법」 제36조 제1항에 따른 행정정보의 공동이용을 통하여 법인등기사항증명서를 확인하여야 한다.

■ 금융위원회 소관 비영리법인의 설립 및 감독에 관한 규칙 [별지 제5호 서식] 〈개정 2015.12.15.〉

비영리법인 해산 신고서

접수번호		접수일자	처리일자	처리기간	10일
청산인	성명			생년월일	
	주소			전화번호	
청산법인	명칭			전화번호	
	소재지				

해산 연월일	
해산 사유	

「민법」 제86조 및 「금융위원회 소관 비영리법인의 설립 및 감독에 관한 규칙」 제11조에 따라 위와 같이 법인 해산을 신고합니다.

년   월   일

신고인

(서명 또는 인)

금 융 위 원 회   귀하

첨부서류	1. 해산 당시의 재산목록 1부 2. 잔여재산 처분방법의 개요를 적은 서류 1부 3. 해산 당시의 정관 1부 4. 사단법인이 총회 결의에 의하여 해산하였을 때에는 그 결의를 한 총회의 회의록 1부 5. 재단법인이 정관에 따라 이사회의 결의에 의하여 해산하였을 때에는 그 결의를 한 이사회의 회의록 1부	수수료 없 음
담당공무원 확인사항	법인등기사항증명서	

처리절차

신고서 작성	→	접 수	→	확인·심사 (첨부서류)	→	결재
신고인		처리기관: 금융위원회(비영리법인의 설립 및 감독 업무 담당 부서)				

210mm×297mm[백상지 80g/㎡ 또는 중질지 80g/㎡]

다. 잔여재산 처분허가의 신청

비영리법인의 이사 또는 청산인은 「민법」 제80조 제2항에 따라 잔여재산의 처분에 대한 허가를 받으려면 별지 제6호 서식의 잔여재산 처분허가 신청서에 다음의 서류를 첨부하여 금융위원회에 제출하여야 한다(규칙 제12조). 〈개정 2015. 12. 15.〉

• 해산 당시의 정관 1부(해산신고 시 정관과의 확인이 필요한 경우에만 제출한다)

• 총회의 회의록 1부(사단법인의 해산신고 시에 제출한 서류만으로 확인이 되지 아니할 경우에만 제출한다)

■ 금융위원회 소관 비영리법인의 설립 및 감독에 관한 규칙 [별지 제6호 서식] 〈신설 2015.12.15.〉

잔여재산 처분허가 신청서

접수번호		접수일		처리기간	10일

| 신청법인 | 명칭 | | 전화번호 | |
| | 소재지 | | | |

| 대표자
(이사 · 청산인) | 성명 | | 생년월일 | |
| | 주소 | | 전화번호 | |

처분재산	종류 및 수량	
	금액	
	처분방법	

처분사유	

「민법」 제80조 제2항 및 「금융위원회 소관 비영리법인의 설립 및 감독에 관한 규칙」 제12조에 따라 위와 같이 잔여재산 처분허가를 신청합니다.

년 월 일

신청인

(서명 또는 인)

금융위원회 귀하

신청인 제출서류	1. 해산 당시의 정관 1부(해산신고 시 정관과의 확인이 필요한 경우에만 제출합니다) 2. 총회의 회의록 사본 1부(사단법인의 해산신고 시에 제출한 서류만으로 확인이 되지 않을 경우에만 제출합니다)	수수료 없음

처리절차

신청서 작성	→	접수	→	확인 · 심사 (첨부서류)	→	결재 (위원회)	→	결과 통지
신청인		처리기관 : 금융위원회(비영리법인의 설립 및 감독 업무 담당부서)						

210mm×297mm[백상지 80g/㎡]

라. 청산 종결의 신고

비영리법인의 청산이 종결되었을 때에는 그 비영리법인의 청산인은 「민법」 제94조에 따라 그 취지를 등기하고, 별지 제7호 서식의 청산종결 신고서를 금융위원회에 제출하여야 한다. 이 경우 금융위원회는 「전자정부법」 제36조 제1항에 따른 행정정보의 공동이용을 통하여 법인등기사항증명서를 확인하여야 한다(규칙 제13조).

■ 금융위원회 소관 비영리법인의 설립 및 감독에 관한 규칙 [별지 제7호 서식] 〈신설 2015.12.15.〉

청산종결 신고서

접수번호	접수일자	처리일자	처리기간	**즉시**

청 산 인	성명		생년월일	
	주소		전화번호	

청산법인	명칭	전화번호
	소재지	

청산 연월일	
청산 취지	

「민법」제94조 및 「금융위원회 소관 비영리법인의 설립 및 감독에 관한 규칙」 제13조에 따라 위와 같이 청산 종결을 신고합니다.

년   월   일

신고인

(서명 또는 인)

금융위원회   귀하

담당 공무원 확인사항	법인등기사항증명서	수수료 없음

처리 절차

신고서 작성	→	접 수	→	서류 확인 및 검토	→	결 재
신고인		처리기관: 금융위원회(비영리법인의 설립 및 감독 업무 담당 부서)				

210mm×297mm[백상지 80g/㎡]

제8장 국가보훈처 소관 비영리법인 설립

1. 개관

국가보훈처 소관 비영리법인의 설립 및 감독에 관한 규칙(이하 '규칙'이라고만 함)은 「민법」에 따라 국가보훈처장이 주무관청이 되는 비영리법인의 설립 및 감독에 필요한 사항을 규정함을 목적으로 하며, 이에 따른 비영리법인(이하 '법인'이라 한다)의 설립허가, 법인 사무의 검사 및 감독 등에 관하여는 다른 법령에 특별한 규정이 있는 경우를 제외하고는 이 규칙에서 정하는 바에 따른다. 본장은 국가보훈처 소관 비영리법인의 설립과 관련한 일반절차인 설립허가신청 및 관련 첨부서류 그리고 정관변경허가신청, 사업계획보고 등에 관한 내용들을 정리하였다. 그 외 관련서류들은 제1편 비영리사단법인 및 제2편 비영리재단법인 관련 내용부분을 참고하기 바란다.

2. 설립허가절차

가 설립허가의 신청

(1) 신청 및 첨부서류

「민법」 제32조에 따라 비영리법인의 설립허가를 받으려는 자(이하 '설립발기인'이라 한다)는 별지 제1호 서식의 비영리법인 설립허가 신청서에 다음의 서류를 첨부하여 국가보훈처장에게 제출하여야 한다(규칙 제3조).

- 설립발기인의 성명 · 생년월일(외국인의 경우에는 외국인등록번호를 말한다. 이하 같다) · 주소 및 약력을 적은 서류(설립발기인이 법인인 경우에는 그 명칭, 주된 사무소의 소재지, 대표자의 성명 · 생년월일 · 주소를 적은 서류 및 정관) 1부
- 설립하려는 비영리법인의 정관 1부
- 재산목록(재단법인의 경우에는 기본재산과 운영재산으로 구분하여 적어야 한다) 및 그 증명서류와 출연(出捐) 신청이 있는 경우에는 그 사실을 증명하는 서류 각 1부
- 해당 사업연도분의 사업계획 및 수입 · 지출 예산을 적은 서류 1부
- 임원 취임 예정자의 성명 · 생년월일 · 주소 · 약력을 적은 서류 및 취임승낙서 각 1부
- 창립총회 회의록(설립발기인이 법인인 경우에는 비영리법인 설립에 관한 의사 결정을 증명하는 서류) 1부

(2) 등기사항증명서 확인

신청서를 받은 국가보훈처장은 「전자정부법」 제36조 제1항에 따른 행정정보의 공동이용을 통하여 토지 · 건물 등기사항증명서를 확인하여야 한다.

■ 국가보훈처 소관 비영리법인의 설립 및 감독에 관한 규칙 [별지 제1호 서식] 〈개정 2015.12.30.〉

비영리법인 설립허가 신청서

접수번호		접수일	처리일	처리기간	20일

대표 신청인	성명		생년월일 (외국인등록번호)	
	주소		전화번호	

법 인	명칭		전화번호	
	소재지			
	대표자 성명		생년월일 (외국인등록번호)	
	주소		전화번호	

「민법」 제32조 및 「국가보훈처 소관 비영리법인의 설립 및 감독에 관한 규칙」 제3조에 따라 위와 같이 비영리법인 설립허가를 신청합니다.

년　　월　　일

신청인

(서명 또는 인)

국가보훈처장 귀하

신청인 제출서류	1. 설립발기인의 성명 · 생년월일(외국인의 경우에는 외국인등록번호) · 주소 및 약력을 적은 서류(설립발기인이 법인인 경우에는 그 명칭, 주된 사무소의 소재지, 대표자의 성명 · 생년월일 · 주소를 적은 서류 및 정관) 1부 2. 설립하려는 비영리법인의 정관 1부 3. 재산목록(재단법인의 경우에는 기본재산과 운영재산으로 구분하여 적어야 합니다) 및 그 증명서류와 출연(出捐)의 신청이 있는 경우에는 그 사실을 증명하는 서류 각 1부 4. 해당 사업연도분의 사업계획 및 수입 · 지출 예산을 적은 서류 1부 5. 임원 취임 예정자의 성명 · 생년월일(외국인의 경우에는 외국인등록번호) · 주소 및 약력을 적은 서류 및 취임승낙서 각 1부 6. 창립총회 회의록(설립발기인이 법인인 경우에는 비영리법인 설립에 관한 의사 결정을 증명하는 서류) 1부	수수료 없음
담당 공무원 확인사항	재산목록에 적힌 재산의 토지 · 건물 등기사항증명서	

처리절차

신청서 작성	→	접수	→	확인	→	결재	→	허가증 작성	→	허가증 발급
신청인				처리 기관: 국가보훈처						

210mm×297mm[백상지(80g/㎡) 또는 중질지(80g/㎡)]

제1장 총칙

제1조 (명칭)

본회는 사단법인 5 · 18민주화운동부상자회(이하. 본회)라고 칭한다.

제2조 (목적)

본회는 「5 · 18민주유공자 예우에 관한 법률」(이하 '법률'이라 한다.)에 따라 5 · 18민주화운동의 정신을 계승 선양하며, 회원의 자활 · 자립 및 복리증진과 지역사회와 국가발전 및 민주주의 수호와 조국의 평화통일에 기여함을 목적으로 한다. (개정 2017.11.2)

제3조 (소재지)

본회의 본부사무소는 광주광역시에 둔다.

제4조

① 본회는 정관 제2조의 목적을 달성하기 위하여 다음 각 호의 사업을 수행한다.

1. 5 · 18민주화운동의 정신 계승을 위한 선양사업
2. 장애인복지법 제29조의 규정에 따라 장애인으로 등록된 5 · 18민주화운동부상자와 법률 제4조 제2호의 규정에 의한 5 · 18민주화운동부상자의 자활 · 자립 및 가족에 대한 복리증진을 도모하기 위한 복지사업 (개정 2017.11.2)
3. 지역사회와 국가발전을 위한 봉사사업
4. 민주주의 수호와 조국의 평화통일을 위한 협력사업

② 제1항의 사업을 수행하기 위하여 이사회의 의결을 거쳐 수익사업을 전개할 수 있다.

제2장 회원

제5조 (회원의 자격)

본회의 회원은 법률 제4조 제2호의 규정에 의한 5 · 18민주화운동부상자 또는 부상자의 직계존비속 중 5 · 18관련단체 회원이 아닌 자로 한다.

제6조 (회원의 가입)

본회의 회원으로 가입하고자 하는 자는 다음 각 호의 사항을 준비하여 본회의 사무처에 등록한 후 이사회의 승인을 받아야 한다.

1. 입회원서

2. 회원신상카드

3. 유공자증 사본(앞·뒤면)

4. 회비자동입금전표

5. 법인출연금 10만원

6. 입회금 30만원(2010.1.16개정)

7. 주민등록등본 1통

제7조 (회원의 의무)

본회의 회원은 다음의 의무를 갖는다.

1. 회비 납부의 의무(월5,000원)

2. 본회의 총회 및 각종 회의나 행사에 참석할 의무

3. 본회 정관과 규칙 및 의결사항을 준수할 의무

제8조 (회원의 권리)

본회의 회원은 다음의 권리를 갖는다.

1. 발언권

2. 선거권 및 피선거권

3. 정보 및 자료를 제공받을 권리

4. 제4조의 각종 사업에 참여할 권리

제9조 (회원의 탈퇴)

본회를 탈퇴하고자 하는 회원은 탈퇴서를 서면으로 제출하여 이사회의 승인을 받아야 한다.

제3장 조직

제10조 (조직구성)

1. 회의 조직은 본부·지부·직할지부·지회를 두며, 지부·지회의 설립과 운영에 관한 사항은 내부규칙으로 정한다.

2. 본회의 기관은 총회, 이사회, 사무처로 구성하며, 이사회와 사무처의 운영에 관한 사항은 내

부규칙으로 정한다.

3. 정관 제4조의 사업을 수행하기 위하여 특별위원회를 둘 수 있고, 특별위원회의 구성과 운영에 관한 사항은 내부규칙으로 정한다.

제11조 (대의원)

본회의 대의원에 관한 사항은 다음과 같다.

1. 총회를 위한 대의원수는 총회 2개월 전 본회 등록회원의 10%로 한다. (2008.1.19.개정)

2. 대의원은 늦어도 총회 개회일 10일전까지 선출하여야 하며, 선출에 관한 사항은 내부규칙으로 정한다.

3. 대의원은 본회의 정회원으로서 정관과 내부규칙에 결격사유가 없어야 하며, 임기는 3년으로 하되 임원의 임기만료 30일전에 대의원의 임기는 종료한다.

제12조 (고문)

본회는 고문을 둘 수 있으며, 이사회의 의결로 위촉한다.

제4장 임원

제13조 (임원의 종류 및 정수)

본회의 임원은 다음 각 호의 종류와 정수를 둔다.

1. 회 장 1인

2. 부회장 2인

3. 사무총장 1인

4. 이 사 16인 이내(회장, 부회장, 사무총장 포함)(2010.1.16개정)

5. 감 사 3인

제14조 (임원의 선출)

본회의 임원 선출은 다음과 같이 각 각 선출한다.

1. 회장, 이사 및 감사는 총회에서 선출한다.(2010.1.16개정)

2. 회장후보는 정관 제15조, 정관내부규칙 제7조① ② ③ 항에 위배되지 아니한 자는 누구나 회장후보 자격이 될 수 있으며, 대의원의 직접투표로 선출한다. 단, 회장선출에 대한 필요한 사항은 내부규칙으로 정한다.(2010.1.16개정)

3. 부회장·사무총장은 총회에서 선출된 이사 중에서 회장이 임명하고, 이사회의 승인을 얻어

야 한다.

4. 이사 또는 감사 중에 결원이 생긴 때는 2개월 이내에 이사회에서 보선하여야 한다. 단, 이사의 잔여 임기가 6개월 미만인 경우에는 보선하지 아니한다.

제15조 (임원의 자격)

임원으로 추천될 수 있는 자는 다음 각 호의 자격을 갖추어야 하며, 정관 등 제반규정에 의한 결격사유가 없어야 한다.

1. 5 · 18정신이 투철하고 봉사정신이 있는 회원이어야 한다.
2. 대내외적으로 덕망이 있고 본회의 발전을 위하여 적극적으로 참여할 수 있는 회원이어야 한다.
3. 상이등급이 1급에서 14급에 해당하는 회원이어야 한다.

제16조 (임원의 자격상실)

1. 임원이 자신의 영리를 목적으로 본회의 발전과 명예를 저해시켰다고 인정될 때는 이사회의 의결로 징계할 수 있으며, 총회의 의결로 임원자격을 상실시킬 수 있다.
2. 이사가 통보 없이 이사회에 연속 2회 이상 불참할 때에는 이사회의 의결로 임원자격을 일정기간 제한할 수 있다.(2009.17개정)
3. 임원의 해임은 이사회의 의결을 거쳐야 한다.

제17조 (임원의 임기)

1. 회장의 임기는 3년으로 하되 1회에 한하여 연임 할 수 있다.
2. 부회장 · 이사 · 감사 및 사무총장의 임기는 3년으로 하되 연임할 수 있다.
3. 보선에 의하여 취임하는 임원의 임기는 전임자의 잔여임기로 한다.

제18조 (임원의 직무)

1. 회장은 본회를 대표하며, 본회의 제반업무를 총괄한다.
2. 부회장은 회장을 보좌한다.
3. 사무총장은 이사회의 의결과 회장의 명을 받아 회무를 집행한다.
4. 감사는 본회의 회계 및 회계와 관련된 제반 업무를 감사하여 총회에 감사 보고를 하고, 시정사항이 이행되지 않을 때는 주무관청에 감사보고를 할 수 있다.
5. 이사는 이사회에 출석하여 본회의 업무에 관한 안건을 심의 의결한다.

제19조 (회장의 권한대행)

1. 회장의 유고시 잔여임기가 1년 미만일 때는 이사회의 의결에 따라 부회장이 권한을 대행한다.
2. 회장의 유고시 잔여임기가 1년 이상일 때는 부회장 중에서 연장자가 1개월 이내에 회장 선출의 절차를 밟아야 한다.

제5장 회의

제20조 (총회)

본회의 임원은 다음 각 호의 종류와 정수를 둔다.

1. 본회는 최고의결기관으로 정기총회와 임시총회를 두며, 총회는 대의원과 임원으로 구성한다.
2. 정기총회는 매년 1월중에 개회하고, 임시총회는 이사회 또는 회장의 요구가 있을 때, 또는 대의원 1/3이상이 총회의 안건을 제시하고 소집을 요구할 때 개회할 수 있다.
3. 사무총장 1인
4. 이 사 15인 이내(회장, 부회장, 사무총장 포함)(2010.1.16개정)
5. 감 사 3인

제21조 (총회 소집)

1. 회장은 총회를 소집하고 그 의장이 된다.
2. 회장은 총회를 개회하고자 할 때는 개회일 7일전까지 총회의 목적과 내용을 명시하여 각 대의원에게 서면으로 총회소집을 공고하여야 한다.

제22조 (총회 의결사항)

총회의 의결사항은 다음과 같다.

1. 정관 개정에 관한 안건
2. 임원의 선출과 해임에 관한 안건
3. 예산안 및 결산안의 승인에 관한 안건
4. 사업 실적 및 계획의 승인에 관한 안건
5. 법인등록 재산의 처분에 관한 안건(법인자산, 특별기금)
6. 본회의 해산에 관한 안건

7. 이사회에서 상정한 안건

제23조 (월례회)
본회의 발전을 위하여 현안사항에 관한 보고 및 의견 수렴 등을 위하여 월례회를 개최할 수 있다. (개정 2017.11.2)

제24조 (이사회)
1. 이사회는 회장, 부회장, 사무총장, 이사, 지부장으로 구성한다. (2016.4.1개정)
2. 이사회는 수시로 개회할 수 있으며, 회장 또는 재적이사 1/3이상이 회의의 안건을 제시하고 소집을 요구할 때 개회한다.

제25조 (이사회의 소집)
1. 회장은 이사회를 소집하고 그 의장이 된다.
2. 회장은 이사회를 개회하고자 할 때 개회일 7일전까지 이사회 안건을 명시하여 각 임원에게 서면으로 이사회소집을 공고하여야 한다.

제26조 (이사회 의결사항)
1. 회장은 본회를 대표하며, 본회의 제반업무를 총괄한다.
2. 부회장은 회장을 보좌한다.
3. 사무총장은 이사회의 의결과 회장의 명을 받아 회무를 집행한다.
4. 감사는 본회의 회계 및 회계와 관련된 제반 업무를 감사하여 총회에 감사 보고를 하고, 시정 사항이 이행되지 않을 때는 주무관청에 감사보고를 할 수 있다.
5. 이사는 이사회에 출석하여 본회의 업무에 관한 안건을 심의 의결한다.

제27조 (성원 및 의결정족수)
총회와 이사회의 성원은 각 재적인원 과반수 출석으로 하고, 재석인원 과반수 찬성으로 의결하며, 본회 정관의 개정은 재석인원 3분의 2이상의 찬성으로 의결한다. 다만, 정당한 절차와 방법에 따른 총회와 이사회 소집에도 불구하고 연속 2회 이상 성원의 미달로 총회와 이사회 개회가 불가능한 경우에는 재적인원 1/3이상 출석으로 개회할 수 있다.

제28조 (의결권의 위임)

대의원 및 임원은 총회나 이사회에 특별한 사유로 불참할 때에는 서면으로 의결권을 위임하여 행사할 수 있다. 단, 선거권은 위임할 수 없다.

제29조 (회의록)

총회 및 이사회의 회의록을 작성하여 비치하여야 한다.

제6장 재정

제30조 (회계년도)

본회의 회계년도는 주무관청 일반회계의 회계년도에 따른다.

제31조 (재정수입)

본회의 재정수입은 다음과 같다.

1. 회원의 회비, 입회비, 법인출연금, 후원회비 또는 찬조금
2. 국가 또는 지방자치단체의 보조금
3. 수익사업을 통한 수익금
4. 독지가의 후원금 또는 기부금

제32조 (재정지출)

본회의 재정지출에 관한 사항은 내부규칙으로 정하는 바에 따른 다. 단, 법인출연금과 특별회계로 관리하는 재정의 지출에 관한 사항은 반드시 총회 의 의결을 거쳐야 한다.

제32조-1 (지정기부금)

지정기부금의 관리방법은 다음과 같다. (2011.1.15 신설)

1. 수입을 회원의 이익이 아닌 공익을 위하여 사용하고 사업의 직접 수혜자가 불특정다수여야 한다.
2. 연간기부금 모금액과 활용실적을 매년 3월말까지 홈페이지에 공개한다.
3. (삭제2017.11.2)

<개정 2017.11.2>

제33조 (경조사시 부조금 지급)

회원과 배우자 및 직계가족의 애경사시에는 내부규칙에 따라 부조금을 지급할 수 있다.

제34조 (사업실적 및 사업계획 등의 제출)

본회의 사업실적 및 사업계획은 매 회계연도 종료 후 늦어도 2개월 이내에 다음 각 호의 서류를 주무관청에 제출하여야 한다.

1. 다음 연도의 사업계획서 및 수지예산서 각 1부
2. 당해 연도의 사업실적서 및 수지결산서 각 1부
3. 당해 연도말 현재의 재산목록 1부

제7장 상벌

제35조 (상)

본회에 지대한 공로가 있다고 인정된 자를 본회의 명으로 표창할 수 있으며, 주무관청의 승인을 받아 대통령의 표창을 건의할 수 있다. 그 결정은 이사회에서 심의하여 의결한다.

제36조 (징계)

1. 본회 목적사업 수행과 존속을 위해 다음 각 호에 해당된 회원은 이사회의 의결로 징계할 수 있다

   • 본 정관 목적에 크게 위배되거나 의결사항을 위반한 자
   • 본회의 명예를 훼손하였거나 현저한 피해를 입힌 자

2. 본회의 회원 중 회비를 5회 이상 미납한자는 이사회의 결정에 따라 자격을 정지 할 수 있다. 다만, 이사회의 의결에 따라 그럴만한 타당한 사유가 있다고 인정되는 자는 예외로 한다.

3. 징계의 종류는 경고, 자격정지, 제명 등이며, 결정은 이사회의 2/3이상의 찬성으로 한다.

   • 경고 : 자숙을 권고하는 것으로 태도의 변화가 보이지 않을 시는 중징계에 처한다.
   • 자격정지 : 회원의 자격을 정지하는 것으로 그 기간은 1종은 6개월, 2종은 1년으로 한다.
   • 제명 : 회원의 자격을 상실한다. 단, 세부사항은 내부규칙으로 정한다. (2008.1.19개정)
   • 제명된 자나 임의탈퇴자는 납부된 회비 및 법인금 출연금 일체를 반납 받지 못한다.

제8장 보칙

제37조 (해산)

본회는 영구존속을 그 원칙으로 하나 부득이한 경우에 한하여 총회 결의에 의하여 해산할 수 있다. 다만, 해산 시는 총회의 재석 대의원 2/3이상의 찬성을 얻어 주무관청의 승인을 받아야 한다.

제38조 (청산)

본회를 청산할 경우에는 이사 중에서 청산위원회를 구성하여 청산하고 해산시 잔여재산은 국가, 지방자치단체 또는 유사한 목적을 가진 다른 비영리법인에게 귀속하도록 한다. (개정 2017.11.2)

제39조 (준용)

정관에 규정되지 아니한 사항은 민법 중 사단법인에 관한 규정과 주무관청 소관 「비영리 법인 설립 및 감독에 관한 규정」을 준용한다.

부칙 (2003. 7. 19. 제정)

제1조 (시행일)

본 정관은 주무관청에서 허가 받아 관할 법원에 등기를 설립한 날로부터 그 효력을 발생한다.

제2조 (설립임원)

최초 설립임원은 설립위원회에서 선출하여 설립총회에 보고한 다음 주무관청의 승인을 받도록 한다.

제3조 (최초대의원)

최초 대의원의 선출은 설립임원의 임기만료로 개최되는 총회를 앞두고 시행하도록 한다.

제4조 (재산승계)

구 법인의 재산은 새 법인의 재산으로 일괄 승계한다.

제5조 (업무승계)

구 법인의 재산은 새 법인의 재산으로 일괄 승계한다.

[서식 – 그 외 관련 서식은 서식 중복기재 회피를 위하여 제1편 비영리사단법인 및 제2편 비영리재단법인 해당 서식을 참고하기 바란다]

나. 설립허가

(1) 허가기준

국가보훈처장은 비영리법인 설립허가 신청의 내용이 다음 각 호의 기준에 맞는 경우에만 그 설립을 허가할 수 있다(규칙 제4조). 〈개정 2016. 6. 29.〉

- 비영리법인의 설립목적과 사업이 실현 가능할 것
- 목적사업을 할 수 있는 충분한 능력이 있고, 재정적 기초가 확립되어 있거나 확립될 수 있을 것
- 설립목적이 다음 각 목에 해당하는 법인과 같은 것으로 오인되지 아니할 것
- 「참전유공자 예우 및 단체설립에 관한 법률」 제18조에 따라 설립된 대한민국6·25참전유공자회, 같은 법 제18조의2에 따라 설립된 대한민국월남전참전자회
- 「고엽제후유의증 등 환자지원 및 단체설립에 관한 법률」 제9조에 따라 설립된 대한민국고엽제전우회
- 「특수임무유공자 예우 및 단체설립에 관한 법률」 제54조에 따라 설립된 대한민국특수임무유공자회
- 「국가유공자 등 단체 설립에 관한 법률」 제1조에서 정한 단체
- 「대한민국재향군인회법」 제1조에 따라 설립된 대한민국재향군인회
- 이 규칙에 따라 이미 허가된 비영리법인
- 다음 각 목에 해당하는 사람을 회원으로 하여 권익신장을 도모하지 아니할 것
- 「독립유공자예우에 관한 법률」 제4조 및 제5조에 따른 독립유공자와 그 유족 또는 가족
- 「국가유공자 등 예우 및 지원에 관한 법률」 제4조 제1항 및 제5조에 따른 국가유공자와 그 유족 또는 가족
- 「참전유공자 예우 및 단체설립에 관한 법률」 제3조에 따른 참전유공자
- 「고엽제후유의증 등 환자지원 및 단체설립에 관한 법률」 제3조 및 제7조9항에 따른 고엽제후유증 환자·고엽제후유증 2세 환자와 그 유족 또는 가족
- 「5·18민주유공자예우에 관한 법률」 제4조 및 제5조에 따른 5·18민주유공자와 그 유족 또는 가족
- 「특수임무유공자 예우 및 단체설립에 관한 법률」 제3조 및 제4조에 따른 특수임무유공자와 그

유족 또는 가족

• 다른 법인과 같은 명칭이 아닐 것

(2) 심사 및 허가기간

국가보훈처장은 비영리법인 설립허가 신청을 받았을 때에는 특별한 사유가 없으면 그 신청을 받은 날부터 20일 이내에 심사하여 허가 또는 불허가 처분을 하고, 그 결과를 신청인에게 서면으로 통지하여야 한다. 이 경우 설립을 허가하였을 때에는 별지 제2호 서식의 비영리법인 설립허가증을 발급하고, 별지 제3호 서식의 비영리법인 설립허가 대장에 필요한 사항을 적어야 한다.

(3) 조건부허가

국가보훈처장은 비영리법인의 설립을 허가할 때 필요한 조건을 붙일 수 있다.

다. 설립 관련 보고

(1) 재산이전

비영리법인의 설립허가를 받은 자는 그 허가를 받은 후 지체 없이 기본재산 및 운영재산을 비영리법인에 이전(移轉)하고, 허가를 받은 날부터 1개월 이내에 그 이전을 증명하는 서류(등기소 또는 금융회사 등에서 발급한 증명서를 말한다)를 국가보훈처장에게 제출하여야 한다(규칙 제5조).

(2) 등기사항증명서 확인

비영리법인은 「민법」 제49조부터 제52조까지의 규정에 따라 비영리법인 설립 등의 등기를 하였을 때에는 10일 이내에 그 사실을 국가보훈처장에게 보고하여야 한다. 이 경우 국가보훈처장은 「전자정부법」 제36조 제1항에 따른 행정정보의 공동이용을 통하여 법인 등기사항증명서를 확인하여야 한다.

3. 허가 후 절차

가. 정관 변경의 허가 신청

「민법」 제42조 제2항, 제45조 제3항 또는 제46조에 따른 정관 변경의 허가를 받으려는 비영리법인은 별지 제4호 서식의 비영리법인 정관 변경허가 신청서에 다음의 서류를 첨부하여 국가보훈처장에게 제출하여야 한다(규칙 제6조).

- 정관 변경 사유서 1부

- 개정될 정관(신 · 구조문대비표를 첨부한다) 1부

- 정관 변경과 관련된 총회 또는 이사회의 회의록 1부

- 기본재산의 처분에 따른 정관 변경인 경우에는 처분 사유, 처분재산의 목록 및 처분 방법 등을
  적은 서류 1부

■ 국가보훈처 소관 비영리법인의 설립 및 감독에 관한 규칙 [별지 제4호 서식] 〈개정 2015.12.30.〉

비영리법인 정관 변경허가 신청서

접수번호	접수일	처리일	처리기간 7일

신청인	성명		생년월일 (외국인등록번호)
	주소		전화번호

법인	명칭		전화번호
	소재지		
	설립 허가일		설립허가번호
	대표자 성명		생년월일 (외국인등록번호)
	주소		

「민법」 제42조 제2항, 제45조 제3항 또는 제46조 및 「국가보훈처 소관 비영리법인의 설립 및 감독에 관한 규칙」 제6조에 따라 위와 같이 정관 변경허가를 신청합니다.

년   월   일

신청인   (서명 또는 인)

국가보훈처장 귀하

첨부서류	1. 정관 변경 사유서 1부 2. 개정될 정관(신·구조문대비표를 첨부한다) 1부 3. 정관 변경과 관련된 총회 또는 이사회의 회의록 1부 4. 기본재산의 처분에 따른 정관 변경인 경우에는 처분 사유, 처분재산의 목록, 처분 방법 등을 적은 서류 1부	수수료 없음

처리절차

신청서 작성	→	접수	→	서류 확인 및 검토	→	결재	→	결과 통지
신청인				처리 기관 : 국가보훈처				

210mm×297mm[백상지(80g/㎡) 또는 중질지(80g/㎡)]

[서식 – 그 외 관련 서식은 서식 중복기재 회피를 위하여 제1편 비영리사단법인 및 제2편 비영리재단법인 해당 서식을 참고하기 바란다.]

나. 사업실적 및 사업계획 등의 보고

비영리법인은 매 사업연도가 끝난 후 2개월 이내에 다음의 서류를 국가보훈처장에게 제출하여야 한다(규칙 제7조).

- 다음 사업연도의 사업계획 및 수입 · 지출 예산서 1부
- 해당 사업연도의 사업실적 및 수입 · 지출 결산서 1부
- 해당 사업연도 말 현재의 재산목록 1부

다. 비영리법인 사무의 검사 · 감독

국가보훈처장은 「민법」 제37조에 따른 비영리법인 사무의 검사 및 감독을 위하여 불가피한 경우에는 해당 비영리법인에 관계 서류 · 장부 또는 그 밖의 참고자료의 제출을 명하거나 소속 공무원에게 비영리법인의 사무 및 재산상황을 검사하게 할 수 있으며(규칙 제8조), 이에 따라 비영리법인의 사무를 검사하는 공무원은 그 자격을 증명하는 증표를 관계인에게 보여 주어야 한다.

4. 해산 등

가. 설립허가의 취소

주무관청은 법인이 목적이외의 사업을 하거나 설립허가의 조건에 위반하거나 기타 공익을 해하는 행위를 한때에는 그 허가를 취소할 수 있는데, 이에 따라 비영리법인의 설립허가를 취소하려면 청문을 하여야 한다(규칙 제9조).

나. 해산신고

(1) 신고 및 첨부서류

비영리법인이 해산(파산으로 인한 해산은 제외한다)하였을 때에는 그 청산인은 「민법」 제85조 제1항에 따라 해산등기를 마친 후 지체 없이 별지 제5호 서식의 비영리법인 해산신고서에 다음의 서류를 첨부하여 국가보훈처장에게 제출하여야 한다(규칙 제10조).

- 해산 당시의 재산목록 1부
- 잔여재산 처분 방법의 개요를 적은 서류 1부
- 해산 당시의 정관 1부
- 사단법인이 총회의 결의에 따라 해산하였을 때에는 그 결의를 한 총회의 회의록 1부

• 재단법인의 해산 시 이사회가 해산을 결의하였을 때에는 그 결의를 한 이사회의 회의록 1부

(2) 등기사항증명서 확인

신고서를 받은 국가보훈처장은 「전자정부법」 제36조 제1항에 따른 행정정보의 공동이용을 통하여 법인 등기사항증명서를 확인하여야 한다.

■ 국가보훈처 소관 비영리법인의 설립 및 감독에 관한 규칙 [별지 제5호 서식] 〈개정 2015.12.30.〉

비영리법인 해산신고서

접수번호	접수일	처리일	처 리 기 간 즉시

청산인	성명		생년월일 (외국인등록번호)	
	주소		전화번호	

청산법인	명칭		전화번호	
	소재지			

해산 연월일

해산 사유

청산인 대표권의 제한 내용(대표권이 제한되는 경우에만 적습니다)

「민법」 제85조 제1항 및 「국가보훈처 소관 비영리법인의 설립 및 감독에 관한 규칙」 제10조에 따라 위와 같이 비영리법인의 해산을 신고합니다.

년   월   일

신고인

(서명 또는 인)

국가보훈처장 귀하

신고인 제출서류	1. 해산 당시의 재산목록 1부 2. 잔여재산 처분 방법의 개요를 적은 서류 1부 3. 해산 당시의 정관 1부 4. 사단법인이 총회의 결의에 따라 해산하였을 때에는 그 결의를 한 총회의 회의록 1부 5. 재단법인의 해산 시 이사회가 해산을 결의하였을 때에는 그 결의를 한 이사회의 회의록 1부	수수료 없음
담당 공무원 확인사항	법인 등기사항증명서	

처리절차

신고서 작성	→	접수	→	서류 확인 및 검토	→	결재
신고인		처리 기관: 국가보훈처				

210mm×297mm[백상지(80g/㎡) 또는 중질지(80g/㎡)]

다. 잔여재산 처분허가의 신청 등

비영리법인의 이사 또는 청산인은 「민법」 제80조 제2항에 따라 잔여재산의 처분에 대한 허가를 받으려면 별지 제6호 서식의 잔여재산 처분허가 신청서에 다음의 서류를 첨부하여 국가보훈처장에게 제출하여야 한다(규칙 제11조).

• 해산 당시의 정관 1부(해산신고 시의 정관을 확인할 필요가 있는 경우에만 제출한다)

• 총회의 회의록 1부(사단법인의 해산신고 시에 제출한 서류만으로는 확인이 되지 아니할 경우에만 제출한다)

■ 국가보훈처 소관 비영리법인의 설립 및 감독에 관한 규칙 [별지 제6호 서식] 〈개정 2015.12.30.〉

잔여재산 처분허가 신청서

접수번호	접수일	처리일	처리기간
			7일

신청법인	명칭		전화번호	
	소재지			

대표자 (이사 · 청산인)	성명		생년월일 (외국인등록번호)	
	주소		전화번호	

처분재산	종류 및 수량	
	금액	
	처분 방법	
처분 사유		

「민법」 제80조 제2항 및 「국가보훈처 소관 비영리법인의 설립 및 감독에 관한 규칙」 제11조에 따라 위와 같이 잔여재산 처분허가를 신청합니다.

년   월   일

신청인

(서명 또는 인)

국가보훈처장 귀하

첨부서류	1. 해산 당시의 정관 1부(해산신고 시의 정관을 확인할 필요가 있는 경우에만 제출합니다) 2. 총회의 회의록 1부(사단법인의 해산신고 시에 제출한 서류만으로는 확인이 되지 아니한 　경우 　에만 제출합니다)	수수료 없음

처리절차

신고서 작성	→	접수	→	서류 확인 및 검토	→	결재	→	결과 통지
신고인				처리기관 : 국가보훈처				

210mm×297mm[백상지(80g/㎡) 또는 중질지(80g/㎡)]

라. 청산종결의 신고

청산인은 비영리법인의 청산이 종결되었을 때에는 「민법」 제94조에 따라 등기한 후 별지 제7호 서식의 청산종결 신고서를 국가보훈처장에게 제출하여야 한다. 이 경우 국가보훈처장은 「전자정부법」 제36조 제1항에 따른 행정정보의 공동이용을 통하여 법인 등기사항증명서를 확인하여야 한다 (규칙 제12조).

■ 국가보훈처 소관 비영리법인의 설립 및 감독에 관한 규칙 [별지 제7호 서식] 〈개정 2015.12.30.〉

청산종결 신고서

접수번호	접수일	처리일	처리기간	즉시

청 산 인	성명		생년월일 (외국인등록번호)	
	주소		전화번호	

청산법인	명칭		전화번호	
	소재지			

청산 연월일

청산 취지

「민법」 제94조 및 「국가보훈처 소관 비영리법인의 설립 및 감독에 관한 규칙」 제12조에 따라 위와 같이 청산 종결을 신고합니다.

년   월   일

신고인

(서명 또는 인)

국가보훈처장 귀하

담당 공무원 확인사항	법인 등기사항증명서	수수료 없음

처리절차

신고서 작성	→	접수	→	서류 확인 및 검토	→	결재
신고인		처리 기관: 국가보훈처				

210mm×297mm[백상지(80g/㎡) 또는 중질지(80g/㎡)]

5. 고유식별정보의 처리

국가보훈처장은 다음 각 호의 사무를 수행하기 위하여 불가피한 경우 「개인정보 보호법 시행령」 제19조 제4호에 따른 외국인등록번호가 포함된 자료를 처리할 수 있다(규칙 제13조).

- 제3조에 따른 비영리법인 설립허가에 관한 사무
- 제6조에 따른 비영리법인 정관 변경허가에 관한 사무
- 제10조에 따른 비영리법인 해산신고에 관한 사무
- 제11조에 따른 잔여재산 처분허가에 관한 사무
- 제12조에 따른 청산종결 신고에 관한 사무

제9장 통일부 소관 비영리법인 설립

1. 개관

통일부 소관 비영리법인의 설립 및 감독에 관한 규칙(이하 '규칙'이라고만 함)은 「민법」에 따라 통일부장관이 주무관청이 되는 비영리법인의 설립 및 감독에 필요한 사항을 규정함을 목적으로 하며, 이에 따른 비영리법인(이하 '법인'이라 한다)의 설립허가, 법인 사무의 검사 및 감독 등에 관하여는 다른 법령에 특별한 규정이 있는 경우를 제외하고는 이 규칙에서 정하는 바에 따른다.

본장은 통일부 소관 비영리법인의 설립과 관련한 일반절차인 설립허가신청 및 관련 첨부서류 그리고 정관변경허가신청, 사업계획보고 등에 관한 내용들을 정리하였다. 그 외 관련서류들은 제1편 비영리사단법인 및 제2편 비영리재단법인 관련 내용부분을 참고하기 바란다.

2. 설립허가절차

가. 설립허가의 신청

「민법」 제32조에 따라 법인의 설립허가를 받고자 하는 자(이하 '설립발기인'이라 한다)는 별지 제1호 서식의 법인 설립허가 신청서에 다음의 서류를 첨부하여 통일부장관에게 제출하여야 한다. 이 경우 통일부장관은 제3호의 재산목록에 적힌 재산 중 토지 또는 건물의 등기사항증명서를 「전자정부법」 제36조 제1항에 따른 행정정보의 공동이용을 통하여 확인하여야 한다(규칙 제3조).

- 설립발기인의 성명 · 생년월일 · 주소 및 약력을 적은 서류(설립발기인이 법인인 경우에는 명칭, 주된 사무소의 소재지, 대표자의 성명 · 생년월일 · 주소와 정관을 적은 서류) 1부
- 정관 1부
- 재산목록(재단법인의 경우에는 기본재산과 운영재산으로 구분하여 적어야 한다) 및 그 입증서류와 출연의 신청이 있는 경우에는 그 사실을 증명하는 서류 각 1부
- 해당 사업연도분의 사업계획 및 수입 · 지출예산을 적은 서류 1부
- 임원취임예정자의 성명 · 생년월일 · 주소 및 약력을 적은 서류와 취임승낙서 각 1부
- 창립총회회의록(설립발기인이 법인인 경우에는 법인설립에 관한 의사의 결정을 증명하는 서류) 1부

■ 통일부 소관 비영리법인의 설립 및 감독에 관한 규칙 [별지 제1호 서식] 〈개정 2015.12.28.〉

법인 설립허가 신청서

접수번호	접수일	처리일	처리기간	**20일**

신청인	성명		생년월일	
	주소		전화번호	

법인	명칭		전화번호	
	소재지			

대표자	성명		생년월일	
	주소		전화번호	

「민법」 제32조 및 「통일부 소관 비영리법인의 설립 및 감독에 관한 규칙」 제3조에 따라 위와 같이 법인의 설립허가를 신청합니다.

년   월   일

신청인   (서명 또는 인)

통일부장관   귀하

신청인 제출서류	1. 설립발기인의 성명 · 생년월일 · 주소 · 약력을 적은 서류(설립발기인이 법인인 경우에는 명칭, 주된 사무소의 소재지, 대표자의 성명 · 생년월일 · 주소와 정관을 적은 서류) 1부 2. 정관 1부 3. 재산목록(재단법인의 경우에는 기본재산과 운영재산으로 구분하여 적어야 합니다) 및 그 증명서류와 출연 신청이 있는 경우에는 그 사실을 증명하는 서류 각 1부 4. 해당 사업연도분의 사업계획과 수입 · 지출 예산을 적은 서류 1부 5. 임원취임예정자의 성명 · 생년월일 · 주소 및 약력을 적은 서류와 취임승낙서 각 1부 6. 창립총회회의록(설립발기인이 법인인 경우에는 법인설립에 관한 의사의 결정을 증명하는 서류) 1부 ※ 제3호의 서류 중 담당 공무원이 확인가능한 토지 및 건물의 등기사항증명서는 제출하지 않아도 됩니다.	수수료 없음
담당 공무원 확인사항	재산목록에 적힌 재산 중 토지 또는 건물의 등기사항증명서	

처 리 절 차

신청서 작성 ➡ 접수 ➡ 확인 ➡ 결재 ➡ 허가증 작성 ➡ 허가증 교부

신청인   처리기관: 통일부

210mm×297mm[백상지 80g/㎡]

제 1 장 총 칙

제1조(명칭)
본 회의 명칭은 사단법인 한민족통일여성협의회(이하 협의회)라 한다.

제2조(소재지)
본 협의회 본부는 서울특별시에 두고 전국 광역 시·도 및 해외 협의회와 시·군·구 지회를 둘 수 있다.

제3조(목적)
본 협의회는 정치성을 배제한 순수 여성단체로서 여성들의 통일의지를 결집하여 여성 및 청소년에게 통일의 당위성에 대한 교육과 홍보를 활발하게 전개, 민족의 숙원인 통일과업을 성취하는 데 이바지함을 목적으로 한다.

제4조(사업)
본 협의회는 제3조의 목적을 달성하기 위하여 다음과 같은 사업을 한다.
• 한민족 여성의 동질성 회복에 관한 사업
• 여성 및 청소년의 통일기반 조성을 위한 교육홍보·계도에 관한 사항
• 통일의식 조사 및 연구 출판에 관한 사항
• 탈북 및 실향민 여성 지원에 관한 사항
• 통일을 대비하여 남북한 여성의 문화적 갈등 해소를 위한 준비교육 및 연구에 관한 사업
• 기타 본 협의회의 목적 달성에 필요한 사항

제 2 장 회 원

제5조(회원의 자격)
회원은 대한민국 여성이나 해외동포 여성으로서 본 회의 설립취지를 찬동하고 적극 참여하는 자로 한다.

제6조(회원의 가입)

① 회원으로 가입하고자 하는 자는 소정의 입회원서를 제출하고 입회비를 납부하여야 한다.

② 입회비 및 연회비의 액수와 납부방법은 따로 정한다.

제7조(회원의 권리와 의무)

① 회원은 발의권·선거권·피선거권 및 본 법인의 목적, 활동사업에 참여할 권리를 가진다.

② 회원은 정관 및 제·개정과 총회 및 이사회의 의결사항을 준수하고, 소정의 회비를 납부할 의무를 지닌다.

제8조(회원의 자격 소멸)

① 회원은 사망, 제명의 경우 그 자격을 상실한다.

② 회원이 2년 이상 회비를 납부하지 아니한 때에는 탈퇴한 것으로 본다.

③ 회원은 본인이 탈퇴서를 제출하고 탈퇴할 수 있다.

제9조(회원자격 상실자의 회비처리)

회원자격을 상실한 자가 이미 납부한 입회비와 연회비는 반환하지 아니한다.

제10조(징계)

본 협의회의 임원 또는 회원이 본 협의회에 과오를 범하여 명예를 훼손 또는 위상을 실추시키거나 조직을 와해시키는 경우 이사회의 동의를 얻어 총재가 다음 각항의 징계를 할 수 있다.

- 회원자격 상실과 임원직 해임
- 정권 처분(선거권과 피선거권)
- 제명 처분

제 3 장 임 원

제11조(구성)

본 협의회의 임원은 다음과 같다.

- 총재 1인
- 수석부총재 4인 이내
- 부총재 10인 이내

- 이사(총재, 수석부총재, 부총재 포함) 15인 이상 30인 이내
- 감사 2인 이내

제12조(선출)

임원은 임원 상호 간에 민법 제777조에 규정된 친족관계나 배우자의 삼촌 이내의 혈족관계에 있는 자가 임원정수의 3분의 1을 초과하지 아니하여야 한다.

① 총재와 감사는 총회에서 선출하고, 총회에서 위임받은 임원은 이사회 의결로 선출한다.

② 총재는 본 협의회의 인사위원회에서 추천된 자를 이사회 의결을 거쳐 총회에서 선출한다.

③ 감사는 감사 상호 간 또는 이사와 감사 간에 제1항에 규정된 관계가 없는 자라야 한다.

④ 수석부총재, 부총재, 이사는 총회에서 위임받아 이사회 의결로 선출한다.

⑤ 본 협의회의 임원이 취임 시 사무총장은 통일부장관에게 지체 없이 보고하여야 한다.

제13조(임기)

① 임원의 임기는 3년으로 한다. 단, 2회에 한하여 연임할 수 있다.

② 임원이 임기 중 궐위된 경우 20일 이내에 총재가 이사회의 의결을 거쳐 그 후임자를 선출하되 차기 총회에서 승인을 받아야 하며, 그 임기는 전임자의 잔여기간으로 한다.

제14조(직무)

① 총재는 본 협의회를 대표하고 법인의 업무를 통괄하며 이사회와 총회의 의장이 된다.

② 수석부총재는 총재를 보좌하며 맡은 분야의 직무를 수행하고 총재 유고 시 총재가 지명하는 수석부총재가 총재의 직무를 대행한다.

③ 부총재는 총재와 수석부총재를 보좌하며 맡은 분야의 직무를 담당한다.

④ 기획 · 행정담당은 사업기획 및 행정업무를 담당한다.

⑤ 조직담당은 모든 조직상의 업무를 담당한다.

⑥ 재정담당은 재정업무를 담당한다.

⑦ 문화 · 홍보담당은 홍보 및 문화업무를 담당한다.

⑧ 국제담당은 국제문제 관련 사업 및 해외 협의회와 지속적인 유대증진과 평화통일 촉진업무를 담당한다.

⑨ 여성담당은 여성들의 권익증진과 공동이익에 관한 업무를 담당한다.

⑩ 학술 · 교육담당은 학술연구 및 교육업무를 담당한다

⑪ 대외협력담당은 타 부서에 속하지 않은 업무를 담당한다.

⑫ 감사의 직무는 다음과 같다.

- 법인의 재산상황을 감사하는 일
- 이사회의 운영과 그 업무에 관한 사항을 감사하는 일
- 제1호 및 제2호의 감사결과 부정 또는 부당한 점이 있음을 발견 시 총회 또는 이사회에서 그 시정을 요구하고 감독청에 보고하는 일.
- 제3호를 보고하기 위하여 필요한 때에 총회 또는 이사회의 소집을 요구하는 일.
- 협의회의 재산상황, 총회 또는 이사회의 운영과 그 업무에 관한 사항에 대하여 총재에게 의견을 진술하거나 총회 또는 이사회에서 의견을 진술하는 일.

제 4 장 총 회

제15조(구성)
① 본 협의회의 총회는 최고의결기관으로서 대의원으로 구성한다.
② 대의원의 자격 및 정원에 대한 규정은 따로 정한다.

제16조(소집)
① 총회는 정기총회와 임시총회로 구분한다.
② 정기총회는 연 1회 소집한다.
③ 임시총회는 다음 각호의 경우 소집한다.
- 대의원 3분의 1 이상이 소집을 요구한 때.
- 이사회의 의결로서 소집을 요구한 때.
- 감사의 요구가 있을 때.
- 총재가 필요하다고 생각할 때.

④ 총회는 총재가 소집하며 늦어도 개최 일주일 전까지 회의 목적과 일시, 장소를 서면으로 통지하여야 한다.

제17조(의결 정족수)
① 총회는 별도규정이 없는 한 재적 대의원 과반수의 출석으로 개회하고 출석 대의원 과반수의 찬성으로 의결한다. 다만 가부동수인 경우에는 의장이 결정권을 갖는다.
② 총회의 의결사항은 의사록에 기록, 유지하여야 한다.

제18조(의결사항)

총회는 다음 사항을 의결한다.

- 임원선출

- 법인의 해산 및 정관변경

- 예산 및 결산의 승인

- 사업계획의 승인

- 재산의 매도, 증여, 담보, 대여취득, 기채

- 기타 중요한 사항

제19조(제척사유)

본 협의회의 총재 또는 회원의 총회 의결 제척사유는 다음 각호의 1에 해당하는 경우로 한다.

- 임원의 취임 및 해임에 있어서 자신에 관한 사항

- 금전 및 재산의 수수에 관련되는 사항으로서 총재 또는 회원 자신과 협의회의 이해가 상반되
  는 사항

제 5 장 이 사 회

제20조(구성)

① 이사회는 총재, 수석부총재, 부총재, 이사로 구성한다.

② 광역 시·도 협의회 회장은 중앙 이사회의 당연직 이사가 된다.

제21조(소집)

총재는 다음 각호의 1에 해당하는 경우 그 사유를 명시하여 이사회를 소집하고 그 의장이 된다.

- 총재가 필요하다고 할 때

- 재적이사 3분의 2 이상의 소집요구가 있을 때

- 검사의 소집요구가 있을 때

- 기타 협의회 운영과 관련하여 중요한 사항이 있을 때

제22조(의결정족수)

이사회는 별도규정이 없는 한 재적이사의 과반수 출석으로 개회하고 출석이사의 과반수 찬성으
로 의결한다. 다만 가부동수인 때에는 의장이 결정한다.

제23조(회기)

이사회는 분기별로 개최함을 원칙으로 한다.

제24조(의결사항)

이사회는 다음 사항을 의결한다.

- 업무 집행
- 사업계획의 운영
- 예산결산서 작성
- 총회에서 위임받은 사항
- 정관 변경
- 재산관리
- 정관에 의하여 그 권한에 속하는 사항
- 총회에 부의할 안건의 작성
- 기타 총재가 부의하는 사항

제 6 장 대 의 원

제25조(대의원의 구성)

전국 광역 시·도 협의회 및 시·군·구 지회에서 선출된 대의원으로 구성한다.

제26조(대의원의 자격)

본 협의회의 대의원 자격은 다음 각호에 해당한 자로 한다.

- 본 협의회의 총재를 비롯한 수석부총재, 부총재, 이사와 감사 및 사무총장, 중앙협의회 사무처 실·국장급 이상
- 서울특별시협의회를 비롯한 광역 시·도 협의회 회장을 포함한 각 3인
- 해외 협의회 회장 및 시·군·구 지회장 각 1인으로 한다.

제 7 장 재 정

제27조(재산)

① 본 협의회의 재산은 기본재산과 보통재산으로 구분한다.

② 기본재산은 법인설립 시 그 설립자가 출연한 재산과 이사회에서 기본재산으로 정한 재산으로 한다.

③ 기본재산은 연 1회 그 목록을 작성하여 통일부장관에게 보고하여야 한다.

④ 기본재산의 매도·증여·교환 또는 담보제공 의무의 부담, 권리의 포기 및 기채하는 때에는 사전에 통일부장관의 승인을 얻어야 한다.

제28조(재원)

본 협의회의 재원은 다음 각호의 1에 해당하는 자금으로 충당한다.

- 회원이 납부하는 입회비와 연회비
- 총재를 비롯한 모든 임원이 납부하는 특별회비와 찬조금
- 독지가와 단체의 후원금. 단 시·도, 시·군·구 및 해외 협의회 회비는 자체 운영비로 충당한다.

제29조(회계연도)

본 협의회의 회계연도는 정부의 회계연도에 따른다.

제30조(세입·세출 예산)

본 협의회의 세입·세출 예산은 매 회계연도 개시 1월 전까지 편성하여 이사회의 의결을 거쳐 총회의 승인을 얻어야 한다.

제31조(회계감사)

감사는 회계감사를 연 2회 이상 실시하여야 한다.

제32조(임원의 보수)

임원의 보수에 관한 규정은 따로 정한다. 단, 상근하여 사업운영을 전담하는 이사를 제외한 임원은 보수를 지급하지 아니함을 원칙으로 한다.

제 8 장 부설기관

제33조(부설기관 설립목적)

제3조의 본 협의회 설립목적을 보다 적극적으로 추진하고 여성들의 역할증대를 통하여 통일과

업 성취 및 남북한 여성들이 더불어 행복한 사회를 만드는 데 기여하고자 한다.

제34조(부설기관)

① 통일여성교육원

② 실향민여성법률상담소

③ 가정회복상담소 등을 설치할 수 있다.

제35조(부설기관장)

부설기관의 특성을 고려하여 해당 분야의 업무에 해박한 지식과 경험이 풍부한 전문가 중에서 특임이사장과 교육원장, 상담소장 등을 총재가 임명한다.

제 9 장 명예이사장, 명예총재, 상임고문, 자문위원, 정책연구위원

제36조(명예이사장)

명예이사장은 본 법인의 위상과 대외적인 이미지를 제고할 수 있는 사회 저명인사 중에서 총재가 추대한다.

제37조(명예총재)

명예총재는 전임 총재 중에서 이사회 의결을 거쳐 추대할 수 있다. 단 직전 총재는 당연직 명예총재로 추대한다.

제38조(상임고문)

상임고문은 국내외 인사로서 덕망과 지혜, 통일에 관한 전문지식을 겸비한 인사 중에서 이사회 의결을 거쳐 총재가 추대한다.

제39조(자문위원)

통일에 관한 전문지식과 조예가 깊은 국내외 인사 중 약간 명의 자문위원을 두되 이사회 의결을 거쳐 위촉하여야 하며, 총재의 자문에 응한다.

제40조(정책연구위원)

통일에 관한 전문지식 및 연구 실적이 많은 국내외 인사 중 약간 명의 정책연구위원을 두되 이사회 의결을 거쳐 위촉하며, 통일정책 및 협의회 발전방안 등을 연구한다.

제41조(임기)

본 협의회의 명예이사장, 명예총재, 상임고문, 자문위원, 정책연구위원의 임기 등 필요한 사항은 따로 정한다.

제 10 장 정관 변경

제42조(개정 절차)

본 법인의 정관 개정 발의나 절차는 다음과 같다.

• 임원 3분의 1 이상의 서면 제의가 있을 때

• 대의원 4분의 1 이상의 서면제의가 있을 때.

• 시 · 도 협의회 과반수 이상의 서면 제의가 있을 때

• 관계부처로부터 정관 변경 지시가 있을 때는 본 법인에서 총재가 지명하는 정관개정심의위원을 구성하여 개정안을 마련, 이사회의 의결을 거쳐 총회에서 재적위원 3분의 2의 찬성으로 가결되고 확정한다.

제43조(시행)

개정된 정관은 통일부장관에게 지체 없이 문서로 보고하고, 그 시행 시기는 당국의 승인 통보를 받은 날로부터 그 효력을 가진다.

제 11 장 사 무 처

제44조(설치)

본 협의회의 업무를 수행하기 위하여 사무처를 둔다.

제45조(사무총장)

사무처에는 총재의 명을 받아 사무처의 업무를 관장하는 사무총장과 약간 명의 직원을 둔다.

제46조(직제 및 직원)

사무처 직원의 정수 및 기타 직제에 관해서는 따로 정한다.

제 12 장 상 벌

제47조(포상)

본 협의회의 모든 임원과 명예이사장, 상임고문, 자문위원, 정책연구위원과 여타 인사의 협의회 발전에 대해 현저한 공로가 인정될 때 자체 포상은 물론 관계부처에 이를 추천할 수 있다.

제48조(징계)

본 협의회의 모든 임원 및 회원은 본 협의회의 정관은 물론 법을 명백히 위반했을 경우 다음과 같이 징계한다. 단, 징계의 범위를 정하거나 이를 집행하는 결정은 이사회에서 정한다.
- 임원직 박탈
- 피해에 대한 원상회복을 청구
- 관계당국에 고발 또는 제소 외 기타

제 13 장 해 산

제49조(해산의 사유)

본 협의회는 다음 각호의 사유로 해산한다.
- 통일과업이 성취되어 더 이상 존속의 이유가 없을 때
- 총회에서 재적 대의원 3분의 2 이상의 찬성으로 해산을 의결하였을 때

제50조(해산 후의 잔여재산)

본 협의회가 해산될 때 잔여재산은 통일부장관의 승인을 얻어 국가, 지방자치단체 또는 이 법인과 유사한 단체에 기증한다.

제 14 장 보 칙

제51조(정관의 변경)

본 협의회의 정관을 개정하고자 할 때에는 총회에서 재적 대의원 3분의 2 이상의 찬성으로 의결하여 통일부장관의 허가를 얻어야 한다.

제52조(사업계획 및 실적)

다음년도의 사업계획서 및 예산서와 당해년도의 사업실적 및 수지결산서는 회계연도 종료 후 2

월 이내에 통일부장관에게 제출하여야 한다. 이 경우 재산목록과 업무현황 및 감사결과보고서도 제출하여야 한다.

제53조(규칙)
협의회 운영에 관하여 필요한 규칙은 따로 정한다.

[서식 - 그 외 관련 서식은 서식 중복기재 회피를 위하여 제1편 비영리사단법인 및 제2편 비영리재단법인 해당 서식을 참고하기 바란다]

나. 설립허가

(1) 허가기준
통일부장관은 제3조에 따른 법인 설립허가 신청의 내용이 다음의 기준에 적합한 경우에는 법인설립을 허가하여야 한다(규칙 제4조).
- 법인의 목적과 사업이 실현가능할 것
- 목적하는 사업을 수행할 수 있는 충분한 능력이 있고, 재정적 기초가 확립되어 있거나 확립될 수 있을 것
- 다른 법인과 동일한 명칭이 아닐 것

(2) 심사 및 허가기간
통일부장관은 법인 설립허가 신청서를 받았을 때에는 특별한 사유가 없으면 20일 이내에 심사하여 허가 또는 불허가 처분을 하고, 이를 서면으로 신청인에게 통지하여야 한다. 이 경우 허가를 할 때에는 별지 제2호 서식에 따른 법인 설립허가증을 내어주고 법인 설립허가대장에 필요한 사항을 적어야 한다.

(3) 조건부허가
통일부장관은 법인의 설립허가를 할 때에는 필요한 조건을 붙일 수 있다.

다. 설립관련 보고

(1) 재산이전

법인의 설립허가를 받은 자는 그 허가를 받은 후 지체 없이 기본재산 및 운영재산을 법인에 이전하고, 1개월 이내에 그 이전을 증명하는 등기소나 금융회사 등의 증명서를 통일부장관에게 제출하여야 한다(규칙 제5조).

(2) 설립관련 보고

법인은 「민법」 제49조부터 제52조까지의 규정에 따라 법인설립 등의 등기를 하였을 때에는 10일 이내에 그 사실을 통일부장관에게 서면으로 보고하여야 한다. 이 경우 보고를 받은 통일부장관은 「전자정부법」 제36조 제1항에 따른 행정정보의 공동이용을 통하여 법인 등기사항증명서를 확인하여야 한다.

3. 허가 후 절차

가. 정관변경의 허가신청

(1) 신청 및 첨부서류

「민법」 제42조 제2항, 제45조 제3항 또는 제46조에 따라 정관변경의 허가를 받으려는 법인은 별지 제3호 서식의 정관변경허가 신청서에 다음의 서류를 첨부하여 통일부장관에게 제출하여야 한다(규칙 제6조).

- 변경사유서 1부
- 신·구조문대비표를 포함한 정관개정안 1부
- 정관의 변경과 관계가 있는 총회 또는 이사회의 회의록 1부
- 기본재산의 처분의 사유, 처분 재산의 목록, 처분의 방법 등을 적은 서류(기본재산의 처분에 따른 정관변경이 있는 경우에 한한다) 1부

(2) 심사 및 통지

통일부장관은 정관변경허가신청서를 받았을 때에는 특별한 사유가 없는 한 10일 이내에 심사하여 허가 또는 불허가 처분을 하고, 이를 서면으로 신청인에게 통지하여야 한다.

■ 통일부 소관 비영리법인의 설립 및 감독에 관한 규칙 [별지 제3호 서식] 〈개정 2012.6.13〉

정관변경허가 신청서

접수번호	접수일	처리일	처리기간	10일

신청인	성명		생년월일	
	주소		전화번호	

법인	명칭	전화번호
	소재지	
	설립허가일	설립허가번호

대표자	성명	생년월일
	주소	전화번호

「민법」 제42조 제2항, 제45조 제3항 및 제46조와 「통일부 소관 비영리법인의 설립 및 감독에 관한 규칙」 제6조에 따라 위와 같이 정관의 변경허가를 신청합니다.

년   월   일

신청인   (서명 또는 인)

통일부장관   귀하

신청인 제출서류	1. 정관의 변경 사유서 1부 2. 신·구조문대비표를 포함한 정관개정안 1부 3. 정관의 변경과 관계가 있는 총회 또는 이사회의 회의록 1부 4. 기본재산의 처분의 사유, 처분 재산의 목록, 처분의 방법 등을 적은 서류(기본재산의 처분에 따른 정관변경이 있는 경우만 해당됩니다) 1부	수수료 없음

처리절차

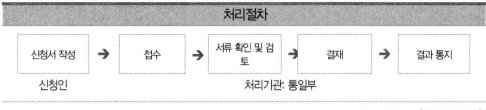

210mm×297mm[백상지 80g/㎡]

[서식 – 그 외 관련 서식은 서식 중복기재 회피를 위하여 제1편 비영리사단법인 및 제2편 비영리재단법인 해당 서식을 참고하기 바란다]

나. 사업실적 및 사업계획 등의 보고

법인은 매 사업연도 종료 후 2개월 이내에 다음의 서류를 통일부장관에게 제출하여야 한다(규칙 제7조).

- 다음 사업연도의 사업계획 및 수입 · 지출예산서 1부
- 해당 사업연도의 사업실적 및 수입 · 지출결산서 1부
- 해당 사업연도 말 현재의 재산목록 1부

다. 법인사무의 검사 · 감독

통일부장관은 「민법」 제37조에 따른 법인사무의 검사와 감독을 위하여 필요하다고 인정되면 법인에게 관계서류 · 장부 그 밖에 참고자료를 제출하게 하거나 소속공무원에게 법인의 사무와 재산상황을 검사하게 할 수 있으며(규칙 제8조), 이에 따라 법인사무를 검사하는 공무원은 그 자격을 증명하는 증표를 관계인에게 내보여야 한다.

4. 해산 등

가. 설립허가의 취소

주무관청은 법인이 목적이외의 사업을 하거나 설립허가의 조건에 위반하거나 기타 공익을 해하는 행위를 한때에는 그 허가를 취소할 수 있는데, 이에 따라 비영리법인의 설립허가를 취소하려면 청문을 하여야 한다(규칙 제9조).

나. 해산신고

법인이 해산한 때(파산에 따른 해산의 경우를 제외한다)에는 청산인은 「민법」 제85조 제1항에 따라 해산등기를 완료한 후 지체 없이 별지 제4호 서식의 법인 해산신고서에 다음의 서류를 첨부하여 통일부장관에게 제출하여야 한다. 이 경우 통일부장관은 「전자정부법」 제36조 제1항에 따른 행정정보의 공동이용을 통하여 법인 등기사항증명서를 확인하여야 하며(규칙 제10조), 특별한 사유가 없으면 즉시 처리하여야 한다.

- 해산 당시의 재산목록 1부
- 잔여재산의 처분방법의 개요를 적은 서류 1부
- 해산 당시의 정관 1부
- 사단법인이 총회의 결의에 따라 해산한 때에는 그 결의를 한 총회의 회의록 1부
- 재단법인이 정관에 따라 해산한 경우로서 이사회가 해산 결의를 한 때에는 그 결의를 한 이사회의 회의록 1부

■ 통일부 소관 비영리법인의 설립 및 감독에 관한 규칙 [별지 제4호 서식] 〈개정 2012.6.13〉

법인 해산신고서

접수번호		접수일	처리일	처리기간	즉시

청산인	성명		생년월일	
	주소		전화번호	

청산법인	명칭		전화번호	
	소재지			

해산 연월일	

해산 사유	

「민법」 제86조 제1항 및 「통일부 소관 비영리법인의 설립 및 감독에 관한 규칙」 제10조에 따라 위와 같이 법인의 해산을 신고합니다.

년   월   일

신고인   (서명 또는 인)

통일부장관   귀하

신고인 제출서류	1. 해산 당시의 재산목록 1부 2. 잔여재산 처분방법의 개요를 적은 서류 1부 3. 해산 당시의 정관 1부 4. 사단법인이 총회의 결의에 의하여 해산하였을 때에는 그 결의를 한 총회의 회의록 1부 5. 재단법인이 정관에 따라 해산한 경우로서 해산 시 이사회가 해산을 결의하였을 때에는 그 결의를 한 이사회의 회의록 1부	수수료 없음
담당 공무원 확인사항	법인 등기사항증명서	

처리절차

신고서 작성	→	접수	→	확인	→	결재
신고인		처리기관: 통일부				

210mm×297mm[백상지 80g/㎡]

다. 잔여재산처분의 허가

해산한 법인의 이사나 청산인이 「민법」 제80조 제2항에 따라 잔여재산의 처분에 대한 허가를 받으려면 별지 제5호 서식의 잔여재산 처분허가 신청서를 통일부장관에게 제출하여야 하며(규칙 제11조), 이 경우 통일부장관은 특별한 사유가 없으면 7일 이내에 심사하여 허가 또는 불허가 처분을 하고, 이를 서면으로 신청인에게 통지하여야 한다.

[서식 _ 잔여재산 처분허가 신청서]

■ 통일부 소관 비영리법인의 설립 및 감독에 관한 규칙 [별지 제5호 서식] 〈개정 2012.6.13〉

잔여재산 처분허가 신청서

접수번호	접수일	처리일	처리기간	7일

| 신청법인 | 명칭 | | 전화번호 | |
| | 소재지 | | | |

| 대표자
(이사 · 청산인) | 성명 | | 생년월일 | |
| | 주소 | | 전화번호 | |

처분재산	종류 및 수량
	금액
	처분방법

처분 사유

「민법」 제80조 제2항 및 「통일부 소관 비영리법인의 설립 및 감독에 관한 규칙」 제11조에 따라 위와 같이 잔여재산 처분허가를 신청합니다.

년   월   일

신청인   (서명 또는 인)

통일부장관   귀하

| 신청인
제출서류 | 1.해산 당시의 정관 1부(해산신고 시의 정관을 확인할 필요가 있는 경우에만 제출합니다)
2.총회의 회의록 1부(사단법인의 해산신고 시에 제출한 서류만으로 확인이 되지 않을 경우에만 제출합니다) | 수수료

없음 |

처리절차

신청서 작성 ➡ 접수 ➡ 확인 ➡ 결재 ➡ 결과 통지

신청인   처리기관: 통일부

210mm×297mm[백상지 80g/㎡]

라. 청산종결의 신고

법인의 청산이 종결되었을 때에는 청산인은 「민법」 제94조에 따라 이를 등기한 후, 지체 없이 별지 제6호 서식의 청산종결 신고서를 통일부장관에게 제출하여야 한다. 이 경우 통일부장관은 「전자정부법」 제36조 제1항에 따른 행정정보의 공동이용을 통하여 법인 등기사항증명서를 확인하여야 하며(규칙 제12조), 청산종결의 신고를 받았을 때에는 특별한 사유가 없으면 즉시 처리하여야 한다.

[서식 _ 청산종결신고서]

■ 통일부 소관 비영리법인의 설립 및 감독에 관한 규칙 [별지 제6호 서식] 〈개정 2012.6.13〉

청산종결 신고서

접수번호		접수일	처리일	처리기간	즉시
청산인	성명			생년월일	
	주소			전화번호	
청산법인	명칭			전화번호	
	소재지				

청산 연월일

청산 취지

「민법」 제94조 및 「통일부 소관 비영리법인의 설립 및 감독에 관한 규칙」 제12조에 따라 위와 같이 청산 종결을 신고합니다.

년   월   일

신고인(청산인)   (서명 또는 인)

통일부장관   귀하

신고인(청산인) 제출서류	없음	수수료 없음
담당 공무원 확인사항	법인 등기사항증명서	

처리절차

신고서 작성	→	접수	→	확인	→	결재
신고인		처리기관: 통일부				

210mm×297mm[백상지 80g/㎡]

제10장 고용노동부 소관 비영리법인 설립

1. 개관

고용노동부 소관 비영리법인의 설립 및 감독에 관한 규칙(이하 '규칙'이라고만 함)은 「민법」에 따라 고용노동부장관이 주무관청이 되는 비영리법인의 설립 및 감독에 필요한 사항을 규정함을 목적으로 하며, 이에 따른 비영리법인(이하 '법인'이라 한다)의 설립허가, 법인 사무의 검사 및 감독 등에 관하여는 다른 법령에 특별한 규정이 있는 경우를 제외하고는 이 규칙에서 정하는 바에 따른다. 본장은 고용노동부 소관 비영리법인의 설립과 관련한 일반절차인 설립허가신청 및 관련 첨부서류 그리고 정관변경허가신청, 사업계획보고 등에 관한 내용들을 정리하였다. 그 외 관련서류들은 제1편 비영리 사단법인 및 제2편 비영리재단법인 관련 내용부분을 참고하기 바란다.

2. 설립허가절차

가. 설립허가의 신청

「민법」 제32조에 따라 법인의 설립허가를 받으려는 자(이하 '설립발기인'이라 한다)는 별지 제1호 서식의 법인 설립허가 신청서에 다음의 서류를 첨부하여 고용노동부장관에게 제출하여야 한다. 이 경우 고용노동부장관은 「전자정부법」 제36조 제1항에 따른 행정정보의 공동이용을 통하여 재산목록에 적힌 재산 중 토지와 건물의 등기사항증명서를 확인하여야 한다(규칙 제3조).

- 설립발기인의 성명 · 생년월일 · 주소 · 약력을 적은 서류(설립발기인이 법인인 경우에는 그 명칭, 주된 사무소의 소재지, 대표자의 성명 · 생년월일 · 주소와 정관을 적은 서류) 1부
- 정관 1부
- 재산목록(재단법인의 경우에는 기본재산과 운영재산으로 구분하여 적어야 한다) 및 그 증명서류와 출연(出捐) 신청이 있는 경우에는 그 사실을 증명하는 서류 각 1부
- 해당 사업연도분의 사업계획 및 수입 · 지출 예산을 적은 서류 1부
- 임원 취임 예정자의 성명 · 생년월일 · 주소 · 약력을 적은 서류 및 취임승낙서 각 1부
- 창립총회 회의록(설립발기인이 법인인 경우에는 법인 설립에 관한 의사 결정을 증명하는 서류) 사본 1부

■ 고용노동부 소관 비영리법인의 설립 및 감독에 관한 규칙 [별지 제1호 서식] 〈개정 2017. 4. 19.〉

법인 설립허가 신청서

접수번호		접수일	처리일	처리기간	**20일**
신청인	성명			생년월일	
	주소			전화번호	
법 인	명칭			전화번호	
	소재지				
대표자	성명			생년월일	
	주소			전화번호	

「민법」 제32조 및 「고용노동부 소관 비영리법인의 설립 및 감독에 관한 규칙」 제3조에 따라 위와 같이 법인 설립허가를 신청합니다.

년 월 일

신청인

(서명 또는 인)

고용노동부장관 귀하

신청인 제출서류	1. 설립발기인의 성명 · 생년월일 · 주소 · 약력을 적은 서류(설립발기인이 법인인 경우에는 그 명칭, 주된 사무소의 소재지, 대표자의 성명 · 생년월일 · 주소와 정관을 적은 서류) 1부 2. 정관 1부 3. 재산목록(재단법인의 경우에는 기본재산과 운영재산으로 구분하여 적어야 합니다) 및 그 증명서류와 출연(出捐) 신청이 있는 경우에는 그 사실을 증명하는 서류 각 1부 4. 해당 사업연도분의 사업계획 및 수입 · 지출 예산을 적은 서류 1부 5. 임원 취임 예정자의 성명 · 생년월일 · 주소 · 약력을 적은 서류 및 취임승낙서 각 1부 6. 창립총회 회의록(설립발기인이 법인인 경우에는 법인 설립에 관한 의사 결정을 증명하는 서류) 1부 ※ 제3호의 서류 중 담당 공무원 확인사항인 증명서류는 제출을 생략합니다.	수수료 없음
담당 공무원 확인사항	재산목록에 적힌 재산 중 토지(건물) 등기사항증명서	

처 리 절 차

신청서 작성	→	접 수	→	확 인	→	결 재	→	허가증 작성	→	허가증 발급
신청인		처리기관: 고용노동부(비영리법인 설립 및 감독 업무 담당부서)								

210mm×297mm(백상지 | 80g/㎡)

제1장 총칙

제1조 (명칭) 이 법인은 '사단법인 안산노동안전센터'라 하며(이하 '본회'라 한다)
영문이름은 'Ansan labOr's Safety Center'로 한다.

제2조 (목적) 본회는 산업재해를 예방하고, 재해에 따른 조치를 통해 안산지역 노동자의 안전하
게 일할 권리를 보호하고 신장하며,
지역사회의 안전을 확대해나감을 목적으로 한다.

제3조 (사업) 본회는 제2조의 목적을 달성하기 위하여 다음 각호의 사업들을 수행한다.
 1. 산업재해 문제에 대한 상담과 이에 따른 조치
 2. 산업재해 문제 예방 및 해결을 위한 캠페인 등 사업
 3. 노동안전 문제에 관한 연구, 조사사업
 4. 안전한 사회를 만들기 위한 제반 활동
 5. 기타 본회의 목적을 실현하기 위한 사업

제4조 (소재지) 본회의 사무소는 안산시 내에 둔다.

제2장 회원

제5조 (회원의 자격) 본회의 회원은 본회의 사업목적과 정관의 제 규정에 따를 것에 동의한 사람
으로서 본회에서 정한 가입신청서를
작성, 제출하고, 정기회비를 납부하는 사람으로 한다.

제6조 (회원의 권리와 의무)
① 회원은 본회의 운영과 활동에 참여하고 선거권, 피선거권, 의결권을 가지며 각종 자료를 제
공받을 권리를 갖는다.
② 회원은 정관을 준수하고 총회, 이사회에서 결의한 사항을 이행하여야 하며 정해진 회비를 납

부하여야 한다.

제7조 (회원의 가입과 탈퇴)

① 본회의 회원 가입을 희망하는 자는 가입신청서를 제출하여야 한다.

② 본회의 회원은 자유의사에 따라 본회를 탈퇴할 수 있으며 탈퇴신청서를 제출한 날로부터 탈퇴한 것으로 간주한다.

제8조 (회원의 제명) 회원이 다음 각호의 사유에 해당하는 경우에는 이사회의 의결을 거쳐 이사장이 제명할 수 있다.

1. 본회의 명예를 손상시키고 사업수행에 중대한 지장을 초래한 경우
2. 1년 이상 회원의 의무를 준수하지 않은 자

제3장 임원

제9조 (임원의 구성) 본회는 다음의 임원을 둔다.

1. 이사장 1인, 이사장을 포함한 이사 3인 이상 15인 이하
2. 감사 1인 이상 2인 이하

제10조 (임원의 선출)

① 임원은 총회에서 선출한다.

② 감사는 감사 상호간 또는 이사와 감사간에 민법 제777조에 규정된 친족관계가 없는 자로 정한다.

제11조 (임원의 임기)

① 임원의 임기는 2년으로 하며 연임할 수 있다. 단 감사는 다른 임원과 겸직할 수 없다.

② 임원의 궐위 시에는 총회에서 다시 선출하며 보선된 임원의 임기는 전임자의 잔여기간으로 한다. 단, 잔여임기가 6개월 미만인

경우는 보선하지 않는다.

제12조 (임원의 결격사유)

① 다음 각호에 해당하는 자는 임원이 될 수 없다.

1. 미성년자

2. 금치산자 또는 한정치산자

3. 파산자로서 복권되지 아니한 자

4. 금고이상의 형을 받고 집행이 종료되거나 집행을 받지 아니하기로 확정된 후 3년이 경과되지 아니한 자

5. 특정경제범죄가중처벌등에관한법률 제14조2항의 규정에 해당되는 자

② 임원이 제1항 각호에 해당하게 된 때에는 그 자격을 상실한다.

제13조 (임원의 직무)

① 이사장은 본회를 대표하고 총회, 이사회의 소집권자 및 의장이 된다. 이사장 유고시에는 미리 이사회가 정한 순으로

그 직무를 대행한다.

② 이사는 이사회를 통하여 이 법인의 주요 사항을 심의, 의결하며 이사회 또는 이사장으로부터 위임받은 사항을 처리한다.

③ 감사는 일반회계 및 운영에 대해 감사하며 부정 또는 부당한 점이 있을 경우 이사회에 시정을 요구하고 그 보고를 위하여

이사회 또는 총회의 소집을 요구할 수 있다.

제4장 총회 및 이사회

제14조 (총회의 구성) 총회는 본회의 최고의결기구이며 전 회원으로 구성한다.

제15조 (총회의 의결사항) 총회는 다음 사항을 심의 의결한다.

1. 임원의 선출과 해임

2. 법인의 해산 및 정관 변경에 관한 사항

3. 사업계획, 예산 및 결산승인에 관한 사항

4. 회비 및 기타 재정에 관한 사항

5. 기타 이사회에서 중요하다고 판단하여 부의한 사항

제16조 (총회의 소집)

① 총회는 정기총회와 임시총회로 구분한다.

② 정기총회는 매 회계연도 말일로부터 2개월 이내에 이사장이 소집한다.

③ 임시총회는 다음 각호에 해당하는 경우 이사장이 소집한다.

　1. 이사장이 필요하다고 인정할 때

　2. 이사회가 필요하다고 결의하여 소집을 요구한 때

　3. 회원 3분의 1이상이 연서명으로 총회의 소집을 요청한 때

　4. 제 12조 3항의 규정에 따라 감사의 요청이 있는 때

제17조 (총회소집의 통보) 총회는 소집일 7일 전까지 의안, 일시 및 장소를 기재하여 서면으로 통지하여야 한다.

제18조 (총회의 제척사유) 의장 또는 회원은 다음 각호에 해당하는 때에는 그 의결에 참여할 수 없다.

　1. 임원의 선임 및 해임에 있어 자신에 관한 사항

　2. 금전 및 재산의 수수에 관련되는 사항으로서 임원 또는 회원 자신과 법인과의 이해가 상반되는 사항

제19조 (개회 및 의결정족수)

총회는 이 정관에서 따로 정한 사항을 제외하고는 재적회원 과반수 출석으로 개회하고, 출석회원 과반수 찬성으로 의결한다.

제20조 (이사회의 구성) 이사회는 총회에서 선임한 이사로 구성하며 이사장이 그 의장이 된다. 감사는 이사회에 출석하여
발언할 수 있다.

제21조 (이사회의 소집)

　① 이사회는 정기이사회와 임시이사회로 구분하며 이사장이 소집한다.

　② 정기이사회는 반기별로 1회 소집하며, 임시이사회는 재적이사 3분의 1이상의 요구가 있거나, 제12조 3항에 따른 감사의 요청이
　있을 때 소집한다.

제22조 (이사회의 직무) 이사회는 다음 각호의 사항을 심의 의결한다.

1. 사업계획 운영에 관한 사항

2. 예산, 결산의 집행 및 재산관리에 관한 사항

3. 총회에서 위임받은 사항 및 총회에 부의할 사항

4. 운영규칙의 제정 또는 개정에 관한 사항

5. 기타 본회 운영과 관련한 중요한 사항

제23조 (개회 및 의결정족수) 이사회는 이 정관에서 따로 정한 사항을 제외하고는 재적이사 과반수 출석으로 개회하고, 출석이사

과반수 찬성으로 의결한다.

제24조 (회의록) 총회 및 이사회의 의사 진행 경과와 결과는 회의록으로 작성해야 하며 의장과 참여 이사가 기명 날인한다.

제5장 운영기구

제25조(운영기구의 구성)

① 본회는 일상업무를 행하기 위해 다음의 위원 및 기구를 둘 수 있다.

1. 자문위원 및 전문위원

2. 사무국 및 기타 필요하다고 인정한 부서

② 상근 직원의 임면 및 운영기구에 관하여는 이사회의 결의로 별도의 규정을 두어 정한다.

제6장 재정 및 회계

제26조 (재산의 구분) 본회의 재산은 기본재산과 운영재산으로 구분한다.

① 기본재산은 이 법인 설립 당시 기본재산으로 출연한 재산과 이사회에서 기본재산으로 편입할 것을 의결할 재산으로 한다.

② 운영재산은 그 이외의 재산으로 한다.

제27조 (수입금) 본회의 수입은 회원의 회비, 본회의 목적 실현을 위한 수익사업으로 취득한 수익금, 기부금 및 기타의 수입으로 한다.

제28조 (회계연도 및 보고)

① 본회의 회계연도는 정부의 회계연도에 준한다.

② 본회는 회계연도 종료 후 1개월 이내에 전년도 사업실적서 및 수지결산서를 작성하여 이사회 의결을 거쳐 총회에 보고한다.

③ 본회는 인터넷 홈페이지를 통해 연간 기부금 모금 내역 및 활용실적을 공개하도록 한다.

제29조 (서류의 보관) 총회의 승인을 받은 서류 및 기타 일체의 회계장부는 본회 사무실에 보관 하여야 한다.

제7장 보칙

제30조 (정관변경) 정관을 개정하고자 할 때에는 이사 3분의 2 이상의 찬성과 총 재적회원 3분의 2이상의 동의를 거쳐
고용노동부장관의 허가를 받아야 한다.

제31조 (해산사유) 본회는 존립기간의 만료, 법인의 목적의 달성 또는 달성의 불능, 사원이 없게 되거나 총회의 결의, 기타 정관에 정한
해산사유의 발생, 파산 또는 설립허가의 취소로 해산한다.

제32조 (해산결의) 본회를 해산하고자 할 때는 총 재적회원 3분의 2이상의 동의를 얻어 의결하며, 해산등기를 완료한 후 지체없이
주무관청에 신고하여야 한다.

제33조 (잔여재산의 귀속) 본회가 해산할 때의 잔여재산은 고용노동부장관의 허가를 얻어 국가, 지방자치단체 또는 본회와 유사한
목적을 가진 다른 비영리법인에 귀속되도록 한다.

제8장 부칙

제1조 이 정관에 정하지 않은 사항은 '민법'의 '사단법인에 관한 규정'과 '고용노동부 소관 비영 리법인의 설립 및 감독에 관한 규칙'을

준용한다.

제2조 이 정관은 법인 설립등기일로부터 시행한다.

제3조 발기인 총회는 이 정관에 의한 정기총회로 본다.

[서식 – 그 외 관련 서식은 서식 중복기재 회피를 위하여 제1편 비영리사단법인 및 제2편 비영리재단법인 해당 서식을 참고하기 바란다]

나. 설립허가

(1) 허가기준

고용노동부장관은 법인 설립허가 신청의 내용이 다음의 기준에 맞는 경우에만 그 설립을 허가한다 (규칙 제4조).

• 법인의 목적과 사업이 실현가능할 것
• 목적사업을 할 수 있는 충분한 능력이 있고, 재정적 기초가 확립되어 있거나 확립될 수 있을 것
• 다른 법인과 같은 명칭이 아닐 것

(2) 심사 및 허가기간

고용노동부장관은 법인 설립허가 신청을 받았을 때에는 특별한 사유가 없으면 20일 이내에 심사하여 허가 또는 불허가 처분을 하고, 그 결과를 서면으로 신청인에게 통지하여야 한다. 이 경우 허가를 한 때에는 별지 제2호 서식의 법인 설립허가증을 신청인에게 발급하고, 별지 제3호 서식의 법인 설립허가대장에 필요한 사항을 적어야 한다.

■ 고용노동부 소관 비영리법인의 설립 및 감독에 관한 규칙 [별지 제2호 서식] 〈개정 2011.12.19〉

제 호

법인 설립허가증

1. 법인 명칭:

2. 소 재 지:

3. 대 표 자
    성 명:
    생년월일:
    주 소:

4. 사업 내용:

5. 허가 조건:

「민법」 제32조 및 「고용노동부 소관 비영리법인의 설립 및 감독에 관한 규칙」 제4조에 따라 위 법인의 설립을 허가합니다.

년 월 일

고용노동부장관 　　직인

210mm×297mm[보존용지(1종)120

[서식 _ 법인 설립허가대장]

■ 고용노동부 소관 비영리법인의 설립 및 감독에 관한 규칙 [별지 제3호 서식] 〈신설 2011.12.19〉

법인 설립허가대장

허가 번호	법인 명칭	주사무소의 소재지	대표자 성 명	허 가 연월일	주관과	근거	비고

210mm×297mm[일반용지 60g/㎡(재활용품)]

(3) 조건부허가

고용노동부장관은 법인의 설립허가를 할 때에는 필요한 조건을 붙일 수 있다.

다. 설립 관련 보고

(1) 재산이전

법인의 설립허가를 받은 자는 그 허가를 받은 후 지체 없이 기본재산 및 운영재산을 법인에 이전(移轉)하고 1개월 이내에 그 이전을 증명하는 등기소 또는 금융회사 등의 증명서를 고용노동부장관에게 제출하여야 한다(규칙 제5조).

(2) 설립관련 보고

법인은 「민법」 제49조부터 제52조까지의 규정에 따라 법인설립 등의 등기를 하였을 때에는 10일 이내에 고용노동부장관에게 보고하거나 법인 등기사항증명서 1부를 제출하여야 한다. 이 경우 보고를 받은 고용노동부장관은 「전자정부법」 제36조 제1항에 따른 행정정보의 공동이용을 통하여 법인 등기사항증명서를 확인하여야 한다.

3. 허가 후 절차

가. 정관 변경의 허가 신청

법인은 「민법」 제42조 제2항·제45조 제3항 또는 제46조에 따라 정관 변경의 허가를 받으려는 경우에는 별지 제4호 서식의 법인 정관 변경허가 신청서에 다음 각 호의 서류를 첨부하여 고용노동부장관에게 제출하여야 한다(규칙 제6조).

1. 정관 변경 사유서 1부
2. 변경될 정관(신·구조문대비표를 첨부한다) 1부
3. 정관 변경과 관계있는 총회 또는 이사회의 회의록 사본 1부
4. 기본재산의 처분에 따른 정관 변경의 경우에는 처분 사유, 처분재산의 목록, 처분 방법 등을 적은 서류 1부

■ 고용노동부 소관 비영리법인의 설립 및 감독에 관한 규칙 [별지 제4호 서식] 〈개정 2011.12.19〉

법인 정관 변경허가 신청서

접수번호	접수일	처리일	처리기간	10일

신청인	성명		생년월일 (외국인등록번호)
	주소		전화번호

법 인	명칭		전화번호
	소재지		
	설립허가일		설립허가번호

대표자	성명		생년월일 (외국인등록번호)
	주소		

「민법」제42조 제2항·제45조 제3항 또는 제46조 및 「고용노동부 소관 비영리법인의 설립 및 감독에 관한 규칙」제6조에 따라 위와 같이 정관 변경허가를 신청합니다.

년   월   일

신청인   (서명 또는 인)

장관 귀하

첨부서류	1. 정관 변경 사유서 1부 2. 변경될 정관(신·구조문대비표를 첨부합니다) 1부 3. 정관 변경과 관계있는 총회 또는 이사회의 회의록 1부 4. 기본재산의 처분에 따른 정관 변경의 경우에는 처분 사유, 처분재산의 목록, 처분 방법 등을 적은 서류 1부	수수료 없음

처 리 절 차

신청서 작성	→	접 수	→	서류 확인 및 검토	→	결 재	→	결과 통지
신청인		처 리 기 관: 고용노동부(비영리법인 설립 및 감독 업무 담당부서)						

210mm×297mm[일반용지 60g/㎡(재활용품)]

[서식 – 그 외 관련 서식은 서식 중복기재 회피를 위하여 제1편 비영리사단법인 및 제2편 비영리재단법인 해당 서식을 참고하기 바란다]

나. 사업실적 및 사업계획 등의 보고

법인은 매 사업연도가 끝난 후 2개월 이내에 다음의 서류를 고용노동부장관에게 제출하여야 한다(규칙 제7조).

• 다음 사업연도의 사업계획 및 수입 · 지출 예산서 1부
• 해당 사업연도의 사업실적 및 수입 · 지출 결산서 1부
• 해당 사업연도 말 현재의 재산목록 1부

다. 법인 사무의 검사 · 감독

고용노동부장관은 「민법」 제37조에 따른 법인 사무의 검사 및 감독을 위하여 불가피한 경우에는 법인에 관계 서류 · 장부 또는 그 밖의 참고자료의 제출을 명하거나 소속 공무원으로 하여금 법인의 사무 및 재산 상황을 검사하게 할 수 있으며(규칙 제8조), 이에 따라 법인 사무를 검사하는 공무원은 그 자격을 증명하는 증표를 관계인에게 보여 주어야 한다.

4. 해산 등

가. 설립허가의 취소

주무관청은 법인이 목적이외의 사업을 하거나 설립허가의 조건에 위반하거나 기타 공익을 해하는 행위를 한때에는 그 허가를 취소할 수 있는데, 이에 따라 비영리법인의 설립허가를 취소하려면 청문을 하여야 한다(규칙 제9조).

나. 해산 신고

법인이 해산(파산으로 인한 해산은 제외한다)하였을 때에는 그 청산인은 「민법」 제85조 제1항에 따라 해산등기를 마친 후 지체 없이 별지 제5호 서식의 법인 해산 신고서에 다음의 서류를 첨부하여 고용노동부장관에게 제출하여야 한다. 이 경우 고용노동부장관은 「전자정부법」 제36조 제1항에 따른 행정정보의 공동이용을 통하여 법인 등기사항증명서를 확인하여야 한다(규칙 제10조).

- 해산 당시의 재산목록 1부
- 잔여재산 처분방법의 개요를 적은 서류 1부
- 해산 당시의 정관 1부
- 사단법인이 총회의 결의에 따라 해산하였을 때에는 그 결의를 한 총회의 회의록 사본 1부
- 재단법인의 해산 시 이사회가 해산을 결의하였을 때에는 그 결의를 한 이사회의 회의록 1부

■ 고용노동부 소관 비영리법인의 설립 및 감독에 관한 규칙 [별지 제5호 서식] 〈개정 2017. 4. 19.〉

법인 해산 신고서

접수번호	접수일	처리일	처 리 기 7일 간

청산인	성명		생년월일	
	주소		전화번호	

청산법인	명칭		전화번호	
	소재지			

해산 연월일
해산 사유

「민법」 제86조 제1항 및 「고용노동부 소관 비영리법인의 설립 및 감독에 관한 규칙」 제10조에 따라 위와 같이 법인 해산을 신고합니다.

년   월   일

신고인   (서명 또는 인)

고용노동부장관 귀하

신고인 제출서류	1. 해산 당시의 재산목록 1부 2. 잔여재산 처분방법의 개요를 적은 서류 1부 3. 해산 당시의 정관 1부 4. 사단법인이 총회 결의에 의하여 해산하였을 때에는 그 결의를 한 총회의 회의록 사본 1부 5. 재단법인의 해산 시 이사회가 해산을 결의하였을 때에는 그 결의를 한 이사회의 회의록 1부	수수료 없음
담당 공무원 확인사항	법인 등기사항증명서	

처 리 절 차

신고서 작성	→	접 수	→	서류 확인 및 검토	→	결 재
신고인		처리기관: 고용노동부(비영리법인 설립 및 감독 업무 담당부서)				

210mm×297mm(백상지 80g/㎡)

다. 잔여재산 처분의 허가

법인의 이사 또는 청산인은 「민법」 제80조 제2항에 따라 잔여재산의 처분에 대한 허가를 받으려면 별지 제6호 서식의 잔여재산 처분허가 신청서에 다음 각 호의 서류를 첨부하여 고용노동부장관에게 제출하여야 한다(규칙 제11조).

• 해산 당시의 정관 1부(해산 신고 시의 정관을 확인할 필요가 있는 경우에만 제출한다)

• 총회의 회의록(사단법인의 경우만 해당한다) 사본 1부(해산 신고 시에 제출한 서류만으로 확인이 되지 않을 경우에만 제출한다)

■ 고용노동부 소관 비영리법인의 설립 및 감독에 관한 규칙 [별지 제6호 서식] 〈개정 2017. 4. 19.〉

잔여재산 처분허가 신청서

접수번호	접수일	처리일	처리기간 10일

신청법인	명칭		전화번호	
	소재지			
대 표 자 (이사 · 청산인)	성명		생년월일	
	주소		전화번호	

처분재산	종류 및 수량
	금액
	처분방법
처분사유	

「민법」 제80조 제2항 및 「고용노동부 소관 비영리법인의 설립 및 감독에 관한 규칙」 제11조에 따라 위와 같이 잔여재산 처분허가를 신청합니다.

년   월   일

신청인   (서명 또는 인)

고용노동부장관 귀하

첨부서류	1. 해산 당시의 정관 1부(해산 신고 시의 정관을 확인할 필요가 있는 경우에만 제출합니다) 2. 총회의 회의록(사단법인의 경우에만 제출합니다) 1부 (해산 신고 시에 제출한 서류만으로 확인이 되지 않을 경우에만 제출합니다)	수수료 없음

처 리 절 차

신청서 작성	→	접 수	→	서류 확인 및 검토	→	결 재	→	결과 통지

신청인   처리기관: 고용노동부(비영리법인 설립 및 감독 업무 담당부서)

210mm×297mm(백상지 80g/㎡)

라. 청산종결의 신고

청산인은 법인의 청산이 종결되었을 때에는 「민법」 제94조에 따라 이를 등기한 후, 별지 제7호 서식의 청산종결 신고서를 고용노동부장관에게 제출하여야 한다. 이 경우 고용노동부장관은 「전자 정부법」 제36조 제1항에 따른 행정정보의 공동이용을 통하여 법인 등기사항증명서를 확인하여야 한다(규칙 제12조).

■ 고용노동부 소관 비영리법인의 설립 및 감독에 관한 규칙 [별지 제7호 서식] 〈개정 2017. 4. 19.〉

청산종결 신고서

접수번호		접수일		처리일		처리기간	즉시
청 산 인	성명			생년월일			
	주소			전화번호			
청산법인	명칭			전화번호			
	소재지						

청산 연월일

청산 취지

「민법」 제94조 및 「고용노동부 소관 비영리법인의 설립 및 감독에 관한 규칙」 제12조에 따라 위와 같이 청산종결을 신고합니다.

년   월   일

신고인

(서명 또는 인)

고용노동부장관 귀하

담당 공무원 확인사항	법인 등기사항증명서	수수료 없음

처 리 절 차

신고서 작성	→	접 수	→	서류확인 및 검토	→	결 재
신고인		처리기관: 고용노동부(비영리법인 설립 및 감독 업무 담당부서)				

210mm×297mm(백상지 | 80g/㎡)

제11장 공정거래위원회

1. 개관

공정거래위원회 소관 비영리법인의 설립 및 감독에 관한 규칙(이하 '규칙'이라고만 함)은 「민법」에 따라 공정거래위원회가 주무관청이 되는 비영리법인의 설립 및 감독에 필요한 사항을 규정함을 목적으로 하며, 이에 따른 비영리법인(이하 '법인'이라 한다)의 설립허가, 법인 사무의 검사 및 감독 등에 관하여는 다른 법령에 특별한 규정이 있는 경우를 제외하고는 이 규칙에서 정하는 바에 따른다. 본장은 공정거래위원회 소관 비영리법인의 설립과 관련한 일반절차인 설립허가신청 및 관련 첨부서류 그리고 정관변경허가신청, 사업계획보고 등에 관한 내용들을 정리하였다. 그 외 관련서류들은 제1편 비영리사단법인 및 제2편 비영리재단법인 관련 내용부분을 참고하기 바란다.

2. 설립허가절차

가. 설립허가의 신청

「민법」 제32조에 따라 비영리법인의 설립허가를 받으려는 자(이하 '설립발기인'이라 한다)는 별지 제1호 서식의 비영리법인 설립허가 신청서에 다음의 서류를 첨부하여 공정거래위원회에 제출하여야 한다. 이 경우 공정거래위원회는 「전자정부법」 제36조 제1항에 따른 행정정보의 공동이용을 통하여 재산목록에 적힌 재산 중 토지 또는 건물의 등기사항증명서를 확인하여야 한다(규칙 제3조).

- 설립발기인의 성명 · 생년월일 · 주소 및 약력을 적은 서류(설립발기인이 법인인 경우에는 그 명칭, 주된 사무소의 소재지, 대표자의 성명 · 생년월일 · 주소와 정관을 적은 서류) 1부
- 정관 1부
- 재산목록(재단법인의 경우에는 기본재산과 운영재산으로 구분하여 적어야 한다) 및 그 증명서류와 출연(出捐) 신청이 있는 경우에는 그 사실을 증명하는 서류 각 1부
- 해당 사업연도분의 사업계획 및 수입 · 지출 예산을 적은 서류 1부
- 임원 취임 예정자의 성명 · 생년월일 · 주소 · 약력을 적은 서류 및 취임승낙서 각 1부
- 창립총회 회의록(설립발기인이 법인인 경우에는 법인 설립에 관한 의사 결정을 증명하는 서류) 사본 1부

■ 공정거래위원회 소관 비영리법인의 설립 및 감독에 관한 규칙 [별지 제1호 서식] 〈개정 2012.1.4〉

비영리법인 설립허가 신청서

접수번호		접수일	처리일	처리기간	20일
신청인	성명			생년월일	
	주소			전화번호	
법 인	명칭			전화번호	
	소재지				
대표자	성명			생년월일	
	주소			전화번호	

「민법」 제32조 및 「공정거래위원회 소관 비영리법인의 설립 및 감독에 관한 규칙」 제3조에 따라 위와 같이 법인 설립을 신청하니 허가해 주시기 바랍니다.

년 월 일

신청인

(서명 또는 인)

공정거래위원회 위원장 귀하

신청인 제출 서류	1. 설립발기인의 성명·생년월일·주소 및 약력을 적은 서류(설립발기인이 법인인 경우에는 그 명칭, 주된 사무소의 소재지, 대표자의 성명·생년월일·주소와 정관을 적은 서류) 1부 2. 정관 1부 3. 재산목록(재단법인의 경우에는 기본재산과 운영재산으로 구분하여 적어야 합니다) 및 그 증명서류와 출연 신청이 있는 경우에는 그 사실을 증명하는 서류 각 1부 4. 해당 사업연도분의 사업계획 및 수입·지출 예산을 적은 서류 1부 5. 임원 취임 예정자의 성명·생년월일·주소·약력을 적은 서류 및 취임승낙서 각 1부 6. 창립총회 회의록(설립발기인이 법인인 경우에는 법인 설립에 관한 의사 결정을 증명하는 서류) 사본 1부 ※ 제3호의 서류 중 담당 공무원 확인사항인 증명서류는 제출하지 않아도 됩니다.	수수료 없음
담당 공무원 확인사항	재산목록에 적힌 재산의 토지(건물) 등기사항증명서	

처리절차

신청서 작성	→	접 수	→	검 토	→	결 재	→	허가증 발급
신청인		처리기관 (공정거래위원회)		처리기관 (공정거래위원회)		처리기관 (공정거래위원회)		

210mm×297mm[일반용지 60g/㎡(재활용품)]

제1장 총 칙

제1조 (명칭) 이 법인은 한국공정거래조정원(이하 '조정원'이라 한다)이라 한다.

제2조 (목적) 조정원은 「독점규제 및 공정거래에 관한 법률」(이하 '공정거래법'이라 한다) 제48조의2 제1항에 의한 사업을 효과적으로 추진하여 불공정거래행위에 대한 신속한 피해구제 및 공정거래위원회의 법집행의 실효성을 제고함으로써 당사자 간의 자율적인 거래관행을 구축하고 공정하고 자유로운 경쟁을 촉진하는 것을 그 목적으로 한다.

제3조 (사무소) ① 조정원의 주된 사무소는 서울특별시에 둔다.
② 조정원은 공정거래위원회의 승인을 얻어 필요한 곳에 지원 등을 설치할 수 있다. [개정 2018. 2. 23.]

제2장 사 업

제4조 (사업) ① 조정원은 제2조(목적)를 달성하기 위하여 다음 각 호의 사업을 행한다.[개정 2012. 3. 22.]
　1. 공정거래법 제23조(불공정거래행위의 금지) 제1항을 위반한 혐의가 있는 행위와 관련된 분쟁의 조정
　2. 다른 법률에서 조정원으로 하여금 담당하게 하는 분쟁의 조정
　3. 시장 또는 산업의 동향과 공정경쟁에 관한 조사 및 분석
　4. 사업자의 거래 관행과 행태의 조사 및 분석
　5. 그 밖에 공정거래위원회로부터 위탁받은 사업
② 조정원은 제2조(목적)의 범위 내에서 수익사업을 실시할 수 있다.

제5조 (경영공시) ① 조정원은 경영의 투명성 제고를 위하여 다음 각 호의 사항을 공시하여야 한다.
　1. 결산서(재무제표와 그 부속서류를 포함한다)

2. 임원 및 운영인력 현황

3. 인건비 예산과 집행 현황

4. 정관, 이사회 회의록. 다만, 이사회 회의록 중 경영 비밀에 관련된 사항은 「공공기관의 정보
   공개에 관한 법률」에 따라 공개하지 아니할 수 있다.

5. 감사의 감사보고서

6. 「감사원법」제31조(변상책임의 판정등) 내지 제34조의2(권고등)의 규정에 따라 변상책임 판
   정, 징계·시정·개선 요구 등을 받거나 「국정감사 및 조사에 관한 법률」제16조(감사 또는
   조사결과에 대한 처리)의 규정에 따라 시정요구를 받은 경우 그 내용과 그에 대한 조정원의
   조치사항

② 조정원은 제1항 각 호의 사항을 인터넷 홈페이지를 통하여 공시하여야 하고, 사무소에 필요한
서류를 비치하여야 한다.

③ 조정원은 제1항에 따라 공시된 사항에 대한 열람이나 복사를 요구하는 자에 대하여 이를 열람
하게 하거나 그 사본이나 복제물을 내주어야 한다. 이 경우 비용의 부담에 관하여는 「공공기관
의 정보공개에 관한 법률」제17조(비용부담)를 준용한다.

제3장 임원 및 직원

제6조 (임원의 구성) ① 조정원에는 조정원의 장(이하 '조정원장'이라 한다)과 부원장 각 1인을 포
함한 7인 이내의 이사와 감사 1인을 둔다.[개정 2015. 11. 6.]

② 조정원장과 부원장은 상임으로 하며 그 이외의 임원은 비상임으로 한다.[개정 2015. 11. 6.]

③ 이사 및 감사는 이사회에서 선임하며, 공정거래위원회 사무처 경쟁정책국장은 당연직 이사가
된다.[개정 2008. 11. 27.] [개정 2018. 2. 23.]

제7조 (임원의 결격사유) 다음 각 호의 어느 하나에 해당하는 자는 조정원의 임원이 될 수 없다.

1. 피성년후견인 또는 피한정후견인

2. 파산선고를 받은 자로서 복권되지 아니한 자

3. 금고 이상의 형을 받고 그 집행이 종료되거나 집행을 받지 아니하기로 확정된 후 5년을 경과
   하지 아니한 자

4. 금고 이상의 형을 받고 그 집행유예의 기간이 완료된 날로부터 2년을 경과하지 아니한 자

5. 금고 이상의 형의 선고유예를 받은 경우에 그 선고유예기간 중에 있는 자

6. 법원의 판결 또는 다른 법률에 의하여 자격이 상실 또는 정지된 자

7. 국가공무원법상 징계에 의하여 파면의 처분을 받은 때로부터 5년을 경과하지 아니하거나, 동법 상 징계에 의하여 해임의 처분을 받은 때로부터 3년을 경과하지 아니한 자

제8조 (임원의 해임) ① 조정원은 다음 각 호의 어느 하나에 해당하는 경우 이사회의 재적이사 3분의 2이상의 찬성으로 당해 임원을 해임할 수 있다.
 1. 공정거래법, 정관을 위배한 경우
 2. 제7조 각호의 사유에 해당하게 된 경우
 3. 임원간의 분쟁, 회계부정, 재산의 부당한 감손, 현저한 부당행위 등으로 인하여 조정원의 설립목적을 달성할 수 없게 할 우려가 있는 경우
 4. 고의 또는 과실로 인하여 조정원에 중대한 손실을 발생하게 한 경우   .
② 조정원은 특별한 사유가 없는 한 제1항 각호의 사유에 해당하여 해임된 자를 임원으로 다시 선임할 수 없다.

제9조 (임원의 임기) ① 이사의 임기는 3년으로, 감사의 임기는 2년으로 하고, 임기는 임명 또는 선임된 날부터 기산하되 연임할 수 있다.[개정 2012. 3. 22.]
② 임원의 임기가 만료되었으나 후임자가 선임되지 않은 경우에는 후임자가 선임될 때까지 그 임기는 연장된 것으로 본다.
③ 임원의 사임 등으로 정해진 임기를 채우지 못할 경우에도 새로 임명되거나 선임된 임원의 임기는 제1항과 같다.[개정 2012. 3. 22.]

제10조 (조정원장) ① 조정원장은 공정거래법 제37조(공정거래위원회의 구성 등)제2항 각호의 어느 하나에 해당하는 자 중에서 공정거래위원회 위원장이 임명한다.
② 조정원장은 조정원을 대표하고 조정원의 업무를 총괄한다.
③ 조정원장은 공정거래법 제48조의3 제1항의 규정에 따라 설치되는 공정거래분쟁조정협의회 위원장이 되며, 공정거래분쟁조정협의회 위원들의 임명 또는 위촉을 위해 같은 조 제4항에 따라 공정거래위원회 위원장에게 제청한다. [개정 2012. 3. 22.] [개정 2017. 1. 10.] [개정 2018. 2. 23.]
④ 조정원장은 공정거래법 제48조의2 제1항 제2호에 따라 설치되는 분쟁조정협의회 위원들의 임명 또는 위촉을 위해 개별 법률의 규정에 따라 공정거래위원회 위원장에게 각각 추천 또는 제청한다. [신설 2018. 2. 23.]

제11조 (부원장) ① 부원장은 공정거래 관련 법률 혹은 소비자보호분야에 관하여 학식과 경험이 풍부한 자 중에서 조정원장의 제청으로 공정거래위원회 위원장이 임명한다.[개정 2015. 11. 6.]
② 부원장은 조정원장을 보좌하며 조정원장이 부득이한 사유로 직무를 수행할 수 없는 경우에 그 직무를 대행한다.[개정 2015. 11. 6.]

제12조 (감사) ① 감사는 다음 각 호의 업무를 수행하며, 동 업무수행을 위해 필요한 경우 이사회에 출석하여 의견을 진술할 수 있다.
  1. 조정원의 업무 및 재산변동사항에 대한 감사
  2. 이사에 대하여 감사에 필요한 자료의 제출 또는 의견요구
  3. 조정원의 업무 및 재산변동사항을 감사한 결과 불법 또는 부당한 점을 발견한 경우 이사회에 보고
  4. 이사회 의사록의 기명 · 날인
② 감사는 제1항 제3호의 사유가 발생한 때에는 지체 없이 공정거래위원장에게 그 사실을 보고하여야 한다.

제13조 (하부 조직) ① 조정원의 업무를 수행하기 위하여 필요한 부서를 둔다.
② 조정원의 부서와 부서별 업무 및 직원의 정원 등 조직에 관하여 필요한 규정은 이사회에서 정한다.

제14조(직원) ① 조정원의 직원은 조정원장이 임명한다.
② 직원의 인사에 관하여 필요한 규정은 이사회에서 정한다.
③ 조정원장은 이사 또는 직원 중에서 조정원의 업무에 관하여 재판상 또는 재판외의 모든 행위를 할 권한이 있는 대리인을 선임할 수 있다.[개정 2012. 3. 22.]

제4장 이사회

제15조 (구성) ① 조정원의 중요사항을 심의 · 의결하기 위하여 조정원에 이사회를 둔다.
② 이사회는 조정원장, 부원장을 포함한 이사 전원으로 구성하며, 이사회의 의장은 조정원장이 된다.[개정 2015. 11. 6.]
③ 의장이 직무를 수행할 수 없을 시에는 사전에 지명된 이사가 그 직무를 대행한다. [신설 2008. 12. 18.]

제16조(절차) ① 이사회의 의장은 이사회를 소집한다. 다만 제12조 제1항 제3호 사항의 보고를 위하여 감사는 이사회 소집을 요구할 수 있다.

② 이사회는 재적이사 과반수의 출석과 출석이사 과반수의 찬성으로 의결하며, 가부동수인 경우에는 이사회의 의장이 결정권을 가진다.

③ 당연직 이사가 회의에 출석할 수 없을 때에는 공정거래위원회 소속의 4급 이상의 공무원 중에서 그가 지정한 자로 하여금 회의에 참석하여 의결권을 대행하도록 할 수 있다.

④ 이사회의 의장은 이사회에 부의된 사항의 내용이 경미하거나 의결에 있어 긴급을 요하는 사항에 대해서는 서면으로 재적이사 과반수의 동의를 얻어 집행할 수 있다. 이 경우에는 차기 이사회에서 그 결과를 보고하여야 한다.[개정 2008. 12. 18.]

⑤ 이사회의 의사진행 및 회의결과는 의사록으로 작성하여 출석한 이사 혹은 감사의 기명날인을 받아 보존하도록 한다.

⑥ 이사회의 운영에 필요한 규정은 이사회에서 정한다.

제17조 (의결사항) 이사회는 다음 각호의 사항을 심의 · 의결한다.

1. 조정원의 연간 사업계획
2. 예산 및 결산에 관한 사항
3. 이사, 감사의 선임 사항
4. 정관의 변경에 관한 사항
5. 인사 · 조직 · 회계 · 보수 등 조정원 운영에 필요한 규정의 제 · 개정에 관한 사항
6. 기본재산의 취득 및 처분에 관한 사항
7. 소의 제기에 관한 사항
8. 기타 조정원장이 부의하는 사항

제5장 분쟁조정협의회

제18조(분쟁조정협의회 설치) ① 조정원은 공정거래법을 위반한 혐의가 있는 행위와 관련된 분쟁을 조정하기 위하여 공정거래법 제48조의3의 규정에 따라 공정거래분쟁조정협의회를 둔다. [개정 2018. 2. 23.]

② 공정거래법 제48조의2 제1항 제2호에서 규정하고 있는 다른 법률에 따라 다음 각 호와 같이 분야별 분쟁조정협의회를 둔다.

1. 가맹사업거래의 공정화에 관한 법률에 따른 가맹사업거래분쟁조정협의회

2. 하도급거래 공정화에 관한 법률에 따른 하도급분쟁조정협의회

3. 대규모유통업에서의 거래 공정화에 관한 법률에 따른 대규모유통업거래분쟁조정협의회

4. 약관의 규제에 관한 법률에 따른 약관분쟁조정협의회

5. 대리점거래의 공정화에 관한 법률에 따른 대리점분쟁조정협의회

[개정 2018. 2. 23.]

③ 삭제 [2018. 2. 23.]

제19조(분쟁조정협의회의 조직·운영 등) 제18조의 규정에 따라 설치하는 분쟁조정협의회의 조직, 운영, 조정절차 등에 관하여 필요한 사항은 각 분야별 분쟁조정협의회 운영세칙에 따른다. [개정 2018. 2. 23.]

제19조의2 삭제 [2018. 2. 23.]

제19조의3 삭제 [2018. 2. 23.]

제19조의4 삭제 [2018. 2. 23.]

제19조의5 삭제 [2018. 2. 23.]

제6장 재산과 회계

제20조(재산의 구분) ① 조정원의 재산은 기본재산과 운영재산으로 구분한다.

② 다음 각 호의 어느 하나에 해당하는 경우는 기본재산으로 하고, 기본재산 이외의 재산은 운영재산으로 한다.

1. 설립 시 기본재산으로 출연한 재산

2. 국가의 출연금이나 보조금

3. 기부 또는 기타 무상으로 취득한 재산. 다만, 기부목적에 비추어 기본재산으로 하기 곤란하여 공정거래위원장의 승인을 거친 것은 예외로 한다.

4. 보통재산 중 이사회에서 기본재산으로 편입할 것을 의결한 예산

제21조(재원) 조정원의 설립 · 시설 · 운영 및 업무에 필요한 경비는 법인설립 시 창립발기인의 출연금, 국가의 출연금이나 보조금, 조정원 사업수익금 등으로 한다.

제22조(회계연도) 조정원의 회계연도는 정부의 회계연도에 의한다.

제23조(예산 및 결산) ① 조정원은 매년 다음 회계연도의 예산서를 작성하여 회계연도 개시 전까지 공정거래위원회에 제출하여 승인을 얻어야 한다. [개정 2019. 4. 5.]
② 조정원은 매 회계연도마다 결산보고서와 감사의견서에 다음 각 호의 서류를 첨부하여 회계연도 종료 후 3월 이내에 공정거래위원회에 제출하여야 한다.
  1. 대차대조표 및 그 부속명세서
  2. 결산서 및 그 부속명세서 [개정 2019. 4. 5.]
  3. 공인회계사의 감사의견서
  4. 당해 회계연도의 사업실적 및 결산서 [개정 2019. 4. 5.]
  5. 당해 회계연도 말 재산목록
  [전문개정 2008. 11. 27.]

제24조(잉여금의 처리) 매 회계연도의 결산상 잉여금은 전년도의 이월손실금의 보전에 충당하고 잔여가 있을 때에는 다음 연도로 이월하여 목적사업에 사용하여야 한다.

제25조(임직원의 보수 등) ① 상근 임직원의 보수 및 퇴직금에 관한 사항은 별도의 규정으로 정한다.
② 비상근 임원에 대해서는 원칙적으로 보수를 지급하지 아니한다. 다만 업무수행에 필요한 경비에 대하여는 예산의 범위 안에서 이를 지급할 수 있다.

제7장 보   칙

제26조(정관의 변경) ① 조정원은 관련 법령의 개정, 기본재산의 처분 등 조정원의 목적달성을 위해 필요한 경우에는 이사회의 의결을 거쳐 공정거래위원회에 정관변경허가신청을 할 수 있다.
② 제1항에 의해 공정거래위원회에 정관변경허가신청서를 제출할 때에는 다음 각 호의 서류를 첨부하여야 한다.
  1. 변경사유서 1부

2. 개정될 정관(기존 정관과의 신 · 구대비표를 첨부한다) 1부

3. 정관의 변경에 관계되는 이사회의 회의록 1부

4. 기본재산의 처분에 따른 정관변경의 경우에는 처분의 사유, 처분재산의 목록, 처분의 방법 등을 기재한 서류 1부

③ 정관의 변경은 공정거래위원회의 허가를 얻을 때 그 효력이 발생한다.

제27조(준용법령) 이 정관에 규정되지 아니한 사항에 대하여는 민법의 재단법인에 관한 규정, 공정거래위원회 소관 비영리법인의 설립 및 감독에 관한 규칙 및 기타 관련 법령을 준용한다.

제28조(공고) 조정원의 공고는 서울특별시내에서 발행하는 일간신문에 이를 게재한다.

제29조(위임규정) 이 정관에 규정이 없는 사항으로서 조정원의 운영에 필요한 사항은 이사회의 의결을 거쳐 정한다.

제30조(비밀엄수의 의무) 조정원의 임직원은 직무상 알게 된 분쟁당사자의 비밀을 누설하거나 직무수행을 위한 목적 외에 이를 이용하여서는 아니 된다.[개정 2012. 3. 22.]

[서식 - 그 외 관련 서식은 서식 중복기재 회피를 위하여 제1편 비영리사단법인 및 제2편 비영리재단법인 해당 서식을 참고하기 바란다]

나. 설립허가

(1) 허가기준

공정거래위원회는 비영리법인 설립허가 신청의 내용이 다음의 기준에 맞는 경우에만 그 설립을 허가한다(규칙 제4조).

• 비영리법인의 목적과 사업이 실현가능할 것

• 목적사업을 할 수 있는 충분한 능력이 있고, 재정적 기초가 확립되어 있거나 확립될 수 있을 것

• 다른 법인과 같은 명칭이 아닐 것

(2) 심사 및 허가기간

공정거래위원회는 비영리법인 설립허가 신청을 받았을 때에는 특별한 사유가 없으면 20일 이내에 심사하여 허가 또는 불허가 처분을 하고, 그 결과를 서면으로 신청인에게 통지하여야 한다. 이 경우 허가를 할 때에는 별지 제2호 서식의 비영리법인 설립허가증을 발급하고 별지 제3호 서식의 비영리법인 설립허가대장에 필요한 사항을 적어야 한다.

[서식 _ 비영리법인 설립허가증]

■ 공정거래위원회 소관 비영리법인의 설립 및 감독에 관한 규칙 [별지 제2호 서식] 〈개정 2012.1.4〉

(앞 쪽)

제   호

비영리법인 설립허가증

1. 법인 명칭:
2. 소 재 지:
3. 대 표 자
　　　○ 성　　　명:
　　　○ 생년월일:
　　　○ 주　　　소:
4. 사업 내용:
5. 허가 조건:

「민법」 제32조 및 「공정거래위원회 소관 비영리법인의 설립 및 감독에 관한 규칙」 제4조에 따라 위 법인의 설립을 허가합니다.

년　　　월　　　일

공정거래위원회 위원장　　　　　| 직인 |

210mm × 297mm[일반용지 60g/㎡(재활용품)]

〈 변 경 사 항 〉

변경일	내 용	확인

[서식 _ 비영리법인 설립허가대장]

■ 공정거래위원회 소관 비영리법인의 설립 및 감독에 관한 규칙 [별지 제3호 서식] 〈개정 2012.1.4〉

비영리법인 설립허가대장

허가 번호	법인 명칭	사무소의 소재지	대표자 성 명	허 가 연월일	기능 및 목적	주관과	비고

210mm×297mm[일반용지 60g/㎡(재활용품)]

(3) 조건부허가

공정거래위원회는 비영리법인의 설립허가를 할 때에는 필요한 조건을 붙일 수 있다.

다. 설립 관련 보고

(1) 재산이전

비영리법인의 설립허가를 받은 자는 그 허가를 받은 후 지체 없이 기본재산 및 운영재산을 비영리법인에 이전(移轉)하고 1개월 이내에 그 이전을 증명하는 서류(등기소 또는 금융회사 등의 증명서를 말한다)를 공정거래위원회에 제출하여야 한다(규칙 제5조).

(2) 설립관련 보고

비영리법인은 「민법」 제49조부터 제52조까지의 규정에 따라 법인 설립 등의 등기를 하였을 때에는 10일 이내에 공정거래위원회에 보고하여야 한다. 이 경우 공정거래위원회는 「전자정부법」 제36조 제1항에 따른 행정정보의 공동이용을 통하여 법인 등기사항증명서를 확인하여야 한다.

3. 허가 후 절차

가. 정관 변경의 허가 신청

「민법」 제42조 제2항, 제45조 제3항 또는 제46조에 따른 정관 변경의 허가를 받으려는 비영리법인은 별지 제4호 서식의 비영리법인 정관 변경허가 신청서에 다음의 서류를 첨부하여 공정거래위원회에 제출하여야 한다(규칙 제6조).

- 정관 변경 사유서 1부
- 개정될 정관(신·구조문대비표를 첨부한다) 1부
- 정관 변경과 관계있는 총회 또는 이사회의 회의록 사본 1부
- 기본재산의 처분에 따른 정관 변경의 경우에는 처분 사유, 처분재산의 목록, 처분 방법 등을 적은 서류 1부

[서식 _ 비영리법인 정관 변경허가 신청서]

■ 공정거래위원회 소관 비영리법인의 설립 및 감독에 관한 규칙 [별지 제4호 서식] 〈개정 2012.1.4〉

비영리법인 정관 변경허가 신청서

접수번호		접수일	처리일	처리기간	10일
신청인	성명			생년월일	
	주소			전화번호	
법 인	명칭			전화번호	
	소재지				
	설립허가일			설립허가번호	
대표자	성명			생년월일	
	주소			전화번호	

「민법」제42조 제2항, 제45조 제3항, 제46조 및 「공정거래위원회 소관 비영리법인의 설립 및 감독에 관한 규칙」제6조에 따라 위와 같이 정관 변경을 신청하니 허가해 주시기 바랍니다.

년 월 일

신청인 (서명 또는 인)

공정거래위원회 위원장 귀하

첨부서류	1. 정관 변경 사유서 1부 2. 개정될 정관(신·구조문대비표를 첨부합니다) 1부 3. 정관 변경과 관계있는 총회 또는 이사회의 회의록 사본 1부 4. 기본재산의 처분에 따른 정관 변경의 경우에는 처분 사유, 처분재산의 목록, 처분 방법 등을 적은 서류 1부	수수료 없음

처리절차

신청서 작성	→	접 수	→	검 토	→	결 재	→	결과 통지
신청인		처리기관 (공정거래위원회)		처리기관 (공정거래위원회)		처리기관 (공정거래위원회)		

210mm×297mm[일반용지 60g/㎡(재활용품)]

[서식 – 그 외 관련 서식은 서식 중복기재 회피를 위하여 제1편 비영리사단법인 및 제2편 비영리재단법인 해당 서식을 참고하기 바란다]

나. 사업실적 및 사업계획 등의 보고

비영리법인은 매 사업연도가 끝난 후 2개월 이내에 다음의 서류를 공정거래위원회에 제출하여야 한다(규칙 제7조).

1. 다음 사업연도의 사업계획 및 수입 · 지출 예산서 1부
2. 해당 사업연도의 사업실적 및 수입 · 지출 결산서 1부
3. 해당 사업연도 말 현재의 재산목록 1부

다. 법인 사무의 검사 · 감독

공정거래위원회는 「민법」 제37조에 따른 법인 사무의 검사 및 감독을 위하여 불가피한 경우에는 해당 비영리법인에 관계 서류 · 장부 또는 그 밖의 참고자료 제출을 명하거나 소속 공무원으로 하여금 비영리법인의 사무 및 재산 상황을 검사하게 할 수 있으며(규칙 제8조), 이에 따라 법인 사무를 검사하는 공무원은 그 자격을 증명하는 증표를 관계인에게 보여 주어야 한다.

4. 해산 등

가. 설립허가의 취소

주무관청은 법인이 목적이외의 사업을 하거나 설립허가의 조건에 위반하거나 기타 공익을 해하는 행위를 한때에는 그 허가를 취소할 수 있는데, 이에 따라 비영리법인의 설립허가를 취소하려면 청문을 하여야 한다(규칙 제9조).

나. 해산신고

비영리법인이 해산(파산으로 인한 해산은 제외한다)하였을 때에는 그 청산인은 「민법」 제86조 제1항에 따라 해산등기를 마친 후 지체 없이 별지 제5호 서식의 비영리법인 해산 신고서에 다음의 서류를 첨부하여 공정거래위원회에 제출하여야 한다. 이 경우 공정거래위원회는 「전자정부법」 제36조 제1항에 따른 행정정보의 공동이용을 통하여 법인 등기사항증명서를 확인하여야 한다(규칙 제10조).

• 해산 당시의 재산목록 1부
• 잔여재산 처분방법의 개요를 적은 서류 1부
• 해산 당시의 정관 1부
• 사단법인이 총회의 결의에 따라 해산하였을 때에는 그 결의를 한 총회의 회의록 사본 1부
• 재단법인의 해산 시 이사회가 해산을 결의하였을 때에는 그 결의를 한 이사회의 회의록 사본 1부

■ 공정거래위원회 소관 비영리법인의 설립 및 감독에 관한 규칙 [별지 제5호 서식] 〈개정 2012.1.4〉

비영리법인 해산 신고서

접수번호	접수일	처리일	처리기간	7일

청산인	성명		생년월일	
	주소		전화번호	

청산 법인	명칭		전화번호	
	소재지			
	해산 사유		해산 연월일	

「민법」 제86조 제1항 및 「공정거래위원회 소관 비영리법인의 설립 및 감독에 관한 규칙」 제10조에 따라 위와 같이 법인 해산을 신고합니다.

년   월   일

신고인   (서명 또는 인)

공정거래위원회 위원장   귀하

신고인 제출 서류	1. 해산 당시의 재산목록 1부 2. 잔여재산 처분방법의 개요를 적은 서류 1부 3. 해산 당시의 정관 1부 4. 사단법인이 총회 결의에 따라 해산하였을 때에는 그 결의를 한 총회의 회의록 사본 1부 5. 재단법인의 해산 시 이사회가 해산을 결의하였을 때에는 그 결의를 한 이사회의 회의록 사본 1부	수수료 없음
담당 공무원 확인사항	법인 등기사항증명서	

처리절차

신고서 작성 ➡ 접수 ➡ 확인 ➡ 결재 ➡ 결과 통지

신고인

처리 기관
(공정거래위원회)

처리 기관
(공정거래위원회)

처리 기관
(공정거래위원회)

210mm×297mm[일반용지 60g/㎡(재활용품)]

나. 잔여재산 처분의 허가

비영리법인의 이사 또는 청산인은 「민법」 제80조 제2항에 따라 잔여재산의 처분에 대한 허가를 받으려면 별지 제6호 서식의 잔여재산 처분허가 신청서에 다음의 서류를 첨부하여 공정거래위원회에 제출하여야 한다(규칙 제11조).

- 해산 당시의 정관 1부(해산신고 시의 정관을 확인할 필요가 있는 경우에만 해당한다)
- 총회의 회의록 사본 1부(사단법인의 해산신고 시에 제출한 서류만으로 확인이 되지 아니할 경우에만 해당한다)

■ 공정거래위원회 소관 비영리법인의 설립 및 감독에 관한 규칙[별지 제6호 서식] 〈개정 2012.1.4〉

잔여재산 처분허가 신청서

접수번호	접수일	처리일	처리기간	10일

신청 법인	명칭		전화번호	
	소재지			

대표자 (이사·청산 인)	성명		생년월일	
	주소		전화번호	

처분 재산	종류 및 수량
	금액
	처분 방법
처분 사유	

「민법」 제80조 제2항 및 「공정거래위원회 소관 비영리법인의 설립 및 감독에 관한 규칙」 제11조에 따라 위와 같이 잔여재산 처분허가를 신청합니다.

년 월 일

신청인   (서명 또는 인)

공정거래위원회 위원장   귀하

첨부서류	1. 해산 당시의 정관 1부(해산신고 시의 정관을 확인할 필요가 있는 경우에만 해당합니다) 2. 총회의 회의록 사본 1부(사단법인의 해산신고 시에 제출한 서류만으로 확인이 되지 않을 경우에만 해당합니다)	수수료 없음

처리절차

신청서 작성	→	접 수	→	검 토	→	결 재	→	결과 통지
신청인		처리기관 (공정거래위원회)		처리기관 (공정거래위원회)		처리기관 (공정거래위원회)		

210mm×297mm[일반용지 60g/㎡(재활용품)]

다. 청산 종결의 신고

제12조(청산 종결의 신고) 청산인은 비영리법인의 청산이 종결되었을 때에는 「민법」 제94조에 따라 등기를 한 후, 별지 제7호 서식의 청산종결 신고서를 공정거래위원회에 제출하여야 한다. 이 경우 공정거래위원회는 「전자정부법」 제36조 제1항에 따른 행정정보의 공동이용을 통하여 법인 등기사항증명서를 확인하여야 한다(규칙 제12조).

[서식 _ 청산종결 신고서]

■ 공정거래위원회 소관 비영리법인의 설립 및 감독에 관한 규칙 [별지 제7호 서식] 〈개정 2012.1.4〉

청산종결 신고서

접수번호	접수일	처리일	처리기간	즉시

| 청산법인 | 명칭 | | 전화번호 | |
| | 소재지 | | | |

| 청산인 | 성명 | | 생년월일 | |
| | 주소 | | 전화번호 | |

청산 연월일	
청산 취지	

「민법」 제94조 및 「공정거래위원회 소관 비영리법인의 설립 및 감독에 관한 규칙」 제12조에 따라 위와 같이 청산 종결을 신고합니다.

년   월   일

신고인   (서명 또는 인)

공정거래위원회 위원장   귀하

신고인 제출서류	없음	수수료 없음
담당공무원 확인사항	법인 등기사항증명서	

처리절차

신고서 작성	→	접 수	→	검 토	→	결 재	→	결과 통지
신고인		처리기관 (공정거래위원회)		처리기관 (공정거래위원회)		처리기관 (공정거래위원회)		

210mm×297mm[일반용지 60g/㎡(재활용품)]

제12장 감사원 소관 비영리법인 설립

1. 개관

감사원 소관 비영리법인의 설립 및 감독에 관한 규칙(이하 '규칙'이라고만 함)은 「민법」에 따라 감사원이 주무관청이 되는 비영리법인의 설립 및 감독에 필요한 사항을 규정함을 목적으로 하며, 이에 따른 비영리법인(이하 '법인'이라 한다)의 설립허가, 법인 사무의 검사 및 감독 등에 관하여는 다른 법령에 특별한 규정이 있는 경우를 제외하고는 이 규칙에서 정하는 바에 따른다.

본장은 감사원 소관 비영리법인의 설립과 관련한 일반절차인 설립허가신청 및 관련 첨부서류 그리고 정관변경허가신청, 사업계획보고 등에 관한 내용들을 정리하였다. 그 외 관련서류들은 제1편 관련 내용부분을 참고하기 바란다.

2. 설립허가절차

가. 설립허가의 신청

「민법」 제32조에 따라 법인의 설립허가를 받으려는 자(이하 '설립발기인'이라 한다)는 별지 제1호 서식의 법인설립허가신청서에 다음의 서류를 첨부하여 감사원에 제출하여야 한다(규칙 제3조).

• 설립취지서 1부

• 설립발기인의 성명 · 생년월일 · 주소 및 약력을 적은 서류(설립발기인이 법인인 경우에는 그 명칭, 주된 사무소의 소재지, 대표자의 성명 · 생년월일 · 주소와 정관을 적은 서류) 1부

• 정관 1부

• 재산목록(재단법인의 경우 기본재산과 운영재산으로 구분하여 적어야 한다) 및 그 증명서류와 출연 신청이 있는 경우에는 그 사실을 증명하는 서류 각 1부

• 해당 사업연도분의 사업계획 및 수입 · 지출 예산을 적은 서류 1부

• 임원취임예정자의 성명 · 생년월일 · 주소 · 약력을 적고 명함판 사진을 붙인 이력서 및 취임 승낙서 각 1부

• 창립총회회의록(설립발기인이 법인인 경우에는 법인설립에 관한 의사결정을 증명하는 서류) 1부

• 설립하려는 법인이 사단인 경우에는 사원이 될 사람의 성명, 주소, 직업 및 근무처 등을 적은 사원명부 1부

■ 감사원 소관 비영리법인의 설립 및 감독에 관한 규칙[별지 제1호 서식] 〈개정 2015.7.17.〉

비영리법인 설립허가 신청서

접수번호	접수일자	처리일자	처리기간	20일

신청인	성명		생년월일	
	주소		전화번호	

법인명	명칭		
	소재지	전화번호	
	대표자 성명	생년월일	
	대표자 주소	전화번호	

「민법」 제32조 및 「감사원 소관 비영리법인의 설립 및 감독에 관한 규칙」 제3조에 따라 위와 같이 비영리법인의 설립허가를 신청합니다.

년   월   일

신청인

(서명 또는 인)

감사원장 귀하

신청인 제출 서류	1. 설립취지서 1부 2. 설립발기인의 성명 · 생년월일 · 주소 및 약력을 적은 서류(설립발기인이 법인인 경우에는 그 명칭, 주된 사무소의 소재지, 대표자의 성명 · 생년월일 · 주소와 정관을 적은 서류) 1부 3. 정관 1부 4. 재산목록(재단법인의 경우 기본재산과 운영재산으로 구분하여 적어야 합니다) 및 그 증명서류와 출연 신청이 있는 경우에는 그 사실을 증명하는 서류 각 1부 5. 해당 사업연도분의 사업계획 및 수입 · 지출 예산을 적은 서류 1부 6. 임원 취임예정자의 성명 · 생년월일 · 주소 및 약력을 적고 명함판 사진을 붙인 이력서 및 취임승낙서 각 1부 7. 창립총회 회의록(설립발기인이 법인인 경우에는 법인설립에 관한 의사 결정을 증명하는 서류) 1부 8. 설립하려는 법인이 사단인 경우에는 사원이 될 사람의 성명, 주소, 직업 및 근무처 등을 적은 사원명부 1부	수수료 없음
담당공무원 확인사항	재산목록에 기재된 재산의 토지(건물) 등기사항증명서	

처 리 절 차

신청서 작성 → 접 수 → 확 인 → 결 재 → 허가증 작성 → 허가증 발급

신청인   처 리 기 관 : 감사원(비영리법인의 설립 및 감독 업무 담당부서)

210mm×297mm(백상지 | 80g/㎡)

사회복지법인 ○○○ 설립취지서

현대사회의 급격한 발전과 변화는, 우리 인간들에게 가히 상상할 수 없는 편리함과, 편안함을 가져다주었지만, 반면에 기회의 불균등으로 인해, 사회의 변화와 발전에 적응하지 못하는 각종 소외계층이 발생하게 된 것은 주지의 사실이다.

이러한 가운데 그 동안 원불교 교단에서는, '사회복지법인 △△△'와 함께 ○○지역 사회발전과 주민들의 정신·육신의 빈곤과 무지, 각종 소외로부터 와지는 문제들을 예방하고 또한 극복하기 위하여, 여러 방면으로 종교인의 사명을 다해 왔다.

이제 각 교구별로 법인분리 작업에 원불교 교단과 '△△△'가 뜻을 같이하고, 그 동안 '△△△'를 통하여 복지사업을 펼쳐왔던 시설들 중, 우선적으로 '○○효도의 집', '○○어린이집', 등을, 새로이 설립하고자 하는 원불교 법인시설로 무상 출연 받아, 지역사회에서 좀더 내실 있는 가정복지사업을 펼쳐나가고자 한다.

이에 원불교 전북교구에서는 어린이보육, 모자보호, 노인복지 사업 등과 같은 가정복지사업에 전임하여 복지사업을 벌여나가기 위하여 '사회복지법인 ○○○'을 설립하고자 한다.

제 1 장 총 칙

제1조(명칭) 본 회는 사단법인 한국감사협회(영문명칭 The Institute of Internal Auditors Korea : 약칭 IIA KOREA)라 한다.

제2조(목적) 본 회는 다음 사항을 그 설립목적으로 한다.
1. 내부감사제도의 발전 및 내부감사업무의 질적 향상
2. 회원의 권익옹호와 친목도모
3. 국내외 내부감사 및 이에 관련된 사항에 대한 이론과 실무를 조사 · 연구

제3조(사업) 본 회는 제2조의 목적을 달성하기 위하여 다음과 같은 사업을 한다.
1. 내부감사의 기획 · 관리 · 진행 · 평가에 관련된 제반조사 · 연구
2. 내부감사업무의 원활한 수행을 위한 정기적인 연수와 정보교환
3. 공인내부감사사(CIA) 등의 양성 및 자격수여
4. 세계내부감사인협회(Global IIA) 등 국내외 내부감사유관기관과의 제휴 및 연구교류
5. 내부감사에 관련된 조사 · 연구의 분석 및 자료 등의 편찬 발간
6. 내부감사에 관련된 단행본 및 간행물과 회보 발간
7. 내부감사에 관한 교육 훈련 및 기업조사와 진단
8. 내부감사인의 지위와 자질을 향상하기 위한 제반사업 및 정부건의 9. 내부감사 업무의 대행 및 이와 관련된 컨설팅 사업의 수행 10. 위의 목적 달성을 위한 연구회 · 강연회 · 위원회 · 간담회의 개최 11. 기타 본 회의 목적 달성에 필요한 간행물의 간행 · 광고 등 제반 사업

제4조(소재지) 본 회의 사무소는 서울특별시에 둔다. 단, 필요에 따라 지부를 둘 수 있다.

제 2 장 회 원

제5조(회원의 종류) ① 본 회의 회원은 정회원, 준회원, 명예회원, 특별회원으로 구분한다.
② 정회원은 공공기관과 민간법인 또는 그에 준하는 조직, 법인의 감사 · 감사위원, 내부감사인, 준법감시인, 준법지원인, 윤리경영책임자, 리스크관리책임자, 옴부즈만, 그리고 공인내부감사

사ㆍ공인회계사ㆍ변호사ㆍ공인정보시스템감사사ㆍ경영기술지도사ㆍ최고내부감사사ㆍ전문내부감사사 등의 자격증 소지자 및 이와 동등한 자격을 갖춘 것으로 인정된 자를 말한다.

③ 본 회의 정회원으로 입회한 자가 제2항에서 열거한 지위를 임기만료 또는 사직 등의 사유로 상실함으로써 후임자가 정회원으로 될 경우에도 협회가 정하는 절차를 밟을 경우 정회원의 자격을 가진다.

④ 준회원은 내부감사와 관련된 학술연구를 하는 내부감사 전문가, 교수, 학생 등으로서 본 회의 취지에 찬동하는 자로 한다.

⑤ 명예회원은 사회적으로 덕망이 높고 본 회의 발전에 기여한 인사로서 이사회의 동의를 얻어 회장이 추대한 자로 한다.

⑥ 특별회원은 정부부처, 지방자치단체 등의 감사 관련부서 종사자로 협회에 회원으로 참여하고자 하는 자로 한다.

제6조(입회절차) ① 본회에 입회하고자 하는 자는 입회신청서를 제출하여야 한다.

② 제1항의 규정에 의한 입회신청서를 제출할 때에는 본회가 정하는 입회금과 회비를 납부하여야 한다.

③ 명예회원에 대하여는 제2항의 입회금과 회비를 면제한다.

제7조(퇴회) 본 회의 회원 퇴회는 본 회가 정하는 절차에 의한다. 다만, 미납된 회비는 납입하여야 하며 이미 납입된 회비는 반환하지 아니한다.

제8조(제명) 회원이 다음 각 호의 1에 해당하는 때에는 총회의 결의로써 제명할 수 있다.

  1. 본 회의 명예를 훼손하거나 손해를 가하였을 때

  2. 정관에 위배되는 행위를 하였을 때

  3. 기타 총회에서 제명하는 것이 합당하다고 인정할 때 제 3 장 총 회

제9조(총회의 설치 및 구성) ① 본 회의 최고의결기관으로서 총회를 둔다.

② 총회는 정회원으로 구성한다.

제10조(종류 및 소집) ① 총회는 정기총회와 임시총회로 한다.

② 정기총회는 매 사업연도 종료일 이후 3개월 이내에 회장이 소집한다.

③ 임시총회는 다음의 경우에 회장이 소집한다.

1. 회장이 필요하다고 인정할 때

2. 이사회의 소집요구가 있을 때

3. 총회구성원 4분의 1 이상이 회의의 목적사항과 소집의 이유를 기재한 서면을 회장에게 제출하고 총회의 소집을 요구한 때

④ 총회를 소집할 때에는 총회의 일시, 장소 및 회의의 목적 사항을 명시하여 개최 2주일 전에 통지하여야 한다. 다만, 이사회 결의로 긴급하다고 인정할 때에는 그 기간을 단축할 수 있다.

제11조(의결사항) ① 총회는 이 정관에 다른 정함이 있는 경우를 제외하고는 다음 각 호의 사항을 심의 · 의결한다.

1. 정관의 개정

2. 본 회의 해산에 관한 사항

3. 회장, 감사위원의 선임 및 해임에 관한 사항

4. 예산 및 결산의 승인에 관한 사항

5. 사업계획의 승인에 관한 사항

6. 지부의 설치에 관한 사항

7. 기타 이사회 및 회장이 부의한 사항

② 총회는 필요하다고 인정하는 경우에는 제1항 제4호 내지 제6호의 사항에 대하여 그 범위를 정하여 이사회에 위임할 수 있다.

제12조(의장) ① 총회의 의장은 회장이 된다.
② 의장은 총회의 질서를 유지하며 의사를 진행한다.

제13조(정족수) ① 총회는 총회구성원 5분의 1 이상의 출석으로 성립하고 본 정관에서 다른 정함이 있는 경우를 제외하고는 출석구성원 과반수의 찬성으로 의결한다. 다만, 본 회 해산의 경우에는 총회구성원 과반수의 출석과 출석 구성원의 과반수의 찬성으로 의결한다.
② 총회 결의에 관하여 특별한 이해관계가 있는 자는 의결권을 행사하지 못한다.

제14조(의결권의 위임) 총회구성원은 위임장으로 총회 출석과 의결권을 위임할 수 있다. 다만, 대리인은 그 대리권을 증명하는 서면을 사전에 총회에 제출하여야 한다.

제15조(총회 의사록) 총회의 의사록은 의장과 감사위원장이 서명한 후 이를 본 회에 보존한다.

제 3 장 이사회

제16조(설치 및 구성) ① 본 회의 회무에 관한 중요사항을 의결하기 위하여 이사회를 둔다. ② 이사회는 회장, 부회장 및 이사로 구성한다. ③ 이사회는 이사회내에 감사위원회를 두며, 그 조직 및 운영에 관한 사항은 규정으로 정한다.

제17조(의결사항) ① 이사회는 이 정관에 다른 정함이 있는 경우를 제외하고는 다음 각 호의 사항을 심의·의결한다.

　　1. 기본 운영 계획(주요사업계획)

　　2. 예산 및 결산에 관한 중요한 사항

　　3. 규정의 제정 및 변경에 관한 사항

　　4. 부회장의 선임 및 해임에 관한 사항

　　5. 이사의 추천

　　6. 분과위원회의 설치 및 운영

　　7. 총회에 부의할 의안에 관한 사항

　　8. 총회가 위임한 사항

　　9. 회원의 권익을 심각하게 해하는 일이 발생한 사안에 대한 조사위원회 구성에 관한 사항

　　10. 제5조 제3항 소정의 정회원 자격 유지 또는 회복 절차에 관한 사항

　　11. 기타 회장이 부의한 사항

② 이사회는 필요한 경우 감사위원회에 본 회에 대한 감사를 요청할 수 있다.

제18조(소집절차) ① 이사회의 의장은 회장으로 한다.

② 정기 이사회는 원칙적으로 분기 1회 회장이 소집한다.

③ 임시 이사회는 다음의 경우에 회장이 소집 한다.

　　1. 회장이 필요하다고 인정할 경우

　　2. 이사회 구성원의 3분의 1이상이 회의목적 사항을 명시하여 이사회의 소집을 청구한 때

　　3. 감사위원회가 회의목적 사항을 명시하여 이사회의 소집을 청구한 때

④ 회장이 제3항 제2호 및 제3호 소정의 청구를 받을 날로부터 10일 이내에 이사회를 소집하지 아니할 때에는 청구자가 이를 소집할 수 있다.

⑤ 이사회를 소집할 때는 개최 5일 전에 이사회의 일시, 장소 및 회의 목적 사항을 이사회 구성

원에게 통지하여야 한다. 다만, 긴급을 요하는 경우에는 유예기간을 두지 않거나 그 기간을 단축할 수 있고, 이사회 구성원 전원이 출석한 경우에는 절차적 흠은 치유된다.

제19조(정족수) ① 이사회는 재적 구성원 과반수의 출석으로 성립한다.

② 이사회는 재적 구성원 과반수 출석과 출석 구성원 과반수 찬성으로 의결한다.

③ 가부동수인 때에는 의장이 결정권을 가진다.

④ 이사회 결의에 관하여 특별한 이해관계가 있는 자는 의결권을 행사하지 못한다.

제20조(이사회 의사록) 이사회 의사록은 제15조를 준용한다.

제 4 장 임 원

제21조(임원) 본 회에 다음의 임원을 둔다.

  1. 회 장 1인

  2. 부 회 장 30인 이내(수석부회장, 사무총장 포함)

  3. 이 사 50인 이내(회장, 부회장, 감사위원회 위원 3인 이상 포함)

제22조(자격 및 임기) ① 임원은 정회원 중에서 선임한다.

② 회장은 정회원의 자격을 6월 이상 보유한 자로 한다.

③ 임원의 임기는 2년으로 하되 중임할 수 있다. 다만, 회장은 1회에 한하여 연임할 수 있다. 임원(부회장, 이사)의 중임은 이사회에서 의결하고, 회장의 연임은 임기 만료 전 총회에서 의결한다.

④ 회장과 감사위원은 임기가 만료되더라도 후임자의 선임시까지 직을 수행한다.

⑤ 회장은 필요하다고 인정할 경우 상근부회장 1인을 둘 수 있다. 상근부회장은 회장의 제청으로 이사회에서 선출하며, 총회에 보고한다.

⑥ 임원의 임기 중 정회원의 자격이 되는 업무를 임기만료, 사임 등의 사유로 그만두게 되더라도 제5조 제3항 소정의 정회원 유지절차를 밟을 경우 임원으로서의 잔여 임기에 영향이 없다.

제23조(선임) ① 회장은 임원추천위원회의 추천으로 총회에서 선출하며, 임원추천위원회의 구성 및 운영에 관한 사항은 규정으로 정한다.

② 부회장은 이사 중에서 회장의 제청과 이사회의 의결로 선임한다.

③ 이사는 이사회의 추천으로 회장이 임명한다.

④ 수석부회장, 사무총장은 부회장 중에서 회장이 임명한다.

⑤ 감사위원은 이사 중에서 이사회의 추천으로 총회에서 선출하며, 감사위원장은 감사위원회의 위원들이 호선으로 정한다.

제24조(직무, 보수 등) ① 회장은 본 회를 대표하고 회무를 통할한다.

② 부회장은 회장을 보좌하여 회무를 처리한다.

③ 회장이 사고가 있을 때는 상근 부회장이 선임된 경우 상근 부회장, 수석 부회장, 먼저 선임된 부회장, 연장자인 부회장 순서에 따라 그 직무를 대행 한다.

④ 이사는 이사회의 구성원이 되며 선량한 관리자의 주의 의무로 이사회의 회무에 참여해야 한다.

⑤ 감사위원회는 본 회의 재정 및 업무집행사항을 감사하고 그 결과를 이사회 및 총회에 보고한다.

⑥ 상근부회장을 제외한 임원은 무보수 비상근으로 한다.

⑦ 상근부회장의 보수는 협회의 재정상황 등을 감안하여 이사회에서 정한다.

제 5 장 고문, 자문위원, 분과위원회 등

제25조(명예회장, 고문, 자문위원) ① 본 회의 전임 회장은 당연직 고문으로 한다.

② 고문은 본 회의 육성발전에 현저한 공로가 있는 자 중에서 회장이 추대한다.

③ 회장이 필요하다고 인정할 때에는 자문위원을 둘 수 있다.

제26조(분과위원회) ① 본회는 특정(사업)분야에 대하여 분과위원회를 둘 수 있다.

② 분과위원회의 구성과 운영방법에 대하여는 이사회에서 정한다.

제 6 장 집행기구 조직 및 재정

제27조(집행기구) ① 본 회는 협회의 운영을 위하여 사무처를 둔다.

② 본 회에 내부감사 대행 및 이와 관련된 컨설팅 업무수행을 위한 감사지원서비스 센터를 둘 수 있으며 이에 관한 사항은 규정으로 정한다.

③ 직원의 인사와 보수, 복무, 조직 및 업무 분장 등에 관한 사항은 이사회에서 심의하여 결정한다.

제28조(재정) 본 회의 경비는 다음의 수입금으로 충당한다.

  1. 회비

  2. 입회금

3. 후원금 및 찬조금

4. 기타 수입금

5. 전년도 이월금

제29조(회비) 회비의 부과와 징수방법은 이사회에서 정한다.

제30조(사업연도) 본 회의 사업연도는 매년 4월 1일부터 익년 3월 31일까지로 한다.

제31조(잉여금) 결산의 결과 잉여금 또는 손실금이 있을 때에는 차기년도에 이월한다.

부 칙

제1조(시행일) 이 정관은 감사원장의 인가를 받은 날부터 시행한다.

[서식 – 그 외 관련 서식은 서식 중복기재 회피를 위하여 제1편 비영리사단법인 및 제2편 비영리재단법인 해당 서식을 참고하기 바란다]

나. 설립허가

(1) 허가기준

감사원은 법인설립허가신청의 내용이 다음의 기준에 맞는 경우에만 법인 설립을 허가한다(규칙 제4조).

• 법인의 목적과 사업이 실현가능할 것

• 목적하는 사업을 할 수 있는 충분한 능력이 있고, 재정적 기초가 확립되어 있거나 확립될 수 있을 것

• 다른 법인과 같은 명칭이 아닐 것

(2) 심사 및 허가기간

감사원은 법인설립허가신청을 받았을 때에는 특별한 사유가 없으면 20일 이내에 심사하여 허가 또는 불허가 처분을 하고, 그 결과를 서면으로 신청인에게 통지하여야 한다. 이 경우 허가를 할 때에는 별지 제2호 서식의 법인설립허가증을 교부하고 별지 제3호 서식의 법인설립허가대장에 필요한 사항을 적어야 한다.

[서식 _ 법인설립허가증]

■ 감사원 소관 비영리법인의 설립 및 감독에 관한 규칙[별지 제2호 서식] 〈개정 2015.7.17.〉

제   호

비영리법인 설립허가증

1. 법인 명칭:

2. 소 재 지:

3. 대 표 자
   ○ 성   명:
   ○ 생년월일:
   ○ 주   소:

4. 사업 내용:

5. 허가 조건:

「민법」 제32조 및 「감사원 소관 비영리법인의 설립 및 감독에 관한 규칙」 제4조에 따라 위 법인의
설립을 허가합니다.

년   월   일

감 사 원 장   │ 직인 │

210mm×297mm(백상지 80g/㎡)

■ 감사원 소관 비영리법인의 설립 및 감독에 관한 규칙 [별지 제3호 서식] 〈개정 2015.7.17.〉

비영리법인 설립허가대장

허가번호	법인 명칭	사무소의 소재지	대표자 성 명	허 가 연월일	기능 및 목적	주관과	비고

210mm×297mm(백상지 80g/㎡)

(3) 조건부허가

감사원은 법인의 설립허가를 할 때에는 필요한 조건을 붙일 수 있다.

다. 재산이전의 보고

법인의 설립허가를 받은 자는 그 허가를 받은 후 지체없이 기본재산 및 운영재산을 법인에 이전(移轉)하고, 1개월 이내에 그 이전사실을 증명하는 등기소 또는 금융회사 등의 증명서를 감사원에 제출하여 보고하여야 한다(규칙 제5조).

라. 설립등기 등의 보고

법인은 「민법」 제49조부터 제52조의2까지의 규정에 따라 법인 설립등기 등을 하였을 때에는 7일 이내에 법인 등기사항증명서 1부를 감사원에 제출하여야 한다(규칙 제6조).

3. 허가 후 절차

가. 정관변경의 허가

법인은 「민법」 제42조 제2항, 제45조 제3항 또는 제46조에 따른 정관변경의 허가를 받으려는 경우 별지 제4호 서식의 법인정관변경허가신청서에 다음 각 호의 서류를 첨부하여 감사원에 신청하여야 하며, 이 경우 감사원은 법인의 정관변경에 관한 절차가 적법하고 정관변경이 법인의 설립목적에 위배되지 않는 경우에 한하여 정관변경을 허가한다.

• 정관변경사유서 1부
• 개정될 정관(신·구 조문 대비표를 첨부한다) 1부
• 정관변경에 관한 총회 또는 이사회의 회의록 1부
• 기본재산의 처분에 따른 정관변경의 경우에는 처분 사유, 처분재산의 목록, 처분 방법, 처분 후의 재산목록 등을 적은 서류 1부

■ 감사원 소관 비영리법인의 설립 및 감독에 관한 규칙 [별지 제4호 서식] 〈개정 2015.7.17.〉

법인 정관 변경허가 신청서

접수번호	접수일자	처리일자	처리기간	10일

신청인	성명		생년월일	
	주소		전화번호	

	명칭		전화번호	
	소재지			
법인	설립 허가일		설립허가번호	
	대표자 성명		생년월일	
	대표자 주소			

「민법」 제42조 제2항, 제45조 제3항, 제46조 및 「감사원 소관 비영리법인의 설립 및 감독에 관한 규칙」 제7조에 따라 위와 같이 정관 변경허가를 신청합니다.

년   월   일

신청인   (서명 또는 인)

감사원장 귀하

첨부서류	1. 정관 변경 사유서 1부 2. 변경될 정관(신·구조문대비표를 첨부합니다) 1부 3. 정관 변경과 관련된 총회 또는 이사회의 회의록 1부 4. 기본재산의 처분에 따른 정관변경의 경우에는 처분 사유, 처분재산의 목록, 처분 방법 등을 적은 서류 1부	수수료 없 음

처 리 절 차

신청서 작성	→	접 수	→	서류 확인 및 검토	→	결 재	→	결과 통지

신청인   처 리 기 관 : 감사원(비영리법인의 설립 및 감독 업무 담당부서)

210mm×297mm(백상지 80g/㎡)

[서식 – 그 외 관련 서식은 서식 중복기재 회피를 위하여 제1편 비영리사단법인 및 제2편 비영리재단법인 해당 서식을 참고하기 바란다]

나. 임원선임의 보고 및 승인 등

법인이 임원을 교체하여 선임(選任)한 때에는 지체 없이 임원취임예정자의 성명 · 생년월일 · 주소 · 약력을 적고 명함판 사진을 붙인 이력서 및 취임 승낙서 등의 서류와 임원 교체선임을 결의한 총회 또는 이사회의 회의록을 첨부하여 감사원에 보고하고 승인을 받아야 한다. 다만, 재선임된 임원에 대해서는 임원취임예정자의 성명 · 생년월일 · 주소 · 약력을 적고 명함판 사진을 붙인 이력서 및 취임 승낙서 등의 서류를 제출하지 아니한다(규칙 제8조).

다. 사업실적 및 사업계획 등의 보고

법인은 매 사업연도 종료 전 1개월까지 다음 사업연도의 사업계획 및 수입 · 지출 예산에 관한 서류를 감사원에 제출하여야 함은 물론(규칙 제9조), 매 사업연도 종료 후 2개월 이내에 다음의 서류를 감사원에 제출하여야 한다.

- 직전 사업연도의 사업실적 및 수입 · 지출 결산서 1부
- 자산의 증감 사유
- 직전 사업연도 말 현재의 재산목록 1부
- 사단법인의 경우에는 직전 사업연도 중 사원의 이동 현황

라. 서류 및 장부의 비치

(1) 서류 등 비치

법인은 「민법」 제55조에 규정된 것 외에 다음의 서류 및 장부를 갖추어 두어야 한다(규칙 제10조).

- 정관
- 임원 및 직원의 명부와 이력서
- 총회 회의록 또는 이사회 회의록
- 수입 · 지출에 관한 장부 및 증명서류
- 재산대장 및 부채대장
- 업무일지
- 감사원 및 관계기관과 주고받은 서류

(2) 서류 등 보존

법인은 다음의 구분에 따라 제1항 각호의 서류 및 장부를 보존하여야 한다. 〈개정 2011. 3. 17.〉

- 제1호부터 제3호까지 : 영구

- 제4호 및 제5호 : 10년 이상
- 제6호 및 제7호 : 3년 이상

마. 법인사무의 검사 · 감독

감사원은 「민법」 제37조에 따른 법인사무의 검사 및 감독을 위하여 필요한 경우 법인에 관계서류 · 장부 그 밖의 참고자료 제출을 명하거나, 소속공무원으로 하여금 법인의 사무 및 재산상황을 검사하게 할 수 있으며, 이에 따라 법인사무를 검사하는 공무원은 그 자격을 증명하는 증표를 관계인에게 보여 주어야 한다(규칙 제11조).

4. 해산 등

가. 설립허가의 취소

감사원은 법인이 다음의 어느 하나에 해당된다고 인정하면 「민법」 제38조에 따라 법인의 설립허가를 취소할 수 있으며, 이에 따라 법인의 설립허가를 취소하려는 경우에는 해당 법인에 취소사유 등을 서면으로 통지하고 의견 제출 기회를 주어야 한다.
다(규칙 제12조).

- 설립목적 외의 사업을 하거나 공익을 해치는 행위를 한 경우
- 설립허가의 조건을 위반한 경우
- 설립목적의 달성이 불가능하다고 인정될 경우
- 그 밖에 법인의 목적과 사업을 실현할 수 있는 능력 또는 재정적 기초를 상실하게 된 경우

나. 해산신고

법인이 해산(파산으로 인한 해산은 제외한다)하였을 때에는 그 청산인은 「민법」 제85조 제1항에 따라 해산등기를 마친 후 지체 없이 별지 제5호 서식의 법인해산신고서에 다음의 서류를 첨부하여 감사원에 제출하여야 한다(규칙 제13조).

- 해산 당시의 재산목록 1부
- 잔여재산 처분방법의 개요를 적은 서류 1부
- 해산당시의 정관 1부
- 사단법인이 총회의 결의에 따라 해산하였을 때에는 그 결의를 한 총회의 회의록 1부
- 재단법인의 해산 시 이사회가 해산을 결의하였을 때에는 그 결의를 한 이사회의 회의록 1부

■ 「감사원 소관 비영리법인의 설립 및 감독에 관한 규칙」 [별지 제5호 서식] 〈개정 2015.7.17.〉

비영리법인 해산 신고서

접수번호	접수일	처리일	처리 기 **7일** 간

청산인	성명		생년월일
	주소		전화번호

청산법인	명칭		전화번호
	소재지		

해산 연월일
해산 사유
청산인 대표권의 제한 내용(대표권이 제한되는 경우에만 적습니다)

「민법」 제86조 제1항 및 「감사원 소관 비영리법인의 설립 및 감독에 관한 규칙」 제13조에 따라 위와 같이 법인의 해산을 신고합니다.

년   월   일

신고인

(서명 또는 인)

감사원장 귀하

신고인 제출 서류	1. 해산 당시의 재산목록 1부 2. 잔여재산 처분방법의 개요를 적은 서류 1부 3. 해산 당시의 정관 1부 4. 사단법인이 총회 결의에 따라 해산하였을 때에는 그 결의를 한 총회의 회의록 사본 1부 5. 재단법인의 해산 시 이사회가 해산을 결의하였을 때에는 그 결의를 한 이사회의 회의록 1부	수수료 없음
담당 공무원 확인 사항	법인 등기사항증명서	

처 리 절 차

신청서 작성	→	접 수	→	서류 확인 및 검토	→	결 재
신청인		처 리 기 관 : 감사원(비영리법인의 설립 및 감독 업무 담당부서)				

210mm×297mm[백상지 80g/㎡]

다. 잔여재산 처분의 허가

법인의 이사 또는 청산인은 「민법」 제80조 제2항에 따라 잔여재산의 처분에 대한 허가를 받으려면 별지 제6호 서식의 잔여재산 처분허가 신청서를 감사원에 신청하여야 한다(규칙 제14조).

[서식 _ 잔여재산 처분허가 신청서]

■ 감사원 소관 비영리법인의 설립 및 감독에 관한 규칙 [별지 제6호 서식] 〈개정 2015.7.17.〉

잔여재산 처분허가 신청서

접수번호		접수일	처리일	처리기간 7일
신청법인	명칭		전화번호	
	소재지			
대표자 (이사 · 청산인)	성명		생년월일	
	주소		전화번호	
처분재산	종류 및 수량			
	금액			
	처분방법			
처분사유				

「민법」 제80조 제2항 및 「감사원 소관 비영리법인의 설립 및 감독에 관한 규칙」 제14조에 따라 위와 같이 잔여재산 처분 허가를 신청합니다.

년   월   일

신청인

(서명 또는 인)

감사원장 귀하

첨부서류	1. 해산 당시의 정관 1부(해산신고 시의 정관을 확인할 필요가 있는 경우에만 제출합니다) 2. 총회의 회의록 1부(사단법인의 해산신고 시에 제출한 서류만으로는 확인이 되지 않을 경우에만 제출합니다)	수수료 없음

처 리 절 차

신청서 작성	→	접 수	→	서류 확인 및 검토	→	결 재	→	결과 통지
신청인		처 리 기 관 : 감사원(비영리법인의 설립 및 감독 업무 담당부서)						

210mm×297mm(백상지 80g/㎡)

라. 청산종결의 신고

청산인은 법인의 청산이 종결되었을 때에는 「민법」 제94조에 따라 이를 등기를 한 후 법인 등기사항 증명서를 첨부하여 감사원에 청산종결을 신고하여야 한다(규칙 제15조).

제13장

농림축산식품부 및 그 소속 청장 소관 비영리법인 설립

1. 개관

농림축산식품부 및 그 소속 청장 소관 비영리법인의 설립 및 감독에 관한 규칙(이하 규칙이라고만 함)은 「민법」에 따라 농림축산식품부장관 또는 그 소속 청장이 주무관청이 되는 비영리법인의 설립 및 감독에 필요한 사항을 규정함을 목적으로 하며, 이에 따른 비영리법인(이하 '법인'이라 한다)의 설립허가, 법인 사무의 검사 및 감독 등에 관하여는 다른 법령에 특별한 규정이 있는 경우를 제외하고는 이 규칙에서 정하는 바에 따른다.

본장은 농림축산식품부 및 그 소속 청장 소관 비영리법인의 설립과 관련한 일반절차인 설립허가신청 및 관련 첨부서류 그리고 정관변경허가신청, 사업계획보고 등에 관한 내용들을 정리하였다. 그 외 관련서류들은 제1편 관련 내용부분을 참고하기 바란다.

2. 설립허가절차

가. 설립허가의 신청

「민법」 제32조에 따라 법인의 설립허가를 받으려는 자(이하 '설립발기인'이라 한다)는 별지 제1호 서식의 법인 설립허가 신청서에 다음의 서류를 첨부하여 농림축산식품부장관 또는 그 소속 청장(이하 '주무관청'이라 한다)에게 제출하여야 한다(규칙 제3조).

- 설립발기인의 성명 · 생년월일 · 주소 및 약력을 적은 서류(설립발기인이 법인인 경우에는 그 명칭, 주된 사무소의 소재지, 대표자의 성명 · 생년월일 · 주소와 정관을 적은 서류) 1부
- 정관 1부
- 재산목록(재단법인의 경우에는 기본재산과 운영재산으로 구분하여 적어야 한다) 및 그 증명서류와 출연(出捐) 신청이 있는 경우에는 그 사실을 증명하는 서류 각 1부
- 해당 사업연도분의 사업계획 및 수입 · 지출 예산을 적은 서류 1부
- 임원 취임 예정자의 성명 · 생년월일 · 주소 · 약력을 적은 서류 및 취임승낙서 각 1부
- 창립총회 회의록(설립발기인이 법인인 경우에는 법인 설립에 관한 의사 결정을 증명하는 서류) 1부

농림축산식품부장관 및 그 소속 청장 소관 비영리법인의 설립 및 감독에 관한 규칙[별지 제1호 서식] 〈개정 2013.3.23〉

법인설립 허가신청서

접수번호		접수일자		처리일자		처리기간	20일
신청인	성명					생년월일	
	주소					전화번호	
법 인	명칭					전화번호	
	소재지						
대표자	성명					생년월일	
	주소					전화번호	

「민법」 제32조 및 「농림축산식품부장관 및 그 소속 청장 소관 비영리법인의 설립 및 감독에 관한 규칙」 제3조에 따라 위와 같이 법인설립을 신청하오니 허가하여 주시기 바랍니다.

년　월　일

신청인

(서명 또는 인)

귀하

		수수료 없음
신청인 제출 서류	1. 설립발기인의 성명 · 생년월일 · 주소 및 약력을 기재한 서류 1부(설립발기인이 법인인 경우에는 그 명칭, 주된 사무소의 소재지, 대표자의 성명 · 생년월일 · 주소와 정관을 기재한 서류) 2. 정관 1부 3. 재산목록(재단법인에 있어서는 기본재산과 운영재산으로 구분하여 기재하여야 합니다) 및 그 입증서류와 출연의 신청이 있는 경우에는 그 사실을 증명하는 서류 각 1부 4. 해당 사업연도분의 사업계획 및 수지예산을 기재한 서류 1부 5. 임원 취임예정자의 성명 · 생년월일 · 주소 및 약력을 기재한 서류와 취임승낙서 각 1부 6. 창립총회회의록(설립발기인이 법인인 경우에는 법인설립에 관한 의사의 결정을 증명하는 서류) 1부 ※ 제3호의 서류 중 담당 공무원 확인사항인 입증 서류는 제출을 생략합니다.	
담당공무원 확인사항	재산목록에 기재된 재산의 토지(건물) 등기부 등본	

처리절차

신청서 작성	→	접 수	→	확 인	→	결 재	→	허가증 작성	→	허가증 교부
신청인		처리기관		처리기관		처리기관		처리기관		처리기관

210mm × 297mm[보존용지(1종)120g/㎡]

정 관

제 1 장 총 칙

제1조(명칭) 이 법인은 '사단법인 한국웰니스산업협회(이하 '법인'이라 한다)라 한다.

제2조(목적) 본 법인은 회원간의 유대 협력강화와 권익보호에 목적을 둔다. 이를 통해 농촌융복합산업 및 농촌관광과 연계한 웰니스산업의 질적 성장을도모하고 관련산업의 육성 및 양질의 일자리 창출에 기여한다. 또한 대정부 정책건의 및 사업의 실행을 통해 민관 상생 협력을 위한 교두보 역할을 하고, 우리 나라의 우수한 웰니스 자원과 농촌산업의 연계를 통한 경쟁력 있는 웰니스 브랜드 구축으로 새로운 부가가치를 창출하고 국내·외 관광객 유치 및 농촌융복합산업 발전에 기여하는 것을 목적으로 한다.

제3조(소재지) 본 법인의 사무실은 서울특별시 마포구 성산동 649-4, 3층에 두고 필요한 곳에 분회(지사)를 설치할 수 있다.

제4조(사업) 본 법인은 제2조의 목적을 달성하기 위하여 다음 각 호의 사업을 행한다.
1. 회원 홍보, 마케팅을 위한 국내외 전시회 개최 및 참가지원 사업
2. 회원 상품 개발 및 전문인력 양성을 위한 인증 및 교육 사업
3. 회원 상호간의 권익보호 및 협력강화를 위한 친목 사업
4. 웰니스산업 정책, 법령 및 제도 개선을 위한 대정부 협력 사업
5. 국내외 농촌융복합산업 및 농촌관광 관련 웰니스 동향파악 및 정보제공을 위한 웰니스 저널 발행
6. 국내웰니스산업 창업 및 사업화 지원을 위한 웰니스타운(가칭) 건설
7. 기타 본 법인의 목적 달성에 필요한 사업

제 2 장 회 원

제5조(회원의 종류와 자격)

① 법인의 회원은 제2조의 목적과 설립취지에 찬성하여 정해진 가입절차를 마친 자(지자체, 공공기관, 단체, 개인)로 한다.

② 법인의 회원이 되고자 하는 자는 정해진 회원가입 신고서를 법인에 제출하고 규정에 의한 승인절차를 거친 후 가입비, 연회비를 납부하여야 한다.

③ 회원의 자격, 연회비 등에 관한 세부사항은 이사회에서 별도의 규정으로 정한다.

④ 회원의 종류는 특별회원, 정회원, 일반회원 등으로 구분할 수 있으며, 일반회원의 경우 총회의 의결권한이 없는 것으로 한다.

제6조(회원의 권리)

① 특별회원과 정회원은 선거권, 피선거권 및 총회 의결권을 가진다. 다만 일반회원은 총회에 참석하여 법인의 활동에 관한 의견을 제안할 수 있으나 의결권은 없다.

② 회원은 법인의 자료 및 출판물을 제공받으며, 법인운영에 관한 자료를 열람할 수 있다.

제7조(회원의 의무) 회원은 다음의 의무를 진다.

1. 본회의 정관 및 모든 규정 준수
2. 총회 및 이사회의 결의사항 이행
3. 회비 및 모든 부담금의 납부

제8조(회원의 탈퇴와 제명)

① 회원은 본인의 의사에 따라 회원탈퇴서를 제출함으로써 자유롭게 탈퇴할 수 있다.

② 회원이 법인의 명예를 손상시키거나 목적 수행에 지장을 초래한 경우 또는 1년 이상 회원의 의무를 준수하지 않은 경우에는 총회의 의결을 거쳐 제명할 수 있다.

③ 탈퇴 및 제명으로 인하여 회원의 자격을 상실한 경우에는 납부한 회비 등에 대한 권리를 요구할 수 없다.

제 3 장 임 원

제9조(임원의 종류와 정수) 법인은 다음의 임원을 둔다.

1. 회 장 : 1인
2. 상근 부회장 : 1인
3. 이 사(회장, 상근 부회장을 포함한다) : 9인
4. 감 사 : 2인

제10조(임원의 선임)

① 법인의 임원은 총회에서 선출한다.

② 회장은 이사 중에서 호선한다.

③ 임기가 만료된 임원은 임기만료 2월 이내에 후임자를 선출하여야 하며, 임원이 궐위된 경우에는 궐위된 날로부터 2월 이내에 후임자를 선출하여야 한다.

④ 임원선출이 있을 때에는 임원선출이 있는 날부터 3주 이내에 관할법원에 등기를 마친 후 주무관청에 통보하여야 한다.

제11조(임원의 해임) 임원이 다음 각 호의 어느 하나에 해당하는 행위를 한 때에는 총회의 의결을 거쳐 해임할 수 있다.

　　1. 본회의 목적에 위배되는 행위

　　2. 임원간의 분쟁·회계부정 또는 현저한 부당행위

　　3. 본회의 업무를 방해하는 행위

제12조(임원의 결격사유) 다음 각 호에 해당하는 자는 임원이 될 수 없다.

　　1. 피성년후견인 또는 피한정후견인

　　2. 파산자로서 복권이 되지 아니한 자

　　3. 법원의 판결 또는 법령에 따라 자격이 상실 또는 정지된 자

　　4. 금고 이상의 실형의 선고를 받고 그 집행이 종료(집행이 종료된 것으로 보는 경우를 포함한다.)되거나 집행이 면제된 날부터 3년이 경과되지 아니한 자

　　5. 금고 이상의 형의 집행유예선고를 받고 그 유예기간 중에 있는 자

제13조(상근부회장)

① 본 법인의 목적사업을 전담하게 하기 위하여 1명의 상근부회장을 둘 수 있다.

② 상근부회장은 이사회의 의결을 거쳐 회장이 이사 중에서 선임한다.

제14조(임원의 임기)

① 임원의 임기는 3년으로 하며 연임할 수 있다. 다만, 보선임원의 임기는 전임자의 잔여기간으로 한다.

② 임원은 임기 만료 후라도 후임자가 취임할 때까지는 임원으로 직무를 수행한다.

제15조(임원의 직무)

① 회장은 법인을 대표하고 법인의 업무를 총괄하며, 총회 및 이사회의 의장이 된다.

② 상근 부회장은 상근하며 회장의 지시를 받아 법인의 사무를 총괄한다.

③ 이사는 이사회에 출석하여 법인의 업무에 관한 사항을 의결하며 이사회 또는 이사장으로부터 위임받은 사항을 처리한다.

④ 감사는 다음의 직무를 수행한다.

   1. 법인의 재산 상황을 감사하는 일

   2. 총회 및 이사회의 운영과 그 업무에 관한 사항을 감사하는 일

   3. 제1호 및 제2호의 감사결과 부정 또는 부당한 점이 있음을 발견한 때에는 이사회 또는 총회에 그 시정을 요구하고 주무관청에 보고하는 일

   4. 제3호의 시정요구 및 보고를 하기 위하여 필요한 때에는 총회 또는 이사회의 소집을 요구하는 일

   5. 본회의 재산상황과 업무에 관하여 총회 및 이사회 또는 회장에게 의견을 진술하는 일

제16조(회장의 직무대행)

① 회장이 사고, 궐위가 있을 때에는 상근부회장, 연장자 이사순으로 회장의 직무를 대행한다.

② 제1항의 규정에 의하여 회장의 직무를 대행하는 임원은 지체없이 회장 선출의 절차를 밟아야 한다.

제 4 장 총 회

제17조(총회의 구성) 총회는 본 법인의 최고 의결기관이며 특별회원과 정회원으로 구성 한다.

제18조(구분 및 소집)

① 총회는 정기총회와 임시총회로 구분하며 회장이 이를 소집한다.

② 정기총회는 매 회계연도 개시 1개월 전까지 회장이 소집하며 임시총회는 회장이 필요하다고 인정할 때에 소집한다.

③ 총회의 소집은 회장이 회의안건, 일시, 장소 등을 명확하게 기록하여 회의 개시 7일전까지 문서로써 각 회원에게 통지하여야 한다.

제19조(총회소집의 특례)

① 회장은 다음 각호의 1에 해당하는 소집요구가 있을 때에는 그 소집요구일로부터 20일 이내에 총회를 소집하여야 한다.

　　1. 재적이사 과반수가 회의 목적을 제시하여 소집을 요구한 때

　　2. 제15조 제4항제4호의 규정에 의하여 감사가 소집을 요구 한 때

　　3. 재적회원 3분의 1이상이 회의 목적을 제시하여 소집을 요구한때

② 총회 소집권자가 궐위되거나 이를 기피함으로써 7일 이상 총회소집이 불가능한 때에는 재적이사 과반수 또는 재적회원 3분의 1이상의 찬성으로 총회를 소집할 수 있다.

③ 제2항의 규정에 의한 총회는 출석이사 중 최연장자 순의 사회로 그 의장을 선출한다.

제20조(총회의 의결사항)

① 총회는 다음의 사항을 의결한다.

　　1. 임원의 선출(회장 및 상근부회장 제외) 및 해임에 관한 사항

　　2. 본 법인의 해산 및 정관변경에 관한 사항

　　3. 기본재산의 처분 및 취득과 자금의 차입에 관한 사항

　　4. 예산 및 결산의 승인

　　5. 사업계획의 승인

　　6. 기타 중요사항

② 총회의 의사에 관하여는 의사록을 작성하여야 한다.

　　1. 의사록에는 의사의 경과, 요령 및 결과를 기재하고 의장 및 출석한 이사가 기명날인하여야 한다.

　　2. 이사는 의사록을 주된 사무소에 비치하여야 한다.

제21조(의결정족수)

① 총회는 정관에서 정하는 사항을 제외하고는 재적회원 과반수의 출석으로 개의하고 출석회원 과반수의 찬성으로 의결한다.

② 총회의 의결권은 총회에 참석하는 다른 회원에게 서면으로 위임할 수 있다. 이 경우 위임장은 총회 개시 전까지 의장에게 제출하여야 한다.

제22조(총회의결 제척사유) 회원은 다음 각 호의 어느 하나에 해당하는 때에는 그 의결에 참여하지 못한다.

　　1. 임원의 선출 및 해임에 있어 자신에 관한 사항을 의결할 때

2. 금전 및 재산의 수수에 또는 소송 등에 관련되는 사항으로서 자신과 본 법인의 이해가 상반
   될 때

제 5 장 이 사 회

제23조(이사회의 구성) 이사회는 회장과 이사(상근부회장을 포함한다)로 구성한다.

제24조(이사회의 소집)

① 이사회는 정기이사회와 임시이사회로 구분한다.

② 정기이사회는 년2회 개최하고 임시이사회는 감사 또는 이사의 3분의 1이상의 요청이 있거나
회장이 필요하다고 인정하는 때에 소집한다.

③ 회장은 이사회를 소집하고자 할 때에는 회의개최 7일전까지 이사 및 감사에게 회의의 목적과
안건, 개최일시 및 장소를 통지하여야 한다. 다만, 긴급하다고 인정되는 정당한 사유가 있을 때
에는 그러하지 아니한다.

제25조(이사회 의결사항)

① 이사회는 다음의 사항을 심의·의결한다.

   1. 업무집행에 관한 사항
   2. 사업계획의 운영에 관한 사항
   3. 예산·결산서의 작성에 관한 사항
   4. 정관 변경안 작성에 관한 사항
   5. 보통재산 관리에 관한 사항
   6. 총회에 부칠 안건의 작성
   7. 총회에서 위임받은 사항
   8. 회장 및 상근부회장 선출에 관한 사항
   9. 정관에서 정한 권한에 속하는 사항
   10. 기타 법인의 운영상 중요하다고 회장이 회의에 부의하는 사항

② 이사회 회의록 작성은 본 정관 제20조 2항 총회 의사록 작성방법을 따른다.

제26조(의결정족수) 이사회는 재적이사 과반수의 출석으로 개회하고 출석이사 과반수의 찬성으
로 의결한다.

제27조(서면결의)

① 회장은 이사회에 부의할 사항 중 경미한 사항 또는 긴급을 요하는 사항에 관하여는 이를 서면으로 의결할 수 있다. 이 경우에 회장은 그 결과를 차기 이사회에 보고하여야 한다.

② 제1항의 서면결의 사항에 대하여 재적이사 과반수가 이사회에 부의 할 것을 요구하는 때에는 회장은 이에 따라야 한다.

제 6 장 재산 및 회계

제28조(재산)

① 본 법인의 재산은 기본재산과 보통재산으로 구분한다.

② 기본재산은 법인의 목적사업 수행에 관계되는 부동산 또는 동산으로서 법인 설립시 그 설립자가 출연한 재산과 이사회에서 기본재산으로 정한 재산으로 하며 그 목록은 별지와 같다.

③ 보통재산은 기본재산 이외의 재산으로 한다.

제29조(재산의 관리)

① 법인의 기본재산을 매도, 증여, 임대, 교환하거나 담보제공 또는 용도 등을 변경하고자 할 때 또는 의무의 부담이나 권리를 포기하고자 할 때는 총회의 의결을 거쳐야 한다.

② 기본재산의 변경에 관하여는 정관변경에 관한 규정을 준용한다..

제30조(재원)

① 법인의 유지 및 운영에 필요한 경비의 재원은 다음과 같다.

  1. 회비

  2. 정부 및 지방자치단체보조금

  3. 각종 기부금

  4. 기본재산으로부터 생기는 과실금

  5. 기타

② 법인이 예산외의 채무부담을 하고자 할 때에는 총회의 의결을 거쳐 주무관청의 승인을 받아야 한다.

제31조(회계년도) 법인의 회계연도는 정부의 회계연도에 따른다.

제32조(예산편성 및 결산)

① 법인은 회계연도 1월전에 사업계획 및 예산안을 이사회의 의결을 거쳐 총회의 승인을 얻어야 한다.

② 법인은 사업실적 및 결산내용을 당해 회계연도 종료 후 2월 이내에 이사회의 의결을 거쳐 총회의 승인을 얻어야 한다.

제33조(회계감사) 감사는 회계감사를 년 1회 이상 실시하여야 한다.

제34조(업무보고) 익년도의 사업계획서 및 예산서와 당해연도 사업실적서 및 수지결산서는 회계연도 종료 후 2월 이내에 주무관청에 보고하여야 한다. 이 경우 재산목록과 업무현황 및 감사결과 보고서도 함께 제출하여야 한다.

제35조(임원의 보수)

① 비상근 임원은 무보수 명예직으로 한다. 다만, 이사회의 결의로 여비, 활동비 등 필요경비를 지급받을 수 있다.

② 상근직 임원은 이사회에서 정한 일정한 보수를 지급 받는다.

제 7 장 사 무 부 서

제36조(사무국)

① 회장의 지시를 받아 본회의 사무를 처리하기 위하여 사무국을 둔다.

② 사무국의 조직 및 운영에 관한 사항은 이사회의 의결을 거쳐 별도로 정한다.

제37조(분회)

본 법인의 사업 목적을 달성하기 위하여 지역별, 업종별 분회를 설치할 수 있다.

제 8 장 보 칙

제38조(정관변경) 이 정관을 변경하고자 할 때에는 총회에서 재적회원 3분의 2이상의 찬성으로 의결하여 주무관청의 허가를 받아야 한다.

제39조(해산) 법인이 해산하고자 할 때에는 총회에서 재적회원 4분의 3이상의 찬성으로 의결하여 주무관청에 신고하여야 한다.

제40조(잔여재산의 처리) 법인이 해산된 때의 잔여재산은 총회의 의결을 거쳐 주무관청의 허가를 얻어 국가, 지방자치단체 또는 유사한 목적을 가진 다른 비영리법인에게 귀속한다.

제41조(청산종결의 신고) 청산인은 법인의 청산을 종결한 때에는 민법 제94조의 규정에 의하여 그 취지를 등기하고 청산종결 신고서를 주무관청에 제출한다.

제42조(준용규정) 이 정관에 규정되지 아니한 사항은 민법 및 관련 법령을 준용한다.

제43조(규칙제정) 이 정관이 정한 것 외에 본회의 운영에 관하여 필요한 사항은 이사회의 의결을 거쳐 규칙으로 정한다.

[서식 – 그 외 관련 서식은 서식 중복기재 회피를 위하여 제1편 비영리사단법인 및 제2편 비영리재단법인 해당 서식을 참고하기 바란다]

나. 설립허가

(1) 허가기준

주무관청은 법인 설립허가 신청의 내용이 다음의 기준에 맞는 경우에만 그 설립을 허가한다(규칙 제4조).

• 법인의 목적과 사업이 실현 가능할 것
• 목적사업을 할 수 있는 충분한 능력이 있고, 재정적 기초가 확립되어 있거나 확립될 수 있을 것
• 다른 법인과 같은 명칭이 아닐 것

(2) 심사 및 허가기간

주무관청은 법인 설립허가 신청을 받았을 때에는 특별한 사유가 없으면 20일 이내에 심사하여 허가 또는 불허가 처분을 하고, 그 결과를 서면으로 신청인에게 통지하여야 한다. 이 경우 허가를 할 때에는 별지 제2호 서식의 법인 설립허가증을 발급하여야 하며, 이에 따른 허가 또는 불허가 처분을 하기 위하여 필요하다고 인정하면 신청인에게 기간을 정하여 필요한 자료를 제출하게 하거나 설명을 요구할 수 있다. 이 경우 그에 걸리는 기간은 20일의 기간에 산입하지 아니한다.

농림축산식품부장관 및 그 소속 청장 소관 비영리법인의 설립 및 감독에 관한 규칙[별지 제2호 서식] 〈개정 2013.3.23〉

제   호

법인설립 허가증

1. 법인명칭 :

2. 소 재 지 :

3. 대 표 자

　　성　　　명 :

　　생년월일 :

　　주　　　소 :

4. 사업내용 :

5. 허가조건 :

「민법」 제32조 및 「농림축산식품부장관 및 그 소속 청장 소관 비영리법인의 설립 및 감독에 관한 규칙」 제4조에 따라 위 법인의 설립을 허가합니다.

　　　　　　　　　　　　　　　　년　　　　　월　　　　　일

장관(청장)　　　　　　　　　| 직인 |

210mm×297mm[보존용지(1종)120g/㎡]

〈 변 경 사 항 〉

일 자	내　용	확인

210mm×297mm[보존용지(1종)120g/㎡]

(3) 조건부허가

주무관청은 법인의 설립허가를 할 때에는 필요한 조건을 붙일 수 있다.

다. 설립 관련 보고

(1) 재산이전

법인의 설립허가를 받은 자는 그 허가를 받은 후 지체 없이 기본재산 및 운영재산을 법인에 이전(移轉)하고 1개월 이내에 그 이전을 증명하는 등기소 또는 금융회사 등의 증명서를 주무관청에 제출하여야 한다(규칙 제5조).

(2) 등기사항증명서 제출

법인은 「민법」 제49조부터 제52조까지의 규정에 따라 법인 설립 등의 등기를 하였을 때에는 10일 이내에 법인 등기사항증명서 1부를 주무관청에 제출하여야 한다.

3. 허가 후 절차

가. 정관 변경의 허가 신청

「민법」 제42조 제2항, 제45조 제3항 또는 제46조에 따른 정관 변경의 허가를 받으려는 법인은 별지 제3호 서식의 법인 정관 변경허가 신청서에 다음의 서류를 첨부하여 주무관청에 제출하여야 한다(규칙 제6조).

- 정관 변경 사유서 1부
- 개정될 정관(신·구대비표를 첨부한다) 1부
- 정관 변경과 관계있는 총회 또는 이사회의 회의록 1부
- 기본재산의 처분에 따른 정관 변경의 경우에는 처분 사유, 처분재산의 목록, 처분 방법 등을 적은 서류 1부

농림축산식품부장관 및 그 소속 청장 소관 비영리법인의 설립 및 감독에 관한 규칙[별지 제3호 서식] 〈개정 2013.3.23〉

법인정관 변경허가신청서

접수번호		접수일자	처리일자	처리기간	10일

신청인	성명			생년월일	
	주소			전화번호	

법 인	명칭			전화번호	
	소재지				
	설립허가일			설립허가번호	

대표자	성명			생년월일	
	주소				

「민법」 제42조 제2항, 제45조 제3항 또는 제46조 및 「농림축산식품부장관 및 그 소속 청장 소관 비영리법인의 설립 및 감독에 관한 규칙」 제6조에 따라 위와 같이 정관변경을 신청하오니 허가하여 주시기 바랍니다.

년   월   일

신청인   (서명 또는 인)

　　　귀하

첨부서류	1. 변경사유서 1부 2. 개정될 정관(신·구대비표를 첨부합니다) 1부 3. 정관의 변경과 관계되는 총회 또는 이사회의 회의록 1부 4. 기본재산의 처분에 따른 정관변경의 경우에는 처분의 사유, 처분재산의 목록, 처분의 방법 등을 기재한 서류 1부	수수료 없 음

처리절차

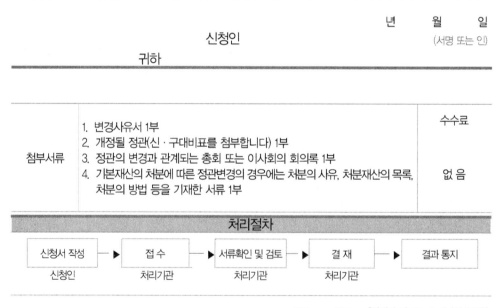

신청서 작성 ▶ 접 수 ▶ 서류확인 및 검토 ▶ 결 재 ▶ 결과 통지
신청인　　　처리기관　　　처리기관　　　처리기관

210mm×297mm[일반용지 60g/㎡(재활용품)]

[서식 – 그 외 관련 서식은 서식 중복기재 회피를 위하여 제1편 비영리사단법인 및 제2편 비영리재단법인 해당 서식을 참고하기 바란다]

나. 사업실적 및 사업계획 등의 보고

법인은 매 사업연도가 끝난 후 2개월 이내에 다음의 서류를 주무관청에 제출하여야 한다(규칙 제7조).

- 다음 사업연도의 사업계획 및 수입 · 지출 예산서 1부
- 해당 사업연도의 사업실적 및 수입 · 지출 결산서 1부
- 해당 사업연도 말 현재의 재산목록 1부

다. 법인 사무의 검사 · 감독

주무관청은 「민법」 제37조에 따른 법인 사무의 검사 및 감독을 위하여 필요하다고 인정하면 법인에 관계 서류 · 장부 또는 그 밖의 참고자료 제출을 명하거나 소속 공무원으로 하여금 법인의 사무 및 재산 상황을 검사하게 할 수 있으며, 이에 따라 법인 사무를 검사하는 공무원은 그 자격을 증명하는 증표를 관계인에게 보여 주어야 한다(규칙 제8조).

4. 해산 등

가. 설립허가의 취소

주무관청은 법인이 목적이외의 사업을 하거나 설립허가의 조건에 위반하거나 기타 공익을 해하는 행위를 한때에는 그 허가를 취소할 수 있는데, 이에 따라 비영리법인의 설립허가를 취소하려면 청문을 하여야 한다(규칙 제9조).

나. 해산신고

법인이 해산(파산으로 인한 해산은 제외한다)하였을 때에는 그 청산인은 「민법」 제85조 제1항에 따라 해산등기를 마친 후 지체 없이 해산 연월일, 해산 사유, 청산인의 성명 · 생년월일 · 주소, 청산인의 대표권을 제한하는 경우 그 제한 내용을 적은 별지 제4호 서식의 법인 해산 신고서에 다음의 서류를 첨부하여 주무관청에 제출하여야 한다(규칙 제10조).

- 해산 당시의 재산목록 1부
- 잔여재산 처분방법의 개요를 적은 서류 1부
- 해산 당시의 정관 1부
- 사단법인이 총회의 결의에 따라 해산하였을 때에는 그 결의를 한 총회의 회의록 1부
- 재단법인의 해산 시 이사회가 해산을 결의하였을 때에는 그 결의를 한 이사회의 회의록 1부

다. 잔여재산 처분의 허가

법인의 이사 또는 청산인은「민법」제80조 제2항에 따라 잔여재산의 처분에 대한 허가를 받으려면 그 처분 사유, 처분하려는 재산의 종류·수량·금액 및 처분 방법을 적은 별지 제5호 서식의 잔여재산 처분허가 신청서를 주무관청에 제출하여야 한다(규칙 제11조).

[서식 _ 잔여재산 처분허가 신청서]

농림축산식품부장관 및 그 소속 청장 소관 비영리법인의 설립 및 감독에 관한 규칙 [별지 제5호 서식] 〈개정 2013.3.23〉

잔여재산 처분허가 신청서

접수번호		접수일자	처리일자	처리기간	10일
신청법인	명칭			전화번호	
	소재지				
대 표 자 (이사 · 청산인)	성명			생년월일	
	주소			전화번호	
처분재산	종류 및 수량				
	금액				
	처분방법				
처분사유					

「민법」제80조 제2항 및「농림축산식품부장관 및 그 소속 청장 소관 비영리법인의 설립 및 감독에 관한 규칙」제11조에 따라 위와 같이 잔여재산 처분허가를 신청합니다.

년   월   일

신청인   (서명 또는 인)

귀하

첨부서류	1. 해산당시의 정관 1부. (해산신고시 정관과의 확인이 필요한 경우에만 제출합니다) 2. 총회의 회의록(사단법인의 경우에만 제출합니다) 1부. (해산신고 시에 제출한 서류로서 확인이 되지 않을 경우에만 제출합니다)	수수료 없음

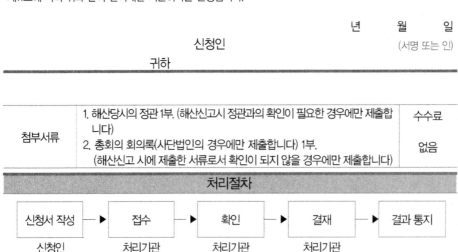

처리절차

신청서 작성 (신청인) → 접수 (처리기관) → 확인 (처리기관) → 결재 (처리기관) → 결과 통지

210mm×297mm[일반용지 60g/㎡(재활용품)]

라. 청산 종결의 신고

청산인은 법인의 청산이 종결되었을 때에는 「민법」 제94조에 따라 등기를 한 후, 별지 제6호 서식의 청산종결 신고서에 법인 등기사항증명서를 첨부하여 주무관청에 제출하여야 한다(규칙 제12조).

[서식 _ 청산 종결의 신고]

농림축산식품부장관 및 그 소속 청장 소관 비영리법인의 설립 및 감독에 관한 규칙[별지 제6호 서식] 〈개정 2013.3.23〉

<h1 style="text-align:center">청산종결 신고서</h1>

접수번호		접수일자	처리일자	처리기간	즉시
청 산 인	성명			생년월일	
	주소			전화번호	
청산법인	명칭			전화번호	
	소재지				

청산연월일
청산취지

「민법」 제94조 및 「농림축산식품부장관 및 그 소속 청장 소관 비영리법인의 설립 및 감독에 관한 규칙」 12조에 따라 위와 같이 청산 종결을 신고합니다.

년　　월　　일

신고인　　　　　　　　　　　　　　　　　（서명 또는 인）

　　　귀하

첨부서류	없음	수수료 없음

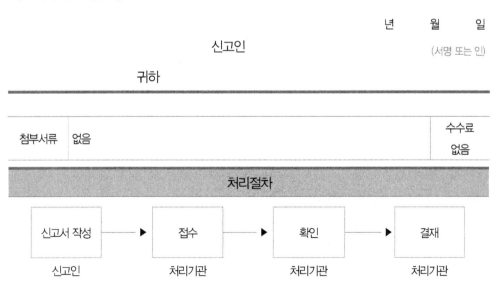

처리절차

신고서 작성	→	접수	→	확인	→	결재
신고인		처리기관		처리기관		처리기관

210mm×297mm[일반용지 60g/㎡(재활용품)]

제14장 법무부 소관 비영리법인 설립

1. 개관

법무부 소관 비영리법인의 설립 및 감독에 관한 규칙(이하 '규칙'이라고만 함)은 「민법」에 따라 법무부장관이 주무관청이 되는 비영리법인의 설립 및 감독에 필요한 사항을 규정함을 목적으로 하며, 이에 따른 비영리법인(이하 '법인'이라 한다)의 설립허가, 법인 사무의 검사 및 감독 등에 관하여는 다른 법령에 특별한 규정이 있는 경우를 제외하고는 이 규칙에서 정하는 바에 따른다.

본장은 법무부 소관 비영리법인의 설립과 관련한 일반절차인 설립허가신청 및 관련 첨부서류 그리고 정관변경허가신청, 사업계획보고 등에 관한 내용들을 정리하였다. 그 외 관련서류들은 제1편 관련 내용부분을 참고하기 바란다.

2. 설립허가절차

가. 설립허가의 신청

(1) 신청 및 첨부서류

「민법」 제32조에 따라 비영리법인의 설립허가를 받으려는 자(이하 '설립발기인'이라 한다)는 별지 제1호 서식의 비영리법인 설립허가 신청서에 다음 각 호의 서류를 첨부하여 법무부장관(이하 '주무관청'이라 한다)에게 제출하여야 한다(규칙 제3조).

- 설립발기인의 성명, 생년월일(외국인의 경우에는 외국인등록번호를 말한다. 이하 같다), 주소 및 약력을 적은 서류(설립발기인이 법인인 경우에는 그 명칭, 주된 사무소의 소재지, 대표자의 성명·생년월일·주소를 적은 서류 및 정관) 1부
- 정관 1부
- 재산목록(재단법인의 경우에는 기본재산과 운영재산으로 구분하여 적어야 한다) 및 그 증명서류와 출연 신청이 있는 경우에는 그 사실을 증명하는 서류 각 1부
- 해당 사업연도분의 사업계획 및 수입·지출 예산을 적은 서류 1부
- 임원 취임 예정자의 성명·생년월일·주소·약력을 적은 서류 및 취임승낙서 각 1부
- 창립총회 회의록(설립발기인이 법인인 경우에는 법인 설립에 관한 의사 결정을 증명하는 서류) 1부

(2) 등기사항증명서 확인

주무관청은 비영리법인 설립허가 신청서를 받은 경우 「전자정부법」 제36조 제1항에 따른 행정정보의 공동이용을 통하여 토지 · 건물 등기사항증명서를 확인하여야 한다.

[서식 _ 비영리법인설립허가신청서]

■ 법무부 소관 비영리법인의 설립 및 감독에 관한 규칙[별지 제1호 서식] 〈개정 2017. 3. 30.〉

비영리법인 설립허가 신청서

접수번호		접수일	처리일	처리기간	20일
신청인	성명			생년월일 (외국인등록번호)	
	주소			전화번호	
법 인	명칭			전화번호	
	소재지				
대표자	성명			생년월일 (외국인등록번호)	
	주소			전화번호	

「민법」 제32조 및 「법무부 소관 비영리법인의 설립 및 감독에 관한 규칙」 제3조에 따라 위와 같이 법인설립허가를 신청합니다.

년   월   일

신청인   (서명 또는 인)

법무부장관   귀하

신청인 제출서류	1. 설립발기인의 성명, 생년월일(외국인의 경우 외국인등록번호), 주소 및 약력을 적은 서류[설립발기인이 법인인 경우에는 그 명칭, 주된 사무소의 소재지, 대표자의 성명, 생년월일(외국인의 경우 외국인등록번호), 주소를 적은 서류 및 정관] 1부 2. 설립하려는 법인의 정관 1부 3. 재산목록(재단법인의 경우에는 기본재산과 운영재산으로 구분하여 적어야 합니다) 및 그 증명서류와 출연 신청이 있는 경우에는 그 사실을 증명하는 서류 각 1부 4. 해당 사업연도분의 사업계획 및 수입 · 지출 예산을 적은 서류 1부 5. 임원 취임 예정자의 성명, 생년월일(외국인의 경우 외국인등록번호), 주소, 약력을 적은 서류 및 취임승낙서 각 1부 6. 창립총회 회의록(설립발기인이 법인인 경우에는 법인 설립에 관한 의사 결정을 증명하는 서류) 1부 ※ 제3호의 서류 중 담당 공무원 확인사항인 증명서류는 제출하지 않아도 됩니다.	수수료 없 음
담당공무원 확인사항	재산목록에 있는 재산의 토지(건물) 등기사항증명서	

처리절차

신청서 작성 → 접 수 → 확 인 → 결 재 → 허가증 작성 → 허가증 발급

신청인   처리기관: 법무부장관(비영리법인의 설립 및 감독 업무 담당부서)

210mm×297mm[백상지(80g/㎡) 또는 중질지(80g/㎡)]

社團法人 韓國憲法學會 定款

제1장 總則

第1條 (名稱) 이 學會(이하 '學會'라 한다)는 社團法人 韓國憲法學會라 칭하고, 英文名稱은 Korean Constitutional Law Association(약칭 : KCLA)이라 한다.

第2條 (事務所의 所在地) 學會의 事務所는 서울특별시에 둔다.

第3條 (目的) 學會는 憲法學 및 이에 관련된 학술의 研究 · 調査 · 發表 및 交流를 기하고 會員 相互間의 學問的 疏通을 도모함을 目的으로 한다(2018.6.2. 개정).

第4條 (事業) 學會는 前條의 目的을 달성하기 위하여 다음의 事業을 한다.
  1. 憲法學 및 이에 관련된 學術의 研究 및 調査
  2. 會誌 및 기타 刊行物의 發行
  3. 研究發表會와 講演會의 開催
  4. 學會와 目的을 같이 하는 團體와의 交流
  5. 기타 學會의 目的을 달성함에 필요한 事業

제2장 會員

第5條 (會員의 種類) 學會의 會員은 正會員, 準會員, 團體會員으로 나눈다.

第6條 (正會員) 正會員은 다음의 자로서 正會員 2인 이상의 추천에 의하여 常任理事會의 승인을 얻은 자가 된다.
  1. 大學(고등교육법 제2조 각호의 학교 및 동법 제30조의 대학원대학을 포함한다)에서 助敎授나 兼任敎授 이상의 직에 在職하고 있거나 재직하였던 자
  2. 憲法學을 전공한 博士學位 소지자
  3. 國會議員, 判事, 檢事, 辯護士의 직에 재직하고 있거나 재직하였던 자
  4. 研究機關에서 憲法學 및 이에 관련된 분야의 연구에 종사하는 자

5. 5급이상의 전·현직 公務員(2017.12.2.시행)

第7第 (準會員) 準會員은 다음의 자로서 正會員 2인 이상의 추천에 의하여 常任理事會의 승인을 얻은 자가 된다.

1. 대학원에서 憲法學을 전공한 碩士學位所持者 및 博士課程을 이수중인 자

2. 司法研修院生

第8條 (團體會員) 團體會員은 국내외의 團體 또는 研究機關으로서 常任理事會의 승인을 얻어 정한다.

第9條 (權利·義務) 會員은 學會의 모든 事業에 자유로이 참가할 수 있으며, 常任理事會가 정하는 바에 따라 入會費·會費를 납부하여야 한다.

第10條 (退會 및 資格停止)
① 會員이 學會의 名譽를 훼손하거나 定款 기타 學會의 規則을 위반하였을 때에는 常任理事會의 의결을 거쳐 退會시킬 수 있다.
② 會員이 정당한 사유 없이 3년 이상 會費를 납부하지 아니한 때에는 常任理事會의 의결을 거쳐 會員으로서의 資格을 停止시킬 수 있다.

제3장 任 員

第11條 (任員) 學會에 다음의 任員을 둔다.

1. 會長 : 1인

2. 次期會長 : 1인

3. 副會長 : 약간인

4. 法定理事(民法 기타 法令에 의하여 두어야 하는 理事로서, 理事長 1인을 포함한다): 5인

5. 常任理事 : 80인 내외

6. 理事 : 80인 내외

7. 監事 : 2인

8. 研究委員 : 약간인

9. 顧問 : 약간인

10. 名譽會長 : 약간인

11. 諮問委員 : 약간인

12. 名譽常任理事: 약간인

13. 名譽理事: 약간인

第12條 (任員의 選任)

① 會長은 총회에서 선출된 次期會長이 承繼한다. 단 2008년 定期總會에서는 會長과 次期會長을 동시에 선출한다.

② 次期會長 및 監事는 정회원 중에서 總會에서 선임한다.

③ 法定理事는 會長이 추천하는 자가 된다.

④ 副會長은 會長의 제청으로 常任理事會에서 선임한다.

⑤ 常任理事, 理事, 諮問委員 및 研究委員은 會長이 위촉한다.

⑥ 顧問은 아래 각호에 해당하는 사람으로서 定期總會의 의결을 거쳐 會長이 추대한다.

　가. 본 학회의 會長을 지낸 사람

　나. 본 학회의 副會長을 지낸 사람으로서 헌법학의 발전에 현저한 공로가 있는 사람

　다. 헌법학회의 발전에 현저한 공로가 있는 사람으로서 常任理事會가 추천한 사람

⑦ 名譽會長은 學會의 會長을 역임한 자 중에서 總會의 議決을 거쳐 會長이 추대한다.

⑧ 會長은 常任理事 중에서 總務理事, 學術理事, 企劃理事, 涉外理事, 國際理事, 財務理事, 出版理事 및 弘報理事를 위촉한다.

第13條 (任員의 任期)

① 會長, 차기회장 및 副會長의 임기는 1년으로 한다.

② 法定理事의 任期는 4年으로 하며, 連任할 수 있다.

③ 總務理事, 學術理事, 企劃理事, 涉外理事, 國際理事, 財務理事, 出版理事 및 弘報理事의 임기는 1년으로 하며 연임할 수 있다.

④ 常任理事, 理事 및 監事의 임기는 2년으로 하며 연임할 수 있다.

第14條 (任員의 職務)

① 會長은 學會를 代表하고 會務를 統轄한다.

② 차기회장과 副會長은 會長을 보좌하며, 會長이 사고로 인하여 직무를 수행할 수 없을 때에는 차기회장이 그 職務를 代行한다.

③ 總務理事는 學會의 庶務를, 學術理事는 學會의 學術研究 및 學術賞 管理에 관한 사무를, 企劃理事는 학회의 企劃事務를, 涉外理事는 學會의 涉外活動에 관한 사무를, 國際理事는 學會의 國際

交流에 관한 사무를, 財務理事는 學會의 財務를, 出版理事는 出版事務를, 弘報理事는 學會의 弘報事務를 관장한다.

④ 監事는 다음 各號의 職務를 행하며, 이에 필요한 자료의 제출 또는 의견을 관계 任員에 대하여 요구하거나 法定理事會 또는 常任理事會에서 발언할 수 있다.

   1. 學會의 업무와 재산상황을 監査하는 일

   2. 제1호의 監査 결과 불법 또는 부당한 점이 있음을 발견한 때, 이를 法定理事會 또는 常任理事會에 報告하는 일

   3. 제2호의 報告를 하기 위하여 필요한 때, 法定理事會 또는 常任理事會의 소집을 요구하는 일

   4. 監査의 결과를 總會에 報告하는 일

⑤ 研究委員은 會長의 지시를 받아 學術理事 및 출판이사를 보좌하며, 專門分野의 調査 · 研究에 종사한다.

第15條 (幹事)

① 學會에 幹事 약간 인을 두며, 會長이 이를 임면한다.

② 幹事는 會長의 指揮를 받아 學會의 事務를 처리하고 任員을 보좌한다.

第16條 (職員)

① 學會에 職員 약간인을 둘 수 있으며, 會長이 이를 임면한다.

② 職員은 會長의 지휘를 받아 庶務에 종사한다.

제4장 會 議

第17條 (會議) 學會의 會議는 定期總會 · 臨時總會 · 法定理事會 · 常任理事會 및 研究委員會로 한다.

第18條 (總會의 構成)

① 總會는 正會員과 準會員으로 구성한다.

② 學會의 會長은 總會의 議長이 된다.

第19條 (總會의 召集)

① 定期總會는 會長이 매년 1회 召集하고, 臨時總會는 會長이 필요하다고 인정하거나 法定理事會 또는 常任理事會의 議決에 따라 會長이 召集한다.

② 總會의 召集은 회의개최 7일전까지 회의의 目的과 日時·場所를 명시하여 公告함으로써 한다.

第20條 (總會의 議決方法) 總會의 議決은 出席會員의 過半數의 찬성으로 하며, 可否同數인 때에는 회장이 決定權을 가진다.

第21條 (總會의 權限) 總會는 다음 사항을 議決한다.

  1. 定款의 改正

  2. 豫算 및 決算의 承認

  3. 法定理事會 및 常任理事會가 附議하는 사항

  4. 이 定款에 의하여 總會의 權限으로 되어 있는 사항

  5. 기타 必要한 사항

第22條 (法定理事會 및 常任理事會의 構成)

① 法定理事會는 法定理事로 구성하고, 그 議長은 互選한다.

② 常任理事會는 會長·副會長·常任理事로 구성하고, 會長이 그 議長이 된다.

③ 名譽會長 및 顧問은 法定理事會 및 常任理事會에 出席하여 發言할 수 있고, 名譽常任理事와 名譽理事는 常任理事會에 出席하여 發言할 수 있다.

第23條 (法定理事會 및 常任理事會의 權限) 法定理事會는 다음의 事項을 審議·決定한다. 다만, 法定理事會는 그 權限을 常任理事會에 委任할 수 있다.

  1. 定款 기타 會則의 改正案

  2. 學會의 豫算·決算 및 財産의 取得·管理·處分에 관한 事項

  3. 學會의 目的을 달성하기 위한 各種 事業의 각종 사업의 計劃·審議

  4. 각종 위원의 選任

  5. 法令 및 이 定款에 의하여 法定理事會의 權限으로 되어 있는 사항

  6. 기타 重要하다고 인정하는 事項

第24條 (法定理事會 및 常任理事會의 召集)

① 法定理事會는 理事長 또는 會長이 必要하다고 인정할 때나 監事 또는 法定理事 3분의 1 이상의 要求가 있을 때 理事長이 召集한다. 理事長은 會議 7일전까지 會議의 目的과 日時·場所를 명시하여 각 法定理事에게 통지하여야 한다.

② 常任理事會는 會長이 소집하되, 會議 3일전까지 會議의 目的과 日時·場所를 명시하여 公告함

으로써 한다.

第25條 (法定理事會 및 常任理事會의 議決方法)

① 法定理事會는 法定理事의 過半數의 出席과 出席한 法定理事 過半數의 贊成으로써 議決하며, 可否同數인 때에는 議長이 決定權을 가진다. 단, 法定理事會의 議事는 書面決議로 대체할 수 없다.

② 常任理事會는 出席한 常任理事過半數의 贊成으로써 議決하며, 可否同數인 때에는 議長이 決定權을 가진다.

③ 會長·法定理事·常任理事·理事가 學會와 利害關係가 상반하는 때에는 당해 事項에 관한 議決에 참여하지 못한다.

第26條 (研究委員會)

① 研究委員會는 學術理事, 出版理事 및 研究委員으로 구성하고, 憲法學에 관한 出版事務, 學術研究調査, 學術賞 管理에 관한 사항을 심의한다.

② 研究委員會의 회의는 學術理事가 주재한다.

③ 研究委員會는 學術理事가 소집하고 出席 研究委員 과반수의 찬성으로 의결한다.

제5장 資産, 財政 및 會計

第27條 (財産)

① 學會의 財産은 다음과 같다.

  1. 出捐金品

  2. 會員이 납부한 入會費 및 會費

  3. 基金

  4. 國家 기타 公共團體의 補助金

  5. 寄附金 및 贊助金

  6. 事業에 따른 收入金

  7. 財産으로부터 발생한 果實

  8. 기타 收入

② 제1항 제1호와 제3호 내지 제5호에 해당하는 金品의 接受에 관하여는 常任理事會가 결정한다.

③ 제1항 제2호에 정한 入會費 및 會費의 額數는 常任理事會가 결정한다.

第28條 (財産의 構成)

① 學會의 財産은 이를 基本財産과 普通財産으로 구분한다.

② 學會의 基本財産은 다음 각호의 1에 해당하는 財産으로 한다.

  1. 學會의 설립시 基本財産으로 出捐한 財産

  2. 寄附에 의하거나 기타 無償으로 취득한 財産. 다만, 寄附目的에 비추어 寄附財産으로 하기
     곤란하여 主務官廳의 承認을 얻은 것은 예외로 한다.

  3. 普通財産 중 總會에서 基本財産으로 편입할 것을 議決한 財産

  4. 세계잉여금 중 積立金

③ 學會의 普通財産은 基本財産의 元本 이외의 모든 財産으로 한다.

第29條 (財産의 管理)

① 學會 財産의 保存 기타 管理는 會長이 이를 管掌한다.

② 會長이 다음 각호의 1에 해당하는 행위를 함에는 法定理事會와 總會의 의결을 거쳐 法令이 정
하는 바에 따라 主務官廳의 許可를 얻어야 한다.

  1. 基本財産의 處分, 賃貸, 擔保提供, 또는 用途變更

  2. 제4조 제1호 내지 제3호 이외의 事業과 관련하여 學會가 義務를 부담하는 行爲 또는 學會의
     權利를 抛棄하는 行爲(豫算으로 總會의 承認을 받은 경우는 제외한다)

  3. 起債 또는 金錢借入(常任理事會가 정하는 金額의 範圍 내에서 당해 會計年度의 收入으로 償
     還하는 一時借入의 경우는 제외한다)

第30條 (會計原則)

① 學會의 會計는 모든 會計去來를 發生의 事實에 의하여 企業會計의 原則에 따라 처리한다.

② 學會의 會計는 관계법령이 정하는 바에 의하여 學會의 目的事業經營에 따른 會計와 收益事業
經營에 따른 會計로 구분한다.

③ 學會의 會計年度는 政府의 會計年度에 의한다.

④ 學會는 연간 寄附金 募金額 및 그 活用實績을 學會의 인터넷홈페이지를 통하여 공개한다
(2017.12.2.개정).

第31條 (財産의 評價) 學會의 모든 財産은 取得當時의 時價에 의한다. 다만, 再評價를 실시한 財産
은 再評價額으로 한다.

제6장 憲法學會誌編輯委員會

第32條 (會誌編輯委員會)

① 學會에 學會誌의 揭載論文調査 · 編輯 및 刊行을 위하여 憲法學會誌編輯委員會를 둔다.

② 會誌編輯委員會는 總務理事, 學術理事, 出版理事 및 會長이 위촉하는 약간 명으로 구성하고, 委員長은 委員 중에서 會長이 임명한다.

③ 會誌編輯委員會는 學會誌에 게재하고자하는 論文의 審査 및 編輯과 刊行에 관한 전반적인 사업을 관장하며, 그 구성과 사업에 관한 세부적인 사항은 따로 규정한다.

第32條의2(研究倫理委員會)

① 研究倫理의 확립, 研究不正行爲의 예방 및 조사를 위하여 研究倫理委員會를 둔다.

② 研究倫理委員會는 會長이 지명하는 副會長 2명을 포함하여 監査, 總務理事, 學術理事, 財務理事, 出版理事로 구성하며, 위원의 임기는 1년으로 한다.

③ 研究倫理委員會의 委員長은 위원 중에서 互選한다.

④ 研究倫理委員會의 운영에 관한 사항은 별도로 정한다.

제7장 學術賞

第33條 (學術賞)

① 會員의 學術研究를 장려하기 위하여 學會에 學術賞制度를 둔다.

② 學術賞에 관한 사항은 따로 規程으로 정한다.

제8장 삭제(2018.6.2.)

제9장 懲戒

第35條 (懲戒) 常任理事會는 學會의 名譽를 손상한 사람에 대하여 除名 등의 懲戒를 할 수 있다.

제10장 補則

第36條 (公告方法) 이 定款에 의한 公告는 日刊紙 또는 學會의 인터넷 홈페이지에 게시함으로써 한다.

第37條 (解散에 따른 殘餘財産의 歸屬) 民法 제77조에 의하여 學會가 해산한 때에는 學會의 殘餘財産은 大韓民國에 귀속된다. 第37條(解散에 따른 殘餘財産의 歸屬) 民法 제77조에 의하여 學會가 해산한 때에는 學會의 殘餘財産은 國家, 地方自治團體 또는 유사한 목적을 가진 다른 非營利法人에게 귀속된다(2018.6.2.개정).

第38條 (定款改正) 이 定款은 總會에 出席한 正會員 3분의 2이상의 贊成으로 改正할 수 있다.

[서식 – 그 외 관련 서식은 서식 중복기재 회피를 위하여 제1편 비영리사단법인 및 제2편 비영리재단법인 해당 서식을 참고하기 바란다]

나. 설립허가

(1) 설립허가 기준

주무관청은 비영리법인 설립허가 신청의 내용이 다음 각 호의 기준에 맞는 경우에만 그 설립을 허가할 수 있다(규칙 제4조).

- 비영리법인의 설립목적과 사업이 실현 가능할 것
- 목적사업을 할 수 있는 충분한 능력이 있고, 재정적 기초가 확립되어 있거나 확립될 수 있을 것
- 다른 법인과 같은 명칭이 아닐 것

(2) 심사 및 허가기간

주무관청은 비영리법인 설립허가 신청을 받았을 때에는 특별한 사유가 없으면 20일 이내에 심사하여 허가 또는 불허가 처분을 하고, 그 결과를 서면으로 신청인에게 통지하여야 한다. 이 경우 설립을 허가할 때에는 별지 제2호 서식의 비영리법인 설립허가증을 발급하고, 별지 제3호 서식의 비영리법인 설립허가대장에 필요한 사항을 적어야 한다.

(3) 자료제출 및 설명요구

주무관청은 비영리법인 설립허가의 심사를 위하여 필요하다고 인정할 때에는 신청인에게 기간을 정하여 필요한 자료를 제출하게 하거나 설명을 요구할 수 있다.

(4) 조건부허가

주무관청은 비영리법인의 설립허가를 할 때에는 필요한 조건을 붙일 수 있다.

■ 법무부 소관 비영리법인의 설립 및 감독에 관한 규칙[별지 제2호 서식] 〈개정 2017. 3. 30.〉 (앞쪽)

제   호

비영리법인 설립허가증

1. 법인 명칭:

2. 소 재 지:

3. 대 표 자
　　　　○ 성　　　명:
　　　　○ 생년월일:
　　　　○ 주　　　소:

4. 사업 내용:

5. 허가 조건:

「민법」 제32조 및 「법무부 소관 비영리법인의 설립 및 감독에 관한 규칙」 제4조에 따라 위와 같이
법인 설립을 허가합니다.

년　　　　　월　　　　　일

법무부장관　　　　| 직인 |

210mm×297mm[백상지 80g/㎡]

준수사항

1. 「민법」 및 「법무부 소관 비영리법인의 설립 및 감독에 관한 규칙」 등 관련 법령과 정관에서 정한 내용을 준수해야 합니다.
2. 정관에서 정하는 목적사업 중 다른 법률에 따른 허가·인가·등록·신고의 대상이 되는 사업을 하려는 경우에는 관련 법령에 따른 절차를 거쳐야 합니다.
3. 매 사업연도 종료 후 2개월 이내에 다음의 서류를 법무부 소관부서에 제출해야 합니다.
   가. 다음 사업연도의 사업계획 및 수입·지출 예산서 1부
   나. 해당 사업연도의 사업실적 및 수입·지출 결산서 1부
   다. 해당 사업연도 말 현재의 재산목록 1부
4. 다음의 어느 하나에 해당되는 경우에는 「민법」 제38조에 따라 법인의 설립허가가 취소될 수 있습니다.
   가. 설립 목적 외의 사업을 하였을 때
   나. 공익을 해치는 행위를 하였을 때
   다. 설립허가의 조건을 위반하였을 때
   라. 법령에 따른 의무를 위반하였을 때
5. 법인이 해산(파산으로 인한 해산은 제외합니다)하였을 때에는 해산등기를 마친 후 지체 없이 주무관청에 해산신고를 해야 합니다.
6. 법인의 청산이 종결되었을 때에는 등기를 한 후 법무부 소관부서에 신고해야 합니다.

〈 변경사항 〉

변경일	내 용	확 인

다. 설립 관련 보고

(1) 재산이전

비영리법인의 설립허가를 받은 자는 그 허가를 받은 후 지체 없이 기본재산 및 운영재산을 비영리법인에 이전하고, 1개월 이내에 그 이전을 증명하는 등기소 또는 금융·회사 등에서 발급한 증명서를 주무관청에 제출하여야 한다(규칙 제5조).

(2) 설립관련 보고

비영리법인은「민법」제49조부터 제52조까지의 규정에 따라 비영리법인 설립 등의 등기를 하였을 때에는 10일 이내에 그 사실을 주무관청에 보고하여야 한다. 이 경우 보고를 받은 주무관청은「전자정부법」제36조 제1항에 따른 행정정보의 공동이용을 통하여 법인 등기사항증명서를 확인하여야 한다.

3. 허가 후 절차

가. 정관 변경의 허가 신청

「민법」제42조 제2항, 제45조 제3항 또는 제46조에 따른 정관 변경의 허가를 받으려는 비영리법인은 별지 제4호 서식의 정관 변경허가 신청서에 다음 각 호의 서류를 첨부하여 주무관청에 제출하여야 한다(규칙 제6조).

• 정관 변경 사유서 1부
• 개정될 정관(신·구대비표를 첨부한다) 1부
• 정관 변경과 관계있는 총회 또는 이사회의 회의록 1부
• 기본재산의 처분에 따른 정관 변경의 경우에는 처분 사유, 처분재산의 목록, 처분 방법 등을 적은 서류

■ 법무부 소관 비영리법인의 설립 및 감독에 관한 규칙[별지 제4호 서식] 〈개정 2017. 3. 30.〉

정관 변경허가 신청서

접수번호	접수일	처리일	처리기간
			10일

신청인	성명		생년월일 (외국인등록번호)	
	주소		전화번호	

법 인	명칭		전화번호	
	소재지			
	설립허가일		설립허가번호	

대표자	성명		생년월일 (외국인등록번호)	
	주소		전화번호	

「민법」 제42조 제2항 · 제45조 제3항 · 제46조 및 「법무부 소관 비영리법인의 설립 및 감독에 관한 규칙」
제6조에 따라 위와 같이 정관의 변경허가를 신청합니다.

년   월   일

신청인   (서명 또는 인)

법무부장관   귀하

첨부서류	1. 정관 변경 사유서 1부 2. 개정될 정관(신 · 구대비표를 첨부합니다) 1부 3. 정관 변경과 관계있는 총회 또는 이사회의 회의록 1부 4. 기본재산의 처분에 따른 정관 변경의 경우에는 처분 사유, 처분재산의 목록, 처분 방법 등을 　　적은 서류 1부	수수료 없 음

처리절차

신청서 작성	→	접 수	→	서류 확인 및 검토	→	결 재	→	결과 통지
신청인		처리기관: 법무부(비영리법인의 설립 및 감독 업무 담당부서)						

210mm×297mm[백상지(80g/㎡) 또는 중질지(80g/㎡)]

[서식 - 그 외 관련 서식은 서식 중복기재 회피를 위하여 제1편 비영리사단법인 및 제2편 비영리재단법인 해당 서식을
참고하기 바란다]

나. 사업실적 및 사업계획 등의 제출

비영리법인은 매 사업연도가 끝난 후 2개월 이내에 다음 각 호의 서류를 주무관청에 제출하여야 한다(규칙 제7조).

- 다음 사업연도의 사업계획 및 수입·지출 예산서 1부
- 해당 사업연도의 사업실적 및 수입·지출 결산서 1부
- 해당 사업연도 말 현재의 재산목록 1부

다. 비영리법인 사무의 검사·감독

주무관청은 「민법」 제37조에 따른 비영리법인 사무의 검사 및 감독을 위하여 필요하다고 인정하는 경우에는 해당 비영리법인에 관계 서류·장부나 그 밖의 참고자료의 제출을 명하거나 소속 공무원으로 하여금 해당 비영리법인의 사무 및 재산 상황을 검사하게 할 수 있으며(규칙 제8조), 이에 따라 비영리법인 사무를 검사하는 공무원은 그 자격을 증명하는 증표를 관계인에게 보여 주어야 한다.

4. 해산 등

가. 설립허가의 취소

주무관청은 법인이 목적이외의 사업을 하거나 설립허가의 조건에 위반하거나 기타 공익을 해하는 행위를 한때에는 그 허가를 취소할 수 있는데, 이에 따라 비영리법인의 설립허가를 취소하려면 청문을 하여야 한다(규칙 제9조).

나. 해산신고

(1) 신고 및 첨부서류

비영리법인이 해산(파산으로 인한 해산은 제외한다)하였을 때에는 그 청산인은 「민법」 제85조 제1항에 따라 해산등기를 마친 후 지체 없이 별지 제5호 서식의 비영리법인 해산 신고서에 다음 각 호의 서류를 첨부하여 주무관청에 제출하여야 한다(규칙 제10조).

1. 해산 당시의 재산목록 1부
2. 잔여재산 처분방법의 개요를 적은 서류 1부
3. 해산 당시의 정관 1부
4. 사단법인이 총회의 결의에 따라 해산하였을 때에는 그 결의를 한 총회의 회의록 1부
5. 재단법인의 해산 시 이사회가 해산을 결의하였을 때에는 그 결의를 한 이사회의 회의록 1부

(2) 등기사항증명서 확인

주무관청은 비영리법인 해산 신고서를 받은 경우 「전자정부법」 제36조 제1항에 따른 행정정보의 공동이용을 통하여 법인의 등기사항증명서를 확인하여야 한다.

[서식 _ 비영리법인 해산 신고서]

■ 법무부 소관 비영리법인의 설립 및 감독에 관한 규칙[별지 제5호 서식] 〈개정 2017. 3. 30.〉

비영리법인 해산 신고서

접수번호	접수일	처리일	처리기간
			7일

청산인	성명		생년월일 (외국인등록번호)
	주소		전화번호

청산법인	명칭		전화번호
	소재지		

해산 연월일

해산사유

「민법」 제86조 제1항 및 「법무부 소관 비영리법인의 설립 및 감독에 관한 규칙」 제10조에 따라 위와 같이 법인 해산을 신고합니다.

년   월   일

신고인   (서명 또는 인)

법무부장관   귀하

신고인 제출서류	1. 해산 당시의 재산목록 1부 2. 잔여재산 처분방법의 개요를 적은 서류 1부 3. 해산 당시의 정관 1부 4. 사단법인이 총회 결의에 따라 해산하였을 때에는 그 결의를 한 총회의 회의록 1부 5. 재단법인의 해산 시 이사회가 해산을 결의하였을 때에는 그 결의를 한 이사회의 회의록 1부	수수료 없음
담당공무원 확인사항	법인 등기사항증명서	

처리절차

신고서 작성	→	접수	→	검토 · 확인	→	결재
신고인		처리기관: 법무부(비영리법인의 설립 및 감독업무 담당부서)				

210mm×297mm[백상지(80g/㎡) 또는 중질지(80g/㎡)]

다. 잔여재산 처분의 허가

비영리법인의 이사 또는 청산인은 「민법」 제80조 제2항에 따라 잔여재산의 처분에 대한 허가를 받으려면 별지 제6호 서식의 잔여재산 처분허가 신청서에 다음의 서류를 첨부하여 주무관청에 제출하여야 한다(규칙 제11조).

• 해산 당시의 정관 1부(해산신고 시의 정관을 확인할 필요가 있는 경우에만 제출한다)

• 사단법인의 경우에는 총회의 회의록 1부(해산신고 시에 제출한 서류 등으로 「민법」 제80조제2항 후단에 따른 재산처분에 대한 총회의 결의가 확인되지 아니하는 경우에만 제출한다)

■ 법무부 소관 비영리법인의 설립 및 감독에 관한 규칙[별지 제6호 서식] 〈개정 2017. 3. 30.〉

잔여재산 처분허가 신청서

접수번호	ㅋ	접수일		처리일		처리기간	10일
신청법인	명칭				전화번호		
	소재지						
대 표 자 (이사 · 청산인)	성명				생년월일 (외국인등록번호)		
	주소				전화번호		
처분재산	종류 및 수량						
	금액						
	처분 방법						
처분 사유							

「민법」 제80조 제2항 및 「법무부 소관 비영리법인의 설립 및 감독에 관한 규칙」 제11조에 따라 위와 같이 잔여재산 처분허가를 신청합니다.

년   월   일

신청인   (서명 또는 인)

법무부장관   귀하

첨부서류	1. 해산 당시의 정관 1부(해산신고 시의 정관을 확인할 필요가 있는 경우에만 제출합니다) 2. 사단법인의 경우에는 총회의 회의록 1부(해산신고 시에 제출한 서류 등으로 「민법」 제80조 제2항 후단에 따른 재산처분에 대한 총회의 결의가 확인되지 않는 경우에만 제출합니다)	수수료 없음

처리절차

신청서 작성	→	접수	→	확인	→	결재	→	결과 통지

신청인   처리기관: 법무부(비영리법인의 설립 및 감독 업무 담당부서)

210mm×297mm[백상지(80g/㎡) 또는 중질지(80g/㎡)]

라. 청산 종결의 신고

청산인은 비영리법인의 청산이 종결되었을 때에는 「민법」 제94조에 따라 등기한 후, 별지 제7호 서식의 청산종결 신고서(전자문서로 된 신고서를 포함한다)를 주무관청에 제출하여야 한다. 이 경우 보고를 받은 주무관청은 「전자정부법」 제36조 제1항에 따른 행정정보의 공동이용을 통하여 법인 등기사항증명서를 확인하여야 한다(규칙 제12조).

[서식 _ 청산종결신고서]

■ 법무부 소관 비영리법인의 설립 및 감독에 관한 규칙[별지 제7호 서식] 〈개정 2017. 3. 30.〉

청산종결 신고서

접수번호		접수일	처리일	처리기간	즉시
청산인	성명			생년월일 (외국인등록번호)	
	주소			전화번호	
청산법인	명칭			전화번호	
	소재지				
청산 연월일					
청산 취지					

「민법」 제94조 및 「법무부 소관 비영리법인의 설립 및 감독에 관한 규칙」 제12조에 따라 위와 같이 청산 종결을 신고합니다.

년   월   일

신고인(청산인)   (서명 또는 인)

법무부장관   귀하

신고인(청산인) 제출서류	없음	수수료
담당 공무원 확인사항	법인 등기사항증명서	없음

210mm×297mm[백상지(80g/㎡) 또는 중질지(80g/㎡)]

5. 고유식별정보의 처리

주무관청은 다음 각 호의 사무를 수행하기 위하여 불가피한 경우 「개인정보 보호법 시행령」 제19조 제4호에 따른 외국인등록번호가 포함된 자료를 처리할 수 있다(규칙 제13조).

• 제3조에 따른 비영리법인 설립허가에 관한 사무

• 제6조에 따른 비영리법인 정관 변경허가에 관한 사무

• 제10조에 따른 비영리법인 해산신고에 관한 사무

• 제11조에 따른 잔여재산 처분허가에 관한 사무

• 제12조에 따른 청산종결 신고에 관한 사무

제15장 기획재정부 및 그 소속청 소관 비영리법인 설립

1. 개관

기획재정부 및 그 소속청 소관 비영리법인의 설립 및 감독에 관한 규칙(이하 '규칙'이라고만 함)은 「민법」에 따라 기획재정부장관 또는 그 소속청장이 주무관청이 되는 비영리법인의 설립 및 감독에 필요한 사항을 규정함을 목적으로 하며, 이에 따른 비영리법인(이하 '법인'이라 한다)의 설립허가, 법인 사무의 검사 및 감독 등에 관하여는 다른 법령에 특별한 규정이 있는 경우를 제외하고는 이 규칙에서 정하는 바에 따른다.

본장은 기획재정부 및 그 소속청 소관 비영리법인의 설립과 관련한 일반절차인 설립허가신청 및 관련 첨부서류 그리고 정관변경허가신청, 사업계획보고 등에 관한 내용들을 정리하였다. 그 외 관련서류들은 제1편 관련 내용부분을 참고하기 바란다.

2. 설립허가절차

가. 설립허가의 신청

(1) 신청 및 첨부서류

「민법」 제32조에 따라 비영리법인의 설립허가를 받으려는 자(이하 '설립발기인'이라 한다)는 별지 제1호 서식의 비영리법인 설립허가 신청서에 다음의 서류를 첨부하여 기획재정부장관 또는 그 소속 청장(이하 '주무관청'이라 한다)에게 제출하여야 한다(규칙 제3조).

- 설립발기인의 성명 · 생년월일 · 주소 및 약력을 적은 서류[설립발기인이 법인인 경우에는 그 명칭, 주된 사무소의 소재지, 대표자의 성명 · 생년월일(외국인의 경우에는 외국인등록번호를 말한다) · 주소와 정관을 적은 서류] 1부
- 정관 1부
- 재산목록(재단법인의 경우에는 기본재산과 운영재산으로 구분하여 적어야 한다) 및 그 증명서류와 출연(出捐) 신청이 있는 경우에는 그 사실을 증명하는 서류 각 1부
- 해당 사업연도분의 사업계획 및 수입 · 지출 예산을 적은 서류 1부
- 임원 취임 예정자의 성명 · 생년월일 · 주소 · 약력을 적은 서류 및 취임승낙서 각 1부
- 창립총회 회의록(설립발기인이 법인인 경우에는 법인 설립에 관한 의사 결정을 증명하는 서류) 1부

(2) 등기사항증명서 확인

신청서를 제출받은 주무관청은「전자정부법」제36조 제1항에 따른 행정정보의 공동이용을 통하여 토지등기사항증명서 및 건물등기사항증명서를 확인하여야 한다.

[서식 _ 비영리법인 설립허가 신청서]

■ 기획재정부 및 그 소속청 소관 비영리법인의 설립 및 감독에 관한 규칙[별지 제1호 서식] 〈개정 2015.5.4.〉

비영리법인 설립허가 신청서

접수번호		접수일자	처리일자	처리기간	15일
대표 신청인	성명			생년월일	
	주소			전화번호	
법 인	명칭			전화번호	
	소재지				
	대표자 성명			생년월일 (외국인등록번호)	
	주소			전화번호	

「민법」제32조 및「기획재정부 및 그 소속청 소관 비영리법인의 설립 및 감독에 관한 규칙」제3조에 따라 위와 같이 비영리법인 설립허가를 신청합니다.

년 월 일

신청인 (서명 또는 인)

장관(청장) 귀하

신청인 제출서류	1. 설립발기인의 성명ㆍ생년월일ㆍ주소 및 약력을 적은 서류[설립발기인이 법인인 경우에는 그 명칭, 주된 사무소의 소재지, 대표자의 성명ㆍ생년월일(외국인인 경우에는 외국인등록번호를 말합니다)ㆍ주소와 정관을 적은 서류] 1부 2. 정관 1부 3. 재산목록(재단법인의 경우에는 기본재산과 운영재산으로 구분하여 적어야 합니다) 및 그 증명서류와 출연(出捐) 신청이 있는 경우에는 그 사실을 증명하는 서류 각 1부 4. 해당 사업연도분의 사업계획 및 수입ㆍ지출 예산을 적은 서류 1부 5. 임원 취임 예정자의 성명ㆍ생년월일ㆍ주소 및 약력을 적은 서류 및 취임승낙서 각 1부 6. 창립총회 회의록(설립발기인이 법인인 경우에는 법인 설립에 관한 의사 결정을 증명하는 서류) 1부	수수료 없음
담당공무원 확인사항	재산목록에 기재된 재산의 토지등기사항증명서 및 건물 등기사항증명서	

처 리 절 차

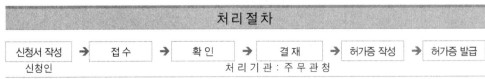

210mm×297mm[백상지 80g/㎡(재활용품)]

제1장 총칙

제1조 (명칭)

이 학회는 사단법인 한국미래전략학회(영문표기: The Korean Society of Future Strategy, 이하 '본회'라 한다)라 칭한다.

제2조 (목적)

본 회는 미래예측, 미래준비, 미래전략, 기타 이와 관련된 분야에 관한 연구를 통하여 회원 상호 간의 친목을 도모하고 또한 미래 산업의 발전에 기여함을 목적으로 한다.

제3조 (주사무소)

본 회의 주사무소는 서울특별시에 두고 필요한 지역에 지회와 분회를 설치할 수 있다.

제4조 (사업)

본회는 제2조의 목적을 달성하기 위하여 다음 각 호의 사업을 수행한다.

1. 미래예측, 미래준비, 미래전략 기타 이와 관련된 분야의 이론, 실무 및 정책에 관한 연구
2. 학술지 및 회지 기타 연구 성과물의 간행
3. 연구발표회 및 정책토론회 개최
4. 국내외 관련 연구단체 및 유관 기관과의 제휴 및 공동사업
5. 앞의 각 호 이외에 우리 학회의 목적 달성에 필요한 사업

제2장 회원

제5조 (회원의 자격 및 구분)

① 본 회의 회원은 제2조의 목적과 설립취지에 찬동하여 소정의 가입절 차를 마친 자(개인, 단체)로 한다.

1. 정회원 : 미래예측, 미래준비, 미래전략 기타 이와 관련된 분야를 전공하는 대학교(교) 전임교원, 정부기관 및 공인된 연구기관 기타 이와 관련된 분야에 종사하고 있는 자로서 본 회의 목적에 찬동하는 자
2. 특별회원 : 본 회의 취지에 찬동하여 학회 연구활동을 지원하는 단체, 소정의 회비를 납부

하여 본 학회의 학회지 및 제반 간행물을 정기 구독하는 도서관

제6조 (회원의 권리)

① 회원은 본 회의 자료 및 출판물을 제공받으며, 본 회의 운영에 참여하기 위해 관련 자료를 열람할 수 있다.

② 회원은 본 회의 연구발표회, 강연회 및 학술관련회의 등에 참석하여 의견을 제안할 수 있고 총회에 참석할 권리와 선거권 및 피선거권을 갖는다.

제7조(회원의 의무)

① 회원은 입회시 입회비와 매년 소정의 연회비를 납부하여야 하며, 본회의 발전을 위해 노력해야 한다.

② 회원의 가입회비 등에 관한 세부사항은 총회에서 별도의 규정으로 정한다.

제8조(회원의 탈퇴와 제명)

① 회원은 본인의 의사에 따라 회원탈퇴서를 제출함으로써 자유롭게 탈퇴할 수 있다.

② 회원이 법인의 명예를 손상시키거나 목적 수행에 지장을 초래한 경우 또는 1년 이상 회원의 의무를 준수하지 않은 경우에는 총회의 의결을 거쳐 제명할 수 있다.

③ 탈퇴 및 제명으로 인하여 회원의 자격을 상실한 경우에는 납부한 회비 등에 대한 권리를 요구할 수 없다.

제3장 임원

제9조(임원의 종류 및 정수)

본회에 다음 각 호의 임원을 둔다.

1. 회 장 1명
2. 부회장 20명 이내
3. 이 사 50명 이내 (회장과 부회장을 포함한다.)
4. 감 사 1명

제10조(임원의 선임)

① 본회의 회장과 감사는 총회에서 선출한다.

② 부회장과 이사는 회장이 지명하고 총회에서 승인을 받는다.

③ 회장은 이사 중에서 필요에 따라 상임이사를 지명하여 총부, 기획, 재무, 연구, 홍보 및 기타 본 회의 사업에 필요한 업무를 담당하게할 수 있다.

④ 임기가 만료된 임원은 임기만료 2개월 이내에 후임자를 선출하여야 하며, 임원이 궐위된 경우에는 궐위된 날부터 2개월 이내에 후임자를 선출하여야 한다.

제11조(임원의 해임)

임원이 다음 각 호의 어느 하나에 해당하는 행위를 한 때에는 총회의 의결을 거쳐 해임할 수 있다.

1. 본회의 목적에 위배되는 행위
2. 임원 간의 분쟁 · 회계부정 또는 현저한 부당행위

제12조(임원의 결격사유)

다음 각 호의 어느 하나에 해당하는 자는 임원이 될 수 없다.

1. 금치산자 또는 한정치산자
2. 파산자로서 복권이 되지 아니한 자
3. 법원의 판결 또는 다른 것에 의하여 자격이 상실 또는 정지된 자
4. 금고 이상의 실형의 선고를 받고 그 집행이 종료(집행이 종료된 것으로 보는 경우를 포함한다.)되거나 집행이 면제된 날부터 3년이 지나지 아니한 자
5. 금고 이상의 형의 집행유예선고를 받고 그 유예기간 중에 있는 자

제13조(임원의 임기)

① 임원의 임기는 2년으로 한다.

② 임원의 궐위 시 본회가 특별한 사유로 총회를 개최하지 못하여 차기 임원의 구성이 지연되는 경우 이전 회기의 임원은 비록 그 임기가 만료되었다 하더라도 후임자가 정해질 때까지 해당 임원의 업무를 계속할 의무와 권리를 갖는다.

제14조(임원의 직무)

① 회장은 본회를 대표하고 이사회 및 운영위원회의 의장이 되며 법인의 업무를 총괄한다. 회장 유고시는 부회장 중 호선하여 이를 대행하도록 한다.

② 부회장은 회장을 도와 법인의 운영과 이사회의 업무를 지원한다.

③ 이사는 이사회에 출석하여 본 회의 사업계획, 예산, 기타 중요 사항 등의 법인의 업무에 관한 사항을 의결하며 이사회 또는 회장으로부터 위임받은 사항을 처리한다.

④ 감사는 다음 각 호의 직무를 수행한다.

  1. 법인의 재산상황을 감사하는 일

  2. 이사회의 운영과 그 업무에 관한 사항을 감사하는 일

  3. 1호 및 2호의 감사결과 부정 또는 부당한 점이 있음을 발견한 때에는 이사회·총회에서 그 시정을 요구하고 기획재정부 장관에게 보고하는 일

  4. 3호의 시정요구 및 보고를 하기 위하여 필요한 때에는 총회·이사회의 소집을 요구하는 일

  5. 법인의 재산상황과 업무에 관하여 이사회 및 총회 또는 대표자(회 장)에게 의견을 진술하는 일

⑤ 각 집행부는 이사회 및 총회에서 인준한 부서별 학회 사업계획에 따라 사업을 수행한다.

제15조 (고문)

① 본회는 이사회 결의에 의해 추대하는 약간 명의 고문을 둘 수 있다.

② 고문은 본 회의 발전과 활동을 위한 자문에 응한다.

제4장 총회

제16조(총회의 구성)

① 총회는 본회의 최고의결기관이며, 정회원으로 구성한다.

제17조(총회의 구분과 소집)

① 정기총회와 임시총회로 구분하며, 회장이 소집한다.

② 정기총회는 매년 1회 결산 후 3월 이내에 1차례 소집하며, 임시총 회는 회장이 필요하다고 인정할 때에 소집한다.

③ 총회의 소집은 회장이 회의안건·일시·장소 등을 명기하여 회의 개시 7일 전까지 우편 또는 전자메일로 회원에게 통지하여야 한다.

제18조(총회소집의 특례)

① 회장은 다음 각 호의 어느 하나에 해당하는 소집요구가 있을 때에는 그 소집요구일부터 20일 이내에 총회를 소집하여야 한다.

  1. 재적이사 과반수가 회의의 목적을 제시하여 소집을 요구한 때

  2. 제14조 제4항제4호의 규정에 따라 감사가 소집을 요구한 때

  3. 재적회원 3분의 1이상이 회의의 목적을 제시하여 소집을 요구한 때

② 총회 소집권자가 궐위되거나 이를 기피함으로써 7일 이상 총회소집이 불가능한 때에는 재적

이사 과반수 또는 재적회원 3분의 1이상의 찬성으로 총회를 소집할 수 있다.

③ 제2항의 규정에 따른 총회는 출석이사 중 최연장자의 사회 아래그 의장을 선출한다.

제19조(총회의 의결사항)

총회는 다음 각 호의 사항을 의결한다.

  1. 임원의 선출 및 해임에 관한 사항

  2. 본회의 해산 및 정관변경에 관한 사항

  3. 기본재산의 처분 및 취득에 관한 사항

  4. 예산 및 결산의 승인

  5. 사업계획의 승인

  6. 기타 중요사항

제20조(총회의 의사)

① 총회는 출석한 회원으로 개최하며 출석회원 과반수의 찬성으로 의결하고 가부동수인 경우에는 의장이 결정한다.

② 정회원은 출석정회원을 통하여 의결권을 위임할 수 있고 이 경우 위임하는 사람은 출석자로 간주한다.

③ 총회 결의를 요하는 사항에 대하여 총회 소집이 불가능 또는 불필 요하다고 이사회에서 의결하는 경우에는 서면으로 의결할 수 있다.

이 경우에는 응답자수를 출석자로 간주한다.

제21조(의결제척사유)

회원이 다음 각 호의 어느 하나에 해당하는 때에는 그 의결에 참여하지 못한다.

  1. 임원의 선출 및 해임에 있어 자신에 관한 사항을 의결할 때

  2. 금전 및 재산의 수수 또는 소송 등에 관련되는 사항으로서 자신과 본회의 이해가 상반될 때

제5장 이사회

제22조(이사회의 구성)

이사회는 회장, 부회장 및 이사로 구성한다.

제23조(이사회의 소집)

① 이사회는 정기 이사회와 임시 이사회로 구분한다.

② 정기 이사회는 연1회 개최하고, 임시 이사회는 회장이 필요하다고 인정하는 때 또는 재적 이사 3분의 1이상의 서면요구가 있을 때와 감사의 연서에 의한 요청이 있을 때 소집한다.

제24조(이사회의 의결사항)

① 이사회는 다음 각 호의 사항을 심의 · 의결한다.

   1. 업무집행에 관한 사항
   2. 사업계획의 운영에 관한 사항
   3. 예산 · 결산서의 작성에 관한 사항
   4. 총회에서 위임받은 사항
   5. 정관의 규정에 따라 그 권한에 속하는 사항
   6. 회원인준 및 회비
   7. 집행부에서 제출한 학회 사업 및 예산
   8. 시행세칙 및 학회 장기발전계획
   9. 회칙개정 등의 기타 중요사항 심의
   10. 기타 본회의 운영상 중요하다고 회장이 부의하는 사항

② 전항의 이사회 의결사항 주 일상적 업무이거나 효율적 업무수행을 위해 필요하다고 인정되는 사안에 대하여는 이사회 의결에 의하여 운영위원회에 위임할 수 있다.

제25조(의결 정족수)

① 이사회는 그 구성원의 과반수 출석으로 개회하고 서면으로 출석을 위임할 수 있다.

② 이사회의 의사는 서면출석을 제외한 직접 출석이사 과반수의 찬성 으로 의결한다.

제26조(의결권의 대리행사)

① 이사는 대리인으로 하여금 의결권 또는 표결권을 행사하게 할 수있다. 이 경우 해당 이사는 출석한 것으로 간주한다.

② 대리인은 대리권을 증명하는 서면을 의장에게 제출하여야 한다.

제6장 각종 위원회 및 기구

제27조(운영위원회)

본 회의 업무에 관한 원활한 의사결정과 그 효율적 집행을 위하여 운영위 원회를 둔다.

1. 운영위원회는 본 정관 24조 제2항에 따라 이사회에서 위임한 사항을 의결한다.

2. 운영위원회는 회장이 부회장, 사무총장, 이사 중에서 7명 이내로 구성한다.

3. 회장은 필요에 의하여 운영위원회를 소집하고, 출석 운영위원의 과반수로 의결한다. 가부 동수인 경우에는 의장이 결정한다.

제28조 (편집위원회)

① 본학회의 학술지 편집 및 발행을 주관하는 편집위원회를 둔다.

② 편집위원회의 수는 5명 이상으로 하고, 임기는 2년으로 하고 연임할 수 있다.

③ 편집위원 및 위원장은 회장이 지명하고 이사회의 추인을 받는다.

제29조 (사무처)

① 회장을 보좌하고 본회의 사무를 처리하기 위하여 사무처를 둘 수 있다.

② 사무처에 사무총장 1명과 필요한 직원을 둘 수 있다.

③ 사무총장은 회장이 지명하고 이사회의 추인을 받아 임명하거나 해임한다.

④ 사무처의 조직 및 운영에 관한 사항은 이사회의 의결을 거쳐 별도로 정한다.

제7장 재산과 회계

제30조(재산의 구분)

① 법인의 재산은 다음과 같이 기본재산과 운영재산으로 구분한다.

② 기본재산은 법인의 목적사업 수행에 관계되는 부동산 또는 동산으로서 법인 설립 시 출연한 재산과 이사회에서 기본재산으로 정한 재산으로 하며 그 목록은 붙임과 같다.

③ 운영재산은 기본재산 이외의 재산으로 한다.

제31조(재산의 관리)

① 법인의 기본재산을 매도, 증여, 임대, 교환하거나 담보제공 또는 용도 등을 변경하고자 할 때 또는 의무의 부담이나 권리를 포기하고자 할 때는 이사회와 총회의 의결을 거쳐야 한다.

② 기본재산의 변경에 관하여는 정관변경에 관한 규정을 준용한다.

제32조(재원)

① 법인의 유지 및 운영에 필요한 경비의 재원은 다음 각 호와 같다.

1. 회비

2. 각종 기부금

3. 기본재산으로부터 생기는 과실금

4. 기타

② 본 회의 인터넷 홈페이지를 통하여 연간 회비와 기부금의 모금액및 사업실적을 공개한다.

제33조(회계연도)

① 본 회의 회계연도는 정부 회계연도(1.1~12.31)에 따른다.

② 법인의 사업계획 및 세입세출예산은 매 회계연도 개시 전 2개월 이내에 수립 · 편성하고, 당해 연도의 사업실적서 및 수지결산서는 매회계연도 종료 후 2월 이내에 작성하도록 정한다.

제34조(회계감사)

감사는 회계감사를 연1회 이상 실시하여야 한다.

제35조(임원의 보수)

임원에 대하여는 보수를 지급하지 아니한다. 다만, 업무수행에 필요한 실비는 지급할 수 있다.

제36조(차입금)

법인이 예산 외의 의무부담이나 자금의 차입을 하고자 할 때에는 이사회 및 총회의 의결을 거쳐야 한다.

제8장 보칙

제37조(법인해산)

① 법인을 해산하고자 할 때에는 총회에서 재적회원 과반수 출석의원 4분의 3 이상의 찬성으로 의결한다.

② 법인이 해산할 경우 잔여재산의 처분은 총회의 의결을 거쳐 국가, 지방자치단체 또는 유사한 목적을 가진 다른 비영리 법인에 귀속되는 것으로 한다.

제38조(정관변경)

이 정관을 개정하고자 할 때에는 이사회의 의결과 총회의 승인을 받아야 한다.

제39조(업무보고)

다음 연도의 사업계획서 및 예산서와 해당연도 사업실적서 및 수지결산서는 회계연도 종료 후 2개월 이내에 기획재정부 장관에게 보고하여야 한다. 이 경우 재산목록과 업무현황 및 감사결과 보고서도 함께 제출하여야 한다.

제40조(준용규정)

이 정관에 규정되지 아니한 사항은 「민법」 중 사단법인에 관한 규정과 「기획재정부 소관 비영리법인의 설립과 감독에 관한 규칙」을 준용한 다.

제41조(규칙제정)

이 정관이 정한 것 외에 본회의 운영에 관하여 필요한 사항은 이사회의 의결을 거쳐 규칙으로 정한다.

[서식 – 그 외 관련 서식은 서식 중복기재 회피를 위하여 제1편 비영리사단법인 및 제2편 비영리재단법인 해당 서식을 참고하기 바란다]

나. 설립허가

(1) 허가기준

주무관청은 비영리법인 설립허가 신청의 내용이 다음의 기준에 맞는 경우에만 그 설립을 허가한다 (규칙 제4조).

- 비영리법인의 목적과 사업이 실현가능할 것
- 목적사업을 할 수 있는 충분한 능력이 있고, 재정적 기초가 확립되어 있거나 확립될 수 있을 것
- 다른 법인과 같은 명칭이 아닐 것

(2) 심사 및 허가기간

주무관청은 비영리법인 설립허가의 신청을 받았을 때에는 특별한 사유가 없으면 15일 이내에 심사하여 허가 또는 불허가 처분을 하고, 그 결과를 서면으로 신청인에게 통지하여야 한다. 이 경우 허가를 할 때에는 별지 제2호 서식의 비영리법인 설립허가증을 발급하고 별지 제3호 서식의 비영리법인 설립허가대장에 필요한 사항을 적어야 한다.

[별지 제2호 서식] 〈개정 2012.2.3〉

(앞쪽)

제   호

비영리법인 설립허가증

1. 법인 명칭:

2. 소 재 지:

3. 대 표 자

    ○ 성   명:

    ○ 생년월일:

    ○ 주   소:

4. 사업 내용:

5. 허가 조건:

「민법」제32조 및 「기획재정부 및 그 소속청 소관 비영리법인의 설립 및 감독에 관한 규칙」제4조에
따라 위 법인의 설립을 허가합니다.

년   월   일

기획재정부장관(청장)   직인

210mm × 297mm[보존용지(1종)120g/㎡]

준 수 사 항

1. 「민법」 및 「기획재정부 및 그 소속청 소관 비영리법인의 설립 및 감독에 관한 규칙」등 관련 법령과 정관에서 정한 내용을 준수하여야 합니다.

2. 정관에서 정하는 목적사업 중 다른 법률에 따른 허가 · 인가 · 등록 · 신고의 대상이 되는 사업을 하려는 경우에는 관련 법령에 따른 절차를 거쳐야 합니다.

3. 매 사업연도 종료 후 2개월 내에 다음의 서류를 주무관청에 제출하여야 합니다.
   가. 다음 사업연도의 사업계획 및 수입 · 지출 예산서 1부
   나. 해당 사업연도의 사업실적 및 수입 · 지출 결산서 1부
   다. 해당 사업연도 말 현재의 재산목록 1부

4. 다음의 어느 하나에 해당되는 경우에는 「민법」 제38조에 따라 법인의 설립허가를 취소할 수 있습니다.
   가. 설립 목적 외의 사업을 하였을 때
   나. 공익을 해치는 행위를 하였을 때
   다. 설립허가의 조건을 위반하였을 때

5. 법인이 해산(파산으로 인한 해산은 제외합니다)하였을 때에는 해산 등기를 마친 후 지체 없이 주무관청에 해산신고를 하여야 합니다.

6. 법인의 청산이 종결되었을 때에는 등기한 후 주무관청에 신고하여야 합니다.

210mm×297mm[보존용지(1종)120g/㎡]

(3) 조건부허가

주무관청은 비영리법인의 설립허가를 할 때에는 필요한 조건을 붙일 수 있다.

다. 설립 관련 보고

(1) 재산이전

비영리법인의 설립허가를 받은 자는 그 허가를 받은 후 지체 없이 기본재산 및 운영재산을 비영리법인에 이전(移轉)하고 1개월 이내에 그 이전을 증명하는 서류(등기소 또는 금융회사 등의 증명서를 말한다)를 주무관청에 제출하여야 한다(규칙 제5조).

(2) 설립관련 보고

비영리법인은「민법」제49조부터 제52조까지의 규정에 따라 비영리법인 설립 등의 등기를 하였을 때에는 10일 이내에 그 사실을 주무관청에 보고하여야 한다. 이 경우 주무관청은「전자정부법」제36조 제1항에 따른 행정정보의 공동이용을 통하여 법인 등기사항증명서를 확인하여야 한다.

3. 허가 후 절차

가. 정관 변경의 허가 신청

「민법」제42조 제2항, 제45조 제3항 또는 제46조에 따른 정관 변경의 허가를 받으려는 비영리법인은 별지 제4호 서식의 비영리법인 정관 변경허가 신청서에 다음의 서류를 첨부하여 주무관청에 제출하여야 한다(규칙 제6조).

• 정관 변경 사유서 1부
• 개정될 정관(신·구조문대비표를 첨부한다) 1부
• 정관 변경과 관련된 총회 또는 이사회의 회의록 1부
• 기본재산의 처분에 따른 정관 변경의 경우에는 처분 사유, 처분재산의 목록, 처분 방법 등을 적은 서류 1부

[별지 제4호 서식] 〈개정 2012.2.3〉

법인 정관 변경허가 신청서

접수번호	접수일자	처리일자	처리기간	7일

신청인	성명		생년월일	
	주소		전화번호	

법인	명칭	전화번호
	소재지	
	설립 허가일	설립허가번호
	대표자 성명	생년월일 (외국인등록번호)
	주소	

「민법」 제42조 제2항, 제45조 제3항 또는 제46조 및 「기획재정부 및 그 소속청 소관 비영리법인의 설립 및 감독에 관한 규칙」 제6조에 따라 위와 같이 정관 변경허가를 신청합니다.

년   월   일

신청인   (서명 또는 인)

장관(청장) 귀하

첨부서류	1. 정관 변경 사유서 1부 2. 변경될 정관(신·구조문대비표를 첨부합니다) 1부 3. 정관 변경과 관련된 총회 또는 이사회의 회의록 1부 4. 기본재산의 처분에 따른 정관변경의 경우에는 처분 사유, 처분재산의 목록, 처분 방법 등을 적은 서류 1부	수수료 없 음

처 리 절 차

신청서 작성 → 접 수 → 서류 확인 및 검토 → 결 재 → 결과 통지

신청인   처리 기관 : 주무 관청

210mm×297mm[일반용지 60g/㎡(재활용품)]

[서식 – 그 외 관련 서식은 서식 중복기재 회피를 위하여 제1편 비영리사단법인 및 제2편 비영리재단법인 해당 서식을 참고하기 바란다]

나. 사업실적 및 사업계획 등의 보고

비영리법인은 매 사업연도가 끝난 후 2개월 이내에 다음의 서류를 주무관청에 제출하여야 한다(규칙 제7조).

- 다음 사업연도의 사업계획 및 수입 · 지출 예산서 1부
- 해당 사업연도의 사업실적 및 수입 · 지출 결산서 1부
- 해당 사업연도 말 현재의 재산목록 1부

다. 법인 사무의 검사 · 감독

주무관청은 「민법」 제37조에 따른 비영리법인 사무의 검사 및 감독을 위하여 불가피한 경우에는 비영리법인에 관계 서류 · 장부 또는 그 밖의 참고자료의 제출을 명하거나 소속 공무원에게 비영리법인의 사무 및 재산 상황을 검사하게 할 수 있으며, 이에 따라 법인 사무를 검사하는 공무원은 그 자격을 증명하는 증표를 관계인에게 보여 주어야 한다(규칙 제8조).

4. 해산 등

가. 설립허가의 취소

주무관청은 법인이 목적이외의 사업을 하거나 설립허가의 조건에 위반하거나 기타 공익을 해하는 행위를 한 때에는 그 허가를 취소할 수 있는데, 이에 따라 법인의 설립허가를 취소하려면 청문을 하여야 한다(규칙 제9조).

나. 해산신고

(1) 신고 및 첨부서류

비영리법인이 해산(파산으로 인한 해산은 제외한다)하였을 때에는 그 청산인은 「민법」 제85조 제1항에 따라 해산등기를 마친 후 지체 없이 별지 제5호 서식의 비영리법인 해산 신고서에 다음의 서류를 첨부하여 주무관청에 제출하여야 한다(규칙 제10조).

- 해산 당시의 재산목록 1부
- 잔여재산 처분방법의 개요를 적은 서류 1부
- 해산 당시의 정관 1부
- 사단법인이 총회의 결의에 따라 해산하였을 때에는 그 결의를 한 총회의 회의록 1부
- 재단법인의 해산 시 이사회가 해산을 결의하였을 때에는 그 결의를 한 이사회의 회의록 1부

(2) 등기사항증명서 확인

신청서를 제출받은 주무관청은 「전자정부법」 제36조 제1항에 따른 행정정보의 공동이용을 통하여 법인 등기사항증명서를 확인하여야 한다.

[서식 _ 비영리법인해산신고서]

■ 기획재정부 및 그 소속청 소관 비영리법인의 설립 및 감독에 관한 규칙 [별지 제5호 서식] 〈개정 2014.5.26〉

비영리법인 해산 신고서

접수번호	접수일	처리일	처리기 간	즉시

청산인	성명		생년월일 (외국인등록번호)	
	주소		전화번호	

청산법인	명칭		전화번호	
	소재지			

해산 연월일
해산 사유
청산인 대표권의 제한 내용(대표권이 제한되는 경우에만 적습니다)

「민법」 제86조 제항 및 「기획재정부 및 그 소속청 소관 비영리법인의 설립 및 감독에 관한 규칙」 제10조에 따라 위와 같이 법인해산을 신고합니다.

년　월　일

신고인　　　　　　　　　　(서명 또는 인)

장관(청장) 귀하

신고인 제출서류	1. 해산 당시의 재산목록 1부 2. 잔여재산 처분방법의 개요를 적은 서류 1부 3. 해산 당시의 정관 1부 4. 사단법인이 총회 결의에 따라 해산했을 때에는 그 결의를 한 총회의 회의록 사본 1부 5. 재단법인의 해산 시 이사회가 해산을 결의했을 때에는 그 결의를 한 이사회의 회의록 1부	수수료 없 음
담당 공무원 확인 사항	법인 등기사항증명서	

처 리 절 차

신청서 작성	→	접 수	→	서류 확인 및 검토	→	결 재
신청인		처 리 기 관 : 주 무 관 청				

210mm×297mm[백상지 80g/㎡ 또는 중질지 80g/㎡]

다. 잔여재산 처분허가의 신청 등

비영리법인의 이사 또는 청산인은 「민법」 제80조 제2항에 따라 잔여재산의 처분에 대한 허가를 받으려면 별지 제6호 서식의 잔여재산 처분허가 신청서에 다음의 서류를 첨부하여 주무관청에 제출하여야 한다(규칙 제11조).

- 해산 당시의 정관 1부(해산신고 시의 정관을 확인할 필요가 있는 경우에만 제출한다)
- 총회의 회의록 1부(사단법인의 해산신고 시에 제출한 서류만으로는 확인이 되지 아니할 경우에만 제출한다)

라. 청산 종결의 신고

청산인은 비영리법인의 청산이 종결되었을 때에는 「민법」 제94조에 따라 등기한 후, 별지 제7호 서식의 청산종결 신고서(전자문서로 된 신고서를 포함한다)를 주무관청에 제출하여야 한다. 이 경우 주무관청은 「전자정부법」 제36조 제1항에 따른 행정정보의 공동이용을 통하여 법인 등기사항 증명서를 확인하여야 한다(규칙 제12조).

■ 기획재정부 및 그 소속청 소관 비영리법인의 설립 및 감독에 관한 규칙[별지 제7호 서식] 〈개정 2014.5.26〉

청산종결 신고서

접수번호		접수일	처리일	처리기간 즉시

청 산 인	성명		생년월일 (외국인등록번호)	
	주소		전화번호	
청산법인	명칭		전화번호	
	소재지			

청산 연월일

청산 취지

「민법」 제94조 및 「기획재정부 및 그 소속청 소관 비영리법인의 설립 및 감독에 관한 규칙」 제12조에 따라 위와 같이 청산 종결을 신고합니다.

년   월   일

신고인   (서명 또는 인)

장관(청장) 귀하

담당 공무원 확인 사항	법인 등기사항증명서	수수료 없음

처 리 절 차

신청서 작성	→	접 수	→	서류 확인 및 검토	→	결 재
신청인		처 리 기 관: 주 무 관 청				

210mm×297mm[백상지 80g/㎡ 또는 중질지 80g/㎡]

5. 고유식별정보의 처리

주무관청은 다음 각 호의 사무를 수행하기 위하여 불가피한 경우 「개인정보 보호법 시행령」 제19조 제4호에 따른 외국인등록번호가 포함된 자료를 처리할 수 있다(규칙 제15조). 〈개정 2015. 5. 4.〉

- 제3조에 따른 법인 설립허가에 관한 사무
- 제6조에 따른 법인 정관 변경허가에 관한 사무
- 제10조에 따른 법인 해산 신고에 관한 사무
- 제11조에 따른 잔여재산 처분허가에 관한 사무
- 제12조에 따른 청산종결 신고에 관한 사무

제16장 법제처 소관 비영리법인 설립

1. 개관

법제처 소관 비영리법인의 설립 및 감독에 관한 규칙(이하 '규칙'이라고만 함)은 「민법」에 따라 법제처장이 주무관청이 되는 비영리법인의 설립 및 감독에 필요한 사항을 규정함을 목적으로 하며, 이에 따른 비영리법인(이하 '법인'이라 한다)의 설립허가, 법인 사무의 검사 및 감독 등에 관하여는 다른 법령에 특별한 규정이 있는 경우를 제외하고는 이 규칙에서 정하는 바에 따른다.

본장은 법제처 소관 비영리법인의 설립과 관련한 일반절차인 설립허가신청 및 관련 첨부서류 그리고 정관변경허가신청, 사업계획보고 등에 관한 내용들을 정리하였다. 그 외 관련서류들은 제1편 비영리사단법인 및 제2편 비영리재단법인 관련 내용부분을 참고하기 바란다.

2. 설립허가절차

가. 설립허가의 신청

(1) 신청 및 첨부서류

「민법」 제32조에 따라 비영리법인의 설립허가를 받으려는 자(이하 '설립발기인'이라 한다)는 별지 제1호 서식의 비영리법인 설립허가 신청서에 다음의 서류를 첨부하여 법제처장에게 제출하여야 한다(규칙 제3조).

- 설립발기인의 성명 · 생년월일(외국인의 경우에는 외국인등록번호를 말한다. 이하 같다) · 주소 및 약력을 적은 서류(설립발기인이 법인인 경우에는 그 명칭, 주된 사무소의 소재지, 대표자의 성명 · 생년월일 · 주소를 적은 서류 및 정관) 1부
- 설립하려는 비영리법인의 정관 1부
- 재산목록(재단법인의 경우에는 기본재산과 운영재산으로 구분하여 적어야 한다) 및 그 증명서류와 출연(出捐) 신청이 있는 경우에는 그 사실을 증명하는 서류 각 1부
- 해당 사업연도분의 사업계획 및 수입 · 지출 예산을 적은 서류 1부
- 임원 취임 예정자의 성명 · 생년월일 · 주소 · 약력을 적은 서류 및 취임승낙서 각 1부
- 창립총회 회의록(설립발기인이 법인인 경우에는 비영리법인 설립에 관한 의사의 결정을 증명하는 서류) 1부

(2) 등기사항증명서 확인

법제처장은 신청서를 받은 경우 「전자정부법」 제36조 제1항에 따른 행정정보의 공동이용을 통하여 토지 등기사항증명서 및 건물 등기사항증명서를 확인하여야 한다.

[서식 _ 비영리법인 설립허가 신청서]

법제처 소관 비영리법인의 설립 및 감독에 관한 규칙 [별지 제호 서식]

비영리법인 설립허가 신청서

접수번호		접수일	처리일	처리기간	20일
대표 신청인	성명			생년월일 (외국인등록번호)	
	주소			전화번호	
법 인	명칭			전화번호	
	소재지				
	대표자 성명			생년월일 (외국인등록번호)	
	주소			전화번호	

「민법」 제32조 및 「법제처 소관 비영리법인의 설립 및 감독에 관한 규칙」 제3조에 따라 위와 같이 비영리법인 설립허가를 신청합니다.

년   월   일

신청인

(서명 또는 인)

법제처장 귀하

신청인 제출서류	1. 설립발기인의 성명 · 생년월일 · 주소 및 약력을 적은 서류[설립발기인이 법인인 경우에는 그 명칭, 주된 사무소의 소재지, 대표자의 성명 · 생년월일 · 주소를 적은 서류 및 정관] 1부 2. 설립하려는 비영리법인의 정관 1부 3. 재산목록(재단법인의 경우에는 기본재산과 운영재산으로 구분하여 적어야 합니다) 및 그 증명서류와 출연(出捐) 신청이 있는 경우에는 그 사실을 증명하는 서류 각 1부 4. 해당 사업연도분의 사업계획 및 수입 · 지출 예산을 적은 서류 1부 5. 임원 취임 예정자의 성명 · 생년월일 · 주소 및 약력을 적은 서류 및 취임승낙서 각 1부 6. 창립총회 회의록(설립발기인이 법인인 경우에는 비영리법인 설립에 관한 의사의 결정을 증명하는 서류) 1부	수수료 없음
담당공무원 확인사항	재산목록에 적힌 재산의 토지 · 건물 등기사항증명서	

처 리 절 차

신청서 작성 → 접 수 → 확 인 → 결 재 → 허가증 작성 → 허가증 발급

신청인 / 처 리 기 관: 법 제 처

210mm×297mm[백상지 80g/㎡]

제1장 총칙

제1조 (명 칭)

본 원은 사단법인 한국법학원이라 한다.

제2조 (소재지)

원지는 본원 정관 제3조 제1항에 의한 법학의 연구발표에 대한 지원을 위한 법률학술지이며, 본 원이 대내 또는 대외적으로 공표하여야 할 공지사항을 게재하는 공보로서의 기능을 가진다.

제3조 (목 적)

본 원은 법률문화의 향상을 통하여 국민생활의 안정과 번영을 이루고, 세계평화에 이바지하기 위하여 다음의 사업을 수행함을 그 목적으로 한다.

1. 법학의 연구 · 발표 및 그에 대한 지원
2. 국내외의 법령 · 판례의 조사, 수집 및 연구와 정부, 기타 단체의 법률 관련 용역 사업의 수행
3. 법률서적 및 잡지 등 관련 자료의 출판, 번역
4. 법학연구단체, 기관에 대한 지원
5. 법률가의 국제적 교류
6. 국내외의 법조단체에의 참여
7. 법령의 제정 · 개폐 및 시행에 대한 건의
8. 법률문화의 향상에 공로가 있는 자에 대한 표창
9. 국민에 대한 법률 지식의 보급
10. 그 밖에 위에 부수하는 사업

제4조 (공고방법)

본원의 공고는 법률신문에 게재한다.

제2장 회 원

제5조 (회 원)

① 본원의 회원은 다음 각 호의 1에 해당하는 사람으로 한다.

1. 법관, 검사, 변호사

2. 헌법재판소의 헌법재판관, 사무처장·차장, 헌법연구관, 헌법연구관보

3. 법학교수(조교수 이상)

4. 법제관, 군법무관, 공익법무관

5. 그 밖의 이사회에서 승인한 사람 ② 법무법인, 법률사무소 및 기업이나 단체는 이사회의 승
   인으로 단체회원이 될 수 있다.

제6조 (권 리)

① 회원은 임원의 선거권과 피선거권을 가진다.

② 회원은 본원의 운영에 관하여 건의할 수 있다.

③ 회원은 본 원의 사무에 참여하고 본 원의 시설을 이용할 수 있다.

제7조 (의 무)

회원은 소정의 회비를 납입하고, 정관, 규정 및 총회의 결의사항을 준수할 의무가 있다.

제8조 (제 명)

회원이 본 원의 목적에 위배되는 행위를 하거나 그 업무를 성실히 이행하지 아니할 때는 이사회
의 결의로 제명할 수 있다.

제3장 임 원

제9조 (임 원)

① 본 원에 다음의 임원을 둔다.

1. 원 장 1인

2. 부원장 5인

3. 이 사 15인 이상 20인 이내

4. 감 사 2인

재10조 (選 任)

① 임원은 총회에서 선출한다.

② 부원장은 다음의 사람이 된다.

1. 법무부 차관

2. 법원행정처 차장

3. 헌법재판소 사무차장

4. 대한변호사협회가 추천한 사람

5. 한국법학교수회가 추천한 사람 ③ 이사 중에는 대법원, 법무부, 대한변호사협회, 한국법학
교수회가 추천하는 각 2인을 포함하여야 하고, 헌법재판소, 국방부, 법제처에서 추천하는
각 1인을 포함 할 수 있다.

제11조 (임 기)

① 임원의 임기는 2년으로 한다.

② 임원 중 결원이 생긴 때는 후임자를 보선하여야 하고, 그 후임자의 임기는 전임원의 잔임기간
으로 한다.

제12조 (직 무)

① 원장은 본 원을 대표하고 원무를 총괄한다.

② 부원장은 원장을 보좌하고 원장이 사고가 있을 때에는 제10조 제2항에 정한 순서에 따라 원장
의 직무를 대행한다.

③ 이사는 이사회의 구성원으로서 원무에 관한 중요한 사항을 심의?의결하고 원장으로부터 위임
받은 원무를 처리한다.

④ 원장은 이사 중에서 원무를 나누어 전담할 이사를 지정할 수 있다.

⑤ 감사는 본 원의 재정 및 업무를 감사한다.

제13조 (고 문)

원장은 본 원의 운영에 관한 자문을 구하기 위하여 이사회 의 승인을 얻어 약간 인의 고문을 위촉
할 수 있다.

제14조 (직 원)

① 본 원의 사무를 처리하기 위하여 필요한 상근직원을 둔다.

② 상근직원의 정수는 주무관청의 승인을 얻어 따로 정한다.

제4장 총 회

제15조 (구 성)

① 총회는 본 원의 최고의결기관으로 150인 이상 200인 이하의 대의원으로 구성한다.

② 대의원은 회원이 소속한 단체 또는 기관 별로 선출한다. 다만 소속이 없는 회원은 따로 모여 대의원을 선출할 수 있다.

③ 기관별 대의원 정족수는 회원수를 기준으로 이사회에서 정한다.

④ 대의원의 임기는 2년으로 한다.

⑤ 대의원 중 결원이 생긴 때에는 후임자를 보선하여야 하고, 그 후임자의 임기는 전임자의 잔임 기간으로 한다.

⑥ 대의원은 임기만료 1개월 전에 선출하여야 하고 대의원을 선출한 때에는 지체 없이 이를 본원에 통지하여야 한다.

제16조 (기 능)

총회는 다음 사항을 의결한다.

　　1. 정관의 개정

　　2. 사업계획의 승인

　　3. 예산 및 결산의 승인

　　4. 임원의 선출

　　5. 그밖에 이사회가 부의한 중요사항

제17조 (종 류)

① 총회는 정기총회와 임시총회로 나눈다.

② 정기총회는 매년 1회 1월중에 소집한다.

③ 임시총회는 다음 각 호의 경우에 소집한다.

　　1. 원장이 필요하다고 인정한 때

　　2. 대의원 3분의 1 이상이 총회의 목적사항을 명시하여 총회의 소집을 요구한 때 ④ 제3항 제2호의 경우 원장은 그 요구가 있는 날로부터 1개월 내에 총회를 소집하여야 한다.

제18조 (소 집)

① 총회는 원장이 그 일시, 장소 및 회의의 목적사항을 명시하여 회일의 1주일 전에 대의원에게 통지함으로써 소집한다.

② 원장은 제1항의 통지와 아울러 이를 공고하여야 한다.

제19조 (회 의)

① 총회는 대의원 과반수의 출석으로 성립한다.

② 총회는 법률 및 정관에 다른 규정이 없는 한 출석한 대의원의 과반수의 찬성으로 의결한다. 다만 가부동수의 경우에는 의장이 결정한다.

③ 총회의 의장은 원장이 된다.

제5장 이사회

제20조 (구 성)

이사회는 원장, 부원장 및 이사로서 구성한다.

제21조 (기 능)

이사회는 다음 사항을 의결한다.

  1. 규정의 제정 및 개정에 관한 사항

  2. 총회의 소집에 관한 사항

  3. 총회에 제출할 의안에 관한 사항

  4. 총회로부터 위임받은 사항

  5. 그밖에 본원의 운영을 위하여 필요한 사항

제22조 (소집과 회의)

① 사회는 원장이 필요하다고 인정할 때 또는 구성원의 3분의 1이상이 회의의 목적사항을 명시하여 소집을 요구한 때에 소집한다.

② 이사회는 원장이 소집하고 원장이 그 의장이 된다.

③ 이사회는 재적이사 과반수의 출석과 출석이사 과반수의 찬성으로 의결한다.

제6장 재정

제23조 (재 원)

본원의 재정은 다음의 수입으로 충당한다.

  1. 회원의 회비

  2. 정부의 보조금

  3. 기부금 또는 후원금

  4. 수입이자

  5. 그 밖의 잡수입

제23조의 2 (기부금)

기부금에 관하여는 본 원의 인터넷 홈페이지를 통하여 연간 모금액 및 활용실적을 공개한다.

제24조 (회계년도)

본 원의 회계년도는 매년 1월 1일부터 12월 31일까지로 한다.

제25조 (豫算 및 決算)

① 本 院의 收入 및 支出은 每 會計年度마다 豫算으로 編成하여 總會의 承認을 얻어야 한다.

② 本 院의 收入 및 支出에 대한 決算은 다음 會計年度 總會에 報告하여 承認을 얻어야한다.

제26조 (예산 및 결산)

① 본원의 수입 및 지출은 매 회계년도마다 예산으로 편성하여 총회의 승인을 얻어야 한다.

② 본원의 수입 및 지출에 대한 결산은 다음 회계년도 총회에 보고하여 승인을 얻어야한다.

제7장 보칙

제27조 (정관의 개정)

본 정관의 개정은 총회에서 재적 대의원 과반수의 출석 과 출석 대의원 3분의 2 이상의 찬성으로
한다.

제28조 (해 산)

① 본 원의 해산은 총회에서 재적 대의원 과반수의 출석과 출석 대의원 3분의 2 이상의 찬성으로
한다.

② 본 원이 해산할 때에는 잔여재산은 국가에 귀속한다.

제29조 (규 정)

본원은 이 정관시행에 필요한 세부사항을 정하기 위하여 이사회의 결의를 거쳐 규정을 제정할 수
있다.

[서식 - 그 외 관련 서식은 서식 중복기재 회피를 위하여 제1편 비영리사단법인 및 제2편 비영리재단법인 해당 서식을
참고하기 바란다]

나. 설립허가

(1) 허가기준

법제처장은 비영리법인 설립허가 신청의 내용이 다음의 기준에 맞는 경우에만 그 설립을 허가한다 (규칙 제4조).

• 비영리법인의 목적과 사업이 실현가능할 것
• 목적사업을 할 수 있는 충분한 능력이 있고, 재정적 기초가 확립되어 있거나 확립될 수 있을 것
• 다른 법인과 같은 명칭이 아닐 것

(2) 심사 및 허가기간

법제처장은 비영리법인 설립허가 신청을 받았을 때에는 특별한 사유가 없으면 20일 이내에 심사하여 허가 또는 불허가 처분을 하고, 그 결과를 서면으로 신청인에게 통지하여야 한다. 이 경우 허가를 할 때에는 별지 제2호 서식의 비영리법인 설립허가증을 발급하고 별지 제3호 서식의 비영리법인 설립허가대장에 필요한 사항을 적어야 한다.

법제처 소관 비영리법인의 설립 및 감독에 관한 규칙 [별지 제3호 서식]

비영리법인 설립허가대장

허가 번호	법인 명칭	대표자 성 명	허 가 연월일	사무소의 소재지	기능 및 목적	주관 부서	비고

210mm×297mm[백상지 80g/㎡]

(3) 조건부허가

법제처장은 비영리법인의 설립허가를 할 때에는 필요한 조건을 붙일 수 있다.

다. 설립 관련 보고

(1) 재산이전

비영리법인의 설립허가를 받은 자는 그 허가를 받은 후 지체 없이 기본재산 및 운영재산을 비영리법인에 이전(移轉)하고 1개월 이내에 그 이전을 증명하는 등기소 또는 금융회사 등의 증명서를 법제처장에게 제출하여야 한다(규칙 제5조).

(2) 설립 관련 보고

비영리법인은 「민법」 제49조부터 제52조까지 또는 제52조의2에 따라 비영리법인 설립 등의 등기를 하였을 때에는 10일 이내에 그 사실을 법제처장에게 보고하여야 한다. 이 경우 법제처장은 「전자정부법」 제36조 제1항에 따른 행정정보의 공동이용을 통하여 법인 등기사항증명서를 확인하여야 한다.

3. 허가 후 절차

가. 정관변경의 허가 신청

「민법」 제42조 제2항(같은 법 제45조 제3항에서 준용하는 경우를 포함한다) 또는 제46조에 따른 정관변경의 허가를 받으려는 비영리법인은 별지 제4호 서식의 비영리법인 정관변경허가 신청서에 다음의 서류를 첨부하여 법제처장에게 제출하여야 한다(규칙 제6조).

1. 정관변경 사유서 1부
2. 개정될 정관(신·구조문대비표를 첨부한다) 1부
3. 정관변경과 관련된 총회 또는 이사회의 회의록 1부
4. 기본재산의 처분에 따른 정관변경의 경우에는 처분 사유, 처분재산의 목록, 처분 방법 등을 적은 서류 1부

법제처 소관 비영리법인의 설립 및 감독에 관한 규칙[별지 제4호 서식]

비영리법인 정관변경허가 신청서

접수번호	접수일자	처리일자		처리기간	**7일**

신청인	성명		생년월일 (외국인등록번호)
	주소		전화번호

법인	명칭		전화번호
	소재지		
	설립 허가일		설립허가번호
	대표자 성명		생년월일 (외국인등록번호)
	주소		

「민법」 제42조 제2항(같은 법 제45조 제3항에서 준용하는 경우를 포함한다) 또는 제46조 및 「법제처 소관 비영리법인의 설립 및 감독에 관한 규칙」 제6조에 따라 위와 같이 정관변경허가를 신청합니다.

년   월   일

(서명 또는 인)

신청인

법제처장 귀하

첨부서류	1. 정관변경 사유서 1부 2. 개정될 정관(신·구조문대비표를 첨부합니다) 1부 3. 정관변경과 관련된 총회 또는 이사회의 회의록 1부 4. 기본재산의 처분에 따른 정관변경의 경우에는 처분 사유, 처분재산의 목록, 처분 방법 등을 적은 서류 1부	수수료 없 음

처 리 절 차

신청서 작성	→	접 수	→	서류 확인 및 검토	→	결 재	→	결과 통지
신청인		처 리 기 관 : 법 제 처						

210mm×297mm[백상지 80g/㎡]

[서식 – 그 외 관련 서식은 서식 중복기재 회피를 위하여 제1편 비영리사단법인 및 제2편 비영리재단법인해당 서식을 참고하기 바란다]

나. 사업실적 및 사업계획 등의 보고

비영리법인은 매 사업연도가 끝난 후 2개월 이내에 다음의 서류를 법제처장에게 제출하여야 한다(규칙 제7조).

• 다음 사업연도의 사업계획 및 수입·지출 예산서 1부

• 해당 사업연도의 사업실적 및 수입·지출 결산서 1부

• 해당 사업연도 말 현재의 재산목록 1부

다. 비영리법인 사무의 검사·감독

법제처장은 「민법」 제37조에 따른 비영리법인 사무의 검사 및 감독을 위하여 필요하다고 인정하는 경우에는 비영리법인에 관계 서류·장부 또는 그 밖의 참고자료의 제출을 명하거나 소속 공무원에게 비영리법인의 사무 및 재산 상황을 검사하게 할 수 있으며(규칙 제8조), 이에 따라 비영리법인 사무를 검사하는 공무원은 그 자격을 증명하는 증표를 관계인에게 보여 주어야 한다.

4. 해산 등

가. 설립허가의 취소

법제처장은 법인이 목적이외의 사업을 하거나 설립허가의 조건에 위반하거나 기타 공익을 해하는 행위를 한 때에는 그 법인을 취소할 수 있는데, 이에 따라 비영리법인의 설립허가를 취소하려면 청문을 하여야 한다(규칙 제9조).

나. 해산신고

(1) 신청 및 첨부서류

비영리법인이 해산(파산으로 인한 해산은 제외한다)하였을 때에는 그 청산인은 「민법」 제85조 제1항에 따라 해산등기를 마친 후 지체 없이 별지 제5호 서식의 비영리법인 해산 신고서에 다음의 서류를 첨부하여 법제처장에게 제출하여야 한다(규칙 제10조).

• 해산 당시의 재산목록 1부

• 잔여재산의 처분방법의 개요를 적은 서류 1부

• 해산 당시의 정관 1부

• 사단법인이 총회의 결의에 따라 해산하였을 때에는 그 결의를 한 총회의 회의록 1부

• 재단법인의 해산 시 이사회가 해산을 결의하였을 때에는 그 결의를 한 이사회의 회의록 1부

(2) 등기사항증명서 확인

법제처장은 신청서를 받은 경우 「전자정부법」 제36조 제1항에 따른 행정정보의 공동이용을 통하여 법인 등기사항증명서를 확인하여야 한다.

[서식 _ 비영리법인 해산 신고서]

법제처 소관 비영리법인의 설립 및 감독에 관한 규칙[별지 제5호 서식]

비영리법인 해산 신고서

접수번호	접수일	처리일	처 리 기 즉시 간

청산인	성명		생년월일 (외국인등록번호)
	주소		전화번호

청산법인	명칭		전화번호
	소재지		

해산 연월일

해산 사유

청산인 대표권의 제한 내용(대표권이 제한되는 경우에만 적습니다)

「민법」 제86조 제1항 및 「법제처 소관 비영리법인의 설립 및 감독에 관한 규칙」 제10조에 따라 위와 같이 법인해산을 신고합니다.

년   월   일

신고인

(서명 또는 인)

법제처장 귀하

신고인 제출서류	1. 해산 당시의 재산목록 1부 2. 잔여재산 처분방법의 개요를 적은 서류 1부 3. 해산 당시의 정관 1부 4. 사단법인이 총회의 결의에 따라 해산했을 때에는 그 결의를 한 총회의 회의록 1부 5. 재단법인의 해산 시 이사회가 해산을 결의했을 때에는 그 결의를 한 이사회의 회의록 1부	수수료 없 음
담당 공무원 확인 사항	법인 등기사항증명서	

처 리 절 차

신청서 작성	→	접 수	→	서류 확인 및 검토	→	결 재
신청인			처 리 기 관: 법 제 처			

210mm×297mm[백상지 80g/㎡ 또는 중질지 80g/㎡]

다. 잔여재산 처분허가의 신청 등

비영리법인의 이사 또는 청산인은 「민법」 제80조 제2항에 따라 잔여재산의 처분에 대한 허가를 받으려면 별지 제6호 서식의 잔여재산 처분허가 신청서에 다음의 서류를 첨부하여 법제처장에게 제출하여야 한다(규칙 제11조).

- 해산 당시의 정관 1부(해산신고 시의 정관을 확인할 필요가 있는 경우에만 해당한다)
- 사단법인의 경우에는 총회의 회의록 1부(해산신고 시에 제출한 서류 등으로 「민법」 제80조 제2항 후단에 따른 재산처분에 대한 총회의 결의가 확인이 되지 아니하는 경우에만 해당한다)

법제처 소관 비영리법인의 설립 및 감독에 관한 규칙 [별지 제6호 서식]

잔여재산 처분허가 신청서

접수번호	접수일	처리일	처리기간 7일

신청법인	명칭		전화번호	
	소재지			

대 표 자 (이사 · 청산인)	성명		생년월일 (외국인등록번호)	
	주소		전화번호	

처분재산	종류 및 수량
	금액
	처분방법
처분사유	

「민법」 제80조 제2항 및 「법제처 소관 비영리법인의 설립 및 감독에 관한 규칙」 제11조에 따라 위와 같이 잔여재산 처분허가를 신청합니다.

년   월   일

신청인   (서명 또는 인)

법제처장 귀하

첨부서류	1. 해산 당시의 정관 1부(해산신고 시의 정관을 확인할 필요가 있는 경우에만 해당합니다) 2. 총회의 회의록 1부(사단법인의 해산신고 시에 제출한 서류만으로는 확인이 되지 않을 경우에만 해당합니다)	수수료 없음

처 리 절 차

신청서 작성	→	접 수	→	서류 확인 및 검토	→	결 재	→	결과 통지
신청인		처 리 기 관: 법 제 처						

210mm×297mm[백상지 80g/㎡ 또는 중질지 80g/㎡]

라. 청산종결의 신고

청산인은 비영리법인의 청산이 종결되었을 때에는 「민법」 제94조에 따라 등기한 후 별지 제7호 서식의 청산종결 신고서(전자문서로 된 신고서를 포함한다)를 법제처장에게 제출하여야 한다. 이 경우 법제처장은 「전자정부법」 제36조 제1항에 따른 행정정보의 공동이용을 통하여 법인 등기사항 증명서를 확인하여야 한다(규칙 제12조).

법제처 소관 비영리법인의 설립 및 감독에 관한 규칙 [별지 제7호 서식]

청산종결 신고서

접수번호		접수일	처리일	처리기간　즉시

청 산 인	성명		생년월일 (외국인등록번호)	
	주소		전화번호	
청산법인	명칭		전화번호	
	소재지			

청산 연월일	
청산 취지	

「민법」 제94조 및 「법제처 소관 비영리법인의 설립 및 감독에 관한 규칙」 제12조에 따라 위와 같이 청산종결을 신고합니다.

년　　　월　　　일

신고인
(서명 또는 인)

법제처장 귀하

담당 공무원 확인 사항	법인 등기사항증명서	수수료 없음

처 리 절 차

신청서 작성	→	접 수	→	서류 확인 및 검토	→	결 재
신청인		처 리 기 관: 법 제 처				

210mm×297mm[백상지 80g/㎡ 또는 중질지 80g/㎡]

5. 고유식별정보의 처리

법제처장은 비영리법인에 관한 다음의 사무를 수행하기 위하여 불가피한 경우 「개인정보 보호법 시행령」 제19조 제4호에 따른 외국인등록번호가 포함된 자료를 처리할 수 있다(규칙 제13조).

• 제4조에 따른 설립허가에 관한 사무

• 제6조에 따른 정관변경의 허가에 관한 사무

• 제8조에 따른 비영리법인 사무의 검사·감독에 관한 사무

• 제9조에 따른 설립허가 취소에 관한 사무

• 제10조에 따른 해산 신고에 관한 사무

• 제11조에 따른 잔여재산 처분의 허가에 관한 사무

• 제12조에 따른 청산 종결의 신고에 관한 사무

제17장 여성가족부 소관 비영리법인 설립

1. 개관

여성가족부 소관 비영리법인의 설립 및 감독에 관한 규칙(이하 '규칙'이라고만 함)은 「민법」에 따라 여성가족부장관이 주무관청이 되는 비영리법인의 설립 및 감독에 필요한 사항을 규정함을 목적으로 하며, 이에 따른 비영리법인(이하 '법인'이라 한다)의 설립허가, 법인 사무의 검사 및 감독 등에 관하여는 다른 법령에 특별한 규정이 있는 경우를 제외하고는 이 규칙에서 정하는 바에 따른다. 본장은 여성가족부 소관 비영리법인의 설립과 관련한 일반절차인 설립허가신청 및 관련 첨부서류 그리고 정관변경허가신청, 사업계획보고 등에 관한 내용들을 정리하였다. 그 외 관련서류들은 제1편 관련 내용부분을 참고하기 바란다.

2. 설립허가절차

가. 설립허가의 신청

「민법」 제32조에 따라 법인의 설립허가를 받으려는 자(이하 '설립발기인'이라 한다)는 별지 제1호 서식의 법인 설립허가 신청서(전자문서로 된 신청서를 포함한다)에 다음의 서류(전자문서를 포함한다. 이하 같다)를 첨부하여 여성가족부장관에게 제출하여야 한다. 이 경우 여성가족부장관은 「전자정부법」 제36조 제1항에 따른 행정정보의 공동이용을 통하여 재산목록에 적힌 재산 중 토지와 건물의 등기사항증명서를 확인하여야 한다(규칙 제3조).

- 설립발기인의 성명 · 생년월일 · 주소 및 약력을 적은 서류(설립발기인이 법인인 경우에는 그 명칭, 주된 사무소의 소재지, 대표자의 성명 · 생년월일 · 주소와 정관을 적은 서류) 1부
- 정관 1부
- 재산목록(재단법인의 경우에는 기본재산과 운영재산으로 구분하여 적어야 한다) 및 그 증명서류와 출연(出捐) 신청이 있는 경우에는 그 사실을 증명하는 서류 각 1부
- 해당 사업연도분의 사업계획 및 수입 · 지출 예산을 적은 서류 1부
- 임원 취임 예정자의 성명 · 생년월일 · 주소 · 약력을 적은 서류 및 취임승낙서 각 1부
- 창립총회 회의록(설립발기인이 법인인 경우에는 법인 설립에 관한 의사 결정을 증명하는 서류) 사본 1부

■ 여성가족부 소관 비영리법인의 설립 및 감독에 관한 규칙 [별지 제1호 서식] 〈개정 2015.10.22.〉

법인 설립허가 신청서

접수번호		접수일	처리일	처리기간	20일
신청인	성명			생년월일(외국인등록번호)	
	주소			전화번호	
법 인	명칭			전화번호	
	소재지				
대표자	성명			생년월일(외국인등록번호)	
	주소			전화번호	

「민법」 제32조 및 「여성가족부 소관 비영리법인의 설립 및 감독에 관한 규칙」 제3조에 따라 위와 같이 법인 설립허가를 신청합니다.

년   월   일

신청인   (서명 또는 인)

여성가족부장관   귀하

신청인 제출서류	1. 설립발기인의 성명·생년월일·주소·약력을 적은 서류(설립발기인이 법인인 경우에는 그 명칭, 주된 사무소의 소재지, 대표자의 성명·생년월일·주소와 정관을 적은 서류) 1부 2. 정관 1부 3. 재산목록(재단법인의 경우에는 기본재산과 운영재산으로 구분하여 적어야 합니다) 및 그 증명서류와 출연 신청이 있는 경우에는 그 사실을 증명하는 서류 각 1부 4. 해당 사업연도분의 사업계획 및 수입·지출 예산을 적은 서류 1부 5. 임원 취임 예정자의 성명·생년월일·주소·약력을 적은 서류 및 취임승낙서 각 1부 6. 창립총회 회의록(설립발기인이 법인인 경우에는 법인 설립에 관한 의사 결정을 증명하는 서류) 사본 1부 ※ 제3호의 서류 중 담당 공무원 확인사항인 증명서류는 제출을 생략합니다	수수료 없음
담당공무원 확인사항	재산목록에 적힌 재산의 토지(건물) 등기사항증명서	

처리절차

신청서 작성	→	접 수	→	확 인	→	결 재	→	허가증 작성	➡	허가증 발급

신청인   처리기관 : 여성가족부(비영리법인의 설립 및 감독 업무 담당부서)

210mm×297mm[백상지(80g/㎡) 또는 중질지(80g/㎡)]

제1장 총 칙

제1조〈목적〉 이 법인은 민법〈이하 '법'이라 한다〉과 서울특별시여성가족재단설립 및 운영에 관한 조례〈이하 '조례'라 한다〉가 정하는 바에 의하여 실질적인 양성평등을 실현하고 서울여성의 경쟁력향상과 사회참여 및 복지증진에 기여함을 목적으로 한다.

제2조〈명칭〉 이 법인은 서울특별시 여성가족재단〈이하 '재단'이라 한다〉라 한다.

제3조〈사무소의 소재지〉 재단의 주된 사무소는 서울특별시〈이하 '시'라 한다〉에 두고 필요에 따라 서울특별시장의 승인을 얻어 지사 또는 출장소를 둘 수 있다.

제4조〈사업의 범위〉 재단은 제1조의 규정에 의한 목적을 달성하기 위하여 다음 각호의 사업을 행한다.

1. 여성 · 가족 · 보육 · 저출산, 아동 · 청소년관련 정책연구 · 개발
2. 여성의 사회활동 네트워크의 거점화 사업 및 성인지력 향상사업
3. 여성인력개발 및 경제자원화 사업
4. 여성의 사회참여 활성화 및 역량강화를 위한 사업
5. 국내 · 외 여성교류 및 단체활동 강화사업
6. 여성의 문화활동 및 복지 증진사업
7. 여성관련 시설간 프로그램 연계 및 교류사업
8. 서울여성플라자의 운영 및 관리
9. 여성자원봉사활동의 관리 및 육성사업
10. 여성관련시설의 효과적인 운영 및 여성 · 가족 · 보육 · 저출산, 아동 · 청소년 정책의 발전을 위하여 서울특별시장〈이하 '시장'〉이 위탁하는 사업
11. 그밖에 재단의 목적달성에 필요한 사업
12. 여성 · 가족 관련 연구도서 및 간행물 발간, 출판연구도서 및 간행물의 출판사업 〈신설 2013.3.13.〉

제5조〈수익사업〉 재단은 제1조의 규정에 의하여 설립목적의 범위 안에서 시장의 승인을 얻어 수익사업을 할 수 있다.

제6조〈대행사업〉 ①재단은 국가ㆍ지방자치단체 또는 기타 위탁자의 사업을 대행할 수 있다.
② 재단은 제1항의 규정에 의한 사업을 대행함에 있어 특히 필요한 경우에는 시장의 승인을 얻어 그 사업의 일부를 제3자에게 시행하게 할 수 있다.

제7조〈공고방법〉 재단이 공고ㆍ고시할 사항은 당해 재단의 인터넷홈페이지 또는 일간신문에 이를 게재한다. 〈개정 2018.8.8.〉

제2장 임원 및 직원

제8조〈임원의 종류와 정수〉 재단에는 다음 각 호의 임원을 둔다.
1. 이사장 1인
2. 대표이사 1인
3. 노동자이사 1인 〈신설 2017.10.16., 개정 2019.8.6.〉
4. 이사 20인 이내〈이사장 및 대표이사를 포함한다〉
5. 감사 2인

제9조〈임원의 임면〉 ① 임원은 임원추천위원회에서 추천된 자 중에서 시장이 임명하되, 대표이사는 임원추천위원회를 거쳐 이사회에서 추천한 자를 이사장의 제청으로 시장이 임명한다. 단, 조례 또는 정관으로 당연히 임명되는 임원은 임원추천위원회의 공모 및 추천절차를 거치지 아니한다.〈개정 2013.3.13.〉
② 임원이 법인의 명예를 훼손하거나 재단의 목적에 위배되는 행위를 하는 경우 시장은 이사회의 의결을 거쳐 해임할 수 있다. 또한 대표이사는 재단의 경영성과에 따라 이사회 의결을 거쳐 임기 중 시장이 해임할 수 있다.
③ 대표이사는 상근으로 하고, 이사장과 노동자이사 및 나머지 이사, 감사는 비상근으로 한다. 〈개정 2017.10.16., 2019.8.6.〉
④ 당연직 이사는 다음 각 호의 1에 해당하는 자로 한다.
  1. 서울특별시 여성가족정책실장
〈삭제〉 〈개정 2016.6.28.〉

3. 서울특별시 재정기획관〈개정 2015.9.25.〉

〈삭제〉〈개정 2016.6.28.〉

5. 서울시성평등위원회 위촉직 위원장이 추천하는 성평등위원회 위원 중 1인〈개정 2012.8.16.〉

⑤ 감사는 시장이 지정하는 공무원 1인을 당연직으로 하며, 1인은 임원추천위원회에서 추천하여 시장이 임명한다.

⑥ 노동자이사는 노동자투표를 통해 임원추천위원회가 추천한 자 중 서울특별시장이 임명하는 자가 된다.〈신설 2017.10.16., 2019.8.6.〉

제10조〈임원의 임기〉 ① 임원의 임기는 3년으로 하며, 1년 단위로 연임될 수 있다. 이 경우 임원의 임명권자는 경영성과계약 이행실적 또는 직무이행실적 평가결과, 경영평가결과 등을 고려하여 임원의 연임여부를 결정하여야 한다. 다만, 노동자이사는 임기종료 등으로 인한 결원발생시 노동자투표 등 선출절차를 거쳐 새로 선출하여야 한다.〈신설 2017.10.16., 개정 2019.2.27., 2019.8.6.〉

② 제1항에 의해 임원을 연임할 경우 임원추천위원회의 심의를 거쳐야 한다. 다만, 비상임이사〈이사장 포함〉 및 비상임감사를 연임시키려는 경우에는 임원추천위원회의 심의를 생략할 수 있다〈신설, 2018.8.8.〉

③ 당연직 이사와 당연직 감사의 임기는 그 직을 상실한 때에 만료되며 후임자가 승계한다.〈개정 2018.8.8.〉

④ 임기 중에 임원의 결원이 생겼을 때 그 후임자의 임기는 임명일로부터 새로이 기산한다.〈개정 2018.8.8.〉

제11조〈임원추천위원회의 구성과 운영〉 ① 재단의 임원 후보자를 추천하기 위하여 재단에 임원추천위원회〈이하 '추천위원회'라 한다〉를 두며 다음 각 호의 자로 구성한다.

1. 서울시장이 추천하는 자 2명

2. 서울시의회가 추천하는 자 3명

3. 재단의 이사회가 추천하는 자 2명

② 서울시 공무원인 당연직 이사는 제1항3호에 규정된 이사회의 의결에 참여할 수 없다.

③ 추천위원회의 위원은 다음 각 호의 1에 해당하는 자이어야 한다.

1. 여성 · 가족 · 보육 · 저출산, 아동 · 청소년관련 전문가

2. 여성관련단체의 임원

3. 4급 이상 공무원 또는 고위공무원단에 속하는 일반직공무원으로 퇴직한 자

4. 공인회계사

5. 공기업경영에 관한 지식과 경험이 있다고 인정되는자

6. 재단의 고유목적사업 달성을 위해 필요한 경우 해당 분야의 전문가

④ 기타 추천위원회의 구성 및 운영 등에 필요한 세부 사항은 당해 재단의 내규로 정한다.

제12조〈임원후보의 추천절차〉 ① 추천위원회가 임원후보를 추천하려는 때에는 특별한 사유가 없는 한 예정 결원 직위에 대하여 2배수 이상을 추천하여야 한다. 〈개정 2018.8.8.〉

② 임명권자는 추천된 임원후보가 임원의 결격사유에 해당하거나 재단의 경영에 현저하게 부적당하다고 인정되는 때에는 추천위원회에 임원후보의 재추천을 요구할 수 있다. 이 경우 추천위원회는 지체 없이 임원후보를 재추천하여야 한다.

제13조〈임원의 직무〉 ① 이사장은 이사회를 소집하고 그 의장이 된다.

② 대표이사는 재단을 대표하고 재단업무를 총괄하며 경영성과에 대하여 책임을 진다. 다만 대표이사가 부득이한 사정으로 업무를 수행하지 못할 때에는 제9조 제4항 각 호의 당연직이사 순으로 그 직무를 대행한다.

③ 이사는 이사회에 부의한 의안을 심의하고 표결에 참여한다.

④ 감사는 재단의 회계 및 업무를 감사한다.

제14조〈임원의 결격사유〉 ① 다음 각 호의 1에 해당하는 자는 재단의 임원이 될 수 없다.

1. 〈삭제 2018.8.8.〉

2. 피성년후견인 또는 피한정후견인〈개정 2017.10.16.〉

3. 파산선고를 받은 자로서 복권되지 아니한 사람〈개정 2018.8.8.〉

4. 금고 이상의 실형의 선고를 받고 그 집행이 끝나거나〈집행이 종료된 것으로 보는 경우를 포함한다〉 그 집행을 받지 아니하기로 확정된 후 2년이 경과되지 아니한 사람〈개정 2018.8.8.〉

5. 법원의 판결에 따라 자격이 상실되거나 정지된 사람〈개정 2018.8.8.〉

6. 재단과 거래상 밀접한 이해관계를 가진 사람〈개정 2018.8.8.〉

7. 노동자이사의 경우 「근로기준법」 제2조 제1항 제2호 및 「노동조합 및 노동관계조정법」 제2조 제2호에 해당하는자〈신설 2017.10.16., 개정 2019.8.6.〉

8. 「형법」 제355조 및 제356조에 규정된 횡령과 배임의 죄를 범한 사람으로서 300만원 이

상의 벌금형을 선고받고 그 형이 확정된 후 2년이 지나지 아니한 사람〈신설 2018.8.8.〉

② 재단의 임원이 제1항 각호의 1에 해당하게 되거나 임명당시 그에 해당하는 자이었음이 판명된 때에는 당연 퇴직한다.

③ 제2항의 규정에 의하여 퇴직된 임원이 퇴직전에 관여한 행위는 그 효력을 잃지 아니한다.

제15조〈직원의 임면〉① 재단의 직원은 대표이사가 임면한다.

② 직원의 임용은 공개경쟁시험으로 채용하는 것을 원칙으로 하되, 공개경쟁시험에 의하여 충원이 곤란한 직위·직무분야에 대하여는 우수 전문 인력 및 유경험자를 경력경쟁시험으로 채용할 수 있다.

③ 직원의 임면, 승진 등 필요한 사항은 재단의 내부 규정으로 정한다.

제16조〈임·직원의 복무〉임·직원의 복무에 필요한 사항은 이사회의 의결을 거쳐 재단의 내부 규정으로 정한다.

제17조〈임·직원의 겸직제한〉재단의 상임임원과 직원은 그 직무 이외의 영리를 목적으로 하는 업무에 종사하지 못하며, 상임임원은 시장의, 직원은 대표이사의 허가없이 다른 직무를 겸할 수 없다.

제18조〈임·직원의 보수〉① 재단의 상임임원 및 직원의 보수는 보수규정에 의한다.

② 비상임이사에게는 보수를 지급하지 아니한다. 다만, 예산의 범위내에서 업무수행에 필요한 수당과 여비를 지급할 수 있다. 이 경우 시장이 지정하는 당연직 임원에게는 지급하지 아니한다.〈삭제〉〈개정 2016.6.28., 2018.8.8.〉

제19조〈비밀누설의 금지 등〉재단의 임·직원은 재직 중은 물론 퇴직이후에도 직무상 지득한 비밀을 누설하거나 도용하여서는 아니된다.

제20조〈임원의 대표권에 대한 제한〉재단의 이익과 대표이사 또는 대표이사의 직무를 대행하는 이사의 이익이 상반되는 사항에 대하여는 대표이사 또는 대표이사의 직무를 대행하는 이사는 재단을 대표하지 못한다.

제21조〈대리인의 선임〉대표이사는 업무수행을 위하여 필요한 경우에는 이사회의 의결을 거쳐

임원 또는 직원중에서 재단의 업무의 전부 또는 일부에 관하여 재판상 또는 재판외의 행위를 할 수 있는 권한을 가진 대리인을 선임할 수 있다.

제3장 조직 및 정원

제22조〈조직 및 정원〉 ① 재단의 조직 및 정원에 관한 세부적인 사항은 직제 및 정원규정으로 정한다.

② 시장은 재단의 설립목적을 달성하기 위하여 재단에 소속공무원을 파견할 수 있다.

제4장 이 사 회

제23조〈설치 및 구성〉 ① 재단의 업무에 관한 중요사항을 의결하기 위하여 재단에 이사회를 둔다.

② 이사회는 이사장 및 대표이사를 포함한 이사 전원으로 구성한다.

③ 감사는 이사회에 출석하여 의견을 진술할 수 있다.

제24조〈의결사항〉 다음 각호의 사항은 이사회의 의결을 거쳐야 한다.
  1. 재단의 기본운영방침에 관한 사항
  2. 사업계획 및 예산에 관한 사항
  3. 사업실적 및 결산에 관한 사항
  4. 정관의 변경에 관한 사항
  5. 조직, 기구 및 정원에 관한 사항
  6. 중요한 규정의 제정 또는 개폐에 관한 사항
  7. 기본재산의 취득과 처분에 관한 사항
  8. 재단의 해산에 관한 사항
  9. 법령, 조례, 정관의 규정에 의하여 그 권한에 속하는 사항
  10. 기타 이사장이 이사회에 부의하는 사항

제25조〈이사회의 소집〉 ① 이사회는 정기이사회와 임시이사회로 구분하며 이사장이 소집한다.

② 정기이사회는 연 2회 소집한다.

③ 임시이사회는 이사장이 필요하다고 인정하거나 재적이사 과반수가 요청 또는 감사의 요구가

있을 때 이사장이 소집한다.

④ 이사장은 이사회를 소집할 때에는 회의 개최일 7일전에 그 목적을 명시하여 이사에게 통지하여야 한다. 다만, 이사장이 긴급을 요한다고 인정할 때에는 회의개최 전일까지 통지할 수 있다.

⑤ 이사장에게 업무수행에 필요한 활동비 또는 실비를 월정액으로 지급할 수 있으며, 이에 대한 지급기준은 따로 정한다〈신설 2018.8.8.〉

제26조〈의결방법〉 ① 이사회는 재적이사 과반수의 출석으로 개의하고 출석이사 과반수의 찬성으로 의결한다.

② 이사장은 표결권을 가지며, 가부동수인 경우에는 부결된 것으로 본다.

제27조〈서면결의〉 ① 이사장은 이사회에 부의할 사항 중에서 업무상 불가피한 사항에 관하여 제25조의 규정에도 불구하고 서면결의로 의결 할 수 있다.〈개정 2017.10.16.〉

② 이사장은 제1항에 의한 서면 의결사항은 제25조의 절차에 따라 소집된 차기 이사회에 보고하여야 한다.

제28조〈이사회 참여제한〉 이사는 다음 각 호에 관한 사항에 대하여는 의결권을 행사할 수 없다.
1. 이사의 취임 및 해임에 있어 자신에 관한 사항
2. 금전 및 재산의 수수와 관련하여 자신과 재단의 이해가 상반되는 사항

제29조〈의사록〉 이사장은 이사회의 의사진행 및 의결사항에 대하여는 의사록을 작성하고 출석한 이사와 감사의 기명 · 날인을 받아 보존하여야 한다.

제5장 위 원 회

제30조〈설치〉 재단은 제1조의 목적을 달성하기 위한 자문기구로 위원회 또는 기구를 둘 수 있다.

제31조〈운영〉 위원회 또는 기구의 구성과 운영에 관한 사항은 별도규정으로 정한다.

제6장 재산 및 회계

제32조〈재산〉 ① 재단의 재산은 기본재산과 보통재산으로 구분한다.

② 재단의 기본재산은 다음 각 호와 같으며, 재단의 기본재산의 목록은 〈별지〉와 같다.〈개정 2020.03.31.〉

1. 설립당시 기본재산으로 출연한 재산

2. 설립 후 정부, 지방자치단체, 기타 법인 및 개인의 출연금 또는 토지 · 건물 등의 부동산

3. 정부 및 지방자치단체의 보조금과 결산상 잉여금중 이사회에서 기본재산으로 편입하도록 의결한 재산

③ 재단의 보통재산은 기본재산 이외의 시의 출연금, 기금운용과 관련한 이자수익금, 수탁사업 수입금, 법인사업수입금, 지정기부금, 기타수입금 등으로 구성하며, 재단의 유지 및 운영에 필요한 경비는 보통재산에서 충당한다.〈개정 2015.9.25.〉

④ 제3항의 지정기부금은 「기부금품 모집 및 사용에 관한 법률」에 따라 사용용도와 목적을 지정하여 자발적으로 기탁하는 경우로서 서울시 기부심사위원회의 심의를 거쳐야 하며 인터넷 홈페이지를 통하여 연간 기부금 모금액 및 활용실적을 공개한다.〈개정 2015.9.25.〉

제33조〈재산의 관리〉 ① 재단의 대표이사는 선량한 관리자의 의무를 다하여 재단의 재산을 관리하여야 한다.

② 재단이 기본재산을 매도, 증여, 교환, 대여 또는 담보로 제공하거나 의무의 부담 또는 권리의 포기를 하고자 하는 경우에는 이사회의 의결을 거쳐 시장의 승인을 받아야 한다.

제34조〈기금〉 ① 재단의 운영 및 사업에 소요되는 자금에 충당하기 위하여 재단에 기금을 설치할 수 있다.

② 제1항의 기금은 다음 각 호의 재원으로 조성한다.

1. 서울특별시 및 자치구의 출연금

2. 중앙정부의 지원금

3. 기부금품 모집 및 사용에 관한 법률 제5조에 저촉되지 아니한 금융기관 및 기업 등 민간의 출연금〈개정 2013.3.13.〉

4. 기타 기본재산의 운용 및 재단사업으로 발생하는 수익금

③ 재단은 기금의 원금을 감소하고자 하는 경우에는 이사회의 의결을 거쳐 시장의 승인을 받아야 한다.

④ 재단은 기금의 운영 · 관리 및 사용에 관하여 필요한 사항은 이사회의 의결을 거쳐 시장의 승인을 받아 별도 규정으로 정한다.

⑤ 기금은 적립계정과 운용계정으로 구분하고 각각 별도의 계좌를 설치하여 운용한다.

제35조〈사업연도〉 재단의 사업연도는 시의 일반회계의 회계연도에 의한다.

제36조〈사업계획과 예산〉 ① 재단은 매 사업연도의 사업계획 및 예산안을 시장이 정한 예산편성 지침에 따라 편성하여 이사회의 의결을 거쳐 회계연도 개시 전까지 시장에게 제출하여 승인을 얻어야 한다. 이를 변경하고자 할 때에도 이사회의 의결을 거쳐 시장의 승인을 얻어야 한다.〈개정 2018.8.8.〉

② 재단은 예산이 성립되거나 변경된 후 15일이내에 시의회 소관 상임위원회 및 예산결산특별위원회에 예산서를 제출하여야 한다.〈신설 2018.8.8.〉

제37조〈결산〉 제37조〈결산〉 ① 재단은 매 회계연도의 사업실적 및 결산보고서를 당해 회계연도가 끝난 후 3개월 이내에 이사회 의결을 거쳐 공인회계사의 회계감사보고서를 첨부하여 지체 없이 시장에게 제출하여야 한다.〈개정 2015.9.25., 2018.8.8.〉

② 〈삭제 2018.8.8.〉

③ 〈삭제 2018.8.8.〉

④ 재단은 매 회계연도가 끝난 후 3개월 이내에 결산서를 작성하여 시의회 소관 상임위원회 및 예산결산특별위원회에 제출하여야 한다.〈신설 2018.8.8.〉

제38조〈손익금의 처리〉 ① 재단의 세입세출결산 결과 발생한 잉여금은 이사회 승인을 거쳐 기본재산에 편입하거나 이월 또는 유보한다.

② 재단의 발생주의 복식부기에 의한 재무회계 결산 결과 이익이 생긴 때에는 이사회 승인을 거쳐 이월결손금을 보전한 후, 기본재산에 편입하거나 준비금 등으로 적립한다.

③ 재단의 발생주의 복식부기에 의한 재무회계 결산에 따라 손실이 생긴 때에는 이사회 승인을 거쳐 준비금으로 이를 보전하고, 부족할 때에는 이월한다.

제7장 보 칙

제39조〈정관의 변경〉 재단의 정관을 변경하고자 할 때에는 이사회에서 재적이사 3분의 2 이상의 찬성으로 의결하여 시장의 승인을 받아야 한다.

제40조〈해산〉 법인을 해산하고자 할 때에는 이사회에서 재적이사 3분의 2 이상의 찬성으로 의결

하여 시장의 승인을 받아야 한다.

제41조〈잔여재산의 귀속〉 법인 해산 시 잔여재산은 이사회의 의결과 시장의 승인을 받아 서울특별시 또는 유사한 목적을 가진 다른 비영리법인에 귀속한다. 〈개정 2015.9.25.〉

제42조〈시행규정〉 ① 이 정관의 시행에 필요한 사항은 이사장이 이사회의 의결을 거쳐 규정으로 정한다.
② 직제및정원규정을 제정 또는 개·폐하고자 하는 때에는 이사회의 의결을 거쳐 시장의 승인을 받아야 한다.

[서식 - 그 외 관련 서식은 서식 중복기재 회피를 위하여 제1편 비영리사단법인 및 제2편 비영리재단법인 해당 서식을 참고하기 바란다]

나. 설립허가

(1) 설립허가기준

여성가족부장관은 법인 설립허가 신청의 내용이 다음의 기준에 모두 맞는 경우 그 설립을 허가한다 (규칙 제4조).

• 법인의 목적과 사업이 실현가능할 것
• 목적사업을 할 수 있는 충분한 능력이 있고, 재정적 기초가 확립되어 있거나 확립될 수 있을 것
• 다른 법인과 같은 명칭이 아닐 것

(2) 심사 및 허가기간

여성가족부장관은 법인 설립허가 신청을 받았을 때에는 특별한 사유가 없으면 20일 이내에 심사하여 허가 또는 불허가 처분을 하고, 그 결과를 서면으로 신청인에게 통지하여야 한다. 이 경우 허가를 한 때에는 별지 제2호 서식의 법인 설립허가증을 신청인에게 발급하고, 법인 설립허가대장에 필요한 사항을 적어야 한다.

(3) 조건부허가

여성가족부장관은 법인의 설립허가를 할 때에는 필요한 조건을 붙일 수 있다.

■ 여성가족부 소관 비영리법인의 설립 및 감독에 관한 규칙 [별지 제2호 서식] 〈개정 2015.10.22.〉

(앞 쪽)

제   호

법인 설립허가증

1. 법인 명칭 :

2. 소 재 지 :

3. 대 표 자

　　　　성   명 :

　　　　생년월일 :

　　　　주   소 :

4. 사업 내용 :

5. 허가 조건 :

「민법」 제32조 및 「여성가족부 소관 비영리법인의 설립 및 감독에 관한 규칙」 제4조에 따라 위와 같이 법인 설립을 허가합니다.

년   월   일

여성가족부장관　　　| 직인 |

210mm×297mm[백상지 150g/㎡]

준수사항

1. 「민법」 및 「여성가족부 소관 비영리법인의 설립 및 감독에 관한 규칙」 등 관련 법령과 정관에서 정한 내용을 준수해야 합니다.
2. 정관에서 정하는 목적사업 중 다른 법률에 따른 허가 · 인가 · 등록 · 신고의 대상이 되는 사업을 하려는 경우에는 관련 법령에 따른 절차를 거쳐야 합니다.
3. 매 사업연도 종료 후 2개월 이내에 다음의 서류를 주무관청*의 소관 부서에 제출해야 합니다.
   가. 다음 사업연도의 사업계획 및 수입 · 지출 예산서 1부
   나. 해당 사업연도의 사업실적 및 수입 · 지출 결산서 1부
   다. 해당 사업연도 말 현재의 재산목록 1부
   * 주무관청: 여성가족부 ○○○○국 ○○○○과(☎ 02-2100-○○○○)
4. 다음 사항에 해당되는 경우에는 「민법」 제38조에 따라 법인의 설립허가를 취소할 수 있습니다.
   가. 설립 목적 외의 사업을 하였을 때
   나. 공익을 해치는 행위를 하였을 때
   다. 설립허가의 조건을 위반하였을 때
   라. 각종 제출의무를 위반하였을 때
5. 법인이 해산(파산으로 인한 해산은 제외합니다)하였을 때에는 해산등기를 마친 후 지체 없이 주무관청에 해산신고를 해야 합니다.
6. 법인의 청산이 종결되었을 때에는 등기를 한 후 주무관청의 소관 부서에 신고해야 합니다.

〈 변 경 사 항 〉		
일 자	내 용	확인

다. 설립 관련 보고

(1) 재산이전

법인의 설립허가를 받은 자는 그 허가를 받은 후 지체 없이 기본재산 및 운영재산을 법인에 이전(移轉)하고 1개월 이내에 그 이전을 증명하는 등기소 또는 금융회사 등의 증명서(전자문서로 된 증명서를 포함한다)를 여성가족부장관에게 제출하여야 한다(규칙 제5조).

(2) 설립관련 보고

법인은 「민법」 제49조부터 제52조까지의 규정에 따라 법인 설립 등의 등기를 하였을 때에는 10일 이내에 여성가족부장관에게 보고하거나 법인 등기사항증명서 1부를 제출하여야 한다. 이 경우 보고를 받은 여성가족부장관은 「전자정부법」 제36조 제1항에 따른 행정정보의 공동이용을 통하여 법인 등기사항증명서를 확인하여야 한다.

3. 허가 후 절차

가. 정관 변경의 허가 신청

「민법」 제42조 제2항, 제45조 제3항 또는 제46조에 따른 정관 변경의 허가를 받으려는 법인은 별지 제3호 서식의 법인 정관 변경허가 신청서(전자문서로 된 신청서를 포함한다)에 다음의 서류를 첨부하여 여성가족부장관에게 제출하여야 한다(규칙 제6조).

• 정관 변경 사유서 1부
• 개정될 정관(신 · 구조문대비표를 포함한다) 1부
• 정관 변경과 관계있는 총회 또는 이사회의 회의록 사본 1부
• 기본재산의 처분에 따라 정관이 변경된 경우에는 처분 사유, 처분재산목록, 처분 방법 등을 적은
  서류 1부

■ 여성가족부 소관 비영리법인의 설립 및 감독에 관한 규칙 [별지 제3호 서식] 〈개정 2015.10.22.〉

정관 변경허가 신청서

접수번호	접수일	처리일	처리기간 7일

신청인	성명	홍 길 동 (洪吉童)	생년월일 (외국인등록번호) 70.10.11.
	주소	광주광역시 서구 내방로 111	전화번호

법 인	명칭	광주여성	전화번호
	소재지	광주광역시 동구 제봉로 98번길(11-19)	
	설립허가일	2000.01.01	설립허가번호 00-0000-00

대표자	성명	홍 길 동 (洪吉童)	생년월일 (외국인등록번호) 70.10.11.
	주소	광주광역시 서구 내방로 111	전화번호

「민법」 제42조 제2항, 제45조 제3항 또는 제46조 및 「여성가족부 소관 비영리법인의 설립 및 감독에 관한 규칙」 제6조에 따라 위와 같이 정관 변경허가를 신청합니다.

2018 년   1 월   1 일

신청인   홍 길 동 (서명 또는 인)

광주광역시장   귀하

첨부서류	1. 정관 변경 사유서 1부 2. 개정될 정관(신ㆍ구조문대비표를 첨부합니다) 1부 3. 정관 변경과 관계있는 총회 또는 이사회의 회의록 사본 1부 4. 기본재산의 처분에 따라 정관이 변경된 경우에는 처분 사유, 처분재산의 목록, 처분방법 등을 적은 서류 1부	수수료 없 음

처리절차

신청서 작성	→	접 수	→	서류 확인 및 검토	→	결 재	→	결과 통지
신청인		처리기관: 여성청소년가족정책관실(비영리법인의 설립 및 감독 업무 담당부서)						

210mm×297mm[백상지(80g/㎡) 또는 중질지(80g/㎡)]

[서식 – 그 외 관련 서식은 서식 중복기재 회피를 위하여 제1편 비영리사단법인 및 제2편 비영리재단법인 해당 서식을 참고하기 바란다]

나. 사업실적 및 사업계획 등의 보고

법인은 매 사업연도가 끝난 후 2개월 이내에 다음의 서류를 여성가족부장관에게 제출하여야 한다(규칙 제7조).

- 다음 사업연도의 사업계획 및 수입 · 지출 예산서 1부
- 해당 사업연도의 사업실적 및 수입 · 지출 결산서 1부
- 해당 사업연도 말 현재의 재산목록 1부

다. 법인 사무의 검사 · 감독

여성가족부장관은 「민법」 제37조에 따른 법인 사무의 검사 및 감독을 위하여 불가피한 경우에는 법인에 관계 서류 · 장부 또는 그 밖의 참고자료 제출을 명하거나 소속 공무원으로 하여금 법인의 사무 및 재산 상황을 검사하게 할 수 있으며(규칙 제8조), 이에 따라 법인 사무를 검사하는 공무원은 그 자격을 증명하는 증표를 관계인에게 보여 주어야 한다.

4. 해산 등

가. 설립허가의 취소

여성가족부장관은 법인이 목적이외의 사업을 하거나 설립허가의 조건에 위반하거나 기타 공익을 해하는 행위를 한 때에는 그 허가를 취소할 수 있다. 다만 이에 따라 법인의 설립허가를 취소하려면 청문을 하여야 한다(규칙 제9조).

나. 해산신고

제10조(해산신고) 법인이 해산(파산으로 인한 해산은 제외한다)하였을 때에는 그 청산인은 「민법」 제85조 제1항에 따라 해산등기를 마친 후 지체 없이 별지 제4호 서식의 법인 해산 신고서(전자문서로 된 신고서를 포함한다)에 다음 각 호의 서류를 첨부하여 여성가족부장관에게 제출하여야 한다. 이 경우 여성가족부장관은 「전자정부법」 제36조 제1항에 따른 행정정보의 공동이용을 통하여 법인 등기사항증명서를 확인하여야 한다.

1. 해산 당시의 재산목록 1부
2. 잔여재산 처분방법의 개요를 적은 서류 1부
3. 해산 당시의 정관 1부

4. 사단법인이 총회의 결의에 의하여 해산하였을 때에는 그 결의를 한 총회의 회의록 사본 1부

5. 재단법인의 해산 시 이사회가 해산을 결의하였을 때에는 그 결의를 한 이사회의 회의록 사본 1부

[서식 _ 법인해산신고서]

■ 여성가족부 소관 비영리법인의 설립 및 감독에 관한 규칙 [별지 제4호 서식] 〈개정 2015.10.22.〉

법인 해산 신고서

접수번호	접수일	처리일	처리기간	7일

청산인	성명		생년월일 (외국인등록번호)	
	주소		전화번호	

청산법인	명칭		전화번호	
	소재지			

해산 연월일

해산 사유

「민법」 제86조 제1항 및 「여성가족부 소관 비영리법인의 설립 및 감독에 관한 규칙」 제10조에 따라 위와 같이 법인 해산을 신고합니다.

년   월   일

신고인   (서명 또는 인)

여성가족부장관   귀하

신고인 제출서류	1. 해산 당시의 재산목록 1부 2. 잔여재산 처분방법의 개요를 적은 서류 1부 3. 해산 당시의 정관 1부 4. 사단법인이 총회 결의에 따라 해산하였을 때에는 그 결의를 한 총회의 회의록 사본 1부 5. 재단법인의 해산 시 이사회가 해산을 결의하였을 때에는 그 결의를 한 이사회의 회의록 사본 1부	수수료 없음
담당 공무원 확인사항	법인 등기사항증명서	

처리절차

신고서 작성 → 접수 → 검토·확인 → 결재

신고인   처리기관: 여성가족부(비영리법인의 설립 및 감독 업무 담당부서)

210mm×297mm[백상지(80g/㎡) 또는 중질지(80g/㎡)]

다. 잔여재산 처분의 허가

법인의 이사 또는 청산인은 「민법」 제80조 제2항에 따라 잔여재산의 처분에 대한 허가를 받으려면 별지 제5호 서식의 잔여재산 처분허가 신청서(전자문서로 된 신청서를 포함한다)에 다음 각 호의 서류를 첨부하여 여성가족부장관에게 제출하여야 한다.

• 해산 당시의 정관 1부(해산신고 시의 정관을 확인할 필요가 있는 경우에만 제출한다)

• 총회의 회의록(사단법인인 경우만 해당한다) 사본 1부(해산신고 시에 제출한 서류만으로 확인이 되지 않을 경우에만 제출한다)

■ 여성가족부 소관 비영리법인의 설립 및 감독에 관한 규칙 [별지 제5호 서식] 〈개정 2015.10.22.〉

잔여재산 처분허가 신청서

접수번호	접수일	처리일	처리기간	7일

신청법인	명칭		전화번호	
	소재지			

대 표 자 (이사 · 청산인)	성명		생년월일 (외국인등록번호)	
	주소		전화번호	

처분재산	종류 및 수량
	금액
	처분방법

처분 사유

「민법」 제80조 제2항 및 「여성가족부 소관 비영리법인의 설립 및 감독에 관한 규칙」 제11조에 따라 위와 같이 잔여재산 처분허가를 신청합니다.

년   월   일

신청인   (서명 또는 인)

여성가족부장관   귀하

첨부서류	1. 해산 당시의 정관 1부(해산신고 시의 정관을 확인할 필요가 있는 경우에만 제출합니다) 2. 총회의 회의록(사단법인의 경우에만 제출합니다) 사본 1부(해산신고 시에 제출한 서류만으로 확인이 되지 않을 경우에만 제출합니다)	수수료 없음

처리절차

신청서 작성	→	접 수	→	확 인	→	결 재	→	결과 통지

신청인   처리기관: 여성가족부(비영리법인의 설립 및 감독 업무 담당부서)

210mm×297mm[백상지(80g/㎡) 또는 중질지(80g/㎡)]

라. 청산 종결의 신고

청산인은 법인의 청산이 종결되었을 때에는 「민법」 제94조에 따라 등기를 한 후 별지 제6호 서식의 청산종결 신고서(전자문서로 된 신고서를 포함한다)를 여성가족부장관에게 제출하여야 한다. 이 경우 여성가족부장관은 「전자정부법」 제36조 제1항에 따른 행정정보의 공동이용을 통하여 법인 등기사항증명서를 확인하여야 한다.

■ 여성가족부 소관 비영리법인의 설립 및 감독에 관한 규칙 [별지 제6호 서식] 〈개정 2015.10.22.〉

청산종결 신고서

접수번호	접수일	처리일	처리기간	즉시

청 산 인	성명		생년월일 (외국인등록번호)	
	주소		전화번호	

청산법인	명칭		전화번호	
	소재지			

청산 연월일

청산 취지

「민법」 제94조 및 「여성가족부 소관 비영리법인의 설립 및 감독에 관한 규칙」 제12조에 따라 위와 같이 청산 종결을 신고합니다.

년　　　월　　　일

신고인(청산인)

(서명 또는 인)

여성가족부장관　　　　　귀하

신고인 제출서류	없 음	수수료 없 음
담당 공무원 확인사항	법인 등기사항증명서	

210mm×297mm[백상지(80g/㎡) 또는 중질지(80g/㎡)]

제18장
행정안전부 및 경찰청장, 소방청장 소관 비영리법인 설립

1. 개관

행정안전부 및 그 소속청 소관 비영리법인의 설립 및 감독에 관한 규칙(이하 규칙이라고만 함)은 「민법」에 따라 행정안전부, 경찰청장, 소방청장이 주무관청이 되는 비영리법인의 설립 및 감독에 필요한 사항을 규정함을 목적으로 하며, 이에 따른 비영리법인(이하 '법인'이라 한다)의 설립허가, 법인 사무의 검사 및 감독 등에 관하여는 다른 법령에 특별한 규정이 있는 경우를 제외하고는 이 규칙에서 정하는 바에 따른다.

본장은 행정안전부 및 그 소속청 소관 비영리법인의 설립과 관련한 일반절차인 설립허가신청 및 관련 첨부서류 그리고 정관변경허가신청, 사업계획보고 등에 관한 내용들을 정리하였다. 그 외 관련서류들은 제1편 비영리사단법인 및 제2편 비영리재단법인 관련 내용부분을 참고하기 바란다.

2. 설립허가절차

가. 설립허가의 신청

「민법」 제32조에 따라 비영리법인의 설립허가를 받으려는 자(이하 '설립발기인'이라 한다)는 별지 제1호 서식의 비영리법인 설립허가 신청서에 다음의 서류를 첨부하여 행정안전부장관, 경찰청장 또는 소방청장(이하 '주무관청'이라 한다)에게 제출하여야 한다(규칙 제3조).

- 설립발기인의 성명·생년월일·주소 및 약력을 적은 서류(설립발기인이 법인인 경우에는 그 명칭, 주된 사무소의 소재지, 대표자의 성명·생년월일·주소와 정관을 적은 서류) 1부
- 설립하려는 법인의 정관 1부
- 재산목록(재단법인의 경우에는 기본재산과 운영재산으로 구분하여 적어야 한다) 및 그 증명서류와 출연(出捐) 신청이 있는 경우에는 그 사실을 증명하는 서류 각 1부
- 해당 사업연도분의 사업계획 및 수입·지출 예산을 적은 서류 1부
- 임원 취임 예정자의 성명·생년월일·주소·약력을 적은 서류 및 취임승낙서 각 1부
- 창립총회 회의록(설립발기인이 법인인 경우에는 법인 설립에 관한 의사 결정을 증명하는 서류) 1부

■ 행정안전부 및 그 소속청 소관 비영리법인의 설립 및 감독에 관한 규칙[별지 제1호 서식] 〈개정 2017. 7. 26.〉

비영리법인 설립허가 신청서

접수번호		접수일		처리일		처리기간	20일
신청인	성명				생년월일		
	주소				전화번호		
법 인	명칭				전화번호		
	소재지						
대표자	성명				생년월일		
	주소				전화번호		

「민법」 제32조 및 「행정안전부 및 그 소속청 소관 비영리법인의 설립 및 감독에 관한 규칙」 제3조에 따라 위와 같이 법인설립허가를 신청합니다.

년   월   일

신청인

(서명 또는 인)

행정안전부장관

경찰청장   귀하

소방청장

신청인 제출서류	1. 설립발기인의 성명·생년월일·주소 및 약력을 적은 서류(설립발기인이 법인인 경우에는 그 명칭, 주된 사무소의 소재지, 대표자의 성명·생년월일·주소와 정관을 적은 서류) 1부 2. 설립하려는 법인의 정관 1부 3. 재산목록(재단법인의 경우에는 기본재산과 운영재산으로 구분하여 적어야 합니다) 및 그 증명서류와 출연 신청이 있는 경우에는 그 사실을 증명하는 서류 각 1부 4. 해당 사업연도분의 사업계획 및 수입·지출 예산을 적은 서류 1부 5. 임원 취임 예정자의 성명·생년월일·주소·약력을 적은 서류 및 취임승낙서 각 1부 6. 창립총회 회의록(설립발기인이 법인인 경우에는 법인 설립에 관한 의사 결정을 증명하는 서류) 1부 ※ 제3호의 서류 중 담당 공무원 확인사항인 증명서류는 제출하지 않아도 됩니다.	수수료 없 음
담당공무원 확인사항	재산목록에 있는 재산의 토지(건물) 등기부등본	

처리절차

신청서 작성 → 접 수 → 확 인 → 결 재 → 허가증 작성 → 허가증 발급

신청인   처리기관 : 행정안전부, 경찰청, 소방청(비영리법인의 설립 및 감독 업무 담당부서)

210mm×297mm[일반용지 60g/㎡(재활용품)]

제 1 장 총칙

제1조 명칭

이 연구원은 재단법인 한국지방행정연구원(이하 '연구원'이라 한다) 이라고 칭한다.(개정 85.4.11)

제2조 목적

연구원은 국가발전 및 지방행정의 선진화 과제수행을 위하여 관련된 제부문의 과제를 현실적이며 체계적으로 조사 연구함으로서 국가 및 지방자치단체의 지방행정 정책수립에 기여함을 목적으로 한다.

제3조 주소지

연구원은 그 주된 사무소를 강원도 원주시 세계로 21(반곡동)에 둔다.(개정 85.4.11, 98.1.1, 99.10.1, 12.1.12, 17.1.17)

제4조 업무

연구원은 제2조의 목적을 수행하기 위하여 다음의 사항을 수행한다.(개정 95.3.27, 97.3.1, 98.12.30, 99.3.31, 05.5.19, 14.3.11)

1. 지방행정에 관한 중 · 장기 계획 및 자료의 조사연구
2. 지방행정의 주요 당면과제에 대한 조사연구
3. 정부, 지방자치단체 및 국내외 연구기관과 민간단체로부터의 연구용역 수탁 및 위탁
4. 중앙 및 지방자치단체, 민간단체등에 대한 자문 및 경영진단사업
5. 지방행정연구발전을 위한 도서 및 간행물의 출판 및 판매사업
6. 행정안전부 지방행정연수원에 대한 교육지원 연계 협력(개정 06.12.29, 08.5.13, 13.4.2, 14.11.27, 17.8.3)
7. 국내외 연구기관 및 국제기구와의 공동연구, 학술대회 및 정보교류 협력
8. 청사의 효율적 관리를 위한 임대업
9. 사업(예비)타당성 조사 · 평가 연구 및 용역수탁 업무
10. 기타 제2조의 목적달성을 위하여 필요한 사업 및 기타 각호에 부대되는 사업

제 2 장 자산 및 회계

제5조 재산

① 연구원의 재산중 다음 각호에 해당하는 재산은 기본재산으로 한다.

1. 설립자가 설립당시에 출연한 출연금

2. 지방자치단체, 국내외의 공공기관과 민간단체, 개인으로부터 양도나 기부받은 토지 및 건물

3. 기금으로 적립한 금액

4. 보통 재산중 이사회에서 기본재산으로 편입할 것을 의결한 재산

② 보통 재산은 기본재산 이외의 모든 재산으로 한다.

제6조 기금의 관리

① 연구원의 설립 및 운영에 소요되는 자금을 충당키 위하여 연구원에 기금을 별도 계정으로 설치하고 관리한다.

② 제1항의 기금관리에 관하여 필요한 사항은 별도규정으로 정한다.(개정 91.1.7)

③ 연구원이 기금의 원본을 감소하고자 할 때에는 이사회의 의결을 거쳐 행정안전부 장관의 승인을 얻어야 한다. (개정 98.4.10, 08.5.13, 13.4.2, 14.11.27, 17.8.3)

제7조 운영재원

연구원의 운영재원은 국가출연금, 시·도등 지방자치단체의 출연금, 기금의 과실수입, 용역수탁수입, 출판물 판매대금 및 기타 수입으로 충당한다.(개정 91.1.7. 12.1.12)

제8조 기본재산의 처분제한

연구원의 기본재산을 양도하거나 담보로 설정하고자 할 때는 이사회의 의결을 거쳐 행정안전부 장관의 승인을 얻어야 한다.(개정 98.4.10, 08.5.13, 13.4.2, 14.11.27, 17.8.3)

제9조 사업년도

연구원의 사업년도는 매년 1월 1일부터 12월 31일까지로 한다.(개정 86.8.1, 96.12.2)

제10조 사업계획 등

① 연구원의 원장 (이하 '원장'이라 한다)은 당해 사업년도의 사업계획서, 자금계획서 및 수지예산서를 작성하여 사업년도 개시 1개월전까지 이사회의 의결을 얻어 행정자치부장관의 승인을

받아야 한다.(개정 86. 8.1, 91.1.7, 96.12.2, 98.4.10, 08.5.13, 13.4.2, 14.11.27)

② 전항의 규정사항을 변경하고자 하는 경우에는 이사회의 의결을 거쳐 지체없이 행정안전부장관의 승인을 받아야 한다.(개정 98.4.10, 08.5.13, 13.4.2, 14.11.27, 17.8.3)

제11조 결산보고

① 원장은 매년도 수지결산을 회계년도 종료후 2개월 이내에 이사회의 의결을 거쳐 행정안전부장관에게 보고하여야 한다.(개정 86.8.1, 91.1. 7, 96.12.2, 98.4.10, 08.5.13, 13.4.2, 14.11.27, 17.8.3)

② 전항의 규정에 의한 수지결산서에는 행정안전부장관이 지정하는 공인회계사의 의견서를 첨부하여야 한다.(개정 86.8.1, 98.4.10, 08.5.13, 13.4.2, 14.11.27, 17.8.3)

제12조 잉여금 처리

매 회계년도의 잉여금은 전년도 이월 손실을 보전하고 잔여가 있을 때에는 다음 사업년도로 이월하거나 기금으로 전입한다.

제 3 장 임원 및 직원

제13조 임원

① 연구원에 다음의 임원을 둔다.

이 사 장 1인 이 사 30인 이내(이사장 및 원장포함)

감 사 1인

원 장 1인

② 원장이외의 모든 임원은 비상근직으로 한다.

제14조 이사의 선임

① 이사는 당연직이사와 임의직이사로 구분하되 다음 각호의 직에 취임한 자는 당연히 이사가 된다.(개정 86.8.1, 89.3.8, 93.1.27, 95.3.27, 97.3.1, 98.4.10, 98.10.24, 99.3.31, 99.10.1, 01.3.12, 01.12.18, 13.5.7, 16.3.3)

  1. 특별시, 광역시 · 도, 특별자치시, 특별자치도의 기획관리실장

  2. 행정안전부 지방행정연수원장, 자치분권정책관, 지방재정정책관, 지역발전정책관(개정 04.5.17, 05.5.19, 06.12.29, 08.5.13, 13.4.2, 14.11.27, 17.8.3)

  3. 원장

② 임의직 이사는 관계 분야의 저명인사를 이사회에서 선임한다.

제15조 임원의 임기

① 임의직 이사의 임기는 2년으로 하며 중임할 수 있다.(개정 85.4.11, 90.8.17)

② 원장의 임기는 3년으로 하며 1회에 한하여 연임 할 수 있다.(개정 85.4.11, 98.4.10)

③ 이사장이 유고 또는 결원일 경우에는 원장이 그 직무를 대행하며 원장도 유고시에는 제18조 제6항에 따른 원장의 권한을 대행하는 자가 그 직무를 대행한다.(신설 94. 8.19, 98.4.10, 08.5.13, 13.4.2, 14.11.27, 15.3.27)

제16조 이사장

① 이사장은 이사중에서 이사회가 선임하며 그 임기는 2년으로 하되 중임할 수 있다.(개정 90.8.17, 93.12.31)

② 이사장은 이사회를 소집하고 그 의장이 된다.

제17조 감사

① 감사는 행정안전부의 자치분권과장이 된다. (개정 85.4.11, 96. 3.7, 98.4.10, 05.5.19, 08.5.13, 08.8.8, 13.4.2, 14.11.27, 17.8.3)

② 감사는 연구원의 재산 및 업무상황을 감사하고 수시로 회계장부 등 서류를 열람할 수 있으며 필요하다고 인정할 때에는 이사회에 보고하여야 한다.

제18조 원장

① 원장은 원장후보자추천위원회의 의결과 이사회의 추천에 의하여 행정안전부장관이 임명한다.(개정 85.4.11, 98.4.10, 05.5.19, 08.5.13, 13.4.2, 14.11.27, 17.8.3)

② 원장추천은 공개모집 응모신청자가 2인 이상이어야 하며, 신청자가 2인 미만인 경우에는 1회에 한하여 재공고하되, 재공고 후에도 응모신청자가 2인 미만인 경우에는 이사회의 추천에 의하여 행정안전부장관이 임명한다.(신설 05.5.19, 개정 08.5.13, 13.4.2, 14.11.27, 17.8.3)

③ 원장은 연구원을 대표하며 정관이 정한 바에 따라 연구원의 사무를 집행하고, 연구원내·외 기관과의 관계를 유기적으로 형성하여 연구원 발전의 비전과 방향을 제시하고 조직의 역량을 강화하여야 한다. (개정 05.5.19)

④ 원장은 다음 각 호의 자격을 갖춘 자이어야 한다.(신설 05.5.19)

1. 국가공무원법 제33조(결격사유) 제1항의 각호의 1에 해당하지 않는 자

2. 지방행정에 대한 높은 수준의 지식과 경험을 보유한 자

3. 연구원 업무의 효율성과 투명성을 확보하는데 요구되는 높은 도덕성과 리더십, 문제해결능
   력을 겸비한 자

4. 국제감각과 미래지향적 비전을 갖춘 자

⑤ 제1항의 규정에 의한 원장후보자추천위원회의 구성 및 운영 등에 관하여 필요한 사항은 원장
후보자추천위원회운영규정으로 정한다.(신설 05.5.19)

⑥ 원장이 궐위시 또는 임기만료로 후임자가 임명되지 않은 때에는 직제및인사규정이 정하는
직제순위에 의한 자가 원장의 권한 일체를 대행한다.(신설 98. 2.2, 개정 98.4.10, 08.5.13,
13.4.2, 14.11.27, 15.3.27)

제19조 임원의 보수

① 원장을 제외한 임원에 대하여는 실비보상을 할 수 있다.

② 원장의 보수는 따로 규정으로 정한다.

제20조 직제

① 연구원의 직제에 관하여 필요한 사항은 원장이 따로 규정으로 정한다. (개정 92.2.1,
96.3.7, 01.3.12, 02.12.5, 03.12.10, 06.12.29)

② (삭제 06.12.29)

제21조 직원

① 연구원에 필요한 직원을 두되 직원은 원장이 임명한다.

② 직원의 임면, 승진, 보수, 복무기준 등 필요한 사항은 따로 규정으로 정한다.

제 4 장 이사회

제22조 이사회

① 이사회는 이사장 및 원장을 포함한 이사전원으로 구성한다.

② 감사는 이사회에 출석하여 발언할 수 있다.

③ 당연직 이사는 소속공무원을 대리 참석케 하거나 또는 서면으로 의결권을 행사하게 할 수 있
다.

제23조 이사회의 기능

이사회는 다음 사항을 심의 결정한다.

   1. 연구원의 기본운영방침, 사업계획에 관한 사항

   2. 예산 및 결산

   3. 정관의 변경

   4. 임원의 선임 및 해임

   5. 주요규정의 제정 및 개폐

   6. 주요재산의 처분 및 기본재산의 증감

   7. 연구원의 해산

   8. 정관에 의하여 이사회의 의결을 요하는 사항

   9. 기타 원장이 부의하는 사항

제24조 의결정족수

① 이사회는 재적이사 과반수 출석으로 개최하고 출석이사 과반수의 찬성으로 의결한다. 다만, 가부동수인 경우에는 의장이 결정한다.

② 임원의 선임 또는 해임과 정관의 변경 및 연구원의 해산에 관하여는 재적이사의 3분의2 이상의 찬성으로 의결한다.

제25조 회기

이사회는 정기 이사회와 임시 이사회로 구분하되 정기 이사회는 년2회, 임시 이사회는 원장, 감사 또는 이사 3분의 1 이상의 요청이 있거나 이사장이 필요하다고 인정할 때 이사장이 소집한다.(개정 85. 4. 11)

제26조 의사록

이사회는 회의의 경과 및 결과를 기재한 의사록을 작성하고 의장과 출석이사가 기명 날인하여 보존하여야 한다.

제27조 서면결의

이사장은 부의사항의 내용이 경미하다고 인정되거나 긴급을 요할 때는 서면결의에 부의할 수 있으며 차기 이사회에 그 결과를 반드시 보고하여야 한다(2001.12.18).

제 5 장 연구자문위원회

제28조 연구자문위원회

연구원에 원장의 자문에 응하기 위하여 연구자문위원회(이하 '자문위원회'라 한다)를 둔다.

제29조 자문사항

자문위원회는 다음 사항에 관하여 자문한다.

    1. 주요연구과제의 선정에 관한 사항

    2. 주요연구결과의 평가, 발표 및 출판에 관한 사항

    3. 기타 연구업무에 관하여 원장이 필요하다고 인정하는 사항

제30조 구성과 임기 등

① 자문위원회는 지방행정에 탁월한 식견이 있는 사계전문가 30인 이내의 비상근위원으로 구성하며 원장이 위촉한 후 이사회에 보고한다.(개정 85.4.11, 91.1.7, 93.5.17, 03.12.10)

② 자문위원의 임기는 2년으로 하며 연임할 수 있다.(개정 91.1.7)

③ 자문위원에 대하여는 실비의 보상을 할 수 있다.

제 5 장의 2 비상임연구위원

제30조의 2 비상임연구위원

① 지방행정에 대한 경험과 지식을 연구에 반영하기 위하여 비상임연구위원 약간명을 둘 수 있다.

② 비상임연구위원은 다음 사항에 관하여 지도·자문 지원한다.

    1. 주요연구과제의 연구지도 및 연구활동 자문

    2. 연구원의 연구과제중 계약에 의한 직접 연구

    3. 기타 지방행정시책 개발 및 건의

제30조의 3 비상임연구위원의 위촉 등

① 지방행정에 관한 경험과 지식이 풍부한 고위공직퇴직자 또는 박사학위 소지자로서 20년 이상 지방행정분야에서 교육·연구에 종사한 인사 중에서 적임자를 선정하여 인사위원회의 심의를 거쳐 원장이 위촉한다.(개정 93.12.31, 98.4.10, 02.7.8)

② 비상임연구위원의 임기는 1년으로 한다. 다만, 연구과제의 자문 등을 위하여 필요한 경우 1회에 한하여 재위촉할 수 있다.(신설 93.12.31)

③ 비상임연구위원이 연구원 이외의 기관·단체 등에 상근직으로 근무하게 되거나, 본인이 희

망할 경우에는 해촉한다.(개정 90.8.17, 93.12.31)

④ 비상임연구위원에 대하여는 연구활동에 필요한 연구실과 자료를 제공하는 이외에 예산의 범위 안에서 연구지원에 상응하는 실비를 보상할 수 있다.(본장신설 86.11.18, 개정 93.12.31)

제 6 장 과제연구단

제31조 과제연구단

과제의 연구사업을 수행함에 있어서 외부의 전문가로부터 연구지식 또는 기술상의 지원을 받고자 과제연구단(이하 '연구단'이라 한다)을 둘 수 있다.

제32조 위촉

연구단의 연구원은 해당분야 전문가 중에서 원장이 위촉한다.

제33조 존치기한

연구단은 비상설로서 과제 수행 시에만 존치한다.

제34조 연구비

연구단에 대한 연구비는 연구원과 당사자 간의 계약에 의한다.

제 7 장 경영공시 (신설 2001.12.18)

제34조의 2 경영공시

연구원은 국민에 대한 중요정보제공과 경영의 투명성을 제고하기 위하여 경영공시를 하여야 한다.

제34조의 3 경영공시 사항

경영공시사항은 다음 각 호와 같다.

1. 경영목표
2. 일반현황
3. 예산 및 사업계획
4. 결산 및 사업실적
5. 재무제표
6. 기타 경영에 관한 중요사항

제34조의 4 경영공시의 시기와 방법

① 경영공시의 시기는 제34조의 3의 1호, 2호 및 6호는 변동 시마다 수시로 하고, 3호는 사업 연도 개시 1개월 이내에, 4호와 5호는 사업 연도 종료 후 4개월 이내에 하여야 한다.

② 경영공시의 방법은 연구원 홈페이지에 게재하는 것으로 한다.

제 8 장 보칙

제35조 정관의 변경

연구원이 정관을 변경하고자 할 때에는 이사회의 의결을 거쳐 행정안전부장관의 승인을 받아야 한다.(개정 98.4.10, 08.5.13, 13.4.2, 14.11.27, 17.8.3)

제36조 규정의 제정

① 연구원의 직제 및 인사에 관한 규정과 보수에 관한 규정은 인사위원회의 심의와 이사회의 의결을 거쳐야 한다.(신설 85.4. 11, 개정 98.4.10, 02.7.8)

② 이 정관에 규정이 없는 사항으로서 연구원 운영에 필요한 사항은 이사회의 승인을 얻어 원장이 규정으로 정한다.(개정 85.4.11, 91.1.7)

제37조 해산

① 연구원이 해산하고자 할 때에는 이사회의 의결을 거쳐 행정안전부장관의 승인을 얻어야 한다. (개정 98.4.10, 08.5.13, 13.4.2, 14.11.27, 17.8.3)

② 연구원이 해산하였을 때의 잔여재산은 이사회의 의결을 거쳐 행정안전부장관의 승인을 받아 처리한다. (개정 98.4.10, 08.5.13, 13.4.2, 14.11.27, 17.8.3)

제38조 공고

정관 또는 규정에 의하여 공고하여야 할 사항은 국내에서 발행되는 일간신문에 게재하여야 한다.(개정 91.1.7)

[서식 – 그 외 관련 서식은 서식 중복기재 회피를 위하여 제1편 비영리사단법인 및 제2편 비영리재단법인해당 서식을 참고하기 바란다]

2020년 사업계획서

Ⅰ. 주요사업 목표

1. 애국심과 애향심의 고취를 위한 지역공동체 활동 전개
2. ○○시정 발전을 위한 정책제안 및 시정참여 활동 수행
3. 지역공동체 발전을 위한 아이디어 개발 및 문화체육 행사
4. 저소득 · 취약계층을 위한 기금모집 및 자선행사 개최
5. (회원확대) 본 법인의 참여를 알리는 홍보사업
6. (수익사업) 본 법인의 활동을 알리기 위한 책 편찬 사업

Ⅱ. 세부사업 내용

1. 애국심과 애향심의 고취를 위한 지역공동체 활동 전개

가. 목   적 : ○○시에 거주하는 ○○인들의 애국심과 애향심의 고취를 위한 지역공동체 활동
을 전개하고자 함을 목적으로 한다.

나. 사업내용 :

1) 시기 : 2020년 11월

2) 장소 : ○○시 본사

3) 내용 : ○○시에 거주하는 호남인들이 애국심과 애향심을 고취하기 위해 지역공동체를 형
성하여 ○○시의 발전에 기여할 수 있는 다양한 분야의 활동을 전개하고자 함을 목적으로
한다.

다. 시행방법 :

1) 관련사항

① ○○시에서 주최하는 다양한 행사에 공동체로서 활동하여 ○○시민의 단합에 기여

② ○○시민들이 참여할 수 있는 다양한 문화활동을 개최하여 ○○시민의 문화적 생활 수준 향상에 기여

2) 소요예산
① **운영비 : 5,000,000원 (김장담그기: 3,000,000원 / ○○시축제참여: 2,000,000원)**

라. 기타사항 : 홈페이지에 다양한 활동을 소개하여 ○○시민들의 참여 독려

마. 향후계획 : 사업시행 후 나타난 문제점 보완 및 개선 조치

2. ○○시정 발전을 위한 정책제안 및 시정참여 활동 수행
가. 목　적 : ○○시에서 주최하는 ○○시정 발전을 위한 정책제안 및 시정참여 활동을 수행함을 목적으로 한다.

나. 사업내용 :
1) **시기 : 2020. 11월 (○○시 주최 정책제안 특정기간)**
2) 장소 : ○○시 본사
3) 내용 : ○○시의 발전을 위하여 교육, 복지, 문화, 생활환경 등 다양한 분야에 대한 정책제안 및 시정참여 활동을 수행함

다. 시행방법 :
1) 관련사항
① ○○시의 발전을 위한 정책을 연구하여 상시적으로 접수하거나 공모전 참여
② ○○시에서 주최하는 다양한 시정참여 활동을 적극적으로 수행
2) 소요예산
① **운영비 : 2,000,000원 (공모행사: 500,000원 / 상품: 1,000,000원 / 홍보비: 500,000원)**

라. 기타사항 : ○○시 발전을 위한 다양한 의견 수렴하여 실용적인 정책안 연구 제안

마. 향후계획 : 사업시행 후 나타난 문제점 보완 및 개선 조치

3. 지역공동체 발전을 위한 아이디어 개발 및 문화체육 행사

가. 목   적 : 지역공동체 발전을 위한 아이디어를 개발하고 ○○시민들이 참여할 수 있는 문화체육행사를 개최함을 목적으로 한다.

나. 사업내용 :

1) 시기 : 2020, 11월 (특정주간 문화체육 행사개최)

2) 장소 : ○○시 본사

3) 내용 : 지역공동체 발전을 위한 아이디어를 수시 개발하고 연중 2회 ○○시민들이 참여할 수 있는 문화체육행사를 개최하여 지역공동체 활성화에 기여

다. 시행방법 :

1) 관련사항

① 회원들을 대상으로 지역공동체 발전을 위한 우수한 아이디어를 공모하여 채택

② 지역공동체가 화합할수 있는 장을 만들기 위하여 정기적인 문화체육 행사 개최

2) 소요예산

① 운영비 : 5,000,000원 (공모행사: 1,000,000원 / 행사참여: 3,000,000원 /찬조: 1,000,000원)

라. 기타사항 : ○○시의 시민들의 참여를 독려하기 위하여 회원들의 가족, 지인들이 함께 참여할 수 있는 문화체육행사를 기획하여 운영

마. 향후계획 : 사업시행 후 나타난 문제점 보완 및 개선 조치

4. 저소득 · 취약계층을 위한 기금모집 및 자선행사 개최

가. 목   적 : ○○시의 소외계층을 돕기 위하여 저소득 · 취약계층을 위한 기금모집 및 자선행사를 개최함을 목적으로 한다.

나. 사업내용 :

1) 시기 : 2020,11월 (10월 중 특정일)

2) 장소 : ○○시 본사

3) 내용 : 저소득 · 취약계층을 돕기 위하여 기금모집 및 자선행사를 개최하여 취약계층을 돕

는 단체와 연계하여 저소득층 자녀에게 장학금을 지급하는 등 후원을 함

다. 시행방법 :

1) 관련사항

① 기금모집을 위한 다양한 행사를 개최하고 정기적으로 자선행사 개최

② 모집된 기금을 저소득층 자녀들에게 장학금 전달

2) 소요예산

① 운영비 : 5,000,000원 (장소대여: 1,000,000원 / 재료비: 3,000,000원 / 기부: 1,000,000원)

라. 기타사항 : ○○시 내에 저소득·취약계층을 돕는 기관들과 연계하여 다양한 활동 수행

마. 향후계획 : 사업시행 후 나타난 문제점 보완 및 개선 조치

5. (회원확대) 본 법인의 참여를 알리는 홍보사업

가. 목   적 : 본 법인의 활동을 알려서 ○○시에 거주하는 호남인들이 적극적으로 참여하게 하고자 함을 목적으로 한다.

나. 사업내용 :

1) 시기 : 2020.11월~12월

2) 장소 : 온라인 홈페이지

3) 내용 : 본회의 다양한 활동에 대한 홍보사업

다. 시행방법 :

1) 관련사항

① 본회의 홈페이지 구축

2) 소요예산

① 운영비 : 1,000,000원 (홈페이지구축비: 1,000,000원)

라. 기타사항 : 본 회의 다양한 사업을 알리는 사진 및 글을 수시로 체크함

마. 향후계획 : 향후 본 회의 참여를 통한 **500명의 회원유치를 목표**로 꾸준하게 홍보활동을
펼치고자 함.

6. (수익사업) 본 법인의 활동을 알리기 위한 책 편찬 사업

가. 목　적 : 본 법인의 활동을 알리기 위한 홍보를 하고, 이를 책으로 편찬하여 보다 더 많은
사람들에게 알리고자 함을 목적으로 한다.

나. 사업내용 :

<u>1) 시기 : 2020,11월~12월</u>

2) 장소 : 온라인 홈페이지

3) 내용 : 본회의 다년간 활동자료를 홈페이지에 게재하도록 한다.

다. 시행방법 : (별지 '책 편찬사업'참조)

1) 관련사항

① 본회의 홈페이지에 글 또는 사진을 게재

② 각 지부에서도 손쉽게 홍보할 수 있도록 접근성을 우선시 함

2) 소요예산

① 운영비 : 0원 (홈페이지 구축 또는 운영비에 포함)

라. 기타사항 : 목적에 맞게 사진 및 글 내용이 업로드 되는지 수시 체크

마. 향후계획 : 충분한 자료가 모였을 때, 2단계 책 편찬 준비단계로 진행함.

수입 · 지출 예산서(2021년도)

1. 총괄표

회계연도 : 2021년도   (단위 : 원)

수 입		금 액	지 출		금 액
① 회비	연회비	10,200,000	① 인건비		0
			② 임대료		0
			③ 기타운영비		0
② 출연금	기본재산	25,000,000	④ 퇴직 적립금		0
	운영재산				
③ 기부금			⑤ 지역공동체 활동		5,000,000
			⑥ 정책제안, 시정참여활동		2,000,000
④ 목적 사업 수입			⑦ 아이디어개발, 문화체육행사 개최		1,000,000
			⑧ 기금모집 자선행사 개최		1,000,000
⑤ 수익 사업 수입			⑨ 회원확대	홍보사업	1,200,000
			⑩ 수익사업	책 편찬	0
⑥ 과실소득			⑪ 법인세		
⑦ 법인세 환급액			⑫ 기타지출		
⑧ 기타수입			⑬ 차기이월액		25,000,000
⑨ 전기이월액			⑭ 기본재산 편입액		
합 계		35,200,000	합 계		35,200,000

2. 수입 예산서

(단위 : 원)

수입 항목	예상 수입액	산출근거
① 회 비	10,200,000	51명 * 200,000원 / 1인 (연회비)
② 출연금	25,000,000	기본재산 25,000,000원
③ 기부금	0	
④ 목적사업 수입	0	
⑤ 수익사업 수입	0	
⑥ 과실소득	0	
⑦ 법인세 환급액	0	
⑧ 기타수입	0	
⑨ 전기 이월액	0	
합계	35,200,000	

3. 지출 예산서

(단위 : 원)

지출 항목	예상 지출액	산출근거
① 인건비	0	
② 임대료	0	
③ 기타 운영비	0	
④ 퇴직 적립금	0	
⑤ 지역공동체 활동	5,000,000	김장담그기:3,000,000원/ 고양시축제참여:2,000,000원
⑥ 정책제안, 시정참여활동	2,000,000	공모행사:500,000원/상품:1,000,000원/ 홍보비:500,000원
⑦ 아이디어개발, 문화체육행사개최	1,000,000	공모행사:1,000,000원
⑧ 기금모집, 자선행사개최	1,000,000	장소대여:1,000,000원

⑨ 회원확대 사업(홍보)	1,200,000	홈페이지구축비: 1,200,000
⑩ 수익사업	0	
⑪ 법인세		
⑫ 기타지출		
⑬ 차기이월액	25,000,000	기본재산포함
⑭ 기본재산 편입액	0	
	0	
합계	35,200,000	

나. 설립허가

(1) 허가기준

주무관청은 비영리법인 설립허가 신청의 내용이 다음의 기준에 맞는 경우에만 그 설립을 허가한다(규칙 제4조).

- 비영리법인의 목적과 사업이 실현가능할 것
- 목적하는 사업을 할 수 있는 충분한 능력이 있고, 재정적 기초가 확립되어 있거나 확립될 수 있을 것
- 다른 법인과 같은 명칭이 아닐 것

(2) 심사 및 허가기간

주무관청은 특별한 사유가 없으면 제3조 제1항에 따른 비영리법인 설립허가 신청서를 받은 날부터 20일 이내에 비영리법인 설립허가 여부를 심사하여 그 결과를 서면으로 신청인에게 통지하여야 한다. 이 경우 허가를 할 때에는 별지 제2호 서식의 비영리법인 설립허가증을 발급하고 별지 제3호 서식의 비영리법인 설립허가대장에 필요한 사항을 적어야 한다.

■ 행정안전부 및 그 소속청 소관 비영리법인의 설립 및 감독에 관한 규칙[별지 제2호 서식] 〈개정 2017. 7. 26.〉 　　　　　(앞 쪽)

제　　호

비영리법인 설립허가증

1. 법인 명칭:

2. 소 재 지:

3. 대 표 자
　　○ 성　　명:
　　○ 생년월일:
　　○ 주　　소:

4. 사업 내용:

5. 허가 조건:

　　「민법」 제32조 및 「행정안전부 및 그 소속청 소관 비영리법인의 설립 및 감독에 관한 규칙」
제4조에 따라 위와 같이 법인 설립을 허가합니다.

　　　　　　　　　　　　　　　　　　년　　　　　월　　　　　일

　　　　　　　　　　행정안전부장관
　　　　　　　　　　　경찰청장　　　　　　　직인
　　　　　　　　　　　소방청장

210mm×297mm[일반용지 60g/㎡(재활용품)]

준수사항

1. 「민법」 및 「행정안전부 및 그 소속청 소관 비영리법인의 설립 및 감독에 관한 규칙」 등 관련 법령과 정관에서 정한 내용을 준수해야 합니다.
2. 정관에서 정하는 목적사업 중 다른 법률에 따른 허가·인가·등록·신고의 대상이 되는 사업을 하려는 경우에는 관련 법령에 따른 절차를 거쳐야 합니다.
3. 매 사업연도 종료 후 2개월 이내에 다음의 서류를 주무관청*의 소관부서에 제출해야 합니다.
    가. 다음 사업연도의 사업계획 및 수입·지출 예산서 1부
    나. 해당 사업연도의 사업실적 및 수입·지출 결산서 1부
    다. 해당 사업연도 말 현재의 재산목록 1부
   * 주무관청: 행정안전부 ○○○○국 ○○○○과(☎ 02-2100-○○○○)
4. 다음의 어느 하나에 해당되는 경우에는 「민법」 제38조에 따라 법인의 설립허가가 취소될 수 있습니다.
    가. 설립 목적 외의 사업을 하였을 때
    나. 공익을 해치는 행위를 하였을 때
    다. 설립허가의 조건을 위반하였을 때
    라. 법령에 따른 의무를 위반하였을 때
5. 법인이 해산(파산으로 인한 해산은 제외합니다)하였을 때에는 해산등기를 마친 후 지체 없이 주무관청에 해산신고를 해야 합니다.
6. 법인의 청산이 종결되었을 때에는 등기를 한 후 주무관청의 소관부서에 신고해야 합니다.

〈 변경사항 〉

변경일	내 용	확 인

210mm×297mm[일반용지 60g/㎡(재활용품)]

(3) 조건부허가

주무관청은 비영리법인의 설립허가를 할 때에는 필요한 조건을 붙일 수 있다.

다. 설립 관련 보고

(1) 재산이전

비영리법인의 설립허가를 받은 자는 그 허가를 받은 후 지체 없이 기본재산 및 운영재산을 비영리법인에 이전(移轉)하고 1개월 이내에 그 이전을 증명하는 등기소 또는 금융회사 등의 증명서를 주무관청에 제출하여야 한다(규칙 제5조).

(2) 설립관련 보고

비영리법인은 「민법」 제49조부터 제52조까지의 규정에 따라 법인 설립 등의 등기를 하였을 때에는 10일 이내에 그 사실을 주무관청에 보고하거나 법인 등기사항증명서 1부를 제출하여야 한다. 이 경우 보고를 받은 주무관청은 「전자정부법」 제36조 제1항에 따른 행정정보의 공동이용을 통하여 법인 등기사항증명서를 확인하여야 한다.

3. 허가 후 절차

가. 정관 변경의 허가

(1) 신청 및 첨부서류

「민법」 제42조 제2항, 제45조 제3항 또는 제46조에 따른 정관 변경의 허가를 받으려는 비영리법인은 별지 제4호 서식의 정관 변경허가 신청서에 다음 각 호의 서류를 첨부하여 주무관청에 제출하여야 한다.

- 정관 변경 사유서 1부
- 개정될 정관(신·구대비표를 첨부한다) 1부
- 정관 변경과 관계있는 총회 또는 이사회의 회의록 1부
- 기본재산의 처분에 따른 정관 변경의 경우에는 처분 사유, 처분재산의 목록, 처분 방법 등을 적은 서류 1부

(2) 심사결과 통지

주무관청은 특별한 사유가 없으면 정관 변경허가 신청서를 받은 날부터 10일 이내에 정관 변경허가 여부를 심사하여 그 결과를 서면으로 신청인에게 통지하여야 한다. 〈신설 2015. 9. 2.〉

■ 행정안전부 및 그 소속청 소관 비영리법인의 설립 및 감독에 관한 규칙[별지 제4호 서식] 〈개정 2017. 7. 26.〉

정관 변경허가 신청서

접수번호		접수일	처리일	처리기간	10일

신청인	성명		생년월일	
	주소		전화번호	

법 인	명칭		전화번호	
	소재지			
	설립허가일		설립허가번호	

대표자	성명		생년월일	
	주소		전화번호	

「민법」 제42조 제2항·제45조 제3항·제46조 및 「행정안전부 및 그 소속청 소관 비영리법인의 설립 및 감독에 관한 규칙」 제6조에 따라 위와 같이 정관의 변경허가를 신청합니다.

년   월   일

신청인   (서명 또는 인)

행정안전부장관
경찰청장   귀하
소방청장

신청인 제출서류	1. 정관 변경 사유서 1부 2. 개정될 정관(신·구대비표를 첨부합니다) 1부 3. 정관 변경과 관계있는 총회 또는 이사회의 회의록 1부 4. 기본재산의 처분에 따른 정관 변경의 경우에는 처분 사유, 처분재산의 목록, 처분 방법 등을 　　적은 서류 1부	수수료 없 음

처리절차

신청서 작성	→	접 수	→	서류 확인 및 검토	→	결 재	→	결과 통지
신청인		처리기관: 행정안전부, 경찰청, 소방청(비영리법인의 설립 및 감독 업무 담당부서)						

210mm×297mm[일반용지 60g/㎡(재활용품)]

[서식 – 그 외 관련 서식은 서식 중복기재 회피를 위하여 제1편 비영리사단법인 및 제2편 비영리재단법인 해당 서식을 참고하기 바란다]

나. 사업실적 및 사업계획 등의 보고

비영리법인은 매 사업연도가 끝난 후 2개월 이내에 다음의 서류를 주무관청에 제출하여야 한다.

• 다음 사업연도의 사업계획 및 수입 · 지출 예산서 1부

• 해당 사업연도의 사업실적 및 수입 · 지출 결산서 1부

• 해당 사업연도 말 현재의 재산목록 1부

다. 비영리법인 사무의 검사 · 감독

주무관청은 「민법」 제37조에 따른 비영리법인 사무의 검사 및 감독을 위하여 불가피한 경우에는 해당 비영리법인에 관계 서류 · 장부 또는 그 밖의 참고자료 제출을 명하거나 소속 공무원으로 하여금 해당 비영리법인의 사무 및 재산 상황을 검사하게 할 수 있으며, 이에 따라 비영리법인 사무를 검사하는 공무원은 그 자격을 증명하는 증표를 관계인에게 보여 주어야 한다.

4. 해산 등

가. 설립허가의 취소

주무관청은 법인이 목적이외의 사업을 하거나 설립허가의 조건에 위반하거나 기타 공익을 해하는 행위를 한 때에는 그 허가를 취소할 수 있다. 다만 이에 따라 비영리법인의 설립허가를 취소하려면 청문을 하여야 한다(규칙 제9조).

나. 해산신고

비영리법인이 해산(파산으로 인한 해산은 제외한다)하였을 때에는 그 청산인은 「민법」 제85조 제1항에 따라 해산등기를 마친 후 지체 없이 해산 연월일, 해산 사유, 청산인의 성명 · 생년월일 · 주소, 청산인의 대표권을 제한하는 경우 그 제한 내용을 적은 별지 제5호 서식의 비영리법인 해산 신고서에 다음의 서류를 첨부하여 주무관청에 제출하여야 한다(규칙 제10조).

• 해산 당시의 재산목록 1부

• 잔여재산 처분방법의 개요를 적은 서류 1부

• 해산 당시의 정관 1부

• 사단법인이 총회의 결의에 따라 해산하였을 때에는 그 결의를 한 총회의 회의록 1부

• 재단법인의 해산 시 이사회가 해산을 결의하였을 때에는 그 결의를 한 이사회의 회의록 1부

■ 행정안전부 및 그 소속청 소관 비영리법인의 설립 및 감독에 관한 규칙[별지 제5호 서식] 〈개정 2017. 7. 26.〉

비영리법인 해산 신고서

접수번호		접수일	처리일	처리기간	7일
청산인	성명			생년월일	
	주소			전화번호	
청산법인	명칭			전화번호	
	소재지				

해산 연월일

해산사유

「민법」 제86조 제1항 및 「행정안전부 및 그 소속청 소관 비영리법인의 설립 및 감독에 관한 규칙」 제10조에
따라 위와 같이 법인 해산을 신고합니다.

년   월   일

신고인

(서명 또는 인)

행정안전부장관
경찰청장   귀하
소방청장

신고인 제출서류	1. 해산 당시의 재산목록 1부 2. 잔여재산 처분방법의 개요를 적은 서류 1부 3. 해산 당시의 정관 1부 4. 사단법인이 총회의 결의에 따라 해산하였을 때에는 그 결의를 한 총회의 회의록 1부 5. 재단법인의 해산 시 이사회가 해산을 결의하였을 때에는 그 결의를 한 이사회의 회의록 1부	수수료 없 음
담당공무원 확인사항	법인 등기사항증명서	

처리절차

신고서 작성	→	접수	→	검토 · 확인	→	결재
신고인		처리기관: 행정안전부, 경찰청, 소방청(비영리법인의 설립 및 감독업무 담당부서)				

210mm×297mm[일반용지 60g/㎡(재활용품)]

다. 잔여재산 처분의 허가

(1) 신청 및 첨부서류

비영리법인의 이사 또는 청산인은 「민법」 제80조 제2항에 따라 잔여재산의 처분에 대한 허가를 받으려면 그 처분 사유, 처분하려는 재산의 종류·수량·금액 및 처분 방법을 적은 별지 제6호 서식의 잔여재산 처분허가 신청서에 다음의 서류를 첨부하여 주무관청에 제출하여야 한다(규칙 제11조).

• 해산 당시의 정관 1부(해산 신고 시의 정관을 확인할 필요가 있는 경우만 해당한다)

• 총회의 회의록(사단법인의 경우만 해당한다) 1부(해산신고 시에 제출한 서류만으로 확인이 되지 아니할 경우만 해당한다)

(2) 신청인에 통지

주무관청은 특별한 사유가 없으면 잔여재산 처분허가 신청서를 받은 날부터 10일 이내에 잔여재산 처분허가 여부를 심사하여 그 결과를 서면으로 신청인에게 통지하여야 한다.

■ 행정안전부 및 그 소속청 소관 비영리법인의 설립 및 감독에 관한 규칙[별지 제6호 서식] 〈개정 2017. 7. 26.〉

잔여재산 처분허가 신청서

접수번호		접수일	처리일	처리기간	10일
신청법인	명칭			전화번호	
	소재지				
대 표 자 (이사 · 청산인)	성명			생년월일	
	주소			전화번호	
처분재산	종류 및 수량				
	금액				
	처분 방법				

처분 사유

「민법」 제80조 제2항 및 「행정안전부 및 그 소속청 소관 비영리법인의 설립 및 감독에 관한 규칙」 제11조에 따라 위와 같이 잔여재산 처분허가를 신청합니다.

년   월   일

신청인   (서명 또는 인)

행정안전부장관

경찰청장   귀하

소방청장

신청(신고)인 제출서류	1. 해산 당시의 정관 1부(해산 신고 시의 정관을 확인할 필요가 있는 경우에만 제출합니다) 2. 총회의 회의록(사단법인의 경우만 제출합니다) 1부 (해산 신고 시에 제출한 서류만으로 확인이 되지 않을 경우에만 제출합니다)	수수료 없음

처리절차

신청서 작성 ➜ 접수 ➜ 확인 ➜ 결재 ➜ 결과 통지

신청인   처리기관: 행정안전부, 경찰청, 소방청(비영리법인의 설립 및 감독 업무 담당부서)

210mm×297mm[일반용지 60g/㎡(재활용품)]

라. 청산 종결의 신고

청산인은 비영리법인의 청산이 종결되었을 때에는 「민법」 제94조에 따라 등기한 후, 별지 제7호 서식의 청산종결 신고서(전자문서로 된 신고서를 포함한다)를 주무관청에 제출하여야 하고, 주무관청은 「전자정부법」 제36조 제1항에 따른 행정정보의 공동이용을 통하여 법인 등기사항증명서를 확인하여야 한다(규칙 제12조).

■ 행정안전부 및 그 소속청 소관 비영리법인의 설립 및 감독에 관한 규칙[별지 제7호 서식] 〈개정 2017. 7. 26.〉

청산종결 신고서

접수번호		접수일	처리일	처리기간	즉시
청산인	성명			생년월일	
	주소			전화번호	
청산법인	명칭			전화번호	
	소재지				

청산 연월일
청산 취지

「민법」 제94조 및 「행정안전부 및 그 소속청 소관 비영리법인의 설립 및 감독에 관한 규칙」 제12조에 따라 위와 같이 청산 종결을 신고합니다.

년   월   일

신고인(청산인)

(서명 또는 인)

행정안전부장관
경찰청장   귀하
소방청장

신고인 (청산인) 제출서류	없 음	수수료 없 음
담당 공무원 확인사항	법인 등기사항증명서	

210mm×297mm[일반용지 60g/㎡(재활용품)]

제19장 국민안전처 소관 비영리법인 설립

1. 개관

국민안전처 소관 비영리법인의 설립 및 감독에 관한 규칙(이하 '규칙'이라고만 함)은 「민법」에 따라 국민안전처장이 주무관청이 되는 비영리법인의 설립 및 감독에 필요한 사항을 규정함을 목적으로 하며, 이에 따른 비영리법인(이하 '법인'이라 한다)의 설립허가, 법인 사무의 검사 및 감독 등에 관하여는 다른 법령에 특별한 규정이 있는 경우를 제외하고는 이 규칙에서 정하는 바에 따른다. 본장은 국민안전처 소관 비영리법인의 설립과 관련한 일반절차인 설립허가신청 및 관련 첨부서류 그리고 정관변경허가신청, 사업계획보고 등에 관한 내용들을 정리하였다. 그 외 관련서류들은 제1편 비영리사단법인 및 제2편 비영리재단법인 관련 내용부분을 참고하기 바란다.

2. 설립허가절차

가. 설립허가의 신청

「민법」 제32조에 따라 비영리법인의 설립허가를 받으려는 자(이하 '설립발기인'이라 한다)는 별지 제1호 서식의 비영리법인 설립허가 신청서에 다음 각 호의 서류를 첨부하여 국민안전처장관에게 제출하여야 한다. 이 경우 국민안전처장관은 「전자정부법」 제36조 제1항에 따른 행정정보의 공동이용을 통하여 재산목록에 적힌 재산 중 토지 및 건물의 등기사항증명서를 확인하여야 한다(규칙 제3조).

- 설립발기인의 성명 · 생년월일 · 주소 및 약력을 적은 서류(설립발기인이 법인인 경우에는 그 명칭, 주된 사무소의 소재지, 대표자의 성명 · 생년월일 · 주소를 적은 서류와 정관) 1부
- 설립하려는 법인의 정관 1부
- 재산목록(재단법인의 경우에는 기본재산과 운영재산으로 구분하여 적어야 한다) 및 그 증명서류와 출연(出捐) 신청이 있는 경우에는 그 사실을 증명하는 서류 각 1부
- 해당 사업연도분의 사업계획 및 수입 · 지출 예산을 적은 서류 1부
- 임원 취임 예정자의 성명 · 생년월일 · 주소 및 약력을 적은 서류와 임원 취임승낙서 각 1부
- 창립총회 회의록(설립발기인이 법인인 경우에는 법인 설립에 관한 의사 결정을 증명하는 서류) 1부

■ 국민안전처 소관 비영리법인의 설립 및 감독에 관한 규칙[별지 제호 서식]

비영리법인 설립허가 신청서

접수번호		접수일	처리일	처리기간	**20일**

신청인	성명		생년월일 (외국인등록번호)	
	주소		전화번호	

법 인	명칭		전화번호	
	소재지			

대표자	성명		생년월일 (외국인등록번호)	
	주소		전화번호	

「민법」 제32조 및 「국민안전처 소관 비영리법인의 설립 및 감독에 관한 규칙」 제3조에 따라 위와 같이 비영리법인 설립허가를 신청합니다.

년   월   일

신청인   (서명 또는 인)

국민안전처장관   귀하

신청인 제출서류	1. 설립발기인의 성명 · 생년월일 · 주소 · 약력을 적은 서류(설립발기인이 법인인 경우에는 그 명칭, 주된 사무소의 소재지, 대표자의 성명 · 생년월일 · 주소를 적은 서류와 정관) 1부 2. 설립하려는 법인의 정관 1부 3. 재산목록(재단법인의 경우에는 기본재산과 운영재산으로 구분하여 적어야 합니다) 및 그 증명서류와 출연 신청이 있는 경우에는 그 사실을 증명하는 서류 각 1부 4. 해당 사업연도분의 사업계획 및 수입 · 지출 예산을 적은 서류 1부 5. 임원 취임 예정자의 성명 · 생년월일 · 주소 · 약력을 적은 서류 및 임원 취임승낙서 각 1부 6. 창립총회 회의록(설립발기인이 법인인 경우에는 법인 설립에 관한 의사 결정을 증명하는 서류) 1부 ※ 제3호의 서류 중 담당 공무원 확인사항인 증명서류는 제출하지 않아도 됩니다.	수수료 없 음
담당공무원 확인사항	재산목록에 있는 재산의 토지(건물) 등기사항증명서	

처리절차

신청서 작성	→	접 수	→	확 인	→	결 재	→	허가증 작성	→	허가증 발급

신청인   처리기관 : 국민안전처(비영리법인의 설립 및 감독 업무 담당부서)

210mm×297mm[일반용지 60g/㎡(재활용품)]

제1장 총 칙

제1조(목적)

본회는 소방단체를 육성·지원하고 소방인의 사회참여 및 역할강화와 권익신장을 도모하며 소방에 대한 일반 국민의 이해촉진 및 각종 소방정책연구, 기획, 조사, 자문을 통해 소방발전에 이바지함을 목적으로 한다. 〈개정 '11.12.02〉

제2조(명칭)

본회는 「사단법인 한국소방단체총연합회」라 하며(이하'본회'라 한다), 영문으로 「KFFA」(The Korean Federation of Fire Association)라 한다.

제3조(사업)

① 본회는 제1조의 목적을 달성하기 위하여 다음 각 호의 사업을 한다. 〈개정 '11.11.03〉

1. 안전에 대한 지식, 정보교환 및 연구개발에 관한 사항 〈개정 '11.01.10, 개정 '11.12.02〉
2. 국내외 소방정책, 소방행정, 선진소방기술의 보급 및 건의에 관한 사항
3. 소방관련 학회 및 단체의 지원에 관한 사항
4. 소방의 사회적 지위향상과 권익신장에 관한
5. 소방안전관련 분야의 제도운영 개선에 관한 사항
6. 소방인들의 사기진작과 자질 함양을 위한 학자금 지원사업에 과한 사항 〈신설 '11.01.10, 개정 '11.11.03, 개정 '12.01.18〉
7. 소방공익기금의 조성 및 운영에 관한 사항 〈신설 '12.01.18〉
8. 화재로 피해를 입은 주민의 지원사업 등에 관한 사항 〈신설 '12.01.18〉
9. 소방장비와 소방기술 등의 해외 지원사업에 관한 사항 〈신설 '12.01.18〉
10. 기타 본회의 목적달성에 필요한 사항

② 제1항의 목적사업의 경비를 조달받기 위하여 감독관청의 승인을 받아 수익사업을 할 수 있다. 〈신설 '11.11.03〉

③ 제1항 6호 학자금 지원사업의 수혜자에게 제공하는 이익은 무상으로 하며, 이익의 수혜자는 소방인과 그 자녀에 한하는 것을 원칙으로 한다. 〈신설 '11.11.03〉

④ 제1항의 목적사업을 원활히 수행하기 위해 국가사무를 위탁받은 단체로부터 출연금 또는 공

익기금 등을 지원 받을 수 있다. 〈신설 '12.01.18〉

제4조(사무소)

본회의 사무소는 서울특별시에 둔다. 〈개정 '11.01.10, 개정 '13.09.10, 개정 16.01.25〉
다만 이사회 의결을 거쳐 수도권 지역에 둘 수 있다.

제2장 회원

제5조(회원의 종류와 자격))

① 본회의 회원은 제1조의 목적과 설립취지에 찬동하는 단체로 정회원, 특수회원 및 일반회원
으로 구분한다. 〈개정 '12.01.18〉

  1. 정회원

    가. 소방업무와 관련하여 설립한 사단법인 단체(민법 제32조 근거 설치)

    나. 소방업무와 관련하여 설립한 일반단체 〈개정 '12.01.18〉

  2. 특수회원

    가. 소방관련법에 의거 설치한 법인단체 〈개정 '12.01.18〉

    나. 〈삭제 '12.01.18〉

  3. 일반회원 〈개정 '12.01.18〉

    가. 정회원 및 특수회원 대표 경력자 〈개정 '12.01.18〉

    나. 이사회 과반수의 추천으로 총재가 승인한 자 〈개정 '12.01.18〉

② 기타 세부사항은 별도의 규정으로 정한다.

제6조(회원가입)

① 본회에 가입하고자하는 단체는 다음 서류를 구비하여 가입신청을 하여야 한다. 다만 본회의
정회원 또는 특수회원 단체의 대표로 재직 중에 소속단체 대표의 임기만료로 본회의 회원이 되
고자 하는 때에는 가입신청서만 제출한다.

  1. 가입신청서 1부

  2. 정관 또는 회칙 1부

  3. 가입을 결의한 이사회 또는 총회 등 회의록 1부

  4. 임원명단 1부

② 제1항 단서외의 단체대표 경력자가 본회의 회원이 되고자 하는 경우에는 총재단의 사전승인

을 요한다.

제7조(공시담당부서)

① 회비는 연회비, 종신회비 및 특별회비로 구분한다.

　1. 연회비는 입회원서 제출 시 납부하며, 입회연도를 포함하여 연1회 납부한다.

　2. 종신회비는 1회 납부로써 연회비가 종신 면제된다.

　3. 특별회비는 본회 운영을 위하여 회원이 납부한 출연금, 찬조금, 기부금, 보조금 및 기타회
　　비를 말한다.

② 회원의 회비는 매사업년도당 총회에서 의결한다. 〈신설 '11.01.10〉

③ 회원이 탈퇴, 제명된 때에는 이미 납부한 회비와 특별회비에 대하여는 반환을 청구 할 수 없
다.

제8조(회원의 권리)

① 회원은 다음의 권리를 갖는다.

　1. 본회 정관규정에 의하여 선임되는 자의 선거권 및 피 선거권, 다만, 회비납부 및 품위유지
　　의 의무를 성실히 이행하지 않을 때에는 선거권 및 피선거권을 부여하지 아니한다. 〈개정
　　'12.01.18〉

　2. 본회 정관이 정하는 바에 의하여 회의에 출석하여 발언하고 표결하는 권리

제9조(권리행사 방법)

① 본회 정회원과 특수회원은 단체의 대표를 통하여 회원의 권리 를 행사하고 일반회원은 회원
이 직접 권리를 행사한다. 〈개정 '12.01.18〉

② 위1항의 경우 단체의 대표라 함은 회원단체 대표를 원칙으로 하되, 대표의 유고시에 는 대표
권을 그 단체의 임원에게 위임할 수 있다.

③ 위 제2항의 위임받은 대표는 별도 서식에 의한 위임장을 제출하여야 한다.

제10조(회원의 의무)

본회 회원은 다음의 의무를 진다.

　1. 본회의 정관, 규정 및 의결사항을 준수하는 의무

　2. 회비를 납부하는 의무

　3. 필요한 회의에 참석하여 의견을 제시하는 의무

    4. 품위유지의 의무

제11조(회원의 탈퇴 및 제명)

① 본회 회원은 소정의 탈퇴서를 제출함으로써 본회를 탈퇴 할 수 있다.

② 회원으로써 본회의 명예를 손상하거나 회비체납 등 본회 사업목적에 위반하는 행위를 할 때에는 이사회에서 출석의원 3분의 2이상 찬성으로 제명한다. 이 경우 반드시 회원에게 소명의 기회를 주어야한다.

제3장 임원

제12조(임원)

① 본회는 다음 각호의 임원을 둔다.

1. 총재 1인
2. 부총재 5인 내외(이하'총재단'이라한다)
3. 감사 1 인
4. 이사 20인 내외(상임이사 1명을 둘 수 있다.) 〈개정 '12.01.18〉

② 본회의 발전을 위하여 고문을 둘 수 있으며, 전임 총재는 당연직 고문이 된다.

제13조(임원의 선출)

본회의 임원은 단체의 회원 중에서 다음과 같이 선출한다.

1. 총재 및 감사는 이사회의 추천을 받아 총회에서 선출한다. 〈개정 '12.01.18〉
2. 부총재는 이사회에서 선출한다.
3. 이사는 정회원 및 특수회원의 대표자를 당연직이사로 하되, 당연직외의 이사는 일반회원 중에서 3인 이내로 이사회에서 선임한다. 〈개정 '12.01.18〉

제14조(임원의 임기)

① 총재, 부총재, 이사 및 감사의 임기는 3년으로 한다. 다만, 소속 단체장의 임기가 2년인 경우는 그 임기를 2년으로 하되 총회가 개최될 때까지 그 직무를 행하고 총재의 임기는 연임할 수 있다. 〈개정 '11.01.10〉

② 총재 및 감사의 결원 시에는 1월 이내 보선하되 그 임기는 전임자의 잔여기간으로 한다. 다만, 잔여기간이 6월 미만인 때에는 보선하지 아니할 수 있다.

제15조(임원의 임무)

① 총재는 본회를 대표하며 총회, 총재단회 및 이사회의 의장이 되고 회무를 총괄한다.

② 부총재는 총재를 보좌하며 총재의 유고시에는 부총재 중 연장자 순으로 그 직무를 대행한다.

③ 이사는 이사회에 출석하여 정관이 정하는 업무 및 총회에서 위임하는 업무에 관하여 협의 또는 의결한다.

④ 감사는 정관이 정하는 바에 따라 회무를 감사하고 정관에 위배하는 사항에 대하여는 이사회에 시정을 요구하며, 총회에 보고한다.

⑤ 총재, 부총재 및 이사는 감사를 겸직할 수 없다.

제16조(임원의 사퇴 및 해임)

임원이 임기 중 사퇴하거나 해임하고자 할 때는 이사회의 의결을 거쳐야한다.

제4장 회의

제17조(회의종류 및 구성)

① 본회의 회의는 총회, 총재단회 및 이사회로 한다.

② 총회는 본회 회원으로, 총재단회의는 총재 · 부총재로, 이사회는 총재단 · 이사로 구성한다.

제18조(총회)

① 총회는 정기총회와 임시총회로 나누고, 정기 총회는 사업 년도 종료 후 2개월 이내에 개최한다. 〈개정 '11.01.10〉

② 총회는 재적회원 3분의 1 이상의 출석과 출석회원 과반수의 찬성으로 의결한다. 다만, 가부 동수인 경우에는 의장이 결정한다.

③ 임시총회는 다음 각 호1에 해당하는 경우 2주 이내 총재가 소집한다.

  1. 총재단회 및 이사회에서 과반수의 요구가 있을 때
  2. 총재가 필요하다고 인정할 때

제19조(총재단 회의)

① 총재단 회의는 총재 및 부총재로 구성하고 회의는 총재가 필요하다고 인정하거나 부총재 과반수의 요구가 있을 때 총재가 이를 소집하고 의장이 되며, 의안을 명시하여 개최일 5일전에 통

지하여야 한다. 〈개정 '12.05.09〉

② 총재단회의는 재적인원 과반수 출석과 출석인원 과반수의 찬성으로 의결한다. 다만, 가부동수인 경우에는 의장이 결정한다.

③ 긴급한 사안이나 경미한 사안은 서면으로 심의 · 의결할 수 있다. 〈신설 '12.05.09〉

제20조(이사회)

① 이사회는 총재가 필요하다고 인정하거나 이사 과반수의 요구가 있을 때에 총재가 이를 소집하며 이사회의 의장이 된다.

② 이사회는 이사 과반수 출석과 출석이사 과반수의 찬성으로 의결한다. 다만, 가부동수 인 경우에는 의장이 결정한다.

제21조(총회의 기능)

총회는 다음사항을 의결한다.

1. 임원 선출에 관한 사항
2. 정관개정에 관한사항
3. 사업계획과 예산 및 결산의 승인
4. 총재단 회의 및 이사회에서 부의한 안건의 처리
5. 본회 해산 및 청산에 관한 의결
6. 기타 중요한 사항의 심의 및 의결

제22조(총재단 회의의 기능)

총재단 회의는 다음 사항을 의결한다.

1. 총회에서 위임한 사항
2. 총재가 심의 요구하는 사항
3. 연합회 운영 제 · 규정 제정 또는 개폐에 관한 사항 〈신설 '12.05.09〉

제23조(총회의 기능)

이사회는 다음사항에 대하여 의결, 집행한다.

1. 총회의 소집과 총회에 부의할 의안
2. 사업계획 및 예산 · 결산에 관한 사항
3. 〈삭제 '12.05.09〉

4. 임원의 선임에 관한 사항

5. 회원가입, 제명 및 임원의 사퇴와 해임에 관한사항

6. 총회에서 위임한 사항

7. 기타 총재가 상정하는 안건심의

제24조(집행담당 이사 운영)

① 본회는 목적사업의 원활한 달성을 위하여 특정기능을 중점적으로 수행할 기획총괄이사, 학술정보이사, 통합조정이사, 권익증진이사 및 교류 협력이사를 운영한다.

② 집행담당이사의 기능, 구성 및 운영 등에 관하여는 이사회의 의결을 거쳐 별도의 규 정으로 정한다.

③ 집행담당 이사는 부총재와 겸하여 임명할 수 있으며 총재가 임명한다.

제25조(회의록 작성)

총회 및 이사회는 회의록을 작성하고 의장 및 출석이사가 서명, 날인하여야 한다.

제5장 자산 및 회계

제26조(수지)

① 본회 재정은 다음 수입금으로 충당한다. 〈개정 '11.11.03〉

1. 회원의 회비

2. 회원이 납부한 찬조금, 기부금, 출연금 및 보조금

3. 정부, 지방자치단체 및 공공단체의 보조금과 출연금 〈개정 '11.11.03〉

4. 기부금과 찬조금

5. 기타 수입금

② 회비징수에 관한 사항은 이사회에서 결정하고 총회에 보고해야 한다.

③ 본회의 경비는 예산의 범위 내에서 이를 지출한다. 〈신설 '11.11.03〉

④ 본회의 회계는 일반회계와 학자금 지원사업 특별회계로 구분 운용한다. 〈신설 '11.11.03〉

제27조(예산 및 결산)

① 매 회계연도 사업계획 및 예산은 총회의 의결을 거쳐 회계연도 개시 후 60일 이내에 국민안전처 장관에게 보고한다. 〈개정 '16.01.25〉

② 사업계획에 의한 결산은 매 회계연도 종료 후 60일 이내에 국민안전처장관에게 보고한다. 〈개정 '16.01.25〉

③ 감사는 결산에 관한 사항을 총회에 보고해야 한다.

④ 본회는 홈페이지를 통해 연간 기부금 모금액 및 활용실적을 다음해 3월말까지 공개한다. 〈신설 '11.11.03〉

⑤ 학자금 지원사업 특별회계의 재산은 기본재산과 보통재산으로 구분하고 회계는 목적사업 회계와 수익사업 회계로 구분하며, 사업의 경영성과와 수지 상태를 정확하게 파악하기 위하여 거래를 일반적으로 인정된 기업회계의 원칙에 따라 처리한다. 〈신설 '11.11.03〉

제28조(회계연도)

본회의 회계연도는 매년 1월 1일부터 12월 31일까지로 한다.

제22조(준용)

제13조, 제15조 내지 제17조의 규정은 공정공시에 관하여 이를 준용한다. 이 경우 제13조 중 '정기공시서류'는 '공정공시서류'로, 제15조 내지 제17조 중 '수시공시'는 '공정공시'로 본다.

제6장 협의회 및 사무국 〈개정 '13.01.30〉

제28조의2(협의회) 〈신설 '13.01.30〉

① 소방산업의 발전방향 및 제도개선 등 소방산업활성화 정책 건의를 위하여 소방단체 정책협의회를 둘 수 있다.

② 소방단체정책협의회의 운영에 관하여 필요한 사항은 별도 규정으로 정한다.

제29조(사무기구)

① 본회의 사무를 처리하기 위하여 필요한 사무국을 둔다.

② 사무국의 직제, 정원, 보수 및 사무분장 등에 관한 사항은 별도규정으로 정한다.

제30조(사무국 기능)

본회 사무국의 기능은 다음과 같다.

  1. 회원의 가입 및 회원관리에 관한 사항

  2. 회원의 권익보호에 관한 사항

3. 회원의 회비에 관한 사항

4. 자료수집 및 정보관리에 관한 사항

5. 예산편성 및 결산보고에 관한 사항

6. 예산집행 및 경리에 관한 사항

7. 조직운영 및 일반사무에 관한 사항

8. 기타 총재 및 이사회에서 위임한 사항

제7장 보칙

제31조(정관개정)

본 정관을 개정하고자 할 때에는 이사회의 의결을 거쳐 총회에서 출석회원 과반수의 찬성으로 의결하고 국민안전처장관의 승인을 얻어야 한다. 〈개정 '16.01.25〉

제32조(포상)

① 본회의 발전에 현저한 공적이 있는 자에 대하여는 포상할 수 있다.

② 포상에 관한 사항은 이사회 심의를 거쳐 총재가 시행한다.

제33조(해산)

① 본회를 해산하고자 할 때에는 이사회 의결을 거쳐 총회에서 재적회원 3분의 2의 출석과 출석회원 3분의 2이상의 찬성으로 의결하고 국민안전처장관의 승인을 받아야 한다.〈개정 '16.01.25〉

② 해산할 때의 잔여재산은 위 1항과 같은 절차를 거쳐 국가 또는 유사한 목적을 가진 다른 비영리 법인에게 귀속되도록 한다. 〈개정 '11.11.03〉

제34조(준용)

본 정관에 규정하지 아니한 사항은 민법상 사단법인에 관한 규정을 준용한다.

부   칙

제1조(시행일)

본회의 정관은 2008년 12월 24일부터 시행한다.

제2조(특례적용)

① 2008년 12월 1일 현재 한국소방단체총연합회의 회원은 본 정관 제 5조의 규정에 불구하고 본회의 창립회원이 되며 한국소방단체총연합회의 권리·의무 등 제반사항은 본회로 승계한다.

② 한국소방단체총연합회 총재와 감사 및 이사는 본 정관 제13조 및 제14조의 규정에 불구하고 본 정관에 의한 총재와 감사 및 이사가 되며, 그 임기는 2010년 12월 정 기총회시까지로 한다.

[서식 – 그 외 관련 서식은 서식 중복기재 회피를 위하여 제1편 비영리사단법인 및 제2편 비영리재단법인 해당 서식을 참고하기 바란다]

나. 설립허가

(1) 허가기준

국민안전처장관은 비영리법인 설립허가 신청의 내용이 다음의 기준에 맞는 경우에만 그 설립을 허가할 수 있다(규칙 제4조).

• 비영리법인의 설립 목적과 사업이 실현 가능할 것

• 목적하는 사업을 할 수 있는 충분한 능력이 있고, 재정적 기초가 확립되어 있거나 확립될 수 있을 것

• 다른 법인과 같은 명칭이 아닐 것

(2) 심사 및 허가기간

국민안전처장관은 비영리법인 설립허가 신청을 받았을 때에는 특별한 사유가 없으면 20일 이내에 심사하여 허가 또는 불허가 처분을 하고, 신청인에게 그 결과를 서면으로 알려야 한다. 이 경우 허가를 할 때에는 별지 제2호 서식의 비영리법인 설립허가증을 발급하고 별지 제3호 서식의 비영리법인 설립허가대장에 필요한 사항을 적어야 한다.

(3) 조건부허가

국민안전처장관은 비영리법인의 설립허가를 할 때에는 필요한 조건을 붙일 수 있다.

■ 국민안전처 소관 비영리법인의 설립 및 감독에 관한 규칙[별지 제2호 서식]　　　　　　　　　(앞 쪽)

제　　호

비영리법인 설립허가증

1. 법인 명칭:

2. 소 재 지:

3. 대 표 자
　　　　○ 성　　명:
　　　　○ 생년월일:
　　　　○ 주　　소:

4. 사업 내용:

5. 허가 조건:

「민법」 제32조 및 「국민안전처 소관 비영리법인의 설립 및 감독에 관한 규칙」 제4조에 따라 위와 같이 비영리법인 설립을 허가합니다.

년　　　　월　　　　일

국민안전처장관　　　| 직인 |

210mm×297mm[일반용지 60g/㎡(재활용품)]

준수사항

1. 「민법」 및 「국민안전처 소관 비영리법인의 설립 및 감독에 관한 규칙」 등 관련 법령과 정관에서 정한 내용을 준수해야 합니다.
2. 정관에서 정하는 목적사업 중 다른 법률에 따른 허가 · 인가 · 등록 · 신고의 대상이 되는 사업을 하려는 경우에는 관련 법령에 따른 절차를 거쳐야 합니다.
3. 매 사업연도 종료 후 2개월 이내에 다음의 서류를 주무관청*의 소관 부서에 제출해야 합니다.
   가. 다음 사업연도의 사업계획 및 수입 · 지출 예산서 1부
   나. 해당 사업연도의 사업실적 및 수입 · 지출 결산서 1부
   다. 해당 사업연도 말 현재의 재산목록 1부
   * 주무관청: 국민안전처 ○○○○실 · 본부 ○○○○과(☎ ○○○-○○○-○○○○)
4. 다음의 어느 하나에 해당되는 경우에는 「민법」 제38조에 따라 법인의 설립허가가 취소될 수 있습니다.
   가. 설립 목적 외의 사업을 하였을 때
   나. 공익을 해치는 행위를 하였을 때
   다. 설립허가의 조건을 위반하였을 때
   라. 법령에 따른 의무를 위반하였을 때
5. 법인이 해산(파산으로 인한 해산은 제외합니다)하였을 때에는 해산등기를 마친 후 지체 없이 주무관청의 소관부서에 해산신고를 해야 합니다.
6. 법인의 청산이 종결되었을 때에는 등기를 한 후 주무관청의 소관 부서에 신고해야 합니다.

〈 변경사항 〉

변경일	내 용	확 인

210mm×297mm[일반용지 60g/㎡(재활용품)]

다. 설립 관련 보고

(1) 재산이전

비영리법인의 설립허가를 받은 자는 그 허가를 받은 후 지체 없이 기본재산 및 운영재산을 비영리법인에 이전(移轉)하고 1개월 이내에 그 이전을 증명하는 등기소 또는 금융회사 등의 증명서를 국민안전처장관에게 제출하여야 한다(규칙 제5조).

(2) 설립관련 보고

비영리법인은 「민법」 제49조부터 제52조까지의 규정에 따라 비영리법인 설립 등의 등기를 하였을 때에는 10일 이내에 그 사실을 국민안전처장관에게 보고하거나 법인 등기사항증명서 1부를 제출하여야 한다. 이 경우 보고를 받은 국민안전처장관은 「전자정부법」 제36조 제1항에 따른 행정정보의 공동이용을 통하여 법인 등기사항증명서를 확인하여야 한다.

3. 허가 후 절차

가. 정관 변경의 허가 신청

「민법」 제42조 제2항, 제45조 제3항 또는 제46조에 따른 정관 변경의 허가를 받으려는 비영리법인은 별지 제4호 서식의 비영리법인 정관 변경허가 신청서에 다음의 서류를 첨부하여 국민안전처장관에게 제출하여야 한다(규칙 제6조).

- 정관 변경 사유서 1부
- 개정될 정관(신·구대비표를 첨부한다) 1부
- 정관 변경과 관계있는 총회 또는 이사회의 회의록 사본 1부
- 기본재산의 처분에 따른 정관 변경인 경우에는 처분 사유, 처분재산의 목록, 처분 방법 등을 적은 서류 1부

■ 국민안전처 소관 비영리법인의 설립 및 감독에 관한 규칙[별지 제4호 서식]

정관 변경허가 신청서

접수번호	접수일	처리일	처리기간	10일

신청인	성명		생년월일 (외국인등록번호)
	주소		전화번호

법 인	명칭		전화번호
	소재지		
	설립허가일		설립허가번호

대표자	성명		생년월일 (외국인등록번호)
	주소		전화번호

「민법」 제42조 제2항·제45조 제3항·제46조 및 「국민안전처 소관 비영리법인의 설립 및 감독에 관한 규칙」 제6조에 따라 위와 같이 정관의 변경허가를 신청합니다.

년   월   일

신청인   (서명 또는 인)

국민안전처장관   귀하

신청인 제출서류	1. 정관 변경 사유서 1부 2. 개정될 정관(신·구대비표를 첨부합니다) 1부 3. 정관 변경과 관계있는 총회 또는 이사회의 회의록 사본 1부 4. 기본재산의 처분에 따른 정관 변경인 경우에는 처분 사유, 처분재산의 목록, 처분 방법 등을 적은 서류 1부	수수료 없 음

처리절차

신청서 작성 → 접 수 → 서류 확인 및 검토 → 결 재 → 결과 통지

신청인   처리기관: 국민안전처(비영리법인의 설립 및 감독 업무 담당부서)

210mm×297mm[일반용지 60g/㎡(재활용품)]

[서식 – 그 외 관련 서식은 서식 중복기재 회피를 위하여 제1편 비영리사단법인 및 제2편 비영리재단법인 해당 서식을 참고하기 바란다]

나. 사업실적 및 사업계획 등의 보고

비영리법인은 매 사업연도가 끝난 후 2개월 이내에 다음의 서류를 국민안전처장관에게 제출하여야 한다(규칙 제7조).

• 다음 사업연도의 사업계획 및 수입 · 지출 예산서 1부
• 해당 사업연도의 사업실적 및 수입 · 지출 결산서 1부
• 해당 사업연도 말 현재의 재산목록 1부

다. 비영리법인 사무의 검사 · 감독

국민안전처장관은 「민법」 제37조에 따른 비영리법인 사무의 검사 및 감독을 위하여 불가피한 경우에는 해당 비영리법인에 관계 서류 · 장부 또는 그 밖의 참고자료의 제출을 명하거나 소속 공무원으로 하여금 해당 비영리법인의 사무 및 재산 상황을 검사하게 할 수 있으며, 이에 따라 비영리법인 사무를 검사하는 공무원은 그 자격을 증명하는 증표를 관계인에게 보여 주어야 한다(규칙 제8조).

4. 해산 등

가. 설립허가의 취소

주무관청은 법인이 목적이외의 사업을 하거나 설립허가의 조건에 위반하거나 기타 공익을 해하는 행위를 한 때에는 그 허가를 취소할 수 있다. 다만 이에 따라 비영리법인의 설립허가를 취소하려면 청문을 하여야 한다(규칙 제9조).

나. 해산신고

비영리법인이 해산(파산으로 인한 해산은 제외한다)하였을 때에는 그 청산인은 「민법」 제85조 제1항에 따라 해산등기를 마친 후 지체 없이 별지 제5호 서식의 비영리법인 해산신고서에 다음 각 호의 서류를 첨부하여 국민안전처장관에게 제출하여야 한다(규칙 제10조).

• 해산 당시의 재산목록 1부
• 잔여재산 처분 방법의 개요를 적은 서류 1부
• 해산 당시의 정관 1부
• 사단법인이 총회의 결의에 따라 해산하였을 때에는 그 결의를 한 총회의 회의록 사본 1부
• 재단법인의 해산 시 이사회가 해산을 결의하였을 때에는 그 결의를 한 이사회의 회의록 사본 1부

■ 국민안전처 소관 비영리법인의 설립 및 감독에 관한 규칙[별지 제5호 서식]

비영리법인 해산신고서

접수번호	접수일	처리일	처리기간	7일

청산인	성명		생년월일 (외국인등록번호)	
	주소		전화번호	

청산법인	명칭		전화번호	
	소재지			

해산 연월일

해산 사유

「민법」 제86조 제1항 및 「국민안전처 소관 비영리법인의 설립 및 감독에 관한 규칙」 제10조에 따라 위와 같이 비영리법인 해산을 신고합니다.

년   월   일

신고인   (서명 또는 인)

국민안전처장관   귀하

신고인 제출서류	1. 해산 당시의 재산목록 1부 2. 잔여재산 처분 방법의 개요를 적은 서류 1부 3. 해산 당시의 정관 1부 4. 사단법인이 총회 결의에 따라 해산하였을 때에는 그 결의를 한 총회의 회의록 사본 1부 5. 재단법인의 해산 시 이사회가 해산을 결의하였을 때에는 그 결의를 한 이사회의 회의록 사본 1부	수수료 없 음
담당공무원 확인사항	법인 등기사항증명서	

처리절차

신고서 작성	→	접수	→	검토·확인	→	결재
신고인		처리기관: 국민안전처(비영리법인의 설립 및 감독업무 담당부서)				

210mm × 297mm[일반용지 60g/㎡(재활용품)]

다. 잔여재산 처분의 허가

비영리법인의 이사 또는 청산인은 「민법」 제80조 제2항에 따라 잔여재산의 처분에 대한 허가를 받으려면 별지 제6호 서식의 잔여재산 처분허가 신청서에 다음 각 호의 서류를 첨부하여 국민안전처 장관에게 제출하여야 한다(규칙 제11조).

- 해산 당시의 정관 1부(해산신고 시의 정관을 확인할 필요가 있는 경우만 해당한다)
- 사단법인의 경우에는 총회의 회의록 사본 1부(해산신고 시에 제출한 서류만으로 확인이 되지 아니할 경우만 해당한다)

■ 국민안전처 소관 비영리법인의 설립 및 감독에 관한 규칙[별지 제6호 서식]

잔여재산 처분허가 신청서

접수번호		접수일	처리일	처리기간	10일

신청법인	명칭		전화번호	
	소재지			

대 표 자 (이사 · 청산인)	성명		생년월일 (외국인등록번호)	
	주소		전화번호	

처분재산	종류 및 수량
	금액
	처분 방법

처분 사유	

「민법」 제80조 제2항 및 「국민안전처 소관 비영리법인의 설립 및 감독에 관한 규칙」 제11조에 따라 위와 같이 잔여재산 처분허가를 신청합니다.

년   월   일

신청인   (서명 또는 인)

국민안전처장관   귀하

신청인 제출서류	1. 해산 당시의 정관 1부(해산신고 시의 정관을 확인할 필요가 있는 경우에만 제출합니다) 2. 사단법인의 경우에는 총회의 회의록 사본 1부(해산신고 시에 제출한 서류만으로 확인이 되지 않을 경우에만 제출합니다)	수수료 없음

처리절차

신청서 작성	→	접수	→	확인	→	결재	→	결과 통지

신청인   처리기관: 국민안전처(비영리법인의 설립 및 감독 업무 담당부서)

210mm×297mm[일반용지 60g/㎡(재활용품)]

라. 청산 종결의 신고

청산인은 비영리법인의 청산이 종결되었을 때에는 「민법」 제94조에 따라 등기한 후, 별지 제7호 서식의 청산종결신고서(전자문서로 된 신고서를 포함한다)를 국민안전처장관에게 제출하여야 한다. 이 경우 국민안전처장관은 「전자정부법」 제36조 제1항에 따른 행정정보의 공동이용을 통하여 법인 등기사항증명서를 확인하여야 한다(규칙 제12조).

■ 국민안전처 소관 비영리법인의 설립 및 감독에 관한 규칙[별지 제7호 서식]

청산종결 신고서

접수번호	접수일	처리일	처리기간	즉시

청산인	성명		생년월일 (외국인등록번호)	
	주소		전화번호	

청산법인	명칭		전화번호	
	소재지			

청산 연월일

청산 취지

「민법」 제94조 및 「국민안전처 소관 비영리법인의 설립 및 감독에 관한 규칙」 제12조에 따라 위와 같이 청산종결을 신고합니다.

년   월   일

신고인(청산인)

(서명 또는 인)

국민안전처장관   귀하

신고인 (청산인) 제출서류	없 음	수수료 없 음
담당 공무원 확인사항	법인 등기사항증명서	

210mm×297mm[일반용지 60g/㎡(재활용품)]

5. 고유식별정보의 처리

국민안전처장관은 다음의 사무를 수행하기 위하여 불가피한 경우 「개인정보 보호법 시행령」 제19조 제4호에 따른 외국인 등록번호가 포함된 자료를 처리할 수 있다(규칙 제13조).

• 제3조에 따른 설립허가에 관한 사무

• 제6조에 따른 정관 변경의 허가에 관한 사무

• 제10조에 따른 해산신고에 관한 사무

• 제11조에 따른 잔여재산 처분의 허가에 관한 사무

• 제12조에 따른 청산 종결의 신고에 관한 사무

제20장 산업통상자원부장관 및 그 소속 청장 소관 비영리법인 설립

1. 개관

산업통상자원부장관 및 그 소속청 소관 비영리법인의 설립 및 감독에 관한 규칙(이하 '규칙'이라고만 함)은 「민법」에 따라 산업통상자원부장관 및 그 소속 청장이 주무관청이 되는 비영리법인의 설립 및 감독에 필요한 사항을 규정함을 목적으로 하며, 이에 따른 비영리법인(이하 '법인'이라 한다)의 설립허가, 법인 사무의 검사 및 감독 등에 관하여는 다른 법령에 특별한 규정이 있는 경우를 제외하고는 이 규칙에서 정하는 바에 따른다.

본장은 산업통상자원부 및 그 소속청 소관 비영리법인의 설립과 관련한 일반절차인 설립허가신청 및 관련 첨부서류 그리고 정관변경허가신청, 사업계획보고 등에 관한 내용들을 정리하였다. 그 외 관련서류들은 제1편 비영리사단법인 및 제2편 비영리재단법인 관련 내용부분을 참고하기 바란다.

2. 설립허가절차

가. 설립허가의 신청

「민법」 제32조에 따라 비영리법인의 설립허가를 받으려는 자(이하 '설립발기인'이라 한다)는 별지 제1호 서식의 비영리법인 설립허가 신청서에 다음의 서류를 첨부하여 산업통상자원부장관 또는 그 소속 청장(이하 '주무관청'이라 한다)에게 제출하여야 한다. 이 경우 주무관청은 제3호의 재산목록에 적힌 재산 중 토지 또는 건물의 등기사항증명서를 「전자정부법」 제36조 제1항에 따른 행정정보의 공동이용을 통하여 확인하여야 한다. 〈개정 2013. 3. 23., 2017. 4. 4.〉

- 설립발기인의 성명·생년월일·주소 및 약력을 적은 서류(설립발기인이 법인인 경우에는 그 명칭, 주된 사무소의 소재지, 대표자의 성명·생년월일·주소와 정관을 적은 서류) 1부
- 정관 1부
- 재산목록(재단법인의 경우에는 기본재산과 운영재산으로 구분하여 적어야 한다) 및 그 증명서류와 출연(出捐) 신청이 있는 경우에는 그 사실을 증명하는 서류 각 1부
- 해당 사업연도의 사업계획과 수입·지출 예산을 적은 서류 1부
- 임원 취임 예정자의 성명·생년월일·주소·약력을 적은 서류 및 취임승낙서 각 1부
- 창립총회 회의록(설립발기인이 법인인 경우에는 법인 설립에 관한 의사 결정을 증명하는 서류) 1부

■ 산업통상자원부장관 및 그 소속 청장 소관 비영리법인의 설립 및 감독에 관한 규칙 [별지 제1호 서식] 〈개정 2017. 4. 4.〉

비영리법인 설립허가 신청서

접수번호		접수일	처리일	처리기간	**14일**

신청인	성명		생년월일	
	주소		전화번호	

법 인	명칭		전화번호	
	소재지			

대표자	성명		생년월일	
	주소		전화번호	

「민법」 제32조 및 「산업통상자원부장관 및 그 소속 청장 소관 비영리법인의 설립 및 감독에 관한 규칙」 제3조에 따라 위와 같이 법인 설립허가를 신청합니다.

년   월   일

신청인

(서명 또는 인)

산업통상자원부장관
(소속 청장)   귀하

신청인 제출서류	1. 설립발기인의 성명 · 생년월일 · 주소 · 약력을 적은 서류 (설립발기인이 법인인 경우에는 그 명칭, 주된 사무소의 소재지, 대표자의 성명 · 생년월일 · 주소와 정관을 적은 서류) 1부 2. 정관 1부 3. 재산목록(재단법인의 경우에는 기본재산과 운영재산으로 구분하여 적어야 합니다) 및 그 증명서류와 출연 신청이 있는 경우에는 그 사실을 증명하는 서류 각 1부 4. 해당 사업연도의 사업계획과 수입 · 지출 예산을 적은 서류 1부 5. 임원 취임 예정자의 성명 · 생년월일 · 주소 · 약력을 적은 서류 및 취임승낙서 각 1부 6. 창립총회 회의록(설립발기인이 법인인 경우에는 법인 설립에 관한 의사 결정을 증명하는 서류) 1부 ※ 제3호의 서류 중 담당 공무원 확인사항인 증명서류는 제출을 생략합니다.	수수료 없음
담당 공무원 확인사항	재산목록에 적힌 재산 중 토지 또는 건물의 등기사항증명서	

처 리 절 차

신청서 작성 → 접 수 → 확 인 → 결 재 → 허가증 작성 → 허가증 발급

신청인   처리기관: 산업통상자원부, 소속청(비영리법인의 설립 및 감독 업무 담당부서)

210mm×297mm[일반용지 60g/㎡(재활용품)]

한국전문경영인학회 정관

제1장 총칙

제1조 (명칭) 이 학회의 명칭은 '사단법인 한국전문경영인(CEO)학회'(이하 '학회'라 한다)라 하고, 영문은 Korea Chief Executive officer(CEO) Association(약칭은 'CEOA'로 한다)으로 한다.

제2조 (목적) 학회는 국내외의 전문경영인에 관련된 제 분야의 이론, 정책, 실무에 관련된 학술 연구 활동을 통하여 회원 상호간의 학문적 교류와 유관기관 및 외국 학자와의 학술교류를 도모하며, 국가산업의 선진화 및 지역사회의 발전 등 공공의 이익에 이바지함을 목적으로 한다.

제3조 (사무소) 학회의 주된 사무소는 서울시 서초구 동산로 16길 10 서석빌딩 2층에 두고, 필요하다고 인정될 때에는 이사회의 의결에 의하여 지방에 지회를 둘 수 있다.

제4조 (사업) 학회는 제2조의 목적을 달성하기 위하여 다음 각 호의 사업을 한다.
  1. 전문경영인 및 최고경영자에 관련된 연구와 학술조사
  2. 학술지와 연구서적, 기타 간행물의 발간 및 배포
  3. 학술 및 연구 발표회, 강연회, 세미나 등의 개최
  4. 본회의 목적에 찬성하는 국내외 학술단체 및 관계기관과 산업계, 유관기관 및 제 학회와의 교류
  5. 전문경영인 관련 분야의 학술상 수여
  6. 경제 발전과 기업경영에 탁월한 공로가 있는 전문경영인에 대한 「전문경영인대상」수여
  7. 산업 발전과 기업경영에 탁월한 공로가 있는 경영자 대한 「한국CEO대상」수여
  8. 창업자 및 장수기업에 대한 「한국창업대상」, 「한국장수기업대상」, 「세계최장수CEO대상」수여
  9. 본회의 목적에 적합한 제반사업의 수행 및 지원
  10. 그 밖에 학회의 공익적 목적달성을 위해 필요한 사업

제2장 회원

제5조(회원의 구성 및 자격)

① 회원은 법인의 설립목적에 동의하면서 정하여진 가입절차를 마친 개인 및 단체로서 정회원, 특별회원, 기관회원을 둔다.

② 회원으로 가입하려는 사람은 정하여진 서식으로 가입신청을 하고 이사회의 승인을 받아야 한다.

③ 회원의 구분은 다음 각 호와 같다.

 1. 정회원: 다음 각 목의 어느 하나에 해당하고 학회에서 정한 입회절차를 거친 개인

     가. 학교, 교육기관, 사회교육기관 또는 연구기관에 소속되어 기업경영 또는 경제학 · 경영학 및 전문경영인 관련 연구와 관련 학문을 강의하는 사람

     나. 기업이나 공공단체에서 기업경영 또는 경제학 · 경영학 및 전문경영인 관련 실무에 종사하는 사람

     다. 대학에서 석사학위를 취득하였거나 석사과정에 재학 중인 사람으로서 기업경영 또는 경제학 · 경영학 및 전문경영인 연구 분야를 전공하는 사람

     라. 그 밖에 이사회에서 이와 동등한 자격이 있다고 인정하는 개인

 2. 특별회원: 학회의 발전과 사업을 수행하는데 기여할 수 있는 사람

 3. 기관회원: 학회의 운영상 필요에 따라 이사회의 결의에 의해 입회가 결정된 도서관, 기업체, 공공기관, 교육기관, 연구기관 등의 기관

 4. 학회에 가입하고 정식회원으로 학회의 의무를 성실하게 수행한 자로서 평생회비를 납부하고 이사회의 승인을 받은 사람은 평생회원이 된다.

제6조 (회원의 권리)

① 이 학회의 회원은 다음 각 호의 권리를 가진다.

 1. 학술발표회와 학회지 논문투고, 해외 연수 및 학술탐사 참여 등 학회의 운영과 관련된 활동 참여권

 2. 총회에 출석 · 발언 · 의결권 및 선거권 · 피선거권(다만, 특별회원과 기관회원의 의결권, 선거권 및 피선거권은 제한한다)

 3. 학회의 모든 사업에 관하여 보고 받을 권리

 4. 학회의 각종 자료를 제공받을 권리

제7조 (회원의 의무)

회원은 다음 각 호의 의무를 진다.

　1. 정관 및 각종 규정의 준수

　2. 총회 및 이사회의 결의사항의 준수

　3. 학회에서 정한 회비의 납부

제8조(회원자격의 상실)

학회의 회원 중 다음 각 호의 어느 하나에 해당 할 경우에는 이사회의 결의에 따라 회원의 자격이 상실된다.

　1. 학회의 목적에 위배되는 행위를 하거나 회원으로서 품위를 손상시켰을 경우

　2. 회비를 3년 이상 납부하지 않았을 경우

　3. 학회 연구윤리규정을 위반하였을 경우

제9조(회원의 탈퇴)

회원은 학회의 회장에게 탈퇴서(구두, 유선 등의 방법으로 탈퇴 의사를 표명한 경우를 포함한다)를 제출하여 자유롭게 탈퇴할 수 있다.

제3장 총회

제10조(총회의 구성)

총회는 학회의 최고 의결기관이며 정회원으로 구성하며, 회장이 그 의장이 된다.

제11조(총회의 구분과 소집)

① 총회는 정기총회와 임시총회로 구분하며, 회장이 소집한다.

② 정기총회는 회계연도 개시 1개월 전까지 소집하며, 임시총회는 회장이 필요하다고 인정할 때에 소집한다.

③ 총회의 소집은 회장이 안건, 일시, 장소 등을 회의개최일의 7일 전까지 각 회원에게 서면이나 전자우편으로 알려야 한다.

제12조(총회의 의결사항)

총회의 의결사항은 다음 각 호와 같다.

1. 임원의 선출 및 해임

2. 학회의 해산 및 정관 변경

3. 기본재산의 처분 및 취득과 자금의 차입

4. 예산 및 결산의 승인

5. 사업계획의 승인

6. 회원의 제명

7. 그 밖의 중요사항

제13조(총회소집의 특례)

① 회장은 다음 각 호의 어느 하나에 해당하는 소집요구가 있을 때에는 소집요구일로부터 20일 이내에 총회를 소집하여야 한다.

1. 재적이사 과반수가 회의의 목적을 제시하여 소집을 요구한 때

2. 제20조제4항에 따라 감사가 소집을 요구한 때

② 총회 소집권자가 없거나 회의소집을 기피함으로써 7일 이상 총회소집이 불가능한 때에는 재적이사 과반수의 찬성으로 총회를 소집할 수 있다.

③ 제2항에 따른 총회는 출석이사 중 연장자의 사회로 의장을 선출한다.

④ 재적회원 3분의 1 이상이 회의의 목적을 제시하여 소집을 청구한 경우에 회장은 임시총회를 소집하여야 한다.

⑤ 제4항의 임시총회 소집청구 후 2주간 내에 회장이 총회소집 절차를 밟지 아니한 때에는 임시총회 소집을 청구한 회원은 법원의 허가를 받아 임시총회를 소집할 수 있다.

제14조(총회의 의결정족수)

① 학회의 총회는 출석회원으로 개회하고, 출석회원의 과반수 찬성으로 의결한다. 다만, 가부동수인 경우에는 회장이 결정권을 갖는다.

② 회원은 부득이한 경우 총회의 의결권을 총회에 참석하는 다른 회원 또는 대리인에게 위임할 수 있다.

제15조(의결권의 제한)

임원 또는 회원은 다음 각 호의 어느 하나에 해당하는 사항의 의결에 참여할 수 없다.

1. 자신이 임원의 선출 및 해임의 대상이 되는 사항

2. 금전 및 재산의 수수를 수반하는 사항으로서 임원 또는 회원 자신과 학회의 이해가 상반 되

는 사항

제16조(회의록)

① 총회의 의사에 관해서는 의사록을 작성하여야 한다.

② 의사록에는 의사 진행의 경과 · 요령 및 결과를 기재하고, 회장, 출석한 부회장 1인과 이사 1인이 대표로 성명을 기재하고 서명 또는 날인하여야 한다.

③ 회장은 의사록을 주된 사무실에 갖추어 두어야 한다.

제4장 임원

제17조(임원의 구성)

① 학회에 다음 각 호의 임원을 둔다.

  1. 회장: 1명, 수석부회장(차기회장): 1명

  2. 부회장: 5명

  3. 이사: 5명 이상 15명 이하(회장, 수석부회장, 부회장을 포함한다)

  4. 감사: 2명

② 학회는 학회운영에 필요한 집행임원을 둘 수 있으며 집행임원에 관한 규정은 이사회의 의결을 거쳐 별도로 정한다.

제18조 (임원의 선임)

① 수석부회장(차기회장)은 1년간 활동한 후 전임 회장의 임기가 만료되는 정기총회에서 자동적으로 회장직을 승계한다.

② 부회장과 이사는 회장이 위촉한다.

③ 수석부회장(차기회장)은 이사회 과반수이상의 추천을 받은 사람으로서 정기총회에서 출석회원의 과반수 찬성으로 선임한다.

④ 감사는 총회에서 출석회원의 과반수 찬성으로 선출한다.

⑤ 임원의 보선은 결원이 발생할 날로부터 2월 이내에 하여야 한다.

⑥ 새로운 임원의 선출은 임기만료 2월 전까지 하여야 한다.

⑦ 차기 임원을 선출하기 전에 임원임기가 만료되었을 경우는 현 임원이 다음 총회까지 업무를 수행한다.

제19조 (임원의 임기)

① 임원의 임기는 1년으로 하며, 연임할 수 있다. 다만, 보궐 선출된 임원의 임기는 전임자 임기의 남은 기간으로 한다.

② 임원은 임기가 만료된 후라도 후임자가 취임할 때까지는 임원으로서 직무를 수행한다.

제20조(임원의 직무)

① 회장은 학회를 대표하고 제반 업무를 총괄하며, 총회 및 이사회 의장이 된다.

② 수석부회장(차기회장)과 부회장은 회장을 보좌하며, 이사회에 출석하여 학회의 업무에 관한 사항을 의결하며, 이사회나 회장으로부터 위임받은 사항을 처리한다.

③ 이사는 이사회에 출석하여 학회의 업무에 관한 사항을 의결하며, 이사회나 회장으로부터 위임받은 사항을 처리한다.

④ 감사는 다음 각 호의 직무를 수행한다.

  1. 학회의 재산상황 및 회계를 감사하는 일

  2. 이사회의 운영과 그 업무에 관한 사항을 감사하는 일

  3. 제1호 및 제2호의 감사결과 부정 또는 부당한 점이 있음을 발견한 때에는 총회 및 이사회와 주무관청에 보고하는 일

  4. 제3호의 보고를 위해 필요한 때에는 총회나 이사회의 소집을 요구하는 일

  5. 그 밖에 학회의 재산현황과 업무에 관하여 총회, 이사회 및 회장에게 의견을 진술하는 일

제21조(회장 직무대행자 지명)

① 회장이 부득이한 사유로 직무를 수행할 수 없는 경우에는 수석부회장(차기회장)이 회장 직무를 대행한다.

② 회장이 궐위되었을 때에는 수석부회장(차기회장)이 회장 직무를 대행한다.

③ 제1항 및 제2항에 따라 회장 직무대행자로 지명된 수석부회장(차기회장)은 지체 없이 회장 업무에 대한 인수인계 절차를 밟아야 한다.

제22조(임원의 해임)

임원이 다음 각 호의 어느 하나에 해당하는 행위를 하는 때에는 해임할 수 있다.

  1. 학회의 목적에 위배되는 행위

  2. 임원간의 분쟁

  3. 회계부정 또는 현저한 부당행위

4. 그 밖에 학회의 임무를 방해하는 행위

제23조(임원의 결격사유)

① 임원이 다음 각 호의 어느 하나에 해당하는 경우에는 임원이 될 수 없다.

1. 금치산자 또는 한정치산자
2. 파산자로서 복권되지 아니한 사람
3. 금고 이상의 형을 받고 집행이 종료되거나 집행을 받지 아니하기로 확정된 후 3년이 경과되지 아니한 사람
4. 설립허가가 취소된 학회의 임원으로서 2년이 경과되지 아니한 사람
5. 금고 이상의 형을 받고 그 집행유예의 기간이 완료된 날로부터 2년을 경과하지 아니한 사람
6. 금고 이상의 형의 선고유예를 받은 경우에 그 선고유예 기간 중에 있는 사람
7. 「특정경제범죄 가중처벌 등에 관한 법률」 제14조 제2항에 해당하는 사람

② 이사회의 구성에 있어서 각 임원 상호간에 「민법」 제777조에 따른 친족관계나 처의 3촌 이내의 혈족관계가 있는 사람이 임원 정수의 2분의 1을 초과할 수 없다.

③ 감사는 감사상호간 또는 임원과 「민법」 제777조에 따른 친족관계나 처의 3촌 이내의 혈족관계가 있는 사람이 아니어야 하며, 재무 및 회계 관련 경력이 있는 사람으로 선임한다.

제5장 이사회

제24조(이사회의 구성)

이사회는 회장, 부회장, 이사로 구성하며, 회장이 이를 소집하여 그 의장이 된다. 감사는 이사회에 출석하여 발언할 수 있으나 의결권을 갖지 못한다.

제25조(이사회의 소집과 절차)

① 이사회는 정기 이사회와 임시 이사회로 구분하며, 회장이 소집한다.

② 정기 이사회는 회계연도 개시 후 2개월 이내에 개최하고, 임시 이사회는 감사 또는 재직이사 3분의 1 이상의 요청이 있거나 회장이 필요하다고 인정할 때 소집할 수 있다.

③ 회장이 이사회를 소집한 때에는 회의 목적과 안건, 시간, 장소를 이사회 개최일의 7일 전까지 이사 및 감사에게 서면이나 전자우편으로 알려야 한다. 다만, 긴급한 경우에는 3일 전에 알릴 수 있다.

제26조(이사회의 의결 사항)

이사회는 다음 각 호의 사항을 심의 · 의결한다.

1. 정관에서 위임된 사항 및 그 밖의 학회의 목적 달성과 업무 수행
2. 사업계획의 수립 및 사업 실적 평가
3. 예산 · 결산서의 작성
4. 정관의 개정 및 제정에 대한 검토
5. 재산의 관리
6. 총회에 부칠 안건의 작성
7. 총괄고문, 고문 또는 자문위원의 위촉과 임원의 해임
8. 정관에 따라 그 권한에 속하는 사항
9. 회원의 표창 및 징계

제27조(개회 및 의결정족수)

① 이사회는 출석회원으로 개회한다.

② 이사회의 의결은 정관에서 따로 정한 사항을 제외하고는 출석이사 과반수의 찬성으로 의결한다. 다만, 가부 동수인 경우에는 의장이 결정권을 갖는다.

③ 회의에 참석하지 못하는 이사는 출석 및 의결권을 의장에게 위임할 수 있다.

제28조(의결권의 제한)

이사는 다음 각 호의 어느 하나에 해당하는 사항의 의결에 참여할 수 없다.

1. 자신이 이사의 선임 또는 해임의 대상이 되는 사항
2. 금전 및 재산의 수수를 수반하는 사항으로서 이사 자신과 학회의 이해가 상반되는 사항

제29조(서면결의)

① 회장은 이사회에 부칠 사항 중 경미한 사항이나 긴급한 사항에 관하여는 서면(온라인)으로 의결할 수 있다. 이 경우 회장은 그 결과를 차기 이사회에 보고하여야 한다.

제30조(회의록)

① 이사회의 의사진행에 관해서는 의사록을 작성하여야 한다.

② 의사록에는 의사진행의 경과 · 요령 및 결과를 기재하고, 회장 및 출석한 부회장 1인과 이사

1인이 대표로 성명을 기재하고 서명 또는 날인하여야 한다.

③ 회장은 의사록을 학회 사무실에 갖추어 두어야 한다.

제6장 각종 위원회 및 기구

제31조(총괄고문, 고문 또는 자문위원 위촉)

① 학회의 목적에 동의하는 사람으로 학식과 덕망을 갖춘 사람을 이사회의 의결을 거쳐 총괄고문, 고문 또는 자문위원으로 위촉할 수 있다.

② 총괄고문은 전문경영인과 학자들 사이의 교류업무를 주관하며 고문과 자문위원은 회장을 보좌한다.

③ 총괄고문, 고문, 자문위원은 이사회에 참석하여 의견을 개진할 수 있다.

제32조(위원회 구성)

학회는 제4조의 사업을 추진하기 위하여 다음 각 호의 위원회 등을 둘 수 있다.

1. 편집위원회
2. 학술위원회
3. 정보 및 회원관리위원회
4. 홍보위원회
5. 산학협력위원회
6. 국제교류위원회
7. 연구윤리위원회
8. 법인운영위원회
9. 수상심의위원회

제33조(사무국)

① 학회의 업무를 효율적으로 집행하고 이사회를 보좌하기 위하여 사무국을 둔다.

② 사무국에는 업무를 총괄할 사무국장 1명, 사무차장 3명 이내, 사무간사 1명을 둘 수 있으며, 회장이 임명한다.

③ 사무국장은 회장을 보좌하고 회장의 명을 받아 학회의 전반적인 사무를 총괄한다.

④ 사무차장과 사무간사는 사무국장의 업무를 보좌한다.

⑤ 사무국의 조직 및 운영에 필요한 사항은 이사회가 따로 정한다.

제34조(부설기관)

① 학회의 원활한 사업추진을 위하여 특정 역할을 수행하는 부설기관을 둘 수 있다.

② 부설기관의 장은 이사회에서 출석과반수 찬성으로 선출하며, 임기는 2년으로 연임할 수 있다.

제7장 사업

제35조 (학술연구발표회 및 학술지 발간)

1. 학술연구발표회 : 본회는 년 3회 이상의 학술연구발표회를 개최하며, 학술연구발표회에 관한 사항은 이사회에서 결정한다.

2. 학술지 발간 가. 본회는 학술지를 년 4회(매년 4, 8, 10, 12월 말) 이상 발간하며, 발간에 관한 제 규정 및 업무는 학술지 편집위원회를 구성하고 편집위원회 규정에 따른다. 나. 학술지 편집위원회의 시행세칙은 이사회의 의결을 거쳐 제정 및 변경할 수 있다. 다. 학술지 편집위원장은 회장이 임명하고, 분과별 편집위원은 편집위원장의 추천에 의하여 회장이 임명한다.

제36조 (기타 사업)

본회는 공익적 목적에 부응하는 정기 또는 부정기의 사업을 시행할 수 있으며, 이에 관한 사항은 이사회에서 결정하며 다음의 사업을 행할 수 있다.

1. 출판에 관한 사업2. 산-학 협동 공동 발표 및 토론회 개최3. 부정기 연구발표회 개최4. 외국과의 학술교류사업 및 해외 유관기관과의 교류사업5. 연구용역 사업 6. 기타 본회의 목적에 부합하는 사업

제8장 재산 및 회계

제37조(재원)

학회의 유지 및 운영에 필요한 경비와 재원은 다음 각 호와 같다.

1. 회원의 회비, 입회비

2. 각종 찬조금, 기부금, 출연금

3. 그 밖의 수익금

제38조 (회비부과 및 징수)

회원의 종류에 따른 회비액수, 징수방법 및 절차 등 필요한 사항은 이사회에서 결정한다.

제39조(재산구분)

① 학회의 재산은 기본재산과 보통재산으로 구분하며, 연 1회 그 목록을 작성하여 산업통상자원부장관에게 보고하여야 한다.

② 기본재산은 다음 각 호의 어느 하나에 해당하는 재산으로 하고, 기본재산은 별지 재산 총괄표의 기본재산과 같다.

  1. 법인을 설립할 때 기본재산으로 출연한 재산

  2. 기부 또는 그 밖의 무상으로 취득한 재산

  3. 보통재산 중 이사회에서 기본재산으로 편입할 것을 의결한 재산

제40조(재산의 관리)

기본재산을 매도, 증여, 임대, 교환 또는 담보로 제공하거나, 이 법인의 수지예산으로 정한 사항 외의 의무를 부담하거나 권리를 포기하려는 때에는 이사회의 의결을 거쳐 산업통상자원부장관의 허가를 받아야 한다.

제41조(회계연도)

학회의 회계연도는 정부의 회계연도를 따른다.

제42조(임원의 보수)

임원에 대한 보수는 지급하지 아니한다. 다만, 직무수행에 필요한 정하여진 소정의 업무 보조금은 이사회의 의결을 거쳐 지급할 수 있다.

제43조(학회수입의 귀속)

학회는 목적사업과 수익사업에서 얻은 수입을 회원의 이익이 아닌 불특정 다수에게 공익을 위하여 사용하고   임원이나 출연자 등 특정 개인에게 귀속시킬 수 없다.

제44조(사업계획 및 예산 등의 보고)

학회의 연간 사업계획과 예산은 회계연도 개시 전에 작성하되, 이사회 의결을 거쳐 총회의 승인

을 얻은 후 다음 연도 2월말까지 산업통상자원부장관에게 보고하여야 한다.

제45조(사업실적 및 결산)

학회의 사업실적 및 예산의 집행실적은 회장이 회계연도 종료일부터 2개월 이내에 작성하여 감사의 감사를 거친 후 총회에 보고한다.

제46조(회비 및 기부금 공개)

연간 회비 및 찬조금, 기부금 모금액 및 활용실적을 본 학회의 인터넷 홈페이지를 통해 공개한다.

제9장 정관의 변경 및 해산 등

제47조(정관의 변경)

학회가 정관을 변경할 때에는 총회에서 출석회원 과반수의 찬성을 거쳐 산업통상자원부장관의 허가를 받아야 한다.

제48조(학회의 해산)

① 학회는「민법」제77조 및 제78조에 따라 해산한다.

② 학회를 해산할 때에는 총회에서 재적회원 4분의 3 이상의 찬성으로 의결하여 해산 등기를 완료한 후 지체 없이 산업통상자원부 장관에게 신고하여야 한다.

제49조(잔여재산의 처분)

① 학회가 해산할 때에는 해산 당시의 이사가 청산인이 된다.

② 청산 후의 남은 재산은 총회의 의결을 거친 후 산업통상자원부장관의 허가를 받아 귀속 대상을 결정하되, 해산시 잔여재산을 국가 · 지방자치단체 또는 유사한 공익적 목적을 가진 다른 비영리법인에게 귀속하도록 한다.

제50조(규칙제정)

학회의 운영 및 정관의 시행에 필요한 세부사항은 이사회 의결을 거쳐 별도의 규칙으로 정한다.

제51조(준용규정)

정관에서 규정하지 아니한 사항에 대하여는「민법」중 사단법인에 관한 규정과「산업통상자원부소관 비영리법인의 설립 및 감독에 관한 규칙」을 준용한다.

제52조(정치활동의 금지)

본 학회의 명의 또는 그 대표자의 명의로 특정 정당 또는 특정인에 대한 ?공직선거법?제58조 제1항에 따른 선거운동을 금지한다.

제53조(공고의 방법)

① 학회가 법령과 정관, 그 밖에 총회 및 이사회의 의결에 의하여 공고하여야 할 사항은 학회의 홈페이지 또는 기관지에 게재한다.

② 제1항의 공고내용을 회원에게 알릴 필요가 있는 경우에 서면이나 전자우편으로 통지한다.

③ 제1항에 따른 공고기간은 7일 이상으로 한다.

[서식 – 그 외 관련 서식은 서식 중복기재 회피를 위하여 제1편 비영리사단법인 및 제2편 비영리재단법인 해당 서식을 참고하기 바란다]

나. 설립허가

(1) 설립허가기준

주무관청은 비영리법인 설립허가 신청의 내용이 다음의 기준에 맞는 경우에만 그 설립을 허가한다.

• 비영리법인의 목적과 사업이 실현가능할 것
• 목적사업을 할 수 있는 충분한 능력이 있고, 재정적 기초가 확립되어 있거나 확립될 수 있을 것
• 다른 법인과 같은 명칭이 아닐 것

(2) 심사 및 허가기간 등

주무관청은 비영리법인 설립허가의 신청을 받았을 때에는 특별한 사유가 없으면 14일 이내에 심사하여 허가 또는 불허가 처분을 하고, 그 결과를 서면으로 신청인에게 통지하여야 한다. 이 경우 허가를 할 때에는 별지 제2호 서식의 비영리법인 설립허가증을 발급하고 비영리법인 설립허가대장에 필요한 사항을 적어야 한다.

■ 산업통상자원부장관 및 그 소속 청장 소관 비영리법인의 설립 및 감독에 관한 규칙 [별지 제2호 서식] 〈개정 2013.3.23〉

제   호

비영리법인 설립허가증

1. 법인 명칭:

2. 소 재 지:

3. 대 표 자
  성   명:
  생년월일:

4. 사업 내용:

5. 허가 조건:

　「민법」제32조 및 「산업통상자원부장관 및 그 소속 청장 소관 비영리법인의 설립 및 감독에 관한 규칙」제4조에 따라 위와 같이 법인 설립을 허가합니다.

년   월   일

산업통상자원부장관

(소속 청장)

| 직인 |

210mm×297mm[일반용지 60g/㎡(재활용품)]

준수사항

1. 「민법」 및 「산업통상자원부장관 및 그 소속 청장 소관 비영리법인의 설립 및 감독에 관한 규칙」 등 관련 법령과 정관에서 정한 내용을 준수해야 합니다.
2. 정관에서 정하는 목적사업 중 다른 법률에 따른 허가·인가·등록·신고의 대상이 되는 사업을 하려는 경우에는 관련 법령에 따른 절차를 거쳐야 합니다.
3. 매 사업연도 종료 후 2개월 이내에 다음의 서류를 주무관청에 제출해야 합니다.
    가. 다음 사업연도의 사업계획과 수입·지출 예산서 1부
    나. 해당 사업연도의 사업실적과 수입·지출 결산서 1부
    다. 해당 사업연도 말 현재의 재산목록 1부
4. 다음 사항에 해당되는 경우에는 「민법」 제38조에 따라 법인의 설립허가를 취소할 수 있습니다.
    가. 설립 목적 외의 사업을 한 경우
    나. 공익을 해치는 행위를 한 경우
    다. 설립허가의 조건을 위반한 경우
    라. 각종 제출의무를 위반한 경우
5. 법인이 해산(파산으로 인한 해산은 제외합니다)하였을 때에는 해산등기를 마친 후 지체 없이 주무관청에 해산 신고를 해야 합니다.
6. 법인의 청산이 종결되었을 때에는 등기를 한 후 주무관청에 신고해야 합니다.

〈 변 경 사 항 〉

날 짜	내 용	확인

210mm×297mm[일반용지 60g/㎡(재활용품)]

다. 설립 관련 보고

(1) 재산이전

비영리법인의 설립허가를 받은 자는 그 허가를 받은 후 지체 없이 기본재산 및 운영재산을 비영리법인에 이전(移轉)하고 1개월 이내에 그 이전을 증명하는 등기소 또는 금융회사 등의 증명서를 주무관청에 제출하여야 한다.

(2) 설립관련 보고

비영리법인은 「민법」 제49조부터 제52조까지의 규정에 따라 법인 설립 등의 등기를 하였을 때에는 그 날부터 10일 이내에 주무관청에 보고하여야 한다. 이 경우 주무관청은 「전자정부법」 제36조 제1항에 따른 행정정보의 공동이용을 통하여 법인 등기사항증명서를 확인하여야 한다.

3. 허가 후 절차

가. 정관 변경허가의 신청 등

(1) 신청 및 첨부서류

「민법」 제42조 제2항, 제45조 제3항 또는 제46조에 따른 정관 변경의 허가를 받으려는 비영리법인은 별지 제3호 서식의 비영리법인 정관 변경허가 신청서에 다음 각 호의 서류를 첨부하여 주무관청에 제출하여야 한다.

• 정관 변경 사유서 1부
• 개정될 정관(신·구조문대비표를 첨부한다) 1부
• 정관 변경과 관계있는 총회 또는 이사회의 회의록 1부
• 기본재산의 처분에 따른 정관 변경의 경우에는 처분 사유, 처분재산의 목록, 처분 방법 등을 적은
  서류 1부

(2) 심사결과 통지

주무관청은 정관 변경의 허가 신청을 받았을 때에는 특별한 사유가 없으면 14일 이내에 심사하여 허가 또는 불허가 처분을 하고, 그 결과를 서면으로 신청인에게 통지하여야 한다.

■ 산업통상자원부장관 및 그 소속 청장 소관 비영리법인의 설립 및 감독에 관한 규칙 [별지 제3호 서식] 〈개정 2013.3.23〉

비영리법인 정관 변경허가 신청서

접수번호	접수일	처리일	처리기간	**14일**

신청인	성명		생년월일	
	주소		전화번호	

법 인	명칭		전화번호	
	소재지			
	설립허가일		설립허가번호	

대표자	성명		생년월일	
	주소		전화번호	

「민법」 제42조 제2항·제45조 제3항·제46조 및 「산업통상자원부장관 및 그 소속 청장 소관 비영리법인의 설립 및 감독에 관한 규칙」 제6조에 따라 위와 같이 정관의 변경허가를 신청합니다.

년　　　월　　　일

신청인

(서명 또는 인)

산업통상자원부장관　　귀하
　　(소속 청장)

신청인 제출서류	1. 정관 변경 사유서 1부 2. 개정될 정관(신·구조문대비표를 첨부합니다) 1부 3. 정관 변경과 관계있는 총회 또는 이사회의 회의록 1부 4. 기본재산의 처분에 따른 정관 변경의 경우에는 처분 사유, 처분재산의 목록, 처분 방법 등을 　 적은 서류 1부	수수료 없 음

처리절차

신청서 작성	→	접 수	→	서류 확인 및 검토	→	결 재	→	결과 통지
신청인		처리기관: **산업통상자원부**, 소속청(비영리법인의 설립 및 감독 업무 담당부서)						

210mm×297mm[일반용지 60g/㎡(재활용품)]

[서식 – 그 외 관련 서식은 서식 중복기재 회피를 위하여 제1편 비영리사단법인 및 제2편 비영리재단법인 해당 서식을 참고하기 바란다]

나. 사업실적과 사업계획 등의 보고

비영리법인은 매 사업연도가 끝난 후 2개월 이내에 다음의 서류를 주무관청에 제출하여야 한다(규칙 제7조).

- 다음 사업연도의 사업계획과 수입·지출 예산서 1부
- 해당 사업연도의 사업실적과 수입·지출 결산서 1부
- 해당 사업연도 말 현재의 재산목록 1부

다. 법인 사무의 검사·감독

주무관청은 「민법」 제37조에 따른 법인 사무의 검사와 감독을 위하여 불가피한 경우에는 비영리법인에 관계 서류·장부 또는 그 밖의 참고자료 제출을 명하거나 소속 공무원으로 하여금 비영리법인의 사무와 재산 상황을 검사하게 할 수 있으며, 이에 에 따라 법인 사무를 검사하는 공무원은 그 자격을 증명하는 증표를 관계인에게 보여 주어야 한다(규칙 제8조).

4. 해산 등

가. 설립허가의 취소

주무관청은 법인이 목적이외의 사업을 하거나 설립허가의 조건에 위반하거나 기타 공익을 해하는 행위를 한 때에는 그 허가를 취소할 수 있다. 다만 이에 따라 법인의 설립허가를 취소하려면 청문을 하여야 한다(규칙 제9조).

나. 해산 신고

비영리법인이 해산(파산으로 인한 해산은 제외한다)하였을 때에는 그 청산인은 「민법」 제85조 제1항에 따라 해산등기를 마친 후 지체 없이 별지 제4호 서식의 비영리법인 해산 신고서에 다음의 서류를 첨부하여 주무관청에 제출하여야 한다. 이 경우 주무관청은 「전자정부법」 제36조 제1항에 따른 행정정보의 공동이용을 통하여 법인 등기사항증명서를 확인하여야 한다(규칙 제10조).

- 해산 당시의 재산목록 1부
- 잔여재산 처분방법의 개요를 적은 서류 1부
- 해산 당시의 정관 1부
- 사단법인이 총회의 결의에 의하여 해산하였을 때에는 그 결의를 한 총회의 회의록 1부
- 재단법인의 해산 시 이사회가 해산을 결의하였을 때에는 그 결의를 한 이사회의 회의록 1부

■ 산업통상자원부장관 및 그 소속 청장 소관 비영리법인의 설립 및 감독에 관한 규칙[별지 제4호 서식] 〈개정 2013.3.23〉

비영리법인 해산 신고서

접수번호		접수일	처리일	처리기간	7일
청산인	성명			생년월일	
	주소			전화번호	
청산법인	명칭			전화번호	
	소재지				

해산 연 월 일

해산 사유

「민법」 제86조 제1항 및 「산업통상자원부장관 및 그 소속 청장 소관 비영리법인의 설립 및 감독에 관한 규칙」 제10조에 따라 위와 같이 법인 해산을 신고합니다.

년   월   일

신고인

(서명 또는 인)

산업통상자원부장관
　　　　　　　　　귀하
　(소속 청장)

신고인 제출서류	1. 해산 당시의 재산목록 1부 2. 잔여재산 처분방법의 개요를 적은 서류 1부 3. 해산 당시의 정관 1부 4. 사단법인이 총회의 결의에 의하여 해산하였을 때에는 그 결의를 한 총회의 회의록 1부 5. 재단법인의 해산 시 이사회가 해산을 결의하였을 때에는 그 결의를 한 이사회의 회의록 1부	수수료 없 음
담당 공무원 확인사항	법인 등기사항증명서	

처리절차

신고서 작성	→	접수	→	검토 · 확인	→	결재
신고인		처리기관: 산업통상자원부, 소속청(비영리법인의 설립 및 감독 업무 담당부서)				

210mm×297mm[일반용지 60g/㎡(재활용품)]

다. 잔여재산 처분허가의 신청 등

(1) 신청 및 첨부서류

비영리법인의 이사 또는 청산인은 「민법」 제80조 제2항에 따라 잔여재산의 처분에 대한 허가를 받으려면 별지 제5호 서식의 잔여재산 처분허가 신청서에 다음 각 호의 서류를 첨부하여 주무관청에 제출하여야 한다(규칙 제11조).

- 해산 당시의 정관(해산신고 시의 정관을 확인할 필요가 있는 경우에만 제출한다) 1부
- 총회의 회의록(사단법인의 해산신고 시에 제출한 서류만으로 확인이 되지 아니할 경우에만 제출한다) 1부

(2) 심사 및 결과통지

주무관청은 잔여재산의 처분허가 신청을 받았을 때에는 특별한 사유가 없으면 14일 이내에 심사하여 허가 또는 불허가 처분을 하고, 그 결과를 서면으로 신청인에게 통지하여야 한다.

■ 산업통상자원부장관 및 그 소속 청장 소관 비영리법인의 설립 및 감독에 관한 규칙 [별지 제5호 서식] 〈개정 2013.3.23〉

잔여재산 처분허가 신청서

접수번호	접수일	처리일	처리기간	14일

신청법인	명칭		전화번호		
	소재지				

대 표 자 (이사 · 청산인)	성명		생년월일		
	주소		전화번호		

처분재산	종류 및 수량
	금액
	처분방법

처분 사유

「민법」 제80조 제2항 및 「산업통상자원부장관 및 그 소속 청장 소관 비영리법인의 설립 및 감독에 관한 규칙」 제11조에 따라 위와 같이 잔여재산 처분허가를 신청합니다.

년   월   일

신청인

(서명 또는 인)

산업통상자원부장관

(소속 청장)   귀하

신청인 제출서류	1. 해산당시의 정관 1부(해산신고 시의 정관을 확인할 필요가 있는 경우에만 제출합니다) 2. 총회의 회의록 1부(사단법인의 해산신고 시에 제출한 서류만으로 확인이 되지 않을 경우에만 제출합니다)	수수료 없음

처리절차

신청서 작성	→	접 수	→	확 인	→	결 재	→	결과 통지

신청인   처리기관: 산업통상자원부, 소속청(비영리법인의 설립 및 감독 업무 담당부서)

210mm × 297mm[일반용지 60g/㎡(재활용품)]

라. 청산종결의 신고

청산인은 비영리법인의 청산이 종결되었을 때에는 「민법」 제94조에 따라 등기를 한 후, 별지 제6호 서식의 청산종결 신고서를 주무관청에 제출하여야 한다. 이 경우 주무관청은 「전자정부법」 제36조 제1항에 따른 행정정보의 공동이용을 통하여 법인 등기사항증명서를 확인하여야 한다(규칙 제12조).

[서식 _ 청산종결 신고서]

■ 산업통상자원부장관 및 그 소속 청장 소관 비영리법인의 설립 및 감독에 관한 규칙 [별지 제6호 서식] 〈개정 2013.3.23〉

청산종결 신고서

접수번호		접수일	처리일	처리기간	7일
청 산 인	성명		생년월일		
	주소		전화번호		
청산법인	명칭		전화번호		
	소재지				

청산 연월일
청산 취지

「민법」 제94조 및 「산업통상자원부장관 및 그 소속 청장 소관 비영리법인의 설립 및 감독에 관한 규칙」 제12조에 따라 위와 같이 청산 종결을 신고합니다.

년   월   일

신고인(청산인)

(서명 또는 인)

산업통상자원부장관

(소속 청장)   귀하

신고인(청산인) 제출서류	없음	수수료 없 음
담당 공무원 확인사항	법인 등기사항증명서	

처리절차

신고서 작성	→	접 수	→	검토 · 확인	→	결재

신고인   처리기관: **산업통상자원부**, 소속청(비영리법인의 설립 및 감독 업무 담당부서)

210mm×297mm[일반용지 60g/㎡(재활용품)]

제21장 국토교통부 및 그 소속청 소관 비영리법인 설립

1. 개관

국토교통부 및 그 소속청 소관 비영리법인의 설립 및 감독에 관한 규칙(이하 '규칙'이라고만 함)은 「민법」에 따라 국토교통부장관 또는 그 소속 청장이 주무관청이 되는 비영리법인의 설립 및 감독에 필요한 사항을 규정함을 목적으로 하며, 이에 따른 비영리법인(이하 '법인'이라 한다)의 설립허가, 법인 사무의 검사 및 감독 등에 관하여는 다른 법령에 특별한 규정이 있는 경우를 제외하고는 이 규칙에서 정하는 바에 따른다.

본장은 국토교통부 및 그 소속청 소관 비영리법인의 설립과 관련한 일반절차인 설립허가신청 및 관련 첨부서류 그리고 정관변경허가신청, 사업계획보고 등에 관한 내용들을 정리하였다. 그 외 관련서류들은 제1편 비영리사단법인 및 제2편 비영리재단법인 관련 내용부분을 참고하기 바란다.

2. 설립허가절차

가. 설립허가의 신청

「민법」 제32조에 따라 법인의 설립허가를 받으려는 자(이하 '설립발기인'이라 한다)는 별지 제1호 서식의 법인 설립허가 신청서에 다음의 서류를 첨부하여 국토교통부장관 또는 그 소속 청장(이하 '주무관청'이라 한다)에게 제출하여야 한다. 이 경우 주무관청은 「전자정부법」 제36조 제1항에 따른 행정정보의 공동이용을 통하여 재산목록에 적힌 재산 중 토지 또는 건물의 등기부 등본을 확인하여야 한다(규칙 제3조).

• 설립발기인의 성명 · 생년월일 · 주소 및 약력을 적은 서류(설립발기인이 법인인 경우에는 그 명칭, 주된 사무소의 소재지, 대표자의 성명 · 생년월일 · 주소와 정관을 적은 서류) 1부
• 정관 1부
• 재산목록(재단법인의 경우에는 기본재산과 운영재산으로 구분하여 적어야 한다) 및 그 증명서류와 출연(出捐) 신청이 있는 경우에는 그 사실을 증명하는 서류 각 1부
• 해당 사업연도분의 사업계획 및 수입 · 지출 예산을 적은 서류 1부
• 임원 취임 예정자의 성명 · 생년월일 · 주소 · 약력을 적은 서류 및 취임승낙서 각 1부
• 창립총회 회의록(설립발기인이 법인인 경우에는 법인 설립에 관한 의사 결정을 증명하는 서류) 사본 1부

■ 국토교통부 및 그 소속청 소관 비영리법인의 설립 및 감독에 관한 규칙 [별지 제1호 서식] 〈개정 2013.3.23〉

법인 설립허가 신청서

접수번호	접수일		처리일	처리기간	**20일**

신청인	성명		생년월일 (외국인등록번호)
	주소		전화번호

법 인	명칭	전화번호
	소재지	

대표자	성명		생년월일 (외국인등록번호)
	주소		전화번호

「민법」 제32조 및 「국토교통부 및 그 소속청 소관 비영리법인의 설립 및 감독에 관한 규칙」 제3조에 따라 위와 같이 법인 설립허가를 신청합니다.

년   월   일

신청인   (서명 또는 인)

국 토 교 통 부 장 관
행정중심복합도시건설청장   귀하

신청인 제출서류	1. 설립발기인의 성명·생년월일·주소 및 약력을 적은 서류(설립발기인이 법인인 경우에는 그 명칭, 주된 사무소의 소재지, 대표자의 성명·생년월일·주소와 정관을 적은 서류) 1부 2. 정관 1부 3. 재산목록(재단법인의 경우에는 기본재산과 운영재산으로 구분하여 적어야 합니다) 및 그 증명서류와 출연 신청이 있는 경우에는 그 사실을 증명하는 서류 각 1부 4. 해당 사업연도분의 사업계획 및 수입·지출 예산을 적은 서류 1부 5. 임원 취임 예정자의 성명·생년월일·주소·약력을 적은 서류 및 취임승낙서 각 1부 6. 창립총회 회의록(설립발기인이 법인인 경우에는 법인 설립에 관한 의사 결정을 증명하는 서류) 사본 1부	수수료 없음
담당 공무원 확인사항	재산목록에 적힌 재산의 토지(건물) 등기부등본	

처리절차

신청서 작성 → 접 수 → 확 인 → 결 재 → 허가증 작성 → 허가증 발급

신청인   처리기관. 국토교통부, 행정중심복합도시건설청(비영리법인의 설립 및 감독 업무 담당부서)

210mm × 297mm[일반용지 60g/㎡(재활용품)]

제1장 총칙

제1조(명칭) 이 회는 사단법인 한국전기철도기술협회(이하'협회'라 한다)라 한다. (개정 2011.3.11)

제2조(목적) 협회는 회원의 품위유지와 복리증진, 회원 상호간의 친목을 도모하고 전기철도 기술인력의 양성과
지원, 지식의 보급으로 전기철도분야의 진흥을 통한 국민생활의 안정과 철도발전에 기여함을 목적으로 한다.
(개정 2011.3.11)

제3조(소재지) 협회의 주된 사무소는 경기도 광명시 기아로 168(소하동 656)에 두고 필요한 경우 이사회의 의결을 거쳐 지회를 둘 수 있다. (개정 2011.3.11, 2012.4.17)

제4조(사업) 협회는 제2조의 목적달성을 위하여 다음 각 호의 사업을 한다. (개정 2011.3.11)
 1. 전기철도 기술에 관한 연구, 조사, 개발, 지원
 2. 전기철도에 관한 자료, 도서, 회지의 발간
 3. 회원의 품위유지 및 자질향상을 위한 업무
 4. 전기철도 기술보급과 기술인력의 양성 · 자격인정 및 경력과 전기철도분야 실적의 관리
 5. 전기철도 시설에 관한 계획 · 조사 · 설계 · 감리의 연구와 자문
 6. 전기철도시설의 안전점검 및 품질검사 업무
 7. 관련기관 위탁사무 및 관련 자료 · 증명서 등의 발급
 8. 전기철도의 선진기술 도입과 해외 기술협력
 9. 기타 사회에 이바지 하고 목적달성에 필요한 사업

제2장 회원

제5조(회원) 협회의 회원은 정회원, 준회원, 특별회원, 법인회원 으로 구분하며 회원의 자격은

다음 각 호와 같다. (개정 2011.3.11)

1. 정회원은 국가 또는 공공기관에 재직하고있지 아니하는 전기철도분야 기술자 (개정 2011.3.11)

2. 준회원은 위 1호 이외의 자로서 전기철도 업무에 종사 하고 있는 자 (개정 2011.3.11, 2012.4.17)

3. 특별회원은 협회의 취지에 찬성하고 목적수행에 협조 하는 자.(개정 2011.3.11)

4. 법인회원은 협회의 목적과 사업취지에 적극 찬성하는 법인, 사업자 (개정 2011.3.11)

제6조(회원의 가입) ① 제5조의 규정에 의하여 협회 회원으로 가입하고자 하는 자는 회원가입 신청서를 제출

하고 소정의 회비를 납부하여야 한다. (신설 2011.3.11)

② 회원의 가입비와 연회비는 이사회의 의결에 의하여 따로 정한다. (개정 2011.3.11)

제7조(회원의 권리와 의무) ① 회원은 소정의 회비를 납부하고 이 정관의 규정을 준수함으로써 이 정관에서 정한

권리와 의무를 갖는다.(신설 2011.3.11)

② 회원은 협회에서 주관하는 회의 및 행사, 교육 등에 우선 참가할 수 있고, 각종자료를 제공받을 수 있다.

(신설 2011.3.11)

③ 정회원은 총회 발언권 및 의결권을 가진다. (신설 2011.3.11)

④ 정회원을 제외한 회원은 총회의 발언권 및 의결권을 갖지 아니한다. (신설 2011.3.11)

⑤회원은 다음 각 호의 의무를 가진다. (신설 2011.3.11)

1. 정관 및 제 규정을 준수할 의무

2. 회원으로서의 품위유지 및 성실의무

3. 회비를 납부할 의무

4. 기타 협회가 요구하는 각종 자료의 제출 및 신상변동에 따른 신고 등

제8조(자격상실 및 정지) ① 회원이 다음 각 호의 1에 해당할 때는 이사회의 의결에 따라 회원의 자격이 상실 또는

정지되고 자격이 상실 또는 정지된 회원은 의결권 및 발언권이 없으며, 납부한 회비와 협회의 재산에 대하여 아무

런 반환 청구도 할 수 없다. (개정 2011.3.11)

1. 협회의 명예를 손상시키거나 또는 신의를 떨어뜨리는 행위를 하였을 때는 자격상실

2. 정관 또는 총회의 결의를 무시하는 행위를 하였을 때는 자격상실

3. 회비를 납부하지 아니할 때는 자격정지

② 제1항제3호의 규정에 의하여 회원자격이 정지된 자가 소정의 회비를 납부한 때에는 납부한 시점부터 당연히 회원

자격이 회복된다. (신설 2011.3.11.)

제9조(회원의 탈퇴) 회원이 탈퇴하고자 하는 경우는 회장에게 탈퇴신고서를 제출함으로써 탈퇴할 수 있다.

(신설 2011.3.11.)

제10조(회원의 포상 및 징계) ① 협회의 발전에 공헌 하였거나 전기철도발전에 현저한 공로가 있는 회원에 대하

여는 포상할 수 있다. (신설 2011.3.11)

② 협회의 목적에 위배된 행위를 한 회원에 대하여는 징계 할 수 있으며, 구체적인 사항은 별도로 정한다. (신설 2011.3.11.)

제11조(회원의 교육) ① 협회는 회원의 자질향상을 위하여 필요한 교육을 할 수 있다. (신설 2011.3.11)

② 회원의 교육에 관하여 필요한 사항은 별도로 정한다.(신설 2011.3.11.)

제3장 임원과 직원

제12조(임원의 정원) 협회는 회장1인, 부회장 1인을 포함하여 15인 이내의 이사와 감사 1인을 둔다.

(개정 2011.3.11.)

제13조(임원의 선출) ① 회장 및 감사는 정회원의 자격을 가진 자 중 이사회의 추천을 통하여 총회에서 선출한다.

(개정 2011.3.11)

② 이사는 정회원의 자격을 가진 자 중 이사회에서 추천하여 총회에서 선출한다. (개정 2011.3.11)

③ 부회장은 선출된 임원중에서 회장의 추천을 통하여 이사회에서 선출한다. (개정 2011.3.11)

④ 상근이사는 선출된 임원중에서 회장이 임명한다. (개정 2011.3.11)

⑤ 회장 등 임원의 선출에 따른 필요한 사항은 별도의 규정으로 정한다. (신설 2014.3.18.)

제14조(임원의 임기) ① 회장의 임기는 3년 단임으로 한다. (신설 2011.3.11)

② 감사, 이사의 임기는 2년으로 하되, 1회에 한하여 중임할 수 있다. (신설 2011.3.11, 개정 2014.3.18)

③ 총회에서 선출된 임원의 임기는 선출된 날로부터 차기총회에서 임원을 선출하는 날 까지로 한다. (신설 2011.3.11)

④ 임원은 제3항의 규정에 의한 임기만료 후 라도 후임자가 선출될 때까지 그 직무를 수행한다. (신설 2011.3.11.)

제15조(임원의 직무) ① 회장은 협회를 대표하고 협회의 모든 업무를 총괄하며, 총회와 이사회의 의장이 된다.

(개정 2011.3.11)

② 부회장은 회장을 보좌하며 회장 유고시 그 직무를 대행 한다.

③ 이사는 이사회에 출석하여 협회 업무에 관한 사항을 의결한다.(개정 2011.3.11)

④ 감사는 협회의 사업과 회계를 감사하고 그 의견을 총회에 제출한다.

제16조(임원의 자격제한) 임원이 다음 각 호1 에 해당되는 행위를 한 때에는 자격을 제한 한다. (신설 2011.3.11)

 1. 금치산 또는 한정치산의 선고를 받은 때

 2. 파산선고를 받고 복권되지 아니한 때

 3. 금고 이상의 실형을 선고받고 그 집행이 종료되거나 집행을 받지 아니하기로 확정된 후 5년 이 지나지 아니 한때

 4. 현저한 부정행위 등으로 설립목적에 위배되는 행위를 한 사실이 있는 때

 5. 임원이 기타 사회적 물의를 일으켜 협회의 명예를 실추시켰다고 인정 될 때에는 회장은 이 사회의 의결을 거쳐
   정기총회 때까지 해당임원의 자격을 정지시킬 수 있다.

제17조(임원의 보수) ① 상근임원은 규정에서 정한 바에 따라 보수를 지급한다. (개정 2011.3.11)

② 비상근이사의 보수는 지급하지 않는다.

③ 비상근이사와 명예회장, 고문에게는 예산의 범위 내에서 수당, 여비 등을 지급할 수 있다. (개정 2011.3.11.)

제18조(직원) 상근임원의 업무를 보좌하기 위하여 협회는 직원을 둘 수 있으며, 직원의 정원과 보수는 이사회에서

정한다. (개정 2011.3.11.)

제19조(명예회장과 고문 및 자문위원) ① 직전회장은 특별한 사유가 없는 한 명예회장이 된다. (개정 2011.3.11)

② 전직회장은 고문으로 추대할 수 있다. (신설 2011.3.11)

③ 회장은 이사회의 의결을 거쳐 협회의 자문을 위한 자문위원을 둘 수 있다.

제4장 회 의

제20조(회의) ① 회의는 총회와 이사회로 한다.

② 총회 및 이사회는 다음과 같이 구성한다. (신설 2011.3.11)

  1. 총회는 정회원으로 구성한다.

  2. 이사회는 이사로 구성한다.

제21조(총회) ① 총회는 정기총회와 임시총회로 구분하고 정기총회는 매년 2월에 소집한다.

② 임시총회는 다음 각 호의 경우에 소집한다. (신설 2011.3.11)

  1. 회장이 필요하다고 인정할 때

  2. 이사회의 결의가 있을 때

  3. 정회원 3분의 1이상이 연서로 소집을 요구 할 때

제22조(총회의 소집) ① 총회는 회장이 소집하고, 회장은 그 의장이 된다. (신설 2011.3.11)

② 회장이 총회를 소집할 때에는 특별한 사정이 없는 한 의사일정과 의안을 총회를 개최하는 날로부터 7일 전 까지

회원에게 서면으로 통지하여야 한다. (신설 2011.3.11)

③ 회장은 임시총회의 소집요구를 접수한 때에는 그 날로부터 15일 이내에 총회를 소집하여야 한다. (신설 2011.3.11.)

제23조(총회의 의결사항) 총회는 다음 사항을 의결한다. (개정 2011.3.11)

1. 정관의 개정
2. 사업계획과 예산의 승인
3. 사업보고와 결산의 승인
4. 임원의 선출
5. 협회의 해산
6. 기타 주요사항

제24조(총회의 의결) ① 총회의 의결은 재적회원의 과반수 출석과 출석회원의 과반수이상 찬성으로 의결한다.

(개정 2011.3.11, 2012.4.17)

② 정관개정과 협회 해산은 재적회원의 3분의 2이상 찬성으로 의결한다. (개정 2011.3.11, 2012.4.17)

③ 정회원이 총회에 위임장을 제출할 경우 출석회원으로 인정한다. (개정 2011.3.11., 2012.4.17)

제25조(회의록) 총회의 회의록은 의장과 출석회원 2인 이상의 서명날인을 받아 보관하여야 한다. (신설 2011.3.11.)

제26조(이사회) ① 협회에 이사회를 둔다. (신설 2011.3.11)

② 이사회는 회장 및 이사로 구성하고 회장은 그 의장이 된다. (신설 2011.3.11)

③ 감사는 이사회에 출석하여 발언할 수 있으나 의결권은 없다. (신설 2011.3.11)

④ 명예회장과 고문 및 자문위원은 이사회에 참석하여 발언할 수 있으며 의결권은 없다. (신설 2011.3.11.)

제27조(이사회의 소집) ① 이사회는 다음 각 호의 경우에 회장이 소집한다. (신설 2011.3.11)

1. 회장이 필요하다고 인정하는 경우

2. 재적이사 3분의 2이상이 연서로 의안을 명시 하여 요구하는 경우

3. 의장이 이사회를 소집할 때에는 개최 7일전까지 의안을 이사에게 배부하여야 한다. 다만 긴급을 요하거나 의안의 성격상 기밀을 요할 경우 그러하지 아니한다.

제28조(이사회의 의결사항) 이사회는 다음의 사항을 심의 의결한다. (개정 2011.3.11)

1. 사업계획의 수립과 운영에 관한 사항

2. 제 규정의 제정 및 개정에 관한 사항

3. 예산의 편성과 결산에 관한 사항

4. 정관의 개정에 관한 사항

5. 재산의 매입과 처분에 관한 사항

6. 직원의 정원과 보수에 관한 사항

7. 총회에 제출하는 의안에 관한 사항

8. 기타 정관에서 정한 주요 사항

제29조(이사회의 의결) 이사회의 의결은 재적이사 과반수 이상의 출석과 출석이사 과반수 이상의 찬성으로 의결하며 가부동수일 경우에는 회장의 결정에 따른다. (개정 2011.3.11.)

제30조(회의록) 이사회는 이사회의 개최일시, 장소, 출석 이사의 서명날인 및 의결사항 등을 기재한 회의록을 보관
하여야 한다. (신설 2011.3.11.)

제5장 위원회

제31조(위원회의 설치) 협회를 효율적으로 운영하기 위하여 회장의 자문기구로 각 종 위원회를 설치 운영할 수
있다. (신설 2011.3.11.)

제32조(위원회의 조직과 운영) 각 위원회의 조직과 운영은 이사회에서 정한다. (신설 2011.3.11.)

제6장 재산 및 회계

제33조(재산의 구성) 협회의 재산은 가입비, 회비, 수수료, 찬조금 및 기부금, 정부의 보조금, 융자금 및 출연금으로 취득한 동산과 부동산으로 한다. (개정 2011.3.11.)

제34조(재산의 운용) 재산의 운용은 다음 각 호와 같이 한다. (개정 2011.3.11)

1. 협회의 재산은 제4조 규정에 의한 사업에 사용할 수 있다.

2. 재산을 취득하였을 때는 지체 없이 협회의 재산으로 편입한다.

3. 재산의 보존과 운용은 이사회에서 정한다.

제35조(회비세칙) 가입비와 회비에 관한 사항은 별도의 규정으로 정한다. 다만, 탈퇴한 회원의 납부한 회비는 반환하지 아니한다. (신설 2011.3.11.)

제36조(회계연도) 협회의 회계연도는 매년도 1월1일부터 12월 31일로 한다. (개정 2011.3.11.)

제37조(예산 및 결산) ① 회장은 회계연도가 끝나면 정기총회 개최일 20일전까지 직전 회계연도의 사업보고서, 수입에 관한 결산보고서와 재산목록의 서류를 작성하여 감사를 받는다. (개정 2011.3.11)

② 회장은 당해 회계연도 개시 1개월 이내에 사업계획과 예산에 관한사항을 이사회의 의결을 거쳐 정기총회의 승인을 얻는다.(개정 2011.3.11, 2012.4.17, 2014.3.18)

③ 감사는 제1항의 서류를 받아 감사하고 감사보고서를 작성하여 총회에 제출한다. (개정 2011.3.11)

④ 회장은 다음 각 호의 서류를 회계연도 종료 후 2월 이내에 국토교통부장관에게 제출하여야 한다. (신설 2012.4.17, 개정 2014.3.18)

1. 다음 사업연도의 사업계획 및 수지예산서

2. 당해 사업연도의 사업실적 및 수지결산서

3. 당해 사업연도말 현재의 재산목록 현황

4. 회원현황

5. 감사보고서

제38조(회비 및 수수료 부과 징수) 회비 및 수수료 등의 납입시기, 절차, 금액, 납입방법 및 부과기준은 별도의 규정으로 정한다. (신설 2011.3.11.)

제39조(찬조 및 기부금) 협회는 관련된 단체 또는 개인 및 법인으로부터 찬조 또는 기부금을 받을 수 있다. (신설 2011.3.11.)

제7장 정관의 개정과 해산

제40조(정관의 개정) 정관을 개정 할 때는 국토교통부장관의 승인을 받아야 한다. (개정 2011.3.11., 2014.3.18)

제41조(해산 및 잔여재산의 처리) ① 협회의 존속이 필요치 않을 때에는 제24조의 규정에 의한 총회의 의결을 거쳐 해산 한다. (신설 2011.3.11)
② 협회가 해산하는 경우 협회의 잔여재산은 총회에서 정하는 방법에 따라 처분한다. (신설 2011.3.11.)

제8장 보 칙

제42조(규칙) 협회의 사업과 운영에 필요한 규칙은 이사회의 의결을 거쳐 따로 정한다. (개정 2011.3.11.)

제43조(준용) 이 정관 및 운영규정을 제외하고는 민법 중 사단법인에 관한 사항과 관련법령의 규정을 준용한다. (신설 2011.3.11.)

[서식 – 그 외 관련 서식은 서식 중복기재 회피를 위하여 제1편 비영리사단법인 및 제2편 비영리재단법인 해당 서식을 참고하기 바란다]

나 설립허가

(1) 허가기준

주무관청은 법인 설립허가 신청의 내용이 다음의 기준에 맞는 경우에만 그 설립을 허가할 수 있다(규칙 제4조).

• 법인의 목적과 사업이 실현가능할 것
• 목적하는 사업을 할 수 있는 충분한 능력이 있고, 재정적 기초가 확립되어 있거나 확립될 수 있을 것
• 다른 법인과 같은 명칭이 아닐 것

(2) 심사 및 허가기간

주무관청은 법인 설립허가 신청을 받았을 때에는 특별한 사유가 없으면 20일 이내에 심사하여 허가 또는 불허가 처분을 하고, 그 결과를 서면으로 신청인에게 통지하여야 한다. 이 경우 허가를 할 때에는 별지 제2호 서식의 법인 설립허가증을 발급하고 별지 제3호 서식의 법인 설립허가대장에 필요한 사항을 적어야 하며, 법인 설립허가대장은 전자적 처리가 불가능한 특별한 사유가 없으면 전자적 처리가 가능한 방법으로 작성·관리하여야 한다.

(3) 조건부허가 주무관청은 법인의 설립허가를 할 때에는 필요한 조건을 붙일 수 있다.

■ 국토교통부 및 그 소속청 소관 비영리법인의 설립 및 감독에 관한 규칙 [별지 제2호 서식] 〈개정 2013.3.23〉 　　　　　(앞 쪽)

제 　호

법인 설립허가증

1. 법인 명칭:

2. 소 재 지:

3. 대 표 자
  ○ 성　　명:
  ○ 생년월일:
  ○ 주　　소:

4. 사업 내용:

5. 허가 조건:

「민법」 제32조 및 「국토교통부 및 그 소속청 소관 비영리법인의 설립 및　감독에 관한 규칙」 제4조에 따라 위와 같이 법인 설립을 허가합니다.

년　　　　　월　　　　　일

국 토 교 통 부 장 관
행정중심복합도시건설청장

┌─────┐
│ 직인 │
└─────┘

210mm×297mm[일반용지 60g/㎡(재활용품)]

준수사항

1. 「민법」 및 「국토교통부 및 그 소속청 소관 비영리법인의 설립 및 감독에 관한 규칙」 등 관련 법령과 정관에서 정한 내용을 준수해야 합니다.
2. 정관에서 정하는 목적사업 중 다른 법률에 따른 허가·인가·등록·신고의 대상이 되는 사업을 하려는 경우에는 관련 법령에 따른 절차를 거쳐야 합니다.
3. 매 사업연도 종료 후 2개월 이내에 다음의 서류를 주무관청의 소관 부서에 제출해야 합니다.
    가. 다음 사업연도의 사업계획 및 수입·지출 예산서 1부
    나. 해당 사업연도의 사업실적 및 수입·지출 결산서 1부
    다. 해당 사업연도 말 현재의 재산목록 1부
    * 주무관청: 국토교통부 ○○○○국 ○○○○과 (☎ 02-2110-○○○○)
4. 다음의 어느 하나에 해당되는 경우에는 「민법」 제38조에 따라 법인의 설립허가를 취소할 수 있습니다.
    가. 설립 목적 외의 사업을 하였을 때
    나. 공익을 해치는 행위를 하였을 때
    다. 설립허가의 조건을 위반하였을 때
    라. 각종 제출의무를 위반하였을 때
5. 법인이 해산(파산으로 인한 해산은 제외합니다)하였을 때에는 해산등기를 마친 후 지체 없이 주무관청에 해산신고를 해야 합니다.
6. 법인의 청산이 종결되었을 때에는 등기를 한 후 주무관청의 소관 부서에 신고해야 합니다.

〈 변 경 사 항 〉

일 자	내 용	확인

210mm×297mm[일반용지 60g/㎡(재활용품)]

다. 설립 관련 보고

(1) 재산이전

법인의 설립허가를 받은 자는 그 허가를 받은 후 지체 없이 기본재산 및 운영재산을 법인에 이전(移轉)하고 1개월 이내에 그 이전을 증명하는 등기소 또는 금융회사 등의 증명서를 주무관청에 제출하여야 한다(규칙 제5조).

(2) 설립관련 보고

법인은 「민법」 제49조부터 제52조까지의 규정에 따라 법인 설립 등의 등기를 하였을 때에는 10일 이내에 그 등기 사실을 주무관청에 서면으로 보고하여야 한다. 이 경우 주무관청은 「전자정부법」 제36조 제1항에 따른 행정정보의 공동이용을 통하여 법인 등기사항증명서를 확인하여야 한다.

3. 허가 후 절차

가. 정관 변경의 허가 신청

「민법」 제42조 제2항, 제45조 제3항 또는 제46조에 따른 정관 변경의 허가를 받으려는 법인은 별지 제4호 서식의 정관 변경허가 신청서에 다음의 서류를 첨부하여 주무관청에 제출하여야 한다(규칙 제6조).

• 정관 변경 사유서 1부
• 개정될 정관(신·구조문대비표를 첨부한다) 1부
• 정관 변경과 관계있는 총회 또는 이사회의 회의록 사본 1부
• 기본재산의 처분에 따른 정관 변경의 경우에는 처분 사유, 처분재산의 목록, 처분 방법 등을 적은 서류 1부

■ 국토교통부 및 그 소속청 소관 비영리법인의 설립 및 감독에 관한 규칙 [별지 제4호 서식] 〈개정 2013.3.23〉

정관 변경허가 신청서

접수번호		접수일	처리일	처리기간	10일

신청인	성명		생년월일 (외국인등록번호)	
	주소		전화번호	

법 인	명칭		전화번호
	소재지		
	설립 허가일		설립허가번호

대표자	성명		생년월일 (외국인등록번호)
	주소		전화번호

「민법」제42조 제2항 · 제45조 제3항 · 제46조 및 「국토교통부 및 그 소속청 소관 비영리법인의 설립 및 감독에 관한 규칙」 제6조에 따라 위와 같이 정관의 변경허가를 신청합니다.

년   월   일

신청인

(서명 또는 인)

국 토 교 통 부 장 관
행정중심복합도시건설청장   귀하

신청인 제출서류	1. 정관 변경 사유서 1부 2. 개정될 정관(신 · 구조문대비표를 첨부합니다) 1부 3. 정관 변경과 관계있는 총회 또는 이사회의 회의록 사본 1부 4. 기본재산의 처분에 따른 정관 변경의 경우에는 처분 사유, 처분재산의 목록, 처분 방법 등을 　　적은 서류 1부	수수료 없음

처리절차

신청서 작성	→	접 수	→	서류 확인 및 검토	→	결 재	→	결과 통지

신청인   처리기관: 국토교통부, 행정중심복합도시건설청(비영리법인의 설립 및 감독 업무 담당부서)

210mm×297mm[일반용지 60g/㎡(재활용품)]

[서식 – 그 외 관련 서식은 서식 중복기재 회피를 위하여 제1편 비영리사단법인 및 제2편 비영리재단법인 해당 서식을 참고하기 바란다]

나. 사업실적 및 사업계획 등의 보고

법인은 매 사업연도가 끝난 후 2개월 이내에 다음의 서류를 주무관청에 제출하여야 한다(규칙 제7조).

- 다음 사업연도의 사업계획 및 수입 · 지출 예산서 1부
- 해당 사업연도의 사업실적 및 수입 · 지출 결산서 1부
- 해당 사업연도 말 현재의 재산목록 1부

다. 법인 사무의 검사 · 감독

주무관청은 「민법」 제37조에 따른 법인 사무의 검사 및 감독을 위하여 불가피한 경우에는 법인에 관계 서류 · 장부 또는 그 밖의 참고자료 제출을 명하거나 소속 공무원으로 하여금 법인의 사무 및 재산 상황을 검사하게 할 수 있으며, 이에 따라 법인 사무를 검사하는 공무원은 그 자격을 증명하는 증표를 관계인에게 보여 주어야 한다(규칙 제8조).

4. 해산 등

가. 설립허가의 취소s

주무관청은 법인이 목적이외의 사업을 하거나 설립허가의 조건에 위반하거나 기타 공익을 해하는 행위를 한 때에는 그 허가를 취소할 수 있다. 다만 이에 따라 법인의 설립허가를 취소하려면 청문을 하여야 한다(규칙 제9조).

나. 해산신고

법인이 해산(파산으로 인한 해산은 제외한다)하였을 때에는 그 청산인은 「민법」 제85조 제1항에 따라 해산등기를 마친 후 지체 없이 해산 연월일, 해산 사유, 청산인의 성명 · 생년월일 · 주소, 청산 인의 대표권을 제한하는 경우 그 제한 내용을 적은 별지 제5호 서식의 법인 해산 신고서에 다음의 서류를 첨부하여 주무관청에 제출하여야 한다. 이 경우 주무관청은 「전자정부법」 제36조 제1항에 따른 행정정보의 공동이용을 통하여 법인 등기사항증명서를 확인하여야 한다(규칙 제10조).

- 해산 당시의 재산목록 1부
- 잔여재산 처분방법의 개요를 적은 서류 1부
- 해산 당시의 정관 1부
- 사단법인이 총회의 결의에 의하여 해산하였을 때에는 그 결의를 한 총회의 회의록 사본 1부
- 재단법인이 이사회의 해산결의에 의하여 해산하였을 때에는 그 결의를 한 이사회의 회의록 사본 1부

■ 국토교통부 및 그 소속청 소관 비영리법인의 설립 및 감독에 관한 규칙 [별지 제5호 서식] 〈개정 2013.3.23〉

법인 해산 신고서

접수번호		접수일		처리일		처리기간	7일

청산인	성명		생년월일 (외국인등록번호)	
	주소		전화번호	

청산법인	명칭		전화번호	
	소재지			

해산 연월일	
해산 사유	

「민법」 제86조 제1항 및 「국토교통부 및 그 소속청 소관 비영리법인의 설립 및 감독에 관한 규칙」 제10조에 따라 위와 같이 법인 해산을 신고합니다.

년　　　월　　　일

신고인　　　　　　　　　　　(서명 또는 인)

국 토 교 통 부 장 관
행정중심복합도시건설청장　　　귀하

신고인 제출서류	1. 해산 당시의 재산목록 1부 2. 잔여재산 처분방법의 개요를 적은 서류 1부 3. 해산 당시의 정관 1부 4. 사단법인이 총회 결의에 의하여 해산하였을 때에는 그 결의를 한 총회의 회의록 사본 1부 5. 재단법인이 이사회의 해산결의에 의하여 해산하였을 때에는 그 결의를 한 이사회의 회의록 사본 1부	수수료 없 음
담당 공무원 확인사항	법인 등기사항증명서	

처리절차

신고서 작성	→	접 수	→	검토 확인	→	결재
신고인		처리기관: 국토교통부, 행정중심복합도시건설청(비영리법인의 설립 및 감독 업무 담당부서)				

210mm×297mm[일반용지 60g/㎡(재활용품)]

나. 잔여재산 처분의 허가

법인의 이사 또는 청산인은 「민법」 제80조 제2항에 따라 잔여재산의 처분에 대한 허가를 받으려면 그 처분 사유, 처분하려는 재산의 종류·수량·금액 및 처분 방법을 적은 별지 제6호 서식의 잔여재산 처분허가 신청서에 다음의 서류를 첨부하여 주무관청에 제출하여야 한다(규칙 제11조).

• 해산 당시의 정관 1부(해산신고 시 제출한 정관과의 확인이 필요한 경우만 해당한다)
• 총회의 회의록 사본 1부(사단법인으로서 해산신고 시에 제출한 서류로써 확인이 되지 아니한 경우만 해당한다)

■ 국토교통부 및 그 소속청 소관 비영리법인의 설립 및 감독에 관한 규칙 [별지 제6호 서식] 〈개정 2013.3.23〉

잔여재산 처분허가 신청서

접수번호	접수일	처리일	처리기간	10일

신청법인	명칭		전화번호	
	소재지			

대 표 자 (이사 · 청산인)	성명		생년월일 (외국인등록번호)	
	주소		전화번호	

처분재산	종류 및 수량
	금액
	처분 방법

처분 사유

「민법」 제80조 제2항 및 「국토교통부 및 그 소속청 소관 비영리법인의 설립 및 감독에 관한 규칙」 제11조에 따라 위와 같이 잔여재산 처분허가를 신청합니다.

년　　　월　　　일

신청인

(서명 또는 인)

국 토 교 통 부 장 관
　행정중심복합도시건설청장　　　귀하

신청인 제출서류	1.해산 당시의 정관 1부(해산신고 시 제출한 정관과의 확인이 필요한 경우에만 제출합니다). 2.총회의 회의록 사본(사단법인의 경우에만 제출합니다) 1부. 　(해산신고 시에 제출한 서류로써 확인이 되지 않을 경우에만 제출합니다)	수수료 없음

처리절차

신청서 작성	→	접 수	→	확 인	→	결 재	→	결과 통지
신청인		처리기관: 국토교통부, 행정중심복합도시건설청(비영리법인의 설립 및 감독 업무 담당부서)						

210mm × 297mm[일반용지 60g/㎡(재활용품)]

다. 청산 종결의 신고

청산인은 법인의 청산이 종결되었을 때에는 「민법」 제94조에 따라 등기를 한 후, 별지 제7호 서식의 청산종결 신고서를 주무관청에 제출하여야 한다. 이 경우 주무관청은 「전자정부법」 제36조 제1항에 따른 행정정보의 공동이용을 통하여 법인 등기사항증명서를 확인하여야 한다(규칙 제12조).

[서식 _ 청산종결 신고서]

■ 국토교통부 및 그 소속청 소관 비영리법인의 설립 및 감독에 관한 규칙 [별지 제7호 서식] 〈개정 2013.3.23〉

청산종결 신고서

접수번호	접수일		처리일	처리기간	즉시
청 산 인	성명		생년월일 (외국인등록번호)		
	주소		전화번호		
청산법인	명칭		전화번호		
	소재지				

청산 연월일

청산 취지

「민법」 제94조 및 「국토교통부 및 그 소속청 소관 비영리법인의 설립 및 감독에 관한 규칙」 제12조에 따라 위와 같이 청산 종결을 신고합니다.

년   월   일

신고인(청산인)   (서명 또는 인)

국 토 교 통 부 장 관
행정중심복합도시건설청장   귀하

신고인 (청산인) 제출서류	없 음	수수료
담당 공무원 확인사항	법인 등기사항증명서	없 음

210mm × 297mm[일반용지 60g/㎡(재활용품)]

제22장 법원행정처 소관 비영리법인 설립

1. 개관

법원행정처 소관 비영리법인의 설립 및 감독에 관한 규칙(이하 '규칙'이라고만 함)은 「민법」에 따라 법원행정처장이 주무관청이 되는 비영리법인의 설립 및 감독에 필요한 사항을 규정함을 목적으로 하며, 이에 따른 비영리법인(이하 '법인'이라 한다)의 설립허가, 법인 사무의 검사 및 감독 등에 관하여는 다른 법령에 특별한 규정이 있는 경우를 제외하고는 이 규칙에서 정하는 바에 따른다. 본장은 법원행정처 소관 비영리법인의 설립과 관련한 일반절차인 설립허가신청 및 관련 첨부서류 그리고 정관변경허가신청, 사업계획보고 등에 관한 내용들을 정리하였다. 그 외 관련서류들은 제1편 관련 내용부분을 참고하기 바란다.

2. 설립허가절차

가. 제3조(설립허가의 신청)

「민법」 제32조의 규정에 의하여 법인의 설립허가를 받고자 하는 자(이하 '설립발기인'이라 한다)는 별지 제1호 서식에 의한 법인설립허가신청서에 다음 각 호의 서류를 첨부하여 법원행정처장에게 제출하여야 한다(규칙 제3조).

1. 설립발기인의 성명 · 생년월일 · 주소 및 약력을 기재한 서류(설립발기인이 법인인 경우에는 그 명칭, 주된 사무소의 소재지, 대표자의 성명 · 생년월일 · 주소와 정관을 기재한 서류) 1부
2. 정관 1부
3. 재산목록(재단법인에 있어서는 기본재산과 운영재산으로 구분하여 기재하여야 한다) 및 그 입증서류와 출연의 신청이 있는 경우에는 그 사실을 증명하는 서류 각 1부
4. 당해사업연도분의 사업계획 및 수지예산을 기재한 서류 1부
5. 임원 취임예정자의 성명 · 생년월일 · 주소 및 약력을 기재한 서류와 취임승낙서 각 1부
6. 창립총회회의록(설립발기인이 법인인 경우에는 법인설립에 관한 의사의 결정을 증명하는 서류) 1부

[별지 제1호 서식] 〈개정 2014.11.6.〉

법인설립허가신청서

신청인	주소		전화번호	
	성명		생 년 월 일	

법인명	명칭		전화번호	
	소재지			
	대표자 성명			

　

「민법」 제32조 및 「법원행정처소관 비영리법인의 설립 및 감독에 관한 규칙」 제3조의 규정에 의하여 위와 같이 법인설립허가를 신청합니다.

20 . . .

신청인　　　　　(인)

법원행정처장　귀하

　

첨부서류
1. 설립발기인의 성명·생년월일·주소 및 약력을 기재한 서류(설립발기인이 법인인 경우에는 그 명칭, 주된 사무소의 소재지, 대표자의 성명·생년월일·주소와 정관을 기재한 서류) 1부
2. 정관 1부
3. 재산목록(재단법인에 있어서는 기본재산과 운영재산으로 구분하여 기재하여야 한다) 및 그 입증서류와 출연의 신청이 있는 경우에는 그 사실을 증명하는 서류 각 1부
4. 당해사업연도분의 사업계획 및 수지예산을 기재한 서류 1부
5. 임원 취임예정자의 성명·생년월일·주소 및 약력을 기재한 서류와 취임승낙서 각 1부
6. 창립총회회의록(설립발기인이 법인인 경우에는 법인설립에 관한 의사의 결정을 증명하는 서류) 1부

제1장 총칙

제1조 (명칭) 본 학회는 사단법인 한국조정학회(영문명칭 The Korean Society of Mediation Studies, 약칭 KSMS, 이하 본 학회라 칭한다.)라 한다.

제2조 (목적) 본 학회는 조정제도의 이론과 실무에 관하여 회원들이 협력하여 연구하고, 연구한 성과를 발표하고 토론함으로써 이 분야의 학문적 발전과 조정제도 개선에 이바지하는 것을 목적으로 한다.

제3조 (사무소) 본 학회는 주사무소를 서울특별시에 두고 필요에 따라 지방에 지부를 둘 수 있다.

제4조 (사업)

① 본 학회는 다음과 같은 사업을 한다.

　　1. 조정제도에 관한 이론과 실무에 관련된 연구

　　2. 연구결과의 발표, 학회지의 발간 등 학술활동

　　3. 조정제도에 관련된 연구의 용역과 자문

　　4. 국내외 관련기관과의 유대강화 및 국제협력

　　5. 조정제도에 관한 이론과 실무의 교육 및 인증

　　6. 조정수행기관의 설치 및 운영

　　7. 기타 본 학회의 목적달성을 위하여 이사회가 필요하다고 인정한 사업

② 본 학회는 위 목적사업을 지원하기 위하여 관련 위탁사업 등을 할 수 있으며, 수입은 학술대회 등 제1항의 공익을 위하여 사용하고 사업의 수혜자는 불특정 다수인으로 한다.

제2장 회원

제5조 (일반회원) 일반회원은 다음 각 호의 1에 해당하는 자로서 본 학회의 취지에 찬동하여 가입을 신청하고 이사회의 승인을 받은 자로 한다.

1. 박사학위 소지자 또는 전임강사 이상의 자

2. 판사, 검사 또는 변호사의 자격이 있는 자

3. 조정실무 종사자

4. 기타 위와 동등한 자격이 있다고 인정되는 자

제6조 (준회원) 준회원은 사법연수원, 법학전문대학원 또는 대학원에 재학하는 자로서 본 학회의 취지에 찬동하여 가입을 신청하고 이사회의 승인을 받은 자로 한다.

제7조 (특별회원) 특별회원은 본 학회의 취지에 찬동하여 특별히 찬조하거나 본 학회의 발전에 공이 있는 자(법인을 포함한다)로서 이사회에서 추천하여 회장이 결정한 자로 한다.

제8조 (회원의 권리와 의무)
① 일반회원은 총회에 출석하여 의결권을 행사하고, 회원은 본 학회가 발간하는 학회지 등의 교부 및 본 학회의 사업에 참가할 수 있다.
② 회원은 소정의 회비를 납부하여야 하며 총회 또는 이사회에서 결의한 회원의 의무를 준수하여야 한다.

제9조 (회원의 자격상실)
① 회원은 임의로 본 학회를 탈퇴할 수 있다. 다만, 납입된 회비 등은 반환하지 아니한다.
② 회원이 본 학회의 회칙을 위반하는 등 목적에 위배되는 행위를 하거나 품위를 손상시킨 때에는 이사회의 결의로써 제명할 수 있다.

제3장 임원 등

제10조 (임원) 본 학회에 다음의 임원을 둔다.
1. 회장 1인
2. 부회장 수인
3. 업무별, 직역별 상임이사 및 이사 수인 (회장, 부회장 포함 10명 이내)
4. 감사 2인 이내

제11조 (임원의 선임 및 임기)

① 회장은 이사회에서 추천하여 총회에서 선출한다.

② 감사는 총회에서 선출한다.

③ 부회장, 상임이사, 이사 및 간사 등 기타 보직은 회장이 위촉한다.

④ 임원의 임기는 2년으로 하되 연임할 수 있다. 단, 보궐선임된 임원의 임기는 전임자의 잔여 임기로 한다.

⑤ 특별한 사유로 인하여 총회를 개최하지 못함으로써 차기 임원을 선출하기 전에 임원의 임기가 만료된 경우에는 차기 임원이 선출될 때까지 전임자가 그 임무를 수행한다.

제12조 (명예회장 및 고문)

① 회장은 본 학회의 회장을 역임한 자 가운데에서 이사회의 동의를 얻어 명예회장을 추대할 수 있다.

② 회장은 이사회의 동의를 얻어 약간 명의 고문을 둘 수 있다.

③ 명예회장 및 고문의 임기는 임원의 임기에 준한다.

제13조 (임원의 직무)

① 회장은 본 학회를 대표하고 회무를 총괄하며 총회 및 이사회의 의장이 된다.

② 부회장은 회장을 보좌하고 회장으로부터 위임된 회무를 처리하며, 부회장 중 최고 연장자는 회장 유고시 회장의 직무를 대행한다.

③ 상임이사와 이사는 이사회에 참석하여 본 학회의 중요사항을 심의 결정하며, 회장을 보좌하고 회장이 위임한 직무를 처리한다.

④ 감사는 년1회 이상 본 학회의 회계와 업무를 감사하고 그 결과를 총회에 보고한다. 단, 감사는 총회 또는 이사회에 출석하여 의견을 진술할 수 있으나 의결권은 없다.

제4장 총회

제14조 (총회의 구성) 총회는 일반회원으로 구성한다.

제15조 (총회의 의결사항) 총회는 다음 사항을 의결한다.

  1. 회장 및 임원 선출에 관한 사항

  2. 정관변경에 관한 사항

  3. 사업계획, 예산 및 사업실적과 결산에 관한 사항

4. 본 학회의 해산 및 청산에 관한 사항

5. 기타 중요한 사항

제16조 (총회의 소집)

① 총회는 정기총회와 임시총회로 구분하며 회장이 이를 소집한다.

② 정기총회는 년 1회로 하며 매년 [2]월에 개최한다.

③ 임시총회는 다음 각 호의 1에 해당하는 경우에 소집한다.

1. 회장이 필요하다고 인정하는 경우

2. 이사회의 결의가 있는 경우

3. 재적이사 3분의 1 이상의 요구가 있는 경우

④ 회장은 총회에 부의할 회의 안건을 명시하여 7일전에 각 회원에게 서면으로 통지하여야 한다. 다만 긴급을 요하거나 기타 불가피한 사유가 있을 때에는 구두, 전화, 팩스 또는 이메일로써 통지할 수 있다.

⑤ 총회는 전항의 통지사항에 한하여서만 결의할 수 있다. 다만, 출석회원 과반수의 찬성이 있을 때에는 미리 통지하지 아니한 사항에 대하여도 이를 부의하여 결의할 수 있다.

제17조 (총회의 의결 및 제척사유)

① 총회는 출석회원 과반수의 찬성으로 의결한다. 다만, 가부동수인 경우에는 의장이 결정한다.

② 총회에서 의장 또는 회원이 다음 각 호의 1에 해당하는 때에는 그 결의에 참여하지 못한다.

1. 임원의 선임 및 해임에 있어서 그 자신에 관한 사항

2. 금전 및 재산의 수수를 수반하는 사항으로써 의장 또는 회원 자신과 본 학회와의 이해가 상반되는 사항

제5장 이사회

제18조 (이사회의 구성 및 정족수) 이사회는 상임이사 및 이사로 구성하고, 재적이사 3분의 1이상의 출석으로 성립되며 출석이사 과반수의 찬성으로 의결한다. 다만, 가부동수인 경우에는 의장이 결정한다.

제19조 (이사회의 소집)

① 이사회는 회장이 필요하다고 인정하거나 재적이사 3분의 1이상의 요구가 있을 때에 회장이 이를 소집한다.

② 이사회를 소집하고자 할 때에는 적어도 회의 7일전에 회의의 안건을 명시하여 각 이사에게 서면으로 통지하여야 한다. 다만, 긴급을 요하거나 기타 불가피한 사유가 있을 때에는 구두, 전화, 팩스 또는 이메일로 통지할 수 있다.

③ 이사회는 전항의 통지사항에 한하여서만 의결할 수 있다. 다만, 출석 이사 과반수의 찬성이 있을 때는 미리 통지하지 아니한 사항에 대하여도 이를 부의하여 결의할 수 있다.

제20조 (의결제척사유) 이사회는 의결에 있어서 제17조 제2항의 규정을 준용한다.

제21조 (이사회의 의결사항) 이사회는 다음 사항을 심의의결한다.

1. 정관의 개정 및 본 학회의 운영에 필요한 제 규정의 제정 및 개정
2. 임원의 추천
3. 학술발표 및 세미나 개최 등의 사업계획과 예산안 및 사업실적과 결산승인
4. 회원가입, 제명 및 회비징수
5. 재산의 관리 운영
6. 학회지 등의 발간
7. 총회의 위임사항
8. 기타 본 학회 운영에 관한 중요사항

제6장 사무국

제22조 (사무국)

① 본학회는 상시적인 제반업무를 처리하기 위하여 사무국을 둘 수 있다.

② 사무국에는 사무국장과 직원을 두며 예산의 범위 내에서 보수를 지급할 수 있다.

③ 사무국장은 회장이 지명하여 이사회의 승인을 얻어 취임한다. 단, 재임기간 중 (당연직) 부회장이 된다.

제7장 재정

제23조 (수입)

① 본 학회의 재정은 다음 수입금으로 충당한다.

　　1. 회비

　　2. 기부금 및 찬조금

　　3. 인증 등 본 학회의 기타 사업수입

② 회비 등의 부과 및 징수방법은 이사회에서 결정한다.

③ 학회의 연간 기부금 모금액 및 그 활용 실적을 학회의 인터넷 홈페이지(http://www.me-diate.or.kr)에 다음 연도 3월 31일까지 공개한다.

제24조 (회계 연도) 본 학회의 회계 연도는 매년 1월 1일부터 12월 31일까지로 한다.

제25조 (세입세출예산) 본 학회의 세입세출예산은 매 회계 연도 개시 후 2개월 내에 편성하여 사업계획서와 함께 이사회의 결의와 총회의 승인을 얻는다.

제26조 (결산) 본 학회는 매 회계 연도 종료 후 2개월 이내에 다음 각 호의 서류를 갖추어 이사회의 결의와 총회의 승인을 얻는다.

　　1. 사업실적서

　　2. 수지결산서

　　3. 대차대조표

　　4. 감사보고서

　　5. 잉여금처분계산서

제27조 (임원의 보수) 임원은 명예직으로 한다. 다만, 업무수행상 실비에 대하여는 이사회의 동의를 얻어 그 전액 또는 일부를 본 학회의 부담으로 지급할 수 있다.

제8장 해산 및 보칙

제28조 (해산 및 잔여재산의 귀속)

① 본 학회의 해산은 총회에서 재적인원 과반수의 출석과 출석회원 3분의 2이상의 찬성으로 결의한다.

② 본 학회의 해산 후의 청산에 관하여는 민법의 규정에 따른다.

③ 학회가 해산하는 경우에 청산 후의 잔여재산은 국가 · 지방자치단체 또는 우리 학회와 유사

한 목적을 가진 비영리법인에 귀속하도록 기증한다.

제29조 (정관개정) 본 학회의 정관은 출석회원 3분의 2이상의 찬성으로 개정할 수 있다.

[서식 – 그 외 관련 서식은 서식 중복기재 회피를 위하여 제1편 비영리사단법인 및 제2편 비영리재단법인 해당 서식을 참고하기 바란다]

나. 설립허가

(1) 설립기준

법원행정처장은 법인설립허가신청의 내용이 다음의 기준에 적합한 경우에 한하여 이를 허가한다(규칙 제4조).

- 법인의 목적과 사업이 실현가능할 것
- 목적하는 사업을 수행할 수 있는 충분한 능력이 있고, 재정적 기초가 확립되어 있거나 확립될 수 있을 것
- 다른 법인과 동일한 명칭이 아닐 것

(2) 심사 및 허가기간

법원행정처장은 법인설립허가신청을 받은 때에는 특별한 사유가 없는 한 20일 이내에 이를 심사하여 허가 또는 불허가의 처분을 하고, 이를 서면으로 신청인에게 통지하여야 한다. 이 경우 허가를 하는 때에는 별지 제2호 서식에 의한 법인설립허가증을 교부하고 별지 제3호 서식에 의한 법인설립허가대장에 필요한 사항을 기재하여야 한다.

(3) 조건부허가

법원행정처장은 법인의 설립허가를 하는 때에는 필요한 조건을 붙일 수 있다.

[별지 제2호 서식]

제   호

법인설립허가증

법인명

소재지

대표자성명

「민법」 제32조 및 「법원행정처소관 비영리법인의 설립 및 감독에 관한 규칙」 제4조의 규정에 의하여 위 법인의 설립을 허가합니다.

년   월   일

법원행정처장   (인)

다. 재산이전의 보고

법인의 설립허가를 받은 자는 그 허가를 받은 후 지체없이 기본재산 및 운영재산을 법인에 이전하고, 1월 이내에 그 이전사실을 증명하는 등기소 또는 금융기관의 증명서를 법원행정처장에게 제출하여야 한다(규칙 제5조).

라. 설립등기 등의 보고

법인은 「민법」 제49조 내지 제52조의2의 규정에 의하여 법인 설립등기 등을 한 때에는 7일 이내에 등기부등본 1부를 법원행정처장에게 제출하여야 한다(규칙 제6조).

3. 허가 후 절차

가. 정관변경의 허가신청

법인은 「민법」 제42조 제2항·제45조 제3항 또는 제46조의 규정에 의한 정관변경의 허가를 받고자 하는 경우에는 별지 제4호 서식에 의한 법인정관변경허가신청서에 다음의 서류를 첨부하여 법원행정처장에게 제출하여야 한다(규칙 제7조).

- 정관변경이유서 1부
- 개정될 정관(신·구 조문 대비표 첨부) 1부
- 정관의 변경에 관한 총회 또는 이사회의 회의록 1부
- 기본재산의 처분에 따른 정관변경의 경우에는 처분의 사유, 처분재산의 목록, 처분의 방법 등을 기재한 서류 1부

[별지 제4호 서식]

법인정관변경허가신청서

명 칭		전화번호	
소 재 지			
대 표 자 성 명			
설립허가년월일		설립허가 번 호	

「민법」 제42조 제2항 · 제45조 제3항 · 제46조 및 「법원행정처소관 비영리법인의 설립 및 감독에 관한 규칙」 제7조의 규정에 의하여 별첨과 같이 정관 변경허가를 신청합니다.

20 . . .

신 청 인   (인)

법원행정처장   귀하

첨부서류

1. 정관변경이유서 1부
2. 개정될 정관(신 · 구 조문 대비표 첨부) 1부
3. 정관의 변경에 관한 총회 또는 이사회의 회의록 1부
4. 기본재산의 처분에 따른 정관변경의 경우에는 처분의 사유, 처분재산의 목록, 처분의 방법 등을 기재한 서류 1부

[서식 – 그 외 관련 서식은 서식 중복기재 회피를 위하여 제1편 비영리사단법인 및 제2편 비영리재단법인 해당 서식을 참고하기 바란다]

나. 임원선임의 보고

법인이 임원을 개선한 때에는 지체없이 임원 취임예정자의 성명·생년월일·주소 및 약력을 기재한 서류와 취임승낙서 각 1부와 임원개선을 결의한 총회 또는 이사회의 회의록을 첨부하여 법원행정처장에게 보고하여야 한다. 다만, 재임된 임원에 대하여는 위의 서류를 제출하지 아니한다(규칙 제8조).

다. 사업실적 및 사업계획등의 보고

법인은 매 사업연도 종료후 2월 이내에 다음의 서류를 법원행정처장에게 제출하여야 한다(규칙 제9조).
• 다음 사업연도의 사업계획 및 수지예산서 1부
• 당해 사업연도의 사업실적 및 수지결산서 1부
• 당해 사업연도말 현재의 재산목록 1부

라. 법인사무의 검사·감독

법원행정처장은 「민법」 제37조의 규정에 의한 법인사무의 검사 및 감독을 위하여 불가피한 경우에는 법인에게 관계서류·장부 기타 참고자료의 제출을 명하거나, 소속공무원으로 하여금 법인의 사무 및 재산상황을 검사하게 할 수 있으며, 이의 규정에 의하여 법인사무를 검사하는 공무원은 그 자격을 증명하는 증표를 관계인에게 제시하여야 한다(규칙 제10조).

4. 해산 등

가. 설립허가의 취소

법원행정처장은 법인이 목적이외의 사업을 하거나 설립허가의 조건에 위반하거나 기타 공익을 해하는 행위를 한 때에는 그 허가를 취소할 수 있다. 다만 그 허가를 취소하고자 하는 경우에는 취소사유 등을 당해 법인에게 문서로 통지하고 그에게 의견제출의 기회를 주어야 한다(규칙 제11조).

나. 해산신고

법인이 해산한 때(파산에 의한 해산의 경우를 제외한다)에는 그 청산인은 「민법」 제85조 제1항의 규정에 의하여 해산등기를 완료한 후 지체없이 별지 제5호 서식에 의한 법인해산신고서에 다음의 서류를 첨부하여 법원행정처장에게 제출하여야 한다(규칙 제12조).
• 해산당시의 재산목록 1부

- 잔여재산의 처분방법의 개요를 기재한 서류 1부

- 해산당시의 정관 1부

- 사단법인이 총회의 결의에 의하여 해산한 때에는 당해결의를 한 총회의 회의록 1부

- 재단법인의 해산시 이사회의 해산결의가 있는 때에는 당해결의를 한 이사회의회의록 1부

[서식 _ 법인해산신고서]

[별지 제5호 서식]

	법인해산신고서				
청산법인	명 칭		전화번호		
	소 재 지				
	청산인성명				
	청산인주소				
해산년월일					
해 산 사 유					

「민법」 제86조 및 「법원행정처소관 비영리법인의 설립 및 감독에 관한 규칙」 제12조의 규정에 의하여 위와 같이 신고합니다.

년   월   일

신 청 인   (인)

법원행정처장   귀하

첨부서류
1. 해산당시의 재산목록 1부
2. 잔여재산의 처분방법의 개요를 기재한 서류 1부
3. 해산당시의 정관 1부
4. 사단법인이 총회의 결의에 의하여 해산한 때에는 당해결의를 한 총회의 회의록 1부
5. 재단법인의 해산시 이사회의 해산결의가 있는 때에는 당해결의를 한 이사회의 회의록 1부

다. 잔여재산처분의 허가

법인의 이사 또는 청산인이 「민법」 제80조 제2항의 규정에 의하여 잔여재산의 처분에 대한 허가를 받고자 하는 때에는 별지 제6호 서식에 의한 잔여재산처분허가신청서를 법원행정처장에게 제출하여야 한다(규칙 제13조).

[서식 _ 잔여재산처분허가신청서]

[별지 제6호 서식]

잔여재산처분허가신청서

신청인	명 칭		전화번호	
	소 재 지			
	대표자(이사, 청산인)성명			
	주 소			
처분재산	종 류			
	금 액			
	처분방법			
처 분 사 유				

「민법」 제80조 제2항 및 「법원행정처소관 비영리법인의 설립 및 감독에 관한 규칙」 제13조의 규정에 의하여 위와 같이 신청합니다.

년 월 일

신 청 인 　(인)

법원행정처장 귀하

라. 청산종결의 신고

청산인은 법인의 청산이 종결된 때에는 「민법」 제94조의 규정에 의하여 이를 등기한 후 등기부등본을 첨부하여 청산종결을 법원행정처장에게 신고하여야 한다(규칙 제14조).

제5편
기타 공익법인 및 특수법인

제1장 사회복지법인 설립

제1절 총 설

사회복지법인이라 함은 사회복지사업을 행할 목적으로 설립된 법인이나 그 연합체를 말한다.

사회복지사업이라 함은 국민기초생활보장법, 아동복지법, 노인복지법, 장애인복지법, 한부모가족지원법, 영유아보육법, 성매매방지 및 피해자보호 등에 관한 법률, 정신보건법, 성폭력방지 및 피해자보호 등에 관한 법률, 입양특례법, 일제하 일본군위안부 피해자에 대한 생활안정지원 및 기념사업 등에 관한 법률, 사회복지공동모금회법, 장애인·노인·임산부 등의 편의증진 보장에 관한 법률, 가정폭력방지 및 피해자보호 등에 관한 법률, 농어촌주민의 보건복지증진에 관한 특별법, 식품기부 활성화에 관한 법률, 의료급여법, 기초노령연금법, 긴급복지지원법, 다문화가족지원법, 장애인연금법, 장애인활동 지원에 관한 법률, 노숙인 등의 복지 및 자립지원에 관한 법률, 보호관찰 등에 관한 법률, 장애아동 복지지원법 등에 의한 보호, 선도 또는 복지에 관한 사업과 사회복지상담, 부랑인 및 노숙인보호, 직업보도, 무료숙박, 지역사회복지, 의료복지, 재가복지, 사회복지관 운영, 정신질환자 및 한센병력자 사회복귀에 관한 사업 등 각종 복지사업과 이와 관련된 자원봉사 활동 및 복지시설의 운영 또는 지원을 목적으로 하는 사업을 말한다.

분류	세부내용	적용법령
비영리법인 일반사항	법인관련기본사항	민법
	공익법인 관련사항	공익법인의설립·운영에 관한 법률
사회복지법인 일반사항	설립운영 관련사항	사회복지사업법
	재산회계 관련사항	사회복지법인재무·회계규칙
사회복지사업관련 사항(목적사업)	사회복지일반	사회복지사업법 국민기초생활보장법 의료급여법 사회복지공동모금회법 식품기부활성화에관한법률
	노인복지	노인복지법, 기초노령연금법
	아동복지	아동복지법, 입양촉진및절차에관한특례법
	장애인복지	장애인복지법 장애인, 노인, 임산부등의편의증진에관한법률
	부랑노숙인복지 결핵한센복지	사회복지사업법
	정신보건	정신보건법
	농어촌보건복지	농어촌주민의보건복지증진을위한특별법
	모부자복지	한부모가족지원법
	영유아복지	영유아보육법
	다문화복지	다문화가족지원법
	특수폭력피해자복지	성매매방지및피해자보호에관한법률 성폭력범죄의처벌및피해자보호등에관한법률 가정폭력방지및피해자보호등에관한법률
	기타	긴급복지지원법
기타사항	조세특력관련	법인세법, 소득세법, 관세법, 지방세법 상속세및증여세법, 조세특례제한법등
	부담금특례관련	사압사업법 등
	재산 및 계약 특례관련	지방재정법, 도시개발법, 폐교재산의활용촉진을위한특별법, 국가를당사자로하는계약에관한법률 등
	기타적용사항	건축법, 개발제한구역의지정및관리에관한특별법, 산림기본법, 산지관리법, 소방시설설치유지및안전에관리에관한법률, 전기사업법, 공공기관의정보공개에관한법률등

제2절 사회복지법인의 설립

1. 서설

1) 의의
사회복지법사업법은 그 법인을 설립하고자 하는 자가 사회복지사업을 행할 목적으로 하여 일정한 재산을 출연하고 정관을 작성하여 시 도시자의 허가를 받은 후 그 주된 사무소의 소재지에서 설립등기를 함으로서 성립한다.

2) 목적의 비영리성
사회복지사업은 사회복지사업법 제2조 제1항 소정의 사회복지사업을 목적으로 해야 하며, 사회복지사업을 수행함에 있어 이윤추구를 위한 열리목적이 아닌 사회복지라는 비영리목적을 위해 존재해야 한다. 비영리사업의 목적을 달성하기 위해 필요한 한도에서 비영리사업의 본질에 반하지 않을 정도의 영리행위를 하는 것은 가능하나 영리행위로 인한 수익은 언제나 사업목적의 수행에 충당되어야 한다.

2. 사회복지법인의 설립절차

1) 재산출연행위

(1) 출연재산의 종류
사회복지법인은 반드시 사회복지사업의 운영에 필요한 자산을 소유해야 하므로 설립자는 법인을 설립하기 위하여 반드시 일정한 재산을 출연해야 한다. 출연재산으로서는 동산이건 부동산이건 채권이건 상관없다.

(2) 출연재산의 귀속
재산의 출연이란 자기의 재산상의 손실행위로서, 생전행위인 증여든 사후행위인 유증이든 상관없는데 재산출연자가 살아 있는 동안 비영리재단법인의 설립에 재산을 출연하는 경우 그 재산은 법인의 설립등기 시부터 법인의 재산으로 된다. 재산출연자가 유언으로 비영리재단법인을 설립하는 경우 그 재산은 재산출연자의 사망으로 유언의 효력이 발생하는 때부터 법인의 재산으로 된다.

2) 정관의 작성

정관이란 법인의 기본준칙을 기재한 서면으로서 사회복지법인의 정관에는 반드시 사회복지사업법 제17조 각호 소정의 필요적 기재사항을 기재해야 하고 그 외에도 어떠한 사항이건 임의로 이를 정관에 기재할 수 있는 바, 이러한 임의적 기재사항도 공서양속과 강행법규에 반하지 않는 한 일단 정관에 기재되면 필요적 기재사항과 동일하게 정관의 기재로서 유효하다.

3) 시·도지사의 설립허가

(1) 설립허가

사회복지법인의 설립에는 보건복지부장관의 허가를 받아야 하고 법인은 목적사업의 경비에 충당하기 위하여 법인의 설립목적 수행에 지장이 없는 범위 안에서 수익사업을 할 수 있다. 사회복지법인의 설립허가를 받고자 하는 자는 법인설립허가신청서에 보건복지부령이 정하는 서류를 첨부하여 사회복지법인의 주된 사무소의 소재지를 관할하는 시·도지사의 허가를 받아야 한다.

(2) 신청서류

① 사회복지법인 설립허가신청서

신청인의 인적사항, 법인명칭 및 주된 사무소, 기본재산과 보통재산, 임원 및 직원 인적사항 등이 기재된 신청서로 사회복지사업법 시행규칙 별지 7호 서식이다.

② 설립취지서

법인설립 취지를 6하 원칙에 따라 기재하는 서식으로서, 법인설립취지. 사업내용 등을 간략 명료하게 정리하여 기재해야 하며, 설립취지에 따른 목적사업을 개조식으로 기재한다.

③ 발기인총회회의록

회의일시, 회의장소, 참석자, 의제 등을 기재하는 것으로 의제별로 구체적인 토의사항을 발표자 순서대로 기록정리 하는 서류이다. 회의록에는 재산출연사항, 임원선출, 정관의 심의의결, 사업계획 및 수지예산 등에 관한 의결사항을 포함하며, 발기인 전원이 인감 날인해야 한다.

④ 설립발기인 명단

설립발기인들의 직위, 성명, 주민등록번호, 주소 및 약력 등을 간략하게 기재하면 된다.

⑤ 정 관

법 제17조에 명시된 정관기재사항은(필수적 기재사항) 반드시 기재하고, 기타 관련법규에 어긋남이 없도록 작성해야 하며, 발기인 전원이 기명하고 인감날인 해야 한다.

⑥ 기본재산목록

설립당시의 기본재산을 소재지, 규모, 평가가액(현금이 아닌 경우), 출연자 등이 나타나도록 작성하는 기본재산 목록이다.

⑦ 임원명단

법인설립 시 임원을 대표이사, 이사, 감사로 직위를 구분하여 임기, 성명, 생년월일, 주소 등을 기재하는 서류이다.

⑧ 법인이 사용할 인장

법인설립 후 법인이 사용할 인장을 직인, 대표이사 인장, 계인 등으로 구분한 인장을 발기인 전원이 기명 · 날인함으로써 이를 확인하는 서류이다.

⑨ 재산출연증서

출연재산의 소재지, 지목, 지적, 평가가액 등의 구체적 내용과 출연인의 인적사항, 출연일자 등을 기재 후 인감 · 날인하는 서류이다. 주식, 예금 등의 출연행위에 대하여는 공증인의 공증이 필요하다.

⑩ 재산소유 증명 서류

부동산 등기부등본, 주식의 주주명부사본, 현금의 경우 예금 잔고증명, 유가증권의 사본, 각종 무체재산권의 등록필증 사본 등을 첨부해야 한다. 다만, '전자정부법' 제36조 제1항에 따른 행정정보의 공동이용을 통하여 소유권에 대한 정보를 확인할 수 있는 경우에는 그 확인으로 첨부서류에 갈음한다.

⑪ 재산의 평가조서

재산을 기본재산과 보통재산으로 구분하여 작성하고 특히 기본재산은 목적사업용 수익용으로 구분하여 평가 가액을 일목요연하게 파악할 수 있도록 작성해야 한다.

■ 사회복지사업법 시행규칙 [별지 제7호 서식] 〈개정 2019. 6. 12.〉

사회복지법인 설립허가 신청서

(앞쪽)

접수번호	접수일	허가일	처리기간	17일

신청인 (대표자)	성명		생년월일	
	주소		전화번호	

법인	법인의 명칭	
	주된 사무소의 소재지	전화번호
	설립 목적	
	사업의 종별	

자산	기본재산		종류	규모	평가액 (천원)	연간수익액 (천원)	출연자
		목적 사업용					
		계					
		수익용					

		계		
보통재산	종류	수량		가액(천원)

		직위	임기	성명	생년월일	주소
임직원	임원					
	직원	총 인원		명	사회복지사자격증 소지자 수 명	

「사회복지사업법」제16조, 같은 법 시행령 제8조 및 같은 법 시행규칙 제7조 제1항에 따라 사회복지법인 설립허가를 신청합니다.

년   월   일

신청인   (서명 또는 인)

시 · 도지사   귀하

210mm×297mm[백상지 80g/㎡]

신청인 (대표자) 제출서류	1. 설립취지서 1부 2. 정관 1부 3. 재산출연증서 1부 4. 재산의 소유를 증명할 수 있는 서류 1부(「전자정부법」 제36조 제1항에 따른 행정정보의 공동이용을 통하여 　소유권에 대한 정보를 확인할 수 있는 경우에는 그 확인으로 첨부서류를 갈음합니다) 5. 재산의 평가조서 1부(「부동산 가격공시 및 감정평가에 관한 법률」에 따른 감정평가업자의 감정평가서를 　첨부하되, 개별공시지가 확인서로 첨부서류에 대한 정보를 확인할 수 있는 경우에는 그 확인으로 첨부서류 　를 갈음합니다) 6. 재산의 수익조서 1부(수익용 기본재산을 갖춘 경우만 첨부하며, 공인된 감정평가기관의 수익증명 또는 　수익을 증명할 수 있는 기관의 증빙서류를 첨부하여야 합니다) 7. 임원의 취임승낙서 및 이력서 각 1부 8. 「사회복지사업법」 제18조 제2항 각 호의 어느 하나에 해당하는 기관으로부터 받은 이사 추천서 1부 9. 임원 상호간의 관계에 있어 「사회복지사업법」 제18조 제3항에 저촉되지 아니함을 입증하는 각서 1부 9의2. 「사회복지사업법」 제19조 제1항 각 호의 어느 하나에 해당하지 않음을 입증하는 각서 1부 10. 설립 해당 연도 및 다음 연도의 사업계획서 및 예산서 각 1부	수수료 없음
담당 공무원 확인사항	1. 건물등기부 등본 2. 토지등기부 등본 3. 개별공시지가 확인서	

처리 절차

이 신청서는 아래와 같이 처리됩니다.

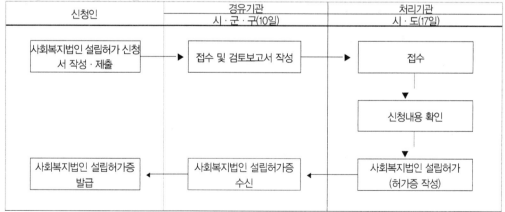

신청인	경유기관 시·군·구(10일)	처리기관 시·도(17일)

설립취지서

1. 법인설립취지

우리는 현재 산업사회의 급격한 발전으로 인하여 경제대국의 대열에 올라 풍요로운 삶을 누리고 있는가 하면 한편으로는 사회의 양극화, 고령화, 핵가족화로 인한 가족구조의 변화로 사회의 발전에 적용하지 못하는 각종 소외계층이 있다.

우리나라는 국민의 생존권을 보장하기 위해 헌법 제34조 제1항에 '모든 국민은 인간다운 생활을 할 권리를 갖는다.'라고 규정하고 있다.

우리 사회복지법인 OO발기인들은 이러한 인간의 생존권을 규정한 헌법 제34조를 구체적으로 구현하기 위하여 힘을 모으기로 하였다.

따라서 소외계층 스스로가 능력을 기를 수 있도록 내재되어 있는 잠재적 능력을 최대한 발휘되도록 도와주고자 하는 것이 본 사회복지법인 OO의 설립취지이다.

2. 사업내용
1) 정신질환자 요양보호사업
2) 정신 및 신체장애인 재활사업
3) 정신 및 신체장애인 의료사업
4) 사회복지관 사업
5) 그 밖에 이법인 목적달성에 필요한 사업

첨부서류 :　　　1. 발기인 회의록 1부
　　　　　　　　 2. 설립발기인 명단 1부

발기인 명단					
번호	성명	약력	주민등록번호	주소	서명 날인
1	김00	00 장관	711108-1045698	서울 00구00동00	
2	김00	00 국장	000000-0000000	00시 00구 00동	
3	박00	00회사 대표이사	000000-0000000	00시 00구 00동	
4	최00	00회사 대표이사	000000-0000000	00시 00구 00동	
5	이00	00회사 대표이사	000000-0000000	00시 00구 00동	

사회복지법인 ○ ○ ○ 정관

제1장 총 칙

제1조 (명 칭) 본 법인은 "사회복지법인 ○○○회 · 원 · 단",(이하 "법인회 · 원 · 단" 이라 한다.

제2조 (사무소의 소재지)
① 본 법인은 주된 사무소는 ○○시 ○○구 ○○로 ○○(○○동)에 둔다.
② 기타 필요한 지역에 민법 제50조의 규정에 의한 분사무소를 둘 수 있다.

제3조 (목 적) 본 법인은 사회복지사업법 제2조의 규정에 의한 각종 사회복지시설을 운영함을 그 목적으로 한다.

제4조 (사업의 종류) 본 법인은 제3조의 목적을 달성하기 위하여 다음 사업을 행한다.
    1. 아동복지시설의 설치 운영
    2. 노인복지시설의 설치 운영
    3. 부랑인복지시설의 설치 운영
    4. 정신질환자복지시설의 설치 운영
    5. 탁아소 운영사업
    6. 사회복지관 사업
    7. 기타 위 각호에 부대하는 사업

제2장 자산 및 회계

제5조 (자산의 구분)
① 본 법인의 자산은 기본재산과 보통재산으로 구분하되, 기본재산은 목적사업용 기본재산과 수익용 기본재산으로 구분하여 관리한다.

② 기본재산은 다음 각 호의 재산으로 하며, 그 이외에 재산은 보통재산으로 한다.

    1. 별지 1의 기본재산목록에 기재된 재산

    2. 부동산

    3. 이사회결의에 의하여 기본재산에 편입된 재산

제6조 (자산의 관리)

① 기본재산을 매도, 증여, 교환, 임대, 담보제공 또는 용도변경을 하고자 하거나 그 밖에 권리의 포기, 의무의 부담 등의 처분을 하고자 하는 때에는 이사회 의결을 거쳐 주무관청의 사전허가를 얻어야 한다.

② 기본재산과 보통재산의 운영과 관리에 관하여는 법령과 이 정관에 따로 정한 경우를 제외하고는 별도의 규정이 정하는 바에 의한다.

제7조 (경비와 유지방법) 본 법인의 경비는 기본재산에서 생기는 과실, 수익사업의 수익금, 기부금과 그 밖의 수입으로 충당한다.

제8조 (회계의 구분 등)

① 본 법인의 회계는 법인에 속하는 법인 일반회계와 시설운영에 속하는 시설회계, 수익사업에 속하는 수익사업회계 및 기타 특별회계로 구분한다.

② 법인 일반회계 및 수익사업 회계는 대표이사가 집행하고, 시설회계는 그 시설의 장이 각각 집행한다.

제9조 (회계의 처리) 본 법인의 회계처리는 사회복지사업법 및 관계법규에서 따로 정한 경우를 제외하고는 별도의 규정이 정하는 바에 따른다.

제10조 (회계연도) 본 법인의 회계연도는 1월 1일부터 12월 31일까지로 한다.

제11조 (사업계획 및 예산) 본 법인의 매 회계연도의 사업계획 및 예산은 대표이사가, 시설의 사업계획 및 예산은 시설의 장이 각각 작성하여 매 회계연도 개시 1월 전에 이사회의 의결을 거쳐 주무관청에 제출한다.

제12조 (사업실적 및 결산) 본 법인의 매 회계연도의 사업실적 및 결산은 회계연도가 끝난 후

1월 이내에 대표이사가 작성하여 감사의 감사를 거친 후 이사회의 승인을 얻어 주무관청에 제출하여야 한다.

제13조 (잉여금의 처분) 본 법인의 매 회계연도 결산잉여금이 있을 때에는 차입금상환 및 다음 회계연도에 이월하거나 기본재산에 편입하는 것을 원칙으로 하되, 이사회의 의결에 의하여 특정한 사업을 위한 기금으로 적립할 수 있다.

제14조 (예산 외의 채무부담) 수지예산으로서 정한 것 이외의 의무부담 또는 권리의 포기는 이사회의 의결을 거쳐야 한다.

제3장 임 원

제15조 (임원의 종별과 정수) 본 법인에는 다음의 임원을 둔다.
1. 대표이사 1인
2. 이사 5인 이상 10인 이사(대표이사 1인, 회장 1인 포함)
3. 감사 2인
4. 이 법인에 회장을 두며 회장은 이사회의 의결사항 집행과 법인 목적사업 달성을 위한 업무를 처리한다. 회장은 이사회에서 선출하여 상근 당연직 이사가 되고 그 임기는 3년으로 하되 중임을 할 수 있다.

제16조 (임원의 선임)
① 대표이사, 이사 및 감사는 이사회에서 선출하고 대표이사는 이사 중에서 호선한다.
② 상임이사는 대표이사가 선임된 이사 중에서 지명하여 이사회의 의결을 거쳐 선임한다.
③ 이사를 임면하는 경우에는 보건복지부령이 정하는 바에 따라 지체 없이 이를 주무관청에 보고하여야 한다.

제17조 (임원선임의 제한)
① 이 임원은 이사 상호간의 관계에 있어서 사회복지사업법 제18조 제2항의 규정에 의한 "특별한 관계에 있는 자"가 아니어야 한다.
② 감사는 감사 상호간 또는 이사와의 관계에 있어서 사회복지사업법 제28조 제2항의 규정에 의한 "특별한 관계에 있는 자"가 아니어야 한다.

제18조 (임원의 임기 등)

① 본 법인의 대표이사 및 이사의 임기는 3년으로 하고 감사의 임기는 2년으로 한다. 단 중임할 수 있다.

② 보궐에 의하여 취임한 이사와 감사의 임시는 전임자의 잔임기간으로 한다.

③ 임원 중 결원이 생긴 때에는 2월 이전에 선임하여야 하며, 임기가 만료되는 임원의 후임자는 임기만료 1월 이전에 선임하여야 한다.

제19조 (임원의 결격사유)

① 대표이사는 법인의 임원에 대하여 사회복지사업법 제19조 각호의 1에 해당하의 사유에 해당하는 자는 법인의 임원으로 될 수 없다.

② 법인의 임원이 제1항의 사유에 해당할 때에는 그 직을 상실한다.

제20조 (임원의 해임)

① 대표이사는 법인의 임원에 대하여 사회복지사업 제22조의 규정에 의한 시·도지사의 해임명령을 받은 때에는 지체 없이 해임하여야 한다.

② 대표이사는 법인의 임원이 다음 각 호의 1에 해당할 때에는 이사회의 의결을 거쳐 해임할 수 있다.

    1. 법령, 법인의 정관 또는 규정에 위반한 때

    2. 고의 또는 중대한 과실로 법인에 상당한 손해를 기친 때

    3. 직무태만, 품위손상, 기타 사유로 인하여 임원으로서 적당하지 아니하다고 인정되는 때

    4. 기타 임원으로서의 능력이나 자질이 현저히 부족하다고 판단하는 때

제21조 (임원의 직무)

① 대표이사는 본 법인을 대표하고, 제반업무를 총괄하며, 이사회의 의장이 된다.

② 상임이사는 대표이사를 보좌하고, 대표이사가 사고가 있는 때에는 그 직무를 대행한다.

③ 대표이사 유고시에는 대표이사가 지명하는 이사가 대표이사의 직무를 대행한다. 다만, 이표이사가 직무대행자를 지명하지 못한 경우에는 나머지 이사 중에서 연장자 순으로 그 직무를 대행한다.

④ 감사는 다음의 직무를 행한다.

1. 본 법인의 재산상황과 회계를 감사하는 일
2. 이사회의 운영과 그 업무에 관한 사항을 감사하는 일
3. 제1호 및 제2호의 감사결과 부정 또는 불비한 점이 있음을 발견한 때에는 이를 이사회와 주무관청에 보고하는 일
4. 이사회에 보고를 하기 위하여 필요한 때에는 이사회의 소집을 요구하는 일
5. 그 밖에 이사회 운영과 그 업무에 관한 사항에 대하여 이사회에 참석하여 의견을 진술하는 일

제22조 (대표권의 제한) 본 법인의 대표이사 이외의 이사는 본 법인을 대표하지 아니한다.

제23조 (임원의 대우) 본 법인의 상임이사를 제외한 임원은 명예직으로 하며, 예산의 범위 안에서 임원의 활동에 필요한 실비를 지급할 수 있다.

제24조 (겸직금지)
① 이사는 본 법인의 시설장을 제외한 직원을 겸할 수 없다.
② 감사는 본 법인의 이사 또는 시설장 및 직원을 겸할 수 없다.

제4장 이 사 회

제25조 (이사의 구성)
① 본 법인에 대표이사 및 이사로 구성되는 이사를 둔다.
② 감사는 이사회에 출석하여 발언할 수 있다.

제26조 (의결사항)
① 사업계획 실적 및 예산·결산에 관한 사항
② 재산의 취득·처분 및 관리에 관한 사항
③ 임원선출에 관한 사항
④ 수익사업에 관한 사항
⑤ 법인의 합병 및 해산에 관한 사항
⑥ 정관의 변경, 제 규정의 제정 및 개정에 관한 사항
⑦ 법인이 설치한 시설의 장의 임면에 관한 사항
⑧ 법인이 설치한 시설의 운영에 관한 사항

⑨ 기타 법인사업수행에 중요한 사항

⑩ 그 밖에 법령이나 이 정관에 의하여 이사회의 권한에 속하는 사항

제27조 (이사회의 소집 등)

① 이사회는 정기이사회와 임시이사회로 구분한다.

② 정기이사회는 매년 1월중에 개최하고, 임시이사회는 대표이사가 필요하다고 인정하는 때 또는 재적이사 3분의 1 이상의 서면요청이 있는 때와 감사의 연서에 의한 요청이 있는 때에 소집한다.

③ 이사회를 소집하고자 하는 때에는 대표이사가 회의목적을 명시하여 회의개최 7일 이전까지 각 이사에게 통지하여야 한다.

④ 대표이사는 재적이사 3분의 1 이상이 회의안건을 명시하여 소집을 요구한 때와 감사가 연서로 소집을 요구한 때로부터 14일 이내에 이사회를 소집하여야 한다.

제28조 (이사회의 개의와 의결정족수)

① 이사회는 이 정관에서 따로 정한 바를 제외하고는 재적이사 과반수의 출석으로 개의하고, 출석이사 과반수의 찬성으로 의결한다.

② 이사회의 의사는 원칙적으로 서면결의에 의할 수 없다. 다만, 다음의 경우에는 서면결의를 할 수 있다. 이 경우 대표이사는 자기 이사회에서 그 결과를 보고하여야 한다.

    1. 대표이사가 사항의 내용이 경미하다고 인정할 때

    2. 대표이사가 긴급을 요하는 사항으로 인정할 때

제29조 (의결권의 대리행사)

① 이사는 대리인으로 하여금 의결권 또는 표결권을 행사하게 할 수 있다. 이 경우 그 이사는 출석한 것으로 본다.

② 대리인은 다른 이사이어야 하며, 대리인이 대리할 수 있는 이사의 수는 1인에 한한다.

③ 대리인은 대리권을 증명하는 서면을 의장에게 제출하여야 한다.

제30조 (의결제척사유) 대표이사 또는 이사가 다음 각 호의 1에 해당하는 때에는 그 의결에 참여하지 못한다.

    1. 임원선임 및 해임에 있어서 자신에 관한 사항

2. 금전 및 재산의 수수를 수반하는 사항으로서 임원 자신이 법인과 직접 관계되는 사항

제31조 (이사회회의록)

① 이사회의 의사에 관하여는 의사록을 작성하여야 한다.

② 의사록에는 의사의 경과·요령 및 결과를 기재하고, 의장과 출석한 이사 전원이 기명날인하여야 한다.

③ 대표이사는 의사록을 법인의 사무실에 비치하여야 한다.

제5장 수 익 사 업

제32조 (수익사업의 종류)

① 본 법인은 사회복지사업법 제28조의 규정에 의하여 다음의 수익사업을 할 수 있다.

    1. 유휴부동산의 임대사업

    2. 축산 및 과수, 원예, 기타 각종 영농사업

    3. 수용인의 기술습득을 위한 가내수공업

    4. 법인의 경비조달을 위한 목적사업에 관련되는 부대사업

② 제1항의 수익사업을 경영하기 위하여 대표이사는 이사회의 의결을 거쳐 관리자 또는 책임자를 임명한다.

[유례] 이 법인은 사회복지사업법 제28조의 규정에 의하여 법인의 목적사업 수행에 지장이 없는 범위 안에서 수익사업을 할 수 있다.

제6장 사무조직 및 운영

제33조 (수익의 처분 및 관리) 수익사업에서 얻어지는 순수익은 법인의 목적사업에 충당하거나, 이사회의 의결에 의거 특정한 기금을 적립할 수 있다.

제34조 (사무국)

① 본 법인의 업무를 처리하기 위하여 법인사무국을 둔다.

② 사무국의 조직과 운영에 관하여는 별도의 규정으로 정한다.

제35조 (직 원) 직원의 임용·복무·보수 등에 관하여는 별도의 규정으로 정한다.

제7장 정관변경 및 해산

제36조 (정관변경) 본 법인의 정관을 변경하고자 하는 때에는 재적이사 3분의 2 이상의 의결을 거쳐 주무관청의 인가를 받아야 한다.

제37조 (해산 및 합병) 본 법인을 해산하거나 다른 법인과 합병하고자 하는 때에는 재적이사 4분의 3 이상의 의결을 거쳐 주무관청의 허가를 받아야 한다.

제38조 (잔여재산의 귀속) 본 법인이 해산하는 때의 청산 후 잔여재산은 주무관청의 허가를 받아 본 법인과 유사한 목적을 가진 사회복지법인에 기부하거나, 국가 또는 지방자치단체에 귀속한다.

제8장 공 고 방 법

제39조 (공고의 방법)
① 본 법인이 법령과 정관 및 이사회의 의결에 의하여 공고하여야 할 사항은 본 법인의 게시판이나 일간신문에 싣는다.
② 제1항의 공고기간은 7일 이상으로 한다.

제9장 보 칙

제40조 (준용규칙) 이 정관에 규정하지 아니한 사항에 대하여는 사회복지사업법, 공익법인의설립·운영에관한법률, 민법과 그 밖의 관계법규를 준용한다.

제41조 (운영규정) 이 정관은 총회에서 회원 3분의 2 이상의 동의를 얻고 주무관청의 허가를 받아 이를 변경할 수 있다.

제42조 (규정의 제·개정)
① 본 법인의 운영과 관련된 주요 규정의 제·개정에 대하여는 이사회의 의결을 거쳐야 한다.
② 제1항의 내용 중 주요규정의 여부는 이사회에서 결정한다.

부　칙

제1조 (시행일) 이 정관은 주무관청의 인가를 받은 날로부터 시행한다.

제2조 (설립당시의 임원선임에 대한 경과조치) 본 법인 설립당시 발기인 총회에서 선임된 임원은 이 정관에 의하여 선임된 것으로 본다.

제3조 (설립당시의 기본재산 등) 본 법인 설립당시의 기본재산, 임원은 별지 1, 2와 같다.

　이상과 같이 사회복지법인 ○○○원을 설립하기 위하여 재산을 출연하고 정관을 작성하여 발기인 전원이 기명날인하다.

2000년 ○월 ○일

발기인대표 ○ ○ ○ (인)
발기인 ○ ○ ○ (인)
발기인 ○ ○ ○ (인)
발기인 ○ ○ ○ (인)

재 산 목 록

1. 기본재산

구 분	소 재 지	수량	평가가액(천원)	취득원인	비 고
현 금		계좌			
주 식		주			
토 지	ㅇㅇ시 ㅇㅇ동 ㅇㅇ				
건 물	ㅇㅇ시 ㅇㅇ로 ㅇㅇ(ㅇㅇ동)			ㅇㅇㅇ	
				ㅇㅇㅇ	
	계				

2. 보통재산

구 분	소 재 지	수량	평가가액(천원)	출연자	비 고
현 금		계좌			
주식		주			
토 지	ㅇㅇ시 ㅇㅇ구 ㅇㅇ동 ㅇㅇ			ㅇㅇㅇ	
건 물	ㅇㅇ시 ㅇㅇ로 ㅇㅇ(ㅇㅇ동)			ㅇㅇㅇ	
	계				

재산기부(출연)신청서

사회복지법인 OO설립대표자 귀하

본인소유의 다음의 재산을 설립코자 하는 OO법인에게 무상기부(출연) 합니다.

기부(출연)재산표시

구 분	소 재 지	종별	수량	금액	비 고
현 금		계좌			
주식		주			
토 지					
건 물					

제3절 사회복지법인의 설립등기

1. 총 설

사회복지법인은 소정의 절차를 마친 후 그 주된 사무소의 소재지를 관할하는 등기소에서 설립등기를 함으로서 성립한다.

설립등기 외의 등기사항에 대해서는 그 등기가 제3자에 대한 대항요건일 뿐이지만 법인의 설립사실 그 자체에 대해서는 설립등기가 그 성립요건이 된다.

2. 등 기 절 차

1) 등기신청인 및 등기기간

사회복지법인은 그 대표이사가 주된 사무소의 소재지에서 설립등기를 함으로써 성립한다. 사회복지 법인의 설립의 허가서가 있는 때로부터 3주간 내에 주된 사무소 소재지에서 설립등기를 하여야 한다. 등기기간의 기산은 주무관청의 허가서가 도달한 다음날부터이다. 그 기간 내에 등기를 신청하 지 아니하면 과태료가 부과된다.

2) 등기사항

사회복지법인의 등기사항은 다음과 같다.

(1) 목 적

(2) 명 칭

반드시 사회복지법인이라는 문자를 사용하도록 법률상 강제받지는 않으나 다른 종류의 법인과 확연 히 구별될 수 있도록 그 명칭 중에 사회복지법인이라는 문자를 사용하는 것이 보통이며 기존법인과 혼동될 우려가 있는 명칭은 사용하지 않는 것이 좋다.

(3) 사 무 소

사무소는 반드시 1개일 필요는 없고 수개여도 무방하며 사무소가 수개인 때에는 그 중 1개를 주된 사무소로 하고 나머지를 분사무소로 하여 그 모두를 등기해야 한다. 사무소가 수개인 경우 정관에는 주된 사무소만 기재해도 무방하지만 등기할 때에는 주된 사무소뿐만 아니라 분사무소도 반드시 등기해야 한다.

(4) 설립허가연월일

시·도지사로부터 설립허가를 받은 연월일을 등기해야 한다.

(5) 존립시기나 해산사유를 정한 때에는 그 시기 또는 사유

정관의 절대적 기재사항은 아니지만 만일 이를 정한 때에는 정관에 기재해야만 효력이 발생하고 이를 등기해야만 제3자에게 대항할 수 있다.

그러나 파산, 합병, 설립허가취소 등 법정해산사유는 정관에 기재할 필요도 없고, 또 설사 정관에 기재되어 있더라도 이는 등기할 필요가 없다.

(6) 자산의 총액

자산의 총액이란 적극재산에서 소극재산을 뺀 총재산을 뜻하는 것으로써 사회복지법인은 반드시 사회복지사업에 필요한 자산을 소유해야 하며, 그 총액은 정관에 기재할 사항은 아니지만 반드시 등기하여야 한다.

(7) 출자방법을 정한 때에는 그 방법

이를 정하지 아니한 때에는 등기할 필요가 없으나 이를 특히 정한 때에는 출자의 방법으로서 재산출연의 방법, 시기, 액수 등을 반드시 정관에 기재해야 하고, 또 그를 반드시 등기하여야 한다.

(8) 이사의 성명, 주민등록번호와 이사의 대표권의 제한

사회복지법인에는 대내적으로 법인의 업무를 집행하고 대외적으로 법인을 대표하는 상설필요기관으로써 대표이사를 포함한 이사 5인 이상을 두고(복지 18조 2항) 그 성명과 주소를 등기해야 한다.

3. 첨부서류 등

1) 정 관

정관에는 목적, 명칭, 주된 사무소의 소재지, 사업의 종류, 자산 및 회계에 관한 사항, 임원의 임면 등에 관한 사항, 회의에 관한 사항, 정관의 변경에 관한 사항, 존립시기와 해산사유를 정한 때에는 그 시기와 사유 및 잔여재산의 처리방법, 공고 및 그 방법에 관한 사항을 기재한다.

2) 창립총회의사록

창립총회 회의록은 법인설립 시 적법한 절차를 거쳐 성립되었는가를 판단하는 중요한 기준이 되므로 육하원칙에 따라 작성하되 진행자 등이 누락되지 않도록 한다. 특히 회의진행과 관련하여 정관 심의과정 및 임원선출의 표결사항, 찬반 토론내용 등을 상세히 기재하고 회의록 작성이 끝나면 참석한 서명위원들이 기록내용을 확인하고 연명으로 날인하여야 한다. 회의록의 내용 중 별첨 유인물로 진행된 것은 회의록에 첨부하여 서명위원들이 간인하여야 한다.

3) 이사회의사록

정관에서 이사회의 권한으로 정하고 있는 사항을 이사회에서 결의한 경우 이사회의사록을 첨부하여야 한다.

4) 이사의 자격증명서

이사의 자격을 증명하는 서면으로서는 이사선임서 등을 첨부해야 한다.

그러나 최초의 이사는 정관에 이를 기재하는 것이 일반적인 통례이므로 그 경우에는 정관 이외에 이사의 자격을 증명하는 서면은 이를 따로 첨부할 필요가 없다. 다만, 그 경우에도 이사의 취임승낙서는 별도로 첨부해야 한다.

> **민법상 사단법인설립등기를 신청하는 경우, 설립당시의 이사를 기재한 정관이 비송사건절차법 제63조 제2항 제2호에서 규정하는 이사의 자격을 증명하는 서면이 될 수 있는지 여부**
> **– 제정 2004. 7. 21. [상업등기선례 제1-340호, 시행]**
>
> 민법상 사단법인설립등기를 신청하는 경우, 비송사건절차법 제63조 제2항에 따라 설립등기신청서에 정관·이사의 자격을 증명하는 서면·주무관청의 허가서 등을 첨부하여야 하는 바, 설립 당시의 이사를 기재한 정관을 설립허가신청서에 첨부하여 주무관청으로부터 설립허가를 받았다면 이사의 자격을 증명하는 서면으로 인가를 받은 정관 및 해당 이사의 취임승낙서를 첨부하면 되고, 그밖에 별도로 창립총회의사록 등을 첨부할 필요는 없을 것이다(2004. 7. 21. 공탁법인 3402-156 질의회답).
>
> 참조조문 : 민법 제32조, 제40조, 제68조, 비송사건절차법 제63조 제2항

5) 재산목록

명문의 규정은 없지만 자산의 총액에 관한 등기사항의 진정을 보장하기 위하여 실무상 이 증명서로서 주무관청이 발행한 자산증명서나 법인의 비치장부인 재산목록 등을 첨부한다.

6) 주무관청의 허가서나 그 인증 있는 등본

시·도지사부터 설립허가를 받은 허가서나 허가기관의 인증이 있는 등본을 첨부해야 한다.

7) 등록면허세 등

신청서에는 등록면허세 또는 감면확인서 등의 서면을 첨부하여야 한다. 설립등기의 경우 등기신청 수수료는 30,000원이다.

8) 기 타

(1) 대리인에 의하여 신청할 때에는 그 대리권을 증명하는 서면으로서 위임장을 첨부해야 한다.

(2) 설립등기신청인인 이사 전원의 인감도 제출해야 한다.

※ 의사록의 인증

법인의 등기를 할 때 그 신청서류에 첨부되는 법인의 총회 등의 의사록은 의사록인증 제외대상법인에 해당하지 않는 한 공증인의 인증을 받아야 한다. 이는 법인이 주무관청의 허가서를 첨부한 경우에도 마찬가지다(등기선례 제6-685호)

사회복지법인 설립등기신청

접 수	년 월 일	처 리 인	접 수	조 사	기 입	교 합	각종통지
	제 호						

등 기 의 목 적	사회복지법인 설립
등 기 의 사 유	사회복지법인을 설립하기 위하여 정관을 작성하고 20○○년 ○월 ○일 주무관청의 허가를 얻었으므로 다음 사항의 등기를 구함.
설 립 허 가 서 도 착 연 월 일	20○○년 ○월 ○일
주사무소/분사무소 신청구분	1.주사무소 ☐ 2.분사무소 ☐ 3.주·분사무소 ☐ 신청 신청 일괄신청

등 기 할 사 항	
명 칭	사회복지법인 ○○○
주 사 무 소	○○시 ○○구 ○○로 ○○(○○동)
이사의 성명 및 주민등록번호	이사 ○ ○ ○ (○○○○○○-○○○○○○○) 이사 ○ ○ ○ (○○○○○○-○○○○○○○) 이사 ○ ○ ○ (○○○○○○-○○○○○○○) 이사 ○ ○ ○ (○○○○○○-○○○○○○○)
대표이사의 성명 및 주민등록번호, 주소	대표이사 ○ ○ ○(○○○○○○-○○○○○○○) ○○시 ○○구 ○○로 ○○(○○동)

등 기 할 사 항	
목 적	본 법인은 요아동의 보호, 노인, 부랑인 및 정신질환자를 수용, 보호하고 그 재활을 지원함으로써 사회복지증진에 기여함을 목적으로 한다. 위 목적을 달성하기 위하여 다음 사업을 행한다. 1. 아동복지시설의 설치 운영 1. 노인복지시설의 설치 운영 1. 부랑인복지시설의 설치 운영 1. 정신질환자복지시설의 설치 운영 1. 기타 위 각호에 부대하는 사업
분 사 무 소	○○시 ○○구 ○○로 ○○(○○동)
설립허가연월일	20○○년 ○월 ○일

존립기간 또는 해산사유	존립시기 : 법인성립일로부터 만 20년 해산사유 : 1. 법인의 사업목적을 달성할 수 없게 된 때 　　　　　 2. 재적이사 4분의 3 이상의 찬성에 의한 이사회의 해산결의가 있는 때					
자산의 총액	금 ○○○○○원					
출 자 방 법	1. 정부, 지방자치단체의 출연금 보조금 및 ○○○회 지원금 1. 출연금품 1. 찬조금 1. 기타 수입금					
기　　타	해당 없음					

신청등기소 및 등록면허세/수수료

순번	신청등기소	구분	등록면허세	지방교육세	세액합계	등기신청수수료
			금　　　원	금　　　원	금　　　원	금　　　원
합　　계						
등기신청수수료 은행수납번호						
과 세 표 준 액	금　　　　　　　　　　　　　　　　원					

첨 부 서 면

1. 정 관　　　　　　　　　　　　통 1. 이사선임서　　　　　　　　　통 1. 이사회의사록　　　　　　　　통 1. 재산목록(자산총액증명서)　　통 1. 주무관청의 설립허가서 　　(또는 허가서 등본)　　　　통 1. 이사 취임승낙서와 인감증명서, 　　주민등록등(초)본　　　　　통	1. 대표이사의 인감신고서(인감대지 포함) 　　　　　　　　　　　　　　　통 1. 대표이사의 인감증명서　　　통 1. 법인인감카드발급신청서　　　통 1. 등록면허세영수필확인서및통지서　통 1. 위임장(대리인이 신청할 경우)　통

년　　월　　일

신청인　명　칭
　　　　주사무소
대표자　성　명　　　　　　　㊞　(전화 :　　　)
　　　　주　소

대리인　성　명　　　　　　　　　　　㊞ (전화 :　　　)
　　　　주　소

　　　　　　지방법원　　　　등기소　귀중

[신청서 작성요령 및 등기수입증지 첩부란]

1. 해당란이 부족할 때에는 별지를 이용합니다.

1. 해당 등기신청과 관계없는 사항에 대하여는 "해당없음"으로 기재하거나 삭제하고, 필요한 사항은 추가 기재합니다.

1. 등기신청수수료 상당의 대법원등기수입증지를 이 난에 붙입니다.

(용지규격 21cm×29.7cm)

위 임 장

변호사 ㅇ ㅇ ㅇ

ㅇㅇ시 ㅇㅇ구 ㅇㅇ로 ㅇㅇ(ㅇㅇ동)

전화 : ㅇㅇㅇ-ㅇㅇㅇ, 팩스 : ㅇㅇㅇ-ㅇㅇㅇ

위 사람을 대리인으로 정하고 다음사항의 권한을 위임한다.

다 음

1. 사회복지법인 ㅇㅇㅇ 설립등기신청서의 작성 및 제출하는 행위
1. 등기신청의 취하에 관한 행위
1. ㅇㅇㅇ의 원본환부 및 수령하는 행위
1. 기타 이에 부수되는 일체의 행위

2000년 ㅇ월 ㅇ일

위임인   사회복지법인 ㅇㅇㅇ

ㅇㅇ시 ㅇㅇ구 ㅇㅇ로 ㅇㅇ(ㅇㅇ동)

대표이사 ㅇ ㅇ ㅇ (인)

사회복지법인 ○○○ 정관

제1장 총 칙

제1조 (명 칭) 본 법인은 "사회복지법인 ○○○회·원·단",(이하 "법인회·원·단" 이라 한다.

제2조 (사무소의 소재지)
① 본 법인은 주된 사무소는 ○○시 ○○구 ○○로 ○○(○○동)에 둔다.
② 기타 필요한 지역에 민법 제50조의 규정에 의한 분사무소를 둘 수 있다.

제3조 (목 적) 본 법인은 사회복지사업법 제2조의 규정에 의한 각종 사회복지시설을 운영함을 그 목적으로 한다.

제4조 (사업의 종류) 본 법인은 제3조의 목적을 달성하기 위하여 다음 사업을 행한다.
    1. 아동복지시설의 설치 운영
    2. 노인복지시설의 설치 운영
    3. 부랑인복지시설의 설치 운영
    4. 정신질환자복지시설의 설치 운영
    5. 탁아소 운영사업
    6. 사회복지관 사업
    7. 기타 위 각호에 부대하는 사업

제2장 자산 및 회계

제5조 (자산의 구분)
① 본 법인의 자산은 기본재산과 보통재산으로 구분하되, 기본재산은 목적사업용 기본재산과 수익용 기본재산으로 구분하여 관리한다.

② 기본재산은 다음 각 호의 재산으로 하며, 그 이외에 재산은 보통재산으로 한다.

    1. 별지 1의 기본재산목록에 기재된 재산

    2. 부동산

    3. 이사회결의에 의하여 기본재산에 편입된 재산

제6조 (자산의 관리)

① 기본재산을 매도, 증여, 교환, 임대, 담보제공 또는 용도변경을 하고자 하거나 그 밖에 권리의 포기, 의무의 부담 등의 처분을 하고자 하는 때에는 이사회 의결을 거쳐 주무관청의 사전 허가를 얻어야 한다.

② 기본재산과 보통재산의 운영과 관리에 관하여는 법령과 이 정관에 따로 정한 경우를 제외하고는 별도의 규정이 정하는 바에 의한다.

제7조 (경비와 유지방법)
본 법인의 경비는 기본재산에서 생기는 과실, 수익사업의 수익금, 기부금과 그 밖의 수입으로 충당한다.

제8조 (회계의 구분 등)

① 본 법인의 회계는 법인에 속하는 법인 일반회계와 시설운영에 속하는 시설회계, 수익사업에 속하는 수익사업회계 및 기타 특별회계로 구분한다.

② 법인 일반회계 및 수익사업 회계는 대표이사가 집행하고, 시설회계는 그 시설의 장이 각각 집행한다.

제9조 (회계의 처리)
본 법인의 회계처리는 사회복지사업법 및 관계법규에서 따로 정한 경우를 제외하고는 별도의 규정이 정하는 바에 따른다.

제10조 (회계연도)
본 법인의 회계연도는 1월 1일부터 12월 31일까지로 한다.

제11조 (사업계획 및 예산)
본 법인의 매 회계연도의 사업계획 및 예산은 대표이사가, 시설의 사업계획 및 예산은 시설의 장이 각각 작성하여 매 회계연도 개시 1월 전에 이사회의 의결을 거쳐 주무관청에 제출한다.

제12조 (사업실적 및 결산)
본 법인의 매 회계연도의 사업실적 및 결산은 회계연도가 끝난 후

1월 이내에 대표이사가 작성하여 감사의 감사를 거친 후 이사회의 승인을 얻어 주무관청에 제출하여야 한다.

제13조 (잉여금의 처분) 본 법인의 매 회계연도 결산잉여금이 있을 때에는 차입금상환 및 다음 회계연도에 이월하거나 기본재산에 편입하는 것을 원칙으로 하되, 이사회의 의결에 의하여 특정한 사업을 위한 기금으로 적립할 수 있다.

제14조 (예산 외의 채무부담) 수지예산으로서 정한 것 이외의 의무부담 또는 권리의 포기는 이사회의 의결을 거쳐야 한다.

제3장 임 원

제15조 (임원의 종별과 정수) 본 법인에는 다음의 임원을 둔다.
　　1. 대표이사 1인
　　2. 이사 5인 이상 10인 이사(대표이사 1인, 회장 1인 포함)
　　3. 감사 2인
　　4. 이 법인에 회장을 두며 회장은 이사회의 의결사항 집행과 법인 목적사업   달성을 위한 업무를 처리한다. 회장은 이사회에서 선출하여 상근 당연직 이사가 되고 그 임기는 3년으로 하되 중임을 할 수 있다.

제16조 (임원의 선임)
① 대표이사, 이사 및 감사는 이사회에서 선출하고 대표이사는 이사 중에서 호선한다.
② 상임이사는 대표이사가 선임된 이사 중에서 지명하여 이사회의 의결을 거쳐 선임한다.
③ 이사를 임면하는 경우에는 보건복지부령이 정하는 바에 따라 지체 없이 이를 주무관청에 보고하여야 한다.

제17조 (임원선임의 제한)
① 이 임원은 이사 상호간의 관계에 있어서 사회복지사업법 제18조 제2항의 규정에 의한 "특별한 관계에 있는 자"가 아니어야 한다.
② 감사는 감사 상호간 또는 이사와의 관계에 있어서 사회복지사업법 제28조 제2항의 규정에 의한 "특별한 관계에 있는 자"가 아니어야 한다.

제18조 (임원의 임기 등)

① 본 법인의 대표이사 및 이사의 임기는 3년으로 하고 감사의 임기는 2년으로 한다. 단 중임할 수 있다.

② 보궐에 의하여 취임한 이사와 감사의 임시는 전임자의 잔임기간으로 한다.

③ 임원 중 결원이 생긴 때에는 2월 이전에 선임하여야 하며, 임기가 만료되는 임원의 후임자는 임기만료 1월 이전에 선임하여야 한다.

제19조 (임원의 결격사유)

① 대표이사는 법인의 임원에 대하여 사회복지사업법 제19조 각호의 1에 해당하의 사유에 해당하는 자는 법인의 임원으로 될 수 없다.

② 법인의 임원이 제1항의 사유에 해당할 때에는 그 직을 상실한다.

제20조 (임원의 해임)

① 대표이사는 법인의 임원에 대하여 사회복지사업 제22조의 규정에 의한 시·도지사의 해임명령을 받은 때에는 지체 없이 해임하여야 한다.

② 대표이사는 법인의 임원이 다음 각 호의 1에 해당할 때에는 이사회의 의결을 거쳐 해임할 수 있다.

1. 법령, 법인의 정관 또는 규정에 위반한 때

2. 고의 또는 중대한 과실로 법인에 상당한 손해를 기친 때

3. 직무태만, 품위손상, 기타 사유로 인하여 임원으로서 적당하지 아니하다고 인정되는 때

4. 기타 임원으로서의 능력이나 자질이 현저히 부족하다고 판단하는 때

제21조 (임원의 직무)

① 대표이사는 본 법인을 대표하고, 제반업무를 총괄하며, 이사회의 의장이 된다.

② 상임이사는 대표이사를 보좌하고, 대표이사가 사고가 있는 때에는 그 직무를 대행한다.

③ 대표이사 유고시에는 대표이사가 지명하는 이사가 대표이사의 직무를 대행한다. 다만, 이표이사가 직무대행자를 지명하지 못한 경우에는 나머지 이사 중에서 연장자 순으로 그 직무를 대행한다.

④ 감사는 다음의 직무를 행한다.

    1. 본 법인의 재산상황과 회계를 감사하는 일

    2. 이사회의 운영과 그 업무에 관한 사항을 감사하는 일

    3. 제1호 및 제2호의 감사결과 부정 또는 불비한 점이 있음을 발견한 때에는 이를 이사
       회와 주무관청에 보고하는 일

    4. 이사회에 보고를 하기 위하여 필요한 때에는 이사회의 소집을 요구하는 일

    5. 그 밖에 이사회 운영과 그 업무에 관한 사항에 대하여 이사회에 참석하여 의견을 진
       술하는 일

제22조 (대표권의 제한) 　본 법인의 대표이사 이외의 이사는 본 법인을 대표하지 아니한다.

제23조 (임원의 대우) 　본 법인의 상임이사를 제외한 임원은 명예직으로 하며, 예산의 범위 안에서 임원의 활동에 필요한 실비를 지급할 수 있다.

제24조 (겸직금지)

① 이사는 본 법인의 시설장을 제외한 직원을 겸할 수 없다.

② 감사는 본 법인의 이사 또는 시설장 및 직원을 겸할 수 없다.

제4장 이 사 회

제25조 (이사의 구성)

① 본 법인에 대표이사 및 이사로 구성되는 이사를 둔다.

② 감사는 이사회에 출석하여 발언할 수 있다.

제26조 (의결사항)

① 사업계획 실적 및 예산·결산에 관한 사항

② 재산의 취득·처분 및 관리에 관한 사항

③ 임원선출에 관한 사항

④ 수익사업에 관한 사항

⑤ 법인의 합병 및 해산에 관한 사항

⑥ 정관의 변경, 제 규정의 제정 및 개정에 관한 사항

⑦ 법인이 설치한 시설의 장의 임면에 관한 사항

⑧ 법인이 설치한 시설의 운영에 관한 사항

⑨ 기타 법인사업수행에 중요한 사항

⑩ 그 밖에 법령이나 이 정관에 의하여 이사회의 권한에 속하는 사항

제27조 (이사회의 소집 등)

① 이사회는 정기이사회와 임시이사회로 구분한다.

② 정기이사회는 매년 1월중에 개최하고, 임시이사회는 대표이사가 필요하다고 인정하는 때 또는 재적이사 3분의 1 이상의 서면요청이 있는 때와 감사의 연서에 의한 요청이 있는 때에 소집한다.

③ 이사회를 소집하고자 하는 때에는 대표이사가 회의목적을 명시하여 회의개최 7일 이전까지 각 이사에게 통지하여야 한다.

④ 대표이사는 재적이사 3분의 1 이상이 회의안건을 명시하여 소집을 요구한 때와 감사가 연서로 소집을 요구한 때로부터 14일 이내에 이사회를 소집하여야 한다.

제28조 (이사회의 개의와 의결정족수)

① 이사회는 이 정관에서 따로 정한 바를 제외하고는 재적이사 과반수의 출석으로 개의하고, 출석이사 과반수의 찬성으로 의결한다.

② 이사회의 의사는 원칙적으로 서면결의에 의할 수 없다. 다만, 다음의 경우에는 서면결의를 할 수 있다. 이 경우 대표이사는 자기 이사회에서 그 결과를 보고하여야 한다.

　　1. 대표이사가 사항의 내용이 경미하다고 인정할 때

　　2. 대표이사가 긴급을 요하는 사항으로 인정할 때

제29조 (의결권의 대리행사)

① 이사는 대리인으로 하여금 의결권 또는 표결권을 행사하게 할 수 있다. 이 경우 그 이사는 출석한 것으로 본다.

② 대리인은 다른 이사이어야 하며, 대리인이 대리할 수 있는 이사의 수는 1인에 한한다.

③ 대리인은 대리권을 증명하는 서면을 의장에게 제출하여야 한다.

제30조 (의결제척사유)　대표이사 또는 이사가 다음 각 호의 1에 해당하는 때에는 그 의결에 참여하지 못한다.

1. 임원선임 및 해임에 있어서 자신에 관한 사항

2. 금전 및 재산의 수수를 수반하는 사항으로서 임원 자신이 법인과 직접 관계되는 사항

제31조 (이사회회의록)

① 이사회의 의사에 관하여는 의사록을 작성하여야 한다.

② 의사록에는 의사의 경과·요령 및 결과를 기재하고, 의장과 출석한 이사 전원이 기명날인하여야 한다.

③ 대표이사는 의사록을 법인의 사무실에 비치하여야 한다.

제5장 수 익 사 업

제32조 (수익사업의 종류)

① 본 법인은 사회복지사업법 제28조의 규정에 의하여 다음의 수익사업을 할 수 있다.

1. 유휴부동산의 임대사업

2. 축산 및 과수, 원예, 기타 각종 영농사업

3. 수용인의 기술습득을 위한 가내수공업

4. 법인의 경비조달을 위한 목적사업에 관련되는 부대사업

② 제1항의 수익사업을 경영하기 위하여 대표이사는 이사회의 의결을 거쳐 관리자 또는 책임자를 임명한다.

제6장 사무조직 및 운영

제33조 (수익의 처분 및 관리) 수익사업에서 얻어지는 순수익은 법인의 목적사업에 충당하거나, 이사회의 의결에 의거 특정한 기금을 적립할 수 있다.

제34조 (사무국)

① 본 법인의 업무를 처리하기 위하여 법인사무국을 둔다.

② 사무국의 조직과 운영에 관하여는 별도의 규정으로 정한다.

제35조 (직 원) 직원의 임용·복무·보수 등에 관하여는 별도의 규정으로 정한다.

제7장 정관변경 및 해산

제36조 (정관변경) 본 법인의 정관을 변경하고자 하는 때에는 재적이사 3분의 2 이상의 의결을 거쳐 주무관청의 인가를 받아야 한다.

제37조 (해산 및 합병) 본 법인을 해산하거나 다른 법인과 합병하고자 하는 때에는 재적이사 4분의 3 이상의 의결을 거쳐 주무관청의 허가를 받아야 한다.

제38조 (잔여재산의 귀속) 본 법인이 해산하는 때의 청산 후 잔여재산은 주무관청의 허가를 받아 본 법인과 유사한 목적을 가진 사회복지법인에 기부하거나, 국가 또는 지방자치단체에 귀속한다.

제8장 공 고 방 법

제39조 (공고의 방법)
① 본 법인이 법령과 정관 및 이사회의 의결에 의하여 공고하여야 할 사항은 본 법인의 게시판이나 일간신문에 싣는다.
② 제1항의 공고기간은 7일 이상으로 한다.

제9장 보   칙

제40조 (준용규칙) 이 정관에 규정하지 아니한 사항에 대하여는 사회복지사업법, 공익법인의 설립·운영에관한법률, 민법과 그 밖의 관계법규를 준용한다.

제41조 (운영규정) 이 정관은 총회에서 회원 3분의 2 이상의 동의를 얻고 주무관청의 허가를 받아 이를 변경할 수 있다.

제42조 (규정의 제·개정)
① 본 법인의 운영과 관련된 주요 규정의 제·개정에 대하여는 이사회의 의결을 거쳐야 한다.
② 제1항의 내용 중 주요규정의 여부는 이사회에서 결정한다.

부   칙

제1조 (시행일) 이 정관은 주무관청의 인가를 받은 날로부터 시행한다.

제2조 (설립당시의 임원선임에 대한 경과조치) 본 법인 설립당시 발기인 총회에서 선임된 임원은 이 정관에 의하여 선임된 것으로 본다.

제3조 (설립당시의 기본재산 등) 본 법인 설립당시의 기본재산, 임원은 별지 1, 2와 같다.

  이상과 같이 사회복지법인 OOO원을 설립하기 위하여 재산을 출연하고 정관을 작성하여 발기인 전원이 기명날인한다.

2000년 O월 O일

발기인대표 O O O (인)
발기인 O O O (인)
발기인 O O O (인)
발기인 O O O (인)

기 본 재 산 목 록

1. 목적사업용 기본재산

구 분	소 재 지	규모(㎡)	평가가액	출연자	비 고
토 지					
건 물					
현 금					
	계				

2. 수익사업용 기본재산

구 분	소 재 지	규모(㎡)	평가가액	출연자	비 고
토 지					
건 물					

[별지] 임원명단

임 원 명 단

연번	직 위	임기	성 명	주민등록번호	주 소
1	대표이사	○년	○○○	000000-0000000	○○시 ○○로 ○○(○○동)
2	이 사	○년	○○○	000000-0000000	○○시 ○○로 ○○(○○동)
3	이 사	○년	○○○	000000-0000000	○○시 ○○로 ○○(○○동)
4	감 사	○년	○○○	000000-0000000	○○시 ○○로 ○○(○○동)
5	감 사	○년	○○○	000000-0000000	○○시 ○○로 ○○(○○동)

[서식 _ 취임승낙서]

취 임 승 낙 서

본인은 2000년 ○월 ○일 귀 법인의 대표이사(또는 이사)로 선임되었으므로 그 취임을 승낙합니다.

2000년 ○월 ○일

대표이사(또는 이사)   ○ ○ ○ (인)
(000000-0000000)
○○시 ○○구 ○○로 ○○(○○동)

사회복지법인 ○○○   귀중

※ 인감도장을 날인하고 인감증명서 및 주민등록등(초)본을 첨부 한다.

인감 · 개인(改印) 신고서

(신고하는 인감날인란) (인감제출자에 관한 사항)

	상호(명　칭)	사회복지법인 ○○○	등기번호
	본점(주사무소)	○○시 ○○구 ○○로 ○○(○○동)	
인감제출자	자격/성명	대표이사　○ ○ ○	
	주민등록번호	○○○○○○-○○○○○○○	
	주　소	○○시 ○○구 ○○로 ○○(○○동)	

ㄴ 위와 같이 인감을 신고합니다.
ㄴ 위와 같이 개인(改印)하였음을 신고합니다.

　　　　　년　　월　　일　　　　　　　　(인감 날인란)

신고인　　본 인 성 명　　　　　　(인)
　　　　　대리인 성 명　　　　　　(인)

지방법원　　　　등기소　귀중

> **주** 1. 인감 날인란에는 「인감증명법」에 의하여 신고한 인감을 날인하고 그 인감증명서 (발행일로부터 3개월 이내의 것)를 첨부하여야 합니다. 개인(改印)신고의 경우, 개인인감을 날인하는 대신에 등기소에 신고한 유효한 종전 인감을 날인하여도 됩니다.
> 2. 인감 · 개인신고서에는 신고하는 인감을 날인한 인감대지를 첨부하여야 합니다.
> 3. 지배인이 인감을 신고하는 경우에는 인감제출자의 주소란에 지배인을 둔 장소를 기재하고, 「상업등기규칙」 제36조 제4항의 보증서면(영업주가 등기소에 신고한 인감 날인)을 첨부하여야 합니다. 위 보증서면은 아래의 보증서면란에 기재하는 것으로 갈음할 수 있습니다.

보 증 서 면

위 신고하는 인감은 지배인 ○○○의 인감임이 틀림없음을 보증합니다.

　　　　　대표이사　　　　　(법인인감)

위 임 장

성 명 :   주민등록번호(-   )

주 소 :

위의 사람에게, 위 인감신고 또는 개인신고에 관한 일체의 권한을 위임함.

20 년 월 일

인감(개인) 신고인 성 명   (인)

[서식 _ 인감대지]

인 감 대 지

신고하는 인감날인란	상 호(명 칭) : 사회복지법인 OOO 자격 및 성명 : 대표이사 O O O 주민등록번호 : OOOOOO-OOOOOOO

인감카드 등 (재)발급신청서

(인감제출자에 관한 사항)

상호(명　칭)		등기번호	
본점(주사무소)			
인감 제출자	자격 / 성명		
	주민등록번호		

발급사유	⊔ 최초발급　⊔ 카드분실　⊔ 카드훼손　⊔ 인감증명서발급기능 ⊔ 기타 (　　　　　　)		
매체구분	⊔ 인감카드　⊔ HSM USB	인감카드 비밀번호	

위와 같이 인감카드 등의 (재)발급을 신청합니다.

년　　　월　　　일

신청인 인감제출자　(본 인)　성　명　　　　　　(인)　(전화 :　　　　)
　　　　　　　　　(대리인)　성　명　　　　　　(인)　(전화 :　　　　)

지방법원 등기소　　귀중

접수번호		인감카드번호	

- 대법원수입증지를 붙이는 란 -

주 1. 인감카드 비밀번호란에는 (재)발급받아 사용할 인감카드의 비밀번호를 기재하며, 아라비아숫자 6자릿수를 기재하여야 합니다. 비밀번호는 인감카드와 함께 인감증명서의 발급을 신청할 권한이 있는 것으로 보게 되는 중요한 자료이므로 권한이 없는 사람이 알지 못하도록 주의하시기 바랍니다.

2. 인감카드의 재발급을 신청할 때에는 「등기부 등·초본 등 수수료규칙」 제5조의7에 의하여 5,000원 상당의 대법원수입증지를 이 란에 붙여야 합니다. 다만, 인감카드를 반납할 때에는 붙일 필요가 없습니다.

위 임 장

성 명 :　　　　　　　　　　　　주민등록번호(　　　-　　　)
주 소 :

위의 사람에게, 위 (재)발급신청서에 기재된 인감카드 등의 발급신청과 그 수령 등에 관한 일체의 권한을 위임함.

　　　　　　　　　　　　　20　년　　월　　일

　　　　　　　인감(개인) 신고인　성 명　　　　　　　(인)

제2장 의료법인 설립

제1절 총 설

의료법인을 설립하는 경우에는 의료법의 적용을 받는다. 의료법인은 특수법인으로서 의료법에 규정된 것 외에는 민법 중 재단법인에 관한 규정을 준용한다. 의료법인을 설립하기 위해서는 우선 주무관청인 보건복지부장관의 허가를 받아야 하고 의료법인은 그 법인이 개설하는 의료기관에 필요한 시설이나 시설을 갖추는 데에 필요한 자금을 보유하여야 한다.

제2절 의료법인의 설립

1. 의 의

의료법인 설립은 정관의 작성과 창립총회 개최 등의 재단법인 설립준비, 주무관청의 의료법인 설립허가, 법원에의 의료법인 설립등기 단계를 거쳐 설립한다. 의료법인은 공익을 목적으로 하는 비영리 사업자에 해당하므로 주무관청의 허가를 받아 설립의 효력이 발생하면 국가가 감독권을 행하하게 된다. 의료법인의 설립요건에 관하여 의료법 제48조 제2항은 '의료기관에 필요한 시설이나 시설을 갖추는데 필요한 자금을 보유하여야 한다.'라고만 규정하고 있어 종전에는 보건복지부에서 의료법인의 설립 및 운영에 관한 지침을 마련하여 설립기준을 정하였으나 지금은 각 지방자치단체가 실정에 맞게 운영지침을 마련하여 시행하고 있다.

2. 의료법인의 설립절차

1) 재산출연

(1) 재산의 종류

의료법인을 설립하려는 설립자는 법인에 재산을 출연해야 하고 그 재산의 종류에는 제한이 없다. 의료법인의 출연재산에 대한 규모는 해당 법인의 목적을 수행할 수 있는 정도인지 여부가 그 기준이 되어 있다.

출연 재산목록은 기본재산과 보통재산으로 명확하게 구분되어야 하며 출연재산이 기본재산인 경우에는 소재지, 지번, 지목, 면적, 평가가액 등을 기재하고 보통재산인 경우에는 재산의 종류, 수량 및 금액 등이 기재되어야 한다.

출연재산의 구체적인 내용을 기록하고 기부신청자의 인적사항 및 기부일자를 기재한 후 인감을 날인하고 기부신청자의 인감증명서가 첨부되어야 하며 인감증명서의 사용 용도는 의료법인에 대한 재산출연용으로 한다.

(2) 재산기부신청서

재산기부신청서에는 부동산인 경우에는 부동산 등기부등본 및 감정평가서, 현금인 경우에는 예금잔고증명서, 의료장비 및 비품 등인 경우에는 출연재산의 명세서, 기타 부동산인 경우에는 객관적으로 인정할 수 있는 증빙자료가 첨부되어야 한다.

(3) 사업계획서 및 수지예산서

사업계획서는 법인의 설립에서부터 의료기관을 개설하기까지의 구체적인 내용을 포함하여야 한다.

2) 정관의 작성

정관이란 법인의 기본준칙을 기재한 서면으로서 의료법인의 설립준비 단계에서는 설립자가 일정한 재산을 출연하고 법인의 명칭 및 목적을 정한 후 민법 제43조에 따라 정관을 작성하고 기관을 구성하여야 한다.

정관은 의료법인의 유지운영을 위하여 준수하여야 할 기본이 되는 규칙이므로 향후 법인운영에 필요한 사항을 망라하고 관계법규에 어긋남이 없도록 하여 발기인 전원이 기명날인하여야 한다. 의료법인은 특수법인으로서 의료법에 규정된 것 외에는 민법 중 재단법인에 관한 규정을 준용하므로 의료법인의 설립자는 일정한 재산을 출연하고 정관에는 목적 명칭 사무소의 소재지 자산에 관한 규정 이사의 임면에 관한 사항을 기재하여 기명날인하여야 한다. 이는 필요적 기재사항이다.

3) 시·도지사의 설립허가

(1) 설립허가

의료법인의 허가에 관한 권한은 현재 각 시도지사에 위임되어 있으므로 설립허가를 받고자 하는 자는 법인의 주된 사무소의 소재지를 관할하는 시·도지사의 허가를 받아야 한다.

(2) 신청서류

① 의료법인 설립허가신청서

신청인의 인적사항, 법인명칭 및 주소, 정관 등이 기재된 신청서로 보건복지부 소관 비영리법인의 설립 및 감독에 관한 규칙 별지 1호 서식이다.

② 설립취지서

법인설립 취지를 6하 원칙에 따라 기재하는 서식으로서, 법인설립취지. 동기 등을 간략 명료하게 정리하여 기재해야 한다.

③ 창립총회회의록

회의일시, 회의장소, 참석자, 의제 등을 기재하는 것으로 의제별로 구체적인 토의사항을 발표자 순서대로 기록정리 하는 서류이다. 회의록에는 발기인 전원이 인감 날인해야 한다.

④ 설립발기인 명단

설립발기인들의 직위, 성명, 주민등록번호, 주소 및 약력 등을 간략하게 기재하면 된다.

⑤ 정 관

법에 명시된 정관기재사항은(필수적 기재사항) 반드시 기재하고, 기타 관련법규에 어긋남이 없도록 작성해야 하며, 발기인 전원이 기명하고 인감날인 해야 한다.

⑥ 재산목록

설립당시의 기본재산을 소재지, 규모, 평가가액(현금이 아닌 경우), 출연자 등이 나타나도록 작성하는 기본재산 목록이다.

⑦ 부동산, 예금, 유가증권 등 주된재산에 관한 등기소, 금융기관의 증명서

⑧ 사업계획서 및 수입 · 지출예산서

⑨ 임원취임 예정자의 이력서(반명함사진을 첨부), 취임승낙서(인감첨부), 기본증명서

⑩ 발기인이 둘이상인 경우 대표자가 신청하는 경우 나머지 발기인의 위임장

■ 보건복지부 소관 비영리법인의 설립 및 감독에 관한 규칙 [별지 제1호 서식] 〈개정 2015.12.31.〉

법인 설립허가 신청서

접수번호	접수일	처리일	처리기간	20일

신청인	성명		생년월일 (외국인등록번호)	
	주소		전화번호	

법 인	명칭		전화번호	
	소재지			

대표자	성명		생년월일 (외국인등록번호)	
	주소		전화번호	

「민법」 제32조 및 「보건복지부 소관 비영리법인의 설립 및 감독에 관한 규칙」 제3조에 따라 위와 같이 법인 설립허가를 신청합니다.

년   월   일

신청인

(서명 또는 인)

보 건 복 지 부 장 관 귀하

신청(신고)인 제출서류	1. 설립발기인의 성명 · 생년월일 · 주소 · 약력을 적은 서류(설립발기인이 법인인 경우에는 그 명칭, 주된 사무소의 소재지, 대표자의 성명 · 생년월일 · 주소와 정관을 적은 서류) 1부 2. 정관 1부 3. 재산목록(재단법인의 경우에는 기본재산과 운영재산으로 구분하여 적어야 합니다) 및 그 증명 서류와 출연 신청이 있는 경우에는 그 사실을 증명하는 서류 각 1부 4. 해당 사업연도분의 사업계획 및 수입 · 지출 예산을 적은 서류 1부 5. 임원 취임 예정자의 성명 · 생년월일 · 주소 · 약력을 적은 서류 및 취임승낙서 각 1부 6. 창립총회 회의록(설립발기인이 법인인 경우에는 법인 설립에 관한 의사 결정을 증명하는 서류) 1부	수수료 없 음

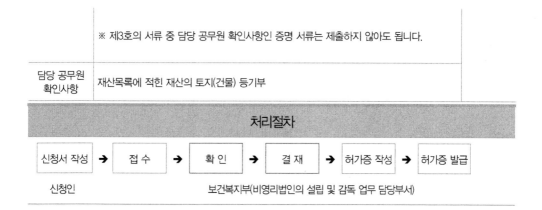

※ 제3호의 서류 중 담당 공무원 확인사항인 증명 서류는 제출하지 않아도 됩니다.

담당 공무원 확인사항	재산목록에 적힌 재산의 토지(건물) 등기부

처리절차					
신청서 작성	➡ 접 수 ➡	확 인 ➡	결 재 ➡	허가증 작성 ➡	허가증 발급
신청인		보건복지부(비영리법인의 설립 및 감독 업무 담당부서)			

210mm×297mm[일반용지 60g/㎡(재활용품)]

설립취지서

1. 법인설립치지

우리는 현재 산업사회의 급격한 발전으로 인하여

~~~~~~~~~

~~~~~~

도와주고자 하는 것이 본 의료법인 00의 설립취지이다.

2. 사업내용

이 법인은 비영리 의료법인으로서 의료기관을 설치 운영하고 보건의료에 관한 연구개발 등을 통하여 국민보건향상에 이바지함을 목적으로 의료기관의 설치운영, 지역영세민 무료 및 무의촌 순회진료를 통하여 많은 사람들이 겪고 있는 고통을 나누어지고자 합니다.

~~~~~~ 의료법인 00병원을 설립할 것을 선언합니다.

발기인 명단

번호	성명	약력	주민등록번호	주소	서명 날인
1	김00	00병원 이사장	711108-1045698	서울 00구00동00	
2	김00	00병원 교수	000000-0000000	00시 00구 00동	
3	박00	00병원 내과과장	000000-0000000	00시 00구 00동	
4	최00	00병원 교수	000000-0000000	00시 00구 00동	
5	이00	00병원 과장	000000-0000000	00시 00구 00동	

정 관

제1장 총 칙

제1조 (명 칭) 본 법인은 "○○ 의료법인" 이라 한다.

제2조 (사무소의 소재지)
본 법인은 주된 사무소는 ○○시 ○○구 ○○로 ○○(○○동)에 둔다.

제3조 (목 적) 본 법인은 비영리 의료법인으로서 의료기관을 설치 운영하고 보건의료에 관한 연구개발 등을 총하여 국민보건향상에 이바지함을 목적으로 한다.

제4조 (사업의 종류) 본 법인은 제3조의 목적을 달성하기 위하여 다음 사업을 행한다.
    1. 의료기관의 설치운영
    2. 지역영세민 무료 및 무의촌 순회진료
    3. 기타 위 각호에 부대하는 사업

제2장 재산 및 회계

제5조 (재산의 구분)
① 본 법인의 재산은 기본재산과 보통재산으로 구분하여 관리한다.
② 기본재산은 다음 각 호의 재산으로 하며, 그 이외에 재산은 보통재산으로 한다.
    1. 별지 1의 기본재산목록에 기재된 재산
    2. 부동산
    3. 이사회결의에 의하여 기본재산에 편입된 재산

제6조 (재산의 관리)
① 기본재산을 매도, 증여, 교환, 임대, 담보제공 또는 용도변경을 하고자 하거나 그 밖에 권

리의 포기, 의무의 부담 등의 처분을 하고자 하는 때에는 이사회 재적 3분의 2 이상의 찬성으로 의결하여 시·도지사의 허가를 얻어야 한다.

② 보통재산의 유지운영 및 그 관리에 관하여는 이사회에서 정하는 바에 의한다.

제7조 (경비와 유지방법) 본 법인의 경비는 기본재산에서 생기는 과실, 수익사업의 수익금, 기부금과 그 밖의 수입으로 충당한다.

제8조 (사업계획 및 사업실적)
① 본 법인은 매 회계연도 개시 전에 다음 회계연도에 실시하여야 할 사업계획과 수지예산에 관한 서류를 작성하여 이사회의 의결을 거친 후 시도지사에 제출하여야 한다.
② 본 법인은 매 회계연도 종료 후 2월 이내에 지난 회계연도의 사업실적과 수지예산에 관한 서류를 작성하여 감사의 감사를 받은 후 이사회의 의결을 거쳐 시도지사에 제출하여야 한다.

제9조 (회계연도) 본 법인의 회계연도는 정부의 회계연도에 따른다.

제10조 (회계손익금의 처리) 본 법인의 매 회계연도 결산잉여금은 이사회의 의결에 의하여 다음 회계연도에 이월 사용하거나 시설대체 적립금으로 보전하여야 하고 결손금은 다음 회계연도의 세계잉여금으로 충당한다.

제3장 임 원

제11조 (임원의 종별과 정수) 본 법인에는 다음의 임원을 둔다.
1. 이사장 1인
2. 상임이사 1인
3. 이사(이사장 포함) 5인이상 15인 이내
4. 감사 2인 이내

제12조 (임원의 선임과 해임)
① 임원은 임기만료 1월전에 이사회에서 선임하고 그 결과를 시·도지사에 보고한다.
② 본 법인이 이사회의 개최지연 등으로 차기임원을 선출하지 못한 채 임원의 임기가 만료된 경우에는 차기 임원이 선출될 때까지 전임 이사장 및 임원이 이 법인의 업무를 관장한다.
③ 제1항의 규정에 의하여 취임한 임원이 법인 또는 공익을 해하는 행위를 하거나 임원으로서

직무를 정상적으로 수행할 수 없다고 인정되어 임기만료 전에 자신의 의사에 반하여 해임하고자 할 때에는 이사회에서 재적이사 3분의 2 이상 찬성으로 해임을 의결하고 그 결과를 시·도지사에게 보고하여야 한다.

④ 본 법인의 임원 중 결원이 발생할 경우에는 그 결원이 발생한 날부터 2월 이내에 이사회에서 후임자를 선임하고 그 결과를 시·도지사에게 보고하여야 한다.

제13조 (임원의 임기 등)

① 본 법인의 대표이사 및 이사의 임기는 3년으로 하고 감사의 임기는 2년으로 한다.

② 보궐에 의하여 취임한 이사와 감사의 임시는 전임자의 잔임기간으로 한다.

③ 임원은 연임할 수 있다.

제14조 (임원의 결격사유) 다음 각호의 1에 해당하는 자는 이 법인의 임원이 될 수 없다.

1. 미성년자
2. 금치산자 또는 한정치산자
3. 파산자로서 복권되지 아니한 자
4. 금고이상의 형을 받고 집행이 종료되거나 집행을 받지 아니하기로 확정된 후 3년이 경과되지 아니한 자

제15조 (이사장 및 상임이사의 선출)

① 이사장은 이사 중에서 호선하되 이사회에서 재적이사 3분의 2 이상의 찬성으로 선출하여 취임하며 그 임기는 이사로서의 재직기간으로 한다.

② 상임이사는 이사장이 지명하되 그 임기는 이사로서의 재임기간으로 한다.

제16조 (이사장의 직무)

이사장은 이 법인의 업무를 대표하고 법인의 업무를 총괄하며 이사회의 의장이 된다.

제17조 (이사장의 직무대행)

① 이사장이 유고 또는 궐위된 때에는 상임이사가 이사장의 직무를 대행하고 이사장 및 상임이사가 동시에 유고 또는 궐위된 때에는 이사 중 연장자가 이사장의 직무를 대행한다.

② 이사장이 궐위된 때에는 이사장 직무 대행자는 지체 없이 이사장 선임절차를 취하여야 한다.

제18조 (임원의 직무)

① 이사는 이사회의 구성원으로서 이사회를 구성하며 법인의 유지운영과 관리 등에 대한 중요 업무를 심의 결정하고 이사회 또는 이사장으로부터 법인의 업무에 관하여 수임된 직무를 수행한다.

② 상임이사는 이사로서의 직무 이외에 이사장을 보좌하며 이사회 또는 이사장으로부터 수임된 소관업무를 상근하며 집행한다.

③ 감사는 다음 각 호의 직무를 수행한다.

  1. 이 법인의 재산상황과 재정집행상황을 감사하는 일
  2. 이사회의 운영과 임직원(이사장 및 이사포함)의 업무진행상황을 감사하는 일
  3. 제1호 및 제2호의 감사결과 부정 또는 부당한 점이 있음을 발견한 때는 이사회에 그 시정을 요구하거나 감독관청에 보고하는 일
  4. 제3호의 보고를 하기 위하여 필요한 때에는 이사회의 소집을 요구하는 일
  5. 이사회에 출석하여 이견을 진술하는 일

제19조 (대표권 제한)

이 법인의 이사장을 제외하고는 이 법인을 대표할 수 없다.

제4장 이사회

제20조 (이사회의 구성 및 구분)

① 이 법인의 최고의결기관으로서 이사회를 두며 이사회는 정관 제12조의 규정에 의하여 선임된 이사로서 구성한다.

② 이사회는 정기이사회와 임시이사회로 구분하며 정기이사회는 매년 2회 개최하되 그 개최시기는 2월과 12월로 하고 임시이사회는 필요에 따라 수시로 개최할 수 있다.

제21조 (이사회의 소집 및 절차)

① 이사회는 다음 각호의 1에 해당하는 경우 이사장이 이를 소집 개최한다.

  1. 정기이사회 개최시기가 도래되었을 때
  2. 이사장이 필요하다고 인정할 때
  3. 재적이사 3분의 1 이상이 이사회 소집을 요구할 때

4. 감사가 감사결과를 보고하기 위하여 이사회 소집을 요구할 때

② 이사장은 재적이사 3분의 1 이상이 회의안건을 명시하여 소집을 요구한 때와 감사가 연서로 소집을 요구한 때로부터 20일 이내에 이사회를 소집하여야 한다.

③ 이사회를 소집하고자 할 때에는 늦어도 회의 7일전에 목적과 부의안건, 일시, 장소 등을 명시한 서면에 의하여 각 이사 및 감사에게 소집통지를 해야 한다.

④ 이사회는 제2항의 규정에 의하여 통지한 사항에 한하여 의결할 수 있다. 다만 재적이사 전원이 참석하고 참석이사 전원이 참석할 때에는 예외로 할 수 있다.

⑤ 소집권자인 이사장이 정당한 이유 없이 이사회 소집을 거절하는 경우에는 재적이사 과반수의 찬성으로 다른 이사가 이사회를 소집할 수 있다.

제22조 (이사회의 의결사항) 이사회는 이 법인의 업무에 관한 다음 각호의 사항을 심의 의결한다.

① 사업계획 실적 및 예산·결산에 관한 사항

② 재산의 취득·처분 및 관리에 관한 사항

③ 임원선출에 관한 사항

④ 수익사업에 관한 사항

⑤ 법인의 해산에 관한 사항

⑥ 정관의 변경, 제 규정의 제정 및 개정에 관한 사항

⑦ 기타 법인사업수행에 중요한 사항

⑧ 그 밖에 법령이나 이 정관에 의하여 이사회의 권한에 속하는 사항

제23조 (이사회의 의결정족수) 이사회는 이 정관에서 따로 정한 바를 제외하고는 재적이사 과반수의 출석으로 개의하고, 출석이사 과반수의 찬성으로 의결한다.

제24조 (의결제척 사유)

이사장 또는 이사가 다음 각호의 1에 해당하게 된 때에는 그 의결에 참가하지 못한다.

　　1. 임원의 취임 및 해임에 있어 자신에 관한 사항을 의결할 때

　　2. 금전 및 재산의 수수를 수반하는 사항으로서 임원 자신이 법인과 직접 관계되는 사항

제5장 사업기관

제25조 (사업기관의 설치)

① 이 법인의 사업을 효율적으로 수행하기 위하여 이사회의의결에 의하여 필요한 사업기관을 설치할 수 있다.

② 제1항의 규정에 의한 사업기관의 설치 및 운영에 관하여 필요한 사항은 이사회의 의결을 거쳐 내규로 정한다.

③ 병원과 사업기관의 임직원, 병원장 임명에 관한 사항은 이사회의 의결을 거쳐 내규로 정한다.

④ 제1항 및 제2항의 규정에 의하여 사업기관을 설치할 때에는 이를 시도지사에게 보고하여야 한다.

제6장 정관변경

제26조 (정관변경) 본 법인의 정관을 변경하고자 하는 때에는 재적이사 3분의 2 이상의 의결을 거쳐 시도지사의 허가를 받아야 한다.

제7장 해산

제27조 (해산) 본 법인을 해산 하고자 하는 때에는 재적이사 4분의 3 이상의 의결을 거쳐 시도지사의 허가를 받아야 한다.

제28조 (잔여재산의 처분) 본 법인이 해산하는 때의 잔여재산은 해산 당시의 이사회 또는 청산인회에서 재적인원 4분의 3 이상의 찬성으로 의결하고 시도지사의 허가를 받아 이 법인의 설립목적과 유사한 목적을 가지 비영리법인에 기증 처분하거나 국가 또는 지방자치단체에 귀속 처분한다.

제9장 보   칙

제30조 (공고의 방법)

본 법인이 법령과 정관 및 이사회의 의결에 의하여 공고하여야 할 사항은 본 법인의 게시판이나 일간신문에 싣는다.

제31조 (준용규정) 이 정관에 규정하지 아니한 사항에 대하여는 의료법 및 민법 중 재단법인에 관한 규정을 준용하며 기타는 일반 관례에 의한다.

제32조 (시행세칙) 이 정관의 시행과 법인의 유지운영 및 관리에 관하여 필요한 사항은 이사회의 의결을 거쳐 세칙으로 정한다.

부　　칙

제1조 (시행일) 이 정관은 시도지사의 허가를 받은 날로부터 시행한다.

제2조 (발기인 회의) 이 정관을 의결한 설립발기인회의는 이 정관에서 규정한 이사회로 본다.

이상과 같이 의료법인 OOO원을 설립하기 위하여 재산을 출연하고 정관을 작성하여 발기인 전원이 기명날인한다.

2000년 O월 O일

발기인대표 O O O (인)
발기인 O O O (인)
발기인 O O O (인)
발기인 O O O (인)

재 산 목 록

1. 기본재산

구 분	소 재 지	수량	평가가액(천원)	취득원인	비 고
현 금		계좌			
주 식		주			
토 지	○○시 ○○동 ○○				
건 물	○○시 ○○로 ○○(○○동)			○○○	
				○○○	
	계				

2. 보통재산

구 분	소 재 지	수량	평가가액(천원)	출연자	비 고
현 금		계좌			
주식		주			
토 지	○○시 ○○구 ○○동 ○○			○○○	
건 물	○○시 ○○로 ○○(○○동)			○○○	
	계				

재산기부(출연)신청서

의료법인 00병원 설립대표자 귀하

본인소유의 다음의 재산을 설립코자 하는 00법인에게 무상기부(출연) 합니다.

기부(출연)재산표시

구 분	소 재 지	종별	수량	금액	비 고
현 금		계좌			
주 식		주			
토 지					
건 물					

제3절 의료법인의 설립등기

1. 총 설

의료법인은 소정의 절차를 마친 후 그 주된 사무소의 소재지를 관할하는 등기소에서 설립등기를 함으로서 성립한다.

설립등기 외의 등기사항에 대해서는 그 등기가 제3자에 대한 대항요건일 뿐이지만 법인의 설립사실 그 자체에 대해서는 설립등기가 그 성립요건이 된다.

2. 등 기 절 차

가. 등기신청인 및 등기기간

의료법인은 그 대표이사가 주된 사무소의 소재지에서 설립등기를 함으로써 성립한다. 의료법인의 설립의 허가서가 있는 때로부터 3주간 내에 주된 사무소 소재지에서 설립등기를 하여야 한다. 등기기간의 기산은 주무관청의 허가서가 도달한 다음날부터이다. 그 기간 내에 등기를 신청하지 아니하면 과태료가 부과된다.

나. 첨부서류

(1) 정 관

정관에는 목적, 명칭, 주된 사무소의 소재지, 사업의 종류, 자산 및 회계에 관한 사항, 임원의 임면 등에 관한 사항, 회의에 관한 사항, 정관의 변경에 관한 사항, 존립시기와 해산사유를 정한 때에는 그 시기와 사유 및 잔여재산의 처리방법, 공고 및 그 방법에 관한 사항을 기재한다.

(2) 창립총회의사록

창립총회 회의록은 법인설립 시 적법한 절차를 거쳐 성립되었는가를 판단하는 중요한 기준이 되므로 육하원칙에 따라 작성하되 진행자 등이 누락되지 않도록 한다. 특히 회의진행과 관련하여 정관 심의과정 및 임원선출의 표결사항, 찬반 토론내용 등을 상세히 기재하고 회의록 작성이 끝나면 참석한 서명위원들이 기록내용을 확인하고 연명으로 날인하여야 한다. 회의록의 내용 중 별첨 유인물로 진행된 것은 회의록에 첨부하여 서명위원들이 간인하여야 한다.

(3) 이사회의사록

정관에서 이사회의 권한으로 정하고 있는 사항을 이사회에서 결의한 경우 이사회의사록을 첨부하여야 한다.

(4) 이사의 자격증명서

이사의 자격을 증명하는 서면으로서는 정관에서 정하지 않은 경우 이사선임서나 창립총회의사록 및 취임승낙서를 첨부한다.

이사는 취임함으로서 법적인 책임과 의무가 발생하므로 취임자의 진정한 의사를 확인하기 위하여 취임자의 인감도장을 날인한 취임승낙서와 인감증명법에 의하여 신고한 인감증명서를 첨부하여야 한다.

(5) 재산목록

(6) 주무관청의 허가서나 그 인증 있는 등본

시·도지사부터 설립허가를 받은 허가서나 허가기관의 인증이 있는 등본을 첨부해야 한다.

(7) 등록면허세 등

등록면허세는 자본금의 1,000분의 2이고 지방교육세는 등록면허세의 100분의 20이다. 설립 시에 자산이 없다면 112,500원의 등록면허세를 납부해야 한다.

설립등기의 경우 등기신청수수료는 30,000원이다.

의료법인 설립등기신청

접 수	년 월 일		처 리 인	접 수	조 사	기 입	교 합	각종통지
	제 호							

등 기 의 목 적	의료법인 설립
등 기 의 사 유	의료법인을 설립하기 위하여 정관을 작성하고 20ㅇㅇ년 ㅇ월 ㅇ일 주무관청의 허가를 얻었으므로 다음 사항의 등기를 구함.
설 립 허 가 서 도 착 연 월 일	20ㅇㅇ년 ㅇ월 ㅇ일
주사무소/분사무소 신 청구분	1.주사무소 신청 ☐ 2.분사무소 신청 ☐ 3.주·분사무소 일괄신청 ☐

등 기 할 사 항

명 칭	의료법인 ㅇㅇㅇ병원
주 사 무 소	ㅇㅇ시 ㅇㅇ구 ㅇㅇ로 ㅇㅇ(ㅇㅇ동)
이사의 성명 및 주민등록번호	이사 ㅇ ㅇ ㅇ (ㅇㅇㅇㅇㅇㅇ-ㅇㅇㅇㅇㅇㅇㅇ) 이사 ㅇ ㅇ ㅇ (ㅇㅇㅇㅇㅇㅇ-ㅇㅇㅇㅇㅇㅇㅇ) 이사 ㅇ ㅇ ㅇ (ㅇㅇㅇㅇㅇㅇ-ㅇㅇㅇㅇㅇㅇㅇ) 이사 ㅇ ㅇ ㅇ (ㅇㅇㅇㅇㅇㅇ-ㅇㅇㅇㅇㅇㅇㅇ)
이사의 대표권에 대한 제한	이사 ㅇㅇㅇ 외에는 대표권이 없음 ㅇㅇ시 ㅇㅇ구 ㅇㅇ로 ㅇㅇ(ㅇㅇ동)

등 기 할 사 항

목 적	본 법인은 비영리 의료법인으로서 의료기관을 설치 운영하고 보건의료에 관한 연구개발 등을 통하여 국민건강향상에 이바지함을 목적으로 다음 각호의 사업을 수행한다. 1. 의료기관의 설치 운영 1. 지역영세민 무료 및 무의촌 순회진료 1. 기타 위 각호에 부대하는 사업
분 사 무 소	없음

설립허가연월일	20○○년 ○월 ○일
존립기간 또는 해산사유	해산사유 : 이법인을 해산하고자 할 때에는 이사회에서재적이사 4분의 3이상의 찬성으로 의결하여 시도지사의허가를 받아야 한다.
자산의 총액	금 ○○○○○원
기 타	해당 없음

신청등기소 및 등록면허세/수수료

순번	신청등기소	구분	등록면허세	지방교육세	세액합계	등기신청수수료
			금 원	금 원	금 원	금 원
합 계						
등기신청수수료 은행수납번호						
과 세 표 준 액		금			원	

첨 부 서 면

1. 정 관 통
1. 이사선임서 통
1. 이사회의사록 통
1. 재산목록(자산총액증명서) 통
1. 주무관청의 설립허가서
  (또는 허가서 등본) 통
1. 이사 취임승낙서와 인감증명서,
  주민등록등(초)본 통
	1. 대표이사의 인감신고서(인감대지 포함)
	                               통
	1. 대표이사의 인감증명서 통
	1. 법인인감카드발급신청서 통
	1. 등록면허세영수필확인서및통지서 통
	1. 위임장(대리인이 신청할 경우) 통

년 월 일

신청인 명 칭
주사무소

대표자   성   명   ㊞   (전화 :   )
         주   소
대리인   성   명   ㊞   (전화 :   )
         주   소

지방법원   등기소   귀중

[신청서 작성요령 및 등기수입증지 첩부란]

1. 해당란이 부족할 때에는 별지를 이용합니다.

1. 해당 등기신청과 관계없는 사항에 대하여는 "해당없음"으로 기재하거나 삭제하고, 필요한 사항은 추가 기재합니다.

1. 등기신청수수료 상당의 대법원등기수입증지를 이 난에 붙입니다.

(용지규격 21cm×29.7cm)

위 임 장

변호사 ○ ○ ○

○○시 ○○구 ○○로 ○○(○○동)

전화 : ○○○-○○○, 팩스 : ○○○-○○○

위 사람을 대리인으로 정하고 다음사항의 권한을 위임한다.

다 음

1. 의료법인 ○○○ 병원 설립등기신청서의 작성 및 제출하는 행위
1. 등기신청의 취하에 관한 행위
1. ○○○의 원본환부 및 수령하는 행위
1. 기타 이에 부수되는 일체의 행위

2000년 ○월 ○일

위임인 의료법인 ○○○ 병원

○○시 ○○구 ○○로 ○○(○○동)

대표이사 ○ ○ ○ (인)

정 관
제1장 총 칙

제1조 (명 칭) 본 법인은 "OO 의료법인" 이라 한다.

제2조 (사무소의 소재지)
본 법인은 주된 사무소는 OO시 OO구 OO로 OO(OO동)에 둔다.

제3조 (목 적) 본 법인은 비영리 의료법인으로서 의료기관을 설치 운영하고 보건의료에 관한 연구개발 등을 총하여 국민보건향상에 이바지함을 목적으로 한다.

제4조 (사업의 종류) 본 법인은 제3조의 목적을 달성하기 위하여 다음 사업을 행한다.
1. 의료기관의 설치운영
2. 지역영세민 무료 및 무의촌 순회진료
3. 기타 위 각호에 부대하는 사업

제2장 재산 및 회계

제5조 (재산의 구분)
① 본 법인의 재산은 기본재산과 보통재산으로 구분하여 관리한다.
② 기본재산은 다음 각 호의 재산으로 하며, 그 이외에 재산은 보통재산으로 한다.
1. 별지 1의 기본재산목록에 기재된 재산
2. 부동산
3. 이사회결의에 의하여 기본재산에 편입된 재산

제6조 (재산의 관리)
① 기본재산을 매도, 증여, 교환, 임대, 담보제공 또는 용도변경을 하고자 하거나 그 밖에 권리의 포기, 의무의 부담 등의 처분을 하고자 하는 때에는 이사회 재적 3분의 2 이상의 찬성으로

의결하여 시·도지사의 허가를 얻어야 한다.

② 보통재산의 유지운영 및 그 관리에 관하여는 이사회에서 정하는 바에 의한다.

제7조 (경비와 유지방법) 본 법인의 경비는 기본재산에서 생기는 과실, 수익사업의 수익금, 기부금과 그 밖의 수입으로 충당한다.

제8조 (사업계획 및 사업실적)

① 본 법인은 매 회계연도 개시 전에 다음 회계연도에 실시하여야 할 사업계획과 수지예산에 관한 서류를 작성하여 이사회의 의결을 거친 후 시도지사에 제출하여야 한다.

② 본 법인은 매 회계연도 종료 후 2월 이내에 지난 회계연도의 사업실적과 수지예산에 관한 서류를 작성하여 감사의 감사를 받은 후 이사회의 의결을 거쳐 시도지사에 제출하여야 한다.

제9조 (회계연도) 본 법인의 회계연도는 정부의 회계연도에 따른다.

제10조 (회계손익금의 처리) 본 법인의 매 회계연도 결산잉여금은 이사회의 의결에 의하여 다음 회계연도에 이월 사용하거나 시설대체 적립금으로 보전하여야 하고 결손금은 다음 회계연도의 세계잉여금으로 충당한다.

제3장 임 원

제11조 (임원의 종별과 정수) 본 법인에는 다음의 임원을 둔다.

1. 이사장 1인
2. 상임이사 1인
3. 이사(이사장 포함) 5인이상 15인 이내
4. 감사 2인 이내

제12조 (임원의 선임과 해임)

① 임원은 임기만료 1월전에 이사회에서 선임하고 그 결과를 시·도지사에 보고한다.

② 본 법인이 이사회의 개최지연 등으로 차기임원을 선출하지 못한 채 임원의 임기가 만료된 경우에는 차기 임원이 선출될 때까지 전임 이사장 및 임원이 이 법인의 업무를 관장한다.

③ 제1항의 규정에 의하여 취임한 임원이 법인 또는 공익을 해하는 행위를 하거나 임원으로서

직무를 정상적으로 수행할 수 없다고 인정되어 임기만료 전에 자신의 의사에 반하여 해임하고자 할 때에는 이사회에서 재적이사 3분의 2 이상 찬성으로 해임을 의결하고 그 결과를 시·도지사에게 보고하여야 한다.

④ 본 법인의 임원 중 결원이 발생할 경우에는 그 결원이 발생한 날부터 2월 이내에 이사회에서 후임자를 선임하고 그 결과를 시·도지사에게 보고하여야 한다.

제13조 (임원의 임기 등)

① 본 법인의 대표이사 및 이사의 임기는 3년으로 하고 감사의 임기는 2년으로 한다.

② 보궐에 의하여 취임한 이사와 감사의 임시는 전임자의 잔임기간으로 한다.

③ 임원은 연임할 수 있다.

제14조 (임원의 결격사유)   다음 각 호의 1에 해당하는 자는 이 법인의 임원이 될 수 없다.

1. 미성년자
2. 금치산자 또는 한정치산자
3. 파산자로서 복권되지 아니한 자
4. 금고이상의 형을 받고 집행이 종료되거나 집행을 받지 아니하기로 확정된 후 3년이 경과되지 아니한 자

제15조 (이사장 및 상임이사의 선출)

① 이사장은 이사 중에서 호선하되 이사회에서 재적이사 3분의 2 이상의 찬성으로 선출하여 취임하며 그 임기는 이사로서의 재직기간으로 한다.

② 상임이사는 이사장이 지명하되 그 임기는 이사로서의 재임기간으로 한다.

제16조 (이사장의 직무)

이사장은 이 법인의 업무를 대표하고 법인의 업무를 총괄하며 이사회의 의장이 된다.

제17조 (이사장의 직무대행)

① 이사장이 유고 또는 궐위된 때에는 상임이사가 이사장의 직무를 대행하고 이사장 및 상임이사가 동시에 유고 또는 궐위된 때에는 이사 중 연장자가 이사장의 직무를 대행한다.

② 이사장이 궐위된 때에는 이사장 직무 대행자는 지체 없이 이사장 선임절차를 취하여야 한다.

제18조 (임원의 직무)

① 이사는 이사회의 구성원으로서 이사회를 구성하며 법인의 유지운영과 관리 등에 대한 중요 업무를 심의 결정하고 이사회 또는 이사장으로부터 법인의 업무에 관하여 수임된 직무를 수행한다.

② 상임이사는 이사로서의 직무 이외에 이사장을 보좌하며 이사회 또는 이사장으로부터 수임된 소관업무를 상근하며 집행한다.

③ 감사는 다음 각호의 직무를 수행한다.

1. 이 법인의 재산상황과 재정집행상황을 감사하는 일
2. 이사회의 운영과 임직원(이사장 및 이사포함)의 업무진행상황을 감사하는 일
3. 제1호 및 제2호의 감사결과 부정 또는 부당한 점이 있음을 발견한 때는 이사회에 그 시정을 요구하거나 감독관청에 보고하는 일
4. 제3호의 보고를 하기 위하여 필요한 때에는 이사회의 소집을 요구하는 일
5. 이사회에 출석하여 이견을 진술하는 일

제19조 (대표권 제한)

이 법인의 이사장을 제외하고는 이 법인을 대표할 수 없다.

제4장 이사회

제20조 (이사회의 구성 및 구분)

① 이 법인의 최고의결기관으로서 이사회를 두며 이사회는 정관 제12조의 규정에 의하여 선임된 이사로서 구성한다.

② 이사회는 정기이사회와 임시이사회로 구분하며 정기이사회는 매년 2회 개최하되 그 개최시기는 2월과 12월로 하고 임시이사회는 필요에 따라 수시로 개최할 수 있다.

제21조 (이사회의 소집 및 절차)

① 이사회는 다음 각호의 1에 해당하는 경우 이사장이 이를 소집 개최한다.

1. 정기이사회 개최시기가 도래되었을 때
2. 이사장이 필요하다고 인정할 때
3. 재적이사 3분의 1 이상이 이사회 소집을 요구할 때

4. 감사가 감사결과를 보고하기 위하여 이사회 소집을 요구할 때

② 이사장은 재적이사 3분의 1 이상이 회의안건을 명시하여 소집을 요구한 때와 감사가 연서로 소집을 요구한 때로부터 20일 이내에 이사회를 소집하여야 한다.

③ 이사회를 소집하고자 할 때에는 늦어도 회의 7일전에 목적과 부의안건, 일시, 장소 등을 명시한 서면에 의하여 각 이사 및 감사에게 소집통지를 해야 한다.

④ 이사회는 제2항의 규정에 의하여 통지한 사항에 한하여 의결할 수 있다. 다만 재적이사 전원이 참석하고 참석이사 전원이 참석할 때에는 예외로 할 수 있다.

⑤ 소집권자인 이사장이 정당한 이유 없이 이사회 소집을 거절하는 경우에는 재적이사 과반수의 찬성으로 다른 이사가 이사회를 소집할 수 있다.

제22조 (이사회의 의결사항) 이사회는 이 법인의 업무에 관한 다음 각호의 사항을 심의 의결한다.

① 사업계획 실적 및 예산·결산에 관한 사항

② 재산의 취득·처분 및 관리에 관한 사항

③ 임원선출에 관한 사항

④ 수익사업에 관한 사항

⑤ 법인의 해산에 관한 사항

⑥ 정관의 변경, 제 규정의 제정 및 개정에 관한 사항

⑦ 기타 법인사업수행에 중요한 사항

⑧ 그 밖에 법령이나 이 정관에 의하여 이사회의 권한에 속하는 사항

제23조 (이사회의 의결정족수) 이사회는 이 정관에서 따로 정한 바를 제외하고는 재적이사 과반수의 출석으로 개의하고, 출석이사 과반수의 찬성으로 의결한다.

제24조 (의결제척 사유)

이사장 또는 이사가 다음 각호의 1에 해당하게 된 때에는 그 의결에 참가하지 못한다.

  1. 임원의 취임 및 해임에 있어 자신에 관한 사항을 의결할 때

  2. 금전 및 재산의 수수를 수반하는 사항으로서 임원 자신이 법인과 직접 관계되는 사항

제5장 사업기관

제25조 (사업기관의 설치)

① 이 법인의 사업을 효율적으로 수행하기 위하여 이사회의의결에 의하여 필요한 사업기관을 설치할 수 있다.

② 제1항의 규정에 의한 사업기관의 설치 및 운영에 관하여 필요한 사항은 이사회의 의결을 거쳐 내규로 정한다.

③ 병원과 사업기관의 임직원, 병원장 임명에 관한 사항은 이사회의 의결을 거쳐 내규로 정한다.

④ 제1항 및 제2항의 규정에 의하여 사업기관을 설치할 때에는 이를 시도지사에게 보고하여야 한다.

제6장 정관변경

제26조 (정관변경) 본 법인의 정관을 변경하고자 하는 때에는 재적이사 3분의 2 이상의 의결을 거쳐 시도지사의 허가를 받아야 한다.

제7장 해산

제27조 (해산) 본 법인을 해산 하고자 하는 때에는 재적이사 4분의 3 이상의 의결을 거쳐 시도지사의 허가를 받아야 한다.

제28조 (잔여재산의 처분) 본 법인이 해산하는 때의 잔여재산은 해산 당시의 이사회 또는 청산인회에서 재적인원 4분의 3 이상의 찬성으로 의결하고 시도지사의 허가를 받아 이 법인의 설립목적과 유사한 목적을 가지 비영리법인에 기증 처분하거나 국가 또는 지방자치단체에 귀속 처분한다.

제9장 보   칙

제30조 (공고의 방법)

본 법인이 법령과 정관 및 이사회의 의결에 의하여 공고하여야 할 사항은 본 법인의 게시판이나 일간신문에 싣는다.

제31조 (준용규정) 이 정관에 규정하지 아니한 사항에 대하여는 의료법 및 민법 중 재단법인에 관한 규정을 준용하며 기타는 일반 관례에 의한다.

제32조 (시행세칙) 이 정관의 시행과 법인의 유지운영 및 관리에 관하여 필요한 사항은 이사회의 의결을 거쳐 세칙으로 정한다.

부　　칙

제1조 (시행일) 이 정관은 시도지사의 허가를 받은 날로부터 시행한다.

제2조 (발기인 회의) 이 정관을 의결한 설립발기인회의는 이 정관에서 규정한 이사회로 본다.

이상과 같이 의료법인 OOO원을 설립하기 위하여 재산을 출연하고 정관을 작성하여 발기인 전원이 기명날인한다.

2000년 O월 O일

발기인대표 O O O (인)

발기인 O O O (인)

발기인 O O O (인)

발기인 O O O (인)

재 산 목 록

1. 기본재산

구 분	소 재 지	규모(㎡)	평가가액	출연자	비 고
토 지					
건 물					
현 금					
	계				

2. 보통재산

구 분				
현금				
합계				

[별지] 임원명단

임 원 명 단

연번	직 위	임기	성 명	주민등록번호	주　　소
1	대표이사	○년	○○○	000000-0000000	○○시 ○○로 ○○(○○동)
2	이 사	○년	○○○	000000-0000000	○○시 ○○로 ○○(○○동)
3	이 사	○년	○○○	000000-0000000	○○시 ○○로 ○○(○○동)
4	감 사	○년	○○○	000000-0000000	○○시 ○○로 ○○(○○동)
5	감 사	○년	○○○	000000-0000000	○○시 ○○로 ○○(○○동)

[서식 _ 취임승낙서]

취 임 승 낙 서

본인은 20○○년 ○월 ○일 귀 법인의 대표이사(또는 이사)로 선임되었으므로 그 취임을 승낙합니다.

　　　　　　20○○년　○월　○일

　　　　　대표이사(또는 이사)　○　○　○　(인)
　　　　　　　　(000000-0000000)
　　　　　　　○○시 ○○구 ○○로 ○○(○○동)

사회복지법인 ○○○　　귀중

※ 인감도장을 날인하고 인감증명서 및 주민등록등(초)본을 첨부 한다.

인감 · 개인(改印) 신고서

(신고하는 인감날인란) (인감제출자에 관한 사항)

	상호(명　칭)	의료법인 ○○○병원	등기번호	
	본점(주사무소)	○○시 ○○구 ○○로 ○○(○○동)		
인감제출자	자격/성명	대표이사 ○○○		
	주민등록번호	○○○○○○-○○○○○○○		
	주　소	○○시 ○○구 ○○로 ○○(○○동)		

⊔ 위와 같이 인감을 신고합니다.
⊔ 위와 같이 개인(改印)하였음을 신고합니다.

년　　월　　일　　　　　　　　　(인감 날인란)

신고인　　본 인 성 명　　　　　　(인)
　　　　　대리인 성 명　　　　　　(인)

지방법원　　　　　등기소　귀중

주 1. 인감 날인란에는 「인감증명법」에 의하여 신고한 인감을 날인하고 그 인감증명서(발행일로부터 3개월 이내의 것)를 첨부하여야 합니다. 개인(改印)신고의 경우, 개인인감을 날인하는 대신에 등기소에 신고한 유효한 종전 인감을 날인하여도 됩니다.
2. 인감 · 개인신고서에는 신고하는 인감을 날인한 인감대지를 첨부하여야 합니다.
3. 지배인이 인감을 신고하는 경우에는 인감제출자의 주소란에 지배인을 둔 장소를 기재하고, 「상업등기규칙」 제36조제4항의 보증서면(영업주가 등기소에 신고한 인감 날인)을 첨부하여야 합니다. 위 보증서면은 아래의 보증서면란에 기재하는 것으로 갈음할 수 있습니다.

보 증 서 면

위 신고하는 인감은 지배인 OOO의 인감임이 틀림없음을 보증합니다.

대표이사   (법인인감)

위 임 장

성 명 :   주민등록번호(-   )
주 소 :

위의 사람에게, 위 인감신고 또는 개인신고에 관한 일체의 권한을 위임함.

20 년   월   일

인감(개인) 신고인   성 명   (인)

[서식 _ 인감대지]

인 감 대 지

		상 호(명 칭) : 의료법인 OOO병원
		자격 및 성명 : 대표이사 O O O
신고하는 인감날인란		주민등록번호 : OOOOOO-OOOOOOO

인감카드 등 (재)발급신청서

(인감제출자에 관한 사항)

상호(명 칭)		등기번호	
본점(주사무소)			
인감 제출자	자격 / 성명		
	주민등록번호		

발급사유	⊔ 최초발급 ⊔ 카드분실 ⊔ 카드훼손 ⊔ 인감증명서발급기능 ⊔ 기타 ( )	
매체구분	⊔ 인감카드 ⊔ HSM USB	인감카드 비밀번호

위와 같이 인감카드 등의 (재)발급을 신청합니다.

년　　월　　일

신청인 인감제출자　(본 인) 성 명　　　　　　(인) (전화 :　　　　)
　　　　　　　　　(대리인) 성 명　　　　　　(인) (전화 :　　　　)

지방법원 등기소　　귀중

접수번호		인감카드번호	

– 대법원수입증지를 붙이는 란 –

주 1. 인감카드 비밀번호란에는 (재)발급받아 사용할 인감카드의 비밀번호를 기재하며, 아라비아숫자 6자릿수를 기재하여야 합니다. 비밀번호는 인감카드와 함께 인감증명서의 발급을 신청할 권한이 있는 것으로 보게 되는 중요한 자료이므로 권한이 없는 사람이 알지 못하도록 주의하시기 바랍니다.

2. 인감카드의 재발급을 신청할 때에는 「등기부 등 · 초본 등 수수료규칙」 제5조의7에 의하여 5,000원 상당의 대법원수입증지를 이 란에 붙여야 합니다. 다만, 인감카드를 반납할 때에는 붙일 필요가 없습니다.

위　임　장

성 명 :   주민등록번호(-   )

주 소 :

  위의 사람에게, 위 (재)발급신청서에 기재된 인감카드 등의 발급신청과 그 수령 등에 관한 일체의 권한을 위임함.

20 년 월 일

인감(개인) 신고인 성 명   (인)

제3장 영농(영어)조합법인

제1절 서 설

1. 의 의

협업적 농업경영을 통하여 생산성을 높이고 농산물의 출하·유통·가공·수출 등을 공동으로 하려는 농업인 또는 농어업·농어촌및식품산업기본법 제3조 제4호에 따른 농업관련 생산자단체는 5인 이상을 조합원으로 하여 영농조합법인을 설립할 수 있다.

2. 법인의 성격

영농조합법인은 법인이 농지를 소유하면서 협업적 영농을 하는 제도로서 영리법인의 성격을 가지며, 법인세법 적용에 있어서도 영리법인으로 취급된다. 영농조합법인은 농어업·농어촌및식품산업기본법에 의한 특수법인으로서 법인설립에 따른 별도의 인가나 허가가 필요 없다.

제2절 영농조합의 설립

1. 서설

영농조합법인 은 그 주된 사무소소재지에서 조합법인을 대표할 조합원 또는 대표이사가 관할등기소에서 등기 신청하여 설립등기를 함으로써 성립한다. 설립등기는 법인의 성립요건으로서 설립등기를 하지 아니하면 정관을 작성하고 창립총회를 하여도 법인으로 성립하지 아니한다.

2. 정관작성

영농조합법인을 설립하려면 정관을 작성해야 한다.
정관이란 영농조합법인의조직, 사업 관리 운영 등 영농조합법인에 관한 기본적인 사항을 정하는 자치규범으로 조합법인 설립 시 발기인 5인 이상이 공동으로 작성하여야 한다.

3. 출자

영농조합법인의 조합원은 정관에서 정하는 바에 따라 농지, 현금 및 그 밖의 현물로 출자할 수 있다. 출자를 불입한 조합원에게는 대표자 명의로 출자증서를 발급하고 출자증서에도 출자좌수, 출자액, 출자재산의 표시 등을 기재하여야 한다. 영농조합법인의 조합원 및 준조합원의 책임은 납입한 출자액을 한도로 한다.

4. 창립총회

정관, 기타 설립에 필요한 행위는 창립총회의 의결을 거쳐 최종확정한다. 창립총회에서는 다음 사항을 의결하여야 한다.

1) 정관의 승인
2) 정관에서 정한 임원의 선임
3) 출자납입에 관한 사항
4) 설립당해년도 사업계획의 승인 등

5. 설립등기절차

1) 등기신청

조합법인의 설립등기신청서에는 명칭, 목적, 사업, 사무소의 소재지, 출자액의 납입방법, 산정방법과 조합원 1명이 출자할 수 있는 출자액의 최고한도에 관한 사항, 해산사유를 정한 경우 그 사유에 관한 사항, 조합법인을 대표할 조합원 및 임원의 주소와 성명, 2명이상의 조합원이 공동으로 조합법인을 대표할 것을 정한 경우에는 그 규정, 출자총좌수와 납입할 총출자액을 기재 한다.

2) 첨부서류

(1) 정 관

정관에는 목적, 명칭, 사무소의 소재지, 사업의 종류, 자산 및 회계에 관한 사항, 임원의 임면 등에 관한 사항, 회의에 관한 사항, 정관의 변경에 관한 사항, 존립시기와 해산사유를 정한 때에는 그 시기와 사유 및 잔여재산의 처리방법, 공고 및 그 방법에 관한 사항을 기재한다.

(2) 창립총회의사록

창립총회 회의록은 법인설립 시 적법한 절차를 거쳐 성립되었는가를 판단하는 중요한 기준이 되므로 육하원칙에 따라 작성하되 진행자 등이 누락되지 않도록 한다. 특히 회의진행과 관련하여 정관 심의과정 및 임원선출의 표결사항, 찬반 토론내용 등을 상세히 기재하고 회의록 작성이 끝나면 참석한 서명위원들이 기록내용을 확인하고 연명으로 날인하여야 한다. 회의록의 내용 중 별첨 유인 물로 진행된 것은 회의록에 첨부하여 서명위원들이 간인하여야 한다.

(3) 출자자의 명세를 적은 서류

(4) 조합법인을 대표할 조합원임을 증명하는 서류

(5) 영농조합법인의 경우에는 5인 이상의 조합원이 농업인 또는 농업, 농촌 및 식품산업 기본법 제3조 제4호에 따른 농업 관련 생산자단체임을 확인할 수 있는 서류

(6) 영업조합법인의 경우에는 5인 이상의 조합원이 어업인 또는 농업, 농촌 및 식품산업 기본법 제3조 제4호에 따른 어업관련 생산자단체임을 확인할 수 있는 서류

영농조합법인 설립등기신청

접 수	년 월 일	처 리 인	접 수	조 사	기 입	교 합	각종통지
	제 호						

등 기 의 목 적	영농조합법인 설립
등 기 의 사 유	농어업경영체육성및지원에관한법률의 규정에 의하여 영농조합을 설립하기 위하여 20○○년 ○월 ○일 정관을 작성하고 20○○년 ○월 ○일 출자금을 납입하고 창립총회를 종료하여 영농조합법인의 설립절차를 마쳤으므로 다음 사항의 등기를 구함.
주사무소/분사무소 신청구분	1.주사무소 신청 ☐ 2.분사무소 신청 ☐ 3.주·분사무소 일괄신청 ☐

등 기 할 사 항

명 칭	○○영농조합법인
주 사 무 소	○○시 ○○구 ○○로 ○○(○○동)
목 적	본 조합법인은 협업적 농업경영을 통하여 생산성을 높이고 농산물의 출하, 가공, 수출 등을 통하여 조합원의 소득증대를 도모함을 목적으로 다음 사업을 한다. 1. 집단재배 및 공동작업에 관한 사업 1. 농업에 관련된 공동이용시설의 설치 및 운영 1. 농기계 및 시설의 대여사업 1. 농작물의 대행 1. 농산물의 공동출하·가공 및 수출 1. 위 사업에 관련된 부대사업 일체
분 사 무 소	○○시 ○○구 ○○로 ○○(○○동)
존립시기 또는 해산 사유	1. 총회에서 해산 및 합병을 의결한 경우 2. 파산한 경우 또는 법원의 해산명령을 받은 경우 3. 조합원이 5인 미만이 된 후 1년 이내에 5인 이상이 되지 아니한 경우
자산의 총액	금 ○○○○○원
출자 1좌의 금액	금 ○○○○○원
출자액의 산정방법	농지·농기계 등 현물의 출자액 산출은 이사회(설립시는 창립총회)에서 정하는 평가

	율에 의하여 환가한다. 조합원 1명이 출자할 수 있는 출자액의 최고한도 : 총출자좌수의 0분의0
출자의 방법	농지, 현금 기타 현물을 이사회에서 정하는 납입일자에 일시 납입한다.
조합원출자한도	조합원 1명이 출자할 수 있는 출자액의 최고한도 : 총출자좌수의 0분의0
총출자좌수와 납입한 총출자액	총출좌수 : ○○○○좌 납입한 출자의 총액 : 금 ○○○○○○원
이사·감사의 성명, 주 민등록번호	이사 ○ ○ ○ (000000-0000000) 이사 ○ ○ ○ (000000-0000000) 이사 ○ ○ ○ (000000-0000000) 감사 ○ ○ ○ (000000-0000000)
법인을 대표할 조합 원(대표이사)의 성명, 주민등록번호, 주소	대표이사 ○ ○ ○ (000000-0000000) 　　　○○시 ○○구 ○○로 ○○(○○동)
기　　타	

			신청등기소 및 등록면허세/수수료			
순번	신청등기소	구분	등록면허세	지방교육세	세액합계	등기신청수수료
			금　　　원	금　　　원	금　　　원	금　　　원
합　　　계						
등기신청수수료 은행수납번호						
과 세 표 준 액		금			원	

첨　부　서　면

1. 정관등본　　　　　　　　　　　통 1. 창립총회의사록　　　　　　　　통	1. 이사 취임승낙서와 인감증명서　　　통 1. 주민등록등(초)본(임원)　　　　　통

1. 출자자산의 내역을 기재한 서류 　(납입증명)　　　　　　　　　통 1. 임원 및 대표조합원 증명서류　　통 1. 대표자의 인감신고서 및 인감 　증명　　　　　　　　　　　　통	1. 법인인감카드발급신청서　　　　통 1. 등록면허세영수필확인서및통지서　통 1. 위임장(대리인이 신청할 경우)　통

년　　월　　일

신청인　　명　　칭
　　　　　주사무소
대표자　　성　　명　　　　　　　　㊞ (전화 :　　　)
　　　　　주　　소
대리인　　성　　명　　　　　　　　㊞ (전화 :　　　)
　　　　　주　　소

지방법원　　　　　등기소　귀중

[신청서 작성요령 및 등기수입증지 첩부란]

1. 해당란이 부족할 때에는 별지를 이용합니다.

1. 해당 등기신청과 관계없는 사항에 대하여는 "해당없음"으로 기재하거나 삭제하고, 필요한
　사항은 추가 기재합니다.

1. 등기신청수수료 상당의 대법원등기수입증지를 이 난에 붙입니다.

(용지규격 21cm×29.7cm)

[서식 _ 위 임 장]

위 임 장

변호사 OOO
OO시 OO구 OO동 OO(OO동)
전화 : OOO-OOO, 팩스 : OOO-OOO

위 사람을 대리인으로 정하고 다음사항의 권한을 위임한다.

다   음

1. OO영농조합법인 설립등기신청서의 작성 및 제출하는 행위
1. 등기신청의 취하에 관한 행위
1. OOO의 원본환부 및 수령하는 행위
1. 기타 이에 부수되는 일체의 행위

2000년 O월 O일

위임인 OO영농조합법인
        OO시 OO구 OO로 OO(OO동)
        대표이사 O O O (인)

○○ 영농조합법인 정관

제1장 총　칙

제1조 (명 칭)　본 조합법인은 농어업경영체육성및지원에관한법률 제16조에 의하여 설립된 영농조합법인으로서 그 명칭은 ○○영농조합법인(이하 "조합법인"이라 한다)이라 한다.

제2조 (목 적)　본 조합법인은 협업적 농업경영을 통하여 생산성을 높이고 농산물의 공동출하·가공·수출 등을 통하여 조합원의 소득증대를 도모함을 목적으로 한다.

제3조 (사무소의 소재지)
1. 본 조합법인의 사무소는 ○○시 ○○구 ○○로 ○○(○○동)에 둔다.
2. 본 조합법인의 분사무소는 ○○시 ○○구 ○○로 ○○(○○동)에 둔다.

제4조 (사업의 종류)　본 조합법인은 생산성 향상을 위한 협업적 농업의 경영과 ○○사업을 주사업으로 하며 다음 각 호의 사업을 부대사업으로 한다.

      1) 집단재배 및 공동작업에 관한 사업
      2) 농업에 관련된 공동이용시설의 설치 및 운영
      3) 농기계 및 시설의 대여사업
      4) 농작업의 대행
      5) 농산물의 공동출하·가공 및 수출
      6) 위 사업에 관련된 부대사업 일체

제5조 (협동조합에의 가입)　본 조합법인은 ○○농업협동조합에 준조합원으로 가입한다.

제6조 (공고방법)
1. 본 조합법인의 공고는 본 조합법인의 사무소 게시판에 게시하고 필요하다고 인정할 때는 서면으로 조합원과 준조합원에게 통지하거나 일간신문에 게재할 수 있다(또는 일간 ○○경

제신문에 게재한다).

2. 제1항의 공고기간은 7일 이상으로 한다.

제7조 (규정의 제정) 이 정관에서 정한 것 이외에 업무의 집행, 회계, 직원의 채용, 기타 필요한 사항은 별도의 규정으로 정할 수 있다.

제2장 조 합 원

제8조 (조합원의 자격)

1. 본 조합법인의 조합원이 될 수 있는 농업인은 다음 각 호의 요건을 갖춘 자로 한다.

> 1) 1천제곱미터 이상의 농지(농어촌정비법 제98조에 따라 비농업인이나 분양받거나 임대받은 농어촌 주택 등에 부속된 농지는 제외한다)를 경영하거나 경작하는 자
>
> 2) 농업경영을 통한 농산물의 연간 판매액이 120만원 이상인 자
>
> 3) 만 19세 이상의 성년으로서 본 조합법인의 설립취지에 찬동하는 자
>
> 4) 1년 중 90일 이상 농업에 종사하는 자
>
> 5) 200만원 이상의 현금 또는 이외에 농지, 농기계, 가축, 기타의 현물을 출자한 자.
>
> 6) 농어업경영체육성및지원에관한법률 제16조 제1항에 따라 설립된 영농조합법인의 농산물 출하·유통·가공·수출활동에 1년 이상 계속하여 고용된 자
>
> 7) 농어업경영체육성및지원에관한법률 제19조 제1항에 따라 설립된 농업회사법인의 농산물 유통·가공·판매활동에 1년 이상 계속하여 고용된 자

2. 본 조합법인의 조합원이 될 수 있는 농산물의 생산자단체는 ○○협동조합, ○○○○○법인으로 한다.

제9조 (준조합원의 자격) 본 조합 법인의 준조합원이 될 수 있는 자는 다음 각 호의 요건을 갖춘 자로 한다.

> 1) 본 조합법인에 생산자재를 공급하거나 생산기술을 제공하는 자
>
> 2) 본 조합법인에 농지를 임대하거나 농지의 경영을 위탁하는 자
>
> 3) 본 조합법인이 생산한 농산물을 대량으로 구입·유통·가공 또는 수출하는 자
>
> 4) 그 밖에 농업인이 아닌 자로서 영농조합법인의 사업에 참여하기 위하여 영농조합법인에 출자하는 자

제10조 (가 입)

1. 본 조합법인에 조합원으로 가입하고자 하는 자는 다음 각 호의 사항을 기재한(혹은 증명할 수 있는 서류를 첨부한) 가입신청서를 본 조합법인에 제출하여야 한다. 단 생산자단체의 경우는 제3호 및 사업자등록증(혹은 등기사항전부증명서)을 제출한다.

    1) 성명, 주민등록번호, 주소

    2) 가족관계

    3) 납입 혹은 인수하고자 하는 출자좌수 및 출자의 목적인 재산

    4) 경영규모(경지면적, 농산물의 연간판매액) 및 연중 농업종사일 수

2. 본 조합법인에 준조합원으로 가입하고자 하는 자는 제1항 제1호 내지 제3호 및 제9조에 의한 준조합의 자격에 해당함을 증명할 수 있는 서류를 제출하여야 한다. 다만, 사업자등록이 된 자(법인포함)는 제1항 제1호 및 제2호 대신 사업자등록증(혹은 등기사항전부증명서)을 제출한다.

3. 조합법인은 제1항 및 제2항에 의한 조합원 또는 준조합원 가입신청서를 접수하였을 경우에는 총회에서 그 가입여부를 결정하고, 가입을 승인한 때에는 가입신청자에게 통지하여 출자의 불입(출자의 목적인 재산을 양도하고 등기·등록 기타 권리의 설정 또는 이전이 필요한 경우에는 이에 관한 서류를 완비하여 교부하는 것을 말한다. 이와 같다)을 하게한 후 조합원 또는 준조합원의 명부에 기재한다.

4. 가입신청자는 제3항의 규정에 의하여 출자를 불입함으로써 조합원 또는 준조합의 자격을 갖는다.

5. 출자좌수를 늘리려는 조합원에 대해서는 제1항 내지 제3항의 규정을 준용한다.

제11조 (권 리)

1. 본 조합법인의 조합원의 권리는 다음 각 호와 같다.

    1) 조합법인의 공동작업에 종사하여 노동에 대한 응분의 대가를 받을 권리

    2) 지분환불에 대한 청구권

    3) 조합법인의 해산시 잔여재산분배청구권

    4) 조합법인의 임원선거권과 피선거권

    5) 조합법인의 제반회의에 참석하여 의견을 제시할 권리

    6) 조합법인의 운영에 참여하여 의견을 제시할 권리

    7) 조합법인의 업무집행에 대한 감독 및 감사의 권리

2. 제1항 제1호의 조합원의 노동의 대가에 대한 사항은 별도의 규정으로 정한다.

3. 조합원의 출자지분의 다소에 관계없이 1개의 의결권과 선거권을 가진다.

4. 본 조합법인의 준조합원은 제1항 제2호, 제3호 및 제6호의 권리를 가진다.

제12조 (의 무)

1. 본 조합 법인의 조합원의 의무는 다음 각 호와 같다.

     1) 정관 및 제규정을 준수할 의무

     2) 조합법인에 대한 출자의무

     3) 조합법인의 제반 노동에 참가하고 노동규정을 준수할 의무

     4) 총회에 출석할 의무와 총회의 의결사항을 준수할 의무

     5) 조합법인의 발전을 위하여 노력할 의무

2. 본 조합법인의 준조합원은 제1항 제1호, 제2호, 제5호 및 제4호 중 총회의 의결사항을 준수할 의무를 가진다.

제13조 (탈 퇴)

1. 탈퇴를 원하는 조합원 또는 준조합원은 60일 전에 탈퇴의사를 서면으로 본 조합법인에 예고하여 탈퇴하며, 그에 따른 모든 정산은 당 회계연도 말에 한다.

2. 조합원 또는 준조합원은 다음 각 호에 해당하는 사유가 발생하였을 때에는 자연 탈퇴된다.

     1) 제8조에 의한 조합원 및 제9조에 의한 준조합원의 자격을 상실하였을 경우

     2) 사망

     3) 파산(법인의 경우 파산 또는 해산)

     4) 금치산 선고

     5) 제명

     6) 지분을 전부 양도하였을 경우

3. 제2항 제1호의 자격상실은 총회의 결의에 의한다.

4. 조합원 또는 준조합원은 1항의 규정에 불구하고 부득이한 사유 없이 조합법인의 경영상 어려움에 처해 있는 시기에 탈퇴하지 못한다.

제14조 (제 명)

1. 조합원 또는 준조합원이 다음 각 호의 1에 해당하는 경우에는 총회의 의결로서 제명할 수 있다.

     1) 제12조에서 규정한 의무를 이행하지 아니한 경우

2) 고의 또는 중대한 과실로 조합법인에 상당한 손해를 입힌 경우

3) 조합을 빙자하여 부당이익을 취한 경우

2. 조합법인은 제1항 각 호의 사유로 인한 제명대상 조합원 또는 준조합원에게 총회개최 10일 전에 제명의 사유를 통지하고, 총회에서 변명할 기회를 주어야 하며, 제명을 결정한 때에는 서면으로 통지하여야 한다.

제3장 출자와 적립금 및 자본

제15조 (출 자)

1. 본 조합법인에의 출자는 농지·현금·기타 현물(농기계, 가축, 창고, 차량 등)로 할 수 있다.

2. 농지·농기계 등 현물의 출자액 산출은 이사회(설립시는 창립총회)에서 정하는 평가율에 의하여 환가한다.

3. 1좌의 금액은 10,000원으로 한다.

4. 조합원은 200좌 이상의 출자를 불입하여야 하며, 준조합원은 100좌 이상의 출자를 불입하여야 한다.

5. 제1항의 규정에 의하여 본 조합 법인에 농지를 출자하는 조합원 및 준조합원의 성명, 출자대상 농지 및 그 평가액과 농지출자 좌수를 조합법인의 소정의 서식에 기재하여 관리한다.

6. 현물로 출자한 농지는 해당 농지를 출자한 조합원 또는 준조합원의 동의가 없으면 처분하지 못한다.

제16조 (출자증서의 발행)

1. 조합법인은 출자를 불입한 조합원 또는 준조합원에게 지체 없이 출자증서를 발급하여야 한다.

2. 출자증서는 대표이사 명의로 발급하고 출자좌수, 출자액, 출자재산의 표시(토지의 경우 지번, 지목, 면적을 말한다) 등을 기재하여야 한다.

3. 조합법인이 토지 등을 취득하여 조합원 또는 준조합원에게 증좌 배분하는 경우에 대해서는 제1항과 제2항의 규정을 준용한다.

제17조 (출자의 균등화) 조합원 또는 준조합원의 출자를 균등하게 하기 위하여 소액출자자에

게 증좌를 허용할 경우에는 그 사정을 고려하여 총회의 의결로써 회계연도 말에 증좌를 허용할 수 있다.

제18조 (법정적립금) 본 조합법인은 출자총액과 같은 금액이 될 때까지 매 회계연도 이익금의 100분의 10 이상을 법정적립금으로 적립한다.

제19조 (사업준비금) 본 조합법인은 장기적인 사업확장 및 다음연도의 사업운영을 위하여 매 회계년도 이익금의 100분의 OO 이상을 사업준비금으로 적립한다.

제20조 (자본적립금) 본 조합법인은 다음 각 호에 의하여 생기는 금액을 자본적립금으로 적립한다.

> 1) 재산재평가 차익
> 2) 합병에 의한 차익
> 3) 인수재산 차익
> 4) 외부로부터 증여된 현물 및 현금
> 5) 국고보조금 등
> 6) 감자에 의한 차익
> 7) 고정자산에 대한 보험차익

제21조 (적립금 등의 사용 및 처분)
1. 제18조 규정에 의한 법정적립금(이하 '법정적립금'이라 한다)과 제20조에 의한 자본적립금(이하 "자본적립금'이라 한다)은 조합법인의 결손을 보전하는 데 사용한다.
2. 법정적립금과 자본적립금은 조합원 또는 준조합원의 탈퇴나 제명시 지분으로 환불할 수 없다.
3. 제19조의 규정에 의한 사업준비금(이하 '사업준비금'이라 한다)은 조합원 또는 준조합원이 가입한 날로 부터 5년 이내에 탈퇴하거나 제명되는 경우에는 환불할 수 없다.

제22조 (지분의 계산) 본 조합법인의 재산에 대한 조합원과 준조합원의 지분은 다음의 기준에 의하여 계산한다.

> 1) 납입출자금에 대하여는 납입한 출자액에 따라 매 회계연도마다 이를 계산한다. 다만, 그 재산이 납입출자액의 총액보다 감소되었을 경우에는 조합원과 준조합원의

출자액에 따라 감액하여 계산한다.

　　2) 사업준비금은 매 회계연도마다 전조합원에게 분할하여 가산하되 제35조 제2항의
　　　규정을 준용한다.

제23조 (지분의 상속)

1. 조합원 또는 준조합원의 상속인으로서 조합원 또는 준조합원의 사망으로 인하여 지분환불
　　권의 전부 또는 일부를 취득한 자가 즉시 본 조합법인에 가입을 신청하고 조합법인이 이를
　　승인한 경우에는 상속인은 피상속인의 지분을 승계한다.
2. 제1항의 규정에 의한 상속인의 가입신청과 조합법인의 가입승인은 제10조 제1항 내지 제4
　　항의 규정을 준용한다.

제24조 (조합의 지분 취득금지)　본 조합법인은 조합원 또는 준조합원의 지분을 취득하거나
또는 담보의 목적으로 취득하지 못한다.

제25조 (지분의 양도, 양수 및 공유금지)　조합원 및 준조합원은 총회의 승인 의결 없이는 그
지분을 양도, 양수할 수 없으며 공유할 수 없다.

제26조 (탈퇴시의 지분환불)

1. 조합원 또는 준조합원이 탈퇴하는 경우에는 탈퇴한 그 조합원의 지분을 현금 또는 현물로
　　환불한다.
2. 환불할 재산 가운데 토지나 건물 등이 조합법인의 공동경영조직을 깨뜨릴 염려가 있어 환
　　불이 곤란한 경우에는 그에 상당하는 다른 토지 및 현금으로 지불할 수 있다.
3. 탈퇴 조합원 및 준조합원이 출자한 토지가 공동경영의 결과로 인하여 지력이 증대되었거
　　나, 노력과 자본의 투자로 인하여 가치가 상승하였을 경우에는 이에 상당하는 금액을 환불
　　받은 자로부터 징수한다.
4. 탈퇴 조합원 또는 준조합원이 조합법인에 대하여 채무가 있는 경우에는 환불해야 될 지분
　　에서 상계할 수 있다.
5. 지분의 환불은 당해 회계연도 말에 한다.

제27조 (출자액의 일부 환불)

1. 조합원 또는 준조합원은 부득이한 사유가 있는 경우에는 조합법인에 대하여 출자액의 일

부의 환불을 요구할 수 있다.

2. 제1항의 규정에 의하여 환불요구를 받은 조합법인은 총회의 의결이 있는 경우에 회계연도 말에 환불할 수 있다. 다만, 부득이한 사유가 있는 경우에는 회계연도 중에 환불하고 회계연도 말에 정산한다.

제4장 회 계

제28조 (회계년도) 본 조합법인의 회계연도는 매년 1월 1일에 시작하여 12월 31일에 종료한다.

제29조 (자금관리) 본 조합원의 여유자금은 다음 각 호의 방법에 따라 운용한다.
    1) 농업협동조합, 축산업협동조합, 수산업협동조합, 은행, 신용금고에의 예치
    2) 국채, 지방채, 정부보증채권 등 금융기관이 발행하는 채권의 취득

제30조 (경리공개) 본 조합법인의 모든 장부는 사무소에 비치하여 항상 조합원 및 준조합원에게 공개하며 주요개정에 대한 내역은 정기적으로 게시한다.

제31조 (사용료 및 수수료)
1. 본 조합법인은 조합법인이 행하는 사업에 대하여 사용료 또는 수수료를 징수할 수 있다.
2. 제1항의 규정에 의한 사용료 및 수수료에 관하여는 별도의 규정으로 정할 수 있다.

제32조 (선급금제) 조합법인은 조합원에게 지불할 노임을 회계연도 말에 결산 전에 선급금으로 지불할 수 있다.

제33조 (차입금) 조합법인은 제4조의 사업을 위하여 이사회의 의결을 거쳐 자금을 차입할 수 있다.

제34조 (수익 배분 순위) 본 조합법인의 총수익은 다음 각 호의 순서로 배분한다.
    1) 제세공과금
    2) 생산자재비, 임차료, 고용노임 및 생산부대비용("제잡비"를 말한다)

3) 차입금에 대한 원리금 상환

4) 조합원 노임

5) 자산설비에 대한 감가상각

6) 이월결손금 보전

제35조 (이익금의 처분)

1. 조합법인의 결산결과 발생된 매 회계연도의 이익금은 제18조의 규정에 의한 법정적립금, 제19조의 규정에 의한 사업준비금을 공제하고 나머지에 대해서는 조합원과 준조합원에게 배당한다.

2. 제1항의 배당은 배당할 이익금의 총액을 전조합원과 준조합원의 출자지분의 비율에 따라 배당한다.

제36조 (손실금의 처리) 조합법인의 결산결과 손실이 발생하였을 경우에는 사업준비금으로 보전하고 사업준비금으로도 부족할 때에는 법정적립금 및 자본적립금 순서로 보전하며 그 적립금으로 부족할 때에는 차년도에 이월한다.

제5장 임 원

제37조 (임원의 수) 본 조합법인은 다음 각 호의 임원을 둔다.

1) 대표이사 : 1인

2) 이사 : 4인 이상

3) 감사 : 1인 이상

4) 총무 : 1인

5) 부장 : 1인

제38조 (임원의 선출) 임원은 총회의 의결로 조합원 중에서 선출한다.

제39조 (이사회)

1. 이사회는 대표이사 및 이사로 구성하며, 대표이사가 그 의장이 된다.

2. 이사회는 대표이사가 필요하다고 인정되는 경우 또는 이사 2인 이상의 요구가 있을 경우 소집한다.

제40조 (이사회의 기능) 이사회는 다음 각 호의 사항을 재적이사 과반수의 출석과 출석이사 과반수이상의 찬성으로 의결한다.

       1) 총회의 소집과 총회에 부의할 안건

       2) 업무를 운영하는 기본방침에 관한 안건

       3) 고정자산의 취득 또는 처분에 관한 사항

       4) 총회에서 위임된 사항의 의결

       5) 준조합원의 가입, 탈퇴, 및 제명

       6) 기타 조합법인의 운영상 필요한 사항

제41조 (이사회의사록) 이사회에서 의결된 사항은 총무가 기록하여 이사회에 출석한 의장과 이사가 기명날인하여 조합법인에 보관한다.

제42조 (임원의 임무)

1. 대표이사는 본 조합법인을 대표하고 조합법인의 각종 회의의 의장이 되며, 조합법인의 업무를 총괄하고 조합법인의 경영성과에 대해 책임을 진다.

2. 감사는 회계연도마다 조합의 재산과 업무집행상황을 1회 이상 감사하여 그 결과를 총회 및 대표이사에게 보고하여야 한다.

3. 이사는 이사회에서 미리 정한 순서에 따라 대표이사 유고시 그 직무를 대리하고 궐위되었을 때에는 그 직무를 대행한다.

4. 총무는 이사 중에서 선임하여 조합법인의 일반사무와 회계사무를 담당한다.

5. 각 부장은 대표이사와 총무를 보좌하며 각부의 업무를 관장·집행한다.

제43조 (임원의 책임)

1. 본 조합법인의 임원은 법령에 의한 행정기관의 처분과 정관·규정·사업지침 및 총회와 이사회의 의결사항을 준수하고 본 조합법인을 위하여 그 직무를 성실히 수행하여야 한다.

2. 임원이 그 직무를 수행함에 있어 태만, 고의 또는 중대한 과실로 조합법인이나 다른 사람에게 끼친 손해에 대하여는 단독 또는 연대하여 손해배상의 책임을 진다.

3. 이사회가 불법행위 또는 중대한 과실로 조합법인에게 손해를 끼친 경우에는 그 불법행위 또는 중대한 과실에 관련된 이사회에 출석한 구성원은 그 손해에 대하여 조합법인에 연대하여 책임을 진다. 다만, 그 회의에서 명백히 반대의사를 표시한 구성원은 그러하지 아니

한다.

4. 제2항 내지 제3항의 구상권의 행사는 이사회에 대하여는 대표이사가, 대표이사와 이사에 대하여는 감사가, 임원 전원에 대하여는 조합원의 3분의 1 이상의 동의를 얻은 조합원 대표가 이를 행한다.

제44조 (임원의 임기)

1. 임원의 임기는 3년으로 하되 감사의 임기는 2년으로 한다.
2. 제1항의 임원의 임기는 전임자의 임기만료일의 다음날로부터 기산한다.
3. 보궐선거에 의한 임원의 임기는 전임자의 잔여기간으로 한다.

제45조 (임원의 해임)

1. 조합원이 임원을 해임하고자 하는 경우에는 조합원의 3분의 1 이상의 서면 동의를 얻어 총회에 해임을 요구하고, 해임을 요구하는 총회의 의결로서 해임한다.
2. 해임을 의결을 할 때에는 총회 10일전에 해당 임원에게 서면 통지하여 총회에서 변명할 기회를 주어야 한다.

제46조 (임원의 보수) 임원에 대한 보수는 지급하지 아니하며, 여비 등 필요한 경비는 별도 규정에 의하여 실비로 지급할 수 있다.

제47조 (서류비치의 의무)

1. 대표이사는 다음 각 호의 서류를 조합법인의 사무소에 비치하여야 한다.
   1) 정관 및 규정
   2) 조합원과 준조합원 명부 및 지분대장
   3) 총회의사록
   4) 기타 필요한 서류
2. 대표이사는 정기총회 1주일 전까지 결산보고서를 사무소에 비치하여야 한다.

제6장 회의의 운영

제48조 (총 회) 총회는 조합원으로 구성하며, 정기총회와 임시총회로 구분한다.

제49조 (총회의 소집)

1. 정기총회는 회계연도마다 1회 1월에 대표이사가 소집하며, 대표이사는 총회소집 5일 전까지 회의내용과 회의자료를 서면으로 조합원에게 통지하여야 한다.

2. 임시총회는 조합원 3분의 1 이상의 소집요구가 있거나 이사회가 필요하다고 인정하여 소집을 요구할 때 또는 대표이사가 필요하다고 인정할 때 대표이사가 소집한다.

3. 감사는 다음 각 호에 해당하는 경우에는 임시총회를 소집한다.

    1) 대표이사의 직무를 행할 자가 없을 때

    2) 제2항의 요구가 있는 경우에 대표이사가 정당한 사유 없이 2주일 이내에 총회소집의 절차를 취하지 아니한 때

    3) 감사가 조합법인의 재산상황 또는 사업의 집행에 관하여 부정사실을 발견한 경우에 이를 신속히 총회에 보고할 필요가 있을 때

제50조 (총회의 의결사항) 다음 각 호의 사항은 총회의 의결을 얻어야 한다.

    1) 정관의 변경

    2) 규정의 제정 및 개정

    3) 해산·합병 또는 분할

    4) 조합원의 가입·탈퇴 및 제명

    5) 사업계획 및 수지예산의 승인·책정과 변경

    6) 사업보고서, 결산서, 이익금 처분 및 결손금 처리

    7) 출자에 관한 사항

    8) 임원의 선출

    9) 임기 중 임원의 해임

제51조 (총회의 개의와 의결 정족수)

1. 총회는 조합원 과반수의 출석으로 개의하고 출석조합원 과반수 이상의 찬성으로 의결한다.

2. 다음 각 호에 해당하는 사항은 총조합원 3분의 2 이상의 출석과 출석조합원 3분의 2 이상의 찬성으로 의결한다.

    1) 정관의 변경

    2) 해산·합병 또는 분할

    3) 조합원의 가입 승인

4) 제14조의 규정에 의한 조합원의 제명

5) 제45조의 규정에 의한 임원의 해임

3. 제1항의 총회 소집이 정족수 미달로 유회된 경우에는 10일 이내에 다시 소집하여야 한다.

제52조 (의결권의 대리)

1. 조합원은 대리인으로 하여금 의결권을 행사하게 할 수 있다.

2. 대리인은 조합원과 동일 세대에 속하는 성년이어야 하며, 대리인이 대리할 수 있는 조합원의 수는 1인에 한한다.

3. 제1항의 규정에 의한 대리인은 대리권을 증명하는 위임장을 조합법인에게 제출하여야 한다.

제53조 (의사록의 작성) 총회의 이사에 관하여는 의사의 경과 및 결과를 기재한 의사록을 작성하고 대표이사 및 총회에 참석한 조합원 3분의 2 이상이 기명날인 또는 서명 날인한다.

제54조 (회의내용 공고) 총회의 의결사항은 제6조의 공고방법에 의하여 공고한다.

제7장 해　산

제55조 (해 산) 본 조합원은 다음 각 호의 1에 해당하는 경우에는 해산한다.

1) 총회에서 해산 및 합병을 의결한 경우

2) 파산한 경우 또는 법원의 해산명령을 받은 경우

3) 조합원이 5인 미만이 된 후 1년 이내에 5인 이상이 되지 아니한 경우

제56조 (청산인) 본 조합원이 해산하는 경우에는 파산으로 인한 경우를 제외하고는 청산인은 대표이사가 된다. 다만, 총회에서 다른 사람을 청산인으로 정한 경우에는 그러하지 아니한다.

제57조 (청산인의 직무)

1. 청산인은 취임 후 지체 없이 재산상황을 조사하여 재산목록과 대차대조표를 작성하고 재산처분의 방법을 정하여 총회의 승인을 얻어야 한다.

2. 청산사무가 종결된 경우에는 청산인은 지체 없이 결산보고서를 작성하여 총회의 승인을 얻어야 한다.

3. 청산인은 취임 후 2주일 이내에 해산의 사유 및 연월일과 청산인의 성명 및 주소를 등기하

여야 한다.

제58조 (청산 재산의 처리) 해산의 경우 조합법인의 재산은 채무를 완제하고 잔여가 있는 경우에는 다음 각 호의 방법에 의하여 조합원과 준조합원에게 분배한다.

    1) 출자금액은 출자조합원과 출자준조합원에게 환급하되 출자총액에 미달시는 출자액의 비례로 분배한다.

    2) 자본적립금, 법정적립금, 사업준비금, 외부증여금은 출자지분의 비율에 따라 분배한다.

부　　칙

본 정관은 창립총회의 의결을 얻은 날부터 시행한다.

위 〇〇영농조합법인을 설립하기 위하여 위 정관을 작성하고 발기인 전원이 기명 날인하다.

2000.　〇.　〇.

〇〇영농조합법인
〇〇시 〇〇구 〇〇로 〇〇(〇〇동)

발기인　성　　명 : 〇　〇　〇　㊞
주　　민등록번호 : 000000-0000000
　　　주　　소 : 〇〇시 〇〇구 〇〇로 〇〇(〇〇동)

발기인　성　　명 : 〇　〇　〇　㊞
　　주민등록번호 : 000000-0000000
　　　주　　소 : 〇〇시 〇〇구 〇〇로 〇〇(〇〇동)

발기인　성　　명 : 〇　〇　〇　㊞
　　주민등록번호 : 000000-0000000
　　　주　　소 : 〇〇시 〇〇구 〇〇로 〇〇(〇〇동)

(이하 생략)

출 자 자 명 부

(1좌의 금액 : 10,000원)

조합원 성명	출 자 내 역		평가액(원)	출자좌수(좌)
	현 물	현 금		
○ ○ ○	○○시 ○○구 ○○동 ○○○ 답 1,026㎡		10,000,000원	1,000좌
	기계장치		20,000,000원	2,000좌
	비 품		10,000,000원	1,000좌
	차량운반구		20,000,000원	2,000좌
	소 계		60,000,000원	6,000좌
○ ○ ○		30,000,000원	30,000,000원	3,000좌
○ ○ ○		30,000,000원	30,000,000원	3,000좌
○ ○ ○		20,000,000원	20,000,000원	2,000좌
○ ○ ○		10,000,000원	10,000,000원	1,000좌
합 계			150,000,000원	15,000좌

위 출자자명부는 본 조합법인 사무소에 비치된 출자자명부와 대조하여 틀림이 없음을 증명합니다.

2000년 0월 0일

법인명 : ○○영농조합법인

소재지 : ○○시 ○○구 ○○로 ○○(○○동)

대표이사 : ○ ○ ○ (인)

창 립 총 회 의 사 록

2000년 O월 O일 OO시 OO분, OO시 OO구 OO로 OO(OO동) OO영농조합법인 창립사무소에서 창립총회를 개최하다.

발 기 인 : OOO, OOO, OOO, OOO, OOO

출석발기인 : 발기인 전원

발기인 대표 OOO는 위와 같이 발기인 전원이 출석하여 본 총회가 적법하게 성립되었음을 알리고 회의 진행상 임시의장을 선임하여 줄 것을 요청한 바, 발기인 전원일치 합의로 발기인 OOO를 임시의장으로 선임하고, 동인은 즉석에서 그 취임을 승낙하고 개회를 선언한 후 다음의 의안에 관하여 심의를 요청하다.

제1호 의 안 정관 승인의 건

의장은 농어업·농어촌및식품산업기본법 및 농어업경영체육성및지원에관한법률의 규정에 근거하여 농림수산부에서 고시한 정관례를 기준으로 하여 정관을 작성하였음을 설명하고 그 정관을 축소 설명한 후 이의 승인 여부에 심의를 구한 바 발기인 전원일치된 의견으로 이를 승인 가결하다.

제2호 의 안 임원 선임의 건

의장은 정관에 정하여진 대표이사, 이사, 감사 등 임원의 선임방법을 물은 바, 발기인 전원일치로 무기명 비밀투표로 선임하기로 합의되어 그에 따라 투표한 결과 다음 사람이 임원으로 선출되다.

이사겸 대표이사 O O O

이   사 O O O, O O O, O O O

감   사 O O O

위 피선자들은 즉석에서 각 그 직에 취임할 것을 승낙하다.

제3호 의 안 제1회 출자금 납입 및 출자금 평가방법

의장은 본 영농조합법인 설립당시의 제1회 출자금 납입에 관하여 심의를 요청한 바, 별첨 출자자산 내역서와 같이 납입키로 전원일치의 합의로 의결하다.

제4호 의 안 주사무소 지정의 건

의장은 본 영농조합법인의 주사무소를 설치할 장소를 결정하자고 제의한 바, 전원일치된 의견으로 다음의 장소에 주사무소를 설치하기로 가결하다.

주사무소 : ○○시 ○○구 ○○로 ○○(○○동)

의장은 이상으로서 의안 전부를 심의를 종료하였으므로 폐회를 선언하다.

(회의종료시간 : ○○시 ○○분)

위 의사의 경과와 결의를 명확히 하기 위하여 이 의사록을 작성하여 의장과 출석한 발기인이 다음과 같이 기명날인한다.

2000.   0.   0.

○○영농조합법인
○○시 ○○구 ○○로 ○○(○○동)

의장겸 발기인   성   명 : ○ ○ ○ ⑩
            주민등록번호 : 000000-0000000
            주   소 : ○○시 ○○구 ○○로 ○○(○○동)

발기인   성   명 : ○ ○ ○ ⑩
            주민등록번호 : 000000-0000000
            주   소 : ○○시 ○○구 ○○로 ○○(○○동)

발기인   성   명 : ○ ○ ○ ⑩
            주민등록번호 : 000000-0000000
            주   소 : ○○시 ○○구 ○○로 ○○(○○동)

발기인   성   명 : ○ ○ ○ ⑩
            주민등록번호 : 000000-0000000

주　　　소 : ○○시 ○○구 ○○로 ○○(○○동)

발기인　　성　　명 : ○　○　○　○ ㊞

주민등록번호 : 000000-0000000

주　　　소 : ○○시 ○○구 ○○로 ○○(○○동)

[서식 _ 출자자산내역서]

출 자 자 산 내 역 서

(1좌의 금액 : 10,000원)

조합원 성명	출 자 내 역		평가액(원)	출자좌수(좌)
	현 물	현 금		
○ ○ ○	○○시 ○○구 ○○동 ○○○	답 1,026㎡	10,000,000원	1,000좌
	기계장치		20,000,000원	2,000좌
	비 품		10,000,000원	1,000좌
	차량운반구		20,000,000원	2,000좌
	소 계		60,000,000원	6,000좌
○ ○ ○		30,000,000원	30,000,000원	3,000좌
○ ○ ○		30,000,000원	30,000,000원	3,000좌
○ ○ ○		20,000,000원	20,000,000원	2,000좌
○ ○ ○		10,000,000원	10,000,000원	1,000좌
합 계			150,000,000원	15,000좌

위와 같이 출자하고 출자금이 납입되었음을 증명합니다.

2000년 ○월 ○일

○○영농조합법인

대표이사 ○ ○ ○ (인)

감사 ○ ○ ○ (인)

현 물 출 자 계 약 서

(갑) ○ ○ ○
(을) ○○영농조합법인

부동산의 표시 : ○○시 ○○구 ○○동 ○○○   전 530㎡
  나. 평가액 : ○○○○○원
  다. 출자금액 : ○○○○○원(출자좌수 : ○○○좌)

계약당사자인 양도인 (갑)과 (을) ○○영농조합법인은 다음과 같이 약정함.
  1. 양도인 (갑)은 위 부동산을 현물출자하고 그 소유권을 (을) ○○영농조합법인에게 양도함.
  2. (을) ○○영농조합법인은 ○○○ 소유의 상기 부동산을 양수하고 출자액 ○○○○○○원의 출
     자증서를 교부함.
  3. 양도인 (갑) ○○○은 위 부동산을 소정절차가 완료되는 즉시 (을) ○○영농조합법인 명의
     로 소유권을 이전할 수 있도록 등기절차에 필요한 서류를 넘겨주기로 한다.

위 계약의 성립을 증명하기 위하여 이 계약서 2통을 작성하고 계약당사자가 이의 없음을 확인
하고 각자 기명날인하다.

2000년 ○월 ○일

위 (갑)   성 명 : ○ ○ ○ (인)
              주민등록번호 : 000000-0000000
              주 소 : ○○시 ○○구 ○○로 ○○(○○동)

위 (을)   명 칭 : ○○영농조합법인
              사무소 : ○○시 ○○구 ○○로 ○○(○○동)
              대표이사 ○ ○ ○ (인)

[서식 _ 출자증서]

출 자 증 서

1. 출자좌수 : ○○○○주
2. 1좌당 금액 : 10,000원
3. 출자액 : 금 ○○○○○○원
4. 출자자명 : ○ ○ ○
5. 주 소 : ○○시 ○○구 ○○로 ○○(○○동)

○○영농조합법인을 설립함에 있어 위 ○○○는 위와 같은 금액을 출자하였으므로 본 증서를 교부합니다.

2000년 ○월 ○일

○○영농조합법인

대표이사 ○ ○ ○ (인)

○ ○ ○ 귀하

[서식 _ 출자금납입금보관증명서]

출자금납입금보관증명서

금 150,000,000원

총출자좌수 : 15,000좌

1좌의 금액 : 10,000원

위 금액을 귀 법인 설립시에 발행하는 출자총수에 대한 납입금으로서 2000년 ○월 ○일 현재 이를 보관중임을 증명합니다.

2000년 ○월 ○일

○○농업협동조합

○○시 ○○구 ○○로 ○○(○○동)

조합장 ○ ○ ○ (인)

이 사 회 의 사 록

2000년 0월 0일 00시 00분, 00시 00구 00로 00(00동) 당 법인 회의실(또는 사무소)에서 이사회를 개최하다.

총이사수 : 0명   출석이사수 : 0명

의장 000는 정관규정에 따라 의장석에 등단하여 위와 같이 법정수에 달하는 이사가 출석하였으므로 본 이사회가 적법히 성립되었음을 알리고 개회를 선언한 후, 다음의 의안을 부의하고 심의를 구하다.

제1호 의 안 대표이사 선임의 건
의장은 창립총회에서 선임된 이사 중에서 대표이사 1명을 선임하여 줄 것을 구한 바, 이사 전원일치로 다음 사람을 대표이사로 선출하고 만장일치로 그를 승인 가결하다.

대표이사 O   O   O (000000-0000000)
00시 00구 00로 00(00동)

위 피선자는 즉석에서 그 취임을 승낙하다.

의장은 이상으로서 회의목적인 의안 전부의 심의를 종료하였으므로 폐회한다고 선언하다
(회의종료시각 : 00시 00분)

위 결의를 명확히 하기 위하여 이 의사록을 작성하고 의장과 출석한 이사가 기명날인하다.

2000. 0. 0.

00영농조합법인
00시 00구 00로 00(00동)
의장겸   대표이사 O O O (인)

이사 ○ ○ ○ (인)

이사 ○ ○ ○ (인)

이사 ○ ○ ○ (인)

[서식 _ 취임승낙서]

취 임 승 낙 서

본인은 2000년 ○월 ○일 귀 법인의 창립총회에서 대표이사(또는 이사, 감사)로 선임되었으므로 그 취임을 승낙합니다.

2000년 ○월 ○일

대표이사   ○○○ (000000-0000000) (인)

○○시 ○○구 ○○로 ○○(○○동)

○○영농조합법인   귀중

[서식 _ 인감신고서]

인감 · 개인(改印) 신고서

(신고하는 인감날인란) (인감제출자에 관한 사항)

<table>
<tr><td rowspan="5"></td><td colspan="2">상호(명　칭)</td><td>○○영농조합법인</td><td>등기번호</td><td></td></tr>
<tr><td colspan="2">본점(주사무소)</td><td colspan="3">○○시 ○○구 ○○로 ○○(○○동)</td></tr>
<tr><td rowspan="3">인감제출자</td><td>자격/성명</td><td colspan="3">대표이사 ○○○</td></tr>
<tr><td>주민등록번호</td><td colspan="3">○○○○○○-○○○○○○○</td></tr>
<tr><td>주　소</td><td colspan="3">○○시 ○○구 ○○로 ○○(○○동)</td></tr>
</table>

    ㄴ 위와 같이 인감을 신고합니다.
    ㄴ 위와 같이 개인(改印)하였음을 신고합니다.

　　　　　　　년　　월　　일　　　　　　　　　　　(인감 날인란)

신고인　　　본 인 성 명　　　　　　(인)
　　　　　　대리인 성 명　　　　　　(인)

지방법원 등기소　　귀중

주 1. 인감 날인란에는 「인감증명법」에 의하여 신고한 인감을 날인하고 그 인감증명서(발행일로부터 3개월 이내의 것)를 첨부하여야 합니다. 개인(改印)신고의 경우, 개인인감을 날인하는 대신에 등기소에 신고한 유효한 종전 인감을 날인하여도 됩니다.
    2. 인감 · 개인신고서에는 신고하는 인감을 날인한 인감대지를 첨부하여야 합니다.
    3. 지배인이 인감을 신고하는 경우에는 인감제출자의 주소란에 지배인을 둔 장소를 기재하고, 「상업등기규칙」 제36조 제4항의 보증서면(영업주가 등기소에 신고한 인감 날인)을 첨부하여야 합니다. 위 보증서면은 아래의 보증서면란에 기재하는 것으로 갈음할 수 있습니다.

보 증 서 면

위 신고하는 인감은 지배인 〇〇〇의 인감임이 틀림없음을 보증합니다.

대표이사 (법인인감)

위 임 장

성 명 :   주민등록번호(-   )

주 소 :

위의 사람에게, 위 인감신고 또는 개인신고에 관한 일체의 권한을 위임함.

20 년   월   일

인감(개인) 신고인 성 명   (인)

[서식 _ 인감대지]

인 감 대 지

신고하는 인감날인란	상 호(명 칭) : 〇〇영농조합법인 자격 및 성명 : 대표이사 〇 〇 〇 주민등록번호 : 〇〇〇〇〇〇-〇〇〇〇〇〇〇

인감카드 등 (재)발급신청서

(인감제출자에 관한 사항)

상호(명칭)		등기번호	
본점(주사무소)			
인감 제출자	자격 / 성명		
	주민등록번호		

발급사유	⏢ 최초발급 ⏢ 카드분실 ⏢ 카드훼손 ⏢ 인감증명서발급기능 ⏢ 기타 ( )		
매체구분	⏢ 인감카드 ⏢ HSM USB	인감카드 비밀번호	

위와 같이 인감카드 등의 (재)발급을 신청합니다.

    년 월 일

    신청인 인감제출자   (본 인) 성 명   (인) (전화 :   )

                        (대리인) 성 명   (인) (전화 :   )

                        지방법원 등기소   귀중

접수번호		인감카드번호	

− 대법원수입증지를 붙이는 란 −

주 1. 인감카드 비밀번호란에는 (재)발급받아 사용할 인감카드의 비밀번호를 기재하며, 아라비아숫자 6자릿수를 기재하여야 합니다. 비밀번호는 인감카드와 함께 인감증명서의 발급을 신청할 권한이 있는 것으로 보게 되는 중요한 자료이므로 권한이 없는 사람이 알지 못하도록 주의하시기 바랍니다.

2. 인감카드의 재발급을 신청할 때에는「등기부 등·초본 등 수수료규칙」제5조의7에 의하여 5,000원 상당의 대법원수입증지를 이 란에 붙여야 합니다. 다만, 인감카드를 반납할 때에는 붙일 필요가 없습니다.

위 임 장

성 명 :   주민등록번호(−)

주 소 :

위의 사람에게, 위 (재)발급신청서에 기재된 인감카드 등의 발급신청과 그 수령 등에 관한 일체의 권한을 위임함.

2000년 O월 O일

인감신고인 성 명 (인)

영어조합법인 설립등기신청

접 수	년 월 일 제 호	처 리 인	접 수	조 사	기 입	교 합	각종통지

등 기 의 목 적	영어조합법인 설립
등 기 의 사 유	농어업경영체육성및지원에관한법률의 규정에 의하여 영어조합을 설립하기 위하여 20○○년 ○월 ○일 정관을 작성하고 20○○년 ○월 ○일 출자금을 납입하고 창립총회를 종료하여 영어조합법인의 설립절차를 마쳤으므로 다음 사항의 등기를 구함.
주사무소/ 분사무소 신청구분	1.주사무소 신청 ☐ 2.분사무소 신청 ☐ 3.주·분사무소 일괄신청 ☐

등 기 할 사 항

명 칭	○○영어조합법인
주 사 무 소	○○시 ○○구 ○○로 ○○(○○동)
목 적	본 조합법인은 협업적 어업경영을 통하여 생산성을 높이고 수산물의 공동출하 및 가공, 수출 등을 통하여 조합원의 소득증대를 도모함을 목적으로 다음 사업을 한다. 1. 수산물의 공동출하·가공 및 수출 1. 수산물의 신품종개발에 관한 사업 1. 수산물에 관한 사료제조업 1. 수산물의 유통 및 도·소매업 1. 수산물 작업의 대행 및 시설의 대여 1. 위 각 호에 부대하는 사업일체
분 사 무 소	○○시 ○○구 ○○로 ○○(○○동)
존립시기 또는 해산 사유	본 조합은 다음의 경우에는 해산된다. 1. 총회에서 해산 및 합병을 의결한 경우 2. 파산한 경우 또는 법원의 해산명령을 받은 경우 3. 조합원이 5인 미만이 된 후 1년 이내에 5인 이상이 되지 아니한 경우
자산의 총액	금 ○○○○○원

출자 1좌의 금액	금 10,000원
출자액의 산정방법	어장, 어선, 육상양식, 종묘시설 등 현물이 출자액 산출은 이사회(설립시는 사원총회)에서 정하는 평가율에 의하여 환가한다.
출자의 방법	본 조합법인에의 출자는 현금이나 어장, 어선·육상양식, 종묘시설, 기타 현물(부동산, 차량 등)로 이사회에서 정하는 납입일자에 일시 납입한다.
조합원과 준조합원의 출자한도	조합원은 ○○○좌 이상의 출자를 불입하여야 하며, 준조합원은 ○○○좌 이상의 출자를 불입하여야 한다.
총출자좌수와 납입한 총출자액	총출좌수 : ○○○○좌 납입한 출자의 총액 : 금 ○○○○○○원
이사·감사의 성명, 주민등록번호	이사 ○ ○ ○ (000000-0000000) 이사 ○ ○ ○ (000000-0000000) 이사 ○ ○ ○ (000000-0000000) 감사 ○ ○ ○ (000000-0000000)
법인을 대표할 조합원 (대표이사)의 성명, 주민등록번호, 주소	대표이사 ○ ○ ○ (000000-0000000) 　　○○시 ○○구 ○○로 ○○(○○동)
기　　타	

신청등기소 및 등록면허세/수수료

순번	신청등기소	구분	등록면허세	지방교육세	세액합계	등기신청수수료
			금　　　원	금　　　원	금　　　원	금　　　원
합　　계						
등기신청수수료 은행수납번호						
과 세 표 준 액		금			원	

첨　부　서　면

1. 정관등본	통	1. 이사 취임승낙서와 인감증명서	통
1. 창립총회의사록	통	1. 주민등록등(초)본(임원)	통
1. 출자자산의 내역을 기재한 서류		1. 법인인감카드발급신청서	통

(납입증명)	통	1. 등록면허세영수필확인서및통지서	통
1. 임원 및 대표조합원 증명서류	통	1. 위임장(대리인이 신청할 경우)	통
1. 대표자의 인감신고서 및 인감 증명	통		

년 월 일

신청인　　명　칭

　　　　　주사무소

대표자　　성　명　　　　　　　㊞　(전화 :　　　)

　　　　　주　소

대리인　　성　명　　　　　　　㊞　(전화 :　　　)

　　　　　주　소

지방법원　　　　등기소　귀중

[신청서 작성요령 및 등기수입증지 첨부란]

1. 해당란이 부족할 때에는 별지를 이용합니다.

1. 해당 등기신청과 관계없는 사항에 대하여는 "해당없음"으로 기재하거나 삭제하고, 필요한 사항은 추가 기재합니다.

1. 등기신청수수료 상당의 대법원등기수입증지를 이 난에 붙입니다.

(용지규격 21㎝×29.7㎝)

OO영어조합법인 정관

제1장 총 칙

제1조 (명 칭) 본 조합법인은 농어업경영체육성및지원에관한법률 제16조에 의하여 설립된 영어조합법인으로서 그 명칭은 OO영조합법인(이하 "조합법인"이라 한다)이라 한다.

제2조 (목 적) 본 조합법인은 협업적 어업경영을 통하여 생산성을 높이고 수산물의 공동출하·가공·수출 등을 통하여 조합원의 소득증대를 도모함을 목적으로 한다.

제3조 (사무소의 소재지) 본 조합법인의 사무소는 OO시 OO구 OO로 OO(OO동)에 두고 필요시 이사회의 결의로 분사무소를 둘 수 있다.

제4조 (사업의 종류) 본 조합법인은 생산성향상을 위한 협업적 어업의 경영과 OO사업을 주사업으로 하며 다음 각 호의 사업을 부대사업으로 한다.

      1. 수산물의 공동출하·가공 및 수출
      1. 수산물의 신품종개발에 관한 사업
      1. 수산물에 관한 사료제조업
      1. 수산물의 유통 및 도·소매업
      1. 수산물 작업의 대행 및 시설의 대여
      1. 위 각 호에 부대하는 사업일체

제5조 (협동조합에의 가입) 본 조합법인은 OO수산업협동조합에 준조합원으로 가입한다.

제6조 (공고방법)
본 조합법인의 공고는 본 조합법인의 사무소 게시판에 게시하고 필요하다고 인정할 때는 서면으로 조합원과 준조합원에게 통지하거나 일간 OO경제신문에 게재한다.

제7조 (규정의 제정) 이 정관에서 정한 것 이외에 업무의 집행, 회계, 직원의 채용, 기타 필요한 사항은 별도의 규정으로 정할 수 있다.

제2장 조 합 원

제8조 (조합원의 자격) 본 조합법인의 조합원이 될 수 있는 어업인은 다음 각 호의 요건을 갖춘 자로 한다.

    1) 연간 60일 이상 어업을 경영하거나 이에 종사한 자.

    2) 만 19세 이상의 성년으로서 본 조합법인의 설립취지에 찬동하는 자

    3) 출자할 수 있는 어장, 어선, 육상양식·종묘시설, 현금 기타의 현물을 소유한 자

제9조 (준조합원의 자격) 본 조합 법인의 준조합원이 될 수 있는 자는 다음 각 호의 요건을 갖춘 자로 한다.

    1) 본 조합법인에 생산자재를 공급하거나 생산기술 및 자본을 제공하는 자

    2) 본 조합법인이 생산한 수산물을 대량으로 구입·유통 또는 가공하는 자

제10조 (가 입)

    1. 본 조합법인에 조합원으로 가입하고자 하는 자는 다음 각 호의 사항을 기재한(혹은 증명할 수 있는 서류를 첨부한) 가입신청서를 본 조합법인에 제출하여야 한다. 단 생산자단체의 경우는 제3호 및 사업자등록증(혹은 등기사항전부증명서)을 제출한다.

    1) 성명, 주민등록번호, 주소

    2) 납입 혹은 인수하고자 하는 출자좌수 및 출자의 목적인 재산

    3) 경영규모(어장면적, 어선 등) 및 연중 어업종사일 수

    2. 본 조합법인에 준조합원으로 가입하고자 하는 자는 제1항 제1호, 제2호 및 제9조에 의한 준조합의 자격에 해당함을 증명할 수 있는 서류를 제출하여야 한다. 다만, 사업자등록이 된 자(법인포함)는 제1항 제1호 및 제2호 대신 사업자등록증(혹은 등기사항전부증명서)을 제출한다.

    3. 조합법인은 제1항 및 제2항에 의한 조합원 또는 준조합원의 가입신청서를 접수하였을 경우에는 총회에서 그 가입여부를 결정하고, 가입을 승인한 때에는 가입신청자에게 통지하여 출자의 불입(출자의 목적인 재산을 양도하고 등기·등록 기타 권리의 설정 또는 이전이 필요한 경우에는 이에 관한 서류를 완비하여 교부하는 것을 말

한다. 이와 같다)을 하게한 후 조합원 또는 준조합원 명부에 기재한다.

4. 가입신청자는 제3항의 규정에 의하여 출자를 불입함으로써 조합원 또는 준조합의 자격을 갖는다.

5. 출자좌수를 늘리려는 조합원에 대해서는 제1항 내지 제3항의 규정을 준용한다.

제11조 (권 리)

1. 본 조합법인의 조합원의 권리는 다음 각 호와 같다.

   1) 조합법인의 공동작업에 종사하여 노동에 대한 응분의 대가를 받을 권리

   2) 지분환불에 대한 청구권

   3) 조합법인의 해산시 잔여재산분배청구권

   4) 조합법인의 임원선거권과 피선거권

   5) 조합법인의 제반회의에 참석하여 의견을 제시할 권리

   6) 조합법인의 운영에 참여하여 의견을 제시할 권리

   7) 조합법인의 업무집행에 대한 감독 및 감사의 권리

2. 제1항 제1호의 조합원의 노동의 대가에 대한 사항은 별도의 규정으로 정한다.

3. 조합원의 출자지분의 다소에 관계없이 1개의 의결권과 선거권을 가진다.

4. 본 조합법인의 준조합원은 제1항 제2호, 제3호 및 제6호의 권리를 가진다.

제12조 (의 무)

1. 본 조합법인의 조합원의 의무는 다음 각 호와 같다.

   1) 정관 및 제 규정을 준수할 의무

   2) 조합법인에 대한 출자의무

   3) 조합법인의 제반 노동에 참가하고 노동규정을 준수할 의무

   4) 총회에 출석할 의무와 총회의 의결사항을 준수할 의무

   5) 조합법인의 발전을 위하여 노력할 의무

2. 본 조합법인의 준조합원은 제1항 제1호, 제2호, 제5호 및 제4호 중 총회의 의결사항을 준수할 의무를 가진다.

제13조 (탈 퇴)

1. 탈퇴를 원하는 조합원 또는 준조합원은 60일 전에 탈퇴의사를 서면으로 본 조합법인에 예고하여 탈퇴하며, 그에 따른 모든 정산은 당 회계연도 말에 한다.

2. 조합원 또는 준조합원은 다음 각 호에 해당하는 사유가 발생하였을 때에는 자연 탈퇴된다.

　1) 제8조에 의한 조합원 및 제9조에 의한 준조합원의 자격을 상실하였을 경우

　2) 사망

　3) 파산(법인의 경우 파산 또는 해산)

　4) 금치산 선고

　5) 제명

　6) 지분을 전부 양도하였을 경우

3. 제2항 제1호의 자격상실은 총회의 결의에 의한다.

4. 조합원 또는 준조합원은 1항의 규정에 불구하고 부득이한 사유 없이 조합법인의 경영상 어려움에 처해 있는 시기에 탈퇴하지 못한다.

제14조 (제 명)

1. 조합원 또는 준조합원이 다음 각 호의 1에 해당하는 경우에는 총회의 의결로서 제명할 수 있다.

　1) 제12조에서 규정한 의무를 이행하지 아니한 경우

　2) 고의 또는 중대한 과실로 조합법인에 상당한 손해를 입힌 경우

　3) 조합을 빙자하여 부당이익을 취한 경우

2. 조합법인은 제1항 각 호의 사유로 인한 제명대상 조합원 또는 준조합원에게 총회개최 10일 전에 제명의 사유를 통지하고, 총회에서 변명할 기회를 주어야 하며, 제명을 결정한 때에는 서면으로 통지하여야 한다.

제3장 출자와 적립금 및 자본

제15조 (출 자)

1. 본 조합법인에의 출자는 현금이나 어장, 어선, 육상양식 · 종묘시설, 기타 현물(부동산, 차량, 어업기자재, 창고, 어업권 등)로 할 수 있다.

2. 어장, 어선, 육상양식 · 종묘시설 등 현물(이사 "현물출자물"이라 한다)의 출자액 산출은 이사회(설립시는 창립총회)에서 정하는 평가율에 의하여 환가한다.

3. 1좌의 금액은 10,000원으로 한다.

4. 조합원은 200좌 이상의 출자를 불입하여야 하며, 준조합원은 100좌 이상의 출자를

불입하여야 한다.

5. 제1항의 규정에 의하여 본 조합 법인에 현물출자물을 출자하는 경우에는 조합원 및 준조합원의 성명, 현물출자물 및 그 평가액과 현물출자물에 의한 출자좌수를 조합법인의 소정의 서식에 기재하여 관리한다.

6. 현물출자물은 이를 출자한 조합원 또는 준조합원의 동의가 없으면 처분하지 못한다.

제16조 (출자증서의 발행)

1. 조합법인은 출자를 불입한 조합원 또는 준조합원에게 지체 없이 출자증서를 발급하여야 한다.

2. 출자증서는 대표이사 명의로 발급하고 출자좌수, 출자액, 출자재산의 표시{(어장(양식장)의 경우에는 어장(양식장)의 종류, 면허번호, 유효기간, 위치, 면적을 말하며, 어선의 경우에는 어선명, 어선번호, 건조연도, 총톤수, 어업종류(허가번호)를 말하며, 부동산이 경우에는 지번, 지목, 면적을 말한다} 등을 기재하여야 한다.

3. 조합법인이 토지 등을 취득하여 조합원 또는 준조합원에게 증좌 배분하는 경우에 대해서는 제1항과 제2항의 규정을 준용한다.

제17조 (출자의 균등화) 조합원 또는 준조합원의 출자를 균등하게 하기 위하여 소액출자자에게 증좌를 허용할 경우에는 그 사정을 고려하여 총회의 의결로써 회계연도 말에 증좌를 허용할 수 있다.

제18조 (법정적립금) 본 조합법인은 출자총액과 같은 금액이 될 때까지 매 회계연도 이익금의 100분의 10 이상을 법정적립금으로 적립한다.

제19조 (사업준비금) 본 조합법인은 장기적인 사업확장 및 다음연도의 사업운영을 위하여 매 회계년도 이익금의 100분의 OO 이상을 사업준비금으로 적립한다.

제20조 (자본적립금) 본 조합법인은 다음 각 호에 의하여 생기는 금액을 자본적립금으로 적립한다.

1) 재산재평가 차익
2) 합병에 의한 차익
3) 인수재산 차익

4) 외부로부터 증여된 현물 및 현금

5) 국고보조금 등

6) 감자에 의한 차익

7) 고정자산에 대한 보험차익

제21조 (적립금 등의 사용 및 처분)

1. 제18조 규정에 의한 법정적립금(이하 '법정적립금'이라 한다)과 제20조에 의한 자본 적립금(이하 "자본적립금'이라 한다)은 조합법인의 결손을 보전하는 데 사용한다.

2. 법정적립금과 자본적립금은 조합원 또는 준조합원의 탈퇴나 제명시 지분으로 환불 할 수 없다.

3. 제19조의 규정에 의한 사업준비금(이하 '사업준비금'이라 한다)은 조합 또는 준조합 원이 가입한 날로 부터 5년 이내에 탈퇴하거나 제명되는 경우에는 환불할 수 없다.

제22조 (지분의 계산) 본 조합법인의 재산에 대한 조합원과 준조합원의 지분은 다음의 기준 에 의하여 계산한다.

1) 납입출자금에 대하여는 납입한 출자액에 따라 매 회계년도마다 이를 계산한다. 다 만, 그 재산이 납입출자액의 총액보다 감소되었을 경우에는 조합원과 준조합원의 출자액에 따라 감액하여 계산한다.

2) 사업준비금은 매 회계연도마다 전조합원에게 분할하여 가산하되 제35조 제2항의 규정을 준용한다.

제23조 (지분의 상속)

1. 조합원 또는 준조합원의 상속인으로서 조합원 또는 준조합원의 사망으로 인하여 지 분환불권의 전부 또는 일부를 취득한 자가 즉시 본 조합법인에 가입을 신청하고 조 합법인이 이를 승인한 경우에는 상속인은 피상속인의 지분을 승계한다.

2. 제1항의 규정에 의한 상속인의 가입신청과 조합법인의 가입승인은 제10조 제1항 내 지 제4항의 규정을 준용한다.

제24조 (조합의 지분 취득금지) 본 조합법인은 조합원 또눈 준조합원의 지분을 취득하거나 또는 담보의 목적으로 취득하지 못한다.

제25조 (지분의 양도, 양수 및 공유금지) 조합원 및 준조합원은 총회의 승인 의결 없이는 그 지분을 양도, 양수할 수 없으며 공유할 수 없다.

제26조 (탈퇴시의 지분환불)

1. 조합원 또는 준조합원이 탈퇴하는 경우에는 탈퇴한 그 조합원의 지분을 현금 또는 현물로 환불한다.
2. 환불할 재산 가운데 어장(양식장), 어선, 토지, 건물 등이 조합법인의 경영에 심각한 지장을 초래할 우려가 있어 환불이 곤란한 경우에는 그에 상당하는 다른 어장(양식장), 어선, 토지, 시설 및 현금으로 지불할 수 있다.
3. 탈퇴 조합원 및 준조합원이 출자한 어장(양식장), 어선, 토지, 시설 등이 조합경영의 결과로 인하여 그 가치가 현저히 증대되었거나, 자본의 투자로 인하여 가치가 상승하였을 경우에는 이에 상당하는 금액을 환불받은 자로부터 징수한다.
4. 탈퇴 조합원 또는 준조합원이 조합법인에 대하여 채무가 있는 경우에는 환불해야 될 지분에서 상계할 수 있다.
5. 지분의 환불은 당해 회계연도 말에 한다.

제27조 (출자액의 일부 환불)

1. 조합원 또는 준조합원은 부득이한 사유가 있는 경우에는 조합법인에 대하여 출자액의 일부의 환불을 요구할 수 있다.
2. 제1항의 규정에 의하여 환불요구를 받은 조합법인은 총회의 의결이 있는 경우에 회계연도 말에 환불할 수 있다. 다만, 부득이한 사유가 있는 경우에는 회계연도 중에 환불하고 회계연도 말에 정산한다.

제4장 회   계

제28조 (회계년도) 본 조합법인의 회계연도는 매년 1월 1일에 시작하여 12월 31일에 종료한다.

제29조 (자금관리) 본 조합원의 여유자금은 다음 각 호의 방법에 따라 운용한다.

  1) 수산업협동조합, 농업협동조합(지역농업협동조합, 지역축산업협동조합 포함), 은

행, 신용금고에의 예치

  2) 국채, 지방채, 정부보증채권 등 금융기관이 발행하는 채권의 취득

제30조 (경리공개) 본 조합법인의 모든 장부는 사무소에 비치하여 항상 조합원 및 준조합원에게 공개하며 주요개정에 대한 내역은 정기적으로 게시한다.

제31조 (사용료 및 수수료)

  1. 본 조합법인은 조합법인이 행하는 사업에 대하여 사용료 또는 수수료를 징수할 수 있다.

  2. 제1항의 규정에 의한 사용료 및 수수료에 관하여는 별도의 규정으로 정할 수 있다.

제32조 (선급금제) 조합법인은 조합원에게 지불할 노임을 회계연도 말에 결산 전에 선급금으로 지불할 수 있다.

제33조 (차입금) 조합법인은 제4조의 사업을 위하여 이사회의 의결을 거쳐 자금을 차입할 수 있다.

제34조 (수익 배분 순위) 본 조합법인의 총수익은 다음 각 호의 순서로 배분한다.

  1) 제세공과금

  2) 생산자재비, 임차료, 고용노임 및 생산부대비용("제잡비"를 말한다)

  3) 차입금에 대한 원리금 상환

  4) 조합원 노임

  5) 자산설비에 대한 감가상각

  6) 이월결손금 보전

제35조 (이익금의 처분)

  1. 조합법인의 결산결과 발생된 매 회계연도의 이익금은 제18조의 규정에 의한 법정적립금, 제19조의 규정에 의한 사업준비금을 공제하고 나머지에 대해서는 조합원과 준조합원에게 배당한다.

  2. 제1항의 배당은 배당할 이익금의 총액을 전조합원과 준조합원의 출자지분의 비율에 따라 배당한다.

제36조 (손실금의 처리) 조합법인의 결산결과 손실이 발생하였을 경우에는 사업준비금으로 보전하고 사업준비금으로도 부족할 때에는 법정적립금 및 자본적립금 순서로 보전하며 그 적립금으로 부족할 때에는 차년도에 이월한다.

제5장 임   원

제37조 (임원의 수) 본 조합법인은 다음 각 호의 임원을 둔다.

    1) 대표이사 ： 1인

    2) 이사 ： 4인 이상

    3) 감사 ： 1인 이상

    4) 총무 ： 1인

    5) 부장 ： 1인

제38조 (임원의 선출) 임원은 총회의 의결로 조합원 중에서 선출한다. 단, 대표이사는 이사 중에서 이사회 결의로 선출한다.

제39조 (이사회)

    1. 이사회는 대표이사 및 이사로 구성하며, 대표이사가 그 의장이 된다.

    2. 이사회는 대표이사가 필요하다고 인정되는 경우 또는 이사 2인 이상의 요구가 있을 경우 소집한다.

제40조 (이사회의 기능) 이사회는 다음 각 호의 사항을 재적이사 과반수의 출석과 출석이사 과반수이상의 찬성으로 의결한다.

    1) 총회의 소집과 총회에 부의할 안건

    2) 업무를 운영하는 기본방침에 관한 안건

    3) 고정자산의 취득 또는 처분에 관한 사항

    4) 총회에서 위임된 사항의 의결

    5) 준조합원의 가입, 탈퇴, 및 제명

    6) 기타 조합법인의 운영상 필요한 사항

제41조 (이사회의사록) 이사회에서 의결된 사항은 총무가 기록하여 이사회에 출석한 의장과 이사가 기명날인하여 조합법인에 보관한다.

제42조 (임원의 임무)

1. 대표이사는 본 조합법인을 대표하고 조합법인의 각종 회의의 의장이 되며, 조합의 업무를 총괄하고 조합법인의 경영성과에 대해 책임을 진다.
2. 감사는 회계연도마다 조합법인의 재산과 업무집행상황을 1회 이상 감사하여 그 결과를 총회 및 대표이사에게 보고하여야 한다.
3. 이사는 이사회에서 미리 정한 순서에 따라 대표이사 유고시 그 직무를 대리하고 궐위되었을 때에는 그 직무를 대행한다.
4. 총무는 이사 중에서 선임하여 조합법인의 일반사무와 회계사무를 담당한다.
5. 각 부장은 대표이사와 총무를 보좌하며 각부의 업무를 관장·집행한다.

제43조 (임원의 책임)

1. 본 조합법인의 임원은 법령에 의한 행정기관의 처분과 정관·규정·사업지침 및 총회와 이사회의 의결사항을 준수하고 본 조합법인을 위하여 그 직무를 성실히 수행하여야 한다.
2. 임원이 그 직무를 수행함에 있어 태만, 고의 또는 중대한 과실로 조합법인이나 다른 사람에게 끼친 손해에 대하여는 단독 또는 연대하여 손해배상의 책임을 진다.
3. 이사회가 불법행위 또는 중대한 과실로 조합법인에게 손해를 끼친 경우에는 그 불법행위 또는 중대한 과실에 관련된 이사회에 출석한 구성원은 그 손해에 대하여 조합법인에 연대하여 책임을 진다. 다만, 그 회의에서 명백히 반대의사를 표시한 구성원은 그러하지 아니한다.
4. 제2항 내지 제3항의 구상권의 행사는 이사회에 대하여는 대표이사가, 대표이사와 이사에 대하여는 감사가, 임원 전원에 대하여는 조합원의 3분의 1 이상의 동의를 얻은 조합원 대표가 이를 행한다.

제44조 (임원의 임기)

1. 임원의 임기는 3년으로 하되 감사의 임기는 취임 후 O년 내의 최종의 결산기에 관한 정기조합원총회의 종결시까지로 한다.
2. 제1항의 임원의 임기는 전임자의 임기만료일의 다음날로부터 기산한다.

3. 보궐선거에 의한 임원의 임기는 전임자의 잔여기간으로 한다.

제45조 (임원의 해임)

1. 조합원이 임원을 해임하고자 하는 경우에는 조합원의 3분의 1 이상의 서면 동의를 얻어 총회에 해임을 요구하고, 해임을 요구하는 총회의 의결로서 해임한다.

2. 해임을 의결을 할 때에는 총회 10일전에 해당 임원에게 서면 통지하여 총회에서 변명할 기회를 주어야 한다.

제46조 (임원의 보수) 임원에 대한 보수는 지급하지 아니하며, 여비 등 필요한 경비는 별도 규정에 의하여 실비로 지급할 수 있다.

제47조 (서류비치의 의무)

1. 대표이사는 다음 각 호의 서류를 조합법인의 사무소에 비치하여야 한다.

1) 정관 및 규정
2) 조합원과 준조합원 명부 및 지분대장
3) 총회의사록
4) 기타 필요한 서류

2. 대표이사는 정기총회 1주일 전까지 결산보고서를 사무소에 비치하여야 한다.

제6장 회의의 운영

제48조 (총 회) 총회는 조합원으로 구성하며, 정기총회와 임시총회로 구분한다.

제49조 (총회의 소집)

1. 정기총회는 회계연도마다 1회 1월에 대표이사가 소집하며, 대표이사는 총회소집 5일 전까지 회의내용과 회의자료를 서면으로 조합원에게 통지하여야 한다.

2. 임시총회는 조합원 3분의 1 이상의 소집요구가 있거나 이사회가 필요하다고 인정하여 소집을 요구할 때 또는 대표이사가 필요하다고 인정할 때 대표이사가 소집한다.

3. 감사는 다음 각 호에 해당하는 경우에는 임시총회를 소집한다.

1) 대표이사의 직무를 행할 자가 없을 때
2) 제2항의 요구가 있는 경우에 대표이사가 정당한 사유 없이 2주일 이내에 총회소

집의 절차를 취하지 아니한 때

3) 감사가 조합법인의 재산상황 또는 사업의 집행에 관하여 부정사실을 발견한 경우에 이를 신속히 총회에 보고할 필요가 있을 때

제50조 (총회의 의결사항)   다음 각 호의 사항은 총회의 의결을 얻어야 한다.

1) 정관의 변경

2) 규정의 제정 및 개정

3) 해산·합병 또는 분할

4) 조합원의 가입·탈퇴 및 제명

5) 사업계획 및 수지예산의 승인·책정과 변경

6) 사업보고서, 결산서, 이익금 처분 및 결손금 처리

7) 출자에 관한 사항

8) 임원의 선출

9) 임기 중 임원의 해임

제51조 (총회의 개의와 의결 정족수)

1. 총회는 조합원 과반수의 출석으로 개의하고 출석조합원 과반수 이상의 찬성으로 의결한다.

2. 다음 각 호에 해당하는 사항은 총조합원 3분의 2 이상의 출석과 출석조합원 3분의 2 이상의 찬성으로 의결한다.

1) 정관의 변경

2) 해산·합병 또는 분할

3) 조합원의 가입 승인

4) 제14조의 규정에 의한 조합원의 제명

5) 제45조의 규정에 의한 임원의 해임

3. 제1항의 총회 소집이 정족수 미달로 유회된 경우에는 10일 이내에 다시 소집하여야 한다.

제52조 (의결권의 대리)

1. 조합원은 대리인으로 하여금 의결권을 행사하게 할 수 있다.

2. 대리인은 조합원과 동일 세대에 속하는 성년이어야 하며, 대리인이 대리할 수 있는

조합원의 수는 1인에 한한다.

3. 제1항의 규정에 의한 대리인은 대리권을 증명하는 위임장을 조합법인에게 제출하여야 한다.

제53조 (의사록의 작성) 총회의 이사에 관하여는 의사의 경과 및 결과를 기재한 의사록을 작성하고 대표이사 및 총회에 참석한 조합원 3분의 2 이상이 기명날인 또는 서명 날인한다.

제54조 (회의내용 공고) 총회의 의결사항은 제6조의 공고방법에 의하여 공고한다.

제7장 해   산

제55조 (해 산) 본 조합원은 다음 각 호의 1에 해당하는 경우에는 해산한다.

1) 총회에서 해산 및 합병을 의결한 경우
2) 파산한 경우 또는 법원의 해산명령을 받은 경우
3) 조합원이 5인 미만이 된 후 1년 이내에 5인 이상이 되지 아니한 경우

제56조 (청산인) 본 조합원이 해산하는 경우에는 파산으로 인한 경우를 제외하고는 청산인은 대표이사가 된다. 다만, 총회에서 다른 사람을 청산인으로 정한 경우에는 그러하지 아니한다.

제57조 (청산인의 직무)

1. 청산인은 취임 후 지체 없이 재산상황을 조사하여 재산목록과 대차대조표를 작성하고 재산처분의 방법을 정하여 총회의 승인을 얻어야 한다.
2. 청산사무가 종결된 경우에는 청산인은 지체 없이 결산보고서를 작성하여 총회의 승인을 얻어야 한다.
3. 청산인은 취임 후 2주일 이내에 해산의 사유 및 연월일과 청산인의 성명 및 주소를 등기하여야 한다.

제58조 (청산 재산의 처리) 해산의 경우 조합법인의 재산은 채무를 완제하고 잔여가 있는 경우에는 다음 각 호의 방법에 의하여 조합원과 준조합원에게 분배한다.

1) 출자금액은 출자조합원과 출자준조합원에게 환급하되 출자총액에 미달시는 출자

액의 비례로 분배한다.

2) 자본적립금, 법정적립금, 사업준비금, 외부증여금은 출자지분의 비율에 따라 분배한다.

부　　　칙

본 정관은 창립총회의 의결을 얻은 날부터 시행한다.

위 OO영농조합법인을 설립하기 위하여 위 정관을 작성하고 발기인 전원이 기명날인하다.

2000년　O월　O일

OO영농조합법인

OO시 OO구 OO로 OO(OO동)

발기인　　　성　　　명 : O　O　O　O　㉑

주민등록번호 : 000000-0000000

주　　　소 : OO시 OO구 OO로 OO(OO동)

발기인　　　성　　　명 : O　O　O　O　㉑

주민등록번호 : 000000-0000000

주　　　소 : OO시 OO구 OO로 OO(OO동)

발기인　　　성　　　명 : O　O　O　O　㉑

주민등록번호 : 000000-0000000

주　　　소 : OO시 OO구 OO로 OO(OO동)

(이하 생략)

출 자 자 명 부

(1좌의 금액 : 10,000원)

조합원 성명	출 자 내 역		평가액(원)	출자좌수(좌)
	항 목 별	출자목적물 표시		
○ ○ ○	어 선	어선명 : ○○호(동력선) 어선번호 : 000-0000 총톤수 : 5톤 건조연도 : 2000년	30,000,000원	3,000좌
	어선면허	어업면호 : 제○○○호 양식 : 전복양식	10,000,000원	1,000좌
	어 업 권	면허번호 : 제○○○호 어업, 체포물의 종류 : 굴양식	10,000,000원	1,000좌
	부 동 산	○○시 ○○구 ○○동 ○○ 전 500㎡	10,000,000원	1,000좌
	소 계		60,000,000원	6,000좌
○ ○ ○	현 금		30,000,000원	3,000좌
○ ○ ○	현 금		30,000,000원	3,000좌
○ ○ ○	현 금		20,000,000원	2,000좌
○ ○ ○	현 금		10,000,000원	1,000좌
합 계			150,000,000원	15,000좌

위 출자자명부는 본 조합법인 사무소에 비치된 출자자명부와 대조하여 틀림이 없음을 증명합니다.

2000년 ○월 ○일

법인명 : ○○영어조합법인

소재지 : ○○시 ○○구 ○○로 ○○(○○동)

대표이사 : ○ ○ ○ (인)

창 립 총 회 의 사 록

2000년 0월 0일 00시 00분, 00시 00구 00로 00(00동) 00영어조합법인 창립사무소에서 창립총회를 개최하다.

발 기 인 : 000, 000, 000, 000, 000
출석발기인 : 발기인 전원

발기인 대표 000는 위와 같이 발기인 전원이 출석하여 본 총회가 적법하게 성립되었음을 알리고 회의 진행상 임시의장을 선임하여 줄 것을 요청한 바, 발기인 전원일치 합의로 발기인 000를 임시의장으로 선임하고, 동인은 즉석에서 그 취임을 승낙하고 개회를 선언한 후 다음의 의안에 관하여 심의를 요청하다.

제1호 의 안   정관 승인의 건

의장은 농어업·농어촌및식품산업기본법 및 농어업경영체육성및지원에관한법률의 규정에 근거하여 농림수산부에서 고시한 정관례를 기준으로 하여 정관을 작성하였음을 설명하고 그 정관을 축소 설명한 후 이의 승인 여부에 심의를 구한 바 발기인 전원일치된 의견으로 이를 승인 가결하다.

제2호 의 안   임원 선임의 건

의장은 정관에 정하여진 대표이사, 이사, 감사 등 임원의 선임방법을 물은 바, 발기인 전원일치로 무기명 비밀투표로 선임하기로 합의되어 그에 따라 투표한 결과 다음 사람이 임원으로 선출되다.

이사겸 대표이사 0 0 0
이   사   0 0 0, 0 0 0, 0 0 0
감   사   0 0 0

위 피선자들은 즉석에서 각 그 직에 취임 할 것을 승낙하다.

제3호 의 안   제1회 출자금 납입 및 출자금 평가방법

의장은 본 영어조합법인 설립당시의 제1회 출자금 납입에 관하여 심의를 요청한 바, 별첨 출자자산 내역서와 같이 납입키로 전원일치의 합의로 의결하다.

제4호 의 안   주사무소 지정의 건
의장은 본 영어조합법인의 주사무소를 설치할 장소를 결정하자고 제의한 바, 전원일치된 의견으로 다음의 장소에 주사무소를 설치하기로 가결하다.

　　　　주사무소 : ○○시 ○○구 ○○로 ○○(○○동)

　　의장은 이상으로서 의안 전부를 심의를 종료하였으므로 폐회를 선언하다.
　　(회의종료시간 : ○○시 ○○분)

위 의사의 경과와 결의를 명확히 하기 위하여 이 의사록을 작성하여 의장과 출석한 발기인이 다음과 같이 기명날인하다.

2000년 ○월 ○일

○○영어조합법인
○○시 ○○구 ○○로 ○○(○○동)

　　　의장 겸 발기인　　성　　　명 : ○　○　○　○　㊞
　　　　　　　　　　　　주민등록번호 : 000000-0000000
　　　　　　　　　　　　주　　　소 : ○○시 ○○구 ○○로 ○○(○○동)

　　　　　발기인　　　　성　　　명 : ○　○　○　○　㊞
　　　　　　　　　　　　주민등록번호 : 000000-0000000
　　　　　　　　　　　　주　　　소 : ○○시 ○○구 ○○로 ○○(○○동)

　　　　　발기인　　　　성　　　명 : ○　○　○　○　㊞
　　　　　　　　　　　　주민등록번호 : 000000-0000000
　　　　　　　　　　　　주　　　소 : ○○시 ○○구 ○○로 ○○(○○동)

발기인   성   명 : ○ ○ ○ ○ ㊞

　　　　　　　주민등록번호 : 000000-0000000

　　　　　　　주　　　소 : ○○시 ○○구 ○○로 ○○(○○동)

발기인   성   명 : ○ ○ ○ ○ ㊞

　　　　　　　주민등록번호 : 000000-0000000

　　　　　　　주　　　소 : ○○시 ○○구 ○○로 ○○(○○동)

[서식 _ 이사회의사록]

이 사 회 의 사 록

2000년 ○월 ○일 ○○시 ○○분, ○○시 ○○구 ○○로 ○○(○○동) 당 법인 회의실(또는 사무소)에서 이사회를 개최하다.

　　　　총이사수 : ○명　　　출석이사수 : ○명

의장 ○○○는 정관규정에 따라 의장석에 등단하여 위와 같이 법정수에 달하는 이사가 출석하였으므로 본 이사회가 적법히 성립되었음을 알리고 개회를 선언한 후, 다음의 의안을 부의하고 심의를 구하다.

제1호 의 안　대표이사 선임의 건

의장은 창립총회에서 선임된 이사 중에서 대표이사 1명을 선임하여 줄 것을 구한 바, 이사 전원일치로 다음 사람을 대표이사로 선출하고 이를 찬성하여 만장일치로 그를 승인 가결하다.

　　　　대표이사　○　○　○ (000000-0000000)

　　　　　　　　　○○시 ○○구 ○○로 ○○(○○동)

위 피선자는 즉석에서 그 취임을 승낙하다.

의장은 이상으로서 회의목적인 의안 전부의 심의를 종료하였으므로 폐회한다고 선언하다(회의종료시각 : ○○시 ○○분)

위 결의를 명확히 하기 위하여 이 의사록을 작성하고 의장과 출석한 이사가 기명날인하다.

　　　2000년 ○월 ○일

　　　　　　　　　　　○○영어조합법인
　　　　　　　　　　　○○시 ○○구 ○○로 ○○(○○동)
　　　　　　　　　　　의장겸 대표이사 ○ ○ ○ (인)
　　　　　　　　　　　　　　이사 ○ ○ ○ (인)
　　　　　　　　　　　　　　이사 ○ ○ ○ (인)
　　　　　　　　　　　　　　이사 ○ ○ ○ (인)

[서식 _ 취임승낙서]

취 임 승 낙 서

본인은 2000년 ○월 ○일 귀 법인의 창립총회에서 대표이사(또는 이사, 감사)로 선임되었으므로 그 취임을 승낙합니다.

　　　　　　　　　2000년 ○월 ○일

　　　대표이사(또는 이사, 감사)　　○　○　○　(인)
　　　　　　　　　　　　　　　(000000-0000000)
　　　　　　　　　　　　　　　○○시 ○○구 ○○로 ○○(○○동)

○○영어조합법인　　귀중

인감·개인(改印) 신고서

(신고하는 인감날인란)　　　　(인감제출자에 관한 사항)

상호(명 칭)	○○영어조합법인	등기번호	
본점(주사무소)	○○시 ○○구 ○○로 ○○(○○동)		
인감제출자	자격/성명	대표이사 ○ ○ ○	
	주민등록번호	○○○○○○-○○○○○○○	
	주 소	○○시 ○○구 ○○로 ○○(○○동)	

ㄴ 위와 같이 인감을 신고합니다.

ㄴ 위와 같이 개인(改印)하였음을 신고합니다.

　　　　　　　　　　　　년　　월　　일　　　　　(인감 날인란)

신고인 본 인 성 명　　　　　　　　(인)

　　　　대리인 성 명　　　　　　　　(인)

지방법원 등기소　귀중

> **주 1.** 인감 날인란에는 「인감증명법」에 의하여 신고한 인감을 날인하고 그 인감증명서(발행일로부터 3개월 이내의 것)를 첨부하여야 합니다. 개인(改印)신고의 경우, 개인인감을 날인하는 대신에 등기소에 신고한 유효한 종전 인감을 날인하여도 됩니다.
> **2.** 인감·개인신고서에는 신고하는 인감을 날인한 인감대지를 첨부하여야 합니다.
> **3.** 지배인이 인감을 신고하는 경우에는 인감제출자의 주소란에 지배인을 둔 장소를 기재하고, 「상업등기규칙」 제36조 제4항의 보증서면(영업주가 등기소에 신고한 인감 날인)을 첨부하여야 합니다. 위 보증서면은 아래의 보증서면란에 기재하는 것으로 갈음할 수 있습니다.

보 증 서 면

위 신고하는 인감은 지배인 〇〇〇의 인감임이 틀림없음을 보증합니다.

대표이사   (법인인감)

위 임 장

성 명 :   주민등록번호(—   )
주 소 :

위의 사람에게, 위 인감신고 또는 개인신고에 관한 일체의 권한을 위임함.

20 년   월   일

인감(개인) 신고인 성 명   (인)

[서식 _ 인감대지]

인 감 대 지

	신고하는 인감날인란	상 호(명 칭) : 〇〇영농조합법인 자격 및 성명 : 대표이사 〇 〇 〇 주민등록번호 : 〇〇〇〇〇〇—〇〇〇〇〇〇〇

제4장 재건축정비사업조합 설립

제1절 총 설

1. 의 의

재건축정비사업조합은 노후, 불량주택을 법률에서 정한 절차에 따라 철거하고 그 철거한 대지 위에 새로운 주택을 건설하기 위해 기존 주택의 소유자가 자율적으로 설립한 주택조합을 말한다.

주택재건축이란 정비기반시설은 양호하나 노후·불량건축물이 밀집한 지역에서 주거환경을 개선하기 위하여 시행하는 사업을 말한다. 아파트가 건립되어 있는 지역의 경우 연립, 다세대가 밀집한 지역보다는 도로나 학교등 기반시설이 양호하기 때문에 보통 재개발사업으로 개발을 한다. 사업대상이 아파트이기 때문에 재건축 사업을 하는 것은 적절치 않다. 만일 정비시설이 양호한 단독주택 밀집지역의 경우엔 재개발 사업이 아닌 단독주택 재건축 사업을 진행한다.

2. 조합설립추진위원회의 구성

조합을 설립하려는 경우에는 정비구역 지정·고시 후 다음 토지 등 소유자 과반수의 동의를 받아 조합설립을 위한 추진위원회를 구성하여 국토교통부령으로 정하는 방법과 절차에 따라 시장·군수 등의 승인을 받아야 한다.

추진위원회는 추진위원회를 대표하는 위원장 1명과 감사를 두어야 한다. 추진위원회는 부위원장을 둘 수 있다. 추진위원회 위원의 수는 토지 등 소유자의 10분의 1 이상으로 하되 5명 이하인 경우에는 5명으로 하며 100명을 초과하는 경우에는 토지 등 소유자의 10분의 1범위에서 100명 이상으로 할 수 있다.

제2절 재건축정비사업조합 설립

1. 설립인가

재건축사업의 추진위원회(제31조 제4항에 따라 추진위원회를 구성하지 아니하는 경우에는 토지등소유자를 말한다)가 조합을 설립하려면 토지등소유자의 4분의 3 이상 및 토지면적의 2분의 1 이상의 토지소유자의 동의를 받아 다음 각 호의 사항을 첨부하여 시장·군수 등의 인가를 받아야 한다.

[서식 _ 정비사업조합 설립등기신청서]

정비사업조합 설립등기신청

접 수	년 월 일 제 호	처 리 인	접 수	조 사	기 입	교 합	각종통지

등 기 의 목 적	정비사업조합설립
등 기 의 사 유	정비사업조합법인을 설립하기 위하여 정관을 작성하고 조합원을 모집하여 20○○년 ○월 ○일 창립총회를 마치고 20○○년 ○월 ○일 주무관청의 인가를 받았으므로 다음 사항의 등기를 구함.
설 립 인 가 서 도 착 연 월 일	20○○년 ○월 ○일
주사무소/분사무소 신 청구분	1.주사무소 신청 ☐ 2.분사무소 신청 ☐ 3.주·분사무소 일괄신청 ☐

등 기 할 사 항	
명 칭	○○주택 재건축정비사업조합
주 사 무 소	○○시 ○○구 ○○로 ○○(○○동)
이사·감사의 성명 및 주민등록번호 와 주소	이사 ○ ○ ○ (○○○○○○-○○○○○○○) 이사 ○ ○ ○ (○○○○○○-○○○○○○○) 이사 ○ ○ ○ (○○○○○○-○○○○○○○) 이사 ○ ○ ○ (○○○○○○-○○○○○○○) 감사 ○ ○ ○ (○○○○○○-○○○○○○○)
조합장의 성명과 주소, 주민등록번호	조합장 ○ ○ ○ (○○○○○○-○○○○○○○) 　　　○○시 ○○구 ○○로 ○○(○○동)

등 기 할 사 항	
목 적	조합은 주택법령과 조합규약 및 정관이 정하는 바에 따라 ○○시 ○○구 ○○동 ○○-○ 필지상의 ○○주택의 재건축사업시행구역 안의 주택 등을 건설하여 도시의 건전한 발전과 쾌적한 주거환경을 조성함으로써 조합원의 주거안정을 도모함을 목적으로 한다.
설립인가연월일	20○○년 ○월 ○일
출 자 방 법	사업시행구역 내의 조합원 소유의 토지를 현물로 출자
기 타	해당 없음

신청등기소 및 등록면허세/수수료						
순번	신청등기소	구분	등록면허세	지방교육세	세액합계	등기신청수수료
			금 원	금 원	금 원	금 원
합 계						
등기신청수수료 은행수납번호						
과 세 표 준 액			금		원	

<table>
<tr><td colspan="4" align="center">첨 부 서 면</td></tr>
</table>

1. 정관	통	1. 주민등록표등(초)본	통
1. 창립총회의사록	통	1. 조합장의 인감신고서 및 인감대지	통
1. 대의원회의사록	통	1. 조합장의 인감증명서	통
1. 주관청의 인가서(또는 인증 있는		1. 등록면허세영수필확인서및통지서	통
인가서 등본)	통	1. 위임장(대리인이 신청할 경우)	통
1. 임원 취임승낙서와 인감증명서	통		

년   월   일

신청인   명   칭
        주사무소
대표자   성   명   ⑪ (전화 :   )
        주   소
대리인   성   명   ⑪ (전화 :   )
        주   소

지방법원   등기소   귀중

[신청서 작성요령 및 등기수입증지 첩부란]

1. 해당란이 부족할 때에는 별지를 이용합니다.

1. 해당 등기신청과 관계없는 사항에 대하여는 "해당없음"으로 기재하거나 삭제하고, 필요한 사항은 추가 기재합니다.

1. 등기신청수수료 상당의 대법원등기수입증지를 이 난에 붙입니다.

(용지규격 21㎝×29.7㎝)

■ 도시 및 주거환경정비법 시행규칙[별지 제9호 서식]

관리처분계획 (인가, 변경 · 중지 · 폐지인가)신청서

[□ 재개발사업, □ 재건축사업, □ 주거환경개선사업]

※ 색상이 어두운 란은 신청인이 적지 않습니다. (3쪽 중 제1쪽)

접수번호			접수일	처리기간 30일	

신청인	사업시행자 명칭				
	대표자	성 명		생년월일	
		주 소		전화번호	
	주된 사무소 소재지			전화번호	

계획대상	사업의 명칭				
	위치				
	계획면적		㎡	정비건축물	동
	사업시행계획인가 고시일		시 행 기 간		

토지소유권변환	총면적	시행 전	사유 토지				국공유지			그 밖의 토지		
	㎡ (필지)	시행 후	환지 대상			시행자 보유					시행자 보유 토지 배분 면적	그 밖의 토지
			기존 사유지	점유자 매수	존치 국공 유지	청산	수용	협의 매수	국공 유지 매각	국공 유지 무상 양수		

토지	용도	택지	공공시설	그 밖의 용도

용도 변환		소 계	공동 주택	단독 주택	그 밖의 건축 시설	소 계		소 계	
	시행 전 (㎡)								
	시행 후 (㎡)								

210mm×297mm[백상지(80g/㎡) 또는 중질지(80g/㎡)]

건축 물 및 건축 시설	시행전 건축물	허가 건축물			동	무허가 건축물		동(새로 발생 동)		
	시행후 건축물	용도		대지면적	동수	층수	세대수	건축 연면적	비고	
		주택	소계							
			분양							
			임대							
		상가								
	공급 계획	공급대상		주택규모별(전용면적기준) 공급세대수					상가 면적 (㎡)	그 밖의 건축 시설면적(㎡)
				계	㎡	㎡	㎡	㎡		
		계								
		토지등소유자								
		보류시설								
		일반분양								
		임대								

분양 신청 및 권리 신고	구분	분양신청				수인이 1인의 분양 대상자로 신청	권리신고(권리종류별)	
		소계	토지 및 건 축물 소유자	토지 소유자	건축물 소유자		소계	
	신청인 수					건 (인)		

권리 자별 관리	권리자별	대상	분양				청산	수용	협의 매수	그 밖의 처분
			소계	주택	상가	그 밖의 용도				

처분 (단위: 인)	계						
	토지 및 건축물소유자						
	토지 소유자						
	건축물 소유자						

210mm×297mm[백상지(80g/㎡) 또는 중질지(80g/㎡)]

소유권외의 권리	대 상		건	이전 설정		건	해지 또는 소멸		건

세입자 대 책	대 상		임대 주택 공급		주거이전비지급			비 대 상	

공공시설	신 설					용 도 폐 지				
	종류	명칭	규모	설치 비용	관리청	종류	명칭	규모	국공유지 (㎡)	무상양여 (㎡)

평가액 또는 추산액	시행 전			시행 후		
	계	토 지	건 축 물	계	토 지	건 축 물

자금운용	총 소요사업비		수입 추산액	

「도시 및 주거환경정비법」 제74조 제1항 및 같은 법 시행규칙 제12조에 따라 위와 같이 관리처분계획(인가, 변경 · 중지 · 폐지인가)를 신청합니다.

년 월 일

신청인 대표　　(서명 또는 인)

특별자치시장 · 특별자치도지사
시장 · 군수 · 구청장　귀하

신청인 제출서류	1. 관리처분계획인가의 경우 　가. 관리처분계획서 　나. 총회의결서 사본 2. 관리처분계획 변경·중지·폐지인가의 경우: 변경·중지·폐지의 사유와 그 내용을 설명하는 서류 ※ 유의사항: 이 서식은 사업유형별 여건에 따라 일부 항목을 추가 또는 삭제하여 작성할 수 있습니다.	수수료 없음

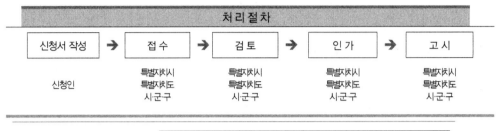

처리절차

신청서 작성	→	접 수	→	검 토	→	인 가	→	고 시
신청인		특별자치시 특별자치도 시·군·구		특별자치시 특별자치도 시·군·구		특별자치시 특별자치도 시·군·구		특별자치시 특별자치도 시·군·구

SMS수신: 동의(　), 비동의(　)
(HP:　　－　　－　　　　)

→ SMS수신에 동의하시면 처리 완료시 SMS(문자)가 전송됩니다.

210mm×297mm[백상지(80g/㎡) 또는 중질지(80g/㎡)]

위 임 장

변호사 ○○○

○○시 ○○구 ○○로 ○○(○○동)

전화 : ○○○-○○○, 팩스 : ○○○-○○○

위 사람을 대리인으로 정하고 다음사항의 권한을 위임한다.

다 음

1. ○○주택 재건축정비사업조합 설립등기신청서의 작성 및 제출하는 행위

1. 등기신청의 취하에 관한 행위

1. ○○○의 원본환부 및 수령하는 행위

1. 기타 이에 부수되는 일체의 행위

2000년 ○월 ○일

위임인 ○○주택 재건축정비사업조합

○○시 ○○구 ○○로 ○○(○○동)

조합장 김 갑 동 (인)

○○주택재건축정비사업조합 표준정관

제1장 총   칙

제1조 (명 칭)

① 본 조합의 명칭은 ○○○ 주택재건축정비사업조합(이하 '조합'이라 한다)이라 한다

② 본 조합이 시행하는 주택재건축사업의 명칭은 ○○○ 주택재건축사업(이하 '사업'이라 한다)이라 한다.

제2조 (목 적)

조합은 도시 및 주거환경정비법(이하 '법'이라 한다)과 이 정관이 정하는 바에 따라 제3조의 사업시행구역(이하 '사업시행구역'이라 한다)안의 건축물을 철거하고 그 토지 위에 새로운 건축물을 건설하여 도시 및 주거환경을 개선하고 조합원의 주거안정 및 주거생활의 질적 향상에 이바지함을 목적으로 한다.

제3조 (사업시행구역)

조합의 사업시행구역은 ○○시 ○○구 ○○로 ○○(○○동)외 ○○필지(상의 ○○○아파트 단지)로서 토지의 총면적은 ○○㎡(○○평)으로 한다. 다만, 사업시행상 불가피하다고 인정되어 관계법령 및 이 정관이 정하는 바에 따라 추가로 편입되는 토지 등이 있을 경우에는 사업시행구역과 토지의 총면적이 변경된 것으로 본다.

 ※ 도시 및 주거환경정비법 제6조 제3항에 근거하여 지형여건, 주변 환경으로 보아 사업시행상 불가피하다고 인정할 경우 인근의 단독·다세대주택 등을 일부 포함할 수 있음을 감안한 것임.

제4조 (사무소)

① 조합의 주된 사무소는 ○○시 ○○구 ○○로 ○○(○○동)에 둔다.

② 조합사무소를 이전하는 경우 대의원회(대의원회가 없는 경우 이사회)의 의결을 거쳐 인근지역으로 이전할 수 있으며, 조합원에게 통지한다.

제5조 (시행방법)

① 조합원은 소유한 토지 및 건축물을 조합에 현물로 출자하고, 조합은 법 제48조 규정에 의하여 인가받은 관리처분계획에 따라 공동주택 및 부대·복리시설을 건설하여 공급한다.

② 조합은 사업시행을 위하여 필요한 경우 정비사업비 일부를 금융기관 등으로부터 대여받아 사업을 시행할 수 있다.

③ 조합은 인·허가 등 행정업무지원, 사업성검토, 설계자·시공자 등의 선정에 관한 업무의 지원, 관리처분계획의 수립 및 분양업무 등을 지원하는 정비사업전문관리업자를 선정 또는 변경할 수 있다.

> ※ 도시 및 주거환경정비법 제14조 및 제69조의 규정에 의하여 정비사업전문관리업자를 선정하고 관련 업무를 지원할 수 있음.

④ 조합은 조합원의 과반수 동의를 얻어 관할시장·군수 또는 자치구의 구청장(이하 "시장·군수"라 한다) 또는 법 제2조 제10호의 규정에 의한 주택공사 등과 공동으로 사업을 시행할 수 있다.

⑤ 조합은 일부 건축물의 존치 또는 리모델링에 관한 내용이 포함된 사업시행계획서를 작성하여 사업시행인가를 신청할 수 있으며, 이 경우 존치 또는 리모델링되는 건축물 소유자의 동의(구분소유자가 있는 경우 구분소유자 3분의 2 이상의 동의와 당해 건축물 연면적의 3분의 2 이상의 구분소유자의 동의로 한다)를 얻어야 한다.

제6조 (사업기간) 사업기간은 조합설립인가일부터 법 제57조에서 규정한 청산업무가 종료되는 날까지로 한다.

제7조 (권리·의무에 관한 사항의 고지·공고방법)

① 조합은 조합원의 권리·의무에 관한 사항을 조합원에게 성실히 고지·공고하여야 한다.

② 제1항의 고지·공고방법은 이 정관에서 따로 정하는 경우를 제외하고는 다음 각 호의 방법에 따른다.

1. 관련 조합원에게 등기우편으로 개별 고지하여야 하며, 등기우편이 주소불명, 수취거절 등의 사유로 반송되는 경우에는 1회에 한하여 일반우편으로 추가 발송한다.

2. 조합원이 쉽게 접할 수 있는 일정한 장소의 게시판(이하 "게시판"이라 한다)에 14일 이상 공고하고 게시판에 게시한 날부터 3월 이상 조합사무소에 관련서류와 도면 등을 비치하여 조합원이 열람할 수 있도록 한다.

3. 인터넷 홈페이지가 있는 경우 홈페이지에도 공개하여야 한다. 다만, 특정인의 권리에 관계되거나 외부에 공개하는 것이 곤란한 경우에는 그 요지만을 공개할 수 있다.

제8조 (정관의 변경)

① 정관을 변경하고자 할 때에는 조합원 5분의 1 이상, 대의원 과반수 또는 조합장의 발의가 있어야 한다.

② 정관을 변경하고자 하는 경우에는 조합원 과반수(법 제20조 제1항 제2호 내지 제4호 · 제8호 · 제12호 또는 제15호의 경우에는 3분의 2 이상을 말한다)의 동의를 얻어 시장 · 군수의 인가를 받아야 한다. 다만, 도시 및 주거환경정비법시행령(이하 "시행령"이라 한다) 제32조에서 정하는 경미한 사항을 변경하고자 하는 때에는 조합원의 동의에 갈음하여 총회의 의결을 얻어야 한다.

　　※ 도시 및 주거환경정비법 제20조 제3항 정관의 변경관련 규정을 정리한 것임.

③ 법 제17조의 규정은 제2항의 규정에 의한 동의에 이를 준용한다.

제2장 조 합 원

제9조 (조합원의 자격 등)

① 조합원은 법 제2조 제9호 나목의 규정에 의한 토지등소유자(이하 "토지등소유자"라 한다)로서 조합설립에 동의한 자로 한다. 다만, 조합설립에 동의하지 아니한 자는 제44조의 규정에 의한 분양신청기한까지 다음 각 호의 사항이 기재된 별지 1의 동의서를 조합에 제출하여 조합원이 될 수 있다.

② 동일인이 2개 이상의 주택 등을 소유하는 경우에는 그 주택 등의 수에 관계없이 1인의 조합원으로 본다.

③ 1세대로 구성된 세대원이 각각 주택 등을 소유하고 있는 경우 및 하나의 (구분)소유권이 수인의 공유에 속하는 때에는 그 수인을 대표하는 1인을 조합원으로 본다. 이 경우 그 수인은 대표자 1인을 대표조합원으로 지정하고 별지 2의 대표조합원선임동의서를 작성하여 조합에 신고하여야 하며, 조합원으로서의 법률행위는 그 대표조합원이 행한다.

④ 양도 · 상속 · 증여 및 판결 등으로 조합원의 권리가 이전된 때에는 조합원의 권리를 취득한 자로 조합원이 변경된 것으로 보며, 권리를 양수받은 자는 조합원의 권리와 의무 및 종전의 권리자가 행하였거나 조합이 종전의 권리자에게 행한 처분, 청산 시 권리 · 의무에 관한 범위 등을 포괄승계한다.

⑤ 당해 정비사업의 건축물 또는 토지를 양수한 자라 하더라도 법 제19조 제2항 본문에 해당하는 경우 조합원이 될 수 없고 조합원이 될 수 없는 자는 법 제19조 제3항이 정하는 바에 따른다.

제10조 (조합원의 권리·의무)

① 조합원은 다음 각 호의 권리와 의무를 갖는다.

  1. 토지 또는 건축물의 분양청구권

  2. 총회의 출석권·발언권 및 의결권

  3. 임원의 선임권 및 피선임권.

  4. 대의원의 선출권 및 피선출권

  5. 정비사업비, 청산금, 부과금과 이에 대한 연체료 및 지연손실금(이주지연, 계약지연, 조합원 분쟁으로 인한 지연 등을 포함함)등의 비용납부의무

  6. 사업시행계획에 의한 철거 및 이주 의무

  7. 그 밖에 관계법령 및 이 정관, 총회 등의 의결사항 준수의무

② 조합원의 권한은 평등하며 권한의 대리행사는 원칙적으로 인정하지 아니하되, 다음 각 호에 해당하는 경우에는 권한을 대리할 수 있다. 이 경우 조합원의 자격은 변동되지 아니한다.

  1. 조합원이 권한을 행사할 수 없어 배우자·직계존비속·형제자매 중에서 성년자를 대리인으로 정하여 위임장을 제출하는 경우

  2. 해외거주자가 대리인을 지정한 경우

  3. 법인인 토지등소유자가 대리인을 지정한 경우(이 경우 법인의 대리인은 조합의 임원 또는 대의원으로 선임될 수 있다)

③ 조합원이 그 권리를 양도하거나 주소 또는 인감을 변경하였을 경우에는 그 양수자 또는 변경 당사자는 그 행위의 종료일부터 14일 이내에 조합에 그 변경내용을 신고하여야 한다. 이 경우 신고하지 아니하여 발생되는 불이익 등에 대하여 해당 조합원은 조합에 이의를 제기할 수 없다.

    ※ 전매 등으로 조합원의 권리가 양도되는 경우가 많으나 제때에 신고가 되지 않아 조합원과 조합 사이에 마찰이 생기고 사업추진에 지장을 초래하는 경우가 많은 점을 감안한 것임.

④ 조합원은 조합이 사업시행에 필요한 서류를 요구하는 경우 이를 제출할 의무가 있으며 조합의 승낙이 없는 한 이를 회수할 수 없다. 이 경우 조합은 요구서류에 대한 용도와 수량을 명확히 하여야 하며, 조합의 승낙이 없는 한 회수할 수 없다는 것을 미리 고지하여야 한다.

제11조 (조합원 자격의 상실)

① 조합원이 건축물의 소유권이나 입주자로 선정된 지위 등을 양도하였을 때에는 조합원의 자격을 즉시 상실한다.

② 관계법령 및 이 정관에서 정하는 바에 따라 조합원의 자격에 해당하지 않게 된 자의 조합원 자격은 자동 상실된다.

③ 조합원으로서 고의 또는 중대한 과실 및 의무불이행 등으로 조합에 대하여 막대한 손해를 입힌 경우에는 총회의 의결에 따라 조합원을 제명할 수 있다. 이 경우 제명 전에 해당 조합원에 대해 청문 등 소명기회를 부여하여야 하며, 청문 등 소명기회를 부여하였음에도 이에 응하지 아니한 경우에는 소명기회를 부여한 것으로 본다.

④ 조합원은 임의로 조합을 탈퇴할 수 없다. 다만, 부득이한 사유가 발생한 경우 총회 또는 대의원회의 의결에 따라 탈퇴할 수 있다.

제3장 시공자, 설계자 및 정비사업전문관리업자의 선정

제12조 (시공자의 선정 및 계약)

① 조합은 사업시행인가를 받은 후 법 제11조 제2항의 의하여 고시된 시공자 선정기준에 따라 시공자를 선정하여야 한다. 선정된 시공자를 변경하는 경우도 또한 같다.

② 조합은 제1항의 규정에 의하여 선정된 시공자와 그 업무범위 및 관련 사업비의 부담 등 사업시행 전반에 대한 내용을 협의한 후 미리 총회의 의결을 거쳐 별도의 계약을 체결하여야 하며, 그 계약내용에 따라 상호간의 권리와 의무가 부여된다. 계약내용을 변경하는 경우도 같다. 다만, 금전적인 부담이 수반되지 아니하는 사항의 변경은 대의원회(대의원회가 없는 경우 이사회)의 의결을 거쳐야 한다.

③ 조합은 제2항의 규정에 의하여 시공자와 체결한 계약서를 조합해산일까지 조합사무소에 비치하여야 하며, 조합원의 열람 또는 복사요구에 응하여야 한다. 이 경우 복사에 드는 비용은 복사를 원하는 조합원이 부담한다.

④ 제2항의 계약내용에는 토지 및 건축물의 사용·처분, 공사비 및 부대비용 등 사업비의 부담, 시공보증, 시공상의 책임, 공사기간, 하자보수 책임 등에 관한 사항을 포함하여야 한다.

제13조 (설계자의 선정 및 계약)

① 설계자는 건축사법 제23조의 규정에 적합하여야 하며, 설계자의 선정은 일반경쟁입찰방법 또는 지명경쟁입찰방법으로 하되, 1회 이상 일간신문에 입찰공고를 하고, 현장설명회를 개최한 후 참여제안서를 제출받아 총회에서 선정한다. 다만, 미응찰 등의 이유로 3회 이상 유찰된 경우에는 총회의 의결을 거쳐 수의계약할 수 있다. 선정된 설계자를 변경하는 경우도 같다.

② 제12조 제2항 및 제3항의 규정은 설계자의 선정 및 계약에 관하여 이를 준용한다. 이 경우

"시공자"는 각각 "설계자"로 본다.

제14조 (정비사업전문관리업자의 선정 및 계약)

① 조합이 정비사업전문관리업자를 선정 또는 계약하고자 하는 경우에는 제13조의 규정을 준용한다. 이 경우 "설계자"는 각각 "정비사업전문관리업자"로 본다.

② 조합은 정비사업전문관리업자가 법 제73조 제1항 규정에 의해 등록취소처분 등을 받은 경우, 처분 등을 통지받거나 처분사실을 안날로부터 3월 이내 당해 업무계약의 해지여부를 결정하여야 한다.

③ 조합은 정비사업전문관리업자가 법 제73조 제5항에 해당하게 되는 경우 즉시 업무를 중지시키고 관련서류를 인계받아야 한다.

제4장 임 원 등

제15조 (임 원)

① 조합에는 다음 각 호의 임원을 둔다.

   1. 조합장 1인

   2. 이사 O인

   3. 감사 O인

     ※ 조합장 1인과 3인 이상 5인 이하(토지등소유자가 100인을 초과하는 때에는 5인 이상 10인 이하)의 이사와 1인 이상 3인 이하의 감사를 둔다.

② 조합임원은 총회에서 조합원 과반수 출석과 출석 조합원 과반수의 동의를 얻어 다음 각 호의 1에 해당하는 조합원 중에서 선임한다. 다만, 임기 중 궐위된 경우에는 다음 각 호의 1에 해당하는 조합원 중에서 대의원회가 이를 보궐선임한다.

    1. 피선출일 현재 사업시행구역 안에서 3년 이내 1년 이상 거주하고 있는 자(다만, 거주의 목적이 아닌 상가 등의 건축물에서 영업 등을 하고 있는 경우 영업 등은 거주로 본다)

    2. 피선출일 현재 사업시행구역 안에서 5인 이상 건축물 및 그 부속토지를 소유한 자

     ※ 도시 및 주거환경정비법 제21조제3항에서 규정한 조합임원선임관련 내용을 정리한 것임.

③ 임원의 임기는 선임된 날부터 2년까지로 하되, 총회의 의결을 거쳐 연임할 수 있다.

④ 제2항 단서의 규정에 따라 보궐선임된 임원의 임기는 전임자의 잔임기간으로 한다.

⑤ 임기가 만료된 임원은 그 후임자가 선임될 때까지 그 직무를 수행한다.

제16조 (임원의 직무 등)

① 조합장은 조합을 대표하고 조합의 사무를 총괄하며 총회와 대의원회 및 이사회의 의장이 된다.

② 이사는 조합장을 보좌하고, 이사회에 부의된 사항을 심의·의결하며 이 정관이 정하는 바에 의하여 조합의 사무를 분장한다.

③ 감사는 조합의 사무 및 재산상태와 회계에 관하여 감사하며 정기총회에 감사결과보고서를 제출하여야 하며, 조합원 5분의 1 이상의 요청이 있을 때에는 공인회계사에게 회계감사를 의뢰하여 공인회계사가 작성한 감사보고서를 총회 또는 대의원회에 제출하여야 한다.

④ 감사는 조합의 재산관리 또는 조합의 업무집행이 공정하지 못하거나 부정이 있음을 발견하였을 때에는 대의원회 또는 총회에 보고하여야 하며, 조합장은 보고를 위한 대의원회 또는 총회를 소집하여야 한다. 이 경우 감사의 요구에도 조합장이 소집하지 아니하는 경우에는 감사가 직접 대의원회를 소집할 수 있으며 대의원회 의결에 의하여 총회를 소집할 수 있다. 회의소집 절차와 의결방법 등은 제22조, 제24조 제7항 및 제26조의 규정을 준용한다.

⑤ 감사는 제4항 직무위배행위로 인해 감사가 필요한 경우 조합임원 또는 외부전문가로 구성된 감사위원회를 구성할 수 있다. 이 경우 감사는 감사위원회의 의장이 된다.

⑥ 다음 각 호의 경우에는 당해 안건에 관해 (상근)이사 중에서 연장자 순으로 조합을 대표한다.

　　1. 조합장이 유고 등으로 인하여 그 직무를 수행할 수 없을 경우

　　2. 조합장이 자기를 위한 조합과의 계약이나 소송 등에 관련되었을 경우

　　3. 조합장의 해임에 관한 사항

⑦ 조합은 그 사무를 집행하기 위하여 필요하다고 인정하는 때에는 조합의 인사규정이 정하는 바에 따라 상근하는 임원 또는 유급직원을 둘 수 있다. 이 경우 조합의 인사규정은 미리 총회의 의결을 받아야 한다.

⑧ 조합 임원은 같은 목적의 사업을 시행하는 다른 조합·추진위원회 또는 당해 사업과 관련된 시공자·설계자·정비사업전문관리업자 등 관련단체의 임원·위원 또는 직원을 겸할 수 없다.

제17조 (임원의 결격사유 및 자격상실 등)

① 다음 각 호의 자는 조합의 임원 및 대의원이 될 수 없다.

　　1. 미성년자·금치산자·한정치산자

　　2. 파산자로서 복권되지 아니한 자

3. 금고이상의 실형의 선고를 받고 그 집행이 종료(종료된 것으로 보는 경우를 포함한다)되
   거나 집행이 면제된 날부터 2년이 경과되지 아니한 자
4. 금고이상의 형의 집행유예를 받고 그 유예기간 중에 있는 자
5. 법 또는 관련법률에 의한 징계에 의하여 면직의 처분을 받은 때로부터 2년이 경과되지
   아니한 자

② 임원이 제1항 각 호의 1에 해당하게 되거나 선임당시 그에 해당하는 자이었음이 판명되거나, 선임당시에 제15조 제2항 각호에 해당하지 않은 것으로 판명된 경우 당연 퇴임한다.

③ 제2항의 규정에 의하여 퇴임된 임원이 퇴임 전에 관여한 행위는 그 효력을 잃지 아니한다.

④ 임원으로 선임된 후 직무위배행위로 인한 형사사건으로 기소된 경우에는 그 내용에 따라 확정판결이 있을 때까지 제18조 제4항의 절차에 따라 그 자격을 정지할 수 있다. 또한, 임원이 그 사건으로 받은 확정판결내용이 법 제85조 및 제86조 벌칙규정에 의한 벌금형에 해당하는 경우에는 총회에서 자격상실여부를 의결한다.

제18조 (임원의 해임 등)

① 임원이 직무유기 및 태만 또는 관계법령 및 이 정관에 위반하여 조합에 부당한 손해를 초래한 경우에는 해임할 수 있다. 이 경우 사전에 해당 임원에 대해 청문 등 소명기회를 부여하여야 하며, 청문 등 소명기회를 부여하였음에도 이에 응하지 아니한 경우에는 소명기회를 부여한 것으로 본다. 다만, 제17조 제2항의 규정에 의하여 당연 퇴임한 임원에 대해서는 해임절차 없이 그 사유가 발생한 날로부터 그 자격을 상실한다.

② 임원이 자의로 사임하거나 제1항의 규정에 의하여 해임되는 경우에는 지체없이 새로운 임원을 선출하여야 한다. 이 경우 새로 선임된 임원의 자격은 시장·군수의 조합설립변경인가 및 법인의 임원변경등기를 하여야 대외적으로 효력이 발생한다.

③ 임원의 해임은 조합원 10분의 1 이상 또는 대의원 3분의 2 이상의 발의로 조합장(조합장이 해임 대상인 경우는 발의자 공동명의로 한다)이 소집한 총회에서 조합원 과반수의 출석과 출석 조합원 과반수의 동의를 얻어 해임할 수 있다. 조합장이 해임 대상인 경우 발의자 대표의 임시 사회로 선출된 자가 그 의장이 된다.

④ 제2항의 규정에 의하여 사임하거나 또는 해임되는 임원의 새로운 임원이 선임, 취임할 때까지 직무를 수행하는 것이 적합하지 아니하다고 인정될 때에는 이사회 또는 대의원회 의결에 따라 그의 직무수행을 정지하고 조합장이 임원의 직무를 수행할 자를 임시로 선임할 수 있다. 다만, 조합장이 사임하거나 퇴임·해임되는 경우에는 제16조 제6항을 준용한다.

제19조 (임직원의 보수 등)

① 조합은 상근임원 외의 임원에 대하여는 보수를 지급하지 아니한다. 다만, 임원의 직무수행으로 발생되는 경비는 지급할 수 있다.

② 조합은 상근하는 임원 및 유급직원에 대하여 조합이 정하는 별도의 보수규정에 따라 보수를 지급하여야 한다. 이 경우 보수규정은 미리 총회의 의결을 거쳐야 한다.

③ 유급직원은 조합의 인사규정이 정하는 바에 따라 조합장이 임명한다. 이 경우 임명결과에 대하여 사후에 대의원회의 인준을 받아야 하며 인준을 받지 못하면 즉시 해임하여야 한다.

제5장 기 관

제20조 (총회의 설치)

① 조합에는 조합원 전원으로 구성하는 총회를 둔다.

② 총회는 정기총회·임시총회로 구분하며 조합장이 소집한다.

③ 정기총회는 매년 1회, 회계연도 종료일부터 2월 이내에 개최한다. 다만, 부득이한 사정이 있는 경우에는 3월 범위 내에서 사유와 기간을 명시하여 일시를 변경할 수 있다.

④ 임시총회는 조합장이 필요하다고 인정하는 경우에 개최한다. 다만, 다음 각 호의 1에 해당하는 때에는 조합장은 해당일로부터 2월 이내에 총회를 개최하여야 한다.

    1. 조합원 5분의 1 이상이 총회의 목적사항을 제시하여 청구하는 때

    2. 대의원 3분의 2 이상으로부터 개최요구가 있는 때

⑤ 제4항의 각 호의 규정에 의한 청구 또는 요구가 있는 경우로서 조합장이 2월 이내에 정당한 이유없이 총회를 소집하지 아니하는 때에는 감사가 지체없이 총회를 소집하여야 하며, 감사가 소집하지 아니하는 때에는 제4항 각호의 규정에 의하여 소집을 청구한 자의 공동명의로 이를 소집한다.

⑥ 제2항 내지 제5항의 규정에 의하여 총회를 개최하거나 일시를 변경하는 경우에는 총회의 목적·안건·일시·장소·변경사유 등에 관하여 미리 이사회의 의결을 거쳐야 한다. 다만, 제5항의 규정에 의한 조합장이 아닌 공동명의로 총회를 소집하는 경우에는 그러하지 아니하다.

⑦ 제2항 내지 제5항의 규정에 의하여 총회를 소집하는 경우에는 회의개최 14일 전부터 회의목적·안건·일시 및 장소 등을 게시판에 게시하여야 하며 각 조합원에게는 회의개최 7일 전까지 등기우편으로 이를 발송, 통지하여야 한다.

⑧ 총회는 제7항에 의하여 통지한 안건에 대해서만 의결할 수 있다.

제21조 (총회의 의결사항) 다음 각 호의 사항은 총회의 의결을 거쳐 결정한다.

1. 정관의 변경

2. 자금의 차입과 그 방법·이율 및 상환방법

3. 법 제61조의 규정에 의한 부과금의 금액 및 징수방법

4. 정비사업비의 사용계획 등 예산안

5. 예산으로 정한 사항 외에 조합원의 부담이 될 계약

6. 철거업자·시공자·설계자의 선정 및 변경

7. 정비사업전문관리업자의 선정 및 변경

8. 조합임원 및 대의원의 선임 및 해임(임기중 궐위된 자를 보궐선임하는 경우 제외한다)

9. 정비사업비의 조합원별 분담내역

10. 법 제48조의 규정에 의한 관리처분계획의 수립 및 변경(동법 제48조 제1항 단서의 규정에 의한 경미한 변경을 제외한다)

11. 법 제57조의 규정에 의한 청산금의 징수·지급(분할징수·분할지급을 포함한다)과 조합 해산시의 회계보고

12. 조합의 합병 또는 해산(사업완료로 인한 해산은 제외한다)

13. 법 제30조에 의한 사업시행계획서의 작성 및 변경(법 제28조 제1항 단서에 의한 경미한 변경의 경우는 제외한다)

14. 그 밖에 이 정관에서 총회의 의결 또는 인준을 거치도록 한 사항

제22조 (총회의 의결방법)

① 총회는 법, 이 정관에서 특별히 정한 경우를 제외하고는 조합원 과반수 출석으로 개의하고 출석조합원의 과반수 찬성으로 의결한다.

② 제1항의 규정에 불구하고 다음 각 호에 관한 사항은 조합원 과반수 출석과 출석조합원 3분의 2 이상의 찬성으로 의결한다.

1. 정관 제○조, 제○조 제○항의 개정 및 폐지에 관한 사항

2. ○○○○○○○○○○○○

3. ○○○○○○○○○○○○

③ 조합원은 서면 또는 제10조 제2항 각호에 해당하는 대리인을 통하여 의결권을 행사할 수 있다. 서면행사하는 경우에는 제1항 및 제2항의 규정에 의한 출석으로 본다.

④ 조합원은 제3항의 규정에 의하여 출석을 서면으로 하는 때에는 안건내용에 대한 의사를 표시하여 총회 전일까지 조합에 도착되도록 하여야 한다.

⑤ 조합원은 제3항의 규정에 의하여 출석을 대리인으로 하고자 하는 경우에는 위임장 및 대리인 관계를 증명하는 서류를 조합에 제출하여야 한다.

⑥ 총회 소집결과 정족수에 미달되는 때에는 재소집하여야 하며, 재소집의 경우에도 정족수에 미달되는 때에는 대의원회로 총회를 갈음할 수 있다(단, 제21조 제1호·제2호·제5호 내지 제8호·제10호 및 제12호에 관한 사항은 그러하지 아니하다).

⑦ 제3항의 규정에도 불구하고 시공자 선정을 위한 총회는 조합원 과반수가 직접 참석한 경우(대리인이 참석한 때에는 직접 참석으로 본다)에 한하여 의사를 진행할 수 있다.

제23조 (총회운영 등)

① 총회는 이 정관 및 의사진행의 일반적인 규칙에 따라 운영한다.

② 의장은 총회의 안건의 내용 등을 고려하여 다음 각 호에 해당하는 자 등 조합원이 아닌 자를 총회에 참석하여 발언하도록 할 수 있다.

    1. 조합직원

    2. 정비사업전문관리업자·시공자 또는 설계자

    3. 그 밖에 의장이 총회운영을 위하여 필요하다고 인정하는 자

③ 의장은 총회의 질서를 유지하고 의사를 정리하며, 고의로 의사진행을 방해하는 발언·행동 등으로 총회질서를 문란하게 하는 자에 대하여 그 발언의 정지·제한 또는 퇴장을 명할 수 있다.

④ 제1항과 제3항의 의사규칙은 대의원회에서 정하여 운영할 수 있다.

제24조 (대의원회의 설치)

① 조합에는 대의원회를 둔다.

② 대의원의 수는 ○○인 이상 ○○인 이하로 하되, 동별(街區별)로 최소 ○○인의 대의원을 선출하여야 한다.

③ 대의원은 조합원 중에서 선출하며, 조합장이 아닌 조합임원은 대의원이 될 수 없다.

④ 대의원의 선출 또는 궐위된 대의원의 보선은 다음 각 호의 1에 해당하는 조합원 중에서 선임한다. 다만, 궐위된 대위원의 보선은 대의원 5인 이상의 추천을 받아 대의원회가 이를 보궐선임한다.

    1. 피선출일 현재 사업시행구역 안에서 3년 이내 1년 이상 거주하고 있는 자(다만, 거주의 목적이 아닌 상가 등의 건축물에서 영업 등을 하고 있는 경우 영업 등은 거주로 본다)

⑤ 대의원회는 조합장이 필요하다고 인정하는 때에 소집한다. 다만, 다음 각 호의 1에 해당하는

때에는 조합장은 해당일부터 14일 이내에 대의원회를 소집하여야 한다.

    1. 조합원 10분의 1 이상이 총회의 목적사항을 제시하여 소집을 청구하는 때

    2. 대의원의 3분의 1 이상이 회의의 목적사항을 제시하여 청구하는 때

⑥ 제5항 각 호의 1에 의한 소집청구가 있는 경우로서 조합장이 14일 이내에 정당한 이유 없이 대의원회를 소집하지 아니한 때에는 감사가 지체 없이 이를 소집하여야 하며, 감사가 소집하지 아니하는 때에는 제5항 각호의 규정에 의하여 소집을 청구한 자의 공동명의로 이를 소집한다.

⑦ 대의원회 소집은 회의개최 7일 전에 회의목적·안건·일시 및 장소를 기재한 통지서를 대의원에게 송부하고, 게시판에 게시하여야 한다. 다만, 사업추진상 시급히 대의원회 의결을 요하는 사안이 발생하는 경우에는 회의 개최 3일 전에 통지하고 대의원회에서 안건상정여부를 묻고 의결할 수 있다.

⑧ 대의원 해임에 관한 사항은 제18조 제1항을 준용한다.

제25조 (대의원회 의결사항)

① 대의원회는 다음 각 호의 사항을 의결한다.

    1. 궐위된 임원 및 대의원의 보궐선임

    2. 예산 및 결산의 승인에 관한 방법

    3. 총회 부의안건의 사전심의 및 총회로부터 위임받은 사항

    4. 총회의결로 정한 예산의 범위 내에서의 용역계약 등

② 대의원회는 제24조 제7항의 규정에 의하여 통지한 사항에 관하여만 의결할 수 있다. 다만, 통지 후 시급히 의결할 사항이 발생한 경우, 의장의 발의와 출석대의원 과반수 동의를 얻어 안건으로 채택한 경우에는 그 사항을 의결할 수 있다.

③ 대의원 자신과 관련된 사항에 대하여는 그 대의원은 의결권을 행사할 수 없다.

④ 이사 · 감사는 대의원회에 참석하여 의견을 진술할 수 있다.

제26조 (대의원회 의결방법)

① 대의원회는 법 및 이 정관에서 특별히 정한 경우를 제외하고는 대의원 과반수 출석으로 개의하고 출석대의원 과반수의 찬성으로 의결한다. 다만, 제22조 제6항의 규정에 의하여 대의원회가 총회의 권한을 대행하여 의결하는 경우에는 재적대의원 3분의 2 이상의 출석과 출석대의원 3분의 2 이상의 동의를 얻어야 한다.

② 대의원은 대리인을 통한 출석을 할 수 없다. 다만, 서면으로 대의원회에 출석하거나 의결권을 행사할 수 있다. 이 경우 제1항의 규정에 의한 출석으로 본다.

③ 제23조의 규정은 대의원회에 이를 준용한다.

제27조 (이사회의 설치)
① 조합에는 조합의 사무를 집행하기 위하여 조합장과 이사로 구성하는 이사회를 둔다.
② 이사회는 조합장이 소집하며, 조합장은 이사회의 의장이 된다.

제28조 (이사회의 사무) 이사회는 다음 각 호의 사무를 집행한다.
　　1. 조합의 예산 및 통상업무의 집행에 관한 사항
　　2. 총회 및 대의원회의 상정안건의 심의·결정에 관한 사항
　　3. 업무규정 등 조합 내부규정의 제정 및 개정안 작성에 관한 사항
　　4. 그 밖에 조합의 운영 및 사업시행에 관하여 필요한 사항

제29조 (이사회의 의결방법)
① 이사회는 대리인 참석이 불가하며, 구성원 과반수 출석으로 개의하고 출석 구성원 과반수 찬성으로 의결한다.
② 구성원 자신과 관련된 사항에 대하여는 그 구성원은 의결권을 행사할 수 없다.
③ 제26조 제2항의 규정은 이사회의 의결에 준용한다.

제30조 (감사의 이사회 출석권한 및 감사요청)
① 감사는 이사회에 출석하여 의견을 진술할 수 있다. 다만, 의결권은 가지지 아니한다.
② 이사회는 조합운영상 필요하다고 인정될 때에는 감사에게 조합의 업무에 대하여 감사를 실시하도록 요청할 수 있다.

제31조 (의사록의 작성 및 관리)　조합은 총회·대의원회 및 이사회의사록을 작성하여 청산시까지 보관하여야 하며, 그 작성기준 및 관리 등은 다음 각 호와 같다. 다만, 속기사의 속기록일 경우에는 제1호의 규정을 적용하지 아니한다.
　　1. 의사록에는 의사의 경과, 요령 및 결과를 기재하고 의장 및 출석한 이사가 기명날인하여야 한다.
　　2. 의사록은 조합사무소에 비치하여 조합원이 항시 열람할 수 있도록 하여야 한다.
　　3. 임원의 선임 또는 대의원의 선출과 관련된 총회의사록을 관할 시장·군수에게 송부하고자 할 때에는 임원 또는 대의원 명부와 그 피선자격을 증명하는 서류를 첨부하여야 한

다.

제6장 재   정

제32조 (조합의 회계)

① 조합의 회계는 매년 1월1일(설립인가를 받은 당해년도는 인가일)부터 12월말일까지로 한다.

② 조합의 예산·회계는 기업회계의 원칙에 따르되 조합은 필요하다고 인정하는 때에는 다음 사항에 관하여 별도의 회계규정을 정하여 운영할 수 있다. 이 경우 회계규정을 정할 때는 미리 총회의 인준을 받아야 한다.

    1. 예산의 편성과 집행기준에 관한 사항

    2. 세입·세출예산서 및 결산보고서의 작성에 관한 사항

    3. 수입의 관리·징수방법 및 수납기관 등에 관한 사항

    4. 지출의 관리 및 지급 등에 관한 사항

    5. 계약 및 채무관리에 관한 사항

    6. 그 밖에 회계문서와 장부에 관한 사항

③ 조합은 매 회계년도 종료일부터 30일 내에 결산보고서를 작성한 후 감사의 의견서를 첨부하여 대의원회에 제출하여 의결을 거쳐야 하며, 대의원회 의결을 거친 결산보고서를 총회 또는 조합원에게 서면으로 보고하고 조합사무소에 이를 3월 이상 비치하여 조합원들이 열람할 수 있도록 하여야 한다.

④ 조합은 다음 각 호의 1에 해당하는 시기에 주식회사의외부감사에관한법률 제3조 규정에 의한 감사인의 회계감사를 받아야 한다.

    1. 추진위원회에서 조합으로 인계되기 전까지 납부 또는 지출된 금액이 3억 5천만원 이상인 경우

    2. 사업시행인가고시일 전까지 납부 또는 지출된 금액이 7억원 이상인 경우에 고시일부터 20일 이내

    3. 준공인가신청일까지 납부 또는 지출된 금액이 14억원 이상인 경우에 준공검사의 신청일부터 7일 이내

⑤ 제4항의 규정에도 불구하고 비용의 납부 및 지출내역에 대하여 조합원 5분의 4 이상 동의할 경우 회계감사를 받지 아니할 수 있다.

⑥ 조합은 제4항의 규정에 의하여 실시한 회계감사 결과를 회계감사종료일로부터 15일 이내에 시장·군수에게 보고하고, 조합사무소에 이를 비치하여 조합원들이 열람할 수 있도록 하여야

한다.

제33조 (재 원) 조합의 운영 및 사업시행을 위한 자금은 다음 각 호에 의하여 조달한다.

    1. 조합원이 현물로 출자한 토지 및 건축물

    2. 조합원이 납부하는 정비사업비 등 부과금

    3. 건축물 및 부대·복리시설의 분양 수입금

    4. 조합이 금융기관 및 시공자 등으로부터 조달하는 차입금

    5. 대여금의 이자 및 연체료 등 수입금

    6. 청산금

    7. 그 밖에 조합재산의 사용수익 또는 처분에 의한 수익금

제34조 (정비사업비의 부과 및 징수)

① 조합은 사업시행에 필요한 비용을 충당하기 위하여 조합원에게 공사비 등 주택사업에 소요되는 비용(이하 "정비사업비"라 한다)을 부과·징수할 수 있다.

② 제1항의 규정에 의한 정비사업비는 총회의결을 거쳐 부과할 수 있으며, 추후 사업시행구역 안의 토지 및 건축물 등의 위치·면적·이용상황·환경 등 제반여건을 종합적으로 고려하여 관리처분계획에 따라 공평하게 금액을 조정하여야 한다.

③ 조합은 납부기한 내에 정비사업비를 납부하지 아니한 조합원에 대하여는 금융기관에서 적용하는 연체금리의 범위 내에서 연체료를 부과할 수 있으며 법 제61조 제4항의 규정에 따라 시장·군수에게 정비사업비의 징수를 위탁할 수 있다.

제7장 사 업 시 행

제35조 (임대주택 건설의무) 법 제30조의2 주택재건축사업의 임대주택 건설의무 규정으로 인하여 재건축 임대주택을 공급하여야 할 경우에는 관계 법령에 적합한 범위 내에서 임대주택공급에 대한 사업계획을 작성하여 총회의 의결을 받아야 한다.

제36조 (사업시행계획의 동의) 조합은 사업시행인가를 신청하기 전에 조합원 과반수의 동의를 얻어야 한다. 다만 법 제28조 제1항 단서에 의한 경미한 사항의 변경의 경우 5분의 1 이상의 동의를 얻어야 한다.

제37조 (이주대책)

① 사업시행으로 주택이 철거되는 조합원은 사업을 시행하는 동안 자신의 부담으로 이주하여야 한다.

② 조합은 이주비의 지원을 희망하는 조합원에게 조합이 직접 금융기관과 약정을 체결하거나, 시공자와 약정을 체결하여 지원하도록 알선할 수 있다. 이 경우 이주비를 지원받은 조합원은 사업시행구역안의 소유 토지 및 건축물을 담보로 제공하여야 한다.

③ 제2항의 규정에 의하여 이주비를 지원받은 조합원 또는 그 권리를 승계한 조합원은 지원받은 이주비를 주택 등에 입주시까지 시공자(또는 금융기관)에게 환불하여야 한다.

④ 조합원은 조합이 정하여 통지하는 이주기한 내에 당해 건축물에서 퇴거하여야 하며, 세입자 또는 임시거주자 등이 있을 때에는 당해 조합원의 책임으로 함께 퇴거하도록 조치하여야 한다.

⑤ 조합원은 본인 또는 세입자 등이 당해 건축물에서 퇴거하지 아니하여 기존 주택 등의 철거 등 사업시행에 지장을 초래하는 때에는 그에 따라 발생되는 모든 손해에 대하여 변상할 책임을 진다.

⑥ 제5항의 규정에 의하여 조합원이 변상할 손해금액과 징수방법 등은 대의원회에서 정하여 총회의 승인을 얻어 당해 조합원에게 부과하며, 이를 기한 내에 납부하지 아니한 때에는 당해 조합원의 권리물건을 환가처분하여 그 금액으로 충당할 수 있다.

제38조 (지장물 철거 등)

① 조합은 관리처분계획인가 후, 사업시행구역안의 건축물을 철거할 수 있다.

② 조합은 제1항의 규정에 의하여 건축물을 철거하고자 하는 때에는 30일 이상의 기간을 정하여 구체적인 철거계획에 관한 내용을 미리 조합원 등에게 통지하여야 한다.

③ 사업시행구역안의 통신시설·전기시설·급수시설·도시가스시설 등 공급시설에 대하여는 당해 시설물 관리권자와 협의하여 철거기간이나 방법 등을 따로 정할 수 있다.

④ 조합원의 이주 후 건축법 제27조의 규정에 의한 철거 및 멸실신고는 조합이 일괄 위임받아 처리하도록 한다.

제39조 (보상의 예외 등) 사업시행구역안의 철거되는 일체의 지장물 중 등기 또는 행정기관의 공부에 등재되지 아니한 지장물은 보상대상이 될 수 없다.

제40조 (지상권 등 계약의 해지)

① 조합은 사업의 시행으로 인하여 지상권·전세권 또는 임차권의 설정목적을 달성할 수 없는

권리자가 계약상 금전의 반환청구권을 조합에 행사할 경우 조합은 당해 금전을 지급할 수 있다.

② 조합은 제1항에 의하여 금전을 지급하였을 경우 당해 조합원에게 이를 구상할 수 있으며 구상이 되지 아니한 때에는 당해 조합원에게 귀속될 건축물을 압류할 수 있으며 이 경우 압류한 권리는 저당권과 동일한 효력을 가진다.

③ 조합설립인가일 이후에 체결되는 지상권·전세권설정계약 또는 임대차계약의 계약기간에 대하여는 민법 제280조·제281조 및 제312조 제2항, 주택임대차보호법 제4조 제1항, 상가건물임대차보호법 제9조 제1항의 규정은 이를 적용하지 아니한다.

제41조 (매도청구 등)

① 조합은 주택재건축사업을 시행함에 있어 법 제16조 제2항 및 제3항의 규정에 의한 조합 설립의 동의를 하지 아니한 자(건축물 또는 토지만 소유한 자를 포함한다)의 토지 및 건축물에 대하여는 집합건물의 소유및관리에관한법률 제48조의 규정을 준용하여 매도청구를 할 수 있다. 이 경우 재건축결의는 조합설립의 동의로 보며, (구분)소유권 및 토지사용권은 사업시행구역안의 매도청구의 대상이 되는 토지 또는 건축물의 소유권과 그 밖의 권리로 본다.

② 제1항에 의한 매도청구시 매도청구의 소에 관한 조합측 당사자는 조합장에게 있다.

제42조 (소유자의 확인이 곤란한 건축물 등에 대한 처분)

① 조합은 사업을 시행함에 있어 조합설립인가일 현재 토지 또는 건축물의 소유자의 소재확인이 현저히 곤란한 경우 전국적으로 배포되는 2 이상의 일간신문에 2회 이상 공고하고, 그 공고한 날부터 30일 이상이 지난 때에는 그 소유자의 소재확인이 현저히 곤란한 토지 또는 건축물의 감정평가액에 해당하는 금액을 법원에 공탁하고 사업을 시행할 수 있다. 이 경우 그 감정평가액은 시장·군수가 추천하는 지가공시및토지등의평가에관한법률에 의한 감정평가업자(이하 "감정평가업자"라 한다) 2인 이상이 평가한 금액을 산술평균하여 산정한다.

② 사업을 시행함에 있어 조합설립인가일 현재 조합원 전체의 공동소유인 토지 또는 건축물에 대하여는 조합소유의 토지 또는 주택 등으로 보며 이를 관리처분계획에 명시한다.

제8장 관리처분계획

제43조 (분양통지 및 공고 등) 조합은 제12조의 규정에 의하여 시공사를 선정하여 계약을 체결한 날부터 21일 이내에 다음 각 호의 사항을 토지등소유자에게 통지하고, 해당지역에서 발간되는 (2 또는 1)이상의 일간신문에 공고하여야 한다. 이 경우 제9호의 사항은 통지하지 아니하고,

제3호 및 제6호의 사항은 공고하지 아니한다.

　　1. 사업시행인가의 내용

　　2. 사업의 종류 · 명칭 및 정비구역의 위치 · 면적

　　3. 분양신청서

　　4. 분양신청기간 및 장소

　　5. 분양대상 토지 또는 건축물의 내역

　　6. 개략적인 부담금 내역

　　7. 분양신청자격

　　8. 분양신청방법

　　9. 토지등소유자 외의 권리자의 권리신고방법

　　10. 분양을 신청하지 아니한 자에 대한 조치

　　11. 그 밖에 시 · 도 조례가 정하는 사항

제44조 (분양신청 등)

① 제43조 제4호의 분양신청기간은 그 통지한 날부터 30일 이상 60일 이내로 한다. 다만, 조합은 관리처분계획의 수립에 지장이 없다고 판단되는 경우에는 분양신청기간을 20일 범위 이내에서 연장할 수 있다.

② 토지 또는 건축물을 분양받고자 하는 조합원은 분양신청서에 소유권의 내역을 명시하고, 그 소유의 토지 및 건축물에 관한 등기부등본 등 그 권리를 입증할 수 있는 증명서류를 조합에 제출하여야 한다.

③ 제1항 및 제2항의 규정에 의한 분양신청서를 우편으로 제출하고자 할 경우에는 그 신청서가 분양신청기간 내에 발송된 것임을 증명할 수 있도록 등기우편 등으로 제출하여야 한다.

④ 조합은 조합원이 다음 각 호의 1에 해당하는 경우에는 그 해당하게 된 날부터 150일 이내에 건축물 또는 그 밖의 권리에 대하여 현금으로 청산한다. 그 금액은 시장·군수가 추천하는 감정평가업자 2 이상이 평가한 금액을 산술평균하여 산정한다.

　　1. 분양신청을 하지 아니한 자

　　2. 분양신청을 철회한 자

　　3. 인가된 관리처분계획에 의하여 분양대상에서 제외된 자

⑤ 조합원은 관리처분계획인가 후 ○일 이내에 분양계약체결을 하여야 하며 분양계약체결을 하지 않는 경우 제4항의 규정을 준용한다.

제45조 (보류지) 분양대상의 누락, 착오 등의 사유로 인한 관리처분계획의 변경과 소송 등의 사유로 향후 추가분양이 예상되는 경우 분양하는 공동주택 총 건립세대수의 ○○% 이내와 부대복리시설의 일부를 보류지로 정할 수 있다.

제46조 (관리처분계획의 기준) 조합원의 소유재산에 관한 관리처분계획은 분양신청 및 공사비가 확정된 후 건축물철거 전에 수립하며 다음 각 호의 기준에 따라 수립하여야 한다.

1. 조합원이 출자한 종전의 토지 및 건축물의 가격/면적을 기준으로 새로이 건설되는 주택 등을 분양함을 원칙으로 한다.
2. 사업시행 후 분양받을 건축물의 면적은 분양면적(전용면적+공유면적)을 기준으로 하며, 1필지의 대지위에 2인 이상에게 분양될 건축물이 설치된 경우에는 건축물의 분양면적의 비율에 의하여 그 대지소유권이 주어지도록 하여야 한다. 이 경우 토지의 소유관계는 공유로 한다(시행령 52조).
3. 조합원에게 분양하는 주택의 규모는 건축계획을 작성하여 사업시행인가를 받은 후 평형별로 확정한다.
4. 조합원에 대한 신축건축물의 평형별 배정에 있어 조합원 소유 종전건축물의 가격·면적·유형·규모 등에 따라 우선순위를 정할 수 있다.
5. 조합원이 출자한 종전의 토지 및 건축물의 면적을 기준으로 산정한 주택의 분양대상면적과 사업시행 후 조합원이 분양받을 주택의 규모에 차이가 있을 때에는 당해 사업계획서에 의하여 산정하는 평형별 가격을 기준으로 환산한 금액의 부과 및 지급은 제54조 및 제55조의 규정을 준용한다.
6. 사업시행구역 안에 건립하는 상가 등 부대·복리시설은 조합이 시공자와 협의하여 별도로 정하는 약정에 따라 공동주택과 구분하여 관리처분계획을 수립할 수 있다.
7. 조합원에게 공급하고 남은 잔여주택이 20세대 이상인 경우에는 일반에게 분양하며, 그 잔여주택의 공급시기와 절차 및 방법 등에 대하여는 주택공급에관한규칙이 정하는 바에 따라야 한다. 잔여주택이 20세대 미만인 경우에는 그러하지 아니하다.
8. 1세대가 1 이상의 주택을 소유한 경우 1주택을 공급하고 2인 이상이 1주택을 공유한 경우에는 1주택만 공급한다. 다만 다음 각목의 어느 하나에 해당하는 토지 등 소유자에 대하여는 소유한 주택 수만큼 공급할 수 있다.
   가. 투기과열지구 안에 위치하지 아니하는 주택재건축 사업의 토지등소유자
   나. 근로자(공무원인 근로자를 포함한다) 숙소기숙사 용도로 주택을 소유하고 있는 토지 등 소유자

다. 국가, 지방자치단체 및 주택공사 등

9. 부대·복리시설(부속 토지를 포함한다. 이하 이 호에서 같다)의 소유자에게는 부대·복리시설을 공급한다. 다만, 다음 각목의 1에 해당하는 경우에는 부대·복리시설의 소유자에게 1주택을 공급할 수 있다.

　　가. 새로운 부대·복리시설을 공급받지 아니하는 경우로서 종전의 부대·복리시설의 가액이 분양주택의 최소분양단위규모 추산액에 총회에서 정하는 비율(정하지 아니한 경우에는 1로 한다)을 곱한 가액 이상일 것

　　나. 종전 부대·복리시설의 가액에서 새로이 공급받는 부대·복리시설의 추산액을 차감한 금액이 분양주택의 최소분양단위규모 추산액에 총회에서 정하는 비율을 곱한 가액 이상일 것

　　다. 새로이 공급받는 부대·복리시설의 추산액이 분양주택의 최소분양단위규모 추산액 이상일 것

　　라. 조합원 전원이 동의한 경우

10. 종전의 주택 및 부대복리시설(부속되는 토지를 포함한다)의 평가는 감정평가업자 2인 이상이 평가한 금액을 산술평가한 금액으로 한다.

11. 분양예정인 주택 및 부대복리시설(부속되는 토지를 포함한다)의 평가는 감정평가업자 2인 이상이 평가한 금액을 산술평가한 금액으로 한다.

12. 그 밖에 관리처분계획을 수립하기 위하여 필요한 세부적인 사항은 관계규정 등에 따라 조합장이 정하여 대의원회의 의결을 거쳐 시행한다.

제47조 (분양받을 권리의 양도 등)

① 조합원은 조합원의 자격이나 권한, 입주자로 선정된 지위 등을 양도한 경우에는 조합에 변동신고를 하여야 하며, 양수자에게는 조합원의 권리와 의무, 자신이 행하였거나 조합이 자신에게 행한 처분·절차, 청산시 권리의무에 범위 등이 포괄승계됨을 명확히 하여 양도하여야 한다.

② 제1항의 규정에 의하여 사업시행구역안의 토지 또는 건축물에 대한 권리를 양도받은 자는 등기부등본 등 증명서류를 첨부하여 조합에 신고하여야 하며, 신고하지 아니하면 조합에 대항할 수 없다.

③ 조합은 조합원의 변동이 있는 경우 변경의 내용을 증명하는 서류를 첨부하여 시장·군수에 신고하여야 한다.

제48조 (관리처분계획의 공람 등)

① 조합은 관리처분계획의 인가를 받기 전에 관계서류의 사본을 30일 이상 토지등소유자에게 공람하고 다음 각 호의 사항을 각 조합원에게 통지하여야 한다.

    1. 관리처분계획의 개요

    2. 주택 및 토지지분면적 등 분양대상 물건의 명세

    3. 그 밖에 조합원의 권리 · 의무와 이의신청 등에 관한 사항

② 조합원은 제1항의 규정에 의한 통지를 받은 때에는 조합에서 정하는 기간 안에 관리처분계획에 관한 이의신청을 조합에 제출 할 수 있다.

③ 조합은 제2항의 규정에 의하여 제출된 조합원의 이의신청내용을 검토하여 합당하다고 인정되는 경우에는 관리처분계획의 수정 등 필요한 조치를 취하고, 그 조치 결과를 공람·공고 마감일부터 10일 안에 당해 조합원에게 통지하여야 하며, 이의신청이 이유 없다고 인정되는 경우에도 그 사유를 명시하여 당해 조합원에게 통지하여야 한다.

④ 조합은 제3항의 규정에 따라 관리처분계획을 수정한 때에는 총회의 의결을 거쳐 확정한 후 그 내용을 각 조합원에게 통지하여야 한다.

⑤ 조합원의 동·호수추첨은 ○○은행 전산추첨을 원칙으로 경찰관입회하에 공정하게 실시하여야 하며 추첨결과는 시장·군수에게 통보하여야 한다.

제49조 (관리처분계획의 통지 등)

① 조합은 관리처분계획고시가 있은 때에는 지체 없이 다음 각 호의 사항을 분양신청을 한 각 조합원에게 통지하여야 한다.

    1. 사업의 명칭

    2. 사업시행구역의 면적

    3. 조합의 명칭 및 주된 사무소의 소재지

    4. 관리처분계획인가일

    5. 분양대상자별로 기존의 토지 또는 건축물의 명세 및 가격과 분양예정인 토지 또는 건축물의 명세 및 추산가액

② 관리처분계획의 인가고시가 있은 때에는 종전의 건축물의 소유자·지상권자·전세권자·임차권자 등 권리자는 법 제54조의 규정에 의한 이전의 고시가 있은 날(이하 "이전고시일"이라 한다)까지 종전의 토지 또는 건축물에 대하여 이를 사용하거나 수익할 수 없다. 다만, 조합의 동의를 얻은 경우에는 그러하지 아니한다.

제9장 완 료 조 치

제50조 (준공인가 및 입주통지 등)

① 조합은 관할 시장·군수로부터 준공인가증을 교부 받은 때에는 지체 없이 조합원에게 입주하도록 통지하여야 한다.

② 조합은 제1항의 규정에 의하여 입주통지를 한 때에는 통지된 날부터 1월 이내에 소유자별로 통지내용에 따라 등기신청을 할 수 있도록 필요한 조치를 하여야 하며, 토지 및 건축물 중 일반분양분에 대해서는 조합명의로 등기한 후 매입자가 이전등기절차를 이행하도록 하여야 한다.

제51조 (이전고시 등)

① 조합은 공사의 완료고시가 있는 때에는 지체 없이 토지확정측량을 하고 토지의 분할절차를 거쳐 조합원과 일반분양자에게 이전하여야 한다. 다만, 사업의 효율적인 추진을 하는데 필요한 경우에는 당해사업에 관한 공사가 전부 완료되기 전에 완공된 부분에 대하여 준공인가를 받아 토지 및 건축물별로 이를 분양받을 자에게 이전할 수 있다.

② 조합은 제1항의 규정에 의하여 건축물을 이전하고자 하는 때에는 조합원과 일반분양자에게 통지하고 그 내용을 당해 지방자치단체의 공보에 고시한 후 이를 시장·군수에게 보고하여야 한다.

제52조 (토지 및 건축물에 대한 권리의 확정) 대지 또는 건축물을 분양받을 자에게 법 제54조 제2항의 규정에 의하여 소유권을 이전한 경우 종전의 토지 또는 건축물에 관한 지상권 · 전세권 · 저당권 또는 등기된 임차권과 주택임대차보호법 제3조 제1항의 요건을 갖춘 임차권은 분양받은 토지 또는 건축물에 설정된 것으로 본다.

제53조 (등기절차 등) 조합은 제51조 제2항의 규정에 의한 이전의 고시가 있는 때에는 지체 없이 토지 및 건축물에 관한 등기를 지방법원, 지원 또는 등기소에 촉탁 또는 신청하여야 한다.

제54조 (청산금 등)

① 토지 또는 건축물을 분양받은 자가 종전에 소유하고 있던 토지 또는 건축물의 가격과 분양받은 토지 또는 건축물의 가격사이에 차이가 있는 경우에는 조합은 이전고시일 후에 그 차액에 상당하는 금액(이하 "청산금"이라 한다)을 분양받은 자로부터 징수하거나 분양받은 자에게 지급하여야 한다. 다만, 분할징수 및 분할지급에 대하여 총회의 의결을 거쳐 따로 정한 경우에는 관리처분계획인가후부터 이전고시일까지 일정기간별로 분할징수하거나 분할 지급할 수 있다.

② 제1항의 규정을 적용함에 있어서 종전에 소유하고 있던 토지 또는 건축물의 가격과 분양받은 토지 또는 건축물의 가격은 감정평가업자 2인 이상이 평가한 금액을 산술평균하여 산정한다.

③ 제2항의 분양받은 토지 또는 건축물의 가격산정에 있어 다음 각 호의 비용을 가산한다. 다만, 법 제63조의 규정에 의한 보조금은 이를 공제하여야 한다.

1. 조사·측량·설계 및 감리에 소요된 비용

2. 공사비

3. 정비사업의 관리에 소요된 등기비용·인건비·통신비·사무용품비·이자 그 밖에 필요한 경비

4. 법 제63조의 규정에 의한 융자금이 있는 경우에는 그 이자에 해당하는 금액

5. 정비기반시설 및 공동이용시설의 설치에 소요된 비용(법 제63조 제1항의 규정에 의하여 시장·군수가 부담한 비용을 제외한다)

6. 안전진단의 실시, 정비사업전문관리업자의 선정, 회계감사, 감정평가비용

7. 그 밖에 정비사업추진과 관련하여 지출한 비용으로서 총회에서 포함하기로 정한 것

제55조 (청산금의 징수방법)

① 청산금을 납부하지 않은 조합원이 있을 경우 조합은 청산금 납부요청을 2회 이상 최고하고 최고최종일로부터 1월 이내 시장·군수에게 청산금과 연체료의 징수를 위탁할 수 있다.

② 청산금을 지급받을 조합원이 이를 받을 수 없거나 거부한 때에는 조합은 그 청산금을 공탁한다.

③ 청산금을 지급받을 권리 또는 이를 징수할 권리는 이전고시일 다음 날부터 5년간 이를 행사하지 아니하면 소멸한다.

제56조 (조합의 해산)

① 조합은 준공인가를 받은 날로부터 1년 이내에 이전고시 및 건축물 등에 대한 등기절차를 완료하고 총회 또는 대의원회를 소집하여 해산 의결을 하여야 하며, 해산을 의결한 경우 시장·군수에게 신고하여야 한다.

② 조합이 해산의결을 한 때에는 해산의결 당시의 임원이 청산인이 된다.

③ 조합이 해산하는 경우에 청산에 관한 업무와 채권의 추심 및 채무의 변제 등에 관하여 필요한 사항은 민법의 관계규정에 따른다.

제57조 (청산인의 임무) 청산인은 다음 각 호의 업무를 성실히 수행하여야 한다.

  1. 현존하는 조합의 사무종결

  2. 채권의 추심 및 채무의 변제

  3. 잔여재산의 처분

  4. 그 밖에 청산에 필요한 사항

제58조 (채무변제 및 잔여재산의 처분) 청산 종결 후 조합의 채무 및 잔여재산이 있을 때에는 해산당시의 조합원에게 분양받은 토지 또는 건축물의 부담비용 등을 종합적으로 고려하여 형평이 유지되도록 공정하게 배분하여야 한다.

제59조 (관계서류의 이관) 조합은 사업을 완료하거나 폐지한 때에는 시·도 조례가 정하는 바에 따라 관계서류를 시장·군수에게 인계하여야 한다.

제10장 보   칙

제60조 (관련자료의 공개와 보존)

① 조합은 사업시행에 관하여 다음 각 호의 서류 및 관련자료를 인터넷 등을 통하여 공개하여야 하며, 조합원의 공람요청이 있는 경우에는 이를 공람시켜 주어야 한다. 다만, 개인비밀의 보호, 자료의 특성상 인터넷 등에 공개하기 어려운 사항은 개략적인 내용만 공개할 수 있다.

  1. 정관

  2. 설계자·시공자 및 정비사업전문관리업자의 선정계약서

  3. 총회의사록

  4. 추진위원회, 조합의 이사회 및 대의원회 의사록

  5. 사업시행계획서

  6. 관리처분계획서

  7. 당해 사업의 시행에 관한 행정기관의 문서

  8. 회계감사결과

② 조합 또는 정비사업전문관리업자는 총회 또는 중요한 회의가 있는 때에는 속기록녹음 또는 영상자료를 만들어 이를 청산시까지 보관하여야 한다.

③ 조합원이 제1항 각호의 사항을 열람하고자 하는 때에는 서면으로 열람을 요청하여야 하며, 조합은 특별한 사유가 없는 한 이에 응하여야 한다.

제61조 (약정의 효력) 조합이 사업시행에 관하여 시공자 및 설계자, 정비사업전문관리업자와 체결한 약정은 관계법령 및 이 정관이 정하는 범위 안에서 조합원에게 효력을 갖는다.

제62조 (주택재건축정비사업조합 설립추진위원회 행위의 효력) 조합설립인가일 전에 조합의 설립과 사업시행에 관하여 추진위원회가 행한 행위는 관계법령 및 이 정관이 정하는 범위 안에서 조합이 이를 승계한 것으로 본다.

제63조 (정관의 해석) 이 정관의 해석에 대하여 이견이 있을 경우 일차적으로 이사회에서 해석하고, 그래도 이견이 있을 경우는 대의원회에서 해석한다.

제64조 (소송 관할 법원) 조합과 조합원간에 법률상 다툼이 있는 경우 소송관할 법원은 조합소재지 관할 법원으로 한다.

제65조 (민법의 준용 등)
① 조합에 관하여는 도시 및 주거환경정비법에 규정된 것을 제외하고는 민법 중 사단법인에 관한 규정을 준용한다.
② 법, 민법, 이 정관에서 정하는 사항 외에 조합의 운영과 사업시행 등에 관하여 필요한 사항은 관계법령 및 관련행정기관의 지침 · 지시 또는 유권해석 등에 따른다.
③ 이 정관이 법령의 개정으로 변경하여야 할 경우 정관의 개정절차에 관계없이 변경되는 것으로 본다. 그러나 관계법령의 내용이 임의규정인 경우에는 그러하지 아니하다.

부   칙
이 정관은 ○○시장의 조합설립인가를 받은 날부터 시행한다.

창립총회의사록

2000년 0월 0일 00시 00분, 00시 00구 00로 00(00동) 창립사무소에서 창립총회를 개최하다.

총조합원수 0명　　　　　출석조합원수 0명

　설립자대표 000는 위와 같이 법정수에 달하는 조합원이 출석하여 본 총회가 적법히 성립되었음을 알리고 회의 진행을 위하여 의장을 선임하여 줄 것을 요구한 바, 참석조합원 전원일치 합의로 설립자대표 000를 의장으로 선임한 즉, 동인은 즉석에서 그 취임을 승낙하고 개회를 선언한 후 다음의 의안에 관하여 심의를 구하다

제1호 의 안　재건축조합 설립의 건
의장은 당 조합의 사업개요를 설명하고 재건축정비사업조합의 설립필요성을 제안한 바, 참석조합원 전원일치 찬성으로 조합설립을 가결하다.

제2호 의 안　정관 승인의 건
의장은 당 조합의 사업추진을 위하여 조합정관을 낭독하고 축조설명을 가한 후, 그 승인 여부를 물은 바, 참석조합원 전원의 찬성으로 원안대로 승인하여 가결하다.

제3호 의 안　조합장 및 임원 선임의 건
의장은 조합장 및 이사 0인, 감사 0인을 정관의 규정에 따라 선임할 필요성이 있음을 설명하고 그 선임방법을 물은 바, 무기명 비밀투표로 선출하자는 제안이 있자 전원이 이의 없이 그에 찬동하여 즉시 투표를 행한 결과 다음과 같이 선출되다.

조합장 겸　이사　O　O　O (000000-0000000)

이사　O　O　O (000000-0000000)

이사　O　O　O (000000-0000000)

이사　O　O　O (000000-0000000)

감사　O　　O　　O (000000-0000000)

　위 피선자들은 즉석에서 그 취임을 승낙하다.

제4호 의 안　사업계획서 승인의 건
의장은 당 조합의 재건축 사업계획서안을 상세히 설명하고, 그 승인여부를 물은 바, 참석조합원 전원 이의 없이 이를 원안대로 승인 가결하다.

의장은 이상으로서 의안 전부를 심의를 종료하였으므로 폐회를 선언하다.
　회의종료시각 : OO시 OO분
위 의사의 경과와 결의를 명확히 하기 위하여 이 의사록을 작성하여 의장과 출석한 이사, 감사가 다음과 같이 기명날인하다.

2000년 O월 O일

OO재건축 정비사업조합
OO시 OO구 OO로 OO(OO동)
조합장 겸　이사 O　O　O (인)
이사 O　O　O (인)
이사 O　O　O (인)
이사 O　O　O (인)
감사 O　O　O (인)

취 임 승 낙 서

본인은 2000년 0월 0일 창립총회에서 조합장, 이사, 감사 로 선임되었으므로 그 취임을 승낙합니다.

2000년 0월 0일

조합장 ㅇ ㅇ ㅇ (인)

이 사 ㅇ ㅇ ㅇ (인)

감 사 ㅇ ㅇ ㅇ (인)

ㅇㅇ재건축 정비사업조합   귀중

인감 · 개인(改印) 신고서

(신고하는 인감날인란)   (인감제출자에 관한 사항)

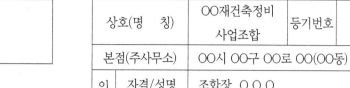

상호(명 칭)	○○재건축정비 사업조합	등기번호	
본점(주사무소)	○○시 ○○구 ○○로 ○○(○○동)		
인 감 제 출 자	자격/성명	조합장 ○○○	
	주민등록번호	○○○○○○-○○○○○○○	
	주 소	○○시 ○○구 ○○로 ○○(○○동)	

     ⌐ 위와 같이 인감을 신고합니다.

     ⌐ 위와 같이 개인(改印)하였음을 신고합니다.

           년   월   일

신고인 본 인 성 명   (인)

대리인 성 명   (인)

지방법원   **등기소 귀중**

주   1. 개인인감 날인란에는 「인감증명법」에 의하여 신고한 인감을 날인하고 그 인감증명서(발행일로부터 3개월 이내의 것)를 첨부하여야 합니다. 개인(改印)신고의 경우, 개인인감을 날인하는 대신에 등기소에 신고한 유효한 종전 인감을 날인하여도 됩니다.

    2. 인감 · 개인신고서에는 신고하는 인감을 날인한 인감대지를 첨부하여야 합니다.

    3. 지배인이 인감을 신고하는 경우에는 인감제출자의 주소란에 지배인을 둔

장소를 기재하고, 「상업등기규칙」 제36조 제4항의 보증서면(영업주가 등
기소에 신고한 인감 날인)을 첨부하여야 합니다. 위 보증서면은 아래의 보
증서면란에 기재하는 것으로 갈음할 수 있습니다.

보 증 서 면

위 신고하는 인감은 지배인 OOO의 인감임이 틀림없음을 보증합니다.

　대표이사　　　　　　　　　　(법인인감)

위 임 장

성 명 :　　　　　　주민등록번호(　　　　　　－　　　　　　)
주 소 :
　위의 사람에게, 위 인감신고 또는 개인신고에 관한 일체의 권한을 위임함.
　　　　　　　　　　　　　　　　　　　(개인인감 날인란)

　　　　　　200 년　　월　　일

인감(개인) 신고인　성 명　　　　　(인)

[서식 _ 인감대지]

인 감 대 지

	신고하는 인감날인란	상 호(명 칭) : OO재건축정비사업조합 자격 및 성명 : 조합장 O O O 주민등록번호 : OOOOOO-OOOOOOO

정비사업조합 변경등기신청

접 수	년 월 일	처 리 인	접 수	조 사	기 입	교 합	각종통지
	제 호						

명 칭	○○정비사업조합	등기번호	제○○○○호

주 사 무 소	○○시 ○○구 ○○로 ○○(○○동)
등기의 목적	이사변경등기
등기의 사유	이사 ○○○은 20○○년 ○월 ○일 임기만료로 퇴임하고 20○○년 ○월 ○일 조합원총회에서 다음 사람이 이사로 선임되어 같은 날 취임하였으므로 그 등기를 구함.
인가서도착연월일	20○○년 ○월 ○일

주사무소/분사무소 신청구분	1.주사무소 신청 ☐	2.분사무소 신청 ☐	3.주·분사무소 일괄신청 ☐

등 기 할 사 항

이사 ○ ○ ○ 20○○. ○. ○. 퇴임

이사 ○ ○ ○ (○○○○○○-○○○○○○○)

　　20○○. ○. ○. 취임

신청등기소 및 등록면허세/수수료

순번	신청등기소	구분	등록면허세	지방교육세	세액합계	등기신청수수료
			금 원	금 원	금 원	금 원
합 계						
등기신청수수료 은행수납번호						

첨 부 서 면	
1. 정관(필요한 경우)　　　　　　통	1. 사임서(인감증명 첨부)　　　　　통
1. 조합원총회(대의원회)의사록　　통	1. 가족관계등록증명서(사망시)　　통
1. 주무관청의 정관변경인가서	1. 재판서등본(파산, 금치산)　　　통
(인증있는 인가서등본)　　　　통	1. 등록면허세영수필확인서및통지서　통
1. 취임승낙서(인감증명, 주민	1. 위임장(대리인이 신청할 경우)　통
등록초본 첨부)　　　　　　　통	〈기 타〉

년　　월　　일

신청인　명　칭
　　　　주사무소
조합장　성　명　　　　　　㊞　(전화 :　　)
　　　　주　소
대리인　성　명　　　　　　㊞　(전화 :　　)
　　　　주　소

지방법원 등기소　　귀중

[신청서 작성요령 및 등기수입증지 첩부란]

1. 해당란이 부족할 때에는 별지를 이용합니다.
1. 해당 등기신청과 관계없는 사항에 대하여는 "해당없음"으로 기재하거나 삭제하고, 필요한 사항은 추가 기재합니다.
1. 등기신청수수료 상당의 대법원등기수입증지를 이 난에 붙입니다.

(용지규격 21cm×29.7cm)

정비사업조합 변경등기신청

접 수	년 월 일	처 리 인	접 수	조 사	기 입	교 합	각종통지
	제 호						

명 칭	○○정비사업조합	등기번호	제○○○○호

주 사 무 소	○○시 ○○구 ○○로 ○○(○○동)

등기의 목적	조합장변경등기

등기의 사유	조합장 ○○○은 20○○년 ○월 ○일 임기만료로 퇴임하고, 20○○년 ○월 ○일 조합원총회에서 다음 사람이 조합장으로 선임되어 같은 날 취임하였으므로 그 등기를 구함.

인가서도착연월일	20○○년 ○월 ○일

주사무소/분사무소 신청구분	1.주사무소 신청 ☐	2.분사무소 신청 ☐	3.주·분사무소 일괄신청 ☐

등 기 할 사 항

조합장 ○ ○ ○ (000000–0000000) ○○시 ○○구 ○○로 ○○(○○동)
　　　20○○년 ○월 ○일 중임

신청등기소 및 등록면허세/수수료

순번	신청등기소	구분	등록면허세	지방교육세	세액합계	등기신청수수료

		금　　원	금　　원	금　　원	금　　원
합　계					
등기신청수수료 은행수납번호					

<table>
<tr><td colspan="6" align="center">첨　부　서　면</td></tr>
</table>

1. 정관(필요한 경우) 　　　　　　통	1. 조합장 인감신고서 및 인감대지 　통
1. 조합원총회의사록 　　　　　　통	1. 조합장 인감증명서 　　　　　　통
1. 주무관청의 정관변경인가서	1. 등록면허세영수필확인서및통지서 　통
(인증있는 인가서등본) 　　　통	1. 위임장(대리인이 신청할 경우) 　통
1. 사임서, 임원결격증명서 　　　통	〈기 타〉
1. 취임승낙서(인감증명, 주민등록초본	
첨부) 　　　　　　　　　　통	

　　　　　　　　　　　년　　　월　　　일

　　　신청인　　명　　칭
　　　　　　　　주사무소
　　　조합장　　성　　명　　　　　　　㊞　(전화 : 　　　)
　　　　　　　　주　　소
　　　대리인　　성　　명　　　　　　　㊞　(전화 : 　　　)
　　　　　　　　주　　소

　　　　　　　　지방법원 등기소　　귀중

[신청서 작성요령 및 등기수입증지 첩부란]

1. 해당란이 부족할 때에는 별지를 이용합니다.

1. 해당 등기신청과 관계없는 사항에 대하여는 "해당없음"으로 기재하거나 삭제하고, 필요한 사항은 추가 기재합니다.

1. 등기신청수수료 상당의 대법원등기수입증지를 이 난에 붙입니다.

(용지규격 21㎝×29.7㎝)

제5장 신용협동조합설립

제1절 총 설

신용협동조합이라 함은 공동유대를 바탕으로 하는 신용협동조직의 건전한 육성을 통하여 그 구성원의 경제적·사회적 지위를 향상시키고, 지역주민에 대한 금융편의를 제공함으로써 지역경제의 발전에 기여함을 목적으로 신용협동조합법에 의하여 설립된 비영리법인을 말한다.

제2절 신용협동조합 설립

1. 설립절차

1) 절차

신용협동조합을 설립하고자 하는 때에는 30인 이상의 발기인이 정관을 작성하여 창립총회의 결의를 얻어 대통령령이 정하는 바에 따라 중앙회의 회장을 거쳐 금융위원회의 인가를 받아 그 주된 사무소의 소재지에서 설립등기를 함으로써 성립한다.

2) 정관의 작성

정관이란 법인의 조직과 활동의 기본준칙을 기재한 서면으로 신용협동조합의 정관에는 신용협동조합법 제10조 각 호 소정의 사항을 기재하고 발기인이 이에 기명 날인하여야 한다. 조합의 정관에는 다음 각 호의 사항이 포함되어야 한다.

1. 목적
2. 명칭
3. 주된 사무소의 소재지
4. 공동유대에 관한 사항
5. 조합원의 자격과 가입·탈퇴 및 제명(除名)에 관한 사항
6. 출자 1좌(座)의 금액과 그 납입 방법 및 시기
7. 조합원의 권리와 의무에 관한 사항
8. 사업의 범위 및 회계에 관한 사항

9. 기관 및 임원에 관한 사항

10. 해산에 관한 사항

11. 공고의 방법

12. 출자금의 양도에 관한 사항

13. 그 밖에 총회의 운영 등에 필요한 사항

3) 창립총회

발기인이 정관을 작성한 후 조합원이 되고자 하는 자로부터 가입신청서를 받고 창립총회를 개최하여 정관과 사업계획서의 승인을 얻고, 임원의 선출 및 기타 설립에 필요한 사항을 의결해야 하며, 설립등기 시에 이를 증명하는 창립총회의사록을 첨부해야 한다.

1조합의 조합원의 수는 100인 이상이어야 하며, 조합원은 출자좌수에 관계없이 평등한 의결권과 선거권을 가지며, 대리인에 의하여 그 권한을 행사할 수 있으나 그 대리할 수 있는 조합원의 수는 정관으로 정하며, 임원선출은 선거에 의할 경우 당선인은 선거인의 과반수투표로 결정한다.

중앙회의 설립에 관하여도 조합의 설립규정을 준용하고 있다.

명문규정은 없지만 설립등기신청서의 첨부서면이 되는 창립총회의사록은 그 의사에 관하여 이사의 경과, 요령 및 결과를 기재한 의사록을 작성해야 할 것이며, 신용협동조합의 등기신청서에 첨부하는 의사록은 공증인의 인증대상에서 제외된다.

4) 설립인가

신청인은 금융위원회가 정하는 설립인가신청서에 ① 정관, ② 창립총회 의사록, ③ 사업계획서, ④ 발기인 대표 및 임원의 이력서, ⑤ 신용협동조합 제7조 제2항의 규정에 의한 설립동의서를 제출한 자의 명부, ⑥ 사무소 소재지의 약도, ⑦ 발기인회 의사록, ⑧ 기타 조합설립에 관련된 사항을 기재한 서류를 중앙회장을 거쳐 금융위원회에 제출하여야 하며, 중앙회장은 설립인가신청서를 접수한 때에는 의견을 붙여 30일 이내에 금융위원회에 제출하여야 한다.

2. 설립등기절차

1) 등기신청인과 등기기간

신용협동조합의 설립등기는 이사장이 신청해야 하며(신협령 9조 1항), 설립등기에 있어서는 등기기간에 관한 특별한 규정이 없다.

그러나 금융위원회의 설립인가가 있은 날로부터 6월 이내에 설립등기를 하지 아니하면 설립인가를 취소할 수 있다.

2) 등기사항

신용협동조합 또는 신용협동조합중앙회는 설립인가서가 도달한 날부터 3주일 이내에 ① 목적, ② 명칭, ③ 사무소의 소재지, ④ 설립인가연월일, ⑤ 해산사유를 정한 때에는 그 사유, ⑥ 출자 1좌의 금액과 납입방법, ⑦ 이사장 또는 중앙회의 회장 및 신용·공제사업대표이사의 성명·주민등록번호 및 주소, ⑧ 이사장 또는 중앙회장 및 신용·공제사업대표이사를 제외한 임원의 성명·주민등록번호, ⑨ 공고의 방법, ⑩ 이사의 대표권을 제한한 때에는 그 내용 등을 등기하여야 한다(신협령 2조 1항).

3. 첨부서류

1) 설립인가서 사본

등기신청서에는 금융위원회의 설립인가서 사본을 첨부해야 한다. 그러나 등기관의 진위여부를 확인하기 위하여 그 원본도 함께 제출해야 한다.

2) 정관의 사본

정관의 사본을 첨부하도록 규정하고 있으나, 이는 인증 있는 등본을 의미하므로 정관등본을 첨부함이 타당할 것이다.

3) 임원취임승낙서 사본

조합임원으로서 이사장 1인, 부이사장 1인을 포함한 이사 5인 이상 9인과 감사 2인 또는 3인을 두되, 임원은 조합원 중에서 정관이 정하는 바에 따라 총회에서 선출한다. 다만, 임원의 결원으로 인한 보궐선고의 경우에는 정관이 따로 정하는 바에 의한다.

이사장과 부이사장의 선출은 선거인 과반수의 투표로서 다수특표자를 당선인으로 결정하고, 이사장 및 부이사장을 제외한 임원의 선출은 선거인 과반수의 투표로써 다수특표순으로 당선인을 결정한다. 이 경우 조합원이 500인 이상인 경우에는 251인 이상의 출석으로 개의하고 출석조합원 과반수의 찬성으로 의결한다.

임원의 취임에는 취임승낙서가 필요하고, 그 승낙을 증명할 수 있는 인감증명을 첨부하여야 한다. 다만, 창립총회의사록에 피선자의 취임승낙의 기재가 있고 또 그의 기명날인이 있는 때에는 그의 첨부를 생략할 수 있다.

신용협동조합 설립등기신청

접 수	년 월 일		처 리 인	접 수	조 사	기 입	교 합	각종통지
	제 호							

등 기 의 목 적	신용협동조합 설립
등 기 의 사 유	신용협동조합을 설립하기 위하여 정관을 작성하고 창립총회의 의결을 거쳐 20○○년 ○월 ○일 금융위원회의 설립인가를 받고 20○○년 ○월○일 출자금 납입을 완료하였으므로 그 등기를 구함.
설 립 인 가 서 도 착 연 월 일	20○○년 ○월 ○일
주사무소/분사무소 신청구분	1.주사무소 신청 ☐　　2.분사무소 신청 ☐　　3.주·분사무소 일괄신청 ☐

등 기 할 사 항	
명　　　칭	○○신용협동조합
주 사 무 소	○○시 ○○구 ○○로 ○○(○○동)
이사·감사의 성명 및 주민 등록번호	이사의 성명과 주민등록번호 　부이사장 ○　○　○ (○○○○○○－○○○○○○○) 　　이사 ○　○　○ (○○○○○○－○○○○○○○) 　　이사 ○　○　○ (○○○○○○－○○○○○○○) (이하 생략) 감사의 성명과 주민등록번호 　　감사 ○　○　○ (○○○○○○－○○○○○○○) 　　감사 ○　○　○ (○○○○○○－○○○○○○○)
이사장의 성명 및 주민등록번호, 주소	이사장 ○　○　○(○○○○○○－○○○○○○○) 　　○○시 ○○구 ○○로 ○○(○○동)

등 기 할 사 항	
목　　적	이 법인은 조합원의 저축심을 함양하고 조합자금의 민주적 관리와 활용으로 조합원의 자질향상과 경제적, 사회적 지위향상을 도모함을 목적으로 다음 사랑을 행한다. 　1.조합원으로부터의 출자금·예탁금 및 적금의 수입 　1. 조합원에 대한 자금 대출 　1. 조합원의 보험료 등의 대리수납

	1. 조합 여유자금의 외부투자 1. 자금의 차입 1. 조합원을 위한 교육 및 지역사회 개발사업 1. 조합원을 위한 각종 유가증권·귀금속·서류의 보호예수 1. 내국환 1. 국가·공공단체 및 금융기관의 대리업무 1. 위 각 호에 관련된 부대사업
분 사 무 소	○○시 ○○구 ○○로 ○○(○○동) 또는 없음
설립인가연월일	20○○년 ○월 ○일
존립기간 또는 해산사유	해산사유 :　1. 총회의 해산결의 　　　　　　1. 합병 또는 분할로 인하여 소멸되는 경우 　　　　　　1. 설립인가의 취소 　　　　　　1. 파 산
자산의 총액	금 ○○○○○원
출자 1좌의 금액	금 ○○○원
총출자좌수와 납입한 총출자액	총출자좌수 : ○○○좌 납입한 출자금총액 : 금 ○○○○○원
출 자 방 법	1. 출자금은 현금으로 납입하여야 하며, 제1회 출자금의 납입은 1좌금액 이상이라야 　한다. 2. 제1회 이후의 출자금의 납입은 완납할 수 있으나 정관 제74조의 규정에 의한 배당금 　은 제2회 이후의 출자의 납입에 충당할 수 있다. 3. 조합원은 제1항 및 제2항의 규정에 의한 출자금 납입에 관하여 조합에 대한 채권과 　상계하지 못한다.
기　　타	해당 없음

신청등기소 및 등록면허세/수수료						
순번	신청등기소	구분	등록면허세	지방교육세	세액합계	등기신청수수료
			금　　　　원	금　　　원	금　　　원	금　　　　원

합　　계				
등기신청수수료 은행수납번호				
과 세 표 준 액	금			원

첨　부　서　면

1. 정관	통	1. 이사장의 인감신고서(인감대지 포함)	통
1. 창립총회의사록	통		
1. 설립인가서	통	1. 이사장의 인감증명서	통
1. 자산총액증명서(재산목록)	통	1. 법인인감카드발급신청서	통
1. 임원 취임승낙서와 인감증명서,		1. 등록면허세영수필확인서및통지서	통
주민등록등(초)본	통	1. 위임장(대리인이 신청할 경우)	통

년　　월　　일

신청인　　명　　칭

　　　　　주사무소

이사장　　성　　명　　　　　㊞　(전화 :　　　)

　　　　　주　　소

대리인　　성　　명　　　　　㊞　(전화 :　　　)

　　　　　주　　소

지방법원 등기소　　귀중

[신청서 작성요령 및 등기수입증지 첩부란]

1. 해당란이 부족할 때에는 별지를 이용합니다.
1. 해당 등기신청과 관계없는 사항에 대하여는 "해당없음"으로 기재하거나 삭제하고, 필요한 사항은 추가 기재합니다.
1. 등기신청수수료 상당의 대법원등기수입증지를 이 난에 붙입니다.

(용지규격 21㎝×29.7㎝)

위 임 장

변호사 000

○○시 ○○구 ○○로 ○○(○○동)

전화 : ○○○-○○○, 팩스 : ○○○-○○○

위 사람을 대리인으로 정하고 다음사항의 권한을 위임한다.

다 음

1. ○○신용협동조합 설립등기신청서의 작성 및 제출하는 행위
1. 등기신청의 취하에 관한 행위
1. ○○○의 원본환부 및 수령하는 행위
1. 기타 이에 부수되는 일체의 행위

2000년 ○월 ○일

위임인   ○○신용협동조합

○○시 ○○구 ○○로 ○○(○○동)

이사장 ○ ○ ○ (인)

창 립 총 회 의 사 록

2000년 O월 O일 OO시 OO분, OO시 OO구 OO로 OO(OO동) OO신용협동조합 창립사무소에서 창립총회를 개최하다.

　　발 기 인 : OOO, OOO, OOO, OOO, OOO
　　출석발기인 : 발기인 전원

발기인 대표 OOO는 위와 같이 발기인 전원이 출석하여 본 총회가 적법하게 성립되었음을 알리고 회의 진행상 임시의장을 선임하여 줄 것을 요청한 바, 발기인 전원일치 합의로 발기인 OOO를 임시의장으로 선임하고, 동인은 즉석에서 그 취임을 승낙하고 개회를 선언한 후 다음의 의안에 관하여 심의를 요청하다.

제1호 의 안　창립사항 보고의 건
의장은 발기인을 대표하여 본 조합의 설립에 관하여 조합설립의 발기로부터 본 창립총회 개최에 이르기까지의 결과를 상세히 보고하고 의견을 물은 바, 전원 이의 없이 만장일치로 이를 원안대로 승인하다.

제2호 의 안　정관 승인의 건
의장은 발기인이 작성한 정관의 내용을 상세히 축조 설명하고 그 승인을 구한 바, 전원 이의 없이 만장일치로 이를 원안대로 승인 가결하다.

제3호 의 안　사업계획책정의 건
의장은 발기인이 작성한 사업계획서의 주요내용을 설명하고 원안대로 사업계획서를 책정하여 줄 것을 요구한 바, 전원 이의 없이 만장일치로 이를 승인 가결하다.

제4호 의 안　임원 선임의 건
의장은 정관에 정하여진 이사장, 이사, 감사 등 임원의 선임방법을 물은 바, 발기인 전원일치로 무기명 비밀투표로 선임하기로 합의되어 그에 따라 투표한 결과 다음 사람이 임원으로 선출되다.

>   이 사 장   ○ ○ ○
>   부이사장   ○ ○ ○
>   이   사   ○ ○ ○, ○ ○ ○, ○ ○ ○
>   감   사   ○ ○ ○, ○ ○ ○

위 피선자들은 즉석에서 각 그 직에 취임할 것을 승낙하다.

제5호 의 안   출자금 납입의 건

의장은 본 조합의 설립당시의 출자납입에 대하여 심의를 요청한 바, 별첨 출자자산 내역표와 같이 납입키로 전원일치 합의로 승인 가결하다.

제6호 의 안   주사무소 지정의 건

의장은 본 조합의 주사무소를 설치할 장소를 결정하자고 제의한 바, 전원일치된 의견으로 다음의 장소에 주사무소를 설치하기로 가결하다.

>   주사무소 : ○○시 ○○구 ○○로 ○○(○○동)

의장은 이상으로서 회의목적인 의안 전부를 심의를 종료하였으므로 폐회를 선언하다(회의종료시간 : ○○시 ○○분).

위 의사의 경과와 결의를 명확히 하기 위하여 이 의사록을 작성하여 의장과 출석한 이사가 다음과 같이 기명날인하다.

>   2000년 ○월 ○일

>   ○○신용협동조합
>   ○○시 ○○구 ○○로 ○○(○○동)

>   의장 겸 발기인   성   명 : ○ ○ ○ ○ ㉑
>   주민등록번호 : 000000-0000000
>   주   소 : ○○시 ○○구 ○○로 ○○(○○동)

발기인   성   명 : ○ ○ ○ ○ ㉑

주민등록번호 : 000000-0000000

주   소 : ○○시 ○○구 ○○로 ○○(○○동)

발기인   성   명 : ○ ○ ○ ○ ㉑

주민등록번호 : 000000-0000000

주   소 : ○○시 ○○구 ○○로 ○○(○○동)

벌기인   성   명 : ○ ○ ○ ○ ㉑

주민등록번호 : 000000-0000000

주   소 : ○○시 ○○구 ○○로 ○○(○○동)

발기인   성   명 : ○ ○ ○ ○ ㉑

주민등록번호 : 000000-0000000

주   소 : ○○시 ○○구 ○○로 ○○(○○동)

[서식 _ 취임승낙서]

취임승낙서

본인은 2000년 ○월 ○일 귀 조합의 창립총회에서 이사장(또는 이사, 감사)로 선임되었으므로 그 취임을 승낙합니다.

2000년 ○월 ○일

이사장   ○ ○ ○ (인)

(000000-0000000)

○○시 ○○구 ○○로 ○○(○○동)

○ ○ 신용협동조합   귀중

인감 · 개인(改印) 신고서

(신고하는 인감날인란)   (인감제출자에 관한 사항)

상호(명　칭)	○○신용협동조합	등기번호	
본점(주사무소)	○○시 ○○구 ○○로 ○○(○○동)	
인감제출자　자격/성명	이사장 ○○○	
주민등록번호	○○○○○○-○○○○○○○	
주　소	○○시 ○○구 ○○로 ○○(○○동)	

    └ 위와 같이 인감을 신고합니다.
    └ 위와 같이 개인(改印)하였음을 신고합니다.

                                년　　월　　일　　(인감 날인란)

신고인　본　인　성　명　　　　　(인)
　　　　대리인　성　명　　　　　(인)

지방법원 등기소　　귀중

주　1. 인감 날인란에는 「인감증명법」에 의하여 신고한 인감을 날인하고 그 인감증명서(발행일로부터 3개월 이내의 것)를 첨부하여야 합니다. 개인(改印)신고의 경우, 개인인감을 날인하는 대신에 등기소에 신고한 유효한 종전 인감을 날인하여도 됩니다.
　　2. 인감 · 개인신고서에는 신고하는 인감을 날인한 인감대지를 첨부하여야 합니다.
　　3. 지배인이 인감을 신고하는 경우에는 인감제출자의 주소란에 지배인을 둔 장소를 기재하고, 「상업등기규칙」 제36조제4항의 보증서면(영업주가 등기소에 신고한 인감 날인)을 첨부하여야 합니다. 위 보증서면은 아래의 보증서면란에 기재하는 것으로 갈음할 수 있습니다.

보 증 서 면

위 신고하는 인감은 지배인 ○○○의 인감임이 틀림없음을 보증합니다.

대표이사   (법인인감)

위 임 장

성 명 :   주민등록번호(-   )
주 소 :

위의 사람에게, 위 인감신고 또는 개인신고에 관한 일체의 권한을 위임함.

20 년 월 일

인감(개인) 신고인 성 명   (인)

[서식 _ 인감대지]

인 감 대 지

신고하는 인감날인란	상 호(명 칭) : ○○신용협동조합 자격 및 성명 : 이사장 ○ ○ ○ 주민등록번호 : ○○○○○○-○○○○○○○

인감카드 등 (재)발급신청서

(인감제출자에 관한 사항)

상호(명칭)		등기번호	
본점(주사무소)			
인감 제출자	자격 / 성명		
	주민등록번호		

발급사유	⊔ 최초발급　⊔ 카드분실　⊔ 카드훼손　⊔ 인감증명서발급기능 ⊔ 기타 (　　　　　　　)		
매체구분	⊔ 인감카드　⊔ HSM USB	인감카드 비밀번호	

위와 같이 인감카드 등의 (재)발급을 신청합니다.

년　　월　　일

신청인 인감제출자　(본 인)　성 명　　　　　　(인)　(전화 :　　　　)
　　　　　　　　　(대리인)　성 명　　　　　　(인)　(전화 :　　　　)
　　　　　　　　　지방법원　등기소　귀중

접수번호		인감카드번호	

– 대법원수입증지를 붙이는 란 –

주 1. 인감카드 비밀번호란에는 (재)발급받아 사용할 인감카드의 비밀번호를 기재하며, 아라비아숫자 6자릿
수를 기재하여야 합니다. 비밀번호는 인감카드와 함께 인감증명서의 발급을 신청할 권한이 있는 것으로
보게 되는 중요한 자료이므로 권한이 없는 사람이 알지 못하도록 주의하시기 바랍니다.

2. 인감카드의 재발급을 신청할 때에는 「등기부 등·초본 등 수수료규칙」 제5조의7에 의하여 5,000원 상당의 대법원수입증지를 이 란에 붙여야 합니다. 다만, 인감카드를 반납할 때에는 붙일 필요가 없습니다.

위 임 장

성 명 :   주민등록번호(-   )

주 소 :

위의 사람에게, 위 (재)발급신청서에 기재된 인감카드 등의 발급신청과 그 수령 등에 관한 일체의 권한을 위임함.

2000년 O월 O일

인감신고인 성 명   (인)

제6장 장학재단설립(공익법인)

1. 서설

공익법인 설립운영에 관한 법률(이하 '공익법인법'이라 한다)은 '법인의 설립·운영 등에 관한 「민법」의 규정을 보완하여 법인으로 하여금 그 공익성을 유지하며 건전한 활동을 할 수 있도록 함을 목적'으로 한다(공익법인법 제1조). 따라서 공익법인법은 '민법'에 따라 설립되는 비영리법인 중에서 '공익성'을 가진 법인에 대해 조세감면 등의 일정한 혜택을 부여하여(동법 제15조) 공익성을 유지하고 건전한 활동을 할 수 있도록 한다. 따라서 공익법인법의 적용을 받는 공익법인은 민법의 적용을 받으면서도 설립과 운영에 있어서 특별법 우선의 원칙에 따라 특별법에 해당하는 공익법인법의 규정을 준수하여야 한다.

한편, 공익법인법은 재단법인이나 사단법인으로서 '사회 일반의 이익에 이바지하기 위하여 학자금·장학금 또는 연구비의 보조나 지급, 학술, 자선(慈善)에 관한 사업을 목적으로 하는 법인'에 대하여 적용되고, 동 법률에 적용되는 법인을 '공익법인'이라고 한다(공익법인법 제2조). 이하에는 공익법인 중 장학재단설립에 관한 내용을 중심으로 설명하기로 한다.

2. 설립허가절차

가. 주무관청

행정권한의 위임 및 위탁에 관한 법률에 근거하여 장학재단의 설립의 주무관청은 중앙행정기관으로부터 위임을 받은 시·도교육감이다. 다만, 공익법인의 사업이 2이상의 주무관청의 소관에 속할 경우 그 주된 사업을 주무관청에 신청하면 된다.

나. 정관의 적성

공익법인의 정관에 기재되어야 하는 필요적 기재사항은 다음과 같다(공익법인법 제3조).

- 목적
- 명칭
- 사무소의 소재지
- 설립 당시의 자산의 종류·상태 및 평가액

- 자산의 관리방법과 회계에 관한 사항

- 이사 및 감사의 정수(定數)·임기 및 그 임면(任免)에 관한 사항

- 이사의 결의권 행사 및 대표권에 관한 사항

- 정관의 변경에 관한 사항

- 공고 및 공고 방법에 관한 사항

- 존립시기와 해산사유를 정한 경우에는 그 시기와 사유 및 잔여재산의 처리방법

- 업무감사와 회계검사에 관한 사항

기타 정관에 기재할 사항은 다음과 같다(공익법인법 시행령 제3조).

- 사업에 관한 사항 : 사업은 구체적으로 명확하게 정하여야 함

- 사단법인인 경우에는 사원 및 사원총회에 관한 사항

- 기타 공익법인의 운영에 관한 기본적 사항

[서식 _ 정관]

제1장 총칙

제1조 (목적)

이 법인은 사회일반의 이익을 제공하기 위하여 「민법」 제32조 및 「공익법인의 설립·운영에 관한 법률」에 따라 생활이 곤란하거나 학업성적이 우수한 모범학생과 재능이 뛰어난 특기자에게 장학금을 지급하고 우수교사의 연구활동 지원 등을 통해 양질의 교육환경을 조성하고 지역사회 발전을 선도할 유능하고 우수한 인재 양성을 목적으로 한다.

제2조 (명칭)

이 법인의 명칭은 "재단법인 부천장학재단"이라 한다.

제3조 (사무소의 소재지)

이 법인의 사무소는 부천시에 둔다.

제4조 (사업)

---

① 이 법인은 제1조의 목적을 제공하기 위하여 다음 각 호에 해당하는 목적사업을 시행한다.

1. 장학생 선발 및 장학금 지급

2. 관내 우수교사 연수 및 연구활동 지원

3. 교육에 기여한 시민 및 단체에 대한 연구 지원

4. 대학생 학자금 대출이자에 대한 지원

5. 연구과제별 시책발굴 기여 공모 장학생 지원

② 이 법인은 제1항의 목적사업 경비를 충당하기 위하여 수익사업을 할 수 있다.

③ 제1항 및 제2항의 목적사업 및 수익사업을 경영하고자 하는 경우에는 사전에 부천시와 협의하고 수익사업은 주무관청의 승인을 받아야 한다.

제5조 (법인제공 이익의 수혜자)

① 이 법인이 제4조제1항의 목적 사업을 수행하여 그 수혜자에게 제공하는 이익은 이를 무상으로 한다. 다만, 수혜자에게 그 대가의 일부를 부담시킬 때에는 미리 주무관청의 승인을 받아야 한다.

② 이 법인의 목적사업 수행으로 인하여 제공되는 이익의 수혜자는 부천시 관내 초·중·고등학교에 재학·재직 중이거나, 부천시 고교출신 대학생을 원칙으로 한다. 다만, 이사회의 의결을 거친 경우에는 예외로 할 수 있다.

③ 제2항에 따른 세부사항은 시행규칙으로 정한다.

제2장 재산 및 회계

제6조 (재산의 구분)

① 이 법인의 재산은 이를 기본재산과 보통재산으로 구분한다.

② 제1항의 기본재산은 다음 각 호의 어느 하나에 해당하는 재산으로 하고 이외의 일체의 1. 재산은 보통재산으로 한다.

2. 설립시 기본재산으로 출연한 재산

3. 기부하거나 그 밖에 무상으로 취득한 재산. 다만, 기부목적에 비추어 기본재산으로 하기 . 곤란하여 주무관청의 승인을 얻은 것은 예외로 한다.

4. 보통재산 중 이사회에서 기본재산으로 편입할 것을 의결한 재산

5. 매 회계연도 세입세출의 결산상 생긴 잉여금 중 적립금

③ 이 법인의 기본재산은 다음과 같다.

설립 당시의 기본재산은 "별지 1"과 같다.

정관 개정일 현재의 기본재산은 "별지 2"와 같다.

제7조 (재산의 관리)

① 제6조 제3항의 기본재산을 매도, 증여, 임대, 교환하거나 담보로 제공하는 등 의무부담 또는 권리를 포기할 경우에는 이사회의 의결을 거쳐 주무관청의 허가를 받아야 한다.

② 이 법인이 매수, 기부채납, 그 밖의 방법으로 재산을 취득한 경우에는 바로 이를 이 법인의 재산으로 편입 조치한다.

③ 기본재산의 목록이나 평가액에 변동이 있을 경우에는 바로 별지 목록을 작성하여 정관을 변경한다.

④ 기본재산 및 보통재산의 유지, 보존 및 그 밖의(제1항 및 제2항의 경우를 제외한다)관리는 이사장이 정하는 바에 따른다.

제8조 (재산의 평가)

이 법인의 모든 재산의 평가는 취득당시의 시가에 따른다. 다만, 재평가를 실시한 재산은 재 평가액으로 한다.

제9조 (경비의 조달방법 등)

이 법인의 유지 및 운영에 필요한 경비는 기본재산의 이익과 사업수익 및 그 밖의 수입으로 조달한다.

제10조 (회계의 구분)

① 이 법인의 회계는 목적사업회계와 수익사업회계로 구분한다.

② 제1항의 경우에 「법인세법」에 따라 법인세 과세대상이 되는 수익과 이에 대응하는 비용은 수익사업회계로 회계처리하고 그 밖의 수익과 비용은 목적사업회계로 처리한다.

③ 제2항의 경우에 목적사업회계와 수익사업회계로 구분하기 곤란한 비용은 공동비용 배분에 관한 사항은 법인세에 관한 규정을 준용하여 배분한다.

제11조 (회계원칙)

이 법인의 회계는 사업의 경영성과와 수지상태를 정확하게 파악하기 위하여 모든 회계거래를 발생의 사실에 따라 기업회계로 처리한다.

제12조 (회계연도)
이 법인의 회계연도는 정부의 회계연도에 따른다.

제13조 (예산외의 채무부담 등)
예산 외의 채무부담 또는 채권의 포기는 이사회의 의결을 거쳐 주무관청의 허가를 받아야 한다.
다만, 아래의 경우에는 그러하지 아니한다.
1. 해당 회계연도의 수입금으로 상환할 수 없는 자금을 차입(이하 "장기차입금"이라 한다)하는
   경우 차입하고자 하는 장기차입금액이 기본재산 총액에서 차입당시의 부채총액을 공제한 금
   액의 100분의 5 에 미달하는 경우
2. 차입하고자 하는 금액을 포함한 장기차입금액의 총액이 100만원미만인 경우

제14조 (임원의 보수제한 등)
제18조에 따라 임원에 대해서는 보수를 지급하지 아니한다. 다만, 실비의 보상은 예외로 할 수
있다.

제15조 (임원 등에 대한 재산대여 금지)
① 이 법인의 재산은 이 법인과 다음 각 호의 어느 하나에 해당하는 관계가 있는 자에 대해서 정
당한 대가없이 이를 대여하거나 사용하게 할 수 없다.
1. 이 법인의 설립자
2. 이 법인의 임원
3. 제1호 및 제2호에 해당하는 자와 「민법」제777조에 따라 친족 관계에 있는 사람 또는 이에 해
   당하는 사람이 임원으로 있는 다른 법인
4. 이 법인과 재산상 특수한 관계가 있는 사람
② 제1항 각 호에 해당되지 아니하는 사람의 경우에도 이 법인의 목적에 비추어 정당한 사유가
없는 경우 대가없이 재산을 대여하거나 사용할 수 없다.

제16조 (예산서 및 결산서 제출)
① 이 법인의 사업계획과 세입세출예산은 해당 사업의 회계연도 개시 1개월 전까지 다음 각 호의

서류를 이사회의 의결을 거쳐 주무관청에 제출한다.

추정대차대조표 및 그 부속명세서

추정손익계산서 및 그 부속명세서

② 이 법인의 사업실적과 세입세출결산은 당해 사업의 회계연도 종료 후 2개월 내에 다음 각 호의 서류를 이사회의 의결을 거쳐 주무관청에 제출한다.

1. 대차대조표 및 그 부속명세서

2. 손익계산서 및 그 부속명세서

3. 공인회계사의 감사증명서. 다만, 주무관청이 필요하다고 인정하여 첨부하게 한 경우로 한정한다.

제17조 (주무관청 등의 회계감사 요구)

주무관청은 필요한 경우 이 법인에 회계감사를 요구할 수 있고 이사장은 이에 응해야 한다.

제3장 임원

제18조 (임원의 종류와 정수)

① 이 법인에 두는 임원의 종류와 정수는 다음과 같다.

1. 이사 15명

2. 감사 2명

② 제1항제1호의 이사에는 이사장을 포함하고 다음 각 호에 해당하는 사람은 당연직으로 한다.

1. 부천시 장학업무담당국장부천시 장학업무담당국장

2. 부천교육지원청 장학업무담당국장

③ 제1항제2호의 감사는 부천시 감사업무담당의 부서장과 회계 또는 세무분야의 전문가 1명으로 임명한다.

제19조 (임원의 임기)

① 이사의 임기는 3년, 감사의 임기는 3년으로 하되 한 차례만 연임할 수 있다. 다만, 최초 임명된 임원의 반수는 그 임기를 2분의 1로 한다.

② 임원의 임기 중 결원이 생길 때에는 공개모집으로 임명하며 취임하는 임원의 임기는 전임자의 남은 기간으로 한다.

③ 당연직 임원의 임기는 그 직에 재직하는 기간으로 한다.

제20조 (임원의 임명방법)

① 이 법인설립 최초의 이사와 감사는 총회에서 선출하고 이후 임원은「지방자치단체 출자·출연기관의 운영에 관한 법률」을 따르며 이사회의 의결을 거쳐 임명하여 주무관청의 승인을 받아 취임한다.

② 임기만료 전 임원의 해임은 이사회의 의결을 거쳐 주무관청의 승인을 받아야 한다.

③ 이사 또는 감사의 임기 중에 결원이 생길 때에는 2개월 내에 보충 하여야 하고 주무관청의 승인을 받아야 한다.

제21조 (임원 임명의 제한)

① 이사회의 구성에 있어서 이사 상호간에「공익법인의 설립·운영에 관한 법률 시행령」제12조에 따라 특수 관계에 해당하는 이사의 수는 제18조의 이사 현원의 5분의 1을 초과하지 못한다.

② 감사는 감사 상호간 또는 이사와 제1항의 특수한 관계에 해당하는 사람은 아니 된다.

제22조 (이사장의 선출방법과 임기)

① 이사장은 이사회에서 호선하고 주무관청의 승인을 받아 취임한다.

제23조 (이사장 및 이사의 직무)

① 이사장은 이 법인을 대표하고 이 법인의 업무를 총괄한다.

② 이사는 이사회에 출석하여 이 법인의 업무에 관한 사항을 의결하며 이사회 또는 이사장으로부터 위임받은 사항을 처리한다.

제24조 (이사장 직무대행)

① 이사장이 사고가 있을 때에는 연장자의 순으로 그 직무를 대행한다.

② 이사장이 공석이 된 경우, 직무대행자는 바로 이사장 선출 절차를 밟아야 한다.

제25조 (감사의 직무)

감사는 다음 각 호의 직무를 수행한다.

1. 이 법인의 재산상황을 감사하는 일

2. 이사회의 운영과 그 사무에 관한 사항을 감사하는 일

3. 제1호 및 제2호의 감사결과 부정 또는 부당한 점이 있음을 발견하여 시정을 요구하거나 이를 주무관청에 보고 하는 일

4. 제3호에 따른 이사회의 소집을 요구하는 일

5. 이사회에 출석하여 의견을 진술하는 일

6. 이사회의 회의록에 기명날인 하는 일

제26조 (명예이사장)

부천시장은 이 법인의 당연직 명예이사장이 된다.

제4장 이사회

제27조 (이사회의 기능)

① 이사회는 다음 각 호의 어느 하나에 해당하는 사항을 심의하여 결정한다.

1. 이 법인의 예산 및 결산, 차입금, 자산의 취득과 처분에 관한 사항

2. 정관의 변경에 관한 사항

3. 이 법인의 해산에 관한 사항

4. 임원의 공개모집에 따른 심사와 임면에 관한 사항

5. 사업에 관한 사항

6. 이 정관의 규정에 따른 그 권한에 속하는 사항

7. 그 밖에 이 법인의 운영상 중요하다고 이사장이 회의에 부치는 사항

제28조 (의결 정족수)

이사회는 정관에 특별한 규정이 없으면 재적이사 과반수의 찬성으로 의결한다. 다만, 가부동수인 경우에는 의장이 결정한다.

제29조 (의결 제척사유)

이사장 또는 이사가 다음 각 호의 어느 하나에 해당하는 경우에는 그 의결에 참여하지 못 한다.

1. 임원의 취임 및 해임에 있어 자신에 관한 사항을 의결할 경우

2. 금전 및 재산을 주고 받아 자신과 법인의 이해가 상반될 경우

제30조 (이사회)

정기 이사회는 매년 1회 개최하고 필요할 경우에는 수시로 이사회를 개최할 수 있다.

제31조 (이사회의 소집)

① 이사장은 이사회를 소집하며 그 의장이 된다.

② 이사회를 소집할 경우에는 7일 전에 회의 목적을 구체적으로 밝혀 각 이사에게 통지해야 한다.

③ 이사회는 제2항의 통지사항만 의결할 수 있다. 다만, 재적이사 전원이 출석하고 출석이사 전원의 찬성이 있을 경우에는 통지하지 아니한 사항이라도 이를 회의에 부치고 의결할 수 있다.

제32조 (이사회 소집의 특례)

① 이사장은 다음 각 호의 어느 하나에 해당하는 경우에는 소집 요구일로부터 20일 내에 이사회를 소집해야 한다.

1. 재적이사 과반수 이상이 회의목적을 제시하여 소집을 요구하는 경우

2. 제25조 제4호에 따라 감사가 소집을 요구한 경우

② 이사회 소집권자가 공석이 되거나 또는 이를 기피하여 7일 이상 이사회 소집이 불가능할 경우에는 재적이사 과반수의 찬동으로 주무관청의 승인을 받아 이사회를 소집할 수 있다.

③ 제2항에 따른 이사회의 운영은 출석이사 중 연장자의 사회아래 그 회의의 의장을 선출하여야 한다.

제33조 (서면결의 금지)

이사회의 의결은 서면 결의할 수 없다.

제5장 사무국 및 장학위원회

제34조 (사무국)

① 제4조에 따른 사업의 실무를 전담하게 하기 위하여 사무국을 설치·운영할 수 있다. 다만, 재단의 여건을 감안하여 일정기간 부천시에서 재단 사무국 업무를 대행할 수 있다.

② 사무국 직원의 정수는 주무관청의 승인을 받아야 한다.

③ 사무국에는 사무국장 1명과 약간 명의 사무요원을 두며 업무분담 과 조직 운영사항은 이사회의 의결을 거쳐 별도의 규정으로 정한다.

제35조 (장학위원회)

이 법인의 능률적인 운영을 위하여 장학위원회를 둘 수 있으며, 장학위원회의 구성과 운영은 이사회의 의결을 거쳐 시행규칙으로 정한다.

제6장 보칙

제36조 (정관의 변경)

이 정관을 변경하고자 할 경우에는 재적이사 3분의 2이상의 찬성으로 의결하고 주무관청의 허가를 받아야 한다.

제37조 (해산)

이 법인을 해산할 경우에는 제36조에 따른다.

제38조 (해산법인의 잔여재산 귀속)

이 법인을 해산할 경우 남은 재산은 부천시에 귀속된다.

제39조 (운영규칙)

이 정관의 시행에 필요한 사항은 이사회의 의결을 거쳐 규칙으로 정한다.

제40조 (준용)

이 정관에 명시되지 아니한 사항은 「민법」 및 「공익법인의 설립 및 운영에 관한 법률」을 준용한다.

제41조 (공고사항 및 방법)

법령에 따라 다음 각 호의 사항은 이를 신문 또는 인터넷에 공고한 후 시행한다.

이 법인의 명칭 및 사무소의 소재지 변경

법인의 목적사업을 수행함에 있어 일반인에게 널리 알릴 필요가 있다고 이사회에서 의결한 사항

제42조 (장학생 관리 등)

부천시장학기금으로 시행한 장학사업 내용과 수혜자 등은 이 법인에서 승계하여 관리한다.

제43조 (설립당초의 임원 및 임기)

이 법인 설립당초의 임원 및 임기는 다음과 같다.

직위	성명	임기
이사장	OOO	O년
이사	OOO	O년

다. 설립신청

(1) 설립허가 기준

주무 관청은 「민법」 제32조에 따라 공익법인의 설립허가신청을 받으면 관계 사실을 조사하여 재단법인은 출연재산의 수입, 사단법인은 회비·기부금 등으로 조성되는 재원(財源)의 수입(이하 각 '기본재산'이라 한다)으로 목적사업을 원활히 수행할 수 있다고 인정되는 경우에만 설립허가를 한다(공익법인법 제4조).[10]

(2) 설립신청 및 첨부서류

공익법인의 설립허가를 받고자 하는 자는 「법인설립허가신청서」와 함께 다음의 서류를 첨부하여 주무관청에 제출하여야 한다(공익법인법 시행령 제4조 제1항).

- 설립취지서 1부
- 정관 1부
- 재단법인인 경우에는 출연재산의 종류·수량·금액 및 권리관계를 명확하게 기재한 재산목록 및 기부신청서 1부(재산목록은 기본재산과 보통재산으로 구분하여 기재하여야 함)
- 사단법인인 경우에는 회비징수예정명세서 또는 기부신청서 1부
- 부동산·예금·유가증권 등 주된 재산에 관한 등기소·금융기관 등의 증명서1부
- 사업개시예정일 및 사업개시이후 2 사업연도분의 사업계획서 및 수지예산서1부
- 사단법인인 경우에는 창립총회회의록 및 사원이 될 자의 성명 및 주소를 기재한 사원명부 각 1부(사원명부를 작성하기 곤란한 때에는 사원의 총수를 기재한 서류로 대체)

---

10) 설립발기인이 법인인 경우에는 그 명칭, 주된 사무소의 소재지, 대표자의 성명·주소·정관 및 최근의 사업활동 등을 기재함)

〔별지 제1호 서식〕

법 인 설 립 허 가 신 청 서				처리기간	
				14일	
신청인	성 명		주민등록번호		
	주 소			(전화 :)	
법인	명 칭				
	소재지			(전화 :)	
	대표자		주민등록번호		
	주 소				

민법 제32조 및 교육부소관비영리법인의설립및감독에관한규칙 제3조의 규정에 의하여 위와 같이 법인설립허가를 신청합니다.

년   월   일

신청인   (서명 또는 인)

교육부장관 귀하

수 수 료
없 음

* 구비서류

1. 설립발기인의 성명·주민등록번호·주소·약력(설립발기인이 법인 또는 조합인 경우에는 그 명칭, 주된 사무소의 소재지, 대표자의 성명·주민등록번호·주소와 정관)을 기재한 서류 1부
2. 정관 1부
3. 재산목록(재단법인에 있어서는 기본재산과 운영재산으로 구분하여 기재) 및 그 입증서류와 출연의 신청이 있는 경우에는 그 사실을 증명하는 서류 각1부.
4. 당해 사업연도분의 사업계획 및 수지예산을 기재한 서류 1부.
5. 임원취임예정자의 성명·주민등록번호·주소 및 약력을 기재한 서류와 취임승락서   각 1부
6. 창립총회회의록(설립발기인이 법인인 경우에는 법인설립에 관한 의사의 결정을 증명하는 서류) 1부

210mm×297mm

(신문용지 54g/㎡)

이 신청서는 아래와 같이 처리됩니다.　　　　　　　　　　　　　　(뒤 쪽)

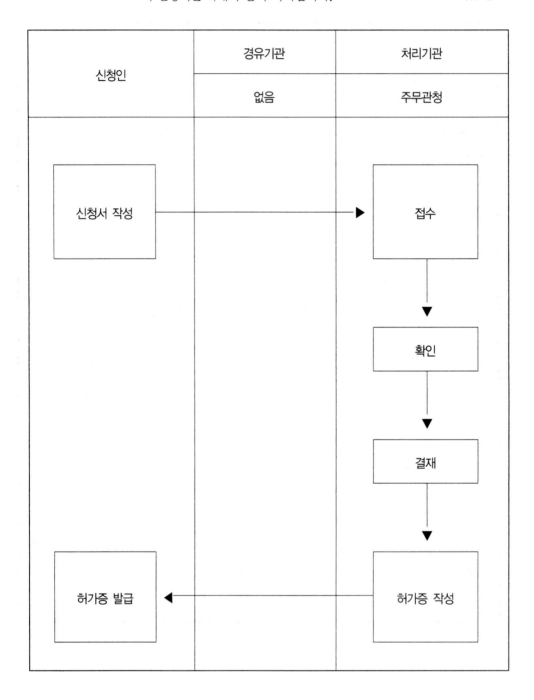

신청인	경유기관	처리기관
	없음	주무관청

설립취지서

우리 ○○향우들의 성장기를 되돌아보면, 한마디로 너나없이 어려웠던 세월을 지내왔습니다. 능력과 자질이 출중하여 나라의 동량지재로 성장, 다방면에서 고향과 나라의 발전을 위하여 여러모로 기여할 수 있었음에도 불구하고 경제적인 어려움으로 인하여 학업의 나래를접고 청운의 기개를 꺾어야 했던 쓰라린 경험들을 간직한 경우가 많이 있었습니다.

무릇 한 국가와 사회의 발전이 그 나라의 백년지대계인 교육에 달려 있다고 하듯 우리의 경제가 오늘날과 같이 고도성장을 계속해 올 수 있었던 배경은 과거 어려운 환경 속에서도 교육에 남다른 열과 성의를 보여 온 대가라 할 수 있겠습니다.

이처럼 교육은 인간의 삶의 터전을 마련하는데 소중한 과정이 아닐 수 없습니다.

재경 ○○군 향우들은 이에 뜻을 모아 올바른 덕성을 갖추고 학업에 열중하고 있으나 경제적인 어려움으로 인하여 뜻을 펴지 못하고 있는 자라나는 후학들에게 장학금을 지급함으로써 우리 고향의 발전과 나아가 국가와 사회에 봉사할 수 있는 지도자적 인물을 육성하는데 기여하고자 본 장학재단을 설립하기에 이르렀습니다.

이제 21세기 지식 정보화 사회와 함께 출발하는 우리 재경 ○○군향우회 장학회는 재경 향우의 자녀들은 물론 고향의 후배들에게 ○○인으로서의 자긍과 기개를 갖게 하며 세계화 시대에 앞서 가는 '신지식인'을 양성하고자 이에 그 설립의 취지를 밝히는 바입니다.

20 년   월 일

재단법인 ○○ 향우회 장학회 출연자 ○○○

법인조직 및 관장업무

1. 기구

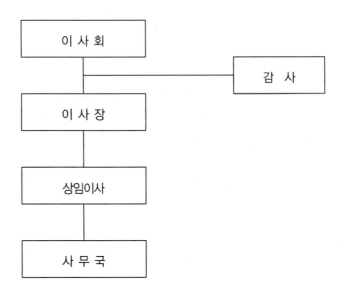

2. 정수 및 담당업무

직위	정수	보수지급	담 당 업 무
사무국장	1명	유·무급	이사회에서 결의된 사항의 처리와 정관 또는 이사장이 위임한 법인의 제반업무 처리
사무직원	1명	유·무급	사무국장을 보좌하고 법인의 회계, 문서관리 등 실무에 관한 제반 업무 처리

※ 사단법인의 경우에는 이사회 위에 총회를 두고 감사는 총회 아래에 둔다.

발 기 인 인 적 사 항

성 명 (한 자)	주민등록 번 호	주 소 (우편번호)	주 요 약 력	연락처(☎)
홍길동 (洪吉東)		서울 종로구 계동 123번지 (123~456)	○(현) ○(전) ○(전)	
			○ ○ ○	
			○ ○ ○	
			○ ○ ○	
			○ ○ ○	
			○ ○ ○	

재 산 현 황

법인명 :

(단위:천원)

구 분	종 별	금 액	비 고
기본재산			
보통재산			
계			

☞ – 종별란에는 현금, 부동산으로 분류

　　– 재산이 부동산일 때에는 비고란에 건물, 임야 등으로 구분하여 면적 기재

　　– 기본재산이 현금일 경우는 잔액증명서, 부동산일 경우에는 등기사항전부증명서 제출

기 본 재 산 현 황

1. 총 괄

(. 12. 31현재)

구 분	수 량	평 가 액	비 고
예 금			
주 식			
채 권			
부 동 산			
기 타			
총 계			

2. 분류별 세부내역

재 산 명	종 류	수 량	평가액(원)	비 고
총 계				

※ 1) 보통재산 현황에는 기본재산 이외의 모든 재산을 기재

2) 분류별 세부내역에는 총괄에서 분류된 재산 순서에 따라 구체적으로 기재

3) 분류별 세부내역의 비고에는 발생 또는 보유사유와 집행계획을 간략히 개재하되 내용이 많을 경우 별지 작성 첨부

사 업 계 획 서

Ⅰ. 사업 개요

본 000 장학재단의 목적사업인 ○○○○○ 사업을 안정적이고 지속적으로 수행하기 위하여 ○
○○○○ 수익사업을 수행하고자 함

Ⅱ. 장학기금 확보와 기금모집 추진계획

1. 장기기금 확보

설립시 설립자로부터 다음과 같은 부동산을 출연받고, 출연받은 부동산을 매각하여 설립시 자본
금으로 기금 00억원을 확보하며, 보통재산 00억원은 설립 후 곧바로 사업비 집행에 따른 수지 부
족분 및 향후 3년간 부족분을 충당하고자 함

출연자	재산구분	출연 부동산	평가액
000	기본재산	00시 00구 000로 123	00억원
000	기본재산	00시 00구 000로 124	00억원
	보통재산	00시 00구 000로 125	00억원
합계			00억원

2. 설립 3년차까지 수지 부족 예상액
- 2000년 수지 부족액 : 000원(수입 - 0000원 / 지출 0000원)
- 2000년 수지 부족액 : 000원(수입 - 0000원 / 지출 0000원)
- 2000년 수지 부족액 : 000원(수입 - 0000원 / 지출 0000원)

Ⅲ. 장학금 지급계획

1. 운영위원회 구성 등

장학기금을 지급할 학생 선발의 공정성과 객관성을 기하기 위하여 기금운영에 관한 사회각계각
층의 의견수렴목적으로 사회적으로 평판이 좋은 5명의 외부 인사를 선발하는 방식으로 장학기금

운영위원을 구성하여 운영함

2. 지원대상 및 지원방법

국내외 우수학생을 대상으로 대학학부 과정에서 박사과정까지 지원하며, 학생선방은 인문, 사회, 자연계열 등 전부분에 걸쳐 공모방식으로 선하는데, 그 기준은 학업성적 등 기본요건 심사, 적성검사, 면접 등의 방법을 통하여 매연 100며 규모를 선발함

가. 장학금 지원 수준

선발된 우수학생에게는 1인당 장학금(학비, 생활비)을 매년 000원 수준을 지원함

나. 2000년도 장학생 공모 및 선발

재단설립 후 곧바로 2000년도 장학생 공모 및 선발절차에 작수하여 2000년 9월 1기 장학생 100명을 최종 선발한 한 동인들에게 장학금을 지급함

다. 2000년 이후 장학금 지급사업 방식

2기 이후 장학생부터는 매연 9월에 대상자를 선발할 예정이며, 선발인원은 매년 100명을 선발할 계획임(학부 00명, 석사 00명, 박사 00명)

IV 장학회 운영

1. 사무처리

설립과 동시에 장학회 운영을 위하여 사무국을 설치한 후 곧바로 사업에 착수함.
그 운영에 관하여는 재단의 독립성을 감안하여 집행예산 전항목 편성

2. 직원의 보수

재산조직표 및 상금임직원 정수표에 근거하여 인건비 편성(인력계획에 의거 5명 인건비 책정, 보수는 동종업계 평균임금 지급)

* 첨부서류
 - 세입세출 예산서(3년)
 - 추정 대차대조표(3년)
 - 추정 손인계산서(3년)
 - 사업비내역서

□ 세부 시행계획

구분	사업명	사업내용	사업시행기간		비고
일반 운영	법인설립등기 등	법인설립등기 및 보고	2009.01	2009.01	
		기본재산 인수 및 소유권이전	2009.01	2009.01	
		세무서 사업자 등록 및 법인신고	2009.01	2009.01	
	재산증자 기부금 조성	기본재산 확충	2009.02	2009.10	
		정관변경 허가 신청	2009.11	2009.11	
	목적사업 기부금 조성	목적사업 기금 조성	2009.02	2009.10	
		기부금 사용승인 신청	2009.11	2009.11	
	...				
목적 사업	장학사업	장학금 수혜대상자 선정 ○지급대상 : ○지급인원 : ○명	2009.01	2009.01	
		장학금 지급 ○지 급 일 : 200 . . . ○지 급 액 : ○○○원 ○지급내역 : ○○원×○명=○○○원 ○지급방법 :	2009.02	2009.02	
	장학사업	장학금 수혜대상자 선정 ○지급대상 : ○지급인원 : ○명	2009.07	2009.07	
		장학금 지급 ○지 급 일 : 200 . . . ○지 급 액 : ○○○원 ○지급내역 : ○○원×○명=○○○원 ○지급방법 :	2009.08	2009.08	
	...				
수익 사업	○○사업	○○사업 인·허가			
		○○사업 수익사업 승인 신청			
		○○사업 개시 ○개시일 : 200 . . .			
		○○사업 개시 신고 및 사업자 등록			
		...			

사 업 수 지 예 산 서

회계연도 ： 200 년도   (금액단위 ： 천원)

수　　입			지　　출		
구　　분		금　액	구　　분		금　액
① 회　　비			① 경 상 비	인 건 비	
				운 영 비	
	소　　계			소　　계	
② 출　연　금	재 산 증 자 기 부		② 퇴 직 적 립 금		
	목 적 사 업 기 부		③ 법　　인　　세		
	소　　계		④ 목 적 사 업 비	장 학 사 업	
③수익사업 전입금				…	
	소　　계			소　　계	
④ 과　실　소　득			⑤ 기 본 재 산 편 입 액		
⑤ 기 타 수 입	특 별 이 익		⑥ 기 타 지 출	차 입 금 상 환	
	임 대 보 증 금			임 대 보 증 금	
	…			…	
	소　　계			소　　계	
⑥ 전 기 이 월 액	목 적 사 업 지 급 준 비 금		⑦ 차 기 이 월 액	목적사업지급 준비금	
	이 월 잉 여 금			이 월 잉 여 금	
	임 대 보 증 금			임 대 보 증 금	
	…			…	
	소　　계			소　　계	
⑦ 법 인 세 환 급 액			⑧ 예　　비　　비		
합　　　계			합　　　계		

사단법인 ○○○○○○ 발기인 대표 ○○○(날인 또는 서명)

재단법인 ○○○○○○   출연자 ○○○(날인 또는 서명)

주) 1. 법인의 설립목적과 정관에 따른 사업내용을 판단할 수 있도록 작성하되, 사업의 목적 범위 내에서 실현가능한 사업을

구체적으로 기재하며, 사업계획서와 사업수지예산서 및 세입·세출예산서는 연계되도록 작성

2. 작성요령(수입)

　① 회비(사단법인의 경우) : 회원들로부터 정기적으로 받을 회비 수입액 기재

　② 출연금

　－ 재산증자기부 : 기본재산 증자를 위하여 받을 기부금액 기재 ⇨ 지출 ⑤기본재산 편입액과 연계

　－ 목적사업기부 : 목적사업에 사용하기 위하여 받을 기부금액 기재 ⇨ 지출 ④목적사업비와 연계

　③ 수익사업 전입금 : 승인받은 수익사업에서 발생한 이익금(총수익－총비용) 중 목적사업에 전입할 금액 기재

　④ 과실소득 : 자산 운용으로 당해연도에 발생된 이자 및 배당수입에 대하여 법인세 원천징수 금액을 차감한 금액 기재

　⑤ 기타수입 : 법인의 수입 중 위 ①~④ 항목을 제외한 금액을 항목별로 기재

　－ 특별이익 : 보통재산 중 법인의 목적사업에 사용하던 비유동자산(고정자산)을 목적사업비로 사용하고자 매각할 대금 기재

　－ 기타 : 전년도 미수금, 미수수익 등의 회수금액과 당년도에 수령한 예수금, 임대보증금 등 기재

　⑥ 전기이월액 : 이월된 금액 기재

　⑦ 법인세환급액 : 전년도 법인세의 환급액 기재

3. 작성요령(지출)

　① 경상비 : 정수 승인된 상근임직원에게 지급할 인건비 및 인건비를 제외한 운영비 기재

　② 퇴직적립금 : 정수 승인된 상근임직원에 대한 퇴직적립(예정)액 기재

　③ 법인세 : 출연재산 운영소득을 근거로 지출될 법인세액 기재

　④ 목적사업비 : 정관에 명시된 목적사업 수행에 소요되는 직접경비를 사업별로 기재

　⑤ 기본재산 편입액 : 기본재산 편입 예정액 기재

　⑥ 기타지출 : 미지급금, 임대보증금 등 부채상환 또는 부가세납부 등

　⑦ 차기이월액 : 목적사업준비금, 차기로 이월하여 상환할 미지급금, 부가세예수금, 임대보증금 등을 기재

　⑧ 예비비 : 예비비 기재

재산출연증서(기부승낙서)

본인 소유인 재산을 설립하는 귀 사단(재단)법인 ○○○○○○에 아래와 같이 무상 출연(기부)합니다.

1. 기부목적 : ○○○○○○○○

2. 기부재산 및 기부용도

구분	재산명	소재지(계좌번호 등)	수량	평가액	기부용도	비고
기본 재산	동 산 (현금)	농협 000-00-000000	1계좌		기본재산으로 편입	
기본 재산	부동산 (건물)	보령시 대천동 ○번지	○㎡		기본재산으로 편입	
기본 재산	부동산 (토지)	보령시 대천동 ○번지	○㎡		기본재산으로 편입	
보통 재산	동 산 (현금)	농협 000-00-000000	1계좌		설립 당해연도의 목적사업비	
					설립 당해연도의 설립 제비용 등	

20 년   월   일

출연자 ○ ○ ○ (인)

사단(재단)법인 ○○○   설립자 대표 ○○○ 귀하

주) 1. 기부목적을 간단히 밝히고, 기부재산의 평가액별로 기부용도 명기

2. 기부재산에 대한 등기소·금융기관 등의 소유증명서와 인감증명서 첨부

3. 지방자치단체 등 공공기관의 현금 출연인 경우 출연자(인)에 기관 직인과 기관장의 사인을 날인하고, 출연 근거가
   명시된 규정(조례 등) 및 예산서 첨부

재(사)단법인 ○○장학회 제○회 이사회(총회)회의록

1. 회의소집통지일 : ※ 회의개최 7일전에 통지하여야 함

2. 회의일시 : 20○○년 ○○월 ○○일 ○○ : ○○

3. 회의장소 : ○○시 ○○동 소재 ○○○

4. 이사정수 : ○○인

5. 재적이사 : ○○인

6. 출석이사(회원) : 출석이사 모두 성명 기재(총회는 출석회원수 기재)

7. 결석이사(회원) : 결석이사 모두 성명 기재(총회는 결석회원수 기재)

8. 회의안건

− 제1의안 : 임원 취·해임의 건

− 제2의안 : 정관변경의 건

9. 회의 내용

• 이 사 장 : 바쁘신데도 불구하고 이렇게 이사회에 참석하여 주신데 대하여 감사를 드립니다. 이사 정수 ○○명중 ○○명이 참석하여 성원이 되었으므로 본 장학회 제○회 이사회의 개회를 선언합니다. 오늘 심의할 안건은 ○건으로 먼저 제1호 안건인 임원 취·해임의 건을 상정합니다. 임원 선출에 앞서 금년도 ○월 ○일자 임기가 만료되는 ○○○이사, ○○○이사님은 후임 선출을 위하여 잠시 퇴장하여 주시기 바랍니다.

(별실로 퇴장함)

그럼 두 분 이사님의 후임자로 좋은 분이 있으면 의견을 말씀하여 주시기 바랍니다.

• ○○○이사 : ○○○이사, ○○○이사 두 분은 본 법인을 설립할 때부터 많은 도움을 주었을 뿐만 아니라 지금도 본 법인의 발전을 위해 많은 노력을 하고 있으므로 유임토록 하는 것이 좋겠습니다.

• ○○○이사 : ○○○이사님의 제의에 동의합니다.

• ○○○이사 : 재청입니다.

○ 이 사 장 : 이의나 다른 의견은 없습니까?

• 이사전원 : (이의 없음을 표시하다)

• 이 사 장 : 이사님들의 이의가 없으므로 ○○○이사, ○○○이사는 유임되었음을 선포합니

다.

☞ 이하생략

년 월 일

참석자 : 이사장 ○○○ (인)
　　　　 이 사 ○○○ (인)
　　　　 이 사 ○○○ (인)
　　　　 이 사 ○○○ (인)
　　　　 이 사 ○○○ (인)
　　　　 이 사 ○○○ (인)
　　　　 이 사 ○○○ (인)
　　　　 감 사 ○○○ (인)
　　　　 감 사 ○○○ (인)

※ 총회 및 이사회 회의록의 날인은 의장과 참석이사 전원이 하고 매장 간인을 하여야 하며, 감사도 기명 · 날인을 하여야 함

임 원 조 서

번호	직위	성명(한자)	주민등록번호	임기	학력	주소	현직

사단(재단)법인   ○○○○   이사장   (인)

취 임 승 낙 서

성　　명 :

주　　소 :

주민등록번호 :

본인은 재단(사단)법인 ○○○○장학회의 이사(감사)에 취임하는 것을 승낙 합니다.

년　월　일

이사(감사)　○　○　○　(날인)

재단(사단)법인 ○○○○장학회 이사장 귀하

3. 법인설립허가 후 절차

가. 재산이전

비영리법인의 설립허가를 받은 자는 그 허가를 받은 후 지체 없이 기본재산 및 운영재산을 비영리법인에 이전하고, 허가를 받은 날부터 1개월 이내에 재산의 이전을 증명하는 등기소 또는 금융회사 등의 증명서를 주무관청에 제출하여야 한다.

나. 설립등기

주무관청으로부터 법인설립의 허가를 받은 때에는 3주 내에 주된 사무소소재지에서 설립등기를 하여야 한다(민법 제49조 제1항).

다. 설립보고

공익법인은 법인설립등기를 완료한 날로부터 7일 이내에 등기보고서를 주무관청에 제출하여야 한다. 이 경우 주무관청은 「전자정부법」 제36조 제1항에 따른 행정정보의 공동이용을 통하여 법인 등기사항증명서를 확인하여야 한다(공익법인법 시행령 제9조). 이 경우 주무관청은 행정정보의 공동이용을 통하여 법인 등기사항증명서를 확인하여야 한다(전자정부법 제36조 제1항, 공익법인법 시행령 제9조).

라. 정관변경

공익법인이 민법 제42조 제2항(사단법인의 정관의 변경), 동법 제45조 제3항(재단법인의 정관변경), 동법 제46조(사단법인의 목적 기타의 변경)의 규정에 의하여 정관변경의 허가를 받고자 할 때에는 정관변경허가신청서에 다음의 서류를 첨부하여 주무관청에 제출하여야 한다(공익법인법 시행령제10조).

- 정관변경이유서 1부
- 정관개정안 1부
- 정관변경에 관한 총회 또는 이사회 회의록
- 정관변경의 원인이 되는 사실을 증명할 수 있는 서류

법인정관 변경허가 신청서				처리기간
				7일
신청인	성명		주민등록번호 (외국인등록번호)	
	주소		(전화 :)	
법인	법인명칭			
	법인소재지		(전화 :)	
	대표자성명		대표자주민등록번호 (외국인등록번호)	
	대표자주소		대표자전화번호	
	설립허가일자		설립허가번호	

「공익법인의 설립·운영에 관한 법률 시행령」제10조의 규정에 의하여
위와 같이 정관 변경 허가를 신청합니다.

년   월   일

신청인   (서명 또는 인)

경기도교육감   귀하

	수수료
	없 음

※ 구비서류
1. 변경사유서 1부
2. 정관개정안(신·구주문대비표를 포함 한다) 1부
3. 정관의 변경에 관한 총회 또는 이사회의 회의록 등 관련서류 1부
4. 기본재산의 처분에 따른 정관변경의 경우에는 처분의 사유, 처분재산의 목록, 처분의
　방법 등을 기재한 서류 1부

정관 변경 사유서

〔① 기부금 편입에 따른 기본재산 증자〕

본 재단법인의 기부금 금000,000원(기부자 : ○○○)을 기본재산에 편입하고 기본재산 증자에 따른 정관변경을 하고자 합니다.

〔② 기존사업을 더 확대하는 사업변경인 경우〕

현행 정관에서는 장학금 수혜대상자를 '대학생 및 대학원생'으로 정하고 있으나, 우리나라의 경우 고등학교부터 유상교육을 실시하고 있으므로 장학금 수혜대상자를 '고등학생'까지 확대하고자 함.

〔③ 설립취지를 더욱 명확히 드러내는 명칭 변경의 경우〕

본 재단(사단)은 설립자 홍길동의 이름을 따서 재단명칭을 '홍길동장학재단'으로 붙였으나, 설립자의 호와 이름이 함께 들어 있는 재단 명칭을 사용함으로써 재단 설립자의 사후라도 설립취지 및 장학이념이 명확히 드러날 수 있도록 하고자 재단명칭을 '**활빈 홍길동 장학재단**'으로 변경하고자 합니다.

〔④ 소재지 변경인 경우〕

본 재단(사단) 법인의 소재지가 ○○○구 ○○○동 ○○번지에서 ○○○구 ○○○동 ○○로 이전하게 됨에 따라 소재지 변경에 따른 정관변경을 하고자 합니다.

2013년 00월 00일

재단법인 홍길동장학재단 이사장 ○○○ (인)

경기도○○교육지원청교육장 귀하

정관 신·구 대비표

현 행 (구)	개 정 (신)
제16조(임원의 종류와 정수) ① 이 법인에 두는 임원의 종류와 정수는 다음과 같다. 　　1. 이사 5명 　　2. 감사 2명	제16조(임원의 종류와 정수) ① 이 법인에 두는 임원의 종류와 정수는 다음과 같다. 　　1. 이사 7명 　　2. 감사 2명

마. 재산관리

(1) 재산구분

(가) 재산구분

공익법인의 재산은 기본재산과 보통재산으로 구분된다(공익법인법 제11조 제1항). 이중 기본재산은 설립시 기본재산으로 출연한 재산 및 기부에 의하거나 기타 무상으로 취득한 재산(단, 기부목적에 비추어 기본재산으로 하기 곤란하여 주무관청의 승인을 얻은 것은 예외), 보통재산 중 총회 또는 이사회에서기본재산으로 편입할 것을 의결한 재산 그리고 세계잉여금 중 적립금 등을 지칭하며,

보통재산은 기본재산 이외의 모든 재산을 지칭한다.

(나) 기본재산 편입

주무관청은 공익법인의 보통재산이 과다하다고 인정할 때에는 그 일부를 기본재산으로 편입하게 할 수 있다(공익법인법 시행령 제16조 제3항).

(다) 보통재산

1) 보통재산의 유형

가) 기본재산으로부터 발생되는 일체의 이익금

• 예금 또는 채권 등에서 발생한 이자수입

• 부동산을 임대하여 발생한 수입

• 주식의 배당금

• 승인받은 수익사업의 수입 중 경비 및 제세공과금 일체를 차감하고 목적사업비로 전입된 이익금

나) 전년도 예산 중 사용잔액이 당해 연도로 이월된 전기이월금

다) 일체의 환급금이나 회수금

• 전년도 납입 법인세 중 환급금

• 지출된 사업비 중 사용포기된 회수금

라) 기타 기본재산이 아닌 물품의 매각처리대금과 같은 잡수입금

(2) 기본재산의 관리 등

(가) 기본재산의 관리

기본재산은 그 목록과 평가액을 정관에 적어야 하며, 평가액에 변동이 있을 때에는 지체 없이 정관변경 절차를 밟아야 한다(공익법인법 제11조 제2항). 또한 공익법인의 모든 재산의 평가는 취득당시의 시가에 의한다. 다만, 재평가를 실시한재산은 재평가액으로 한다(공익법인법 시행령 제24조). 한편, 기본재산의 변동에 따른 각종 허가시, 주무관청은 기본재산의 보존여부를 확인할 수 있는 증빙자료를 제출하도록 하여 점검한다. 예를 들어, 현금(예금)의 경우에 잔액증명서와 통장원본을 제출토

록 하여 무단인출 여부를 확인한다.

(나) 기본재산의 변동에 따른 허가

1) 주무관청의 허가 등

공익법인은 기본재산을 매도·증여·임대·교환 또는 용도변경하거나 담보로제공하거나 대통령령으로 정하는 일정금액 이상을 장기차입(長期借入)하려면 주무 관청의 허가를 받아야 한다(공익법인법 제11조 제3항 제1호, 제2호). 다만, 「상속세 및 증여세법」 제16조제2항에 따른 성실공익법인이 기본재산의 100분의 20 범위 이내에서 기본재산의 증식을 목적으로 하는 매도·교환 또는 용도변경 등 대통령령으로 정하는 경우에는 주무관청에 대한 신고로 허가를 갈음할 수 있다(공익법인법 제11조 제4항 제1호). 이러한 허가사항을 위반한 경우 3년 이하의 징역 또는 1천만원 이하의 벌금에 처한다(공익법인법 제19조).

2) 기본재산의 처분

공익법인이 기본재산을 처분할 때에는 반드시 주무관청의 허가를 받아야 한다. 기본재산처분의 유형으로는 매도, 증여, 임대, 교환 등이 있으며, 공익법인이 기본재산의 처분허가를 받기 위해서는 다음의 서류를 첨부하여 주무관청에 제출하여야 한다(공익법인법 시행령 제17조).

• 기본재산처분허가신청서
• 기본재산처분사유서
• 처분재산명세서
• 「부동산 가격공시 및 감정평가에 관한 법률」 제28조에 따른 감정평가법인이 작성한 감정평가서 또는 시장·군수 또는 구청장(자치구의 구청장에 한함)이 같은 법 제9조에 따라 표준지의 공시지가를 기준으로 하여 산정한 개별필지에 대한 지가확인서 (교환의 경우에는 쌍방의 재산에 관한 것이어야 함)
• 총회 또는 이사회 회의록 사본
• 교환재산 또는 처분대금의 처리에 관한 사항을 기재한 서류(교환 또는 매도의 경우에 한함)

재단(사단)법인 기본재산 처분허가 신청서				처리기간
				8 일

신청 법인	명 칭		전 화		
	소 재 지		대 표 자		
	실립허가 연 월 일		실립허가 번 호	제 호	

처 분 사 유	

「공익법인의 설립·운영에 관한 법률」 제11조 제3항의 규정에 따라 기본재산 처분(매도·교환 등)허가를 신청합니다.

년 월 일

재단(사단)법인 ○○○ 장학회 이사장○○○ (인)

경기도○○교육지원청교육장 귀하

※ 구비서류

1. 처분 사유서 1부
2. 기본재산 처분 허가 신청내역서 1부
3. 감정평가서 1부
4. 이사회(재단·사단) 및 총회(사단)회의록 사본 1부
5. 교환재산 또는 처분대금의 처리계획에 관한서류 1부

기본재산 처분 사유서

〔① 부동산을 매각하여 현금으로 전환 할 때〕

본 법인의 기본재산인 경기도 ○○군 ○○면 ○○리 ○○○번지 소재 임야 3,000㎡는 무수익 부동산으로 이를 120,000천원에 매각하고 제세공과금(10,000천원)을 제외한 110,000천원을 정기 예금으로 예치하여 이자소득으로 장학사업을 성실히 수행하고자 합니다.

〔② 현금으로 채권을 매입할 때〕

본 법인은 기본재산 현금 3억원으로 정기예금에 예치하고 있어 이자소득으로 장학사업을 수행(2011년 18,000천원, 2012년 10,000천원 목적사업 수행)하였으나, 최근 금리의 하락(3%)이 장기화 되어 목적사업 수행이 어려워짐에 따라 안전성과 수익률이 높은 국공채를 매입하여 장학사업을 성실히 수행하고자 합니다.

〔③ 채권에서 채권으로 전환할 때〕

본 법인이 기본재산으로 보유하고 있는 ○○채권(100,000구좌 100,000천원)이 2012년 12월 20일자로 기간이 만기됨에 따라 이를 처분하여 ○○○채권(100,000구좌 100,000천원)을 매입 하고 나머지는 보통재산으로 2013년도 목적사업으로 집행하고자 합니다.

2000년 00월 00일

재단(사단)법인 ○○○ 장학회 이사장 ○○○ (인)

경기도교육감 귀하

[서식 기본재산처분허가 신청내역서]

〔① 부동산을 매각하여 현금으로 전환할 때〕

기본재산 처분 허가 신청내역서

■ 법인명 : 재단(사단)법인 ○○○장학회   (단위 : 원)

기본재산구분			④ 처분전 기본재산 ('12년 12월 1일 현재의 기본재산) 【(수량)금액】	기본재산 처분허가(변동)내역 【(수량)금액】			⑧ 처 분 후 기본재산 예정액 【(수량)금액】
① 구분	② 종목	③ 종별 또는 소재지		⑤ 처분예정 재산 (減)	취득예정재산(增)		
					⑥ 감정평가 (공시지가)	⑦ 취득예정 (제세공과금)	
동산	예금 현금	현금	100,000,000				110,000,000 (10,000,000)	210,000,000
	소　계		**100,000,000**				**110,000,000**	**210,000,000**
부동산	임야	경기도 ○○시 ○○동 ○○번지	(3,000㎡) 9,687,350	(3,000㎡) 9,687,350	100,000,000 (93,424,049)		(0㎡) 0
	소　계		**(3,000㎡) 9,687,350**	**(3,000㎡) 9,687,350**	100,000,000 (93,424,049)		**(0㎡) 0**
합　계			109,687,350	**(3,000㎡) 9,687,350**	**100,000,000 (93,424,049)**	110,000,000	210,000,000

《작성방법》

① 구분 : 동산 – 부동산

② 종목 : 예금–주식–채권(동산), 전–답–대지–임야–잡종지–건물(부동산)

③ 종별 또는 소재지

  – 동산인 경우 정기예금–주식명(보통주, 우선주 구분)–채권명

  – 부동산인 경우 소재지 번지까지 구분하여 작성

④ 처분 전 기본재산 : 처분허가 신청 시 정관의 재산내역과 반드시 일치

⑤ 처분예정재산 : 수량과 금액 구분

⑥ 감정평가(공시지가)

  – 감정평가서와 공시지가확인서 금액 작성

  – 주식인 경우 2개월간 최종시세가액의 평균액

  – 매각금액의 판단자료임

  – 주식이나 채권 매각 시 처분예정금액을 작성

⑦ 취득예정(제세공과금)

  – 매각금액에서 제세공과금을 구분하여 실제 기본재산으로 편입할 금액 작성

  – 제세공과금에 대한 산출내역서 첨부해야 함.

⑧ 처분 후 기본재산 예정액 = ④처분 전 기본재산 – ⑤처분예정재산 + ⑦취득예정

〔② 현금으로 채권을 매입할 때〕

기본재산 처분 허가 신청내역서

■ 법인명 : 재단(사단)법인 ○○○장학회　　　　　　　　　　　　　(단위 : 원)

기본재산구분			④ 처분전 기본재산 ('12년 12월 1일 현재의 기본재산) 【(수량)금액】	기본재산 처분허가(변동)내역 【(수량)금액】			⑧ 처분 후 기본재산 예정액 【(수량)금액】
① 구분	② 종목	③ 종별 또는 소재지		⑤ 처분예정 재산 (減)	취득예정재산(增)		
					⑥ 감정평가 (공시지가)	⑦ 취득예정 (제세공과금)	
동산	예금	현금	300,000,000	300,000,000			
	채권	○○				(300,000구좌) 300,000,000	(300,000구좌) 300,000,000
	소　계		300,000,000	300,000,000		**(300,000구좌) 300,000,000**	**(300,000구좌) 300,000,000**
부동산	임야	경기도 ○○시 ○○동 ○○번지	(3,000㎡) 9,687,350				(3,000㎡) 9,687,350
	소　계		**(3,000㎡) 9,687,350**				**(3,000㎡) 9,687,350**
합　계			309,687,350	300,000,000		**(300,000구좌) 300,000,000**	309,687,350

〔③ 채권으로 채권을 매입할 때〕

기본재산 처분 허가 신청내역서

■ 법인명 : 재단(사단)법인 ○○○장학회 　　　　　　　　　　(단위 : 원))

기본재산구분 ① 구분	기본재산구분 ② 종목	기본재산구분 ③ 종별 또는 소재지	④ 처분전 기본재산 ('08년 12월 1일 현재의 기본재산) 【(수량)금액】	기본재산 처분허가(변동)내역 【(수량)금액】 ⑤ 처분예정 재산(減)	취득예정재산(增) ⑥ 감정평가 (공시지가)	취득예정재산(增) ⑦ 취득예정 (제세공과금)	⑧ 처분후 기본재산 예정액 【(수량)금액】
동산	예금	현금	100,000,000				100,000,000
	채권	○○	(100,000구좌) 100,000,000	(100,000구좌) 100,000,000	110,000,000		0
		○○○				(100,000구좌) 100,000,000	(100,000구좌) 100,000,000
	임야	○○○ (보통주)	(12,000주) 60,000,000				(12,000주) 60,000,000
		○○○ (우선주)	(800주) 8,000,000				(800주) 8,000,000
소　계			**268,000,000**	(100,000구좌) 100,000,000	110,000,000	(100,000구좌) 100,000,000	**268,000,000**
합　계			**268,000,000**	**300,000,000**	110,000,000	(100,000구좌) 100,000,000	**268,000,000**

(나) 승인사항

기본재산을 임대하는 경우에는 기본재산처분에 관한 주무관청의 허가 이외에 임대에 따른 수익사업의 승인을 받아야 한다(공익법인법 제4조 제3항, 공익법인법 시행령 제11조 참조).

(다) 기본재산 처분신고

1) 신고갈음

공익법인 중에서 상증법 제16조 제2항에 따른 성실공익법인은 기본재산의 100분의 20 범위 이내에서 기본재산의 증식을 목적으로 하는 매도·교환 또는 용도변경 및 담보제공 등의 경우에는 주무관청의 신고로 갈음할 수 있다(공익법인법 제11조 제4항 제1호).

2) 신고 및 첨부서류

성실공익법인이 기본재산처분의 신고를 하는 경우에는 그 처분한 날부터 3주일 이내에 그 신고서에 다음의 서류를 주무관청에 제출하여야 하며, 같은 기간 내에 주무관청에 정관변경 허가를 신청하여야 한다(공익법인법 시행령 제18조의3 제3항).

- 기본재산처분신고서
- 기본재산처분사유서
- 기본재산명세서 및 매도 등을 한 재산의 명세서(기본재산평가액을 소명할 수 있는 자료를 각각 포함)
- 총회 또는 이사회 회의록 사본
- 성실공익법인에 해당함을 소명할 수 있는 자료

3) 확인 및 보완요구

기본재산처분신고서를 제출받은 주무관청은 지체 없이 제출된 서류를 검토하여야 하며, 필요한 경우 공익법인에게 보정(補正)을 요구할 수 있다. 이 경우 성실공익법인은 보정을 요구받은 날부터 1주일 이내에 이를 보정하여야 한다.

(라) 기본재산의 담보재공 등

1) 담보제공 및 신고갈음

공익법인이 기본재산을 담보로 제공하거나 대통령령으로 정하는 일정금액 이상을 장기차입(長期借

入)하려면 주무관청의 허가를 받아야 한다(공익법인법 제11조 제3항 제1호, 제2호). 다만 성실공익법인의 경우에는 기본재산의 100분의 20 범위 이내에서 기본재산의 증식을 목적으로 기본재산을 담보제공하는 경우에 주무관청의 신고로 갈음할 수 있다(공익법인법 제11조제4항 제1호).

2) 장기차입의 범위

주무관청의 허가를 요하는 장기차입의 범위는 차입하고자 하는 금액을 포함한 장기차입금의 총액이 기본재산 총액에서 차입당시의 부채 총액을 공제한 금액의 100분의 5에 상당하는 금액 이상인 경우에 한한다(공익법인법 시행령 제18조 제1항).

3) 단기차입을 행한 경우

공익법인이 당해연도의 예산으로 상환할 단기차입을 행한 경우에는 예산수지를 명확히 하여 당해연도내에 반드시 상환할 수 있도록 하여야 한다(공익법인법시행령 제18조 제2항).

4) 담보제공 허가시 첨부서류

공익법인이 기본재산의 담보에 관한 허가를 받고자 할 때에는 다음의 서류를 갖추어 주무관청에 제출하여야 한다(공익법인법 제17조 제3항).
한편, 공익법인법에는 '담보'의 허가신청시 필요한 서류만 규정하고 있으나, '장기차입'에 관해서도 담보에 준해서 서류를 갖추어야 할 것이다.

가) 담보허가신청

• 기본재산 담보 허가신청서
• 기본재산 담보 사유서
• 담보 내역서– 담보에 제공할 재산목록
– 피담보채권액
– 담보권자
• 상환방법 및 상환계획서
• 총회 또는 이사회 회의록 사본(해석상 사단법인의 경우에는 총회의사록)

나) 장기차입 허가신청

- 장기차입 허가신청서

- 장기차입 사유서

- 장기차입 내역서

  – 장기차입 재산목록

  – 장기차입금

  – 장기차입처

- 상환방법 및 상환계획서

- 총회 또는 이사회 회의록 사본(해석상 사단법인의 경우에는 총회의사록)

기본재산 담보제공(장기차입) 사유서

〔① 담보와 장기차입이 동시에 이루어지는 경우〕

본 법인은 기본재산인 경기도 ○○군 ○○면 ○○리 ○○○번지 소재 임야 1,000㎡는 무수익 부동산으로 취득후 10여년 동안 매각하고자 했으나 매수인이 없어 방치되어 있던 중, 이를 해결하기 위해 이사회에서 다방면으로 조사한 결과 서울과 거리가 멀지 않아 창고를 지어 임대할 경우 임대수익이 발생 할 수 있다고 판단되었습니다. 그러나 창고를 지을 재원을 마련하기 어려워 불가피하게 동 부동산을 담보로 1억원을 대출받아 창고건축 및 부대비용으로 처리 하고자 합니다.

〔② 장기차입만 이루어지는 경우 〕

본 법인은 기본재산 10억원의 예금이자로 최근 3년 평균 3천만원 정도 목적을 수행하고 있으나 금리의 하락으로 향후 목적사업의 규모가 줄어들 수 밖에 없는 실정입니다. 이를 해결하기 위해 이사회에서 논의한 결과 수익성이 있는 부동산(최저 15억원)을 매입하여 연간 발생하는 임대수익으로 목적사업을 활성화하고자 결정하였고, 부동산을 매입하기 위해 모기업인 (주)홍길동에서 10억원을 추가 출연하기로 했으나 부족분 5억원은 홍길동 이사장의 소유 부동산인 담보로 불가피하게 은행에서 대출을 받아 처리하되 차입금은 법인에서 부담 하고자 합니다.

2013년 00월 00일

재단법인 홍길동장학재단 이사장 ○○○ (인)

경기도교육감 귀하

기본재산 담보제공(장기차입) 허가 신청내역서

법인명 : 재단법인 ○○○장학재단

1. 담보 내역서

담보할 재산목록		피담보채권액 (단위 : 천원)	담보권자	비고
소재지	수량			
경기도 ○○군 ○○면 ○○리 ○○○ 번지	1,000㎡	100,000	○○○은행	

2. 차입금 이용명세서

(단위:천원)

차입금액	차입금사용계획			비고
	일자	내용	금액	
100,000	2012.12.10	창고설계	10,000	
	2013.03.03	창고건축	85,000	
	2013.07.01	부대비용	5,000	
	계		100,000	

※ 장기차입 해당 여부(2012.10.30기준)

　장기차입금 총액(100,000천원) 〉 장기차입기준액(39,600원)으로 장기차입 해당함.

(단위:천원)

기본재산총액 ①	부채총액 ②	장기차입 기준액 {(①-②)X5/100}	장기차입금		
			총액	기존 장기차입액	신규 장기차입액
800,000	8,000	39,600	100,000	0	100,000

상 환 계 획 서

법인명 : 재단법인 ○○○장학재단

(단위 : 천원)

차입금액	상환계획			비고
	일자	상환재원	금액	
100,000	2014.01	2013 결산잉여금	20,000	
	2015.01	2014 결산잉여금	30,000	
	2016.01	2015 결산잉여금	50,000	
	계		100,000	

바. 법인설립허가 취소

공익법인법은 다음과 같은 사유의 어느 하나에 해당될 때에 주무관청이 공익법인에 대한 설립허가를 취소할 수 있도록 정하고 있으며, 공익법인의 목적사업이 둘 이상인 경우에는 그 일부의 목적사업에 해당 사유가 있을 때도 설립허가가 취소될 수 있다(공익법인법 제16조 제1항).

- 거짓이나 그 밖의 부정한 방법으로 설립허가를 받은 경우
- 설립허가 조건을 위반한 경우
- 목적 달성이 불가능하게 된 경우
- 목적사업 외의 사업을 한 경우
- 이 법 또는 이 법에 따른 명령이나 정관을 위반한 경우
- 공익을 해치는 행위를 한 경우
- 정당한 사유 없이 설립허가를 받은 날부터 6개월 이내에 목적사업을 시작하지 아니하거나 1년 이상 사업실적이 없을 때

이상의 사유에 따른 공익법인의 설립허가취소는 다른 방법으로는 감독목적을 달성할 수 없거나, 감독청이 시정을 명령한 후 1년이 지나도 이에 응하지 아니한 경우에 한하여 실시된다(공익법인법 제16조 제2항).

사. 법인의 해산

(1) 해산사유

공익법인에도 민법상 비영리법인의 해산사유가 적용된다. 그 외 공익법인법은 다음과 같은 사유의 어느 하나에 해당될 때에 주무관청이 공익법인에 대한 설립허가를 취소할 수 있도록 정하고 있다. 공익법인의 목적사업이 둘 이상인 경우에는 그 일부의 목적사업에 해당 사유가 있을 때도 설립허가가 취소될 수 있다(공익법인법 제16조 제1항).

- 거짓이나 그 밖의 부정한 방법으로 설립허가를 받은 경우
- 설립허가 조건을 위반한 경우
- 목적 달성이 불가능하게 된 경우
- 목적사업 외의 사업을 한 경우
- 이 법 또는 이 법에 따른 명령이나 정관을 위반한 경우
- 공익을 해치는 행위를 한 경우
- 정당한 사유 없이 설립허가를 받은 날부터 6개월 이내에 목적사업을 시작하지 아니하거나 1년 이상 사업실적이 없을 때
- 이상의 사유에 따른 공익법인의 설립허가취소는 다른 방법으로는 감독목적을 달성할 수 없거나, 감독청이 시정을 명령한 후 1년이 지나도 이에 응하지 아니한 경우

등에 한하여 실시된다.

(2) 잔여재산의 귀속

공익공익법은 청산절차과정에서 발생한 잔여재산의 처리에 관해서는 민법과 달리 공익적 견지에서 잔여재산의 귀속에 관한 규정을 두고 있다.

가) 귀속주체

해산한 공익법인의 남은 재산은 정관으로 정하는 바에 따라 국가나 지방자치단체에 귀속된다(공익 법인법 제13조). 따라서 공익법인은 그 정관에 당해 공익법인이 해산한 경우에 잔여재산이 귀속될 주체를 국가 또는 지방자치단체로 명시하여야 한다(공익법인법 시행령 제25조 제1항).

나) 귀속절차

공익법인의 청산인은 해산 후 청산종결의 신고(민법 제94조)와 함께 잔여재산이 귀속할 국가 또는 지방자치단체에 잔여재산의 목록을 제출하고, 지체 없이 권리 이전절차를 취한 후 재산을 인도하여야 한다(공익법인법 시행령 제25조 제21항).

다) 귀속결과

국가나 지방자치단체에 귀속된 재산은 주무관청 또는 지방자치 단체의장(당해 법인의 주무관청이 교육부장관인 경우에는 교육감)이 관리하되, 공익사업에 사용하거나 이를 유사한 목적을 가진 공익 법인에게 증여하거나 무상대부 한다. 이 경우 주무관청은 기획재정부장관과 협의하여야 한다(공익 법인법 제13조 제2항, 공익 법인법 시행령 제25조 제3항).

법인해산허가신청서			처 리 기 간
			1 0 일

법 인	명 칭			
	소 재 지			(전화번호 :)
	대표자성명		주민등록번호	
	대표자주소			

민법 제77조의 규정에 의하여 위와 같이 법인해산을 신고합니다.

20 년 월 일

신고인 (서명 또는 인)

충 청 남 도 교 육 감 귀 하

	수 수 료
	없 음

※ 구비서류

1. 해산사유서 1부

2. 해산 당시의 재산목록 1부

3. 재산청산조서 1부

4. 잔여재산의 처리에 관한 의견서 1부

5. 정관 1부

6. 법인등기부등본 1부

7. 사단법인이 총회의 결의에 의하여 해산하는 경우에는 당해 결의를 한 총회의 회의록 1부

7-1. 재단법인이 이사회의 결의에 따라 해산한 때에는 당해 결의를 한 이사회의 회의록 1부

해산사유서

---

1. 2008년 ○월 ○일 주식회사 ○○이 최종 부도 처리되어 파산함에 따라 법인에서 기본재산으로 보유 중인 같은 회사주식 ○○주가 재산 가치를 완전히 상실하여 잔여 기본재산 ○억원으로는 당초 법인의 설립 목적을 달성할 수 없고,

2. … 하는 등 법인을 운영할 수 없다고 판단되어,

3. 기본재산 예금 ○○억원은 정관 제○조의 규정에 따라 충청남도교육청으로 귀속시키기로 하고,

4. 청산인은 현 이사장인 홍길동 이사로 선임하여 법인을 해산하고자 의결하였기에 해산허가를 신청합니다.

20 년   월   일

재단법인 ○○○○○○   이사장 ○ ○ ○ (인)

충청남도교육감 귀하

주) 해산의 사유, 잔여재산의 처리, 청산인 선임 사항을 육하원칙에 따라 구체적으로 기술

해산 당시의 재산 목록

(금액단위 : 원)

재산종류	종별	재 산 명	수량	정관상금액	평 가 액	비 고
기본재산	현금	○○은행 정기예금	1계좌	100,000,000	100,000,000	
기본재산	주식	(주) ○○ 보통주	○○주	5,000,000,000	0	
보통재산	현금	○○은행 보통예금	1계좌	10,000,000	10,000,000	
이하빈칸						
합계						

재산청산조서

(금액단위 : 원)

재산종류	종별	재산명	수량	평 가 액	청산계획	비 고
기본재산	현금	○○은행 정기예금	1계좌	100,000,000	충청남도교육청으로 귀속	
기본재산	주식	(주) ○○ 보통주	○○주	0	소각처리	
보통재산	현금	○○은행 보통예금	1계좌	10,000,000	청산비용 사용 후 충청남도교육청으로 귀속	
이하빈칸						
합계						

잔여재산 처리에 관한 의견서

1. 재단의 해산 의결 당시 재산평가액 총액은 「해산 당시의 재산목록」 및 「재산청산조서」와 같이 ○○○○원으로 확정되었습니다.

2. 재산 총액 중 기본재산 현금 ○○○○원은 정관 제○조에 의하여 잔여재산 귀속처인 충청남도 교육청으로 귀속시키고,

3. 기본재산 주식 …하며,

4. 보통재산 현금 ○○원은 재단 청산비용에 사용하되, 청산 종료 후에도 잔액이 있을 경우에는 정관 제○조에 의하여 잔여재산 귀속처인 충청남도교육청으로 귀속시키기로 이사회에서 의결 하였기에

5. 상기와 같이 잔여재산 처리에 관한 의견서를 제출합니다.

20 년   월   일

재단법인 ○○○○○○   이사장 ○ ○ ○ (인)

충청남도교육감 귀하

주) 잔여재산의 평가 총액, 기본재산과 보통재산의 처리방법을 육하원칙에 따라 구체적으로 기술

20　년 제○회

재단법인 ○○○○○○ 이사회 회의록

회의소집통지일자		0000. . .	
이사정수	11명	재적이사	11명

1. 회의일시 : 20　년 ○월 ○일 15:00~17:00

2. 회의장소 : 법인 사무실

3. 회의안건 :

가. 제1호 의안 : 법인해산에 관한 건

나. 제2호 의안 : 청산인 선임에 관한 건

4. 출석임원 : 이사 10명, 감사 2명

가. 이사 : ○○○, ○○○, ○○○, ○○○, ○○○, … (10명)

나. 감사 : ○○○, ○○○(2명)

5. 결석임원 : 이사 1명, 감사 0명

가. 이사 : ○○○(1명)

나. 감사 : 결석임원 없음

6. 회의내용

사무국장 : 재적이사 11명 중 과반수인 10명이 참석하셨기에 성원되었습니다.

이 사 장 : 20　년도 제○회 이사회를 개최하도록 하겠습니다.

[제1의안 상정] : 법인해산에 관한 건

이 사 장 : 제1안 '법인해산에 관한 건'을 상정하겠습니다. 안건에 대해 사무국장의 설명이 있겠습

니다.

사무국장 : …

> 회의록은 법인해산이 적법한 절차를 거쳐 의결되었느냐를 판단하는 중요한 기준이 되므로 육하원칙에 따라 작성하여야 한다. 특히 해산의 사유, 잔여재산의 평가액 및 처리계획, 해산의 절차 등의 심의과정을 상세하게 기재하여야 한다.

이 사 장 : 재단을 정상화하고자 최선을 다해 왔습니다. 그러나 그동안의 노력에도 불구하고 법인의 여건이 개선되지 않아 이렇게 부득이 하게 해산을 논의하게 되었습니다. 애석한 일이 아닐 수 없습니다. 의견 개진 바랍니다.

…

이 사 장 : 제1안 '법인해산에 관한 건'은 이사 전원의 찬성으로 원안과 같이 가결되었음을 선포합니다.

> 이사회는 이사 정수 과반수의 출석으로 개회하고 출석이사의 과반수로 의결하나, 법인의 해산은 이사 정수의 ⅔의 찬성으로 의결하는 경우가 대부분이므로 해산에 필요한 정관의 의결정족수를 확인하여야 한다.

[제2의안 상정] : 청산인 선임에 관한 건

이 사 장 : 제2안 '청산인 선임에 관한 건'을 상정하겠습니다. 안건에 대해 사무국장의 설명이 있겠습니다.

사무국장 : 청산인은 법인을 대표하며, 법인 사무를 종결하고 채권 추심과 채무변제 등 청산업무를 담당합니다. 청산인은 파산의 경우를 제하고는 법인의 이사가 되는 것이 원칙입니다.

이 사 장 : 그럼, 어느 이사가 수고해주시겠습니까?

…

이 사 장 : 제2안 '청산인 선임에 관한 건'은 이사 전원의 찬성으로 ○○○이사를 청산인으로 선임하였음을 선포합니다.

이 사 장 : 그동안 이사님 여러분! 정말 수고가 많으셨습니다. 청산업무를 수행하실 ○○○이사님께서는 적법한 절차에 따라 조속히 청산절차를 이행하시고 그 결과를 보고하여 주시기 바랍니다. 이상으로 이사회를 마치겠습니다.

이 사 장 : 폐회를 선포합니다. 감사합니다.

20 년 ○월 ○일

이 사 장 ○ ○ ○ (인)
이   사 ○ ○ ○ (인)
이   사 ○ ○ ○ (인)
                  …
감   사 ○ ○ ○ (인)
감   사 ○ ○ ○ (인)

이사장 및 출석이사, 감사전원이 기명날인하며, 각 장마다 간인하여야 한다.

제7장 구(舊) 지정기부금단체(공익법인)

지정기부금단체는 2021년부터 공익법인 신청으로 변경되었다. 즉, 공익법인을 신청하면 과거 지정기부금단체와 같은 기부금 영수증을 발급하는 단체가 될 수 있으며, 지정기부금단체로 지정될 경우 각종 법적 의무를 이행해야 할 뿐만 아니라 국세청의 감독을 받게 되므로 신중히 판단하여 신청할 필요가 있다. 특히 지정기부금단체의 지정 대상은 모든 비영리법인이 아닌 공익활동을 목적으로 비영리법인만이 지정대상이 됨에 유의할 필요가 있다.

1. 지정기부금단체 개념

사단법인 등을 설립하고 그에 대한 기부금이 발생하게 되면 기부자에게 연말정산 지정기부금 소득공제 영수증의 발행을 통하여 관련 세금을 공제받도록 할 필요성이 있는데, 이처럼 비영리법인이 기부자에게 기부금 소득공제 영수증을 발행해 주기위해서는 지정기부금단체로 등록을 하여야만 가능하다.

이를 등록하기 위해서는 우선 국세청(관할 세무서)에 추천을 요청하면 검토 후 마지막달 2개월 전까지 이를 기획재정부에 추천하며, 기획재정부에서 최종적으로 그에 대한 심사를 한 후 매분기 마지막달에 지정기부금단체로 지정·고시한다. 이를 통해 지정기부금단체가 되면 법인기부자와 개인기부자에게 기부금 영수증을 발행할 수 있다.

• 지정기부금단체 추천 신청(국세청 – 관할세무서)
• 지정기부금단체 지정(기획재정부)

[지정절차]

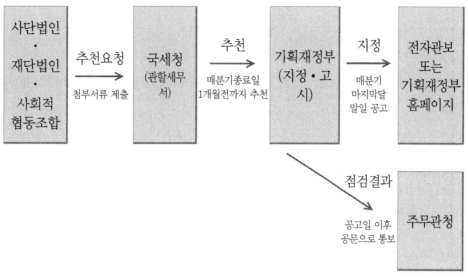

[신청방법]

전자신청 인터넷 「홈텍스(www.hometax.go.kr)」로 신청
☞ 홈택스(공인인증서 로그인) 〉신청/제출 〉신청업무 〉지정기부금단체 추천신청

우편/방문 관할세무서에 추천신청 구비서류 제출
☞ 관할세무서 찾기 : 국세청 홈페이지(www.nts.go.kr) 〉국세청 소개 〉전국 세무관서

2. 지정기부금단체(법인) 추천신청대상

가 대상

지정기부금단체 등록대상은 사단법인, 재산법인, 사회적협동조합, 비영리외국법인, 공공기관(공기업제외) 또는 법률에 따라 직접 설립된 기관 등이다. 그 외 법인이 아닌 비영리 민간단체의 경우에는 지정기부금단체가 아니다. 따라서 이에 대하여는 지정기부금단체 등록이 아닌 기부금대상 민간단체로 지정신청을 하여야 한다.

①	수입을 회원의 이익이 아닌 공익을 위하여 사용하고, 정관 목적사업의 직접 수혜자가 불특정 다수일 것
②	해산시 잔여재산은 국가, 지방자치단체 또는 유사한 목적을 가진 다른 비영리법인*에게 귀속되도록 할 것 * [잘못된 사례] 유사한 다른 비영리단체, 유사한 다른 법인, 유사법인 또는 유사한 다른 단체 　(∴ 가능한 정관에 상기 문구를 그대로 인용하여 규정)
③	홈페이지가 개설되어 있고, 홈페이지를 통해 연간 기부금 모금액 및 활용실적을 공개한다는 내용이 정관에 기재되어 있으며, 매년 기부금 모금액 및 활용실적을 다음해 3월말까지 공개할 것 * 주무관청은 홈페이지 주소를 확인하여 추천서(기부금의 용도 및 관리방법 란)에 기재
④	해당 비영리법인의 명의 또는 그 대표자의 명의로 특정 정당 또는 특정인에 대한 「공직선거법」 제58조 제1항에 따른 선거운동*을 하지 아니할 것 * 당선되게 하거나 되지 않게 하기 위한 행위
⑤	지정요건 위반 등으로 지정이 취소되거나 지정이 제한된 경우에는 지정취소를 받은 날 또는 지정기간 종료일부터 3년이 경과할 것
⑥	해당 사업연도의 수익사업의 지출을 제외한 지출액의 80% 이상을 직접 고유목적사업*에 지출할 것 * 고유목적사업의 수행에 직접 소요되는 고정자산 취득비용, 인건비, 사무실 임차료 등을 포함

* 사회적협동조합의 경우 『협동조합기본법』 제93조 제1항제1호 또는 제2호의 사업을 수행하는 경우에는 ①의 요건 적용 배제

나. 추천방법

(1) 법인은 관련서류와 함께 주무관청에 지정기부금단체 추천요청

(2) 주무관청은 관련서류를 검토한 후 매분기 마지막달 1개월 전까지 추천서(제출서류 포함)를 공문 (전자문서)으로 기획재정부(법인세제과)로 제출

• 법령개정에 따라 2분기 추천분부터 개정된 법령 적용(매분기 마지막달 1개월 전까지 추천)

• 모든 서류는 매분기별 추천기한까지 제출(예외 불인정)

3. 분기별 추천신청 접수기간

- **추천신청** 비영리법인 등은 지정추천 구비서류와 지정요건을 모두 갖추어 관할세무서(법인납세과)로 지정받고자 하는 분기 마지막 달의 전전 달 10일까지 신청서류를 접수하여야 합니다.
- **지정추천** 관할세무서는 서류구비 및 지정요건 충족 여부를 검토하여 해당 분기 마지막 달의 직전 달 10일까지 기획재정부로 지정추천하며, 기획재정부에서 최종심사하여 매분기 말 지정·고시합니다.

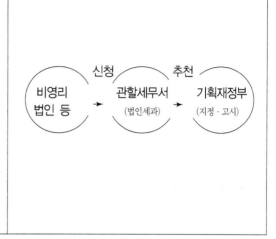

가. 주무관청(설립허가 부서)에 신청서류 제출

주무관청에 신청서류의 제출시기는 매년 1월, 4월, 7월, 10월 초순까지 이다.

나. 주무관청은 신청서류를 검토한 후 기획재정부에 추천

신청서를 제출할 경우 주무관청을 신청서류를 검토한 후 기획재정부에 추전을 하게 되는데, 추천시기는 매년 1월, 4월, 7월, 10월 말까지 이다.

다. 기획재정부 심사 후 지정 결과 통보

기획재정부는 주무관청이 제출한 서류들을 종합적으로 심사한 후 지정여부를 결정하게 되는데, 지정여부가 결정될 경우 통보시기는 매년 3.31, 6.30, 9.30, 12.31경이다.

▶ 분기별 추천신청 접수기간은 다음 표와 같다.

구분	추천신청서 접수기간 (비영리법인 등→국세청)	추천기한 (국세청→기재부)	기재부 지정일
1분기	전년도 10.11. ~ 당해연도 1.10.	2.10.	3.31.
2분기	당해연도 1.11.~4.10.	5.10.	6.30.
3분기	당해연도 4.11.~7.10.	8.10.	9.30.
4분기	당해연도 7.11.~10.10.	11.10.	12.31.

* **국세청(관할세무서)**에 '22.10.10.까지 **추천 신청**을 하여야 하며, **그 후 신청 시**에는 **다음연도('23년) 추천 대상**이 됩니다.
* 신청기한이 토요일, 고유일인 경우 그 다음날을 기한으로 한다.

[지정추천 신청관련 - 2021. 1. 1. 이후 지정하는 분부터 적용]

종전	현행
・ **지정신청** 　비영리법인 등 → 주무관청 ・ **지정추천** 　주무관청 → 기획재정부 ・ **지정기간** 　6년	・ **지정신청** 　비영리법인 등 → 국세청(소재지 관할세무서) ・ **지정추천** 　국세청 → 기획재정부 ・ **지정기간 2월화** 　- 신규지정 : 3년 　- 재지정 : 6년 * 신규지정 후 사후관리 결과 공익성이 부합되는 단체만 재지정

4. 지정기부금단체 지정요건

가. 지정요건

법인세법 시행령 제39조 제1항 1호 바목 및 같은 법 시행규칙 제18조의3의 규정에 의거하여 다음과 같은 요건을 구비하여야 한다. 특히 지정기부금단체의 경우 지정추천 절차를 통해 지정받아야 되기 때문에 추천 신청의 누락에 주의를 요하고, 정관의 내용상 수입을 공익을 위해 사용하고 사업의 직접수혜자가 불특정 다수여야 한다는 등의 조건을 충족해야 한다. 다만, 사회적협동조합의 경우에는 정관의 내용상 협동조합기본법 제93조 제1항 제1호부터 제3호까지의 사업 중 어느 하나의 사업을 수행해야 하며, 정관에 해산 시 잔여재산을 국가, 지방자치단체 또는 유사한 목적을 가진 다른 비영리법인에 귀속하도록 한다는 내용이 기재되어 있어야 함에 유의를 요한다.

- 정관상 수입을 회원이 아닌 공익을 위하여 사용할 것
- 사업의 직접 수혜자가 불특정 다수인 것이 인정될 것
- 사회적협동조합인 경우에 정관의 내용상 협동조합기본법 제93조 제1항 제1호 또는 제3호의 사업 중 어느 하나를 수행하는 것으로 인정될 것
- 단체명에 생존하는 특정인의 이름을 사용하는 경우 특별한 경우를 제외하고는 지정기부금단체 지정이 거부되는 등의 불이익이 있을 수 있음
- 정관에 해산 시 잔여재산을 구작, 지방자치단체 또는 유사한 목적을 가진 다른 비영리법인에게 귀속한다는 내용이 기재될 것
- 인터넷홈페이지가 개설되어 있을 것(단, 카페, 블로그는 인정 안 됨), 그리고 이를 통행 연간 기부금액, 활용실적을 공개한다는 내용이 정관에 기재되어 있을 것
- 지정일이 속하는 연도와 그 직전 연도에 비영리법인의 명의 또는 그 대표자의 명의로 특정 정당 또는 특정인에 대한 공직선거법 제58조 제1항에 따른 선거운동을 한 것으로 권한 있는 기관이 확인한 사실이 없을 것
- 지정이 취소되거나 지정이 제한된 경우 지정취소를 받은 날 또는 지정기간 종료일부터 3년이 경과되었을 것

나. 지정취소사유

- 해당 법인이 사업연도별로 1천만원 이상의 상속세, 증여세를 추징당한 경우

- 법인이 목적 외 사업을 하거나 설립허가의 조건에 위반하는 등 공익법적 의무를 위반하거나 법인세법 시행령 제36조 제5항 각호의 의무를 위반한 경우 그리고 의무의 이행 여부에 대한 주무관청의 보고요구에도 불구하고 이를 보고하지 아니한 경우
- 불성실한기부금수령단체 명단이 공개된 경우
- 법인의 대표자, 대리인, 사용인 또는 그 밖의 종업원이 기부금품의 모집 및 사용에 관한 법률을 위반하여 징역 또는 벌금형이 확정된 경우
- 법인의 해산된 경우

5. 지정기간

가. 신규

지정일이 속하는 연도의 1월 1일부터 3년간이다. 다만, 2~4분기에 지정되어도 해당 연도 전체를 지정기간으로 인정한다.

나. 재지정

지정기간이 종료된 후 2년 이내 재지정되는 경우 재지정일이 속하는 연도의 1월 1일부터 6년간이다. 다만, 지정기간 중 아래와 같은 경우가 발생했을 때에는 재지정이 배제된다.

- 법인이 목적 외 사업을 하거나 설립허가의 조건에 위반하는 등 공익목적을 위반한 경우
- 법인세법시행령 제36조 제5항 각호의 의무를 위반한 경우
- 의무의 이행 여부에 대한 주무관청의 보고요구에도 불구하고 이를 보고하지 아니한 경우

6. 기부자에 대한 세제혜택

지정기부금단체의 지정기간은 지정일이 속한 연도의 1. 1.부터 6년간이다. 다만 연도 중에 지정을 받은 경우에는 해당연도 전체를 지정기간으로 한다.

가. 법인

법인이 지출하는 기부금은 소득금액의 10% 한도 내에서 전액 손비인정이 된다.

나. 개인

개인이 지출하는 기부금에 대하여는 소득금액의 30%(종교단체 10%)를 한도로 기부금의 15%(1천만원 초과분은 30%)를 세액공제된다. 단, 개인사업자의 기부금은 한도 내 금액을 필요경비로 인정된다.

> ※ 손비 인정되는 금액 계산 사례
>
> 1. 본인의 소득금액이 1,000만원인 개인이 100만원을 기부한 경우 :
>
>   ⇒ 100만원 손비인정(∵ 1,000만원×30%=300만원 범위에서 손비 인정)
>
> 2. 본인의 소득금액이 200만원인 개인이 100만원을 기부한 경우 :
>
>   ⇒ 60만원 손비인정(∵ 200만원×30%=60만원 범위에서 손비 인정), 40만원은 5년간
>
>   이월공제 가능

7. 의무이행사항

지정 후 매년 의무이행 여부를 「법인세법 시행규칙」별지 제63호의 10 서식에 따라 사업연도 종료일로부터 4개월 이내 주무관청('22년부터 국세청)에 제출하여야 하고 또한 지정 후 기부금 모금액 및 활용실적을 사업연도 종료일로부터 4개월 이내에 해당 법인과 국세청의 인터넷 홈페이지에 공개(기부금 모금액이 없는 경우에도 공개)하여야 한다.

[의무이행 보고기간 연장[11) 및 기부금모금액 등 고개기한 연장– 2011. 1. 1. 이후부터 적용]

종전	현행
▶ 의무이행 여부 보고기한 사업연도 종료일부터 3개월 이내	▶ 보고기한 연장 3개월 → 4개월 이내
▶ 매년 기부금모금액 및 활용실적을 사업연도 종료일로부터 3개월 이내에 해당 법인 및 국세청 홈페이지에 각각 공개	▶ 공개기한 연장 3개월 → 4개월 이내
〈단서 추가〉	▶ 상증법에 따라 결산서류 등을 공시한 경우 등 의무를 이행 것으로 인정 * 상증법 시행규칙 제25조 제6항에 따른 표준서식으로 공시한 경우에 한함.

---

11) 2021. 1. 1. 당시 사업연도 종료일부터 3개월이 지나지 않은 경우부터 적용한다.

그 외 기부금 영수증을 발급하는 경우에는 「법인세법 시행규칙」 별지 제63호의3 서식(또는 「소득세법 시행규칙」 별지 제45호의2 서식)으로 발급하여야 하며, 이에 대한 영수증을 발급하는 경우에는 「기부자별 발급명세」를 작성하여 5년간 보관하여야 할 뿐만 아니라(법인기부자의 경우에는 「법인세법 시행규칙」 별지 제75호의2 서식, 개인기부자의 경우에는 「소득세법 시행규칙」 별지 제29호의7 서식(1)), 그 발급내역을 사업연도 종료일로부터 6개월 이내에 관할세무서에 제출하여야 한다.

[의무이행 보고기관 – 2021.1. 1. 이후 개시하는 사업연도 분부터 적용]

종전	현행
▶ 지정기부금단체 사후관리 절차 　기부금단체(의무이행여부 보고) 　주무관청(점검 및 결과 통보) → 국세청	▶ 사후관리 절차 변경 　기부금단체(의무이행여부 보고) 　→ 국세청(소재지 관할세무서)

8. 지정기간(3년) 종료 후 재신청하는 경우

원칙적으로 『신규 신청』 절차와 동일(공문에 '재신청' 표기)하다. 다만, 주무관청은 2010.2월부터 지정기간 종료일까지의 지정요건의 충족 여부 및 의무의 이행 여부를 보고받고 이에 대한 점검결과를 재지정 추천시 기획재정부로 통보한다.

9. 법인 명칭을 변경하는 경우

가. 명칭변경 신청 및 의뢰

이미 지정기부금단체로 지정받은 비영리법인이 당해 법인의 명칭을 변경하는 경우에는 즉시 주무관청에 지정기부금단체 명칭변경을 요청하여야 하며, 명칭변경요청을 받은 주무관청은 해당 법인이 명칭변경 후에도 지정요건을 충족한다고 판단되는 경우에는 매분기 마지막달 1개월 전까지 다음의 서류와 함께 공문(전자문서)으로 기획재정부(법인세제과)로 명칭변경 의뢰한다.

- 공익법인 등 명칭변경신청서(별지 제63호의5 서식)
- 개정 전·후 정관(신구 대비표 첨부, 이전 사업내용 동일여부 확인 -)
- 법인등기부등본(말소사항 포함)

나. 관보 등 공고

기획재정부장관은 매분기 종료일까지 그 사실을 관보에 공고하는 등의 절차가 진행된다.

10. 지정기부금단체 추천신청시 제출서류

우선 관련 법인은 법인설립허가서 및 법인등기사항증명서, 정관, 최근 3개년 결산서 및 사업연도 예산서가 필요합니다. 이 밖에도 법인대표자의 공익법인 등 의무 이행 준수 서약서와 사업계획서 등 아래 제출서류와 함께 주무관청에 지정기부금단체 추천요청을 해야 한다. 그럴 경우 주무관청은 법인이 제출한 관련서류 등을 검토한 후 매분기 마지막달 2개월 전까지 그에 대한 추천서(2021년 기준 매분기 추천기한 : 1월 31일, 4월 31일, 7월 31일, 10월 31일)를 공문으로 기획재정부에 제출하게 된다(사단법인 등 추천요청 ▶ 주무관청 기획재정부에 추천 ▶ 기획재정부 매분기 말일 공고). 추천요청 기한은 매분기 마지막달 1개월 전까지 추천하여야 한다.

가. 제출처

지정기부금단체 추천신청은 국세청(관할 세무서)에 하면 된다.

나. 신청시 첨부서류

신청시에는 신청서와 함께 다음의 서류들을 첨부하여야 한다.

구비서류	제출여부
1. 지정기부금단체 등 **추천 신청서** 1부 (법인세법 시행규칙 별지 제63호5 서식)	□ 제출 □ 미제출
2. **법인설립허가서** 및 **법인등기사항증명서**[12] (말소사항 포함 1개월 이내 발급)	□ 제출 □ 미제출
3. **정관**	□ 제출 □ 미제출
4. 최근 3년간 **결산서** 및 해당 사업연도 **예산서** (설립 후 1년 미만 법인은 결산서 대신 직전 월까지의 월별 수입·지출 내역서로 제출 가능)	□ 제출 □ 미제출
5. 향후 3년(재지정신청의 경우 5년)동안 기부금을 통한 **사업계획서**	□ 제출 □ 미제출
6. 지정기부금단체 등 **의무이행준수 서약서** (법인세법 시행규칙 별지 제63호의6 서식)	□ 제출 □ 미제출
7. 기부금 모금 및 지출을 통한 **공익활동보고서** (설립 후 1년 미만 법인은 제출 제외 가능)	□ 제출 □ 미제출

※ 6, 7의 서류는 신규지정 신청 시에만 제출대상

구 분	제출서류
민법상 사단재단 법인, 공공기관 또는 법률에 따라 직접 설립된 기관	법인설립허가서 및 법인등기사항 증명서(말소사항을 포함하며 제출일 전 1개월 이내 발급된 경우로 한정)
사회적 협동조합	사회적협동조합설립인가증 및 법인 등기사항 증명서(말소사항을 포함하며 제출일 전 1개월 이내 발급된 경우로 한정)
12) 비영리외국법인	외국의 정부가 발행한 해당법인의 설립에 관해 증명할 수 있는 서류

[서식 – 지정기부금단체 등 추천 신청서]

■ 법인세법 시행규칙 [별지 제63호의5서식] 〈신설 2020. 3. 13.〉

지정기부금단체 등 추천 신청서

※ 뒷면의 작성방법을 읽고 작성하시기 바라며, [ ]에는 해당되는 곳에 √표를 합니다.

(앞쪽)

접수번호		접수일시	
① 신청대상 법인의 신청구분	[ ] 민법상 비영리법인 [ ] 사회적협동조합 [ ] 공공기관등 [ ] 비영리외국법인		
② 신청대상 법인의 지정기간 구분	[ ] 3년: 최초 지정신청, 지정기간 종료 후 2년 초과 [ ] 6년: 재지정 신청		

신청대상 법인 인적사항	법인(단체)명		사업자등록번호(고유번호)
	대표자		사업개시일
	연락처		홈페이지주소
	본점 및 주사무소 소재지		
	주무관청명		주무관청 부서명
	사업내용		

기부금 모집내역	기부금 모집 목적				
	기부금 모집기간 및 목표액 (단위: 백만원)				
	년		년		년	
	년		년		합 계	
	기부금 관리방법				

대리인이 지정기부금단체 신청을 하는 경우에는 아래의 위임장을 작성하시기 바랍니다.

위 임 장	본인은 사업자등록 신청과 관련한 모든 사항을 아래의 대리인에게 위임합니다.

		본 인:		(서명 또는 인)
대리인 인적사항	성명	생년월일	전화번호	신청인과의 관계

「법인세법 시행규칙」 제18조의3제2항에 따라 지정기부금단체 추천신청서류를 제출합니다.

년 월 일

신청인: (서명 또는 인)
위 대리인: (서명 또는 인)

국세청장
세무서장 귀하

추천신청 서류	뒤쪽 참조

210mm×297mm[백상지 80g/㎡ 또는 중질지 80g/㎡]

| 추천신청서류 | 1. 법인 등의 설립에 관한 다음의 서류
　(1) 민법상 비영리법인, 공공기관등의 경우: 법인설립허가서 및 법인 등기사항증명서(말소사항을 포함하며
　　　제출일 전 1개월 이내 발급된 경우로 한정합니다)
　(2) 사회적협동조합의 경우: 사회적협동조합 설립인가증 및 법인 등기사항증명서
　(3) 비영리외국법인의 경우: 외국의 정부가 발행한 해당 법인의 설립에 관한 사항을 증명할 수 있는 서류
2. 정관
3. 최근 3년간의 결산서 및 해당 사업연도 예산서(예시: 해당 사업연도가 2019년인 경우, 2016년~2018년
　결산서 및 2019년도 예산서). 다만, 제출일 현재 법인 등의 설립기간이 3년이 경과하지 않은 경우에는 (i)
　제출가능한 사업연도의 결산서 (ii) 해당 사업연도 예산서 (iii) 국세청장에 추천을 신청하는 날이 속하는 달의
　직전 월까지의 월별 수입·지출 내역서를 제출합니다.
4. 지정일이 속하는 사업연도부터 향후 3년(지정기간이 6년인 경우에는 5년)동안 기부금 모집을 통한 사업계
　획서
5. 법인 대표자의 [별지 제63호의6서식]의 지정기부금단체등 의무이행준수 서약서(지정기간이 3년인 경우에만
　제출합니다)
6. 기부금모금 및 지출을 통한 공익활동보고서(지정기간이 3년인 경우에만 제출합니다) |

작성방법

1. ①란은 아래를 확인하시고 해당되는 곳에 '√' 표시를 합니다.
  – 민법상 비영리법인: 「민법」 제32조에 따른 사단·재단 법인
  – 사회적협동조합: 「협동조합기본법」 제85조에 따른 사회적협동조합
  – 공공기관등: 「공공기관의 운영에 관한 법률」 제4조에 따른 공공기관(같은 법 제5조 제3항제1호에 따른 공기업은 추천대상단체가
    아님) 또는 법률에 따라 직접 설립된 기관
  – 비영리외국법인: 「재외동포의 출입국과 법적 지위에 관한 법률」 제2조에 따른 재외동포의 협력·지원, 한국의 홍보 또는 국제교
    류·협력을 목적으로 하는 비영리외국법인

2. ②란은 아래를 확인하시고 해당되는 곳에 '√' 표시를 합니다.
  – 3년: 최초로 지정신청을 하거나 지정기간이 종료후 2년이 경과된 경우에는 지정일로부터 3년간 지정기부금단체로 인정
  – 6년: 지정기부금단체 지정기간 만료후 2년이 이내에 지정기부금단체로 재지정되는 경우

210mm × 297mm[백상지(80g/㎡) 또는 중질지(80g/㎡)]

■ 법인세법 시행규칙 [별지 제63호의6서식] 〈신설 2020. 3. 13.〉

지정기부금단체등 의무이행준수 서약서

지정기부금단체등으로 지정되는 경우 지정기간동안 「법인세법 시행령」
제39조에서 규정하고 있는 의무이행을 충실하게 준수할 것을 서약합니다.

년   월   일

지정기부금단체장(이사장)   (서명 또는 인)

국세청장
세무서장   귀하

유의사항

지정기부금단체등의 주사무소 및 본점소재지 관할세무서장 또는 국세청장에게 제출합니다.

210mm×297mm[백상지 80g/㎡]

■ 법인세법 시행규칙 [별지 제63호의10서식] 〈개정 2020. 4. 21.〉

지정기부금단체등 의무이행 여부 점검결과 보고서

1. 단체 기본사항		사업연도	. . . ~ . . .	
① 법인(단체)명		② 사업자등록번호(고유번호)		
③ 대표자 성명		④ 기부금단체 지정 및 만료일	지정일 : 만료일 :	
⑤ 소재지		⑥ 인터넷 홈페이지 주소		

2. 의무이행 여부

⑦ 의무	⑧ 의무 이행 여부	⑨ 점검 결과
가. 정관 및 실제운영상 수입을 회원의 이익이 아닌 공익을 위하여 사용하고 사업의 직접 수혜자가 불특정 다수일 것(사회적협동조합의 경우 「협동조합기본법」 제93조 제1항제1호부터 제3호까지의 규정에 따른 공익사업을 수행할 것)		
나. 정관상 해산 시 잔여재산을 국가·지방자치단체 또는 유사한 목적을 가진 다른 비영리법인에 귀속하도록 할 것		
다. 인터넷 홈페이지가 개설되어 있고, 인터넷 홈페이지를 통하여 연간 기부금 모금액 및 활용실적을 공개한다는 내용이 정관에 포함되어 있으며, 매년 기부금 모금액 및 활용실적을 기부금단체와 국세청의 인터넷 홈페이지에 사업연도 종료일부터 3개월 이내에 각각 공개할 것		
라. 해당 비영리법인의 명의 또는 그 대표자의 명의로 특정 정당 또는 특정인에 대한 「공직선거법」 제58조 제1항에 따른 선거운동을 한 것으로 권한 있는 기관이 확인한 사실이 없을 것		
마. 수익사업의 지출을 제외한 지출액의 100분의 80 이상을 직접 고유목적사업에 지출할 것		
바. 「상속세 및 증여세법」 제50조의2제1항에 따른 전용계좌를 개설하여 사용할 것		
사. 「상속세 및 증여세법」 제50조의3제1항제1호부터 제4호까지의 서류등을 해당지정기부금단체등과 국세청의 인터넷 홈페이지를 통하여 공시할 것(「상속세 및 증여세법 시행령」 제43조의3제1항제1호에 따른 공익법인등은 제외)		
아. 「상속세 및 증여세법」 제50조의4에 따른 공익법인등에 적용되는 회계기준에 따라 「주식회사 등의 외부감사에 관한 법률」 제2조 제7호에 따른 감사인에게 회계감사를 받을 것(「상속세 및 증여세법 시행령」 제43조 제3항 및 제4항에 따른 공익법인등은 제외)		

「법인세법 시행령」 제39조 제6항 및 「법인세법 시행규칙」 제19조 제1항에 따라 지정기부금단체 의무이행 여부를 보고합니다.

                                        년   월   일

                        제출인 :   (단체의 직인) [인]
        귀하

위 단체의 의무이행 여부를 점검하고 그 결과를 「법인세법 시행령」 제39조 제7항 및 「법인세법 시행규칙」
제19조 제3항에 따라 통보합니다.

                                        년   월   일

                        (통보기관의 장)   [인]

국세청장 귀하

작 성 방 법

1. 이 서식은 지정기부금단체 등이 의무이행 여부를 자체 점검하고 그 결과를 주무관청에 보고할
   때와 주무관청이 해당 단체가 제출한 내용에 대한 점검결과를 국세청에 제출할 때 작성하는 서식입
   니다.

2. ④ 법인세법 시행령 제39조에 따라 기획재정부장관이 지정한 지정기부금단체 등은 지정연도의 1월1일부터
   6년간만 지정기부금단체에 해당됩니다.
3. ⑦ 의무란에서 가부터 다까지 항목의 '정관요건'은 기획재정부장관이 지정한 지정기부금단체만 해당합
   니다.
4. ⑧ 의무이행 여부란은 지정기부금단체가 작성하며, ⑨ 점검결과란은 주무관청이 작성합니다.

210mm×297mm[백상지 80g/㎡ 또는 중질지 80g/㎡]

■ 법인세법 시행규칙 [별지 제63호의7서식] 〈개정 2020. 4. 21.〉

연간 기부금 모금액 및 활용실적 명세서

(앞쪽)

1. 기본사항

① 법인명		② 사업자등록번호(고유번호)	
③ 대표자 성명		④ 기부단체 구분	
⑤ 전자우편주소		⑥ 사업연도	
⑦ 전화번호		⑧ 기부금단체 지정일	
⑨ 소재지			

2. 기부금의 수입·지출 명세

(단위: 원)

⑩ 월별	⑪ 수입	⑫ 지출	⑬ 잔액	월별	수입	지출	잔액
전기이월	–	–		8월			
1월				9월			
2월				10월			
3월				11월			
4월				12월			
5월				합계			
6월				차기이월	–	–	
7월							

3. 기부금 지출 명세서(국내사업)

(단위: 원)

⑭ 지출월	⑮ 지급목적	⑯ 지급건수	⑰ 대표 지급처명 (단체명/개인)	⑱ 금액

⑲ 연도별	⑳ 지급목적	㉑ 수혜인원	㉒ 대표 지급처명 (단체명/개인)	㉓ 금액
합 계				

4. 기부금 지출 명세서(국외사업)

(단위: 원)

㉔ 지출월	㉕ 국가명	㉖ 지급목적	㉗ 지급건수	㉘ 대표 지급처명 (단체명/개인)	㉙ 금액

㉚ 연도별	㉛ 국가명	㉜ 지급목적	㉝ 수혜인원	㉞ 대표 지급처명 (단체명/개인)	㉟ 금액
합 계					

「법인세법 시행령」 제38조 제8항 또는 제39조 제5항에 따라 연간 기부금 모금액 및 활용실적을 공개합니다.

년   월   일

제출인: (단체의 직인) [인]

210mm×297mm[백상지 80g/㎡ 또는 중질지 80g/㎡]

작 성 방 법

1. 기본사항 : ① ~ ⑨란에는 기부금 단체의 기본사항을 적으며, ④ 기부단체 구분은 한국학교, 전문모금기관, 사회복지법인, 어린이집, 학교(유치원), 의료법인, 「민법」상 비영리법인, 비영리외국법인, 사회적협동조합, 공공기관등으로 구분하여 적습니다.

법정 기부금 단체	한국학교	「법인세법」 제24조 제3항제4호자목에 해당하는 한국학교를 말합니다.
	전문모금기관	「법인세법」 제24조 제3항제6호에 해당하는 비영리법인을 말합니다.
지정 기부금 단체	사회복지법인	「법인세법 시행령」 제39조 제1항제1호가목에 해당하는 비영리법인을 말합니다.
	어린이집	「법인세법 시행령」 제39조 제1항제1호나목에 해당하는 비영리법인(단체 포함)을 말합니다.
	학교(유치원)	「법인세법 시행령」 제39조 제1항제1호다목에 해당하는 비영리법인(단체 포함)를 말합니다.
	의료법인	「법인세법 시행령」 제39조 제1항제1호라목에 해당하는 비영리법인을 말합니다.
	「민법」상 비영리법인	「법인세법 시행령」 제39조 제1항제1호바목에 해당하는 「민법」상 비영리법인으로서 기획재정부장관이 지정ㆍ고시한 법인을 말합니다.
	비영리외국법인	「법인세법 시행령」 제39조 제1항제1호바목에 해당하는 비영리외국법인을 말합니다.
	사회적협동조합	「법인세법 시행령」 제39조 제1항제1호바목에 해당하는 사회적협동조합으로서 기획재정부장관이 지정ㆍ고시한 법인 말합니다.
	공공기관등	「법인세법 시행령」 제39조 제1항제1호바목에 해당하는 공공기관 또는 법률에 따라 직접 설립된 기관으로서 기획재정부장관이 지정ㆍ고시한 법인을 말합니다.

2. 기부금의 수입ㆍ지출 명세

 – ⑩란에는 사업연도 개시월부터 사업연도 종료월까지를 차례대로 적습니다(앞쪽의 ⑩란은 사업연도가 (1월~12월) 법인 예시)

 – ⑪란과 ⑫란은 월 누계액을 적습니다.

 – 합계란은 사업연도 개시일부터 종료일까지의 전체 수입 및 지출 금액을 적습니다.

3. 기부금 지출 명세서(국내사업)

 – 국내사업 관련 ○○지원사업(장학금지급 등), 일반관리비, 기금조성비(정기예금 또는 적금 등), 그 밖의 비용(구체적인 내용 기재) 등 지출월별, 지급목적별로 지출명세서를 작성합니다. 다만, 해당 연도에 매월 같은 목적으로

동일한 사람에게 유사한 금액을 지급한 비용은 ⑭ 지출월란에 적지 않고 ⑲ 연도별란에 적을 수 있습니다.

- ⑲란은 연간 지급목적별 지출명세를 작성합니다. 다만, 1개 단체에 연간 1천만원 이상 지급한 경우 해당 단체명, 지급목적, 수혜인원, 금액을 별도로 적습니다.
- ㉑란 수혜인원은 연간 지급한 실제 인원을 적습니다. 예시) 10명에게 10만원씩 2회 장학금을 지급한 경우 수혜인원은 10명으로 적습니다.

   ※ 예시(장학금 지급: 10명에게 10만원씩 1월, 2월에 각각 지급, 복지단체 지원: A 복지단체에 2월에 1,000만원, 1회 지원(수혜인원 50명))

지출월	지급목적	지급건수	대표 지급처명 (단체명/개인)	금액
1월	장학금 지급	10	김우수 외	1,000,000
2월	장학금 지급	10	김우수 외	1,000,000
2월	복지단체 지원	1	A복지단체	10,000,000
⋮	⋮	⋮	⋮	⋮
연간	지급목적	수혜인원	대표 지급처명 (단체명/개인)	금액
2013년	장학금 지급	10	김우수 외	2,000,000
	복지단체 지원	50	A복지단체	10,000,000
합 계		63		12,000,000

- 내용이 많은 경우에는 별지로 작성합니다.
- 대표 지급처명은 지출월별, 지급목적별로 구분된 지급처 중 가장 큰 대표 지급처를 적으며, 확인이 사실상 불가능한 경우에는 공란으로 두되, 그 지급금액과 지급내용은 반드시 적어야 합니다.

4. 기부금 지출 명세서(국외사업)

- 국외사업이 있는 단체는 국가별 지출명세를 지출월별, 지급목적별로 지출명세서를 작성합니다.
- ㉚란은 해당 연도의 국가별, 지급목적별 지출명세를 작성합니다. 다만, 1개 단체에 연간 1천만원 이상 지급한 경우 해당 단체명, 지급목적, 국가명, 수혜인원, 금액을 별도로 적습니다.
- 내용이 많은 경우에는 별지로 작성합니다.

210mm×297mm[백상지 80g/㎡ 또는 중질지 80g/㎡]

■ 법인세법 시행규칙 [별지 제63호의3서식] 〈개정 2020. 3. 13.〉

일련번호	

기 부 금 영 수 증

※ 뒤쪽의 작성방법을 읽고 작성하여 주시기 바랍니다. (앞쪽)

❶ 기부자

성명(법인명)		주민등록번호 (사업자등록번호)	
주소(소재지)			

❷ 기부금 단체

단 체 명		사업자등록번호 (고유번호)	
소 재 지		기부금공제대상 기부금단체 근거법령	

❸ 기부금 모집처(언론기관 등)

단 체 명		사업자등록번호	
소 재 지			

❹ 기부내용

유 형	코 드	구 분 (금전 또는 현물)	연월일	내 용			금 액
				품명	수량	단가	

「소득세법」 제34조, 「조세특례제한법」 제76조 · 제88조의4 및 「법인세법」 제24조에 따른 기부금을 위와 같이 기부하였음을 증명하여 주시기 바랍니다.

년   월   일

신청인

(서명 또는 인)

위와 같이 기부금을 기부받았음을 증명합니다.

년   월   일

기부금 수령인

(서명 또는 인)

210mm×297mm[백상지 80g/㎡ 또는 중질지 80g/㎡]

작 성 방 법

1. ❷ 기부금 단체는 해당 단체를 기부금공제대상 기부금단체로 규정하고 있는 「소득세법」 또는 「법인세법」 등 관련 법령을 적어 기부금영수증을 발행해야 합니다.

유형	기부금공제대상 기부금단체 근거법령	코드
법정 기부금 단체	「법인세법」,제24조 제3항제1호 (국가 · 지방자치단체), 제2호(국방헌금과 국군장병 위문금품)	101
	「법인세법」,제24조 제3항제3호 (천재지변으로 생기는 이재민을 위한 구호금품)	102
	「법인세법」,제24조 제3항제4호 (「사립학교법」에 따른 사립학교, 비영리 교육재단, 산학협력단 등 각 목에 열거된 기관(병원은 제외한다)에 시설비 · 교육비 · 장학금 또는 연구비로 지출하는 기부금)	103
	「법인세법」,제24조 제3항제5호 (각 목에 열거된 병원에 시설비 · 교육비 또는 연구비로 지출하는 기부금)	104
	「법인세법」,제24조 제3항제6호 (사회복지사업, 그 밖의 사회복지활동의 지원에 필요한 재원을 모집 · 배분하는 것을 주된 목적으로 하는 비영리법인(일정 요건을 충족하는 법인만 해당)으로서 기획재정부장관이 지정 · 고시하는 법인)	105
	「소득세법」,제34조 제3항제2호 (「재난 및 안전관리 기본법」에 따른 특별재난지역을 복구하기 위하여 자원봉사를 한 경우 그 용역의 가액에 대해 기부금영수증을 발급하는 단체)	116
정당	「정치자금법」에 따른 정당	201
지정 기부금 단체	「법인세법 시행령」 제39조 제1항제1호가목 (「사회복지사업법」에 따른 사회복지법인)	401
	「법인세법 시행령」 제39조 제1항제1호나목 (「영유아보육법」에 따른 어린이집)	402
	「법인세법 시행령」 제39조 제1항제1호다목 [「유아교육법」에 따른 유치원, 「초 · 중등교육법」 및 「고등교육법」에 따른 학교, 「근로자직업능력개발법」에 따른 기능대학, 「평생교육법」 제31조 제4항에 따른 전공대학 형태의 평생교육시설 및 같은 법 제33조 제3항에 따른 원격대학 형태의 평생교육시설)	403
	「법인세법 시행령」 제39조 제1항제1호라목 (「의료법」에 따른 의료법인)	404
	「법인세법 시행령」 제39조 제1항제1호마목 (종교의 보급, 그 밖에 교화를 목적으로 「민법」 제32조에 따라 문화체육관광부장관 또는 지방자치단체의 장의 허가를 받아 설립한 비영리법인(그 소속단체를 포함한다)]	405
	「법인세법 시행령」 제39조 제1항제1호바목 (기획재정부장관이 지정하여 고시한 법인)	406
	「법인세법 시행령」 제39조 제1항제2호가목	407
	「법인세법 시행령」 제39조 제1항제2호나목 (공익신탁으로 신탁하는 기부금)	408
	「법인세법 시행령」 제39조 제1항제2호다목 (기획재정부장관이 지정하여 고시하는 기부금)	409
	「법인세법 시행령」 제39조 제1항제4호(각 목에 열거된 사회복지시설 또는 기관 중 무료 또는 실비로 이용할 수 있는 시설 또는 기관)	410
	「법인세법 시행령」 제39조 제1항제6호 (일정 요건을 갖춘 국제기구)	411
	「소득세법 시행령」 제80조 제1항제5호 (기부금대상민간단체)	422
우리사주 조합	「조세특례제한법」 제88조의4 (우리사주조합)	461

2. ❸ 기부금 모집처(언론기관 등)는 방송사, 신문사, 통신회사 등 기부금을 대신 접수하여 기부금 단체에 전달하는 기관을 말하며, 기부금단체에 직접 기부한 경우에는 적지 않습니다.

3. ❹ 기부내용의 유형 및 코드는 다음 구분에 따라 적습니다.

기부금 구분	유형	코드
「소득세법」 제34조 제3항, 「법인세법」 제24조 제3항에 따른 기부금	법정	10
「조세특례제한법」 제76조에 따른 기부금	정치자금	20
「소득세법」 제34조 제4항(종교단체 기부금 제외), 「법인세법」 제24조 제4항에 따른 기부금	지정	40
「소득세법」 제34조 제4항에 따른 기부금 중 종교단체기부금	종교단체	41
「조세특례제한법」 제88조의4에 따른 기부금	우리사주	42
필요경비(손금) 및 소득공제금액대상에 해당되지 아니하는 기부금	공제제외	50

4. ❹ 기부내용의 구분란에는 '금전기부'의 경우에는 '금전', '현물기부'의 경우에는 '현물'로 적고, 내용란은 현물기부의 경우에만 적습니다. '현물기부' 시 '단가'란은 아래 표와 같이 기부자, 특수관계 여부 등에 따라 장부가액 또는 시가를 적습니다.

구 분	기부자		기부받는 공익법인
	법인	개인	
특수관계가 있는 경우	장부가액	Max(장부가액,시가)	장부가액*
특수관계가 없는 경우	Max(장부가액,시가)		시가

* 기부한 자의 기부 당시 장부가액, 개인이 사업소득과 관련 없는 자산을 기부한 경우 : 개인의 최초 취득가액

210mm×297mm[백상지 80g/㎡ 또는 중질지 80g/㎡]

제8장 민간자격증 등록신청절차

1. 민간자격증이란

가. 개념

자격은 크게 국가자격증과 민간자격증 둘로 나눌 수 있는데 국가자격증은 표현 그대로 국가에서 운영하고 관리하는 자격증을 지칭하며, 민간자격증은 민간이 운영하는 자격증을 지칭한다. 이중 민간자격 등록은 민간자격관리자가 민간자격을 관리·운영하고 있다는 것을 등록관리기관에 등록하는 것으로서, 등록대장에 자격의 종목명 및 등급, 자격의 관리운영기관에 관한 사항, 등록의 신청일 및 등록결정일 등을 기재하는 일련의 행정행위의 총칭으로 등록에 따른 효력은 민간자격 관리운영과 국가공인 신청에 대한 요건의 획득이다.

(1) 교육부령으로 정하는 등록사항

• 자격의 종목·등급·직무내용에 관한 사항
• 자격의 검정기준·검정과목·검정방법·응시자격 또는 교육훈련과정의 교과목·교육기간·이수기준·평가기준·평가방법에 관한 사항

(2) 민간자격 금지분야

• 국민의 생명, 건강, 안전, 국방에 관련된 분야
• 다른 법령에서 금지하는 행위와 관련 된 분야
• 선량한 풍속을 해하거나 사회질서에 반하는 행위와 관련된 분야
• 그 밖에 민간자격으로 운영되는 적합하지 아니하다고 대통령령으로 정해진 분야

나. 미등록시 처벌

민간자격증 등록절차 없이 임의로 민간자격을 발행할 경우 3년 이하의 징역 또는 3천만원 이하의 벌금에 처해질 수 있으니 주의를 요한다.

2. 등록신청절차

민간자격을 신설하여 관리 · 운영하려는 자는 민간자격 등록신청서에 아래 나.항의 서류를 첨부하여 등록관리기관(민간자격의 분야별 소관 주무부장관을 말하며, 영 제34조 제2항 및 제3항에 따라 위임 · 위탁 또는 재위탁된 경우에는 위임 · 위탁 또는 재위탁 받은 기관을 말한다. 이하 같다)에 등록을 신청하여야 한다(자격기본법 시행규칙 제2조).

[서식 _ 등록신청서]

■ 자격기본법 시행규칙 [별지 제1호 서식] 〈개정 2018. 12. 21.〉

민간자격 등록신청서

※ 뒤쪽의 작성방법을 읽고 작성하시기 바랍니다. (앞쪽)

접수번호 :	접수일자 :	처리일자 :	처리기간 : 3개월

신청인	성명(법인 또는 단체명)		주민 · 사업자 등록번호	
	주소(소재지)		가족관계 등록기준지	
	전화번호		기관홈페이지	
법인 또는 단체의 대표자	성명		주민등록번호	
	주소		가족관계 등록기준지	

민간자격 등록 신청내용	① 종목	② 등급
	③ 직무내용	
	④ 주무부처	⑤ 관련 중앙행정기관

「자격기본법」 제17조 제2항 및 같은 법 시행령 제23조 제2항에 따라 위 민간자격의 등록을 신청합니다.

년   월   일

신청인(대표자)   (서명 또는 인)

귀하

신청인 제출서류	1. 다음의 사항이 포함된 민간자격의 관리 · 운영에 관한 규정 1부 　가. 자격의 종목 · 등급 · 직무내용 　나. 자격의 검정 또는 교육훈련과정에 필요한 인력 현황 　다. 자격의 관리 · 운영조직에 관한 사항 　라. 자격의 검정기준 · 검정과목 · 검정방법 · 응시자격 또는 교육훈련과정의 교과목 · 교육기간 · 　　이수기준 · 평가기준 · 평가방법에 관한 사항 　마. 자격검정 시 응시자의 본인 확인에 관한 사항 2. 검정시설 · 장비를 포함한 재산목록 및 재산의 권리관계를 증명할 수 있는 서류 1부 3. 교육훈련과정을 운영하는 경우로서 그 운영을 위해「평생교육법」,「학원의 설립 · 운영 및 과외교습 　에 관한 법률」또는「수상레저안전법」에 따라 인가 · 등록 · 신고를 받거나 해야 하는 경우에는 그 　인가 · 등록 · 신고를 받거나 했음을 증명하는 서류 1부	수수료 없음
담당 공무원 확인사항	1. 신청인이 개인인 경우에는 신청인의 주민등록표 초본 2. 신청인이 법인인 경우에는 법인 등기사항증명서 3. 신청인이 단체인 경우에는 대표자의 주민등록표 초본 4. 사업자등록증	

행정정보 공동이용 동의서

본인은 이 건 업무처리와 관련하여 담당 공무원이「전자정부법」제36조 제1항에 따른 행정정보의 공동이용을 통하여 위의 주민등록표 초본 및 사업자등록증을 확인하는 것에 동의합니다. *동의하지 아니하는 경우 신청인이 직접 관련 서류를 제출하여야 합니다.

신청인　　　　　　　　　　　　　(서명 또는 인)

- 자르는 선 -

민간자격 등록 접수증

(접수번호: 　　　　　)

신청인	성명 (법인 또는 단체 명)		생년월일 및 사업자등록번호	
	주소(소재지)		(전화번호 : 　　　　　)	
	대표자	성명	생년월일	
		주소	(전화번호 : 　　　　　)	
종목			등급	

210mm×297mm[백상지 80g/㎡(재활용품)]

작성방법

① 등록을 하려는 자격의 종목을 적으십시오.

② 등록을 하려는 자격의 해당 등급을 모두 적으십시오.(예 : 1급, 2급, 3급)

③ 자격소지자의 직무내용을 간략하게 적으십시오.

④ 자격분야 소관 주무부처를 적으십시오. (참고 : 「자격기본법 시행규칙」 별표)

⑤ 자격분야가 중복되는 경우 관계 중앙행정기관을 모두 적으십시오. (참고 : 「자격기본법 시행규칙」 별표)

※ 신청하려는 자격의 종목이 여러 개인 경우에는 종목별로 신청서를 작성하여 주십시오.

처리절차

[이혼상담사 자격 관리·운영규정]

제정 2022. 03. .

제1장 총 칙

제1조(목적)

본 규정은 **00협회** (이하 '본 회'라 한다)에서 시행하는 **이혼상담사**의 자격검정의 관리, 운영에 필요한 사항을 규정함을 목적으로 한다.

제2조(용어의 정의)

본 규정에서 사용하는 용어의 정의는 다음과 같다.

1. **"시험위원"**이라 함은 출제위원, 감수위원, 정감독, 부감독, 책임관리위원, 본부위원, 채점위원을 말한다.
2. **"답안지"**라 함은 검정 시행종목 중 수작업에 의하여 채점되는 필기시험 답안지로 시행하는 종목의 답안지를 말한다.
3. **"비번호"**라 함은 답안지 채점시 채점의 공정을 기하기 위하여 답안지가 어느 수험자의 것인가를 알지 못하도록 답안지에 숫자 또는 문자로 표시하는 비밀부호를 말한다.

제3조(적용대상)

본 규정은 검정을 시행하는 본 회 소속 직원과 검정 관련업무 종사자 (시험위원 등) 및 기타 검정업무와 관련이 있는 자(수험자 등)에게 적용한다.

제2장 업무구분

제4조(검정업무의 구분)

① 중앙검정본부는 민간자격의 검정업무 전반을 주관·시행하며, 다음 각 호의 업무를 수행한다.

1. 검정시행계획의 수립 및 공고에 관한 사항

2. 검정 출제기준의 작성 및 변경에 관한 사항

3. 검정업무의 기획, 제도개선에 관한 사항

4. 시험위원의 위촉·활용에 관한 사항

5. 검정시험문제의 출제·관리 및 인쇄·운송에 관한 사항

6. 필기시험 답안지의 채점 및 합격자 사정에 관한 사항

7. 합격자 관리 및 자격증 발급·관리에 관한 사항

8. 검정사업 일반회계 운영에 관한 사항

9. 기타 민간자격검정 업무와 관련된 사항

② 시행 주관팀(부)에서는 다음 각 호의 업무를 수행한다.

1. 수험원서 교부·접수, 수험연명부 작성 및 안내에 관한 사항

2. 검정세부실시계획 수립 및 운영에 관한 사항

3. 검정집행업무(시험장 준비, 시험위원 배치, 시험시행 등)와 관련된 사항

4. 합격자 명단 게시공고 및 자격증 교부에 관한 사항

5. 시험위원 추천 및 위촉업무에 관한 사항

6. 부정행위자 처리에 관한 사항

7. 검정수수료 수납에 관한 사항

8. 기타 검정사업의 집행업무와 관련된 사항

제3장 검정기준 등

제5조(민간자격의 취득) 본 회의 <u>**이혼상담사**</u> 민간자격을 취득하고자 하는 자는 본 시험에 응시하여 합격하여야 한다.

제6조(자격의 직무내용) 「이혼상담사」의 직무는 가족법에 관한 법률지식과 상담에 관한 기초지식을 바탕으로 부부사이 이혼을 예방하고 이혼 후 가정의 해체를 막기 위하여 적법한 범위 내에서 대상자에게 상담을 진행하고, 관련 상담프로그램을 기획, 관리하는 것이다.

제7조(검정 기준) 검정기준은 다음과 같다.

자격명	등급	검 정 기 준
이혼상담사	1급	ⅰ) 가족법 등 관련법과 상담에 대한 전문적인 지식을 갖추고 ⅱ) 적법한 범위 내의 부부관계, 이혼과 관련된 상담을 진행할 수 있으며 ⅲ) 관련 상담프로그램을 기획, 운영, 관리할 수 있는 수준

제8조(응시자격) 응시자격은 다음과 같다.

등급	응시 자격
1급	연　령: 해당 없음 학　력: 해당 없음

제9조(검정방법 및 검정과목)

① 검정은 각 등급에 따른 제1차시험으로 시행된다.

② 제1차시험은 선택형 필기시험으로 실시한다.

③ 제1차시험의 방법은 다음과 같다.

　1. 시험과목은 자격 종목에 따라 출제기준에서 정한 과목으로 한다.

　2. 시험형태는 4지 또는 5지선다 객관식 및 주관식으로 한다.

④ 검정과목과 과목별 주요내용은 다음과 같다.

- 제1차(필기) 시험방법 및 과목

등급	시 험 과 목	문항수 및 시험형태	시험시간
1급	1. 친족법 2. 이혼상담 이론 3. 가사소송 이론 4. 증거수집 절차	객관식 총 60문항	60분

제10조(합격결정 기준)

① 제1차시험(필기)은 100점 만점으로 **60점 이상**이어야 한다.

제4장 수험원서

제11조(검정안내)

① 중앙검정본부는 검정의 종목, 수험자격, 제출서류, 검정방법, 시험과목, 검정일시, 검정장소 및 수험자 유의사항 등을 포함한 검정안내서를 작성 배포할 수 있다.

② 중앙검정본부의 모든 직원은 수험자로부터 검정시행에 관한 문의가 있을 때 이에 성실히 응답하여야 한다.

제12조(수험원서) 시험에 응시하고자 하는 자는 수험원서 및 응시자격 관련 서류를 제출하여야 한다.

제13조(원서교부)

① 수험원서(이하 "원서"라 한다)는 공휴일 및 행사일을 제외하고는 연중 교부한다.

② 원서는 1인 1매씩 교부함을 원칙으로 하되, 단체교부도 할 수 있다.

제14조(원서접수)

① 원서접수, 검정수수료(이하 "수수료"라 한다) 수납업무는 복무규정의 근무시간 내에 한함을 원칙으로 한다.

② 원서는 주관팀 및 중앙검정본부에서 접수함을 원칙으로 한다. 다만, 대표가 필요한 경우에는 전자우편으로도 원서접수를 할 수 있다.

③ 우편 (전자우편 포함) 접수는 접수 마감일까지 도착분에 한하며, 우편접수는 반신용 봉투(등기요금 해당 우표 첨부, 주소기재 등) 1매를 동봉한 것에 한한다.

④ 수험표는 원서접수 시에 교부한다. 다만, 우편 (전자우편 포함) 으로 접수한 경우에는 우편이나, 전자우편로 발송할 수 있고, 단체접수자는 접수종료 후 교부할 수 있다.

⑤ 원서접수 담당자는 원서기재 사항 및 응시자격 관련 서류를 확인하고 접수받아야 한다.

제15조(수험번호 부여) 원서접수에 따른 수험번호 부여는 접수 순서대로 한다.

제16조(수수료)

① 검정을 받고자 하는 자는 수수료를 납부하여야 한다.

② 검정을 받고자 하는 자가 이미 납부한 수수료는 과오납한 경우를 제외하고는 이를 반환하지 아니한다.

③ 수수료는 현금으로 수납함을 원칙으로 한다. 단, 우편환 증서, 자기앞 수표는 현금으로 간주한다.

④ 수수료는 원서접수 시에 수납함을 원칙으로 한다. 단, 마감일에 수납된 수수료는 마감일로부터 2일 이내에 예입한다.

⑤ 마감 후에 수납된 현금은 금고에 보관하고 은행에 예입할 때까지 필요한 조처를 해야 한다.

⑥ 수수료에 대한 영수증은 별도 발급하지 않고 수험표로 이를 갈음한다. 단, 단체접수의 경우에는 수납총액이 기재된 단체접수 영수증을 발급한다.

⑦ 검정수수료는 응시자에게 1회 검정에 소요되는 제반 경비를 고려하여 다음의 제1차시험 응시료를 받는다. 다만 수수료는 물가변동에 따라 필요한 경우 변경 될 수 있다.

급 수	금액
1급	100,000원

제17조(접수현황 및 수험자 파일보고)

① 시행 주관팀(부)은 원서접수 마감 종료 후 종목별 접수 현황, 검정수수료 내역 등을 중앙검정본부로 제출하여야 한다.

② 주관팀은 원서접수 마감일로부터 7일 이내에 수험 연명부 등 수험자 파일을 중앙검정본부로 제출하여야 한다.

제18조(검정시행자료 등의 준비) 중앙검정본부는 시험실 배치 계획표, 좌석 배치표, 수험자 명단 등의 시행 자료를 발행해야한다.

제5장 검정시행 준비

제19조(수험사항 공고 및 통지) 주관팀은 시행 자격종목, 시험일시, 수험자 지참물 등에 대해

수험원서 접수시 사전공고 및 수험표에 기재하여 통보하고, 사전공고가 불가능한 때에는 원서접수시 게시 · 안내하여야 한다.

제20조(시험장 준비)

① 시험장책임자는 주관팀으로 하며 책임관리위원은 주관팀장으로 한다.

② 시험장책임자는 당해 종목시행에 적합한 시설, 장비 등을 사전에 점검하여 시험시행에 지장이 없도록 하여야 한다.

제21조(시험본부 설치운영) 주관팀은 검정시행업무를 총괄 지휘하기 위하여 자체 운영에 필요한 시험본부를 설치 · 운영하여야 한다.

제6장 출제 및 감수

제22조(출제 · 감수위원 위촉)

① 시험문제를 출제할 때에는 각 과목 또는 종목별마다 출제위원을 위촉한다.

② 시험문제의 출제는 보안을 철저히 유지하도록 하여야 한다.

제23조(출제 · 감수위원 위촉기준) 출제위원 또는 감수위원의 위촉기준은 다음 각호의 하나에 해당하는 자로 위촉한다.

1. 자격의 직무와 연관성 있는 분야의 학사학위 이상 소지자로 대학 및 교육기관에서 1년 이상의 강의 경력이 있는 자.
2. 자격의 직무와 연관성 있는 관련 분야 자격증 소지자로 2년 이상 강의 경력이 있는 자.
3. 자격의 직무와 연관성 있는 관련 분야에서 2년 이상 산업체에 근무 경력이 있는 자.
4. 자격의 직무와 연관성 있는 관련 분야에서 3년 이상 실무에 종사한 자로서 해당 분야에 관한 학식과 경험이 풍부하여 본 회의 자격검정위원회에서 자격이 있다고 인정되는 자

제24조(시험문제 원고의 인수, 보관, 관리 등)

① 시험문제의 사전유출을 방지하기 위하여 중앙검정본부장은 시험문제의 인수, 보관, 관리 등에 대한 지휘 · 감독의 책임을 지고 보안유지에 최선의 노력을 다하여야 한다.

② 담당팀장은 실무자급으로 시험문제 관리담당자를 지정할 수 있다.

③ 시험문제 관리담당자는 출제위원으로부터 시험문제 원고를 인수한 즉시 출제된 문제가 출제 의뢰한 사항과 일치하는지의 여부를 확인하고 동 시험문제를 봉인한다.

④ 시험문제는 제한구역에 보관하며, 열쇠는 담당 팀장이 보관하고, 동 제한구역의 개폐는 담당 팀장 또는 시험문제 관리담당자만이 할 수 있다.

제25조(시험문제의 감수)

① 시험문제의 감수는 중앙검정본부가 지정한 장소에서 시험문제 관리담당자 또는 담당 팀장이 지정한 직원의 입회하에 수행되어야 한다.

② 시험문제 감수는 종목별 또는 과목별로 시행하되, 시험문제 출제 직후에 감수함을 원칙으로 하며, 필요에 따라 시험 직전에 재감수할 수 있다.

제7장 시험문제 인쇄 및 운송

제26조(시험문제 인쇄)

① 시험문제 인쇄는 중앙검정본부내의 관련업무 종사자 또는 담당 팀장이 지정한 직원이 수행하여야 하며, 업무의 분량에 따라 인쇄업무 보조요원을 쓸 수 있다.

② 시험문제 인쇄는 중앙검정본부가 지정한 보안시설을 갖춘 곳에서 소정절차 에 따라 실시하여야 한다.

③ 시험문제 인쇄시에는 출입문과 창문을 봉쇄한 후 관계자 외에는 출입을 통제하여야 한다.

제27조(시험문제지 운송 및 보관)

① 중앙검정본부 검정시행 담당 팀장은 문제지 운반시 운반책임자를 지정하여야 한다.

② 중앙검정본부에서 해당 시험장까지 문제지 운반책임자로 지정된 자는 담당팀장으로부터 문제지를 인수받아 해당 시험장 책임관리위원에게 직접 인계하여야 하며, 문제지 인계인수사항을 기록하여 담당 팀장에게 제출하여야 한다.

③ 시행 주관팀에서는 문제지를 인수받은 즉시 시험문제가 들어있는 우편자루의 봉인상태 이상 유무를 확인하고 이상이 있는 경우 중앙검정본부에 즉시 보고하여야 한다.

④ 시행 주관팀은 중앙검정본부로부터 시험 문제지를 인수 받은 시점부터 시험문제지 유출방지 및 훼손 예방 등에 책임을 지고 시험문제에 대한 보안 및 안전관리에 최선을 다하여야 한다.

⑤ 문제지 봉투는 시험시작시간 이전에는 여하한 이유로도 개봉할 수 없다.

제8장 검정시행

제28조(검정시행 총괄) 시험장책임자는 시험시행 전에 관리위원회를 개최하여 시험본부를 운영하고, 책임관리위원은 시험위원을 지휘, 감독하며 시험위원회의, 평가회의 주관 등 시험집행 및 시험관리업무를 총괄하여야 한다.

제29조(시험위원 기술회의) 책임관리위원은 시험시행 전에 시험위원회의를 개최, 다음 사항을 주지시켜야 한다.

1. 제1차시험에 있어서는 문제지와 답안지의 배부 및 회수방법, 답안지 작성방법, 부정행위자 처리요령 등 감독상 유의사항

제30조(수험자교육)
① 감독위원은 배치된 시험실에 입장하여 수험자 유의사항, 시험시간, 시험진행요령, 부정행위에 대한 처벌 및 답안지 등을 주지시켜야 한다.
② 감독위원은 수험자에게 지정한 필기구, 시설 · 장비 또는 지급된 재료(기구 등)이외의 사용을 금지시켜야 한다.

제31조(수험자 본인확인 방법) 감독위원은 제1차시험에 있어서는 수시로 원서부본과 주민등록증 또는 기타 신분증과 수험표를 대조하여 수험자의 본인여부를 확인하여야 한다.

제32조(시험감독 배치 및 문제지 배부)
① 시험의 감독위원 배치는 다음과 같이 배치한다.

구분	시험위원	위촉인원	비고
제1차시험 (필기)	정감독	1명 이상	시험실당
	책임관리위원	1명 이상	시험장당
	본부위원	1명 이상	시험장당
	보조위원	1명 이상	시험장당

② 제1차시험 문제지는 시험시작 5분전 예령과 동시에 배부하고, 시험개시 본령과 동시에 수험토록하며, 답안지 작성이 끝난 수험자의 답안지와 문제지를 회수 확인한 후 퇴실시켜야 한다.

제33조(답안지) 제1차시험 감독위원은 시험시간이 종료되면 답안지 회수용 봉투 표지에 수험현황을 기재하고, 감독위원의 성명을 기입, 날인 또는 서명한 다음 본부위원의 확인을 받은 후 수험자 인적사항이 노출되지 않도록 봉인하여 시험본부에 제출하여야 한다.

제34조(문제지 회수) 본부위원은 필기시험 종료 즉시 감독위원으로부터 문제지와 답안지 및 사무용품 등을 확인·회수하여야 한다.

제35조(시험시행결과보고) 책임관리위원은 시험 종료 후 그 결과를 중앙검정본부에 보고하여야 한다. 이 경우 시험진행 중 이상이 발생하였을 때는 그 내용을 구체적으로 유선보고하고 차후 서면보고 하여야 한다.

제9장 시험위원의 위촉 및 임무

제36조(시험위원의 위촉) 시험위원은 다음 각 호에 해당하는 자로 위촉한다.
1. 자격의 직무와 연관성 있는 분야의 학사학위 이상 소지자로 대학 및 교육기관에서 1년 이상의 강의 경력이 있는 자.
2. 자격의 직무와 연관성 있는 관련 분야 자격증 소지자로 2년 이상 강의 경력이 있는 자.
3. 자격의 직무와 연관성 있는 관련 분야에서 2년 이상 산업체에 근무 경력이 있는 자.
4. 자격의 직무와 연관성 있는 관련 분야에서 3년 이상 실무에 종사한 자로서 해당 분야에관한 학식과 경험이 풍부하여 본 회의 자격검정위원회에서 자격이 있다고 인정되는 자

제37조(시험위원의 임무)
① 시험위원의 임무는 다음과 같다.
1. **"책임관리위원"**은 시험장 시설·장비의 전반적인 책임을 담당하는 자로서 시험장의 시설·장비 등의 관리와 안전관리 등 전반적인 관리업무를 담당한다.
2. **"시험감독위원"**은 수험자 교육, 시설·장비 및 도구점검과 확인, 시험 질서유지, 부정행위의 예방과 적발 및 처리 업무를 담당한다.

3. **"시설관리위원"**은 시험장 시설·장비의 준비, 동력, 통신, 시험장 점검을 담당한다.

5. **"보조위원"**은 시험 준비 및 시험 집행을 보조하는 업무를 담당한다.

② 시험위원으로 위촉된 자에 대하여는 소정의 서약서를 징구하여야 한다.

제38조(본부위원의 임무 등) 본부위원의 임무는 다음과 같다.

1. 중앙검정본부로부터 검정시행 시험장까지 시험문제지 운반

2. 검정 진행상태 점검

3. 서약서 징구 및 수당지급

4. 책임관리위원의 시험위원 회의 지원

5. 시험문제지 및 답안지 회수 수량 확인

6. 회수한 답안지를 중앙검정본부으로 운반

제10장 제1차시험 채점

제39조(답안지 인계)

① 본부위원은 제1차시험 종료 후 회수한 답안지의 봉인상태 확인 후 중앙검정본부로 인계하여야 한다.

② 답안지는 감독위원이 봉인한 상태로 인계하여야 한다.

제40조(정답교부)

① 검정사업단 검정업무 담당자는 제1차시험의 정답이 표시된 정답표를 작성하여 이를 봉인 후 보안시설이 갖추어진 장소에 보관하여야 한다.

② 정답표는 채점개시일에 채점위원이 보는 앞에서 개봉한 후 채점위원에게 인계한다.

제41조(채점과정)

① 제1차시험의 객관식 채점은 전산 채점을 원칙으로 하며, 주관식 채점은 답안지의 수험자 인적사항이 봉인된 상태에서 진행하여야 한다.

② 주관식 채점이 종료된 답안지에 한해 득점을 전산입력하며, 봉인은 이때 해제하여야 한다.

③ 답안지 채점은 과목별 또는 지역별로 분류 채점하여야 한다.

제42조(답안지 관리)

제1차시험의 답안지(검정 관련 서류 포함)는 최종합격자 발표일로부터 3개월간 보관한다.

제11장 합격자 공고 및 자격증 교부

제43조(합격자 공고)
① **병원혁신전략협회** 대표는 **검정종료 후 1개월 내**에 합격자를 공고하여야 한다.
② 합격자를 공고할 때에는 본 회가 미리 수험자에게 공지한 장소에 이를 게시하여야 한다.

제44조(자격증 교부) 최종합격자 중 신청자에 한하여 자격증서를 교부한다.

제12장 부정행위자 처리

제45조(부정행위자의 기준 등)
① 시험에 응시한 자가 그 검정에 관하여 부정행위를 한 때에는 당해 검정을 중지 또는 무효로 하고 3년간 검정을 받을 수 있는 자격이 정지되며, 부정행위를 한 자라 함은 다음 각 호에 해당하는 자를 말한다.
  1. 시험 중 시험과 관련된 대화를 하는 자
  2. 답안지(실기동작을 포함한다. 이하 같다)를 교환하는 자
  3. 시험 중에 다른 수험자의 답안지 또는 실기 등을 엿보고 시험을 치른 자
  4. 다른 수험자 위하여 답안(실기동작의 제작방법을 포함한다)등을 알려주거나 엿보게 하는 자
  5. 시험 중 시험문제 내용과 관련된 물건을 휴대하여 사용하거나 이를 주고받는 자
  6. 시험장 내외의 자로부터 도움을 받아 시험을 치른 자
  7. 사전에 시험문제를 알고 시험을 치른 자
  8. 다른 수험자와 성명 또는 수험번호를 바꾸어 제출한 자
  9. 대리시험을 치른 자 및 치르게 한 자
  10. 기타 부정 또는 불공정한 방법으로 시험을 치른 자
② 시험감독위원은 부정행위자를 적발한 때에는 즉시 수검행위를 중지시키고, 그 부정행위자로부터 그 사실을 확인하고 서명 또는 날인된 확인서를 받아야 하며, 그가 확인·날인 등을 거부할 경우에는 감독위원이 확인서를 작성하여 이에 날인 등의 거부사실을 부기하고 입증자료를 첨부

하여 서명날인한 후 책임관리위원에게 제출하여야 한다.

제46조(부정행위자 처리)

① 책임관리위원은 시험감독위원으로부터 부정행위자 적발 보고를 받았을 때에는 시험 종료 즉시 관계 증빙 등을 검토하여 부정행위자로 처리하고 수검자에게 응시제재 내용 등을 통보하는 한편 그 결과를 검정 종료 후 중앙검정본부에게 보고하여야 한다.

② 책임관리위원은 부정행위 사실 인증을 판단하기가 극히 곤란한 사항은 관계 증빙서류를 첨부하여 중앙검정본부장에게 보고하여 그 결정에 따라 처리한다.

제47조(사후적발 처리)

① 수험자간에 성명, 수험번호 등을 바꾸어 답안을 표시 제출 한 때에는 양당사자를 모두 부정행위자로 처리한다.

② 타인의 시험을 방해할 목적으로 수험번호 또는 성명 표시란에 타인의 수험번호 또는 성명을 기입하였음이 입증되었을 때에는 행위자만을 부정행위자로 처리한다.

③ 책임관리위원은 부정행위 사실이 사후에 적발되었을 경우에는 적발된 자료를 증거로 하여 부정행위자로 처리하고, 해당 수험자에게 응시자격 제재내용을 통보하여야 한다.

제48조(시험장 질서유지 등) 감독위원은 시험장 질서유지를 위하여 다음 각 호에 해당하는 행위를 하는 수험자에 대하여는 시험을 중지시키고 퇴장시킬 수 있다.

　1. 시험실을 소란하게 하거나, 타인의 수험행위를 방해하는 행위
　2. 시험실(장)내의 각종 시설, 장비 등을 파괴, 손괴, 오손하는 행위
　3. 검정시설 · 장비 또는 공구사용법 미숙으로 기물손괴 또는 사고우려가 예상되는 자
　4. 기타 시험실의 질서유지를 위하여 퇴장시킬 필요가 있거나 또는 응시행위를 중지시킬 필요가 있다고 인증하는 행위

제13장 보 칙

제49조(업무편람 작성, 비치) 검정업무 수행에 따른 세부적인 업무처리기준, 처리과정, 구비서류, 서식 등을 구분 명시한 민간자격검정 업무편람을 작성 · 비치하여 활용한다.

* 자격관리운영규정은 신청하고자 하는 자격증의 성격에 맞추어 수정사용하면 됨.

[서식 - 관리운영규정]

도감청탐지사
자격 관리 · 운영 규정

제정 2021. 12.   .

제1장 총   칙

제1조(목적)

본 규정은 ㈜00협회 (이하 '본 회'라 한다)에서 시행하는 **도감청탐지사** 의 자격검정의 관리, 운영에 필요한 사항을 규정함을 목적으로 한다.

제2조(용어의 정의)

본 규정에서 사용하는 용어의 정의는 다음과 같다.

1. **"시험위원"**이라 함은 출제위원, 감수위원, 정감독, 부감독, 책임관리위원, 본부위원, 채점위원을 말한다.
2. **"답안지"**라 함은 검정 시행종목 중 수작업에 의하여 채점되는 필기시험 답안지로 시행하는 종목의 답안지를 말한다.
3. **"비번호"**라 함은 답안지 채점시 채점의 공정을 기하기 위하여 답안지가 어느 수험자의 것인가를 알지 못하도록 답안지에 숫자 또는 문자로 표시하는 비밀부호를 말한다.

제3조(적용대상)

본 규정은 검정을 시행하는 본 회 소속 직원과 검정 관련업무 종사자 (시험위원 등) 및 기타 검정업무와 관련이 있는 자(수험자 등)에게 적용한다.

제2장 업무구분

제4조(검정업무의 구분)

① 중앙검정본부는 민간자격의 검정업무 전반을 주관·시행하며, 다음 각 호의 업무를 수행한다.

1. 검정시행계획의 수립 및 공고에 관한 사항
2. 검정 출제기준의 작성 및 변경에 관한 사항
3. 검정업무의 기획, 제도개선에 관한 사항
4. 시험위원의 위촉·활용에 관한 사항
5. 검정시험문제의 출제·관리 및 인쇄·운송에 관한 사항
6. 필기시험 답안지의 채점 및 합격자 사정에 관한 사항
7. 합격자 관리 및 자격증 발급·관리에 관한 사항
8. 검정사업 일반회계 운영에 관한 사항
9. 기타 민간자격검정 업무와 관련된 사항

② 시행 주관팀(부)에서는 다음 각 호의 업무를 수행한다.

1. 수험원서 교부·접수, 수험연명부 작성 및 안내에 관한 사항
2. 검정세부실시계획 수립 및 운영에 관한 사항
3. 검정집행업무(시험장 준비, 시험위원 배치, 시험시행 등)와 관련된 사항
4. 합격자 명단 게시공고 및 자격증 교부에 관한 사항
5. 시험위원 추천 및 위촉업무에 관한 사항
6. 부정행위자 처리에 관한 사항
7. 검정수수료 수납에 관한 사항
8. 기타 검정사업의 집행업무와 관련된 사항

제3장 검정기준 등

제5조(민간자격의 취득) 본 회의 **도감청탐지사** 민간자격을 취득하고자 하는 자는 본 시험에 응시하여 합격하여야 한다.

제6조(자격의 직무내용) 「도감청탐지사」의 직무는 도·감청에 관한 이해를 바탕으로 개인이나 법인 등 타인으로부터 의뢰를 받아, 적법한 범위 내에서 불법도청장치 및 불법촬영카메라로 의심되는 해당 주파수 대역을 확인 및 탐지하고, 사생활 침해 방지 및 정보유출 예방을 위한 업무를 수행하는 것이다.

제7조(검정 기준) 검정기준은 다음과 같다.

자격명	등급	검 정 기 준
첨단디지털 도감청탐지사	1급	ⅰ) 도감청 및 관련법에 대한 전문적인 지식을 갖추고 ⅱ) 적법한 범위 내의 도감청탐지 및 전파주파수 분석 등을 할 수 있으며 ⅲ) 사생활 침해 방지 및 정보유출 예방을 위해 관련 정보를 제공, 지도할 수 있는 수준

제8조(응시자격) 응시자격은 다음과 같다.

등급	응시 자격
1급	연　령: 해당 없음 학　력: 해당 없음

제9조(검정방법 및 검정과목)
① 검정은 각 등급에 따른 제1차시험으로 시행된다.
② 제1차시험은 선택형 필기시험으로 실시한다.
③ 제1차시험의 방법은 다음과 같다.
  1. 시험과목은 자격 종목에 따라 출제기준에서 정한 과목으로 한다.
  2. 시험형태는 4지 또는 5지선다 객관식 및 주관식으로 한다.

④ 검정과목과 과목별 주요내용은 다음과 같다.

– 제1차(필기) 시험방법 및 과목

등급	시 험 과 목	문항수 및 시험형태	시 험 시 간
1급	1. 도감청개론 2. 형법 3. 전파주파수분석 4. 도감청 기기론 5. 도감청 탐지실무	객관식 (주관식포함) 총 40문항	60분

제10조(합격결정 기준)

① 제1차시험(필기)은 100점 만점으로 **60점 이상**이어야 한다.

제4장 수험원서

제11조(검정안내)

① 중앙검정본부는 검정의 종목, 수험자격, 제출서류, 검정방법, 시험과목, 검정일시, 검정장소 및 수험자 유의사항 등을 포함한 검정안내서를 작성 배포할 수 있다.

② 중앙검정본부의 모든 직원은 수험자로부터 검정시행에 관한 문의가 있을 때 이에 성실히 응답하여야 한다.

제12조(수험원서) 시험에 응시하고자 하는 자는 수험원서 및 응시자격 관련 서류를 제출하여야 한다.

제13조(원서교부)

① 수험원서(이하 "원서"라 한다)는 공휴일 및 행사일을 제외하고는 연중 교부한다.

② 원서는 1인 1매씩 교부함을 원칙으로 하되, 단체교부도 할 수 있다.

제14조(원서접수)

① 원서접수, 검정수수료(이하 "수수료"라 한다) 수납업무는 복무규정의 근무시간 내에 한함을 원칙으로 한다.

② 원서는 주관팀 및 중앙검정본부에서 접수함을 원칙으로 한다. 다만, 대표가 필요한 경우에는 전자우편으로도 원서접수를 할 수 있다.

③ 우편 (전자우편 포함) 접수는 접수 마감일까지 도착분에 한하며, 우편접수는 반신용 봉투(등기요금 해당 우표 첨부, 주소기재 등) 1매를 동봉한 것에 한한다.

④ 수험표는 원서접수 시에 교부한다. 다만, 우편 (전자우편 포함) 으로 접수한 경우에는 우편이나, 전자우편로 발송할 수 있고, 단체접수자는 접수종료 후 교부할 수 있다.

⑤ 원서접수 담당자는 원서기재 사항 및 응시자격 관련 서류를 확인하고 접수받아야 한다.

제15조(수험번호 부여) 원서접수에 따른 수험번호 부여는 접수 순서대로 한다.

제16조(수수료)

① 검정을 받고자 하는 자는 수수료를 납부하여야 한다.

② 검정을 받고자 하는 자가 이미 납부한 수수료는 과오납한 경우를 제외하고는 이를 반환하지 아니한다.

③ 수수료는 현금으로 수납함을 원칙으로 한다. 단, 우편환 증서, 자기앞 수표는 현금으로 간주한다.

④ 수수료는 원서접수 시에 수납함을 원칙으로 한다. 단, 마감일에 수납된 수수료는 마감일로부터 2일 이내에 예입한다.

⑤ 마감 후에 수납된 현금은 금고에 보관하고 은행에 예입할 때까지 필요한 조처를 해야 한다.

⑥ 수수료에 대한 영수증은 별도 발급하지 않고 수험표로 이를 갈음한다. 단, 단체접수의 경우에는 수납총액이 기재된 단체접수 영수증을 발급한다.

⑦ 검정수수료는 응시자에게 1회 검정에 소요되는 제반 경비를 고려하여 다음의 제1차시험 응시료를 받는다. 다만 수수료는 물가변동에 따라 필요한 경우 변경 될 수 있다.

급 수	금액
1급	100,000원

제17조(접수현황 및 수험자 파일보고)

① 시행 주관팀(부)은 원서접수 마감 종료 후 종목별 접수 현황, 검정수수료 내역 등을 중앙검정본부로 제출하여야 한다.

② 주관팀은 원서접수 마감일로부터 7일 이내에 수험 연명부 등 수험자 파일을 중앙검정본부로 제출하여야 한다.

제18조(검정시행자료 등의 준비) 중앙검정본부는 시험실 배치 계획표, 좌석 배치표, 수험자 명단 등의 시행 자료를 발행해야한다.

제5장 검정시행 준비

제19조(수험사항 공고 및 통지) 주관팀은 시행 자격종목, 시험일시, 수험자 지참물 등에 대해 수험원서 접수시 사전공고 및 수험표에 기재하여 통보하고, 사전공고가 불가능한 때에는 원서 접수시 게시·안내하여야 한다.

제20조(시험장 준비)
① 시험장책임자는 주관팀으로 하며 책임관리위원은 주관팀장으로 한다.
② 시험장책임자는 당해 종목시행에 적합한 시설, 장비 등을 사전에 점검하여 시험시행에 지장이 없도록 하여야 한다.

제21조(시험본부 설치운영) 주관팀은 검정시행업무를 총괄 지휘하기 위하여 자체 운영에 필요한 시험본부를 설치·운영하여야 한다.

제6장 출제 및 감수

제22조(출제·감수위원 위촉)
① 시험문제를 출제할 때에는 각 과목 또는 종목별마다 출제위원을 위촉한다.
② 시험문제의 출제는 보안을 철저히 유지하도록 하여야 한다.

제23조(출제·감수위원 위촉기준) 출제위원 또는 감수위원의 위촉기준은 다음 각호의 하나

에 해당하는 자로 위촉한다.

1. 자격의 직무와 연관성 있는 분야의 학사학위 이상 소지자로 대학 및 교육기관에서 1년 이상의 강의 경력이 있는 자.
2. 자격의 직무와 연관성 있는 관련 분야 자격증 소지자로 2년 이상 강의 경력이 있는 자.
3. 자격의 직무와 연관성 있는 관련 분야에서 2년 이상 산업체에 근무 경력이 있는 자.
4. 자격의 직무와 연관성 있는 관련 분야에서 3년 이상 실무에 종사한 자로서 해당 분야에 관한 학식과 경험이 풍부하여 본 회의 자격검정위원회에서 자격이 있다고 인정되는 자

제24조(시험문제 원고의 인수, 보관, 관리 등)

① 시험문제의 사전유출을 방지하기 위하여 중앙검정본부장은 시험문제의 인수, 보관, 관리 등에 대한 지휘·감독의 책임을 지고 보안유지에 최선의 노력을 다하여야 한다.

② 담당팀장은 실무자급으로 시험문제 관리담당자를 지정할 수 있다.

③ 시험문제 관리담당자는 출제위원으로부터 시험문제 원고를 인수한 즉시 출제된 문제가 출제 의뢰한 사항과 일치하는지의 여부를 확인하고 동 시험문제를 봉인한다.

④ 시험문제는 제한구역에 보관하며, 열쇠는 담당 팀장이 보관하고, 동 제한구역의 개폐는 담당 팀장 또는 시험문제 관리담당자만이 할 수 있다.

제25조(시험문제의 감수)

① 시험문제의 감수는 중앙검정본부가 지정한 장소에서 시험문제 관리담당자 또는 담당 팀장이 지정한 직원의 입회하에 수행되어야 한다.

② 시험문제 감수는 종목별 또는 과목별로 시행하되, 시험문제 출제 직후에 감수함을 원칙으로 하며, 필요에 따라 시험 직전에 재감수할 수 있다.

제7장 시험문제 인쇄 및 운송

제26조(시험문제 인쇄)

① 시험문제 인쇄는 중앙검정본부내의 관련업무 종사자 또는 담당 팀장이 지정한 직원이 수행하여야 하며, 업무의 분량에 따라 인쇄업무 보조요원을 쓸 수 있다.

② 시험문제 인쇄는 중앙검정본부가 지정한 보안시설을 갖춘 곳에서 소정절차 에 따라 실시하

여야 한다.

③ 시험문제 인쇄시에는 출입문과 창문을 봉쇄한 후 관계자 외에는 출입을 통제하여야 한다.

제27조(시험문제지 운송 및 보관)

① 중앙검정본부 검정시행 담당 팀장은 문제지 운반시 운반책임자를 지정하여야 한다.

② 중앙검정본부에서 해당 시험장까지 문제지 운반책임자로 지정된 자는 담당팀장으로부터 문제지를 인수받아 해당 시험장 책임관리위원에게 직접 인계하여야 하며, 문제지 인계인수사항을 기록하여 담당 팀장에게 제출하여야 한다.

③ 시행 주관팀에서는 문제지를 인수받은 즉시 시험문제가 들어있는 우편자루의 봉인상태 이상 유무를 확인하고 이상이 있는 경우 중앙검정본부에 즉시 보고하여야 한다.

④ 시행 주관팀은 중앙검정본부로부터 시험 문제지를 인수 받은 시점부터 시험문제지 유출방지 및 훼손 예방 등에 책임을 지고 시험문제에 대한 보안 및 안전관리에 최선을 다하여야 한다.

⑤ 문제지 봉투는 시험시작시간 이전에는 여하한 이유로도 개봉할 수 없다.

제8장 검정시행

제28조(검정시행 총괄) 시험장책임자는 시험시행 전에 관리위원회를 개최하여 시험본부를 운영하고, 책임관리위원은 시험위원을 지휘, 감독하며 시험위원회의, 평가회의 주관 등 시험집행 및 시험관리업무를 총괄하여야 한다.

제29조(시험위원 기술회의) 책임관리위원은 시험시행 전에 시험위원회의를 개최, 다음 사항을 주지시켜야 한다.

1. 제1차시험에 있어서는 문제지와 답안지의 배부 및 회수방법, 답안지 작성방법, 부정행위자 처리요령 등 감독상 유의사항

제30조(수험자교육)

① 감독위원은 배치된 시험실에 입장하여 수험자 유의사항, 시험시간, 시험진행요령, 부정행위에 대한 처벌 및 답안지 등을 주지시켜야 한다.

② 감독위원은 수험자에게 지정한 필기구, 시설·장비 또는 지급된 재료(기구 등)이외의 사용을 금지시켜야 한다.

제31조(수험자 본인확인 방법) 감독위원은 제1차시험에 있어서는 수시로 원서부본과 주민등록증 또는 기타 신분증과 수험표를 대조하여 수험자의 본인여부를 확인하여야 한다.

제32조(시험감독 배치 및 문제지 배부)
① 시험의 감독위원 배치는 다음과 같이 배치한다.

구분	시험위원	위촉인원	비고
제1차시험 (필기)	정감독	1명 이상	시험실당
	책임관리위원	1명 이상	시험장당
	본부위원	1명 이상	시험장당
	보조위원	1명 이상	시험장당

② 제1차시험 문제지는 시험시작 5분전 예령과 동시에 배부하고, 시험개시 본령과 동시에 수험토록하며, 답안지 작성이 끝난 수험자의 답안지와 문제지를 회수 확인한 후 퇴실시켜야 한다.

제33조(답안지) 제1차시험 감독위원은 시험시간이 종료되면 답안지 회수용 봉투 표지에 수험현황을 기재하고, 감독위원의 성명을 기입, 날인 또는 서명한 다음 본부위원의 확인을 받은 후 수험자 인적사항이 노출되지 않도록 봉인하여 시험본부에 제출하여야 한다.

제34조(문제지 회수) 본부위원은 필기시험 종료 즉시 감독위원으로부터 문제지와 답안지 및 사무용품 등을 확인·회수하여야 한다.

제35조(시험시행결과보고) 책임관리위원은 시험 종료 후 그 결과를 중앙검정본부에 보고하여야 한다. 이 경우 시험진행 중 이상이 발생하였을 때는 그 내용을 구체적으로 유선보고하고 차후 서면보고 하여야 한다.

제9장 시험위원의 위촉 및 임무

제36조(시험위원의 위촉) 시험위원은 다음 각 호에 해당하는 자로 위촉한다.

1. 자격의 직무와 연관성 있는 분야의 학사학위 이상 소지자로 대학 및 교육기관에서 1년 이상의 강의 경력이 있는 자.
2. 자격의 직무와 연관성 있는 관련 분야 자격증 소지자로 2년 이상 강의 경력이 있는 자.
3. 자격의 직무와 연관성 있는 관련 분야에서 2년 이상 산업체에 근무 경력이 있는 자.
4. 자격의 직무와 연관성 있는 관련 분야에서 3년 이상 실무에 종사한 자로서 해당 분야에관한 학식과 경험이 풍부하여 본 회의 자격검정위원회에서 자격이 있다고 인정되는 자

제37조(시험위원의 임무)

① 시험위원의 임무는 다음과 같다.
1. **"책임관리위원"**은 시험장 시설·장비의 전반적인 책임을 담당하는 자로서 시험장의 시설·장비 등의 관리와 안전관리 등 전반적인 관리업무를 담당한다.
2. **"시험감독위원"**은 수험자 교육, 시설·장비 및 도구점검과 확인, 시험 질서유지, 부정행위의 예방과 적발 및 처리 업무를 담당한다.
3. **"시설관리위원"**은 시험장 시설·장비의 준비, 동력, 통신, 시험장 점검을 담당한다.
5. **"보조위원"**은 시험 준비 및 시험 집행을 보조하는 업무를 담당한다.
② 시험위원으로 위촉된 자에 대하여는 소정의 서약서를 징구하여야 한다.

제38조(본부위원의 임무 등) 본부위원의 임무는 다음과 같다.

1. 중앙검정본부로부터 검정시행 시험장까지 시험문제지 운반
2. 검정 진행상태 점검
3. 서약서 징구 및 수당지급
4. 책임관리위원의 시험위원 회의 지원
5. 시험문제지 및 답안지 회수 수량 확인
6. 회수한 답안지를 중앙검정본부로 운반

제10장 제1차시험 채점

제39조(답안지 인계)

① 본부위원은 제1차시험 종료 후 회수한 답안지의 봉인상태 확인 후 중앙검정본부로 인계하여야 한다.

② 답안지는 감독위원이 봉인한 상태로 인계하여야 한다.

제40조(정답교부)

① 검정사업단 검정업무 담당자는 제1차시험의 정답이 표시된 정답표를 작성하여 이를 봉인 후 보안시설이 갖추어진 장소에 보관하여야 한다.

② 정답표는 채점개시일에 채점위원이 보는 앞에서 개봉한 후 채점위원에게 인계한다.

제41조(채점과정)

① 제1차시험의 객관식 채점은 전산 채점을 원칙으로 하며, 주관식 채점은 답안지의 수험자 인적사항이 봉인된 상태에서 진행하여야 한다.

② 주관식 채점이 종료된 답안지에 한해 득점을 전산입력하며, 봉인은 이때 해제하여야 한다.

③ 답안지 채점은 과목별 또는 지역별로 분류 채점하여야 한다.

제42조(답안지 관리)

제1차시험의 답안지(검정 관련 서류 포함)는 최종합격자 발표일로부터 3개월간 보관한다.

제11장 합격자 공고 및 자격증 교부

제43조(합격자 공고)

① **병원혁신전략협회** 대표는 **검정종료 후 1개월 내**에 합격자를 공고하여야 한다.

② 합격자를 공고할 때에는 본 회가 미리 수험자에게 공지한 장소에 이를 게시하여야 한다.

제44조(자격증 교부) 최종합격자 중 신청자에 한하여 자격증서를 교부한다.

제12장 부정행위자 처리

제45조(부정행위자의 기준 등)

① 시험에 응시한 자가 그 검정에 관하여 부정행위를 한 때에는 당해 검정을 중지 또는 무효로 하고 3년간 검정을 받을 수 있는 자격이 정지되며, 부정행위를 한 자라 함은 다음 각 호에 해당

하는 자를 말한다.

1. 시험 중 시험과 관련된 대화를 하는 자
2. 답안지(실기동작을 포함한다. 이하 같다)를 교환하는 자
3. 시험 중에 다른 수험자의 답안지 또는 실기 등을 엿보고 시험을 치른 자
4. 다른 수험자 위하여 답안(실기동작의 제작방법을 포함한다)등을 알려주거나 엿보게 하는 자
5. 시험 중 시험문제 내용과 관련된 물건을 휴대하여 사용하거나 이를 주고받는 자
6. 시험장 내외의 자로부터 도움을 받아 시험을 치른 자
7. 사전에 시험문제를 알고 시험을 치른 자
8. 다른 수험자와 성명 또는 수험번호를 바꾸어 제출한 자
9. 대리시험을 치른 자 및 치르게 한 자
10. 기타 부정 또는 불공정한 방법으로 시험을 치른 자

② 시험감독위원은 부정행위자를 적발한 때에는 즉시 수검행위를 중지시키고, 그 부정행위자로부터 그 사실을 확인하고 서명 또는 날인된 확인서를 받아야 하며, 그가 확인·날인 등을 거부할 경우에는 감독위원이 확인서를 작성하여 이에 날인 등의 거부사실을 부기하고 입증자료를 첨부하여 서명날인한 후 책임관리위원에게 제출하여야 한다.

제46조(부정행위자 처리)

① 책임관리위원은 시험감독위원으로부터 부정행위자 적발 보고를 받았을 때에는 시험 종료 즉시 관계 증빙 등을 검토하여 부정행위자로 처리하고 수검자에게 응시제재 내용 등을 통보하는 한편 그 결과를 검정 종료 후 중앙검정본부에게 보고하여야 한다.

② 책임관리위원은 부정행위 사실 인증을 판단하기가 극히 곤란한 사항은 관계 증빙서류를 첨부하여 중앙검정본부장에게 보고하여 그 결정에 따라 처리한다.

제47조(사후적발 처리)

① 수험자간에 성명, 수험번호 등을 바꾸어 답안을 표시 제출 한 때에는 양당사자를 모두 부정행위자로 처리한다.

② 타인의 시험을 방해할 목적으로 수험번호 또는 성명 표시란에 타인의 수험번호 또는 성명을 기입하였음이 입증되었을 때에는 행위자만을 부정행위자로 처리한다.

③ 책임관리위원은 부정행위 사실이 사후에 적발되었을 경우에는 적발된 자료를 증거로 하여 부정행위자로 처리하고, 해당 수험자에게 응시자격 제재내용을 통보하여야 한다.

제48조(시험장 질서유지 등) 감독위원은 시험장 질서유지를 위하여 다음 각 호에 해당하는 행위를 하는 수험자에 대하여는 시험을 중지시키고 퇴장시킬 수 있다.

1. 시험실을 소란하게 하거나, 타인의 수험행위를 방해하는 행위
2. 시험실(장)내의 각종 시설, 장비 등을 파괴, 손괴, 오손하는 행위
3. 검정시설 · 장비 또는 공구사용법 미숙으로 기물손괴 또는 사고우려가 예상되는 자
4. 기타 시험실의 질서유지를 위하여 퇴장시킬 필요가 있거나 또는 응시행위를 중지시킬 필요가 있다고 인증하는 행위

제14장 보 칙

제49조(업무편람 작성, 비치) 검정업무 수행에 따른 세부적인 업무처리기준, 처리과정, 구비서류, 서식 등을 구분 명시한 민간자격검정 업무편람을 작성 · 비치하여 활용한다.

부 칙

제1조(시행일) 이 규정은 제정한 날로부터 시행한다.
제2조(경과조치) 이 규정의 시행이전에 시행된 사항에 관하여는 이 규정에 의하여 시행된 것으로 본다.

민간자격관리기관 소속 임원의 결격사유 확인서

본 법인(단체)는 민간자격 등록신청에 따라 **아래의 소속 임원이 자격기본법 제18조 각 호의 규정에 따른 결격사유가 없음을 확인**하였습니다.

> 제18조(결격사유) 다음 각 호의 어느 하나에 해당하는 자는 민간자격관리자가 될 수 없다.
> 1. 미성년자 · 금치산자 또는 한정치산자
> 2. 파산선고를 받은 자로서 복권되지 아니한 자
> 3. 금고 이상의 실형의 선고를 받고 그 집행이 종료(집행이 종료된 것으로 보는 경우를 포함한다)되거나 집행이 면제된 날부터 3년이 경과되지 아니한 자
> 4. 금고 이상의 형의 집행유예 선고를 받고 그 유예기간 중에 있는 자
> 5. 제1호부터 제4호까지의 규정에 해당하는 자가 임원으로 있는 법인 또는 단체[해당 사유발생일부터 3개월 이내에 그 임원을 개임(改任)하는 경우를 제외한다]

직위	성명	성별	생년월일						현주소	연락처	임기
대표		여								010-	3
이사		남									
이사											
이사											
감사											

* 등록신청일 현재 기준 대표자를 제외한 모든 임원에 대하여 작성하시기 바람.

2022년   월   일
신청기관명 :   (인)

한국직업능력개발원장 귀하

주) 법인인 경우 임원은 등기임원을 기재하며, 단체인 경우 대표자 외 단체의 중요한 업무를 맡고 대표자와 함께 이를 책임지는 자에 한하여 기재함.

가. 신청

(1) 신청시기

민간자격증등록을 하기 위해서는 아래의 구비서류를 사전에 준비한 후 그에 대한 등록신청을 하여야 한다. 이때 등록신청은 매월 1~20일 사이이기 때문에 위 기간을 준수하여야 할 필요가 있다. 따라서 매월 21일 이후에 신청을 할 계획이면 어쩔 수 없이 다음 달 1일에 신청하여야 하니 등록을 준비하는 분들은 위 기일을 충분히 염두에 두고 진행하는 것이 좋다.

(2) 소관부처

민간자격의 분야별 소관 부처의 구분은 별표와 같다. 등록관리기관은 이에 따라 신청된 민간자격의 분야가 별표에 따른 민간자격 분야에 해당하는지가 불명확하거나 2개 이상 부처의 소관에 해당하는 경우에는 지체 없이 교육부장관에게 민간자격의 소관 부처를 결정해 줄 것을 요청하여야 하며, 교육부장관은 이에 따라 민간자격의 소관 부처 결정을 요청받은 경우에는 민간자격등록관리자문위원회의 심의를 거쳐 해당 민간자격의 소관 부처를 결정하고, 등록관리기관에 이를 지체 없이 통보하여야 한다.

[별표]

민간자격 분야별 소관 주무부장관(제2조 제5항 관련)

주무부장관	민간자격 분야
기획재정부장관	경제교육 및 외환 관련 분야
기획재정부장관 (국세청장)	세무 관련 분야
기획재정부장관 (관세청장)	보세, 수출입 화물관리, 수출입통관 및 원산지관리 관련 분야
기획재정부장관 (조달청장)	전자입찰, 조달 및 물품구매 관련 분야
기획재정부장관 (통계청장)	통계의 기준 설정, 인구조사 및 각종 통계 관련 분야
교육부장관	인적자원개발(외국어 관련), 학교교육(유아교육, 초중등교육, 미술음악교육, 특수교육, 독서논술, 영재교육 등), 평생교육, 학술, 기초과학(대학 관련), 진로, 상담 및 인성 관련 분야

과학기술정보통신부장관	기초과학(연구기관 관련), 과학기술과학기술 진흥, 정보통신산업, 정보보호, 방송·통신 및 전파 연구·관리 관련 분야
법무부장관	법무실무, 범죄예방 및 피해 상담 관련 분야
행정안전부장관	행정관리, 정보시스템관리, 옥외광고, 정책분석평가, 개인정보보호, 안전교육 지도·관리, 방재 및 안전관리 관련 분야
행정안전부장관 (경찰청장)	산업보안, 경비 및 경호 관련 분야
행정안전부장관 (소방청장)	소방 및 구조·구급 관련 분야
문화체육관광부장관	문화, 예술, 영상, 광고, 출판, 간행물, 체육, 관광, 게임·영상 콘텐츠, 종교, 여가 및 레저 관련 분야
문화체육관광부장관 (문화재청장)	문화재 보존, 문화재 조사 및 문화재 수리 관련 분야
농림축산식품부장관	농산·축산, 가축위생, 식량·농지·수리(水利), 식품산업, 농촌 개발 및 농산물 유통 관련 분야
농림축산식품부장관 (농촌진흥청장)	농업자재 관리, 농업기술 및 농촌 진흥 관련 분야
농림축산식품부장관 (산림청장)	산림자원, 산림경영, 산림이용 및 산림보호 분야
산업통상자원부장관	상업·무역·공업, 기술, 에너지, 품질관리, 산업환경, 섬유, 기계항공, 철강화학, 디자인브랜드, 전력산업, 광물자원, 산업기술 및 에너지·지하자원 관련 분야
보건복지부장관	보건위생, 생활보호, 자활지원, 사회보장, 보험심사, 아동(영유아 보육을 포함한다)·노인장애인 및 보건산업기술 관련 분야
환경부장관	자연환경·생활환경의 보전, 환경오염 방지, 폐기물 관리 및 재활용 관리 관련 분야
환경부장관 (기상청장)	기상 관련 분야
고용노동부장관	사무 관련 역량, 고용정책, 고용보험, 직업능력개발훈련, 근로조건, 근로자의 복지후생, 노사관계 및 산업재해보상 관련 분야
여성가족부장관	여성정책, 여성 권익증진, 청소년 및 가족(다문화가족과 건강가정사업을 위한 아동 업무를 포함한다) 관련 분야
국토교통부장관	도시·도로 및 주택의 건설, 도로교통, 철도기술, 항공안전, 수자원 관리, 조경, 건축·건설 및 지적(地籍) 관련 분야

해양수산부장관	해양환경, 해양조사, 해양자원개발, 해양안전심판, 어촌개발, 수산물유통 및 수산 관련 분야
해양수산부장관 (해양경찰청장)	해양경비, 해양 안전관리, 해양 구조 및 구급, 수상레저 안전 및 해양오염 방제 관련 분야
중소벤처기업부장관	창업 및 중소기업 경영기술 지도 관련 분야
법제처장	법령입안 · 심사법령해석 등 법제실무 및 법제분야 정보화 관련 분야
식품의약품안전처장	식품관리, 의약품 관리 및 의료기기 관련 분야
방송통신위원회위원장	인터넷, 멀티미디어 및 방송광고 관련 분야
공정거래위원회위원장	소비자보호 관련 분야
금융위원회위원장	금융서비스, 회계, 보험 및 손해사정 관련 분야
국민권익위원회위원장	고충처리 및 부패방지 관련 분야
감사원장	감사 관련 분야
대법원장	재판 및 소송 관련 분야
국가정보원장	정보관리 및 보안 관련 분야

나. 첨부서류

민간자격증등록신청을 하기 위해서는 신청서에 아래의 서류들을 첨부하여야 한다(자격기본법 시행규칙 제2조 제2항).

- 사업자등록증(또는 고유번호증) 1부
- 법인 – 법인등기부등본 1부
- 검정시설 장비를 포함한 재산목록 및 재산의 권리관계를 증명할 수 있는 서류 1부(주로 부동산 임대차계약 관련 서류)
- 민간자격관리자 결격사유확인서 : 법인만 작성 / 임원이 없는 단체 · 개인은 미제출
- 민간자격관리 운영규정 1부
- 자격취득을 위한 필수 교육과정을 직접 운영시 해당 교육과정 운영에 관한 인가, 등록, 신고 사실을 증명하는 서류
- 개인 · 단체(미등기) – 대표자 주민등록초본 1부

위 서류 외에 추가로 기본증명서를 준비해야 하는데, 이는 민간자격을 등록하려는 대표자의 결격사유를 확인하기 위함이니 미리 준비해 두시는 것이 좋다.

[구비서류]

구분	구비서류
대표자의 개인서류	– 단체, 법인인 경우 고유번호증 또는 법인등기부등본 – 개인인 경우 사업자등록증초본, 기본증명서
재산 관리 관계 증명서류	– 민간자격등록을 위한 사업을 운영할 수 있는 사무실 – 사무실은 근린생활시설 등 사업자등록이 가능한 건물 – 부동산등기부등본 또는 임대차계약서 – 전대시 : 건물주 동의와 전대차 동의서
결격사유 확인서 작성	– 등기 임원 모두 작성(결격사유 없어야 함), 단 법인의 경우만 해당
민간자격관리운영규정 작성	– 민간자격의 관리, 운영 모둔 규정을 포함하여 작성해야 함 – 응시기준, 시험출제, 검정기준, 직무내용 필수

다. 한국직업능력개발원의 접수 및 서류검토

(1) 접수 및 서류검토

위 나.항의 서류들을 모두 준비한 경우 이를 한국직업능력개발원에 접수하여야 한다. 그럴 경우 한국능력개발원에서는 우선 접수된 서류가 미비하거나 또는 자격증 운영에 문제는 없는지 등을 확인한 후 그러한 절차가 마무리되면 대표자 또는 임원의 결격사유 유무에 대한 조회를 한다. 그 결과 대표자 등의 결격사유가 발견될 경우 문제된 대표자 등을 변경한 뒤 재신청하여야 한다. 따라서 민간자격증등록신청을 하기 위해서는 대표자가 자격기본법 제18조의 결격사유에 해당하는지 여부를 사전에 명확히 판단해야 할 필요가 있다.

⇒ 민간자격 관리자 결격사유

• 미성년자, 피성년후견인 또는 피한정후견인(단, 민간자격의 관리 운영에 관한 행위능력이 있음을 교육부령으로 정하는 바에 따라서 입증한 피한정후견인 제외)

• 파산선고를 받고 복권되지 않는 자

• 자격기본법, 국가기술자격법 또는 국가자격 관련 법령을 위반하여 금고 이상의 형의 집행유예

선고를 받고 유예기간 중인 자

- 자격기본법, 국가기술자격법 또는 국가자격 관련 법령을 위반하여 금고 이상의 실형 선고를 받고 그 집행이 끝나거나 집행이 면제된 날로부터 3년이 지나지 아니한 자
- 위 각 사항에 해당하는 사람이 임원으로 있는 법인 또는 단체
- 등록자격의 등록이 취소(1호~4호 한정)된 후 3년이 지나지 아니한 자

(2) 확인서류

등록관리기관은 등록신청서를 받으면 행정정보의 공동이용을 통하여 다음의 서류를 확인하여야 한다. 다만, 신청인이 개인인 경우에는 신청인의 주민등록표 초본, 제1호·신청인이 단체인 경우에는 대표자의 주민등록표 초본, 사업자등록증 등의 경우 신청인이 확인에 동의하지 아니하는 경우에는 해당 서류를 첨부하도록 하여야 한다(자격기본법 제2조 제4항).

- 신청인이 개인인 경우에는 신청인의 주민등록표 초본
- 신청인이 법인인 경우에는 법인 등기사항증명서
- 신청인이 단체인 경우에는 대표자의 주민등록표 초본
- 사업자등록증

라. 주무장관 검토

한국직업능력개발원이 대표자 등의 결격사유를 조회하는 동안 관련 자격증 발행 주무부처는 신청된 자격증이 자신의 소관인지 등을 확인 후 만일 주무부처가 잘못 지정되었을 경우 민간자격등록관리자문위원회의 논의를 거쳐 주무부처를 결정한 다음 관련 기록을 송부하기 때문에 자칫 관련부처를 잘못 지정할 경우 위 논의 기간인 2주가 허무하게 소모될 수 있으니 사전에 주무관서 확인에 상당한 주의를 요한다. 그 후 신청된 자격증이 민간자격 금지분야에 해당하는지, 금지명칭이 포함되어 있는지 등을 검토하고 결격사유 조회에 따라 등록가부를 결정하게 되는데, 위 기간은 통상 2개월 정도 소요된다.

마. 등록결과 통보

민간자격증의 신청에 따른 검토가 모두 마무리되면 한국직업능력개발원은 등록결과 및 등록면허세 납부를 문자메세지 등으로 통지하는데, 만일 결격사유가 있을 경우 한국직업능력개발원 또는 주무부처에서 등록불가 통보를 하게 된다.

바. 등록면허세납부 및 등록증 발급

민간자격등록을 신청한 신청인은 직업능력개발원의 등록결정 안내에 따라, 사업장 소재지 관할 지방자치단체에 등록면허세를 납부하고 납부서를 다시 직업능력개발원에 제출하면 된다. 그럴 경우 직업능력개발원은 신청인이 제출한 등록면허세 납부확인서를 확인한 후 신청인에게 민간자격증을 발급하게 되는데, 등록결과 안내 단계에서 등록증발급까지는 통상 1개월 내외의 시간이 소요된다.

[등록면허세]

구분	납부세액
인구 50만 이상의 시	40,500원
그 밖의 시	22,500원
군	12,000원

■ 자격기본법 시행규칙 [별지 제2호 서식] 〈개정 2017. 6. 21.〉

(앞쪽)

제 - 호(연도별 일련번호)

민간자격 (변경)등록증

1. 등록자격관리자:

2. 사업자등록번호:

3. 주소(소재지):

4. 대표자
   성명: 생년월일:
   주소:

5. 자격의 종목 · 등급 · 직무내용:

6. 자격의 검정기준 · 검정과목 · 검정방법 · 응시자격 또는 교육훈련과정의 교과목 · 교육기
   간 · 이수기준 · 평가기준 · 평가방법에 관한 사항: (뒷면 기재)

7. 등록에 따른 이행 조건:

「자격기본법」 제17조 제2항 및 제17조의2, 같은 법 시행령 제23조 제4항 및 제23조의2제2항
에 따라 위와 같이 민간자격에 대하여 (변경)등록하였음을 증명합니다.

                                                              년
                                                    월   일

(등록관리기관의 장) 서명 또는 인

210mm×297mm(백상지 80g/㎡)

가. 검정기준 · 검정과목 · 검정방법 · 응시자격

나. 교육훈련과정의 교과목 · 교육기간 · 이수기준 · 평가기준 · 평가방법

다. 그 밖의 사항

사. 민간자격증등록 소요시간

민간자격증등록의 소요시간은 민간자격증의 종목, 그 취득을 위한 자체교육시행여부, 관한 주무부처 등에 따라 다소간 차이가 있지만, 통상 민간자격 등록사무의 처리기간은 3개월 이내로 한다(만일 중간에 보완 등 수정사항이 있을 경우 그 시간은 더 길어질 수 있다.). 다만, 민간자격등록관리자문위원회의 심의에 소요되는 기간은 위 기간에 산입하지 아니한다.

- 한국직업능력개발원 서류 검토 및 접수 : 1개월
- 주무부처의 민간자격 등록가부 검토 및 대표자 결격사유 조회 : 2개월
- 등록결과 통보 및 등록면허세 납부. 민간자격등록증 제작 및 발송 : 1개월

3. 설립 후 절차

가. 변경등록

등록자격을 관리 · 운영하는 자(이하 '등록자격관리자'라 한다)는 변경등록을 하려는 경우에는 등록자격 변경등록신청서에 다음 각 호의 서류를 첨부하여 등록관리기관에 제출하여야 한다(자격기본법 시행규칙 제2조의2).

- 등록증 원본
- 변경 후 민간자격의 관리 · 운영에 관한 규정
- 변경사항을 증명할 수 있는 서류

[서식 _ 등록자격변경등록신청서]

■ 자격기본법 시행규칙 [별지 제4호 서식] 〈개정 2018. 12. 21.〉

등록자격 변경등록신청서

※ 뒤쪽의 작성방법을 읽고 작성하시기 바라며, [ ]에는 해당되는 곳에 √표를 합니다.   (앞쪽)

접수번호:	접수일자:		처리일자:	처리기간: 3개월
신청인	성명(법인 또는 단체명)		사업자등록번호	
	주소(소재지)			
	전화번호		기관홈페이지	
법인 또는 단체의 대표자	성명		생년월일	
	주소			

민간자격 등록사항	종목		등급	
	직무내용			
	등록번호		등록 주무부처	

변경신청 사항	[　] 자격의 종목 · 등급 · 직무내용 변경 [　] 자격의 검정기준 · 검정과목 · 검정방법 · 응시자격 변경 [　] 교육훈련과정의 교과목 · 교육기간 · 이수기준 · 평가기준 · 평가방법 변경

변경신청 내용	① 종목	② 등급
	③ 직무내용	
	④ 검정 관련 변경 사항	
	⑤ 교육훈련과정 관련 변경 사항	

변경등록 신청사유	*(구체적으로 기재)*

「자격기본법」 제17조의2, 같은 법 시행령 제23조의2제1항 및 같은 법 시행규칙 제2조의2제2항에 따라 위와 같이 변경등록을 신청합니다.

년　　　　월　　　　일

신청인 (서명 또는 인)

민간자격 등록관리 기관　귀하

・・・・・・・・・・・・・・・・・・・・・・・・・・・・ 자르는 선 ・・・・・・・・・・・・・・・・・・・・・・・・・・

민간자격 변경등록 신청 접수증

(접수번호:　　　　　　　)

신청인	성명 (법인 또는 단체명)		생년월일 및 사업자등록번호	
	주소(소재지)		(전화번호:　　　　　　)	
	대표자	성명	생년월일	
		주소	(전화번호:　　　　　　)	

종목		등급	

210mm×297mm[백상지(80g/㎡) 또는 중질지(80g/㎡)]

신청인 제출서류	1. 등록증 원본 2. 변경 후 다음의 사항이 포함된 민간자격의 관리·운영에 관한 규정 1부 　가. 자격의 종목·등급·직무내용 　나. 자격의 검정 또는 교육훈련과정에 필요한 인력 현황 　다. 자격의 관리·운영조직에 관한 사항 　라. 자격의 검정기준·검정과목·검정방법·응시자격 또는 교육훈련과정의 교과목·교육기 　　간·이수기준·평가기준·평가방법에 관한 사항 　마. 자격검정 시 응시자의 본인 확인에 관한 사항 3. 변경사항에 대한 각 사유별 내용을 증명할 수 있는 서류 1부	수수료 없 음
담당 공무원 확인사항	법인 등기사항증명서 및 사업자등록증(신청일 기준)	

행정정보 공동이용 동의서

본인은 이 건 업무처리와 관련하여 담당공무원이 「전자정부법」 제36조 제1항에 따른 행정정보의 공동이용을 통하여 위의 사업자등록증을 확인하는 것에 동의합니다. *동의하지 아니하는 경우 신청인이 직접 관련 서류를 제출하여야 합니다.

신청인　　　　　　　　　　　　　　　　　(서명 또는 인)

작성방법

① 변경등록을 하려는 자격의 종목을 적으십시오.
② 변경등록을 하려는 자격의 등급을 모두 적으십시오.(예: 1급, 2급, 3급)
③ 변경등록을 하려는 자격의 직무내용을 모두 적으십시오.
④ 변경등록을 하려는 검정 관련 사항을 적으십시오.
⑤ 변경등록을 하려는 교육훈련과정에 관한 사항을 적으십시오.

※ 신청하려는 자격 종목이 여러 개인 경우에는 종목별로 신청서를 작성하여 주십시오.

처리절차

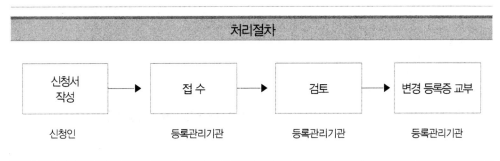

신청서 작성 → 접 수 → 검 토 → 변경 등록증 교부

신청인　　　　　등록관리기관　　　　　등록관리기관　　　　　등록관리기관

나. 등록증의 재발급

등록자격관리자는 등록증을 잃어버리거나 헐어 못 쓰게 되어 재발급 받으려면 등록증 재발급 신청서에 등록증(등록증이 헐어 못 쓰게 되어 재발급 받으려는 경우만 해당한다)을 첨부하여 등록관리기관에 제출하여야 한다.

[서식 _ 등록증재발급신청서]

■ 자격기본법 시행규칙 [별지 제5호 서식] 〈개정 2016. 4. 20.〉

등록증 재발급 신청서

접수번호	접수일자	처리일자	처리기간	15일

신청인	성명(법인 또는 단체명)		사업자등록번호	
	주소(소재지)			
	전화번호		기관홈페이지	

법인 또는 단체의 대표자	성명	생년월일
	주소	

민간자격 등록사항	종목	등급
	등록번호	등록 주무부처

분실 사항	분실일자	
	분실사유	

「자격기본법 시행규칙」 제2조의3에 따라 위와 같이 등록증의 재발급을 신청합니다.

년   월   일

신청인

(서명 또는 인)

민간자격 등록관리 기관   귀하

첨부서류	등록증 원본(헐어 못 쓰게 된 경우만 해당한다)

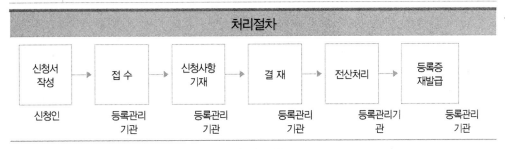

신청서 작성	접 수	신청사항 기재	결 재	전산처리	등록증 재발급
신청인	등록관리 기관	등록관리 기관	등록관리 기관	등록관리기 관	등록관리 기관

● ● ● ● ● ● ● ● ● ● ● ● 자르는 선 ● ● ● ● ● ● ● ● ● ● ● ●

등록증 재발급 신청 접수증

(접수번호:)

신청인	성명 (법인 또는 단체 명)		생년월일 및 사업자등록번호	
	주소(소재지)		(전화번호:)	
	대표자	성명	생년월일	
		주소	(전화번호:)	
종목		등급		

210mm×297mm[백상지(80g/㎡) 또는 중질지(80g/㎡)]

다. 등록자격의 폐지

등록자격 폐지신고서는 별지 제6호 서식에 따른다(자격기본법 시행규칙 제2조의4).

[서식 _ 등록자격폐지신고서]

■ 자격기본법 시행규칙 [별지 제6호 서식] 〈개정 2016. 4. 20.〉

등록자격 폐지신고서

접수번호:	접수일자:		처리일자:	처리기간: 즉시
신고인	성명(법인 또는 단체명)		사업자등록번호	
	주소(소재지)			
	전화번호		기관홈페이지	
법인 또는 단체의 대표자	성명		생년월일	
	주소			
민간자격 등록사항	종목		등급	
	직무내용			
	등록번호		등록 주무부처	
폐지신고 사항	폐지 예정일			
	폐지 사유			

「자격기본법 시행령」 제23조의5제1항 및 「자격기본법 시행규칙」 제2조의4에 따라 위와 같이 등록자격의 폐지를 신고합니다.

년   월   일

신고인

(서명 또는 인)

민간자격 등록관리 기관   귀하

첨부서류	등록증 원본

· · · · · · · · · · · · · · · · · · · 자르는 선 · · · · · · · · · · · · · · · · · · ·

등록자격 폐지신고 접수증

(접수번호:)

신고인	성명 (법인 또는 단체명)		생년월일 및 사업자등록번호	
	주소(소재지)		(전화번호:)	
	대표자	성명	생년월일	
		주소		
			(전화번호:)	
종목			등급	

210mm×297mm[백상지(80g/㎡) 또는 중질지(80g/㎡)]

4. 피한정후견인의 행위능력 증명방법 등

민간자격의 관리·운영에 관한 행위능력이 있는 피한정후견인임을 입증하려는 경우에는 피한정후견인 또는 그 한정후견인이 「후견등기에 관한 법률」 제15조 제1항에 따른 한정후견에 관한 등기사항증명서(같은 법 제25조 제1항 제6호 가목에 따른 한정후견인의 동의를 받아야 하는 행위의 범위가 포함되어야 한다)를 등록관리기관에 제출하여야 하며, 이에 따라 한정후견에 관한 등기사항증명서를 제출받은 등록관리기관은 법 제17조에 따라 민간자격을 신설하여 관리·운영하는 행위가 한정후견인의 동의를 받아야 하는 행위의 범위에 포함되지 아니함을 확인하여야 한다.

5. 민간자격의 관리운영규정

민간자격의 공인을 신청하려는 자가 제출하는 민간자격의 관리·운영에 관한 규정에는 다음 각의 사항이 포함되어야 한다.

• 제2조 제3항 각 호의 사항

③ 제2항제1호의 민간자격의 관리·운영에 관한 규정에는 다음 각 호의 사항이 포함되어야 한다. 〈개정 2017. 6. 21., 2018. 12. 21.〉

1. 제1항 각 호의 사항
2. 자격의 검정 또는 교육훈련과정에 필요한 인력 현황
3. 자격의 관리·운영조직에 관한 사항
4. 자격검정 시 응시자의 본인 확인에 관한 사항

- 자격의 유효기간
- 검정과목 또는 교육훈련과정의 일부 면제 또는 검정방법 등의 완화에 관한 사항
- 자격증서의 발급에 관한 사항
- 자격의 등록·갱신등록 및 보수교육에 관한 사항
- 그 밖에 자격의 관리·운영에 관하여 필요한 사항

6. 공인자격 교육운련과정의 승인신청

가. 승인신청

교육훈련과정에 대한 승인을 받으려는 공인자격관리자는 교육훈련과정 승인신청서에 다음 각 호의 서류를 첨부하여 주무부장관에게 승인을 신청하여야 한다.

- 공인증서 사본
- 해당 민간자격의 관리·운영에 관한 규정
- 교육훈련과정의 운영계획서

■ 자격기본법 시행규칙 [별지 제9호 서식] 〈개정 2017. 6. 21.〉

교육훈련과정 승인신청서

※ 뒤쪽의 작성방법을 읽고 작성하시기 바랍니다.   (앞쪽)

접수번호:	접수일자:	처리일자:	처리기간: 3개월

신청기관	법인명		사업자등록번호	
	소재지			
	전화번호		기관홈페이지	
법인의 대표자	성명		생년월일	
	주소			

민간자격 공인사항	① 종목		② 등급	
	직무내용			
	공인번호		공인 주무부처	

「자격기본법」 제23조 제1항 및 같은 법 시행령 제30조의2제1항에 따라 위 공인자격의 교육훈련과정 승인을 신청합니다.

년   월   일

신청인   (서명 또는 인)

귀하

· 자르는 선 ·

교육훈련과정 승인신청 접수증

(접수번호:)

신청 기관	법인명		사업자등록번호	
	소재지		(전화번호:)	
	법인의 대표자	성명	생년월일	
		주소		
			(전화번호:)	
종목		등급		

210mm×297mm[백상지(80g/㎡) 또는 중질지(80g/㎡)]

첨부서류	1. 공인증서 원본 및 사본 1부(원본은 확인 후 반납 예정) 2. 해당 민간자격의 관리 · 운영에 관한 규정 1부 3. 교육훈련과정 운영계획서 1부	수수료 없 음

작성방법

① 교육훈련과정 승인을 받으려는 자격의 종목을 적으십시오.
② 교육훈련과정 승인을 받으려는 자격의 등급을 적으십시오.

처리절차

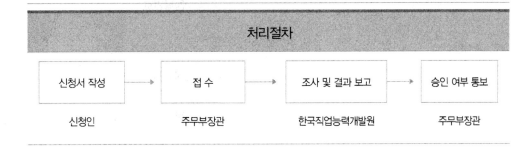

신청서 작성	→	접 수	→	조사 및 결과 보고	→	승인 여부 통보
신청인		주무부장관		한국직업능력개발원		주무부장관

나. 자격증 기재사항

공인자격증에는 다음의 사항이 포함되어야 한다.

- 자격의 발급번호 및 등록번호
- 자격의 발급일 및 등록일
- 자격취득자의 성명 및 주민등록번호
- 자격의 종목 및 등급
- 자격취득자의 보수교육일 및 갱신등록일
- 자격의 유효기간

다. 공인증서의 재발급

공인자격관리자는 공인증서를 잃어버리거나 헐어 못 쓰게 되어 재발급 받으려면 공인증서 재발급 신청서에 공인증서(공인증서가 헐어 못 쓰게 되어 재발급 받으려는 경우만 해당한다)를 첨부하여 주무부장관에게 제출하여야 한다.

[서식 _ 공인증서 재발급신청서]

■ 자격기본법 시행규칙 [별지 제10호 서식] 〈개정 2016. 4. 20.〉

공인증서 재발급 신청서

접수번호	접수일자	처리일자	처리기간 15일

신청기관	법인명		사업자등록번호	
	소재지			
	전화번호		기관홈페이지	

법인의 대표자	성명		생년월일	
	주소			

민간자격 공인사항	종목		등급	

직무내용		
공인번호		공인 주무부처

분실 사항	분실일자	
	분실사유	

「자격기본법 시행규칙」 제6조의2에 따라 위와 같이 공인증서의 재발급을 신청합니다.

년　　　월　　　일

신청인　　　　　　　(서명 또는 인)

귀하

첨부서류	공인증서 원본(헐어 못 쓰게 된 경우만 해당한다)

처리절차

신청서 작성	→	접 수	→	신청사항 기재	→	결 재	→	전산처리	→	공인증서 재발급
신청인		주무부장관		주무부장관		주무부장관		주무부장관		주무부장 관

✂ ─ ─ ─ ─ ─ 자르는 선 ─ ─ ─ ─ ─

공인증서 재발급 신청 접수증

(접수번호: 　　　　　　　)

신청기관	법인명		사업자등록번호
	소재지		(전화번호:　　　　　　)
	대표자	성명	생년월일
		주소	
			(전화번호:　　　　　　)
종목		등급	

210mm×297mm[백상지(80g/㎡) 또는 중질지(80g/㎡)]

라. 공인받은 사항의 변경

공인받은 사항을 변경하려는 공인자격관리자는 공인자격 변경승인신청서에 다음의 서류를 첨부하여 한국직업능력개발원장 또는 경제교육 주관기관의 장에게 제출하여야 한다.

• 공인증서 원본

• 변경 후 민간자격의 관리 · 운영에 관한 규정

• 변경사항을 증명할 수 있는 서류

[서식 _ 공인자격 변경승인신청서]

■ 자격기본법 시행규칙 [별지 제1호 서식] 〈개정 2018. 12. 21.〉

공인자격 변경승인신청서

※ 뒤쪽의 작성방법을 읽고 작성하시기 바라며, [ ]에는 해당되는 곳에 √표를 합니다. (앞쪽)

접수번호	접수일자	처리일자	처리기간	15일

신청기관	법인명		사업자등록번호	
	소재지			
	전화번호		기관홈페이지	

법인의 대표자	성명		생년월일	
	주소			

민간자격 공인사항	종목		등급	
	직무내용			
	공인번호		공인 주무부처	

변경승인 신청사항	[ ] 공인자격의 등급 변경 [ ] 공인자격의 검정기준 · 검정과목 · 검정방법 · 응시자격 변경 [ ] 교육훈련과정의 교과목 · 교육기간 · 이수기준 · 평가기준 · 평가방법 변경 [ ] 공인자격의 유효기간 변경

변경승인 신청내용	① 등급
	② 검정에 관한 사항
	③ 교육훈련과정에 관한 사항
	④ 유효기간에 관한 사항
변경승인 신청사유	*(구체적으로 기재)*

「자격기본법」제24조 제2항, 같은 법 시행령 제31조 및 같은 법 시행규칙 제6조의3에 따라 변경승인을 신청합니다.

년   월   일

신청인   (서명 또는 인)

귀하

- 자르는 선 -

공인자격 변경승인신청 접수증

(접수번호:)

신청 기관	법인명		사업자등록번호	
	소재지		(전화번호:)	
	대표자	성명	생년월일	
		주소	(전화번호:)	
종목			등급	

210mm×297mm[백상지(80g/㎡) 또는 중질지(80g/㎡)]

신청인 제출서류	1. 공인증서 원본 2. 변경 후 다음의 사항이 포함된 민간자격의 관리 · 운영에 관한 규정 1부 　가. 자격의 종목 · 등급 · 직무내용 　나. 자격의 검정 또는 교육훈련과정에 필요한 인력 현황 　다. 자격의 관리 · 운영조직에 관한 사항 　라. 자격의 검정기준 · 검정과목 · 검정방법 · 응시자격 또는 교육훈련과정의 교과목 · 교육 　　　기간 · 이수기준 · 평가기준 · 평가방법에 관한 사항 　마. 자격검정 시 응시자의 본인 확인에 관한 사항 　바. 자격의 유효기간 　사. 검정과목 또는 교육훈련과정의 일부 면제 또는 검정방법 등의 완화에 관한 사항 　아. 자격증서의 발급에 관한 사항 　자. 자격의 등록 · 갱신등록 및 보수교육에 관한 사항 　차. 그 밖에 자격의 관리 · 운영에 관하여 필요한 사항 3. 변경사항에 대한 각 사유별 내용을 증명할 수 있는 서류 1부	수수료 없 음
담당 공무원 확인사항	법인 등기사항증명서 및 사업자등록증(신청일 기준)	

행정정보 공동이용 동의서

본인은 이 건 업무처리와 관련하여 담당공무원이 「전자정부법」 제36조 제1항에 따른 행정정보의 공동이용을 통하여 위의
사업자등록증을 확인하는 것에 동의합니다.　*동의하지 아니하는 경우 신청인이 직접 관련 서류를 제출하여야 합니다.

신청인

(서명 또는 인)

작성방법

① 변경승인을 받으려는 자격의 등급을 적으십시오.
② 변경승인을 받으려는 검정 변경 내용을 적으십시오.
③ 변경승인을 받으려는 교육훈련과정에 관한 사항을 적으십시오.
④ 변경승인을 받으려는 유효기간에 관한 사항을 적으십시오.

처리절차

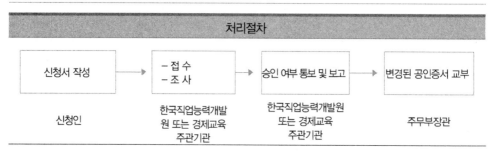

마. 공인자격의 폐지

공인자격의 폐지는 공인자격 폐지계획서 및 공인자격 폐지신고서를 제출하여야 한다.

[서식 _ 공인자격 폐지계획서]

■ 자격기본법 시행규칙 [별지 제2호 서식] 〈개정 2016. 4. 20.〉

공인자격 폐지계획서

접수번호:	접수일자:	처리일자:	처리기간: 즉시

제출인	법인명		사업자등록번호	
	소재지			
	전화번호		기관홈페이지	

법인의 대표자	성명		생년월일	
	주소			

민간자격 공인사항	종목		등급	
	직무내용			
	공인번호		공인 주무부처	

폐지 관련 사항	폐지 예정일			
	폐지 사유			

「자격기본법」 제26조 제2항, 같은 법 시행령 제31조의4제1항 및 같은 법 시행규칙 제7조에 따라 위와 같이 공인자격의 폐지계획을 제출합니다.

년   월   일

제출인

귀하

첨부서류	공인증서 원본 및 사본 1부(원본은 확인 후 반납 예정)

＝＝＝＝＝＝＝＝＝＝＝＝＝＝＝＝ 자르는 선 ＝＝＝＝＝＝＝＝＝＝＝＝＝＝＝＝＝＝

공인자격 폐지계획서 신고 접수증

(접수번호:)

제출인	법인명		사업자등록번호	
	소재지		(전화번호:)	
	대표자	성명	생년월일	
		주소		
			(전화번호:)	
종목			등급	

210mm×297mm[백상지(80g/㎡) 또는 중질지(80g/㎡)]

[서식 _ 공인자격 폐지신고서]

■ 자격기본법 시행규칙 [별지 제13호 서식] 〈개정 2016. 4. 20.〉

공인자격 폐지신고서

접수번호:		접수일자:	처리일자:		처리기간: 즉시

신고인	법인명			사업자등록번호	
	소재지				
	전화번호			기관홈페이지	

법인의 대표자	성명			생년월일	
	주소				

민간 자격 공인 사항	종목			등급	
	직무내용				
	공인번호			공인 주무부처	

폐지 신고 사항	폐지일	
	폐지 사유	

「자격기본법」 제26조 제2항, 같은 법 시행령 제31조의4제1항 및 같은 법 시행규칙 제7조에 따라 위와 같이 공인자격의 폐지를 신고합니다.

년   월   일

신고인

(서명 또는 인)

귀하

첨부서류	공인증서 원본

| 신청서 작성 | → | 접 수 | → | 결 재 | → | 공 고 |

| 신청기관 | 주무부장관 | 주무부장관 | 주무부장관 |

- 자르는 선 -

공인자격 폐지신고 접수증

(접수번호:)

신고인	법인명		사업자등록번호	
	소재지		(전화번호:)	
	대표자	성명	생년월일	
		주소		
			(전화번호:)	
종목			등급	

210mm×297mm[백상지(80g/㎡) 또는 중질지(80g/㎡)]

7. 등록취소 또는 자격검정등의 정지 기준

등록취소 및 자격검정 또는 교육훈련과정 운영의 정지기준은 다음과 같다.

- 시정명령에 따르지 아니한 횟수가 1회인 경우: 자격검정등의 정지 6개월
- 시정명령에 따르지 아니한 횟수가 2회인 경우: 자격검정등의 정지 12개월
- 시정명령에 따르지 아니한 횟수가 3회인 경우: 등록취소

저자약력

김동근(법학박사 · 행정사)
숭실대학교 법학대학과 법학과 졸업
숭실대학교 일반대학원 법학과 졸업(법학박사 - 행정법)
[대한민국 법률전문도서 출간 1위 - 한국의 기네스북 KRI 한국기록원 공식인증 저자]

현,　행정사 사무소 청신호 대표행정사
　　　숭실대학교 법학과 겸임교수
　　　행정심판학회 학회장
　　　대한행정사회 중앙연수교육원 교수
　　　국가전문자격시험출제위원
　　　YMCA병설 월남시민문화연구소 연구위원
　　　경기대학교 탄소중립협력단 전문위원

전,　대통령후보 탐정위원회 부위원장
　　　서울시장후보 법률특보단장
　　　공인행정사협회 법제이사 및 법제위원회 위원장
　　　공인행정사협회 행정심판전문가과정 전임교수
　　　공무원연금관리공단 행정사지원 양성과정 강사
　　　중앙법률사무교육원 교수
　　　숭실대학교 행정학부 초빙교수

저서,　비영리법인설립절차실무총람(법률출판사)
　　　　협동조합설립절차실무총람(법률출판사)
　　　　한권으로 끝내는 비영리사단법인설립실무총람(법률출판사)
　　　　비송사건처리절차법 이론 및 실무(법률출판사)
　　　　민법의 이해와 실무(중앙법률사무교육원) 外 다수

[개정2판]

비영리사단법인, 재단법인, 공익법인, 지정기부금단체, 특수법인설립절차 실무총람

2024년 2월 20일   개정2판 1쇄 인쇄
2024년 2월 25일   개정2판 1쇄 발행

저   자   김동근
발 행 인   김용성
발 행 처   법률출판사
            서울시 동대문구 휘경로2길 3, 4층
            ☎ 02) 962-9154   팩스 02) 962-9156
등 록 번 호   제1-1982호
ISBN   978-89-5821-346-8   13360
e-mail :   lawnbook@hanmail.net